浦江县农村信用合作社志

《浦江县农村信用合作社志》编纂委员会　编

學苑出版社

图书在版编目（CIP）数据

浦江县农村信用合作社志 / 《浦江县农村信用合作社志》编纂委员会编. -- 北京 : 学苑出版社, 2021.6

ISBN 978-7-5077-6199-3

Ⅰ. ①浦… Ⅱ. ①浦… Ⅲ. ①农村信用社－概况－浦江县 Ⅳ. ①F832.755.4

中国版本图书馆CIP数据核字（2021）第115718号

责任编辑 战葆红
出版发行 学苑出版社
社　　址 北京市丰台区南方庄2号院1号楼
邮政编码 100079
网　　址 www.book001.com
电子信箱 xueyuanpress@163.com
联系电话 010-67601101（营销部） 010-67603091（总编室）
印 刷 厂 杭州五象印务有限公司
开本尺寸 889×1194 1/16
字　　数 816千字
印　　张 51
版　　次 2021年7月第1版
印　　次 2021年7月第1次印刷
定　　价 600.00元

《浦江县农村信用合作社志》编纂委员会

2016 年 8 月至 2017 年 9 月

主　　任：王才有

副 主 任：李九良　　陈文斌　　吴立邦　　黄林祥

委　　员：（按姓氏笔画为序）

方　芳　　方　猛　　方八一　　叶向东　　李巧萍
吴玉娟　　吴斌勇　　张红英　　张玲燕　　张烽光
陈　坦　　陈　勋　　陈妍妍　　陈晓晓　　郑永义
周旭光　　金娇赟　　季新团　　俞　立　　徐东升
贾明东　　黄　健　　黄顺明　　傅仙元

2017 年 9 月至 2020 年 3 月

主　　任：李九良

副 主 任：陈文斌　　吴立邦　　邵浩然　　杨巨钢

委　　员：（按姓氏笔画为序）

王李衎　　方　猛　　方八一　　刘哲宏　　李巧萍
杨　英　　杨玲玲　　张红英　　张玲燕　　张烽光
陈　勋　　陈云哲　　陈春霞　　陈晓晓　　陈毅锋
金娇赟　　季新团　　郑永义　　郑高原　　赵　达
赵梁臻　　徐东升　　贾明东　　黄　旻　　黄　健
傅仙元　　薛镇伟

编撰组

主　　编：臧建新

执行主编：钟　声

总 策 划：江东放

编　　辑：陈忆萍　　傅大悦　　吴旭明

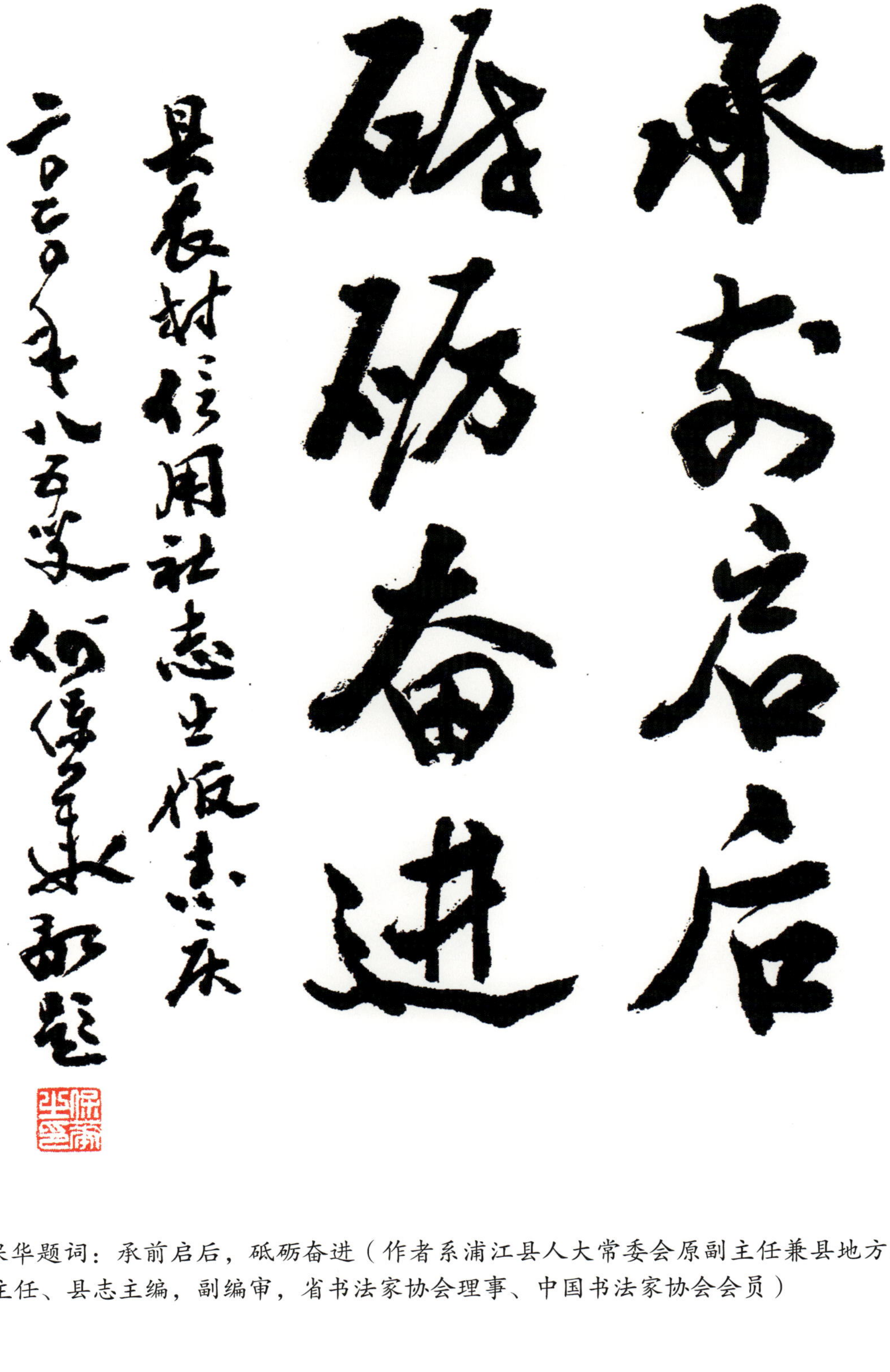

何保华题词：承前启后，砥砺奋进（作者系浦江县人大常委会原副主任兼县地方志编委会常务副主任、县志主编，副编审，省书法家协会理事、中国书法家协会会员）

桐
庐
县
建
德
市
兰
溪
市
富
春
江
大
源
溪
白云源水库
师姑坪
古楼尖
乌子山
三角潭森林公园
水竹湾森林公园
罗家
鄣岩顶
朝天门
1049
乌龙门
螺丝口顶
大
天姆尖
金竹湾尖
大姑源
李母山
九龙门
海母口
畈
小姑源
乌龙门尖
姑山
湃桥
乡
大畈乡
茶湾尖
程家尖
阳山
石大门
虞
红岩顶
宅
智丰
新光
海豹尖
乡
常扬桥
虞宅
马岭
马岭古村
中国传统村落
全国生态文化村
宝轮岩
前明
虞宅乡
香炉石
瞿岩山
大头山
寺坪
沙坵
乌浆
牛角尖
天雷山
大塘
裕民
东岭
麒麟山
斗鸡岩
木匠尖
茅庐山
茶壶里水库
薛家
中国传统村落
全国文明村
杭
坪
镇
中国传统村落
杭坪
杭坪镇
留家坪
石猪栏岗
壶源
芦峰
后阳
石宅
石芦山
茶山
黄壁山
中村
程家
登丰
曹源
覆云尖
浦
平风山
高塘
天灵岩
816
无莱山
和尚坪
右岩山
前
联盟
源头
花
金坞
枭溪
沉湖
善庆
阳
月泉社区
西站社区
林坞口
长畈
灵溪
光明
毛家
前吴
前吴乡
塘岭金
通济
太白社区
铜桥
杨田
同乐
西街社区
桥
塘波
寿溪
吴
郑山
通济湖
街
保安岩
狮岩
群生
下宅溪
里黄宅
马桥
猪头山
乡
花桥
花桥乡
外黄宅
库尾湿地
大麦山尖
道
陈宅四水库
前坞
罗源
民生
兆丰
马宅
3D罗源
乡
朱桥
落东尖
双虎尖
桃源
天索尖
横溪镇
城头水库
鹅毛尖
杭州市
金华市
S210
G351
S312

浦江县行政区划图
图例
县行政中心
镇(乡)、街道
行政村、社区
设区市界
县(市)界
镇(乡)、街道界
高速公路及编号
国道及编号
省道及编号
铁路及车站
铁路客运专线及车站
规划铁路及车站
县道
乡道
隧道
河流、湖泊、水库
4A景点
3A景点
其他景点
山峰
比例尺 1∶126 000
杭州市勘测设计研究院 编制
地图审核号：浙金S(2019) 9 号
注：底图资料由浦江县民政局提供
行政界线不作划界依据，规划资料仅供参考
诸暨市
义乌市
乌市
草塔镇
同山镇
安华镇
大陈镇
郑家坞镇
白马镇
郑宅镇
岩头镇
黄宅镇
中余乡
檀溪镇
杭州市
绍兴市
青山水库
天门水库
三联水库
八都坑水库
通济桥水库
岭口水库
仙华水库
绍诸高速
沪昆高速
G60
G351
G235
S24
S210

浦江县农村信用合作联社机构分布图

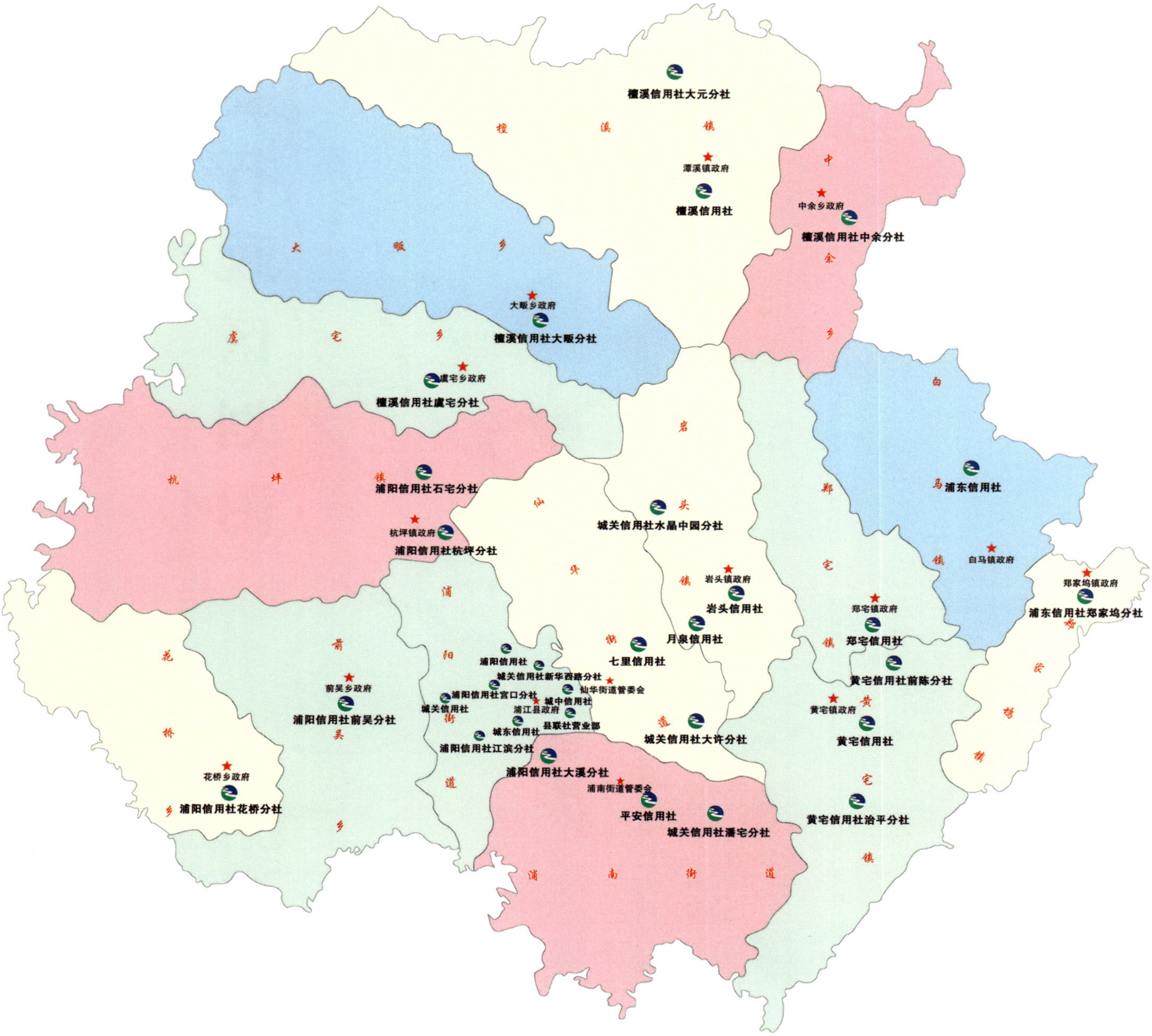

截至 2016 年 11 月末

2011 年 2 月 10 日，中共浦江县委书记张伟亚（左二）来县农信联社走访调研，对县农信联社立足本土、面向“三农”，大力支持地方经济发展的优异成绩给予高度评价，同时向本社 2010 年度纳税超 2000 万元授牌并表示祝贺。

2011 年 4 月 27 日，中国银监会金华监管分局纪委书记沈新荣（左三）来县农信联社督察服务实体经济落实情况。

2011年5月9日，省农信联合社金华办事处主任祝晓平（前排左一）来县农信联社指导工作，并深入企业走访调研。

2011年11月16日，省农信联合社副主任张波（右三）深入县农信联社贷款企业考察。

2011 年 11 月 27 日，中国银监会金华监管分局局长陈兆水（中）来县农信联社调研，并深入企业考察。

2012 年 2 月 18 日，中共浦江县委书记戴建平（中）莅临县农信联社三届一次社员代表大会指导并发表重要讲话。

2012年3月15日，省农信联合社副主任冯俭青（中）来县农信联社走访调研，冒雨视察县农信联社信贷支持美丽家园建设情况。

2012年4月17日，省农信联合社党委书记、理事长姚世新（前中）来县农信联社指导工作。

2012年6月20日，浦江县人大常委会主任黄林生（左二）率部分人大代表来县农信联社走访调研。图为县农信联社党委书记、理事长王才有（左一）在座谈会上向人大代表们汇报工作。

2012年12月26日，中共浦江县委副书记、县长施振强（中）来县农信联社走访慰问并视察县农信联社营业部。

2013年7月16日，省政协委员、丽水学院党委书记肖建中（左二），率省政协调研组来浦江调研。图为调研组在浦江金氏农业开发有限公司参观考察。

2013年11月21日，中国银监会浙江监管局副局长包祖明（右三）来县农信联社调研，并深入企业考察。

2014 年 4 月 9 日，中国银监会金华监管分局局长陈兆水（右二）来县农信联社调研并走访基层倾听民声、真诚纳谏。

2014 年 4 月 11 日，中国人民银行金华中心支行副行长金桂华（前右二），来浦江开展走亲连心金融服务月走访调研活动。

2014年5月27日，中共浦江县委副书记、县长程天云（左三）率县人民政府办、金融办及中国人民银行浦江县支行等部门同志来县农信联社调研，深入了解金融支持实体经济情况及经营过程中存在的问题和困难。

2015年6月17日，省农信联合社副主任孙建华（右一）、发展计划处处长林梅凤（右三）来县农信联社调研，指导社区银行转型建设工作。

2015 年 9 月 16 日，省农信联合社副主任张依丽（中）来县农信联社调研“丰收购”推进工作及其线上线下结合“丰收小站”运营情况。

2015 年 9 月 24 日，省农信联合社党委书记、理事长姚世新（前排右二），副主任冯俭青（前排左一）来县农信联社调研社区银行转型建设及互联网金融发展情况。

2016 年 3 月 18 日，中国人民银行杭州中心支行副行长朱文剑（右二）、金华市中心支行行长翁国华（左一）来县农信联社调研指导金融支持电商工作，并实地考察“丰收小站”。

2016 年 3 月 24 日，省商业厅副厅长徐高春（左一）来浦江调研，并实地考察县农信联社设在檀溪镇潘周家村的“丰收小站”。

2016年5月4日，省金融办副主任包纯田、证券期货处处长叶笃银、地方金融处处长曾国章来县农信联社调研农村信用合作社改革发展工作。

2016年6月1日，中国银监会浙江监管局副局长袁亚敏、农金非现场处处长郑联胜来县农信联社调研金融惠农工作。

2016 年 6 月 15 日，省农信联合社副主任江丕贤（左一）来县农信联社走访调研，指导普惠金融建设工作。

2016 年 7 月 19 日，省农信联合社党委书记、理事长王小龙（前排中）来县农信联社走访调研。

1998年10月县农信联合社迁入县城浦阳镇人民东路90号新址办公

县农信联社营业部（浦阳镇人民东路90号）改造前门景（2011）

县农信联社营业部改造后外观（2016）

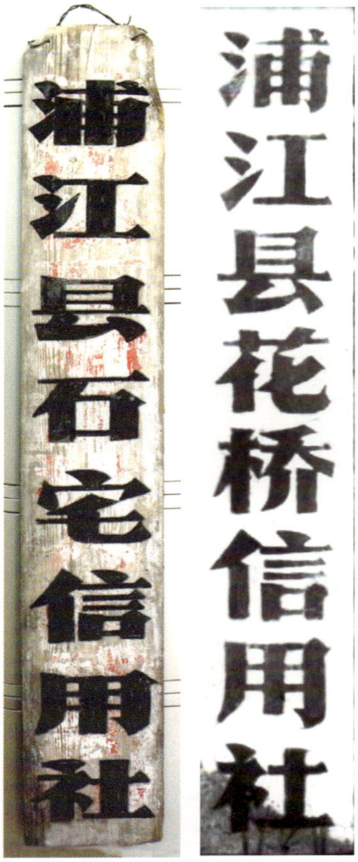

20 世纪 70 年代社名牌匾

1980 年至 1996 年间社名牌匾

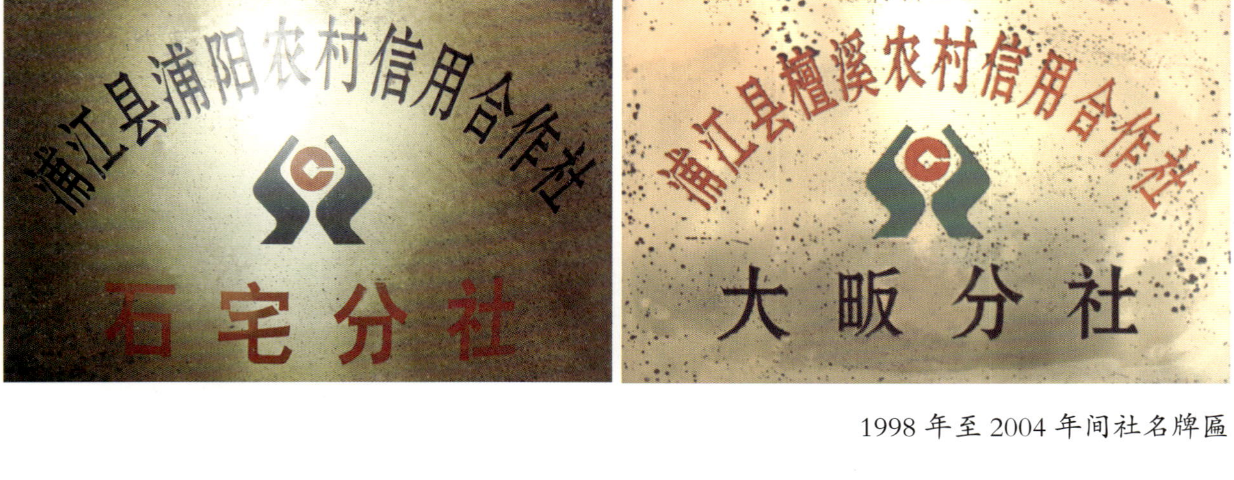

1998 年至 2004 年间社名牌匾

2005 年后营业时间牌

20 世纪 80 年代至 90 年代初信用社储蓄所日历牌（箱）

1961 年浦义并县期间浦江片壶江公社虞宅大队信用分部置办的文件柜

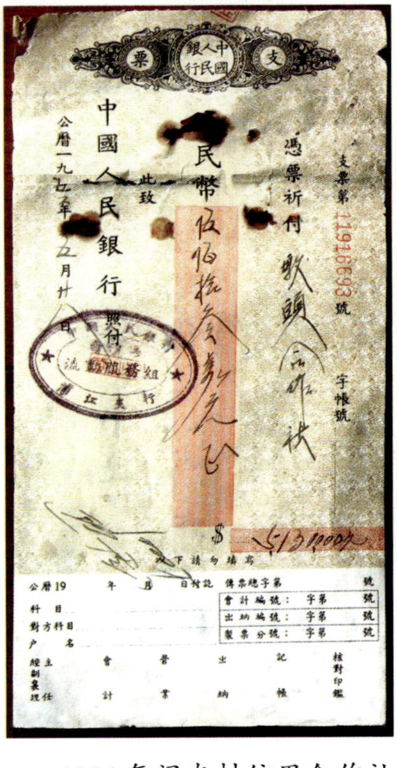

1956 年间农村信用合作社使用的中国人民银行现金支票

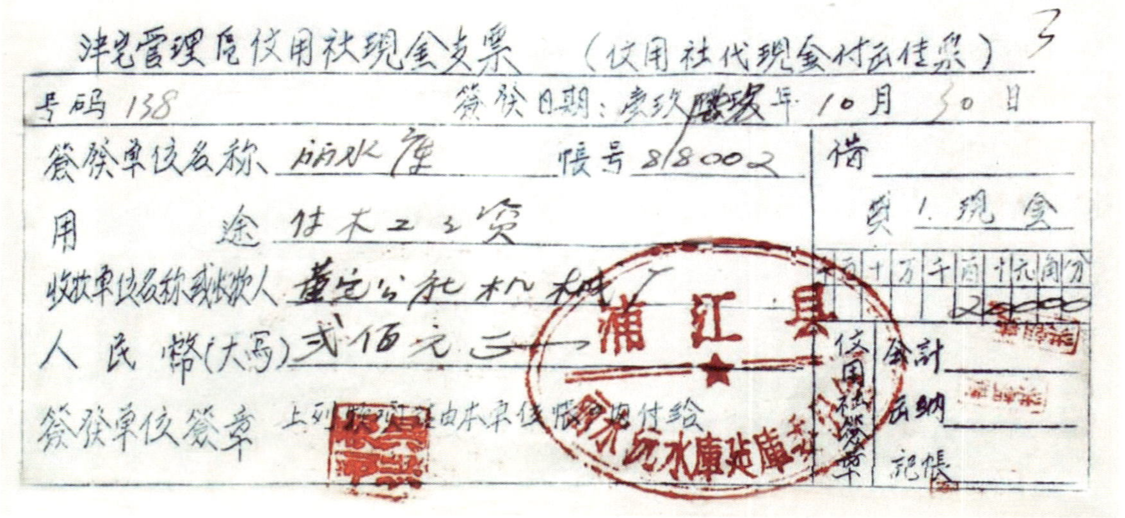
（信用社代现金付出传票）
号码 138　签发日期：　年 10月 30日
签发单位名称　帐号 818002
用途
收款单位名称或收款人
人民币（大写）贰佰元
签发单位签章　上列[illegible]由本单位帐内付给
信用社签章
借
贷 1. 现金
百 十 万 千 百 十 元 角 分
会计
出纳
记帐

潘宅管理区信用社现金支票（1960 年 10 月）

电子计算机未普及前的计算工具——算盘

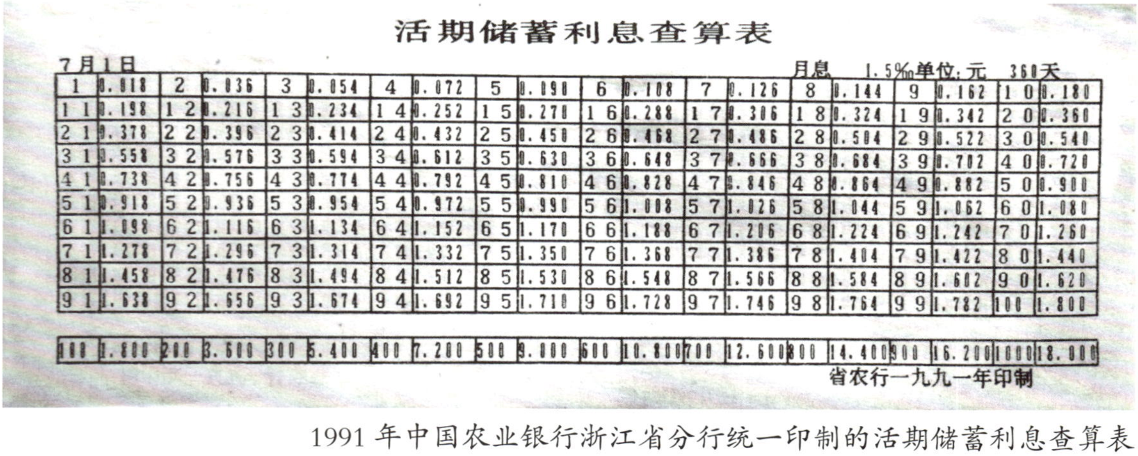

活期储蓄利息查算表

7月1日　　月息 1.5‰单位:元 360天

1	0.018	2	0.036	3	0.054	4	0.072	5	0.090	6	0.108	7	0.126	8	0.144	9	0.162	10	0.180
11	0.198	12	0.216	13	0.234	14	0.252	15	0.270	16	0.288	17	0.306	18	0.324	19	0.342	20	0.360
21	0.378	22	0.396	23	0.414	24	0.432	25	0.450	26	0.468	27	0.486	28	0.504	29	0.522	30	0.540
31	0.558	32	0.576	33	0.594	34	0.612	35	0.630	36	0.648	37	0.666	38	0.684	39	0.702	40	0.720
41	0.738	42	0.756	43	0.774	44	0.792	45	0.810	46	0.828	47	0.846	48	0.864	49	0.882	50	0.900
51	0.918	52	0.936	53	0.954	54	0.972	55	0.990	56	1.008	57	1.026	58	1.044	59	1.062	60	1.080
61	1.098	62	1.116	63	1.134	64	1.152	65	1.170	66	1.188	67	1.206	68	1.224	69	1.242	70	1.260
71	1.278	72	1.296	73	1.314	74	1.332	75	1.350	76	1.368	77	1.386	78	1.404	79	1.422	80	1.440
81	1.458	82	1.476	83	1.494	84	1.512	85	1.530	86	1.548	87	1.566	88	1.584	89	1.602	90	1.620
91	1.638	92	1.656	93	1.674	94	1.692	95	1.710	96	1.728	97	1.746	98	1.764	99	1.782	100	1.800

100	1.800	200	3.600	300	5.400	400	7.200	500	9.000	600	10.800	700	12.600	800	14.400	900	16.200	1000	18.000

省农行一九九一年印制

1991 年中国农业银行浙江省分行统一印制的活期储蓄利息查算表

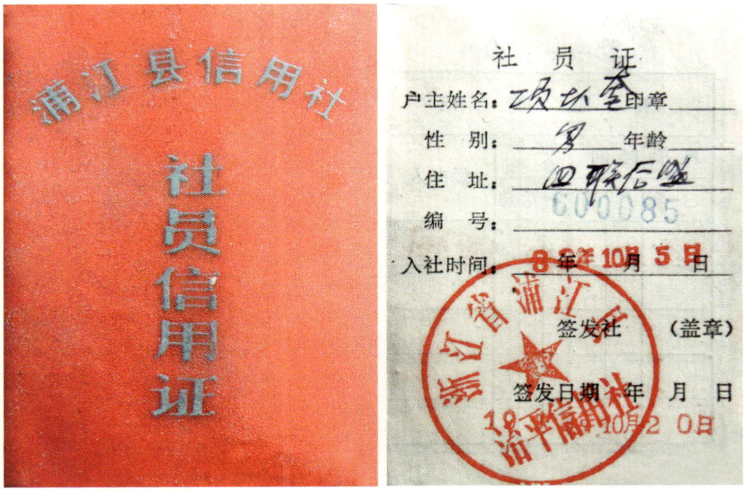

社员信用证（1982 年 10 月制发）

社员借款证（1957）

团体社员股金证（1998）

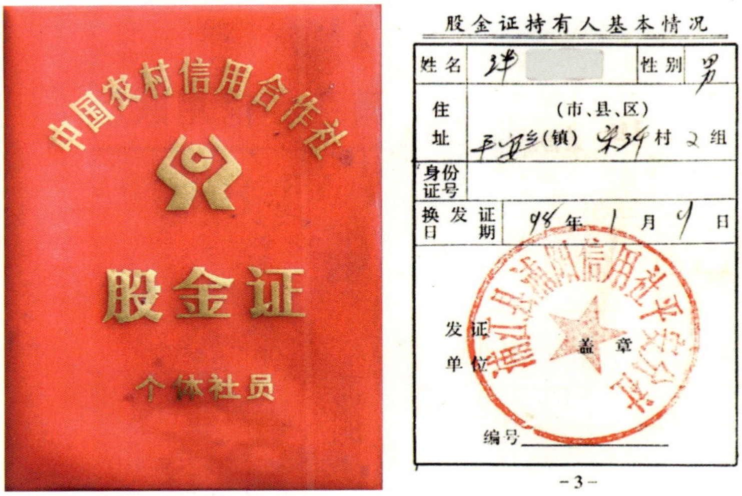

个体社员股金证（1998）

支农信用卡（2001）

县农信联社首届工会代表暨首届职工代表大会代表证（2006 年 4 月）

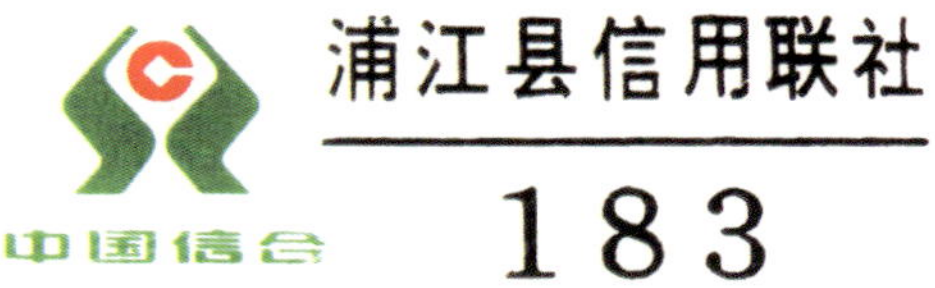

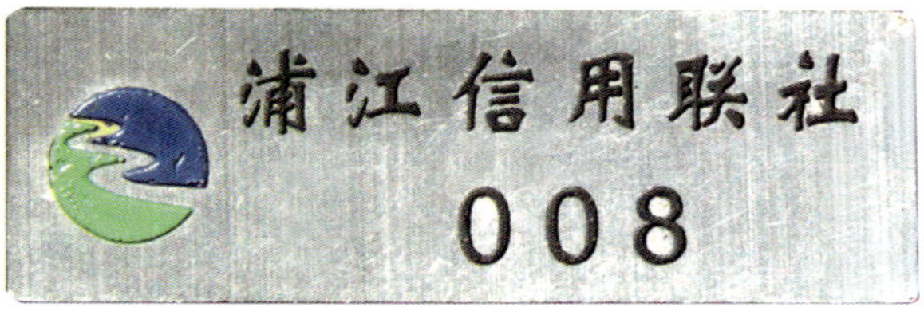

20 世纪 90 年代至 2016 年间信用合作社职工曾佩戴过的部分工号牌

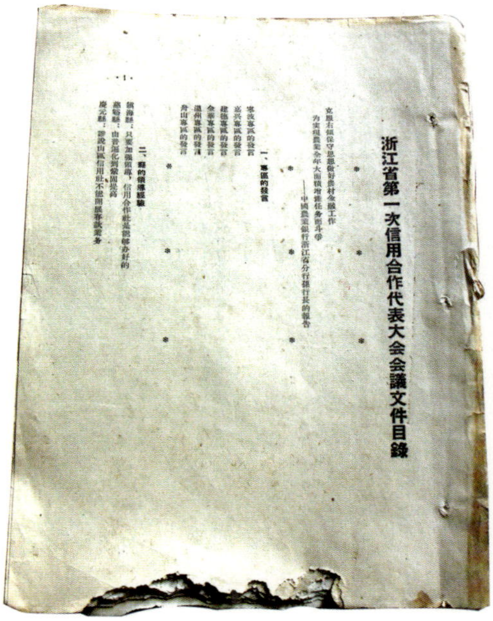
浙江省第一次信用合作代表大会會議文件目錄

浙江省第一次信用合作代表大会文件汇编（1956 年 6 月）

办好信用合作社　支持农业大跃进

— 浙江省第二次信用合作代表会议发言材料选辑 —

中国人民银行浙江省分行编

1958年4月

浙江省第二次信用合作代表会议发言材料选辑（1958 年 4 月）

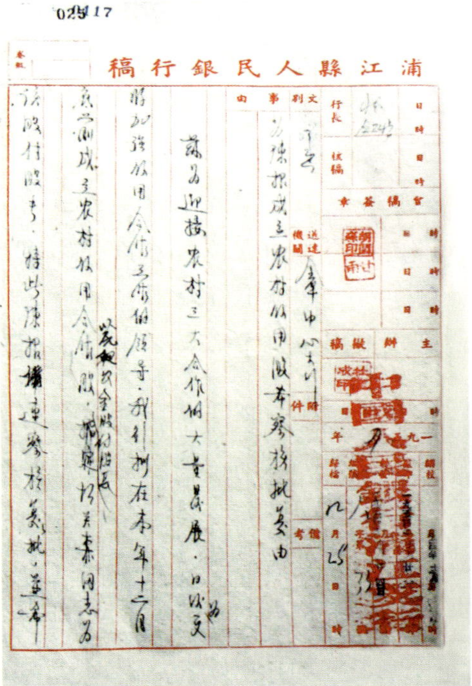
浦江縣人民銀行稿

中国人民银行浦江县支行向金华中心支行呈送关于成立农村信用股的报告（1954 年 12 月）

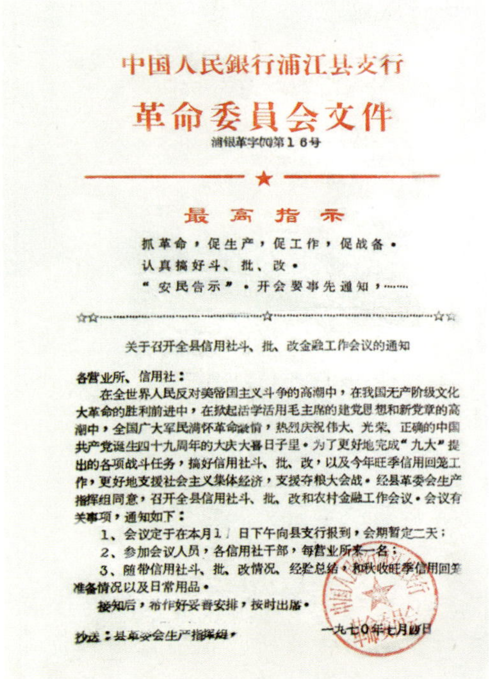
中国人民银行浦江县支行

革命委员会文件

浦银革字(70)第16号

最高指示

抓革命，促生产，促工作，促战备。

认真搞好斗、批、改。

“安民告示”。开会要事先通知，……

关于召开全县信用社斗、批、改金融工作会议的通知

各营业所、信用社：

在全世界人民反对美帝国主义斗争的高潮中，在我国无产阶级文化大革命的胜利前进中，在掀起活学活用毛主席的建党思想和新党章的高潮中，全国广大军民满怀革命豪情，热烈庆祝伟大、光荣、正确的中国共产党诞生四十九周年的大庆大喜日子里。为了更好地完成“九大”提出的各项战斗任务，搞好信用社斗、批、改，以及今年旺季信用回笼工作，更好地支援社会主义集体经济，支援夺粮大会战。经县革委会生产指挥组同意，召开全县信用社斗、批、改和农村金融工作会议。会议有关事项，通知如下：

1、会议定于在本月1[illegible]日下午向县支行报到，会期暂定二天；

2、参加会议人员，各信用社干部，每营业所来一名；

3、随带信用社斗、批、改情况、经验总结，和秋收旺季信用回笼准备情况以及日常用品。

接知后，希作好妥善安排，按时出席。

抄送：县革委会生产指挥组。

一九七〇年七月四日

中国人民银行浦江县支行革命委员会关于召开全县信用社“斗批改”金融工作会议的通知（1970 年 7 月）

1960年6月浦西区金融干部合影。前排左起：花桥信用分部黄锦广、中国人民银行浦江县支行浦西营业所主任何德基；后排左起：前吴信用分部吴凤熇、金银信用分部黄子棪、朱桥信用分部于崇熙、石马信用分部石箫何。

1965年5月浦义并县期间，义乌县金融系统先进工作者合影。前排左一为浦阳信用社主任张润月，后排左二为虞宅信用社会计毛金敢。

20世纪80年代早期农业银行浦江县支行、浦西营业所、花桥信用社负责人及部分职工合影。前排左起：丁长辉、彭丽先、周坚特；中排左起：周家财、周金宝、张祖荣、楼临川；后排左起：黄金斗、金如明、杨宏贵、石箫何、黄新木。

1982年10月参加中国农业银行浦江县支行第三期业务培训班的平湖区营业所及各信用社部分干部职工合影。前排左起：陈亚云、赵兴祥、陈丰育、江东放；后排左起：张远励、廖原、周幼根、张融融。

20世纪80年代后期中国农业银行浦江县支行、营业所、下派办事组及信用社部分负责人合影。前排左起：任浦城、朱希秋、宋良根、李家彬、石箫何、张序根、朱文德；后排左起：张祖荣、朱旭民（信贷员）、郑顺世、黄新木、陈曼秋。

1987年夏浦阳信用社干部职工合影。前排左起：袁新朵、何鱼嫦、黄必勋、徐建一、寿丽珍；后排左起：吴璇、祁秀芳、杨国娇、徐伟华、张美花。

1989年秋浦西片区部分信用社主任及信贷员合影。前排左起：罗启阳、黄新木、张序根；后排左起：王天佑、蔡伟庆、方城强、楼理宣。

1990年春中国农业银行浦江县支行“清收非正常贷款”工作组与郑宅信用社干部职工合影。前排左起：戴根木、王在许、黄必勋、赵根法、洪中洋；第二排左起：郑可林、戴纪律、周必进、丁长辉、贾红花；后排左起：郑梦林、张宏伟、罗启阳、郑贤明。

1990年石宅信用社干部职工合影。前排左起：周金宝、方城强；后排左起：李巧萍、朱立群、江森林。

1993年大畈信用社干部职工合影。前排左起：周群文、胡斌斌、陈忆萍；后排左起：毛红专、王才有、张惠敏。

1993年6月中国农业银行浦江县支行辖内及城关片区稽核辅导员与七里信用社干部职工合影。前排左起：周家立、宋良根、江东放、张寿生、吴旭明、楼基设；后排左起：张小洁、张群宵、张雄鹰、严明达、徐星有、黄国强、楼理宣、董尚志。

1994年秋中余信用社乔迁新址，农业银行浦江县支行平湖营业所、县联合社领导及兄弟社负责人与中余信用社干部职工合影。前排左起：陈忆萍、陈巧琴、周坚特、徐建一、傅霞莲、薛镇伟、徐志坚；后排左起：毛嘉庆、周荣军、陈乃曹、徐东升、张远励。

1994年11月浦阳信用社干部职工合影。前排左起：祁秀芳、徐伟华、张寿生、黄遵挺、丁长辉、楼英明、张必军、金飞雀；中排左起：胡蓉、张美花、周霞莲、张莉萍、吴璇、赵小红、何慧、楼晓春；后排左起：寿丽珍、黄红英、洪雁、叶娟、杜娟花、方芳、袁新朵、石灵飞。

2001年8月城关信用社首届社员代表大会期间，中国人民银行浦江县支行、县联合社领导与参加大会的社员代表合影。

序　一

盛世修志，鉴古明今。《浦江县农村信用合作社志》是中华人民共和国成立后本县金融行业的第一部专志。编纂工作自 2016 年 8 月起步，在社志编纂委员会主导下，修志组人员经过四年的不懈努力，几易其稿，最终得以付梓。这是浦江农信也是浦江金融界的一件大事，可喜可贺！

浦江县农村信用合作社自 1954 年成立以来，从创办早期的筚路蓝缕、艰难曲折，从“既是”“又是”阶段的负重拼搏、奋力拓展，及至改制后自成体系、攀登新高的阔步前行，历 60 余度春秋，风雨兼程，初心不改，进而一跃成为全县金融同业的佼佼者，殊属不易。我自参加工作之日起，就是浦江农信一分子。从一名平凡岗位上的普通员工，逐步成长为基层社、县联合社负责人，进而忝列县联社高管，直至 2017 年 9 月调往武义农村商业银行。其间，有幸参与并组织了县联社一级法人的组建和改制为农村商业银行等重大决策的实施，更是以整整 30 年的亲身经历，见证了浦江农信由小变大、由弱趋强的历程。捧读社志，我不禁热泪盈眶，当年与团队同事们一道走乡间访农户，进企业探需求，开例会谋方略，定目标重践行，那记忆犹新的一件件往事、一幕幕场景又浮现眼帘。我与浦江农信关系之密切、情感之浓烈，非言语所能表达，亦非常人可以体会。

社志真实、清晰地记录了浦江一代代农信人团结奋斗、勇往直前的征战足迹。自拓荒之始，浦江农信便与“三农”结下不解之缘。谓之因农而生，伴农成长，斯言绝无虚妄。60 余年一路走来，始终情系“三农”，不离不弃，水乳交融；与县域农村经济发展同步，和谐共进。令我印象尤为深刻的是：20 世纪 80 年代，地处浦江山区的中余一带，传统养蚕业成为农村经济的重要来源。每到蚕茧收购季节，我们信用合作社员工就格外忙碌，白天要去供销部门蹲点为农户支付茧款，夜晚则要抓住良机上门吸存、催贷。起早贪黑有时甚至废寝忘食，但却让参加工作不久的我和同事们较早地分享了收获“走千家、访万户、共成长”劳动竞赛成果的喜悦。在全县农村合作基金会撤销归并时，我是浦阳信用合作社负责人。

辖内基金会机构多、业务量大，既要协调处理好与各级政府的关系，又要注重归并质量，事情千头万绪、错综复杂。我殚精竭虑，身先士卒，带领员工迎难而进，用智慧和勇气打赢了这一仗，而在历练中又让自己的业务水平和工作能力获得了较快提升。因此，在我看来，从事农信工作，就是要坚持农本理念，想农之所想，急农之所急，争做农民的贴心人。回望当年“身背土挎包，脚蹬青布鞋，开口讲政策，帮困满情怀”的形象，在往后不同历史时期的农信人身上仍能找到影子。“早晨一头雾水，中午一身汗水，晚上一脚泥水”的“三水”精神，则又充分展示了我们农信人前赴后继、继往开来、锐意进取的崭新风貌。

我们浦江农信人，坚持改革创新，无论体制、机制还是业务、服务从不缺位。直面复杂多变的经济形势和激烈竞争的市场环境，以转型引领，创新驱动，巩固提升，稳中求进，坚定不移地走普惠金融之路。以服务“三农”和小微企业为主旨，立足本土，精耕细作，加快电子化步伐，不断改进服务方式，积极开发并适时推出多种金融业务产品。信贷支持新农村建设和旧村改造走在全省前列；“丰收驿站电商综合惠民项目”荣获全省农信系统创新大赛金奖；“好家风信用贷”在 2017 年央视“3•15”晚会上被作为社会诚信建设创新案例向全国推介。

浦江农信各项优异成绩的取得，仰赖于我们所秉持的“不忘初心，深耕‘三农’”的道路自信；得益于我们“稳扎稳打，步步为营”的发展自信；归功于我们“民主集中，精准施策”的班子自信；取决于我们“凝心聚力，团结奋斗”的队伍自信。这“四个自信”必将成为我们宝贵的历史财富和企业文化资源得以传承与弘扬，为接棒的浦江农村商业银行永续发展提供有益的借鉴作用。

社志编纂时空跨度大、编撰工作人员少，而历史资料收集、调查和考证困难重重，短短四年即有此成效着实不简单，可圈可点。特别是我的老领导——省联合社金华办事处副主任臧建新同志，2016 年 7 月正式退休就受邀来浦江，担纲社志主编，亲劳胼胝且不计报酬，谨此深表谢忱。同时亦向所有关心、支持和帮助社志编纂工作的各界人士致以诚挚谢意。

原浦江县农村信用联社党委书记、理事长
浦江农村商业银行原党委书记、董事长　王才有

二〇二〇年十二月

序　二

修志载言，鉴往知来。2020年，是全面建成小康社会和实现“十三五”规划的收官之年。恰逢举国上下共同阻击新冠肺炎疫情的特殊时刻，《浦江县农村信用合作社志》将予付梓，这对于每一位浦江农信人而言，其意义深远而重大。志书编纂，工程浩繁，乃集各方之力、历四载寒暑始成。在此，谨向参与编纂此志的全体工作人员以及对之给予支持与帮助的各个部门和社会贤达表示诚挚敬意和衷心感谢！

回顾过去的60余年，农村信用合作社扎根在浦江这片多情的土地上，一步一个脚印前行，从蹒跚起步到突飞猛进，从草根金融到县域无数家庭和小微企业的成长伙伴，刻录出一道自强不息的奋斗轨迹，诠释着一种春燕啄泥、生生不息的农信精神。我们今天所从事的各项工作、践行的责任使命、心中的情怀愿景，无不是承上启下与继往开来，其间凝聚着一代又一代农信人的心血和汗水，铭刻着一任又一任探路者的筚路蓝缕和传承者的砥砺奋进。历任“领头雁”如徐建一、裘豪、詹兴云、王才有，正是他们的脚踏实地与励精图治，一步一个脚窝，一路一串履痕，带领浦江农信人以做小、做散、做实的决心与行动，方才奠定了如今浦江农村商业银行扎实稳健的发展根基，铸就其在县域金融行业“排头兵”的辉煌战绩。迄2020年1月22日，浦江农村商业银行存贷规模在全县银行业率先突破200亿元大关，存贷总量、网点数量、本地纳税贡献度等项指标均名列全县金融机构之首，各项业务稳中向好发展。亲历这一过程之艰辛，目睹新一代浦江农信人的不易与坚持，我会感恩，更要致谢——感恩前辈们的无私奉献，致谢此刻携手并肩疾步前行的农商战友们！

功崇唯志，业广唯勤。过往已是一卷沧桑巨变的改革史，未来却仍需我们为之奋斗打拼。希望每一位浦江农商人能通过此志鉴往知今，继往开来，进一步弘扬求真务实精神，拿出“撸起袖子加油干”的豪迈气势，勠力同心，勇猛精进，为浦江农村商业银行未来高质量发展作出新贡献。是为序。

原浦江县农村信用联社党委委员、主任
浦江农村商业银行原党委书记、董事长　李九良

二〇二〇年十二月

序　三

四载笔耕不辍，书写硕果累累。在2020年的尾声，即将迎来“十四五”开局、开启全面建设社会主义现代化国家新征程的特殊历史节点上，《浦江县农村信用合作社志》也出版在即。我虽未参与志书编纂的艰辛历程，但今有幸见证其出版问世，心中亦觉无限欣喜和激动。

志书修纂工程浩繁，是编纂人员怀着高度的使命感和责任感，几经寒暑，多方收集资料，爬梳整理，详今略古，精雕细琢始成。在此，我谨代表浦江农村商业银行党委及全体干部员工，向参与、支持和帮助本志编纂、出版工作的各位领导、专家、修志同仁及相关部门的同志们致以衷心感谢！

志为信史。《浦江县农村信用合作社志》是第一部系统而全面反映浦江农村商业银行历史脉络和发展成果的志书，填补了浦江农村金融领域发展研究的空白。全书既有宏观鸟瞰，将浦江农信六十多年的沧桑巨变尽收眼底；又有微观透视，把一代代农信人的艰苦创业之路悉现其中。我想，作为一名浦江农商人，当以此书为镜、为师，观兴废盛衰，辨是非得失，览发展全貌，知创业艰辛。更应充分认识、体会修志之旨，珍惜现有的成果和幸福，继往开来，砥砺前行，将老一辈农信人扎根基层、服务三农的优良传统和“早上一头露水，中午一身汗水，晚上一脚泥水”的宝贵精神财富不断传承和发扬下去，用科学、务实的态度谋划我们新时期的建设蓝图，为实现浦江农商高质量发展而不懈奋斗！

浦江农村商业银行党委书记、董事长　**王　谨**

二〇二〇年十二月

凡　例

一、本志上限尽量溯自事物的发端，下限截至2016年末，个别内容则酌情往后适当延伸，重点记述中华人民共和国成立后浦江县农村信用合作社的发展史实。

二、本志坚持辩证唯物主义和历史唯物主义原则，实事求是，无据不录。

三、本志由概述、大事记和专志各篇组成。概述综述社情，反映全貌；大事记由远及近，简记要事；专志各篇横排门类，纵叙史实，一般按时序记述。全志采用篇、章、节、目结构，设机构沿革、管理体制、业务经营、经营管理、综合管理、党群组织、企业文化、专项记述、文献载录9篇，个别篇章后缀附录。

四、本志以志为主，兼容记、录、表、图、照片等。记叙一般只述说事实，不作评论。以横排竖写，纵不断主线，横不缺要项，详今略远，详主略次。部分事件可能各篇互见，但侧重点与详略有异。

五、本志历史纪年，民国时期沿用当时纪年，并在括号内加注公元纪年。“解放后”指1949年5月11日浦江县解放以后；“中华人民共和国成立后”指1949年10月1日后，且皆以公历纪年；“××年代”系指20世纪××年代。

六、本志中凡只记“省”“地区（市）”“县”简称者，系指浙江省、金华地区（市）、浦江县。对各级党政机构名称一般直接采用习惯性简称。区、乡、镇、村名称，按叙事当时的名称或简称记之。

七、农村信用合作社各级监管机构，如中国银行业监督管理委员会浙江监督管理局、金华监督管理分局简称“中国银监会浙江监管局”“中国银监会金华监管分局”或直接称“浙江监管局”“金华监管分局”；业务主管银行各级机构，均采用全称；行、社“脱钩”后业务主管上级机构，如金华市农村金融体制改革领导小组办公室、金华市农村信用合作管理办公室，第一次出现时采用全称，其后分别简称“金华市农金体改办”“金华市农信管理办”或“市农金体改办”“市信管办”（市信合办）；浙江省农村信用合作社联合社成立后，其简称为“省农信联合社”或“省联合社”；本系统县级机构如浦江县农村信用合作社联合社（二级法人）简称“县农信联合社”或“县联合社”，浦江县农村信用合作联社（一级法人）简称“县农信联社”或“县联社”；各农村信用合作社、分社，1998 年 11 月之前沿用固有名称，其后采用规范全称。

八、本志中数字均遵照《出版物上的数字用法》规定。1955 年 3 月 1 日之前的人民币旧币换算成新人民币金额（10000:1），资料引用数字如系人民币旧币，尊重原文不作改动，而在数字后加括号注明；利率按不同时段，分别以“分”“厘”“毫”和‰（月利率）、%（年利率）表示。

九、本志记述以浦江县行政区域为限，20 世纪 60 年代曾与邻县出现区划调整的，按辖属浦江时段叙述，标明“浦江地区”或“浦江片”。

十、本志资料来源广泛庞杂，在记述中概不一一注明出处。少数表格内部分项目内容欠完整，系因原始档案记载不全，或未作统计，故留为空白。

目　录

第二篇　管理体制

第三篇　业务经营

第四篇 经营管理

第六篇 党群组织

第七篇　企业文化

第八篇　专项记述

概　述

一

浦江县位于浙江省中部，隶属金华市。东南界义乌，东北连诸暨，西南与兰溪毗邻，西北同建德、桐庐接壤，土地总面积 915.35 平方千米，其中山地面积占 67% 以上。21 世纪初，考古专家三次对境内黄宅镇渠南村北蚕塘山背“上山遗址”的发掘表明，在距今 11000 年至 9000 年的早期新石器时代，便有先民在这里劳动生息，是长江下游地区世界稻作农业最早的起源地之一。

东汉献帝兴平二年（195），孙策分太末、诸暨部分境地立丰安县，乃浦江建县之始。唐天宝十三年（754）析义乌、兰溪及富阳地置浦阳县。五代吴越天宝三年（910）改浦阳县为浦江县，此名一直沿用至今。1949 年 5 月，浦江解放。中华人民共和国成立后属金华专区。1960 年 1 月撤销浦江县建制，辖地除梅江人民公社（相当于区）划归兰溪县外，余均并入义乌县。1967 年 1 月恢复浦江县建制，原并入义乌县的行政区域，除青山、马剑 2 个人民公社已划归诸暨县外复归浦江。1968 年 4 月后属金华地区，1985 年 5 月后属金华市。

2016 年，全县设郑家坞、白马、郑宅、岩头、黄宅、杭坪、檀溪 7 个镇和前吴、花桥、虞宅、大畈、中余 5 个乡及浦阳、仙华、浦南 3 个街道办事处。有 409 个行政村，20 个居民委员会（社区）。总人口 39.92 万，人口密度 430 人 / 平方千米。

农业历来是浦江经济的基础。中华人民共和国成立前，受旧制度的重重束缚，农业、工商业和社会各项事业发展滞缓。中华人民共和国成立后的 30 多年间，各业均有长足进展。至 1978 年底，全县社会总产值为 11255 万元；在工农业总产值中，工业和农业的占比分别为 44.9% 和 55.1%。

改革开放如春风化雨，为千年古县浦江注入勃勃生机，带来了经济发展、文化繁荣和社会进步。

二

浦江金融业的出现，首推清乾隆四十九年（1784）前后开设的典当。1930 年 1 月，第一家农村信用利用合作社成立。1933 年 3 月设农民借贷所；1934 年 6 月转设为义东浦地方农民银行浦江办事处，至 1939 年 10 月清理停业。同年 11 月，县合作金库正式成立，至 1942 年 5 月歇业。1939 年 7 月浙江地方银行在浦江设办事处，1942 年 8 月归并该行总管理处；1945 年 9 月复业，直至 1949 年 5 月浦江解放后由人民政权接收。这些金融机构或非银行金融机构，经营时日大多短暂，农贷则量寡利高，特别是信用及信用兼营合作社本身并无资金实力，仅是农民借贷所、农民银行及合作金库放款于农民之居间经纪，均未真正发挥融通农村资金、支持农村经济发展的职能作用。

1949 年 10 月，伴随着人民共和国成立的礼炮声，中国人民银行浦江办事处宣告诞生，自此始，人民金融事业开启全新的一页。

1951 年 5 月，中国人民银行召开第一次全国农村金融工作会议，明确提出要在农村重点试办信用合作社，通过组织资金，调剂余缺，帮助农民群众解决生产生活困难。1953 年 12 月，中共中央在《关于发展农业生产合作社的决议》中，亦指明发展信用合作社的重要性和必要性。

1954 年初，按照中共浙江省委部署，中共浦江县委把信用合作化列为改造小农经济、使社会主义逐步占领农村阵地的一大中心任务。2 月，中国人民银行浦江县支行派出专门干部进驻马剑区蹲点指导，帮助当地农民试办信用互助组，力促其在巩固、提高的基础上筹建信用合作社。3 月下旬，本县第一个社会主义性质的农村信用合作社——中余乡信用合作社正式开业。自 4 月始，中共浦江县委总结成功经验，树立先进典型，坚持“先组后社”，因势利导，由点及面向全县推广。银行干部、各区乡干部和信用合作干部紧密配合，“下沉”到广大平原与山区调查民情，依靠党团员和贫雇农积极分子等中坚力量，培训互助合作代表，放手宣传发动，引领农民群众建组办社。至 1955 年初，全县农村信用互助组发展到 212 个，有 32 个信用合作社和 4 个供销合作社信用部基本成型。迄是年末，全县成立信用合作社 48 个，实现“乡乡有社”，且大部分社已配备专职干部。

1955 年至 1957 年，深入贯彻中央和中共浙江省委指示精神，以巩固、提高为宗旨，以加强管理、健全财务为重点，开展对农村信用合作社的整顿工作。通过“整社”，各社干部在“深入农村，帮助农民，解决困难，发展生产”农村金融工作总方针指引下，发扬艰苦奋斗、敬业奉献的工作作风，走村串户，扩股吸存，送贷上门，调剂互济，以精诚赢得信赖，入社农户骤增，业务取得较大进展。迄 1957 年末，全县农村信用合作社各项存款余额为 28.83 万元，是 1955 年末的 3.86 倍，三年间累计发放贷款 64.87 万元，有效地打击了猖獗一时的农村高利贷活动，确立了信用合作社是农民自己的“小银行”、身边“小钱柜”的地位。

1958 年，“大跃进”和人民公社化运动掀起高潮。适逢国家财贸管理体制的施行，银行基层营业所于翌年与信用合作社合并成立公社信用部，原信用合作社则调整为按管理区（生产大队）设信用分部。信用合作社资金管理、干部管理和业务经营“三权”的下放，使国家银行对信用合作社的领导和管理严重弱化。其间，信用合作社的集体所有制性质被忽视，不少方面的利益受侵犯，资金被占用或调用，农村信用关系遭不同程度破坏。加上连续三年自然灾害肆虐，农业歉收，导致信贷全然失控，存款业务大幅萎缩。1960年浦江、义乌并县后，据统计，当年存款余额为26.8万元，而贷款余额则高达56.8万元，造成部分信贷资金损失。绝大部分社（信用分部）亏损，亏损面达93.1%，比1957年高出近20个百分点。

1961年8月后，全县农村信用合作社全面恢复。中共中央颁发《农村人民公社工作条例（草案）》，重申农村信用合作社在业务上受中国人民银行指导。自是年起，国民经济执行“调整、巩固、充实、提高”的八字方针，农村信用合作社贯彻以农业为基础的指导思想，以“当年平衡，略有回笼”为工作目标，业务得以平稳发展。1965年末，义乌县浦江片区农村信用合作社存款余额和农业贷款发放额，分别占全区行社总计的37.37%和53.97%。

1965年7月，中国人民银行召开全国分行行长座谈会，提出银行工作的主要任务是：继续高举毛泽东思想伟大红旗，坚决贯彻“发展经济，保障供给”的财经工作总方针，不断加强政治观点、生产观点、群众观点，积极支持工农业生产新高潮的发展，全心全意为人民服务。并提出“积极支持生产，存贷结算方便，坚持政策原则，工作活而不乱”的行动口号。这在当时以至其后对搞活农村信用合作社工作、促进经济发展无疑具有积极的引领作用。但以抓“两纲”为指导思想，致“左”的倾向在农村信用合作社工作中有所抬头。

1966年5月，“文化大革命”开始，此后经济社会处于长达十年的动乱之期。1967年1月，浦江县建制恢复。1970年5月起，在各公社革命委员会一元化领导下，全县农村信用合作社再度下放，接受贫下中农管理，社员代表大会制度和理事、监事会组织陷于瘫痪状态。所幸中共中央、国务院及中国人民银行适时纠偏，农村信用合作社在管理上、业务上并未造成大的混乱。“文革”十年间，前三年存贷款业务徘徊不前，后七年则增长滞缓。1974年5月后，贯彻落实财政部农金局相关文件精神，农村信用合作社复归人民银行领导。

1978年3月至1979年7月，按照全省银行工作会议部署，中国人民银行浦江县支行在全县农村信用合作社开展以“三清”（清账目、清物资、清贷款）为主要内容的全面整顿工作，并在思想、组织和工作指导方针上拨乱反正，正本清源，同时加大对农村信用合作社的领导和扶持力度，使之逐渐摆脱弱势，各项业务获得健康发展。1979年末，全县农村信用合作社各项存款余额为851.68万元，比1976年末的431.68万元增长97.29%；各项贷款余额亦比1976年末增长81.22%；账面利润从1976年末的2.75万元增至1979年末的6.43万元，增长133.82%。

1979年2月，根据中共中央决定，国务院发出《关于恢复中国农业银行的通知》，农村信用合作社转由农业银行领导和管理。并重申“农村信用合作社是集体所有制的金融组织，又是农业银行的基层机构”。农村信用合作社资金纳入国家信贷计划，人员编制纳入集体劳动工资计划，职工政治、生活待遇与银行基本一致，亏损由银行予以补贴。1980年1月，中国农业银行浦江县支行正式成立，接手对全县农村信用合作社的领导和管理。

在国家计划经济尚未向商品经济转变的历史条件下，农村信用合作社这一“既是集体所有制金融组织，又是国家银行在农村的基层机构”的“官办”体制，具有一定的必然性和可行性，对规范农村信用合作社经营管理，较大程度地调动其干部工作热情，有效促进各项业务迅速发展不无积极作用。迄1983年末，全县农村信用合作社各项存款余额增至1468.91万元，比1978年末增长143.95%；各项贷款余额增至442.72万元，比1978年末增长328.16%。农村信用合作社一跃而成为服务农业、农村、农民以及支持社队企业发展的主要力量。

三

中共十一届三中全会后，农村改革逐步推开。特别是实行家庭联产承包责任制（通常称“包产到户”或“大包干”），解放了农村生产力，调动了广大农民的生产积极性，促进农村经济快速发展。基于农业生产经营和核算体制的转换，而由农业银行统一领导和管理的农村信用合作社因自主权受限，缺乏经营活力，在金融服务、贷款业务等多个方面远不能满足农民群众的需求，亦难以适应社会生产和流通规模日益扩大的新形势，必须抓紧改革。

1983年，中国农业银行根据中央有关指示精神，在全国8000多个农村信用合作社开展体制改革试点工作。是年4月初，遵照浙江省人民政府办公厅转发中国农业银行浙江省分行关于农村信用合作社体制改革试点的意见，中国农业银行浦江县支行抽调行、社骨干成立工作组，赴石马农村信用合作社进行恢复“三性”（组织上的群众性、管理上的民主性和经营上的灵活性）的试点，先后召开社员代表大会，建立理事会、监事会组织，并在全县分批推开。1984年3月，经检查验收，县域25个农村信用合作社已全面恢复体现“三性”的组织建设。赓即，体改工作向深度和广度推进，把“松绑、放权、搞活”一系列举措落到实处：扩大农村信用合作社经营自主权，实行责、权、利挂钩，打破分配上的平均主义；改革农村信用合作社资金管理办法，实行多存多贷、利率浮动，按其实际需要适当扩展贷款范围，放宽审批权限，允许社与社之间资金横向调剂等。与此同时，加强信用服务站组织建设和业务发展，全县站点增至287个，占大队总数的71%，其中有98个站点存款余额突破万元关口。全县25个农村信用合作社实现利润25.12万元，比上年增长28.69%，达到社社有盈余，取得较好的经营效益，体改成果凸显。

随着农村改革不断深化，各项政策落实到位，多种经营迈开大步，加之国家对部分农产品价格进行调整，农村人心稳定，经济活跃，农民的钱袋子日渐鼓起来，为农村信用合作社吸存增储创造了有利的外部条件。迄1987年末，社员储蓄存款余额增至3407万元，比1978年末的141.9万元增加3265.1万元，十年间增长24倍。农村信用合作社支农实力日渐增强，经营活力愈益显现，其自身在对农村经济尤其是对乡镇企业的支持和发展中逐步壮大，开创了互利共赢新局面。

1987年初，筹建县农村信用合作社联合社列入中国农业银行浦江县支行上半年农村金融工作要项。4月，筹建工作进入实质性阶段。6月，全县25个农村信用合作社及5个分社自愿联合，正式成立浦江县农村信用合作社联合社。县联合社履行对各信用合作社的管理和服务职能。

1988年8月至1989年，受物价上涨等因素影响，全社会出现商品抢购风潮，致农村信用合作社储蓄存款一度严重滑坡，出现贷大于存的经营风险，资金极为紧缺。中国农业银行浦江县支行及县联合社迅即采取应急措施，厉行“有保有压”方针，灵活调度资金，并组织各社吸收不承担经营风险的“存款化股金”，缓解资金紧张态势，确保存款支付；同时严密控制、压缩信贷规模，清收不良贷款，提高资金利用率。借以稳定大局，渡过难关。

1992年12月，县联合社修订章程。复经中国人民银行浙江省分行批准，县联合社以管理为主，并可按批准业务范围经营，标志着县联合社从管理服务向兼具经营与管理服务双重职能的经济实体转变。

1993年，再度受社会集资、股票发行等冲击，农村资金大量分流，农村信用合作社普遍面临头寸偏紧，个别社甚至出现存款支付困难等问题。县联合社及各辖属社从容应对，陆续推出多期独具特色的实物有奖储蓄新储种，面向城乡吸存；同时盘活资金存量，并运用政策，依法合规开展又一次增扩股工作，迄当年末，全县农村信用合作社股金余额即达2889.46万元。上下拧成一股绳，共克时艰，终化险为夷。

1996年10月，根据国务院《关于农村金融体制改革的决定》，县联合社与中国农业银行浦江县支行脱离行政隶属关系，接受金华市农村金融体制改革领导小组办公室（简称金华市农金体改办）领导，业务上转由中国人民银行浦江县支行监督管理。

1997年9月，中共浦江县委决定，建立县联合社党委，有效加强党对全县农村信用合作社的统一领导。10月，全县具有法人资格的21家农村信用合作社，归并为浦东、黄宅、浦阳和檀溪4个具有法人资格的农村信用合作社和非独立核算的16个信用分社。行、社“脱钩”后，县联合社以加快发展为目标，强化内控为基础，科技创新为先导，人事制度改革为保障，坚持人本理念，狠抓队伍建设，提高整体素质；明确市场定位，立足面向“三农”，改进服务方式，做好信贷支持；健全体制机制，优化经营管理，开拓业务领域，实现稳健发展。通过不懈努力，全县农村信用合作社多轮驱动，快速前行，在各项业务开拓、电子化建设、结算运行、产品创新等方面都取得了长足进步和全面提升。2001年全县农村信用合作社始扭亏为盈，2001年至2004年连续盈利，累计盈余额674万元，弥补历年亏损1880万元，上缴国家税收1208万元。

2004年4月，根据国务院国发〔2003〕15号、中国人民银行银发〔2003〕181号等文件精神，县联合社及各农村信用合作社相继召开理事会和社员代表大会，形成决议，筹建统一法人，并组织清产核资。此间，国家给予税收优惠、发行专项中央银行票据、返还上缴的土地出让金等扶持政策，帮助卸下历史包袱，力促改革顺利推进。是年6月，经省农村信用合作社改革试点工作领导小组办公室批复同意，在取消本县原各农村信用合作社及其联合社法人资格的基础上，合并组建统一法人的县农村信用合作联社。

四

2005年1月，实行产权制度改革。伴随催春战鼓的激越擂动，实行一级法人、统一核算、分级管理、授权经营管理体制的浦江县农村信用合作联社应运而生。县联社挂牌开业后，遵循新的章程规定，积极探索，健全、规范运行机制，基本形成重大事项由理事会决策，高级管理层在理事会授权范围内经营管理，监事会代表社员及其他利益关联方对理事会、高级管理层行为实施监督的制衡结构。并大胆试行非职工理、监事，社员代表参与决策、监督的新机制。同时按现代法人治理要求明确职责，合理分工，推行理事长办公会议、主任办公会议、主任例会、社务会议等一系列制度，显现各负其责、有效制衡、协调运作的良好格局。为适应一级法人体制需要，着眼实际，将业务指标直接考核到网点，初步搭建了“八个集中、三个归口、一个通道”的扁平化管理架构。建立多层次考核激励机制，出台绩效考核及末位淘汰办法，开展季度劳动竞赛，以经营管理责任制为依据实施年度考核。实践证明，扁平化管理利于广大干部职工工作积极性的有效调动和创造性的极大发挥。适时调整经营策略，在追求自身经营效益的同时兼顾社会效益，推出“新农村住房配套贷款”，支持浦阳街道群生等行政村的新农村建设；建立“圆梦生源地助学贷款基金”，为家庭经济困难的学生进入全日制普通高校发放助学贷款。完善内控制度化、规范化建设，制订各类管理制度100余个，实现全方位、多环节覆盖。健全内控组织体系，“三会一层”彼此监督，相互制衡；充实审计、风险合规等科室人员，形成信贷、财务、安保、审计、监察、检查环环紧扣的监督机制。推行中层干部竞聘上岗制度和重要岗位人员交流与退出机制。2006年9月，1698万元央行票据顺利兑付。至2007年末，全辖各项存款余额166371万元，比2004年末新增65310万元，增幅达64.62%；各项贷款余额120453万元，比2004年末新增39547万元，增幅为48.88%；贷款不良率由2004年末的14.63%降至6.88%；经营效益明显好转，三年累计实现税前利润1968万元。2006年，县联社被评为全市农信系统先进单位；2006年至2007年跻身全县“超500万元纳税大户”行列，受到中共浦江县委和县人民政府通报表彰，并荣膺县级“文明单位”

称号。自身经营效益与社会效益的同步提升，为下一步改革发展奠定了坚实基础。

2008年10月，县联社召开第二届社员代表大会，民主选举产生第二届理事会、监事会成员。持续推进增户扩面工作，连续四年开展“走千家、访万户、共成长”活动，初步建立辖内客户基础信息档案，了解掌握客户基本情况，深挖信贷资金来源。充分利用营业网点众多、贴近农民群众的优势，通过抢抓竞争先机、完善激励机制等方式，以优质服务赢得市场，夯实信贷资金基础。围绕“美丽乡村”建设，持续拓展新农村住房改造贷款，并突破原城市住房按揭贷款单一以客户房产作为抵押的方式，推出村经济组织、企业或个人担保，联保小组联保等多种担保方式，真正把“为新农村建设添砖加瓦”的宗旨落到实处。着力打造优质高效的服务网络，加快营业网点战略布局，增强其服务覆盖面和辐射能力。按照“农村网点城镇化，城镇网点功能化”的建设要求，设计标准化网点装饰规范、服务手册，打造现代银行网点形象。切实推进“便民支付工程”和“刷卡无障碍示范区”创建活动，加大ATM机、POS机等自助设备的投放力度，完善金融服务功能。推动“银行卡助农取款服务”试点工作，继2011年7月开办全县第一个银行卡助农取款服务点之后，在131个金融服务空白乡村开通银行卡助农取款服务，使之成为村民身边的“迷你银行”，解决偏远山区农民小额取款难问题，有效改善农村支付环境。推行客户经理制试点，进一步完善绩效考核管理办法，按基础保障工资、业务量计酬、绩效薪酬三大考核内容，明确综合柜员、信贷、管理等不同岗位计酬办法，尝试营销体系的深层次改革。至2011年末，全辖各项存款余额达33.48亿元，比2007年末新增16.84亿元，增幅为101.2%；各项贷款余额24.52亿元，比2007年末新增12.47亿元，增幅为103.49%；贷款不良率由2007年末的6.88%降至0.59%。经营效益大幅提升，2007年至2011年累计实现税前利润20847万元，累计上缴国家税收10695万元。

2012年1月，县联社召开第三届社员代表大会，民主选举产生第三届理事会、监事会成员。新一届领导班子秉持扎根本乡本土、走好普惠金融之路、专注服务地方经济发展的定位，牢牢把握服务“三农”和小微企业的经营方向，深化改革，加速转型，积极作为，稳中提质，致力于助推“两美”浦江建设。面对经济下行趋势、企业经营困难等实际，着眼“民”字，推出诸多有效举措：一是完善利率定价，让利于民。连续四次下调企业贷款利率，优化贷款手续，自主增加11个免费项目。二是倡行“阳光”信贷，取信于民。在各行政村设立“阳光信贷公示牌”，公布联村客户经理姓名、联系方式；建立阳光办贷大厅，全面公开贷款条件、流程、利率、收费标准、办理时限及监督方式等。三是推广“即时转”，减负于民。针对中小企业和个体工商户资金使用频繁、时间急、金额小等特点，大力推广贷款“即时转”，做到存量贷款当天归还当天发放。同时推行“首问负责制”“一次性告知制”“一站式服务”等信贷服务方式，进一步下放审批权限，确保“三农”和小微企业信贷资金在最短时间内发放到位。结合县情，持续发放“美丽家园”贷款，支持美丽乡村建设。加大“金牌合作伙伴”“金牌合作信用村”建设，选择优质客户作为“金牌合作伙伴”，双方在账户开立、业务办理、产品服务、信贷投入、广告宣传等方面建立合作关系，实现资源共享。一系列有效举措的实施，促存贷规模跨越新高，至年末各项存款余额达 40.56 亿元，比年初上升 7.08 亿元。各项贷款余额 29.23 亿元，新增 4.71 亿元，增幅为 19.21%，其中涉农贷款余额 26.80 亿元，比年初新增 4.39 亿元，增幅为 19.59%，高于各项贷款增速 0.38 个百分点；小微企业贷款余额 12.06 亿元，比年初新增 3.31 亿元，增幅为 37.83%，高于各项贷款增速 18.62 个百分点，实现了“两个高于”的既定目标。利润总额 9220 万元，同比增收 713 万元，增幅为 8.39%。上缴国家税收 4726 万元，为促进县域经济发展作出了应有贡献。是年，县联社获得全市农信系统（第一季度）劳动竞赛三等奖，在全县金融系统业务技能比赛中夺得团体第一名，并先后被评选为民主评议行风活动最佳金融机构、年度会计工作先进单位，县联社党委荣膺“创先争优先进基层党组织”称号。

2013 年，全面实施“12345”（一个目标：打造浦江支农支小“主力银行”；二个重心：围绕全省农信系统工作重心、全县社会经济工作重心；三个文化：家文化、校文化、军文化；四个意识：争先意识、创新意识、规则意识、执行意识；五个工程：服务提升工程、营销强化工程、机制优化工程、品牌塑造工程、文化创建工程）总体战略，牢牢把握“稳增长、控风险、强基础、优机制”的主基调，全面启动普惠金融工程建设，加大服务“三农”和地方经济社会发展力度。是年，存款增长、贷款投放、经营利润、中间业务收入、银行卡业务等主要业务指标和资本充足率、拨备覆盖率、贷款损失准备充足率等主要监管指标，均取得优异成绩。至年末，各项存款余额突破 50 亿元大关，时隔十二年再度捧回名列全县金融系统之首的桂冠。上缴国家税收首超 5000 万元，跃居全县纳税企业前茅。

2014 年，以坚定走普惠金融之路为中心，以“转型引领、创新驱动”为主题，牢牢把握“巩固提升、稳中求进”的工作思路，积极应对复杂多变的经济形势和激烈竞争的市场环境，重点突破，以点带面，循序渐进，为打造浦江农信科学发展“升级版”迈出更加坚实的一步。全面落实支持实体经济十大举措，切实解决小微企业融资难题；大力支持“浦江葡萄”特色农业产业，推出“扶持葡萄产业”专项贷款，实行利率优惠、担保方式灵活，“贷”动甜蜜产业发展；响应中共浦江县委、县人民政府关于发展民宿产业的号召，创新推出“民宿贷”专项贷款，为县域“后治水时期”农村产业发展开辟融资“绿道”；倾力打造“丰收”惠民体系，推出“丰收小站”统一品牌，为农村和社区居民提供一个集网上代购、快递收发、便民缴费、小额取款、金融消费等服务为一体的综合惠民服务平台。是年，县联社荣膺“全省农信系统先进单位”称号，在系统内绩效评价中获优秀（AAA），名列全省第 5 位。

2015 年，以社区银行转型建设为主线，以稳中求进为原则，以创新发展为动力，全面落实普惠金融工程三年计划目标任务。坚持服务“三农”和小微企业，立足本土，精耕细作，不断增强差异化竞争能力。全力推进业务流程再造，推广“普惠快车”业务模式，通过制定新借款申请书、择优信用放贷、简化贷款调查报告等方式，整合信息采集、综合评价、业务审批等办贷流程，简化手续，实现对30万元（含）以下个人贷款的“一站式”快速办理，满足小额信贷客户“短、频、急”的需求。全面推进“丰收村村通”建设，在山区网点ATM机全覆盖的基础上，根据客户金融服务需求，不断加大自助机具布放力度，并积极运用3G移动终端等技术手段，持续提升农村金融服务覆盖面。坚定综合经营、多维盈利的发展理念，积极探索推进经营模式变革，强化跨业资源整合与优势互补。推出电商综合惠民工程，以“丰收小站”为载体实现固有优势与互联网业务叠加，推进服务渠道由以线下服务为主向线上线下相互联动、一体化发展转型。紧扣“职责清晰、协调有力”原则，对总部内设架构与部门设置进行合理划分和重组，根据业务发展需要，将人事监察科划分为人事教育科和纪检监察室，并相继新增客户服务中心、电子银行科和资金管理科，通过重组总部内部机构功能，细化业务模块、具化职能分工，形成全局良性互动、职能协作的管理机制，进一步提升联社精细化管理水平；建立否决事项通知单制度，明确职能科室办理各类授信审查和审批业务等事项的时限，有效提升联社金融服务水平。精确定位“五角服务”。将“丰收小站”服务设定为“一站五角”模式，通过设立丰收金融角、丰收电商角、丰收物流角、丰收信息角和丰收便民角，在为农村居民提供小额取款、转账、汇款等日常服务的同时，推出网上代购代销、快递收发等特色电商服务，切实提升普惠力度。经过近一年的实践，立足实际，因地制宜，探索形成网点附加型、超市签约型、电商园区结合型和自助银行升级型四种模式的“丰收小站”，部分网点还以“丰收小站”为平台开设了夜间金融服务便利店，实行“错时服务”制度，将丰收小站服务延迟至晚8时，以全面衔接社区金融服务需求。积极构建“三级网络”。在加快布局“丰收小站”村级网络、不断完善“丰收惠民站”乡镇级网络的基础上，助推县级电商产业发展。

2016年，坚持稳健发展主基调，强化“一体两翼”战略转型，以普惠精神为引领，坚定方向，凝聚力量，狠抓落实，为打造浦江农信科学发展“升级版”迈出更坚实步伐。积极完善供给侧金融服务，持续推进“美丽家园”住房贷款，大力支持中心村、城中村、旧村改造建设。拓展特色服务，积极扩大“丰收驿站”综合便民服务点覆盖面，利用“丰收购”平台帮助打开农产品网销渠道。推出“好家风信用贷”专项贷款，为“文明家庭”提供贷款免担保“福利”。推出“丰收IC水晶卡”业务，以丰收水晶卡为载体建设“智慧一卡通”项目，进一步提升丰收卡行业应用水平；与县水晶产业集聚区管委会签订战略合作协议，共建“智慧园区”，通过打造“一卡通用，一卡多用”的“金融+智慧园区”生态圈，为未来对接“水晶时尚特色小镇”建设夯实基础。与县农合联建立战略合作关系，作为农合联副理事长单位，全面深化与涉农部门、“农”姓机构、农民合作社的合作通联，以农合联为平台，重点实施“丰收小额贷款卡”工程，结合“普惠快车”业务，对符合条件的农合联会员实行“随到随贷”，全面打造农合联“利益共同体”，助推农业现代化和城乡一体化发展。是年6月，正式启动股份制改革，严格按照筹建要求，稳步推进农村商业银行改制各项工作。12月顺利完成筹建阶段各项工作任务，于2017年1月举行浦江农村商业银行开业仪式。至此，县联社华丽转身，登上浦江农村商业银行的航船鸣笛启碇，迈向新的征程。

古人云：“治天下者，以史为鉴；治郡国者，以志为鉴。”浦江县农村信用合作社60余年来从小到大、由弱变强的发展历程，诚所谓起伏跌宕，沧海桑田。从创办初期的一个社、一名专职干部，租用旧房办公，从一只挎包便可囊括全部账册、单据和财产，到如今已达1.14亿元的固定资产总额；从靠国家银行支持发放二三元贷款帮助社员解决生产、生活上的临时困难，到如今大规模、大范围地支持全县农村商品经济发展，单2016年即累计发放各项贷款51.35亿元，其中累放涉农贷款49.12亿元；“丰收银联卡”发行除国内使用外，已在世界上150多个国家开通，让“一卡在手、周游全球”的梦想变为现实；全县15个乡镇已设立“丰收小站”108个、自助银行31个，布放ATM机111台，POS机具888台，自助终端13台，基本实现客户基础业务不出村、综合业务不出乡（镇）的便民快捷服务。60余年的艰苦创业，半个多世纪的不懈奋斗，浦江县农村信用合作社已从一棵破土而出的幼苗，长成当下高耸入云的参天大树，被众多百姓和中小企业视为贴心朋友和亲密伙伴。放眼未来，接力棒已交给改制后的浦江农村商业银行，必将一如既往、砥砺奋进，为全县经济发展和社会进步再立新功。

大事记

民国时期

民国十九年（1930）

1月10日，本县第一家由农会指导组织、呈请官厅核准注册的农村信用利用合作社，在嘉善区平民乡成立。翌年9月，改为单营信用。

民国二十年（1931）

是年，本县遵照浙江省政府通令筹设农民银行，股本基金由田赋项下地丁每两、抵补金每石带征银圆2角。呈准于21年（1932）上期开征，迄22年10月停止，计征得银圆8000元。因未合定章，遂于22年3月就实收股本金银元5000元先行成立农民借贷所，聘曹聚德为主任，办理合作社放款业务。又为发展合作事业、便利购货起见，特设农民借贷所信托部。

民国二十三年（1934）

5月，浙江省建设、财政两厅将义乌、东阳、浦江三县农民借贷所暨股本保管委员会接收合并。6月26日，成立义东浦地方农民银行，委俞汝定经理。其资本总额为银圆49500余元。总行设义乌县城湖清门，东阳、浦江各设办事处。办理汇兑、存款和放款等业务，兼营农业仓库，办理小额农户储押贷款。浦江办事处址设浦阳镇下大街药店朱1号。

民国二十四年（1935）

11月，国民政府实行“币制改革”，规定以中央、中国、交通3家银行发行的纸币为法定货币（简称法币），废止银圆流通。

民国二十六年（1937）

7月1日，浙江省金库在本县设立分金库并监理县支库。

民国二十七年（1938）

4月，浙江省政府通令各县成立合作金库筹备处。本县合作金库筹备处由省建设厅委县长金平欧兼充主任，徐晓窗为副主任，县另聘王碧屿等人为筹备委员。

民国二十八年（1939）

5月间，义东浦农民银行因经营不善，由时任义乌县县长吴山民函请东阳、浦江两县派员组成清理委员会，对之清理接收。至10月，该行暨东阳、浦江两县办事处全部结束。

7月，浙江地方银行在本县设立办事处。其资本由总行调拨，经营汇兑、存款和放款等业务，并正式代理县金库。营业办公仍沿用前义东浦农民银行办事处旧址，程尚瑞为主任。随后，该办事处又在黄宅、横溪设立农贷所，在中余派驻金库稽征员。

5月10日至11月，本县合作金库筹备处通过从地方款项下认拨、团体和地方人士及合作社认购等渠道，筹得提倡股金银圆58450元。于11月12日召开创业大会，理事会、监事会主席分别由金平欧、钟士瀛充任，遴聘理事徐晓窗兼任经理。16日正式开业，办理汇兑、存款、放款及代理收付等项业务。

民国二十九年（1940）

10月8日，经本县合作金库代表大会评议，合作金库自上年筹备及开业以来，截至本年度共吸收存款62797096元，放款10654560元（其中贷放合作社380000元，占3.5%；贷放农民237500元，占2.4%；而贷放工商业者竟达8190060元，占76.8%）。而所放款项不以合作社为主要对象，却偏重贷放给商家营利，有悖合作金库筹设之本意。故决定暂停营业，予以整顿。

是年，全县有信用兼营合作社17个。

民国三十年（1941）

3月，本县合作金库转由中国农民银行金华办事处辅设改组，退还全部民股，另由各乡镇、县政府及农民银行集股金10万元，于4月再度开业，委杨缄三经理，放款对象为各级信用合作社。翌年增资10万元，复向辅设行透资50万元。

民国三十一年（1942）

5月，侵华日军大举进犯浙赣铁路沿线。自是月19日至8月25日，日军三次占领县城。浦江沦陷后，县合作金库业务停顿，人员疏散，全部库存账册移送中国农民银行金华办事处。浙江地方银行浦江办事处即行撤退，经永康、松阳，归并时已迁至龙泉由前总行改制之总管理处。代理金库部分则随县政府撤至北乡山区，库款多交存浙江地方银行桐庐办事处，待用时派员由警士护送前往桐庐支领。

8月，“中央储备银行兑换券”始在包括县城在内被日伪占领的19个乡流通，随后亦流入未沦陷区，以致“伪币充斥市面，法币濒于绝迹”。

民国三十四年（1945）

7月5日，盘踞县城的侵华日军仓皇撤离，浦江光复。县长李佩膺呈文省建设厅转致中国农民银行永康分行，请求将本县合作金库迁回复业，总管理处电复“候统筹办理”。然延至37年4月省政府指示各县遵令解散旧制合作金库，致本县合作金库已不复存在。县政府又将其经过情形具报，复示由中国农民银行诸暨办事处代为清算处理。

9月，浙江地方银行浦江办事处复业，委金乃林为主任。原农贷所不再设立。

民国三十五年（1946）

是年，浙江省政府配发本县“收复区紧急农贷专款”，三期计法币600万元，受贷农民1279人。

民国三十六年（1947）

3月，浙江地方银行改组为浙江省银行，浦江办事处亦相应更名为浙江省银行浦江办事处。其业务以承办商品抵押和向杭州、诸暨两地汇款为主，并开办兼汇（由汇款人自带）业务。8月，吴益三调任该办事处主任。

民国三十七年（1948）

8月，国民政府因法币大贬值而发行金圆券。然金圆券贬值比之法币更为急剧，终形同废纸。

是年，浙江省银行浦江办事处举办定期、活期两项储蓄业务，储户仅 302 户，存储额为法币 3080 元。

民国三十八年（1949）

5 月 9 日，浙东人民解放军第二游击纵队第一支队（简称金萧支队）浦江接管组派员进城。11 日，本县正式宣告解放。新生的人民政权接收浙江省银行浦江办事处全部资产，负债及净值总额折人民币旧币 3015.54 元。

中华人民共和国成立后

1949 年

10 月 22 日，中国人民银行浦江办事处成立，委马恒春为副主任主持工作。

11 月 25 日，中国人民银行颁布的《合作社信用部推进办法》指出："合作社信用部是在政府的领导与国营经济的扶植下劳动人民的资金组织。其任务是组织社会闲散资金，调剂供销生产资金，扶助发展生产，繁荣社会经济，积累公共财富。组织形式一般采用兼营，资金不独立，与供销部混合经营，互相支援，但在客观条件需要与可能时亦可单独成立信用合作社。"《办法》还就社员、股金、服务对象、具体业务、存贷利率、办理委托代理业务等八项内容作出规定。

1950 年

迄年底，贯彻中央"三平"（财政收支平衡、物资调拨平衡、现金出纳平衡）政策，稳定金融物价、打击金银贩卖活动取得实际成效，人民币基本占领本县城乡市场。

是年，中国人民银行浦江办事处举办折实和保本保值储蓄业务，按折实单位实物价格标准收储和兑付。并首次在壶源、马剑两区发放茶肥实物贷款 1 万元。

1951 年

4 月，中国人民银行浦江办事处升格改称中国人民银行浦江县支行，原办事处副主任李贻孝改任第一副行长主持工作。

5 月 15 日，中国人民银行召开第一次全国农村金融工作会议，要求省以下各级银行贯彻执行“深入农村，帮助农民，解决困难，发展生产”的农村金融工作总方针，确定在农村普遍建立银行机构、发放农业贷款的同时，重点试办农村信用合作社，通过组织资金，调剂余缺，帮助农民解决生产生活困难，以抑制、取代高利贷活动。并颁发《农村信用合作社章程准则（草案）》《农村信用互助小组公约（草案）》和《农村信用合作社试行记账办法（草案）》。自此，信用合作组织始在全国广大农村迅速建立。

8 月 17 日，中国人民银行、中华全国合作社联合社决定，农村信用合作工作划归人民银行领导。

9 月，中国人民银行浦江县支行在横溪首设营业所。自 11 月始，又先后设立黄宅、马剑营业所和玄鹿、壶源、白沙、城关服务组。

1952 年

12 月，中国人民银行确定其辖属营业所的性质和任务：营业所是国家银行的农村基层机构，是农村金融工作的具体组织者。具体工作是：发放长、短期农业贷款；组织领导农村信用合作社；调剂农民日常生产和生活上的资金需要，与高利贷作斗争等。

1953 年

下半年，为鼓励农民售粮，同时减少粮食收购的货币投放，中国人民银行浦江县支行首次举办爱国农民优待储蓄业务，月利率为 15‰～ 20‰。

12 月，中共中央公布的《关于发展农业生产合作社的决议》指明：“农业生产互助合作、农村供销合作和农村信用合作，是农村合作化的三种形式。这三种合作互相分工而又互相联系和互相促进，从而逐步地把农村的经济活动与国家的经济计划联结起来，逐步在生产合作的基础上改造小农经济。”

1954 年

年初，中共浦江县委制订《关于开展农村信用合作的计划（草案）》。

1 月 9 日，中国人民银行向各省、市、（自治）区分行发出通知，明确农村信用合作组织应按《共同纲领》的规定，称为“信用合作社”。

2 月 8 日，中国人民银行金华专区中心支行要求各县按照“积极领导，稳步前进”的方针发展农村信用合作社。

2 月底至 3 月初，中国人民银行浦江县支行派出工作组分别进驻马剑区和城区，开展信用互助组试点工作。

3月下旬，中华人民共和国成立后本县第一个农村信用合作社在马剑区中余乡成立，主任王根许。

4月，中国人民银行金华专区中心支行布置试行《农村信用合作社章程（草案）》。

5月，中共浙江省委农村工作部召开全省第一次信用合作会议。会后，中共浦江县委召开全县干部大会，传达贯彻全省信用合作会议精神。

6月2日，《浙江日报》发表社论，号召在全省大量发展农村信用互助组，试办信用合作社。在取得成功经验、树立榜样之后，大力发展信用合作社。

7月，中共浦江县委暨中国人民银行浦江县支行组织举办全县首期信用合作干部训练班，培训信用合作骨干119名。中共浙江省委农村工作部、中国人民银行浙江省分行印发《农村信用合作讲话（初稿）》，向各地银行农金干部、农村信用合作社干部及信用合作积极分子推介信用合作基本知识和具体经验。

8月，前吴、潘宅、前陈3个基层供销合作社相继成立信用部。

9月初，全县各区、乡、村信用互助组已发展到126个。

是年，《中华人民共和国宪法》第11条明确规定："国家保护公民的合法收入、储蓄、房屋和各种生活资料的所有权。"中国人民银行提出"存款自愿，取款自由，为储户保密"三原则。

1955年

1月14日，中国人民银行印发《农村信用合作社章程（草案）》。

1月18日，中国人民银行浦江县支行设立信用合作股，胡关森任副股长。

3月1日，中国人民银行统一发行新人民币，以1（新币）:10000（旧币）的比价收兑旧人民币。

3月间，全县已建立信用互助组212个，信用合作社35个，供销合作社信用部4个，入社（部、组）农户占比为农户总数的64%。信用合作组织遍布全县90%的乡（镇），配合国家银行占领农村借贷阵地，猖獗一时的高利贷活动得到有效抑制。

6月15日至19日，中共浙江省委农村工作部召开全省农村金融及信用合作会议，总结上半年农村金融工作，确定下半年农村金融与巩固信用合作社的方针、任务；贯彻农村金融、信用合作的各项政策；研究巩固信用合作社的基本环节和经验，确立巩固信用合作社的具体措施和规定。

11月，中国农业银行浙江省分行、浙江省供销合作社联合下发《关于供销合作社信用部转化问题的通知》。本县前吴、潘宅、前陈、壶江 4 个供销合作社信用部业务于是年 12 月下旬至翌年 3 月底前全部转入当地信用合作社。

12 月 3 日，中国人民银行金华专区中心支行函发各县（市）支行，分配是年冬有关信用合作的几项主要指标，要求未建立信用合作社的空白乡迅速建立信用合作社，实现乡乡有社；入社农户达 90% ～ 98%，入社股金一般地区为 3 ～ 4 元，贫困地区为 2 ～ 3 元。

是年，本县玄鹿区豪墅乡信用合作社被评为全省二等信用合作模范社，该社理事主任周鱼溪荣膺全省信用合作模范工作者称号。

1956 年

1 月 1 日，会计记账由原收付记账法改为借贷记账法。

是月，中国农业银行召开全国分行行长会议，谴责对农村信用合作社采取“坚决停止发展，全力转向巩固”的方针是“右倾保守”表现，确定新的方针是“积极发展信用合作社，建立新社，巩固、扩大老社”。

中国农业银行浦江县支行成立，俞守潮任副行长，郑本号任第二副行长。人民银行县以下机构划归农业银行，各农村信用合作社业务转由中国农业银行浦江县支行管理。

6 月，全省召开第一次信用合作代表会议，提出发展信用合作的方针是：积极地、大量地发展信用互助小组；积极举办信用部，试办信用合作社，在取得成功经验、树立榜样之后，即应大力发展信用合作社。

是年末，农村信用合作社遍及全县 38 个乡镇，实现“乡乡有社”，有专职干部 89 人。

1957 年

1 月 10 日，中国人民银行召开全国信用合作工作会议，明确提出长期办社、民主办社和勤俭办社的方针。

2 月，中国农业银行浦江县支行撤销，并入中国人民银行浦江县支行。农村信用合作社业务复归中国人民银行浦江县支行管理。

5 月，中国人民银行浦江县支行印发通知，要求农村信用合作社全面开办农村定额储蓄；选择马剑等社先行试办农村定期定额有奖储蓄，取得经验后在各社逐步推开。

11 月，中共浙江省委批转中国人民银行浙江省分行《关于农村信用合作社领导和干部配备、工资待遇等问题的请示报告》。该文件精神传达贯彻后，农村信用合作社干部待遇得以改善。

1958 年

3 月 12 日至 22 日，中共浙江省委农村工作部召开全省第二次信用合作代表会议，着重讨论信用合作支援农业生产大跃进问题。

4 月，全县农村信用合作社“股金 5 元化”竞赛活动首在白沙区长陵乡永前农业社打响第一炮，当场收缴农户股金 450 元。迄年末，全县农村信用合作社股金余额即达 22.37 万元，是上年的近 5 倍。

上半年，中国人民银行浦江县支行推介和借鉴本省一些地区的先进经验，着手在村（农业生产合作社）一级试办信用服务站。迄 6 月底，全县已建立信用服务站 310 个、信用服务小组 71 个。

10 月 3 日，中共浙江省委农村工作部下发《人民公社简章（试行）》，规定供销、信用、商店、学校等由公社直接管理，信用合作社的社员股金、公共积累和存款资金，由公社统负盈亏，公社设信用部，生产大队设信用分部，生产队设信用站。

是月，全县实行人民公社化，“政社合一”。原 7 个区和浦阳镇改建为 7 个公社，42 个乡镇改称管理区。

12 月 20 日，中共中央、国务院下发《关于适应人民公社化的形势，改进农村财政贸易管理体制的决定》，在农村实行“两放、三统、一包”的财政贸易管理体制，信用合作社和农村的银行营业所统一更名为“信用部”后，划归公社管理。

是年，中共八届六中全会通过的《关于农村人民公社若干问题的决议》明确指出，社员个人所有的生活资料（包括房屋、衣被、家具等）和在银行、信用合作社的存款，在人民公社化以后，仍然归社员所有，而且永远归社员所有。

1959 年

1 月，中共浦江县委贯彻国务院《关于人民公社信用部工作等问题的规定》，各信用合作社与下放至公社的银行营业所合并，全县设 7 个公社信用部、32 个管理区信用分部，生产队设信用服务站。

4 月，中共中央作出《关于加强农村人民公社信贷管理的决定》，规定公社信用部受上级银行和公社管委会的双重领导，以上级银行领导为主。中国人民银行在关于执行中共中央决定的通知中指出，人民公社各级存、贷款等指标应由上级人民银行核定。又规定，生产大队、生产队的社员，谁向国家交售农副产品，钱就付给谁，行、社不代任何部门扣收欠款，也不强迫存款。中共浙江省委亦发出通知：农业生产合作社在整社运动中，清理旧账不能动用国家资金，不能用银行信用部贷款、预购定金及其他贷款资金，挪作公社与生产队之间清理账目。及时刹住行政对信贷资金的平调风。

7月，召开全省财贸五级干部会议，决定将已下放的银行基层机构收回由人民银行县支行管理，恢复营业所建制，仍挂营业所和公社信用部两块牌子，信用分部实行独立核算。

10月，撤销信用部，恢复营业所。

12月，管理区改称生产大队。迄年末，全县有公社营业所7个；以生产大队为单位设信用分部44个，配备干部50名。另有生产队信用服务站267个，聘用站干及业务员546名。

1960年

1月7日，随浦江县建制撤销，原行政区域内梅江公社营业所和墩头、石埠、蜀山、长陵、白沙5个生产大队信用分部划属中国人民银行兰溪县支行，其他6个公社营业所和39个生产大队信用分部均归并中国人民银行义乌县支行。义乌县支行在原浦江县治所浦阳镇设浦阳办事处，指导浦江片各公社营业所和大队信用分部业务。

5月，浦江片城关、浦西两公社营业所裁撤。大队信用分部归并为26个。

11月，中共中央下发《关于农村人民公社当前政策问题的紧急指示信》，纠正“大跃进”时无偿调拨财物和劳力的“平调风”错误。

1961年

1月10日，中国人民银行浙江省分行印发《关于信用合作社几个问题的通知》，规定信用分部吸收的储蓄存款，20%存入营业所作为存款支付保证金。

6月21日，中国人民银行颁布的《农村信用合作社工作条例》指出：农村信用合作社是社会主义金融体系的重要组成部分，在配合银行就地组织资金和调剂农村资金战胜高利贷方面，已经显示出优越性，在帮助农民解决困难、支持集体经济发展中，它有积极作用。并明确农村信用合作社是实行独立核算的集体金融组织，要坚持组织上的群众性，管理上的民主性和经营上的自主性。

7月，中共浙江省委批转浙江省财政厅、中国人民银行浙江省分行《关于迅速恢复农村信用合作社的报告》及其附件《农村信用合作社工作条例（草案）》。

8月3日，中国人民银行浙江省分行发出《关于贯彻执行省委“关于恢复信用合作社问题的指示”的通知》。至同年11月，浦江片各信用合作社全面恢复。

10月，随公社组织规模调整，中国人民银行义乌县支行浦江片基层机构为浦江办事处和浦东、黄宅、壶江、普丰4个营业所，辖26个公社信用合作社。

是年，根据中共浙江省委批转省财政厅、中国人民银行浙江省分行《关于农村信用分部股金问题的处理意见》，义乌全县农村信用合作社恢复股金分红。

1962年

1月至5月，浦江片农村信用合作社9名专职干部精简下放。

6月，根据中央指示和中共浙江省委批转浙江省财政厅、中国人民银行浙江省分行《关于免收贫农合作基金的报告》，中国人民银行义乌县支行布置对贫农合作基金贷款至1961年底未归还部分给予豁免。经全面核对清理，浦江片免收贫农合作基金贷款共14825户计21.9万元（按1967年后行政区域范围统计）。

8月20日，国务院批转中国人民银行《关于信用社干部口粮问题的请示报告》。

10月15日，浙江省人民委员会下达《关于信用合作社干部口粮供应和福利问题的通知》。《通知》指出，信用合作社脱产干部口粮由国家供应，副食品供应以及政治、福利等待遇一律按照公社同级干部标准解决。

11月9日，中共中央、国务院批转中国人民银行《关于农村信用合作社若干政策问题的规定（草案）的通知》，对农村信用合作社的性质、任务、组织领导、业务经营、管理制度及干部配备等作出具体规定。

1963年

2月6日，中共浙江省委批转中共中国人民银行浙江省分行党组《关于农村信用合作社工作中若干问题的意见》指出，各地方党委不得随便调动、调用信用合作社干部。今后人民公社对信用合作社干部的任免、调动、调用，事先要与人民银行县（市）支行联系，征得他们同意后，再由信用合作社民主讨论决定。

10月24日，中共中央、国务院批转中国人民银行《关于整顿信用社打击高利贷的报告》。

11月13日，中国人民银行、中国农业银行发出通知：为了解决农民特别是贫下中农临时性的资金困难，坚决打击高利贷活动，对信用合作社要结合农村社会主义教育和“四清”工作，进行一次认真整顿。并强调在贷款发放中要贯彻党的阶级路线。

1964年

4月，中国农业银行义乌县支行正式成立，并在浦江片浦东、黄宅、壶江、普丰4个区设营业所。各农村信用合作社接受农业银行业务领导和人事管理。

6月，中国农业银行浙江省分行下发《关于“铁账”的具体意见（草案）》。在试点实施中，要求银行、农村信用合作社加强服务，提高质量，实现“三铁”（铁账、铁款、铁算盘）。

自7月1日起，中国人民银行义乌县支行浦江办事处名称不变，原黄宅营业所改称黄宅办事处，浦东、壶江、普丰3个营业所分别改称傅宅、杭口坪、中余办事处（均以其驻地命名）。

1965年

1月，中国人民银行义乌县支行与中国农业银行义乌县支行合署办公。浦江片保留人民银行浦江办事处，黄宅、壶江、普丰3个区只设农业银行营业所，统一办理人、农两行业务。

3月，中共中央、国务院下达《关于处理1961年以前农村四项欠款问题的通知》指出，农村社队欠国家的1961年以前的四项欠款（赊销款、预付款、预购定金和农业贷款），截至目前尚未归还的部分，一律豁免，不再偿还；农村个人的四项欠款，属于贫下中农的全部豁免；农村信用合作社贷给社队和个人的款项，比照上述原则处理，处理后资金发生困难的由国家银行酌情予以补助。

10月，全省农业银行中心支行行长会议提出，为实现“农业发展纲要四十条”，要坚决贯彻一条方针（即发展经济，保障供给）、两个服务（即为生产服务，为人民生活服务）、三大观点（即政治观点，生产观点，群众观点），成为农村信用合作社工作的指南。

11月，中国人民银行义乌县支行与中国农业银行义乌县支行正式合并，农村信用合作社接受人民银行业务领导和人事管理。

是年，根据中国农业银行《关于处理1961年以前农村四项欠款问题的通知》，按政策，浦江片处理1961年以前农村赊销款、预付款、预购定金款和农业贷款等四项旧欠，豁免计79.4万元。

1966年

1月，中国农业银行义乌县支行及县以下基层机构正式撤销，归并中国人民银行义乌县支行。

5月上旬，浦江片15个公社的“四清”运动结束。第二批开展“四清”运动的公社因“文化大革命”开始而中止。

9月1日，会计记账由原借贷记账法改为收付记账法。

10月，中国人民银行浙江省分行下发《关于银行、信用社干部奖金问题的通知》，全县农村信用合作社取消奖金制度，将奖金改为附加工资。

12月22日，国务院批准恢复浦江县，以并入义乌县的原浦江县部分行政区域为浦江县的行政区域。

1967年

1月，浦江县建制恢复，辖浦阳镇和4个区、24个公社，原普丰区马剑、青山两个公社划归诸暨县。中国人民银行浦江县支行重设，辖黄宅、壶江、普丰3个营业所和25个公社信用合作社。

1968年

2月18日，全县农村信用合作社根据“中央文化革命小组”发出的《紧急通知》，对定性的地主分子、富农分子、反革命分子、坏分子、右派分子及“走资派”等10种人的存款实行冻结。

3月，中国人民银行浦江县支行“红色金融”“东方红”和“灭资兴无”等三个群众组织达成“革命大联合”协议，统一成立“革命造反总部”，并组建临时核心领导小组，负责全行革命、生产两大任务。

4月，中国人民银行浦江县支行转发浙江省分行关于奉化方桥信用合作社“加强敌情观念，做好冻结坏人储蓄存款工作”的经验。

1969年

1月，中国人民银行浙江省分行先后推介河北省万全县革命委员会和本省常山县何家公社革命委员会信用服务组关于农村商业和农村信用合作社实行由贫下中农管理的经验。

10月3日，中国人民银行浦江县支行革命委员会成立，傅善禄任主任。

是月19日，《人民日报》介绍河南省嵩县阎庄信用合作社成立贫下中农管理委员会，管理信用合作社政治思想工作、人事及贷款发放的经验。中国人民银行于11月10日发出通知，号召各地学习阎庄信用合作社的改革经验，并加以推广。

12月，省革命委员会生产指挥组批准中国人民银行浙江省分行革命委员会《关于继续认真做好1961年以前农村四项欠款豁免工作的通知》指出：1962年以后的农业贷款和各项债务以及没有豁免的部分，仍要贯彻“有借有还”原则，以维护国家信用。

1970 年

1 月，中国人民银行浙江省分行转发总行《农村信用合作社斗批改座谈会纪要》，推广河南省嵩县阎庄信用合作社实行贫下中农管理的经验。

4 月初，县革命委员会生产指挥组组织银行及各公社信用合作社干部，赴本省农村金融系统斗批改的先进典型——淳安县唐村信用合作社学习取经。是月下旬，在石马公社联盟大队召开全县金融系统斗批改工作会议，确定以石马公社为试点，启动农村信用合作社管理体制改革工作。

5 月，全县 25 个公社信用合作社相继成立贫下中农管理委员会，行使对信用合作社的管理权力。原信用合作社印章废止。

1971 年

1 月，县革命委员会生产指挥组设财政金融局，原县财政局与人民银行合署办公。各农村信用合作社由县财政金融局领导和管理。傅善禄任县财政金融局党的核心小组组长、革命委员会主任。

3 月 11 日，原县财政局、人民银行下辖财税所、营业所正式合并称财政金融所。

是年，经过“斗批改”，全县 405 个生产大队已建立信用服务站 338 个、信用服务组 67 个，有赤脚信用员 2348 人，全部实行由贫下中农管理。24 个公社信用合作社有 23 个实现盈余额共 25278 元。

1972 年

5 月，省革命委员会生产指挥组发文指出，信用合作社是以贫下中农为主体、联合中农组织起来的群众性的资金互助合作组织，是集体所有制经济，必须坚持民主办社原则。今后信用合作社干部的吸收，必须由贫下中农推荐，党支部审查，信用合作社贫管会讨论同意，经公社党委审查后报县财政金融局批准。

11 月，省革命委员会生产指挥组批转省财政金融局《关于加强农村信用合作社工作的几点意见的报告》，对加强农村信用合作社领导、健全农村信用合作社干部管理、干部福利待遇及农村信用合作社财经纪律等问题作出明确规定。

1973年

3月1日，根据中共浦江县委〔73〕5号文件精神，决定撤销县财政金融局，恢复县财政税务局和中国人民银行浦江县支行建制。傅善禄任中国人民银行浦江县支行行长，陈名惠为副行长。浦江、黄宅、浦东、壶江和普丰5个营业所分别由财政金融所析出单设。

6月，中国人民银行浦江县支行转发《中国人民银行农村人民公社贷款办法（试行草案）》，组织各营业所、农村信用合作社学习并予试行。

7月，省财政金融局下发《关于信用社社员股金分红问题的通知》，自1969年起，有盈余的农村信用合作社可按每1元股金0.03元现金实行分红。

1974年

5月，中国人民银行浦江县支行发文，要求黄宅、浦东、壶江、普丰4个区的农村信用合作社试办支农物资供应转账结算。

9月11日至13日，县革命委员会召开全县信用合作工作会议，总结交流信用合作工作经验，进一步巩固和发展贫下中农管理公社信用合作社和队办信用服务站，更好地为“农业学大寨”群众运动和农业大干快上、加速实现农业机械化服务。各公社信用合作社贫管会主任、副主任，营业所、信用合作社干部，大队贫管组组长，信用服务站站长（或会计）参加。

11月，省财政金融局印发《关于办好信用站的试行办法》，明确规定信用站受信用合作社和本大队党支部的双重领导，在大队贫管小组管理下，为信用合作社办理本大队范围内的存放款业务。站干不脱产，由信用合作社给予合理报酬。

1975年

1月20日至29日，省财政金融局召开全省农村金融工作会议，提出“学大寨，赶昔阳，迈大步”，把农村金融工作重点转移到支持农田基本建设和农业机械化方面来，当好“农业学大寨”促进派。

1976年

5月，根据省财政金融局《关于对农村生产大队、生产队、队办企（事）业进行现金管理试点的通知》精神，中国人民银行浦江县支行确定白马、石马、虞宅和七里4个农村信用合作社，在当地公社党委统一领导下开展现金管理试点工作。

10月，中国人民银行浦江县支行转发省财政金融局通知，要求全县农村信用合作社自11月起，实施省内统一的支农限额结算。

1977年

7月，中国人民银行浦江县支行印发《浦江县行社通汇试行办法》。决定自9月1日起，在全县范围内试办银行与农村信用合作社、农村信用合作社社与社之间的通汇业务。该《办法》是全县金融系统继推行“支农限额转账结算”和“信用合作社办理异地托收承付结算”后沟通城乡结算的又一重大改革。

11月8日，全省农村现金管理工作座谈会在永康召开，金、丽、温、台地区各县银行、农村信用合作社代表参加座谈。会议传达贯彻全国现金管理经验交流会精神，并讨论通过全省农村现金管理暂行办法。

11月28日，国务院发布《关于整顿和加强银行工作的几项规定》，首次明确指出信用合作社是集体金融组织，又是国家银行在农村的基层机构；信用合作社信贷资金纳入国家信贷计划，人员编制纳入县集体劳动工资计划，职工待遇应当与银行基本一致。

12月，中国人民银行浦江县支行转发国务院颁布的《关于实行现金管理的决定》。该决定指出：一切国有企业、事业、机关、团体、部队、学校、集体经济单位的所有现金，除核定的现金库存限额外，其余必须存入当地人民银行（无银行机构的地方，授权信用合作社办理），不得自行保留；人民公社、生产大队、生产队及所办的企业也应实行现金管理。

1978年

1月，省革命委员会颁发《浙江省农村集体经济单位现金管理办法》，规定农村生产大队、生产队、社队企事业使用现金的范围为社员分配、企业工资、生活补贴和差旅费等，购买生产资料等均须采用转账结算。

3月，中国人民银行浦江县支行调集业务骨干成立工作组，分期进驻全县25个农村信用合作社，开展“三清”（清资金、清账务、清财务）和“四整顿”（整顿组织、整顿思想、整顿作风、整顿规章制度）工作，拨乱反正，以消除“文化大革命”造成的后遗症。

5月，中国人民银行下发《关于农村金融机构的几点意见》，对农村信用合作社的机构设置、组织领导、业务经营、资金计划、财务制度等10个方面作出具体规定，并开始实行所社合一，合署办公。

1979年

2月，中国人民银行浦江县支行下发通知，明确规定各营业所（服务组）、农村信用合作社临柜人员对外付款必须加强复核（采取会计员、出纳员交叉复核，即会计员计算的取款利息由出纳员复核，出纳员对外支付现金由会计员复核），以提高工作效率和质量，减少和杜绝差错事故，维护行社“三铁”声誉。

6月5日，中共中央办公厅转发中国人民银行党组关于建议修改《农村人民公社工作条例（试行草案）》中有关信用社问题的报告。修改意见为：“农村信用社是集体金融组织，又是农业银行的基层机构，办理农村金融各项业务，执行国家金融部门的职能任务。”“信用社的业务经营、财务会计和职工管理由中国农业银行领导，执行国家统一金融政策，资金活动纳入国家信贷计划，人员编制纳入各省集体劳动工资计划，职工的政治、生活待遇（包括口粮、工资、福利、退休、退职等）与农业银行职工一致。信用社实行独立的经济核算，其盈余转作积累，充实信贷资金，亏损由农业银行补贴。信用社要积极吸收存款，按政策发放贷款。任何单位和个人不准以任何理由抽调和挪用信用社资金。”

11月，中国农业银行颁发《农村社队企业贷款试行办法》，对农村社队企业贷款的目的、原则、对象、种类、期限、利率和贷款管理以及贷款自主权等作出新规定。本县农村信用合作社始按新规管理社队企业贷款。

1980年

1月，中国农业银行浦江县支行成立，原人民银行下辖浦江、黄宅、浦东、壶江和普丰5个营业所划归农业银行。刘德荣任中国农业银行浦江县支行行长，陈美红为副行长。农业银行行使对全县农村信用合作社的业务领导和人事管理职能。

6月，中国农业银行下发《关于农业银行系统实行企业待遇若干问题的暂行规定》，农业银行、农村信用合作社同时实行企业化管理。此后，原“农村信用合作社干部”的提法逐步转换为“农村信用合作社职工”。

7月，中国农业银行浦江县支行恢复有农村信用合作社职工参加的工会组织，并召开首届工会会员代表大会，成立县支行工会委员会。王伯英、毛嘉庆等农村信用合作社会员当选为县支行工会委员会委员。

8月，白马公社嵩溪大队信用服务站储蓄存款率先突破10万元。中国农业银行浦江县支行《金融简报》将该站列为吸储典型，向全县农金系统推介。

10月，中国农业银行浦江县支行下发《关于组织推行异地委托收款结算和（华东）三省一市限额结算方式的通知》，全县农村信用合作社始开办异地委托收款业务。

11月1日，在全县农村信用合作社推行华东三省一市限额结算。

12月，中国农业银行浦江县支行印发通知，决定自翌年1月1日起，在全县范围试办农村整存整取定期定额有奖储蓄业务。以县支行为单位，行、社联办，每户存单面额10元，每1万户为一个开奖组，每组设头等奖至四等奖4个奖级。

是年，中国人民银行下发《储蓄存款章程》和《关于加强储蓄管理工作的暂行规定》。

本县石马农村信用合作社荣膺浙江省农村金融系统先进集体称号，王伯英被评为先进工作者，受到中国农业银行浙江省分行通报表彰。

1981年

1月1日，中国农业银行浦江县支行下辖浦江、壶江、普丰3个营业所分别更名为城关、浦西、平湖营业所，黄宅、浦东营业所名称不变。

是月，中国农业银行浦江县支行首在石马农村信用合作社试点，开办整存零取定期储蓄业务。

5月中旬，中国农业银行金华地区中心支行召开各县支行行长会议，清理农村金融工作中“左”的思想影响，讨论行、社进一步加强并完善农业生产责任制，支持发展商品经济等问题。

8月，朱耀春任中国农业银行浦江县支行行长。

9月，浦阳农村信用合作社在浦阳镇横街设立储蓄所，开全县农村信用合作社单设储蓄专业服务机构之先河。

12月，中国农业银行浦江县支行印发通知，决定自翌年1月1日起，在全县农村信用合作社扩大试办整存零取定期储蓄业务。

1982年

8月，农牧渔业部、中国农业银行联合通知，农村社队会计辅导工作由农业银行（农村信用合作社）转农业部门主管。

10月，中国农业银行下文，规定农村信用合作社不得办理异地托收承付结算，只能办理委托收款结算。浙江省分行结合本省实际，规定农村信用合作社对省外的异地托收承付结算停止办理，对省内的异地托收承付结算仍可办理。

是年，中国农业银行浦江县支行对农村信用服务站实施全面整顿，促其进一步提高和发展。

迄年末，全县 406 个大队已有 290 个建立信用服务站，为农民群众存、贷款提供方便。

1983 年

1月，中共中央印发《关于农村经济政策的若干问题》。要求恢复农村信用合作社的“三性”（组织上的群众性、管理上的民主性和经营上的灵活性），把农村信用合作社真正办成集体所有制的金融组织；办成有独立经营能力、有内在发展动力的金融组织；办成接近农村、深入群众，能起民间借贷作用的金融组织。

4 月，中国农业银行浦江县支行成立工作组，由副行长带队进驻石马农村信用合作社，开展以恢复“三性”为主要内容的农村信用合作社体制改革试点工作。

8 月，农村信用合作社体制改革工作向全县铺开，至 10 月下旬告一段落。

11 月，中国农业银行浙江省分行印发《关于招收农村信用合作社合同制职工的试行意见》。

12 月，本县农村信用合作社始招收合同制职工 4 名。

1984 年

3 月，全县农村信用合作社体制改革工作基本完成，中国农业银行浦江县支行派出 5 个工作组，对之一一检查验收。

5 月，实行农村信用合作社提存存款准备金制度，准备金按各项存款余额的 15% ～ 30% 提存。

7 月 1 日，农村信用合作社县辖往来自成核算系统。

8 月，国务院批转中国农业银行关于改革信用合作社管理体制的报告。其要点是：通过改革，恢复信用合作社金融的性质；加强信用合作社经营上的灵活性；信用合作社实行浮动利率；信用合作社实行独立经营、独立核算、自负盈亏；建立信用合作社的县联合社；农业银行要加强对信用合作社的领导。

12 月，中国农业银行浦江县支行设信用合作股。

1985 年

1月1日，中共中央、国务院发布《关于进一步活跃农村经济的十项政策》。其中第七项为：（农村）信用合作社实行独立经营，自负盈亏。其所组织的资金，除按规定向农业银行交付提存准备金外，全部归自己使用。在保证满足社员农业贷款之后，可以余款经营农村工商贷款。可跨地区开展存贷业务。（农村）信用合作社之间、（农村）信用合作社与各专业银行之间可以发生横向业务联系。存放利率允许参照银行的规定基准利率上下浮动，有的可以接近市场利率。（农村）信用合作社必须遵守国家金融政策并接受农业银行业务领导。

2 月，国务院发布《借款合同条例》，并于同年 4 月 1 日起施行。

9 月 30 日，中国农业银行浙江省分行印发《浙江省信用合作社借款合同条例》。

10 月，全县农村信用合作社实行经营责任制和岗位责任制。就经营责任制的六项经济指标，采用百分制计奖办法分别进行考核。

1986 年

1 月 1 日，本县农村信用合作社恢复开办存本取息定期储蓄业务。

自 1 月 1 日起，对农村信用合作社恢复征收营业税。此前，国家一直对农村信用合作社的发展给予扶持，实行免税政策。

5 月，中国农业银行浦江县支行从金华县农村信用合作社联合社调入资金 165 万元，分别调剂给花桥等 11 个农村信用合作社使用。是为本县农村信用合作社与外县兄弟社之间的第一笔资金调剂业务。

7 月，白马农村信用合作社在白马镇傅宅北路设傅宅储蓄所。是为农村信用合作社在城区以外乡镇开办的第一家储蓄专业服务机构。

9 月，白马农村信用合作社向中国农业银行浦江县支行拆借资金 51 万元。是为农村信用合作社向管辖行拆借资金的首次尝试，亦为全县农村信用合作社办理的第一笔行社之间的资金拆借业务。

是月，中国农业银行浦江县支行抽调部分业务骨干，担任基层各营业所辖内农村信用合作社稽核辅导员。

12 月 1 日，中国人民银行浦江县支行牵头成立同城票据交换所，对各专业银行、农村信用合作社相互之间代收、代付票据，统一实行“定时定点、集中交换凭证、定期清算交换差额”。以此简化内部手续，缩短凭证传递时速，加快客户资金周转。

1987 年

1 月 1 日，全县农村信用合作社恢复缴纳所得税。

3 月 11 日，本县信用合作资金市场成立，并开展首次交易活动，16 个农村信用合作社参与资金拆借，成交 11 笔计 350 万元。

4月，中国农业银行浦江县支行成立县农村信用合作社联合社筹建领导小组，抽调8名行、社干部职工具体负责筹建事宜。

5月，县联合社在岩头农村信用合作社开展新一轮扩股增金试点工作。入股对象由先前以农户为主扩大到经济联合体和乡镇企业，入股金额由原每股1元增至每股5元、10元乃至1000元。迄试点工作结束，该社股金余额由原6433元增至20483元。至是年末，全县农村信用合作社股金余额为19.80万元。

6月12日至13日，召开县农村信用合作社联合社成立暨第一届社员代表大会，正式代表48名，代表全县25个农村信用合作社、5个分社的143名干部职工及不脱产理事出席。民主选举产生联合社第一届理事会成员，推选张祖荣兼任理事会主任，周幼根为副主任。

6月30日，浦阳农村信用合作社储蓄存款余额突破500万元大关，达511.4万元，列全县各农村信用合作社之首。

7月，县联合社召开社务会议，研究部署各项工作，确定班子成员具体分工负责。联合社内设社务、业务和财务三个组。

9月1日，在浙江、江苏、安徽3省和上海市范围内试行“三省一市票汇结算”，同时废止三省一市《限额结算办法》。

10月，中国农业银行浦江县支行转发中国人民银行和中国农业银行《关于农村信用合作社信贷资金管理的暂行规定》。明确农村信用合作社在遵守国家金融法规和政策的前提下，实行自主经营、独立核算、自负盈亏、自担风险的经营方针，坚持信贷资金以存定贷、多存多贷、自求平衡和比例管理的原则。

11月，县联合社成立职称改革工作领导小组办公室。自此始，全县农村信用合作社职称评聘工作正式开启。

1988年

5月19日，县联合社从县城浦阳镇大埂头民房迁浦阳镇人民政府二楼办公。

7月17日晚间，浙江电视台《浙江新闻》节目播送本县郑宅农村信用合作社理事会主任王在许拒贿的典型事迹。

8月，县联合社设城关、浦西、黄宅、浦东、平湖5个片区办事组，行使领导、管理、协调、服务辖内各农村信用合作社工作职能。并配备专职会计辅导员，深入各社开展会计辅导活动。

9月8日，国务院颁布《现金管理暂行条例》。12日，中国人民银行亦颁发《现金管理暂行条例实施细则》，自是年10月1日起与国务院《现金管理暂行条例》一并施行。

9月10日，全县农村信用合作社开办人民币长期保值储蓄存款业务。

10月1日，全县农村信用合作社恢复缴纳印花税。

11月12日，县人民政府下发《关于全面催收拖欠农行、信用合作社到逾期贷款的通知》。17日，县联合社各片区办事组副组长、各基层社理事主任参加在县人民武装部招待所召开的动员大会。

是年，受市场物价上涨等因素冲击，致全县农村信用合作社储蓄存款出现严重滑坡。各社乃推出不承担经营风险的一年期“存款化股金”，以缓解资金紧缺状况，确保存款支付。

县联合社在浦阳农村信用合作社进行信贷风险承包试点，成效显现。《金华日报》就其成功经验作了专题报道，中国农业银行浙江省分行则在全辖推广。

1989年

3月8日至11日，召开全县农村金融工作会议，各农村信用合作社主任出席。

4月，县联合社首次分别试聘石箫何等5名职工为经济（会计）师，周欣民等17名职工为助理经济（会计）师。

9月1日，县联合社迁至浦阳镇和平南路8号中国农业银行浦江县支行大楼四楼办公。内部机构调整，设综合业务组（分管计划、信贷、储蓄、财务和稽核）与社务组（分管政治思想、人事、劳资和行政事务）。

是月，县联合社就各农村信用合作社换届改选工作在石马试点，随后全面推开。

10月，中共浦江县委办公室发文，在全县广泛开展以清仓、清欠、挖掘资金潜力为主要内容的“两清”工作。县五大班子结合本县实际，研究提出工商企业“两清”工作中有关经济政策问题的若干意见，拟定银行和农村信用合作社的清贷重点是呆滞、呆账贷款和个人贷款。

1990年

8月，县人民政府决定在全县开展清收非正常贷款（简称“清非”）工作，由上至下成立领导小组，加强对“清非”工作的部署和指导。中国人民银行浦江县支行亦召开宣传工作会议和“清非”动员大会，组织各行、社全力投入“清非”工作。

9月6日至8日，县联合社召开第二届社员代表大会。民主选举产生联合社第二届理事会成员，推选楼基贤兼理事会主任，周幼根、徐建一为副主任。

12月3日，中国农业银行浦江县支行党委批复，同意徐建一任新组建的县联合社党支部书记。

是月，县联合社内部机构改设为社务组、业务组和财务稽核组。

是年末，全县农村金融系统储蓄存款余额达 1.01 亿元，提前突破农村储蓄业务超亿元目标。

1991 年

5 月，撤销县联合社财务稽核组，分设财务组和稽核组。

9 月 26 日，召开全县农村金融系统开展教育、清理、整顿活动动员大会。活动坚持以正面教育、自我教育和思想帮助为主，分阶段有序推进，旨在进一步加强农村金融队伍建设。

是月，在前期各农村信用合作社对所属信用服务站进行清理整顿、提出留撤并意见的基础上，中国人民银行浦江县支行与中国农业银行浦江县支行联合发文，确定并公布全县第一批农村信用服务站留撤并名单。其中，保留 219 个，限期整顿 14 个，撤销 19 个。

12 月 1 日，即日起停止办理三年期以上保值储蓄业务。

是月，全县农村信用合作社均建立义务消防队，配备兼职消防员。

1992 年

5 月，中国人民银行金华市分行批复，同意本县试办行社汇票结算业务。参加行社汇票结算业务的农村信用合作社及分社共 26 个。

自 6 月 1 日起，实行新的《行社汇票结算办法》，原《县内限额结算办法》同时废止。

是月，县联合社印发《贷款管理实施细则》，规定对各农村信用合作社贷款计划实行规模控制与比例管理相结合的管理办法。贷款计划要体现经济政策和生产建设需要，保证重点，兼顾一般，根据资金实力编制年度、季度计划，由县联合社下达给各办事组或信用合作社。县联合社按季监控、考核，年中根据情况可适当调整。未经县联合社或办事组批准，一律不得擅自突破。

10 月，浦阳农村信用合作社代理发行县塑料厂一年期企业流动资金债券 10 万元。该项业务在全县农村信用合作社尚属首次。

11 月，遵照中国农业银行《农村信用合作社信用代办站管理办法》，本县农村信用服务站统一改称信用代办站，并对之从机构、人员、业务、账务、监督等五个方面进行细化，加强严格管理。

12 月 5 日，中国人民银行浦江县支行转发浙江省分行批复，同意设立浦江县农村信用合作社联合社。其修订后的《章程》规定，联合社是经营与管理服务相结合的经济实体。

标志着县联合社从单纯的管理服务向兼具经营与管理服务双重职能的经济实体转变。

是月，县联合社购入第一辆（“金杯”牌）运钞车。

1993 年

4 月 18 日，县联合社营业部正式对外营业，址设浦阳镇和平南路 35 号。办理城乡居民个人储蓄存款、集体存款、个人和集体贷款、汇兑结算、中间业务及委托业务。

6 月 1 日，县联合社营业部加入“行社往来”联行。

是月，县联合社撤销 5 个片区办事组，各片区设一名主任级稽核辅导员，以保持上下联系与衔接，并负责会计、统计及稽核辅导工作。

自 7 月 11 日起，恢复开办保值储蓄业务。

8 月 28 日，县仙华城市信用合作社正式开业。

是月，中国农业银行浦江县支行党委研究决定，由徐建一任县联合社副主任（主持工作）；季宗池为副主任，免去其农业银行稽核股股长职务。

9 月，县农村金融学会成立。农村信用合作社会员有王永清等 4 人。

12 月，中国农业银行浙江省分行批复，同意县联合社单独建造综合楼，总面积 3000 平方米（含营业部、办公及培训用房），总投资控制在 600 万元以内。资金自筹，财产属辖内农村信用合作社集体所有，由县联合社统一建造、管理和使用。

1994 年

1 月 1 日，恢复借贷记账法，并实施新的财务会计制度。

是月，县联合社下发《贷款风险动态管理暂行办法》和《贷款风险动态管理办法实施细则》。明确规定信贷工作人员的权利和义务，并尝试建立风险防范制约机制，制订奖罚措施，严密控制新发放贷款逾期率。

4 月 1 日，县联合社营业部加入人民银行同城票据交换系统。

5 月，浦阳农村信用合作社计算机单机储蓄系统率先上线，开展计算机储蓄门市业务。此后，在全县各社营业网点逐步推开。

是月，成立县联合社团支部，归属中国农业银行浦江县支行团委条线管理，黄巧英任书记。各农村信用合作社设团小组。

6 月 1 日，全县农村信用合作社县辖往来业务始由县联合社主办，县联合社营业部为县辖往来清算中心，加入人民银行同城票据交换系统。凡经县联合社批准，具备县辖社社往来社号结算章的农村信用合作社及分社，均可参加县辖往来，并在县联合社营业部开立结算存款专户，办理汇差资金清算。

11月1日，县联合社营业部开办代签农业银行“华东三省一市银行汇票”业务。

1995年

3月，县联合社撤销原5个片区稽核辅导员，改设浦阳、黄宅、浦东、平湖4个办事处。内部撤销社务组、业务组、财务组和稽核组，设人事秘书股、计划信贷股、财务会计股和监督保卫股。

5月27日，县联合社由浦阳镇和平南路8号四楼迁至人民东路126号（今中国农业发展银行浦江县支行行址）二楼单独办公。

是月，全县22个农村信用合作社及分社始实行“双向选择”人事聘用制度。

6月，全县同城票据交换正式脱离手工操作，运用计算机进行资金清算，以加快客户资金周转，提高票据交换质量和效率。

9月，中国农业银行浦江县支行下文，任命宣明炎为县联合社副主任，分管政治思想、人事、监察及安全保卫工作。

11月，成立县联合社经济民警小队，隶属县公安局经济民警大队直属中队。

1996年

1月1日，《中华人民共和国票据法》施行。

3月，县联合社成立工作组，分阶段在全县农村信用合作社开展清产核资工作。

3月31日，中国人民银行发出紧急通知，自4月1日起各金融机构不再办理新的保值储蓄业务。

4月，县联合社营业部开办省辖往来业务。凡城区农村信用合作社（即潘宅社，七里社及方宅分社，浦阳社及大许、平安、大溪、石马分社等）省内汇出款项均通过县联合社营业部办理。

是月，经中国人民银行浦江县支行同意，县联合社成立中国平安保险公司杭州办事处（简称平保杭办）浦江代理处，代理在全县农村信用合作社开户的企业单位财产保险业务。

8月，中国农业银行金华市分行发文，楼基贤不再兼任本县联合社主任一职，转由理事会成员徐建一接任主任。

9月，中国人民银行浦江县支行发出通知，县联合社代理“平保杭办”企财保险业务即行停止。

自10月10日起，全县农村信用合作社各营业网点现金头寸改分散运送为集中以5辆运钞车分5条线路、统一配置专人押运接送。

10月24日，县联合社与中保财产保险公司浦江支公司签订协议，在全县农村信用合作社开户单位范围内，代理财产保险、责任保险及保证保险等项业务。

10月31日，根据国务院《关于农村金融体制改革的决定》和国务院农村金融体改部际协调小组办公室及浙江省农村金融体改领导小组相关文件精神，农村信用合作社与中国农业银行脱离行政隶属关系。本县农村信用合作社转由金华市农村金融体改领导小组办公室（以下简称金华市农金体改办）领导，业务上接受中国人民银行浦江县支行监督管理。

11月7日，县联合社与中国农业银行浦江县支行签订代理结算和现金业务协议。

11月19日，县联合社决定，内部职能机构撤股改科，设“四科一室”，即人事教育科、财会电脑科、计划信贷科、监督保卫科和办公室。

11月26日，浦江县团委批复，同意建立县联合社团委，下辖联合社机关、营业部和浦东片、黄宅片、城关片、浦西片、平湖片7个团支部。

是年，县联合社辖属7个农村信用合作社营业网点计算机单机对公业务系统先后上线，开展计算机对公门市业务。

1997年

1月，县联合社《浦江农村合作金融》创刊，徐建一任主编。

2月，县联合社营业部开通与北京全国农村信用合作社特约汇兑中心全国特约汇兑业务（1999年8月升级为全国特约电子汇兑业务系统）。

3月，县联合社聘请胡小平律师任常年法律顾问。

7月1日，县联合社按照中国人民银行浙江省分行制订的《浙江省大额现金支出审批报备制度实施办法》，实施大额现金支出审批和报备制度。

是月，县联合社营业部加入中国人民银行金华市分行电子联行。

9月26日，中共浦江县委决定，建立县联合社党委，徐建一任书记，宣明炎、黄林祥为委员。

10月7日，金华市农金体改办下文，决定宣明炎、季宗池任县联合社副主任。

11月，中共浦江县委组织部批复，同意建立浦东、黄宅、浦阳、檀溪农村信用合作社及联合社机关党支部。

是月，县联合社制订并印发《贷款管理办法》。此系县农村信用合作社与农业银行“脱钩”后第一个关于贷款管理的综合性办法，要求全县各农村信用合作社及分社于翌年1月1

日全面组织实施。

12月，经民主选举，县联合社党委研究同意，由郑定良、郁小娟、黄林祥、周荣军分别任浦东、黄宅、浦阳、檀溪农村信用合作社党支部书记。

是月，浦江县团委发文，县联合社团委由黄林祥、王才有、黄明生、杜娟花、徐忠清等组成，黄林祥任书记，王才有为副书记。

1998年

1月，中共浦江县委直属机关工委批复，同意县联合社机关党支部由宣明炎、陈乃曹、江东放组成，宣明炎任书记。

3月9日，县联合社团委发文，决定建立浦东、黄宅、浦阳、檀溪农村信用合作社4个团支部。

3月11日，县联合社职工技术协会成立。宣明炎任会长，何鱼嫦为秘书长。

5月28日，县联合社营业部从浦阳镇和平南路35号迁人民东路90号营业。

是月，县金融工会批复，同意组建县联合社工会委员会。

6月24日，县联合社党委决定，陈学成任浦阳农村信用合作社党支部书记，免去黄林祥原任书记职务。

8月23日，县联合社召开第一届工会会员代表大会，民主选举产生第一届工会委员会委员，推选黄林祥任主席。工会下设经费审查小组。

9月，县联合社内部职能机构局部调整，撤销人事教育科和监督保卫科，改设人事监督保卫科和稽核科；原计划信贷科、财会电脑科和办公室机构不变。

10月18日，县联合社从浦阳镇人民东路126号迁至人民东路90号新大楼办公。

10月23日，县联合社增设资产保全部。

11月21日，县联合社召开第三届社员代表大会，民主选举产生县联合社第三届理事会、监事会成员。理事会由徐建一、宣明炎、季宗池、王才有、黄明生等5位理事组成，推选徐建一任理事长；监事会由黄林祥、陈锡生、黄能光等3位监事组成，推选黄林祥任监事长。理事会选聘徐建一兼联合社主任。

11月26日，县联合社党委决定，黄能光任檀溪农村信用合作社党支部书记，免去周荣军原任书记职务。

是月，由金华市农金体改办和中国人民银行浦江县支行牵头成立领导小组，按照合作制原则，统一规范县联合社和各农村信用合作社及分社名称。

12月，浦阳农村信用合作社潘宅分社发生挪用资金、非法出具金融票证大案。涉嫌犯罪的该社前主任、信贷员、会计员和原副主任兼主办会计等5人被刑事拘留，后被依法逮捕或取保候审。2000年9月，经县人民法院开庭审理，5人分别被判处3年以上至19年不等的有期徒刑。

是月，经中国人民银行浦江县支行批准，全县农村信用合作社现金供应自成体系。县联合社总金库投入运作，直接向中国人民银行浦江县支行办理现金缴存，各营业网点所需现金头寸由县联合社经济民警队直接押运接送。

1999年

3月，县联合社在杭坪镇9个行政村进行自报公议小额农贷试点，次月始向全县推开。

4月，县联合社建立综合业务事后监督中心，并首在浦东农村信用合作社进行综合业务事后监督工作试点。自翌年1月1日起，以点及面，逐步扩大至黄宅、檀溪等农村信用合作社的11个营业网点。

5月4日，县联合社党委决定，陈乃曹任黄宅农村信用合作社党支部书记，免去郁小娟原任书记职务。

6月27日，县联合社与金华电视台联办《幸运咚咚锵》节目，推出“手握手的承诺，心贴心的服务”宣传口语。

是月，全县农村信用合作社及分社代理缴纳养老保险费和失业保险费业务。

7月，县联合社及各农村信用合作社全面开展清理整顿规范信用代办站工作。

自是月起，全县农村信用合作社所有贷款实行信贷管理操作系统数据移植与联网，大范围清理“一企多牌”“一企多贷”，俾有计划、有步骤地将贷款数据档案分批移植到计算机管理系统。

8月，县联合社成立清理整顿农村合作基金会协调小组，并召开各农村信用合作社及分社主任、会计参加的紧急会议，布置与清理整顿相关的各项工作，积极配合政府做好农村合作基金会关停事宜。

9月，调整农村信用合作社职工工资标准，增加离退休职工离退休费用。农村信用合作社职工工资普遍调高一级。

11月，县联合社内部职能机构调整，设“四科一室”，即人事教育科、计划信贷科、财会电脑科、监督保卫科和办公室。撤销人事监督保卫科、稽核科和资产保全部。

是月，浙江省农村信用合作协会正式成立，全省农村信用合作社联合社纳入行业管理。

12月23日，金华市农金体改办领导同志莅临县联合社指导解决“千年虫”对计算机的影响问题。

12月30日、31日以及翌年1月1日、2月29日为计算机2000年转换敏感时点，实行24小时值班制。

2000年

1月2日、10日，县联合社分别召开各农村信用合作社、分社主任及相关人员参加的会议，布置农村合作基金会账务归并和存款换据兑付等项工作。自19日起，全县农村合作基金会存款换据兑付工作正式启动。

1月31日，县联合社荣膺1999年度“浦江县超百万元纳税大户”称号，受到中共浦江县委、县人民政府通报表彰。

3月1日，县联合社聘请章茵律师任常年法律顾问。

是月，县联合社出台全县农村信用合作社分社主任选拔任用办法，对18个分社主任岗位按“员工自荐、群众评议、竞聘演讲、评审确定、理事会聘任”程序，组织竞聘上岗。同时根据干部动态管理四项内容，对各社及分社主任实行按季考核，并结合平时检查情况，综合考察，作出客观评价。

黄宅农村信用合作社营业场被金华市妇联命名为金华市“巾帼文明示范岗”。

4月，县妇联发文，同意成立由何鱼嫦、傅霞莲、金士华、郁小娟、贾红花等组成的县联合社妇委会，何鱼嫦任妇委会主任。

6月4日，县联合社在浦东农村信用合作社郑家坞分社开展农户联保贷款试点工作。

6月30日，县联合社综合档案室档案管理通过市级达标验收。

是月，对全县农村信用代办站管理办法实行重大改革，推出存单承购包销制，首在浦阳农村信用合作社平安分社试点，7月向全县推开。

7月10日，全县农村信用合作社储蓄存款实现通存通兑。

8月，县联合社增设业务拓展科。

9月8日，县联合社召开大会，部署动员在全县农村信用合作社及分社持续深入地开展职业道德教育活动。

10月18日，县联合社营业部开通全国特约电子汇兑往来业务。

11月28日，县联合社综合档案室档案管理工作通过省二级达标验收。

12月5日，县联合社第三届理事会第四、五次会议作出决议并经社员代表大会通过，洪志强任理事会理事兼联合社副主任，季宗池不再任理事会理事，同时免去其联合社副主任职务。

2001年

1月1日，全县农村信用合作社代理国家税务局定期定额个体工商户税款收纳和报解业务。

1月4日，县联合社三届理事会召开第六次会议，就县仙华城市信用合作社归并本联合社管理等事宜形成决议：同意县仙华城市信用合作社通过清产核资并经有关各方认定的结果；同意其更名为县城关农村信用合作社；同意其资不抵债金额按县人民政府所定的弥补办法陆续向本社注资；其原有股本金由县人民政府负责处置和解释。

是月，县银税联网系统投入运行，农村信用合作社各营业网点为全县3400余户纳税人代理扣缴国税业务。

3月20日，中国人民银行浦江县支行转发金华市分行批复，同意县仙华城市信用合作社改制更名为县城关农村信用合作社，保留法人资格，纳入县联合社管理。其原辖属分支机构保留并相应更名为县城关农村信用合作社分支机构。

4月10日，金华市农金体改办决定，洪志强任县联合社副主任，王才有任县联合社主任助理，免去季宗池县联合社副主任职务，任副主任级调研员。同日，中共浦江县委发文，同意洪志强、王才有任县联合社党委委员。

4月14日，县城关农村信用合作社正式挂牌对外营业。

4月16日，县联合社与中国银行浦江县支行签订代签银行承兑汇票协议。

自是月起至8月，县联合社按既定计划，分教育动员、对照检查、整改提高、全面总结四个阶段，在全辖深入开展“三个代表”重要思想学习教育活动。

5月24日，徐祖江、叶向东、杜娟花代表县联合社全体共青团员出席县第十四次团代会。

是月，经民主改选，李巧萍任县联合社妇委会主任。

6月1日，县联合社与中国农业银行浦江县支行签订代签银行承兑汇票协议。同日，县辖电子汇兑业务应用系统上线，首在县联合社营业部及各农村信用合作社试运行，随后于7月1日在全县农村信用合作社所有营业网点全面推开。

6月11日，李巧萍代表县联合社全体女职工出席县第十四次妇代会。

是月，发文公布首批县级“信用村、信用户”名单，郑宅镇上郑行政村荣膺第一个县级“信用村”称号，该村61户农户被评为首批县级“信用户”。获“信用村”称号的，可优先安排信贷资金计划，农户“自报公议”小额农贷额度扩大为1万元。金华市农金体改办亦发文，本县郑宅镇上郑行政村被命名为2000年度首批18个市级“信用村”之一。

7月1日，浦东、黄宅、檀溪农村信用合作社及浦东农村信用合作社郑家坞、郑宅分社开办农业银行“华东三省一市银行汇票”代签业务，县联合社营业部开通全国银行汇票代签业务。

是月，经换届选举，县直属机关党工委批复，同意县联合社直属机关党支部由黄林祥、王天佑、周荣军组成，黄林祥任书记。

8月1日，县联合社营业部和各农村信用合作社及分社开办银行承兑汇票和贴现业务。

8月10日，县联合社厉行公车制度改革，就精简下来的6辆公车在本系统公开拍卖。

9月3日，县联合社成立清算中心，以配合全省农村信用合作社综合业务系统投入运行。

9月7日，中共浦江县委组织部批复，同意建立城关农村信用合作社党支部。

9月17日凌晨2时，县联合社营业部综合业务信息系统对公业务成功切换。标志着全省农村信用合作社综合业务在浦江上线运行，各项业务将全面“提速”。是月22日至29日，浦东、黄宅、城关、浦阳、檀溪农村信用合作社综合业务信息系统对公业务亦相继成功切换。

10月12日，综合业务事后监督中心停止运作。成立事后监督账务组，负责全县农村信用合作社及分社日终后的传票整理和事后监督工作，统一解决账务处理、财务管理、档案管理及其他会计工作的规范化问题。

10月17日，金华市农金体改办发文公布，本县郑宅镇上郑行政村郑文吉、郑益生户被命名为2000年度首批市级“信用户”。

是月，经换届选举，郑梦林、黄明生、江东放、楼理宣、黄能光分别任浦东、黄宅、城关、浦阳、檀溪农村信用合作社党支部书记。

11月3日，全县农村信用合作社系统31家营业网点完成综合业务信息系统储蓄业务切换并投入使用。

11月10日，在城关、浦阳（石宅、杭坪分社除外）农村信用合作社实行统一金库试点改革。12月17日，始在辖内其他社及分社全面推开。至此，长期以来由基层营业网点自设金库的历史宣告结束。

12月9日，县联合社团委召开第二次团代会，选举产生由王天佑、徐祖江、徐东升、周春鱼、吴立邦、张玲燕、杨航海等组成的县联合社第二届团委。推选王天佑任书记，徐祖江为副书记。

12月25日，县联合社与中国人民保险公司浦江支公司和中国人寿保险公司浦江支公司合作，开展财产保险、责任保险、车辆保险和鸿泰两全分红人寿保险等代理业务。自翌年1月1日起，对借款人用于抵押的标的物全部实行保险，将信贷风险降至最低限度。

迄年末，全县农村信用合作社各项存款余额63908万元，各项贷款余额51181万元；利润102.5万元，实现社社有盈余。

2002年

1月1日，全市农村信用合作社储蓄业务实现通存通兑。

1月10日，县联合社营业部率先开办汽车消费按揭贷款业务。

1月21日，全县农村信用合作社始推出运用“支农信用卡”新方式。

1月23日，县联合社营业部、浦阳农村信用合作社开通市辖电子联行业务。

1月29日，县联合社召开第三届社员代表大会第五次会议，增补江东放为第三届理事会理事；增补郑梦林、楼理宣为第三届监事会监事，同时免去陈锡生、黄能光原监事会监事职务。

3月28日，全县农村信用合作社尝试资金组织客户经理专职设置，何慧、贾野鹰成为首批专职资金组织客户经理。

是月，综合业务信息系统全面上线后，统一由县联合社计算机中心对主机系统、主干网络数据实行集中管理。

4月1日，正式对外办理人民银行“天地对接”往来业务。

4月3日，首在县联合社营业部开展综合柜员制试点。

是月，中国人民银行浦江县支行撤销当地发行金库，县联合社转而与中国建设银行浦江县支行签订业务合作协议，委托其代理业务金库，并在该行开立同业往来账户，办理现金缴存业务。

6月1日，浦阳农村信用合作社率先实行综合柜员制。

7月1日，全县农村信用合作社对公业务实现通存通兑。

8月27日，县联合社就仅存的最后一辆公车（浙GH1188红旗牌轿车）公开拍卖。

9月5日，县联合社首在浦东农村信用合作社开展信贷资产风险分类试点工作。

10月，县联合社营业部大厅布放ATM机一台，并正式向客户提供凭折取款、转账、查询等自助服务。是为全县农村信用合作社第一个自助银行。

11月，银税联网系统纳入综合业务系统，并就原有程序修改升级，开通电话申报、批量扣款及实时扣款等功能。

是月，金华市农金体改办撤销，设立金华市农村信用合作管理办公室（以下简称金华市农村信管办），负责全市农村信用合作社行业管理工作。

县联合社经济民警小队改制为经济护卫队，编制19人。

12月6日，县联合社党委召开党员大会，选举江东放为出席全县第十一次党代会代表预备人选。

12月11日，征得中共浦江县委同意，金华市农村信管办决定，王才有任本县联合社副主任。

12月19日，徐祖江当选为县第一届青年联合会工交金融财贸口委员。

12月26日，全县农村信用合作社全面开通电信固定话费和“小灵通”话费代收业务。

2003年

1月，根据市农村信用合作社清算中心统一部署，实现日终业务数据异地备份。

3月，县联合社出台农村信用合作社农户小额信用贷款管理实施细则。

4月24日，县联合社决定给予“信用村”“信用户”以3A级资信企业贷款优惠政策。

是月，县联合社与县地方税务局正式达成协议，代理地税缴付业务。

组织开展全市农村信用合作社存款超200亿元暨本县农村信用合作社存款超9亿元宣传月活动。

5月，全县238名农村信用合作社干部职工为抗击“非典”捐款32460元。

6月20日，经浙江省信用合作协会核准，本县农村信用合作社正式开通省辖电子联行往来业务。

是月，县联合社组织全辖干部职工开展以遵纪守法、争做文明员工为主题的公民道德教育和以“做四有信合人”为主要内容的理想宗旨教育两项活动，并就各社行风建设与社务公开情况实施检查。

7月8日，县联合社发文重申，对助学贷款等业务给予利率优惠政策。

7月24日，县联合社在城关农村信用合作社平安分社开展贷款“三包一挂钩”试点工作。

是月，金华市农村信管办印发《金华市农村信用合作社承购包销业务操作管理办法》，规范承购包销业务操作，防范和遏制差错与经济案件发生。

9月25日，根据市农村信管办统一部署，对首批24台NCRATM（金华城区、兰溪、永康、武义、东阳、磐安、浦江）开通代理银行卡跨行交易业务。

10月，省信用合作协会印发《加强农村信用合作社资金计划管理意见》。要求各农村信用合作社资金计划管理应遵循“四大原则”，即资金自求平衡、量入为出原则；确保支持“三农”、确保存款支付原则；“三农”贷款为主、其他贷款为辅原则；防范化解风险、促进业务发展原则。规定资金运用计划中“三农”贷款应当占有绝对大的比例，其中农户贷款计划应当确保满足，其他贷款比例应当适度。要严肃执行存贷款比例指标，季（年）末、季度旬均贷款占存款的比例不得超过80%。

11月，经县公安局批复，同意县联合社经济民警小队转为经济护卫队，编制19人，担负全县农村信用合作社现金头寸押运及传票传递任务。

12 月 5 日，县联合社启用 VCA-JH 巡查报警系统。

是月，将全县农村信用合作社所有综合业务系统的前置机集中于县联合社计算机中心机房，各社只保留网络设备和业务终端设备，不再管理计算机业务主机。

2004 年

4 月 9 日，省农村信用合作协会解散，全省农村信用合作社归口省农村信用合作社联合社管理。

是月，县联合社党委同意，张法远任檀溪农村信用合作社党支部书记。免去黄能光原任书记职务。

5 月，省联合社金华办事处成立，行使对本县联合社的领导、管理、协调和服务职能。

6 月，根据国务院及中国人民银行相关文件精神，经省农村信用合作社改革试点办批复同意，在取消本县原各农村信用合作社及其联合社法人资格的基础上，合并组建统一法人的县农村信用合作联社。

是月，全县农村信用合作社代签中国工商银行、中国农业银行银行汇票业务实现电子实时移卡，当日清算。

7 月，县联合社发布公告，对 2003 年末原 63780 户社员股金 819 万元进行全面清理；随即发出定向募股说明书，面向社会定向定量一次性募集股金。

12 月，全县农村信用合作社所有业务数据迁移至省联合社清算中心，实现业务数据全省集中，涉及后台数据库的所有操作由省联合社计算机中心管理。此举使计算机数据管理向集约化又迈进一大步。

是年，县联社发动干部职工开展“慈善一日捐”活动，为县慈善总会募捐 100436 元，为患病职工捐款 29500 元。

2005 年

1 月 6 日，中共浦江县委决定，县农村信用合作联社（简称县联社）党委由裘豪、王才有、黄林祥组成，裘豪任党委委员、书记；王才有、黄林祥为党委委员。

1 月 18 日，省联合社报经中国银监会浙江监管局批复同意，在全省农村信用合作社推出属于本系统自成一体的银行卡——“丰收卡”业务。

1 月 26 日，召开县联社创立大会暨第一届社员代表大会，民主选举县联社第一届理事会、监事会成员。理事会由裘豪、王才有、王永清、张小华、张伯承、张越康、陈根敏、郑家林、费江海、赵朝东、楼基成等11位理事组成；监事会由黄林祥、王天佑、石栋、朱含海、鲍杭平等5位监事组成。推选裘豪任理事长，黄林祥任监事长。理事会选聘王才有任县联社主任（后经中国银监会浙江监管局金融机构高管人员任职资格审查通过）。

3月15日，中国银监会浙江监管局批复同意县联社开业，并核准其章程。县联社为股份合作制的农村合作金融机构，实行一级法人、统一核算、分级管理、授权经营的管理体制。注册资本金为人民币2004.75万元。

3月21日，中国银监会金华监管分局批复同意，县联社浦阳信用社等29家机构开业。

3月23日，中国银联股份有限公司批复同意，全省农村信用合作社入网中国银联开办借记卡业务。

是月，县联社内部职能机构改设为“七科一室”，即人事监察科、计划信贷科、财务电脑科、审计科、业务拓展科、资产保全科、保卫科和办公室。

中国银监会金华监管分局批复同意，县联社代理借贷者人身意外伤害保险业务。随即县联社与太平洋人寿保险股份有限公司金华中心支公司签订安贷保人身意外伤害保险代理合作协议。

4月4日，《金华日报》《浙中新报》分别刊登题为《浦江信用联社顺利完成改制》《全市首家一级法人农联社（浦江信用联社）成立》的新闻报道。

4月8日，全县农村信用社正式开办浙江省辖银行汇票业务。

是月，县联社党委分别任命郑梦林、陈文斌、李巧萍、楼理宣、张法远为浦东、黄宅、城关、浦阳、檀溪信用社党支部书记。同时免去黄明生、江东放原黄宅、城关农村信用合作社党支部书记职务。

5月8日，县联社启动中央银行专项票据兑付工作。

是月，县联社与天安保险股份有限公司签订协议，代理其企业财产保险、家庭财产保险、个人抵押贷款房屋保险和机动车辆保险等项业务。

6月27日，县联社始办理大额支付系统业务，并停办全国“天地对接”电子联行业务。

7月，县联社制订印发《事后监督管理办法》，并再度成立综合业务事后监督中心，归口县联社审计科管理。

8月，县联社制订印发贷款五级分类实施方案并付诸实施，深入推进贷款五级分类工作。

9月27日，县联社始推出丰收借记卡业务。张××成为本县第一位持有丰收借记卡的客户（卡号为622858×××××××××1888）。

11月，县联社与县广播电视台签订合作协议，县联社各营业网点开办有线电视视听维护费代扣代收业务。

是月，县联社召开第一届团代会，全辖28周岁以下的80余名团员、青年出席。民主选举产生由于翠平、张必肖、张深波、吴立邦、陈丹、陈晓艳、徐祖江等组成的县联社第一届团委，推选吴立邦任书记，徐祖江为副书记。下辖县联社机关、黄宅社、城关社、浦阳社和檀溪社 5 个团支部，分别由徐祖江、于翠平、陈晓艳、张深波、张必肖任书记。

12 月 16 日，经中国银联测试同意，丰收借记卡可在境外的 POS 机上刷卡消费，在 ATM 机自助银行设备上办理提现结算及查询业务。

是年，县联社被命名为金华市级治安安全示范单位。其后连续两年保持该称号。

2006 年

1 月，县联社与中国人民财产保险股份有限公司浦江支公司签订保险兼业代理协议，代理其企业财产保险、家庭财产保险、机动车辆保险及意外伤害保险等项业务。

2 月 5 日，县联社党委分别任命吴旭明、陈巧琴、黄云英为浦东、浦阳、檀溪信用社党支部书记。同时免去郑梦林、楼理宣、张法远原任浦东、浦阳、檀溪信用社党支部书记职务。

是月，《浙江日报》记者来县联社作专题采访，并撰写、刊登《农民建房也按揭，浦江三千农户贷款建新房》一文，对县联社创新支农产品，支持新农村建设的做法给予肯定。浙江电视台“新农村”频道亦拍摄制作《信贷支农　浦江率先》专题片播放，真实反映县联社推出新农村住房配套贷款，在支持旧城改造、村庄整治和助力新农村建设等方面所取得的显著成效，颇受社会各界关注和好评。

县联社被命名为 2005 年度县级文明单位，受到中共浦江县委、县人民政府通报表彰。此后各年度一直保持该项荣誉。

4 月，县联社出台《主办会计委派制管理（试行）办法》，始对全辖各信用社主办会计实行委派制。委派主办会计纳入联社财务电脑科统一管理。

县财贸工会批复，同意成立县联社第一届工会委员会。县联社召开第一届职工代表暨工会会员代表大会，民主选举产生由黄林祥、张中伟、徐祖江、张红英、杨卫东、虞真良、李巧萍等组成的第一届工会委员会，推选黄林祥任主席。工会委员会下设财务审查小组，张必军任组长。同时成立女工委员会，李巧萍兼主任。

5 月 29 日，省联合社统一参加人民银行小额支付系统，本县各信用社始办理小额支付系统业务。

是月，县联社团委与中共浦江县委宣传部、县团委联合举办“信合杯”纪念五四运动 87 周年团的知识及“十一五”知识竞赛活动。

9 月，经省联合社金华办事处批复，同意县联社与县自来水公司开办水费联网代扣缴业务。

是月，县联社与县域 6 家银行机构共同发起设立助学贷款担保基金，帮助家庭经济困难的在校学生顺利完成学业。此举通过《中国信合》宣传报道，引起社会强烈反响。截至当年10月末，县联社共发放生源地助学贷款317户，余额240多万元。

10月，县联社工会举办首届职工篮球赛，全辖有6支代表队参赛。经过多轮激烈角逐，县联社机关代表队夺得冠军。

11月，县联社营业部被金华市文明委命名为市级先进礼仪服务窗口。

12月，中共浦江县委组织部批复，同意徐东升代表县联社全体党员出席全县第十二次党代会。

是年，县联社理事长裘豪被省联合社评为全省农信系统优秀领导干部。

2007年

2月1日，全省农信系统新版“丰收卡”正式启用。

3月6日，县联社召开第一届理事会第九次会议，同意经省联合社组织竞聘后提名、选聘许云龙任县联社副主任的方案。

是月，按照县机关效能建设工作联席会议办公室统一部署，是年为“提高机关效能，改进工作作风”年。县联社成立领导小组，制订实施方案，组织开展“展新面貌、树新形象、创新业绩”主题实践，“月月红”劳动竞赛和“解放思想学义乌，团结和谐创三新”大讨论等三项活动，以此为催化剂，推动机关效能建设。

4月26日，县联社党委任命吴立邦任浦阳信用社党支部书记，同时免去陈巧琴原任书记职务。

是月，应《金华市金融志》编纂之需，县联社成立金融志编纂办公室，着手收集、整理本县农村信用合作社自组建以来50余年间的历史资料。

5月，中国建设银行浦江县支行不再设立业务金库，县联社始在义乌农村合作银行（后改称义乌农村商业银行）开立同业往来账户，办理现金缴存业务。

自6月1日起，调整客户当日持丰收卡在ATM机取款累计上限额度，由此前人民币5000元增至2万元。

是月，县联社与省烟草公司浦江县公司签订合作协议，按日代扣各卷烟经销户销货款入烟草公司指定账户，为双方提供快捷、高效、安全的卷烟货款结算。

7月20日，国务院颁布502号令，公布《关于修改〈对储蓄存款利息所得征收个人所得税的实施办法〉的决定》，对储蓄存款所孳生的利息所得，按规定起讫时段并依照不同的比例税率征收个人所得税。

是月，由中国人民银行浦江县支行、县金融学会、县联社、浙江力霸皇工贸集团有限公司、浙江百炼工贸集团有限公司和《今日浦江》新闻中心等6家单位发起，设立“圆梦”生源地助学贷款公益性担保基金。旨在构建风险补偿机制，为县域开办的生源地助学贷款提供再担保，并变短期捐助为长期捐助、变捐助个人为捐助县辖所有经济贫困的学生家庭。此举在全省尚属首次，既圆贫困学生的大学梦，亦体现社会各界“不让一个学生因贫困而失学”的救助初衷。

8月2日，县联社与中国工商银行浦江县支行签订代签银行承兑汇票业务协议。

是月，县联社内设职能机构局部调整，撤销计划信贷科和资产保全科，设合规科和风险管理科。

中国银监会金华监管分局批复同意，县联社营业部开办自签银行承兑汇票业务。

9月20日，县联社营业部及浦东、黄宅、城关、浦阳和檀溪等5个信用社正式开办农信银全国银行汇票业务。

是月，综合业务事后监督（OCR）软件系统正式上线运行。标志着综合业务事后监督工作由手工操作向计算机运行转变。

中共浦江县委决定，建立县联社纪检委。由黄林祥、王永清、王天佑组成，黄林祥任书记。12月正式授牌。

10月，县联社直属机关党支部换届选举，黄林祥任书记。

是年，县联社被命名为浙江省级治安安全示范单位，受到省综治委、省公安厅和省综治协会通报表彰。

县联社跃居本年度浦江县超千万元纳税大户。其后连续两年仍保持这一强势。

2008年

4月12日，停办特约电子汇兑业务。14日开通全国农村信用合作社实时电子汇兑业务。

5月7日，县联社推出间接第三方存管业务。具体则指县联社个人客户，通过县联社与兴业银行之间的银银合作平台，开展间接第三方存管资金相关业务，包括客户签约关系传送、资金转账、账户查询、资金清算等各项功能。

5月8日，县联社营业部和各信用社开办银行本票业务，分社及营业网点仅代理银行本票兑付业务。

是月，四川汶川大地震发生后，县联社迅即组织干部职工开展“抗震救灾，爱心募捐”活动，募集善款81280元汇往汶川地震灾区。其后又向灾区群众捐赠衣被等保暖物品120余件。

县联社党委响应中共浙江省委号召，募集“特殊党费”45350元。

9月1日，中国人民银行金华市中心支行印发《金华市银行本票业务管理办法》，规定单位和个人在金华地区内各种人民币结算款项结算均可使用银行本票。

是月，县联社印发《电子验印系统管理办法》，规定对客户签发的具有预留签章的票据，采用电子验印系统核对验印。

自10月9日起，根据国务院决定，储蓄存款孳生的利息所得暂免征收个人所得税。

10月21日，OCR会计风险控制系统正式运行，影像查询系统随之启动。所有原始传票、凭证通过扫描以电子影像文件形式予以保存，并利用识别系统进行比对，及时发现和纠正柜面业务办理过程的不规范行为。

10月30日，县联社召开第二届社员代表大会。民主选举产生第二届理事会、监事会成员。理事会由詹兴云、王才有、许云龙、张小华、张伯承、张越康、陈根敏、郑家林、赵朝东、费江海、楼基成等11位理事组成；监事会由黄林祥、王天佑、石栋、黄祖星、朱含海等5位监事组成。推选詹兴云任理事长，黄林祥任监事长。理事会选聘王才有任县联社主任，许云龙为副主任。

是月，县联社风险管理科和合规科分别更名业务管理科和风险合规科。

12月1日，省联合社通知，本县联社营业部、城关信用社和浦阳信用社为首批参加自签“华东三省一市银行汇票”业务机构，其代签“华东三省一市银行汇票业务”同时中止。

是月，县联社始聘用支农联络员，并继续推行存单承购包销制，其手续费仍按原标准计付。县联社业务拓展科撤销。

2009年

1月，县联社组织开展“走千家、访万户、共成长”劳动竞赛活动。其后几年间持续拓展推进，并在竞赛内容、形式、目标、方法等方面均有所创新，成效显著。

是月，在劳动竞赛活动中，县联社理事长詹兴云率有关科室人员深入乡镇葡萄种植专业村走访，了解葡农资金需求，并根据其葡萄园亟待改造而又缺乏资金的实际困难，现场拍板决定发放贷款给予支持。同时，责成联社信贷部门与当地基层社特事特办。其后仅3个工作日内，即向41户葡农发放葡萄园改造专项贷款235.5万元，受到农民群众普遍赞誉。

县联社与中国人民财产保险股份有限公司浦江支公司重签保险兼业代理协议，代理其车辆保险业务。

2月，县联社注册资金变更为6014.22万元。

3月26日，停止开立“卡折合一”借记卡账户，借记卡只能单独开立账户。

4月27日，黄宅信用社、浦东信用社开办自签“华东三省一市银行汇票”业务。

5月，县联社保卫科下设远程监控中心。

是月，县联社工会举办首届职工气排球比赛活动，以基层社为单位组队参赛。其后每年均组织此项赛事。

7 月 20 日，财税库银横向电子缴税系统全面展开。县联社与全县私营企业和个体工商户签订委托缴税协议，同时须在县联社开立结算账户，并将协议书信息录入该系统，实行税款预储和代扣代缴，以确保税款及时、准确、足额缴入国库，实现税款征缴信息共享。

是月，中共浦江县委组织部批复，同意成立县联社营业部、城中信用社、平安信用社党支部。县联社党委分别任命陈文斌、杨卫东、张玲燕、李巧萍、黄云英、张法远、吴立邦为县联社营业部及浦东、黄宅、平安、城关、城中、浦阳信用社党支部书记。

8 月，县联社与浙江金华安邦护卫有限公司签订守押服务合同。自是月 10 日起，县联社全辖共 31 个营业网点的现金款箱接送业务全部由该公司承办。各营业网点晚间不留库存现金，现金款箱及有价证券、有价单证、贵金属等特种物品概由该公司运至县联社金库统一存放保管。

9 月，县联社推出丰收小额贷款卡业务，并制订印发《丰收小额贷款卡业务实施细则（试行）》。

10 月 9 日，檀溪信用社开办自签“华东三省一市银行汇票”业务。

11 月，成立县联社直属机关党委，并于次月召开大会民主选举党委成员。直属机关第一届党委由黄林祥、朱华有、傅大悦、吴立邦、陈文斌等组成，推选黄林祥任书记。

是月，县联社营业部被金华市银行业协会命名为 2009 年度全市银行业金融机构“文明规范服务示范单位”，金娇赟为“文明规范服务先进个人”。

12 月 7 日，城关信用社平安分社于庆阳、李继红等 5 位客户成为首批授信农民，顺利领得丰收小额贷款卡。

县联社决定停止部分支农联络员办理存单承购包销业务，以转变其服务方式，有效防范业务操作风险。

是年，县联社始在业务需求量较旺的营业网点布放 ATM 机，从年初的 2 台增至 8 台，并在营业部布放全辖第一台存取款一体机。

县联社业务科副科长杨巨钢荣膺 2009 年度全省金融支农工作先进个人称号，受到中国银监会浙江监管局、省农村工作办公室通报表彰。

2010 年

1 月，县联社与县自来水公司重签委托代收水费合作协议，实行电脑联网，每日代扣。

是月，县联社被命名为 2009 年度金华市级文明单位，受到中共金华市委、市人民政府通报表彰。其后各年度一直保持该项荣誉。

2月，县联社与县社保部门签订合作协议，在虞宅、大畈、前吴、花桥、杭坪5个分社营业网点每月为该5个乡镇60周岁以上的老人代发养老保险金。其后，此项业务持续延展。

3月24日，浦东信用社郑宅分社开办银行本票业务。

迄3月止，根据上级监管部门要求，县联社严禁辖内网点聘用的支农联络员以代理存、取款等形式组织存款，停止向其支付组织存款的手续费。

4月，县联社直属机关党委同意县联社机关、檀溪信用社党支部选举结果，县联社机关党支部由朱华有、傅大悦、洪咏组成，朱华有任书记；檀溪信用社党支部由张灵坚、徐东升、周旭光组成，张灵坚任书记。

是月，县联社制订并印发“2010迎世博·文明规范服务深化年”活动方案，并陆续出台“内控合规建设年”“综合竞争力提升年”和“内控与案件防范执行年”三项活动实施方案，做到有计划、有步骤、有落实、有检查、有考核、有总结，力求实效。

6月8日，根据中国人民银行杭州中心支行有关通知精神，即日起停止签发浙江省辖银行汇票。

自6月14日起，推广全国支票影像交换系统（直联）业务，参加全国支票影像交换系统的网点为县联社营业部、浦阳信用社和城关信用社，其他网点的全国支票影像交换系统业务通过以上三个网点办理。

12月，经县直属机关党工委研究，同意县联社直属机关党委成立纪检委，傅大悦、洪咏、季新团为成员，傅大悦任书记。

是月，根据中国银监会《贷款风险分类指导原则》和《农村银行机构公司类信贷资产十级分类指引》，县联社试行公司类贷款十级分类工作，并自翌年起全面推行。

2011年

1月20日，县联社存、贷款余额突破50亿元大关，达到55.54亿元，实现开门红。

1月28日，县人民政府发文公布，县联社为2010年度超2000万元纳税大户，排名跃居全县纳税企业第7位。

是月，县联社与县广播电视台续签合作协议，通过委托代扣（批扣）和现金（实时缴费）两种方式代收视听费。

县联社职工楼建华、周妍分别被评选为2010年度金华市农信系统“十佳优秀客户经理”“十佳文明服务之星”。

2月10日，中共浦江县委书记张伟亚来县联社走访调研，对本社立足乡土、面向“三农”，大力支持地方经济发展所作出的优异成绩给予高度评价，同时向本社2010年度纳税超2000万元授牌并表示祝贺。

3月1日，启用2010版银行本票。

4月始，县联社组织全员蓬勃开展“争创岗位廉洁合规从业标兵”主题活动。

5月10日，平安信用社和城中信用社始开办银行本票业务和全国农信银银行汇票业务。

是月，2010版会计事后监督系统上线。该系统是对原事后监督系统（OCR）重新梳理，完善重点监督业务配置，并对风险可疑事项和频繁发生的重点交易作系统预警处理。

6月，县联社机关及黄宅、城关、檀溪等信用社党支部完成换届选举工作。县联社机关党支部由傅大悦、张玲燕、季新团组成，傅大悦任书记；黄宅信用社党支部由张灵坚、张小洁、杨杭海组成，张灵坚任书记；城中信用社党支部由虞真良、陈国强、黄巧英组成，虞真良任书记；檀溪信用社党支部由杨巨钢、徐东升、方八一组成，杨巨钢任书记。

7月，农信银支付清算系统优化上线，实现通存通兑业务差错及时处理，电子汇兑业务7×24小时实时处理，汇兑款项实时到账。

11月16日，省联合社副主任张波在金华市银监分局局长陈兆水、省联合社金华办事处副主任臧建新陪同下，来县联社走访调研并深入企业考察。

是月，经中共浦江县委研究决定，王才有任县联社党委书记，李九良任党委委员，陈文斌任党委委员及纪委委员、纪委书记。免去詹兴云党委书记职务，同时免去黄林祥党委委员、纪委书记及委员职务。

县联社开办以解决因一次性补缴基本养老保险费用出现资金困难，让符合参保条件的对象纳入职工基本养老保险范围的“金色保障”专项贷款业务。

12月26日，中共浦江县委组织部批复，同意王才有、徐秀艳代表县联社全体党员出席全县第十三次党代会。

县联社选聘杨玲玲任纪检监察员。

是年，县联社职工吴园园被评为全省农信系统“岗位廉洁合规从业标兵”。

本年度县联社纳税额为4430万元，排名居全县纳税金融机构第一、纳税企业第四。

2012年

1月11日，召开县联社第一届职工代表大会第四次会议，经民主选举，陈文斌、傅大悦当选为监事会职工监事。

1月18日，召开县联社第三届社员代表大会，民主选举产生第三届理事会、监事会成员。理事会由王才有、许云龙、李九良、张越康、石栋、张伯承、方世友、郑家林、费江海、张小华、陈根敏等11位理事组成；监事会由陈文斌、江东放、王元成、朱含海、傅大悦等5位监事组成。

推选王才有任理事长，陈文斌任监事长。理事会选聘许云龙任县联社主任，李九良为副主任。

2月22日，经中共浦江县直机关工委研究决定，陈文斌任县联社直属机关党委书记，杨巨钢、杨卫东为委员。免去黄林祥原任县联社直属机关党委书记和委员、朱华有党委委员职务。

2月27日，县联社针对辖属网点营业场所大堂保安老龄化、低素质、易流动等问题，招聘相对年轻有文化的大堂保安人员20余名，并组织进行思想教育、理论授课和实战训练，开启保安队伍管理新模式。

2月28日，召开县联社第二届工会会员代表大会，民主选举产生第二届工会委员会成员。第二届工会委员会由陈文斌、徐东升、吴立邦、杨巨钢、李巧萍、张钏、陈妍妍等组成，推选陈文斌任主席。工会委员会下设经济审查委员会和女工委员会。

3月2日，中共浦江县纪委批复，同意傅大悦、黄明生任县联社纪委委员。

3月15日，浦东信用社郑宅分社开办自签“华东三省一市银行汇票”业务。

3月15日至16日，省联合社副主任冯俭青、审计处处长姚玉沿等一行，来县联社开展“进村入企”走访调研，并就县联社支持新农村建设等项工作给予指导。

4月1日，中国人民银行杭州中心支行制定《浙江省银行本票业务管理办法》，扩大银行本票流通使用范围，单位和个人在浙江省内的各种人民币款项结算可使用银行本票。

4月17日，省联合社理事长姚世新一行来县联社调研，对县联社服务“三农”、服务小微企业、服务县域经济发展过程中所取得的成绩，以及县联社新班子的良好风貌和团结协作精神给予充分肯定。

是月，事后监督系统程序升级。程序升级后可直接调阅会计电子档案管理系统中的客户身份证件信息。

县联社财务电脑科更名财会科技科，下设授权与对账中心。

5月28日，县联社营业部增设大堂式综合型自助终端，在减轻柜面压力的同时，为客户提供高效便捷的金融服务。

6月27日，省联合社金华办事处批复，同意县联社实施历年未分配利润转增资本的请示，累计转增资本额为1684万元。

7月5日，本县郑宅镇上郑村和广明村荣获首批“省级信用村”称号，县联社为之举行授牌仪式。

是月，县联社理事长王才有率领导班子成员及业务管理科、风险合规科、营业部等相关部门负责人，赴富阳合作银行考察学习微贷技术，为创办微贷中心提前做好功课。

是月，县联合社上挂省联合社干部邵浩然奉献爱心，自愿捐献造血干细胞，用以挽救仍挣扎在死亡边缘的白血病患者。其高尚之举赢得社会广泛赞誉，县联社领导闻讯亦赶赴省中医院慰问。

8月9日至10日，全市农信系统安全保卫工作研讨会在浦江举行。各县（市）联社、农合银行、农商银行保卫部门和监控中心负责人到会参与研讨。

8月15日，金华银监分局纪委书记沈新荣一行来县联社就服务实体经济落实开展情况进行督察。

9月15日，网上银行业务首在县联社内部员工中试运行。

是月，县联社财会科技科下设科技信息中心。

10月底前，前吴乡塘岭金村ATM机投入使用，至此，县联社已实现ATM机山区网点全覆盖。

11月10日，全县金融系统职工业务技能比赛在县总工会举行。县联社派出8名选手参加4个项目的比赛，以优异成绩夺得团体第一名。

11月22日，县联社印发人民币理财业务管理办法，发行省联合社“丰收幸福”系列理财产品。

是月，县联社推出“阳光快贷即时转”，即客户周转贷款当天归还可当天发放。该举措获中共浙江省委办公厅内刊《浙江信息》肯定并向全省推介。

县联社直属机关党委召开党员大会，民主选举产生第二届党委成员。第二届党委由陈文斌、季新团、杨巨钢、李巧萍、张灵坚等组成，推选陈文斌任书记。直属机关纪委亦换届改选，新一届纪委由季新团、傅大悦、傅仙元组成，季新团任书记。县直属机关党工委批复，同意成立县联社第一、第二、第三、第四、第五党支部，同时撤销县联社机关、营业部及浦阳、城关、城中、平安、浦东、黄宅、檀溪信用社党支部。经“公推直选”，第一党支部由季新团、陈晓晓、陈妍妍组成，季新团任书记；第二党支部由杨巨钢、陈国强、黄巧英组成，杨巨钢任书记；第三党支部由李巧萍、杨卫东、吴超组成，李巧萍任书记；第四党支部由张灵坚、吴斌勇、张小洁组成，张灵坚任书记；第五党支部由虞真良、方猛、徐东升组成，虞真良任书记。

陈晓晓被金华市“双争”委命名为2011年度金华市青年岗位能手。县联社团委荣膺2012年度省级“五四”红旗团委称号。

12月6日，县联社始开办丰收贷记卡业务。24日，县联社营业部向内部员工首发丰收贷记卡5张。

12月24日，省联合社金华办事处批复，同意县联社开办网上银行业务。

12月26日，中共浦江县委副书记、县长施振强，副县长韦钟铺一行来县联社走访慰问。施县长对县联社围绕地方特色，坚持精耕细作，助力县域经济发展所作出的贡献给予高度评价，并希望县联社在新的一年里继续发挥自身优势，加大对特色产业及美丽乡村建设等有前景、有保障产业的支持力度。

是月，县联社被评为全县银行系统民主评议行风活动最佳金融机构，受到县纠风办和中国人民银行浦江县支行通报表彰。

是年，县联社营业部被命名为全市农信系统文明规范服务示范单位。

县联社本年度综合考核得分 299.57 分，名列全市农信系统第六。理事长王才有在全省农信系统本年度领导班子和领导干部考核中被评为优秀领导干部。

县联社被评为 2012 年度省级“治安安全示范单位”，受到省综治委、省公安厅和省综治协会通报表彰。

2013 年

1 月 1 日，县联社正式对外办理网上银行业务。

1 月 21 日，开启丰收贷记卡发行推广活动，并尽先在县联社内部职工（含配偶）中发卡。

1 月 23 日，县联社首次运用“通济转贷”基金，帮助企业解决转贷难、转贷贵等问题。

是月，县联社营业部被金华市文明委命名为市级“文明窗口”。

2 月 5 日，金华银监分局批复，同意县联社开办手机银行业务。

2 月 20 日，县联社获 2012 年度全县“纳税十强”“纳税争先移位”和“缴纳地方税费大户”3 个奖项，受到中共浦江县委、县人民政府通报表彰。

3 月 13 日，县联社制订《丰收创业卡业务实施细则》，并首在营业部试行。其后逐步在全辖推开。

是月，平安信用社被金华市总工会命名为市级“五一巾帼标兵岗”。

4 月 9 日，县联社与县农业局签订“银农合作”协议，并举行“村村富”“美丽田园”贷款业务推进会，对浦阳街道狮岩村等 5 个集体经济薄弱村和大畈乡东坪茶叶专业合作社等 18 个农业专业合作社及农户现场授信 1715 万元，用于发展村级集体经济和现代农业生产。

是月，县联社注册资本金变更为 18790.58 万元。

5 月 14 日，正式对外办理丰收贷记卡业务，将优质客户作为首发目标客户群体。

5 月 31 日，县联社营业部率先开通手机银行业务。

是月，县联社全员捐集善款 18000 元支持四川雅安地震灾区群众抗震救灾、重建家园。

6 月 18 日，县联社第三届理事会第六次会议增选吴立邦为县联社副主任。中共浦江县委亦于是月任命吴立邦为县联社党委委员。

是月，县联社根据基层一线临柜人员紧缺的实际需求，始通过县丰安人才管理市场首次公开招聘劳务派遣工 21 名。

7 月 3 日，中国人民银行浦江县支行批复，同意并认定县联社代理国库集中支付业务资格。

7月8日，县联社与中国电信股份有限公司浦江分公司签订信息系统机房设备托管协议，将辖属服务器、防火墙、交换机及机柜等置于浦江电信信息中心机房指定地点，由其提供所需机房环境、电力保障等基础维护服务。

7月16日，由省政协委员、丽水学院党委书记肖建中带队的省政协调研组一行来浦江调研。调研组召开座谈会，在听取县联社党委书记、理事长王才有关于“深化农信改革，充分发挥服务‘三农’主力军作用”的工作汇报后，充分肯定县联社作出的贡献和取得的成绩，并就县联社所提有关农信发展中面临的主要困难和建议进行了热烈讨论和深入沟通，表示将积极采纳各方意见，形成课题调研报告，尽可能地帮助解决具体问题。

是月，在中共浦江县委组织部、宣传部、人才办，县团委、县青联、县广播电视台和县新闻传媒中心联合举办的“信联杯”“浦江县十大杰出青年”评选活动中，县联社党办副主任、女工委主任陈妍妍榜上有名。

8月2日至9日，县联社聘请温州亚美信企业顾问有限公司资深培训师，对营业部和浦阳、城关信用社及下属分社的198名员工开展标杆网点标准化服务督导项目培训，以此带动全辖各营业网点服务规范化和专业化水平的有效提升。

8月26日，县联社获虞宅、花桥两个县内首批乡镇财政国库集中支付试点乡业务代理资格。30日，复与县财政局、中国人民银行浦江县支行签订代理财政资金支付与清算协议，并按相关规定开展该项代理业务。

8月28日，县联社与县国税局联合举办“税银征信互用合作”签字仪式，将企业“纳税信用”转化为中小企业融资渠道。

9月2日，县联社首在花桥、虞宅两个乡试点开办丰收公务卡业务。花桥乡人民政府工作人员张朝阳成为全县第一位丰收公务卡持有人。

9月25日，始受理国库集中支付业务。其后扩展至全县15个乡镇中的11个乡镇。

9月16日，县联社理事长王才有礼聘获“浙江省道德模范”提名、“浙江最美女性”提名，金华市及浦江县道德模范张凤英为本社“诚信宣传员”。

是月为本年度全省银行业“金融知识进万家”宣传服务月。县联社结合本地实际，高度重视、认真谋划、精心组织，通过集中力量突重点、辐射全面抓网点、别出心裁显亮点，全力营造金融知识宣传氛围，受众面广，效果显著。

10月31日，县联社顺利完成全省信用卡、大总账系统上线转换、测试工作。

11月，县联社与县社会医疗保险管理处签订县域城乡居民医疗保险社会保障卡合作协议，并先后取得11个乡镇20余万张社保卡发卡资格。

是月，县联社员工阅览室被中华全国总工会评为“职工书屋”，县联社成为国家级“职工书屋”示范点建设单位，并获赠各类图书600余册。

12 月 9 日，丰收 IC 借记卡业务首在县联社内部员工中开卡投入试运行。

是月，县联社内设职能机构调整为“七科二室”，即人事监察科（兼管工会工作）、业务管理科、风险合规科、财务会计科、科技信息科、审计科、保卫科、党委办公室（理事会办公室）和办公室（兼管团委工作）。清算中心、授权与对账中心及综合业务事后监督中心统一调整为财务会计科下设。

周旭光任第三党支部书记，免去李巧萍原任书记职务。

是年，浦阳信用社被金华市总工会命名为市级“工人先锋号”。

县联社理事长王才有荣膺 2011—2013 年度“浦江县劳动模范”称号；在全省农信系统本年度领导班子和领导干部考核中被评为优秀领导干部。

县联社营业部被金华市行风办评为全市银行业金融机构“群众满意服务窗口”；浦阳信用社综合柜员陈娟被评为“群众满意服务标兵”，受到市人民政府纠风办、金融办，中国人民银行金华市中心支行、中国银监会金华监管分局联合发文通报表彰。

2014 年

1 月 10 日，省联合社直属党委副书记、工会副主席、人力资源处副处长姚玉沿，省联合社金华办事处副主任苏亦林一行，来县联社走访慰问老党员及困难职工，送上组织的深情关怀与温暖。

1 月，县联社上挂省联合社干部邵浩然、黄宅信用社岩头分社综合柜员陈克橡荣膺 2013 年度全市农信系统“最美农信人”称号。

2 月，县联社撤销授权与对账中心，其所有业务归并综合业务事后监督中心。

是月，县联社营业部张姝娈被评为 2013 年度金华市农信系统“十佳客户经理”；浦阳信用社陈娟被评为“十佳文明服务之星”。

3 月 10 日，县联社与县团委、县电子商务协会联合举办“青春飞扬，普惠电商”2014 浦江青年电商创业高峰论坛，并推出“网创贷”专项贷款业务，发放对象指向县域内有志于从事电子商务行业创业的青年，以及经营管理较为成熟规范、信誉等级较好、具有较强盈利能力和发展前景的电子贸易商。

3 月 14 日，城东信用社始开办银行本票业务。

是月，针对县域内农民专业合作社、家庭农场、农业龙头企业、农业示范基地以及种植养殖大户等农业生产经营主体，县联社与县农业局联合推出“助农通”专项贷款。

县联社机关第一党支部被评为 2013 年度全省农信系统“百强基层党支部”，受到省联合社党委办通报表彰。

4月1日，县联社制作第一批社会保障卡4984张。随后，各营业网点陆续开展发卡工作，迄年末共发卡132490张。

4月9日，金华银监分局局长陈兆水一行来浦江，进村入户倾听民声，广开言路真诚纳谏。并召开座谈会，听取包括县联社在内的多家金融机构负责人对各自业务经营等情况的汇报。陈局长结合当前金融形势，向各行社提出了希望和要求。

4月11日，中国人民银行金华市中心支行副行长金桂华、省联合社金华办事处副主任臧建新带领中国人民银行浦江县支行、县联社相关负责人，前往浦江本地多家企业开展走亲连心金融服务月调研走访活动。

4月15日，县联社发放首笔土地经营权抵押贷款，尝试解决企业融资难题。

是月，丰收IC借记卡正式对外发行。

县联社首在黄宅镇钟村布放ATM机3台并正式对外营业，是为第一个离行式自助银行。其后，又相继在浦阳街道白林、铜桥、石埠头等村和水晶南部、东部及西部园区设立离行式自助银行。

县联社注册资本金变更为21045.45万元。

5月17日至18日，县联社理事长王才有出席在杭州举行的中国普惠金融高峰论坛。

是月，县联社与县汽车运输总公司合作开发丰收IC公交卡应用支付项目，并于10月正式启用。

7月23日，县联合社报请中国人民银行金华中心支行核准，正式加入全国银行间同业拆借市场。

9月，在省财政部门指导下，省联合社根据《金融企业绩效评价办法》，按5大指标12项内容对全省81个行、社2013年度业务绩效进行综合评价，本县联社获92.56分，为优秀（AAA），排名全省农信系统第5位。

县联社因应县域旅游业兴盛而致民宿服务业崛起的趋势，及时推出“民宿贷”专项贷款业务。

县联社业务管理科下设丰收小微企业贷款营销中心（址设月泉信用社）。

10月1日，全省首个丰收IC卡公交服务项目试运行，实现农信系统丰收IC卡公交服务应用“零”突破。

10月25日，在中国人民银行浦江县支行与县总工会联合举办的“2014年全县金融系统职工业务技能比赛”活动中，县联社代表队再次斩获团体总分第一的好成绩，实现该项比赛“五连冠”。

11月，县联社业务管理科下设原银行卡中心升格为电子银行科。

县联社直属机关党委换届选举，新一届党委成员由陈文斌、季新团、陈勋、李巧萍、周旭光、陈晓晓、俞立等组成，推选陈文斌任书记。

12月，县联社在檀溪镇潘周家村开设全省第一家综合便民服务中心——“丰收小站”。赓即又扩展至寺坪、蒲阳、中余等行政村，其后在全县陆续铺开。

是月，县联社人事监察科分设为人事教育科和纪检监察室。

丰收小微企业贷款营销中心试运行，并在全县范围拓展业务。

是年，县联社副主任李九良被省联合社评为全省农信系统优秀领导干部。

县联社获本年度全省农信系统“十强信用联社”荣誉称号。

2015年

1月4日至5日，省联合社金华办事处主任祝晓平来浦，对县联社2014年度领导班子实施考核，并走访县联社近期创新推出的综合惠民服务点——檀溪镇潘周家村“丰收小站”，同时分别对以基层营业网点为依托的中余分社“丰收小站”和以村级超市为依托的蒲阳村“丰收小站”作实地考察。

1月20日，县委书记施振强带领县委办，县人民政府办、金融办等相关部门负责人，前往檀溪镇潘周家村“丰收小站”调研。施书记在盛情点赞农村信用社加强网点建设，把暖心服务送到农民手中，全力推进“普惠金融”的同时，要求农村信用社继续发挥人缘、地缘优势，把“丰收小站”切实办好，办出特色。

1月21日，省联合社纪委书记高建军来县联社走访慰问困难职工。

是月，县联社被命名为2013—2014年度全省“五一巾帼标兵岗”。

县联社业务管理科下设投资理财中心。

县联社各基层党支部成员调整：第一党支部由季新团、陈妍妍、贾晓琳组成，季新团任书记；第二党支部由周旭光、吴斌勇、徐东升组成，周旭光任书记；第三党支部由贾明东、杨卫东、吴超组成，贾明东任书记；第四党支部由张灵坚、陈晓晓、方猛组成，张灵坚任书记；第五党支部由虞真良、陈勋、俞立组成，虞真良任书记。

2月2日，七里、月泉、岩头3个信用社始开办银行本票业务。

2月6日至8日，由中共浦江县委、县人民政府主办，县农业局承办，县联社等多个部门协办的“浦江优质农产品新春展销会暨首届农民电商购物节”活动在中国水晶城隆重举行。县委书记施振强、县长程天云及县委等四套班子成员亲临设在活动现场的“丰收小站”展示区，体验网上代购服务。并对县联社搭建“丰收小站”农产品代销平台，帮助展示、推广本地名优特产品的惠民举措给予高度肯定。

是月，县联社工会女工委被评为2013—2014年度全市工会先进女职工组织，受到市总工会通报表彰。

3 月 18 日，中国人民银行金华市中心支行行长翁国华一行，来县联社调研、指导金融支持电商产业发展及“丰收小站”建设等情况。浦江县支行行长黄立新陪同调研。

3 月 19 日，县联社荣获 2014 年度全县“纳税状元”称号。

4 月 22 日，县长程天云率县人民政府办、金融办、人民银行等部门人员，来县联社开展金融支持实体经济发展工作调研。

4 月，县联社注册资本金变更为 21676.81 万元。

5 月 7 日，县联社党委书记、理事长王才有陪同县长程天云到浦江第二医院看望患病住院的市、县道德模范，县联社诚信宣传员张凤英女士。

同日，县联社副主任、县团委挂职副书记李九良，代表全省金融系统在县级团组织挂职的 50 名青年干部，赴北京出席由中国银监会、团中央联合举行的“银行业金融机构优秀青年干部赴县级团委挂职工作总结报告会议”，并在会议上作典型发言。

5 月 15 日，县联社营业部下设客户服务中心。

自 5 月 21 日起，经中国人民银行金华市中心支行批准，县联社直接向该行办理现金缴存业务。

是月，县联社始开办“丰收爱心卡”小额扶贫贷款业务。

6 月 1 日，经中国人民银行上海分行备案，县联社加入全国银行间债券市场，并相继获得部分业务准入。自此始，全县农村信用社同业存放、资金拆借、票据回购、同业存单以及负债、债券、理财等资金和投行业务陆续展开。

6 月 12 日，县联社第三届工会会员代表大会召开，民主选举产生由陈文斌、李巧萍、陈妍妍、虞真良、张灵坚、贾明东、季新团、周旭光、杨玲玲等组成的第三届工会委员会。推选陈文斌任主席。工会委员会下设经济审查、女工及劳动争议调解 3 个委员会，由金娇赟、杨玲玲、季新团分别任主任。

6 月 17 日，省联合社副主任孙建华、发展计划处处长林梅凤等一行 3 人，在金华办事处主任祝晓平陪同下，来县联社调研、指导社区银行转型建设工作。

6 月 25 日，召开县联社第四届社员代表大会，民主选举产生第四届理事会、监事会成员。理事会由王才有、李九良、吴立邦、江东放、张越康、张凯源、石栋、方世友、郑家林、张小华、陈根敏等 11 位理事组成，推选王才有任理事长；监事会由陈文斌、季新团、朱含海、楼利息、陈华等 5 位监事组成，推选陈文斌任监事长。理事会选聘李九良任县联社主任，吴立邦为副主任。

7 月，县联社始开办丰收小额专项贷款业务。

是月，县联社增设资金管理科。

9月16日，省联合社副主任张依丽一行，来县联社调研“丰收购”推进工作及其线上线下结合“丰收小站”运营情况。

9月24日，省联合社理事长姚世新、副主任冯俭青、电子银行处处长干美凤一行，来县联社开展社区银行转型建设、互联网金融发展及民宿经济等专题调研。

自10月始，县联社相继开展“青春农信，炫在指尖”“用手机银行，送18万大奖”“用手机银行，赢三重礼”等手机银行营销活动，促手机银行客户覆盖面全面提升。

是月，县联社与县社会保险事业管理处签订社会保险待遇委托发放协议，开办离退休人员基本养老金代发业务。

11月3日，全县首家“大学生村官实践基地”在浦南街道石埠头村“丰收小站”挂牌。

是月，省联合社印发本年度文明规范服务单位及服务品牌示范单位检查情况通报，就本县联社营业部从客户角度出发，创办“夜间金融服务便利店”“丰收小站”，推行“错时＋延时”“人工＋自助”服务机制，为客户提供多种形式便民延时、延伸服务的做法给予充分肯定。

是月，县联社全面启动社会保障卡城乡居民医疗保险费用代缴代扣业务。至年末共发卡191276张，激活105616张。

12月17日，县人大常委会主任黄林生率城建组一行20余人，来县联社召开调研座谈会。县联社党委书记、理事长王才有就本年度以来的各项工作开展情况作了详细汇报。

是年，县联社办理首笔金额为16000万元的债券逆回购业务。

县联社连续第四年荣获全省农信系统先进单位称号。

2016年

1月27日，县联社“惠农兴村，扶微助小”暖春行动暨与银镇全面战略合作签约仪式在郑宅镇东明村文化礼堂同时举行。李九良主任代表县联社与郑宅镇人民政府现场共同签订“银镇战略合作协议”，并为该镇金泥村整村搬迁贷款授信1500万元，湖顶村旧村改造贷款授信1000万元，支持新农村建设。

是月，县联社营业部被命名为2015年度全省农信系统“品牌示范网点”。

2月2日，县社会保障卡服务管理中心在县联社营业部挂牌，县联社成为唯一由县人社局授权办理城乡居民医疗保险参保、制卡业务的金融机构。

是月，县联社业务管理科下设投资理财中心裁撤；客户服务中心调整为业务管理科下设；风险合规科增设抵押物评估中心。

3月18日，中国人民银行杭州中心支行副行长朱文剑、金华市中心支行行长翁国华一行来浦调研、指导金融支持电商工作，并实地走访县联社设在朱宅村的“丰收小站”惠民服务点。中国人民银行浦江县支行行长黄立新，县联社党委书记、理事长王才有陪同调研。

同日，县联社与县8890便民服务中心举行战略合作签约仪式，并决定在县联社设立协会办公室。

3月24日，省商务厅副厅长徐高春、市场建设处调研员陈如长、电子商务处副处长章晗一行，来浦江对接调研本县电子商务发展情况。县人民政府副县长韦钟铺及县联社监事长陈文斌陪同调研。

3月31日，本年度全市农信系统安全保卫工作会议在浦江召开。省联合社金华办事处副主任苏亦林出席会议并讲话，各县（市）联社、农合银行、农商银行分管领导，保卫部门及监控中心负责人参加会议。

4月13日，由金华市金融办、金华银监分局、浦江县人民政府共同举办的金华市银行业支持浦江县“四个全面”试点县建设推进会暨政银企合作项目签约仪式在浦江举行。金华市人民政府、金华银监分局及浦江县人民政府领导同志出席。省联合社金华办事处主任祝晓平、县联社理事长王才有参加会议，并在现场与浙江千百卉家纺有限公司、浦江小桥水晶工艺品有限公司、浦江君子金属制品有限公司及浦江易林泰纺织有限公司4家企业签约建立合作关系，授信4800万元贷款用于支持企业经济发展。

是月，县联社注册资本金变更为22543.88万元。

5月4日，省金融办副主任包纯田、证券期货处处长叶笃银、地方金融处处长曾国章等一行，来县联社开展农信社改革发展工作调研。副县长韦钟铺，县人民政府办、金融办、人民银行领导同志及县联社理事长王才有参加调研座谈。

5月12日，县联社与县慈善总会签约，以“浦江农信”冠名并捐款120万元建立“圆梦基金”，用于资助本县品学兼优而家境贫困的学子进入高等学府深造。

是月，根据财政部、税务总局相关文件精神，营业税改征增值税在全国推开。

6月1日，浙江银监局副局长袁亚敏、农金非现场处处长郑联胜一行，来县联社开展金融惠农工作调研。实地走访中部水晶集聚园区和“五水共治”成果点，参观县联社营业部及“丰收小站”惠民服务点并听取县联社工作汇报。金华银监分局局长陈兆水、纪委书记蓝春锋及县联社领导班子成员陪同调研。

6月4日，县联社会同省联合社金华办事处、县人民政府、县风景旅游管理局、县广播电视台及前吴乡人民政府举办“普惠之路”绿色骑游活动，让市民在青山绿水中体验浦江农信普惠金融建设成效，享受智慧金融带来的全新生活品质。

6月15日，省联合社副主任江丕贤一行在金华办事处主任祝晓平陪同下，来县联社走访调研，指导普惠金融建设。县联社理事长王才有、主任李九良及相关科室负责人陪同调研。

7月14日，在营改增新政实行后，县联社按照简易计税办法第一次按季申报增值税。

7月19日，省联合社党委书记王小龙一行来县联社调研，并先后走访县中部水晶集聚园区、县联社营业部及前吴栖水等地。省联合社金华办事处主任祝晓平，县委副书记、县长程天云，县常务副县长卢军及县联社理事长王才有陪同调研。在调研期间王小龙指出，要扎实推进普惠金融工程，加强社区银行建设，提升消费金融占比，把“丰收小站”打造成为联系社区居民的纽带；金融业务要与物业服务、居民生活及社会活动相结合，通过以点带面，不断增强客户黏性与关联度，努力提高市场占有率。

7月28日，县联社召开第四届社员代表大会第三次会议。讨论并表决通过关于筹建浙江浦江农村商业银行股份有限公司的可行性研究报告、关于该公司（筹）股东资质要求的报告、关于该公司（筹）市场定位、经营方针和管理体制的报告（草案）、关于县联社向各相关利益者征求意见情况的报告等8项议案。中国人民银行浦江县支行副行长金涛、金华银监分局监管员陈莉、县联社领导班子成员及全体社员代表参加会议。

同日，县人民政府发文，批准成立浙江浦江农村商业银行股份有限公司筹建工作领导小组。

7月30日，浙江同方会计师事务所及浙江中远资产评估事务所有限公司以2016年6月30日为基准日，清理核实县联社资产、负债及所有者权益，并对整体资产作出评估。

8月10日，省辖农村合作金融机构股份制改革推进会在浦江召开，浙江银监局农金非现场处监管调研员沈继荣、主任科员蒋玉敏莅临指导改制工作并作重要讲话。全省9个银监分局、17个农村合作金融机构相关负责人参加会议。

8月17日，县人民政府向省人民政府呈送县联社股份制改革试点总体方案的请示。

9月13日，县联社召开第四届理事会第七次会议。会议由县联社党委书记、理事长王才有主持，省联合社金华办事处副主任苏亦林、金华银监分局监管员陈莉应邀出席，县联社理事会全体成员与会，相关科室负责人列席。会议听取并审议通过关于同意组建浙江浦江农村商业银行股份有限公司的议案（草案）、筹建工作方案（草案）、关于授权筹建工作领导小组组织实施筹建工作方案的议案（草案）及其他事项。

9月28日，县联社召开第四届社员代表大会第四次会议。浙江良友律师事务所受县联社委托，指派律师对本次会议作现场见证。会议表决通过关于同意组建浙江浦江农村商业银行股份有限公司的议案、浙江浦江农村商业银行股份有限公司筹建工作方案等7项议案，并对有关组建事项达成一致意见。

同日，浙江同方会计师事务所及浙江中远资产评估事务所有限公司出具《净资产确认书》，并由浙江浦江农村商业银行股份有限公司筹建工作领导小组和县联社签字确认。

9月29日，县联社在《今日浦江》刊登各营业网点发布老股金处置方案和征集发起人两项公告。

9月30日，县联社成功发放首笔“好家风信用贷”。此一专项贷款由县联社与县文明办、县妇联联手推出，旨在将“好家风”无形资产有形化，传承和弘扬优良家风，助力社会诚信建设，把精神文明转化为物质文明，让“文明家庭”切实享受“好家风”带来的实惠。“好家风信用贷”面向获评县、乡镇及村级“好家风”的家庭，分别最高可授信30万元、25万元、20万元的免担保信用贷款，实行利率优惠，当日申请当日发放。

是月，顺利完成现钞设备接入钞币信息管理系统，实现通过对现钞机具设备的钞币冠字号进行标准化格式的采集、存储、查询、跟踪及统计等功能。

10月8日，县联社成功发放首笔手机银行自助贷款。

10月9日，经金华市市场监督管理局预核准，县联社名称为浙江浦江农村商业银行股份有限公司。

10月11日，发行第一笔1M期限同业存单1.5亿元，起息日为是月13日，兑付日为是年11月14日，利率2.7498%，由普陀农村商业银行认购1亿元，临安农村信用合作联社认购0.5亿元。

10月19日，县联社始发放第一张丰收福农卡。

10月22日，全县金融系统职工业务技能比赛在县联社举行。来自全县15家银行的137名选手参加计算机汉字输入、传票输入、机器整把点钞、单指单张点钞、多指多张点钞等项目的激烈角逐，县联社又一次以优异成绩夺得团体第一，实现全县金融系统职工业务技能比赛“七连冠”。县联社徐秀艳、黄莉、王彩凤、吴慧琪等4名青年选手，凭借自身实力刷新多项比赛纪录。

11月9日，县联社完成首笔ETC网银签约测试，标志着县联社通过网上银行自主签约的渠道正式开通。

11月23日，县联社在水晶园区的“智慧一卡通”系统成功上线，成为全省农信系统首批通过CPU模式加载丰收IC卡园区行业应用的行社之一。

11月26日，县联社“丰收驿站”电商综合惠民项目从全省177个创新项目中脱颖而出，荣获“比学赶超，创享发展”2016年度浙江农信创新大赛金奖。

是月，县联社与第三方公司合作开发综合积分管理系统。

12月1日，正式对外发行2000万元大额存单，最高一年期利率为2.175%，至是月26日发行结束日，认购额计1330万元。

12月15日，浙江浦江农村商业银行股份有限公司创立大会暨第一次股东大会隆重召开。金华银监分局、省联合社金华办事处和县人民政府以及中国人民银行浦江县支行领导同志到会祝贺，浦江农村商业银行股东代表出席。浙江良友律师事务所律师列席见证，并现场出具法律意见书。大会审议通过浦江农村商业银行筹建工作报告、章程（草案）、股东大会议事规则、董事会议事规则、监事会议事规则及未来三年战略发展规划等 14 项议案，民主选举产生第一届董事会董事、监事会非职工监事。推选王才有任董事长，陈文斌任监事长，董事会选聘李九良任浦江农村商业银行行长，吴立邦、邵浩然为副行长。

12 月 30 日，浙江银监局正式批复县联社改制为浙江浦江农村商业银行股份有限公司。

是月，县联社党委研究批复，同意各基层党支部换届选举结果。第一党支部由季新团、金晨然、谢君君组成，季新团任书记；第二党支部由周旭光、吴斌勇、徐东升组成，周旭光任书记；第三党支部由陈勋、陈娟、张鸯鸳组成，陈勋任书记；第四党支部由陈晓晓、方猛、黄健组成，陈晓晓任书记；第五党支部由俞立、吴玉娟、张姝娈组成，俞立任书记。

是年，县联社被中华全国总工会命名为“职工教育培训示范点”。

县联社被评为全省农信系统业务成长“十佳”银行（联社）；全省创建治安安全先进集体。

县联社被金华市总工会等四部门评为全市第二轮和谐劳动关系“职工三满意”单位。

县联社理事长王才有荣膺“金华市劳动模范”称号。

县联社本年度全省农信系统综合考核获总分 216.98 分，其中省联合社定量分 168.69 分、定性分 24.87 分；省联合社金华办事处定性分 26.26 分，在全市排名第二。

2017 年

1 月 13 日，省联合社下发任职通知：王才有、李九良、吴立邦、邵浩然、方世友、石栋、江东放、张小华、陈辉、陈根敏、郑加林为浦江农村商业银行第一届董事会董事，童本立为独立董事；陈文斌、季新团、朱含海、郭瑶琴、黄玉莲、楼利息为第一届监事会监事。任命王才有任浦江农村商业银行董事长，陈文斌任监事长；李九良任行长，吴立邦、邵浩然任副行长。内设 13 个部室，下设 13 个支行、17 个分理处，在职干部员工计 320 余名。

迄 2 月末，全县已发放“好家风信用贷”20549 万元，惠及文明家庭 2146 户。3 月 15 日晚间，“好家风信用贷”被中央电视台 2 频道“3·15”晚会作为社会诚信建设创新案例向全国推介。

第一篇　机构沿革

1849 年的欧洲普鲁士王国，莱弗森（Raiffeisen，一译雷发巽）创办了世界上最早的农村信用合作社。进入 20 世纪，中国的知识分子把西方的合作学说视作变革社会的一剂“良方”引介到国内，至 1919 年五四运动前后，汇聚成具有一定声势和影响力的合作主义启蒙思潮。1923 年 6 月，中国华洋义赈救灾总会在河北香河组建了全国第一个农村信用合作社。大革命时期，浙江创办最早的赤色金融机构，当推 1924 年在中国共产党领导下成立的萧山衙前信用合作社。而本县第一个由政府主管官厅核准注册的农村信用合作社——嘉善区平民乡信用利用合作社（后改单营信用），则成立于 1930 年 1 月。

中华人民共和国成立后，本县于 1954 年初试办信用互助组，3 月下旬第一个农村信用合作社在马剑区中余乡成立，8 月开办供销合作社信用部。至 1956 年底，信用合作社遍及全县 38 个乡镇，实现“乡乡有社”。历半个多世纪，随着县域行政区域的调整和金融体制的变革，信用合作社机构迭经数次较大更动。迄 2016 年末改制为农村商业银行之前，县农村信用合作联社辖营业部 1 个，基层信用合作社及分社 30 个。

第一章 民国时期的信用合作机构

浙江省的合作事业，发轫于1928年。是时，由省农民银行筹备处负责推动。1929年7月奉令停止筹备，合作事业部分转归省建设厅主办。本县第一个由农会指导组织、呈请主管官厅核准注册的农村无限责任信用利用合作社，于1930年1月10日在嘉善区平民乡成立。资金系民间筹措，每股银圆2元，社员22人共认股45股，股本金计银圆90元，理事主席为方安卿。成立当年兼营利用，因利用不易推行，乃于翌年9月间改为单营信用。该区蒋塘村无限责任信用合作社则比平民乡晚一个月成立，社员仅15人，股本金计银圆30元，理事为楼永钟。1932年上半年，第六区农会无限责任信用合作社亦宣告成立。该社区域颇广，计有29乡之众，且社员中有文化的人较多，理事主席为周宗棠。此后，又有双江乡、唐阁村两个无限责任信用合作社及平湖乡、杨里村、壶江乡及沉湖乡五江、西溪等5个无限责任信用兼营合作社陆续成立。1939年11月，本县合作金库亦正式开业，办理农贷业务。迄1940年，全县信用兼营合作社已达17个。实际上，所有乡、村信用及信用兼营合作社自身并无资金实力，多为农民借贷所（农民银行）及合作金库放款于农民之居间经纪。据统计，1941年4月至9月，浦阳等8个合作社吸存（包括定期、活期存款）176878元，放贷1280000元。1942年5月，本县沦陷，除西北山区少数合作社外，绝大部分合作社瓦解。迨1945年8月抗日战争胜利后，合作社得以恢复和扩展。迄1947年底，全县包括信用兼营在内各种类型的合作社共98个，其中乡镇28个、保70个。

处于半封建半殖民地社会形态下的民国时期，合作事业举步维艰，且难有大作为，政府谓之“农村合作救国”只是一纸空谈。而本县地处偏僻，经济欠发达，民生凋敝，合作机构的建立实乃应景之设，无甚群众基础，而权柄又多为官僚、士绅所操控，合作金融的效能非但得不到发挥，反之却变成盘剥农民的工具。县政府曾自揭其流弊，言当局办合作社（农业仓库），用意是便利农民借贷，使农村经济流通、农业发展。然调查贷款对象“均为富户巨商，或化名分户，以所借之款仍以重利转借于贫户；或假借名义，将所贷之款转以囤积居奇。而贫户所借者为数寥寥，不能享受借贷之实惠，反予富户大商以剥蚀之良机”。

迄1949年5月本县解放前夕，域内合作机构均悉数解体。

第二章　中华人民共和国成立早期的农村信用合作组织

本县解放后，在中国共产党和新生人民政权领导下，经过清匪反霸、镇压反革命和土地改革等一系列政治运动，广大贫苦农民砸碎数千年来封建剥削制度的桎梏，彻底翻身做主人。“土地还家”，促使农民的生产积极性空前高涨。但囿于以农民所有制为基础的小农经济十分脆弱，致生产力发展水平低下，大多数农户家庭仍未摆脱穷困状态。特别是因资金匮乏，难以抗御天灾、人祸的突袭，适逢捉襟见肘之际则一筹莫展，只能求助于尚盛行一时的民间借贷，忍受高利盘剥。而少数无力自救或患病的农户，重又陷入鬻田土、卖房屋的窘迫境地。据调查，其时高利贷活动在本县农村许多地方甚为猖獗，一般自由借贷亦非常活跃，成为民间融资的主流。如黄宅区中店乡的高利贷形式，常见的就有放春苗、长年利、借生谷、折六成等数种，有的农户借来谷物后再变卖换作现钱以应急需。偿还时轻者 5 斤利，即借 1 秤（合 15 市斤）还 5 市斤；重者秤秤利，即不问借贷期限，春借 1 秤，秋还 2 秤。无法偿还则利滚利，以致债台高垒，若大山压顶。农民李 ×× 因家母亡故，加上连年积欠，负债 20 余担谷，两年间陆续出卖土地 1.7 亩多，亦仅够偿付利息，收获季节丢下镰刀便无米入锅。玄鹿区某村一农户借贷 8 万元（人民币旧币。下同），每月支付利息 1.5 万元，尚须用物品抵押。马剑区中余乡 40% 的农户，生产生活所需资金均仰赖自由借贷。因此，广大农民迫切要求迅速组织起来，通过资金互助互济，以期实现合作化农业生产。

早在 1951 年 5 月，中国人民银行即召开第一次全国农村金融工作会议，要求省以下各级银行认真贯彻执行“深入农村，帮助农民，解决困难，发展生产”的农村金融工作总方针，确定在农村普遍建立银行机构、发放农业贷款的同时，重点试办农村信用合作社，通过组织资金，调剂余缺，帮助农民解决生产生活困难，以抑制、取代高利贷活动。

1953 年 12 月，中共中央公布《关于发展农业生产合作社的决议》。《决议》指出：“农业生产互助合作、农村供销合作和农村信用合作，是农村合作化的三种形式。这三种合作互相分工而又互相联系和互相促进，从而逐步地把农村的经济活动与国家的经济计划联结起来，逐步在生产合作的基础上改造小农经济。”“由于商业剥削、粮食囤积投机和放高利贷是当前农村资本主义因素的主要的活动形式，所以供销合作社和信用合作社就有更大责任，在国营经济的领导下帮助农民群众逐步摆脱这些剥削，帮助国家完成收购粮食及其他农产品的任务，努力供应农村以必要的生产资料和生活资料，发展农村储蓄和低利贷款，为农村生产服务，促进农业生产互助合作的发展。”《决议》不单指明发展信用合作社的重要性和必要性，而且提出“积极领导，稳步前进”发展合作经济的总方针。根据《决议》精神，中国人民银行于 1954 年 2 月 20 日至 3 月 7 日召开第一次农村信用合作座谈会，拟订发展计划、方针及其步骤，着手在全国各地推行。

结合本省实际，中共浙江省委农村工作部于 1954 年 5 月召开全省第一次信用合作会议。会议总结报告指出：“在农村中要想有效地与资本主义进行斗争，要取得社会主义胜利，最基本的办法与最有效的武器是合作化。就是以生产合作为中心，以供销合作、信用合作环绕生产合作并为生产合作服务，来构成一个完整的合作化基本道路。这也是我们夺取农村阵地、消灭农村资本主义的最有力武器。”“……依靠这三种合作，互相配合、互助分工而又互相联系来改造小农经济，使社会主义逐步占领农村阵地。”

基于强大的政治舆论和农情民意，在新中国成立后的最初几年间，农村信用合作紧随农业生产合作、供销合作前行的步伐迈入蓬勃兴起时期。

第一节 信用互助组

信用互助组是信用合作的初级、过渡形式，是在当时尚未具备成熟条件建立信用合作社的乡或村，以农业生产互助组为基础建立的信用组织。

1954 年初，中共浦江县委制订《关于开展农村信用合作的计划（草案）》，由中国人民银行浦江县支行负责指导全县农村信用合作工作。2 月底至 3 月初，人民银行基层营业所派出专门干部，分别进驻马剑区和城区，帮助当地农民试办信用互助组。其中马剑区试办的 2 个信用互助组均以乡为单位，全乡发动入股，并获准开办存放款业务。人民银行专门干部蹲点指导，着力使之巩固提高，筹备建立信用合作社。而城区大溪乡试办的 3 个信用互助组，任务则着重放在介绍借贷和保证信用上，仍由人民银行专门干部负责指导。赓即，人民银行认真总结试办经验，组织全体农金干部学习、借鉴。中共浦江县委因势利导，树立黄宅区中店乡等创建信用互助组先进典型，通报各区，由点及面地加以推广。至 4 月底，马剑区中余、蒲阳两个乡的信用互助组转办为信用合作社，各区有 58 个信用互助组亦相继成立，其中 55 个乃春耕时节抓住试放肥料贷款的契机发动组建，入组（社）农户计 1899 户。各区的基本做法是：开展调查研究，了解农村经济状况，包括农民主要收入和其他收入及高利贷、自由借贷活动等实情，并在分析、掌握各阶层思想动态的基础上，分别召开党团员、互助合作代表和贫雇农积极分子等一系列会议，明确信用合作的目的、意义和好处；同时运用黑板报、村落舆论中心等阵地广泛宣传，并组织遭高利贷盘剥坑害尤深的农户现身说法，进行忆苦教育，扩大影响。而后由贫雇农积极分子带头，学习、效法试点乡村先进典型，以自然村落生产互助组为单位，吸收周边单干农户，自愿结合，成立信用互助组（有的几个村联合成立中心组），自订公约，民主推选组长具体负责，协同解决政策问题，调剂资金余缺。本组内农户互济，利息均比民间高利贷和自由借贷低得多，组与组之间相互介绍借贷，月息一般控制在每1万元（人民币旧币）1分5厘左右。7月7日，全县举办第一期信用合作训练班，培训信用合作干部119名；此前，经中共金华地委组织培训的银行干部、区乡干部和信用合作干部亦有40余名，这支骨干队伍成为拓展信用合作工作的生力军。进而配合社会主义过渡时期总路线、总任务的贯彻，宣传愈益深入。特别是已建立信用互助组的乡村，资金互济吹糠见米，让部分贫困农户从中受益，反响强烈且颇具感召力，广大农民入股办组的热情和积极性被充分调动起来，信用互助组始在全县农村遍地开花。至7月底，黄宅、横溪、壶源3个区成立信用互助组17个，仅白沙区石埠乡的两个村，便成立信用互助组24个。9月初，全县各区、乡、村信用互助组发展到126个。迄1955年初，全县信用互助组达212个，连同是时已成型的32个信用合作社和4个供销合作社信用部，入社（部、组）农户41748户，占比为全县农户总数的64%。

其后，由于信用互助组范围狭小，又不直接经营存贷款业务，远不能满足农民调剂资金的需求，借贷活动渐趋弱化。随着信用合作社的普遍建立，信用互助组遂宣告退出历史舞台。

第二节　供销合作社信用部

供销合作社信用部是供销合作社的组成部分，受县供销合作社和所属基层供销合作社领导，资金、人员由供销合作社统筹安排，在账务组织、业务经营及资金运用等方面由银行负责指导。

1949年11月，本县黄宅区下店乡、浦阳镇率先成立供销合作社。12月27日正式成立县供销合作总社（1954年10月1日更名县供销合作社）。至1951年6月，经规范整理，合格达标并予批准登记以及新发展的基层供销合作社共23个。随后建制调整，复经合并整顿，迄1952年，全县有玄鹿、郑宅、岩头、前陈、黄宅、杨里、横溪、白沙、墩头、城区（浦阳）、前吴、壶江、虞宅、壶源、中余、马剑16个基层供销合作社，社员96275人，占全县总人口数的37.74%。

1954 年 8 月，前吴、潘宅、前陈 3 个基层供销合作社相继成立信用部（前陈供销合作社信用部开办时，称玄鹿区供销合作社前陈分销处），壶江供销合作社信用部亦于 10 月组建就绪，吸收社员股金，并单独设账，根据金融政策开办存放款业务。如前吴乡供销合作社信用部，开办半个月便吸收存款 2000 多万元（人民币旧币，下同），仅在一个毛猪收购点的吸储额即占现金收购投放数的 20% 左右；放款 600 多万元。

按照 1955 年 11 月中国农业银行浙江省分行、浙江省供销合作社关于“供销合作社信用部陆续转为信用合作社”的联合通知精神及同年 12 月中国人民银行金华地区中心支行相关文件要求，1955 年 12 月下旬至 1956 年 3 月底前，本县 4 个基层供销合作社信用部业务全部转入当地信用合作社。

资料显示，前吴供销合作社信用部于 1956 年 1 月 10 日与前吴乡信用合作社正式交接完毕，包括股金、存款、暂收款及业务收入等项，余额合计 1719.03 元（人民币新币，下同）；放款及暂付款等项，余额合计 2916.50 元。潘宅供销合作社信用部于 1956 年 2 月 26 日与潘宅乡信用合作社正式交接完毕，包括存款、暂收款、受托款及盈余滚存等项，余额合计 6177.18 元；放款、存入银行款及暂付款等项，余额合计 5243.12 元。

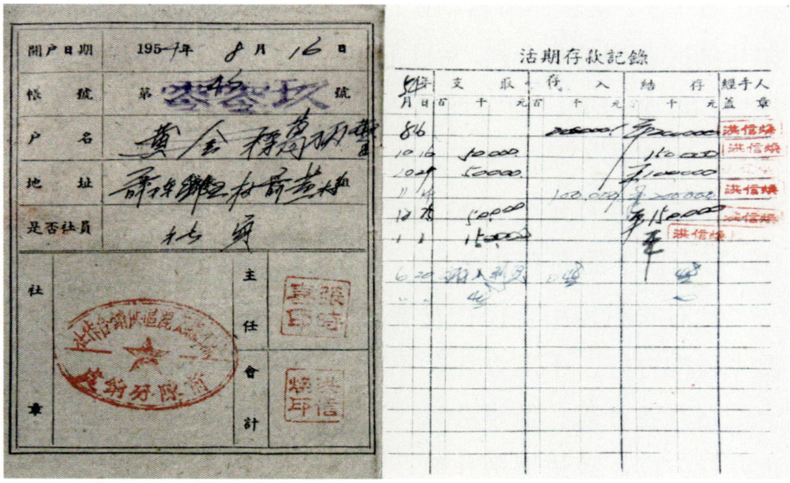

图 1-2-1　玄鹿供销合作社前陈分销处（信用部）社员活期存折（1954）

第三节　农村信用合作化

农村信用合作社成立早期，是以信用互助组为基础发展起来的信用合作的高级形式，其性质是由农民自愿入股组成，由入股社员自主管理而又服务于农民的合作金融机构。

1954 年 2 月下旬，本县第一个农村信用合作社始在马剑区中余乡筹建，3 月下旬正式开业。至 4 月底，共吸收股金与存款 1200 万元（人民币旧币，下同）。自 2 月下旬起，介绍银行发放农具、小猪、耕牛及口粮等项贷款计 1985 万元，使 293 户农户生产生活上的资金困难得以解决，为稳定贫困农民情绪，集中精力投入春耕生产，确保当年上期春花增产计划的实现发挥了积极作用。中余乡农民赞誉说："信用社就是办在自家门口的'小钱柜'，纾困解难及时又便当。有了它，生产互助合作再也不用担心垮塌了。"4月间，该区蒲阳乡信用互助组亦乘势跟进，升级为信用合作社。

就试点社存贷款利率高低不一的现状，中国人民银行浦江县支行注重引导，按"存贷两利"原则统一标准，存入1万元（人民币旧币，下同）月息最高1分、最低9厘5；贷款1万元月息最高2分、最低1分2厘。至9月中旬，各区部分信用互助组逐步扩并，组建信用合作社12个。其中新增社为马剑区5个，黄宅区2个，玄鹿、城关、白沙、横溪、壶源等区各1个。就总体而言，由于受多种因素制约，上述诸社业务或领先或滞后，发展尚欠平衡。如马剑区新增的5个社，9月下旬已吸收股金2100万元，社均420万元；存款余额3600万元，社均700余万元，业务即转入以收贷和吸储为主。而城区8乡唯大许乡1个社自7月份开办后，因会计人员尚未正式确定，故业务开展无甚起色。以至进入10月份，全县14个社，存款余额500万元至1000万元的只有3个，而徘徊在100万元至500万元之间的则多达9个，100万元以下的亦有2个。

针对农村信用合作社发展进程中存在的问题，中国人民银行浦江县支行遵照中共浙江省委"只准办好，不准办坏，不准自流和垮台"的指示精神，及时制订整改方案并付诸实施。一是召开各社理、监事会议，回顾总结，肯定既有成绩，查找薄弱环节，深化政策观念，匡正办社方向，改进服务作风，增强责任意识；二是召开社员代表大会，用"算账"方式进行回忆对比，激发热情，提高觉悟，使之主动配合社干拓展业务；三是召开社员群体座谈会，推介受惠典型，用切身感受宣传信用合作的好处，带动和影响部分游离于农业社之外的生产互助组和单干农户加入信用合作社。同时，帮助各社健全民主管理制度，调配、充实财会人员，开展轮番培训和巡回辅导，提升业务水平。通过整改，迄1955年4月，各区原建社得以巩固和提高，新建社又增至31个。其后，深入贯彻中共浙江省委有关指示精神，再度对农村信用合作社实行全面整顿，重新研究并划分类型。确定豪墅、下店、蒲阳3个社为一类社，均以拓展业务为重点，继续推行与农业合作社签订存贷合同制度；发挥引领作用，扩大交流，推广财务、账务等民主管理经验；准确把握方向，坚持为农业生产和农民群众服务。吴店、东塘、戚村、岩头、许村、浦阳镇、大溪、前于、平安、后郎、施宅、白枣、墩头、密溪、虞宅、朱宅、平湖、大元、中余、佛堂、青山、塘坞、马剑、龙门24个社为二类社，着力帮助诸社打开业务进展滞缓的被动局面，规范健全民主管理制度，扬长避短，促其健康发展。对个别社内思想不纯、贪污挪用或不称职的干部，建议当地区委严肃处理，予以撤换。旌坞、白马、孝门、中店、张官、大许、七里、杨田、蜀山、镇陵、汪沙、石埠、倪大、杭坪、乌浆、石宅、湃桥、罗家18个社（含已关闭的5个）为三类社，因社制宜，对"症"施治。重在加强方针政策教育，纠偏除弊，查漏补缺。同时整顿队伍，纯洁组织，建议当地区委适当减轻社内主要干部兼职

表 1-2-1　　1955 年底前全县农村信用合作社一览

区属	信用合作社名称			
城区	浦阳镇群建信用合作社	大溪乡信用合作社	前于乡信用合作社	
	平安乡信用合作社	大许乡信用合作社	七里乡信用合作社	后郎乡信用合作社
玄鹿区	旌坞乡信用合作社	白马乡信用合作社	豪墅乡信用合作社	吴店乡信用合作社
	前陈乡信用合作社	孝门乡信用合作社		
黄宅区	下店乡信用合作社	中店乡信用合作社	东塘乡信用合作社	张官乡信用合作社
	戚村乡信用合作社	岩头乡信用合作社	许村乡信用合作社	潘宅乡信用合作社
横溪区	杨田乡信用合作社	前吴乡信用合作社	蜀山乡信用合作社	施宅乡信用合作社
白沙区	白枣乡信用合作社	镇陵乡信用合作社	汪沙乡信用合作社	石埠乡信用合作社
	墩头乡信用合作社	倪大乡信用合作社	密溪乡信用合作社	
壶源区	杭坪乡信用合作社	乌浆乡信用合作社	石宅乡信用合作社	虞宅乡信用合作社
	朱宅乡信用合作社	湃桥乡信用合作社		
马剑区	平湖乡信用合作社	罗家乡信用合作社	大元乡信用合作社	中余乡信用合作社
	蒲阳乡信用合作社	佛堂乡信用合作社	青山乡信用合作社	塘坞乡信用合作社
	马剑乡信用合作社	龙门乡信用合作社		

图 1-2-2　部分乡镇信用合作社印章（1955）

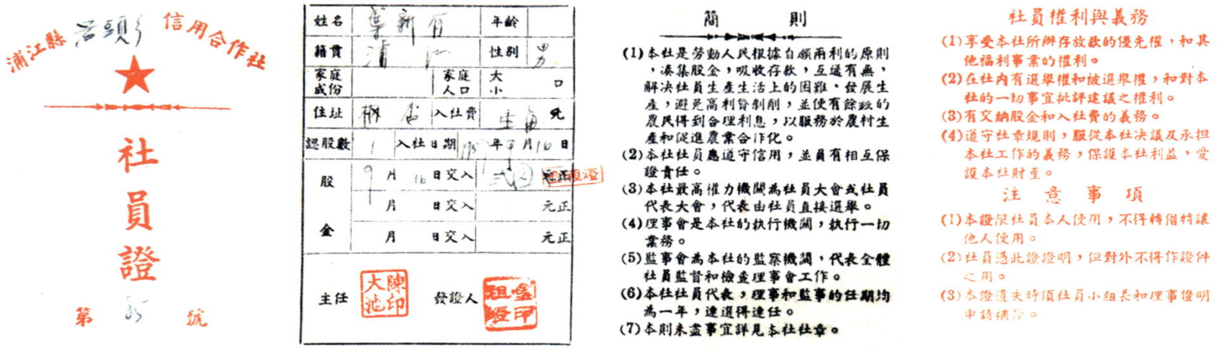

浦江縣岩頭鄉信用合作社

社員證

第 號

姓名		年齡	
籍貫		性別	
家庭成份	家庭人口	大　小	口
住址	入社費		元
認股數	入社日期	年　月　日	
股金	月　日交入		元正
	月　日交入		元正
	月　日交入		元正
主任		發證人	

簡　則

(1)本社是勞動人民根據自願兩利的原則，湊集股金，吸收存款，互通有無，解决社員生產生活上的困難，發展生產，避免高利貸剝削，並使有餘款的農民得到合理利息，以服務於農村生產和促進農業合作化。

(2)本社社員應遵守信用，並負有相互保證責任。

(3)本社最高權力機關為社員大會或社員代表大會，代表由社員直接選舉。

(4)理事會是本社的執行機關，執行一切業務。

(5)監事會為本社的監察機關，代表全體社員監督和檢查理事會工作。

(6)本社社員代表，理事和監事的任期均為一年，連選得連任。

(7)本則未盡事宜詳見本社社章。

社員權利與義務

(1)享受本社所辦存放款的優先權，和其他福利事業的權利。

(2)在社內有選舉權和被選舉權，和對本社的一切事宜批評建議之權利。

(3)有交納股金和入社費的義務。

(4)遵守社章規則，服從本社决議及承担本社工作的義務，保護本社利益，愛護本社財產。

注　意　事　項

(1)本證限社員本人使用，不得轉借轉讓他人使用。

(2)社員憑此證證明，但對外不得作證件之用。

(3)本證遺失時須社員小組長和理事證明申請補發。

图 1-2-3　岩头乡信用合作社社员证封面及内页（1955）

过多的重负，尽快培养、配齐财会人员，实行定时办公制度，做好服务。

迄 1955 年底，全县农村信用合作社达 48 个。

1956 年 4 月，全县行政区划调整，撤销城区，设 6 区、36 乡镇。其中县直属乡镇为浦阳镇和大溪、平安、大许、七里 4 乡；玄鹿区辖白马、旌坞、吴店、前陈、郑宅 5 乡；黄宅区辖黄宅、东塘、岩头、堂头、潘宅 5 乡；横溪区辖前吴、蜀山、石马、花桥 4 乡；白沙区辖墩头、石埠、长陵、白沙 4 乡；壶源区辖杭坪、东岭、曹源、虞宅、朱宅、石井、湃桥 7 乡；马剑区辖中余、平湖、罗家、大元、青山、马剑 6 乡。信用合作社亦相应并为 36 个。同年 10 月，七里乡又析为七里、方宅 2 乡，花桥乡析为花桥、金银 2 乡。信用合作社遍及 38 个乡镇，实现“乡乡有社”，有专职干部 89 人。

1956 年间，由于不少干部对信用合作社的性质认识模糊，忽视整顿巩固工作，其群众

图 1-2-4　部分乡镇信用合作社印章（1956）

表 1-2-2　　1956 年底前全县农村信用合作社一览

区属	信用合作社名称			
县直属乡镇	浦阳镇信用合作社	大溪乡信用合作社	平安乡信用合作社	大许乡信用合作社
	七里乡信用合作社	方宅乡信用合作社		
玄鹿区	旌坞乡信用合作社	白马乡信用合作社	吴店乡信用合作社	郑宅乡信用合作社
	前陈乡信用合作社			
黄宅区	下店乡信用合作社	东塘乡信用合作社	岩头乡信用合作社	堂头乡信用合作社
	潘宅乡信用合作社			
横溪区	前吴乡信用合作社	蜀山乡信用合作社	石马乡信用合作社	花桥乡信用合作社
	金银乡信用合作社			
白沙区	墩头乡信用合作社	石埠乡信用合作社	长陵乡信用合作社	白沙乡信用合作社
壶源区	杭坪乡信用合作社	东岭乡信用合作社	曹源乡信用合作社	虞宅乡信用合作社
	朱宅乡信用合作社	石井乡信用合作社	湃桥乡信用合作社	
马剑区	中余乡信用合作社	平湖乡信用合作社	罗家乡信用合作社	大元乡信用合作社
	青山乡信用合作社	马剑乡信用合作社		

组织作用未能很好发挥，以致业务开展滞缓，最终造成全县信用合作社大面积亏损。

1957 年春，中国人民银行浦江县支行总结经验，吸取教训，对信用合作社实施全面整顿，深入贯彻党的阶级路线和民主办社、勤俭办社方针，纠正“官办”倾向，端正经营理念，改进工作方法，密切社群关系；同时清理队伍，纯洁组织，下放部分不称职人员，凝聚在职社干合力，积极开展各项业务。至是年底，农户入社踊跃，收缴股金 49783 元，绝对额增加 4293 元；吸储 28.1 万余元，绝对额增加 10.5 万余元；放贷 14.7 万余元，收贷 17.1 万余元。全县盈余社亦由上年的 2 个增至 10 个。1958 年 2 月，就 38 个乡（镇）信用合作社重新划分类型，其中一类社 3 个，二类社 18 个，三类社 17 个。

1954 年 3 月起至 1958 年底，乃本县农村信用合作社初创阶段。各社除社员缴纳的股金和入社费用之外，可谓一无所有。而营业办公场地往往依附于各乡（镇）政府，所拨或暂借用房极其简陋，柜台、桌凳等基本设施亦远未具备，若以“家徒四壁”来形容甚为确切，一只挎包、一把算盘，加上几支钢笔、圆珠笔便是全副家当。更为寒酸的是，连笔记簿、蓝黑墨水、复写纸等办公不可或缺的用品都要到乡（镇）政府“揩油水”。信用合作社专职干部属半脱产，多为土生土长、刚翻身的青年“泥腿子”，文化程度普遍偏低，政策水平和业务素质则无从谈起。各社人员亦配置不足，有的社无主任一职，仅一名会计担负内外勤杂，既管账务又管钱。信用合作社自身资金实力非常薄弱，仅能以极少量款项帮助农民解决生产生活上的临时性困难，大多仰仗银行充当后盾给予支持。处于初创时期的信用合作社，尽管环境艰苦，工作、生活条件极差，但专职干部热情高昂，常风雨无阻，走村串户开展流动服务。据信用合作社退休老职工、现已年近八旬的毛金敢回忆说，当年他在虞宅信用合作社刚成立时便担任会计。1956 年间，社里应农户雨天生产的急需，拟开办蓑衣贷款业务。他受命深入全乡各个村落调查摸底，了解蓑衣需求情况并预约登记，而后自己掏钱先行垫付定制。待蓑衣拿到手，又一件件背负着送货上门，边办借款手续边发放实物。每天起早贪黑，来回要跑数十趟，有时甚至连吃饭都顾不上，仍毫无怨言，甘之如饴。置身那个艰苦年代，他思想十分单纯：生长在农民家庭，打小就跟随父母到田间地头刨食，深知农民的疾苦。感恩于党和政府的教育和培养，才走上工作岗位。眼见乡亲们生产生活上有困难，作为信用社干部责无旁贷，定要伸出援手帮助解决。能替社员群众服务，并认真办好每一件实事，在深感欣慰的同时，也能体现自己的人生价值。为吸收存款，各社都动足了脑筋，一旦闻知某农户有余钱，迅即登门拜访，以精诚赢得信赖，使其自愿将余钱存入社里。对急需资金扶助的贫困农民，或调剂互济，或由本社酌情解决，或介绍银行发放贷款。“身背土挎包，脚蹬青布鞋，开口讲政策，帮困满情怀”的民间顺口溜，正是此际农村信用合作社专职干部的生动写照。社群关系之融洽，在广大农民群众中口碑甚佳。

农村信用合作社是本县解放以至新中国成立后社会变革和形势发展催生的产物，颇具鲜明的时代特征。在社会主义过渡时期，农村信用合作社虽属“新雏”，羽翼未丰，但对于占领农村借贷阵地，有效打击高利贷活动，推进农业生产合作，亦为国家银行得力助手，其积极作用不容低估。

第三章 农村信用合作机构变动

第一节 1987年之前机构变动

1958年10月，全县实现人民公社化，厉行工农商学兵“五位一体”“政社合一”。原县直属乡镇和6个区改设为7个人民公社（以下简称公社），分设42个管理区。

1959年1月，随着中央“两放三统一包”财贸管理体制的施行，银行营业所下放至人民公社，设浦东、黄宅、梅江、浦西、壶江、普丰6个信用部，2月复增设城关信用部；原各乡信用合作社以管理区为单位，改设信用分部32个（原信用合作社所在地不再另设信用分部）。根据上年9月中国人民银行浙江省分行印发《建立人民公社后有关信用部工作的初步意见》，指出信用部既是人民公社的一个组成部分，又是国家银行的基层机构。原信用合作社改为信用分部后，由信用部统一核算。是时，本县银行营业所干部下放至公社信用部计27人，其中主任7人、农金干部12人、会计8人；原信用合作社干部转移至管理区信用分部计48人，其中主任12人、会计36人。1959年7月，桐庐县新合管理区划属本县。10月撤销信用部，恢复营业所。12月管理区改称生产大队。迄年底全县有公社营业所7个，生产大队（以下简称大队）设信用分部44个。其经营状况，据当年年终决算表反映，旌坞、东塘、戚村、礼张、潘宅、白沙、花桥、杭坪、曹源、东岭、虞宅、石井、湃桥、朱宅（壶江营业所辖）、中余、平湖、罗家、青山、马剑等19个信用分部尚有盈余，金额合计1426.77元；吴店、白马、郑宅、前陈、中店、下店、朱宅（黄宅营业所辖）、堂头、岩头、平安、大许、大溪、七里、方宅、浦阳镇、蜀山、长陵、石埠、墩头、石马、前吴、朱桥、金银、大元、新合等25个信用分部亏损，金额合计2415.93元。

1960年1月，浦江县建制撤销，除梅江公社（含蜀山、长陵、墩头、石埠、白沙5个大队）划归兰溪县外，其余行政区域并入义乌县。中国人民银行义乌县支行在原浦江县治所浦阳镇设浦阳办事处（后改称浦江办事处），该办事处为县支行管理、指导浦江片各公社营业所和大队信用分部业务的派出机构。是年5月，城关、浦西营业所裁撤。大队信用分部归并为 26 个。

1961 年 8 月 3 日，中国人民银行浙江省分行印发《关于贯彻执行省委“关于恢复信用合作社问题的指示”的通知》。此后，全县信用合作社全面恢复。是年 10 月，随公社组织规模调整，中国人民银行义乌县支行浦江片基层机构为浦江办事处和浦东、黄宅、壶江、普丰 4 个营业所，辖浦阳镇、大溪、平安、大许、七里、石马、前吴、花桥、郑家坞（原溪东）、白马、郑宅、前陈、堂头、岩头、礼张、下店、胜利、潘宅、杭坪、石宅、虞宅、大畈、平湖、中余、马剑、新合 26 个公社信用合作社。

1962 年 1 月至 5 月间，信用合作社人事变动频繁。部分干部精简下放，有的或调出或换岗，致部分信用合作社主任或会计暂缺。

图 1-3-1　浦义并县期间部分公社信用合作社印章（1962）

是年 7 月，新合公社信用合作社随县域行政区划微调，回归桐庐县。马剑公社分为马剑、青山 2 公社，青山公社增设信用合作社。

1964 年 4 月 1 日，中国农业银行义乌县支行正式成立。按照人、农两行业务分工，原中国人民银行义乌县支行所辖浦江片办事处及营业所划出部分农业银行业务，转归中国农业银行义乌县支行浦江片各营业所办理，并管理、指导各公社信用合作社业务。是年，浦江片浦东区并入黄宅区，黄宅、壶江、普丰 3 个营业所辖 26 个公社信用合作社。

1965 年 1 月，中国人民银行、中国农业银行义乌县支行合署办公。中国人民银行义乌县支行仍设浦江办事处，连同中国农业银行义乌县支行黄宅、壶江、普丰 3 个营业所，办理人、农两行所有业务。1966 年 1 月，中国农业银行义乌县支行及县以下基层机构正式撤销，浦江片各公社信用合作社复归中国人民银行义乌县支行领导和管理。迄年末，浦江片公社信用合作社计 26 个，其中浦江区 8 个、黄宅区 10 个、壶江区 4 个、普丰区 4 个，有干部 36 名。

表 1-3-1　　1962 年 5 月前义乌县浦江片信用合作社一览

区　属	信用合作社名称		
浦江区	浦阳镇公社信用合作社	大溪公社信用合作社	平安公社信用合作社
	大许公社信用合作社	七里公社信用合作社	石马公社信用合作社
	前吴公社信用合作社	花桥公社信用合作社	
浦东区	郑家坞公社信用合作社	白马公社信用合作社	郑宅公社信用合作社
	前陈公社信用合作社		
黄宅区	下店公社信用合作社	胜利公社信用合作社	岩头公社信用合作社
	堂头公社信用合作社	礼张公社信用合作社	潘宅公社信用合作社
壶江区	杭坪公社信用合作社	石宅公社信用合作社	虞宅公社信用合作社
	大畈公社信用合作社		
普丰区	平湖公社信用合作社	中余公社信用合作社	新合公社信用合作社
	马剑公社信用合作社		

1966 年 12 月 22 日，经国务院批准恢复浦江县建制。1967 年 1 月，原普丰区马剑、青山 2 公社及信用合作社划归诸暨县。浦江县辖 4 区、1 镇、24 个公社。中国人民银行浦江县支行以原中国人民银行义乌县支行浦江办事处为基础重设。1969 年 6 月，撤销区一级行政机构，全县仍为 1 镇 24 个公社。1974 年 7 月，析前吴公社为前吴、朱桥 2 公社，恢复朱桥公社信用合作社。1979 年 4 月，平湖公社信用合作社在外罗家大队设外罗家分社。5 月，七里公社信用合作社亦在方宅大队设方宅分社。迄是年末，全县有浦阳镇、平安、大溪、大许、七里、潘宅、白马、郑家坞、郑宅、前陈、黄宅、胜利、岩头、礼张、堂头、石马、前吴、花桥、朱桥、杭坪、石宅、平湖、虞宅、大畈、中余 25 个公社信用合作社。

1980 年 1 月，人、农两行再度分设，中国农业银行浦江县支行行使对全县各公社信用合作社的管理职能。5 月，区一级行政机构恢复，除浦阳镇为县直属外，其余 25 个公社为 5 个区辖属。自 1981 年 1 月起，农业银行基层营业所名称随之作局部变更。

1981 年 12 月，胜利公社和岩头公社分别更名治平公社和岩头陈公社。1982 年 4 月，胜利、岩头公社信用合作社亦相应改称治平、岩头陈公社信用合作社。

1983 年 9 月政社分设，原各公社先后建立乡（镇）人民政府，除浦阳镇外，其余公社信用合作社均改冠乡名。是时原平湖公社又析为平湖、外罗家、大元 3 个乡，平湖乡信用合作社遂于 1984 年 3 月在大元乡潘周家村增设大元分社。白马乡信用合作社亦在旌坞村设旌坞分社。

1985 年，白马、郑宅、黄宅、岩头陈 4 乡改镇，原 4 乡信用合作社相应改称镇信用合作社。

表 1-3-2　　1981 年 12 月前全县信用合作社（分社）一览

农行营业所名称	信用合作社（分社）名称		
城关营业所（原浦江营业所）	浦阳镇公社信用合作社		
	平安公社信用合作社	大溪公社信用合作社	大许公社信用合作社
	七里公社信用合作社	潘宅公社信用合作社	
	七里公社信用合作社方宅分社		
浦东营业所	郑家坞公社信用合作社	白马公社信用合作社	郑宅公社信用合作社
	前陈公社信用合作社		
黄宅营业所	黄宅公社信用合作社	胜利公社信用合作社	岩头公社信用合作社
	堂头公社信用合作社	礼张公社信用合作社	
浦西营业所（原壶江营业所）	石马公社信用合作社	前吴公社信用合作社	花桥公社信用合作社
	朱桥公社信用合作社	杭坪公社信用合作社	石宅公社信用合作社
平湖营业所（原普丰营业所）	中余公社信用合作社	平湖公社信用合作社	虞宅公社信用合作社
	大畈公社信用合作社	平湖公社信用合作社外罗家分社	

1986 年 12 月，原平湖乡信用合作社改称檀溪镇信用合作社。

第二节　县联合社成立后机构变动

1987 年 6 月，县信用合作社联合社（以下简称县联合社）成立。各乡镇信用合作社仍具独立法人资格，县联合社履行对各乡镇信用合作社的管理和服务职能。是时，全县乡镇信用合作社 25 个、分社 5 个，有脱产干部职工 143 名（含合同制职工 41 名）。

1987 年 12 月，白马镇信用合作社旌坞分社撤销，改为储蓄代办所。

1989 年 3 月，大许乡信用合作社马墅储蓄所升格为马墅分社。1990 年 12 月，大许乡信用合作社马墅分社撤销。

1991 年 11 月，郑家坞乡改为镇，郑家坞乡信用合作社改称郑家坞镇信用合作社。

1992 年 4 月，檀溪镇信用合作社外罗家、大元分社撤销，其业务并入檀溪镇信用合作社，同时改设外罗家、大元储蓄代办所。是年 5 月，全县撤区扩镇并乡，撤销 5 个区，原 27 个乡镇调整为浦阳、黄宅、郑家坞、白马、郑宅、岩头、杭坪、檀溪 8 镇和七里、潘宅、治平、前吴、花桥、虞宅、大畈、中余 8 乡。

表 1-3-3　　1987 年 6 月全县信用合作社（分社）一览

区　属	乡镇信用合作社		信用合作社分社
浦阳镇	浦阳镇信用合作社		
城关区	平安乡信用合作社 大许乡信用合作社 潘宅乡信用合作社	大溪乡信用合作社 七里乡信用合作社	七里乡信用合作社 方宅分社
浦东区	白马镇信用合作社 郑家坞乡信用合作社	郑宅镇信用合作社 前陈乡信用合作社	白马镇信用合作社 旌坞分社
黄宅区	黄宅镇信用合作社 堂头乡信用合作社 治平乡信用合作社	岩头镇信用合作社 礼张乡信用合作社	治平乡信用合作社 戚村分社
浦西区	石马乡信用合作社 花桥乡信用合作社 杭坪乡信用合作社	前吴乡信用合作社 朱桥乡信用合作社 石宅乡信用合作社	
平湖区	檀溪镇信用合作社 大畈乡信用合作社	虞宅乡信用合作社 中余乡信用合作社	檀溪镇信用合作社 外罗家分社　大元分社

1993 年 7 月，经中国人民银行金华市分行批复同意，就全县撤区扩镇并乡后农村信用合作社的机构设置相应作出调整，保留白马、郑家坞、郑宅、黄宅、岩头、治平、七里、潘宅、浦阳、前吴、花桥、杭坪、檀溪、虞宅、大畈、中余 16 个乡（镇）信用合作社和治平乡信用合作社戚村分社、七里乡信用合作社方宅分社。撤销原礼张、堂头、前陈、平安、大许、大溪、石马、朱桥、石宅 9 个乡信用合作社，其中前陈、平安、大许、大溪、石马、朱桥、石宅 7 个乡信用合作社降格为分社：前陈分社为黄宅镇信用合作社辖属；平安、大许、大溪、石马分社为浦阳镇信用合作社辖属；朱桥分社为前吴乡信用合作社辖属；石宅分社为杭坪镇信用合作社辖属。

1994 年 11 月，县联合社在浦阳镇工业区设工业区分社。

1996 年 5 月，前吴乡信用合作社朱桥分社撤销。

是年 10 月，县联合社与中国农业银行浦江县支行脱离行政隶属关系。

1997 年 10 月，中国人民银行浦江县支行转金华市分行批复，同意浦江县农村信用合作社机构调整方案：白马、黄宅、浦阳、檀溪 4 镇信用合作社分别更名浦东、黄宅、浦阳、檀溪农村信用合作社，具独立法人资格。

增设县联合社营业部；撤销花桥乡信用合作社、浦阳镇信用合作社石马分社、七里乡信用合作社方宅分社、杭坪镇信用合作社石宅分社，以上 1 个信用合作社和 3 个分社均降格为信用服务站；郑家坞镇、郑宅镇信用合作社降格为分社，取消法人资格，分别更名浦东农村信用合作社郑家坞、郑宅分社；岩头镇、治平乡信用合作社降格为分社，取消法人资格，分别更名黄宅农村信用合作社岩头、治平分社；潘宅乡、七里乡、前吴乡、杭坪镇信用合作社降格为分社，取消法人资格，分别更名浦阳农村信用合作社潘宅、七里、前吴、杭坪分社；虞宅乡、大畈乡、中余乡信用合作社降格为分社，取消法人资格，分别更名檀溪农村信用合作社虞宅、大畈、中余分社。

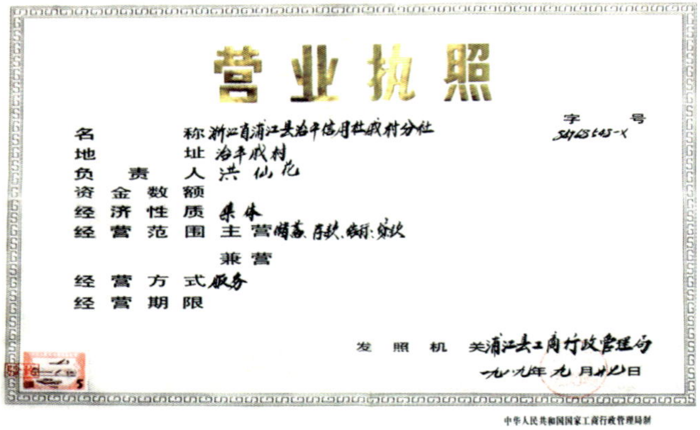
营业执照

字　号

名　称 浙江省浦江县治平信用社戚村分社

地　址 治平戚村

负责人 洪仙花

资金数额

经济性质 集体

经营范围 主营 [illegible]

兼营

经营方式 服务

经营期限

发照机关 浦江县工商行政管理局

一九八九年九月[illegible]日

中华人民共和国国家工商行政管理局制

图 1-3-2　治平信用合作社戚村分社营业执照（1989）

黄宅镇信用合作社前陈分社，更名黄宅农村信用合作社前陈分社；浦阳镇信用合作社平安、大溪、大许 3 个分社，分别更名浦阳农村信用合作社平安、大溪、大许分社；县联合社工业区分社更名浦阳农村信用合作社城中分社。

1998 年 4 月，中国人民银行总行印发关于《加强农村信用社监管工作的意见》，要求各级分支行根据总行明确的监管任务、权限和程序，结合各地实际情况，有针对性地研究制定农村信用社监管措施，进一步落实监管责任，细化监管程序，规范监管行为，不断提高监管工作水平，切实将各项监管任务落到实处。“农村信用社机构网点的名称必须与中国人民银行总行明确的规范名称一致”。是年 11 月，根据中共中央、国务院关于深化农村信用合作社管理体制改革的指示和中国人民银行总行相关文件精神，由金华市农村金融体制改革领导小组办公室和中国人民银行浦江县支行牵头成立领导小组，按合作制原则，统一规范联合社、各基层信用合作社及分社名称，县联合社社名为浦江县农村信用合作社联合社；各信用合作社及分社为“浦江县 ×× 农村信用合作社”“浦江县 ×× 农村信用合作社 ×× 分社”。

2000 年 1 月，花桥、石宅信用服务站同时升格并分别更名浦阳农村信用合作社花桥、石宅分社。

2001 年 4 月，县仙华城市信用合作社改制，纳入县农村信用合作社联合社管理，更名城关农村信用合作社。7 月，浦阳、城关农村信用合作社机构分立、合并：原浦阳农村信用合作社所辖平安、潘宅、大许、七里分社从浦阳农村信用合作社分立，并入城关农村信用合作社，分别更名城关农村信用合作社平安、潘宅、大许、七里分社。

2002 年 5 月，浦阳农村信用合作社红太阳广场储蓄所升格更名城关农村信用合作社城东分社。

第三节 县联社成立后机构变动

2005年1月，实行产权制度改革，成立浦江县农村信用合作联社（以下简称县联社），实行一级法人、统一核算、分级管理、授权经营的管理体制。

是年10月，城关信用社商业长廊储蓄所升格更名城关信用社中山分社。12月，浦阳信用社宫口、下大街、小西门3个储蓄所同时升格并分别更名浦阳信用社宫口、江滨、小西门分社；城关信用社新华西路储蓄所升格更名城关信用社新华西路分社。

2006年5月，浦阳信用社小西门分社更名浦阳信用社月泉分社。2009年7月，城关信用社中山分社终止营业，其业务并入城关信用社城东分社。

2010年12月，浦阳信用社城中分社升格为城中信用社；城关信用社平安分社升格为平安信用社。

2013年7月，城关信用社城东分社升格为城东信用社。

2014年3月，城关信用社七里分社升格为七里信用社；浦东信用社郑宅分社升格为郑宅信用社；黄宅信用社岩头分社升格为岩头信用社。4月，浦阳信用社月泉分社升格为月泉信用社。7月，恢复设立檀溪信用社大元分社。

2016年3月，城东信用社增设水晶中园分社。

迄是年末，县联社辖营业部1个，信用社12个，分社18个。

表 1-3-4　　2016年末县联社分支机构一览

机构名称	地　址
县农村信用合作联社营业部	浦阳街道人民东路90号
县农村信用合作联社浦阳信用社	浦阳街道月泉西路国泰·兰山庭院畅园9幢42～51号
浦阳信用社宫口分社	浦阳街道和平北路25号
浦阳信用社江滨分社	浦阳街道人民东路141号
浦阳信用社大溪分社	浦南街道大桥南路9号
浦阳信用社前吴分社	前吴乡塘岭金村
浦阳信用社花桥分社	花桥乡花桥村

续表 1-3-4

机构名称	地　址
浦阳信用社杭坪分社	杭坪镇杭坪村
浦阳信用社石宅分社	杭坪镇石宅村
县农村信用合作联社城关信用社	浦阳街道和平南路 98 号
城关信用社新华西路分社	浦阳街道新华西路 95 号
城关信用社大许分社	仙华街道大许村
城关信用社潘宅分社	浦南街道潘宅村新厅
县农村信用合作联社城中信用社	浦阳街道月泉东路 2 号
县农村信用合作联社城东信用社	浦阳街道中山北路华欣名都 3 幢商铺 19 号
城东信用社水晶中园分社	水晶中部园区（浦江经济开发区宏业大道 1688 号）
县农村信用合作联社月泉信用社	浦江经济开发区一点红大道富鼎·铭座 5 幢 1 ～ 5 铺
县农村信用合作联社平安信用社	浦南街道平二行政村
县农村信用合作联社七里信用社	仙华街道七里村
县农村信用合作联社岩头信用社	岩头镇九区 43 号
县农村信用合作联社郑宅信用社	郑宅镇义门东路 31 号
县农村信用合作联社黄宅信用社	黄宅镇中心开发区
黄宅信用社前陈分社	黄宅镇前陈前一村
黄宅信用社治平分社	黄宅镇治平红星开发区 18 号
县农村信用合作联社浦东信用社	白马镇傅宅南路 6 号
浦东信用社郑家坞分社	郑家坞镇安平路 18 号
县农村信用合作联社檀溪信用社	檀溪镇檀溪西路 102 号
檀溪信用社虞宅分社	虞宅乡上塘村
檀溪信用社大畈分社	大畈乡大畈村
檀溪信用社中余分社	中余乡中余村
檀溪信用社大元分社	檀溪镇潘周家村

第四章 农村信用合作社

中华人民共和国成立后，自 1954 年始，本县农村信用合作社陆续组建。至 1955 年初，已成型的有 32 个信用合作社、4 个供销合作社信用部。是年底，信用合作社达 48 个。1956 年随行政区划调整为 38 个，实现“乡乡有社”。及至 1958 年，各信用合作社名称、印章均欠统一与规范。其全称一般为“浦江县 ×× 乡（镇）信用合作社”，印章呈圆形，社名分上下两行从左至右有序排列，中镌五角星一枚。唯马剑区的几个信用合作社印章则属“另类”，未贯以“×× 乡（镇）”，而直接刻为“浦江县 ×× 信用合作社”，虽仍分上下两行，但却从右至左反向排列；白沙区个别信用合作社亦然。1959 年初全县人民公社化后，各信用合作社与下放至人民公社的银行营业所合并，银行营业所改称“浦江县 ×× 人民公社信用部”，按管理区设信用分部 32 个，名曰“浦江县 ×× 人民公社信用部 ×× 信用分部”。1959 年 10 月撤销信用部，恢复营业所。是年底管理区改生产大队，设信用分部 44 个。其间，各信用分部一直未刻制印章，业务办理仍以原信用合作社旧印章代之。

1960 年 1 月，浦江县建制撤销，梅江人民公社（含 1 个营业所、5 个生产大队信用分部）划归兰溪县，其余 7 个人民公社（含 6 个营业所、39 个信用分部）并入义乌县。此际，始见“义乌县 ×× 人民公社 ×× 大队信用分部”名称及印章使用。1961 年 10 月，全县人民公社组织规模调整，浦江片 26 个信用合作社亦全面恢复，名称及印章改作“义乌县 ×× 公社信用合作社”。

1967 年 1 月，恢复浦江县建制，除马剑、青山人民公社（含信用合作社）划归诸暨县外，其余 25 个人民公社（含浦阳镇）信用合作社均改冠“浦江县”以更名。自 1970 年起，实行贫下中农管理，使用“浦江县 ×× 人民公社信用合作社贫下中农管理委员会”印章，而农民群众仍从习直呼“×× 信用社”。1979 年 8 月，根据中国人民银行浙江省分行发文通知，由浦江县支行统一刻制各信用合作社新印章，原信用合作社贫管会印章停止使用。而新印章皆冠以省名与县名，其后缀一律简化为“×× 信用社”，不贯“×× 乡（镇）”名。

1997 年 10 月，信用合作社机构调整。是时，全县有 4 个信用合作社及 16 个分社。鉴于其社名书面与口呼之杂乱，翌年 11 月遂行按合作制原则规范社名，统一称“浦江县 ××

农村信用合作社”“浦江县 ×× 农村信用合作社 ×× 分社”。

2005 年实行产权制度改革，经中国银监会金华监管分局核准，已取消法人资格的 5 个农村信用合作社及辖属 19 个分社（含 5 个储蓄所）机构变更名称，改以“浦江县农村信用合作联社 ×× 信用社”“浦江县农村信用合作联社 ×× 信用社 ×× 分社”（×× 储蓄所）并重新开业。此后，农村信用合作社及分社机构或撤并或增设或升格或降级，迄 2016 年末改制为农村商业银行前，县农村信用合作联社辖营业部和 12 个基层信用社及 18 个分社。

第一节　县联社浦阳信用社

沿　革

图 1-4-1　县联社浦阳信用社外景（2016）

县联社浦阳信用社，址设浦阳街道月泉西路国泰·兰山庭院畅园 9 幢 42 ～ 51 号。其前身系浦阳镇信用合作社。

1954 年底，县城浦阳镇城南行政街始筹组信用合作社，名曰“群建”，1955 年初正式成立。1956 年 2 月，又相继成立城北、城西 2 个信用合作社。是年 10 月，群建、城北、城西 3 社合并组建浦阳镇信用合作社，址设浦阳镇解放东路 12 号。

1959 年 1 月，改设为城关公社浦阳管理区信用分部；12 月改称浦阳镇公社信用分部。

1960 年浦江、义乌并县后，更名义乌县浦江公社浦阳大队信用分部。1961 年 10 月改称义乌县浦阳镇公社信用合作社。

1967 年 1 月，浦江县建制恢复，更名浦江县浦阳镇公社信用合作社。

1981 年 9 月，在浦阳镇横街首设储蓄所。1983 年 9 月，该社复改称浦阳镇信用合作社。1988 年 6 月设小西门储蓄所；8 月设宫口储蓄所。1993 年 7 月，平安、大许、大溪、石马 4 乡信用合作社同时降格为分社，划归该社辖属。1997 年 10 月，其所辖石马分社降格为信用服务站；原七里、前吴 2 乡和潘宅、杭坪 2 镇信用合作社降格为分社，划归该社辖属；原县联合社工业区分社及和平储蓄所亦划入该社，工业区分社更名城中分社。1998 年 5 月设红太阳广场储蓄所；和平储蓄所更名下大街储蓄所。11 月规范社名，该社称浦阳农村信用合作社。2000 年 1 月，石宅、花桥信用服务站复升格为分社，由该社辖属。

2001 年 7 月，潘宅、平安、大许、七里分社从该社分立，并入城关农村信用合作社。2002 年 5 月，该社红太阳广场储蓄所升格更名城关农村信用合作社城东分社。2004 年 4 月横街储蓄所裁撤，业务并入宫口储蓄所。2005 年 1 月，该社改称县联社浦阳信用社。是年 12 月，宫口、下大街、小西门 3 个储蓄所同时升格，并分别改称浦阳信用社宫口、江滨、小西门分社。2006 年 5 月，小西门分社更名月泉分社。2010 年 12 月，城中分社升格为县联社城中信用社。2014 年 4 月，月泉分社升格为县联社月泉信用社。

1981 年至 2013 年间，该社曾五易营业办公场址：1981 年 9 月迁浦阳镇和平北路 25 号（原宫口巷 1 号）自建综合楼内；1990 年 6 月迁浦阳镇和平南路 50 号（租用县联合社房屋）；1993 年 6 月迁浦阳镇人民东路 59 号（租用县人民法院大楼底层，其后门牌调整，改为人民东路 13 号）；1998 年 5 月复迁浦阳镇和平南路 98 号新楼；2013 年 3 月再迁浦阳街道月泉西路国泰·兰山庭院畅园 9 幢 42 ～ 51 号（兰山庭院住宅小区西北角）。

迄 2016 年末改制前，浦阳信用社辖本部及宫口、江滨、大溪、前吴、花桥、杭坪、石宅 7 个分社，在岗职工 45 名。各项存款余额为 123847 万元；各项贷款余额为 105408 万元。

表 1-4-1　　县联社浦阳信用社历任负责人及主办会计名录

<table>
<tr><th>名　称</th><th>职　务</th><th>姓　名</th><th>任职时间</th><th>备　注</th></tr>
<tr><td>浦阳镇群建信用合作社</td><td rowspan="7">主　任</td><td>项朝忠</td><td>1954 ～ 1956.10</td><td>具体任职时间不详</td></tr>
<tr><td>浦阳镇城西信用合作社</td><td>周金松</td><td>1956.2 ～ 1956.10</td><td></td></tr>
<tr><td>浦阳镇城北信用合作社</td><td>胡士战</td><td>1956.2 ～ 1956.10</td><td>1962.5 精简下放</td></tr>
<tr><td rowspan="10">浦阳信用合作社</td><td>项朝忠</td><td>1956.10 ～ 1957</td><td rowspan="2">具体任职时间不详</td></tr>
<tr><td>陈友杏</td><td>1958 ～ 1962.5</td></tr>
<tr><td>黄必勋</td><td>1966.5 ～ 1978.7</td><td></td></tr>
<tr><td>张润月</td><td>1978.7 ～ 1986.9</td><td></td></tr>
<tr><td>副主任</td><td>王伯英</td><td>1982.3 ～ 1986.9</td><td></td></tr>
<tr><td>主　任</td><td>黄必勋</td><td>1986.9 ～ 1988.6</td><td></td></tr>
<tr><td>副主任</td><td>徐建一</td><td>1986.9 ～ 1988.8</td><td></td></tr>
<tr><td>主　任</td><td>黄遵挺</td><td>1988.8 ～ 1994.11</td><td></td></tr>
<tr><td>副主任</td><td>丁长辉</td><td>1994.11 ～ 1995.3</td><td>主持工作</td></tr>
<tr><td rowspan="2">主　任</td><td>黄林祥</td><td>1995.3 ～ 1998.4</td><td></td></tr>
<tr><td rowspan="5">浦阳农村信用合作社
（2005 年 1 月改称
县联社浦阳信用社）</td><td>王才有</td><td>1998.4 ～ 2001.5</td><td></td></tr>
<tr><td>主办会计</td><td>金士华</td><td>1998.2 ～ 2001.5</td><td>副主任级</td></tr>
<tr><td>主　任</td><td>楼理宣</td><td>2001.5 ～ 2006.1</td><td></td></tr>
<tr><td>副主任</td><td>金士华</td><td>2001.5 ～ 2005.4</td><td></td></tr>
<tr><td>主办会计</td><td>陈忆萍</td><td>2001.5 ～ 2006.4</td><td>副主任级</td></tr>
</table>

续表 1-4-1

名　　称	职　务	姓　名	任职时间	备　　注
县联社浦阳信用社	主　任	陈巧琴	2006.1 ～ 2007.3	
		吴立邦	2007.4 ～ 2012.3	
		杨卫东	2012.3 ～ 2013.5	
	主任助理	傅欢笑	2012.4 ～ 2013.2	副科级
	主办会计	郑秀娟	2009.5 ～ 2012.4	副主任级
	负责人	周旭光	2013.5 ～ 2013.7	
	主　任		2013.7 ～ 2014.12	
	会计助理	傅超男	2013.3 ～ 2013.7	
		陈　娟	2014.8 ～ 2016.12	
	负责人	贾明东	2014.12 ～ 2015.1	
	主　任		2015.1 ～ 2015.8	
	副主任	叶向东	2015.8 ～ 2016.11	
	主任助理	赵　达	2015.7 ～ 2016.3	
		张姝娈	2016.3 ～ 2016.8	副科级
	副主任	赵　达	2016.11 ～ 2016.12	自 12 月起主持工作

网　点

浦阳信用社宫口分社

浦阳信用社宫口分社，址设浦阳街道和平北路25号（原宫口巷1号）。其前身系浦阳信用合作社宫口储蓄所，成立于1988年8月。2004年4月，浦阳农村信用合作社横街储蓄所裁撤，业务并入宫口储蓄所。其后，宫口储蓄所迁至和平南路63号营业。2005年12月升格为宫口分社。

迄2016年末，浦阳信用社宫口分社各项存款余额为16734万元；各项贷款余额为7138万元。

图 1-4-2　浦阳信用社宫口分社外景（2016）

表 1-4-2　浦阳信用社宫口分社历任负责人名录

职　务	姓　名	任职时间	备　注
主　任	贾红花	2006.1 ～ 2009.5	
	黄顺明	2009.5 ～ 2013.6	
	于翠平	2013.6 ～ 2016.7	
	江灵娟	2016.7 ～ 2016.12	

浦阳信用社江滨分社

浦阳信用社江滨分社，址设浦阳街道人民东路141号。其前身系县联合社广场储蓄所，成立于1994年11月，址设浦阳镇和平北路43号（人民广场东北角）。1997年1月迁至和平北路55号，更名和平储蓄所；10月划归浦阳信用合作社。1998年5月迁和平南路35号，改称浦阳信用合作社下大街储蓄所。1999年8月复迁和平南路38号营业。2005年1月改称县联社浦阳信用社下大街储蓄所；同年11月再迁中山南路43号，12月升格更名浦阳信用社江滨分社。2013年8月后江滨分社再迁浦阳街道人民东路141号今址（前城关农村信用合作社社址）。

图 1-4-3　浦阳信用社江滨分社外景（2016）

迄2016年末，浦阳信用社江滨分社各项存款余额为9786万元；各项贷款余额为8861万元。

表 1-4-3　浦阳信用社江滨分社历任负责人名录

职　务	姓　名	任职时间	备　注
主　任	徐东升	2005.12 ～ 2009.5	
	吴小君	2009.5 ～ 2009.7	副　科
	魏宝英	2009.7 ～ 2010.12	
	楼旭东	2010.12 ～ 2012.2	
	方守盛	2012.2 ～ 2015.7	
	傅欢笑	2015.7 ～ 2016.11	
	杨杭海	2016.11 ～ 2016.12	

浦阳信用社大溪分社

图 1-4-4　浦阳信用社大溪分社外景（2016）

浦阳信用社大溪分社，址设浦南街道大桥南路 9 号（文溪综合楼），其前身系大溪乡信用合作社。

1954 年间，同属城区的大溪、前于和杨田 3 乡信用合作社相继成立。1956 年 1 月，前于、杨田 2 乡信用合作社并入大溪乡信用合作社。

1959 年 1 月，改设为城关公社大溪管理区信用分部；12 月改称城关公社大溪大队信用分部。

1960 年至 1966 年浦江、义乌并县期间，先后更名义乌县浦江公社大溪大队信用分部、大溪公社信用合作社。

1967 年 1 月浦江县建制恢复后，更名浦江县大溪公社信用合作社。1975 年 10 月，该社随迁下季宅村大溪公社新楼营业。1983 年称大溪乡信用合作社。1990 年 2 月，该社迁入下季宅村小桥头自建楼房内。1992 年 5 月，大溪乡撤销并入浦阳镇，该社改称浦阳镇大溪信用合作社。自 1993 年 7 月起，大溪信用合作社降格更名浦阳信用合作社大溪分社。1994 年 4 月，顺应城镇建设和江南新区的开发，大溪分社暂迁文溪村五房公路一侧民房内营业。1998 年 11 月规范社名，称浦阳农村信用合作社大溪分社。2001 年 7 月，大溪分社复迁浦阳镇大桥南路 9 号营业。2005 年 1 月改称县联社浦阳信用社大溪分社。

迄 2016 年末，浦阳信用社大溪分社各项存款余额为 22246 万元；各项贷款余额为 17529 万元。

表 1-4-4　　浦阳信用社大溪分社历任负责人名录

名　称	职　务	姓　名	任职时间	备　注
前于信用合作社	主　任	张天宝	1954.12～1956.1	
	副主任	于　致		
杨田信用合作社	主　任	石有初	1954～1956.1	具体任职时间不详
大溪信用合作社		楼咸新	1954.9～1955.8	
		楼广海	1955.8～1956.6	
		魏文祥	1956.7～1959.12	
		楼永海	1967.1～1983.12	
	副主任		1983.12～1989.9	

续表 1-4-4

名　称	职 务	姓 名	任职时间	备　注
大溪信用合作社	主　任	黄必勋	1983.12 ～ 1986.9	
		王伯英	1986.9 ～ 1988.6	
		张春松	1988.8 ～ 1990.2	
		陈兴地	1990.2 ～ 1993.6	
浦阳农村信用合作社大溪分社（2005 年 1 月改称浦阳信用社大溪分社）			1993.6 ～ 1995.3	
		吴旭明	1995.3 ～ 1998.10	
		魏红艳	1998.10 ～ 1999.2	
	负责人	吴秀芳	1999.2 ～ 2000.1	
	主　任	戴纪律	2000.1 ～ 2000.3	县联合社办公室副主任兼
		吴旗红	2000.3 ～ 2002.4	
		张小洁	2002.4 ～ 2007.3	
		杨卫东	2007.3 ～ 2009.5	
		吴斌勇	2009.5 ～ 2012.3	正　科
		叶向东	2012.3 ～ 2015.7	
		刘哲宏	2015.7 ～ 2016.12	

浦阳信用社前吴分社

浦阳信用社前吴分社，址设前吴乡塘岭金村。其前身系前吴乡信用合作社，成立于 1955 年，营业场地长时期依附前吴乡人民政府（公社）。1959 年 1 月，改设为浦西公社前吴管理区信用分部；12 月，浦西公社前吴大队析为前吴、朱桥 2 个大队，乃分设前吴、朱桥大队信用分部。

图 1-4-5　浦阳信用社前吴分社外景（2016）

1960 年浦江、义乌并县后，分别更名义乌县浦西公社前吴、朱桥大队信用分部。1961 年 7 月后，朱桥大队信用分部并入前吴大队信用分部，改称义乌县前吴公社信用合作社。

1967 年 1 月浦江县建制恢复后，更名浦江县前吴公社信用合作社。1974 年间迁入塘岭金村该社自建房内营业。是年7月，前吴公社又析为前吴、朱桥2个公社，恢复成立朱桥公社信用合作社，址设朱桥村。1983年9月后，分别改称前吴乡、朱桥乡信用合作社。1993年7月，朱桥乡信用合作社降格为朱桥分社，为前吴乡信用合作社辖属。1996年5月，朱桥分社裁撤。1997年10月，前吴乡信用合作社亦降格为前吴分社，归浦阳农村信用合作社辖属。2005年1月，改称县联社浦阳信用社前吴分社。

迄2016年末，浦阳信用社前吴分社各项存款余额为14611万元；各项贷款余额为5704万元。

表1-4-5　　　　浦阳信用社前吴分社历任负责人名录

名　称	职　务	姓　名	任职时间	备　注
前吴信用合作社	主　任	吴自洛	1955～1956	具体任职时间不详
		盛儒毛	1956～1957	
		赵秋苟	1957～1961.10	
		于崇熙	1961.10～1962.5	1962.5精简下放
		吴凤熇	1967.1～1982.10	
	副主任	朱希秋	1982.10～1986.9	
	主　任		1986.9～1988.8	
		黄新木	1988.8～1994.6	
	副主任	王才有	1994.6～1994.11	
	主　任	陈中成	1994.11～1995.6	
	副主任	赵鹏程	1995.6～1997.8	
浦阳农村信用合作社前吴分社（2005年1月改称浦阳信用社前吴分社）		黄文熙	1997.8～1997.12	主持工作
	主　任	黄能光	1997.12～1998.10	
		吴旗红	1998.10～2000.3	
		吴斌勇	2000.3～2007.3	
		刘君良	2007.4～2009.5	
		叶向东	2009.6～2012.3	
		杨　英	2012.3～2013.6	
		傅欢笑	2013.6～2015.7	
		楼安娜	2015.7～2016.12	

附：

前吴信用合作社朱桥分社

前吴信用合作社朱桥分社，其前身系由浦西公社前吴管理区信用分部析出，单设朱桥大队信用分部。1960 年更名义乌县浦西公社朱桥大队信用分部。翌年 7 月后并入义乌县前吴公社信用合作社。1974 年 7 月恢复成立朱桥公社信用合作社，1983 年 9 月改称朱桥乡信用合作社。1993 年 7 月降格称前吴乡信用合作社朱桥分社。1996 年 5 月裁撤。

图 1-4-6　前吴信用合作社朱桥分社旧址

表 1-4-6　前吴信用合作社朱桥分社历任负责人名录

名　　称	职　务	姓　名	任职时间	备　　注
朱桥信用合作社	主　任	洪以臣	1959.12～1961.7	
		宋良根	1974.7～1977.9	
	负责人	任浦城	1977.9～1979.9	
	主　任	宋良根	1979.9～1981.10	
	副主任		1981.10～1983.12	
	主　任		1983.12～1984.11	
	副主任	陈曼秋	1986.9～1993.6	
前吴信用合作社朱桥分社	主　任		1993.6～1996.5	

浦阳信用社花桥分社

浦阳信用社花桥分社，址设花桥乡花桥村。其前身系花桥乡信用合作社，成立于 1956 年 2 月，址设外黄宅村。是年 10 月，析花桥乡为花桥、金银 2 乡，始成立金银乡信用合作社，址设长畈村。1958 年 6 月，金银乡信用合作社并入花桥乡信用合作社，易址下宅溪村。

图 1-4-7　浦阳信用社花桥分社外景（2016）

1959 年 1 月，改设为浦西公社花桥管理区信用分部；12 月改称浦西公社花桥大队信用分部。

1960 年浦江、义乌并县后，更名义乌县浦江公社花桥大队信用分部。是年 5 月，址迁盛田畈村。1961 年 7 月后，改称义乌县花桥公社信用合作社。

1967 年 1 月浦江县建制恢复，更名浦江县花桥公社信用合作社。1981 年复迁黄村营业。1994 年至 1999 年间，因花桥乡农村合作基金会违规经营，以非正当竞争手段高息揽存，对该社冲击甚烈，致其业务日趋萎缩，影响正常营业，遂于 1997 年 12 月裁撤，降格为信用服务站。1999 年 8 月起对农村合作基金会实行全面整顿清理后，应花桥当地党政部门和干部群众要求，县联合社报经主管行批复同意，遂于 1999 年 11 月筹建浦阳农村信用合作社花桥分社，2000 年 1 月正式开业。2005 年 1 月，改称县联社浦阳信用社花桥分社。

迄 2016 年末，浦阳信用社花桥分社各项存款余额为 10477 万元；各项贷款余额为 4478 万元。

表 1-4-7　　浦阳信用社花桥分社历任负责人名录

名　称	职　务	姓　名	任职时间	备　注
金银信用合作社	主　任	黄先云	1956.10 ～ 1957	具体任职时间不详
		黄水法	1957 ～ 1959.12	
花桥信用合作社		王世琴	1956.2 ～ 1957	
		洪以臣	1958 ～ 1959.12	具体任职时间不详
		黄金广	1960.1 ～ 1962.5	1962.5 精简下放
		黄子棪	1962 ～ 1980.4	具体任职时间不详
	副主任	朱希秋	1980.3 ～ 1982.10	
		黄新木	1982.10 ～ 1983.12	
	主　任		1983.12 ～ 1988.8	
		朱希秋	1988.8 ～ 1993.6	

续表 1-4-7

名　称	职　务	姓　名	任职时间	备　注
花桥信用合作社	副主任	朱旭民	1993.6 ～ 1995.3	
		黄能光	1995.4 ～ 1997.1	
	主　任	黄能光	1997.1 ～ 1997.12	
浦阳农村信用合作社花桥分社（2005 年 1 月改称浦阳信用社花桥分社）		黄一凡	2000.3 ～ 2006.1	
		黄顺明	2006.1 ～ 2009.5	
		俞　立	2009.6 ～ 2013.6	
		张烽光	2013.6 ～ 2014.4	
		黄　健	2014.4 ～ 2016.7	
		周伟昌	2016.7 ～ 2016.12	

浦阳信用社杭坪分社

浦阳信用社杭坪分社，址设杭坪镇杭坪村。其前身系杭坪乡信用合作社，成立于 1954 年，营业场地长时期依附杭坪乡（公社）人民政府。1959 年 1 月，改设为壶江公社杭坪管理区信用分部；12 月改称壶江公社杭坪大队信用分部。

图 1-4-8　浦阳信用社杭坪分社外景（2016）

1960 年 1 月至 1966 年浦江、义乌并县期间，先后更名义乌县壶江公社杭坪大队信用分部、杭坪公社信用合作社。

1967 年 1 月浦江县建制恢复后，更名浦江县杭坪公社信用合作社。1975 年易址，迁至与农业银行浦西营业所合建综合楼西侧营业。1982 年 8 月，浦西营业所迁往石马公社白林村，在原址设杭坪储蓄所，该社营业场地与之毗邻。1983 年 9 月后，杭坪公社信用合作社改称杭坪乡信用合作社。1993 年底，原合建综合楼拆除，该社在基址上重建新楼，1994 年 9 月入住营业。1997 年 10 月该社降格为分社，划归浦阳农村信用合作社辖属。2005 年 1 月改称县联社浦阳信用社杭坪分社。

迄 2016 年末，浦阳信用社杭坪分社（含石宅分社）各项存款余额为 20606 万元；各项贷款余额为 10397 万元。

表 1-4-8　　　　浦阳信用社杭坪分社历任负责人名录

名　　称	职　务	姓　名	任职时间	备　　注
杭坪信用合作社	主　任	陈耀炉	1954 ～ 1956.3	具体任职时间不详
		石宗铭	1956.3 ～ 1978.12	
		徐星有	1978.12 ～ 1981.10	
		周金宝	1981.10 ～ 1983.10	
	副主任	蔡伟庆	1983.12 ～ 1986.9	
		张序根	1986.9 ～ 1988.6	
		朱文德	1988.8 ～ 1990.2	主持工作
		王天佑	1990.2 ～ 1993.6	
		陈中成	1993.6 ～ 1994.11	分管石宅分社
	主　任	张序根	1993.6 ～ 1998.2	
浦阳农村信用合作社杭坪分社（2005 年 1 月改称浦阳信用社杭坪分社）			1998.2 ～ 2000.3	
		傅根木	2000.3 ～ 2002.9	
		周　翾	2002.9 ～ 2009.5	
		方　猛	2009.6 ～ 2012.2	
		张　烜	2012.2 ～ 2012.8	兼石宅分社主任
		张红英	2012.8 ～ 2014.8	
		吴　超	2014.8 ～ 2016.7	
		张鸯鸳	2016.7 ～ 2016.12	

浦阳信用社石宅分社

图 1-4-9　浦阳信用社石宅分社外景（2016）

浦阳信用社石宅分社，址设杭坪镇石宅村。1954 年间，东岭、曹源 2 乡信用合作社先后成立。1959 年 1 月，分别改设为壶江公社东岭、曹源管理区信用分部；12 月复改称壶江公社东岭、曹源大队信用分部。

1960 年 1 月浦江、义乌并县后，2 月东岭、曹源 2 个信用分部合并，更名义乌县壶江公社石宅大队信用分部；1961 年 10 月改称义乌县石宅公社信用合作社。

1967 年 1 月浦江县建制恢复后，更名浦江县石宅公社信用合作社。1980 年迁入石宅村该社自建房屋内营业。1983 年 9 月后，称石宅乡信用合作社。1992 年 5 月，石宅乡撤销并入杭坪镇。1993 年 7 月，石宅信用合作社降格为分社，为杭坪信用合作社辖属。1997 年 10 月，石宅分社裁撤。2000 年 1 月恢复成立石宅分社，划归浦阳农村信用合作社辖属。2005 年 1 月改称县联社浦阳信用社石宅分社。

2016 年末，石宅分社各项存、贷款余额与杭坪分社合并统计。

表 1-4-9　　浦阳信用社石宅分社历任负责人名录

名　称	职　务	姓　名	任职时间	备　注
东岭信用合作社	主　任	朱耀益	1954～1959.12	具体任职时间不详
曹源信用合作社		周宗强	1954～1956	
石宅信用合作社		江金许	1956～1959.12	
		周金宝	1960.2～1981.10	
	副主任	李家彬	1981.10～1983.12	
	主　任		1983.12～1989.9	
	副主任	方城强	1990.2～1991.6	
		陈中成	1991.6～1993.6	
杭坪信用合作社石宅分社	主　任		1993.6～1994.11	杭坪社副主任兼
	副主任	江森林	1994.11～1996.1	
	负责人	朱立群	1996.1～1997.1	
	主　任		1997.1～1997.12	
浦阳农村信用合作社石宅分社（2005 年 1 月改称浦阳信用社石宅分社）	负责人	黄云英	2000.1～2000.3	
	主　任	徐东升	2000.3～2001.3	
		程勇进	2001.3～2005.4	
	负责人	李艳飞	2005.4～2009.5	
		王军霞	2009.6～2011.1	
	主　任	方　猛	2011.1～2012.2	杭坪分社主任兼
		张　烜	2012.2～2012.8	
		张红英	2012.8～2014.8	
		吴　超	2014.8～2016.7	
		张鸯鸳	2016.7～2016.12	

附：

浦阳信用合作社石马分社

浦阳信用合作社石马分社，前身系石马乡信用合作社，成立于1956年4月。1959年1月，改设为浦西公社石马管理区信用分部；12月改称浦西公社石马大队信用分部。

1960年1月浦江、义乌并县后，4月更名义乌县浦江公社石马大队信用分部；10月改称义乌县石马公社信用合作社。

图 1-4-10　浦阳信用合作社石马分社旧址

1967年1月浦江县建制恢复后，更名浦江县石马公社信用合作社。1983年9月后，称石马乡信用合作社。1993年7月，石马信用合作社降格为浦阳信用合作社石马分社。1994年1月，石马分社迁入原农业银行浦西营业所办公大楼（浦西营业所另行择址）营业。1997年10月再次降格为信用服务站。

表 1-4-10　　浦阳信用合作社石马分社历任负责人名录

<table>
<tr><th>名　　称</th><th>职　务</th><th>姓　名</th><th>任职时间</th><th>备　　注</th></tr>
<tr><td rowspan="6">石马信用合作社</td><td rowspan="3">主　任</td><td>石有初</td><td>1956.4～1957.7</td><td></td></tr>
<tr><td>石箫何</td><td>1957.7～1978.12</td><td></td></tr>
<tr><td>周家财</td><td>1978.12～1980.12</td><td></td></tr>
<tr><td>副主任</td><td>朱文德</td><td>1981.1～1982.10</td><td></td></tr>
<tr><td rowspan="8">主　任</td><td>石箫何</td><td>1982.10～1990.2</td><td></td></tr>
<tr><td>朱文德</td><td>1990.2～1993.6</td><td></td></tr>
<tr><td rowspan="6">浦阳信用合作社
石马分社</td><td>朱希秋</td><td>1993.6～1994.6</td><td></td></tr>
<tr><td>吴旭明</td><td>1994.6～1995.3</td><td></td></tr>
<tr><td>徐星有</td><td>1995.3～1995.6</td><td></td></tr>
<tr><td>陈中成</td><td>1995.6～1997.1</td><td></td></tr>
<tr><td>楼基设</td><td>1997.1～1997.10</td><td></td></tr>
</table>

第二节 县联社城关信用社

沿 革

图 1-4-11 县联社城关信用社外景（2016）

县联社城关信用社，址设浦阳街道和平南路 98 号。系由县仙华城市信用合作社改制，纳入县农村信用合作社联合社管理后成立，并沿用浦阳街道人民东路 141 号前县仙华城市信用合作社社址营业办公。

2001 年 4 月，根据中国人民银行整顿城市信用合作社工作方案，结合市、县两级主管部门意见和县人民政府决定，批准县仙华城市信用合作社改制，纳入县农村信用合作社联合社管理，始更名城关农村信用合作社。原仙华城市信用合作社下辖府前、商业长廊和新华西路 3 个储蓄所亦同时归并城关农村信用合作社。4 月中旬，该社营业场地实施改造，暂租用浦阳镇人民东路 156 号民房营业办公（7 月下旬回移）。7 月，原浦阳农村信用合作社大许、平安、潘宅、七里 4 个分社分立，并入该社辖属。2002 年 5 月，原浦阳农村信用合作社红太阳广场储蓄所迁至浦阳街道东山路 80 号，升格后更名城东分社并划归该社辖属。2004 年 4 月，该社府前储蓄所裁撤，业务并入商业长廊储蓄所。

2005 年 1 月，该社改称县联社城关信用社。8 月，该社商业长廊储蓄所由浦阳街道环城南路樟树下地段迁至东山路 76 号（中山北路与东山路交叉口）县地方税务局大楼营业厅内营业，10 月升格更名中山分社。是年 12 月，该社新华西路储蓄所亦升格更名新华西路分社。2009 年 7 月，中山分社终止营业，其业务划归该社城东分社。2013 年 5 月，该社迁至浦阳街道和平南路 98 号营业。

迄 2016 年底改制前，县联社城关信用社辖本部及新华西路、大许、潘宅 3 个分社，在岗干部职工 28 名。各项存款余额为 84398 万元；各项贷款余额为 63379 万元。

表 1-4-11　　县联社城关信用社历任负责人及主办会计名录

职　务	姓　名	任职时间	备　注
主　任	江东放	2001.4 ～ 2005.4	
副主任	吴小君	2001.7 ～ 2005.4	

续表 1-4-11

职　务	姓　名	任职时间	备　　注
主办会计	陈晓艳	2002.3 ～ 2006.4	副主任级
主　任	李巧萍	2005.5 ～ 2009.5	
	黄云英	2009.5 ～ 2012.4	
副主任	陈国强	2012.5 ～ 2014.2	主持工作
负责人	方　芳	2014.2 ～ 2014.3	
副主任		2014.3 ～ 2014.12	主持工作
会计助理	吴园园	2014.8 ～ 2015.8	
主　任	吴斌勇	2014.12 ～ 2016.12	
主办会计	吴萍萍	2009.6 ～ 2012.4	副主任级

网　点

城关信用社新华西路分社

城关信用社新华西路分社，址设浦阳街道新华西路 95 号。其前身系仙华城市信用合作社新华西路储蓄所，2001 年 4 月并入县农村信用合作社联合社，更名城关农村信用合作社新华西路储蓄所。2005 年 12 月升格并更名县联社城关信用社新华西路分社。

迄 2016 年末，城关信用社新华西路分社各项存款余额为 14490 万元；各项贷款余额为 7922 万元。

图 1-4-12　城关信用社新华西路分社外景（2016）

表 1-4-12　　城关信用社新华西路分社历任负责人名录

职　　务	姓　名	任职时间	备　　注
主　任	金冬英	2006.1 ～ 2007.3	
	吕理锋	2007.3 ～ 2009.7	
	方　芳	2009.7 ～ 2012.10	
	吴赛君	2012.10 ～ 2015.7	2015.5 ～ 2015.7 兼任
	方守盛	2015.7 ～ 2016.12	

附：

城关信用社中山分社

城关信用社中山分社，其前身系县仙华城市信用合作社商业长廊储蓄所，2001 年 4 月并入县农村信用合作社联合社，更名城关农村信用合作社商业长廊储蓄所。2005 年 8 月，储蓄所由浦阳街道环城南路樟树下地段迁至东山路 76 号（中山北路与东山路交叉口）县地方税务局大楼营业厅内营业，10 月升格后更名县联社城关信用社中山分社。2009 年 7 月中山分社终止营业，其业务划归城关信用社城东分社。

表 1-4-13　　城关信用社中山分社历任负责人名录

职　　务	姓　名	任职时间	备　　注
负责人	黄翠平	2005.10 ～ 2006.1	
主　任	黄巧英	2006.1 ～ 2008.9	2008.7 ～ 9 兼城中分社主任

城关信用社大许分社

城关信用社大许分社，址设城区仙华街道大许村。其前身系大许乡信用合作社，成立于 1954 年 7 月，营业场地依附大许乡人民政府。其后，原马墅乡信用合作社并入大许乡信用合作社。1959 年 1 月，改设为城关公社大许管理区信用分部；12 月改称城关公社大许大队信用分部。

图 1-4-13　大许信用合作社旧址

1960 年至 1966 年浦江、义乌并县期间，先后更名义乌县浦江公社大许大队信用部、大许公社信用合作社。

图 1-4-14　城关信用社大许分社外景（2016）

1967 年 1 月浦江县建制恢复后，更名浦江县大许公社信用合作社。1983 年 9 月后，称大许乡信用合作社。该社约于 1979 年迁至前店村自建房营业。1986 年 5 月，在马墅村设马墅储蓄所。1987 年 10 月，该社迁至大许村自建四层新楼营业。1989 年 3 月，马墅储蓄所升格为马墅分社（非独立核算），于 1990 年 12 月裁撤。1993 年 7 月，大许信用合作社降格为分社，为浦阳信用合作社辖属。1998 年 11 月规范社名，称浦阳农村信用合作社大许分社。2001 年 7 月划归城关农村信用合作社辖属。2005 年 1 月改称县联社城关信用社大许分社。

迄 2016 年末，城关信用社大许分社各项存款余额为 21567 万元；各项贷款余额为 11409 万元。

表 1-4-14　　城关信用社大许分社历任负责人名录

名　称	职　务	姓　名	任职时间	备　注
大许信用合作社	主　任	潘祖森	1954～1956	具体任职时间不详
		金以志	1956～1966.3	
		吴尚铜	1966.3～1988.8	
	副主任	项伟历	1988.8～1990.2	
浦阳信用合作社大许分社	主　任	任浦城	1990.2～1993.6	
			1993.6～1997.1	
		朱旭民	1997.1～1997.12	
		楼基设	1997.12～1998.10	
		蔡伟庆	1998.10～2000.3	
		黄云英	2000.3～2005.4	
城关农村信用合作社大许分社（2005 年 1 月改称城关信用社大许分社）		金士华	2005.4～2009.5	副主任级
		杜娟花	2009.5～2013.2	副　科
		张小洁	2013.2～2013.6	
		徐福东	2013.6～2016.12	
大许信用合作社马墅分社	负责人	吴旭明	1989.3～1990.12	

城关信用社潘宅分社

城关信用社潘宅分社，址设浦南街道潘宅村新厅。其前身系潘宅供销合作社信用部，成立于 1954 年 8 月。1955 年 12 月组建潘宅乡信用合作社，址设潘宅市基。潘宅供销合作社信用部业务划转该社。1959 年 1 月，改设为黄宅公社潘宅管理区信用分部；12 月改称黄宅公社潘宅大队信用分部。

1960年至1966年浦江、义乌并县期间，先后更名义乌县黄宅公社潘宅大队信用分部、潘宅公社信用合作社。

1967年1月浦江县建制恢复后，更名浦江县潘宅公社信用合作社。社址约于1980年末移至潘宅公社一侧。1983年9月后，改称潘宅乡信用合作社。1990年1月，迁至潘宅市基西侧自建新楼营业办公。1997年10月，潘宅信用合作社降格为分社，为浦阳信用合作社辖属。1998年11月规范社名，称浦阳农村信用合作社潘宅分社。2001年7月，划归城关农村信用合作社辖属。

图1-4-15 城关信用社潘宅分社外景（2016）

迄2016年末，城关信用社潘宅分社各项存款余额为22279万元；各项贷款余额为12049万元。

表1-4-15 城关信用社潘宅分社历任负责人名录

名称	职务	姓名	任职时间	备注
潘宅信用合作社	主任	潘启福	1956～1958	具体任职时间不详
	负责人	洪桂华		具体任职时间不详
		张杨柳	1971.11～1977.8	
		楼英虎	1977.8～1980.8	
	主任	徐星有	1981.10～1983.12	
	副主任	吴怀德	1983.12～1986.9	
	主任		1986.9～1988.6	
		芮士霖	1988.6～1991.8	
		陈学成	1991.8～1993.6	
		张杨柳	1993.6～1997.1	
	副主任	魏红艳	1996.1～1997.1	主持工作
浦阳农村信用合作社潘宅分社	主任		1997.1～1998.10	
		黄文熙	1998.10～1999.2	
		徐忠清	1998.2～2000.2	
		方芳	2000.3～2001.7	

续表 1-4-15

名　称	职　务	姓　名	任职时间	备　注
城关农村信用合作社潘宅分社（2005 年 1 月改称城关信用社潘宅分社）	主　任	陈长生	2001.7 ～ 2005.4	
		陈国强	2005.4 ～ 2009.5	
		徐福东	2009.5 ～ 2013.6	
		黄一凡	2013.6 ～ 2016.12	

第三节　县联社城中信用社

县联社城中信用社，址设浦阳街道月泉东路 2 号。其前身系县联合社工业区分社，于 1994 年 11 月成立，址设浦阳镇人民东路 126 号楼房底层。1997 年 10 月划归浦阳信用合作社辖属，更名城中分社。

图 1-4-16　县联社城中信用社外景（2016）

1998 年 5 月迁至浦阳镇月泉东路 2 号营业。1998 年 11 月规范社名，称浦阳农村信用合作社城中分社。2010 年 12 月升格为县联社城中信用社。2011 年 5 月，该社迁入月泉东路 2 号隔壁楼房（门牌号不变）营业。2012 年 1 月，县联社在该社设小微企业贷款营销中心（无实质性运作）。

迄 2016 年末改制前，县联社城中信用社在岗职工 8 名。各项存款余额为 24479 万元；各项贷款余额为 13721 万元。

表 1-4-16　　　　县联社城中信用社历任负责人及主办会计名录

名　称	职　务	姓　名	任职时间	备　注
浦江县信用合作社联合社工业区分社	主　任	黄林祥	1994.11 ～ 1995.3	
		丁长辉	1995.3 ～ 1997.1	
		王天佑	1997.1 ～ 1998.1	
	主办会计	方　芳	1994.11 ～ 1997.3	

续表 1-4-16

名　　称	职　务	姓　名	任职时间	备　　注
浦阳农村信用合作社城中分社（2010 年 12 月改称县联社城中信用社）	主　任	金冬英	1998.2 ～ 2006.1	
		郑梦林	2006.1 ～ 2007.12	正科级
		楼理宣	2007.12 ～ 2008.7	
		黄巧英	2008.7 ～ 2009.5	
		张法远	2009.6 ～ 2010.12	联社直管
	主办会计	张红英	2009.6 ～ 2012.4	副主任级 联社直管
县联社城中信用社	主　任	张法远	2010.12 ～ 2011.1	
	负责人	虞真良	2011.1 ～ 2011.4	
	主　任		2011.4 ～ 2016.1	
	会计助理	吴园园	2015.5 ～ 2015.7	
	副主任	吴玉娟	2016.1 ～ 2016.12	主持工作

第四节　县联社城东信用社

县联社城东信用社，址设浦阳街道中山北路华欣名都 3 幢商铺 19 号。其前身系浦阳信用合作社红太阳广场储蓄所，于 1998 年 5 月开办。2002 年 5 月迁至浦阳街道东山路 80 号，升格并更名城关农村信用合作社城东分社。2005 年 1 月改称县联社城关信用社城东分社。2009 年 3 月，迁至浦阳街道东山路 63—1 号营业。2009 年 7 月，城关信用社中山分社终止营业，其业务划归该社。2013 年 7 月城东分社升格为县联社城东信用社。

图 1-4-17　县联社城东信用社外景（2016）

迄 2016 年末改制前，县联社城东信用社在岗职工 12 名。各项存款余额为 17737 万元；各项贷款余额为 7769 万元。

表 1-4-17　　县联社城东信用社历任负责人名录

名　　称	职　务	姓　名	任职时间	备　　注
城关农村信用合作社城东分社（2005 年 1 月改称县联社城关信用社城东分社；2013 年 7 月升格为县联社城东信用社）	主　任	周春鱼	2002.6 ～ 2005.4	
		吴小君	2005.4 ～ 2009.5	信用社副主任级
		黄巧英	2009.5 ～ 2013.6	
	副主任	杨　英	2013.7 ～ 2014.4	主持工作
	主　任	黄顺明	2014.5 ～ 2016.11	
	副主任	吴　超	2016.11 ～ 2016.12	自 12 月起主持工作

网　点

城东信用社水晶中园分社

城东信用社水晶中园分社系新增网点，成立于 2016 年 3 月，址设浦江经济开发区宏业大道 1688 号（浦江中部水晶产业集聚区 1 号综合楼 1 楼北起第 5、6 间）。

迄 2016 年末，城东信用社水晶中园分社各项存款余额为 4029 万元；各项贷款余额（含微贷中心）为 9791 万元。

图 1-4-18　城东信用社水晶中园分社外景（2016）

表 1-4-18　　城东信用社水晶中园分社历任负责人名录

职　务	姓　名	任职时间	备　　注
主　任	吴赛君	2016.3 ～ 2016.8	县联社营业部副主任兼
	薛镇伟	2016.8 ～ 2016.12	副科兼微贷中心主任

第五节 县联社月泉信用社

县联社月泉信用社，址设仙华街道浦江经济开发区一点红大道富鼎·铭座5幢1～5铺。其前身系浦阳信用合作社小西门储蓄所，成立于1988年6月。2005年12月，小西门储蓄所升格为县联社浦阳信用社小西门分社。2006年5月更名县联社浦阳信用社月泉分社，复迁至浦阳街道月泉西路264号营业。2014年1月，再迁仙华街道浦江经济开发区今址；4月升格为县联社月泉信用社。

图1-4-19　县联社月泉信用社外景（2016）

迄2016年末改制前，县联社月泉信用社在岗职工6名。各项存款余额为15927万元；各项贷款余额为9228万元。

表1-4-19　　县联社月泉信用社历任负责人名录

名　　称	职　务	姓　名	任职时间	备　　注
浦阳农村信用合作社小西门分社（2005年12月升格为县联社浦阳信用社小西门分社）	主　任	薛镇伟	2006.1～2006.5	
浦阳信用社月泉分社			2006.5～2009.5	
		陈国强	2009.5～2012.5	
		吴　超	2012.5～2014.3	
县联社月泉信用社	负责人	吴玉娟	2014.3～2014.4	
	主　任		2014.4～2014.12	副　科
		方　芳	2014.12～2016.12	

第六节 县联社平安信用社

图 1-4-20 县联社平安信用社外景（2016）

县联社平安信用社，址设城区浦南街道平二行政村。其前身系平安乡信用合作社，成立于 1955 年。1959 年 1 月，改设为城关公社平安管理区信用分部；12 月改称城关公社平安大队信用分部。

1960 年至 1966 年浦江、义乌并县期间，先后更名义乌县浦江公社平安大队信用分部、平安公社信用合作社。

1967 年 1 月浦江县建制恢复后，更名浦江县平安公社信用合作社。1983 年 9 月后，称平安乡信用合作社。自 1993 年 7 月起，平安信用合作社降格为分社，归浦阳信用合作社辖属。1997 年 5 月，迁至平二行政村自建新大楼营业办公。1998 年 11 月规范社名，称浦阳农村信用合作社平安分社。2001 年 7 月划归城关农村信用合作社辖属。2005 年 1 月改称县联社城关信用社平安分社。2010 年 12 月升格为县联社平安信用社。

迄 2016 年底改制前，县联社平安信用社在岗职工 8 名。各项存款余额为 27536 万元；各项贷款余额为 18361 万元。

表 1-4-20　　县联社平安信用社历任负责人及主办会计名录

名　称	职　务	姓　名	任职时间	备　注
平安信用合作社	主　任	孙志刚	1955 ～	具体任职时间不详
		张水许	1956 ～	
		张有连	1956.10 ～	
		张有根	1963 ～ 1980.11	
		郑顺世	1980.12 ～ 1983.12	
	副主任	赵根法	1982.12 ～ 1986.9	
	主　任		1986.9 ～ 1987.4	
	负责人	张春松	1987.7 ～ 1988.8	
	主　任	吴尚铜	1988.8 ～ 1993.6	

续表 1-4-20

名　称	职　务	姓　名	任职时间	备　注
浦阳农村信用合作社平安分社（2001 年 7 月改称城关农村信用合作社平安分社；2005 年 1 月更名县联社城关信用社平安分社）	主　任	陈学成	1993.6 ～ 1998.10	
		吴旭明	1998.10 ～ 2006.1	
		吕晓峰	2006.1 ～ 2007.8	副科级
		黄雄伟	2007.8 ～ 2008.4	
		张小洁	2008.4 ～ 2009.5	
	负责人	李巧萍	2009.5 ～ 2009.6	
	主　任		2009.6 ～ 2010.12	联社直管
	主办会计	黄为兴	2009.6 ～ 2012.4	副主任级联社直管
县联社平安信用社	主　任	李巧萍	2010.12 ～ 2013.5	
		杨卫东	2013.5 ～ 2016.1	
		陈　勋	2016.1 ～ 2016.12	

第七节　县联社七里信用社

图 1-4-21　县联社七里信用社外景（2016）

县联社七里信用社，址设仙华街道七里村。其前身系七里乡信用合作社，成立于 1955 年 3 月。是月，后郎乡信用合作社赓即组建。

1956 年 2 月，后郎乡信用合作社并入七里乡信用合作社。是年 10 月，七里乡析为七里、方宅 2 乡，乃增设方宅乡信用合作社。1959 年 1 月，七里、方宅 2 社分别改设为城关公社七里、方宅管理区信用分部；12 月改称城关公社七里、方宅大队信用分部。

1960 年 1 月浦江、义乌并县后，4 月分别更名义乌县浦江公社七里、方宅大队信用分部。1961 年末，方宅大队信用分部并入七里公社信用合作社。

1967 年 1 月浦江县建制恢复后，更名浦江县七里公社信用合作社。1979 年 5 月在方宅大队设方宅分社。1983 年 9 月后，七里公社信用合作社改称七里乡信用合作社。1997 年 10

月方宅分社裁撤，七里信用合作社亦降格为分社，为浦阳信用合作社辖属。1998 年 11 月规范社名，称浦阳农村信用合作社七里分社。2001 年 7 月，七里分社划归城关农村信用合作社辖属。2005 年 1 月改称县联社城关信用社七里分社。2014 年 3 月升格为县联社七里信用社。

迄 2016 年末改制前，县联社七里信用社在岗职工 7 名。各项存款余额为 27241 万元；各项贷款余额为 16773 万元。

表 1-4-21　　　　县联社七里信用社历任负责人名录

名　称	职　务	姓　名	任职时间	备　注
后郎信用合作社	主　任	张若鹏	1955.3～1956.2	
七里信用合作社		张若乌	1955.3～1956.2	
		张若鹏	1956.2～1961.12	
		张寿生	1962.1～1970.12	
		郑顺世	1970.12～1973.9	
		张寿生	1973.9～1993.6	
	副主任	黄必勋	1978.7～1983.8	
		朱文德	1983.8～1988.6	1984.3 兼方宅分社主任
		王伯英	1988.8～1989.12	兼方宅分社主任
		周家立	1990.2～1993.6	
		吴旭明	1993.6～1994.6	分管方宅分社
	主　任	江东放	1993.6～1997.1	
浦阳农村信用合作社七里分社（2001 年 7 月改称县联社城关信用社七里分社）		陈长生	1997.1～1998.2	
			1998.2～2000.3	
		杨卫东	2000.3～2001.7	
			2001.7～2007.3	
城关农村信用合作社七里分社（2005 年 1 月改称县联社城关信用社七里分社）		金冬英	2007.3～2009.5	
		薛镇伟	2009.5～2012.4	
		杨杭海	2012.4～2013.6	
		徐东升	2013.6～2014.3	
县联社七里信用社	副主任		2014.3～2014.12	主持工作
	主　任		2014.12～2016.12	
方宅信用合作社		张寿生	1956.10～1961.12	
七里信用合作社方宅分社		朱文德	1984.3～1988.8	七里信用合作社副主任兼

续表 1-4-21

名　　称	职　务	姓　名	任职时间	备　　注
七里信用合作社方宅分社	主　任	王伯英	1988.8 ～ 1989.12	
		杨静平	1989.12 ～ 1992.1	
	负责人	徐星有	1992.1 ～ 1993.6	
	主　任	吴旭明	1993.6 ～ 1994.6	七里信用合作社副主任兼
	负责人	徐星有	1994.6 ～ 1997.4	
		张小洁	1997.4 ～ 1997.10	

第八节　县联社黄宅信用社

沿　革

县联社黄宅信用社，址设黄宅镇中心开发区。其前身系下店、中店 2 乡信用合作社合并组建的黄宅乡信用合作社。

1954 年 10 月，相继成立下店、中店 2 乡信用合作社。1956 年 3 月，中店乡信用合作社并入下店乡信用合作社。1959 年 1 月，又分别改设为下店、中店、朱宅 3 个管理区信用分部（据资料显示，中店信用分部亦称黄宅信用分部）；12 月分别改称下店、中店（黄宅）、朱宅大队信用分部。

1960 年 1 月浦江、义乌并县后，黄宅公社下店、中店（黄宅）、朱宅 3 个大队信用分部合并，更名义乌县黄宅公社下店大队信用分部。1961 年 10 月后，改称义乌县下店公社信用合作社。

1967 年 1 月浦江县建制恢复，更名浦江县下店公社信用合作社。1968 年 10 月，更名黄宅公社信用合作社。1985 年改称黄宅镇信用合作社。1988 年 10 月设三角塘储蓄所。1993 年 7 月，前陈信用合作社降格为分社，划归该社辖属。1997 年 1 月，黄宅信用合作社由黄宅镇老市巷 5 号迁至中心开发区（原老汽车站）营业办公。10 月，岩头、治平信用合作社同时降格分别更名黄宅信用合作社岩头、治平分社。1998 年 11 月规范社名，

图 1-4-22　县联社黄宅信用社外景（2016）

该社改称黄宅农村信用合作社。1999 年 10 月，三角塘储蓄所裁撤。2014 年 3 月，该社岩头分社升格为县联社岩头信用社。

迄 2016 年末改制前，县联社黄宅信用社辖本部及前陈、治平 2 个分社，在岗职工 25 名。各项存款余额为 84446 万元；各项贷款余额为 48942 万元。

表 1-4-22　　县联社黄宅信用社历任负责人及主办会计名录

名　称	职　务	姓　名	任职时间	备　注
下店信用合作社	主　任	黄秋奎	1954.10～1956	具体任职时间不详
		黄可义	1956.4～1959.12	
		黄金流	1961.5～1968.10	
中店信用合作社		方吐山	1954.10～1956.4	
黄宅信用合作社		黄金流	1968.10～1993.6	
	副主任	肖　林	1983.12～1988.8	
	主　任	吴怀德	1993.6～1994.6	
黄宅农村信用合作社（2005 年 1 月改称县联社黄宅信用社）		黄明生	1994.6～2005.4	
	副主任	郁小娟	1994.6～2000.3	
	主办会计	盛永春	1998.2～2002.3	副主任级
		张玲燕	2002.3～2006.1	
	主　任	陈文斌	2005.5～2009.5	
	负责人	张玲燕	2009.5～2009.6	
	主　任		2009.6～2010.12	
	主办会计	傅欢笑	2009.6～2012.4	副主任级
	主　任	张灵坚	2010.12～2014.2	
县联社黄宅信用社	会计助理	张鸯鸳	2013.3～2016.7	
	主　任	吴斌勇	2014.2～2014.12	
	主任助理	吴　超	2014.3～2014.8	
	主　任	张灵坚	2014.12～2016.7	
		陈晓晓	2016.7～2016.12	
	会计主管	周燕萍	2016.7～2016.12	
	副主任	黄月霞	2016.11～2016.12	县联社审计科副科长兼
黄宅农村信用合作社本部	主　任	陈国强	2002.4～2005.4	

网 点

黄宅信用社前陈分社

黄宅信用社前陈分社，址设黄宅镇前陈前一村。其前身系前陈乡信用合作社，成立于 1955 年。1959 年 1 月，改设为浦东公社前陈管理区信用分部；12 月改称浦东公社前陈大队信用分部。

1960 年 1 月浦江、义乌并县后，更名义乌县浦东公社前陈大队信用分部。1961 年 10 月改称前陈公社信用合作社。

图 1-4-23　黄宅信用社前陈分社外景（2016）

1967 年 1 月浦江县建制恢复后，更名浦江县前陈公社信用合作社。1990 年 1 月，迁至前陈乡前二村凸下塘，租用民房营业。1993 年 7 月降格，更名黄宅信用合作社前陈分社。1998 年 11 月规范社名，称黄宅农村信用合作社前陈分社。2000 年 1 月，该社复迁前一村自建办公大楼（即今址）营业。2005 年 1 月改称县联社黄宅信用社前陈分社。

迄 2016 年末，黄宅信用社前陈分社各项存款余额为 17919 万元；各项贷款余额为 13613 万元。

表 1-4-23　　黄宅信用社前陈分社历任负责人名录

名　称	职　务	姓　名	任职时间	备　注
前陈信用合作社	主　任	赵志诚	1955 ～ 1956.6	具体任职时间不详
		方能省	1956.6 ～ 1958	
		金其广	1959 ～ 1978	
	负责人	洪仙花	1978 ～ 1981.10	
	副主任		1981.10 ～ 1983.12	
	主　任		1983.12 ～ 1988.6	
	副主任	郑定良	1983.12 ～ 1988.8	
		肖　林	1988.8 ～ 1991.6	

续表 1-4-23

名　称	职 务	姓 名	任职时间	备　注
前陈信用合作社	副主任	郑可林	1991.6 ～ 1992.7	主持工作
		刘君良	1992.7 ～ 1993.6	
黄宅信用合作社前陈分社	主　任	陈锡生	1993.6 ～ 1994.6	
	副主任	张咸庆	1994.6 ～ 1996.1	
		洪黎明	1996.1 ～ 1998.5	
黄宅农村信用合作社前陈分社（2005 年 1 月改称黄宅信用社前陈分社）	主　任	傅大悦	1998.6 ～ 2002.4	
		吕理锋	2002.4 ～ 2007.3	
		吴旗红	2007.4 ～ 2008.9	
		杨杭海	2008.9 ～ 2012.4	
		薛镇伟	2012.4 ～ 2016.8	
		黄　旻	2016.8 ～ 2016.12	

黄宅信用社治平分社

黄宅信用社治平分社，址设黄宅镇治平红星开发区 18 号。其前身系胜利公社信用合作社。

1954 年 8 月，东塘乡信用合作社成立。1955 年间，戚村、张官 2 乡信用合作社亦相继组建。1956 年 4 月，戚村、张官 2 乡信用合作社并入东塘乡信用合作社。1959 年 1 月，分别改设为黄宅公社东塘、戚村管理区信用分部；12 月又分别改称黄宅公社东塘、戚村大队信用分部。

1960 年 1 月浦江、义乌并县后，2 月间东塘、戚村 2 个大队信用分部合并，更名义乌县黄宅公社胜利大队信用分部。1961 年 10 月，改称义乌县胜利公社信用合作社。

图 1-4-24　黄宅信用社治平分社外景（2016）

1967 年 1 月浦江县建制恢复后，更名浦江县胜利公社信用合作社。1982 年 4 月改称治平公社信用合作社。1988 年 9 月，在夏阳畈村（该社所在地）设夏阳畈储蓄所。是月，戚村信用服务站升格为戚村分社，由该社辖属。1990 年 10 月，夏阳畈储蓄所裁撤。1994 年戚村分社又降格为信用服务站。1997 年 10 月，治平信用合作社降格更名黄宅信用合作社治平分社。1998 年 11 月规范社名，称黄宅农村信用合作社治平分社。2000 年 1 月，治平分社从夏阳畈村民房迁入自建办公大楼营业。2005 年 1 月改称县联社黄宅信用社治平分社。

迄 2016 年末，黄宅信用社治平分社各项存款余额为 20886 万元；各项贷款余额为 10977 万元。

表 1-4-24　　黄宅信用社治平分社历任负责人名录

名　称	职　务	姓　名	任职时间	备　注
东塘信用合作社	主　任	赵荣早	1954.8 ~ 1956.3	
	副主任	芮元针	1956 ~	具体任职时间不详
	主　任	傅朝海	1956.4 ~ 1960.2	
戚村信用合作社		芮海清	1955 ~ 1956.3	具体任职时间不详
张官信用合作社		张石麟	1955 ~	
		潘文生	1955 ~ 1956.3	
胜利信用合作社		傅朝海	1960.2 ~ 1962.5	1962.5 精简下放
	负责人	项增奎	1962 ~ 1969	具体任职时间不详
	副主任		1969 ~ 1978.12	
	主　任		1978.12 ~ 1981.12	1981.12 退职
治平信用合作社	副主任	芮士霖	1981.10 ~ 1986.9	
	主　任		1986.9 ~ 1988.6	
		洪仙花	1988.6 ~ 1993.6	
	副主任	刘君良	1993.6 ~ 1994.6	
		陈长生	1994.6 ~ 1997.1	
	主　任	楼理宣	1997.1 ~ 1998.5	
黄宅农村信用合作社治平分社（2005 年 1 月改称县联社黄宅信用社治平分社）		洪黎明	1998.5 ~ 2000.3	
		陈国强	2000.3 ~ 2002.4	
		贾明东	2002.4 ~ 2009.5	
		黄一凡	2009.5 ~ 2013.6	
		杨杭海	2013.6 ~ 2016.3	
		赵梁臻	2016.3 ~ 2016.12	

第九节　县联社岩头信用社

县联社岩头信用社，址设岩头镇九区43号。其前身系岩头乡信用合作社。1954年间，许村乡信用合作社成立。1955年3月，岩头乡信用合作社亦组建。1956年3月，许村乡信用合作社并入岩头乡信用合作社，其间尚有礼张乡信用合作社（服务点）同时并入。1959年1月，改设为黄宅公社岩头管理区信用分部，并增设黄宅公社礼张管理区信用分部；12月分别改称黄宅公社岩头、礼张大队信用分部。

图1-4-25　县联社岩头信用社外景（2016）

1960年1月浦江并入义乌县后，分别更名义乌县黄宅公社岩头、礼张大队信用分部。1961年10月后又分别改称义乌县岩头、礼张公社信用合作社。

1967年1月浦江县建制恢复后，分别更名浦江县岩头、礼张公社信用合作社。1982年4月，岩头公社信用合作社改称岩头陈公社信用合作社。1983年9月后，岩头陈、礼张公社信用合作社又分别改称岩头陈乡、礼张乡信用合作社。1985年岩头陈乡信用合作社更名岩头镇信用合作社。1988年10月，在岩头镇岩四村樟树下设第一储蓄所。1993年8月，礼张乡信用合作社裁撤，其业务并入岩头镇信用合作社。1997年10月，岩头镇信用合作社降格为分社，划归黄宅信用合作社辖属。1998年11月规范社名，称黄宅农村信用合作社岩头分社。1999年3月，第一储蓄所裁撤。2005年1月改称县联社黄宅信用社岩头分社。2014年3月，岩头分社升格为县联社岩头信用社。

迄2016年末改制前，县联社岩头信用社在岗职工10名。各项存款余额为31511万元；各项贷款余额为13400万元。

表1-4-25　　县联社岩头信用社历任负责人及会计助理、主管名录

名　　称	职　务	姓　名	任职时间	备　　注
许村信用合作社	主　任	朱耀潮	1954.8～1956.4	
礼张信用合作社		张宝贤	1961.7～1977.8	
	副主任	陈兴地	1977.9～1983.12	

续表 1-4-25

名　　称	职　务	姓　名	任职时间	备　　注
礼张信用合作社	主　任	陈兴地	1983.12～1990.2	
	副主任	陈学成	1990.2～1991.6	
	主　任	芮士霖	1991.8～1993.8	
岩头信用合作社（岩头陈信用合作社）		陈大池	1954.8～1959.10	
		黄胜英	1959.11～1977.10	（黄胜英即黄世禄）
		陈乃曹	1977.12～1987.4	
	副主任	黄建余	1983.12～1986.9	
	主　任	黄遵挺	1987.4～1988.8	
	副主任	陈宝山	1988.8～1989.10	
	主　任	王建成	1990.2～1993.6	
	副主任	戴纪律	1993.6～1997.1	
黄宅农村信用合作社岩头分社（2005年1月改称县联社黄宅信用社岩头分社；2014年3月升格为县联社岩头信用社）			1997.1～1998.2	
	主　任		1998.2～1998.10	
		张为民	1998.10～2000.3	
		肖　林	2000.3～2002.4	
		陈中成	2002.4～2006.2	
		杜娟花	2006.2～2009.5	
		张小洁	2009.5～2013.2	
		陈　勋	2013.2～2014.3	
	会计助理	何慧珍	2013.7～2014.8	
	负责人	陈晓晓	2014.2～2014.3	
	副主任		2014.3～2014.12	主持工作
	主　任		2014.12～2016.7	
	会计助理	周燕萍	2014.8～2016.7	
	副主任	黄　健	2016.7～2016.12	
	会计主管	陈炫妙	2016.7～2016.12	

第十节 县联社郑宅信用社

图 1-4-26 县联社郑宅信用社外景（2016）

县联社郑宅信用社，址设郑宅镇义门东路 31 号。其前身系郑宅乡信用合作社。1954 年间，郑宅、孝门、前店 3 乡信用合作社先后成立。1956 年 3 月，3 个乡社合并组建为郑宅乡信用合作社。1959 年 1 月，改设为浦东公社郑宅管理区信用分部；12 月改称浦东公社郑宅大队信用分部。

1960 年 1 月浦江、义乌并县后，更名义乌县浦东公社郑宅大队信用分部。1961 年 10 月，改称义乌县郑宅公社信用合作社。

1967 年 1 月浦江县建制恢复后，更名浦江县郑宅公社信用合作社。1983 年 9 月称郑宅乡信用合作社。1985 年改称郑宅镇信用合作社。1988 年间，在东明村设储蓄所。1993 年 7 月，堂头乡信用合作社裁撤，其业务并入该社。1996 年 6 月，该社迁入新综合楼营业办公。1997 年 10 月降格为分社，归浦东信用合作社辖属。1998 年 11 月规范社名，称浦东农村信用合作社郑宅分社。1999 年 10 月，储蓄所裁撤。2005 年 1 月，该社改称县联社浦东信用社郑宅分社。2014 年 3 月，郑宅分社升格为县联社郑宅信用社。

迄 2016 年末改制前，县联社郑宅信用社在岗职工 10 名。各项存款余额为 41224 万元；各项贷款余额为 25165 万元。

表 1-4-26　　县联社郑宅信用社历任负责人及会计助理名录

<table>
<tr><th>名　称</th><th>职　务</th><th>姓　名</th><th>任职时间</th><th>备　注</th></tr>
<tr><td>孝门信用合作社</td><td>主　任</td><td>祝其顺</td><td>1954～1956.3</td><td rowspan="5">具体任职时间不详</td></tr>
<tr><td>前店信用合作社</td><td>负责人</td><td>郑祖灿</td><td>1954～1955</td></tr>
<tr><td rowspan="6">郑宅信用合作社</td><td rowspan="3">主　任</td><td>罗庚山</td><td>1954～1956.3</td></tr>
<tr><td>金其广</td><td>1956.3～1957</td></tr>
<tr><td>郑祖炳</td><td>1957～1965.5</td></tr>
<tr><td>负责人</td><td>郑定良</td><td>1965.5～1970.9</td><td></td></tr>
<tr><td>主　任</td><td>王在许</td><td>1970.9～1978.8</td><td></td></tr>
<tr><td>负责人</td><td>黄遵挺</td><td>1978.8～1981.10</td><td></td></tr>
</table>

续表 1-4-26

<table>
<tr><th>名　　称</th><th>职　务</th><th>姓　名</th><th>任职时间</th><th>备　　注</th></tr>
<tr><td rowspan="4">郑宅信用合作社</td><td>副主任</td><td>黄遵挺</td><td>1981.10～1986.9</td><td></td></tr>
<tr><td>主　任</td><td>王在许</td><td>1986.9～1993.6</td><td></td></tr>
<tr><td rowspan="2">副主任</td><td>王建成</td><td>1986.9～1987.4</td><td></td></tr>
<tr><td>郑梦林</td><td>1993.6～1997.12</td><td></td></tr>
<tr><td rowspan="5">浦东农村信用合作社郑宅分社（2005 年 1 月改称县联社浦东信用社郑宅分社）</td><td rowspan="5">主　任</td><td>黄文伟</td><td>1998.1～2000.3</td><td></td></tr>
<tr><td>贾红花</td><td>2000.3～2006.1</td><td></td></tr>
<tr><td>张玲燕</td><td>2006.1～2009.5</td><td></td></tr>
<tr><td>贾明东</td><td>2009.5～2012.4</td><td></td></tr>
<tr><td rowspan="3">郑永义</td><td>2012.5～2014.3</td><td></td></tr>
<tr><td rowspan="4">县联社郑宅信用社</td><td>副主任</td><td>2014.3～2014.12</td><td>主持工作</td></tr>
<tr><td>主　任</td><td>2014.12～2016.12</td><td></td></tr>
<tr><td>会计助理</td><td>何慧珍</td><td>2014.8～2016.12</td><td></td></tr>
<tr><td>副主任</td><td>杨玲玲</td><td>2016.11～2016.12</td><td>县联社人事教育科副科长兼</td></tr>
</table>

附：

堂头信用合作社

堂头信用合作社前身系堂头乡信用合作社，成立于 1956 年 4 月。1959 年 1 月，改设为黄宅公社堂头管理区信用分部；12 月改称黄宅公社堂头大队信用分部。1960 年至 1966 年浦江并入义乌县期间，先后更名义乌县黄宅公社堂头大队信用分部、堂头公社信用合作社。1967 年 1 月浦江县建制恢复后，更名浦江县堂头公社信用合作社。1983 年 9 月后，称堂头乡信用合作社。1993 年 7 月，堂头信用合作社裁撤，其业务并入郑宅信用合作社。

表 1-4-27　　堂头信用合作社历任负责人名录

<table>
<tr><th>职　　务</th><th>姓　名</th><th>任职时间</th><th>备　　注</th></tr>
<tr><td rowspan="3">主　任</td><td>陈金炼</td><td>1956.3～1956.5</td><td></td></tr>
<tr><td>周美泗</td><td>1956.5～1986.9</td><td></td></tr>
<tr><td>黄遵挺</td><td>1986.9～1987.4</td><td></td></tr>
<tr><td>副主任</td><td>王建成</td><td>1987.4～1990.2</td><td></td></tr>
<tr><td>主　任</td><td>陈锡生</td><td>1990.2～1993.6</td><td></td></tr>
</table>

第十一节 县联社浦东信用社

沿 革

图 1-4-27 县联社浦东信用社外景（2016）

县联社浦东信用社，址设白马镇傅宅南路 6 号。1954 年 7 月，豪墅（王市）乡信用合作社先期成立；白马、旌坞 2 乡信用合作社则于 1955 年 2 月相继组建。1956 年 4 月，豪墅乡信用合作社并入白马乡信用合作社。1959 年 1 月，白马、旌坞 2 乡信用合作社分别改设为浦东公社白马、旌坞管理区信用分部；12 月又分别改称浦东公社白马、旌坞大队信用分部。

1960 年 1 月浦江、义乌并县后，分别更名义乌县浦东公社白马、旌坞大队信用分部。1961 年 10 月，白马、旌坞大队信用分部合并，改称义乌县白马公社信用合作社。

1967 年 1 月浦江县建制恢复后，更名浦江县白马公社信用合作社。1983 年 9 月后称白马乡信用合作社。1984 年 3 月设旌坞分社，为该社辖属。1985 年白马乡信用合作社改称白马镇信用合作社。1986 年 7 月设傅宅储蓄所。1987 年 12 月，旌坞分社裁撤改设为储蓄代办所。1990 年 10 月设综合市场储蓄所。1991 年 6 月，白马镇信用合作社由白马镇浦东路迁综合市场大门右侧营业办公。1997 年 2 月浦东路储蓄所（原综合市场储蓄所）裁撤。是年 10 月白马镇信用合作社更名浦东信用合作社；郑家坞、郑宅信用合作社同时降格为分社，为该社辖属。1998 年 6 月傅宅储蓄所裁撤。2005 年 1 月，浦东信用合作社改称县联社浦东信用社。2014 年 3 月，该社郑宅分社升格为县联社郑宅信用社。

迄 2016 年底改制前，县联社郑宅信用社辖本部及郑家坞分社，在岗职工 15 名。各项存款余额为 38479 万元；各项贷款余额为 31894 万元。

表 1-4-28　　县联社浦东信用社历任负责人及主办会计名录

名　称	职　务	姓　名	任职时间	备　注
豪墅信用合作社	主　任	严金潮	1954.7 ～ 1955.1	
		周鱼溪	1955.1 ～ 1956.4	
旌坞信用合作社		贾临平	1956 ～	具体任职时间不详
白马信用合作社		傅有春	1955.1 ～ 1956.3	
		周鱼溪	1956.4 ～ 1962.12	
		傅昌华	1962.12 ～ 1977.7	
		柳宏牛	1977.7 ～ 1979.12	
	副主任	曹伙改	1979.3 ～ 1986.9	
	主　任	黄建余	1986.9 ～ 1993.6	
	副主任	郑定良	1986.9 ～ 1988.6	
		张咸庆	1993.6 ～ 1994.6	主持工作
	主　任	陈锡生	1994.6 ～ 1997.12	
浦东农村信用合作社（2005 年 1 月改称县联社浦东信用社）			1997.12 ～ 2001.3	
	副主任	郑梦林	1997.12 ～ 2001.3	
	主办会计	贾红花	1998.2 ～ 2000.3	副主任级
	主任助理	陈伟梁	1999.4 ～ 2000.3	
	主　任	郑梦林	2001.3 ～ 2006.1	
	主办会计	吴立邦	2000.3 ～ 2002.3	
		郑秀娟	2002.3 ～ 2006.4	副主任级
	主　任	吴旭明	2006.1 ～ 2009.5	
	负责人	杨卫东	2009.5 ～ 2009.6	
	主　任		2009.6 ～ 2012.3	
	主办会计	黄月霞	2009.6 ～ 2012.3	副主任级
	负责人	吴斌勇	2012.3 ～ 2012.4	
	主　任		2012.4 ～ 2014.2	
		方　猛	2014.2 ～ 2016.12	
	会计主管	黄　莉	2016.1 ～ 2016.12	
县联社浦东信用社本部	主　任	吴立邦	2002.4 ～ 2006.1	

网　点

浦东信用社郑家坞分社

图 1-4-28　浦东信用社郑家坞分社外景（2016）

浦东信用社郑家坞分社，址设郑家坞镇安平路18号。其前身系吴店乡信用合作社，成立于1954年，址设吴店乡吴店村。1959年1月，改设为浦东公社吴店管理区信用分部；12月改称浦东公社吴店大队信用分部。

1960年1月浦江、义乌并县后，2月更名义乌县浦东公社溪东大队信用分部。1961年10月，改称义乌县郑家坞公社信用合作社。

1967年1月浦江县建制恢复后，更名浦江县郑家坞公社信用合作社。1983年9月后，称郑家坞乡信用合作社。1991年11月，改称郑家坞镇信用合作社；12月，在吴店村设吴店储蓄所。1992年5月，该社由吴店村迁至杨家村新建楼房（今安平路18号）营业。1995年12月，吴店储蓄所迁至郑家坞镇安平路与振浦路交叉口，更名郑家坞储蓄所，1997年2月裁撤。是年10月，该社降格为分社，为浦东信用合作社辖属。1998年11月规范社名，称浦东农村信用合作社郑家坞分社。2005年1月改称县联社浦东信用社郑家坞分社。

迄2016年末，浦东信用社郑家坞分社各项存款余额为15410万元；各项贷款余额为10104万元。

表 1-4-29　　浦东信用社郑家坞分社历任负责人名录

名　称	职　务	姓　名	任职时间	备　注
吴店信用合作社	主　任	葛毛狗	1954.4～1956.2	
		杨心海	1956.3～	具体任职时间不详
郑家坞信用合作社		郑小林	1961.10～1988.3	
	副主任	陈锡生	1983.12～1986.9	
		郑定良	1988.6～1988.8	主持工作

续表 1-4-29

名　　称	职　务	姓　名	任职时间	备　　注
浦东农村信用合作社郑家坞分社（2005 年 1 月改称县联社浦东信用社郑家坞分社）	主　任	郑定良	1988.8 ～ 1990.2	
		黄林祥	1990.2 ～ 1994.11	
	副主任	傅宝善	1994.11 ～ 1997.1	主持工作
浦东农村信用合作社郑家坞分社（2005 年 1 月改称县联社浦东信用社郑家坞分社）	主　任		1997.1 ～ 1997.10	
			1997.10 ～ 2002.4	
		戴纪律	2002.4 ～ 2006.1	
		朱立群	2006.1 ～ 2007.2	
		张深波	2007.2 ～ 2008.12	
		张　钏	2008.12 ～ 2012.6	辞　职
		赵梁臻	2012.7 ～ 2016.3	
		赵　达	2016.3 ～ 2016.11	
		周丽明	2016.11 ～ 2016.12	

第十二节　县联社檀溪信用社

沿　革

图 1-4-29　县联社檀溪信用社外景（2016）

县联社檀溪信用社，址设檀溪镇檀溪西路 102 号。其前身系平湖乡信用合作社。1954 年间，平湖、罗家、大元和会龙 4 乡信用合作社先后成立。1956 年 4 月，会龙乡信用合作社并入平湖乡信用合作社。1959 年 1 月，平湖、罗家、大元 3 乡信用合作社分别改设为普丰公社平湖、罗家、大元管理区信用分部。是年 7 月，桐庐县新合大队划属浦江县普丰公社，设新合大队信用分部。12 月，平湖、罗家、大元 3 个信用分部合并组建为普丰公社平湖大队信用分部。

1960 年 1 月浦江、义乌并县后，平湖、新合大队信用分部分别更名义乌县普丰公社平湖、新合大队信用分部。1961 年 10 月，改称义乌县平湖、新合公社信用合作社。1962 年 7 月，新合公社信用合作社随新合公社回归桐庐县。

1967 年 1 月浦江县建制恢复后，义乌县平湖公社信用合作社更名浦江县平湖公社信用合作社。1979 年 4 月设外罗家分社。1983 年 9 月，原平湖公社析为平湖、外罗家、大元 3 个乡。1984 年 3 月，平湖乡信用合作社在大元乡政府所在地潘周家村设大元分社。1986 年 12 月，平湖乡信用合作社改称檀溪镇信用合作社。1992 年 4 月，撤销外罗家、大元分社，其业务并入檀溪信用合作社，设外罗家、大元储蓄代办所。1997 年 10 月，虞宅、大畈、中余 3 个信用合作社同时降格为分社，划归檀溪信用合作社辖属。1998 年 11 月规范社名，该社称檀溪农村信用合作社。2014 年 7 月，恢复设立大元分社。2005 年 1 月，该社改称县联社檀溪信用社。

迄 2016 年底改制前，县联社檀溪信用社辖本部及虞宅、大畈、中余、大元 4 个分社，在岗职工 27 名。各项存款余额为 58364 万元；各项贷款余额为 51049 万元。

表 1-4-30　　县联社檀溪信用社历任负责人及主办会计名录

<table>
<tr><th>名　称</th><th>职　务</th><th>姓　名</th><th>任职时间</th><th>备　注</th></tr>
<tr><td rowspan="7">平湖信用合作社</td><td rowspan="5">主　任</td><td>陈丰良</td><td>1954.7 ～ 1959.1</td><td></td></tr>
<tr><td>朱祖淼</td><td>1959.1 ～ 1961</td><td rowspan="2">具体任职时间不详</td></tr>
<tr><td>周修身</td><td>1964 ～ 1969</td></tr>
<tr><td>陈丰育</td><td>1971.9 ～ 1979.4</td><td></td></tr>
<tr><td rowspan="2">周欣民</td><td>1979.4 ～ 1981.10</td><td></td></tr>
<tr><td>副主任</td><td>1981.10 ～ 1986.9</td><td></td></tr>
<tr><td>主　任</td><td>周幼根</td><td>1983.12 ～ 1986.9</td><td></td></tr>
<tr><td rowspan="6">檀溪信用合作社</td><td>副主任</td><td>陈丰育</td><td>1983.12 ～ 1986.9</td><td></td></tr>
<tr><td rowspan="2">主　任</td><td rowspan="2">王才有</td><td>1986.9 ～ 1993.6</td><td></td></tr>
<tr><td>1993.6 ～ 1994.6</td><td></td></tr>
<tr><td rowspan="2">副主任</td><td rowspan="3">周荣军</td><td>1994.6 ～ 1995.3</td><td></td></tr>
<tr><td>1995.3 ～ 1997.1</td><td>主持工作</td></tr>
<tr><td>主　任</td><td>1997.1 ～ 1998.5</td><td></td></tr>
<tr><td rowspan="5">檀溪农村信用合作社
（2005 年 1 月改称
县联社檀溪信用社）</td><td>副主任</td><td>陈中成</td><td>1997.12 ～ 2000.3</td><td></td></tr>
<tr><td>主办会计</td><td>张法远</td><td>1998.2 ～ 1999.1</td><td>副主任级</td></tr>
<tr><td rowspan="2">主　任</td><td>楼理宣</td><td>1998.5 ～ 1998.9</td><td></td></tr>
<tr><td>黄能光</td><td>1998.10 ～ 2002.1</td><td></td></tr>
<tr><td>主办会计</td><td>黄为兴</td><td>1999.4 ～ 2006.4</td><td>副主任级</td></tr>
</table>

续表 1-4-30

名　　称	职　务	姓　名	任职时间	备　　注
檀溪农村信用合作社（2005 年 1 月改称县联社檀溪信用社）	主　任	张法远	2002. 1 ～ 2006. 1	
		黄云英	2006. 1 ～ 2009. 6	
	负责人	张灵坚	2009. 5 ～ 2009. 6	
	主　任	张灵坚	2009. 6 ～ 2010. 12	
		杨巨钢	2011. 1 ～ 2012. 1	
	主办会计	陈　丹	2009. 6 ～ 2012. 4	副主任级
	负责人	方　猛	2012. 1 ～ 2012. 3	
	主　任		2012. 3 ～ 2014. 2	
	负责人	陈　勋	2014. 2 ～ 2014. 3	
	副主任		2014. 3 ～ 2014. 12	主持工作 2014. 7 兼大元分社主任
	主　任		2014. 12 ～ 2016. 1	兼大元分社主任
	副主任	俞　立	2015. 7 ～ 2015. 8	兼虞宅分社主任
			2015. 8 ～ 2016. 1	
			2016. 1 ～ 2016. 12	兼大元分社主任
大元信用合作社	主　任	周谦松	1957 ～ 1959	
平湖信用合作社大元分社		周欣民	1984. 3 ～ 1984. 5	
		杨潮来	1984. 5 ～ 1986. 9	
		周江君	1986. 9 ～ 1992. 4	享受副主任级待遇
县联社檀溪信用社大元分社		陈　勋	2014. 7 ～ 2016. 1	檀溪社副主任、主任兼
		俞　立	2016. 1 ～ 2016. 12	檀溪社副主任兼
平湖信用合作社外罗分社		陈丰育	1979. 4 ～ 1986. 5	
		江东放	1986. 5 ～ 1988. 9	
		杨潮来	1988. 9 ～ 1992. 4	享受副主任级待遇

网　点

檀溪信用社虞宅分社

檀溪信用社虞宅分社，址设虞宅乡上塘村。其前身系虞宅乡信用合作社。

1954 年 4 月，虞宅乡信用合作社成立。1955 年 3 月朱宅、乌浆 2 乡信用合作社亦相继组建。

图 1-4-30　虞宅信用合作社旧址

图 1-4-31　檀溪信用社虞宅分社外景（2016）

1956 年间，乌浆乡信用合作社并入虞宅乡信用合作社。1959 年 1 月，虞宅、朱宅 2 乡信用合作社分别改设为壶江公社虞宅、朱宅管理区信用分部；12 月又分别改称壶江公社虞宅、朱宅大队信用分部。

1960 年 1 月浦江、义乌并县后，虞宅、朱宅信用分部分别更名义乌县壶江公社虞宅、朱宅大队信用分部。是年 3 月，朱宅大队信用分部并入虞宅大队信用分部。1961 年 10 月改称虞宅公社信用合作社。

1967 年 1 月浦江县建制恢复后，更名浦江县虞宅公社信用合作社。1983 年 9 月后，称虞宅乡信用合作社。1997 年 10 月降格为虞宅分社，划归檀溪信用合作社辖属。1998 年 11 月规范社名，称檀溪农村信用合作社虞宅分社。2002 年 12 月，虞宅分社迁至距原址约 300 米处的自建综合楼营业。2005 年 1 月改称县联社檀溪信用社虞宅分社。

迄 2016 年末，檀溪信用社虞宅分社各项存款余额为 14780 万元；各项贷款余额为 8003 万元。

表 1-4-31　　檀溪信用社虞宅分社历任负责人名录

名　称	职　务	姓　名	任职时间	备　注
虞宅信用合作社	主　任	虞景熙	1954 ～ 1961	具体任职时间不详
		陈时积	1962 ～ 1971.5	
		毛金敢	1971.5 ～ 1977.4	
		毛嘉庆	1977.6 ～ 1997.1	
		陈中成	1997.1 ～ 1997.12	

续表 1-4-31

名　　称	职　务	姓　名	任职时间	备　　注
檀溪农村信用合作社虞宅分社（2005 年 1 月改称县联社檀溪信用社虞宅分社）	主　任	朱立群	1997.12 ～ 2006.1	
		黄一凡	2006.1 ～ 2009.5	
		徐东升	2009.5 ～ 2013.6	
		俞　立	2013.6 ～ 2015.7	
			2015.7 ～ 2015.8	檀溪社副主任兼
		陈关跃	2015.8 ～ 2016.12	
朱宅信用合作社		朱希全	1955.3 ～ 1960.3	
乌浆信用合作社		沈金水	1955.3 ～ 1956	具体任职时间不详

檀溪信用社大畈分社

檀溪信用社大畈分社，址设大畈乡大畈村。其前身系大畈公社信用合作社。

1955 年间，湃桥、石井 2 乡信用合作社先后成立。1959 年 1 月，分别改设为壶江公社湃桥、石井管理区信用分部；12 月又分别改称壶江公社湃桥、石井大队信用分部。

图 1-4-32　檀溪信用社大畈分社外景（2016）

1960 年 1 月浦江、义乌并县后，2 月，湃桥、石井 2 个信用分部合并，更名义乌县壶江公社大畈大队信用分部。1961 年 10 月，改称义乌县大畈公社信用合作社。

1967 年 1 月浦江县建制恢复后，更名浦江县大畈公社信用合作社。1983 年 9 月后，称大畈乡信用合作社。1997 年 10 月降格为大畈分社，划归檀溪信用合作社辖属。1998 年 11 月规范社名，称檀溪农村信用合作社大畈分社。2005 年 1 月，改称县联社檀溪信用社大畈分社。

迄 2016 年末，檀溪信用社大畈分社各项存款余额为 10025 万元；各项贷款余额为 10109 万元。

表 1-4-32　　檀溪信用社大畈分社历任负责人名录

名　称	职　务	姓　名	任职时间	备　注
湃桥信用合作社	主　任	陈杏松	1955～1959	具体任职时间不详
		毛杏祥	1959～1960.2	
石井信用合作社		王贞祥	1955～1959	
大畈信用合作社		陈予康	1960.2～1981.10	
	副主任	杨潮来	1981.10～1984.8	
		毛金敢	1984.7～1985.6	
	主　任	周欣民	1985.4～1992.10	
	副主任	王才有	1992.10～1993.6	
	主　任	陈丰育	1993.6～1997.1	
	副主任	毛红专	1997.1～1998.2	主持工作
檀溪农村信用合作社大畈分社（2005 年 1 月改称县联社檀溪信用社大畈分社）	主　任		1998.2～2002.4	
		刘君良	2002.4～2007.4	
		徐福东	2007.4～2009.5	
		徐祖江	2009.6～2011.3	
		陈关跃	2011.3～2015.8	
		黄　旻	2015.8～2016.8	
		张姝娈	2016.8～2016.12	

檀溪信用社中余分社

檀溪信用社中余分社，址设中余乡中余村。1954 年 3 月下旬，中余乡信用合作社率先成立；4 月，蒲阳乡信用合作社顺势跟进；8 月，佛堂乡信用合作社亦组建开业。1956 年 3 月，中余、蒲阳、佛堂 3 社合并为中余乡信用合作社。1959 年 1 月，改设为普丰公社中余管理区信用分部；12 月改称普丰公社中余大队信用分部。

图 1-4-33　檀溪信用社中余分社外景（2016）

1960 年 1 月浦江、义乌并县后，

更名义乌县普丰公社中余信用分部。1961 年 10 月，改称义乌县中余公社信用合作社。

1967 年 1 月浦江县建制恢复后，更名浦江县中余公社信用合作社。1983 年 9 月后，改称中余乡信用合作社。1997 年 10 月，降格为中余分社，划归檀溪信用合作社辖属。1998 年 11 月规范社名，称檀溪农村信用合作社中余分社。2005 年 1 月，改称县联社檀溪信用社中余分社。

迄 2016 年末，檀溪信用社中余分社各项存款余额为 16070 万元；各项贷款余额为 16196 万元。

表 1-4-33　　　　　　檀溪信用社中余分社历任负责人名录

名　称	职　务	姓　名	任职时间	备　注
中余信用合作社	主　任	王根许	1954.3 ～ 1956.4	
		王才松	1956.4 ～ 1959.12	
		蒋仙花	1960 ～ 1971	具体任职时间不详
		陈福喜	1971 ～ 1983.12	
	副主任	张远励	1983.12 ～ 1986.9	主持工作
	主　任		1986.9 ～ 1994.11	
	副主任	陈福喜	1983.12 ～ 1986.9	
		徐星有	1986.9 ～ 1988.6	
	主　任	王才有	1994.11 ～ 1996.11	
	副主任	徐忠清	1997.1 ～ 1998.2	主持工作
檀溪农村信用合作社中余分社（2005 年 1 月改称县联社檀溪信用社中余分社）	主　任		1998.2 ～ 1999.2	
		张法远	1999.2 ～ 2002.4	
		吴旗红	2002.4 ～ 2007.4	
		张灵坚	2007.4 ～ 2009.5	
		周旭光	2009.6 ～ 2010.12	
		方八一	2010.12 ～ 2015.1	
		徐珊珊	2015.1 ～ 2016.12	
蒲阳信用合作社		周越凡	1954.4 ～ 1956.3	
佛堂信用合作社		马祖 ×	1954.8 ～ 1956.3	

附：

1960 年浦义并县前梅江片区信用合作机构

1954 年至 1955 年间，蜀山、施宅（横溪区辖，未含前吴、花桥 2 乡）和白枣、墩头、密溪、镇陵、汪沙、石埠、倪大（白沙区辖）9 个乡（镇）信用合作社先后成立。1956 年 3 月，施宅、蜀山 2 乡信用合作社合并为蜀山乡信用合作社；白沙区 7 个信用合作社归并为墩头、长陵、石埠、白沙 4 个信用合作社。1959 年 1 月，横溪、白沙 2 区撤销，建立梅江公社，梅江公社信用部下设墩头、蜀山、长陵、石埠、白沙 5 个管理区信用分部；12 月，5 个管理区信用分部改称大队信用分部。

1960 年 1 月浦江、义乌并县时，梅江公社 5 个大队连同信用分部划归兰溪县。

表 1-4-34　　梅江片区信用合作社历任负责人及会计名录

信用合作社名称	职务及姓名	
	主　任	会　计
蜀山信用合作社	柳克毛　柳祖文	柳桂槐　陈根明
施宅信用合作社		沈明星
白枣信用合作社		方守分
墩头信用合作社	钱有福　蒋理和	陈守福　陆成法
密溪信用合作社	蒋理和	陆成法
汪沙信用合作社	倪宪法	张新璋
镇陵信用合作社	倪宪法	宋荣封　祝金女
石埠信用合作社	陈汤平	王小志　倪允洪　陈学孝
倪大信用合作社		倪允银
长陵信用合作社	周根生	宋荣封　方守分
白沙信用合作社	陶彦胡	项殿寿

1966 年底浦江县建制恢复前马剑、青山片区信用合作机构

1954 年 3 月，马剑区中余乡信用合作社开业。赓即，蒲阳乡信用合作社亦于 4 月成立。9 月，新增大元、青山、马剑、龙门 4 个乡信用合作社及项中村信用合作社（由塘坞乡项丰、中坑 2 村发起组建）。1955 年上半年，塘坞乡信用合作社成立，项中村社并入塘坞乡社。

1956 年 3 月底至 4 月，塘坞、龙门 2 个乡社裁撤，归并为青山、马剑 2 个乡社。1959 年 1 月，大元、青山、马剑 3 个乡社分别改称普丰公社大元、青山、马剑管理区信用分部；7 月，大元管理区信用分部并入平湖大队信用分部；12 月，青山与马剑 2 个管理区信用分部合并，改称马剑大队信用分部。

1960 年 1 月浦江、义乌并县后，更名义乌县普丰公社马剑大队信用分部。1961 年 10 月，改称义乌县马剑公社信用合作社。1962 年 7 月，马剑公社又析为马剑、青山 2 个公社，分设马剑、青山公社信用合作社。

1967 年 1 月，马剑与青山两公社划归诸暨县。是月 30 日，义乌县马剑公社、青山公社信用合作社分别与诸暨县马剑公社、青山公社信用合作社顺利实现资产及业务交接。

表 1-4-35　马剑与青山片区信用合作社历任负责人及会计名录

信用合作社名称	职务及姓名	
	主　任	会　计
青山信用合作社	周宝泉　陈溯臣　戴关成	沈招青　徐玉仁　徐润高
马剑信用合作社	董连章　戴金祥　陈福喜	董关成　邱万福　陈福喜　王洪校
（项中）塘坞信用合作社	赵枫渭	项章荣　徐玉仁
龙门信用合作社	邱其根	应洪富

说明：因无文书档案详细记载，故各信用合作社负责人及任职具体时间，特别是 20 世纪 50 年代及 60 年代前期（即浦义并县期间），只能按当时各相关报表上的签章（有的则无签章）推定或作省略。

第五章　储蓄所

第一节　城区信用合作社储蓄所

浦阳农村信用合作社横街储蓄所　1981 年 9 月，浦阳镇公社信用合作社在浦阳镇横街设储蓄所，开全县农村信用合作社单设储蓄专业服务机构之先河。1993 年 3 月正式命名为横街储蓄所。1998 年 2 月规范称浦阳农村信用合作社横街储蓄所。2004 年 4 月裁撤，其业务就近归并该社宫口储蓄所。

负责人：何　慧 1996.4 ～ 1998.5

薛伟先 1998.5 ～ 2001.7

罗仙坪 2001.7 ～ 2004.4

浦阳农村信用合作社小西门储蓄所　1988 年 6 月，浦阳信用合作社租用浦阳镇 128 号设小西门储蓄所，于 7 月 1 日正式开业。1996 年 11 月迁至小西门 148 号营业。1998 年 2 月规范称浦阳农村信用合作社小西门储蓄所。2005 年 1 月改称县联社浦阳信用社小西门储蓄所；同年 12 月升格更名县联社浦阳信用社小西门分社。2006 年 5 月更名县联社浦阳信用社月泉分社，复迁至浦阳街道月泉西路 264 号营业。2014 年 1 月，再迁仙华街道浦江经济开发区今址；4 月升格为县联社月泉信用社。

负责人：吴漫红 1998.10 ～ 2000.3

邱燕冬 2000.3 ～ 2001.5

吴灵芳 2001.7 ～ 2005.12

县联社浦阳信用社宫口储蓄所　1988 年 8 月，浦阳信用合作社在浦阳镇和平北路 25 号设宫口储蓄所。1998 年 2 月规范称浦阳农村信用合作社宫口储蓄所。2004 年 4 月，横街储蓄所业务并入该所。2005 年 1 月改称县联社浦阳信用社宫口储蓄所；同年 12 月升格更名县联社浦阳信用社宫口分社。

负责人：黄艳丽 2001.7 ～ 2002.4

主　任：朱玉林 2002.4 ～ 2005.12

浦阳农村信用合作社广场储蓄所 其前身系县联合社广场储蓄所，成立于1994年11月，址设浦阳镇和平北路43号（人民广场东北角）。1997年1月，迁至和平北路55号，更名和平储蓄所；10月划归浦阳信用合作社。1998年2月规范称浦阳农村信用合作社和平储蓄所。1998年5月迁和平南路35号，更名浦阳农村信用合作社下大街储蓄所。1999年11月复迁和平南路38号营业。2005年1月改称县联社浦阳信用社下大街储蓄所；同年11月再迁中山南路43号，12月升格更名县联社浦阳信用社江滨分社。

负责人：张远励 1994.11 ～ 1997.3

主　任：徐建一 1997.3 ～ 1998.10（县联合社主任兼）

金荷花 1998.10 ～ 2000.4

张美花 2000.4 ～ 2001.6

谭秋莲 2001.7 ～ 2002.3

黄艳丽 2002.4 ～ 2005.12

浦阳农村信用合作社红太阳广场储蓄所 1998年5月，浦阳农村信用合作社在浦阳镇人民东路13号（原浦江县人民法院大楼底层）设红太阳广场储蓄所。2002年5月，复迁浦阳街道东山路80号，升格更名城关农村信用合作社城东分社。

负责人：何　慧 1998.5 ～ 2002.5

城关农村信用合作社府前储蓄所 其前身系县仙华城市信用合作社府前储蓄所，址设浦阳镇人民东路71号（即县人民政府正门斜对面，为仙华城市信用合作社营业部搬迁后改设）。2001年4月，县仙华城市信用合作社府前储蓄所归并城关农村信用合作社，更名城关农村信用合作社府前储蓄所。2004年4月裁撤，其业务并入城关农村信用合作社商业长廊储蓄所。

负责人：吴淑磊 2001.4 ～ 2001.7

芮美红 2001.7 ～ 2004.4

县联社城关信用社商业长廊储蓄所 其前身系县仙华城市信用合作社商业长廊储蓄所，址设浦阳镇环城南路樟树下地段。2001年4月归并城关农村信用合作社，更名城关农村信用合作社商业长廊储蓄所。2005年1月改称县联社城关信用社商业长廊储蓄所；同年8月迁至浦阳街道东山路76号（中山北路与东山路交叉口）县地方税务局大楼营业厅内营业，10

图 1-5-1　城区各储蓄所竞标大会会场一角（2001）

月升格并更名县联社城关信用社中山分社。

负责人：黄雄伟 2001.7～2005.4

黄翠平 2005.4～2005.10

县联社城关信用社新华西路储蓄所 其前身系县仙华城市信用合作社新华西路储蓄所，址设浦阳镇新华西路95号。2001年4月归并城关农村信用合作社，更名城关农村信用合作社新华西路储蓄所。2005年1月改称县联社城关信用社新华西路储蓄所；同年12月升格更名县联社城关信用社新华西路分社。

负责人：楼柳兰 2001.7～2002.3

邱燕冬 2002.3～2005.12

浦阳信用合作社大溪分社第一储蓄所 1995年8月，浦阳信用合作社大溪分社在下季宅村（大桥路西侧）设第一储蓄所。1996年4月迁至文溪村新址营业。1998年6月裁撤。

负责人：陈曼秋 1995.8～1998.6

大许信用合作社马墅储蓄所 1986年5月，大许信用合作社在马墅村设马墅储蓄所。1989年3月升格为马墅分社（1990年12月裁撤）。

负责人：吴旭明 1986.5～1989.3

第二节 乡镇信用合作社储蓄所

白马信用合作社傅宅储蓄所 1986年7月，白马信用合作社在白马镇傅宅北路设傅宅储蓄所。1997年10月改称浦东信用合作社傅宅储蓄所。1998年2月规范称浦东农村信用合作社傅宅储蓄所，是年6月裁撤，其业务归并浦东农村信用合作社。

负责人：洪中洋 1997.4～1998.6

白马信用合作社综合市场储蓄所 1990年10月，白马信用合作社在白马镇康宁街设综合市场储蓄所。1991年6月迁浦东路原信用合作社大楼内营业，更名白马信用合作社浦东路储蓄所。1997年2月裁撤。

郑家坞信用合作社吴店储蓄所 1991年12月，郑家坞信用合作社在郑家坞镇吴店村设吴店储蓄所。1995年12月迁郑家坞镇安平路与振浦路交叉口，更名郑家坞储蓄所。1997年2月裁撤。

负责人：黄林祥 1991.12～1994.11（信用合作社主任兼）

傅宝善 1994.11～1997.2（信用合作社副主任兼）

郑宅信用合作社储蓄所 1988年间，郑宅信用合作社在郑宅镇东明村设储蓄所。1997年

10 月，随郑宅信用合作社降格更名浦东信用合作社郑宅分社第一储蓄所。1998 年 2 月规范称浦东农村信用合作社郑宅分社第一储蓄所。1999 年 10 月裁撤，其业务一次性划转并入郑宅分社。

黄宅信用合作社三角塘储蓄所 1988 年 10 月，黄宅信用合作社在黄宅镇古城西路三角塘村设三角塘储蓄所。1997 年 8 月迁至与原址相距约 5 米的民房内营业。1998 年 2 月规范称黄宅农村信用合作社三角塘储蓄所。1999 年 10 月裁撤，其业务一次性划转并入黄宅农村信用合作社。

负责人：戴小富 1997.4 ～ 1999.10

岩头信用合作社第一储蓄所 1988 年 10 月，岩头信用合作社在岩头镇岩四村樟树下设第一储蓄所。1997 年 7 月迁至岩头镇商业街岩头信用合作社自建营业用房营业；10 月随岩头信用合作社降格更名黄宅信用合作社岩头分社第一储蓄所。1998 年 2 月规范称黄宅农村信用合作社岩头分社第一储蓄所。1999 年 3 月裁撤，其业务一次性划转并入岩头分社。

负责人：楼临川 1997.4 ～ 1999.3

治平信用合作社夏阳畈储蓄所 1988 年 9 月，治平信用合作社在该社所在地夏阳畈村设夏阳畈储蓄所。1990 年 10 月裁撤。

第六章　代办机构

本县农村信用合作社代办机构，分为村或农业生产合作社、生产大队（以下简称农业社、大队）信用服务站和企业代办所两类。长期以来，村级信用服务站对信用合作社而言，在组织存款、筹集资金、支持并服务于“三农”等方面，是一支不可或缺的重要力量。

第一节　信用服务（代办）站

信用服务站是信用合作社设在村（农业社、大队）一级的金融业务代办机构，受信用合作社委托，办理指定业务。信用服务站不实行独立核算，然其业务计划须经主管信用合作社批准，有一定的业务经营权。一般每个信用服务站配备不脱产站长、会计各 1 名（少数站配备副站长），按存、贷款业务量计付手续费（农业合作化时期，信用服务站协助信用合作社收缴社员入社股金；有的信用合作社明确规定，信用服务站吸收集体存款和对社员放款属应尽义务，不支付手续费），或给予定额补贴，作为劳动报酬。信用服务站行政上受所属村（农业社、大队）领导，业务上由信用合作社管理、辅导和监督，吸收的资金归信用合作社，任何单位和个人不得任意挪用和侵占。信用服务站的主要任务是：根据国家金融政策法规和信用合作社规章制度，吸收农村储蓄存款，发放社员（农户）贷款，帮助农民群众解决生产、生活中的实际困难，打击、遏制农村高利贷活动，促进农业生产的发展和农民生活水平的提高，繁荣农村经济。

1958 年初，本县行政区划于此前几经调整，农村信用合作社亦相应并为 38 个。因业务范围局部扩大，网点减少而村落分散，使得部分离信用合作社所在地较远，尤其是山区社员群众办理存取款、贷款颇感不便；加之信用合作社专职干部配备不足，上门服务工作亦存在一定困难。为此，中国人民银行浦江县支行借鉴和推介本省一些地区的先进经验，在村（农业社）一级试办信用服务站。各区、乡闻风而动，纷纷仿效，以至村（农业社）信用服务站批量萌生。据统计，迄是年 6 月底，全县已建立信用服务站 310 个、信用服务小组 71 个。是时，中国人民银行浦江县支行在呈送中共浦江县委《银行为生产大跃进服务情况的报告》中言，“实践证明，建立信用服务站，组织一支强有力的基层队伍，是使金融工作实现多、快、好、省的重大保证。不单可解决（信用合作社）干部力量不足的问题，也是充分发挥理、监事和站干作用，贯彻民主办社的得力措施。”如当年4月，玄鹿区即在各农业社选拔站干128名，建立信用服务站和信用工作组65个，就近吸收社员群众存款，同时通过发放贷款、协助信用合作社开展“5元化股金”（即社员入股每户按5元交纳股金）增收活动，掀起业务竞赛热潮。其中白马乡仅10余天便建立信用服务站13个、信用服务小组4个。白马、前陈2乡信用合作社还专门订立制度，初步就信用服务站的服务对象、时间（通常利用社员在白天劳动的田间地头及晚饭后余暇）、范围、贷款审批权限、账务处理及现金管理等方面予以规范。6月中旬，地处山乡的壶源区则建立信用服务站44个、资金动员小组120个，代信用合作社开展存、贷款业务。其中虞宅乡群胜信用服务站发动社员户户存款，刷新全区纪录，荣膺“先进信用服务站”称号。

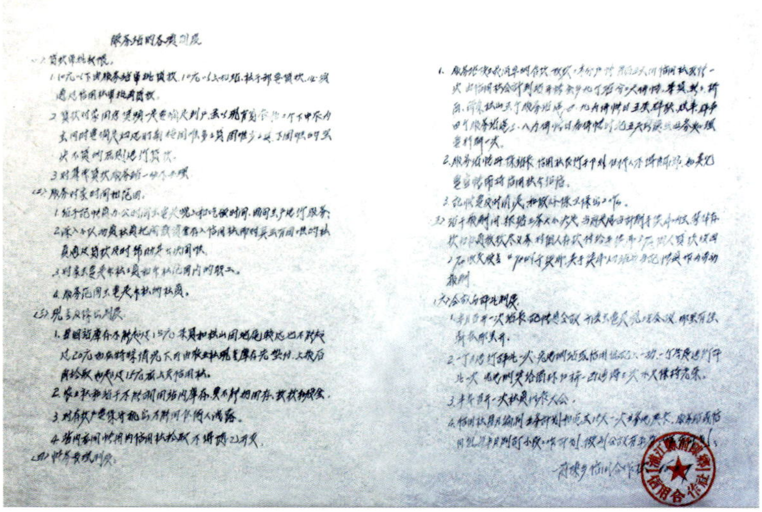

图 1-6-1　1958 年 4 月前陈乡信用合作社制订的服务站各项制度

1959年，信用合作社与下放至人民公社（以下简称公社）的银行营业所合并改设信用部及信用分部后，迄年末全县农村信用服务站尚存267个，聘用站干及业务员546名。

1960年浦江、义乌并县后，浦江片农村信用服务站得以巩固（其个数及站干人数未见确切统计），各生产队配有信用员。

1967年浦江县建制恢复后，前义乌县浦江片各大队信用服务站回归浦江县，由各农村信用合作社主管。

1971年，全县405个大队有信用服务站338个、信用组67个、赤脚信用员2348名，全部实行由贫下中农管理。

1972年至1974年间，业务主管行注重以点带面，将3个信用合作社、5个信用服务站树为典型，推动农村信用合作工作。全县307个大队信用服务站中，联盟、红旗、巧溪、嵩溪等大队信用服务站，在加强领导、严格管理、支援农业生产以及开展存放款业务等方面均各具特色，绩效突出。其他办得较好的还有浦南、前于、同乐、西张、金狮、后谢、后郎、方宅、朱云、郑家坞、三郑、地畈、钟村、立新、永丰、中央畈、高塘、前明、盘山、向阳等大队信用服务站。迄 1974 年 9 月，生产队赤脚信用员增至 2900 多名。

1975 年 6 月，全县（除浦阳镇外）24 个公社有大队信用服务站 297 个。其中，集体存款和个人存款达千元以上的分别为 108 个和 97 个，达万元以上的分别为 20 个和 2 个。

表 1-6-1　　1975 年 6 月全县大队信用服务站一览

<table>
<tr><th>片区名</th><th>主　管
信用合作社</th><th>信用服务站
（个）</th><th>片区名</th><th>主　管
信用合作社</th><th>信用服务站
（个）</th></tr>
<tr><td rowspan="8">浦江片区</td><td>大　溪</td><td>8</td><td rowspan="2">黄宅片区</td><td>堂　头</td><td>8</td></tr>
<tr><td>平　安</td><td>8</td><td>潘　宅</td><td>1</td></tr>
<tr><td>大　许</td><td>10</td><td rowspan="4">浦东片区</td><td>白　马</td><td>25</td></tr>
<tr><td>七　里</td><td>16</td><td>郑家坞</td><td>18</td></tr>
<tr><td>石　马</td><td>11</td><td>前　陈</td><td>16</td></tr>
<tr><td>前　吴</td><td>9</td><td>郑　宅</td><td>5</td></tr>
<tr><td>花　桥</td><td>18</td><td rowspan="4">壶江片区</td><td>杭　坪</td><td>10</td></tr>
<tr><td>朱　桥</td><td>6</td><td>石　宅</td><td>20</td></tr>
<tr><td rowspan="4">黄宅片区</td><td>黄　宅</td><td>15</td><td>虞　宅</td><td>19</td></tr>
<tr><td>胜　利</td><td>6</td><td>大　畈</td><td>12</td></tr>
<tr><td>岩　头</td><td>9</td><td rowspan="2">普丰片区</td><td>中　余</td><td>14</td></tr>
<tr><td>礼　张</td><td>4</td><td>平　湖</td><td>29</td></tr>
</table>

1978 年 3 月至 1979 年 7 月，分期分批对全县 25 个农村信用合作社主管的 293 个大队信用服务站实施整顿，开展“三清”（即清账目、清物资、清贷款），查实、处理有贪污挪用等违规违法行为的信用服务站会计 12 人，追缴赃款计 11859.30 元，对部分站干及时予以撤换。

1980 年，白马公社嵩溪大队信用服务站储蓄存款率先突破 10 万元，中国农业银行浦江县支行在《金融简报》上对之作典型推介。

1982 年，全县（除浦阳镇外）大队信用服务站为 269 个。

表 1-6-2　　1982 年全县大队信用服务站名录

主管信用合作社	大队信用服务站
大溪社	文溪 前于 浦南 群生 蒋塘 狮岩 兆丰
平安社	平一 平二 石埠 巧溪 宋溪 西张 金星 横塘
大许社	金狮 中埂 后谢 冯村 革命 廿亩 金宅 马墅 四村 项宅
七里社	七里 五善塘 河山 十里亭 曙光 后郎 天仙 五里 红旗 方宅 浦北 仙华 群联 登高 道光 戴宅
潘宅社	朱云
治平社	利民 农林果 张官 项店 胜利 六一
黄宅社	永丰 群联 六联 一心 智勇 勇进 前进 渠北 合心 日升 岳塘 岳溪
岩头社	合丰 晓山 胜建 三红 车门 朝阳
礼张社	双溪 群丰 华溪
堂头社	金坭 蒙山 石源 陈山 湖顶 堂头 地畈 上新屋 六转
白马社	严店 石渠口 浦东 新何 王市 兰塘 刘店 祝宅 塘南 里傅 清溪 清塘 嵩溪 旌坞 联丰 高丰
郑家坞社	郑家坞 东风 红星 小杨家 溪东 江桥 西山下 皂结坑 钟宅 下店 朱路 沈里 杨家 吴大路 叶坞
前陈社	曹街 钟村 后江 立新 桥东 蒋宅 海塘 新宅 蒋才文
郑宅社	山头 三郑 前店 卢溪 深一 深二 秧田 上郑 东明 安山 孝门 石姆 广明
石宅社	石宅 石响 茶山 后阳 殿口 派顶 张山 三合 曹源口 雪坞 周坞口 程家 中何 曹源 大塘 裕民 前胡 西山坪 东岭 外胡
杭坪社	中村 下乌宅 薛下庄 乌浆 中央畈 大楼 塘雪 寺坪 寺坞
石马社	同乐 杨田 铜桥 珠红 石马 白林 珠山 沉湖 联盟 桥头 善庆
前吴社	罗塘 通济 高山 马桥 寿溪 市目 毛家 袅溪 三椏
花桥社	东塘 里黄宅 前坞 花桥 马宅 下宅溪 横山 塘波 长畈 林坞口 大坞 民丰 深坑 高塘 童坞 金坞 王纸坊
朱桥社	民生 罗源 章山 里黄
中余社	普丰 蒲阳 王佳山 联盟 方家 周宅 中余 五星 黄毛 向阳 冷坞 杨宅 义村 雅湖 东岭顶
平湖社	殿下 塔头 下宅 新山 寺前 城头 毛店 洪山 平山 大杨 周家 潘家 大元 项丰 小洑 王灵 龙山 外罗 前方 黄方 梅溪 大坎 盘山 前溪 罗家
大畈社	清溪 廊下 建明 建光 湃桥 前丰 明丰 黄丰 山丰 王山
虞宅社	前明 马岭脚 卢家 桥头 程丰 智丰 新光 下湾 利民 虞宅 先锋 深渡 里高坑 王村 下张 上张 石台盘

1983年至1984年间，全县农村信用合作社通过体制改革，信用服务站增至287个，占大队总数的71%，并调整充实一批站干，使之组织日益健全，业务不断扩大。同时重新确定其贷款管理办法，放宽审批权限，社员土地承包所需生产资金，在站内即能就地解决。如前陈乡钟村信用服务站，1983年对全村230多户社员发放贷款1.4万余元，发放面占比为农户总数的70%；迄年底仅剩20户社员的3000元贷款未收回。该站在贷款发放前，由理事、监事、站长及会计召开碰头会共同研究决定，业务交会计主办。贷款回笼抓住棉花出售旺季，各自分片包干，责任到人，工作有声有色。平湖区4个信用合作社地处山乡，社员居住分散。自落实农业生产责任制后，服务对象由社队转向千家万户，办好信用服务站颇具重要意义。该区78个大队，有信用服务站66个，占比为大队总数的84.6%，给农户生产生活带来极大方便。

图1-6-2　山区信用服务站站干上门为农户服务

迄1987年6月县联合社成立时，全县有农村信用服务站278个，不脱产站干349名。

1991年，中国人民银行浦江县支行发文，责成各农村信用合作社对所属信用服务站进行清理整顿，提出留撤并意见。是年9月，中国人民银行浦江县支行与中国农业银行浦江县支行联合发文，确定并公布全县第一批农村信用服务站留撤并名单，其中保留219个，限期整顿14个，撤销19个。同时要求各主管信用合作社须对保留的农村信用服务站进一步加强监督，指定专人负责辅导，建立、健全和完善各项规章制度，确保其健康发展；对限期整顿的农村信用服务站，要针对存在问题，督促其加强整改，及时将整改情况和撤留意见书面上报主管行；对撤销的农村信用服务站，要认真做好债权债务清理和善后工作，限期完成并将工作情况书面上报主管行。

1992年初，人、农两行再度联合发文，就列为限期整顿对象的14个农村信用服务站，据其整改情况确定并公布第二批留撤并名单。其中，上张、程家、周坞口、前胡、外胡、通济、永安、徐村、金宅9个站予以保留；东岭、黄毛、冷坞、中村4个站继续清理整顿；朱路站撤销。

表 1-6-3　　1991 年全县第一批留撤并农村信用服务站名录

主管社及分社	农村信用服务站		
	保　留	限期整顿	撤　销
大溪社	狮岩 群生 浦南 前于		
平安社	宋溪 巧溪 平二 平一 西张 金星 石埠头 横塘		
大许社	中埂 金狮 后谢 冯村 马墅 项宅 廿亩	永安 徐村 金宅	
七里社	七里 东风 五善塘 河山 十里亭 曙光 后郎 天仙 五里 红旗 登高 云宫 寺口 道光 石宕 仙华 浦北 戴宅 方宅		
潘宅社	长春 尼山 朱云 五村		
治平社	刘铁 古塘 六一 胜利 东一 何村 彭村 项店 利明 八联 张官		
黄宅社	一心 渠南 三角塘 合心 日升 岳塘 岳溪 勇进 前进 群联 永丰		
岩头社	胜建 车门 合丰 卫星 西黄		桐店
礼张社	双溪 刘笙 华溪 群丰		青锋
堂头社	金坭 堂头 湖顶 云雅 地畈 上新屋 六转 石源 蒙山		
白马社	嵩溪 新何 石渠口 联丰		宝应 严店 清塘 浦东 塘角 王市 里傅 刘店 高丰 祝宅 旌坞 中江
郑家坞社	江桥 余店 沈里 皂结坑 钟宅 杨家 下店 红星 小杨家 西山下 吴大路 溪东 郑家坞	朱路	叶坞
郑宅社	孝门 三郑		山头
前陈社	桥东 新宅 钟村		立新
石宅社	殿口 三合 茶山 石响 后阳 石宅 雪坞 西山坪 中何 裕民 大塘 曹源口 派顶 曹源	东岭 程家 前胡 外胡 周坞口	
杭坪社	中央畈 塘雪 杭坪 寺坪 大楼 下薛宅 薛下庄 乌浆 寺坞	中村	
石马社	联盟 善庆 泉溪 同乐 杨田 铜桥 珠红 白林 珠山 沉湖	通济	
前吴社	袅溪 市目 毛家 寿溪 马桥 郭山 罗塘 三椏 前吴		
花桥社	林坞口 民丰 东塘 里黄宅 深坑 前坞 下宅溪 马宅 横山 塘波 长畈 高塘 童坞 金坞 王纸坊 大坞		

续表 1-6-3

主管社及分社	农村信用服务站		
	保　留	限期整顿	撤　销
朱桥社	章山 里黄 民生 罗源		
中余社	普丰 蒲阳 王佳山 小河畈 方宅 周宅 中余 五星 向阳 杨宅 义村 雅湖	黄毛 冷坞	
平湖社	殿下 塔头 新山 寺前 城头 毛店 龙山 平山 龙桥		
大元分社	周家 潘家 大元 项丰 小洑 王灵		
外罗分社	盘山 大坎 梅溪 罗家 黄方		外罗 前方
大畈社	湃桥 建光 建明 廊下 清溪 明丰		
虞宅社	前明 卢家 桥头 程丰 智丰 新光 下湾 利民 虞宅 先锋 王村 里高坑 下张 马岭脚 石台盘	上张	

是年 11 月，中国农业银行浙江省分行转发中国农业银行《农村信用合作社信用代办站管理办法》，统一改其称谓名曰“农村信用合作社信用代办站”，并从机构、人员、业务、账务、监督等 5 个方面进行细化，加强对信用代办站的严格管理，以确保基层信用合作组织信贷资金正常安全营运。

1995 年至 1996 年间，根据“布局合理、方便群众、有利生产、保证安全、经济核算”原则，少数农村信用合作社经批准在本社范围内行政村（自然村）或水利建设工地增设信用代办站（所）。

1999 年 7 月，县联合社成立农村信用代办站清理领导小组，下设 3 个清查小组，开展全县农村信用代办站清理整顿规范工作。就地处偏僻、缺乏安全保障、业务发展缓慢、经济效益低下的站点予以撤并，农村信用代办站由此前的 286 个减至 102 个。是时，根据中国人民银行金华市中心支行下发的《金华市农村信用合作社代办机构管理暂行规定》，明确农村信用代办机构的性质是受农村信用合作社委托，按照委托双方签订的代理业务合同（或协议）从事代办信用合作社业务的机构，不属于农村信用合作社的分支机构。同年 8 月，中国人民银行金华市中心支行统一命题、统一制卷，由各县（市）支行于 9 月份统一组织是时在岗的农村信用合作社信用代办站代办员参加考试。考试结束后 20 日内向考员发出考试结果通知书，并由当地人民银行向考试合格者颁发资格证书。

迄 2006 年末，全县农村信用代办站为 107 个，储蓄存款余额为 12728.75 万元。

表 1-6-4　　2006 年末全县农村信用代办站一览

主管信用社及分社	信用代办站名	2006 年末储蓄存款余额(万元)	时任代办员
县联社浦阳信用社大溪分社	浦　南	222	魏小伙
	前　于	658	于继象
	文　溪	30	楼能庆
	蒋　塘	262	赵根法
县联社浦阳信用社	杨　田	132.3	吴根来
	白　林	1353.1	周家林
	同　乐	330	石有乐
	珠　山	162.2	张兴根
	铜　桥	111.5	赵仲正
	珠　红	145	黄石法
县联社浦阳信用社前吴分社	善　庆	11.8	楼根选
	泉　溪	36	宋根伟
	联　盟	100	朱玉莲
	石　马	143	费宝春
	朱　桥	253.4	黄先进
	马桥头	83.3	张益民
	郭山口	87	张润三
	毛　家	151.7	毛金雨
	寿　溪	140.5	张桓玉
	袅　溪	32.4	张宗土
	市　目	27.9	李家世
	罗　塘	60.5	盛海青
	三　桠	40.7	张锡荣
	通　济	86.6	张文勇
县联社浦阳信用社花桥分社	里黄宅	293.1	黄法荣
	外黄宅	11.6	盛真权
	横　山	30.2	杨小根
	王纸坊	24.47	王有建
	金　坞	21.7	黄新转
县联社浦阳信用社杭坪分社	乌　浆	135.3	张洪生
	寺　坪	27.7	葛金生
	下薛宅	33.7	薛道进
	中央畈	163.3	胡在义

续表 1-6-4

主管信用社及分社	信用代办站名	2006年末储蓄存款余额(万元)	时任代办员
县联社浦阳信用社石宅分社	东　岭	154.4	陈树根
	曹　源	86.4	周根林
	派　顶	82.8	江水明
	雪　坞	62.3	江须然
	三　合	11.6	周余积
	程　家	6.7	程昌锡
	大　塘	23.5	李木许
	石　响	9.4	罗启湖
县联社城关信用社七里分社	红　旗	68.1	张红立
	曙　光	112.2	陈名重
	七　里	269.5	张轩美
	五　里	22.5	张国祥
	后　郎	190.2	张林平
	方　宅	209.4	方照灵
	浦　北	255.7	胡江龙
	仙　华	60.5	朱欣根
	天　仙	223.4	张飞仙
	寺　口	59.2	方顺林
	五善塘	33.6	潘摩婵
	戴　宅	111.4	方本斋
	石　宕	51.7	张健钦
	四村（徐村）	150.8	吴象庆
	项　宅	108.5	陈晓阳
	马　墅	288.18	高正金
县联社城关信用社大许分社	廿亩山	21.8	季连法
	革命（永安）	100.3	张永检
	后　谢	21.9	胡志宝
	中　埂	121.6	戴贤堂
	金　狮	23.4	金大智
	后项宅	1.8	项正党
	大　许	155.3	黄杏芳
	金　宅	51.2	吴文义

续表 1-6-4

主管信用社及分社	信用代办站名	2006年末储蓄存款余额(万元)	时任代办员
县联社城关信用社平安分社	平 一	44.2	楼樟根
	平 二	142.7	张永留
	石埠头	277.7	黄堆统
	巧 溪	176.6	孙根土
	西 张	92.7	朱祖胜
	金 星	225.9	赵宗樊
县联社城关信用社潘宅分社	宋 溪	18.3	陈竹莲
	横 塘	18.3	陈青莲
	五 村	147.9	傅章彦
	八 村	2.8	张道灶
	朱 云	20.5	吴金满
	长 春	15.8	杨能源
县联社黄宅信用社	群 联	83.4	黄世荣
县联社黄宅信用社治平分社	戚 村	844.4	黄世浦
	张 官	317.9	张若暄
	东 塘	80.7	芮光荣
	六 一	55.7	方能楫
	应 店	276.3	陈忠庭
	何 村	40.6	何森炎
	项 店	56.6	洪棋武
	胜 利	40	于长庆
	古 塘	4.2	方笑串
县联社黄宅信用社岩头分社	礼 张	66.4	朱美英
县联社浦东信用社	嵩 溪	163.2	徐秀花
	旌 坞	153	贾巧香
县联社浦东信用社郑家坞分社	钟 宅	29.4	陈士荣
	皂结坑	24.7	楼广作
	吴大路	13.7	吴国贤
	小杨家	35.8	杨崇圣
	吴 店	64.8	吴善义
	郭家塘	21.8	吴怀江
	西山下	19.3	葛中义
	郑家坞	6.5	杨崇禄

续表 1-6-4

主管信用社及分社	信用代办站名	2006年末储蓄存款余额(万元)	时任代办员
县联社浦东信用社郑家坞分社	溪　东	2.5	陈伟校
	红　星	54.2	吴兴镇
县联社檀溪信用社虞宅分社	智　丰	108	朱圣红
	利　民	35	毛三喜
县联社檀溪信用社大畈分社	清　溪	15	楼英潜
	廊　下	86	张美花
县联社檀溪信用社中余分社	普　丰	197.4	郭邦松
	佛　堂	42.8	徐明潮
	冷　坞	54.8	薛祖南

存单买卖制

2000 年 6 月，根据全县农村信用代办站实际进行重大改革，已实行 40 余年的管理办法自此为之一变，推出存单承购包销制。即信用代办站代办员以站为单位，凭现金向管辖的农村信用合作社（分社）承购等额有效存单（定期、定活两便存单），代办员则将购入的存单按实际收储金额签发给储户，实行包销。于是月 12 日首在浦阳农村信用合作社平安分社试点，7 月在全县推开。此举对调动站干工作积极性、确保信用代办站库款安全、方便广大农户存储发挥了一定作用。是年 12 月，县联社修订信用代办站管理办法，明确农村信用合作社业务代办员须经当地农村信用合作社推荐，县联社审查同意，取得中国人民银行颁发的《农村信用社业务代办人员资格证书》，与农村信用合作社签订《委托代理协议书》后，方可上岗代办农村信用站业务。信用代办站组织资金采用存单承购包销制。

2003 年 7 月，金华市农合办印发《金华市农村信用合作社承购包销业务操作管理办法》，以规范承购包销业务操作，防范和遏制差错和经济案件发生。

2000 年 7 月之前，信用代办站代办员的手续费，由县联合社按其存、贷款余额的一定比例予以计付，并根据实际情况，在某些年度设立储蓄上升奖。自推出存单承购包销制后，手续费则根据其销售存单的日积数按日以 0.132 元 / 万元计付。

自 2004 年 4 月起，县联合社始与信用代办站业务代办人员签订聘用协议书。

2006 年 12 月，中国银监会浙江监管局、省联合社下发《浙江省农村信用代办站清理工作指导意见》，要求全省各地农村合作金融机构在当地政府的统一领导下，结合实际，在确保金融安全和社会稳定的基础上积极、稳妥、有序地开展对信用代办站的清理，撤站不撤服务，继续做好撤站后的为农服务工作。

支农联络员

2008 年 12 月，县联社始聘用支农联络员，并继续实施存单承购包销制，手续费仍按原标准计付。

2009 年 12 月，县联社决定停止部分支农联络员办理存单承购包销业务，以转变支农联络员服务方式，有效防范其业务操作风险。支农联络员的手续费，则根据其在村（社区）农户（个人）的贷款发放数、发放金额、利息收入、资产质量、不良贷款清收处置及提供储源信息真实有效等情况计付。其中，对“信用村（社区）”创建、不良贷款清收处置和资金组织等信用信息联络业绩突出者给予一次性奖励。具体计酬标准为：建立农户基础信息资料按每户 2 元计酬；推荐农户贷款并做好贷款申请资料的收集与调查及贷后管理工作，按新增贷款户数每户 20 元计酬；按其所推荐新增农户贷款实际利息收入 1% 计酬；提供储源信息且存款真实有效，每年按日均存款 1.5‰计酬。

截至 2010 年 3 月，县联社根据上级监管部门要求，禁止辖内网点所聘用的支农联络员以代理存、取款等形式组织存款，同时停止向支农联络员计付组织存款的手续费。

2014 年 6 月，根据省联合社金华办事处关于对原信用代办站代办员（支农联络员）情况进行调查的通知要求，县联社迅即布置落实，组织开展自查工作并收集整理相关资料，以报告形式呈送金华办事处。

2015 年 5 月，县联社召开社务工作会议，强调仍要注重村级支农联络员队伍的建设和管理，充分利用村级支农联络员密切群众关系，引导村级队伍健康发展，加强信用贷款的村级信用维护。原则上每 200 人以上的村落都要建立村级支农联络员。

第二节 企业代办所

1958 年 10 月，全县实现人民公社化。11 月，中国人民银行浦江县支行顺应形势发展，结合社会主义宣传教育运动，把组织储蓄、吸收游资支援工农业生产建设列为金融部门的一项重要任务，以期提高广大群众对人民公社化的认识。并要求各基层营业所（包括人民银行储蓄所）迅速在其业务区域内普遍建立储蓄服务站（包括厂矿、学校、人民公社食堂等均可设服务站机构），推行简易代办，办理定额及零存整取有奖定期储蓄业务。

1960 年浦江、义乌并县后，1961 年初全县有人民公社公共食堂储蓄部 27 个，聘用储蓄代办员 56 名（浦江片区未见单独统计）。

本县真正意义上的农村信用合作社企业代办站（所）始于 1986 年。是年 6 月，郑家坞农村信用合作社在其辖内两个年产值百万元以上的企业即浦江内衣运动衫厂和浦江电器塑料厂设置储蓄代办站（所）。其中，内衣运动衫厂代办站（所）开业当日，即收储 47 户、金额计 3190 元。

1996 年 4 月，七里农村信用合作社设西水东调（工程指挥部）信用代办站。

第七章 农村信用合作联社

1984年8月，国务院发文批转中国农业银行《关于改革信用合作社管理体制的报告》。《报告》指出，信用合作社管理体制必须抓紧进行改革。要通过改革，恢复和加强信用合作社组织上的群众性、管理上的民主性和经营上的灵活性，在国家方针、政策指导下，实行独立经营、独立核算、自负盈亏，把信用合作社真正办成群众性的合作金融组织。同时，亦明确组建信用合作社县联合社的必要性，以适应中共十一届三中全会以来，随着农村联产承包责任制的推行，生产和流通规模的扩大，对农村金融工作提出的新要求。

此前，中国农业银行即根据中央有关指示精神，多次研究信用合作社管理体制改革问题，并于1983年在全国8000多个信用合作社试点。是年3月，浙江省人民政府办公厅转发中国农业银行浙江省分行《关于农村信用合作社体制改革试点意见的报告》，本县农村信用合作社体制改革工作吹响集结号。中共浦江县委、县人民政府及主管上级行高度重视，批示同意将石马农村信用合作社作为试点社。4月8日，中国农业银行浦江县支行成立工作组，由副行长带队，赴石马开展工作。8月中旬，在试点取得成功经验的基础上，由点及面、由浅入深地向全县铺开。至10月下旬，全县农村信用合作社体制改革工作告一段落。1984年3月，中国农业银行浦江县支行复派出5个工作组，对之一一检查验收。体改成果表明，全县农村信用合作社在组织上、管理上和经营上的“三性”进一步加强，其偏离合作金融组织性质的倾向得以纠正，50年代的优良传统也已恢复，社群关系融洽，各项业务蓬勃发展，成立县农村信用合作社联合社的条件渐趋成熟。中国农业银行浦江县支行遂制订专项工作计划，向县人民政府和主管上级行汇报后获得支持，始着手筹建县农村信用合作社联合社。

1987年4月，筹建工作进入实质性阶段。6月13日，县农村信用合作社联合社对外正式挂牌。

2005年1月，县农村信用合作联社成立，始遂行一级法人管理体制。

第一节　信用合作社联合社

图 1-7-1　浦阳镇人民东路 126 号县联合社新大楼（1995）

图 1-7-2　浦阳街道人民东路 90 号县联社办公大楼（2016）

1987 年 4 月，中国农业银行浦江县支行以国务院（84）105 号文件精神为指导，将筹建县农村信用合作社联合社（以下简称县联合社）列入是年上半年农村金融工作重要议事日程。赓即成立县联合社筹建领导小组，抽调 8 名行、社干部职工，具体负责筹建事宜。是月 25 日，筹建领导小组召开第一次扩大会议，确定工作方案并分步骤有序实施。其后一个半月内，又多次召开扩大会议，就筹建工作中出现的问题及时请示汇报，协调解决。

是年 6 月 12 日至 13 日，召开县联合社成立暨第一届社员代表大会。有正式代表 48 名，代表全县 25 个农村信用合作社、5 个分社的 143 名干部职工及不脱产理事出席；中国农业银行浦江县支行及基层营业所 24 名代表列席。大会民主选举产生第一届理事会成员，推选张祖荣兼任理事会主任，周幼根为副主任。

第二届社员代表大会于 1990 年 9 月 6 日至 8 日召开，有代表 64 名，其中县联合社、各农村信用合作社及分社代表 51 名，中国农业银行浦江县支行和基层营业所及县联合社办事组代表 13 名。大会民主选举产生第二届理事会成员，推选楼基贤兼任理事会主任，周幼根、徐建一为副主任。

自 1987 年 6 月起至 1992 年间，县联合社履行对各农村信用合作社的管理和服务职能。其管理职能为：根据行业统一规章，制订各农村信用合作社人事劳资、信贷、财务、会计、稽核、保卫等配套制度和办法并组织实施；协调与有关各方关系，维护各农村信用合作社合法权益。其服务职能是：组织辖内各农村信用合作社之间的资金调剂；办理或代理各农村信用合作社社团贷款，并组织现金供应与回笼；筹集、管理各农村信用合作社风险防范基金；组织各农村信用合作社职工开展培训教育，并为之提供信息咨询。

自1992年12月县联合社章程修订后，经中国人民银行浙江省分行批准，县联合社以管理为主，并可按批准的业务范围开展业务。标志着县联合社从管理服务向兼具经营与管理服务双重职能的经济实体转变。

1993年8月，经中国农业银行浦江县支行党委研究决定，由副主任徐建一主持县联合社工作，季宗池为副主任。1995年9月，复任命宣明炎为县联合社副主任。

1996年3月初，县联合社成立工作组，分阶段在全县各农村信用合作社开展清产核资工作。自8月起，楼基贤不再兼任县联合社理事会主任一职，转由理事会成员徐建一接任。

是年10月，根据国务院《关于农村金融体制改革的决定》和国务院农村金融体制改革部际协调小组办公室及浙江省农村金融体制改革领导小组相关文件精神，县联合社与中国农业银行浦江县支行脱离行政隶属关系，转由金华市农村金融体制改革领导小组办公室（简称金华市农金体改办）领导，业务上接受中国人民银行浦江县支行监督管理。

图1-7-3　县联合社与农业银行脱离行政隶属关系交接仪式（1996.10）

1998年11月21日，召开县联合社第三届社员代表大会，正式代表10名，列席代表36名。大会民主选举产生第三届理事会、监事会成员，推选徐建一任理事长，黄林祥任监事长。理事会选聘徐建一兼任县联合社主任。

2000年12月5日，召开县联合社第三届理事会第五次会议。根据中国人民银行金华市中心支行党委决定，洪志强从兰溪交流来浦江工作，任县联合社副主任；季宗池退居二线任副主任级调研员。同日，召开县联合社第三届社代会第四次会议，同意并补选洪志强为第三届理事会理事（后经人民银行任职资格审查核准，聘为县联合社副主任）；季宗池不再担任理事会理事一职。王才有任县联合社主任助理。

2001年1月29日，县联合社第三届社代会第五次会议增补江东放为第三届理事会理事；增补郑梦林、楼理宣为第三届监事会监事，同时免去陈锡生、黄能光第三届监事会监事职务。

县联合社于1987年成立之初，址设浦阳镇大埂头，租用民房办公。其后又四易社址：1988年5月迁原浦阳镇人民政府（今人民广场社区居民委员会所在地）二楼；1989年9月迁浦阳镇和平南路8号原中国农业银行浦江县支行（今该行城关支行行址）营业办公大楼四楼；1995年5月迁浦阳镇人民东路126号原县联合社办公大楼二楼（今中国农业发展银行浦江县支行行址）单独办公；1998 年 10 月复迁浦阳镇人民东路 90 号县联合社综合大楼（基址原系县百货公司仓库，由县联合社整体购进改建）至今。

第二节 信用合作联社

2005 年 1 月，实行产权制度改革。经中国银行业监督管理委员会浙江监督管理局批复，同意成立浦江县农村信用合作联社（以下简称县联社），实行一级法人、统一核算、分级管理、授权经营的管理体制。是月 26 日，召开县联社创立大会暨第一届社员代表大会。实到正式代表 51 名，列席代表 17 名。中共浦江县委、县人民政府，浙江省农村信用合作社联合社金华办事处（以下简称省联合社金华办事处）及中国人民银行浦江县支行领导同志到会祝贺。大会民主选举产生县联社第一届理事会、监事会成员。理事会由裘豪、王才有、王永清、张小华、张伯承、张越康、陈根敏、郑家林、费江海、赵朝东、楼基成等 11 位理事组成，推选裘豪任理事长；监事会由黄林祥、王天佑、石栋、朱含海、鲍杭平等 5 位监事组成，推选黄林祥任监事长；理事会选聘王才有任县联社主任。

2007 年 3 月 6 日，根据省联合社组织竞聘后的提名方案，县联社召开第一届理事会第九次会议，许云龙被聘为县联社副主任。

第二届社员代表大会于 2008 年 10 月 30 日召开，正式代表 56 名，列席代表 12 名。大会民主选举产生第二届理事会、监事会成员。理事会由詹兴云、王才有、许云龙、张小华、张伯承、张越康、陈根敏、郑家林、赵朝东、费江海、楼基成等 11 位理事组成，推选詹兴云任理事长；监事会由黄林祥、王天佑、石栋、黄祖星、朱含海等 5 位监事组成，推选黄林祥任监事长。理事会选聘王才有任县联社主任，许云龙为副主任。

第三届社员代表大会于 2012 年 1 月 18 日召开，正式代表 55 名，县联社副科级以上干部列席。大会民主选举产生第三届理事会、监事会成员。理事会由王才有、许云龙、李九良、张越康、石栋、张伯承、方世友、郑家林、费江海、张小华、陈根敏等 11 位理事组成，推选王才有任理事长；监事会由陈文斌、江东放、王元成、朱含海、傅大悦等 5 位监事组成，推选陈文斌任监事长。理事会选聘许云龙任县联社主任，李九良为副主任。

2013 年 6 月 18 日，第三届理事会第六次会议增选吴立邦为县联社副主任。

2015 年 6 月 25 日，召开第四届社员代表大会，实到正式代表 46 名。大会民主选举产生第四届理事会、监事会成员。理事会由王才有、李九良、吴立邦、江东放、张越康、张凯源、石栋、方世友、郑家林、张小华、陈根敏等 11 位理事组成，推选王才有任理事长；监事会由陈文斌、季新团、朱含海、楼利息、陈华等 5 位监事组成，推选陈文斌任监事长。

理事会选聘李九良任县联社主任，吴立邦为副主任。

2005 年 1 月至 2016 年 4 月，经银监部门审核批复同意，县联社注册资本金历多次变更，其章程亦作相应修订。

县联社注册资本金（人民币）变更情况：

2005 年 1 月，2004.75 万元；2009 年 2 月，6014.22 万元；

2013 年 4 月，18790.58 万元；2014 年 4 月，21045.45 万元；

2015 年 4 月，21676.81 万元；2016 年 4 月，22543.88 万元。

迄 2016 年末县农村信用合作社改制为农村商业银行前，县联社下辖营业部及 12 个信用社、18 个分社，在岗干部职工（含县联社机关）324 名。各项存款余额为 735977 万元，各项贷款余额为 501529 万元，当年盈利 12047.67 万元。

表 1-7-1　县联社历任理事长（理事会正副主任）、监事长，联社正副主任及调研员名录

职　　务	姓　名	任职时间	备　　注
联合社理事会主任	张祖荣	1987.7 ～ 1990.9	农业银行副行长兼
	楼基贤	1990.9 ～ 1996.8	农业银行行长兼
联合社理事会副主任	周幼根	1987.7 ～ 1993.7	
联合社理事会副主任	徐建一	1990.9 ～ 1996.8	1993.8 起主持工作
联合社主任		1996.8 ～ 2005.3	
联合社理事长		1998.11 ～ 2005.3	
联合社副主任	季宗池	1993.8 ～ 2001.4	
	宣明炎	1995.9 ～ 2000.7	2000.7 病故
联合社主任助理	王才有	2001.4 ～ 2002.12	
联合社副主任	洪志强	2001.4 ～ 2004.12	
调研员	季宗池	2001.4 ～ 2008.3	联合社副主任级
联合社副主任	王才有	2002.12 ～ 2005.3	
联社理事长	裘　豪	2005.3 ～ 2009.5	
联社监事长	黄林祥	2005.3 ～ 2009.5	
联社主任	王才有	2005.3 ～ 2009.5	
联社副主任	许云龙	2007.5 ～ 2009.5	
调研员	朱华有	2005.9 ～ 2011.4	联社副主任级
联社理事长	詹兴云	2009.5 ～ 2012.3	
联社监事长	黄林祥	2009.5 ～ 2012.3	

续表 1-7-1

职　　务	姓　名	任职时间	备　　注
联社主任	王才有	2009.5 ～ 2012.3	
联社副主任	许云龙	2009.5 ～ 2012.3	
联社理事长	王才有	2012.3 ～ 2016.12	
联社监事长	陈文斌	2012.3 ～ 2016.12	
联社主任	许云龙	2012.3 ～ 2015.8	
联社副主任	李九良	2012.3 ～ 2015.8	
联社主任		2015.8 ～ 2016.12	
调研员	黄林祥	2012.3 ～ 2016.12	联社副主任级
联社副主任	吴立邦	2013.8 ～ 2016.12	

张祖荣

周幼根

楼基贤

徐建一

季宗池

宣明炎

洪志强

王才有

裘豪

黄林祥

许云龙

詹兴云

李九良

陈文斌

吴立邦

第三节　内部机构设置

派出机构

1986 年 9 月，中国农业银行浦江县支行抽调基层部分业务骨干，担任农业银行及城关、浦东、黄宅、浦西、平湖 5 个营业所辖内各农村信用合作社稽核辅导员，形成较为完整的农村信用合作社辅导网。

1988 年 8 月，复按片区设立城关、浦西、黄宅、浦东、平湖 5 个办事组，行使领导、管理、协调、服务辖内各农村信用合作社工作职能。

1993 年 6 月，撤销 5 个办事组，各片区设一名主任级稽核辅导员，以保持上下衔接，加强县联合社与片区辖内各农村信用合作社之间的联系，并负责会计、统计、稽核辅导等项工作。

1995 年 3 月，改设浦阳、黄宅、浦东、平湖 4 个办事处。

1997 年 8 月，各办事处随全县农村信用合作社机构调整而撤销。

表 1-7-2　　县联合社稽核辅导员、办事组（处）负责人名录

名　称	职　务	姓　名	任职时间	备　注
县农行辖内	稽核辅导员	宋良根	1986.9 ～ 1988.8	
城关片区		楼基设		
黄宅片区		陈锡生		
浦东片区		陈　明		
浦西片区		任浦城		
平湖片区		周幼根		
城关办事组	组　长	楼　凯	1988.8 ～ 1989.3	
		陈真良	1989.3 ～ 1993.6	
	副组长	楼基设	1988.8 ～ 1993.6	
黄宅办事组	组　长	刘光安	1988.8 ～ 1993.6	
	副组长	陈锡生	1988.8 ～ 1990.2	
		黄明生	1990.12 ～ 1993.6	
浦东办事组	组　长	周家财	1988.8 ～ 1993.6	
	副组长	陈　明	1988.8 ～ 1993.6	
浦西办事组	组　长	郑顺世	1988.8 ～ 1990.12	
		张奕慈	1990.12 ～ 1993.6	
	副组长	任浦城	1988.8 ～ 1989.11	
		宋良根	1989.11 ～ 1993.6	

续表 1-7-2

<table>
<tr><th>名　　称</th><th>职　务</th><th>姓　名</th><th>任职时间</th><th>备　　注</th></tr>
<tr><td rowspan="3">平湖办事组</td><td>组　长</td><td>徐晓林</td><td>1988.8 ～ 1993.6</td><td></td></tr>
<tr><td rowspan="2">副组长</td><td>王永清</td><td>1988.8 ～ 1990.12</td><td></td></tr>
<tr><td>江东放</td><td>1990.12 ～ 1993.6</td><td></td></tr>
<tr><td>城关片区</td><td rowspan="6">稽核辅导员</td><td>宋良根</td><td>1993.6 ～ 1995.3</td><td rowspan="2">信用社主任级</td></tr>
<tr><td rowspan="2">黄宅片区</td><td>黄明生</td><td>1993.6 ～ 1994.6</td></tr>
<tr><td>赵鹏程</td><td>1994.6 ～ 1995.3</td><td>信用社副主任级</td></tr>
<tr><td>浦东片区</td><td>郑定良</td><td>1993.6 ～ 1995.3</td><td rowspan="3">信用社主任级</td></tr>
<tr><td>浦西片区</td><td>楼基设</td><td>1993.6 ～ 1995.3</td></tr>
<tr><td>平湖片区</td><td>陈巧琴</td><td>1993.6 ～ 1994.9</td></tr>
<tr><td>浦阳办事处</td><td rowspan="3">主　任</td><td>黄林祥</td><td>1995.3 ～ 1997.8</td><td></td></tr>
<tr><td>黄宅办事处</td><td>黄明生</td><td>1995.3 ～ 1997.8</td><td></td></tr>
<tr><td>浦东办事处</td><td>陈锡生</td><td>1995.3 ～ 1997.8</td><td></td></tr>
<tr><td>平湖办事处</td><td>副主任</td><td>周荣军</td><td>1995.3 ～ 1997.8</td><td>主持工作</td></tr>
</table>

内设机构

1987 年 7 月，县联合社成立之初，内设社务、业务和财务 3 个组。

1989 年 9 月，成立综合业务组，分管计划、信贷、储蓄、财务、稽核等项工作；成立社务组，分管政治思想、人事、劳动工资、行政事务、职称评审等项工作。

1990 年 12 月，改设社务组、业务组和财务稽核组。

1991 年 5 月，撤销财务稽核组，分设财务组和稽核组。

1995 年 3 月，撤销社务组、业务组、财务组和稽核组，设人事秘书股、计划信贷股、财务会计股和监督保卫股。

1995 年 11 月，成立（中国农业银行浦江县支行）信用合作社联合社经济民警小队，隶属县公安局经济民警大队直属中队。

1996 年 11 月，撤股改科，设“四科一室”，即人事教育科、财会电脑科、计划信贷科、监督保卫科和办公室。

1998 年 9 月，撤销人事教育科和监督保卫科，改设人事监督保卫科和稽核科，原办公室、计划信贷科和财会电脑科机构不变。10 月，增设资产保全部。

1999 年 4 月，成立事后监督业务监控中心，并首在浦东农村信用合作社试点。11 月，就内设机构职能作相应调整，撤销人事监督保卫科、稽核科和资产保全部，复设“四科一室”：人事教育科、计划信贷科、财会电脑科、监督保卫科（经济民警小队隶属监督保卫科）和办公室。

2000 年 4 月，全县各农村信用合作社日常业务统由事后监督中心监控。8 月，增设业务拓展科。

2003 年 11 月，经济民警小队改制为经济护卫队。

2005 年 3 月，改设“七科一室”：人事监察科、计划信贷科、财务电脑科、审计科、业务拓展科、资产保全科、保卫科和办公室。

2007 年 7 月，财务电脑科下设清算中心。8 月，撤销资产保全科和计划信贷科，设合规科和风险管理科。

2008 年 10 月，风险管理科和合规科分别更名业务管理科和风险合规科。12 月，撤销业务拓展科。

2009 年 5 月，保卫科下设远程监控中心。

2012 年 1 月，成立小微企业贷款营销中心（简称微贷中心），址设城中农村信用合作社。4 月，财务电脑科更名财会科技科，下设授权与对账中心。业务管理科和风险合规科分别设立银行卡中心和不良资产管理中心。9 月，财会科技科下设科技信息中心。

2013 年 12 月，内设机构调整为“七科二室”，即人事监察科（兼管工会工作）、业务管理科、风险合规科、财务会计科、科技信息科、审计科、保卫科、党委办公室（理事会办公室）和办公室（兼管团委工作）。清算中心、授权与对账中心、事后监督中心及现金调拨中心均调整为财务会计科下设。

2014 年 2 月，撤销授权与对账中心，其所有业务归并事后监督中心办理。9 月成立丰收小微企业贷款营销中心（简称丰收微贷中心），址设月泉农村信用合作社。11 月，业务管理科下设银行卡中心升格为电子银行科。12 月，人事监察科分设为人事教育科和纪检监察室。业务管理科丰收微贷中心试运行，并可在全县范围内拓展业务。财务会计科下设现金调拨中心。

2015 年 1 月，业务管理科下设投资理财中心。7 月设资金管理科。

2016 年 2 月，撤销投资理财中心；客户服务中心调整为业务管理科下设；风险合规科增设抵押物评估中心。

各科室

办公室

1987 年 7 月至 1996 年 11 月，社务组、人事秘书股均涉及办公室事务；1996 年 11 月单设办公室；1998 年 9 月，人事监督保卫科分管办公室事务；自 1999 年 11 月起，办公室再度单设。

表 1-7-3　　办公室历任负责人名录

职　　务	姓　名	任职时间	备　　注
主　任	王才有	1996.11 ~ 1998.4	
副主任	王永清	1997.12 ~ 1998.9	
主　任	王永清	1998.9 ~ 2006.1	
副主任	戴纪律	1998.10 ~ 2000.3	
副主任	吕晓峰	2001.12 ~ 2006.1	
主　任	张中伟	2006.1 ~ 2007.3	
主　任	陈巧琴	2007.3 ~ 2012.3	
副主任	季兴团	2009.7 ~ 2011.7	
主　任	吴立邦	2012.3 ~ 2013.9	
主　任	邵浩然	2013.9 ~ 2014.2	
主　任	邵浩然	2014.2 ~ 2015.12	上挂省联合社金华办事处保留正科级职级
副主任	陈晓晓	2013.2 ~ 2013.10	
副主任	陈晓晓	2013.10 ~ 2014.3	兼监督保卫科副科长、远程监控中心主任
主　任	季新团	2014.2 ~ 2014.12	
主　任	陈妍妍	2014.12 ~ 2016.12	
副主任	叶向东	2016.11 ~ 2016.12	
主任助理	贾晓琳	2015.5 ~ 2016.12	

人事教育科（社务组、人事秘书股、人事监察科）

其前身系 1987 年 7 月设立的社务组；1995 年 3 月改设为人事秘书股；1996 年 11 月改设为人事教育科；1998 年 9 月，人事教育科、监督保卫科合并为人事监督保卫科；1999 年 11 月人事监督保卫科分设为人事教育科和监督保卫科；2005 年 3 月改称人事监察科。2014 年 12 月，人事监察科再次分设为人事教育科和纪检监察室。

表 1-7-4　　人事教育科历任负责人（含正、副科级监察员）名录

职　　务	姓　名	任职时间	备　　注
社务组负责人	赵根法	1987.4 ~ 1993.4	
监察员	黄必勋	1988.9 ~ 1995.3	组长级
社务组负责人	陈乃曹	1993.4 ~ 1995.3	
人事秘书股股长	陈乃曹	1995.3 ~ 1996.11	

续表 1-7-4

职　　务	姓　名	任职时间	备　　注
人事教育科科长	陈乃曹	1996.11 ～ 1998.9	
人事监督保卫科监察员		1998.10 ～ 2000.3	享受正科级待遇
监察员	黄必勋	1995.3 ～ 1997.12	正科级
人事监督保卫科副科长	王天佑	1998.9 ～ 1999.11	主持工作
人事教育科科长		1999.11 ～ 2005.4	
人事监察科科长		2005.4 ～ 2006.1	
	王永清	2006.1 ～ 2008.8	2008.8 调兰溪
人事监察科副科长	傅大悦	2008.10 ～ 2010.12	
		2010.12 ～ 2012.3	正科主持工作
人事监察科科长		2012.3 ～ 2014.2	
人事监察科劳资员、监察员	杨玲玲	2012.2 ～ 2013.10	副科级
人事监察科科长	李巧萍	2014.2 ～ 2014.12	
人事教育科科长		2014.12 ～ 2016.12	
纪检监察室主任	季新团	2014.12 ～ 2016.12	
人事教育科副科长	杨玲玲	2013.10 ～ 2016.11	
		2016.11 ～ 2016.12	兼郑宅社副主任

保卫科（监督保卫股、监督保卫科）

其前身系 1995 年 3 月设立的监督保卫股。1996 年 11 月，改称监督保卫科。1995 年 11 月正式成立经济民警小队（2003 年 11 月改制为经济护卫队）。1998 年在县联合社设置金库；1999 年 2 月，始在城区网点试行款项押运接送，并陆续向各乡镇网点铺展；2001 年 12 月实现全县城乡各网点集中寄库。2005 年 3 月，保卫科单设。

表 1-7-5　　　　保卫科历任负责人（含经济民警队）名录

职　　务	姓　名	任职时间	备　　注
监督保卫股股长	赵根法	1995.3 ～ 1996.11	
监督保卫科科长		1996.11 ～ 1998.9	
	陈巧琴	1999.11 ～ 2001.5	
经济民警小队队长	陈文斌	2000.3 ～ 2001.5	副科级
监督保卫科副科长		2001.5 ～ 2005.5	主持工作兼经警小队队长

续表 1-7-5

职　务	姓　名	任职时间	备　注
经济民警小队（经济护卫队）副队长	吕晓峰	2001.12～2006.1	办公室副主任兼
监督保卫科副科长	陈晓晓	2013.10～2014.3	
远程监控中心主任			
保卫科科长	黄明生	2005.4～2006.1	
	王天佑	2006.1～2010.12	
保卫科副科长	吕晓峰	2007.8～2009.7	兼经济护卫队队长
远程监控中心主任	吴旭明	2009.5～2010.12	正　科
保卫科科长		2010.12～2015.1	
		2010.12～2012.4	兼远程监控中心主任
保卫科副科长	张法远	2012.4～2013.2	
	方八一	2014.12～2016.12	

业务管理科（业务组、计划信贷股、计划信贷科）

其前身系1987年7月设立的业务组。1995年3月改设为计划信贷股；1996年11月改称计划信贷科。2007年8月撤销计划信贷科，分设合规科和风险管理科。2008年10月改设为业务管理科。

2013年12月，业务管理科下设银行卡中心。2014年9月设丰收微贷中心。2015年1月设投资理财中心，2016年2月撤销。

表 1-7-6　　业务管理科历任负责人名录

职　务	姓　名	任职时间	备　注
业务组负责人	盛伟深	1987.7～1993.4	
	朱华有	1993.4～1994.10	
	黄遵挺	1994.10～1995.3	
计划信贷股股长		1995.3～1996.11	
计划信贷科科长		1996.11～1998.9	
计划信贷科副科长	朱华有	1996.11～1996.12	1996.12去省联合社金华办
计划信贷科科长	楼理宣	1998.9～2001.5	
	陈巧琴	2001.5～2006.1	

续表 1-7-6

职　务	姓 名	任职时间	备　注
计划信贷科科长助理	吴立邦	2005.4～2006.1	
计划信贷科科长	张法远	2006.3～2007.8	
计划信贷科副科长	吴立邦	2006.1～2007.4	
	邵浩然	2007.4～2007.8	
业务管理科科长	张法远	2008.10～2009.5	
	傅仙元	2009.5～2012.4	
业务管理科副科长	杨巨钢	2008.9～2011.1	
	周旭光	2010.12～2012.4	
业务管理科科长	张玲燕	2012.4～2015.7	
业务管理科副科长	贾明东	2012.4～2013.2	兼银行卡中心主任
银行卡中心主任	杜娟花	2013.2～2014.8	副　科
业务管理科副科长	黄顺明	2013.6～2014.5	
	贾明东	2014.8～2014.12	兼银行卡中心主任（正科）
业务管理科科长助理	张烽光	2014.4～2015.5	副科级
业务管理科副科长		2015.5～2016.9	
丰收微贷中心主任	张姝娈	2014.9～2016.3	副科级
投资理财中心主任	陈毅锋	2015.1～2016.2	
业务管理科科长	杨巨钢	2015.7～2016.9	
客户服务中心主任	吴赛君	2015.7～2016.3	联社营业部副主任兼
丰收微贷中心主任		2016.3～2016.8	
业务管理科科长助理	盛金刚	2015.5～2016.3	
业务管理科副科长		2016.3～2016.7	兼客户服务中心主任
		2016.7～2016.12	
	于翠平	2016.7～2016.12	
丰收微贷中心主任	薛镇伟	2016.8～2016.12	县联社水晶中园分社主任兼
业务管理科科长	贾明东	2016.9～2016.12	
	杨巨钢	2016.9～	上挂省联合社保留正科职级

财务会计科（财务组、财务稽核组，财务会计股、财会电脑科、财会科技科）

其前身系1987年7月设立的财务组。1990年12月改设为财务稽核组。1991年5月财务组、稽核组分设。1995年3月设财务会计股；1996年11月改称财会电脑科；2005年3月复改称财务电脑科。2012年4月，财会电脑科更名财会科技科，下设授权与对账中心；9月下设科技信息中心。2013 年 12 月，财会科技科析为财务会计科和科技信息科，改清算中心、授权与对账中心和事后监督中心为财务会计科下设。2014 年 2 月，授权与对账中心归并事后监督中心。12 月增设现金调拨中心。

表 1-7-7　　财务会计科历任负责人（含副科级委派会计及会计辅导员）名录

<table>
<tr><th>职　务</th><th>姓　名</th><th>任职时间</th><th>备　注</th></tr>
<tr><td>财务组负责人</td><td rowspan="5">何鱼嫦</td><td>1987.7 ～ 1990.12</td><td></td></tr>
<tr><td>财务稽核组组长</td><td>1990.12 ～ 1991.5</td><td></td></tr>
<tr><td>财务组组长</td><td>1991.5 ～ 1995.3</td><td></td></tr>
<tr><td>财务会计股股长</td><td>1995.3 ～ 1996.11</td><td></td></tr>
<tr><td rowspan="2">财会电脑科科长</td><td>1996.11 ～ 1998.9</td><td></td></tr>
<tr><td>张必军</td><td>1998.9 ～ 2005.4</td><td></td></tr>
<tr><td>财会电脑科副科长</td><td>李巧萍</td><td>2000.3 ～ 2001.5</td><td></td></tr>
<tr><td>财会（务）电脑科副科长</td><td>虞真良</td><td>2002.1 ～ 2009.5</td><td></td></tr>
<tr><td>财务电脑科科长</td><td>张必军</td><td>2005.4 ～ 2007.3</td><td></td></tr>
<tr><td>财务电脑科副科长</td><td>张中伟</td><td>2005.4 ～ 2005.9</td><td></td></tr>
<tr><td rowspan="4">财务电脑科委派会计</td><td>黄为兴</td><td>2006.5 ～ 2009.6</td><td rowspan="4">信用社
副主任级</td></tr>
<tr><td>陈忆萍</td><td>2006.5 ～ 2007.7</td></tr>
<tr><td>陈晓艳</td><td>2006.5 ～ 2009.4</td></tr>
<tr><td>郑秀娟</td><td>2006.5 ～ 2009.5</td></tr>
<tr><td rowspan="2">综合业务事后监督负责人</td><td>杜娟花</td><td>2001.7 ～ 2006.2</td><td rowspan="2">副科级</td></tr>
<tr><td>张根莉</td><td>2006.2 ～ 2009.5</td></tr>
<tr><td>清算中心主任</td><td>陈忆萍</td><td>2007.7 ～ 2010.12</td><td>副　科</td></tr>
<tr><td>财务电脑科委派会计</td><td>周东明</td><td>2007.8 ～ 2009.5</td><td>副科级</td></tr>
<tr><td>财务电脑科科长</td><td>张中伟</td><td>2007.3 ～ 2008.12</td><td></td></tr>
<tr><td>财务电脑科副科长</td><td>虞真良</td><td>2009.5 ～ 2011.1</td><td>正　科</td></tr>
<tr><td>综合业务事后监督中心主任</td><td>杨　英</td><td>2009.6 ～ 2012.3</td><td>副科级</td></tr>
<tr><td rowspan="2">财务电脑科副科长</td><td rowspan="2">陈忆萍</td><td>2010.12 ～ 2012.4</td><td></td></tr>
<tr><td>2010.12 ～ 2012.2</td><td>兼清算中心主任</td></tr>
<tr><td rowspan="2">财务电脑科科长</td><td>张必军</td><td>2008.12 ～ 2010.12</td><td></td></tr>
<tr><td>张玲燕</td><td>2010.12 ～ 2012.4</td><td></td></tr>
<tr><td>综合业务事后监督中心主任</td><td>黄月霞</td><td>2012.3 ～ 2013.6</td><td></td></tr>
<tr><td>授权与对账中心主任</td><td>黄云英</td><td>2012.4 ～ 2014.2</td><td>正　科</td></tr>
<tr><td>清算中心主任</td><td>金娇赟</td><td>2012.2 ～ 2013.2</td><td rowspan="3">副科级</td></tr>
<tr><td>财会科技科会计辅导员</td><td rowspan="2">吴玉娟</td><td>2012.2 ～ 2013.3</td></tr>
<tr><td>清算中心主任</td><td>2013.3 ～ 2014.3</td></tr>
<tr><td>财会科技科科长</td><td>陈忆萍</td><td>2012.4 ～ 2015.5</td><td></td></tr>
<tr><td>科技信息中心主任</td><td>陈春霞</td><td>2012.9 ～ 2013.11</td><td>副科级</td></tr>
</table>

续表 1-7-7

职　　务	姓 名	任职时间	备　　注
财务电脑（财会科技）科委派会计	吴萍萍	2012.4 ～ 2015.8	副科级
	郑秀娟	2012.4 ～ 2013.7	
	陈　丹	2012.4 ～ 2012.9	
	黄为兴	2012.4 ～ 2014.8	
财会科技科委派会计	傅欢笑	2013.2 ～ 2013.6	
财会科技科副科长	周东明	2013.6 ～ 2016.12	
综合业务事后监督中心主任	黄巧英	2013.6 ～ 2016.11	副科级
财会科技（财务会计）科副科长	金娇赟	2013.2 ～ 2015.5	
		2015.5 ～ 2016.12	主持工作
财务会计科委派会计	杨　英	2014.4 ～ 2014.12	副　科
现金调拨中心主任		2014.12 ～ 2016.12	
财会科技科委派会计	傅超男	2013.7 ～ 2014.3	执行会计助理职务系数
清算中心主任		2014.3 ～ 2016.12	副科级
财务会计科委派会计	徐秀艳	2014.9 ～ 2015.8	
财务会计科会计辅导员	吴园园	2015.8 ～ 2016.12	科长助理
财务会计科会计辅导员	徐秀艳	2015.8 ～ 2016.12	副科级
	吴萍萍	2015.8 ～ 2016.12	
综合业务事后监督中心主任	傅欢笑	2016.11 ～ 2016.12	

审计科（综合业务组、财务稽核组、监督保卫科、稽核科）

1989 年 9 月设综合业务组（含稽核业务）。1990 年 12 月改设为财务稽核组。1991 年 5 月分设稽核组。1995 年 3 月改设为监督保卫股（含稽核业务）。1996 年 11 月改称监督保卫科。1998 年 9 月单设稽核科。1999 年 11 月撤销稽核科，复设监督保卫科。2005 年 3 月撤销监督保卫科，分设审计科和保卫科。

表 1-7-8　　审计科历任负责人（含正副科级稽核员）名录

职　　务	姓 名	任职时间	备　　注
稽核组组长	王永清	1991.5 ～ 1995.3	
监督保卫股股长	赵根法	1995.3 ～ 1996.11	
监督保卫科科长		1996.11 ～ 1998.9	
稽核科科长	陈巧琴	1998.9 ～ 1999.11	
监督保卫科科长		1999.11 ～ 2001.5	

续表 1-7-8

职　　务	姓　名	任职时间	备　　注
稽核员	吴怀德	1996.11 ～ 1998.9	副科级
		1998.10 ～ 2002.6	享受副科级待遇
	王天佑	1998.2 ～ 1998.9	副科级
监督保卫科副科长	郑元仙	2001.5 ～ 2005.4	负责稽核工作
审计科科长	周春鱼	2005.3 ～ 2005.6	
审计科副科长	郑元仙	2005.4 ～ 2009.5	
	张中伟	2005.9 ～ 2006.3	主持工作
审计员	杜娟花	2005.4 ～ 2006.2	副科级
审计科科长	楼理宣	2006.3 ～ 2007.3	
	张必军	2007.3 ～ 2008.12	
审计员	楼理宣	2007.3 ～ 2007.12	正科级
审计科副科长	洪　咏	2009.6 ～ 2011.5	
审计科科长	黄明生	2008.12 ～ 2012.4	
	傅仙元	2012.4 ～ 2016.12	
审计科副科长	周东明	2012.4 ～ 2013.6	
审计科科长助理	赵丽霞	2015.8 ～ 2016.12	
审计科副科长	黄月霞	2013.6 ～ 2016.11	
		2016.11 ～ 2016.12	兼黄宅社副主任

资产保全科（资产保全部）

其前身系1998年10月设立的资产保全部，2005年3月改称资产保全科。2007年8月裁撤。

表 1-7-9　　资产保全科历任负责人（含享受正科级待遇保全员）名录

职　　务	姓　名	任职时间	备　　注
资产保全部主任	楼基设	1998.10 ～ 2000.3	
资产保全员		2001.7 ～ 2006.1	享受正科级待遇
	赵根法	1998.10 ～ 2001.7	
	黄遵挺	1998.10 ～ 2001.7	
资产保全科科长	黄云英	2005.4 ～ 2006.1	
	黄明生	2006.1 ～ 2007.8	

业务拓展科

2000 年 8 月增设。2009 年 5 月裁撤。

表 1-7-10　　业务拓展科历任负责人名录

职　务	姓　名	任职时间	备　注
负责人	李巧萍	2000.8 ～ 2001.5	
科　长	李巧萍	2001.5 ～ 2005.4	
科　长	李旭岗	2005.4 ～ 2007.3	
负责人	吴斌勇	2007.3 ～ 2007.4	
科　长	吴斌勇	2007.4 ～ 2009.5	

风险合规科（合规科 - 风险管理科）

2007 年 8 月设合规科和风险管理科。2008 年 10 月，两科合并为风险合规科。2013 年 12 月，风险合规科下设不良资产管理中心。

表 1-7-11　　风险合规科历任负责人名录

职　务	姓　名	任职时间	备　注
合规科科长	黄明生	2007.8 ～ 2008.5	
风险管理科科长	张法远	2007.8 ～ 2008.10	
风险合规科科长	黄明生	2008.5 ～ 2008.12	
风险合规科副科长	邵浩然	2007.8 ～ 2010.12	
	季新团	2011.7 ～ 2012.4	主持工作
	张法远	2011.4 ～ 2012.4	
风险合规科科长	邵浩然	2010.12 ～ 2011.7	
	周旭光	2012.4 ～ 2013.7	
	邵浩然	2011.7 ～ 2013.9	上挂省联合社保留正科职级
不良资产管理中心主任	黄明生	2012.4 ～ 2012.10	正　科
	方　芳	2012.10 ～ 2014.3	副科级
	陈国强	2014.2 ～ 2016.12	副　科
风险合规科风险经理	陈　勋	2012.9 ～ 2013.2	副科级
风险合规科科长	季新团	2013.7 ～ 2014.2	

续表 1-7-11

职　务	姓　名	任职时间	备　注
风险合规科负责人	杨巨钢	2014.2 ～ 2014.3	
风险合规科科长	杨巨钢	2014.3 ～ 2015.7	
风险合规科科长	贾明东	2015.7 ～ 2016.9	
风险合规科科长助理	刘哲宏	2015.5 ～ 2015.7	
风险合规科科长助理	楼宇宸	2015.7 ～ 2016.7	
风险合规科副科长	楼宇宸	2016.7 ～ 2016.12	
风险合规科副科长	张烽光	2016.9 ～ 2016.12	主持工作

科技信息科

2013 年 12 月，科技信息科单设。

表 1-7-12　　科技信息科历任负责人名录

职　务	姓　名	任职时间	备　注
副科长	陈春霞	2013.12 ～ 2014.12	
负责人	陈　坦	2014.12 ～ 2016.12	副科级

资金管理科

2015 年 7 月，增设资金管理科。

表 1-7-13　　资金管理科历任负责人名录

职　务	姓　名	任职时间	备　注
科　长	张玲燕	2015.7 ～ 2016.12	
副科长	陈毅锋	2016.2 ～ 2016.12	

电子银行科

2014 年 11 月升格为电子银行科，其前身系 2013 年 12 月业务管理科下设的银行卡中心。

表 1-7-14　　电子银行科历任负责人名录

职　务	姓　名	任职时间	备　注
副科长	张红英	2014.12 ～ 2016.12	
副科长	吴　超	2016.7 ～ 2016.11	

第四节 县联社营业部

县联社营业部前身为县联合社营业部，于 1993 年 1 月成立，4 月 18 日正式开业，址设浦阳镇和平南路 35 号。办理城乡居民个人储蓄存款、集体存款、个人和集体贷款、汇兑结算、中间业务及委托业务。是年 6 月 1 日，营业部加入中国人民银行浦江县支行统一组织的同城票据交换业务，并逐步开通“华东三省一市”汇票及全国汇票结算业务，成为全县农村信用合作社资金清算中心。

图 1-7-4 1998 年 5 月，县联合社营业部迁入县联合社综合大楼底层营业，图为开业时盛况。

1998 年 5 月该部迁至浦阳镇人民东路 90 号县联合社综合大楼底层营业。2005 年 1 月改称县联社营业部。2015 年 5 月，下设客户服务中心。

迄 2016 年末，县联社营业部各项存款余额 156299 万元；各类贷款余额 77326 万元。

图 1-7-5 营业部内景（1998.5）

图 1-7-6 营业部内部装修改造后（2016）

表 1-7-15　　营业部历任负责人（含副主任级主办会计）名录

职　务	姓　名	任职时间	备　注
负责人	陈乃曹	1993.4～1994.1	
	赵根法	1994.2～1994.4	
	王天佑	1994.5～1995.3	
主　任	朱旭民	1995.4～1997.1	
	江东放	1997.1～1998.5	
	周荣军	1998.5～2002.3	
副主任	傅仙元	2002.3～2006.1	主持工作
主　任		2006.1～2009.5	
主办会计	张根莉	1998.2～2006.4	副主任级
主　任	陈文斌	2009.5～2012.1	
主办会计	周东明	2009.5～2012.4	副主任级
主　任	杨巨钢	2012.1～2014.2	
	张灵坚	2014.2～2014.12	
主任助理	张红英	2012.4～2012.8	副科级
副主任		2014.8～2014.12	
会计助理	任青芳	2013.3～2014.8	
风险经理	严东东	2013.6～2014.12	享受会计助理同档职务系数
主　任	周旭光	2014.12～2016.12	
副主任	吴玉娟	2014.12～2016.1	
	吴赛君	2015.5～2015.7	兼城关社新华西路分社主任
		2015.7～2016.3	兼客户服务中心主任
		2016.3～2016.8	兼微贷中心主任 县联社水晶中园分社主任
		2016.8～2016.12	
会计主管	方　莉	2016.1～2016.12	

附：

浦江县仙华城市信用合作社

浦江县仙华城市信用合作社由浦江星宇实业公司、浦江银河金饰品店、浦江美食家餐厅（中国工商银行浦江县支行下属经济实体），浦江金店（中国人民银行浦江县支行下属经济实体），浦江县财税劳动服务公司（县财税局下属经济实体），浦江县新闻实业开发公司（浦江报社下属经济实体），浦江县商业贸易公司（县供销合作社下属经济实体），浦阳镇工业建材经营部（浦阳镇工办）等 9 家发起并入股组建。1993 年 6 月，经中国人民银行浙江省分行批准成立，8 月 28 日正式开业，租用浦阳镇人民东路 73 号中国工商银行浦江县支行学塘角储蓄所营业大厅东侧设营业部，办理城镇小集体、私营企业、个体工商户及小型国营租赁企业存、贷款和结算业务，其他单位存款业务，城乡居民个人储蓄存款业务；代理证券发行和代办其他收付业务；办理经人民银行批准的其他业务。

图 1-7-7　县仙华城市信用合作社开业揭牌（1993.8）

1994 年 10 月，其本部连同营业部复租用相邻的人民东路 71 号县财税局国债服务部旧址办公、营业。1996 年 2 月 5 日，再迁浦阳镇人民东路 141 号（今浦阳农村信用合作社江滨分社社址）办公、营业。

1994 年 3 月，在浦阳镇环城南路樟树下地段筹设商业长廊储蓄所，4 月 8 日正式开业。

1994 年 11 月，在浦阳镇人民东路 88 号设浦阳镇工业小区储蓄代办所。1998 年 6 月裁撤。

1995 年 3 月，在浦阳镇和平南路 46 号筹设城南储蓄所，于 4 月 8 日试营业（人民银行于 7 月发文批复始正式开业）。1996 年 2 月迁至浦阳镇人民西路 31 号并更名人民西路储蓄所。1998 年 6 月迁至浦阳镇人民东路 94 号，更名人民东路储蓄所并正式挂牌营业。1999 年 1 月迁至浦阳镇人民东路 141 号营业部内营业。2000 年 9 月再迁浦阳镇新华西路 6 号并更名新华西路储蓄所。

1996 年 2 月，浦阳镇人民东路 71 号本部及营业部原址改设府前储蓄所并正式开业。

表 1-7-16　　县仙华城市信用合作社 1993 ～ 2001 年基本情况统计

单位：万元、个、人

年　份	存款余额	储蓄余额	贷款余额	利润总额	实收资本	所有者权益	经营网点	职工人数
1993	394	188	391	0.01	100.42	100.49	1	11
1994	1341	886	810	18.00	116.90	123.42	2	20
1995	2901	1385	1783	-2.65	186.10	187.62	3	28
1996	4020	1682	2526	13.72	267.10	280.93	4	32
1997	4353	1714	2937	-25.52	287.10	279.02	4	33
1998	4249	2453	2918	8.67	227.60	225.13	4	34
1999	3685	2093	3608	4.66	227.60	229.79	4	34
2000	4194	2380	3508	-367.26	227.60	-136.96	4	34
2001	3040	2073	3569	-13.58	0.00	-378.14	4	34

表 1-7-17　　历任负责人名录

职　务	姓　名	任职时间	备　注
经　理	钟　声	1993.8 ～ 1995.9	
副经理	周根义	1995.3 ～ 1998.5	
经　理	柳金才	1995.9 ～ 1998.5	
	江东放	1998.5 ～ 2001.3	
经理助理	吴小君	1998.10 ～ 2001.3	

表 1-7-18　　历任中层负责人名录

职　务	姓　名	任职时间	备　注
营业部主任	袁喻义	1994.3 ～ 1995.3	1994.6 兼办公室主任
营业部主办会计兼主任助理	吴小君	1994.6 ～ 1995.3	
营业部主任兼主办会计		1995.3 ～ 1999.1	
经理助理兼办公室主任		1999.1 ～ 2001.3	
专职保卫干事	方八一	1994.6 ～	

续表 1-7-18

职　务	姓　名	任职时间	备　注
营业部储蓄部主任兼储蓄业务副主管	吕理锋	1994.6 ～ 1995.3	储蓄所主任级
城南储蓄所主任		1995.3 ～ 1996.10	
人民西路储蓄所负责人		1996.10 ～ 1998.8	
人民东路储蓄所主任		1998.8 ～ 2000.9	
新华西路储蓄所主任		2000.9 ～ 2001.3	
商业长廊储蓄所主任	于继明	1994.4 ～ 1995.3	
专职信贷员兼储蓄业务主管		1995.3 ～ 1998.7	
信贷科科长		1998.7 ～ 1999.1	
商业长廊储蓄所主任	杨巨钢	1995.3 ～ 1998.8	
信贷科科长		1999.1 ～ 2001.3	
工业小区储蓄代办所主任	胡　颖	1995.3 ～ 1998.6	
商业长廊储蓄所主任		1998.8 ～ 2001.3	
营业部储蓄专柜柜组长	尹芝琴	1995.4 ～ 1996.6	
营业部储蓄专柜主任	贾亚青	1996.6 ～ 1998.8	
营业部出纳主管	吴淑磊	1994.6 ～ 1996.6	
府前储蓄所主任		1996.6 ～ 2001.3	
人民西路储蓄所主任	叶向东	1996.6 ～ 1996.10	
办公室负责人		1996.10 ～ 1999.1	
营业部主任		1999.1 ～ 2001.3	
营业部主办会计	楼旭东	1998.7 ～ 2001.3	享受储蓄所主任级待遇

1999 年 12 月，遵照上级主管行要求，县仙华城市信用合作社召开股东大会，全体股东一致同意归并县农村信用合作社联合社，纳入行业管理。2001 年 1 月 4 日，根据《国务院办公厅转发中国人民银行整顿城市信用合作社工作方案的通知》（国办发〔1998〕140 号）精神，结合上级主管行意见及县人民政府相关决定，县农村信用合作社联合社召开第三届理事会第六次会议，就归并管理事宜形成决议。经三方（中国人民银行浦江县支行、县农村信用社联合社和县仙华城市信用合作社）对县仙华城市信用合作社资产、负债及所有者权

益的认定，其资不抵债金额为 1355 万元，同意县人民政府的弥补办法：即归并前注资 600 万元，自是年始，5 年间由县人民政府每年向县信用合作社联合社注资 100 万元（含注资前的 100 万元）；并存入预算外资金 2000 万元，其中 1000 万元按活期存款利率计息，1000 万元按一年期定期存款利率计息，间接用于弥补资不抵债缺口。对其原有股本金，由县人民政府负责解释和处置。是年 3 月，经中国人民银行上海分行批准，县仙华城市信用合作社归并县农村信用合作社联合社管理，更名城关农村信用合作社，保留法人资格。县仙华城市信用合作社原分支机构，相应更名为城关农村信用合作社分支机构。

中国人民银行浦江县支行文件

浦人银字[2001]21 号

关于“关于浦江县仙华城市信用合作社归并浦江县农村信用合作社联合社管理并实行更名改制的转复”的转复

浦江县仙华城市信用合作社：

你社《浦江县仙华城市作用社关于要求归并浦江县农村信用联社的请示》[浦城信（2001）02 号]文及有关资料已收悉，经我支行初审，并转报人行金华市中心支行复审，人行上海分行批准，现将[金银（2001）59 号文]转复如下：

一、同意浦江县仙华城市信用社合作社更名改制为浦江县城关农村信用合作社，保留法人资格，纳入浦江县农村信用联社管理；

二、同意浦江县仙华城市信用合作社原分支机构保留，并相应更名为浦江县城关农村信用合作社分支机构。

本转复下达后，你社必须严格按照人总行和分行有关文件的要求，在文到之日起十天内上缴《营业许可证》，并办妥更名改制的其他有关手续。与此同时，还应加强内部管理工作，强化优质服务，严防新的风险产生。

此复

二〇〇一年三月二十日

图 1-7-8　中国人民银行浦江县支行关于县仙华城市信用合作社归并县农信联合社管理并实行更名改制的转复（2001.3）

图 1-7-9　县仙华城市信用合作社全体员工合影（2001.3）前排左起：项守信、胡颖、赵群霞、楼仙红、洪巧、叶向东、江东放、吴小君、吴灵芳、王军霞、尹芝琴；第二排左起：金利建、吕理锋、杨钦勇、于继明、金磊、张铭、楼旭东、张大雷、方八一、徐福东、杨巨钢；后排左起：周春鱼、吴淑磊、何爱华、楼安娜、芮美红、贾亚青、吴巧英、张小霞、楼柳兰、傅春丽、汤冉箐。

2001 年 2 月，县人民政府向县农村信用合作社联合社注资额及预算外资金存入额悉数到位。

迄是年 4 月 13 日止，县仙华城市信用合作社各项存款余额 3006 万元，各项贷款余额 3569 万元（其中正常贷款 2007 万元，占 56.3%；逾期贷款 189.5 万元，占 5.4%；“两呆”贷款 1372 万元，占 38.4%），存贷比例为 118.7%；股本金 227.6 万元（其中法人股 193 万元，个人股 34.6 万元）；历年亏损 376.7 万元，实际资不抵债 1320 万元。

此外，县仙华城市信用合作社人事档案等由县农村信用合作社联合社接收后，对其原 33 名职工按有关规定予以界定，纳入县农村信用合作社联合社统一管理，并分别签订劳动合同，按“双向选择”原则聘任、聘用，享受农村信用合作社职工同等薪酬标准及福利待遇。

浦江县农村合作基金会

农村合作基金会是农村经济体制改革的产物。在 1983 年至 1985 年中共中央颁发的 3 个 1 号文件中，明确要求放活农村金融政策，进一步搞活农村经济，允许农民和集体的资金自由地或有组织地流动，以提高资金的融通和使用效益。

1994 年上半年，借鉴本省温州、台州等地的创办经验，本县始在浦阳镇试点，于翌年 8 月成立浦阳镇农村合作基金会。此后，全县各乡（镇）群起效仿，多家农村合作基金会纷纷开业或筹备成立。至 1996 年下半年，全县已有农村合作基金会 18 家（除黄宅镇与中余乡外，其他 14 个乡镇及石宅、大许、大溪、平安 4 个办事处均先后成立农村合作基金会），并组建县农村合作基金会联合会，以指导、管理、协调、监督各基金会开展业务。是年 8 月，全县农村合作基金会资产总额达 27600 万元，存款 24331 万元，贷款 18486 万元。

诚然，从一定程度上而言，农村合作基金会的蓬勃兴起，对于改善农村集体资金管理，增加农业投入，抑制民间高利贷活动，缓解农村生产经营资金的匮乏，助推农村经济发展，其积极作用无可否认。但农村合作基金会毕竟不同于银行、农村信用合作社等金融组织，应当以管好用好集体资金为出发点，体现资金互助合作的社区性。资金来源亦应在以集体资金为主的基础上，适当吸收农户资金入股，依照其自身创办性质、宗旨、基本任务和特点来开展业务。缘于缺乏有效监督与规范管理等多种因素，在实际运作中，农村合作基金会却偏离轨道，甚至严重违反金融法规，毫无节制地参与高利率资金市场恶性竞争，乱象丛生。而其自身单纯追求高收益，导致资金投放非农化趋势发展到异乎寻常的地步，资产质量骤降、风险加大等问题亦日渐暴露，引起县金融监管部门的高度注视。

1995 年 10 月，中国人民银行浦江县支行通过深入调查，拟就《关于立即制止农村合作基金会违规行为并依法进行严格监管的紧急报告》，呈送中共浦江县委、县人民政府。该《紧急报告》指出，本县农村合作基金会的违规行为，具体表现在五个方面：一是违背创办宗旨，变相办理金融业务；二是以预分红方式抬高利率；三是高利率发放贷款；四是资金投向和使用超越范围，不以支持农业为主；五是入股对象异化，有的乡镇干部直接参股，将一己私利与农村合作基金会挂钩，有的乡镇还规定每个干部均须参股，金额为5000元至1万元不等。这一系列问题的出现，严重扰乱全县正常的金融秩序，尤其对农村信用合作社产生强烈冲击。据统计，已开业的几家农村合作基金会吸收股金及代管金高达4000余万元。反之，其所在地农村信用合作社各项存款业务则大幅萎缩。如花桥乡信用合作社存款总量跌至300余万元，致支付亦感困难，而花桥乡农村合作基金会吸纳资金则多于信用合作社存款总量好几倍。情势所逼，全县有15个乡镇信用合作社主任曾数次集体上访，强烈要求人民银行及县有关部门坚决制止农村合作基金会的违规行为，严格规范其业务活动。

是年12月，根据中共浦江县委、县人民政府主要领导强调农村合作基金会“网点不乱、区域不跨、投向不变、手续不简、利率不抬、监管不弱、领导不松”，促其在发展中规范、在规范中发展的指示精神，县农村经济委员会、中国人民银行浦江县支行共同拟就《关于规范农村合作基金会的补充意见》，由县人民政府办公室以浦政办发〔1995〕227号文转发至各乡镇人民政府、县人民政府各部门和县属各单位，要求认真贯彻执行。《补充意见》为10条：一是由县农村经济委员会具体负责全县农村合作基金会规范化管理工作，中国人民银行浦江县支行依法对农村合作基金会实行监管。二是严格审批手续，对尚未设立农村合作基金会的乡（镇），须按县人民政府办公室浦政办法〔1995〕121号文件要求，从严掌握报批条件；已批准设立但未正式开业的农村合作基金会应积极筹备，待条件成熟后再开业；已开业的要严格按办会宗旨及章程自查，并整改、纠正。三是备付金应留足35%～40%，最少不得低于30%，其中8%上缴县农村经济委员会。四是除乡（镇）所在地外，不得异地设立基金会，也不得设立分会，如已设立的应立即取消。五是新闻、舆论部门对农村合作基金会的宣传应实事求是，既要宣传股息分红的益处，又要讲明其风险性，乡（镇）干部要客观公正地做好农村干部群众的宣传解释工作。六是积极探索“取之于民、用之于民、返利于民”的新途径，纠正以预分红等形式变相抬高利率筹集股金的做法。七是农村合作基金会资金的投放，主要应立足于“三农”，进一步发挥支农职能。八是加强内部管理，深化资金投向风险意识，提高干部职工的政治和业务素质，防患于未然。九是农村合作基金会到金融机构开户，必须持县农村经济委员会批文到人民银行办理开户许可证，利率统一执行人民银行规定的标准。十是各农村合作基金会必须认真、及时、如实地向县农村经济委员会和人民银行报送有关报表。

1996年8月，国务院颁发《关于农村金融体制改革的决定》。《决定》明确指出，农村合作基金会不属于金融机构，不得办理存、贷款业务，要真正办成社区内的资金互助组织。

但是，目前相当一部分农村合作基金会以招股名义高息吸收存款，入股人不参加基金会管理，不承担亏损；基金会将筹措资金用于发放贷款，违反金融法规经营金融业务，隐藏着很大的风险。因此，要按国家的有关规定，对农村合作基金会进行清理整顿。

1999 年 7 月，浙江省人民政府根据《国务院办公厅转发整顿农村合作基金会清理整顿农村合作基金会的工作方案的通知》精神，下发《关于印发〈浙江省清理整顿农村合作基金会实施方案〉的通知》。中央和中共浙江省委、省人民政府决定对农村合作基金会进行清理整顿，乃深化农村金融体制改革、维护农村金融秩序、防范和化解农村金融风险的一项重大举措，也是促进农村经济发展和社会稳定的一项重要决策。中共浦江县委、县人民政府迅即部署，成立清理整顿农村合作基金会工作领导小组，对 19 家农村合作基金会派驻清产核资小组，全面清理其资产负债，清理整顿期间实行“两停一缓”（停止任何名义的存款和借款，暂缓存款兑付）。8 月，县联合社亦成立由主任徐建一牵头、领导班子成员分工负责的清理整顿县农村合作基金会协调小组，并召开各基层社、分社主任及会计人员参加的紧急会议，部署清理整顿工作，要求各工作组成员积极配合当地人民政府，切实做好农村合作基金会关停等事宜。11 月，县联合社向中国人民银行浦江县支行呈文，申请将大许等 10 家农村合作基金会业务并入农村信用合作社。

2000 年 1 月，中国人民银行浦江县支行以浦人银字〔2000〕第 12 号文转复：经审核并报上海分行发文确认，根据中国人民银行金华市中心支行金银〔2000〕第 20 号文转复精神，同意大许等 10 家农村合作基金会业务并入相应的农村信用合作社，并撤销原农村合作基金会所有机构网点。其后，中国人民银行上海分行又对本县另 9 家农村合作基金会业务并入农村信用合作社的申请予以批复。县农村信用合作社接受全县 19 家农村合作基金会资产总额 27063 万元，负债总额 25987 万元。是月 19 日至 25 日，本县农村信用合作社对原潘宅、杭坪、白马、郑家坞、虞宅、郑宅、大畈、石宅、大溪、平安、大许、七里、花桥、前吴、浦阳、檀溪、治平、岩头等农村合作基金会的资产负债和个人存款开展换据、兑付工作。迄是年 12 月上旬，本县农村信用合作社各项存、贷款余额分别为 57644 万元和 48135 万元，存贷比例为 83.5%。其中，农村合作基金会并入存款余额 4396 万元，比并入时下降 19776 万元，且尚有 790 万元集体存款未换据，返存率仅 18.2%；而并入贷款余额 13229 万元，其并入的存贷比例高达 300.9%；据此，本县农村信用合作社垫付资金 8833 万元。其时，全县农村信用合作社可用资金为 2000 万元，不得不向中国人民银行浦江县支行几次申请再贷款，以防范支付风险产生。是年，县联合社按照招工条件，接收安置原农村合作基金会员工 6 名。翌年 11 月，对之一一就工作业绩和业务技能进行考核，准予转正。

表 1-7-19

大许等 10 家农村合作基金会业务并入清单

单位：元

序号	申请单位名称	拟接收单位名称	资产总额	负债总额	呆账	呆账准备金	净资产	政府出资弥补额	弥补情况	审批结果	备注
1	大许乡农村合作基金会	浦阳农村信用合作社	10084171.77	9529624.65	1135778.00	108728.00	-472502.48	500000.00	已弥补	同意直接并入	
2	杭坪镇石宅农村合作基金会	浦阳农村信用合作社	4334348.31	4340198.74	234000.00	45273.50	-194576.93	200000.00	已弥补	同意直接并入	
3	浦阳镇农村合作基金会	浦阳农村信用合作社	76875917.82	73831403.24	7800047.57	698980.00	-4056552.99	4060000.00	已弥补	同意直接并入	借贷剥离注资225万元
4	前吴乡农村合作基金会	浦阳农村信用合作社	3722393.85	3654229.72	656730.00	39219.10	-549346.77	549705.60	已弥补	同意直接并入	借贷剥离注资36460.00元
5	七里乡农村合作基金会	浦阳农村信用合作社	17978825.64	16907252.29	2307710.00	208851.00	-1027285.65	1030000.00	已弥补	同意直接并入	
6	浦江县农村合作基金会联合会	浦江县农村信用合作社联合社	10157897.08	9831582.14	686230.00		-359915.06	360000.00	已弥补	同意直接并入	
7	花桥乡农村合作基金会	浦阳农村信用合作社	7051202.05	6820415.62	731650.00	63788.16	-437075.41	437075.41	已弥补	同意直接并入	
8	檀溪镇农村合作基金会	檀溪农村信用合作社	6016307.66	6308914.14	1394317.00	57075.56	-1629847.92	1630000.00	已弥补	同意直接并入	
9	郑宅镇农村合作基金会	浦东农村信用合作社	13213783.09	11651393.56	272000.00	131456.00	1421845.53			同意直接并入	
10	岩头镇农村合作基金会	黄宅农村信用合作社	13785030.72	13565900.99	2086000.00	135331.44	-1751538.83	1755000.00	已弥补	同意直接并入	

第二篇　管理体制

自1954年本县农村信用合作社成立以来，历60余年风雨里程，发展至今，其组织机构和管理体制曾数度变异。早期，农村信用合作社以接受各乡（镇）党委、政府领导和管理为主，业务上由银行负责具体指导。1957年以后，这一条块结合、实行由地方党委和银行双重领导的管理体制延续了很长一段时期。其间，顺应国家政策、银行机构调整以及信用合作社地位作用的变化，其领导关系和管理体制亦多次更替，双重领导的管理内容与力度不尽相同。

1977年11月，国务院下发《关于整顿和加强银行工作的几项规定》首次明确指出："信用合作社既是集体金融组织，又是国家银行在农村的基层机构。"1979年国务院又在《关于恢复中国农业银行的通知》中重申："农村信用合作社是集体所有制的金融组织，又是农业银行的基层机构。"自此，银行将农村信用合作社与其基层机构等同管理，资金纳入国家信贷计划，人员编制纳入集体劳动工资计划，职工待遇与银行基本一致，条块双重领导逐步转换为以条条领导为主。

1987年6月浦江县农村信用合作社联合社成立后，接受中国农业银行浦江县支行和中共浦江县委、县人民政府双重领导。1996年10月与农业银行脱钩，业务上先后接受金华市农村金融体制改革领导小组办公室、金华市农村信用合作管理办公室领导。1999年11月，浙江省农村信用合作协会正式成立，农村信用合作社联合社纳入行业管理。2004年4月，浙江省农村信用合作协会解散，成立浙江省农村信用合作社联合社。同年5月，浙江省农村信用合作社联合社金华办事处行使对本县农村信用合作社联合社的领导、管理、协调和服务职能。

第一章 业务主管机构

第一节 中国人民银行浦江（义乌）县支行

1949 年 5 月 11 日，浦江解放。10 月 22 日，中国人民银行浦江办事处成立，址设县城浦阳镇民主北路（后定门牌为新华中路 117 号）。1951 年 4 月，办事处升格改称中国人民银行浦江县支行。

1954 年 3 月下旬，本县第一个农村信用合作社在马剑区中余乡成立，日后各区乡（镇）陆续组建信用合作社。是年起至 1955 年底，全县农村信用合作社业务均由中国人民银行浦江县支行主管，并就股金募集、存款组织、贷款发放和财务管理进行具体指导，开展理事会

图 2-1-1 中国人民银行浦江县支行印章（1954）

图 2-1-2 中国人民银行浦江县支行外景（2016）

主任、会计人员业务培训和辅导，提高社干管理水平，促农村信用合作社在初创时期得以健康发展。

中国农业银行浦江县支行于1956年1月成立后，1957年2月与中国人民银行浦江县支行合并，农村信用合作社业务复归人民银行领导。尔后，人民银行对农村信用合作社实施全面整顿，端正经营理念，纯洁干部队伍，健全规章制度，拓展各项业务，使其资金实力和盈利水平有所增强。

1960年1月，浦江、义乌两县合并。翌年8月以后，农村信用合作社全面恢复，浦江片各社业务主管机构为中国人民银行义乌县支行。1964年4月，各社业务领导和干部管理划归中国农业银行义乌县支行。1966年1月中国农业银行义乌县支行正式撤销，各社业务复归中国人民银行义乌县支行领导，并按国务院相关规定，对其人事安排、干职薪酬及福利待遇等以人民银行为主实施管理。

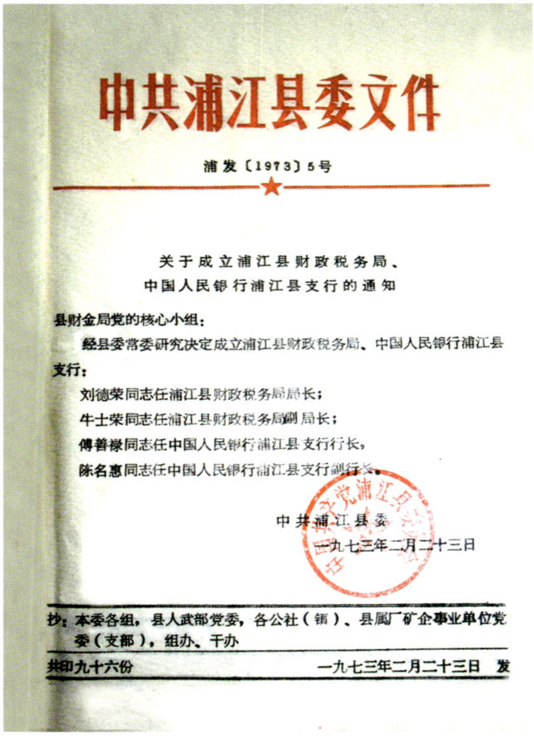
中共浦江县委文件

浦发〔1973〕5号

关于成立浦江县财政税务局、
中国人民银行浦江县支行的通知

县财金局党的核心小组：

经县委常委研究决定成立浦江县财政税务局、中国人民银行浦江县支行：

刘德荣同志任浦江县财政税务局局长；

牛士荣同志任浦江县财政税务局副局长；

傅善禄同志任中国人民银行浦江县支行行长，

陈名惠同志任中国人民银行浦江县支行副行长。

中共浦江县委

一九七三年二月二十三日

抄：本委各组，县人武部党委，各公社（镇）、县属厂矿企事业单位党委（支部），组办、干办

共印九十六份　　一九七三年二月二十三日　发

图 2-1-3　中共浦江县委关于县财政税务局和人民银行分设的文件（1973.2）

1967年1月，中国人民银行浦江县支行随浦江县建制恢复而重设。各农村信用合作社均改冠“浦江县”以更名，业务仍归人民银行领导。1969年10月3日，中国人民银行浦江县支行成立革命委员会。1971年1月，县革命委员会设生产指挥组财政金融局，财政局与人民银行合署办公，各农村信用合作社业务由县财政金融局领导和管理。1973年3月，县财政金融局裁撤，中国人民银行浦江县支行独立办公，履行对农村信用合作社业务的领导和管理职能。1970年至1973年间，县财政金融局、人民银行先后对农村信用合作社干部经济面貌进行全面清查，以整顿队伍，纯洁组织，打击犯罪。1978年3月至1979年7月，按照全省银行工作会议部署，人民银行对农村信用合作社（包括大队信用服务站）再度实施整顿，开展“三清”（清账目、清物资、清贷款），着眼教育，重在整改，处理违法行为，健全规章制度，提升社（站）干业务水平。加强组织建设，调整充实各信用合作社领导班子，明确今后社干人事调动、任免统由人民银行管理。同时，加大对信用合作社的领导和扶持力度，使之逐渐摆脱弱势，焕发生机。

1980年1月，中国农业银行浦江县支行成立，各农村信用合作社业务领导和人事管理由农业银行接续。直至1996年10月农村信用合作社与农业银行脱离行政隶属关系。

表 2-1-1　　中国人民银行浦江县支行（办事处）历任负责人名录

机构名称	职　务	姓　名	任职时间
中国人民银行浦江办事处	副主任（主持工作）	马恒春	1949.10 ～ 1950.1
中国人民银行浦江县支行	第一副行长	李贻孝	1950.11 ～ 1951.4
			1951.4 ～ 1952.1
		顾善芳	1952.1 ～ 1952.9
	第二副行长	张树田	1952.1 ～ 1952.9
	副行长		1952.9 ～ 1953.5
		臧许之	1953.8 ～ 1953.12
	行　长		1953.12 ～ 1959.12
	副行长	王玉贤	1954.2 ～ 1958.4
	第一副行长	余守潮	1954.9 ～ 1955.11
			1957.1 ～ 1959.6
	行　长	臧许之	1967.1 ～ 1969.9
	副行长	吴华德	1967.1 ～
	革命委员会主任	傅善禄	1969.9 ～ 1970.12
浦江县财政金融局	党的核心小组组长	傅善禄	1970.12 ～ 1972.3
	革命委员会主任		1972.3 ～ 1973.2
中国人民银行浦江县支行	行　长		1973.2 ～ 1977.6
	副行长	陈名惠	1973.2 ～ 1977.6
	行　长		1977.6 ～ 1984.2
	副行长	杨玉瑯	1977.8 ～ 1979.5
		陈美红	1978.1 ～ 1980.2
	行　长	蒋兴志	1986.6 ～ 1992.11
	副行长	杨崇福	1986.6 ～ 1999.3
	行　长	王　琦	1992.11 ～ 2000.6
	副行长	朱笑一	1992.11 ～ 2001.3
	副行长（主持工作）	何　健	2000.6 ～ 2001.3
	行　长	杨正方	2001.3 ～ 2004.5

续表 2-1-1

机构名称	职　　务	姓　名	任职时间
中国人民银行浦江县支行	副行长	黄立新	1999.3～2004.5
		俞　威	2001.3～2003.12
	行　长	王巧伟	2004.5～2007.8
	副行长	郑　英	2004.5～2007.3
		金　涛	2004.5～
		金招根	2007.3～2008.6
	行　长	黄立新	2007.8～
	副行长	黄兴强	2009.7～2010.6
		唐　芳	2010.7～

第二节　中国农业银行浦江（义乌）县支行

1955 年 3 月，国务院批准建立中国农业银行。1956 年 1 月，中国农业银行浦江县支行正式成立，址设浦阳镇新华东路 27 号（旧名马豹桥，中国人民银行浦江县支行行址）后第三幢楼，接管对农村信用合作社的业务领导。其间，农业银行对农村信用合作社实施整顿，调整机构，纯洁队伍，健全制度，促其业务经营逐步扭亏增盈。1957 年 2 月人、农两行合并后，农村信用合作社业务复归中国人民银行浦江县支行领导。

1964 年 4 月，人、农两行第二次分设，浦江片农村信用合作社业务转由中国农业银行义乌县支行管理和指导。结合“四清”工作，农业银行再度对农村信用合作社实施分类分批整顿，以臻“整顿一批，巩固一批，提高一批”。

图 2-1-4　中国农业银行浦江县支行印章（1956）

图 2-1-5　中国农业银行浦江县支行外景（2016）

同时帮助其解决资金周转困难等问题，有效遏制违规违纪行径，支持打击农村死灰复燃的高利贷活动，推进各社自身建设和发展，维护农村金融局面稳定。1966 年 1 月农业银行撤销后，浦江片农村信用合作社业务复归人民银行主管。

1967 年 1 月浦江县建制恢复后，至 1979 年底，各农村信用合作社业务由中国人民银行浦江县支行领导和管理。

1980 年 1 月，根据上年国务院《关于恢复中国农业银行的通知》精神，人、农两行第三次分设。农业银行的主要任务是：统一管理支农资金，集中办理农村信贷，领导农村信用合作社，发展农村金融事业。中国农业银行浦江县支行分设后，再度接管全县农村信用合作社的业务领导和人事管理。该行根据农村信用合作社“既是集体金融组织，又是国家银行在农村的基层机构”的特定性质，套用银行经营管理模式，遂行集中管理、垂直领导的“官办”体制。诚然，在当时社会主义计划经济尚未向商品经济转变的历史条件下，这一体制对规范农村信用合作社经营管理，促进农村信用合作社稳定发展不无积极意义。然致其民主管理制度日渐虚化、合作金融组织基本属性趋淡的弊端则难掩饰。

1987 年 6 月，浦江县农村信用合作社联合社成立，组建县联合社和基层社两级法人架构。县联合社与农业银行“半脱钩”，县联合社在业务上仍接受中国农业银行浦江县支行领导和监督。

1996 年 10 月，根据国务院《关于农村金融机构改革的决定》，浦江县农村信用合作社联合社与中国农业银行浦江县支行正式脱离行政隶属关系，转而接受金华市农村金融体制改革领导小组办公室领导和管理。

表 2-1-2　　中国农业银行浦江县支行历任负责人名录

职　务	姓　名	任职时间
副行长	余守潮	1956.1 ～ 1957.1
第二副行长	郑本号	1956.1 ～ 1957.1
行　长	刘德荣	1980.1 ～ 1981.8
	朱耀春	1981.8 ～ 1984.2
副行长	陈美红	1980.2 ～ 1984.3
副行长（主持工作）		1984.3 ～ 1985.12
调研员（副行长级）		1985.12 ～ 1989.10
副行长	楼基贤	1984.3 ～ 1985.12
行　长		1985.12 ～ 1987.4
副行长		1987.4 ～ 1989.3
行　长		1989.3 ～ 1993.3

续表 2-1-2

<table>
<tr><th>职　务</th><th>姓 名</th><th>任职时间</th></tr>
<tr><td rowspan="2">副行长</td><td>任承湘</td><td>1984. 3 ～ 1987. 11</td></tr>
<tr><td rowspan="2">张祖荣</td><td>1988. 1 ～ 1993. 3</td></tr>
<tr><td>代理行长</td><td>1993. 3 ～ 1993. 11</td></tr>
<tr><td>副行长</td><td rowspan="2">张若梓</td><td>1989. 3 ～ 1993. 6</td></tr>
<tr><td>代行行长职权（行长脱产学习）</td><td>1989. 8 ～ 1990. 7</td></tr>
<tr><td>副行长</td><td>陈伟清</td><td>1992. 3 ～ 1996. 12</td></tr>
<tr><td>行　长</td><td>张祖荣</td><td>1993. 11 ～ 2002. 4</td></tr>
<tr><td>行长助理</td><td rowspan="2">周文勇</td><td>1993. 6 ～ 1994. 2</td></tr>
<tr><td>副行长</td><td>1994. 2 ～ 2002. 4</td></tr>
<tr><td rowspan="2">行长助理</td><td>甄岗军</td><td>1994. 2 ～ 1995. 12</td></tr>
<tr><td>薛日明</td><td>1997. 10 ～ 1998. 12</td></tr>
</table>

第三节　集镇营业所（办事处）

中国人民银行、中国农业银行在县以下农村集镇设立的营业所（办事处），既是两行办理存贷、结算业务的前沿窗口，也是直接管理、指导农村信用合作社的派出机构。长时期以来，农村信用合作社与银行基层营业所唇齿相依，休戚与共，农村信用合作社各项业务的发展，直接维系着银行基层营业所阶段性任务目标的完成，社、所携手并进，共同推动农村金融事业稳步前行。1996 年农村信用合作社与农业银行脱离行政隶属关系后，双方在业务上由合作伙伴变成竞争对手。

1950 年 11 月，中国人民银行浦江县支行内设流动服务组，指派农金干部深入各区、乡开展流动服务。1951 年 9 月中旬，在横溪区首设营业所。11 月下旬，机构始普遍下伸，先后在黄宅、马剑两个区开办营业所，在玄鹿、壶源、白沙 3 个区设流动服务组。1952 年 7 月增设城区流动服务组。1953 年 4 月下旬至 5 月中旬，各流动服务组相继改建为营业所。

1956 年 1 月中国农业银行浦江县支行成立后，人民银行县以下各营业所划归农业银行。1957 年春，各营业所随中国农业银行浦江县支行撤销复转由中国人民银行浦江县支行辖属。

表 2-1-3　　1955 年底前人民银行基层机构及负责人名录

机构名称	设置地点	职　务	姓　名	任职时间
横溪营业所	横溪区横溪集镇	副主任	杨仁杰	1951.9～
			王鸿照	1954.7～1955.12
		主　任	何德基	1955.7～1955.12
黄宅营业所	黄宅区黄宅集镇	指定负责人	应心土	1951.11～1953.1
		副主任	于新斋	1953.1～1954.3
		第一副主任	戴孝卿	1954.3～
		第二副主任	于新斋	1954.3～1955.12
马剑营业所	马剑区 中余乡中余村	副主任	张世柱	1951.11～1955.12
			费志良	1954.7～1955.12
玄鹿服务组	玄鹿区白马镇	指定负责人	何德基	1951.11～1954.3
玄鹿营业所		副主任		1954.3～1955.6
		主　任		1955.6～1955.7
		副主任	薛宏鹏	1954.7～1955.12
		第一副主任	何懿足	1955.7～1955.12
壶源服务组	壶源区 杭坪乡杭坪村	指定负责人	郑本号	1951.11～1954.3
壶源营业所		副主任	何懿足	1954.3～1955.7
		第二副主任	何尔柏	1955.6～1955.12
白沙服务组	白沙区墩头镇	指定负责人	张咸杏	1951.11～1954.4
白沙营业所		副主任		1954.4～1955.12
		第二副主任	朱祖楫	1955.6～1955.12
		副主任	费志良	1955.12～1955.12
城区服务组	城区 七里乡七里村	指定负责人	童方钺	1952.7～1954.7
城区营业所		副主任		1954.7～1955.12

表 2-1-4　　1956 年农业银行基层营业所及负责人名录

<table>
<tr><th>机构名称</th><th>设置地点</th><th>职　务</th><th>姓　名</th><th>任职时间</th></tr>
<tr><td>玄鹿营业所</td><td>玄鹿区白马乡傅宅集镇</td><td>主　任</td><td>薛宏鹏</td><td rowspan="8">1956.1 ～ 1956.12</td></tr>
<tr><td>黄宅营业所</td><td>黄宅区黄宅乡新华村</td><td rowspan="4">副主任</td><td>戴孝卿</td></tr>
<tr><td>横溪营业所</td><td>横溪区蜀山乡横溪集镇</td><td>何德基</td></tr>
<tr><td>白沙营业所</td><td>白沙区墩头乡墩头集镇</td><td>朱祖楫</td></tr>
<tr><td>壶源营业所</td><td>壶源区杭坪乡杭坪集镇</td><td>胡关森</td></tr>
<tr><td rowspan="2">马剑营业所</td><td rowspan="2">马剑区中余乡中余村</td><td>主　任</td><td>赵连泰</td></tr>
<tr><td rowspan="2">副主任</td><td>张世柱</td></tr>
<tr><td>城关营业所</td><td>浦阳镇大许乡大许村</td><td>童方钺</td></tr>
</table>

1959 年初，各营业所下放至公社，建立浦东、黄宅、浦西、梅江、壶江、普丰 6 个信用部。2 月增设城关信用部。同年 10 月信用部撤销，恢复营业所。此际，信用部、营业所接受当地公社和人民银行双重领导。

表 2-1-5　　1957 ～ 1959 年人民银行基层营业所（信用部）及负责人名录

<table>
<tr><th>年　　份</th><th>机构名称</th><th>职　务</th><th>姓　名</th><th>任职时间</th></tr>
<tr><td rowspan="8">1957 ～ 1958</td><td>玄鹿营业所</td><td>主　任</td><td>薛宏鹏</td><td rowspan="8">1957.1 ～ 1958.12</td></tr>
<tr><td rowspan="2">黄宅营业所</td><td rowspan="2">副主任</td><td>何懿足</td></tr>
<tr><td>蒋新法</td></tr>
<tr><td>横溪营业所</td><td rowspan="5">负责人
（或副主任）</td><td>朱祖楫</td></tr>
<tr><td>白沙营业所</td><td>费志良</td></tr>
<tr><td>壶源营业所</td><td>何尔柏</td></tr>
<tr><td>马剑营业所</td><td>张世柱</td></tr>
<tr><td>县支行直属</td><td></td></tr>
<tr><td rowspan="8">1959</td><td rowspan="2">浦东信用部（营业所）</td><td>主　任</td><td>薛宏鹏</td><td rowspan="8">1959.1 ～ 1959.12</td></tr>
<tr><td>副主任</td><td>陈名惠</td></tr>
<tr><td>黄宅信用部（营业所）</td><td rowspan="6">主　任
（副主任或
负责人）</td><td>何懿足</td></tr>
<tr><td>梅江信用部（营业所）</td><td>朱祖楫</td></tr>
<tr><td>浦西信用部（营业所）</td><td>何德基</td></tr>
<tr><td>壶江信用部（营业所）</td><td>何尔柏</td></tr>
<tr><td>普丰信用部（营业所）</td><td>张世柱</td></tr>
<tr><td>城关信用部（营业所）</td><td></td></tr>
</table>

1960年1月，浦江县建制撤销，梅江营业所划归兰溪县，浦东、黄宅、城关、浦西、壶江、普丰6个营业所并入中国人民银行义乌县支行。该行在原浦江县治所浦阳镇设浦阳办事处（后改称浦江办事处）。是年5月，城关、浦西营业所裁撤。1961年10月，调整公社组织规模，人民银行浦江片基层机构为1个办事处和浦东、黄宅、壶江、普丰4个营业所。

1964年4月1日，中国农业银行义乌县支行正式成立，浦江片设浦东、黄宅、壶江、普丰4个营业所。人民银行县以下包括浦江片基层机构则未作调整，形成两行基层机构"双设"业态。按照人、农两行业务分工，原中国人民银行业务县支行所辖浦江片办事处及营业所划出部分农业银行业务，转归中国农业银行义乌县支行浦江片各营业所办理，并管理、指导浦江片各公社信用合作社业务。自7月1日起，根据此前全省人、农两行行长会议部署，中国人民银行义乌县支行浦江片基层机构除浦江办事处名称不变外，原黄宅营业所改称黄宅办事处，原浦东、壶江、普丰3个营业所分别改称傅宅、杭口坪、中余办事处。其后，农业银行浦东营业所随浦东区裁撤并入黄宅营业所。

表2-1-6　　1960～1966年人民银行浦江片办事处（营业所）及负责人名录

机构名称	职　务	姓　名	任职时间
浦阳办事处	副主任	牛士荣	1960.1～1962.3
浦江办事处	主　任	牛士荣	1962.3～1966.12
浦江办事处	副主任	金洪华	1965.4～
浦东营业所	副主任	陈名惠	1960.1～1964.4
黄宅营业所	主　任	蒋新法	1960.1～1964.5
黄宅营业所	主　任	楼琪辉	1965.5～1966.12
壶江营业所	副主任	何尔柏	1960.1～1964.4
壶江营业所	副主任	楼永言	1965.4～1966.12
普丰营业所	主　任	赵连泰	1960.1～1963
普丰营业所	副主任	何德基	1965.4～1966.12

表2-1-7　　1964.4～1965.3农业银行浦江片营业所及负责人名录

机构名称	职　务	姓　名	任职时间	备　注
浦东营业所	副主任	陈名惠	1964.4～	是年并入黄宅营业所
黄宅营业所	副主任	蒋新法	1964.4～1965.3	
黄宅营业所	副主任	陈名惠	1964～1965.3	
壶江营业所	副主任	何尔柏	1964.4～1965.3	
普丰营业所	副主任	何德基	1964.4～1965.3	

1965年1月，人、农两行合署办公，一个机构两块牌子，使用双印章。人民银行仍设浦江办事处，连同农业银行黄宅、壶江、普丰3个营业所（挂农业银行牌子、使用农业银行印章），办理人、农两行所有业务。1966年1月，农业银行县以下基层机构正式撤销，归并人民银行。

1967年1月，恢复浦江县建制，原普丰区马剑、青山两个公社划归诸暨县。重建后的中国人民银行浦江县支行辖黄宅、壶江、普丰3个营业所。1969年10月3日，中国人民银行浦江县支行成立革命委员会，其下辖营业所印章均冠以“中国人民银行浦江县支行革命委员会”并予启用，原印章停用。1970年3月，恢复浦东营业所。1971年1月，县革命委员会设生产指挥组财政金融局。3月，县以下原财政税务所和银行营业所正式合并，设浦江、黄宅、浦东、壶江、普丰5个财政金融所。1973年3月，撤销县财政金融局，恢复中国人民银行浦江县支行，浦江、黄宅、浦东、壶江、普丰5个营业所从原财政金融所析出单设。

1980年1月人、农两行分设后，原人民银行浦江、黄宅、浦东、壶江和普丰5个营业所划归农业银行，浦东营业所在郑家坞设服务组。1981年1月，浦江、壶江、普丰3个营业所分别改称城关、浦西、平湖营业所。1982年12月，浦东营业所郑家坞服务组更名郑家坞分理处，为农业银行直辖。

自1996年10月起，农村信用合作社与农业银行脱钩，县以下基层营业所作为农业银行派出机构，其直接管理、指导农村信用合作社的历史使命业已完成。

表2-1-8　1980～1997年农业银行基层营业所（分理处）历任负责人名录

<table>
<tr><th>机构名称</th><th>职　务</th><th>姓　名</th><th>任职时间</th></tr>
<tr><td rowspan="12">城关营业所
（浦江营业所）</td><td>负责人</td><td rowspan="2">蔡　时</td><td>1980.1～1980.12</td></tr>
<tr><td rowspan="2">副主任</td><td>1980.12～</td></tr>
<tr><td rowspan="3">郑顺世</td><td>1982.1～1984.8</td></tr>
<tr><td>副主任（主持工作）</td><td>1984.8～1986.9</td></tr>
<tr><td>主　任</td><td>1986.9～1988.7</td></tr>
<tr><td>副主任</td><td>张　战</td><td>1984.8～1988.7</td></tr>
<tr><td>主　任</td><td>楼　凯</td><td>1988.7～1989.8</td></tr>
<tr><td>副主任（主持工作）</td><td rowspan="2">陈真良</td><td>1989.2～1989.8</td></tr>
<tr><td>主　任</td><td>1989.8～1992.11</td></tr>
<tr><td>副主任</td><td rowspan="2">薛日明</td><td>1988.7～1994.10</td></tr>
<tr><td>主　任</td><td>1994.10～1998.3</td></tr>
</table>

续表 2-1-8

机构名称	职　务	姓　名	任职时间
城关营业所（浦江营业所）	副主任	金德旺	1994.10～
	主办会计（副主任级）	黄卫良	1988.11～1989.3
		冯志斌	1989.3～1993.8
		楼永超	1993.8～1997.1
黄宅营业所	负责人	赵宗银	1980.1～1980.12
	主　任		1980.12～1988.7
	副主任	林光地	1982.1～1984.8
		刘光安	1986.4～1988.7
	主　任		1988.8～1997.1
		郑民丰	1997.1～2001.6
	副主任	项鹏飞	1988.7～1990.10
		吴江宁	1989.8～1993.8
		郑民丰	1994.10～1997.1
		黄建余	1993.8～1996.1
		楼国强	1997.1～
	主办会计（副主任级）	赵坚中	1988.11～1993.8
		陈伟康	1993.8～1996.7
		邵兴浒	1996.7～1998.3
浦东营业所	负责人	黄有根	1980.1～1980.12
	主　任		1980.12～1987.7
	副主任	项鹏飞	1986.4～1988.7
	主　任	周家财	1988.7～1992.4
	副主任	吴江宁	1988.7～1989.8
	副主任（主持工作）	应更跃	1992.4～1994.3
	副主任	郑民丰	1992.4～1993.8
	副主任（主持工作）	赵坚中	1993.8～1994.6
	副主任	傅金波	1994.6～1997.1
		陈　明	1995.8～1997.1
	副主任（主持工作）		1997.1～
	副主任	洪春潭	1997.1～
	主办会计（副主任级）	袁喻义	1988.7～1988.9
		郑民丰	1988.9～1989.8
		毛心坚	1989.8～1991.8
		陈立成	1991.9～1993.8

续表 2-1-8

机构名称	职　　务	姓　名	任职时间
浦东营业所	主办会计（副主任级）	聂加地	1992.10～1993.8
		郑民丰	1993.8～1994.3
		吴伟宣	1994.10～1997.1
		郑旭东	1997.1～
浦西营业所（壶江营业所）	负责人	周家财	1980.1～1980.12
	副主任		1980.12～1984.8
	副主任（主持工作）		1984.8～1986.9
	主　任		1986.9～1988.7
	副主任	陈予康	1980.12～1986.3
	调研员（副主任级）		1986.3～
	副主任	章奕慈	1986.4～1994.3
		周美琪	1987.11～1988.7
	主　任	郑顺世	1988.7～1990.8
		周家财	1992.9～1997.1
	副主任	徐建一	1988.7～1988.12
		项鹏飞	1990.10～1993.8
		黄　畅	1994.10～1996.1
		陈伟康	1997.1～
	主办会计（副主任级）	廖　原	1988.11～1993.8
		胡蓉美	1993.8～1997.1
		周美金	1997.1～
平湖营业所（普丰营业所）	负责人	徐晓林	1980.1～1980.12
	主　任		1980.12～1992.4
	副主任	楼　凯	1986.4～1988.7
		周幼根	1988.7～
		周坚特	1989.8～1993.8
	主　任		1993.8～1999.2
	主办会计（副主任级）	张若荣	1992.4～1994.10
		石庭祥	1994.10～
郑家坞分理处	副主任（副所级）	毛心坚	1986.4～1988.2
	副主任	吴江宁	1988.2～1988.7
		周美琪	1988.7～
	副主任（副科级）	应更跃	1994.3～1997.1
	主任（副主任级）	沈建敏	1990.3～1996.1

续表 2-1-8

机构名称	职务	姓名	任职时间
郑家坞分理处	主任（副主任级）	黄畅	1996.1～2000.3
	主办会计（副主任级）	聂加地	1992.4～1992.10
		张茹燕	1993.8～1997.1
		方绿平	1997.1～

第四节 省联合社金华办事处

浙江省农村信用合作社联合社金华办事处，为浙江省农村信用合作社联合社派出机构，址设金华市婺城区胜利北街501号。其前身系金华市农村金融体制改革领导小组办公室（简称市农金体改办），于1996年9月成立，由金华市人民政府常务副市长卢福禄任领导小组组长，中国人民银行金华市中心支行行长葛登禄任副组长。历届领导小组办公室主任次第由中国人民银行金华市中心支行领导朱文剑、赵海华、薛继增担任。租用金华市区八一北街433号中国农业银行金华市支行办公楼14层办公；2000年11月址迁婺城区胜利北街501号。2002年11月，根据金华市人民政府办公室相关文件精神，撤销金华市农村金融体制改革领导小组办公室，设立金华市农村信用合作管理办公室（简称市信管办或市农合办），负责全市农村信用合作社行业管理工作。2004年4月9日，浙江省农村信用合作社联合社成立。是年5月27日，设立浙江省农村信用合作社联合社金华办事处，行使对全市农村信用合作社联合社的领导、管理、协调和服务职能。

表 2-1-9　　市农金体改办暨信管办及省联合社金华办事处历届负责人名录

机构名称	职务	姓名	任职时间
金华市农村金融体制改革领导小组办公室	主任	朱文剑	1996.9～1998.5
	副主任	薛继增	1996.9～1999.6
		倪振东	1996.10～1997.8
	主任助理	马玉龙	1996.11～1998.6
		杨俊华	1996.11～2003.7
	主任	赵海华	1998.5～1999.6
	专职副主任	翁国华	1998.6～2003.7
	主任助理	臧建新	1998.6～2003.7
		刘家庆	1998.6～2003.7

续表 2-1-9

机构名称	职　　务	姓　名	任职时间
金华市农村金融体制改革领导小组办公室	主　任	薛继增	1999.6～2003.7
	主任助理	马玉龙	2000.6～2003.7
金华市农村信用合作管理办公室	主　任	陈兆水	2003.7～2004.5
	常务副主任	翁国华	2003.7～2004.5
	主任助理	臧建新	2003.7～2004.12
		杨俊华	2003.7～2004.5
浙江省农村信用合作社联合社金华办事处	负责人	洪忠田	2004.5～2004.11
	主任（副处级）		2004.10～2011.3
	主任助理（正科级）	臧建新	2004.12～2007.4
	副主任		2007.4～2014.9
	调研员（副处级）		2014.9～2016.6
	主　任	祝晓平	2011.3～2018.1

第二章 管理权下放

第一节 人民公社管理

1958年5月，中共中央制订“鼓足干劲，力争上游，多快好省地建设社会主义”的总路线。在总路线指引下，全国掀起“大跃进”、人民公社化运动热潮。10月，本县成立7个人民公社（以下简称公社），分设42个管理区。与此同时，国务院召开全国财贸工作会议，拟订以“两放（放人员、放资金）、三统（统一政策、统一计划、统一流动资金管理）、一包（包财政任务）”办法为主要内容的财贸管理体制，并在各地普遍推行。根据该办法，中国人民银行浦江县支行基层各营业所于1959年初下放至当地公社，与信用合作社合并成立公社信用部；“行社合一”后，原信用合作社调整为按管理区设信用分部，统归公社经营管理。此际，全县有浦东、黄宅、梅江、浦西、壶江、普丰、城关7个公社信用部，下辖32个管理区信用分部。行业从业人员入编公社经济组织，薪酬福利不变，其身份转为公社社员。

“两放三统一包”办法实施之后，出现不少问题：信用部沦为公社小金库，公社则可擅权随意调度信用部资金，致信贷规模失控，或发生把信用部流动资金、信贷资金用于财政性开支及移作基本建设投入等情况，无制度约束。时值“大跃进”运动，追求高速度，亦波及信用部基本业务，揽存款盲目压指标、夺“丰产”，部与部之间搞竞赛、摆擂台、拔白旗、放卫星，好大喜功而不惜虚报浮夸；信贷违反政策规定，个别地方出现强制收贷乱象。信用合作社干部身份转变后，公社可安排其兼职行政工作或抽调从事其他非业务性工作。

1959年4月，中共中央发布《关于加强农村人民公社信贷管理工作的决定》指出，信用部以接受人民银行领导为主，信用部在方针政策、业务计划、规章制度等方面必须执行上级人民银行的相关指示和统一规定；公社党委和公社管委会则对信用部执行党的政策、完成国家计划方面起保证和监督作用，负责政治思想工作。并强调公社不能抽用信用部资金，不得把信用部资金用于商品赊销和预付货款。公社各项信贷指标由上级人民银行核定，各项贷款分别掌握使用，专款专用，不得挪用，取消工、农、商之间贷款可以调剂使用的规定。

从而使公社对信用部及信用分部业务的行政干预得以及时纠正。

是年 5 月，遵照中共中央《决定》精神，中国人民银行将下放给公社的银行营业所管理权正式收回，却又将信用合作社从信用部中析出，再度下放到生产大队。本县乃于 10 月撤销 7 个公社信用部，恢复为营业所；12 月改管理区为生产大队（以下简称大队），信用分部增至 44 个。二次下放的结果，不但其民主管理制度形同虚设甚或荡然无存，而且出现比先前更为严重的问题：信用分部被当作大队平调社员财产的工具，同时，其自身业务的发展和从业人员的积极性受到影响，经营难以为继。

图 2-2-1　1959 年 10 月前人民公社信用部印章

表 2-2-1　1959 年底全县营业所、信用分部一览

营业所名称	大队信用分部名称		
城关营业所	浦阳镇公社信用分部		
	大溪大队信用分部	平安大队信用分部	大许大队信用分部
	七里大队信用分部	方宅大队信用分部	
浦东营业所	吴店大队信用分部	白马大队信用分部	旌坞大队信用分部
	郑宅大队信用分部	前陈大队信用分部	
黄宅营业所	黄宅大队信用分部	下店大队信用分部	堂头大队信用分部
	岩头大队信用分部	礼张大队信用分部	朱宅大队信用分部
	东塘大队信用分部	戚村大队信用分部	潘宅大队信用分部

续表 2-2-1

营业所名称	大队信用分部名称		
梅江营业所	墩头大队信用分部	石埠大队信用分部	白沙大队信用分部
	长陵大队信用分部	蜀山大队信用分部	
浦西营业所	石马大队信用分部	前吴大队信用分部	朱桥大队信用分部
	花桥大队信用分部	金银大队信用分部	
壶江营业所	杭坪大队信用分部	东岭大队信用分部	曹源大队信用分部
	虞宅大队信用分部	朱宅大队信用分部	石井大队信用分部
	湃桥大队信用分部		
普丰营业所	中余大队信用分部	平湖大队信用分部	罗家大队信用分部
	大元大队信用分部	新合大队信用分部	青山大队信用分部
	马剑大队信用分部		

图 2-2-2 浦义并县后部分生产大队信用分部印章（1960）

1960 年 1 月，浦江、义乌两县合并，除梅江公社营业所及蜀山、长陵、墩头、石埠、白沙 5 个大队信用分部划归兰溪县外，浦江片 6 个公社营业所及 39 个大队信用分部由中国人民银行义乌县支行承接。5 月，城关、浦西两个公社营业所裁撤，大队信用分部归并为 26 个。

1961 年 10 月，贯彻中共中央制定的《农村人民公社工作条例（草案）》（即“六十条”），浦江片调整为 5 区 26 个公社，同时撤销公社信用部和大队信用分部，恢复农村信用合作社。是时，中国人民银行义乌县支行浦江片基层机构为浦江办事处和浦东、黄宅、壶江、普丰 4

个营业所，辖 26 个公社信用合作社。

1962 年 11 月，中共中央、国务院批转中国人民银行《关于农村信用合作社若干问题的规定（试行草案）》，对信用合作社的性质、任务、组织领导、干部管理等问题作了进一步明确。并指出，由于信用合作社的两次下放，给信用合作社的业务经营、财务管理、干部作风等方面都带来不少问题，有必要进行一次整顿。此后，浦江片各公社信用合作社分别召开社员代表大会，建立理、监事会，民主管理制度得以逐步恢复。银行营业所建制的重置，对信用合作社的领导和管理亦有所加强，信用合作社各项工作渐趋正常。

在信用合作社下放至公社的三年间，适逢“大跃进”运动和“反右倾”错误，加上自然灾害和苏联政府背信弃义毁约，谓之“三分天灾、七分人祸”并不为过，故而导致国民经济发生严重困难。浦江片农村农业经济一蹶不振，农民缺衣少食，饿病流荒现象突出。公社信用部工作亦萌生不少问题，主要是上刮强迫命令风，下刮虚报浮夸风，助推“一平二调”共产风日盛一日。有许多违反存贷政策原则、违背群众意愿的错误做法一度造成不良影响。

第二节　贫下中农管理

1969 年 1 月 18 日，经毛泽东同志批示，《人民日报》发表河北省万全县革命委员会（以下简称革委会）等题为《农村商业是否由贫下中农管理好》的调查报告。中国人民银行浙江省分行迅即发文，称“这是对无产阶级革命派搞好斗、批、改的战斗号令”；分行革委会生产指挥组《金融战报》第 13 期亦刊登本省常山县何家公社革委会信用服务组撰写的《农村信用合作社要由贫下中农来管理》一文，认为贫下中农管理农村信用合作社，有利于贯彻执行“发展经济，保障供给”的经济和财政工作总方针；有利于农村金融事业沿着社会主义道路前进；有利于农村社、队财权牢牢地掌握在贫下中农手中；有利于及时帮助社、队和贫下中农解决生产、生活上的困难，改善社群、干群关系；有利于接受贫下中农再教育，加强政治思想工作领导等五大好处。其后，中国人民银行浦江县支行印发本省长兴县《农村信用合作社要由贫下中农来管理——夹浦公社信用合作社改革情况的调查报告》，向全县信用合作社推介，供学习借鉴。该《调查报告》的核心内容是指导信用合作社如何进行改革，其要点有三：一是在公社革委会一元化领导下，成立以贫下中农为主体的信用合作社管理小组，负责管理信用合作社人事、行政和资金运用大权。二是信用合作社专职干部走亦工亦农道路，分别固定落实到一个生产队参加集体生产劳动，每人每年不少于三分之一时间。其待遇与社员一样记工分，由生产队按同等劳力全年最高工分参加分配。三是自当年起，信用合作社个人贷款按原利率下降 20%，以减轻贫下中农利息负担。是年 10 月 19

日，《人民日报》又发表《一个由贫下中农管理的信用社》调查报告，介绍河南省嵩县阎庄信用合作社成立贫下中农管理委员会（以下简称贫管会），管理信用合作社政治思想工作、人事及贷款发放的经验。中国人民银行于 11 月 10 日发出通知，号召各地学习阎庄信用合作社的改革经验，并加以推广。1970 年 1 月，中国人民银行浙江省分行转发总行《农村信用合作社“斗、批、改”座谈会纪要》，推广阎庄信用合作社改革经验。中央党报、各级人民银行的舆论导向，以典型开路，为信用合作社实行贫下中农管理作了政策性铺垫。

1970 年 4 月初，本县革委会生产指挥组组织各公社信用合作社及银行干部，赴本省农村金融系统“斗、批、改”的先进典型淳安县唐村信用合作社学习取经。是月下旬，在石马公社联盟大队召开全县金融系统“斗、批、改”工作会议，确定以石马公社为试点，启动信用合作社管理体制改革工作。

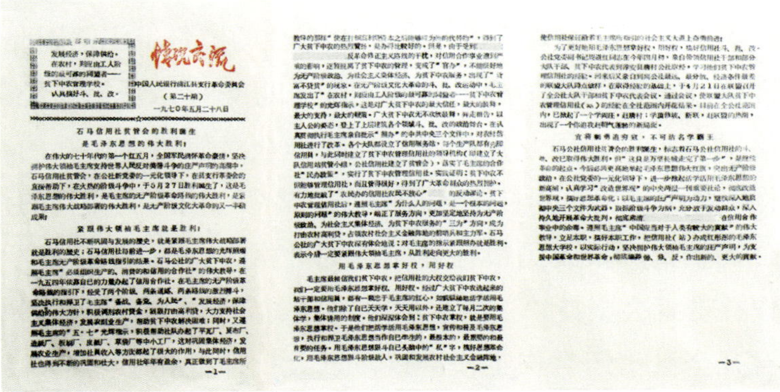

发展经济，保障供给。
在农村，则应由工人阶级的最可靠的同盟者——贫下中农管理学校。
认真搞好斗、批、改。

情况交流

中国人民银行浦江县支行革命委员会

（第二十期）

一九七〇年五月二十八日

石马信用社贫管会的胜利诞生
是毛泽东思想的伟大胜利！

在伟大的七十年代的第一个红五月，全国军民满怀革命豪情，坚决拥护伟大领袖毛主席支持世界人民反对美帝斗争的庄严声明的高潮中，石马信用社贫管会，在公社新党委的一元化领导下，在县支行革委会的直接帮助下，在火热的阶级斗争中，于5月27日胜利诞生了，这是毛泽东思想的伟大胜利，是毛主席的无产阶级革命路线的伟大胜利，是紧跟毛主席伟大战略部署的伟大胜利，是无产阶级文化大革命的又一丰硕成果！

紧跟伟大领袖毛主席就是胜利！

图 2-2-3 中国人民银行浦江县支行革委会《情况交流》发布第一个农村信用社贫管会成立的信息

自是年 5 月起，本县 25 个公社信用合作社相继成立贫管会，原信用合作社印章废止，由贫管会行使对信用合作社的管理权力，原信用合作社主任在贫管会领导下负责日常工作。此后，人民银行对信用合作社的业务领导和管理明显放松。公社把信用合作社视作其下一个部门，部分信用合作社干部被抽调至公社，信用合作社负责人的任免、职工的安排均由公社全权

图 2-2-4 部分人民公社信用合作社贫下中农管理委员会印章（1970）

掌握。

1972年11月，省革委会生产指挥组批转省财政金融局《关于加强农村信用合作社的几点意见的报告》。《报告》指出，“信用社必须在公社党委统一领导下，坚持贫下中农管理的方向，充分发挥贫管会的作用。县人民银行是信用社的业务主管部门，必须加强对信用社的领导，抓紧对金融政策、资金计划和财务制度等管理。”明确了信用合作社接受双重管理，公社党委与人民银行二者各自担负的职责。

1974年5月，财政部农金局根据信用合作社实行贫下中农管理后出现的问题，明确指出信用合作社贫管会的性质是群众性的监督组织，因此，贫管会管理的内容，一是组织信用合作社干部学习马列主义和毛泽东思想；二是抓住经济领域的阶级斗争；三是检查和组织信用合作社开展业务；四是反映群众对信用合作社的要求；五是审查信用合作社的财务工作。有关信用合作社干部的任免、奖惩，信用合作社的存放款计划、财务计划由贫管会讨论，公社审查，报人民银行县支行批准执行。是年8月，《浙江日报》就本县七里公社信用合作社贫管会坚持“三管”（管路线、管思想、管计划）的经验作典型介绍。9月，县革委会召开全县信用合作工作会议，以“批林批孔”为纲，总结、交流贫管经验，从路线斗争的政治高度，对贫下中农管理信用合作社这一“‘文化大革命’的新生事物”予以充分肯定。

随后，贯彻落实财政部相关文件精神，信用合作社领导权复归人民银行县支行，贫管会则形同虚设。1976年10月“文化大革命”宣告结束后，着手在思想上、组织上、制度上拨乱反正，撤销贫管会，信用合作社业务、财务、人事等各项规章制度始逐步健全。

第三篇　业务经营

浦江县农村信用合作社主要经营银行的三大传统业务，即存款、贷款和结算业务。

浦江农村信用合作社成立后的60余年间，存、贷款品种日渐丰富，结构不断变化，总量持续攀升。至2016年末，各项存款余额居全县同业榜首，涉农贷款占比亦名列前茅，充分发挥了农村信用合作社支持县域农村经济发展的“主力军”作用。

农村信用合作社成立之初，结算业务只有单一的现金结算。其后顺应农村经济发展的需求，陆续增加了汇兑结算、票据结算等业务。1977年开通县域通汇业务；1999年开通全国特约汇兑业务；2001年开通电子汇兑业务；2003年实现全省存款通存通兑。2005年、2006年相继开通大额、小额支付系统业务。随着中间业务、资金融通等金融衍生业务的开办，2005年推出丰收借记卡，又先后开通网上银行、手机银行、电话银行、丰收e支付、丰收一码通等业务，实现了结算渠道的多样化。业务竞争力日益增强。

第一章　资金筹集

吸收社员股金和组织各项存款，是农村信用合作社筹集资金的主要方式，也是支持经济发展，帮助农民解决生产、生活困难的主要资金来源。

1955 年，全县农村信用合作社股金仅 2.08 万元。1958 年开展“股金户户 5 元化”竞赛活动，股金余额增至 22.37 万元，分别为 1955 年、1957 年的 10.75 倍和 4.49 倍。此后，股金余额一直在 15 万元左右徘徊不前（已剔除 1960 年划归兰溪的 5 个、1967 年划归诸暨的 2 个信用合作社股金）。1983 年恢复以“三性”为主要内容的体制改革后，股金余额又增至 18.3 万元。2005 年成立统一法人体制的农村信用合作联社，直至 2016 年末改制为农村商业银行之前，其间迭经多次增股扩股，股本金总额已达 22543.88 万元。

1954 年农村信用合作社成立之初，吸存业务比较单一，仅开办个人定期、活期储蓄和办理少量农业生产互助组活期存款。1955 年始开办农业生产合作社存款即农业集体存款；1957 年增办各社所在地乡镇机关、学校、商店及其他企事业单位存款。至 1987 年县联合社成立前，全县农村信用合作社各项存款余额为 3636.91 万元。

县联合社成立后，建树“存款立社”理念，采取得力措施，推出多项储蓄业务品种，并注重组织吸收低成本存款，以优化资金结构。1991 年各项存款余额突破亿元大关，名列全县各金融机构之首。其后 20 年间，面临同业存款业务市场竞争空前加剧，加之遭受农村合作基金会违规吸收资金的强烈冲击，形势尤为严峻。尽管如此，农村信用合作社干部员工依然不忘初心，知难而进，艰苦奋战，迄 2011 年末，各项存款余额亦超 30 亿元，位居全县同业第三。随后两年中，干部员工砥砺前行，充分发挥地广点多、人缘足等优势，稳扎稳打，迈开步子攀新阶，争创优异业绩。2012 年末，各项存款余额逾 40 亿元，2013 年又跨 50 亿元，夺取全县同业之冠。迄 2016 年末，各项存款余额达 73.6 亿元，占全县同业存款总额 332.5 亿元的 22.14%，比 2011 年增加 6.63 个百分点，成功卫冕。

第一节 股 金

入股与扩股

本县农村信用合作社创建初期，采取一户一股或以人入股方式，每股金额按经济状况而定，一般为 1 ～ 5 元不等。至 1954 年 9 月，全县已入社农户 21009 户，实收股金 2922 元（已折合成人民币新币。下同）。1955 年末，全县 48 个社入社农户 38649 户，占农户总数的 58.7%，实收股金 20815 元，占应收股金的 89%。迄 1956 年末，实收股金 4.54 万元，比上年末增加了 1.18 倍。

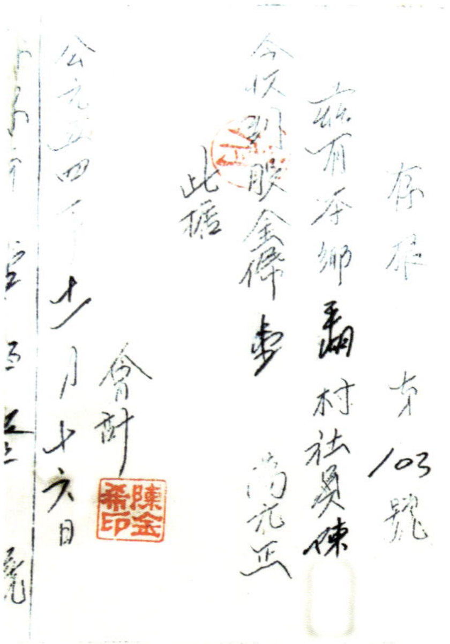

图 3-1-1 社员股金收据存根
（1954）

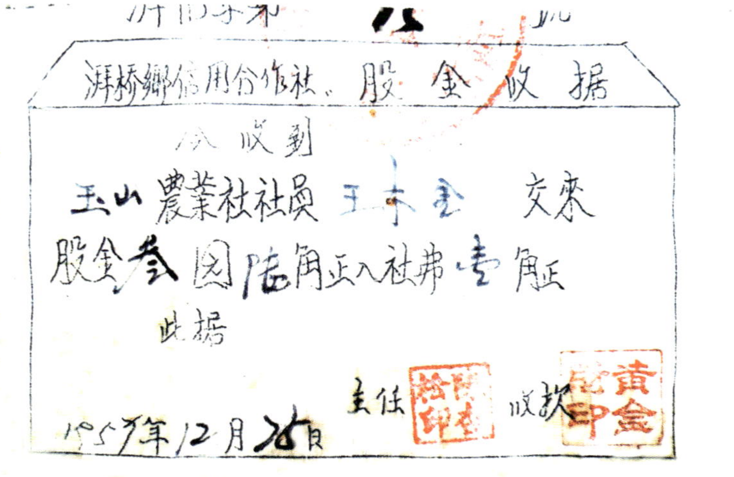

股金收据
今收到
玉山农业社社员 交来
股金叁圆陆角正 入社费壹角正
此据
主任 收款
1957年12月26日

图 3-1-2 社员股金收据存根
（1957）

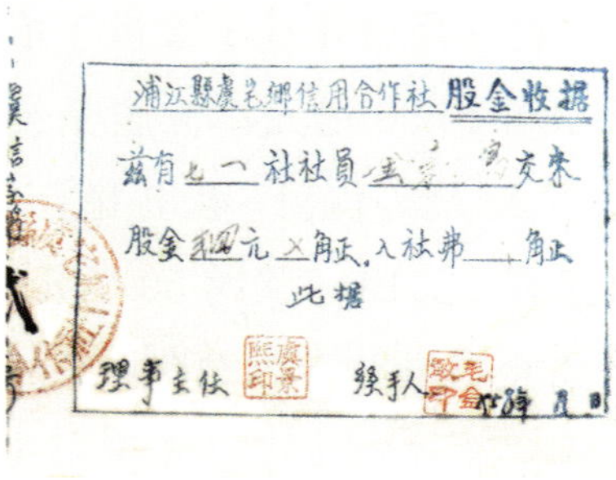

浦江县农业乡信用合作社股金收据
交来
股金 入社费
此据
理事主任 经手人

图 3-1-3 社员股金收据存根
（1958）

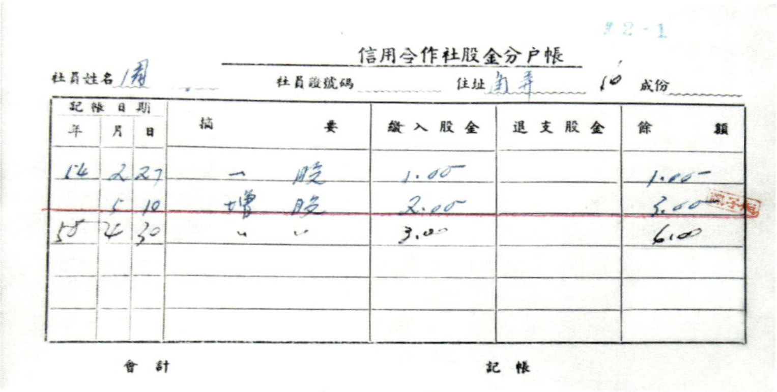

信用合作社股金分户帐
社員姓名 周 社員證號碼 住址 成份

年	月	日	摘要	繳入股金	退支股金	餘額
54	2	27	一股	1.00		1.00
	5	10	增股	2.00		3.00
55	2	30	〃 〃	3.00		6.00

會計 記帳

图 3-1-4 信用合作社股金分户账页
（1954 ～ 1955）

1958 年上半年，全县农村信用合作社开展“股金 5 元化”竞赛活动。4 月 19 日，在白沙区长陵乡（今属兰溪市）打响第一炮。当晚，该乡永前农业生产合作社召开社员大会，率先发动，当场收缴股金 450 元。次日，便敲锣打鼓前往中共白沙区委“报喜”。区委迅即召开会议，向全区推广。人民银行白沙营业所亦拟订计划，提出“奋战一个月，争取完成全区（信用合作社）股金户户 5 元化”的目标任务。结果仅 13 天，就出现了股金万元社，所吸收的股金超过前 4 年股金总和的 5 倍，起到了“标杆”作用和示范效应。各区信用合作社纷纷跟进，摆出金融“比武”擂台，社与社之间相互“挑战”“应战”，增扩股竞赛风行一时。至是年末，全县农村信用合作社股金余额即达 22.37 万元，是 1955 年的近 11 倍、1957 年的近 5 倍。此后，股金余额始终在 15 万元左右徘徊，无甚大的变动。

图 3-1-5　1958 年 4 月 20 日，率先实现信用股金 5 元化的白沙区长陵乡永前农业社社员，敲锣打鼓前往中共白沙区委报喜。

1983 年，在农村信用合作社体制改革中，全县新入社农户 29444 户，社员总户数达 65077 户，占比为农户总数 82811 户的 78.58%，比体改前增加 35.57%。是年末，全县 25 个社社员股金余额为 18.3 万元。

图 3-1-6　1958 年 4 月 25 日，白沙区召开全区提前实现信用股金 5 元化大会，中共白沙区委领导同志向人民银行白沙营业所颁奖。

1987 年 5 月，又着手在岩头信用合作社进行新一轮扩股增金试点。入股对象由先前以农户为主扩大到经济联合体和乡镇企业，入股金额由原每股 1 元增至每股 5 元、10 元乃至 1000 元。迄试点工作结束，该社股金余额由原 6433 元增至 20483 元。至是年末，全县信用合作社股金余额为 19.81 万元。

1988 年，受市场物价上涨等因素冲击，致储蓄存款出现严重滑坡。据统计，截至当年 8 月，全县农村信用合作社各项存款比年初仅增加 7.5 万元，各项贷款却猛增至 682.4 万元，资金差出 674.9 万元。各社即推出不承担经营风险的“存款化股金”，以缓解资金紧缺状况，确保存款支付。该“存款化股金”期限为一年，不得中途退股，如到期仍未退股，逾期部分按一年期定期储蓄年利率 9.18% 计付逾期利息。至是年末，全县农村信用合作社股金余额为131.86万元。次年末则达525.64万元。

1993年5月，时任中国农业银行金华市支行副行长在全市农村信用合作社联合社副主任工作会议上指出，由于受社会集资、股票发行等因素的影响，农村资金严重分流，农村信用合作社面临资金头寸紧张的问题，个别地方甚至发生存款支付困难。要求各地要采取有效措施，大力组织、盘活资金，以增强资金实力；充分运用现有政策，依法开展扩股工作。同时提出扩股四项原则，其中一项原则为“明确股金期限，一般以一年期为宜，做到进退自如”。是年本县在农村信用社工作意见中明确提出：“为鼓励农村信用合作社大力组织股金，按股金月平均余额增加数的万分之三计提增股单项奖。”以上述领导讲话精神和年度工作意见为指导，各社积极增股扩股，至年末全县农村信用合作社股金余额即高达2889.46万元。短暂的“输血”，使资金来源趋于稳定。然至次年末，随着一年期“存款化股金”陆续到期兑付，股金余额骤降，竟回落至662.14万元。

1995年，农村合作基金会违规高息吸存、高利放贷，扰乱金融秩序，对农村信用合作社的冲击甚大，致其各项存款连续下滑，支付亮起“红灯”。仅4月上旬，全县农村信用合作社存款骤降近千万元，保开门、保支付成为当务之急。此际，各社再次组织吸收“存款化股金”以纾困解难。是年末，全县农村信用合作社股金余额增至2850万元。日后，“存款化股金”陆续到期兑付，1996、1997年末股金余额又分别降至1117万元和1182万元。

1998年10月，全县具有法人资格的16个农村信用合作社按合作制原则进行规范，归并为浦东、黄宅、浦阳和檀溪4个具有法人资格的大社。同时，对原有股金作全面清理，股金额统一确定为个人股每股10元，团体股每股100元。清股、扩股后，入股户达55528户，入股面为53.8%，入股金额152.6万元。是年末，全县农村信用合作社股金余额为280万元。

1999年9月，中国人民银行发出《关于适当提高社员入股额度，搞好农村信用社增资扩股有关问题的通知》（银发〔1999〕323号文）。11月，浙江省农金体改办以浙农金改办〔1999〕152号文转发，对农村信用合作社的股金政策作出调整。其要点是：（一）基层农村信用合作社社员入股起点金额的调整幅度标准为个体社员100元至1000元；职工个人社员2000元至10000元；团体社员入股金额最低为10000元。（二）单个社员入股，可允许在各地确定的入股起点数额以上有差异，但单个农村信用合作社社员入股不得超过资本金的2%。（三）对新入股社员一律以新调整后的标准掌握，对原已入股的各类社员，要逐步按照新标准补足。据此，针对各社不同实际，又先后对股金进行清理、调整。此间，各年度末，全县农村信用合作社股金余额虽有些微波动，但都基本稳定在321万元至819万元范围内。2004年6月，根据国务院国发〔2003〕15号、中国人民银行银发〔2003〕181号等文件精神，经浙江省农村信用合作社改革试点工作领导小组办公室批复同意，在取消本县原各农村信用合作社及其联合社法人资格的基础上，合并组建统一法人的县农村信用合作联社。于7

月22日发布公告，对2003年末原63780户社员的819万元股金进行全面清理；7月27日发出定向募股说明书，向社会定向定量一次性募集股金。

2005年1月，经浙江万邦会计师事务所金华分所审验，全县农村信用合作社社员总数为5129户，股本金总额为2142.04万元（其中资格股137.29万元，投资股2004.75万元）。其中法人社员39户，资格股39万元，投资股769万元，占比为37.72%；自然人社员5090户，资格股98.29万元，投资股1235.75万元，占比为62.28%。在自然人社员股金中含职工社员255户，资格股25.5万元，投资股492.7万元，占比为24.19%；非职工社员616户，资格股61.6万元，投资股743.05万元，占比为37.57%；原农村信用合作社社员4219户，资格股11.19万元，占比为0.52%。

2008年10月30日，县联社召开二届社员代表大会一次会议，审议并通过增资扩股方案，报经省联合社和中国银监会金华监管分局同意，对县联社的投资股2004.75万元按1:2的比例增资配股。配股后股本金总额为6151.51万元（其中资格股137.29万元，投资股6014.22万元），其中法人社员39户，资格股39万元，投资股2307万元，占比为38.14%；自然人社员5090户，资格股98.29万元，投资股3707.22万元，占比为61.86%。在自然人社员股金中含职工社员255户，资格股25.5万元，投资股1382.7万元，占比为22.87%；非职工社员616户，资格股61.6万元，投资股804.65万元，占比为38.81%；原农村信用合作社社员4219户，股金额11.19万元，占比为0.18%。

2009年，股本金总额为6148.47万元（含未清退的原农村信用合作社老股金8.15万元），清退老股金3.05万元。股权结构基本不变。

2010年3月30日，县联社二届社员代表大会三次会议审议并通过《2009年度利润分配方案》，对2009年度股金分红以转增股金的形式进行分配，至年末股本金增加807.22万元，总额为6955.68万元（含未清退的原农村信用合作社老股金8.15万元）。股权结构基本不变。

2011年4月8日，县联社二届社员代表大会四次会议审议并通过《2010年度利润分配方案》，以2010年度的股金分红转增股金833.68万元，清退老股金1610元。至年末，股本金总额为7789.21万元（含资格股134.08万元；未清退的原农村信用合作社老股金7.98万元）。股权结构为：法人股32户，股本金总额3855.62万元，占比为49.50%；社会自然人股506户，股本金总额2378.02万元（含未清退的原农村信用合作社老股金7.98万元），占比为30.53%；职工股220户，股本金总额1555.56万元，占比为19.97%。法人股最大单户持股395.91万元，占比为5.08%；自然人股最大持股37.88万元，占比为0.49%。

2012年4月25日，县联社三届社员代表大会二次会议审议并通过《2011年度利润分配方案》《股权改造方案》及《历年未分配利润转增资本方案》，报经省联合社和中国银监会金华监管分局同意，增资扩股方案明确：（一）取消资格股。即将资格股134.08万元按

1:1 的比例全面转换为投资股；（二）对投资股按 1:1 的比例增资，由社员按持有的投资股予以认购；（三）对未清退的原农村信用合作社老股金 7.98 万元，既不转为投资股也不增资。是年 6 月，原有资格股转为投资股，以历年未分配利润转增股金 622.46 万元，以现金增资扩股 8378.66 万元。至 2012 年末，股本金总额为 16790.23 万元，其中法人股 8072.91 万元，占比为 48.08%；自然人股 5369.90 万元，占比为 31.98%；员工股 3339.53 万元，占比为 19.89%；未清退的原农村信用合作社老股金 7.88 万元，占比为 0.05%。

2013 年 3 月 27 日，县联社三届社员代表大会三次会议审议并通过《2012 年度利润分配方案》，以 2012 年股金分红转增股金 1284.92 万元，同时根据三届社员代表大会二次会议的《股权改造方案》和《历年未分配利润转增资本方案》，以历年未分配利润转增股金 723.31 万元。增资扩股完成后，将未清退的原农村信用合作社老股金 78840 元，从“股本金”科目调整至“其他应付款”科目管理。至 2013 年末，股本金总额为 18790.58 万元。其中法人股 33 户，股金额 9011.42 万元，占比为 47.96%；自然人股 499 户，股金额 6051.80 万元，占比为 32.21%；员工股 223 户，股金额 3727.36 万元，占比为 19.83%。

2014 年 3 月 28 日，县联社三届社员代表大会四次会议审议并通过《2013 年度利润分配方案》，以 2013 年股金分红转增股金 2254.87 万元。至 2014 年末，股本金总额为 21045.45 万元，其中法人股 33 户，股金额 9780.92 万元，占比为 46.48%；自然人股 499 户，股金额 7174.98 万元，占比为 34.09%；员工股 223 户，股金额 4089.55 万元，占比为 19.43%。

2015 年 3 月 27 日，县联社三届社员代表大会五次会议审议并通过《2014 年度利润分配方案》，以 2014 年股金分红转增股金 631.36 万元。至 2015 年末，股本金总额为 21676.81 万元，其中法人股 31 户，股金额 8584.18 万元，占比为 39.60%；自然人股 533 户，股金额 8934.68 万元，占比 41.22%；员工股 222 户，股金额 4157.95 万元，占比为 19.18%。

2016 年 3 月 30 日，县联社四届社员代表大会二次会议审议并通过《2015 年度利润分配方案》，以 2015 年股金分红转增股金 867.07 万元。截至 2016 年 6 月 30 日，784 户社员股本金总额为 22543.88 万元，其中法人社员 31 户，股金额 9294.98 万元，占比为 41.23%；自然人社员 533 户，股金额 8924.64 万元，占比为 39.59%；员工社员 220 户，股金额 4324.26 万元，占比为 19.18%。

2016 年 7 月 28 日和 9 月 28 日，县联社分别召开四届社员代表大会三次和四次会议，审议并通过相关改制议案。784 户社员自愿同意作为发起人，组建浦江农村商业银行股份有限公司，并以其持有的县联社股金数量为限，按 1:1 的比例转为认购浦江农村商业银行股份有限公司的全部股份。

2016 年 12 月 30 日，中国银监会浙江监管局以浙银监复〔2016〕505 号文，核准《浙江浦江农村商业银行股份有限公司章程》，注册资本金为22543.88万元，并同意其开业。

股息与分红

本县农村信用合作社创建初期，部分盈余社按一定比例提取纯利作为股金分红。分红一般只分发火柴、肥皂等实物，且数量极少。据现存浦阳农村信用合作社会计档案记载，1956年1月，从上年结转盈利18440元（旧币，下同）中分别计提股金分红5540元（30%），公积金9220元（50%），公益金1840元（10%），奖励金1840元（10%）。是年3月9日，购进火柴41.2封，按每股3盒，作为1955年度社员股金分红。

1961年，中国人民银行义乌县支行根据中共浙江省委批转省财政厅、人民银行党组关于农村信用分部股金等问题的文件精神，对1959年1～9月银行营业所与信用合作社合并为信用部期间的社员股金，由银行按月息3.9‰划拨给信用合作社支付红利股息。据现存浦阳农村信用合作社会计档案记载，中国人民银行义乌县支行以特种转账传票形式，按9个月、月息3.9‰划拨给浦阳信用分部社员股金分红款370.87元，用于支付该社1959年底10566户社员的股金红利。

1969年1月，中国人民银行浦江县支行转发浙江省分行革委会《关于农村信用社股金分红问题的复函》（银革生字〔69〕第6号）称：根据中共中央、国务院、中央军委、中央文革1968年1月18日《关于进一步打击反革命经济主义和投机倒把活动的通知》中规定“手工业合作社等集体所有制企业的年终劳动分红，必须停止执行”的精神，农村信用合作社股金分红应该停止执行。这部分资金应转入“公积金”，以增加集体公共积累，扩大支持社会主义集体农业生产的资金力量，进一步巩固集体经济。

1973年7月，浙江省革委会生产指挥组财政金融局下发《关于信用社社员股金分红的通知》（财金税农〔1973〕507号）称：有盈余的农村信用合作社分红，亏损的农村信用合作社不分红。盈余的农村信用合作社社员股金分红，按社员实交股金总额的3%提取，1元股金一年分红0.03元，按年发放；农村信用合作社社员股金分红总额不得超过当年盈余数的30%；农村信用合作社盈余较少，按当年盈余的30%分红，金额不到股金总额3%的当年可以不分，可将分红金额当年提存，留待下一年度统一分红。10月，中国人民银行浦江县支行转发该通知，要求各营业所、农村信用合作社在公社党委领导下，组织贫管会成员学习贯彻。对1969年至1972年中累计盈余社，可按省局通知精神和规定的股金分红比例提出分红，时间和分红方案按程序报支行审批后进行。凡这四年中还没有做到累计有盈余的社，虽然按规定不分红，但也要根据省局通知精神认真贯彻，以调动广大社、站干部和社员办社的积极性。

1979年1月11日，中国人民银行浦江县支行印发《关于认真做好农村信用社股金分红的通知》（浦银字〔1979〕第3号）进一步明确：凡是1977年以前有盈余的农村信用合作社，未分红的应予分红。农村信用合作社股金分红的具体办法，按财金税农〔1973〕507号文件即浙江省革委会生产指挥组、省财政金融局《关于信用社社员股金分红的通知》贯彻执行。亏损的农村信用合作社不分红。从1978年起，农村信用合作社无论盈余、亏损，社员的股金一律按定期存款利率付给股息。在股金分红、付息中，一定要核实股金和落实股金。

1982年8月，中国农业银行浙江省分行下发《关于信用社股金分红问题的通知》又明确规定：1977年以前盈余的年度分红，亏损年度不分红，分红总额不得超过当年盈余数的30%，1元股金分红不超过0.03元。未曾分红的农村信用合作社盈亏相抵后，尚有公积金的才可补分。从1978年起，信用合作社无论盈余、亏损，社员股金均按一年期定期储蓄存款利率付给股息。未付的应予补付。股息支付，一般一年一次。对于股份金额小的，亦可以两年或三年合并支付一次。根据这一规定，全县各信用合作社对1977年以前年度的社员股金，分别按年度盈亏情况，以每元股金0.03元分红；1978年以后，按同期一年期定期储蓄存款利率付给股息。

1983年3月，浙江省人民政府办公厅转发中国农业银行浙江省分行《关于农村信用合作社体制改革试点意见的报告》中称：从1983年起，恢复股金分红制度，把信用合作社的经营活动同社员的经济利益联系起来，使农民更加关心信用合作社的业务经营。是年8月，本县农村信用合作社全面进行恢复“三性”的体制改革。修订后的农村信用合作社章程规定，农村信用合作社每年从纯盈余中提留15%～20%（最低不少于一年定期储蓄利息），按股分红。自此始，农村信用合作社社员股金分红按其章程规定施行。

1985年10月，中国农业银行浦江县支行信用合作股印发关于各农村信用合作社几个会计账务处理的意见，要求全县各农村信用合作社在1982、1983、1984年度股息分红发放后，可按实有股本金数，每元股金0.07元计提股息，全县农村信用合作社应计提股息12811元；是年末实际计提股息5556元，股金实际分红14010元（含上一年度未分红数）。

1988年11月，县财政税务局与县联合社发文，规定股金利息按全县现行农贷利率月息9.6‰，即按年末股金余额每元0.12元提取。资料显示，1998年黄宅农村信用合作社就原社员股金进行清理、规范，对要求退股的社员，1991年至1997年按每1元股金分红3元予以清退；愿意继续持股的，则按每股补足差额至10元交纳，转为新社员。

1998年至2000年间，全县农村信用合作社除个别社略有盈余（三年盈余额共77.62万元）外，其余社均亏损（三年合计亏损额1718.74万元）。2001年始扭亏为盈。2001年至2004年，全县6个独立核算社（部）连续盈利，盈余额累计674万元。此间，因县联合社营业部历年尚无亏损，故按财务规定比例分配利润，其他5个社的利润，除提取2004年股金红利57.8万元外，剩余部分全部用于弥补历年亏损。为此，1998年至2003年间全县农村信用合作社均未实施股金分红。

2005年5月27日，县联社一届理事会二次会议审议并通过2004年度股金分红方案，将各社提取的57.8万元红利与2005年度提取的红利一并分配。

2006年3月20日，县联社一届理事会五次会议审议并通过2005年度利润分配方案，按股本金总额2142万元的10%提取红利214.2万元，连同2004年度尚未分配的红利57.8万元，依照税法规定代扣红利所得税后采用给付现金方式予以分配。

2007年3月28日，县联社一届社员代表大会三次会议审议并通过2006年度利润分配方案，按股本金总额2142万元的10%提取红利214.2万元，依照税法规定代扣红利所得税后采用给付现金方式予以分配。

2008年4月10日，县联社一届社员代表大会四次会议审议并通过2007年度利润分配方案，按股本金总额2142万元的10%提取红利214.2万元，依照税法规定代扣红利所得税后采用给付现金方式予以分配。

2009年3月11日，县联社二届社员代表大会二次会议审议并通过2008年度利润分配方案，按扩股前股本金总额2141万元的10%提取红利214.2万元，2008年12月按新扩股股本金总额4009万元的10%提取红利33.4万元，红利合计247.6万元，依照税法规定代扣红利所得税后仍采用给付现金方式予以分配。

2010年3月30日，县联社二届社员代表大会三次会议审议并通过2009年度利润分配方案，按股本金总额6148.5万元的15%提取红利922.3万元，依照按税法规定代扣红利所得税后采用转增股本金方式予以分配。

2011年4月8日，县联社二届社员代表大会四次会议审议并通过2010年度利润分配方案，按股本金总额6956万元的15%提取红利1043万元，其中法人股红利的20%采用给付现金方式分配，80%则采用转增股本金方式分配；自然人和员工股红利，20%依照税法规定代扣红利所得税，80%采用转增股本金方式分配。

2012年4月25日，县联社三届社员代表大会二次会议审议并通过2011年度利润分配方案，按股本金总额7789万元的15%提取红利1169万元，依照税法规定代扣红利所得税后采用给付现金方式分配。

2013年3月27日，县联社三届社员代表大会三次会议审议并通过2012年度利润分配方案。因2012年增资扩股和历年未分配利润转增股金，故对增资扩股和历年未分配利润转增股金部分，按实际天数计算红利，其余股金按一年期限计算红利，分红利率为15%，共提取红利1607万元。其中，自然人和员工股金红利的20%依照税法规定代扣红利所得税，80%转增股本金；法人股红利的80%转增股本金，20%给付现金，其红利所得税由法人依照税法规定自行申报。

2014年3月28日，县联社三届社员代表大会四次会议审议并通过2013年度利润分配方案，按股本金总额18791万元的15%提取红利2819万元。其中，自然人和员工股红利的20%依照税法规定代扣红利所得税，80%以转增股本金方式分配；法人股红利的80%以转增股本金方式分配，20%给付现金，其红利所得税由法人依照税法规定自行申报。

2015年3月27日，县联社三届社员代表大会五次会议审议并通过2014年度利润分配方案，按股本金总额21045万元的15%提取红利3157万元，其中按12%提取的红利采用给付现金方式分配，自然人股红利的20%依照税法规定代扣红利所得税（法人股红利所得税由法人依照税法规定自行申报）；按3%提取的红利采用转增股本金方式分配。对未予清退的78770元老股金，按15%提取红利1万元，采用给付现金方式分配，并在清退时代扣红利所得税。

2016年3月30日，县联社四届社员代表大会二次会议审议并通过2015年度利润分配方案，按股本金总额21677万元的14%提取红利3035万元，其中按10%提取的红利采用给付现金方式分配，按4%提取的红利采用转增股本金方式分配。自然人股红利的20%依照税法规定代扣红利所得税（法人股红利所得税由法人依照税法规定自行申报）。对未予清退的78770元老股金，按14%提取红利1万元，采用给付现金方式分配，并在清退时代扣红利所得税。

2017年4月20日，改制后的浦江农村商业银行股份有限公司召开一届股东大会二次会议，审议并通过2016年度利润分配方案，按股本金总额22544万元的12%提取股金红利2705万元，全部采用给付现金方式分配，自然人股红利的20%依照税法规定代扣红利所得税，法人股红利所得税由法人依照税法规定自行申报。

清股与退股

1951年，中国人民银行颁发的《农村信用合作社章程准则草案》规定："社员申请退社，须于年终结算一个月前提出，并于决算后一个月内退还其股金，如有亏损，按股扣除，如有红利，按股发给。""社员迁移时，经理事会许可，得于一个月内退还其股金；社员死亡，股金退还给其合法继承人，并负盈亏责任。"

1957年1月，中国农业银行颁发的《农村信用合作社示范章程草案》规定："社员退社时须向理事会提出申请，并在结算后退还其股金。社员因迁出社区要求退社，随时退还其股金。"

1964年，中国农业银行浙江省分行在《关于信用合作工作若干问题的答复》中指出："四类分子（地、富、反、坏）不得加入农村信用社，已加入的应当清洗出去，并退还其股金。""农村信用社社员外迁应当区别情况，进行处理。凡全家迁居城镇要求退股的社员，可以凭迁入地区的户口证明，给予退股；迁入外地农村的社员，可以将其股金转移，不退股金……”

1973年11月，浙江省革委会生产指挥组财政金融局《关于农村信用社股金分红中若干问题的批复》（银农〔1973〕957号）明确规定：“根据1956年省委农村工作部和1964年国务院农林办公室的指示，四类分子不得参加农村信用社。由于漏划新生，或因过去审查不严吸收加入农村信用社的，应坚决清洗出去。对于他们交纳的股金，应予退还。由于能否参加农村信用社是一个政治问题，因此不得采取将四类分子的股金转移给子女的做法，如本人自愿可以转为存款，从开出存单（折）日起计息。四类分子已经死亡，股金可退给他们的子女；其子女不愿继承的可以不退，转作农村信用社基金。有的农村信用社过去采取‘一户多股’的，应该只退四类分子本人的股金，其子女不在清洗之列，不退股金同样分红。对于过去的四类分子，确实经过正式批准手续，已经摘掉帽子、并参加人民公社为社员的，可以为农村信用社的社员，应该与一般社员同样给予分红；凡是暂不改变成分，但称作人民公社候补社员的，可以允许参加农村信用社为候补社员，对于他们可否分红，要根据他们的表现，经贫管会讨论，请示公社党委决定。”是年12月，中国人民银行浦江县支行转发该文件，并要求“做好股金清账核对和因过去审查不严而误有四类分子吸收加入农村信用社的调查清洗工作，并认真按批复中指出‘四类分子的清洗退股工作，是一个严肃的政策问题’，在清洗时必须在当地公社党委的领导下正式宣布除名，要防止简单化做法。”

1983年，全县农村信用合作社体制改革，对入股农村信用合作社的社员股金逐户核对清理，落实股权，换发新股金证。是年通过新的农村信用合作社章程，明确农村信用合作社“入社自愿，退社自由，以户入社”。

1997年10月，以浦东农村信用合作社作为试点，按合作制原则予以规范。在此基础上，全县具有法人资格的16家农村信用合作社，于翌年10月开展规范工作，归并为浦东、黄宅、浦阳和檀溪4家具有法人资格的大社，并就原有老股金进行全面清理。

2004年6月，根据国务院国发〔2003〕15号、中国人民银行银发〔2003〕181号等文件精神，经浙江省农村信用合作社改革试点工作领导小组办公室批复同意，在取消本县原各农村信用合作社及其联合社法人资格的基础上，合并组建统一法人的县农村信用合作联社。于7月22日发布公告，对2003年末原有63780户社员的819万元股金进行全面清理；并根据中国银监会下发的《农村合作银行管理暂行规定》和省人民政府办公厅〔2004〕51号明传电报关于老股金清理问题的三条原则，各农村信用合作社召开社员代表大会，审议通过老股金清理方案：一是愿意退股的，一律予以退股；二是愿意保留股份的，按规定额度增资、增股；三是少数不愿退股也不愿增资的（包括股东无法联系上的），其原股金暂实行专户集中管理，只享受分红。是年末，全县农村信用合作社共清退老股金59561户，计807.81万元，退股资料由县联合社和信用合作社各存档一份，永久保管。无法清退的老股金4219户，计

11.19 万元，就这部分无法清退的老股金建立明细账，转入县联合社股金账户中实行专户集中管理。2009 年至 2012 年间，已陆续清退老股金 3.31 万元。2013 年 10 月 29 日，根据县联社三届社员代表大会二次会议通过的《股权改造方案》和《历年未分配利润转增资本方案》，增股扩股工作结束后，将未清退的原农村信用合作社老股金 78840 元，从“股本金”科目调整至“其他应付款”科目，建立专户进行管理，专户只反映总的余额，手工登记明细账。是年末，尚有未清退的原农村信用合作社老股金 78770 元，社员计 3916 户，其中单户余额在 1000 元及以上的 28 户，金额 35700 元；单户余额在 1000 元以下的 3888 户，金额 43070 元。

第二节 储 蓄

储蓄存款业务，是农村信用合作社成立初期开办的基本业务之一。农民手中有闲钱时，即可就近存入当地信用合作社。1954 年 1 月 18 日，本县许村乡农民李金铠，首在当地信用合作社（其时正值该乡信用合作社筹备成立阶段。——编者注）存入 25 万元（人民币旧币）活期储蓄存款。这是迄今为止编者发现的本县农村信用合作社最早的吸储账面记录。自此始至 1980 年，全县农村信用合作社储蓄存款余额从 1955 年末的 7.5 万元增至 474.5 万元，25 年间增长 63 倍，年均增长 2.52 倍。

图 3-1-7　全省农村信用合作社早期统一印制的储蓄政策原则宣传画

储蓄政策原则

1954 年，《中华人民共和国宪法》第 11 条明确规定：“国家保护公民的合法收入、储蓄、房屋和各种生活资料的所有权。”中国人民银行提出“存款自愿、取款自由、为储户保密”的三原则。

1986 年 1 月，《中华人民共和国银行管理暂行条例》规定：“国家保护个人储蓄存款，实行存款自愿、取款自由、存款有息、为储户保密的原则。”

1995 年 5 月，经八届全国人大常委会十三次会议通过，随后两次修正并予施行的《中华人民共和国商业银行法》，亦重申“商业银行办理个人储蓄存款业务，应当遵循存款自愿、取款自由、存款有息、为存款人保密的原则。”

储蓄政策原则是储蓄事业健康发展和社会安定的重要保障。长期以来，农村信用合作社严格执行国家《宪法》规定和人民银行制定的储蓄政策原则，保护公民的合法权益。尤其是中共十一届三中全会以后，本县农村信用合作社运用多种形式并借助新闻媒体开展储蓄政策原则宣传活动，在实际工作中认真执行，颇受广大人民群众认同与信赖。

自 1980 年农村信用合作社由农业银行再次代管，到 1987 年县联合社成立，储蓄存款余额由 1979 年末的 297.8 万元增至 3407 万元，7 年间增长 11 倍，年均增长 1.6 倍。此后的 29 年间，储蓄政策原则日益深入人心，加之农村经济发展迅速，储源长盛不衰，而致储蓄存款节节攀升。迄 2016 年末，储蓄存款余额达 572788 万元，占各项存款总额的 77.83%；是 1987 年末的 168 倍，年均增长 5.8 倍。

储蓄种类

农村信用合作社储蓄业务受国家银行领导，所开办的储蓄种类一般都由银行设置或经银行批准设置。按其性质区分，主要是活期性和定期性两大类。

活期储蓄

活期存折储蓄 农村信用合作社自成立之日起，即开办活期存折储蓄，1 元起存，多存不限。农民有闲钱自愿存入，由农村信用合作社发给存折，以后凭存折（或兼凭本人印鉴、密码）办理存取款，每年 6 月、12 月各结息一次。1973 年起改为每年结息一次。1983 年始，改为每年 6 月底结息一次。自 1993 年起改为每年 6 月 30 日为结息日，以当日挂牌的活期存款利率结算利息。利息并入本金起息，计息时本金的元以下尾数不计息。销户者则按清户日挂牌公告的活期存款利率计息，利息至清户前一天止。

图 3-1-8　1955 年活期储蓄存折

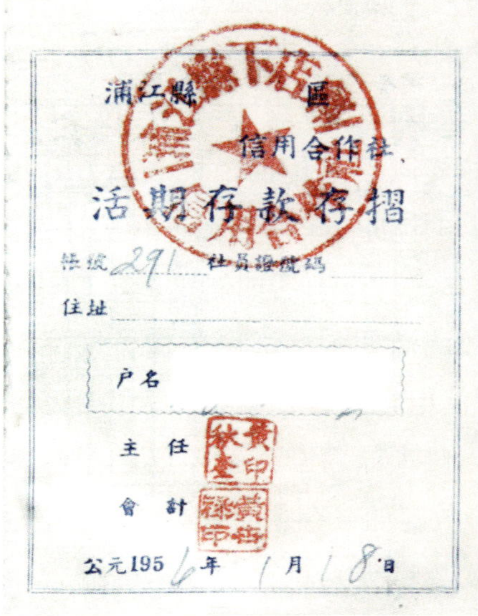

图 3-1-9　1956 年活期储蓄存折

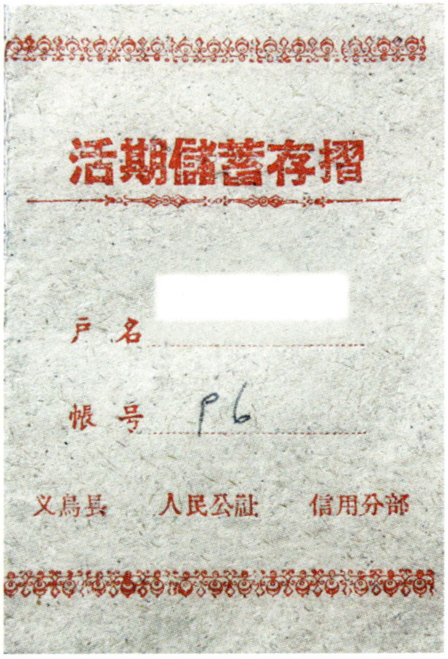

图 3-1-10　60 年代活期储蓄存折

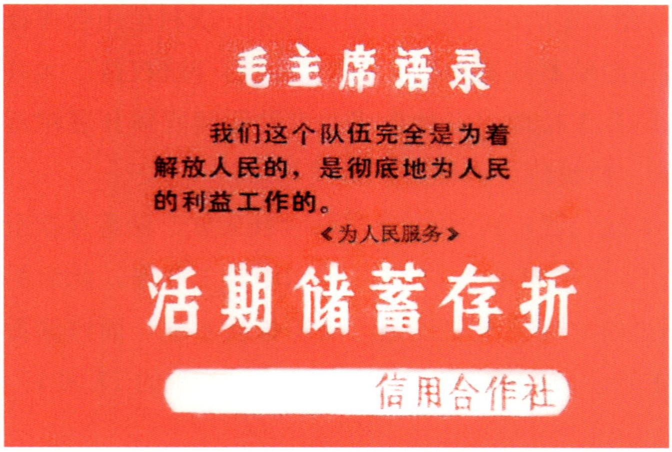

图 3-1-11　70 年代活期储蓄存折

活期存单　与活期存折储蓄同。开户时由农村信用合作社发给活期存单，以后凭存单（或兼凭本人印鉴、密码）办理存取款。活期存单一般为农村社员年终分配或投售农副产品时适用，格式上多以一次性支取而设计印制。

整存整取定活两便储蓄　其既有活期之便，又有高于活期之利。10 元起存，多存不限，整存整取；存期亦无限制，利率随存期长短按活期或定期同档利率九折计息。1983 年 12 月，中国农业银行浦江县支行转发浙江省分行《关于举办农村整存整取定活两便储蓄的通知》，于 1984 年 1 月起，在全县农村信用合作社开办。1985 年 1 月，中国农业银行浙江省分行规定，该项储蓄存期在半年以内按活期利率计息，半年以上按同档定期利率 9 折计息；存期一年以上的，无论存期多长，均按一年期利率 9 折计息。1986 年 3 月，中国农业银行规定不满 1 个月的不计息。是年 12 月又规定，不满 1 个月的亦按实存期计息。1988 年 10 月，中国人民银行规定，存满一年以上的，比照整存整取的一、二、三、五、八年相应档次利率打 9 折计息。1991 年 11 月 26 日，中国人民银行又改为：存期一年以上的，无论存期多长，自 1992 年 1 月 1 日起一律按一年期利率 9 折计息。1991 年 12 月 25 日，中国人民银行浙江省分行补充规定，实行分段计息。1991 年底以前仍按同期同档次利率 9 折计息，以后按中国人民银行新规定执行。1993 年 3 月 1 日，中国人民银行在《关于执行〈储蓄管理条例〉的若干规定》中重新明确，该项储蓄在开户时，起存金额一般为 50 元，新存入者，存期不足 3 个月的按支取日活期利率计息；存期 3 个月以上不满半年的，按支取日 3 个月定期利率打 6 折计息；存期半年以上不满一年的，按支取日半年期定期利率打 6 折计息；存期一年以上，无论存期多长，整个存期一律按支取日定期一年期利率打 6 折计息。

通知储蓄存款　该项储蓄方式，介于活期储蓄、定期储蓄和定活两便储蓄三者之间，它比定期储蓄灵活，利息收益却比活期和定活两便储蓄要高，对用钱机动性大的储户较为适宜。1997 年 12 月，本县农村信用合作社根据中国人民银行浙江省分行浙银农金〔1997〕10 号文件精神始开办此一储种。该项储蓄存入时不必约定存期，一次存入本金起点为人民币 1000 元，多存不限，以百元倍数存储。存款支取期限不固定，储户可一次或分次提取存款。提款起点为 100 元，每次提款数目须为百元的整倍。储户取款时应在取款前 1 天向储蓄机构通知取款金额。取款时，只计付支取部分的本金及利息，未支取部分仍按原存入日计息。

存款期限分为 1 ～ 12 个月共 12 个档次，存期最长为一年。存款实际存期不满 1 个月或超过一年的部分，一律按支取日挂牌公告的活期存款利率计息；满 1 个月不满 2 个月的按 1 个月档次利率计息；满 2 个月不满 3 个月的按 2 个月档次利率计息，其他以此类推。通知储蓄纳入活期储蓄科目核算。

1999 年 1 月，中国人民银行印发《通知存款管理办法》，明确按存款人提前通知的期限长短，划分为 1 天通知存款和 7 天通知存款两个品种，由存款人自由选择。规定通知存款的最低起存金额个人为 5 万元，单位为 50 万元；最低支取金额个人为 5 万元，单位为 10 万元。个人通知存款采用记名存单形式，单位通知存款采用记名存款凭证形式，存单或存款凭证上不注明存期利率，金融机构按支取日挂牌公告的相应利率水平和实际存期计息，利随本清。

1999 年 2 月 1 日，全县农村信用合作社统一按照《通知存款管理办法》规定办理通知存款业务，此前吸收的通知存款第一次支取时，一律按原规定的相应档次利率和办法一次性结清本息。

定期储蓄

整存整取定期储蓄 本县农村信用合作社自成立之日起，即开办整存整取定期储蓄。开户时以 2 元为最低存额，多存不限，一次存入，到期支取。存期分 1 ～ 2 个月、3 ～ 5 个月、6 ～ 8 个月、9 ～ 11 个月和一年五个档次。自 1955 年 10 月 1 日起取消 1 ～ 2 个月存期；1959 年 1 月 1 日又恢复 1 ～ 2 个月存期，取消 9 ～ 11 月存期；是年 7 月增设二年和三年期。1965 年 6 月 1 日起，取消二年和三年期。1971 年 10 月 1 日起，只设一年期一个档次。1973 年改为 10 元起存。1974 年 4 月 1 日，分别设半年、一年、三年、五年期四个档次。1982 年 4 月 1 日起，增加八年期。1989 年 6 月 1 日起，新增 3 个月存期。1993 年 3 月 1 日，取消八年期档次，起存金额提高到 50 元。1999 年 6 月 1 日起，农村信用合作社在储户开户时，根据储户意愿，可为其办理约定转存业务。2001 年 7 月 10 日起，所有新存入定期储蓄均实行自动转存。

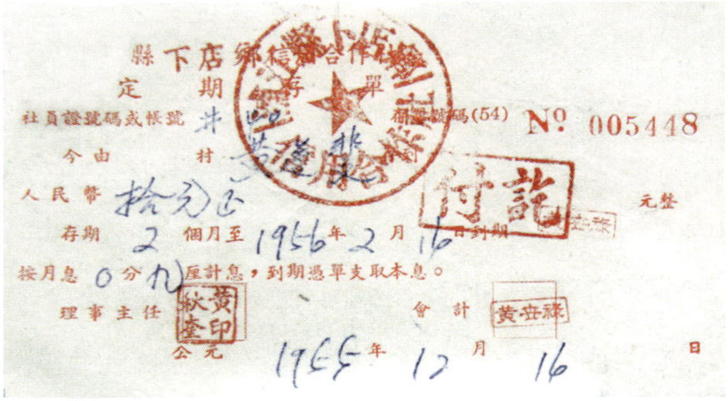

图 3-1-12 下店乡信用合作社定期储蓄存单（1955）

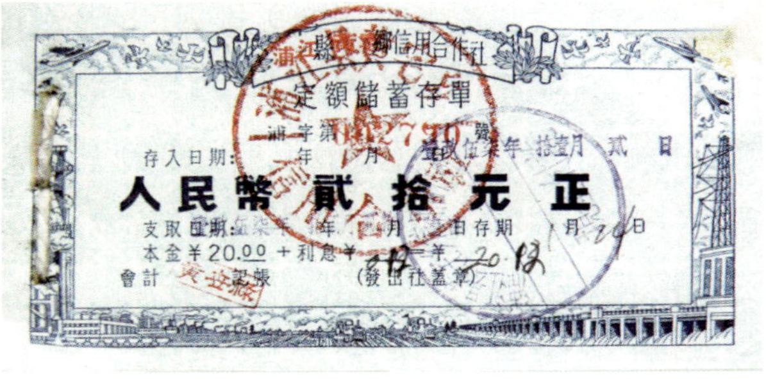

图 3-1-13 黄宅乡信用合作社定额储蓄存单（1957）

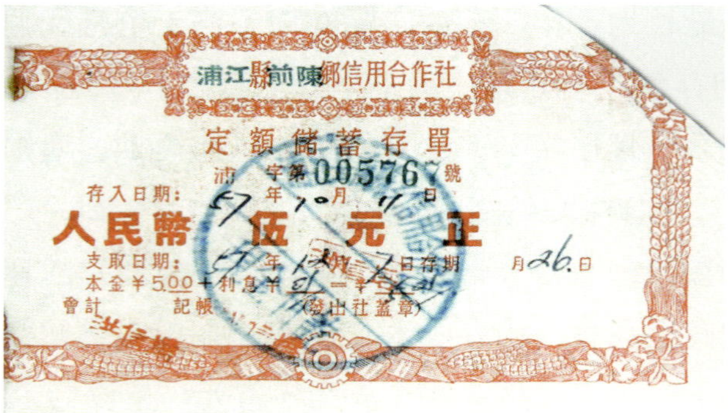

图 3-1-14 前陈乡信用合作社定额储蓄存单（1957）

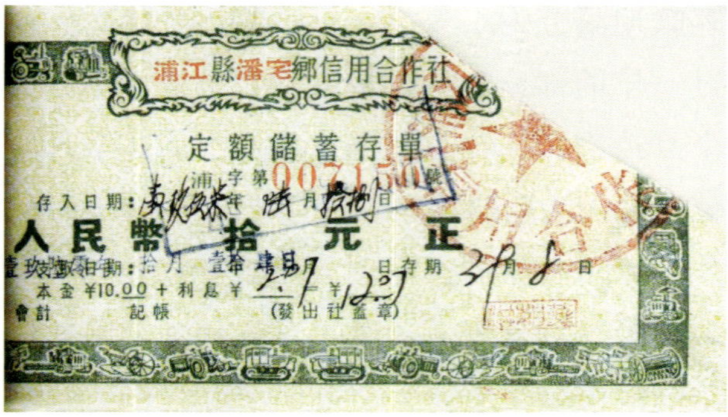

图 3-1-15 潘宅乡信用合作社定额储蓄存单（1957）

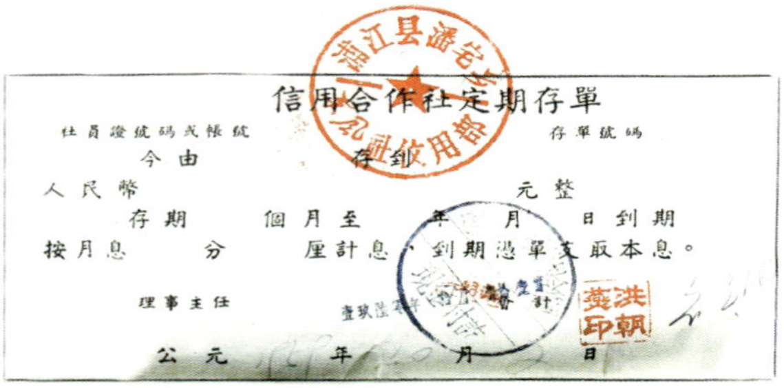

图 3-1-16 潘宅乡东风公社信用部定期储蓄存单（1959）

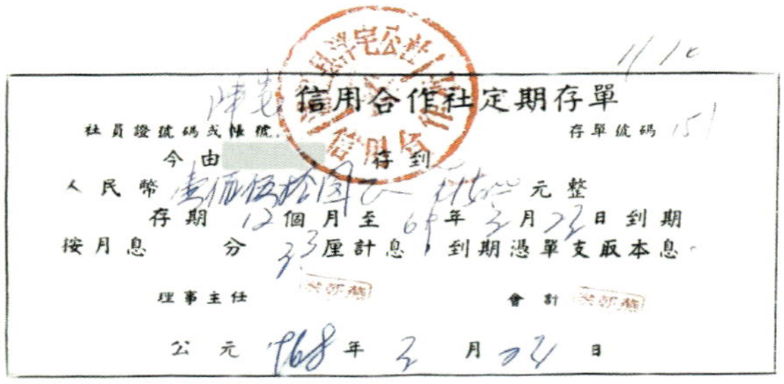

图 3-1-17 潘宅乡信用合作社定期储蓄存单（1968）

整存零取定期储蓄 该项储蓄 30 元起存，多存不限；存期分半年、一年、三年和五年四个档次，由储户自由选择。一次存入，选定一个存期，可以一次支取全部存款和利息，也可以分次支取存款和利息（最多 8 次）。1980 年 10 月，中国农业银行浦江县支行发文要求，先行选择几个农村信用合作社试办，待取得经验后逐步推广。1981 年 1 月 1 日起，始在石马农村信用合作社试办，受到社员群众欢迎，11 个月便吸储 57678 元。1982 年 1 月 1 日起，在全县农村信用合作社扩大试办。该项储蓄对于农村各生产队年终一次性现金分配，整笔存入进而零散支取颇为适用。其后农村实行家庭联产承包责任制，一次性分配已不复存在，该项储蓄自然萎缩。

零存整取定期储蓄 1959 年 4 月，中国人民银行浙江省分行将原零存整取定期有奖储蓄办法修订为零存整取定期储蓄章程。该章程明确规定：原有零存整取定期有奖储蓄不再开奖，改为计息。存款金额分为每月 4 元、2 元和 1 元三种，并新增 5 角一种，以适应农村的特点。存期分一年期和半年期两种，一年期以存满 12 次为到期，半年期以存满 6 次为到期，均以最后一次存款的次月 15 日为到期日。该项储蓄每月存储一次，到期整笔支取本金和利息。开户时由银行或公社信用部发给存折，并粘贴存款凭证，以后续存和支取，可以在同一市区或同一公社范围内的银行或信用部各级机构办理。在一个存折中，每月的存储金额应相同，一个月内不能存两次；如中途停存，以后可续存。其后，该项储蓄改设为 5 元起存，由储户自定存款金额，按月固定，开户时由农村信用合作社发给存折，逐月续存，存期分为一年、三年、五年三个档次，到期一次性支取本息。

存本取息定期储蓄 1986 年 1 月 1 日，中国农业银行浙江省分行在各基层行、农村信用合作社恢复开办存本取息定期储蓄。1000 元起存，分月起息。存期分一年、三年、五年三个档次，一次存入本金，由收储机构发给存款凭证，到期一次性支取本金，不办理部分提前支取；利息凭存折分期支取，一个月或几个月取息一次由储户自定，次月后可随时取息。如储户需提前支取全部本金，则须按定期存款提前支取的规定计算存款期内利息，并扣回多支付的利息部分。

保值定期储蓄 农村信用合作社于 1988 年 9 月 10 日起，按国家规定对三年期以上的整存整取定期储蓄实行保值。保值的原则是，在存期内如物价上涨超过其利息所得，给以保值补贴率补充，反之仍按原定利率计息。保值补贴率每季公布一次，由中国人民银行按国家统计局零售物价指数在执行季度前 15 天公布。1990 年 1 月起改为按月公布。1991 年 12 月停办。1993 年 7 月 11 日起，中国人民银行决定恢复对城乡居民存入三年（含三年）以上整存整取定期储蓄、华侨人民币储蓄和存本取息定期储蓄的保值，国家除按规定计付存款利息外，在保值期间以存款到期日为准，按当月国家公布的贴补率付给一定的保值贴补息。1996 年 3 月 31 日中国人民银行发出《关于停止办理新的保值储蓄业务的紧急通知》，自 4 月 1 日起保值储蓄再次停办。

农村优待储蓄 1954 年 9 月，中国人民银行浙江省分行在全省范围内举办农村优待储蓄。该项储蓄为定期性质，农民凡向国家交售粮食和棉花，其所得款项均可存入银行或由银行委托的信用合作社或供销合作社，收储机构根据农民自行约定的存储月数，发给“优待农民售粮储蓄”存单，到期凭存单由原收储机构一次支付本息。

存单面额分 20 万元、10 万元、5 万元、3 万元和 1 万元（人民币旧币）五种，存期分 1～6 个月六个档次。优待利率为：1～3 个月，月息 1 分 2 厘；4～6 个月，月息 1 分 5 厘。到期未支取，存期在 6 个月以下，逾期部分按原

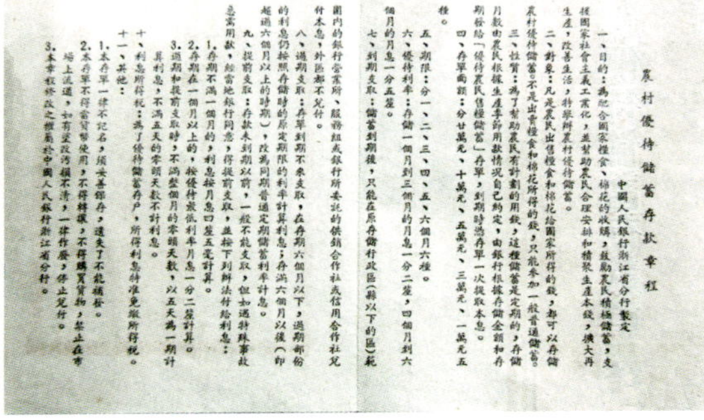
農村優待儲蓄存款章程

中國人民銀行浙江省分行製定

一、目的：為配合國家糧食、棉花的收購，鼓勵農民積極儲蓄，支援國家社會主義工業化，並幫助農民合理安排和積聚生產本錢，擴大再生產，改善生活，特舉辦農村優待儲蓄。

二、對象：凡是農民出售糧食和棉花給國家所得的錢，都可以存儲農村優待儲蓄。不是出賣糧食和棉花所得的錢，只能參加一般普通儲蓄。

三、性質：為了幫助農民有計劃的用錢，這種儲蓄是定期的，存儲月數由農民根據生產季節用款情況自己約定，由銀行根據存儲金額和存期發給「優待農民售糧儲蓄」存單，到期時憑存單一次提取本息。

四、存單面額：分廿萬元、十萬元、五萬元、三萬元、一萬元五種。

五、期限：分一、二、三、四、五、六個月六種。

六、優待利率：存儲一個月到三個月的月息一分二釐，四個月到六個月的月息一分五釐。

七、到期支取：儲蓄到期後，只能在原存儲行政區(縣以下的區)範圍內的銀行營業所、服務組或銀行所委託的供銷合作社或信用合作社兌付本息，外區都不兌付。

八、過期支取：存單到期不來支取，在存期六個月以下，過期部份的利息仍按照存儲時的原定期限的利率計算利息；存滿六個月以後(即超過六個月以上的時期)，改為同期普通定期儲蓄利率計息。

九、提前支取：存款未到期以前，一般不能支取，但如遇特殊事故急需用款，經當地銀行同意，得提前支取，並按下列辦法付給利息：

1.存期不滿一個月的，利息按月息四釐五毫計算。

2.存期在一個月以上的，按優待最低利率月息一分二釐計算。

3.過期和提前支取時，不滿整個月的零頭天數，以五天為一期計算利息，不滿五天的零頭天數不計利息。

十、利息所得稅：為了優待儲蓄存戶，所得利息特准免繳所得稅。

十一、其他：

1.本存單一律不記名，須妥善保存，遺失了不能掛失。

2.本存單不得當貨幣使用，不得轉讓，不得購買貨物，禁止在市場上流通，如有塗改污損不清，一律作廢，停止兌付。

3.本章程修改之權屬於中國人民銀行浙江省分行。

图 3-1-18 农村优待储蓄存款章程（1954.9）

定利率计息；存满 6 个月以后，逾期部分改按同期普通定期储蓄利率计息。存款未到期一般不得提前支取，如遇特殊情况急需用款，经当地银行同意可予提前支取，但计息办法另有规定：存期不满 1 个月的，按月息 4 厘 5 毫计算；存期 1 个月以上的，按优待最低利率月息 1 分 2 厘计算。存单一律不记名、不挂失。

有奖储蓄

有奖储蓄是将储蓄存款利息以现金或实物形式支付给中奖储户的一种储蓄，一般属于定期储蓄业务范畴。

有奖储蓄按奖金支付形式分为有奖无息和有奖有息两种。前者把储蓄存款的全部利息作为奖金或实物分配，后者仅把利息一部分作为奖金或实物分配，保留部分利息支付给储户。

有奖储蓄的基本内容有：发行储蓄存单或凭证的农村信用合作社名称、存单名称、固定金额、计奖组别、兑奖号码、奖级、中奖金额等。定期定额有奖储蓄一般以 1 万至 10 万户之间为一个开奖组，每组分别设特奖、头奖、二奖、三奖、四奖、五奖、末奖，有的附设兴趣奖。存单面额为 10 元、20 元、50 元、100 元、500 元不等，存期一般为一年、二年、三年，存储满额后，公告开奖日期，当众开奖，中奖号码由当地公证机关公证。

定期定额有奖储蓄 1957 年 5 月 4 日，中国人民银行浦江县支行印发《关于农村信用社举办农村定额储蓄和农村定期定额有奖储蓄存款的通知》，要求农村信用合作社全面开办农村定额储蓄；农村定期定额有奖储蓄选择马剑等农村信用合作社先行试办，取得经验后全面推广。据现有资料显示：1957 年 8 月，东塘农村信用合作社举办定期定额有奖储蓄一期，每户面额 4 元，定期两个月，以 1000 户为单位，设一等奖 1 个，二等奖 4 个，三等奖 35 个；奖金一等奖 10 元，二等奖 5 元，三等奖 1 元。本期有奖储蓄共吸收存款 4000 元，支付奖金 65 元。

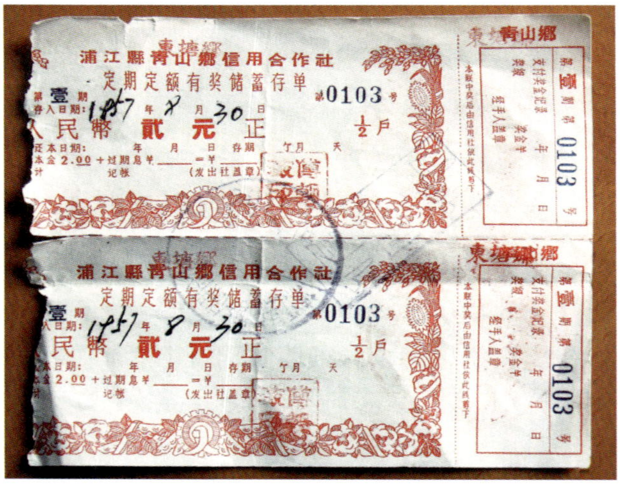

图 3-1-19 定期定额有奖储蓄存单（1957）

1980 年 12 月，中国农业银行浦江县支行印发《关于试办农村整存整取定额定期有奖储蓄的通知》（农行字〔1980〕117 号），决定自 1981 年 1 月 1 日起，在全县范围试办农村整存整取定额定期有奖储蓄（明确该项储蓄为有奖无息储蓄，不办理有奖有息储蓄）。以县支行为单位，行社联办，每户存单面额为 10 元，每 1 万户为一个开奖组，每组设头奖 4 个，每个奖金 200 元；二奖 20 个，每个奖金 55 元；三奖 100 个，每个奖金 12 元；四奖 1000 个，每个奖金 2 元。

1982年初，浦阳和石马两个农村信用合作社分别开办定额定期有奖储蓄，取得良好实绩，遂向全县推开。前后共举办28期，吸储28万元。另据资料显示：1985年1月至1986年11月，由中国农业银行浦江县支行牵头，组织县支行本部、各基层营业所和农村信用合作社联办定额实物有奖储蓄16期。同时，全县有12个农村信用合作社单独举办定额实物有奖储蓄共20期，其中浦阳社4期，平湖、中余社各3期，平安、虞宅社各2期，潘宅、大溪、大许、前吴、花桥、治平和岩头社各1期（举办情况详见下表）。

表3-1-1　　各农村信用合作社举办定期定额有奖储蓄情况

（1985年1月至1987年1月）

举办社	举办时间	期数	存单面额（元）	吸收存款（万元）	奖金（奖品）设置
浦阳社	1985.1～1986.12	4	50	200	每期设特奖1个，奖60平方米房屋一套 其他设4～6个奖级，奖品分别为现金及彩电、洗衣机、家具、电冰箱、自行车、金戒指、电饭煲、毛毯、电热毯等
中余社	1986.1～1986.8	3	10	30	每期设5～6个奖级，奖品分别为现金及彩电、自行车、电风扇、缝纫机、电热水壶等
平湖社	1986.1～1986.10	3	10 20	30	每期设4～5个奖级，奖品分别为现金及彩电、自行车、电风扇、缝纫机、挂钟、旅行杯等
平安社	1986.6～1987.1	2	10 20	30	每期设4～5个奖级，奖品有现金及彩电、自行车、电风扇、缝纫机、钢折椅等
虞宅社	1986.3～1986.10	2	10	10	每期设4～6个奖级，奖品有现金及彩电、自行车、电风扇、缝纫机、收录机等
潘宅社	1986.3～1986.6	1	10	10	设4个奖级，奖品分别为现金400元、200元、10元、2元
大溪社	1986.3～1986.7	1	10	10	设6个奖级，奖品分别为现金及彩电、自行车、电热水杯、电风扇、收音机音箱等
大许社	1986.12～1988.1	1	10	10	设5个奖级，奖品分别为现金及彩电、自行车、毛毯、脸盆等
前吴社	1986.7～1986.12	1	10	10	设6个奖级，奖品分别为现金及彩电、自行车、缝纫机、电风扇等

续表 3-1-1

举办社	举办时间	期数	存单面额（元）	吸收存款（万元）	奖金（奖品）设置
花桥社	1986.7～1986.10	1	10	10	设 8 个奖级，奖品分别为现金及彩电、自行车、金戒指、缝纫机、电暖锅、挂钟等
治平社	1986.8～1986.10	1	10	10	设 6 个奖级，奖品分别为现金及彩电、自行车、缝纫机、钢折椅等
岩头社	1986.10～1986.12	1	10	10	设 7 个奖级，奖品分别为现金及彩电、自行车、缝纫机、钢折椅、电暖锅等

零存整取贴花有奖储蓄 此项储蓄属定期性质，按零存整取方式存储，存期 1 年，每月存储一次，存满 12 次为到期。开户时由农村信用合作社发给存折，并在存折上粘贴当月存款凭证（即贴花），续存时在存折上连续贴花，全年利息按月以奖金形式分配，每月开奖。由中国人民银行浙江省分行统一开办，各农村信用合作社代理发行。1959 年 4 月，中国人民银行浙江省分行将原零存整取定期有奖储蓄办法修订为零存整取定期储蓄章程，该章程明确规定：原有零存整取定期有奖储蓄不再开奖，改为计息。

自 1988 年起，中国农业银行浙江省分行恢复举办该项储蓄，农村信用合作社仍为代理发行。1995 年 4 月，根据中国农业银行浦江县支行〔1995〕浦农银 60 号文件精神，该项储蓄自 1996 年起停办。1998 年 6 月，中国人民银行下发《关于立即停办有奖储蓄的通知》："为维护良好的存款秩序，规范商业银行的经营行为，消除高息揽存现象，维护储户的合法权益，体现公平合理的利息分配原则，促进商业银行及城乡农村信用社提高服务质量和水平，中国人民银行决定停办有奖储蓄业务。"至此，各种有奖储蓄业务退出金融舞台。

储蓄宣传

农村信用合作社的储蓄宣传工作，紧紧围绕不同时期的社会和经济形势，因地制宜地开展。早期的储蓄宣传，囿于经费紧缺、人手不足等因素的制约而显得尤为简朴。主要的宣传形式有：

口头宣传 信用合作社干部在走村串户发动农民入社，或收缴股金、发放农贷的同时，见缝插针地开展口头宣传。报之以诚，动之以情，晓之以理，反复宣讲将闲钱存入信用合作社，既安全可靠又能获得一定利息，并可用于支援农业生产、促进国家经济建设的多重好处。深入浅出，通俗易懂，农户一般都会耐心倾听，欣然接受，从而付诸实行。此一宣传形式运用相当普遍和广泛，且无须花耗经费，成效颇为明显。

墙面宣传 50至60年代，本县除部分偏远山区外，平原地区农村民居多为旧式瓦房，且集中连片，贴近路边或毗邻集镇，而墙面一般都以石灰粉刷，宽大平整。信用合作社取得当地政府部门及乡村群众组织的支持与配合，采以耐磨防褪色料在墙面上书写诸如“勤俭持家，勤俭建国，努力生产，踊跃储蓄”“一人储蓄，全家欢乐；人人储蓄，国家富足”“参加储蓄，功在国家，利在自己”之类的大字标语口号，既醒目又朗朗上口，且保留长久，宣传效果良好。其后只是基于形势的变化而被其他内容的标语口号覆盖，抑或因旧房翻建或改造以至逐步消失殆尽。

传单小报宣传 一般由中国人民（农业）银行浙江省分行或金华地区中心支行（市分行）、县支行统一印制（或打印、刻印），分发各农村信用合作社，面向农业社（公社、大队）或农民群众散发。

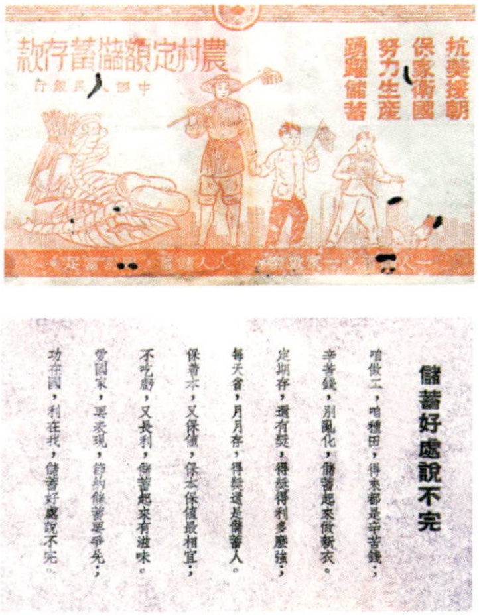

图 3-1-20 50年代储蓄宣传资料

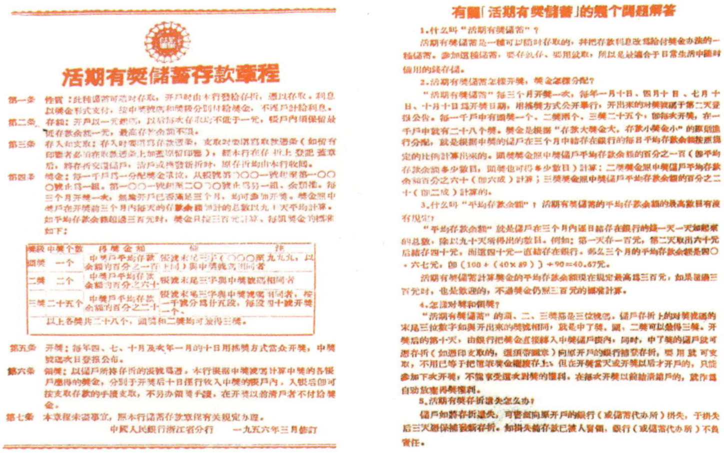

图 3-1-21 《活期有奖储蓄章程》传单（1956）

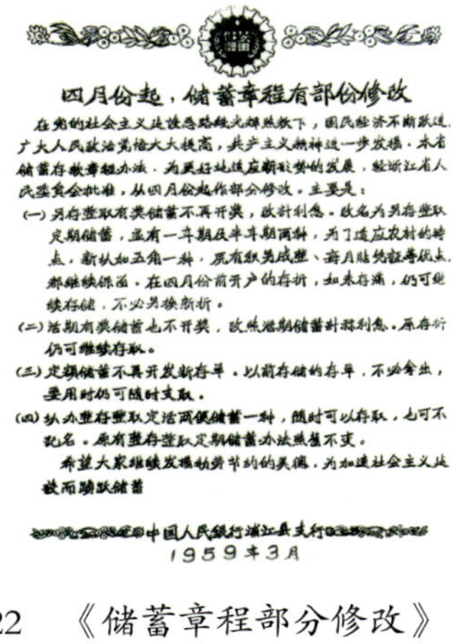

图 3-1-22 《储蓄章程部分修改》小字报（1959）

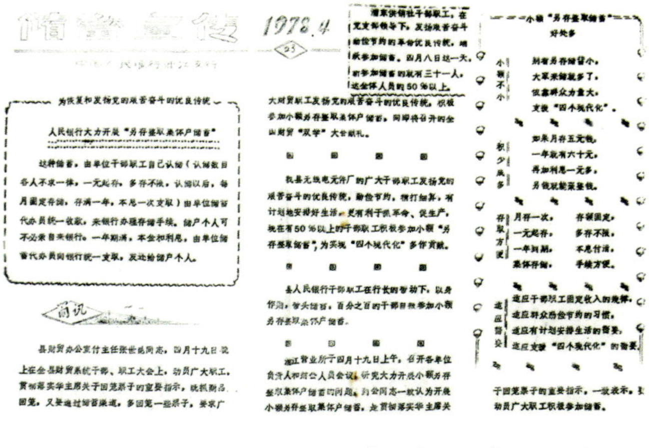

图 3-1-23 《储蓄宣传》小报（1978）

会议宣传 无论集镇、农村，大凡由当地党政、群团等组织召开的各种会议，信用合作社均于会前提前介入，当好参谋。有的则结合实际拟定提纲、准备书面材料，约请党政领导或由信用合作社主任到场宣讲参加储蓄的作用和好处，并要求各级干部带头并发动群众存储，扩大舆论宣传和影响。

黑板报宣传 本县部分有条件的农业社或生产大队，在村中“街路”即群众集聚的中心地段，选一墙面开辟黑板报专栏，定期或不定期地用粉笔或水粉书写。除宣传党和国家的大政方针和中心任务外，有的放矢地宣传推介信用合作社的储蓄业务，有故事、有诗歌、有报道、有短评，体裁多样，图文并茂，生动活泼。少数信用合作社还在门前制作固定木质橱窗开展宣传。

广播宣传 60 年代后期至 70 年代初，本县农村各生产大队全部开通有线广播、每家每户都安装喇叭（扬声器）。信用合作社抓住契机，适时撰写储蓄宣传稿件投送，由公社广播站或大队播音室以本地方言播发。

图 3-1-24 家用扬声器

图 3-1-25 山村的高音喇叭

文艺宣传 在人民公社化、社会主义教育运动期间，本县农村文艺宣传队包括“什锦班”“戏班”等不脱产的群众文艺团体相对比较活跃，大多利用农闲自编自演社员喜闻乐见的文艺节目，宣传党的路线方针政策，宣传社会主义制度的优越性，宣传生产生活中的好人好事。亦受信用合作社或信用服务站委托，有针对性地编排储蓄宣传节目演出，颇受好评。

映前宣传 电影放映，其场地多为露天，是电视尚未普及之前农村广大群众尤为喜爱的业余文化活动项目之一。放映队须自制幻灯片，开展映前综合性宣传（内容涵盖时政、经济、文化、中心工作、农技、科普、影片简介及其他，轮换交替），实行定期考核并参加县、地区乃至全省调演、会演竞赛评比。银行统一制发或由农村信用合作社提供资料制作，宣传储蓄政策原则、意义好处及推介新办储种等内容的幻灯片，亦在其列。

1980年，本县农村信用合作社接受农业银行领导和管理。翌年，中共中央、国务院提出要研究“生财、聚财、用财”之道，充分发挥金融机构的作用，把资金筹集的着眼点放在增加储蓄上，变待用资金为长期资金，转消费资金为建设资金，讲爱国储蓄、为“四化”储蓄，倡导移风易俗，节俭办婚事，改善社会风气。农村信用合作社加大对农村储蓄的宣传力度，除持续运用既有宣传形式开展宣传外，还由主管行统一制作宣传品，编印农村金融简报、小报，在各社悬挂横幅标语以及参加主管行联合县属多部门举办的“储蓄杯”书法大赛等，紧扣致富莫忘节俭、丰收切记防灾、储蓄支援“四化”等主题，扩大宣传效应。

县联合社成立后，确立“存款兴社”理念，首重组织资金，以壮大农信实力，提高自身经营效益和社会效益。不时借助联合社和辖属各农村信用合作社营业办公楼落成或易址搬迁、分社开业及储蓄存款余额上台阶等契机，开展宣传活动，大造舆论声势，张贴海报、悬挂横幅、分发广告；签约报社、电台、电视台等新闻媒体，答谢社会各界和广大储户对农村信用合作社的厚爱、信赖和支持，宣传农村信用合作社的整体资金实力和在支持农村经济发展中的地位和作用，提升社会知名度和良好形象。同时，抽调职工参加主管行统一组织的“金融宣传月”“储蓄宣传月”等活动，走上街头、深入企业开展储蓄业务咨询，分发宣传资料；召开恳谈会、联谊会，征求储户意见和建议，改进服务工作。并编排节目参加县财贸工会举行的文艺会演，寓宣传、引导于娱乐，增强城乡居民的储蓄意识。

图 3-1-26 常年从未间断的地方纸媒宣传小广告

续图 3-1-26

2005 年县联社成立后，实行一级法人体制。伴随农村信用合作社前行的步伐，县联社在宣传形式上继承传统，锐意创新，借助现代科技手段，促宣传工作朝着大规模、全方位、多层次、立体式的格局推进，将储蓄宣传有机地融入综合性业务系列宣传活动之中。一是抓好固有阵地硬件建设，注重网点精心装修，各营业场所储蓄政策原则、储蓄存款利率和服务承诺等宣传牌及便民设施一应俱全，力求为客户提供一个清新、舒适、文明、温馨的存储服务环境；二是在县域干线公路显要地段设置大型彩色广告宣传牌，突出信用合作社支持、服务“三农”，助推县域经济健康稳步发展的功能和作用；三是常年在《今日浦江》报纸头版，浦江人民广播电台、电视台各档节目以及互联网平台植入广告，树立浦江农信“是浦江人民自己的银行、是实实在在的银行”的良好声誉和形象，使之覆盖全县城乡，渗透千家万户；四是自办内部发行《浦江农信》小报，每期印发千余份，通报包括储蓄在内的各项业务进展情况，反映干部职工在新时期竭诚服务、无私奉献的精神风貌，宣传各营业网点改进服务工作、维护客户（储户）利益等生动鲜活的事例，弘扬农信主旋律和正能量；五是发动干部职工向当地报社、广播电台、电视台及互联网平台等新闻媒介投稿，真正达到农村信用合作社名、形、声、影无处不在。

图 3-1-27　自办《浦江农信》小报影印件选载

图 3-1-28 在县域干线公路一侧设置的大型宣传广告牌（2014）

图 3-1-29 在集镇网点楼顶设置的大型宣传广告牌（2013）

第三节 对公存款

农村信用合作社的存款主要指对公存款。1993 年之前按资金性质分为农业集体存款、乡镇企业存款、行政事业单位存款和个体工商户存款。1994 年起均按单位活期存款、单位定期存款、财政性存款以及保证金存款核算。至 2016 年末，全县农村信用合作社各项对公存款余额 163189 万元，占全部存款的 22.17%。

农业集体存款

农业集体存款早期称“生产合作社存款”。自 1952 年 3 月本县第一个初级农业生产合作社成立，至 1954 年 10 月，全县初级社发展到 1011 个。其间，农村信用合作社尚无农业集体存款。1955 年春，试办高级农业生产合作社。至 1956 年 11 月，全县加入高级社的农户占比在 90% 以上，农村信用合作社始有农业集体存款。是年末，农业集体存款余额 8.5 万元。迄翌年末，高级社发展到 454 个，农业集体存款余额增至 10.4 万元。

1958 年 10 月，全县实现人民公社化。是时，公社内部对生产资料即土地、农具和物资实行无偿调用。1959 年末，全县农村信用合作社农业集体存款余额跌至 3.3 万元。自 1960 年下半年起，对“大跃进”中被无偿调用的财物实施清账退赔，1961 年末全县农村信用合作社农业集体存款余额增至 18.8 万元。

1962 年，贯彻中共中央《农村人民公社工作条例（草案）》（即“六十条”）和执行《关于改变农村人民公社基本核算单位问题的指示》，全县人民公社由原 7 个细划为 24 个，下辖 420 个生产大队、3022 个生产队，确立“三级（公社、大队、生产队）所有，队（生产队）为基础”，以生产队为基本核算单位。所有制政策落实后，生产资金投入增加，农业集体存款则大幅下降，1962 年末和 1963 年末，全县农村信用合作社农业集体存款余额分别为 6.6

万元和 8.5 万元。1964 年至 1978 年间，“三级所有，队为基础”的体制相对稳定，农业生产有所发展，全县农村信用合作社农业集体存款逐年增加。至 1978 年末，农业集体存款余额 290 万元，比 1963 年增加 281.5 万元，年均增 17.59 万元。1978 年 12 月，中共十一届三中全会以后，农村实行经济体制改革，消除“大锅饭”弊病，生产力获得解放，农业集体存款余额呈总体上升趋势，1979 年末和 1980 年末分别为 345 万元和 341.9 万元。

1982 年春，在土地公有基础上，全县农村生产队实行以家庭承包为基础，分散经营和统一经营相结合的双层经营合作制，农业生产重心下移至农户，农民个人储蓄增长，农业集体存款呈下降趋势，至 1989 年末跌至 206.63 万元。90 年代初完善双层经营体制，村级集体经济逐步恢复，农业集体存款有所回升，至 1993 年末，全县农村信用合作社农业集体存款余额为 326.39 万元。

自 1994 年 1 月起，“农业集体存款”科目归并为“单位活期存款”和“单位定期存款”科目。

乡镇（社队）企业存款

农村信用合作社自 1961 年 1 月始有“社队企业存款”科目。1962 年 12 月，“社队企业存款”科目撤销，此间全县农村信用合作社社队企业存款尚无统计。

1973 年 1 月农村信用合作社重设“社队企业存款”科目。是年末，全县农村信用合作社社队企业存款余额为 12.9 万元。此后，社队企业存款逐年上升，成为农村信用合作社集体存款的主要来源。1983 年末全县农村信用合作社社队企业存款余额达 259.4 万元，占各项存款的 17.66%，余额和占比均首次超过农业集体存款，分别增加 98.7 万元和 6.72 个百分点。

1984 年，社队企业改称乡镇企业，存款逐年增加。1986 年全县有乡镇工业企业 945 家，总产值 13251 万元，分别占全县工业企业总数及总产值的 90% 和 53.9%，诚所谓“三分天下有其二”；至 1993 年，乡镇工业发展驶入快车道，企业数和总产值分别占全县工业企业总数及总产值的 99.2% 和 77.45%；是年末全县农村信用合作社乡镇企业存款达 1265.61 万元，占各项存款的 7.59%。

自 1994 年 1 月起，“乡镇企业存款”归并为“单位活期存款”和“单位定期存款”科目。

行政事业单位存款

行政事业单位存款主要是指乡（镇）政府机关、学校、医院等部门的存款。在较长时期内，农村信用合作社的行政事业存款先后纳入“农业集体存款”“其他存款”“社队其他存款”等科目核算。1980 年增设“国家单位存款”科目，核算人民公社的行政事业单位存款，存款单位可用存折户，亦可用支票户，随时办理存取。是年末，全县农村信用合作社行政事业单位存款余额 107 万元。1981 年末则降至 39.7 万元。

随着农村经济的发展，乡（镇）政府及事业单位资金日渐增多，至 1993 年末达 551.57 万元。1994 年科目归并，该项存款纳入“单位活期存款”“单位定期存款”科目核算。

1995 年，县联合社转发中国农业银行浙江省分行关于单位通知存款实施办法的通知，要求全县农村信用合作社积极创造条件，开办单位通知存款，以壮大资金实力，提高经济效益。

1998 年，农村信用合作社增设“财政性存款”科目。是年末，该项存款为 137.06 万元。迄 2016 年末增至 362.77 万元。

个体工商户存款

本县个体工商业（包括手工业），是在中共十一届三中全会以后逐步恢复和发展起来的。工商行政管理部门陆续核准一批个体商户，从事商品流通和服务行业。至 1986 年，全县农村个体商业和饮食服务业计 1856 户。

农村信用合作社自 1982 年 1 月始设“集镇个体户存款”科目，后改设为“承包及个体户（结算）存款”科目。随着个体经济的蓬勃发展，存款余额亦逐年上升。至 1989 年末该项存款为 59.83 万元；迄 1993 年末则达 190.66 万元。1994 年 1 月，该项存款归并为“单位活期存款”和“单位定期存款”科目。

2003 年 4 月，中国人民银行总行下达《人民币银行结算账户管理办法》，自 9 月 1 日起施行。《管理办法》规定，个人银行结算账户要与个人储蓄账户分离，并单独进行管理。农村信用合作社增设“个人结算存款”科目，核算个人委托农村信用合作社办理支付结算业务时存入的款项。至 2016 年末，该项存款余额为 46436.69 万元，占同期存款总额的 6.31%。

表 3-1-2　1954 年至 2016 年全县农村信用合作社存款余额和市场占有率统计

单位：万元

年份	全县金融系统			其中：农村信用合作社			市场占有率（%）
	年末余额	年度 ±	增幅	年末余额	年度 ±	增幅	
1954	56.1						0.00
1955	171.46	115.36	205.63	7.46	7.46		4.35
1956	112.06	-59.40	-34.64	17.66	10.2	136.73	15.76
1957	127.03	14.97	13.36	28.83	11.17	63.25	22.70
1958	210.27	83.24	65.53	32.57	3.74	12.97	15.49
1959	211.86	1.59	0.76	33.16	0.59	1.81	15.65
1960	138.6	-73.26	-34.58	26.80	-6.36	-19.18	19.34
1961	151.1	12.50	9.02	36.00	9.2	34.33	23.83

续表 3-1-2

年 份	全县金融系统			其中：农村信用合作社			市 场
	年末余额	年度 ±	增 幅	年末余额	年度 ±	增 幅	占有率(%)
1962	126	-25.10	-16.61	32.40	-3.6	-10.00	25.71
1963	188.4	62.40	49.52	45.70	13.3	41.05	24.26
1964	204.1	15.70	8.33	46.00	0.3	0.66	22.54
1965	236	31.90	15.63	64.20	18.2	39.57	27.20
1966	339.87	103.87	44.01	93.17	28.97	45.12	27.41
1967	485.62	145.75	42.88	84.42	-8.75	-9.39	17.38
1968	480.57	-5.05	-1.04	109.97	25.55	30.27	22.88
1969	568.87	88.30	18.37	139.17	29.2	26.55	24.46
1970	928.83	359.96	63.28	163.23	24.06	17.29	17.57
1971	857.94	-70.89	-7.63	184.54	21.31	13.06	21.51
1972	1102.42	244.48	28.50	230.52	45.98	24.92	20.91
1973	1269.74	167.32	15.18	277.64	47.12	20.44	21.87
1974	1383.45	113.71	8.96	347.95	70.31	25.32	25.15
1975	1659.79	276.34	19.97	438.69	90.74	26.08	26.43
1976	1693.38	33.59	2.02	431.68	-7.01	-1.60	25.49
1977	2095.46	402.08	23.74	555.36	123.68	28.65	26.50
1978	2310.34	214.88	10.25	602.14	46.78	8.42	26.06
1979	3042.08	731.74	31.67	851.68	249.54	41.44	28.00
1980	3968.9	926.82	30.47	1096.40	244.72	28.73	27.62
1981	4575.68	606.78	15.29	1224.88	128.48	11.72	26.77
1982	5019.33	443.65	9.70	1416.13	191.25	15.61	28.21
1983	5326.81	307.48	6.13	1468.91	52.78	3.73	27.58
1984	5521.30	200.07	3.76	1666.28	197.37	13.44	30.18
1985	7521.60	1994.72	36.09	2324.54	658.26	39.50	30.90
1986	11272.20	3750.60	49.86	3636.91	1312.37	56.46	32.26
1987	13962.10	2689.90	23.86	4453.09	816.18	22.44	31.89
1988	14513	551	3.95	4655.81	202.72	4.55	32.08
1989	18325	3812	26.27	5885.51	1229.7	26.41	32.12
1990	25190	6865	37.46	8433.38	2547.87	43.29	33.48
1991	32324	7134	28.32	11083.11	2649.73	31.42	34.29

续表 3-1-2

年 份	全县金融系统			其中：农村信用合作社			市 场
	年末余额	年度 ±	增 幅	年末余额	年度 ±	增 幅	占有率(%)
1992	42124	9800	30.32	14437.08	3353.97	30.26	34.27
1993	49165	7041	16.71	16667.89	2230.81	15.45	33.90
1994	66493	17328	35.24	23185.53	6517.64	39.10	34.87
1995	83079	16586	24.94	25196.01	2010.48	8.67	30.33
1996	117935	34856	41.96	33397.70	8201.69	32.55	28.32
1997	140070	22135	18.77	34652.43	1254.73	3.76	24.74
1998	172387	32317	23.07	37859	3206.57	9.25	21.96
1999	195004	22617	13.12	43872	6013	15.88	22.50
2000	240963	45959	23.57	56094	12222	27.86	23.28
2001	283189	42226	17.52	63908	7814	13.93	22.57
2002	339525	56336	19.89	76227	12319	19.28	22.45
2003	434023	94498	27.83	95596	19369	25.41	22.03
2004	509871	75848	17.48	101061	5465	5.72	19.82
2005	596554	86683	17.00	121463	20402	20.19	20.36
2006	755194	158640	26.59	141231	19768	16.27	18.70
2007	846579	91385	12.10	166371	25140	17.80	19.65
2008	1025676	179097	21.16	193378	27007	16.23	18.85
2009	1418478	392802	38.30	233679	40301	20.84	16.47
2010	1771144	352666	24.86	279726	46047	19.71	15.79
2011	2159462	388318	21.92	334835	55109	19.70	15.51
2012	2449346	289884	13.42	405649	70814	21.15	16.56
2013	2655401	206055	8.41	503809	98160	24.20	18.97
2014	2807822	152421	5.74	571853	68044	13.51	20.37
2015	2869260	61438	2.19	628578	56725	9.92	21.91
2016	3324920	455660	15.88	735977	107399	17.09	22.14

说明：1954 年至 1982 年全县金融系统存款数据源于县统计局《浦江统计年鉴（1949 ~ 1983）》；1983 年至 2016 年全县金融系统存款数据源于县统计局各年度统计年鉴；全县信用社存款数据源于各年度汇总会计报表，其中 1960 至 1965 年因浦义两县合并，故全县信用社汇总会计报表无从查找，仍采用《浦江统计年鉴（1949 ~ 1983）》数据。

第二章 贷 款

农村信用合作社贷款业务，其主要任务是：紧紧围绕各个不同时期党和国家在农村的方针、政策，随着农村信用合作社资金力量的逐步壮大和增长，在人民银行和农业银行规定的计划指标或资产负债比例管理幅度内，通过贷款有效发放和资金有效运用，在服务于农民增收、农业增效和农村经济发展、取得社会效益的同时，实现自身的经济效益。

1954 年，农村信用合作社成立初期的基本任务是“帮助贫农和下中农，促进农业合作化，发展农业生产，消灭农村中的高利贷剥削”，按照“深入农村，帮助农民，解决困难，发展生产”的 16 字方针开展存贷业务。由于农村信用合作社资金实力薄弱，发放贷款一是为解决社员个人在生产、生活中发生的困难；二是以短期贷款为主，帮助部分农业生产合作社解决生产费用，支持其发展生产，于国民经济的恢复发挥积极作用。但在贷款发放手续上，完全照搬国家银行的流程，手续过于烦琐，农民群众感到不便。为此，中国人民银行浦江县支行专门派出工作组，深入大溪乡（时为中共浦江县委基点乡）调研，创造了一套符合农村实际情况，适合农村信用合作社简化手续，方便农民群众的贷款方式。即在调查摸清农户资金需求底数基础上，由农户自报，组内互评，会议评议，张榜公布，审查批准；农村信用合作社制作贷户贷额借据明细清单，下村进户签字加盖指印后，当面给付贷款资金。这样的贷款方式农民群众反映说，过去贷款要跑十里多路，现在贷款送上门来，家门口就能拿到钱真方便。据统计，自 1955 年至 1970 年的十五年间，全县农村信用合作社累计发放贷款 345.1 万元，其中社队集体贷款 148.06 万元，社员个人贷款 197.04 万元。

据中国人民银行浦江县支行 1979 年编印的《浦江 30 年金融统计资料（1949 ～ 1978）》显示，1971 年，全县农村信用合作社始发放社队企业贷款，当年发放社队企业生产费用贷款 2.1 万元，年末社队企业贷款余额为 3000 元。此后，随着农村社队企业的发展，全县农村信用合作社社队企业贷款亦逐年增加。迄 1978 年，累计发放社队企业贷款 492.9 万元；1978 年末，社队企业贷款余额为 57.9 万元，比 1971 年增加了 192 倍。

1978 年 12 月，中共十一届三中全会作出把党和国家的工作重点转移到社会主义现代化建设上来和实行改革开放的战略决策，决定调整国民经济，加快发展农业，发展科技、教育。自此始，中国步入社会主义现代化建设新的历史时期。农村实行以“家庭联产承包责任制”

为主要形式的经济改革，促进了农业生产和农村经济的发展，也为农业养活工业、农村养活城市提供了更强的动力基础和更广的经济源泉。本县农村信用合作社顺应时代潮流，根据中国农业银行 1979 年提出的“因地制宜，支持发展商品生产，讲求经济效益”的农村金融指导方针，加大存款组织力度，逐年增加农业贷款投入。信贷工作亦从四个方面实现转变：一是从单纯支持农业生产向综合支持农村经济发展转变；二是从支持“三级所有，队为基础”的集体经济向支持承包户、专业户个体经济发展转变；三是从支持单一生产环节向支持生产、分配、流通、消费各个环节转变；四是从“春贷秋收”的传统方式向全年常放常收方式转变。农村信用合作社名副其实地成为农村经济超常发展的催化剂和助推器。据统计，1979 年至 1989 年全县农村信用合作社累计发放各项贷款 28483 万元，比 1978 年前的二十余年间累计发放贷款额增加 23.93 倍；1989 年末贷款余额达 3216 万元，比 1978 年的 103.4 万元增加了 30.1 倍。

进入 90 年代，国家先后取消棉、麻、油农产品指令性种植计划和粮食定购计划，放开农产品价格，广大农户调整产业结构，发展多种经营，提效增收。第二、三产业发展步伐加快，农村土地向专业大户集中，农村劳动力向乡镇企业、个体工商业和其他服务业转移，农业种养业的产业化经营和农产品加工业迅速发展，规模经营种养业大户和农户加公司的涉农企业贷款比重增大，农业产业化经营效益凸显。农村信用合作社信贷支农的重点随之发生变化，在保证千家万户责任田承包农户生产资金需求的同时，加大对土地相对集中，与社会商品供应关联度大、科技含量高、经济效益好的种植、养殖大户的支持力度，对从事个体工商业的农户亦给予积极扶持。尤其是 1992 年，以邓小平“三个有利于”“发展是硬道理”的南方谈话精神为指引，按照“控制总量，调整结构，加强管理，适时调节，提高效益”的金融工作方针，中国农业银行浦江县支行于是年 4 月提出 30 条信贷支农政策措施，各农村信用合作社全面予以落实，积极开拓业务，加大资金运用力度，支持“三农”经济发展。

1996 年 10 月，以农村信用合作社与农业银行“脱钩”为标志，体制改革不断深化，自主经营权日益扩大，至是年末，累计发放各项贷款 67182 万元，比上年增加 24588 万元。

2000 年 4 月，朱镕基总理在江苏就农村信用合作社改革与发展问题进行调研，指出“农村信用合作社是最好的联系农民的金融纽带，要采取有效措施支持和引导农村信用合作社发展，使它成为新形势下农村金融的主力军”，要“端正农村信用合作社经营方向。农村信用合作社的贷款对象是农村、农业和农民”。农村信用合作社服务“三农”的地位作用得以进一步明确。

1998 年至 2004 年，根据农村经济发展新的需求，全县农村信用合作社立足于服务“三农”，适时调整经营策略，相继开办自报公议小额农贷、农户联保贷款、农机具贷款、教育助学贷款、存单质押贷款等新品种，贷款业务得以迅猛发展，全县农村信用合作社累计发放各项贷款

455370万元。迄2004年末，各项贷款余额达80906万元，是1988年的28.21倍，比1978年增加了781.46倍。

2005年3月，根据国务院《深化农村信用合作社改革试点方案的通知》(国发〔2003〕15号)精神，按照省联合社要求，县联合社在取消原基层农村信用合作社法人资格的基础上，召开创立大会暨第一届社员代表大会，成立一级法人体制的县信用合作联社。改制后，创新农业贷款，先后开办惠农贷、网创贷、丰收小贷、农村土地承包经营权抵押等专项特色贷款，推出粮食生产、丰收爱心卡小额扶贫等贴息贷款多种服务“三农”新方式，推动业务大幅进展。2005年至2011年，县联社累计发放各项贷款1217282万元，是上一个六年（1998～2004）的2.67倍。

2012年至2016年，县联社累计发放各项贷款2179232万元，又是上一个六年(2005～2011)的1.79倍。其中涉农贷款累计发放1068342万元，占各项贷款累计发放额的49.02%。2016年末余额501529万元，分别是1978年、1998年、2004年和2011年贷款余额的4850.38倍、16.78倍、6.2倍和2.05倍。其中涉农贷款余额335203万元，占全部贷款余额的66.84%，充分发挥了农村信用合作社支持县域农村经济发展的“主力军”和“纽带”作用。

第一节 农户（个人）贷款

1954年农村信用合作社成立之初，根据中国人民银行关于“信用合作组织必须为生产互助合作服务，积极挖掘资金潜力，吸收游资，打击高利贷，支持生产，发放一般性短期贷款，解决贫困农民生产、副业、小型农具、生活等周转性贷款”的要求，主要对贫困农民发放生产、生活贷款。单笔贷款金额一般以3万元和5万元（人民币旧币）居多，亦有贷款1万元和2万元的；期限一般为春放秋收，保持当年收放平衡，对支持农业生产，改善农民生活，打击农村高利贷活动起到了重要作用。1956年和1957年，全县农村信用合作社改进工作方法，主动送贷上门，为农民服务。如是时虞宅乡农村信用合作社会计毛金敢，在与农民日常打交道中发现，逢雨季他们到田间地头劳作缺雨具，便向社主任建议开办蓑衣贷款业务。随即进村入户，就全乡农用蓑衣需求情况调查摸底并预约登记。当农民如愿领到蓑衣后，情不自禁地感言：“信用社真是‘伏天的雨，下锅的米’，太及时了！这不，有蓑衣披身上，哪怕天公落铁也不愁。”1955年至1961年，全县农村信用合作社累计发放农户贷款157万元，支持和帮助农民购置耕牛、肥料、农具等生产资料及医治疾病，解决其急切之难，促进了农业合作化的巩固和发展。

1963年10月，中共中央、国务院在批转中国人民银行《关于整顿农村信用社，打击高利贷的报告》中指出："信用合作社的主要任务，是吸收农村中的闲散资金，帮助农民解决副业生产和生活上某些临时性的资金困难；资金有余，才可以对生产队发放临时性的生产费用贷款"；"农村信用社贷款重点必须是社员个人。"根据上述精神，全县农村信用合作社积极筹集资金，调整贷款投向，加大信贷对社员（主要是贫农、下中农）生产、生活的支持。如1965年浦阳农村信用合作社共扶持贫下中农困难户150户，贷款3300元，以解决他们生产、生活的燃眉之急。如城西大队社员盛书华时年17岁，父母双亡，与14岁的弟弟相依为命，家庭生活窘迫。信用合作社闻讯，便与其所在生产队商议，发放贷款10元让兄弟俩买回猪崽饲养。养大后售给国家得款57元，除还贷外还添置了不少生活必需品，并有余钱存留。邻居们看到兄弟俩生活得到改善，欣慰地夸赞道："多亏了共产党的领导，也要感谢信用社'雪中送炭'，不然，一对呒爷和娘的孤儿哪能过上好生活？真是托共产党、毛主席的福啊！"此间，全县农村信用合作社社员贷款发放量亦逐步增加。1965年发放农户贷款10万元，占农村信用合作社全年各项贷款发放总量的61.35%，分别比1963年和1964年增长163.16%和88.68%。

1966年后，时值"文化大革命"及"农业学大寨"运动，农业生产高度集体化，社员发展私有经济被一律取消，家庭副业受到严格限制，农村信用合作社贷款主要用于社员生产生活、扶助贫困以及有国家投售任务的家庭养猪（羊）副业，致农户个人贷款在较长时期内处于低水平状态。1967年至1979年，十二年间全县农村信用合作社累计发放农户贷款61.9万元，年均5.16万元，最少的是1969年，全年仅发放4000元。

1981年2月，中国农业银行颁发《关于社队贷款的若干规定》，把农村、集镇从事小手工业、小商贩、小服务业等个体经济户也列入农村信用合作社的贷款支持对象。贷款条件是须经工商注册登记发证、经营正当、具备一定自有资金和还款能力，并有一定经济收入的集体单位或个人作担保。对个体工商户的贷款发放，金额一般控制在500～1000元，最高不得超过3000元，期限一般掌握在3～6个月。主要解决个体商业经营户在进货时资金不足的临时性困难，商业旺季一过即收回贷款，具有季节性强、时间短、周转快等特点。

1982年春，全县农村实行家庭联产承包责任制，发展多种经营。1983年11月，中国农业银行浦江县支行转发浙江省分行《承包户、专业户（重点户）贷款暂行规定》。规定要求：认真贯彻执行党和国家各项农村政策，在提高经济效益的前提下，支持承包户、专业户（重点户）发展商品生产和商品流通，使农民尽快富裕起来。农村信用合作社的农贷工作，从支持集体农业向支持农户个体经营转变。为此，大量涌现的土地承包户、种养专业户、重点户成为农村信用合作社农业信贷服务的主体对象。是年，农村信用合作社发放农户贷款129.6万元，比1979年增加了22.14倍。支持项目涉及粮、棉、麻种植及水产、畜牧养殖及其他多种经营。据统计，1980年至1985年，全县农村信用合作社累计发放农户贷款1225.1万元，是 1967 年至 1979 年十二年间累计发放总量的 19.79 倍。

80 年代末 90 年代初，随着第二、三产业的发展和土地承包责任制的完善，农村土地逐步向专业大户集中，形成适度规模经营并向集约化、产业化经营格局发展。农村信用合作社支农重点也随之发生变化，在支持一般承包户农副业生产的同时，朝适度规模经营、商品化程度高、经济效益好的专业大户倾斜，农户贷款发放量亦有较大幅度增加。据统计，1986 年至 1996 年，十年间全县农村信用合作社累计发放农户贷款 25760.1 万元，比 1986 年增加了 47.99 倍。

1998 年，贯彻中国人民银行《农村信用合作社改进和加强支农服务十条意见》，在信贷资金安排上坚持“农户贷款优先，社员贷款优先，农业贷款优先”，采取放宽农户小额贷款条件、推行信用贷款和贷款证制度、实行贷款公开、接受群众监督等多项支农改进措施。是年，全县农村信用合作社累计发放农户贷款 5888 万元，年末农户贷款余额为 3342 万元。据统计，1997 年至 2004 年，八年间全县农村信用合作社累计发放农户贷款 83049 万元，是 1986 年至 1996 年十年间发放量的 3.22 倍。

2005 年，改制后的县农村信用合作联社成立。根据“三农”发展需求，创新业务品种新方式，是年全县农村信用合作社累计发放农户贷款超 3 亿元，年末农户贷款余额 30524 万元。此后逐年递增，2011 年累计发放农户贷款超 13 亿元，年末农户贷款余额 12.24 亿元；2016 年累计发放农户贷款超 27 亿元，年末农户贷款余额 33.14 亿元，分别是 1998 年、2005 年和 2011 年的 99.16 倍、10.86 倍和 2.71 倍。

自报公议小额农户贷款

自报公议小额农户贷款，是指对 2000 元以下的小额农户贷款，由农户自行申报，经基层村公议小组评议，农村信用合作社最终审定，由柜台直接发放的农业信贷管理方式。该方式采取信用放款，无需抵押、担保，手续便捷，不误农时，深受农民欢迎。1999 年 3 月，县联合社首在杭坪镇的 9 个行政村试点，试点期间有 232 户农户获贷计 42 万元。自 4 月起面向全县推广。是年末，全县农村信用合作社共发放 661 笔，贷款额 170.8 万元，当年收回 74.8 万元，余额 96 万元。此后，在广大农户中产生“存款到信用社，贷款同样找信用社”的连锁反应，对分散和化解农村信用合作社信贷风险，推进农户贷款扩面增量发挥了积极作用。至 2016 年末，有 14147 户农户获得该项贷款支持，余额 235577 万元。

联保贷款

联保贷款，是指由农村信用合作社向农户、个体经营户等发放，用于支持农户农业生产及个体经营户经营周转，并由农户、个体经营户在自愿基础上组成联保小组（一般由 4 ～ 6

户无直接亲属关系的借款人组成）实行成员联合担保的贷款。实行“先存后贷、多户联保、按期归还”原则，采取“一次核定、随用随贷、限额控制、周转使用”办法。联保贷款单个借款人贷款限额，根据其所从事的生产经营项目和综合经济实力合理确定，最高为50万元。贷款期限一般在一年以内，约定借款期间和单个借款人最高贷款限额内可以周转使用。自2000年6月起，先后在浦东农村信用合作社郑家坞分社、浦阳农村信用合作社平安分社和檀溪农村信用合作社中余分社试点。试点期间建立3个联保小组，核定贷款金额131.4万元，实际发放18.5万元。此后逐步在全县农村信用合作社推广，对农户和个体经营户贷款担保难问题在一定程度上有所缓解。至2016年末，有73户农户和个体经营户获该项贷款支持，余额为1064万元。

图 3-2-1 郑宅镇广明村小额农贷自报公议小组座谈会

生源地财政贴息助学贷款

生源地财政贴息助学贷款，是指本县农村信用联社运用信贷手段，支持入学前户口所在地在本县境内，且家庭经济困难的学生就读全日制普通高等学校的一种贷款方式。贷款对象为被我国境内普通高校招收录取，入学前户口所在地在本县境内且家庭经济困难的全日制本科、专科学生及研究生的父母或经县联社认可的其他亲属。每笔贷款期限一般在学制期限基础上加二年，最长不超过六年，遇特殊情况可申请展期；年度贷款额最高不超过一学年的学费和生活费，且每年度最高6000元；贷款须提供有效担保，原则上不得少于两位担保人，其中被助学生为既定担保人。该项业务于2006年开办，当年发放117户，贷款额82万元。至2016年末，共发放287户，余额262万元。

定期存单质押贷款

定期存单质押贷款，是客户以存在农村信用合作社未到期的人民币定期存单作质押，再向农村信用合作社取得贷款的一种融资方式。按最高不超过质押存单总额的90%确定，起点金额为1000元，利率则低于其他任一档次。贷款期限根据实际需求确定，但最长不得超过质押存单的存款到期日。借款人同存单所有人须持本人身份证件、印章和质押存单到开户的农村信用合作社申请，并经开具存单的农村信用合作社办理质押登记后即可办理。用以质押的定期存单只限于款项存入农村信用合作社的存单，已作担保或挂失、失效、被依法止付的存单不能作贷款质押。以与他人共有的或他人名下的存单办理质押贷款，必须取得对方同意，并在双方到场的前提下方可办理。该项业务于 1998 年开办，至 2016 年末受贷 12 户，余额 272 万元。

个人住房抵押贷款

个人住房抵押贷款，是指以个人住房或其他房产所有权作抵押，为解决资金紧缺而申请办理的贷款。贷款具体额度由贷款人根据借款人的还款能力和抵押房产价值等因素确定，最高不超过房产评估价值的 70%。贷款期限期一般在一年以内，利率比同期限档次其他贷款利率适当下浮。借款人须持身份证件和房屋产权证向其户口所在地的农村信用合作社申请，同房产所有人带农村信用合作社授权委托书到房产管理部门办理评估和抵押登记，再到农村信用合作社办理贷款手续。该项业务于 1998 年开办，至 2016 年末受贷 2184 户，余额 200178 万元。

葡萄园改造专项贷款

葡萄园改造专项贷款，是指在本县内以从事葡萄种植为主，需进行大棚扩建、滴灌改造、品种改良等的农户为贷款对象，支持其提高葡萄种植经济效益而推出的专项贷款。原则上单户贷款额不超过借款人进行改造全部流动资金的 50%；贷款期限由双方根据实际情况协商确定，一般在一年以内，最长不超过三年。2009 年初，在“走千家访万户”活动中，县联社理事长率有关科室人员前往葡萄种植专业村黄宅镇曹街，深入田间地头了解葡农资金需求。得悉葡农欲实施大棚扩建、滴灌改造及品种改良等尚缺资金，当即现场拍板，决定发放贷款给予支持。县联社信贷部门与当地基层社特事特办，3 个工作日内即向 41 户葡农发放葡萄园改造专项贷款 235.5 万元。随即，县联社专门研究制订该项贷款业务操作办法，印发各下辖营业网点实施。2010 年至 2016 年，累计受贷葡农 3155 户，累计发放贷款 36357.7 万元。

全县葡萄种植面积从 2012 年的 2.83 万亩，增至 2016 年的 5.3 万亩，占全省葡萄种植面积的八分之一，浦江被誉为“江南吐鲁番”；产量从 2012 年的 4.5 万吨，增至 2016 年的 9 万余吨；产值从 2012 年的 4 亿元，增至 2016 年的 7 亿元。葡萄栽培一跃而成为全县农业的第一产业和金牌产业。至 2016 年末，全县已拥有葡萄专业合作社 146 个，家庭农场 235 个。其中省级示范性专业

图 3-2-2　县联社理事长詹兴云深入葡萄园了解葡农资金需求（2009）

合作社 6 个，市级示范乡专业合作社 5 个，县级星级合作社 12 个，纳入组织化管理的葡萄种植面积 4 万亩。有 9 个葡萄企业获国家绿色食品标志。2016 年 6 月，本县“巨峰”葡萄凭借其品质口碑和品牌优势，成功通过省市相关职能部门检测评估，成为 G20 杭州峰会唯一特供葡萄，工匠味道始拴住世界味蕾。其间，县农村信用合作社以贷助农，功不可没。

表 3-2-1　　2010 年至 2016 年发放葡萄专项贷款统计

年　份	户　数	贷款余额（万元）	当年发放户数	当年发放金额（万元）
2010	79	551	78	505
2011	196	1183.5	154	946
2012	374	1967.4	351	1860.3
2013	533	3526.2	432	2984.7
2014	914	8186.4	706	6761.4
2015	1059	9464.2	672	15425.9
2016	1273	12080.89	762	7874.4
合　计			3155	36357.7

“丰收爱心卡”小额扶贫贷款

“丰收爱心卡”小额扶贫贷款，是县联社配合小额扶贫贷款发放而推出的又一贷款形式。贷款额度原则上不高于 5 万元，利率给予一定优惠。2015 年 5 月始开办该项业务，当年发放 101 户，贷款 423.9 万元。至 2016 年末，共发放 210 户，贷款 935 万元。

丰收小额专项贷款

丰收小额专项贷款，是指向符合贷款条件的本县域内居民，当天申请当天发放，贷款额在 10 万元以下，实行“一次授信、随用随借、随时归还、循环使用”管理的一项速贷业务。期限原则上不超过三年，以信用担保为主，视情况可追加保证函；利率按 A、B、C 三类客户，分别为基准利率上浮 60%、70% 和 80%。2015 年 7 月始开办该项业务，当年发放 890 户，贷款 7035 万元。至 2016 年末，共发放 1684 户，贷款 13465 万元。

“网创贷”专项贷款

近年来，在发展现代农业和扩大农村需求等各项政策拉动下，农村电子商务快速拓进，

图 3-2-3 县联社就“网创贷”专项贷款向电商企业代表授信

长期困扰农民的买进难卖出亦难等问题得到较大程度缓解，传统农业借助电子商务加快向现代农业转型升级，农村居民消费趋于多样性、便利性和安全性。针对电子商务创业者多为青年群体的现状，县联社遂于 2014 年 3 月与县团委联手，在“青春飞扬，普惠电商”创业高峰论坛活动举办期间，推出“网创贷”专项贷款。其业务性质为经营性贷款，主要指向县域内有志于从事电子商务行业创业的青年，以及经营管理较为成熟规范、信誉等级较好、具有较强盈利能力和发展前景的电子贸易商而发放。当年发放 24 户，贷款 673 万元。至 2016 年末，受贷电子贸易商共 39 户，贷款余额 626 万元。

“民宿贷”专项贷款

2014 年 9 月，县联社因应县域旅游业兴盛而致民宿服务业崛起的趋势，推出“民宿贷”专项贷款。凡在本县境内利用乡村房屋和院落，结合本土文化、自然景观、生态环境资源及农林渔牧等生产活动，以旅游经营方式，为游客体验乡村生活提供餐饮、住宿等接待场所的经营户，均可向当地农村信用合作社申请办理。该项贷款具有“信用放款、利率实惠、手续简便、当天发放、自由还款”等特点。至 2016 年末，受贷共 35 户，贷款 661 万元。

“美丽家园”农户住房贷款

“美丽家园”住房贷款适用于旧村改造、城中村改造、空心村改造及拆迁、下山脱贫等政府部门主导的改善城镇、乡村环境和生活质量的贷款。于 2006 年 5 月推出，时称“新农村建设住房配套贷款”。是年 8 月 22 日，浦阳信用社向浦阳街道群生村发放首笔第一期“新农村建设住房配套贷款”600 万元。此后，逐步在县联社全辖各社推开，

图 3-2-4 县联社理事长詹兴云深入村级改造项目工地走访调研（2009）

先后向浦南街道文溪村、平一村，仙华街道金宅村，虞宅乡虞宅村、黄坞坑村等发放该项贷款，推动旧村改造，助力新农村建设。2012 年 5 月，县联社响应中共浙江省委、省人民政府关于建设“生产发展、生活宽裕、乡风文明、村容整洁、管理民主”社会主义新农村的号召，在“新农村建设住房配套贷款”基础上，研发“美丽家园”住房贷款，并结合浦江实际推出“贷款支持到村、到户、到项目”等三种融资方式。“贷款支持到村”即以美丽乡村整体改造项目中的村级改造项目之村级经济组织为贷款主体，由村“两委”成员和第三方企业为担保的模式予以支持。如浦阳街道群生村的村级改造项目，累计获得贷款 4500 万元。“贷款支持到户”即以新农村建设项目中的建房户为贷款主体，提供建房户联保、企业或个人担保、抵押等多种方式任其选择，并实行专款专用，一律转入村级经济合作社账户。如浦南街道蒋塘村、浦阳街道狮岩村、仙华街道云宫村的农户，累计获得贷款 5412 万元。“贷款支持到项目”即在上述两种模式难以实施的情况下，则以新农村建设项目主要负责人为贷款主体，由村“两委”成员或其他第三方企业为担保的模式予以支持。如虞宅乡虞宅村整体改造项目负责人虞宣尧，个人获得 400 万元贷款支持，专门用于该村整体改造项目。这三种融资方式分别为经济合作社、购房农户、旧村改造项目主要负责人提供新农村建设工程款、购房贷款和工程资金，确保每笔贷款专款专用。截至 2016 年末，已累计支持全县 17 个村庄进行新农村住房整体改造，支持建房农户 2932 户，发放“美丽家园”贷款 3.12 亿元，受益人口达万余。

第二节 农业集体贷款

农业集体贷款分两种，即生产费用贷款和生产设备贷款。1956 年，农业生产合作社由低级社转升高级社，根据中国人民银行提出的“调剂农村资金，消灭高利贷剥削，促进农业生产发展，巩固农业生产合作社”的要求，全县农村信用合作社始发放农业集体贷款。是年积极组织融通资金，发放生产费用贷款和生产设备贷款共 8.35 万元，其中生产费用贷款 7 万元占 83.83%；生产设备贷款 1.35 万元占 16.17%。帮助农业生产合作社解决在购买耕牛、农具、肥料、种子、农药等生产资料方面的资金困难，促进农业生产发展。

1958 年实现人民公社化，农村信用合作社加大农贷力度，当年发放生产费用贷款和生产设备贷款共 46.2 万元，比此前两年发放的农业集体贷款总和 14.86 万元增加 31.34 万元，增幅达 210.90%；年末全县农村信用合作社农业集体贷款余额为 33.76 万元。

1959 年至 1961 年，连续三年的自然灾害，致农业减产减收，已发放的部分农贷难以收回周转，农村信用合作社对社队集体农业的贷款有所减少。三年间，全县农村信用合作社发放农业集体贷款 40.5 万元，其中 1961 年仅发放农业集体贷款 5.4 万元。

1962 年，中共中央、国务院认真总结“大跃进”期间经济工作中的经验和教训，作出《关于切实加强银行工作的集中统一，严格控制货币发行的决定》。中国人民银行总行及浙江省分行先后提出：农业贷款必须坚持“确有物资，物资适用，群众欢迎，讲求实效”的钱物结合原则；坚持“社队自力更生为主，贷款支援为辅”的政策和农业贷款资金“当年平衡，略有回笼”的方针。此后，农村信用合作社在相当长的一段时期内，遵循上述一系列方针、政策和原则，使农村信贷工作逐步走上轨道。据统计，1962 年至 1972 年，全县农村信用合作社累计发放农业集体贷款 79.6 万元；1972 年末，农业集体贷款余额为 10.69 万元，比上年增加了 1.49 倍。

1973 年 5 月，中国人民银行颁发《农村人民公社贷款办法（试行草案）》，重申贷款原则、贷款对象和贷款种类及贷款期限等管理要求。全县农村信用合作社认真贯彻执行该办法，农业集体贷款管理趋于规范。是年，全县农村信用合作社发放农业集体贷款 20.5 万元，年末余额为 9.25 万元，比上年减少 1.44 万元。

1978 年中共十一届三中全会召开后，支持粮食生产和其他农副业生产及农业基础设施建设，成为农村信用合作社信贷工作的首要任务。是年，农村信用合作社发放农业集体贷款 59.6 万元，其中生产设备贷款 11.8 万元，占比为 19.8%，较上年高出 11.82 个百分点。此后，对集体农贷的支持方向，逐步转向农业产前、产中、产后服务业和农业基本设施建设等集体农业项目。据统计，1978 年至 1981 年，全县农村信用合作社累计发放农业集体贷款 300.6 万元，其中生产设备贷款 107.6 万元，占比为 35.80%，比重有较大幅度上升。

1982 年春，全县农村生产队实行家庭联产承包责任制，发展多种经营，土地承包户、种养专业户、重点户成为农村信用合作社农业信贷服务的主体对象，农业集体贷款逐年递减。1981 年至 1983 年，分别发放农业集体贷款 126.6 万元、95.6 万元和 59.3 万元。

1990 年，推行农业集约化、产业化经营，农村信用合作社对集体农业的信贷支持力度加大，由集体统一管理的道路、渠道、排水沟和电力设施改造，成为主要支持项目之一。是年，发放农业集体贷款 192 万元，比 1989 年增放 132 万元，增幅达 220%。1990 年至 1993 年，累计发放农业集体贷款 910 万元，比 1982 年至 1989 年的八年间累计发放额 651.3 万元增加 258.7 万元，增幅达 39.72%。

自 1994 年 1 月起，农业集体贷款科目取消，将农户贷款和农业集体贷款科目合并细化为短期农业贷款、中长期农业贷款和抵押农业贷款三个科目；1998 年又将这三个科目细分设置为短期、中长期和抵质押农户贷款，短期、中长期和抵质押农村经济组织贷款各三个科目。1998 年至 2004 年，全县农村信用合作社累计发放农业集体贷款 1980 万元，至 2004

年末余额为 175 万元。

随着农村经济的发展，农业产业经营主体也发生新的变化。2014 年 3 月，县联社与县农业局联合推出“助农通”专项贷款。主要是指对县域内农民专业合作社、家庭农场、农业龙头企业、农业示范基地以及种植养殖大户等农业生产经营主体，因进行产品基地基础建设、增加生产配套设备、科技更新及其他设施等投入，且已通过县级及以上相关部门立项后，能取得一定农业财政补助资金项目所发放的贷款，其第一还款来源是项目的农业补助资金。该项贷款通常以信用方式发放，根据借款人的项目规模及资金缺口、资信程度、综合偿债能力及农业财政补助金额等，综合确定贷款额度，原则上不超过 300 万元；贷款期限一般为一年，原则上不超过二年。利率给予一定优惠，最低执行同期同档次基准利率。据统计，2005 年至 2016 年，十二年间全县农村信用合作社累计发放农业集体贷款 51727 万元，比 1955 年至 2004 年的五十年间累计发放额 4249 万元还多出 47478 万元，增幅高达 1117.39%。至 2016 年末，全县农村信用合作社农业集体贷款余额为 3819 万元，是 2004 年的 21.82 倍。

第三节 乡镇企业贷款

乡镇企业贷款，1984 年之前称农村社队企业贷款。其按贷款种类和经济用途可分为生产周转贷款和生产设备贷款。本县农村信用合作社发放农村社队企业贷款始于 1971 年，当年发放生产周转贷款 2.1 万元，年末余额为 3000 元。在 70 年代前期，社队企业囿于单一经营，闭关自守，发展极其缓慢。1974 年 4 月，中国人民银行浦江县支行转发省财政金融局《农村社、队（大队）企业贷款试行办法》。该办法对农村社队企业贷款原则、贷款条件、贷款范围、用途以及贷款期限、利率和贷款资金管理等均作出规定，同时还进一步明确：区、镇办企业，不属于农村社队企业贷款对象；农村信用合作社资金首先用于发放社员个人贷款和社队集体农业贷款，如资金有余，再发放社队企业贷款。是年 11 月，又转发省财政金融局《关于加强农村人民公社社队企业贷款工作的通知》，明确要求贷款须掌握的指导思想是“三个坚持”：坚持走社会主义道路；坚持为农业服务的方向；坚持“三就”“四不争”，即就地取材、就地生产、就地销售，不与农业争劳力、争资金、争土地，不与国家工业争原料。首先要着重支持社队办好种、养为主的农业企业和拖拉机站、机电排灌站、农副产品加工、农机具修配、小化肥、小农药、小水电等直接为农业生产服务的企业；凡做到“三个坚持”，供产销落实，并经县领导研究定为当地所必需的工业企业，可以适当发放必要的生产设备贷款。1976 年全县农村信用合作社发放社队企业贷款 88.3 万元，其中社队企业生产设备贷款 3 万元。此笔社队企业生产设备贷款，系由浦阳农村信用合作社首次发放。至是年末，该社社队企业贷款余额为46.9万元。1971年至1977年，全县农村信用合作社累计发放社队企业贷款365.3万元。

1978年全党工作重心转向经济建设后，党和政府对农民采取休养生息政策，社队企业得以逐步发展。是年，农村信用合作社在支持农村生产的同时，积极支持社队兴办企业，发展生产，壮大集体经济，累计发放社队企业贷款127.6万元，占各项贷款累计发放额的66.22%。

1979年，全县农村信用合作社资金实力有所增强，遂根据中国农业银行颁发的《农村社队企业贷款试行办法》，逐步扩大社队企业贷款范围。是年末，社队企业贷款余额升至135.5万元，比上年增长1.34倍。1978年至1979年，全县农村信用合作社累计发放社队企业贷款419.4万元，比此前七年间的发放总量增加54.1万元。

80年代以后，农村商品经济步入新的发展阶段，农村信用合作社资金运用自主权逐步放开，多存可以多贷。在贷款对象和范围上，凡国家政策法令允许，能实现预期经济效益，保证按期归还，无论生产、流通、运输、文教、卫生、旅游、生活建房等，均可给予贷款支持。农村信用合作社迸发生机与活力，信贷规模的扩大较好地发挥了支持社队企业的作用，使之异军突起，进展迅速。1980年全县镇社企业总产值逾千万元大关，达1431万元，比上年增加150%。全县农村信用合作社在保证农村生产资金需要的同时，积极扶持社队企业，全年发放社队企业贷款418.7万元，比上年增加43.49%。1980年至1986年的七年中，全县农村信用合作社累计发放乡镇企业贷款9319.8万元，1986年末余额为1860万元，是1980年的8.43倍。1986年全县乡镇企业总产值达12675万元，突破亿元大关，比1980年增加8.86倍。1987年6月县联合社成立，发挥资金集团军作用，坚持“保优、扶中、育小、帮困、限劣”原则，在确保支农资金的前提下，逐步扩大乡镇企业贷款范围，既发放企业流动资金贷款，亦为部分企业提供设备贷款，以致乡镇企业贷款逐渐成为农村信用合作社主要信贷业务之一。是年至1989年，全县农村信用合作社累计发放乡镇企业贷款13888万元，1989年末乡镇企业贷款余额为2660万元。此间，有一个被誉为“近3万元信用社贷款起步，支撑起浦江一大产业”的突出事例，足以印证农村信用合作社扶持乡镇企业发展若“三伏的风”“久旱的雨”，既看得准又来得及时。所指为1985年7月至9月，虞宅农村信用合作社分三期向全县第一家水晶玻璃珠生产企业——浦江装饰品公司发放贷款1万元、0.25万元和1.55万元，合计2.8万元，帮助其置办生产急需的磨珠机、夹珠机等设备。该企业于当年10月5日正式开工，生产14号八角水晶玻璃珠，当时每粒珠售价约1元，每个工人每天能磨制80～100粒，月工资在500元左右。工人收入可观，企业效益明显，很快于次年4月中旬即偿清贷款。消息不胫而走，虞宅乡众多村民循着这一致富门径，或个人、或全家、或合伙齐上阵，办水晶玻璃企业、兴磨珠作坊，亦带动邻近的大畈、杭坪等乡村民群起跟进，其势如燎原之火，迅速燃遍全县各地。短短几年间，便形成域内颇具规模的一大支柱型产业。

2000年，浦江已成为全国水晶玻璃行业的主要生产基地和原材料集散地，其产品有水晶玻璃珠、水晶灯具、水晶玻璃工艺品三大系列，礼品、工艺摆设品和装饰品等上万个品种。2003年，中国轻工业联合会、中国日用玻璃协会授予浦江“中国水晶玻璃之都”称号。

图 3-2-5 今日欣欣向荣的浦江中部“中国水晶产业园”鸟瞰

进入90年代，深化农村改革，经济发展迅猛。1992年1月，中国农业银行浦江县支行制订并印发《进一步扶持乡镇重点企业发展的十条措施》，确定19家企业为全县乡镇重点企业，其中在农村信用合作社开户的便有13家。同时要求各社着眼实际，再选定1～3家在当地经济发展中具有一定影响力的企业作为重点扶持对象，落实资金需求，给予优先支持。据此，农村信用合作社秉持自有资金实力，加大对乡镇企业贷款的投放。1990年至2004年，全县农村信用合作社累计发放乡镇企业贷款429167万元，迄2004年末，乡镇企业贷款余额为36512万元，占各项贷款余额的45.13%。

2005年县联社成立，至2016年，全县农村信用合作社乡镇企业贷款余额达136996万元，累计发放乡镇企业贷款1426255万元，是1990年至2004年十五年间累计发放额的3.3倍。

表 3-2-2　　全县农村信用合作社历年各项贷款发放明细情况统计

单位：万元

年份	各项贷款累计发放	其中：1. 农户贷款		2. 农业集体贷款		3. 乡镇企业贷款		4. 信用卡透支与垫款		5. 其他贷款		各项贷款年末余额
		累计发放	年末余额	累计发放	年末余额	累计发放	年末余额	累计发放	年末余额	累计发放	年末余额	
1955	10.26	10.26	6.08									6.08
1956	39.61	31.26	26.88	8.35	3.22							30.10
1957	15	8.49	24.99	6.51	2.74							27.73
1958	89.15	42.95	55.61	46.2	33.76							89.37
1959	71.18	52.18	49.26	19	11.75							61.01
1960	19.5	3.4	43.7	16.1	13.1							56.80
1961	13.9	8.5	42.8	5.4	8							50.80
1962	7.5	2.2	27.7	5.3	2.8							30.50

续表 3-2-2

年份	各项贷款累计发放	其中：1. 农户贷款		2. 农业集体贷款		3. 乡镇企业贷款		4. 信用卡透支与垫款		5. 其他贷款		各项贷款年末余额
		累计发放	年末余额	累计发放	年末余额	累计发放	年末余额	累计发放	年末余额	累计发放	年末余额	
1963	6.1	3.8	26.9	2.3	0.5							27.40
1964	9.6	5.3	25.8	4.3	1							26.80
1965	16.3	10	27.7	6.3	2.2							29.90
1966	15.5	8	22.52	7.5	1.6							24.12
1967	11	5.4	25.38	5.6	2.68							28.06
1968	3.9	1.4	26.1	2.5	1.9							28.00
1969	5.8	0.4	26.02	5.4	3.22							29.24
1970	10.8	3.5	27.1	7.3	4.9							32.01
1971	18.6	6.2	20.5	10.3	4.3	2.1	0.3					25.10
1972	28.4	5.6	19	22.8	10.69							29.69
1973	46	5.6	18.83	20.5	9.25	19.9	5.8					33.88
1974	76.8	5.4	18.8	32.1	15.44	39.3	15.2					49.44
1975	104.9	6	20.81	33.5	20.4	65.4	18.2					59.41
1976	141.4	5.7	22.50	47.4	29.91	88.3	46.9					99.31
1977	188.5	5.6	23.50	32.6	24.21	150.3	41.3					89.01
1978	192.7	5.5	22.8	59.6	22.7	127.6	57.9					103.40
1979	365	5.6	17.80	67.6	26.67	291.8	135.5					179.97
1980	546	20.9	28.60	106.4	42.12	418.7	220.6					291.32
1981	566	26.6	37.11	126.6	57.3	412.8	235.3					329.71
1982	729	129.6	84.50	95.6	55.1	503.8	243.82					383.42
1983	1240	235.6	129.8	59.3	54	945.1	258.92					442.72
1984	2015	470.2	256.42	83.4	63.7	1461.4	478.9					799.03
1985	2312.2	342.2	251.2	78	68.19	1892	914.14					1234
1986	4313.8	525.8	350	102	79	3686	1860					2289
1987	6743.3	930.3	484	89	68	5724	2621					3173
1988	5488	757	454	84	62	4647	2352					2868
1989	4165	588	483	60	73	3517	2660					3216

续表 3-2-2

年份	各项贷款累计发放	其中：1. 农户贷款		2. 农业集体贷款		3. 乡镇企业贷款		4. 信用卡透支与垫款		5. 其他贷款		各项贷款年末余额
		累计发放	年末余额	累计发放	年末余额	累计发放	年末余额	累计发放	年末余额	累计发放	年末余额	
1990	6124	1252	827	192	133	4680	3103					4063
1991	9735	2121	1179	211	144	7403	4239					5562
1992	14210	2745	1518	224	178	11241	6273					7969
1993	20308	3960	2168	283	160	16024	8830			42	42	11200
1994	50934	3952	1574			37314	12459			9668	2552	16585
1995	42594	3797	1978			28180	14607			8639	4296	20881
1996	67182	5132	2811			44634	16590			17416	5537	24938
1997	62290	5089	2921			47417	19977			9784	5582	28480
1998	59707	5888	3342	153	31	43044	20274			10622	6248	29895
1999	50696	5869	4063	250	281	34552	20782			10025	7474	32600
2000	45216	4768	3767	550	305	29206	22012			10692	20995	47079
2001	50408	5548	4657	375	341	12872	24312			31613	21871	51181
2002	71050	10944	9487	360	1313	31264	31090			28482	20606	62496
2003	85960	19993	17986	137	407	38369	34570			27461	22158	75121
2004	92333	24950	22505	155	175	42967	36512			24261	21714	80906
2005	100510	33033	30524	944	964	47311	43064			19222	18409	92961
2006	111896	41946	38895	1849	1859	58029	52026			10072	14676	107456
2007	122442	48592	48534	1784	1407	65176	60338			6890	10174	120453
2008	147071	60907	56805	1973	1913	77986	69509			6205	8542	136769
2009	218971	112103	79969	5591	2410	92497	74765			8780	9917	167061
2010	232618	103912	98233	3576	2395	104159	86244			20971	19286	206158
2011	283774	133712	122429	3391	2703	123979	98740			22692	21363	245235
2012	337273	147531	134906	7040	6178	155504	126431			27198	24834	292349
2013	377049	163273	155995	7606	6813	172163	154172	5483	1087	28524	24461	342528
2014	436934	191043	194172	6922	4256	197354	176855	16967	2096	24647	22126	399505
2015	514491	263666	263820	4456	3210	186066	144793	35839	4830	24464	21066	437719
2016	513485	270210	331384	6595	3819	146031	136996	68366	6804	22283	22526	501529

第三章　结　算

结算业务是农村信用合作社三大传统业务之一，并随着社会经济发展的需求逐步得以发展和完善。1954 年本县农村信用合作社成立之初，只有单一的现金结算。1956 年 2 月上旬，在下店乡农村信用合作社（今黄宅农村信用合作社前身）开展非现金结算试点，主要办理农业生产合作社农副产品投售非现金结算。取得经验后，中国人民银行浦江县支行即于是月底印发《下店乡信用合作社非现金结算试点通报》，要求在全县各社逐步推行。1958 年，对农业生产资料采购实行转账结算。进而，农村信用合作社又先后开办信汇、电汇结算，县内支农限额结算，社队企业异地托收承付、委托收款、县辖往来及同城票据交换、银行票据等结算业务。

1996 年 10 月前，农村信用合作社结算业务全部通过银行结算渠道进行。与农业银行脱离行政隶属关系后，甫踏上自主经营之路的农村信用合作社，在许多方面仍需农业银行支持。与此同时，由于金融同业竞争日趋激烈，农业银行顾及自身业务的发展，行社关系发生微妙变化，农村信用合作社在结算、现金调拨等方面亦出现新的困难，如支付结算种类少、功能缺失，支付清算系统建设滞后等，都给自身结算业务带来一定的掣肘，造成客户资金不能及时到账，影响业务拓展。

1997 年 9 月，中国人民银行在对农村信用合作社的管理规定中指出，农村信用合作社执行中国人民银行统一制定的结算规章制度，办理本地和异地结算业务，办理同城结算，参加中国人民银行组织的同城票据交换和多边结算，可通过农村信用联社办理，也可以自由选择开户银行办理异地结算。

随后，代签银行“华东三省一市汇票”“全国汇票”业务的陆续开办，全国特约电子汇兑和人民银行电子联行系统（天地对接）系统的应用，特别是进入 21 世纪后人民银行大额支付系统、小额支付系统等相继上线运行，农村信用合作社结算渠道日益畅通，并实现了结算方式的多样化，电子化和网络化。

第一节 汇 兑

汇兑，是汇款人委托农村信用合作社将其款项支付给收款人的结算方式。办理汇兑业务的基本规定：其一，单位和个人各种款项的结算，均可使用汇兑结算方式。其二，汇兑分为信汇、电汇两种，由汇款人选择使用。其三，签发汇兑凭证必须记载下列事项：（1）表明“信汇”或“电汇”的字样；（2）无条件支付的委托；（3）确定的金额；（4）收款人名称；（5）汇款人名称；（6）汇入地点、汇入农村信用合作社名称；（7）汇出地点、汇出农村信用合作社名称；（8）委托日期；（9）汇款人签章。汇兑凭证上欠缺上列记载事项之一的，农村信用合作社不予受理。其四，汇兑凭证记载的汇款人名称、收款人名称，其在农村信用合作社开立存款账户的，必须记载其账号。欠缺记载的，农村信用合作社不予受理。其五，未在农村信用合作社开立存款账户的收款人，凭信汇、电汇的取款通知向汇入农村信用合作社支取款项，必须交验本人的身份证件，在信汇、电汇凭证上注明证件名称、号码及发证机关，并在“收款人签盖章”处签章。

信汇和电汇

信汇，是汇款人向农村信用合作社提出申请，同时交存一定款项及手续费，农村信用合作社将信汇凭证以邮寄方式寄给异地收款人，授权收款人开户的农村信用合作社向收款人解付一定金额的一种汇兑结算方式，使用一式四联信汇凭证。其具有手续简便、支取灵活、适用范围广、不受金额起点限制等特点。收款人在当地农村信用合作社没有开立账户，亦可凭有效证件直接取现（如退休工资、保险赔款等）。若遇特殊情况，还可办理信汇自带（限县辖通汇范围）。适用于单位或个人异地资金汇划的结算。

电汇，是汇款人将一定款项交存汇款的农村信用合作社，通过其电报或电传给目的地的农村信用合作社，向收款人支付一定金额的一种汇款方式。电汇是汇兑结算方式的一种，使用一式三联电汇凭证。电汇的资金到账速度比信汇快，一般适用急于用款、路程较远的异地款项结算。汇兑结算方式除适用于单位之间的款项划拨外，亦可用于单位对异地的个人支付有关款项，如退休工资、医药费、各种劳务费、稿酬等，还可适用于个人对异地单位所支付的有关款项，如邮购商品、书刊，交大学学费等。

50 年代至 70 年代中期，农村信用合作社受理客户（付款人）汇往异地的款项，均由农村信用合作社填写信（电）汇凭证，通过开户银行转汇。自 1977 年 9 月 1 日行社通汇后，县辖以外的信汇、电汇业务，农村信用合作社需填制银行付款委托书或用县辖通汇报单，委托银行转汇（省内由人民银行县支行营业所转汇，省外由县支行转汇）。在较长时期内，信汇、电汇业务一直是农村信用合作社异地汇兑结算的主要方式之一。

特约汇兑

特约汇兑，一般是指自身尚无电子汇兑功能的农村信用合作社，向具备电子汇兑功能的农村信用合作社或银行申请办理的委托式汇兑，有“电汇”和“信汇自带”两种，汇款人可根据需要选用。特约汇兑金额起点不限，最高为 30 万元。特约汇兑往来凭证只能由指定的农村信用合作社兑付。自带凭证有效期为一个月，只能由持票人带到汇入农村信用合作社办理解付手续，不能流通或转让。

电汇凭证一律通过县联社营业部传真发送，次日进账。特约汇兑往来业务坚持日清月结，当日往来账务当日办理完毕，不留待次日办理。各岗位严格分工，不准越权，不准交叉办理业务，坚持按程序处理日常业务，严禁违章操作，坚持事后监督复核。

特约汇兑往来业务于 1999 年 8 月升级，改为全国特约电子汇兑往来业务，并在全国正式开通，首批开通的有 624 家农村信用合作社。2000 年 10 月 18 日，本县联合社营业部开通办理全国特约电子汇兑往来业务。其不仅业务覆盖面广，资金清算手段先进，而且技术要求高，通汇社要严格执行各项规章制度，规范操作，并按照有关规定合理配备人员，严格实行“印、押、证”三分管，确保资金安全。至 2002 年末，全国农村信用合作社特约通汇网点达 2300 多个。自 2008 年 4 月 12 日起，停办特约电子汇兑业务。

2008 年 4 月 14 日，本省 10 个地市（不含宁波地区）开通全国农村信用合作社实时电子汇兑业务，本省综合业务系统依托农信银业务系统，支持实时电子汇兑系统与全国特约汇兑系统实时对接，自动接收其他省、市特约汇兑系统发起的往账业务，同时也可将实时电子汇兑系统发起的往账自动接入其他省、市特约汇兑系统。

第二节　异地托收承付和委托收款业务

异地托收承付

托收承付，是根据购销合同由收款人发货后，委托农村信用合作社向异地付款人收取款项，由付款人向农村信用合作社承认付款的结算方式。托收承付结算金额有起点。使用托收承付结算方式的收款单位和付款单位，必须是国有企业、供销合作社以及经营管理较好并经开户农村信用合作社审查同意的城乡集体所有制工业企业。付款单位收到开户银行转送的支付通知，必须按承付期履约付款，承付期满即由银行从付款单位账户中扣款，划回收款单位开户银行账户。承付可延期三个月并按万分之五收取滞纳金。

本县农村信用合作社开办异地托收承付结算业务始于70年代。1974年11月，中国人民银行浦江县支行印发《关于农村社队企业开户和办理托收承付结算的意见》，规定公社社办企业申请办理托收承付结算，必须符合相关条件，由农村信用合作社签具意见，上级主管部门同意，开户银行审查，报经中国人民银行浦江县支行批准办理，根据企业不同情况，有的可以批准单办托收。队办企业一般不办理异地托收承付结算，其与外地的资金往来，通过汇兑结算办理。社办企业与异地发生交易往来，使用托收承付结算的，事先必须有合同。发出托收时，银行应加强审查，查验合同和发货托运单证，如发现有非正当的交易往来和为其他单位代办托收时应予制止，农村信用合作社也不能为其开户单位以农村信用合作社名义代办异地托收承付结算。

1982年10月，中国农业银行下文，规定农村信用合作社不得办理异地托收承付结算，只能办理委托收款结算。中国农业银行浙江省分行结合本省实际，则规定农村信用合作社对省外的异地托收承付停止办理，对省内的异地托收承付仍可继续办理。

1983年12月，中国人民银行印发《关于修改〈异地托收承付结算办法〉的通知》，修改异地托收承付的适用范围和金额起点。结算金额起点由30元改为1000元，起点以下一些小额的结算，可通过委托收款结算办理。主要适用于计划性较强、遵守合同、信用好的单位之间的商品交易。1984年2月，中国农业银行浙江省分行发文规定，农村社队办工业企业和集镇工业企业，符合办理托收承付结算条件并经银行审查同意的，亦可办理托收。在农村信用合作社开户的社队办工业企业，暂维持在本省范围内办理，但应经银行审定，准许办理托收的证明，可由开户的农村信用合作社负责签发托收凭证。

1988年12月，经国务院批准，中国人民银行颁发新的《银行结算办法》，决定取消异地托收承付结算业务。

1989年4月1日，中国农业银行浦江县支行下发《关于执行新的〈银行结算办法〉实施意见的通知》，要求全县自即日起停止办理该项业务。

1990年2月，中国人民银行在《关于恢复托收承付结算方式的通知》中指出："在（异地托收承付结算方式）取消之后，有不少企业不太适应新的结算办法，同时，考虑到异地托收承付结算办法在当前治理整顿期间还有一定作用，因此，经请示国务院决定自1990年4月1日起恢复办理异地托收承付结算方式。"是年3月，中国农业银行浙江省分行结合本省实际，规定在农村信用合作社开户的乡镇工业企业办理托收，目前仍维持在本省范围内，并须经开户银行严格审定。

1994年10月，中国人民银行修订《异地托收承付结算办法》，并自1995年1月1日起执行。11月，中国农业银行浙江省分行明确规定：办理异地托收承付结算方式的单位，必须是国有企业、供销合作社以及经营管理较好、并经开户银行审查同意的城乡集体所有制工业企业。

其他法人和在农村信用合作社开户的所有单位一律不得再办理使用该结算方式。

委托收款

委托收款，是由收款单位向银行提供收款依据，委托银行向异地付款单位收取款项的结算方式。办理委托收款结算，银行不承担审查拒付理由和代收款单位分次扣收款项的责任，不办理结算贷款。适用于在各专业银行（包括农村信用合作社）开户的单位，并不受金额起点的限制。

1980 年 10 月，根据中国农业银行浦江县支行《关于组织推行异地委托收款结算和三省一市限额结算方式的通知》精神，全县农村信用合作社始开办异地委托收款业务。

1989 年 4 月 1 日，实行新的《银行结算办法》，规定异地、同城均可办理委托收款业务。单位和个人只要提供有关收款依据即可办理，结算金额不受限制，但有付款期限。付款期为 3 天，从付款人开户银行发出付款通知次日算起（付款期内遇例假日顺延）。付款人在付款期满日营业终了前，如无足够资金支付全部款项，即为无款支付。银行应于次日上午开始营业时，通知付款人将有关单证（单证已作账务处理的，付款人可以填制“应付款项证明单”）在两天内退回开户银行。银行将有关结算凭证连同单证或应付款项证明单，退回收款人开户银行转交收款人。付款人逾期不退回单证的，开户银行应按照委托收款的金额自发出通知的第 3 天起，每天处以万分之五但不低于 5 元的罚金，并暂停付款人委托银行向外办理结算业务，直到退回单证时止。

自 1994 年 11 月 1 日起，按照中国人民银行《关于加强银行结算工作的决定》，规定办理异地委托收款必须凭已承兑的商业汇票、债券、存单等付款单位的债券证明，仅凭发票不能对外办理委托收款。由于该结算方式对企业的货款清收效果不佳，故使用的单位逐年减少。

第三节　农副产品采购结算与限额结算业务

农副产品采购结算

农副产品采购非现金结算，是商业部门和供销合作社向农业社、生产队、副业队采购粮食、棉花、蚕茧、茶叶等农副产品时所采取的结算办法。

1956 年 4 月，中国人民银行浙江省分行印发《农村非现金结算办法》，推行农副产品采购非现金结算，农村信用合作社受理农副产品采购结算凭证后，据以记入投售单位账户。

1956 年 8 月，中国人民银行浦江县支行发文明确要求，“根据国务院在 7 月 7 日的指示中指出：‘对农业社不许限定现金库存数量和实行现金管理，对农业社的非现金结算，只能在农业社认为确实方便，真正出于自愿的情况下才能办理。’这是我们工作的准绳，必须从上到下，从内到外，统一认识。反复把政策界限交代清楚，达到坚持自愿原则，防止偏差。农业社愿意支取全部或部分现金的就付给全部或部分现金，愿意转账，才能转账。同时应该明确，结算对象只限于集体经济的农业社，对农民个人的交易往来不许用转账支票，应该一律付给现金。转账结算只限于大宗农产品的出售和大量购买商品（起点提到一百元，一百元以下一律付给现金，即使农业社要存入信用社，也应该通过现金）。”

1958 年 1 月，中国人民银行浦江县支行又对全县农村信用合作社农副产品采购非现金结算会计核算处理手续进行修订。同年 4 月 18 日，中国人民银行浙江省分行修改农村非现金结算办法，把“农村委托付款凭证”改名为“农村采购结算凭证”。农村非现金结算对农业社统一掌握资金，巩固财务管理，便利农业社款项收付，保证收购资金的供应等方面均起到很大作用。

1975 年 9 月 2 日，中国人民银行浦江县支行、县商业局和县粮食局联合发出《关于做好农村转账结算的联合通知》，明确要求农村转账结算必须坚决贯彻中共中央、国务院政策规定，坚持钱货两清，及时结算，谁的钱入谁的账，由谁支配；取现款或转账由生产队自愿选择，不得硬性规定一律转账或一律付现，收购单位、银行、农村信用合作社不准在办理转账结算中硬性扣款，也不得代任何部门硬性扣款。银行和农村信用合作社办理转账结算要维护双方正当权益，又不得代为垫款。社员个人出售农副产品购买生产资料的价款一律付给现金，不办理转账结算。农村转账结算，每笔转账金额起点为 10 元，不足起点的用现金结算。

1982 年春，全县农村推行家庭联产承包责任制后，农副产品投售主体由生产队集体转为农户个体，农副产品收购非现金结算情况开始发生变化。除生产队集体投售仍实行非现金结算外，以户为单位投售的，实行现金结算。

1986 年 8 月，中国农业银行浦江县支行发文要求，在全县积极推行农副产品定额转账支票结算。但实行定额转账支票结算，银行、信用合作社、收购单位必须贯彻“尊重农户意愿，要现金的给现金，要转账的给予方便，谁交售谁得款，谁的钱进谁的账、由谁支配，不代任何单位扣款”的原则。收购农副产品定额转账支票结算，是收购单位在本辖范围内收购农副产品时用于支付价款的结算方式。农户在投售农副产品时，如暂时不需要现金的，可向收购单位领取定额转账支票。农户持定额转账支票可以在结算有效期内向本区（乡）农业银行、信用合作社归还贷款，转存储蓄；可以交纳农业税；支付农业承包款；也可以向本乡指定商店一次性购买生产资料和生活资料。但该支票不得抵押、转让，更不得在市场上代替货币流通。收付双方在结算中价款大于或小于定额转账支票面额时，可以用现金找齐。定额转账支票为单联式，票面金额分为50元、100元两种，不记名、不挂失、不计息。其结算有效期为20天，自签发日算起，到期日如遇例假日顺延。过期支票必须到原签发银行、信用合作社兑取，其他单位不得受理。

县内限额结算

1974年5月，中国人民银行浦江县支行发文，要求黄宅、浦东、壶江、普丰地区的农村信用合作社试办支农物资供应转账结算。试办期间，暂定结算对象适用范围为黄宅、浦东、壶江、普丰地区在农村信用合作社开户的各大队、生产队向县物资局、农业生产资料公司、五金燃料公司采购生产资料所需的货款结算，以及黄宅、浦东、壶江、普丰地区在农村信用合作社开户的公社防治医院向县医药公司采购药械、药物所需的货款结算。

1975年4月，中国人民银行浦江县支行发文将“支农物资供应转账结算”改为“支农物资供应限额转账结算”，并规定扩大的使用对象和采购物资用途范围是：用于农村生产大队、生产队或经银行指定的社办、队办企事业单位，向县城内的国有企业、供销合作社等指定单位购买农用物资的货款结算。未经指定的单位不能采用。结算限额起点为50元，凭证有效期自签发日算起为7天，超过有效期的结算凭证，供货单位不能受理。如遇遗失，应及时向有关单位及开户信用合作社联系办理挂失手续。支农限额结算凭证必须由农村信用合作社签发，不得委托外单位或信用服务站代为签发。

1976年10月，中国人民银行浦江县支行转发省财政金融局《浙江省支农限额结算暂行办法》和《浙江省支农限额结算暂行办法会计核算手续》的通知，要求自是年11月起，在全县农村信用合作社实施省内统一的支农限额结算。支农限额结算适用于在农村信用合作社（不包括大队信用服务站）开户的农村人民公社、生产大队、生产队和社、队办企事业单位，到本县范围内向事先约定使用本结算的供货单位采购生产资料、农机具修配、医疗药械和支付有关的运杂费等的结算。鉴于本县社队、社队企业都是在农村信用合作社开户为主，因此，银行营业所只需受理凭证，不必办理签发结算凭证。支农限额结算凭证上必须指定地点、指定用途、指定供货单位，并注明有效期，只能转账不能支现。支农限额结算凭证的有效期为7天，限额起点原则上为30元，实际结算金额可小于30元。结算凭证不得相互转让，多余限额只能退回，供货单位不得找付现金。如遇不慎遗失，可及时向有关供货单位及其开户银行和签发凭证的农村信用合作社联系，办理挂失手续。

自1985年1月1日起，原“支农限额结算凭证”停止使用。全县农业银行、农村信用合作社统一使用新的“中国农业银行浦江县限额结算凭证”。县内限额结算凭证的起点为100元。

1992年5月，中国人民银行浦江县支行发文，自是年6月1日起在全县范围内实行《浦江县行社汇票结算办法》，原《浦江县内限额结算办法》同时废止。行社汇票结算，是汇款人将款项交给当地银行或信用合作社（简称行社），由行社签发行社汇票交给汇款人持往本县范围内办理转账付款的异地结算方式。其使用范围限于在行社开立结算账户的单位和个体经营户，对开立储蓄账户的个人不予办理。行社汇票一律记名，不准流通转让，只能转账不付现金；其汇款金额起点为500元，实际结算金额可低于500元，收款人对汇票余款不能找付现金；付款期为7天（签发日除外，到期日遇例假日顺延），逾期的汇票，收款人和兑付行社均不得受理。

1993年4月18日，县联合社设营业部并对外营业，办理相关金融业务。经中国人民银行浦江县支行同意，县联合社营业部于是年5月20日起参加县行社汇票结算，办理行社汇票结算业务。

1995年11月，中国人民银行浦江县支行发文通知，自是年12月1日起，在全县范围内使用新版行社汇票；旧的行社汇票自翌年1月1日起一律停止使用，剩余汇票按有关重要空白凭证保管规定予以销毁。

1999年12月，中国人民银行浦江县支行发文，决定自2000年1月1日起，在全县范围内一律停止使用县行社汇票凭证。至此，全县行社汇票结算业务全面结束。

第四节 同城票据交换、县辖往来和联行业务

同城票据交换

同城票据交换，亦称同城票据清算，一般指同一城市（或区域）各金融机构对相互代收、代付的票据，按照规定时间和要求通过票据交换所集中进行交换并清算资金的一种经济活动。它是银行的一项传统业务，该项业务不仅涉及银行间票据的交换与清算，还牵涉到社会资金的使用效益。

1986年12月1日，中国人民银行浦江县支行牵头成立同城票据交换所，对各专业银行、农村信用合作社相互之间代收、代付票据，实行统一的“定时定点、集中交换凭证、定期清算交换差额”。通过同城票据交换，简化专业银行、农村信用合作社内部手续，缩短专业银行、农村信用合作社之间的凭证传递时速，以加快客户资金周转。

1994年4月1日，经中国人民银行浦江县支行批准，县联合社营业部参加人民银行同城票据交换系统。自即日起，凡各专业银行汇往农村信用合作社的所有款项全部通过票据交换中心，交换至县联合社营业部，通过各农村信用合作社在该部开立的存款户结算。同时，各农村信用合作社汇往本省内的款项，直接汇往县联合社营业部，由该营业部通过票据交

换中心交换，转给农业银行营业部和其他各专业银行。

1995 年 6 月 2 日，全县同城票据交换正式脱离手工操作，运用计算机进行资金清算，以进一步加快客户资金周转，提高票据交换质量和效率。

2003 年 8 月后，随着全县农村信用合作社全面推广应用“同城交换”子系统，参加人民银行大额支付系统、小额支付系统，以及农村信用合作社网上银行、手机银行等业务的先后开办和持续拓展，同城票据交换业务逐年减少。2016 年，累计办理同城票据交换业务 6164 笔，金额 92754 万元，其中提出票据 5000 笔，金额 66875 万元，提入票据 1164 笔，金额 25879 万元。

县辖往来和联行业务

自 1977 年 9 月 1 日起，在全县范围内开办专业银行与农村信用合作社、各农村信用合作社相互之间的通汇业务，以适应农村经济形势发展之需，便利农村社队及社队企业事业单位与县城及异区单位的资金往来结算，减少凭证传递环节，加快资金周转。

行社通汇业务按照“全面通汇，分区核算，集中管理”的原则，适用于县内跨区的专业银行与农村信用合作社、各农村信用合作社之间异地结算业务往来的资金汇划。农村信用合作社每 10 天分别汇出汇款和汇入汇款，向直接主管的农业银行营业所交账一次，营业所每月上划县支行对账，清算行社资金。

自 1981 年 1 月 1 日起，全县行社结算资金汇划往来使用付款报单（简称行社付报）。行社付报使用范围包括县内各农村信用合作社、农业银行营业所和县支行签发的县辖限额结算；县外银行签发的省辖限额结算和华东三省一市限额结算。农村信用合作社必须每旬向直接主管营业所交账，清算资金。行、社通汇使用付报的结算方式，可减少中间核算环节，加快客户资金周转。

自 1984 年 7 月 1 日起，县辖往来自成核算系统。凡与中国工商银行浦江县支行发生的汇划款项，均由中国农业银行浦江县支行划转。对跨行的异地结算凭证（托收承付、委托收款等）和限额结算凭证，可直接寄发和收受，款项划回仍由中国农业银行浦江县支行划转处理。同年 12 月，改革辖区内行社汇划往来资金清算办法，自翌年 1 月 1 日起，全县行社结算资金汇划往来不再使用行社汇划往来付方报单，使用行社汇划收方报单。农村信用合作社随时向开户银行交账，一律通过农村信用合作社在开户银行的存款账户直接清算资金。

1988 年 3 月，中国农业银行浦江县支行又改革辖区内行社汇划往来资金清算办法。自是年 4 月 1 日起，行社往来资金清算由原“行社直接通占，来账每天上交，按汇出行对账”改为“行社直接通汇，往账和来账分别核算，定期上划交账，按来账行（所）分别对账”的办法。各农村信用合作社每 5 天（逢 1、6 日为交账日），分别行社按来账、往账（不能轧差），向开户银行交账进行资金清算，以利更好地加强内部往来资金管理，减少行社相互占用资金。

1993 年 4 月 18 日，县联合社设营业部并对外办理业务。经中国农业银行浦江县支行批准，县联合社营业部自 6 月 1 日起参加“行社往来”业务。

1994 年 5 月，中国农业银行浦江县支行印发《全县农村信用合作社县辖往来结算办法和会计核算手续的通知》，规定自是年 6 月 1 日起，全县农村信用合作社县辖往来由县联合社主办，县联合社营业部为县辖往来清算中心，参加中国人民银行浦江县支行的同城票据交换。凡经过县联合社批准，发有县辖社社往来社号结算章的农村信用合作社及分社，均可参加县辖往来，并在县联合社营业部开立结算存款专户，办理汇差资金清算。县联合社营业部既是负责全县辖内往来结算汇总平衡、资金清算、计算往来汇差利息以及监督、管理等工作的组织、管理和监督单位，又是办理县辖往来业务时（视同一个往来单位），与县内各信用合作社发生往来业务的核算单位。

县辖往来按照“直接通汇、集中监督、配套对账、划清年度”的原则，分别往账和来账进行核算。县内农村信用合作社之间、农村信用合作社与县联合社营业部之间的结算款项汇划，可直接相互发报，填发“浦江县农村信用合作社县辖往来贷方报单”。各农村信用合作社按旬逢 1、逢 6 定期向县联合社营业部交账，办理资金清算。

农村信用合作社汇划各专业银行县支行的款项、汇划县内各专业银行分支机构开户单位的款项和汇往省外的款项，均直接发报给县联合社营业部，由该部通过中国人民银行浦江县支行同城票据交换，转划给各有关专业银行及其分支机构。各专业银行县支行汇划县内异地农村信用合作社的款项，均通过中国人民银行浦江县支行同城票据交换，由县联合社营业部转划给有关农村信用合作社。

农村信用合作社汇往所在地农业银行营业所开户单位及属本省范围内的款项，通过开户农业银行营业所存款户办理。经中国农业银行浙江省分行批准，1996 年 4 月 20 日县联合社营业部参加省辖往来业务后，凡属城区的农村信用合作社（即浦阳、石马、七里、方宅、大许、平安、潘宅、大溪等）有关省内汇出汇款一律通过县联合社营业部办理。

2001 年 6 月 1 日，县辖电子汇兑业务应用系统上线，先在县联合社营业部及各农村信用合作社试运行。随后于 7 月 1 日在全县农村信用合作社所有营业网点全面推开。

县辖电子汇兑业务，是通过计算机联结、运行处理异地汇划款项以及资金清算的应用系统，是办理农村信用合作社之间、农村信用合作社与联合社以及农村信用合作社与分社之间结算业务和划拨资金的重要工具，也是畅通农村信用合作社结算的重要渠道，标志着全县农村信用合作社电子化业务建设迈向新台阶。2001 年 9 月，全县农村信用合作社综合业务信息系统亦上线，县辖往来业务由原手工操作借贷方报单改用电子汇兑方式借贷方报单。

2002年1月18日，金华市综合业务信息系统电子联行业务正式对外开通。综合业务信息系统电子联行业务，是指农村信用合作社（含联合社营业部）之间或农村信用合作社与其他电子汇划系统相连接，运用计算机处理汇划款项以及资金清算，实现结算业务处理自动化的网络系统；是集资金汇划、查询查复功能于一体的快速、安全、方便的结算业务。主要方式有系统内电子联行、人民银行“天地对接”、建设银行电子联行系统等。是年1月至4月，本县联合社营业部和浦阳、城关、黄宅、檀溪、浦东等5个农村信用合作社开通综合业务信息系统电子联行业务。是年8月1日起，全县所有营业网点全面推开电子联行业务，同时停止使用原农村信用合作社县辖电子汇兑业务系统。

2002年4月1日，经中国人民银行金华市中心支行同意，本县农村信用合作社正式开通电子联行“天地对接”业务。该系统是在人民银行电子联行基础上，将电子联行金华小站与中国人民银行金华市中心支行及金华市农村信用合作社的网络系统相连接，以中国人民银行金华市中心支行清算中心为结点，上联卫星通信网，下联农村信用合作社市级清算中心及各通汇社，横向复在中国人民银行金华市中心支行的中央银行会计核算系统控制下，实行业务处理自动化的网络系统。该系统的上线运行，进一步缓解了农村信用合作社异地结算渠道不畅的“瓶颈”问题。

2003年6月20日，经省信用合作协会核准，本县农村信用合作社正式开通省辖电子联行往来业务。

2005年6月27日，省联合社统一参加人民银行大额支付系统，本县农村信用合作社始办理大额支付系统业务。同日，“天地对接”电子联行业务停止办理。大额支付系统的开通，与原先采用的“天地对接”电子联行业务相比，该系统的网络更先进，业务处理更稳定、更快捷、更安全。汇款一旦寄出，不论是否为同行业务，均能实时到达对方银行收款人账户。

2006年5月29日，省联合社统一参加人民银行小额支付系统，本县农村信用合作社始办理小额支付系统业务。开通小额支付系统，是继大额支付系统上线运行后的又一现代化结算工具，标志着农村信用合作社业务电子化建设再上一个新台阶。它7×24小时不间断运行，能支撑多种支付工具的使用，满足社会多样化的支付清算需求，成为跨行支付清算和业务创新安全高效的平台。

2011年7月15日，省联合社发文通知，农信银支付清算系统优化上线，实现通存通兑业务差错及时处理，电子汇兑业务7×24小时实时处理，汇兑款项实时到账。

至此，全县农村信用合作社汇兑结算业务款项与国有银行趋同，实现大额支付实时到账，小额支付24小时到账，使农村信用合作社异地结算渠道不畅的“瓶颈”被彻底打破，同业竞争力日益增强，社会可用资金有效增加，对县域经济发展和社会进步发挥了极大的推动作用。

第五节 票据业务

票据有广义与狭义之分。狭义的票据仅指以支付金钱为目的的有价证券，即出票人根据票据法签发的、由自己无条件支付确定金额或委托他人无条件支付确定金额给收款人或持票人的有价证券。在我国，票据即汇票（银行汇票和商业汇票）、支票及本票（银行本票）的统称。

支 票

支票是银行或农村信用合作社存款户（即出票人）对银行或农村信用合作社签发的，要求于见票时对收款人或持票人无条件支付确定金额的票据。单位和个人在同一票据交换区域的各种款项结算，均可使用支票。支票分为现金支票和转账支票。

现金支票是用于支取现金专门制作印有“现金”字样的、只能用于支取现金的一种支票。当客户需要使用现金时，随时可签发，向开户银行或农村信用合作社提取现金，银行或农村信用合作社在见票时无条件支付给收款人的确定金额现金的票据。

转账支票是银行或农村信用合作社存款户（即出票人）签发，印有“转账”字样，只能用于转账的、委托办理支票存款业务的银行或农村信用合作社在见票时无条件支付确定的金额给收款人或持票人的票据。客户签发的转账支票可直接交给收款人，由收款人到其开户银行或农村信用合作社办理转账，也可以背书转让给其他债权人。

农村信用合作社开户单位和个体户在农村信用合作社办理现金支付结算，主要使用现金支票和取款凭条两种凭证。开立支票账户的单位可使用现金支票，开立存折账户的用取款凭条代现金支票。现金支票为单联式，主要交农村信用合作社作取现记账，副票给单位留存记账。

1954 年，农村信用合作社成立后向开户银行领取现金时，开始使用银行现金支票结算作为领款凭证。

1958 年始建农村信用服务站，信用服务站向农村信用合作社领取备用金时，开始使用现金支票。

1962 年，农村信用合作社对财务制度健全、内部管理比较好的开户单位开始使用现金支票和转账支票结算。

1977 年 12 月 1 日起，农村信用合作社执行对签发空头支票按票面金额处以 1% 罚金的规定。

1982 年 5 月 13 日，浙江省财政厅、中国人民银行浙江省分行和中国农业银行浙江省分行联合下文规定，签发支票一律使用钢笔或毛笔填写。

1989年4月1日起，对签发空头支票，按票面金额处以5%但不低于50元的罚款。

在《中华人民共和国票据法》实施前，现金支票既可取现，也可转账。而自1996年1月1日起实施的《中华人民共和国票据法》规定，现金支票只能取现，不能转账。签发现金支票必须使用碳素墨水或墨汁填写，出票日期必须大写，提示付款日期为10天。

1997年12月1日起试行的《支付结算办法》规定：签发空头支票，签章与预留银行签章不符的，按票面金额处以5%但不低于1000元的罚款。

2007年7月，全国支票影像系统上线，打破传统票据结算模式。该系统主要通过影像技术、支付密码、数字签名等技术，将纸质支票转化为影像和电子信息，实现纸质支票截留，利用信息网络技术将支票影像和电子清算信息传递至出票人开户行提示付款，实现支票的全国通用，提高了票据清算效率，降低了票据交换成本，对资金清算业务发展亦带来积极影响。

2008年9月，县联社印发《电子验印系统管理办法》，规定对客户签发的具有预留签章的票据，采用电子验印系统核对验印。改变此前用手工折角核对验印的做法。

2016年，中国人民银行杭州中心支行下发《关于进一步规范支票违规行为行政处罚工作的通知》，变更支票违规行为报送流程，并加强支票业务管理。对屡次签发空头支票或预留银行签章与支票不符的出票人，根据有关规定采取措施停止为其办理支票或全部支付结算业务。

银行汇票

银行汇票是指由出票银行（即经中国人民银行批准办理银行汇票的银行或农村信用合作社）签发的，由其在见票时按照实际结算金额无条件支付给收款人或者持票人的票据。银行汇票按使用区域分为省辖银行汇票、华东三省一市银行汇票和全国银行汇票三种。

浙江省辖银行汇票　由浙江省内出票银行签发，银行在见票时按照实际结算金额，无条件支付给收款人或持票人。浙江省内单位和个人的各种人民币结算，均可使用该汇票，并且只限于在浙江省内使用和背书转让，依托指定的清算系统，实现银行汇票跨系统付款处理以及出票行社与跨系统代理付款行社之间的资金清算。

2004年5月，中国人民银行杭州中心支行发出通知，要求全省各银行和农村信用合作社积极申报，开办浙江省辖银行汇票业务，于2004年10月1日起试行。根据中国人民银行杭州中心支行印发《关于正式开办浙江省辖银行汇票的通知》，自2005年4月8日起，正式开办浙江省辖银行汇票，并同时启用浙江省辖银行汇票资金清算系统。本县农村信用合作社正式开办此项业务，可直接签发浙江省辖银行汇票，并可在综合业务信息系统中解付系统内各农村信用合作社和跨系统商业银行签发的省辖汇票。

2010年6月，省联合社办公室发文通知，根据中国人民银行杭州中心支行《关于停止办理浙江省辖银行汇票的通知》精神，要求自2010年6月8日起，停止签发浙江省辖银行汇票。

华东三省一市银行汇票 1987年4月，中国人民银行在江苏扬州召开结算工作会议，会议根据限额结算与全国银行票汇结算相同之处较多的实际，决定将两种办法合并，在浙江、江苏、安徽3省和上海市之间，开办华东三省一市银行票汇结算。在此前，异地资金的结算主要实行浙江省内限额结算和华东三省一市限额结算。

浙江省内限额结算是付款单位到外地采购物资时，将所需的款项委托银行转存保证金，由银行签发限额结算凭证，付款人和收款人分别凭以提取物资、收取货款的转账结算方式。

华东三省一市限额结算适用于国营和集体所有制单位自提自运商品等引起的资金清算，结算区域为浙江、江苏、安徽3省和上海市。本县于1979年5月和1980年11月分别开办浙江省内限额结算和华东三省一市限额结算。两种结算的核算方法基本一致，但基本规定不尽相同。省内限额结算的有效期限为10天，签发金额起点30元；跨省的有效期限20天，签发金额起点100元；在凭证使用上有严格区分，省内结算必须使用“浙江省限额结算凭证”，跨省的则须用“华东三省一市限额结算凭证”。限额结算只能转账，不能支取现金和转汇异地。

农村信用合作社不办理限额结算凭证的签发，开户单位需使用限额结算时，由付款单位向农村信用合作社填具支款证明，农村信用合作社签发同额转账支票交付款单位，凭以向农村信用合作社开户的农业银行营业所办理签发手续。签发时，限额结算凭证上的付款单位为农村信用合作社开户单位全称，账号填写农村信用合作社在农业银行营业所的账号。农村信用合作社可受理解付限额结算凭证，审查无误后，按实际结算金额进账，并通过开户的营业所划付签发银行。

1984年5月31日，中国人民银行、中国农业银行浙江省分行联合发出通知，省内限额结算的对象可以扩大到个人，范围不局限于商品交易的款项结算。对申请办理限额结算的单位和个人要求银行支付现金的，银行审查后，可以签发支取现金的限额结算凭证。受理支付现金限额款项时，通过“应解汇款”科目核算。

自1987年9月1日起，在浙江、江苏、安徽3省和上海市范围内试行“三省一市票汇结算”，同时废止三省一市《限额结算办法》，停止签发原来的“三省一市限额结算”凭证，但对9月1日前签发的三省一市限额结算凭证，在有效期内仍应受理。汇票一律记名，不准流通，不准涂改、伪造，汇票的汇款金额起点为500元，有效期限为一个月。1989年11月1日，按修订的三省一市《银行汇票办法》执行。

由于农村信用合作社没有省辖往来结算渠道，不能直接办理“华东三省一市银行汇票”的签发和解付，在农村信用合作社开户的单位需使用“华东三省一市银行汇票”，经农村信用合作社审查无误后，签发同额的银行转账支票，交单位向农村信用合作社的开户银行办理签发“华东三省一市银行汇票”。

因应业务发展，以畅通农村信用合作社异地结算渠道，加速企业资金周转，经报请中国农业银行浙江省分行同意，本县农村信用合作社先后开办代签“华东三省一市银行汇票”业务。代签农村信用合作社必须以委托行名义签发，结算保证金应及时划交委托行，代签农村信用合作社收取的邮费及50%的手续费应划交委托行。

1994年11月1日，县联合社营业部开办代签农业银行“华东三省一市银行汇票”业务。

1996年3月20日，浦阳农村信用合作社开办代签农业银行“华东三省一市银行银行汇票”业务。

1997年1月1日，郑宅农村信用合作社开办代签农业银行“华东三省一市银行汇票”业务（1998年5月20日，代签机构名称由郑宅农村信用合作社变更为浦东农村信用合作社郑宅分社）。

1999年5月24日，启用新版“华东三省一市银行汇票”，旧版“华东三省一市银行汇票”自1999年6月1日起停止签发。11月1日，代签农业银行“华东三省一市银行汇票”的浦东农村信用合作社郑宅分社变更为黄宅农村信用合作社。

2000年10月1日，檀溪农村信用合作社，浦东农村信用合作社及郑宅分社、郑家坞分社开办代签农业银行“华东三省一市银行汇票”业务。

2001年7月，县联合社印发《浦江县农村信用合作社代签“华东三省一市银行汇票”业务操作规程》，自2001年7月1日起执行。

2008年12月1日，经省联合社批准，本县联合社营业部、城关信用社、浦阳信用社为首批参加自签“华东三省一市银行汇票”业务机构。开办自签“华东三省一市银行汇票”业务后，中止代签“华东三省一市银行汇票”业务。

2009年4月27日，黄宅信用社、浦东信用社开办自签“华东三省一市银行汇票”业务。是年10月9日，檀溪信用社开办自签“华东三省一市银行汇票”业务。

2012年3月15日，浦东信用社郑宅分社开办自签“华东三省一市银行汇票”业务。

全国银行汇票 是出票银行根据客户申请签发的，由其在见票时按照实际结算金额无条件支付给收款人或持票人的票据。提示付款期为一个月。

1984年3月1日，中国人民银行制定《票汇结算办法》，在全国范围内实施。票汇结算适用范围比较广泛，企事业单位和个人的各种款项汇拨均可使用，办理结算灵活方便，可以取款，也可以到指定单位购买物资办理结算，在汇款金额以内可以根据实际需要用款，多余的款项由汇票签发行退给汇款单位，以便使用单位的资金往来结算。1989年4月1日实施新的《银行结算办法》后，改名为“银行汇票”，一直沿用至今。

由于农村信用合作社尚无全国联行往来结算渠道，不能直接办理全国银行汇票的签发和解付，在农村信用合作社开户的单位需使用全国银行汇票，经农村信用合作社审查无误后，签发同额的银行转账支票，交单位向农村信用合作社的开户银行办理签发全国银行汇票。

2001 年 7 月 1 日，县联合社营业部办理代签农业银行全国银行汇票业务。

2002 年 4 月 25 日，县联合社与中国建设银行浦江县支行协议办理代签全国银行汇票业务。

2006 年 12 月 28 日，省联合社发出通知，于 2007 年 1 月 8 日开通农信银全国银行汇票业务。其时本省综合业务系统尚未完成系统改造，暂不办理签发农信银全国银行汇票业务，但须受理客户提交的农信银全国银行汇票的解付业务。

2007 年 9 月 18 日，省联合社办公室通知，本县联社全国银行汇票业务准入机构为县联社营业部及城关、浦阳、黄宅、浦东和檀溪等 5 个信用社。自同年 9 月 20 日起，正式开办农信银全国银行汇票业务。自 2011 年 5 月 10 日起，平安和城中两个信用社开办全国银行汇票业务。

银行本票

银行本票，是申请人将款项交存银行或农村信用合作社，由银行或农村信用合作社签发的，承诺在见票时无条件支付确定的金额给收款人或者持票人的票据。银行本票见票即付，不予挂失，当场抵用，付款保证程度高。银行本票可以取现，也可以转账。在一定区域内的单位和个人各种款项结算，均可使用银行本票。其提示付款期限自出票日起最长不得超过二个月，持票人超过提示付款期限提示付款的，代理付款行不予受理。

2008 年 5 月 7 日，根据中国人民银行统一安排，小额支付系统银行本票在全国正式开通，县联社营业部和各辖属信用社均可开办银行本票业务，其他辖属分社仅暂办理银行本票的代理兑付业务。

2008 年 8 月 19 日，中国人民银行金华市中心支行印发的《金华市银行本票业务管理办法》规定，自是年 9 月 1 日起，单位和个人在金华地区内各种人民币结算款项的结算均可使用银行本票。

自 2010 年 3 月 24 日起，浦东信用社郑宅分社（2014 年 3 月复由分社升格为信用社）开办银行本票业务。

2011 年 3 月 1 日，启用 2010 版银行本票。

自是年 5 月 10 日起，平安、城中信用社开办银行本票业务。

2012 年 1 月，中国人民银行杭州中心支行制定《浙江省银行本票业务管理办法》，扩大银行本票流通使用范围，是年 4 月 1 日起，单位和个人在浙江省内的各种人民币款项结算可使用银行本票。

自2014年3月14日起，城东信用社开办银行本票业务。

自2015年2月2日起，七里、月泉、岩头3个信用社开办银行本票业务。

至此，县联社辖属营业部和12个信用社悉数开办银行本票业务。

银行承兑汇票

银行承兑汇票，是指符合中国人民银行票据管理规定，由出票人签发的，经银行或农村信用合作社承兑，承诺在汇票计期日对收款人或出票人无条件支付汇票金额的票据。银行承兑汇票是商业汇票的一种，由银行承兑。由出票人签发承兑人承付，委托付款人在指定的日期无条件支付确定的金额给收款人或持票人的票据。付款期限由交易双方约定，最长不得超过六个月。

本县农村信用合作社办理承兑汇票业务自2001年始，先为国有商业银行代签，后发展为直接签发承兑汇票。

2001年4月16日，县联合社与中国银行浦江县支行签订代签银行承兑汇票协议；6月1日，复与中国农业银行浦江县支行签订代签银行承兑汇票协议。当年代签银行承兑汇票8笔，金额计1200万元。

是年6月18日，县联合社印发《关于开办票据贴现业务的通知》：鉴于贴现业务作为农村信用合作社信贷业务新品种之一，具有较高的效益性、安全性和流动性，对优化信贷结构、提高信贷资产质量具有积极作用，要求各辖属信用合作社引导和鼓励客户办理贴现业务。但为谨慎起见，暂由县联合社营业部统一对外办理贴现业务。在此基础上，提高农村信用合作社的竞争能力，更好地适应业务发展的需要。自是年8月1日起，全县农村信用合作社全面开办银行贴现业务。当年累计贴现金额计115万元。

2002年4月25日，县联合社与中国建设银行浦江县支行签订代签银行承兑汇票协议。

2007年8月2日，县联社与中国工商银行浦江县支行签订代签银行承兑汇票协议。

是年，经中国银监会金华监管分局批准同意，县联社营业部开办自签银行承兑汇票业务。是年9月19日，县联社制订银行承兑汇票管理实施细则，对银行承兑汇票从出票前的条件审查、资格调查到操作流程，以及岗位、部门职责，责任追究等作出明确规定。2008年12月3日、2012年2月29日又分别修订该管理实施细则，以臻完善。

至2016年末，县联社共签发银行承兑汇票95笔，金额2482万元。

第四章　银行卡与电子银行

农村信用合作社银行卡与电子银行业务起步较晚。2002 年 10 月，以县联合社营业部布放第一台 NCRATM 机为标志，宣告全县农村信用合作社自助银行诞生，并正式向客户提供 ATM 机凭折取款、转账及查询等自助银行服务。而银行卡业务的开办，则始于 2005 年 9 月。2012 年 4 月 11 日，县联社业务管理科下设银行卡中心。是年 9 月和 2013 年 5 月，网上银行和手机银行等业务亦相继开办。2014 年 11 月单设电子银行科，负责对银行卡和电子银行业务的管理。

第一节　银行卡

2004 年 4 月省联合社成立后，把加快信息化建设作为提升全省农村信用合作社金融服务水平、增强核心竞争力和可持续发展能力的重要突破口。经过为时数月的前期筹划准备，攻克多道技术关隘，确认开办银行卡的条件已臻成熟，遂于 2005 年 1 月 18 日报中国银监会浙江监管局批复同意，在全省农村信用合作社推出属于本系统自成一体的银行卡——丰收卡业务。同年 3 月 23 日，复经中国银联股份有限公司批复同意，全省农村信用合作社入网中国银联开办借记卡业务。至此，丰收卡的发行，改写了自 1992 年我国进入银行卡应用时代以来，全省农村信用合作社一直无卡的历史，从而跻身于与有卡国有银行、股份制商业银行并驾齐驱的行列。

至 2016 年末，县联社开办的银行卡业务，主要有丰收系列的借记卡、贷记卡及社保卡业务。

借记卡

借记卡品种有丰收借记卡、丰收小额贷款卡、丰收创业卡和丰收爱心卡等多种。

丰收借记卡　2005 年 9 月，县联社始推出丰收借记卡业务。是月 21 日，开出全县农村信用社第一张丰收借记卡（卡号为622858×××××××××1888）。其时，借记卡均为磁条卡。客户办卡时，可以单独开立账户，亦可与其个人活期存款共用一个账户（即“卡折合一”）。

该卡可在本省内通存通兑，即在全省农信系统所有网点柜面以及ATM机等自助银行设备上办理存款、取款和转账结算业务；亦可在全国金融系统所有的ATM机自助银行设备上办理同类业务；还可在全国特约商户销售网点刷卡消费。2005年12月16日，经中国银联测试同意，该卡尚可在境外的POS机上刷卡消费和在ATM机自助银行设备上办理提现结算及查询业务。

2007年2月1日，全省农信系统正式启用新版丰收卡（老卡样的丰收卡仍照常使用）。2009年3月26日，停止开立“卡折合一”借记卡账户，借记卡只能单独开立账户。

自2013年12月9日起，丰收IC借记卡业务首在县联社内部员工中开卡投入试运行。丰收IC借记卡是以芯片作为介质的标准金融IC卡，与传统的借记卡相比，IC卡具有安全性更高、快捷便利、一卡多用等特点。

图3-4-1 县联社统一制作的丰收借记卡宣传牌

2014年4月，丰收IC借记卡正式对外发行，除挂失补卡外，要求对外开立的借记卡均为丰收IC借记卡。是年5月县联社与县汽车运输总公司合作开发丰收IC公交卡应用支付项目，于10月正式启用。成为全县首家利用IC卡予以支付应用的金融机构。年末开通公交IC卡2272张，使用丰收IC卡12742次，金额计173249元。

图3-4-2 县联社组织青年职工深入社区开展丰收借记卡宣传营销活动

至2016年末，累计发行丰收借记卡41.69万张，卡内存款余额143699万元，活卡率为72.39%。

表 3-4-1 2006 年至 2016 年丰收借记卡业务情况统计

年 份	发卡量（张）	存款余额（万元）	卡均存款（万元）	消费金额（万元）	消费笔数（万笔）
2006	13951	9261	0.66	381	0.14
2007	24263	13964	0.58	3534	0.37
2008	40843	26709	0.65	38066	0.87
2009	42959	35168	0.82	122407	1.97
2010	56777	47315	0.83	187127	2.41
2011	62578	65252	1.04	83187	2.80
2012	84804	90570	1.07	173840	4.46
2013	114301	104657	0.92	183979	9.73
2014	276117	115002	0.42	225513	20.25
2015	374329	120816	0.32	241191	34.39
2016	416883	143699	0.34	458031	33.75

丰收小额贷款卡 该卡除具有丰收借记卡各项金融功能外，还兼具小额个人循环贷款功能。特点有四：其一，一次授信，循环使用。持卡人在一次性办妥贷款授信手续后，可在规定时限（暂定为两年）与授信额度内循环使用，无须每次找信贷人员办理贷款手续。其二，自主贷款，方便快捷。持卡人在授信期限和授信额度内，可自主地根据资金安排，随时向当地农村信用合作社办理贷款，亦可在全省农村信用合作社任一网点或有银联标志的自动取款机上提现或转账，或者在 POS 等机具上消费。其三，通存通兑，功能齐全。持卡人不单可利用该卡通存通兑，亦可随时将款项存入卡中并方便支付结算，同时还可办理代收代付、代理缴费及补助款发放等业务。其四，节约成本，普惠“三农”。持卡人在资金宽裕时，可随时归还部分或全部贷款，真正实现“随用随借、随时归还”，且仅需支付用款期间的利息，节约农户融资成本。

在全县农村信用合作社尚未推出丰收小额贷款卡的 2009 年 9 月之前，10 万元以下的贷款客户即达 6145 户，信贷人员和贷款客户，往往把大量的时间和精力耗费在办贷手续上，间接对农村信用合作社各项业务实现又快又好地发展带来阻滞。为此，推广随借随还、具有循环功能的丰收小额贷款卡，已成为业务经营中不可或缺的手段和当务之急。同时就本县而言，富裕起来的农民和个体工商户是农村信用合作社发展小额贷款、银行卡业务的重要对象。在办好担保的前提下，向其发放小额贷款卡，并以其经济实力给予相应的循环使用信用额度，使他们在遇到资金周转困难时，可方便地取得农村信用合作社的小额贷款，对维持生产经营活动和正常消费行为大有裨益。

2009年9月，县联社推出丰收小额贷款卡业务，并制订《丰收小额贷款卡业务实施细则（试行）》。是年12月7日，城关信用社平安分社于庆阳、李继红等5位客户成为首批授信的农民，顺利领得丰收小额贷款卡。随后，县联社专门成立丰收小额贷款卡推广工作领导小组，由理事长亲自挂帅，相关科室全力以赴，在辖属营业部、各社及分社全面发行和推广，颇受客户欢迎，实效立见。

丰收小额贷款卡的授信额度，初为10万元。自2013年6月1日起，调整至30万元（含）。

至2016年末，全县丰收小额贷款卡发卡量为17201张，贷款余额103958.31万元，授信额度109338.50万元。

表3-4-2　　2011年至2016年丰收小额贷款卡业务情况统计

年　份	发卡量（张）	贷款余额（万元）	授信额度（万元）
2011	6330	34372	37574
2012	8551	41628	76434
2013	10677	59933	125370
2014	13351	89942	201214
2015	15491	106223	272867
2016	17201	103958	109339

丰收创业卡　是县联社面向在创业初期、生产经营稳健的个体工商户和小微企业主等发行的银联标准丰收卡系列产品之一，其功能与丰收小额贷款卡类似，除具有丰收借记卡结算功能外，兼具个人循环贷款功能。个人循环贷款功能是指持有丰收创业卡的借款人，在其贷款授信额度（30万元至100万元）和有效期限内，可通过网点柜面、网上银行和自助设备等渠道实施操作，完成借款与还款，即贷款实行“一次授信、随借随还、循环使用”。一位客户只能办理一张丰收创业卡，不能同时拥有丰收小额贷款卡。

2013年3月13日，县联社制订《丰收创业卡业务实施细则（试行）》，首在县联社营业部试行，其后逐步在辖属信用社全面推开。是年末共发卡257张，授信额度16678万元，贷款余额15651万元。

至2016年末，累计发卡1337张，授信45193万元，贷款余额42371.6万元。

丰收爱心卡　是省扶贫办与省联合社面向全省低收入农户发行的银联标准丰收卡系列产品之一，是扶贫小额信贷的发放载体，具有丰收借记卡的各项金融功能及低收入农户身份识别、扶贫小额信贷、扶贫资金代付结算等功能。根据省扶贫办《关于印发浙江省扶贫办小额信贷管理办法的通知》精神，县联社于 2015 年 5 月 29 日下发《关于推进丰收爱心卡发放工作的通知》，并于 6 月发放丰收爱心卡，贷款余额 423.9 万元。

持丰收爱心卡可办理小额扶贫贷款。贷款额度原则上不高于 5 万元，如发展项目确需资金，经县联社审批后可适当增贷，但最高不超过 20 万元。

至 2016 年末，丰收爱心卡贷款余额 934.53 万元。

贷记卡

贷记卡品种主要有丰收贷记卡、丰收公务卡和丰收福农卡及分期付款业务。

丰收贷记卡　该卡除具有丰收借记卡同等功能外，还兼具透支功能。根据最高授信透支额度分为普通卡和金卡，普通卡和金卡最高授信透支额度分别为 2 万元和 2 万元至 30 万元。在刷卡消费时，在最高授信透支额度内，可先消费后还款，并可循环使用，其信用额度持卡人可享受的免息还款期最长 56 天，最短 26 天，逾期按透支额日利率万分之五计息，卡内存款不计息。每张主卡最多可申领 3 张附属卡，与家人共用授信额度。

2012 年，根据银监部门对发行丰收贷记卡的总体要求，按省联合社“统一开发、统一网络、统一标识、统一清算”的丰收贷记卡业务总原则，县联社经过前期充分准备，确认自身在内控制度建设、风险管理能力、管理部门落实、管理人员配备及硬件配置等方面均已具备发卡条件。是年 12 月 6 日，经批准开办丰收贷记卡业务。是月 24 日，县联社营业部向内部员工首发丰收贷记卡 5 张。

2013 年 1 月 21 日至 3 月 31 日，开展丰收贷记卡发行推广工作，先在县联社内部职工（配偶）中发卡。5 月 14 日，正式对外办理贷记卡业务，将优质客户作为首发目标客户群体，循序渐进，逐步扩大发卡范围。11 月 1 日，正式启用新丰收贷记卡系统。是年末，共发卡 3197 张，授信额度 4695.86 万元，透支金额 1088 万元。

丰收贷记卡业务开办后，发卡量和透支余额逐年增加。县联社遂举办“刷卡拿 iphone6”和“金羊献瑞，丰收送礼”有奖消费等一系列活动，借以有效提升刷卡消费额和激活使用率。

至 2016 年末，发卡量 16797 张，透支余额 6843.78 万元，消费金额 9433.89 万元，分期待摊余额 2590.11 万元，不良率仅 0.96%。

表 3-4-3　　2012 年至 2016 年丰收贷记卡业务情况统计

年　份	发卡量（张）	透支余额（万元）	分期待摊余额（万元）	消费金额（万元）	不良率（%）
2012	5	-	-	-	-
2013	3197	1088	-	5369	-
2014	7204	2101	24	14445	3.72
2015	12116	4864	510	30268	1.42
2016	16797	6844	2590	9434	0.96

丰收公务卡　是专为政府部门、事业单位从业人员而设，以方便其因公务需求使用的一种特殊形式的贷记卡。公务卡既有一般银行贷记卡的共同属性，又有财政财务管理的独特属性；但在还款方式上又有别于普通贷记卡，即一般公务费用由相关联的对公账户自主还款。

2013 年 7 月 5 日，县联社经批准始开办丰收公务卡业务。是年 9 月 2 日，制订颁发《公务卡业务管理办法》《公务卡业务操作规程》等系列规章制度，并首在花桥和虞宅两个乡先行试点。9 月 17 日，花桥乡政府工作人员张朝阳成为全县第一位丰收公务卡持有人。是年末，共发放丰收公务卡 87 张，激活 39 张。2014 年 5 月 15 日至 10 月 15 日，开展“惠刷卡，享生活”丰收公务卡刷卡有奖消费活动，共有 355 张公务卡参加抽奖。至 2016 年末，共发行丰收公务卡 521 张，激活 472 张。

丰收福农卡　是本省农信系统金融机构面向广大涉农类客户及小微企业主、个体工商户发放的借贷合一的个人人民币信用卡。具有存款计息、按日贷款分期、消费、取现等信用卡存贷款、结算功能，不提供享受免息期透支消费及透支取现功能，不支持普通分期业务功能。但具有存款计息功能，对卡内溢缴款由联社按人民银行规定的活期存款利率及计息方式计息。每季末的 20 日为结息日，次日付息。同时还兼具专用额度、“普惠宝”申请和按日贷款分期功能。并与联社其他信用卡产品不共用同一个账户，而使用福农卡专用账户，即一卡一账户。

图 3-4-3　信用社员工深入试点乡开展丰收公务卡发放服务

专用额度，是指福农卡具有的专用按日贷款分期额度。福农卡账户只有专用额度（即分期额度），起点额度为人民币 1 万元，最高额度 30 万元；不具有固定额度（即普通透支额度）和临时额度。联社核准客户领卡申请的同时，核定福农卡账户专用额度，该额度在卡片有效期内可通过按日贷款分期方式随借随还、循环使用。授信专用额度有效期以卡片记载的有效期为准，至到期月的最后一天。首次发卡有效期为三年，续卡有效期为三年。

“普惠宝”申请，是指持卡人在获批福农卡专用额度后，通过规定的渠道申请用信的过程。“普惠宝”申请天数须大于或等于一天，小于或等于 360 天。申请金额须大于或等于 1000 元，小于或等于“普惠宝”可申请额度。

按日贷款分期，是指福农卡持卡人通过县联社认可的渠道，在县联社核定的福农卡专用额度内选择相应的期限申请放款，资金实时发放至客户福农卡账户内，系统自动按县联社福农卡分期业务规则对分期资金进行分摊，计收持卡人分期手续费，持卡人在分期资金到期日或账单到期日偿还手续费，在到期日一次性偿还分期本金的业务。持卡人还款顺序与县联社标准信用卡还款入账顺序相一致，亦可提前还款，即在分期已请款且未到期时，对分期本金申请提前偿还。提前还款分为全额提前还款和部分提前还款，前者指将剩余的所有本金一次性偿还，同时贷款结束，后者指仅偿还剩余本金中的一部分，贷款仍将继续。

2016 年 10 月 19 日，县联社始发放第一张丰收福农卡，并于 10 月 25 日激活，随后在全县各营业网点全面推开。至年末，共发卡 426 张，贷款余额 2321.79 万元，存款余额 364.47 万元，授信额度 10617 万元。

分期付款业务 是根据贷记卡持卡人申请，将其购买商品或服务的一定金额通过其贷记卡账户分期扣收，持卡人按照约定进行偿还并支付分期手续费。分期付款业务包括账单分期、灵活分期和现金分期。

账单分期，是指持卡人对已出账单进行分期偿还的业务。即持卡人在账单日次日至到期日前 3 个自然日，通过一定的方式向发卡机构提出申请分期支付消费金额的业务。

灵活分期，是指持卡人对未出账单的某笔或多笔消费进行分期偿还的业务。即持卡人在刷卡消费后，单笔消费金额达到规定的最低消费额，可向发卡机构提出申请将该笔消费拆分为几次还款，发卡机构再将分期支付消费金额该笔消费拆分为几次计入持卡人贷记卡账户的业务。

现金分期，是指持卡人申请将贷记卡授信额度中的一部分转换为现金分期额度，并使用该额度转账至本人借记卡账户中的资金进行分期偿还的业务。

2014 年 10 月 1 日，县联社开办贷记卡标准个人卡分期付款业务，先在内部员工中试运行灵活分期和账单分期付款业务，随后正式对外运行。是年末，全县农村信用合作社分期业务本金为 23.98 万元。至 2016 年末，分期付款业务本金为 2321.13 万元。

社会保障卡

图 3-4-4　社保卡服务管理中心挂牌（2016）

社会保障卡（以下简称社保卡），是按国家人力资源和社会保障部统一规划，加载金融功能，面向全社会保险参保人员发行，主要应用于人力资源和社会保障领域社会管理和公共服务的集成电路卡（IC 卡），事涉民生。2013 年，县联社积极与省联合社金华办事处、人民银行、银监局等部门联系，及时报备报批拟关于开展社保卡业务的申请，并做好社保卡的宣传与发放工作。是年 11 月，县联社与县社会医疗保险管理处签订县域城乡居民医疗保险社会保障卡合作协议书，搭建合作平台，先后取得 11 个乡镇 20 余万张社保卡发卡资格。同时通过与社保局系统、客户信息数据及发卡方案对接，于 2014 年 4 月 1 日完成第一批制卡工作，共制卡 4984 张。随后，各网点陆续开展社保卡发放工作。是年末，共发卡 132490 张。

2015 年，县联社购置 3G 移动终端 8 台，利用普惠金融宣讲活动，进村入企，开展社保卡密码激活工作。是年 11 月，全面启动社保卡代缴代扣城乡社会医疗保险费用。至年末，共发卡 191276 张，激活（金融功能启用）105616 张，余额 2629.26 万元。

2016 年 2 月 2 日，县社保局在县联社挂牌设立社会保障卡服务管理中心，县联社成为域内唯一一家被社保局授权挂牌的银行，推行一站式服务，以方便城乡参保居民快速办理参加医疗保险的相关手续，改变其过往在银行、社保部门之间来回跑耗时费力的状况。是年 4 月 1 日至 6 月 30 日，县联社举办“用社保卡，享三重礼”专项营销活动。对持有社保卡的所有客户，可参与社保卡“激活有礼、签约有礼、交易有礼”抽奖，引导客户激活并使用社保卡，深化对社保卡及电子渠道的认知，充分享受基础金融业务不出村（社区）的便捷服务。至年末，共发卡 195826 张，激活（金融功能启用）124617 张，存款余额 6452.82 万元。

第二节　电子银行

电子银行业务，是银行业金融机构利用面向社会公众开放的通讯通道或开放型公众网络，以及银行为特定自助服务设施或客户建立的专用网络，向客户提供的银行服务。电子银行业务主要包括利用电话等声讯设备和电信网络开展的电话银行业务；利用计算机和互联网开展的网上银行业务；利用移动电话和无线网络开展的手机银行业务；以及其他利用电子服务设备和网络，由客户通过自助服务方式完成金融交易的网络服务方式，又称自助银行。县联社已开办的电子银行业务主要有自助银行、网上银行、手机银行等。

自助银行

2002 年 10 月，县联社营业部布放 ATM 机 1 台，并正式向客户提供 ATM 机凭折取款、转账、查询等自助服务，是为全县农村信用合作社第一个自助银行。其时规定，在 ATM 机上办理取款业务，每日取款不得超过 5 次，每次取款金额不得超过 1000 元，日累计取款金额不得超过 5000 元；在 ATM 机上办理转账业务，日累计转账金额不得超过 5 万元。2003 年 9 月 25 日，按照金华市信管办统一部署，对我县农村信用社首批布放的 1 台 ATM 机开通代理银行卡跨行交易业务。

图 3-4-5 全市农信系统第一台便民自助金融服务终端落户本县檀溪镇潘周家村（2012.12）

图 3-4-6 县联社设在黄宅镇钟村的第一个离行式自助银行对外营业（2014.4）

2009 年，县联社始在业务需求量较旺的营业网点布放 ATM 机，从年初的 2 台增至 8 台，并在营业部布放第一台存取款一体机。

2013 年，又在全县各营业网点布放取款机 14 台，存取款一体机 23 台，比年初增 45 台，是年末全县各营业网点已布放 ATM 机 73 台。至 2016 年末，全县信用社共布放 ATM 机 111 台，其中取款机 35 台，存取款一体机 76 台。

2014 年 4 月，县联社首在黄宅镇钟村布放 ATM 机 3 台并正式对外营业，是为第一个离行式自助银行。其后，又相继在白林、铜桥、石埠头等村及水晶园区设立离行式自助银行。至 2016 年末，全县信用社有自助银行 31 个，计布放 ATM 机 111 台，其中附行式自助银行 26 个，计布放 ATM 机 95 台；离行式自助银行 5 个，计布放 ATM 机 16 台。

表 3-4-4　　2002 年至 2016 年全县农村信用社自助银行设备统计

年　份	ATM 机（台）	自助终端（台）	年　份	ATM 机（台）	自助终端（台）
2002	1	0	2010	13	0
2003	1	0	2011	19	0
2004	1	0	2012	28	4
2005	1	0	2013	73	6
2006	1	0	2014	86	7
2007	2	0	2015	103	11
2008	2	0	2016	111	13
2009	8	0			

网上银行

网上银行（简称网银），是指通过计算机、互联网和电子终端为客户提供自助金融服务的离柜业务。网上银行分为个人网上银行和企业网上银行。

2012 年 9 月 15 日，网银业务经批准首在全县农村信用合作社内部员工中试运行。是年 12 月 24 日，经省联合社金华办事处批复，同意对外开办网银业务。至年末，办理个人网银 156 户，开通企业网银 4 户。自 2013 年 1 月 1 日起，正式对外办理网银业务。至年末，拥有个人网银客户 8686 户、企业网银客户 842 户，年内累计交易 11 万笔，交易金额 65 亿元，使柜面业务排长队的现象得以有效缓解。

个人网银分为大众版与专业版，个人客户通过登录省联合社网银网站（www.zj96596.com），在网上自助注册后，即成为大众版用户。大众版用户只有查询类功能，无转账、管理功能。个人客户到县联社开办网银业务的任一网点柜面签约后，即成为专业版用户。专业版用户能够悉数享用丰收 e 网个人网银的所有金融服务功能，即七项：一是账户查询。包括查询账户余额及明细（一年内）。二是转账汇款。持卡人可运用转账汇款功能，实现农信系统和跨行汇款。三是电费缴纳。持卡人可通过丰收 e 网输入自用电管账号，即可缴纳电费。四是定活互转。持卡人的闲余资金可通过丰收 e 网转存定期，如遇资金紧张时，又可从定期转出全部、部分资金至活期账户。五是贷款及还款。持小额贷款卡、小企业创业卡的客户，可在丰收 e 网上直接申请贷款，贷款实时到账，同样，客户亦可在网上对小额贷款卡、小企业创业卡贷款实时归还。六是理财产品买卖。客户可通过丰收 e 网对县联社发行的理财产品进行查询、购买和释放。七是超级网银功能。通过超级网银，客户不必跑发卡行，即可将手上所有的账户归集至一个网银账户，并可进行相关的资金转账汇款操作，还可通过资金归集操作完成对其账户的划扣。

至2016年末，县联社拥有个人网银37946户，年内累计交易21.28万笔，交易金额75.78亿元。

企业网银，是指通过互联网和电子终端为企业客户提供自助金融服务的离柜业务。企业网银的功能有：一是账户查询。包括查询账户余额及明细（一年内）。二是转账汇款。企业会计人员通过丰收e网可向关联方转账，亦可通过丰收e网在银联支付平台进行网上货款结算。三是代发工资。这一功能，企业客户使用最多，可通过丰收e网直接给员工发放薪资。四是电子对账。为企业客户提供银企对账功能，并可就对账结果、交易明细进行查询。五是电子票据。可提供处理电子商业汇票所有流程的功能，包括出票、承兑、贴现等。六是理财产品买卖。客户可通过丰收e网对县联社发行的理财产品进行查询、购买和释放。七是乡镇集中支付。这一功能主要针对各级政府部门，是指通过县联社的资金汇划系统，将财政资金由财政单一账户体系划拨给收款人或用款单位账户，以及财政单一账户体系中各账户之间的资金划拨。至2016年末，县联社拥有企业网银2457户，年内累计交易7.45万笔，交易金额54.60亿元。

表3-4-5　　2012年至2016年网银业务情况统计

年份	个人网银			企业网银		
	户数（户）	交易笔数（万笔）	交易金额（亿元）	户数（户）	交易笔数（万笔）	交易金额（亿元）
2012	156	-	-	4	-	-
2013	8686	10	42	842	1	23
2014	20109	21	84	1289	4	39
2015	34201	24	81	1816	5	46
2016	37946	21	76	2457	7	55

手机银行

2013年2月，经中国银监会金华监管分局批复，同意县联社开办手机银行业务。5月31日，在县联社内部员工中试运行，第一个手机银行账户在县联社营业部开立。9月1日对外推广运行。是年末，已有手机银行客户403户，年内交易166笔，转账交易额32.74万元。

2015年10月始，县联社先后开展“青春农信，炫在指尖”“用手机银行，送18万大奖”“用手机银行，赢三重礼”等手机银行营销活动，以激发客户使用手机银行的积极性，全面提升手机银行客户覆盖面。

至2016年末，县联社手机银行客户共44867户，年内累计交易406247笔，交易额483758.49万元。

表 3-4-6　　2013 年至 2016 年手机银行业务情况统计

年　份	户　数	交易量（笔）	交易金额（万元）
2013	403	166	32.74
2014	11161	35050	30019
2015	24832	165293	134729
2016	44867	406247	483758

第三节　丰收小站

2014 年，根据中共浦江县委、县人民政府将电商作为全县 1 号产业的战略部署，推动县域农村电商产业发展，便于公众特别是农村中老年群体享受现代快捷的电商服务，县联社与相关单位合作，以社区银行转型建设为主线，积极探索打造具有鲜明特色的丰收互联网金融，全面开展地域覆盖各行政村（社区）、乡镇，内容包括网上代购、网上代销、快递收发、电商产业、本地生活化电商培育、智慧社区建设等综合便民服务的电商惠民工程。是年 12 月，在本县檀溪镇潘周家村设立第一个丰收小站，开全省农村信用合作社创建之先河。赓即，又相继在中余分社及杭坪镇寺坪、中余乡蒲阳等行政村开设，其后陆续在全县各地铺开。

创建背景

随着时代的发展，县联社所面临的外部环境、竞争格局也发生了显著变化，挑战与机遇并存。摆在面前有两个新的战略性课题，亟待突破传统思维，通过及早布局和转型来回应。出于这一背景，县联社致力探索实施电商综合惠民工程，大力建设丰收小站。两个战略性课题分别为：

一是如何在新常态下打通金融惠民最后一公里。长时期以来，在省联合社指导下，县联社重视夯实村级这一底层渠道，在全县 409 个行政村中已设置 241 个助农取款点，配备 409 名村级服务联络员。虽有所成果，但囿于功能相对单一且仅限金融服务，难以满足农村居民的多样化需求。自省联合社大力推进“丰收村村通”工程，以及提出打造社区银行与互联网金融后，如何将原有的村级渠道整合并转型升级，以更丰富的功能强化服务黏性，成为亟待予以回应的重要课题。二是如何有效应对互联网巨头的跨界竞争。在城市电商竞争日益急剧的态势下，以阿里巴巴、京东为主的互联网巨头，加大力度拓展农村市场，同时旗帜鲜明地进军农村金融阵地，实施“农村电商 + 农村金融”叠加的战略。特别是阿里巴巴推行的“千县万村计划”，获得部分县级政府支持，一路绿灯，长驱直入，开拓农村电商与金融市场。作为县域农村金融的主力军，县联社如何未雨绸缪，争取地方政府支持，提前卡位，夺得“农村电商＋农村金融”的县域主导权，理当积极回应，不容回避。

具体做法

面对新形势、新挑战与新课题，县联社党委高度重视，由理事长率队赴全国首家农村淘宝点实地考察、学习，研究如何出台更适合农信、更适合本县的应对之举。省联合社金华办事处亦十分关注，领导同志亲临县联社参与决策。集思广益，最终提出实施电商综合惠民工程的思路，并向地方党委、人民政府作专题汇报，获得肯定，旋由县人民政府行文，转发《浦江农信电商综合惠民工程实施方案》，推动县联社在全县农村电商浪潮中夺得先机与主动权。县相关领导多次带队参观也已建立的“丰收小站”（以下简称“小站”），誉之为“农村电商的浦江模式”。

紧扣“三大特点”，打造特色服务平台。一是“金融＋非金融”。在金融服务方面，实行“能放尽放”原则，全面整合小额存取、便民缴费、理财申购、信贷自助放（还）款、短信签约、账户挂失等项服务；非金融服务则尽可能开发“小站”的各种惠民功能，如网上代购、快递收发、信息发布、公众教育以及免费量身高体重测血压、免费出借便民工具等惠民服务。二是“线上＋线下”。充分利用省联合社“丰收购”平台，优化“小站”代购代销服务功能。同时以“小站”为载体，增加“丰收购”落地渠道，凭借线上线下联动服务的优势，与政府部门联合举办“农民电商购物节”活动，整合形成农产品“丰收大礼包”，并通过“小站”实现线上线下同步销售。活动举办两天，便成功销售“丰收大礼包”2000份，社会效应初显。三是“自营＋合作”。县联社将“小站”作为一个开放式综合惠民平台，强化资源整合意识，在借助自身力量做好基础服务的同时，大力引入各方资源进驻。如与中共浦江县委组织部合作，将“小站”作为大学生村官电商创业实践基地；邀请电信公司进入，设立“电信角”，为农户提供各类电信基础服务；加强与县社保部门合作，将“小站”作为办理社保代扣代缴业务的落地点。拟洽谈引入政府8890综合服务平台及保险公司、青年创业等多种资源，推进各类资源的整合与集中，增强金融服务内涵。

图 3-4-7 丰收小站现场销售“丰收大礼包”

设置“四种模式”，锁定不同客户群体。经过实践摸索，“小站”设置主要有四种模式（类型）：一是网点附加型。即将“小站”与网

图 3-4-8　村民在“丰收年货节”上购年货

图 3-4-9　丰收小站设丰收便民角免费为村民测体温量血压

点结合，由大堂引导员兼任“小站”管理员，引导客户体验便民服务。同时开设夜间金融服务便利店，实行“错时服务”制度，将服务时间延至晚上 8 时，使之与社区金融服务需求全面衔接。二是超市签约型。选取地理位置优越、人流量较大的农村小超市，店主亦为“小站”管理员，引导前来购物的村民体验便民服务。三是电商园区结合型。将“小站”融入电商创业园区，专设快递服务点，由园区电商户管理“小站”，着重发挥“小站”的金融和物流功能，方便园区居民和经营户。四是自助银行升级型。以原金融自助服务点为基础，进行升级改造，强化设施和功能，进一步拓宽农村基础金融服务覆盖面。

建立“五角服务”，推动惠民服务升级。将“小站”的综合服务定位为“一站五角”，即在“小站”内设立丰收电商角、丰收金融角、丰收物流角、丰收便民角和丰收信息角。

至 2016 年末，县联社已在全县 15 个乡镇（街道）建成“小站”108 家，县域内初步形成村级（社区）—乡镇级—县级“三级”惠民网络，切实打通农村金融惠民服务“最后一公里”，取得了良好的经济效应和社会效应。

有效提升电子替代率。“小站”服务网络的构建和完善，使县联社的物理网点布局有效优化，部分偏远山区的金融服务空白得以填补，促进了手机银行、网上银行等线上结算工具的推广，县联社电子替代率获极大提高。同时，其“金融＋互联网”的创新服务模式，显著提升了农村（社区）居民的生活便利性，颇受普遍好评和欢迎。至 2016 年末，县联社累计通过“小站”为村民办理网上代购业务 45337 笔，金额 658.92 万元；网上充值业务 31935 笔，金额 152.81 万元；转账业务 41210 笔，金额 8216.86 万元；存、取款业务 56382 笔，金额 5152.10 万元；各类代缴业务 63205 笔，金额 801.18 万元。

完善增值服务功能。“小站”有着天然的亲缘、地缘优势，遍布城乡的线下网络，能为农村居民提供足不出户的代理服务。在 2016 年城乡医保征缴工作中，县联社灵活采取“网点十小站”联动方式，为乡镇（街道）各参保户提供“一站式”社保代扣代缴业务，帮助县社保局和签约银行做好参保农户信息采集，以分散柜面窗口现金缴费压力。同时，强化“小站”信贷咨询、信息采集及农户建档功能，全面辐射乡镇街道，织就线下服务网，助推整村授信、普惠快车建档工作。

助力春耕备耕生产。以春耕备耕为契机，通过线下广铺“小站”物理网络，线上引入信誉好、质量优的农资站入驻“丰收购”平台，鼓励农民到“小站”内购买种子、农肥、农具等农业生产资料，一改往年农户依靠层层分销体系购买的传统模式。同时，加强与县农业局合作，以“小站”为咨询点，“零距离”为农户提供春耕备耕信贷咨询、测土培肥、生产指导服务，摸清其购买化肥、搭建大棚、准备生产物资等需求。

提升农信品牌美誉度。“小站”解决了广大农村居民电商购物“不会操作”与“快递无法送达”两大痛点，并将城里人能够通过网络享受的智慧生活服务带到农村，受到农村居民广泛好评。《中国农村金融》《中国农村信用合作》《浙江日报》等众多主流媒体，分别对“小站”进行了深入报道，使县联社知名度和美誉度显著提升，“小站”的成功推广也有效地扩大了县联社“丰收”品牌的影响力。同时，通过“小站”与省联合社“丰收购”电商金融服务平台实现线上线下联动服务，以及后续“丰收家”020平台的上线，都对打造“丰收普惠联盟”具有重要意义，也是对丰收品牌黏合剂作用的强化。

第五章　资金融通业务

农村信用合作社成立初期，是以打击农村高利贷为主要目标，开展吸收存款和发放贷款业务，帮助农民解决生产、生活资金的困难，无须开展资金业务。只是在农村信用合作社资金不足时，向国家银行借入利率较低的款项，用于发放社员贷款；有多余资金则存入国家银行，获取一定的存款利息收入。

1954年3月，全县第一个农村信用合作社成立之始，即向国家银行借入资金，是月末借入款余额为1000元。

1955年至1962年，农村高利贷活动仍相当猖獗，而农村信用合作社正值初创阶段，资金力量还十分薄弱。其间，银行支持农村信用合作社的贷款逐年增加。1959年6月底，银行对农村信用合作社贷款的投放余额为116.3万元，约占同期全县农村信用合作社全部贷款余额的64.86%。1962年末，全县农村信用合作社的银行借入款余额为11.5万元，约占同期其全部贷款余额的37.70%。

1963至1969年，农村全面实行“三级所有，队为基础”的经营体制，人民公社、生产大队和生产队的集体经济得以发展，农民收入有所提高，农村信用合作社存款额亦相应有较大增加。银行支持农村信用合作社的贷款余额随之骤减，至1969年末仅为5万元，占同期全县农村信用合作社全部贷款余额的17.06%。

1970年后，农村信用合作社自身资金实力有所增强，基本上能满足农民社员的资金需求。因此，全县农村信用合作社已不再向银行借款。

1955年5月，始见农村信用合作社有多余资金存入银行，是年末全县农村信用合作社转存银行款余额为4.55万元。日后渐增，至1965年末转存银行款余额55.2万元，是1955年的12倍。至1978年末，转存银行款余额突破500万元大关，达547.37万元，占当年银行全部存款的32.04%。

自1980年1月起农业银行分设后，农村信用合作社多余资金均转存农业银行。1985年始，国家实行紧缩银根的宏观调控政策，出台一系列调控措施，农村信用合作社与国家银行同样，自觉为承担国家困难按规定缴存准备金，留足备付金，并完成人民银行下达的特种存款任务，存入银行的资金亦相应增多。至 1985 年末，全县农村信用合作社转存银行款余额 578.32 万元，缴存银行存款准备金余额 641.34 万元，两项合计 1219.66 万元，占当年全县农村信用合作社各项存款余额的 52.46%。由于各农村信用合作社所在地经济发展不平衡，加之资金上的地区、行业及时间差异，导致资金余缺亦产生不平衡，农村信用合作社的资金余缺调剂业务因之应运而生。

此后，随着浦江农村经济的发展，特别是 1996 年 10 月以农业银行与农村信用合作社“脱钩”为标志，农村信用合作社体制改革日益深化，自主经营权不断扩大，资金力量显著增强和壮大。2014 年 7 月 23 日，经报请中国人民银行金华中心支行核准，县联合社正式加入全国银行间同业拆借市场。2015 年 6 月 1 日，复经中国人民银行上海分行备案，加入全国银行间债券市场，相继取得部分业务准入。至此，农村信用合作社同业存放、资金拆借、票据回购、同业存单以及负债、债券、理财等资金和投行业务陆续开展。

第一节 资金业务

资金调剂

本县农村信用合作社的资金调剂业务始于 1984 年。1986 年 5 月，由中国农业银行浦江县支行从金华县联合社调入资金 165 万元，次日分别调剂给花桥社 15 万元、礼张社 9 万元、岩头社 20 万元、治平社 20 万元、大溪社 10 万元、潘宅社 20 万元、前吴社 6 万元、郑家坞社 20 万元、白马社 20 万元、平安社 15 万元和大许社 10 万元，月息 7.5‰。这是全县农村信用合作社与外县兄弟社的首笔资金调剂业务。是年 8 月，中国农业银行浙江省分行印发《浙江省信用合作社资金余缺调剂试行办法》，对全省农村信用合作社系统资金调剂业务的条件、申请程序及利率等作出规范。中国农业银行浦江县支行在转发时，要求全县各农村信用合作社充分利用信贷资金的地区、行业及时间差异，开展资金余缺调剂业务。年末，全县农村信用合作社资金调剂业务发生额为 949 万元，余额 310 万元。

1987 年县联合社成立后，组织全县农村信用合作社开展资金余缺调剂业务，全年共调入资金 2226 万元，调出资金 1833 万元。

表 3-5-1　　1986 年至 2009 年资金调剂业务统计

单位：万元

年份	调出		调入	
	金额	利息收入	金额	利息支出
1986	949	10.40	949	18.89
1987	1833	16.19	2226	60.39
1988	1957	5.61	1886	77.23
1989	1777	33.40	1057	39.92
1990	1490	93.64	321	13.75
1991	2824	155.47	2612	2.09
1992	2535	209.64	3124	33.77
1993	8257	315.64	6044	87.35
1994	9841	359.89	6855	127.90
1995	8366	364.01	7566	292.44
1996	7355	618.67	7745	493.45
1997	4277	783.83	5805	744.84
1998	15661	1084.17	18271	768.79
1999	17682	834.76	17182	835.50
2000	6470	1290.87	5600	1283.72
2001	11200	1443.06	13700	1105.28
2002	9500	403.00	9500	361.15
2003	11000	218.77	9000	209.59
2004	4000	169.45	4000	262.89
2005	13000	257.17	13000	248.62
2006	14000	443.70	14000	443.70
2007	5000	10.77	0	0
2008	0	0	0	0
2009	5000	52.41	0	0
累计	163974	9174.52	150443	7511.26

1986 年至 2009 年，累计调出资金 16.40 亿元，累计调入资金 15.04 亿元，累计利息收入 9174.52 万元，累计利息支出 7511.26 万元。2009 年后基本无调剂资金业务。

同业存款

同业存款，是指金融机构之间开展的同业资金存入与存出业务，其中资金存入方仅为具有吸收存款资格的金融机构。同业存款按照期限、业务关系和用途，分为结算性同业存款和非结算性同业存款。1994 年 6 月，始办理第一笔 20 万元结算性同业存款业务。1995 年和

1996 年同业存款业务累计发生额分别为 60647 万元和 52486 万元。2004 年以后，县联社资金业务基本以存放同业为主，至 2016 年存放同业累计发生额为 509.19 亿元，累计收入 1.83 亿元。

表 3-5-2　　1994 年至 2016 年同业存款业务统计

单位：万元

年　份	累计发生额	利息收入	年　份	累计发生额	利息收入
1994	20		2006	270512	591.36
1995	60647	71.40	2007	315418	390.45
1996	52486	163.24	2008	91372	773.35
1997	51745	116.28	2009	101666	702.51
1998	61626	47.90	2010	129420	408.16
1999	29856	27.17	2011	259861	838.30
2000	35254	58.06	2012	796254	1521.10
2001	38581	75.77	2013	534985	3776.38
2002	104693	242.18	2014	290336	4950.03
2003	189479	365.30	2015	212893	2388.66
2004	169567	217.99	2016	1116666	286.79
2005	178543	287.39	总　计	5091880	18299.77

资金拆借

资金拆借，是指金融机构之间进行短期、临时性头寸调剂的市场。也是指具有法人资格的金融机构及经法人授权的金融分支机构之间进行短期资金融通的行为，在于调剂头寸和临时性资金余缺。1986 年 9 月，白马农村信用合作社向中国农业银行浦江县支行拆借资金 51 万元，是为农村信用合作社向管辖行进行拆借资金的首次尝试，亦为全县农村信用合作社办理的第一笔行社之间资金拆借业务。2005 年 6 月，县联社向金华信托投资公司拆放资金 5000 万元。2015 年至 2016 年，拆借业务发生额为 566000 万元。

票据回购

票据回购属于转贴现的一种形式，是指正回购方将其持有的已经其贴现的票据，以不改变票据权利人的方式向逆回购方申请贴现，逆回购方按票面金额以双方商定的回购期限和价格扣除回购利息后向正回购方给付资金，回购到期后正回购方按票面金额向逆回购方购回票据的融资行为。票据回购实质上是以票据为质押的短期融资行为。在实际业务操作中，县联社既可以是正回购方，也可以是逆回购方。2015 年，始办理第一笔金额为 9964.05 万元的票据逆回购业务。

同业存单

同业存单，是存款类金融机构在全国银行间市场上发行的记账式定期存款凭证，其投资和交易主体为全国银行间同业拆借市场成员、基金管理公司及基金类产品。同业存单是作为同业存款的替代品出现，完善同业借贷市场 Shibor 报价的短、中、长期利率曲线。2015 年至 2016 年，县联社累计购买同业存单 337000 万元，实现利息收入 4363 万元。

同业投资

同业投资，是指金融机构购买（或委托其他金融机构购买）同业金融资产或特定目的载体的投资行为。2015 年至 2016 年，县联社购买同业理财产品 377000 万元，实现投资收益 2394 万元。

负债业务

负债业务包括大额存单和同业存单两项业务。2015 年，县联社向中国人民银行杭州中心支行报备，拟于 2016 年发行大额存单 1 亿元和同业存单 4 亿元，以加强主动负债管理，参与利率市场化产品创新，建立多元化负债来源结构，增强利率产品市场竞争力，提高流动性管理水平。

大额存单，是指金融机构面向非金融机构投资人发行的、以人民币计价的记账式大额存款凭证，是银行存款业的金融产品，属一般性存款。大额存单的投资人包括个人、非金融机构、机构团体，以及保险公司、社保基金等中国人民银行认可的其他单位。2015 年末，大额存单的个人投资人认购大额存单起点不低于 30 万元，机构投资人认购大额存单起点不低于 1000 万元。

2015 年 12 月 1 日，县联社颁发大额存单管理办法（试行）。2016 年 12 月 1 日正式对外发行 2000 万元大额存单，最高一年期利率为 2.175%，至是月 26 日发行结束日，认购额计 1330 万元。

同业存单，是指由银行业金融机构法人在全国银行间市场上发行的记账式定期存款凭证，是一种货币市场工具。

2015 年 7 月 15 日，县联社颁发同业存单业务管理办法（试行）。2016 年 10 月 11 日发行第一笔 1M 期限同业存单 1.5 亿元，起息日为 10 月 13 日，兑付日为同年 11 月 14 日，利率 2.7498%，由普陀农村商业银行认购 1 亿元，临安农村信用合作联社认购 0.5 亿元。

第二节 债券业务

债券是一种有价证券，是社会各类经济主体为筹措资金而向债券投资者出具的、并承诺按一定利率定期支付利息和到期偿还本金的债券债务凭证。因债券利息通常是事先确定的，故债券又被称为固定利息证券。

债券分销

债券分销，是指在债券分销期内，金融机构向债券承销商所承购的债券分销买入行为。在债券分销期间，承销人应按债券发行办法规定办理债券分销手续，并与分销认购人签订分销认购协议。分销认购人应是全国银行间债券市场参与者，并已在中央结算公司开立债券托管账户。2014 年至 2016 年，县联社累计分销债券 15700 万元。

债券回购

债券回购，是指债券交易双方在进行债券交易的同时，以契约方式约定在将来某一日期以约定价格（本金和按约定回购利率计算的利息），由债券的“卖方”（正回购方）向“买方”（逆回购方）再次购回该笔债券的交易行为。从交易发起人的角度出发，凡抵押出债券，借入资金的交易就称为进行债券正回购；凡是主动借出资金，获取债券质押的交易就称为进行债券逆回购。2015 年，县联社办理第一笔 16000 万元的债券逆回购业务。2015 至 2016 年，债券逆回购业务发生额 266210 万元，2016 年债券正回购业务发生额 52080 万元。

债券发行

债券发行，是发行人以借贷资金为目的，依照法律规定的程序向投资人要约发行代表一定债权和兑付条件的债券的法律行为。1992 年 10 月，经中国人民银行浦江县支行批准，县塑料厂向社会公开发行一年期企业流动资金债券 100 万元，由中国农业银行浦江县支行各营业网点和浦阳农村信用合作社代理发行和兑付。这是农村信用合作社首次代理发行企业债券，金额 10 万元。

第三节 理财业务

理财业务，是指县联社针对自然人客户和机构投资者需求，而进行理财产品的组织、设计、销售、交易运营及后续管理等活动。理财产品是指自然人客户及机构投资者以人民币购买的理财产品，并授权理财产品发行人按照双方合同约定的投资方向和方式，进行投资和资产管理，投资收益与风险由客户或客户与产品发行人按照约定方式承担。产品包括县联社自行设计或与其他金融投资机构合作开发，以及县联社选择代销的其他金融投资机构的理财产品。

县联社开办理财业务始于2012年。是年11月22日，县联社印发人民币理财业务管理办法，其所发行的理财产品均为省联合社“丰收幸福”系列。2012年至2016年，累计发行理财产品30期，金额25670万元，实现收入18.6万元。

表3-5-3　　2012年至2016年理财产品发行情况统计

年　份	发行期数	发行金额（万元）	理财手续费收入（元）
2012	1	1000	
2013	5	6848	44167.09
2014	5	4633	25762.3
2015	9	6335	39195.13
2016	10	6854	76970.94
合　计	30	25670	186095.46

第六章 中间业务

中间业务，是指农村信用合作社代理客户办理收款、付款和其他委托事项而收取手续费的业务总称。是农村信用合作社不需动用自己的资金，依托业务、技术、机构、信誉和人才等优势，以中间人的身份代理客户承办收付和其他委托事项，提供各种金融服务并据以收取手续费的业务。也是农村信用合作社除存贷利差收入外，增加业务经营收入的重要渠道之一。全县农村信用合作社的中间业务主要是代理类中间业务，包括代理银行业务、代理保险业务、间接第三方存管业务及其他代收代付业务等。

第一节 代理银行业务

农村信用合作社成立初期，依照 1951 年中国人民银行颁发的《信用合作社章程准则草案》第二章第四条“接受国家银行委托开办代理银行业务”的规定，始接受国家银行委托，开办代理银行业务。

1955 年，浙江省人民委员会在《关于做好今冬明春农业贷款、信用合作工作，大力支持农业合作化运动的指示》中明确指出：“在已经建立信用合作社的地区，农村储蓄全部由信用合作社办理，国家银行在农村中举办的各项长期贷款，绝大部分也委托信用合作社代理。”据统计，至 1955 年末，全县农村信用合作社受国家银行委托代理银行业务，累计收入 34290.58 元，付出 34231.31 元，余额 59.27 元。

1956 年，中国人民银行颁发的《信用合作社示范章程草案》第三章第十六条规定：“信用合作社应该办理国家银行委托的业务，如代理放款、代理收贷、代办特种储蓄业务以及在农业社自愿基础上办理农业社和有关部门之间的非现金结算业务等”。1956 年全县农村信用合作社代理银行业务，累计贷方发生额 244148.96 元，借方发生额 244119.52 元，年末贷方余额 88.71 元。

1957 年，全年代理银行收款累计借方发生额 197192.45 元，贷方发生额 197103.74 元；

代理银行托放款项，累计借贷发生额均为62716.07元；全年代理国家银行发放贷款累计56478.50元，收回贷款56458.49元，年末余额20.01元。此后，曾先后办理国家银行委托的贫农合作基金贷款、救灾贷款、农业集体生产费用贷款、设备贷款及支持贫下中农无息专项贷款等多项贷款代理业务。直至1996年10月农村信用合作社与农业银行脱钩之前，代理银行贷款业务一直未止歇。

贫农合作基金贷款

贫农合作基金贷款，是从农业合作化后的1953年下半年开始，国家为帮助广大贫困农民参加农业生产合作社（以下简称农业社），解决缴纳股份基金的困难，鼓励和支持农民走合作化道路的资金援助，也是巩固农业社处理互利政策而采取的一项经济措施。根据中国人民银行《关于办理贫农合作基金发放的通知》，按照多缺者多贷、少缺者少贷、不缺者不贷的原则，由农业社摸底排定对象，群众评议，农村信用合作社会同银行农金员调查审批，并由农村信用合作社代理发放和收回。1956年4月，全县农村信用合作社贫农合作基金贷款发放基本结束，计发放964个农业社，占全县农业社总数的99.6%；发放该项贷款22852户，占参加农业社农户的31%；贷款金额316021元，平均每个社327.82元。从贷款对象看，全县有贫农21083户，发放该项贷款19180户，占90.97%，贷款额289430元，占该项贷款总额的91.58%；在新老下中农19584户中，发放该项贷款1676户，占本阶层的比例为8.56%，贷款额26591元，占该项贷款总额的8.41%。借以解决广大贫农“入社积极，投资受窘”的矛盾，妥善处理农业社内部等价交换、自愿互利，不损害中农利益等经济关系，调动各阶层农民参加农业社的积极性。1961年对未归还部分进行清理，凡符合条件的给予豁免，不符合条件的继续由信用合作社负责清收，收回后作为信用合作社发展基金，不再上划。

救灾贷款

1964年浦江片区遭受插花灾害，粮食减产。中国人民银行义乌县支行于1965年上半年分两次拨放专项灾区口粮贷款10万元，根据灾情分配至各区。其中浦江区0.9万元，黄宅区1.5万元，壶江区0.5万元，普丰区0.5万元，共计3.4万元，全部由所在地信用合作社代理发放，到期收回。

银行委托代理民政贷款

1964年至1965年，义乌县人民委员会发文，从社会救济款中两次拨款计4万元，作为扶持有饲养能力的贫下中农困难户，用于发展猪羊等家庭副业生产。由中国农业银行义乌县支行管理，委托各农村信用合作社发放和收回。其中，1964年拨付1.5万元，不计利息，

1965年又拨付2.5万元，月息1.2‰，并明确1964年发放的无息贷款，收回后改为低息贷款继续使用，不再发放无息贷款，利息收入由信用合作社作代理手续费处置。1964年和1965年浦江片区分配额各为5350元和10200元。该项贷款对促进义乌全县农民发展养猪生产收效明显，1965年全县生猪饲养量达17.27万头，比1963年增加3.28万头。全年出栏肥猪7.18万头，出栏率为64%，比1963年增加3.73万头，出栏率增加15个百分点。

1996年10月14日，根据国发〔1996〕33号和浙农金改〔1996〕2号文件精神，中国农业银行浦江县支行与县联合社对人员、财产、资金、开户、结算等事宜达成协议，规定各农村信用合作社发放的各项代理农业银行贷款（旧贷）由农业银行管理和收回，代理资产业务余额91.84万元。此后，农村信用合作社不再代理银行发放新的贷款。至2003年4月，对委托及代理业务进行账务处理，余额结清为零。

第二节 代理保险业务

全县农村信用合作社代理保险业务始于1996年4月。经中国人民银行浦江县支行同意，县联合社作为中国平安保险公司杭州办事处在浦江的代理处，代理在农村信用合作社开户的企业单位财产保险业务。对农村信用合作社的贷款企业，推行企业财产保险制度，统一向中国平安保险公司杭州办事处浦江代理处投保。是年9月，依据中国人民银行浦江县支行《关于停止“平保杭办”在浦办理保险代理业务的通知》，该项代理业务即行停止。10月，县联合社与中保财产保险公司浦江支公司签订保险业务代理协议，在全县农村信用合作社及其开户单位范围内，开展财产保险、责任保险及保证保险等代理业务。按代理保险业务实收保费的5%作为代理保险业务手续费，并可按照经办多得、有关少得、无关不得的原则，向代理保险业务工作人员支付劳务报酬。

2001年12月，县联合社与中国人民保险公司浦江支公司和中国人寿保险公司浦江支公司分别协商，开展财产保险、责任保险、车辆保险和鸿泰两全分红人寿保险等代理业务。自翌年1月1日起，对借款人用于抵押的标的物全部实行保险，将信贷风险降到最低限度。

2005年3月，经中国银监会金华监管分局批复，同意县联社开办代理借贷者人身意外伤害保险业务。随即，县联社与太平洋人寿保险股份有限公司金华中心支公司签订安贷保人身意外伤害保险业务合作协议，商定手续费费率为20%。当年4月即经办该项代理保险业务2笔，保险费67.50元，保额4万元。至年末保险户数为1348户，保险费30万元，保额约1.25亿元。

同年5月，县联社与天安保险股份有限公司签订保险业务代理合同，代理企业财产保险、家庭财产保险、个人抵押贷款房屋保险和机动车辆保险等业务，按一定比例计付手续费。

2006 年 1 月，县联社与中国人民财产保险股份有限公司浦江支公司签订保险兼业代理合同，代理企业财产保险、家庭财产保险、机动车辆保险及意外伤害保险等业务。2009 年 1 月，复与中国人民财产保险股份有限公司浦江支公司重签保险兼业代理合同，代理车辆保险业务。是年 4 月，县联社制订车辆保险营销方案，明确车辆保险营销目标，发动全员利用各种人际关系联系客户，力推车辆保险代理业务，以增加中间业务收入。

自 2005 年 4 月代理太平洋人寿保险股份有限公司安贷保人身意外伤害保险业务始，县联社持续与该公司合作，促共进共赢。其间，双方曾商定按不同时期费率计付手续费用。至 2016 年末，参保户数达 9677 户，收取保险费 525 万元，保额约 21.88 亿元，实现代理保险手续费收入 210.18 万元。

第三节　间接第三方存管业务

间接第三方存管业务，是商业银行在第三方存管框架下银银合作业务的简称。具体则指县联社的个人客户，通过县联社与兴业银行之间的银银合作平台，开展间接第三方存管资金相关业务，包括客户签约关系传送、资金转账、账户查询、资金清算等各项功能。该业务具有两大特点：一是客户资金，安全可靠。即客户交易结算资金封闭运行，除客户指定的银行结算账户外，无其他流出渠道。二是资金转账，便捷高效。即客户可通过县联社各营业网点柜台以及证券公司网上交易、电话委托系统等多种方式完成资金转账。2008 年 5 月始推出该项业务，至 2016 年末，其开展情况见下表：

表 3-6-1　　2012 年至 2016 年间接第三方存管业务统计

年　份	证券转银行		银行转证券		新签约户数
	笔　数	金额（万元）	笔　数	金额（万元）	
2012	156	875.7	167	1094.9	17
2013	592	3522.4	588	3480.6	21
2014	620	2567	665	3184.5	39
2015	3689	20504.4	4159	23441.6	222
2016	2355	13491.8	2240	13184.6	28

第四节 其他代收代付业务

其他代收代付业务，主要有代发工资，代收电费、水费、有线电视视听费、卷烟款、电话费，代发养老保险金等。

代发工资

2000 年 7 月 10 日，全县农村信用合作社抓住储蓄业务实现通存通兑的有利时机，拓展代发工资业务。是年，共代发工资 3000 余户。此后，代发工资业务逐年增加。至 2016 年末，全年为 495 个单位、57.62 万人次代发工资 86410.76 万元。

代收电费

1986 年 3 月，中国农业银行浦江县支行与县供电局联合下发《关于代收农村电费有关问题的联合补充通知》，明确各农村信用合作社应依据供电部门开具的发票金额为其代收电费，手续费按代收金额的 2‰计付，由县供电局按季划给经办的各农村信用合作社。

1998 年 12 月，县联合社与县农电总站签订协议，各农村信用合作社受托代收除浦阳镇之外的所有乡镇（村）电费，手续费按代收金额的 2‰计付，每逢年终结算一次。

2005 年，随本县农村一户一表制用电实施改造，原电费由行政村代收改为由农户直接缴纳。此际，县联社不失时机地和县供电局签订与银行实时联网结算电费协议，通过委托代扣（批扣）和现金缴纳（实时缴费）两种方式代收电费，以求把方便和实惠带给更多的农户和企业，体现农村信用合作社服务“三农”的宗旨和意识。手续费按代收现金缴费每笔 0.10 元标准计付，其后又按不同时期标准计付。代收电费涉及面广、业务量大且单笔金额小，手续烦琐，但各社（分社）不厌其烦，恒久坚持。至 2016 年，全年代收电费 867932 笔，金额 36930.86 万元。

代收水费

2006 年 9 月，经省联合社金华办事处批复，同意县联社与县自来水公司开办水费联网代扣缴业务。

2010 年 1 月，县联社复与县自来水公司重签委托代收水费合作协议，实行电脑联网办理，每日代扣。手续费每年结算一次。2016 年代理扣缴水费 117723 笔，金额 1169.22 万元，共收取手续费 4 万元。

代收有线电视视听费

2005 年 11 月，县联社与县广播电视台签订合作协议，县联社各营业网点开办有线电视视听维护费代扣代收业务。2006 年 1 月，经省联合社金华办事处批复，同意县联社开通该项业务。

2008 年 9 月，县联社出台有线电视视听费代理业务管理办法，进一步规范其业务操作流程。2011 年 1 月，与县广播电视台续签合作协议，通过委托代扣（批扣）和现金（实时缴费）两种方式代收取视听费。至 2016 年，全年代扣代收 8737 户，金额 142.1 万元。

代收卷烟款

2007 年 6 月，县联社与浙江省烟草公司浦江县公司签订合作协议，按日代扣各卷烟经销户销货款入烟草公司指定账户，为烟草公司和卷烟经销户提供快捷、高效、安全的卷烟货款结算。指定中余、檀溪、大畈、虞宅、杭坪、石宅、花桥、前吴、潘宅、平安、治平、前陈、大许、七里、岩头、郑宅等区域，由当地社（分社）开办卷烟货款代扣业务。

代收电话费

2002 年 12 月，县联合社受托，为县电信局代收固定电话费。2003 年，复代收移动电话费。2004 年 4 月，金华市农信管理办下发代理电信代扣代缴业务管理暂行办法。是月，县联合社利用活期存折，采用委托批量扣款和现金充值缴费两种办法，代理电信固定电话、小灵通电话费代扣代缴业务，该项业务一直延续至今。2016 年全年代收 1375 户，金额 86.06 万元。

代收代付养老保险金

1999 年 6 月，县联合社与县人事劳动局、财政局、地方税务局和中国人民银行浦江县支行联合下发《关于实施基本养老保险费和失业保险费征缴程序的通知》，由全县农村信用合作社各营业网点代理缴纳养老保险费和失业保险费。

2001 年 1 月，县联合社与县社会保险事业管理处签订协议，为全县 800 多名退休人员代发社会养老金；复受浦江县民政局委托，为全县 3000 多位老年人、残疾人及退伍军人代发社会福利基金。

2010 年 2 月，县联社与县社保部门合作，在虞宅、大畈、前吴、花桥、杭坪 5 个营业网点代发该 5 个乡镇 60 周岁以上人员每月的养老金。是年末，代发 9.58 万人次，金额 1119.92 万元。此后，该项业务一直持续至今。

2012 年 12 月，受托为县社保部门代理收缴当年农村独生子女养老金，共代理收缴 222 户，金额 35.24 万元。

2015 年 10 月，县联社与浦江县社会保险事业管理处签订社会保险待遇委托发放协议，代发离退休人员基本养老金。是年，代发 24329 人次，金额 5046.48 万元。2016 年，全年代发 10.43 万人次，金额 23356.11 万元。

第五节 其他中间业务

税款代扣代缴业务

2001 年 1 月，县银税联网系统始投入运行，农村信用合作社各营业网点为全县 3400 多户纳税户代理代扣代缴国税业务。2002 年 11 月，银税联网系统纳入综合业务系统，开通电话申报、批量扣款及实时扣款等功能。

2003 年 4 月，县联合社与县地方税务局就地税代扣代缴正式达成协议，始开办地税代理缴付业务。是年 12 月，复签订扣缴税款协议，自 2004 年 1 月 1 日起，对经国家税务局批准以定期定额征收方式征税的个体工商户，在县联合社（包括其所属各信用合作社）开设缴税账户，并在缴税账户中缴存应纳税款资金。信用合作社每月按国家税务局提供的扣款信息，从纳税人的缴税账户上扣缴税款，在税款扣缴的同时按金库管理条例规定向国库划解税款，不得滞留，并向国家税务局传递扣款和划解等相关信息资料。

2009 年 7 月 20 日，财税库银横向电子缴税系统全面开通。县联社与全县私营企业和个体工商户签订委托缴税协议，同时须在县联社开立结算账户，并将协议书信息录入该系统，实行税款预储和代扣代缴，确保税款及时、准确、足额缴入国库，实现税款征缴信息共享。这样既保证县联社国库经收的处置，又增加一定的存款量，同时亦方便纳税人在县联社开户缴纳税款。

2016 年，全年代收国税 30772 笔，金额 22155.70 万元；代收地税 116617 笔，金额 18351.60 万元。

财政预算外代理业务

2005 年，县联社与县财政局就财政预算外代理业务达成合作协议。县财政局在县联社营业部开设乡镇非税收入财政专户，乡镇取得的各项收入包括行政事业性收费收入、经营服务性收费收入等非税收入，均统一交入非税收入财政专户内统一管理。此后，持续代理该项业务。至 2016 年，财政预算外代理账户余额 24077.97 万元。

国库集中支付代理业务

2013 年 7 月，经中国人民银行浦江县支行批复，同意并认定县联社代理国库集中支付业务资格。是年8月26日，县联社成功获得县内首批乡镇财政国库集中支付试点虞宅、花桥两个乡的业务代理资格。是月30日，县联社与县财政局、中国人民银行浦江县支行签订代理财政资金支付与清算协议，严格按照《浦江县财政国库集中支付管理暂行办法》《浦江县财政国库集中支付业务流程及操作指南》等相关规定开展该项代理业务。9月25日，始受理国库集中支付业务。此后，在全县15个乡镇中的11个乡镇代理国库集中支付业务。

ETC 业务

ETC是指通过车载电子标签、通行卡与有关道路专用设备的交互，实现无须停车、电子化自动缴费、费用由后台进行清算的便捷通行方式。县联社针对贷记卡客户推出该项业务，依照浙江省公路管理局提供的付款信息，从委托付款账户即客户信用卡账户中支付高速公路（不停车）收费结算款项。

2016年8月，县联社制订ETC业务管理办法，开展ETC业务推广和营销优惠活动，为客户免费安装1套设备（价值175元），省内高速公路通行费享受9.7折。至年末，共安装ETC8607个。

图3-6-1　ETC业务营销宣传

第四篇　经营管理

金融业以其自身的特殊性，始终与国家的宏观政策密切关联。浦江县农村信用合作社的经营管理，一直接受中国人民银行和各个时期业务主管部门的指导，统一执行上级的指令性计划和与国家银行基本一致的各项管理制度。

1996 年与中国农业银行浦江县支行脱离行政隶属关系，特别是自 2004 年省农村信用合作社联合社成立后，按照省联合社管理要求，以国家经济、金融政策和法律法规为依据，结合自身业务发展和经营情况的变化，逐步建立、健全和完善各项经营管理制度，运用检查、监督和考核手段，加强对辖属分支机构的管理。力促改革创新与战略转型，坚持合规、依法、稳健经营，扎实推进全面风险管理，建立案件防控长效机制，不断加强内控建设，进一步提升集约化经营和精细化管理水平。

第一章 计划与信贷管理

第一节 计划管理

本县农村信用合作社成立之初，即试行计划管理。信贷业务活动服从国家金融政策，其信贷计划由信用合作社理事会民主讨论编制，上报银行综合平衡，纳入国家信贷计划。银行主要对农村信用合作社存贷款实行指标管理，每年由信用合作社编制年度存贷款业务计划，经银行综合平衡后，下达储蓄、农贷和转存银行款三项指标，其中转存款指标为指令性任务。

1958 年，部分信贷管理权限下放。是年 8 月，实行存贷款差额由地方包干使用。

1961 年 4 月，中国人民银行下发《关于改变信贷管理体制的通知》，改变“存贷下放，差额包干”办法，重新加强季度计划管理。

1962 年 3 月，中共中央、国务院作出《关于切实加强银行工作的集中统一，严格控制货币发行的决定》，严格信贷管理，加强信贷计划性。4 月，中国人民银行浙江省分行重申，借款计划要严格执行，不得超过。

1963 年 2 月，中国人民银行颁发《关于信贷计划管理若干问题的规定》。其要点是，贷款指标管理坚持高度集中统一和分口分级负责相结合的制度。中国人民银行浦江县支行依照上述规定、办法及全县可用资金编制计划，各农村信用合作社按计划执行，不得突破。

1971 年 3 月，浙江省革命委员会生产指挥组批转省财政金融局《关于农村信贷包干问题的报告》。是年底，省财政金融局将农贷包干指标分级管理，实行农村信贷包干制。此后及至 1979 年，农村信用合作社在银行的转存款纳入农村信贷包干范围，其资金与国家农贷可用资金融于一体，农村信用合作社如多用资金，国家农贷可用资金便相对减少；反之，国家农贷可用资金则增加，因而银行对农村信用合作社仍实行计划指标管理。

1980 年，银行始放宽农村信用合作社贷款范围。是年 7 月，中国农业银行浦江县支行在转发浙江省分行《关于贯彻总行支持商品生产经验交流会精神的通知》中，提出扩大信贷范围。对社办商业及社队办饮食、服务等企业，可根据实际情况给予贷款支持。对集镇办工商企业和镇社联办工业企业，只要经过批准注册，又符合投资少、见效快、收益大的要求，都要积极支持。要充分发挥农村信用合作社的资金作用，有资金能力的农村信用合作社，除国有企业外均可放款。

1981年，试行“大包干”（统一计划，分级管理，存贷挂钩，差额包干），要求农村信用合作社应在国家统一计划、统一政策下，结合农村经济情况，按年编制计划，报银行统一平衡。

1984年8月，国务院批转中国农业银行《关于改革信用合作社管理体制的报告》中指出：信用合作社组织的资金，要优先用于农村，存款除按规定比例向农业银行交存准备金外的其余资金，信用合作社有权按照国家信贷政策充分利用，多存可以多贷。是年末，全县农村信用合作社贷款在存款中的占比为47.95%，比上年增17.81个百分点，其中新增贷款在新增存款中的占比为180.53%。

1987年10月，中国农业银行浦江县支行转发中国人民银行和中国农业银行《关于农村信用合作社信贷资金管理的暂行规定》，明确农村信用合作社在遵守国家金融法规和政策的前提下，实行自主经营、独立核算、自负盈亏、自担风险的经营方针，坚持信贷资金以存定贷、多存多贷、自求平衡和比例管理的原则。农村信用合作社的资金，除按规定缴存存款准备金、留足业务周转金和呆账准备金以外的其余资金，由其自主运用。任何单位、个人不得强令农村信用合作社发放贷款和限制农村信用合作社收回到期、逾期贷款，不得规定农村信用合作社转存款任务，不得向农村信用合作社摊派、平调资金，不得干预农村信用合作社拆出、拆入资金，对违者要视情节轻重，追究经济和法律的责任。中国农业银行浦江县支行结合实际亦作出五项补充规定：一是农村信用合作社要编制年度和季度信贷计划，报县联合社汇总平衡，经农业银行审核后由县联合社下达指导性计划。二是农村信用合作社1987年新增存款，按15%交存准备金。自1988年起，农村信用合作社当年新增存款缴存准备金，按10%的比例执行。1987年底以前缴存的准备金，超过10%的部分，自1988年起分三年逐步降至10%。三是农村信用合作社各项贷款余额（剔除银行支持款）占各项存款余额加自有资金之和的比例不超过75%，是指随着准备金比例的不断下降逐步达到75%，而不是指就要按75%的比例用钱。超过比例的社要在年内降下来，如遇特殊情况，降不下来的社要报县联合社批准。四是农村信用合作社乡镇企业设备贷款增加额仍按当年存款增加额的15%～20%控制执行。指标由县联合社统一掌握使用，农村信用合作社乡镇企业设备贷款的发放仍须报县联合社审批。五是农村信用合作社实行浮动利率，在银行基准利率20%幅度内浮动的，报县联合社批准；超过这个比例的，要报中国人民银行浙江省分行批准。1988年末，新增存款的准备金缴存比例从15%降至10%，使全县农村信用合作社增加可用资金10多万元。

1988年9月，由于经济发展过热，物价不断上涨，致农村信用合作社存款滑坡，贷款激增，资金紧缺。中国农业银行浦江县支行印发《关于加强信贷资金计划管理的紧急通知》明确要求，严格执行信贷计划，控制信贷规模；合理安排资金使用，切实保证存款支付，保证合理正常业务的资金周转需要；千方百计完成存款计划，扩大资金来源；加强贷款管理，控制不合理信贷投放。

1989年，中国农业银行对农村信用合作社信贷资金管理实行“三定两管”办法，即定存款准备金，定业务备付金，定年末贷款收回率；管好信贷计划，管好资金投向。年末贷款规模作为指令性指标考核，不得突破，使得农村信用合作社资金营运经受严峻考验。囿于信贷资金多存不能多贷，1989年末，全县农村信用合作社各项存款虽比上年新增1230万元，各项贷款却只上升348万元，占新增存款的28.29%，各项贷款在各项存款中的占比仅为54.64%。

1992年6月，县联合社印发的《贷款管理实施细则》规定，对各农村信用合作社贷款计划实行规模控制与比例管理相结合的管理办法。贷款计划要体现经济政策和生产建设需要，保证重点，兼顾一般，根据资金实力编制年度、季度计划，由县联合社下达给各办事组或信用合作社。县联合社按季监控、考核，年中根据情况可适当调整，但未经县联合社或办事组批准，一律不得擅自突破。

1992年12月，中国人民银行浙江省分行与中国农业银行浙江省分行联合印发《浙江省农村信用合作社资产负债比例管理实施方案》。明确提出农村信用合作社实行资产负债比例管理的指导思想，是既要增加其运用资金的自主权，又要增强其自我约束能力，给农村信用合作社创造一个自主经营、自我管理、自我发展的经营环境，使农村信用合作社通过对全部资产的管理，增强风险管理意识，实现信贷资产营利性、流动性和安全性的最佳组合，提高资产质量。

1993年4月，中国人民银行金华市分行和中国农业银行金华市支行联合制订印发《金华市农村信用合作社资产负债比例管理实施办法》。要求各县联合社根据当地农村信用合作社管理水平实行分类指导，逐步到位，不搞“一刀切”，并制订具体操作办法。县联合社于是年初在下发的《信用合作工作意见》中提出，在全县农村信用合作社全面推行限额管理下的资产负债比例管理，允许各基层社按是年新增存款的75%比例充分使用资金。新增自有资金允许自主运用，从而提高资金运用率。各农村信用合作社贷款的审批，除技改设备贷款和新建项目贷款（需报县联合社审批）外，其他贷款不论是否为第一笔贷款，均由其自行研究决定发放，但职工及其家属贷款不论金额大小均应经集体讨论研究决定，并有讨论记录。技改设备贷款可发放的数额，不论是发生额还是余额均不得超过本社贷款总额的20%。

1994年3月，中国农业银行浙江省分行印发《农村信用资金管理意见》，按可用资金来源安排资金运用，辅之以贷款占可用资金比例，对贷款实行总量控制。中国农业银行金华市分行下发《金华市农村信用合作社资产负债比例管理办法》，遵循资产负债比例管理制约原则，使农村信用合作社的负债和资产在总量与结构上合理配置，达到资金政策性、流动性、安全性、营利性协调和最佳组合的统一，强化负债制约资产观念，增强农村信用合作社运用资金的自主权和自我约束能力，保持资产负债的适度规模和合理结构。资产负债比例的指令性指标，由各级人民银行、农业银行双线监控考核，实行按月测算、按季监测、按年考核管理办法。是年5月，中国人民银行浙江省分行和中国农业银行浙江省分行联合下发《关于加强信用合作社资产负债比例的资金运用监管的通知》，重申农村信用合作社的资金运用比例为：年末以联合社为单位，不得超过可用资金来源的100%，贷款规模由农业银行负责掌握和控制，资本金不得低于信贷资产的10%，中长期贷款不得超过各项贷款的20%。

1995年6月，中国人民银行浙江省分行与中国农业银行浙江省分行联合印发《浙江省农村信用合作社资产负债比例管理暂行办法》。明确规定农村信用合作社应遵循比例管理，自求平衡；分类指导，逐步过渡；资金融通，调剂调节的基本原则。资产负债比例管理的考核指标为资金运用比例、存贷款比例、中长期贷款比例、贷款质量比例、资本充足率、备付金比例、拆入资金比例、单个贷款比例及经营收益率等9项。同时，要求各级农业银行和县、市联合社都要成立资产负债比例管理小组，以加强对资产负债比例管理工作的领导。据此，农村信用合作社全面实施资产负债比例管理。是年11月，中国人民银行浙江省分行与中国农业银行浙江省分行又联合发出通知，对《浙江省农村信用合作社资产负债比例管理暂行办法》中的业务范围作出调整。规定农村信用合作社停止办理委托业务和设备租赁业务；房地产贷款范围仅限于住房贷款，其中住房开发贷款纳入固定资产贷款管理，个人住房贷款纳入流动资金贷款管理；代理业务范围为代理发行、代理兑付、承销政府债券、代理收付款项及代理保险业务；买卖债券限于买卖政府债券和人民银行发行的政策性银行金融债券。

1996年10月，本县农村信用合作社与农业银行“脱钩”后，信贷计划由金华市农金体改办下达。各农村信用合作社的信贷计划由县联合社下达，按存贷比例进行管理。信贷计划实行按季下达、按月监控，并按旬均、季末双重指令性指标考核。原则上要求各农村信用合作社存贷比例控制在75%以内。

1997年11月，县联合社印发的《贷款管理实施细则》规定，信贷计划实行资产负债比例管理或指标管理办法。各农村信用合作社的信贷计划由县联合社下达，各社应根据县联合社下达的计划组织实施，具体分解落实到各分社。要体现经济政策和生产建设需要，保证重点，兼顾一般，根据资金实力编制年度、季度、月度计划，资金运用实行自求平衡，稳健经营，从实际出发，信贷计划按季下达、按旬月监控，并按旬均、季末双重指令性指标考核。

同年12月，中国人民银行印发《农村信用合作社资产负债比例管理暂行办法》，自1998年1月1日起执行。本县农村信用合作社的信贷计划，仍由金华市农金体改办按季下达，按月监控，原则上要求资产负债比例控制在75%以内，并通过县联合社对各农村信用合作社按旬均、季末双重指令性指标进行考核。

2003年10月，省信用合作协会根据全省农村信用合作社深化改革试点工作需要，印发《加强农村信用合作社资金计划管理意见》。要求各农村信用合作社资金计划管理应遵循“四大原则”，即资金自求平衡、量入为出原则；确保支持“三农”、确保存款支付原则；“三农”贷款为主、其他贷款为辅原则；防范化解风险、促进业务发展原则。规定资金运用计划中“三农”贷款应当占有绝对大的比例，其中农户贷款计划应当确保满足，其他贷款比例应当适度。要严肃执行存贷款比例指标，季（年）末、季度旬均贷款占存款的比例不得超过80%。

2004年8月，省联合社印发的《浙江省农村信用合作社资金管理办法》规定，省联合社负责制定并平衡全省农村信用合作社系统年度信贷资金营运计划；下达与考核省联合社各办事处的资产负债管理比例指标。省联合社各办事处负责编报本辖年度信贷资金营运计划；根据省联合社下达的信贷资金营运计划平衡本辖资金；分解与考核本辖各县联合社的资产负债管理比例指标。各县联合社负责编报本辖信贷资金营运计划，落实省联合社办事处下达的资产负债管理比例指标。

2005年本县农村信用合作社实行统一法人体制改革后，各乡镇信用合作社不再具有独立法人资格，均属县联社非独立核算分支机构。信贷计划指标由县联社根据省联合社及金华办事处下达的综合发展计划，按季分解给辖属分支机构，实行余额控制。

2008年，农村信用合作社的整体信贷规模由人民银行实行窗口指导。对辖属分支机构实行贷款绝对额控制，即根据整体资金投放计划，按照各农村信用合作社上月的旬均存款增长情况，结合其辖区经济环境、抵质押率、不良占比等，每月初下达贷款控制限额指标，并对其执行情况按月考核。考核结果直接与农村信用合作社主任责任制考核奖金挂钩，每超一次，除扣减相应的考核分值外，再扣发主任责任制奖金。

2016年，全面启动普惠金融工程，三年行动计划圆满完成，金融服务的覆盖面有所扩大，可得性、获得感和满意度进一步提升。

第二节 贷款审批与管理责任

本县农村信用合作社成立初期，农户（社员）贷款主要通过本信用合作社社员代表介绍，复由所在村的信用合作社理事出具证明，信用合作社自行审批发放；对农业社的集体农业贷款，主要根据不同农事季节，按农业生产资料的供应情况发放。一般遵循“春借秋还”的自然规律确定贷款期限，不致出现不按期归还贷款情况，更不会出现人为赖债。其时，农村信用合作社着重把握“放得出、收得回、有效益”原则，承担贷款发放和收回责任。

进入60年代后，国家银行对农村信用合作社贷款发放和收回提出“当年平衡，略有回笼”的工作要求，对信用服务站发放的贷款亦要求“当年包放包收，旧欠逐年下降”，不实行责任考核，仅作为年终评比先进（集体、个人）条件之一。此后实行的贷款“三查”（即贷前调查、贷时审查和贷后检查）制度，则是长期信贷工作实践的经验总结。随着贷款业务的持续发展，农村信用合作社逐步把是否坚持贷款“三查”制度，作为日后贷款管理责任考核的重要内容。

90年代后，随着改革开放的深入，经济体制的变化，各种经济成分尤其是民营、个私经济发展步伐加快，农村信用合作社的贷款范围和对象日益扩大，导致不良贷款骤升，信贷风险增高。为此，明确职责，建立和完善信贷管理责任制度成为一大要务。

1992年6月，县联合社制订下发《贷款管理实施细则》和《信贷操作规范化管理实施细则》，规定贷款审批权限制度实行分级审批，分级负责。各农村信用合作社与贷款管理人员应负事实责任和组织实施责任，承担贷款风险。

1994年1月，县联合社下发《贷款风险动态管理暂行办法》，并制订《贷款风险动态管理办法实施细则》，对信贷工作人员的权利和义务、风险防范制约措施、奖励和处罚等作出明确规定：新发放贷款，逾期率必须控制在5%以内（含呆滞、关停企业贷款及呆账贷款）；呆滞和关停企业贷款总数控制在贷款总额3%以内，呆账贷款控制在贷款总额0.5%以内。前述三个指标均为指令性硬指标，超过三个指标中的任何一个，扣发信贷人员工薪总额的30%；三个指标分别达7%、5%和1%的，扣发其工薪总额的50%；分别达10%、6%和1%时，实行留职停薪，专门催收贷款；三至六个月不能压缩到规定比例以内的，予以辞退处理，并要求作出一定的经济赔偿。若三个指标压缩到规定比例以内时，即恢复相应档次的工薪标准（已扣发的不予补发），另行安排工作岗位。凡正常企业的贷款利息，年内必须全部收回，利息不能收回达10%，扣发工薪总额的30%；达20%，扣发工薪总额的50%；达30%的实行留职停薪，专门催收利息。三至六个月不能压缩到规定比例以内的，予以辞退处理，并要求作出一定的经济赔偿。若三个指标压缩到规定比例以内时，即恢复相应档次的工薪标准（已扣发的不予补发），另行安排工作岗位。

1997年11月，县联合社印发的《贷款管理实施细则》规定，实行贷款分级审批制度。对贷款发放、延期偿还的实行信贷制裁等，按规定权限执行。贷款审批实行等级信贷员负责制及分级审批制。在等级信贷员核定贷款审批权限内，由等级信贷员全额负责，超过审批权限的，按确定的审批权限报经有权审批人审批。县联合社建立贷款审查审批委员会，各农村信用合作社（含县联合社营业部）相应成立贷款审查审批小组。贷款审批机构人员一般每年一定，各农村信用合作社贷款审批小组成员名单于每年 1 月报县联合社审批。

贷款审批权限的规定，一是原贷款余额内周转使用的贷款审批权限：(1) 等级信贷员贷款审批权限：在岗一级信贷员——农业、农户贷款（指单笔，下同）在 5 万元以下（含 5 万元），个体户、企业贷款 10 万元以下（含 10 万元）；在岗二级信贷员——农业、农户贷款在 3 万元以下（含 3 万元），个体户、企业贷款 6 万元以下（含 6 万元）；在岗三级信贷员——农业、农户贷款在 2 万元以下（含 2 万元），个体户、企业贷款 4 万元以下（含 4 万元）；在岗四级信贷员——农业、农户贷款在 1 万元以下（含 1 万元），个体户、企业贷款 2 万元以下（含 2 万元）；在岗实习、见习信贷员——农业、农户贷款在 1 万元以下（含 1 万元），个体户、企业贷款 2 万元以下（含 2 万元）。(2) 分社贷款审批权限：农业、农户贷款在 5 万元以下（含 5 万元），个体户、企业贷款 10 万元以下（含 10 万元），农村信用合作社本部贷款业务，视同分社对待管理。(3) 农村信用合作社贷款审查审批小组贷款审批权限：分社主任审批权限外的全部贷款（另有规定的除外）。

二是核定贷款指标内新增贷款的审批权限：分社主任——农业、农户贷款在 1 万元以下（含 1 万元），个体户、企业贷款 3 万元以下（含 3 万元）；农村信用合作社贷款审查审批小组——农业、农户贷款在 2 万元以下（含 2 万元），个体户、企业贷款 5 万元以下（含 5 万元），超过以上数额的贷款报县联合社审批。

三是农村信用合作社信贷管理人员及家属贷款，一律报县联合社审批。

四是需县联合社另行安排贷款指标的贷款，一律报县联合社审批。

五是中长期贷款、固定资产贷款和技术改造贷款，一律报县联合社审批。在一周内向同一单位、户发放的多笔贷款，按累计数计算审批权限。需要发放的小额农户贷款指标，由农村信用合作社调剂解决，上报审批贷款实行逐级审批制。农村信用合作社体制改革未搞好的，原农村信用合作社及独立核算的分社，履行农村信用合作社的贷款审批权限，至农村信用合作社体制规范工作完成，新的体制正式运作时为止。

六是非信贷员不得直接审批发放贷款，如遇特殊情况需直接发放的，无论数额大小一律上报县联合社审批。单个自然人贷款余额 30 万元以上的、单个企业（个体户）贷款余额 100 万元以上（含 100 万元）的大额贷款，实行报备制度。

1997 年 11 月，县联合社印发《贷款风险赔偿金实施细则》，规定对新发放的贷款及原欠界定为正常贷款造成逾期或已形成风险的放款责任人，实行赔偿押金制和非全额赔偿制；对违反金融法律法规（简称违法）、违反信贷纪律（简称违纪）和违反各项规章制度（简称违规）发放贷款的责任人，实行赔偿押金制和全额赔偿制，并视其情节轻重追究其行政直至法律责任。贷款风险管理责任人，根据贷款管理责任的不同，对贷款风险和损失的贷款，按规定标准承担不同的责任，并按规定标准赔偿，缴纳不同的赔偿押金。

随后，县联合社决定，对全县农村信用合作社所有贷款，在原实行风险动态管理和“两清两查”的基础上，作全面清理并落实管理责任人。规定所有贷款管理责任要全部落实到信贷人员，按不同层次规定的责任考核到责任人，同时要与原贷款风险动态管理的贷款对象相衔接。各个层次的贷款责任遵循以下原则：一是界定为正常贷款的，贷款责任必须全部落实到现在岗信贷人员，按新发放贷款管理。自 1998 年 1 月 1 日起，按《贷款风险赔偿金制度实施细则》规定执行。二是界定为逾期贷款的，贷款责任必须落实到现在岗信贷人员，县联合社以岗位责任制考核形式按季度、年度和比例落实清收任务。对超额完成清收任务的部分，按《贷款风险赔偿金制度实施细则》第三十条第一款给予奖励。三是界定为呆滞、呆账贷款的，县联合社按年度下达清收任务，对超额完成清收任务的部分，按《贷款风险赔偿金制度实施细则》第三十条第二、三款分别给予奖励。四是界定为内销外挂的贷款，按收回额计提劳务费，具体按《贷款风险赔偿金制度实施细则》第三十二条执行。五是界定为“三违”贷款的，坚持谁审批、谁承担责任的原则，落实责任，责随人走。“三违”贷款中跨区贷款时间界限为 1997 年 3 月 1 日（即全县农村信用合作社工作会议召开日），此后发放的属违规贷款。“三违”贷款的责任及处罚按《贷款风险赔偿金制度实施细则》第二十条规定执行。

2001 年 4 月，县联合社修订《贷款风险赔偿金实施细则》并予印发。

2002 年 3 月，县联合社发文，继续推行贷款赔偿金制度，并规定将信贷人员责任贷款赔偿逾期率由 4% 调整为 5%，即信贷人员责任贷款逾期率在季度内连续 3 个月超 5% 的，对超过部分计收贷款风险赔偿押金。押金由各社负责扣收、保管和返回并建立台账，明确登记贷款责任台账由各社会计人员负责。要求签订当年度贷款管理责任合同，合同签订日统一定为 2002 年 1 月 1 日。若信贷人员更换，须重签新的合同，以明确责任。

2003 年 1 月，县联合社发出通知，规定将年初正常、一般逾期的贷款责任落实到信贷人员。责任贷款逾期率由 5% 调整为 3%，即信贷人员责任逾期率在季度内连续三个月超 3% 的，对超过部分计收贷款风险赔偿押金。押金由县联合社负责扣收、保管和返回。要求签订当年度的贷款管理责任合同，合同签订日统一定为 2003 年 1 月 1 日。若信贷人员更换，须做好责任贷款移交工作，并签订新的责任合同，同时将责任贷款移交清单上报县联合社计划信贷科，以调整落实到新的责任人。如不及时上报更改的，县联合社将按原责任人实施考核。同时明确，自是年 1 月起，不要求各社建立贷款责任台账，建账工作统一由县联合社计划信贷科负责。各社主任、信贷人员要认真按照文件规定正确划分责任比例，并在录入时做到真实、准确、完整，严禁弄虚作假、故意转移责任。否则，一经查出将严肃处理。还要求将清收“两呆”贷款责任落实到分社主任，各社要与分社主任签订贷款管理责任合同，落实清收责任，以利更好地完成县联合社下达的抓降任务，进一步盘活不良贷款，切实提高信贷资产质量。

2004 年 2 月，县联合社印发《关于进一步加强信贷管理的通知》，对各农村信用合作社计划内新增贷款审批权限作出调整。一是自然人贷款：(1) 房产、土地抵押或人民币存单质押贷款，单笔新增 20 万元（含）、余额 50 万元（含）以内。(2) 其他担保贷款：单笔新增 5 万元（含），余额 20 万元（含）以内。二是企业法人贷款：(1) 房产、土地抵押或人民币存单质押贷款，单笔新增 50 万元（含），余额 100 万元（含）以内；(2) 其他担保贷款，单笔新增 20 万元（含），余额 50 万元（含）以内。三是职工贷款，余额 5 万元（含）以内。职工贷款须由另一名职工提供连带责任保证，5 万元以上的，原则上须提供房产、土地抵押。信贷人员权限可参照原等级管理标准执行。各农村信用合作社调整社内各级审批人员审批权限，并签订授权委托书。对超过信用合作社审批权限的，一律报县联合社审批。对单户贷款超比例严格控制，以防范信贷风险，规定农村信用合作社辖区内最大 10 户（以 2003 年借款人贷款余额为准）新增贷款或贷款增加后达到最大的 10 户，即达到第 10 户的余额及以上的，一律报县联合社审批。

2006 年 5 月，县联社印发《不良贷款责任追究制度实施细则》，并根据实际情况修订《贷款责任认定及责任追究管理办法》，对不良贷款相关经办人员在采取缴纳风险押金方式的基础上，加强对不良贷款的合规审计，强化责任意识和合规意识，使责任认定和责任追究真正落到实处。截至 10 月末，累计就 844 笔贷款对 124 名相关责任人进行责任追究，累计缴纳风险押金 120.24 万元。

2012 年 2 月，按照县联社《贷款责任认定及责任追究管理办法》，强调必须坚持“客观公正，实事求是；区别对待，责任追究；化解风险，引以为戒”原则，以臻达到切实加强贷款管理，有效提升信贷资产质量的目的。

第三节　贷款管理制度

长期以来，对农村信用合作社的贷款管理，均参照国家银行的有关规章制度执行。特别是“贷前调查，贷时审查，贷后检查”的贷款“三查”制度，正是经由工作实践检验和证明且行之有效的贷款管理制度。

贷前调查，重点抓贷款信息资料的真实性。要对借款人有关资料进行收集、整理、归纳、分析和判断，关键是通过有效途径和方法验证借款人有关信息资料的真实性，以确保贷款审查决策的精准性。同时，贷前调查应当实行双人制，即贷前调查至少要两人参与，共同形成贷前调查报告。

对农业贷款调查，主要按“确有物资、物资适用、群众欢迎、讲求实效”的原则，认真做好调查和检查。

对企业贷前调查，调查主要着眼于宏观方面。如是否持有工商行政管理部门颁发的《企业法人营业执照》；产品是否为政策允许、国家需要和适销对路；规模是否切实可行，以及企业的产、供、销情况和内部管理情况等。

贷时审查，重点抓风险量化预防控制。要以风险系统方式量化每项内容对贷款风险的影响程度，论证贷款发放的风险隐患程度，根据风险度判断掌握是否同意发放贷款，选用适当的贷款方式，使贷款决策从定性分析转向定量分析，以增强贷款决策的科学合理性。关键是使审贷分离制度落实到位，严格执行；贷款审批要实行委员分工负责制，以确保贷款审查工作做深做细，增强贷款审查的准确性和公正性。

生产周转贷款的贷时审查内容：审查计划采购的物资是否适用；储备是否合理；用途和自有资金比例是否符合信贷政策原则；产品是否适应市场需要；产成品是否及时销售。同时，全面审查企业资产占用情况，如占用是否合理，不合理的占用有无处置措施；贷款期限是否可行、可靠；借款合同是否合法、合规；贷款手续是否完备；对借款人按期归还能力、担保人资格和抵押资产进行审查；对借款人信用等级进行审查；抵押的资产是否参加保险，是否在本社开立基本结算账户，对联营合资企业协议和各自主管部门批准的手续进行审查。同时，对家用电器、电镀、饮食和药品等行业，还要进行《生产许可证》和《卫生合格证》审查。

设备贷款的贷时审查内容：审查有无经批准的文号和执照；企业布局是否合理；产品是否适应市场需要，有无竞争能力；技术工艺是否先进可靠；“三废”有无处理措施；投资来源是否落实；设备配套动力是否落实；预测效益的数据是否可靠等。

贷后检查，重点抓贷款风险生成的预警和处置。主要检查贷款是否按规定使用；贷款是否有物资保证；贷款是否按期限归还等。

一是要强化贷后跟踪检查制度的刚性，贷后检查的行动、内容、质量要到位。对于贷后检查工作薄弱的，要坚决取消其新增贷款审批权。

二是要切实做到及时准确地反馈贷款风险生成情况的预警信息。

三是要根据贷款风险预警信息，区别各种贷款风险生成节点，及时果断地采取与之相适宜的贷款风险处置途径和措施，以提高贷款风险处置及时性和有效性。

四是要理顺与政府、执法部门、人民银行之间的关系，进一步提高依法化解新增贷款风险的工作成效。

1991 年 9 月，中国农业银行浙江省分行专门制定和印发《浙江省农村信用合作社信贷人员等级管理办法》《浙江省农村信用合作社信贷操作规范化管理办法》和《浙江省农村信用合作社信贷经济档案管理办法》，农村信用合作社通过贷款规范化管理的推行，有效增强信贷人员自我管理和自我约束能力。农村信用合作社始逐步按法律程序管理信贷资金，对提高信贷资金使用效益，促进地方经济发展具有很大的推动作用。

1992年6月，县联合社制订下发《贷款管理实施细则》《信贷操作规范化管理实施细则》和《信贷经济档案管理实施细则》，要求全县农村信用合作社于是年7月1日起正式施行。并明确规定农村信用合作社的贷款要坚持为“三农”服务，即为农业生产服务、为农民生活服务、为农村经济发展服务；坚持按国家经济金融政策，按计划发放贷款，用足用好用活信贷资金；坚持贷款期限管理制度；坚持贷款“三查”制度，实行贷款担保、抵押制度；坚持集体审批制度，杜绝超权限放贷；实行贷款限额管理；推行借款合同管理制度，建立贷款审批和检查登记制度；建立信贷管理经济档案；建立贷款管理责任制度；加强信贷监测考核工作。是年11月，县联合社就全县农村信用合作社信贷规范化管理进行检查，力促其在贷款凭证使用、凭证要素、凭证登记、信贷合同、档案管理及操作程序等方面形成规范化、程序化和制度化。

1993年6月，根据县人民政府办公室及中国农业银行浦江县支行《转发中国人民银行浦江县支行等八部门〈关于房地产抵押贷款暂行办法〉的通知》，要求全县各金融机构按信贷规范化管理要求和贷款业务操作程序，结合实际情况，在具体办理贷款业务中参照执行。

1994年1月，中国农业银行浦江县支行转发浙江省分行《关于转发〈中国农业银行贷款担保办法〉的通知》，要求农村信用合作社发放担保贷款比照该办法办理。

1995年，中国农业银行浦江县支行转发金华市分行《转发〈关于下发中国农业银行金华市分行抵押担保贷款及保证担保贷款实施办法〉的通知》，要求各农村信用合作社参照执行。

同年10月，中国农业银行浙江省分行转发总行《关于加强农村信用合作社固定资产贷款管理的意见》，并对完善农村信用合作社固定资产贷款的审批程序、项目贷款审批限额、建立和健全贷款审查领导小组等作出具体要求。11月，县联合社成立贷款审查领导小组。

1996年4月，县联合社制订下发《贷款操作和管理有关规定》，从贷款的操作程序，贷款合同的填写，贷款所需凭证及档案的管理，保证、抵押、质押贷款应注意事项，贷款科目的使用归类，贷款期限管理和贷款登记工作，信贷档案的建立和保管，贷款期限的确定、形态调整和逾期、催收贷款的催收等8个方面，作出统一、规范和明确的规定。

同年7月，中国人民银行发布2号令，要求所有银行和保险等金融机构自是年8月1日起施行《贷款通则》。

1997年11月，县联合社制订印发《贷款管理办法》，此系县农村信用合作社与农业银行“脱钩”后第一个关于贷款管理的综合性办法，要求全县各基层社于翌年1月1日全面组织实施。

该办法共十三章43条，对贷款管理的目的，基本原则，贷款管理机构、人员，信贷管理人员等级，信贷计划，借款对象与条件，借款合同，贷款期限与利率，贷款限额管理，贷款审批及权限，贷款审查，经济档案管理，贷款的风险责任与处罚等，作出全面和较为详尽的规定。

1998年10月，县联合社成立贷款管理领导小组。

2000年3月，县联合社对《贷款管理办法》作局部修订，在第二章中增补贷款管理职能部门建立贷款发放统一审理中心，集中进行合法手续审理，以最大限度确保贷款安全性；在第十二章中增补贷后检查具体内容。办法由十三章43条增订为45条。

2000年9月，县联合社转发《金华市农村信用合作社联保贷款管理试行办法》。联保贷款在全县农村信用合作社的推广，一定程度上使农户、个体经营户及中小私营企业贷款担保难问题有所缓解。

2001年4月，县联合社与县农机管理总站联合下发《县农村信用合作社农机具贷款管理实施细则》，明确规定农机具贷款实行专款专用、有效担保和按期归还原则。并特别规定农机具贷款的贷款人，为经批准办理此项业务的县城关农村信用合作社；保证人是指作为农机具贷款特约担保人的县农业机械作业服务中心。当年发放该项贷款29户，金额15.7万元，用于购置农机具计29台，其中收割机2台、农用运输机27台。

2002年4月，县联合社再度修订《贷款管理办法》。一是将第二章中在贷款管理职能部门建立贷款发放统一审理中心，集中进行合法手续审理，修改为“对贷款发放手续的合法性、合规性、有效性进行审理，信贷员权限内发放的贷款由信贷员初审，会计终审；超权限发放的贷款，各级审批人为审理人”；二是在第二章中增补农村信用合作社要发挥法人地位的整体功能，对分社的贷款加强管理的条款；三是在第八章中增补对借款户实行内部授信管理的条款。办法由十三章45条增订为47条，要求全县农村信用合作社于印发之日起实行。

2003年3月，县联合社制订印发《农户小额信用贷款管理实施细则》。该实施细则共六章22条，对小额信用贷款的对象和条件，用途和期限，利率和计息，额度核定、发放和管理等作出详细规定。该小额信用贷款是基于农户信誉度，在核定的额度和期限内向农户发放的无须抵押、担保的贷款，采取“一次核定、随用随贷、余额控制、周转使用”的管理办法。其利率根据不同用途在中国人民银行基准利率基础上上浮0～50%；贷款额度根据农户信用等级核定为3000元至1万元，并以“支农信用卡”形式发放，一户一卡，随用随贷，操作手续简易。旨在改进农户贷款方式，简化贷款手续，解决农户贷款难、担保难问题，提升农村信用合作社信贷服务水平，增加对农户和农业生产的信贷有效投入。

2005年6月，县联社下发《贷款管理办法》，共十章75条，是在取消原各农村信用合作社及其县联合社法人资格基础上，合并组建统一法人的县联社后第一个由理事会审议通过的关于贷款的综合性管理办法。该办法是对贷款发放、收回过程中的“三查”、不良资产管理、呆账贷款核销及信贷档案管理等工作程序的规范，也是县联社及其辖属营业机构办理贷款业务应遵循的操作规范。

2006 年 4 月，经县联社一届理事会五次会议审议通过的《贷款操作规程》，共十一章 59 条，对贷款申请与受理、贷款调查与授信、贷款审查与审批、贷后管理、贷款归还和结息、不良资产管理、信贷工作禁止性规定、信贷档案管理及信贷人员违规处理等方面作出统一、详尽的规定，是建立信贷业务内部管理相互制约机制，实现对信贷业务规范运作及程序化管理的基本程序，为规范具体贷款业务的操作行为提供了明确依据。该规程自印发之日起施行，原 2005 年 6 月印发的《贷款管理办法》同时废止。

是年 5 月，县联社下发《新农村建设住房配套贷款操作办法》。规定经县人民政府批准同意的“旧村改造、村庄整理和下山脱贫”等建设项目，在项目限定村庄范围内的农户可申请该项贷款。贷款期限为一至五年，贷款额度不超过所建房屋总造价的 50%，最高为 50 万元。担保方式：一可由有经济实力的村级经济组织作担保；二可由有经济实力的企业或个人作担保；三可提供以易变现的房产作抵押或以有价证券作质押；四是联保小组担保（至翌年 9 月，全县农村信用合作社共发放该项贷款 3000 万元，让上千户农户受益）。

是年 6 月，县联社下发《个人贷款业务管理办法》。该办法共八章 35 条，就个人贷款对象与基本条件，授权授信管理，贷款期限、利率、用途，贷款方式，业务操作及贷后管理，风险控制，责任人违规处理等方面作出具体规定：个人贷款业务遵循国家法律法规，执行国家产业政策，以“安全性、流动性、效益性”为经营原则，以“小额、流动、分散”为信贷原则，坚持审贷分离、分级审批原则，实行贷款管理责任人制度。一户家庭不得有两个或以上的借款人；不得向为他人担保而未履行担保责任的借款人发放个人贷款；不得向有过逃废金融债务行为的借款人发放贷款；不得以贷还贷、以贷还息；同一借款人不得在县联社辖区内的两个或两个以上的分支机构中取得贷款。县联社根据各社经营规模、业务管理水平等，以书面形式授权各社办理个人贷款业务的审批权限。各社应当在授权范围内办理个人贷款业务，不得越权办理，超授权范围要上报县联社审批。个人贷款实行单户最高限额管理。原则上单户贷款余额不得超过 50 万元，其中保证贷款余额不得超过 30 万元。国家工作人员贷款余额原则上不得超过 30 万元，其中保证贷款余额不得超过 10 万元。对已超过上述规定限额的个人贷款，在贷款继续周转前应制定切实可行计划，限期压缩至规定限额内，一般不超过三年。

是月，经县联社一届二次职工代表大会表决通过，印发《内部职工贷款管理办法》。该办法共九章 30 条，对职工贷款从多方面作了明确具体的规定：

一是职工贷款的发放条件不得优于其他借款人同类贷款，发放职工贷款应实行从严控制、集中管理、分级审批、适度的原则；职工贷款发放应当遵守法律、行政法规、国家统一的信贷政策及银行业监督管理规定。二是职工购买住房，其贷款额度应控制在购房价款的70%以内，最高不超过30万元；购买汽车，其贷款额度应控制在购车款的70%以内且最高不超过10万元；购买耐用消费品或用于子女教育、家居装修，其贷款额度应控制在消费额的50%以内，最高不超过10万元；原则上单个职工最高贷款额度应控制在30万元（含）以内，夫妻均为县联社职工的可增加10万元，但夫妻双方只能以一方办理贷款。职工购（建）二套（不含）以上房屋的，则不予贷款支持。三是除内部退养职工外，其他职工贷款统一集中到县联社营业部办理；职工不得以信用方式贷款，一般须采取抵、质押方式；在职职工抵、质押财产不足时，可根据实际情况适度办理保证贷款，职工自身保证贷款额度和对其他职工保证的额度之和原则上不得超过15万元；职工不得为系统外人员或企业借款提供保证，职工之间相互提供保证，要避免出现连环保证情况。四是职工贷款单户余额在5万元（含）以下的由县联社营业部审批；单户余额在5万元以上至10万元（含）以下的由计划信贷科审批；单户余额在10万元以上的报县联社信贷分管主任审批。五是职工产生不良贷款或担保产生不良贷款的，将按以下规定进行处理：贷款逾期后，限期一个月内收回；贷款逾期三个月后，职工发最低基本生活保障费，其余扣除收入用于归还相关不良贷款；贷款逾期六个月后，职工待岗收贷。

是年8月，县联社制订下发《生源地财政贴息助学贷款管理办法》。贷款对象为：被中国境内普通高等学校招收、入学前户口所在地在浙江省境内且家庭经济困难的全日制本、专科学生及研究生（包括第二学士学位）的父母或金融机构认可的个人。年度贷款金额最高不超过一学年的学费和生活费用，其中学费贷款金额不超过学生就读高校专业学费的收取标准，生活费贷款金额不超过高校所在地的基本生活费用标准。具体发放办法：凡因考上省内外大学而无钱就读的贫困学生，只需持本人高校录取通知书、身份证及家长身份证，由家长到所在乡（镇）向信用合作社申请贷款，最高助学贷款金额6000元，实行“小额发放，专户管理”，贷款满足率100%。

2007年7月，由中国人民银行浦江县支行、县金融学会、县联社、浙江力霸皇工贸集团有限公司、浙江百炼工贸集团有限公司和《今日浦江》新闻中心等6家单位发起，设立县“圆梦”生源地助学贷款公益性担保基金。旨在构建风险补偿机制，为县域开办的生源地助学贷款提供再担保，并变短期捐助为长期捐助、变捐助个人为捐助县辖所有经济贫困的学生家庭。此举在全省尚属首次，既圆贫困学生的大学梦，亦体现社会各界“不让一个学生因贫困而失学”的救助初衷。譬如家住檀溪镇的黄莹和黄朝东姐弟俩，其时双双考入浙江林学院和浙江工商大学，由于父亲有残疾，丧失劳动能力已多年，家庭生活仅靠母亲务农及农闲揽一点手工活维持，经济十分拮据，致姐弟俩升学的高额费用无力承担，面临辍学窘境。幸运的是，助学贷款和担保基金“雪中送炭”，为他们打通了顺畅进入高等学府深造之路。本县农村信用合作社适时推出的生源地助学贷款业务，至当年8月共发放263万元，使287名贫困学生就学问题得以妥善解决，受到农民群众普遍好评，社会效益凸显。

2008年1月，县联社印发《房地产贷款管理实施细则》。该细则共五章35条，就房地产开发贷款管理、土地储备贷款管理、个人住房贷款及商业用房贷款管理等予以严格规范。

2009年4月，县联社出台《个人贷款业务管理办法实施细则》。该细则共七章37条，内容涵盖贷款对象及其基本条件、贷款额度、期限与利率、贷款程序、贷后管理及禁止性规定等。

是年6月，县联社制订下发的《农民专业合作社贷款管理暂行办法》规定，农民专业合作社贷款，是指农村信用合作社依照《浙江省农民专业合作社条例》，向设立互助性农民专业合作社及其社员发放的人民币贷款。须坚持“严格管理、规范操作、资金优先、利率优惠、授信管理、周转使用”的原则，同时明确其贷款条件与用途，贷款期限、利率与额度，贷款担保、保险及程序等。

是月，县联社修订印发《贷款管理办法》。该办法共十一章60条，内容涵盖贷款申请、受理、调查和授信，贷款审查、审批，贷后管理，贷款归还和结息，不良资产管理，信贷工作禁止性规定，信贷档案管理以及罚则等多个方面。是建立信贷业务内部管理相互制约机制，实现对信贷业务规范运作及程序化管理的基本程序。该办法自印发之日起施行，原2006年4月制订的《贷款操作规程》同时废止。

2010年12月，县联社印发《流动资金贷款管理实施细则（暂行）》。该细则共八章25条，对贷款的受理、调查、风险评价和审批，合同签订、贷款发放和支付，贷后管理等作出详细、统一规定，并对流动资金贷款需求量测算亦提出具体要求。

2011年10月，县联社制订印发《来料加工经纪人专项贷款管理办法》。该办法共六章16条，主要内容为贷款对象与基本条件，贷款期限、利率与金额，贷款程序审查、审批及担保等项。

是年11月，县联社制订印发《“金色保障”专项贷款管理办法》。该专项贷款，是专门为解决因一次性补缴基本养老保险费用出现资金困难，让符合参保条件的对象纳入职工基本养老保险范围而发放的贷款。明确借款人必须是经县人事劳动社会保障局审核确认，符合一次性补缴基本养老保险费用的对象，贷款资金用于补缴基本养老保险费用。贷款期限原则上不超过三年，贷款额度一般不超过5万元，且自备资金不少于30%。

2012年7月，县联社出台《个人住房按揭贷款管理办法》。该办法共八章45条，明确规定其贷款对象、条件、贷款额度和认定标准，贷款期限、利率，贷款偿还、贷款程序及担保方式等。

11月，县联社印发经二届二次职工代表大会表决通过的《内部职工贷款管理办法》。该办法共九章26条，就职工贷款管理原则、贷款条件和用途，贷款期限、额度和利率，贷款程序、审查和审批，贷款担保、风险控制、贷后管理及贷款责任等多个方面，对原2006年6月印发的管理办法相应作了修订。

是月，制订印发《"金色伙伴"专项贷款管理办法》。

2014年3月，响应浙江省团委发起的浙江青年网商创业行动，推进全省农村信用合作社普惠金融工程，遵照中共浦江县委、县人民政府关于大力发展电子商务产业的工作部署，鼓励有志青年从事电子商务行业创业，解决县域电子商务行业创业青年群体及电子商务贸易商经营性资金紧缺的难题，扶持电子商务业务发展，促进产业转型升级，县团委与县联社共同推出"网创贷"专项贷款，并联合印发《"网创贷"专项贷款管理办法（暂行）》。对县域从事电子商务行业创业的青年群体和经营管理较为成熟规范、信誉等级较高、具有较强盈利能力、发展前景向好的电子商务贸易商发放经营性贷款。

是月，县联社印发《农村普惠"金融自助"信用贷款管理办法（试行）》。该办法所称农村普惠"金融自助"信用贷款，是指为完善农村金融服务、着力加强与村级业务合作、协助农村"三资"管理及解决守信农户担保融资难题而建立的"自助申报、自助担保、自助借贷、自助存取"的农户信用贷款服务模式。"自助申报"，即以行政村为单位，自行组建村级信用评议小组，由农户向县联社营业网点申请贷款，村级信用评定小组评议，县联社统一授信；"自助担保"，由农户自愿缴纳一定数额的款项，建立"金融自助"风险保证金（以下简称"风险保证金"），对"金融自助"信用贷款成员（以下简称"贷款成员"）的贷款，以每一贷款成员缴纳的保证金为限承担责任；"自助借贷"，农户办贷一般以丰收小额贷款卡或丰收创业卡为载体，在授信额度内随用随借；"自助存取"，农户凭丰收小额贷款卡或丰收创业卡可在县联社营业网点或ATM、POS等自助机具上办理存取款、转账等业务。贷款成员按自愿原则缴纳风险保证金后，县联社营业网点在规定期限内发放一定额度的农户信用贷款，以便农户取得贷款资金，其利率更为优惠。

是月，根据中共浙江省委、省人民政府关于加快推进农业现代化建设的要求，加大对本县农业经营主体的金融支持力度，推动本县农业产业经营主体结构优化升级和经济转型升级，按照县人民政府办公室关于转发县联社普惠金融工程三年（2013～2015）行动计划的通知精神，推进普惠金融工程建设，丰富普惠金融内涵，县农业局和县联社联合推出"助农通"专项贷款，并印发管理办法（试行）。该专项贷款是指县联社向县域农民专业合作社、家庭农场、农业龙头企业、农业科技企业、种植大户、养殖大户及示范基地等农业生产经营主体，因进行产品基地基础建设、增加生产配套设备、科技更新及其他设施等投入，且已通过县级或县级以上相关部门立项后，能取得一定农业财政补助资金项目发放的贷款，其第一还款来源为项目的农业财政补助资金。

是年4月，县农业局和县联社又联合推出农村土地经营权抵押贷款，并印发管理办法（试行），以改善农村金融服务，优化农村土地资源配置，促进现代农业发展，推进农业转型升级。“农村土地经营权”是指符合国家有关法律和政策规定取得用于农业生产、农业开发的农村集体土地经营权，或经向原承包农户流转取得的土地经营权。“农村土地经营权抵押贷款”是指借款人将自身合法取得的土地经营权及地上（含地下）附着物等设施作为债务抵押，由县联社发放的贷款。

是年5月，县联社印发《“通济转”贷款管理办法（试行）》。“通济转”贷款，是指对符合规定条件的企业在本联社的贷款到期前，由借款人申请使用通济转贷基金直接归还贷款后，联社对其重新发放的贷款。以着力提升县联社对县域企业的服务能力，有效缓解企业融资难问题，减轻企业财务成本。贷款遵循合法合规、防范风险和封闭运行原则。

是年7月，县联社印发《大额贷款管理实施细则（试行）》。该细则所称的大额贷款，包括公司类大额贷款和个人类大额贷款。公司类大额贷款是指县联社向同一客户（含关联企业）发放的、余额超过本联社资本净额5%或3000万元（含）以上的贷款；个人类大额贷款是指县联社向同一客户发放的、余额超过本联社资本净额1%或300万元（不含）以上的贷款，并按孰低原则确定。所称贷款泛指各类贷款、票据承兑与贴现、保函、信用证等表内外授信和融资业务，其中票据承兑、保函、信用证等表外融资业务按敞口额度计算。公司类贷款包括企（事）业贷款和其他经济组织贷款；个人类贷款包括自然人贷款和个体工商户贷款。大额贷款应严格执行集中度监管指标要求，单一集团客户授信总额不得超过本联社资本净额的10%，单一客户贷款总额不得超过本联社资本净额的7.5%。对大额贷款严格实行全流程管理，落实贷款申请、受理与调查，风险评价、贷款审批、合同签订、贷款发放、贷款支付、贷后管理、回收与处置等各个环节的管理责任。

2015年7月，县联社印发《“丰收小贷”专项贷款管理办法》。该专项贷款，是指县联社向县域居民快速发放的10万元（含）以下小额贷款。推行“随到随贷”，只要其符合贷款条件，要求各营业网点做到当天申请、当天发放，实施“一次授信、随用随借、随时归还、循环使用”管理。

是年9月，县农业局与县联社印发《村（社区）股份经济合作社股权质押贷款管理办法（试行）》，以规范村（社区）股份经济合作社股权质押借款管理，防范贷款风险，维护借贷双方的合法权益。村（社区）股份经济合作社股权，是指自然人、企业法人或其他经济组织，合法拥有其所有权和处置权的村（社区）股份经济合作社的股份。股权质押贷款，是指出质人将合法拥有所有权和处置权的股权作为债务质押担保，由县联社发放的贷款。

第四节 借款合同管理

农村信用合作社在实行借款合同制度之前，发放贷款时基本上仅以放款借据等为主要凭据，办理贷款手续，形成借贷双方的契约关系。

1954年9月，中国人民银行金华中心支行印发《金华专区农村信用合作社会计工作办法》，规定发放贷款的操作手续为：农户申请借款时，经同意后先发给空白借据，填清楚后由借款人及证明人盖章，社干（账务人员）收到已批准借据后即在借据上填写科目账号及社员证号码，然后记入日记账；将借款金额点清交借款人，并发给借款记录卡，还款时带上，以借据代账，分别按社员、非社员顺号保管。

1955年9月，中国人民银行金华中心支行编印的《农金外勤会计工作手册》中，对发放贷款具体操作手续作了详细讲解：农户要求借款，先出具申请书或口头申请（亦可用借据代替申请书），按信用合作社规定的批准权限，经批准后发给空白借据。借据由借款人填

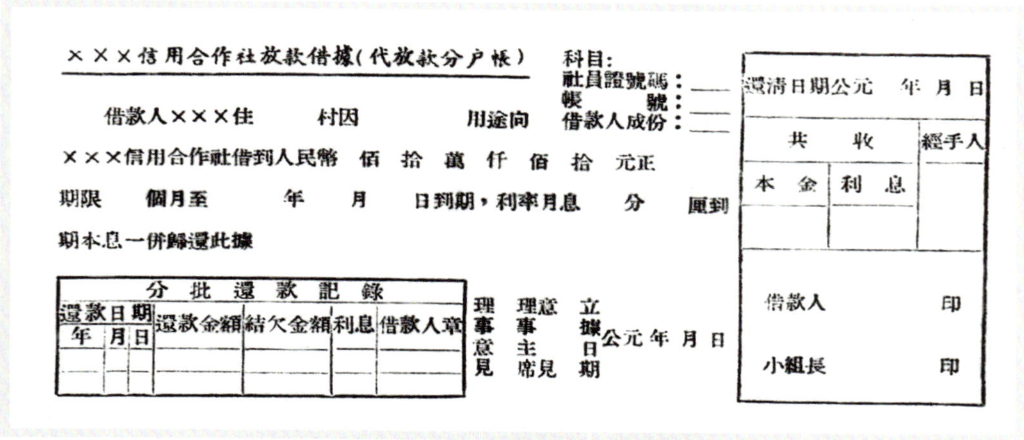

×××信用合作社放款借據（代放款分户帳）

科目：
社員證號碼：
帳　號：
借款人成份：

借款人×××住　村因　用途向

×××信用合作社借到人民幣　佰　拾　萬　仟　佰　拾　元正

期限　個月至　年　月　日到期，利率月息　分　屆到期本息一併歸還此據

分批還款記錄

還款日期 年	月	日	還款金額	結欠金額	利息	借款人章

理事意見　理事主席意見　立據日期公元　年　月　日

還清日期公元　年　月　日

共收 本金	利息	經手人

借款人　印
小組長　印

图 4-1-1　1954 年农村信用合作社放款借据（代放款分户账）

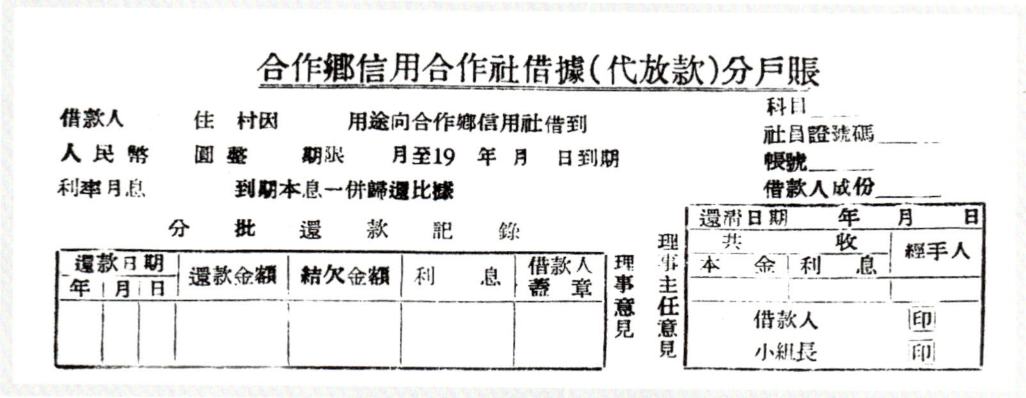

合作鄉信用合作社借據（代放款）分戶賬

借款人　住　村因　用途向合作鄉信用社借到
人民幣　圓整　期限　月至19　年　月　日到期
利率月息　到期本息一併歸還比據

科目
社員證號碼
帳號
借款人成份

分批還款記錄

還款日期 年	月	日	還款金額	結欠金額	利息	借款人蓋章

理事意見

理事主任意見

還清日期　年　月　日

共收 本金	利息	經手人

借款人　印
小組長　印

图 4-1-2　1955 年农村信用合作社借据（代放款）分户账

写，信用合作社会计应仔细审查所填金额、用途、期限等是否正确，并在借据上填写科目账号，然后记入日记账；将借款金额点清，再填写一张借款记录卡，连同借款交给借款人，其借据须妥善保管。

1956年4月，中国农业银行浙江省分行编印的《农村信用合作社账务处理办法（甲种）》，表明农村信用合作社发放贷款的处理手续和凭证有了较大变化：借款人填好借据并盖章，由信用合作社有权批核人员在“批准人意见”及“审核人意见”栏批注意见并盖章；经会计审查并在“备注”栏内注明借款人的阶级成分，不得遗漏，再填制“付出贷款凭证”二联，第一联现金付出传票与借据送交出纳付款，第二联登记放款账管理卡后作为贷款到期通知单专夹保管。

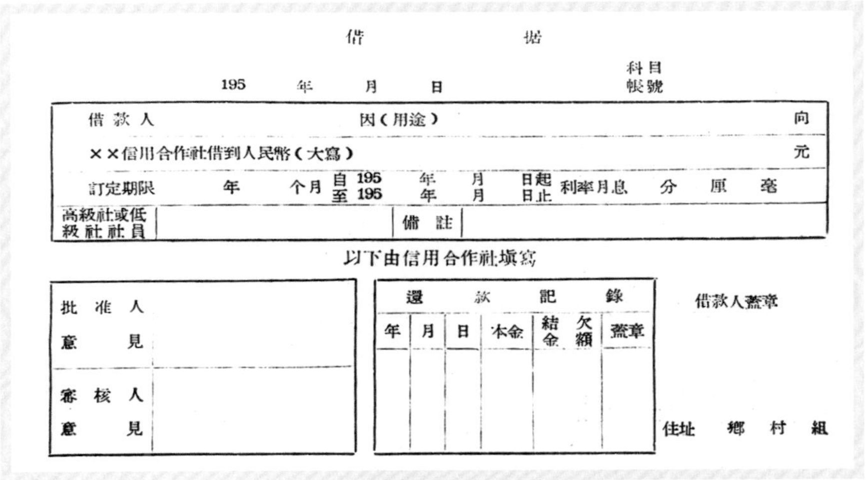
借　据
195　年　月　日　科目 帳號
借款人　因（用途）　向
××信用合作社借到人民幣（大寫）　元
訂定期限　年　个月　自195年　月　日起 至195年　月　日止　利率月息　分　厘　毫
高級社或低級社社員　備註
以下由信用合作社填寫
批准人意見
審核人意見
還款記錄：年　月　日　本金　結欠金額　蓋章
借款人蓋章
住址　鄉　村　組

图 4-1-3　1956年农村信用合作社借据

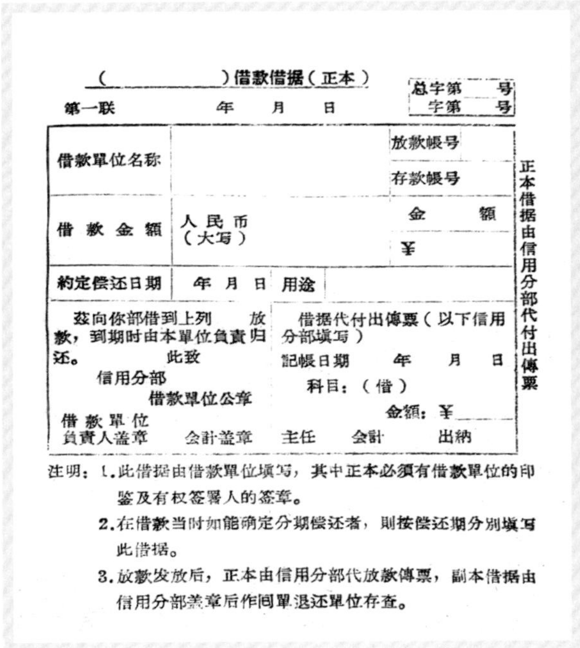
（　　）借款借据（正本）
第一联　年　月　日　总字第　号 字第　号
借款單位名称　放款帳号　存款帳号
借款金額　人民币（大写）　金額 ¥
約定償还日期　年　月　日　用途
玆向你部借到上列　放款，到期时由本單位負責归还。此致
信用分部
借款單位公章
借款單位負責人盖章　会計盖章
借据代付出傳票（以下信用分部填写）
記帳日期　年　月　日
科目：（借）
金額：¥
主任　会計　出納
正本借据由信用分部代付出傳票
注明：1.此借据由借款單位填写，其中正本必須有借款單位的印鉴及有权簽署人的簽章。
2.在借款当时如能确定分期償还者，則按償还期分別填写此借据。
3.放款发放后，正本由信用分部代放款傳票，副本借据由信用分部盖章后作回單退还單位存查。

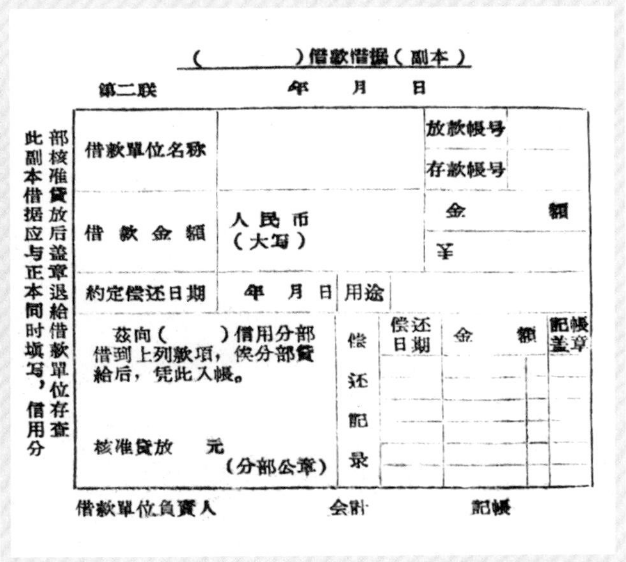
（　　）借款借据（副本）
第二联　年　月　日
此副本借据应与正本同时填写，信用分部核准貸放后盖章退給借款單位存查
借款單位名称　放款帳号　存款帳号
借款金額　人民币（大写）　金額 ¥
約定償还日期　年　月　日　用途
玆向（　）信用分部借到上列款項，俟分部貸給后，凭此入帳。
核准貸放　元（分部公章）
償还記录：償还日期　金額　記帳盖章
借款單位負責人　会計　記帳

图 4-1-4　1959年农村信用分部集体贷款借据（正、副本）

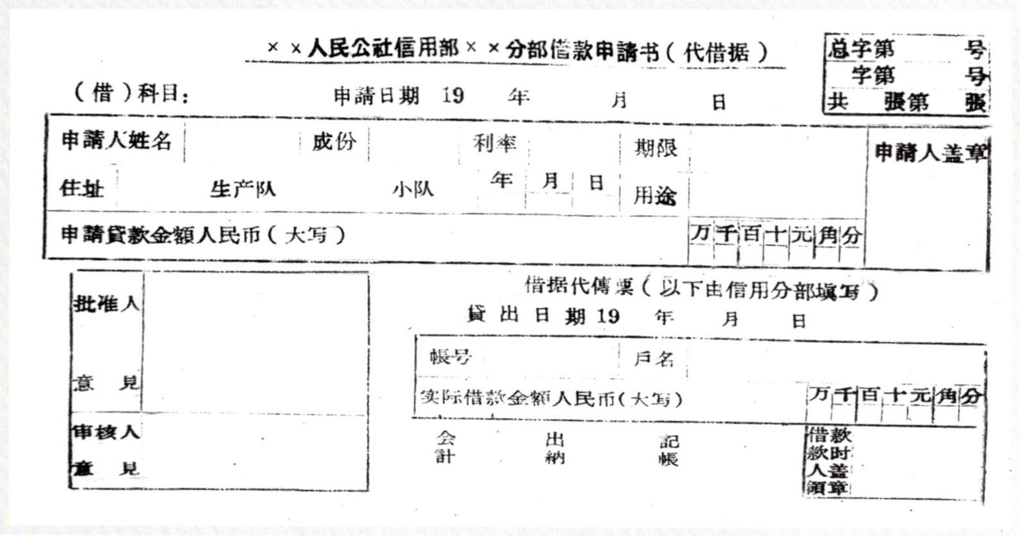
××人民公社信用部××分部借款申請书（代借据）

总字第　　号
字第　　号
共　張第　張

（借）科目：　　申請日期 19　年　月　日

申請人姓名		成份		利率	期限		申請人盖章
住址	生产队	小队		年 月 日	用途		
申請貸款金額人民币（大写）					万千百十元角分		

批准人意見	
审核人意見	

借据代傳票（以下由信用分部填写）

貸出日期 19　年　月　日

帳号	戶名	
实际借款金額人民币（大写）		万千百十元角分
会計　出納　記帳		借款人盖章

图 4-1-5　1959 年农村信用分部社员借款申请书（代借据）

1959 年 7 月，中国人民银行浙江省分行制订《人民公社信用分部会计制度》，对农村信用合作社发放贷款的处理手续和凭证作出较大修改：一是首次明确将贷款分为集体贷款和个人贷款，并将集体贷款又分为工业放款和农渔业放款。二是将单联借据改为一式二联借据（正、副本），用于集体贷款发放，个人贷款仍使用单联借据，但名称改为借款申请书（代借据）。三是具体办理贷款手续时，工业放款采取逐笔核贷方式，单位借款填具借据一式二联，第一联加盖单位印鉴，经信用分部主任审核批准后，作为付出传票凭以记账，第二联作为回单退还借款单位；农渔业放款采取逐笔立据、分户立账、约期归还方式，借款时由生产队填具借据一式二联，第一联加盖生产队印章，经信用分部审核批贷后，代付出传票凭以记账，第二联作为回单退还生产队；办理个人贷款时，由借款人填具借款申请书，经生产队有权审批人员批准盖章，送信用分部审查无误后，以借款申请书代替借据，作为付出传票凭以记账后再配付现金给借款人。

1963 年 4 月，中国人民银行浙江省分行制订的《农村信用合作社会计制度》中，对农村信用合作社发放贷款的处理手续和凭证未作大的变动，仅将集体贷款单证名称第一联改为“（×××）信用合作社集体借款借据”，第二联改为“（×××）信用合作社集体借款贷放通知”，并取消工业放款科目。

1985 年 2 月，国务院发布《借款合同条例》，并于同年 4 月 1 日起施行。该条例是根据《中华人民共和国经济合同法》关于借款合同的有关规定而制订的实施细则，借以加强信贷资金管理，提高资金使用效益，保护借款合同当事人合法权益，保证国家信贷计划的执行。它适用于实行独立经济核算的全民和集体所有制企业、事业等单位同银行、信用合作社等金融机构签订的借款合同，城乡个人同银行、信用合作社等金融机构签订的借款合同亦应参照该条

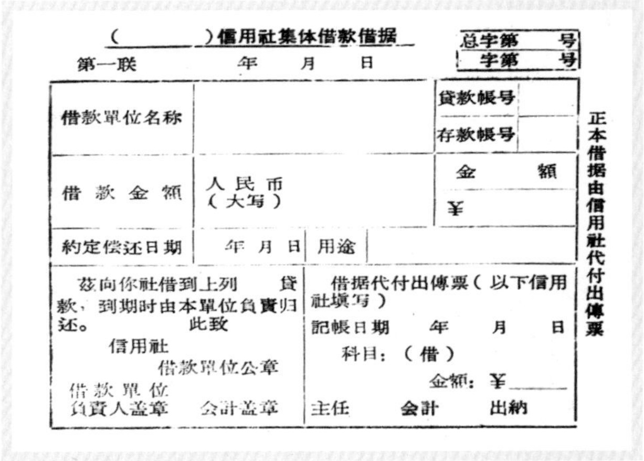

(　　　)信用社集体借款借据
总字第　　号
字第　　号
第一联　　　年　月　日

借款單位名称		貸款帳号	
		存款帳号	
借款金額	人民币（大写）	金　額 ￥	
約定偿还日期	年 月 日	用途	

茲向你社借到上列貸款，到期时由本單位負責归还。此致
信用社
借款單位公章
借款單位負責人盖章　会計盖章

借据代付出傳票（以下信用社填写）
記帳日期　年　月　日
科目：（借）
金額：￥
主任　会計　出納

正本借据由信用社代付出傳票

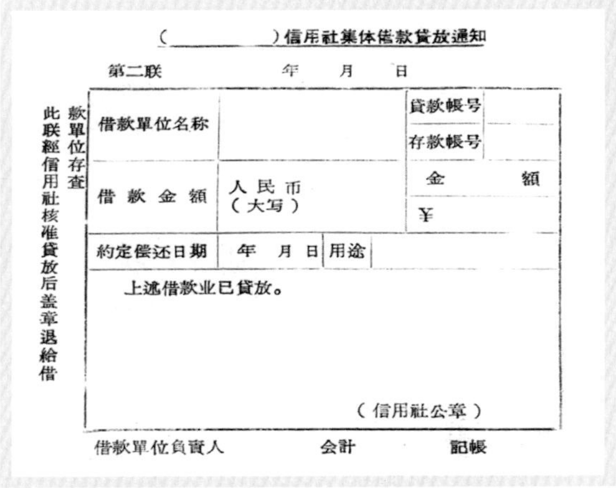

(　　　)信用社集体借款貸放通知
第二联　　　年　月　日

此联經信用社核准貸放后盖章退給借款單位存查

借款單位名称		貸款帳号	
		存款帳号	
借款金額	人民币（大写）	金　額 ￥	
約定偿还日期	年 月 日	用途	

上述借款业已貸放。
（信用社公章）
借款單位負責人　会計　記帳

图 4-1-6　图 4-1-7　1963 年农村信用合作社集体贷款借据及贷放通知

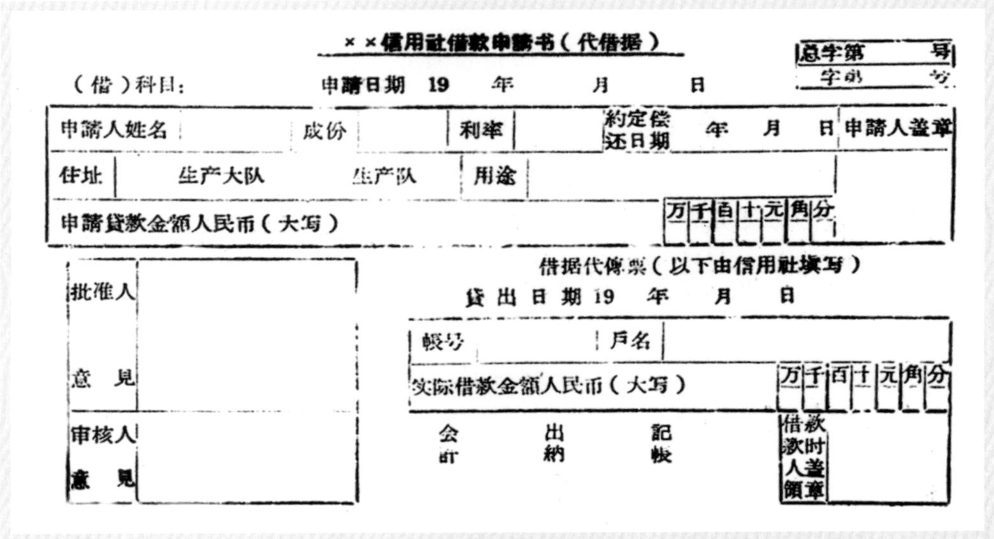

××信用社借款申請书（代借据）
总字第　　号
字第　　号
（借）科目：　　申請日期 19　年　月　日

申請人姓名		成份		利率		約定偿还日期	年 月 日	申請人盖章
住址	生产大队　生产队			用途				
申請貸款金額人民币（大写）						万 千 百 十 元 角 分		

批准人意見
审核人意見

借据代傳票（以下由信用社填写）
貸出日期 19　年　月　日

帳号		戶名	
实际借款金額人民币（大写）		万 千 百 十 元 角 分	
会計	出納	記帳	借款人借款时盖章領章

图 4-1-8　1963 年农村信用合作社社员借款申请书（代借据）

例执行。根据国家法律、法规，借款合同的贷款方只能是银行、信用合作社和经批准可以发放贷款的其他金融机构。非金融机构不得经营金融业务，企业之间不允许相互借贷。

合同原则。借款方借款必须提出申请，经贷款方审查认可后，方可签订借款合同。银行对借款申请要认真审查，了解借款方的经济情况、借款用途及是否能按期归还贷款。签订借款合同时，必须根据如下原则：一是按计划发放和使用原则。银行贷款必须在国家信贷计划所规定的金额和用途范围内，根据借款方的实际需要，有计划、有目的地发放使用。二是物资保证原则。借款方必须具有与贷款数量相适应的、并能参加生产周转和商品流通的物资作为贷款的物质基础。当借款方无力偿还贷款时，贷款方有权要求依照法律程序处理借款方作为贷款保证的物资和财产。三是按期偿还原则。银行发放贷款时必须确定归还期限，借款企业必须按期归还。

合同担保。借款方若不具备一定比例的自有资金也没有适销适用的物资和财产，但有特殊情况需要借款时，可由借款方提供符合法定条件的保证人。经贷款方同意，并经贷款方上级批准后，方可予以借款。保证人必须具有足够代偿借款的财产。借款合同到期，借款方不履行合同时，由保证人连带承担偿还本息的责任。“符合法定条件的保证人”对企业单位而言，是依法登记并经有关部门批准经营，有独立支配财产和进行独立核算的经济单位，并要有足够偿还借款的财产作保证。如以个人作保证人的，必须是有当地正式户口和固定工作单位，同时必须具有足够偿还借款的财产能够以自己名义承担经济责任的人作保证人。各级政府、财政部门一般不得作为借款方保证人。

合同形式。借款申请经贷款方审查合格后，双方即可签订借款合同，合同必须采用书面形式。借款申请书、有关借款的凭证、协议书和当事人双方同意修改借款合同的有关书面材料，也是借款合同的组成部分。借款合同必须由当事人双方的法定代表人或者凭法定代表授权的经办人签章，并加盖单位公章。授权证明必须有法定代表人签名盖章的书面文件为法律根据。在合同有效期内，如某一方的法定代表人调动工作，新任法定代表人仍应继续遵守合同条款。如果合同双方当事人一方发生合并、分立时，由变更后的当事人承担或分别承担履行借款合同的义务并享受原有的权利。

合同要件。借款合同应具备的主要条款：（1）贷款种类。银行贷款分为工业（包括交通运输企业）贷款、商业贷款、农业贷款、基本建设贷款等。（2）借款用途。银行贷款可用于流动资金贷款、固定资产贷款、技术改造贷款、专项贷款等。（3）借款金额。借款金额要填写清楚，大写小写数额要一致。（4）借款利率。贷款利率由国家规定，当事人不能任意商定。各贷款银行只有在中国人民银行规定的利率浮动幅度内与借款方商定借款利率。（5）借款期限。根据贷款种类的不同，专业银行在各自的贷款管理办法中都规定了各种贷款项目的最长期限。借贷双方只能在规定的最长期限内确定借款期限。（6）还款资金来源及还款方式。借款方还款资金来源必须正当，不得违反法律和有关规定。借款合同中还应规定借款方是一次归还本息还是分几次归还本息。（7）保证条款。即将借款方对借款合同予以保证或提供担保人的内容写入合同。保证人对借款合同的担保期限一般应在借款合同中规定，保证期限从借款合同期满之日起算。（8）违约责任。即当事人双方商定的当一方没有按合同约定履行或不能履行合同时应承担的责任。过错方应在国家政策和法律允许的范围内对由于违约给另一方造成的损失予以赔偿。（9）当事人双方商定的其他条款。借款合同双方可将双方一致同意的，不违反法律和国家政策的内容写入合同。

合同一经订立即具有法律效力，当事人双方必须严格遵守合同条款，履行规定义务。借款方必须按照合同规定的用途使用借款，不得将贷款挪作他用，不得将借款转贷给他人，不得利用借款进行违法活动，必须按期还本付息。借款方不按期偿还借款，贷款方有权限期追回贷款，并按银行规定加收罚息。借款方提前偿还借款的，应按银行规定减收利息。借款方不按合同规定的用途使用借款，贷款方有权收回部分或全部贷款。对违约使用部分，按银行规定的利率加收罚息。情节严重的，在一定时期内银行可停止发放新的贷款。

贷款方发放贷款后应检查、监督贷款的使用情况。检查借款是否按规定用途使用，了解借款方的经营管理、财务活动、物资库存等情况；检查贷款物资保证性、测定贷款风险程度、落实企业还款能力和资金来源，及时解决影响贷款按期归还的不利因素。对风险性较大的贷款种类还应反复检查。借款方应向贷款方提供有关的计划、统计、财务会计报表及资料。如贷款方不履行合同，未按期提供贷款，应按违约数额和延期天数付给借款方。

违约责任。在借款合同尚未履行时或在履行过程中，当事人双方依法达成协议，对原订合同条款作某些修改、删除或补充某些内容，包括解除合同都是允许的。当事人一方要求变更或解除合同时，应及时通知对方；变更或解除借款合同后，借款方已占用的借款和应付的利息，应按原借款合同的规定偿付。借款合同条例对允许变更或解除借款合同的几种情况作出规定：（1）订立借款合同所依据的国家计划及有关的概算、预算，经原计划下达机关批准修改或取消的；（2）工程项目经原批准机关决定撤销、停建或缓建的；（3）借款方经国家批准决定关闭、停产、合并或转产确实无法履行合同的；（4）由于不可抗力或意外事故，致借款合同无法履行的；（5）在合同履行中，确因决策不当，继续履行将造成损失浪费的。

借款合同条例规定，无论是因借款方使用借款造成损失浪费，还是因贷款方工作人员失职造成贷款损失浪费，以及借贷双方任何一方利用借款合同进行违法活动的，都应追究有关人员的行政责任和经济责任。情节严重构成犯罪的，由司法机关追究刑事责任。

1985 年 10 月，中国农业银行浦江县支行转发《浙江省信用合作社〈借款合同条例〉实施细则》。主要内容：其一，凡是向信用合作社（以下简称贷款方）借款的农村集体企业、合作经济组织、经济联合体、个体经营者、专业户（以下简称借款方）等，必须是经济实体，具有法人资格，均应执行《条例》规定，与贷款方签订借款合同。其二，借款合同应遵照国家法律、法令、经济政策和信贷原则及信贷计划，由借贷双方在平等自主、协商一致的基础上签订。任何单位或个人都不准干预。其三，借款合同必须是书面形式。包括借款申请书、借款协议书、借款契约、延期还款申请书，以及借贷双方协商同意修改借款协议书的书面条款。

各项贷款都要按照《经济合同法》《借款合同条例》及有关金融法律法规，由借贷双方签订书面借款合同，依法管理；借款合同依法签订后，具有法律约束力，任何一方要求变更或解除合同，必须以书面形式及时通知对方；借款合同必须符合法律程序，明确借贷双方的权利义务，手续完备，依法成立，对风险较大和容易引起纠纷的合同，要办理公证；借款协议书、契约上的内容与要素齐全，按借款合同中应具备条款办理；借款申请书、借款契约、借款协议书、延期还款申请书、催收通知单等，贷款方必须盖有公章或借款合同专用章和法定代表人印章或委托代理人印章以及经办人印章；借款方是企业单位的，必须盖上企业公章和法定代表人印章或法定代表人授权证明的经办人印章；借款方是个体的，必须盖上有行为能力与行为权利人的印章。

1992 年 6 月，县联合社制订下发的《贷款管理实施细则》规定，农村信用合作社的各种贷款都要依据《经济合同法》《借款合同条例》及有关金融法规，由借贷双方签订借款合同，依法进行管理。借款合同必须符合法律程序，明确借贷双方的权利和义务，做到手续完备，依法成立。签订借款合同的主体，经办人必须合格，内容合法，具有法律效力。借款合同必须采取书面形式。信用、担保、抵押三种借款方式均应签订合同。大额贷款，存在一定风险性或容易引起纠纷的借款合同必须办理公证。

1995 年 10 月，中国农业银行浙江省分行修订、制作规范的《浙江省农村信用合作社新借款合同及相关凭证统一样本》和《农村信用合作社新借款合同文本及相关凭证使用说明书》。县联合社于翌年 2 月转发中国农业银行浙江省分行《关于全面清理和规范信用合作社借款合同的通知》，组织对全县农村信用合作社的借款合同进行全面清理、检查和规范，并就所发现的问题及时予以纠正。

1997 年 11 月，县联合社制订下发《贷款管理办法》，规定信贷资金发放都要依据《经济合同法》《担保法》《借款通则》及有关金融法规，由借、贷双方签订借款合同。借款合同必须符合法律程序，明确借、贷双方的权利和义务，做到手续完备，依法成立。签订合同的主体、经办人资格，内容必须合法合规，具有法律效力。借款合同必须采取书面形式。包括合同文本、借款合同、借款申请书、借款契约、延期还款申请、抵质押清单、协商补充说明及其他事项的书面条款。

1999 年 8 月，省农金体改办发出通知，要求于当年 10 月 1 日起正式启用农村信用合作社借款合同文本及相关文书凭证。借款合同文本及相关文书凭证具有相对权威性，各地农村信用合作社在使用时不得更改。

是年 10 月，省农金体改办再次发出通知，将《合同法》和相关文件连同已启用的农村信用合作社借款合同文本及相关文书凭证、操作使用说明整理成册下发，要求农村信用合作社贷款人及其信贷人员在签订合同时，应将农村信用合作社借款合同文本及相关文书凭证中有关合同条款本意告知借款人和相关第三人，以保障各方合法权益，严肃履行应尽义务，恪守合同。

2005 年，省联合社下发《关于印发新版借款合同、相关文本及操作使用说明的通知》（浙信联业〔2005〕87 号）。该版借款合同及相关文本，对规范农村信用合作社信贷操作、防范信贷风险、促进信贷业务健康发展具有指导性作用。

是年 6 月，县联社一届理事会二次会议通过的《贷款管理办法》规定，借款合同根据借款种类由信贷人员或借款人填写相关种类的借款合同，填写借款合同必须具备的条款：贷款种类、贷款金额、贷款用途、贷款利率、贷款期限、保证期限、还款方式、违约责任、双方约定的其他事项、合同编号以及签订合同的地点、日期等。

2007 年 12 月，县联社发出通知，自 2008 年 1 月 1 日起启用新的 2007 版信贷合同文本。该版信贷合同文本是省联合社根据近年国家出台的法律、法规，结合当前各地在信贷合同文本使用过程中出现的一些新情况，对原信贷合同文本所作的修订，同时新增最高额质押借款合同和最高额农户小额信用借款合同，形成近 30 个信贷合同文本。新版信贷合同文本启用后，旧信贷合同文本一律不得再行使用，尚未用完的旧信贷合同文本应集中统一销毁。

2011 年 9 月 20 日，省联合社发出通知，自发文之日起启用新的 2011 版信贷合同文本，旧的 2007 版信贷合同文本从 2012 年 1 月 1 日起停止使用。新版信贷合同文本是省联合社依据近几年不断出台的新法律、行政法规、司法解释和部门规章，特别是中国银监会“三个办法一个指引”的颁布实施，在广泛征求各行社意见建议的基础上，对旧信贷合同文本的一些合同条款加以完善和修订，同时对相关的信贷凭证作了部分修改，并新增《支付委托书》《受托支付审核单》和《固定资产贷款支付管理台账》，形成 36 种新的信贷凭证。

第五节 信用村及信用户评定

信用村及信用户评定，旨在引导广大农户及农村经济组织树立信用观念，并通过信贷政策调节，使讲信用的经济主体得到实惠和利益，并对违背诚实信用原则的行为予以制裁，促进新型社会信用秩序和规则的建立和完善。以信用村及信用户评定为主要内容，推进农村信用体系建设，对解决农户贷款难、提高农民信用意识、改善农村信用环境以及创新社会管理等具有重大意义。农村信用合作社作为农村金融主力军和联系农民群众的金融纽带，在改善区域金融生态环境中当发挥其重要作用，亦具备得天独厚的条件。

2000 年 11 月，县联合社根据《金华市农村信用合作社信用村及信用户评定暂行办法》，结合本县实际，就信用村、信用户评定的对象、条件、基本程序和优惠待遇以及注意事项等作出相应规定。

评定对象：农村信用合作社辖内有业务往来关系的行政村以及有借贷关系的农户、个体工商户。

评定条件：信用村基本条件——在当地农村信用合作社开立基本账户，村级班子团结、集体经济状况良好、社会信誉度高、近五年内无不良贷款及担保记录。信用户基本条件——在当地农村信用合作社开立基本账户，依法经营状况良好、信用观念强、资信状况良好、无不良贷款及担保记录。

评定基本程序：发动宣传→书面申请→考核评议→综合审定→推荐申报→评定授牌。

优惠待遇：信用村——优先安排信贷资金计划，在还款有保证的前提下优先提供农村基础设施建设贷款，农户小额信用贷款额度可提高到5000元，贷款利率给予优惠。信用户——优先安排信贷资金计划，贷款可适当放宽担保条件，信用借款额可提高到1万元，贷款利率给予优惠。

信用村、信用户评定后，县联合社将有严密的监督措施，若发现有虚假材料，其后果自负；信用村、信用户有效期一年；信用村、信用户若年检不合格，农村信用合作社将及时发出通知，要求其限期整改（期限一年），若在限期内未予整改的，将按评定程序作摘牌处理，并在三年内不得重新申报。

与此同时，县联合社制订《信用村及信用户评定试点工作实施方案》，成立信用村及信用户评定工作组，在浦东农村信用合作社郑宅分社试点，通过调查摸底，确定郑宅镇上郑行政村为信用村评定对象。上郑行政村在郑宅分社有贷款农户83户，占比为全村农户总数的28%，贷款余额480万元，占比为该分社贷款总额的29.8%。近三年来，除一户小额农贷500元已逾期尚未收回外，贷款偿还率达99.9%，挂账利息也已全部收回，利息偿还率达100%，符合信用村评定条件。并在该村初步评出信用户16户。在试点基础上进一步开展评定工作，继而报县联合社测评认定，于2001年6月发文公布2000年度第一批县级“信用村、信用户”名单，上郑行政村被评为第一个县级信用村，该村61户农户被评为第一批县级信用户。获得“信用村”称号的，可优先安排信贷资金计划，农户“自报公议”小额农贷额度扩大为1万元；在政策和资金允许及还款有保证的前提下，适当提供旧村改造、农田水利等基础设施贷款。被评为“信用户”的，可优先安排贷款；1万元以下的“自报公议”小额农贷采取信用形式发放；纯粮棉油贷款利率执行人民银行基准利率。

信用村及信用户，原则上每年评定一次，评定时效为命名公布后12个月。

随即就评定的信用村及信用户建立档案，定期了解其有关生产经营动态和信用情况，及时取得财务、统计及家庭经营状况等资料。如发现有弄虚作假的，取消原评定结果，并按规定予以信贷制裁。

2001年11月，县联合社下发通知，在全县农村信用合作社开展2001年度第二批县级信用村及信用户评选工作。经广大农户（企业）、行政村自荐申报，农村信用合作社及分社摸底、推荐和初评，报县联合社验收审批，于是年12月公布2001年度第二批县级信用村4个、信用户（企业）103户。此后，又新增信用乡（镇、街道）评选。持续深入地开展信用乡（镇、街道）、信用村（社区）和信用户（企业）评选工作，使之成为常态，有力地推动和促进全社会信用体系建设。

表 4-1-1　　　　2001 年至 2016 年县级信用村、信用户统计

单位：个、户

年　度	信用乡（镇、街道）	信用村（社区）	信用户（企业）	年　度	信用乡（镇、街道）	信用村（社区）	信用户（企业）
2001		5	164	2009	1	49	6722
2002		20	616	2010	1	260	40130
2003		23	876	2011	1	260	40445
2004		29	1198	2012	1	263	41073
2005		24	1123	2013	2	308	47819
2006				2014	5	313	77091
2007	1	49	6154	2015	6	321	117120
2008				2016	7	322	125528

市级、省级信用村、信用户

2001 年 6 月，金华市农金体改办发文，命名本县郑宅镇上郑行政村为 2000 年度首批 18 个市级信用村之一。是年 10 月再度发文，命名本县郑宅镇上郑行政村郑文吉、郑益生为 2000 年度首批市级信用户。

表 4-1-2　　　　2000 年至 2004 年市级信用村、信用户（企业）统计

年　度	信用村（社区）	信用户（企业）	
2000	郑宅镇上郑村、芦溪村	郑文吉　郑益生	
2001	仙华街道后郎村　檀溪镇塔头村	金贤林　金子庆	
2002	郑宅镇上郑村、芦溪村 仙华街道后郎村 檀溪镇塔头村 仙华街道中埂社区居委会	浙江兰塘纸业有限公司 浙江百炼工贸集团有限公司 浙江众望集团有限公司	郑文吉　郑益生 金贤林　金子庆 张陆东　张根录　张林平
2003	郑宅镇上郑村、芦溪村 仙华街道后郎村 仙华街道中埂社区居委会	浙江兰塘纸业有限公司 浙江百炼工贸集团有限公司 浙江众望集团有限公司	郑文吉　郑益生 金贤林　金子庆 张陆东　张根录　张林平
2004	郑宅镇上郑村、芦溪村 仙华街道后郎村 仙华街道中埂社区居委会 浦阳街道杨田村	浙江兰塘纸业有限公司 浙江百炼工贸集团有限公司	郑文吉　郑益生 金贤林　郑晓冬

2002 年 6 月，中国人民银行金华市中心支行举行全市“2001 年度守银行信用企业、信用村及信用农户”授牌仪式。浙江百炼工贸集团有限公司被评为市级“百佳”守银行信用企业；郑宅镇芦溪行政村、上郑行政村被评为市级“百佳”信用村；芦溪行政村金贤林、金子庆被评为市级“千佳”信用农户。

图 4-1-9　县联社为首批两个“省级信用村”举行授牌仪式（2012.7）

2012 年 5 月，省农业和农村工作办公室、省联合社发文，根据省联合社《关于开展农村合作金融信用户、信用村（社区）、信用乡（镇、街道）评定工作的通知》要求，经村、乡（镇、街道）申报，县、市工作班子初审、初验，省级工作小组实地抽查验收，确定并公布本县郑宅镇广明村、上郑村为 2011 年度农村合作金融省级信用村（其有效期至 2014 年 12 月 31 日，期满需重新申报、评审）。7 月 5 日，县联社为两个省级信用村举行授牌仪式。

2013 年 6 月，省农业和农村工作办公室、省联合社发文，确定并公布本县浦南街道石埠头村为 2012 年度农村合作金融省级信用村（其有效期至 2015 年 12 月 31 日，期满需重新申报、评审）。

第二章 利率管理

利率管理是银行和农村信用合作社业务经营中的重要内容，其政策性极强。本县农村信用合作社存贷款利率，始终按国家的利率政策执行，依照中国人民银行的利率规定相应调整，并根据县域社会经济主要是农村经济发展之需，在允许范围内实行利率浮动。

第一节 利率调整

1954 年本县农村信用合作社成立初期，吸收社员个人储蓄，其利率略高于银行同档次利率，执行前须经农村信用合作社理事会讨论通过，并报人民银行批准。1955 年，全县各农村信用合作社社员个人活期储蓄月利率为 4.5‰～7.5‰，社员个人贷款月利率为 10‰～15‰。

自 1956 年 2 月起，中国人民银行决定，农村信用合作社存款利率与银行一致，同时规定，农村信用合作社执行国家利率政策时可向国家银行申请补贴。据是年本县各农村信用合作社年终会计决算说明书显示，实际执行期自是年 3 月 1 日起，社员个人贷款月利率为 7.2‰，农业社集体贷款月利率为 4.8‰。

1959 年 1 月大幅度降低存款利率，活期储蓄月利率降至 1.8‰，整存整取储蓄月利率降至 1.8‰～4‰，存本取息储蓄月利率降至 3‰。农村信用合作社各项贷款月利率统一调整为 6‰。

1961 年 6 月，中国人民银行印发的《农村信用合作社工作条例（草案）》规定，农村信用合作社的存款和放款利率应参照国家银行利率标准，根据有利于发展生产、有利于开展业务的原则订定。农民个人储蓄在不超过国家银行同种储蓄利率的 10% 范围内，放款利率在不超过国家银行农贷利率的 30% 范围内，根据各社具体情况由理事会拟定，提交社员代表大会讨论通过，报国家银行备案。

1962 年 11 月，中共中央、国务院批转中国人民银行《关于农村信用合作社若干问题的规定》指出，农村信用合作社的农村储蓄、存款利率应当同中国人民银行的储蓄、存款利率一致。农村信用合作社的贷款利率可略高于中国人民银行的农业贷款利率。

1966 年，农村信用合作社贷款利率又改为原则上同国家银行贷款利率一致。

自 1971 年 10 月 1 日起，国家全面降低存贷款利率，各项存款利率降低 20%，各项贷款利率降低 30%。在减少各种存贷款利率种类的同时，实行统一利率。农村信用合作社对社队和社员个人的存贷款利率一律按银行利率执行。取消有关逾期、挤占挪用等贷款加收利率的规定，致利率的经济杠杆作用削弱。并缩小利率作用的范围，对机关、团体、学校等单位存款，党费、团费、工会会费等存款均不计息。

中共十一届三中全会后，随着经济体制改革的深入，利率的杠杆作用日益受到重视。自 1979 年 4 月 1 日起，始提高存贷款利率，增设三年、五年定期储蓄和零存整取、整存零取储蓄种类和利率档次。1980 年至 1995 年，国家加强宏观政策调控，中国人民银行不时采取调整利率办法来实现国家经济发展目标。根据中国人民银行利率调整规定，农村信用合作社亦多次调整存贷款利率。

自 1996 年 5 月 1 日起至 2002 年 2 月 21 日，中国人民银行连续 8 次下调各项存贷款利率；2004 年 10 月 29 日至 2007 年 12 月 21 日，中国人民银行连续 9 次上调存贷款利率；2008 年 9 月 16 日至 12 月 23 日，中国人民银行连续 5 次下调存贷款利率；2010 年 10 月 20 日至 2011 年 7 月 8 日，中国人民银行连续 5 次上调存贷款利率；2012 年 6 月 8 日至 2015 年 10 月 24 日，中国人民银行复连续 9 次下调存贷款利率。本县农村信用合作社历次均按规定对存贷款利率作出相应调整。

2016 年 9 月，县联社发文决定，自是月 19 日起，对二年期、三年期、五年期整存整取定期存款执行利率作出调整，其他各档次执行利率不变。

第二节　利率浮动

1985 年，中共中央 1 号文件指出，“信用社贷款利率可参照银行基准利率和贷款项目的社会效益、利润大小、偿还能力、信用好坏等上下浮动，有的可接近市场利率。”中国农业银行浙江省分行规定，“信用社的各类存贷款利率可以以银行调整后的各类存贷款利率作为基准利率上下浮动。其中存款利率浮动幅度最高不得超过基准利率的 15%。具体浮动幅度，可根据贷款项目的社会效益、利润大小等情况，由信用社提出，报经县（市）支行批准后实行。”

1985 年 6 月，本县治平、石马、潘宅、大溪、朱桥、花桥、前吴、七里、大许、平安等 10 个农村信用合作社，根据当地实际提出各自不同的贷款利率上浮申请，报经中国农业银行浦江县支行批准，于是年 6 月 1 日起执行。此前发放的尚未到期的贷款，除契约中订明利率按国家规定随时调整计息的以外，仍按双方签订契约所规定的利率执行，但到期尚未归还的贷款，从逾期之日起按浮动利率执行。此后，其他农村信用合作社也相继根据当地实际提出各自不同的贷款利率上浮申请，报经中国农业银行浦江县支行批准后执行。在实际执行中，各地按照具体执行浮动利率时点，对之前发放的贷款，采取分段计算办法计收贷款利息。

1989 年 2 月，中国农业银行浙江省分行规定农村信用合作社贷款利率上浮幅度最高为 50%，县联合社根据不同贷款种类制定 0% ～ 50% 的浮动幅度。其后，随中国人民银行调整农村信用合作社贷款利率浮动幅度时作出相应调整。是年 8 月 21 日，中国人民银行规定农村信用社贷款利率的上浮幅度由 50% 提高到 60%。

1996 年 5 月 1 日，中国人民银行下调农村信用合作社贷款利率浮动幅度，由原 60% 调整为 40%。

县联合社发出通知，自 1996 年 5 月 1 日起，对粮棉油贷款执行基准利率，即月息 9.15‰，不上浮；其他所有贷款利率在基准利率基础上上浮 40%，即月息 12.81‰。

自是年 8 月 23 日起，各项贷款利率平均下调 1.2 个百分点，即月息 8.4‰；其他贷款利率为基准利率上浮 40%，即月息 11.76‰。

自是年 9 月 21 日起，对县联合社重点支持的县钢铁公司、县胜达经营部、浦江针织总厂、县成衣染整厂、县第二棉纺织厂、县兴越袜厂等 6 家骨干企业，其贷款利率在基准利率基础上上浮 30%，即月息 10.92‰。

1998 年 10 月 31 日，中国人民银行上调农村信用合作社的贷款利率浮动幅度，由 40% 调整为 50%。

1998 年，中国人民银行连续 4 次下调各项存贷款利率。县联合社亦相应发文明确：对粮棉油贷款执行基准利率，对重点支持的骨干企业贷款利率少上浮 10%（其中，对县钢铁公司在 8 月 1 日至 10 月 31 日期间新发放的贷款执行基准利率），其他贷款利率为基准利率上浮 40%，自 10 月 31 日起上浮 50%。

2004 年 10 月 29 日，中国人民银行在上调存贷款利率的同时，进一步放宽金融机构贷款利率浮动区间并允许存款利率下浮。农村信用合作社贷款利率上浮系数为贷款基准利率的 2.3 倍。根据中国人民银行的贷款利率浮动政策，结合实际对不同的产业、不同的贷款对象、不同的贷款担保方式，制定不同的贷款利率浮动系数，并根据借款人的风险大小、产业政策、资金成本、资金供求状况及贷款目标利润等各种因素确定客户的利率价格。同时根据存款业务现状，对存款利率不予下浮。

2012年3月，县联社发出通知，自是年4月1日起，对企业贷款利率按原贷款利率定价执行年利率的基础上，下浮0.5个百分点执行。

自是年6月8日起，中国人民银行决定下调金融机构人民币存贷款基准利率。并自同日起将金融机构存款利率浮动区间的上限调整为基准利率的1.1倍。县联社亦发出通知，自即日起根据人民银行调整后的存款利率，对辖内各营业网点吸收存款的各档次执行利率统一按基准利率上浮1.1倍。

2013年7月19日，中国人民银行下发《关于进一步推进利率市场化改革的通知》，取消农村信用合作社贷款利率2.3倍的上限，由农村信用合作社根据商业原则自主确定对客户的贷款利率。

自2014年11月22日起，中国人民银行决定下调金融机构人民币贷款和存款基准利率。同时结合推进利率市场化改革，将金融机构存款利率浮动区间的上限由存款基准利率的1.1倍调整为1.2倍。县联社亦发出通知，自即日起，根据人民银行调整后的存款利率，对辖内各营业网点吸收存款的各档次执行利率，统一按基准利率上浮1.2倍。

自2015年3月1日起，中国人民银行决定下调金融机构人民币贷款和存款基准利率。同时将金融机构存款利率浮动区间的上限由存款基准利率的1.2倍调整为1.3倍。县联社亦发出通知，自即日起，根据人民银行调整后的存款利率，对辖内各营业网点吸收存款的各档次执行利率统一仍按基准利率上浮1.2倍执行；五年期存款、活期存款、协定存款和通知存款利率不作调整。是月10日，县联社补充通知，凡单笔定期存款在50万元（含）以上的客户，存款利率的浮动区间除五年期存款以外，最高可以浮动到不超过人民银行公布的同档次基准利率的1.3倍。是月17日，县联社再次发出通知，除五年期存款以外的各同档次存款利率按基准利率的1.3倍执行。

自是年5月11日起，中国人民银行决定下调金融机构人民币贷款和存款基准利率。同时将金融机构存款利率浮动区间的上限由存款基准利率的1.3倍调整为1.5倍。县联社亦发出通知，对大额存款，各营业网点可根据实际情况，经县联社审批后，适当调整利率上浮幅度。

自是年6月28日起，中国人民银行决定下调金融机构人民币贷款和存款基准利率，以进一步降低企业融资成本。县联社亦发出通知，自是月30日起，按调整后的存款各档次利率执行。对大额存款，各营业网点可根据实际情况，经县联社审批后适当调整利率上浮幅度。对贷款利率定价中的市场调节系数由原来的5%调整为10%，自是月29日起执行。除生源地助学贷款、丰收爱心卡扶贫贷款和粮食贴息贷款三类贷款品种外，其他贷款均应执行市场调节系数。

自是年8月26日起，中国人民银行决定下调金融机构人民币贷款和存款基准利率。同时，放开一年期以上（不含一年期）定期存款的利率浮动上限，活期存款以及一年期以下定期存款的利率浮动上限不变。县联社亦发出通知，自是月 27 日起，执行调整后的存贷款利率，对大额存款，各营业网点可根据实际情况，经县联社审批后适当调整利率上浮幅度。对贷款利率定价中的市场调节系数仍为 10%。

是年 10 月 24 日起，中国人民银行决定下调金融机构人民币贷款和存款基准利率。同时，对商业银行和农村合作金融机构等不再设置存款利率浮动上限，并抓紧完善利率的市场化形成和调控机制，加强央行对利率体系的调控和监督指导，提高货币政策传导效率。县联社亦发出通知，自是月 27 日起，执行调整后的存贷款利率，对大额存款，各营业网点可根据实际情况，经县联社审批后适当调整利率上浮幅度。对贷款利率定价中的市场调节系数不作调整，继续执行 10%。

是年 12 月 30 日，县联社发文决定，自 2016 年 1 月 1 日起就存款执行利率进行调整：对三个月、一年期、二年期、三年期定期存款利率，由人民银行规定的各档次基准利率上浮 1.5 倍下调至上浮 1.4 倍，五年期利率由 4.3% 下调至 4%，其他各档次执行利率不变。对 30 万元（含）以上大额存款及财政性招标存款，经县联社审批后，可适当调整利率的上浮幅度，但最高不超过同档次基准利率的 1.5 倍。

2016 年 9 月 9 日，县联社发文决定，自是月 10 日起就存款执行利率进行调整：半年期定期存款利率，由人民银行规定的各档次基准利率上浮 1.5 倍下调至上浮 1.4 倍，其他各档次执行利率不变。参加客户单一价格招投标（含以价格优先为准入资格的招投标），定期存款利率最高不超过同档次基准利率的 1.35 倍。

表 4-2-1　　1954 年至 2016 年浦江县农村信用合作社储蓄存款利率表

单位：年息 %

调整日期	活期	定期整存整取									零存整取			通知存款	
		一个月	三个月	六个月	九个月	一年	二年	三年	五年	八年	一年	三年	五年	1天	7天
1955 年	5.4～9	7.2～10.8	9～12	10.8～12											
1956 年 3 月 1 日	2.88		5.04	6.12		7.92					6.12				
1959 年 1 月 1 日	2.16		2.16	3.60		4.80					3.60				
1959 年 7 月 1 日	2.16		2.88	4.68		6.12	6.30	6.504			4.68	6.12			
1965 年 6 月 1 日	2.16			3.24		3.96					3.96				
1971 年 10 月 1 日	2.16					3.24					3.24				
1979 年 4 月 1 日	2.16			3.60		3.96		4.50	5.04		3.60	3.96	4.50		
1980 年 4 月 1 日	2.16			4.32		5.40		6.12	6.84		4.32	5.40	6.12		
1982 年 4 月 1 日	2.88			4.32		5.76		6.84	7.92	9.00	4.68	6.12	7.20		

续表 4-2-1

调整日期	活期	定期整存整取									零存整取			通知存款	
		一个月	三个月	六个月	九个月	一年	二年	三年	五年	八年	一年	三年	五年	1天	7天
1985年4月1日	2.88			5.40		6.84		7.92	8.28	9.00	5.40	6.84	7.56		
1985年8月1日	2.88			6.12		7.20		8.28	9.36	10.44	6.12	7.20	7.92		
1988年9月1日	2.88			6.48		8.64	9.18	9.72	10.80	12.42	7.20	8.64	9.72		
1989年2月1日	2.88			9.00		11.34	12.24	13.14	14.94	17.64	9.54	11.34	13.14		
1989年6月1日	2.88		7.56	9.00		11.34	12.24	13.14	14.94	17.64	9.54	11.34	13.14		
1990年4月15日	2.88		6.30	7.74		10.08	10.98	11.88	13.68	16.20	8.28	10.08	11.88		
1990年8月21日	2.16		4.32	6.48		8.64	9.36	10.08	11.52	13.68	7.20	8.64	10.08		
1991年4月21日	1.80		3.24	5.40		7.56	7.92	8.28	9.00	10.08	6.12	6.84	7.56		
1993年5月15日	2.16		4.86	7.20		9.18	9.90	10.80	12.06	14.58	7.20	9.18	10.80		
1993年7月11日	3.15		6.66	9.00		10.98	11.70	12.24	13.86	17.10	9.00	10.98	12.24		
1996年5月1日	2.97		4.86	7.20		9.18	9.90	10.80	12.06		7.20	9.18	10.80		
1996年8月23日	1.98		3.33	5.40		7.47	7.92	8.28	9.00		5.40	7.47	8.28		
1997年10月23日	1.71		2.88	4.14		5.67	5.94	6.21	6.66		4.14	5.67	6.21		
1998年3月25日	1.71		2.88	4.14		5.22	5.58	6.21	6.66		4.14	5.22	6.21		
1998年7月1日	1.44		2.790	3.96		4.77	4.86	4.95	5.22		3.96	4.77	4.95		
1998年12月7日	1.44		2.790	3.330		3.78	3.96	4.14	4.50		3.33	3.78	4.14	1.8	2.34
1999年6月10日	0.99		1.98	2.16		2.250	2.43	2.70	2.88		1.98	2.16	2.25	1.35	1.89
2002年2月21日	0.72		1.71	1.89		1.98	2.25	2.52	2.79		1.71	1.89	1.98	1.08	1.62
2004年10月29日	0.72		1.71	2.07		2.25	2.70	3.24	3.60		1.71	2.07	2.25	1.08	1.62
2006年8月19日	0.72		1.80	2.25		2.52	3.06	3.69	4.14		1.80	2.25	2.52	1.08	
2007年3月18日	0.72		1.98	2.43		2.79	3.33	3.96	4.41		1.98	2.43	2.79	1.08	1.62
2007年5月19日	0.72		2.07	2.61		3.06	3.69	4.41	4.95		2.07	2.61	3.06	1.08	
2007年7月21日	0.81		2.34	2.88		3.33	3.96	4.68	5.22		2.34	2.88	3.33	1.17	1.71
2007年8月22日	0.81		2.61	3.15		3.60	4.23	4.95	5.49		2.61	3.15	3.60	1.17	
2007年9月15日	0.81		2.88	3.42		3.87	4.50	5.22	5.76		2.88	3.42	3.87	1.17	
2007年12月21日	0.72		3.33	3.78		4.14	4.68	5.40	5.85		3.33	3.78	4.14	1.17	
2008年10月9日	0.72		3.15	3.51		3.87	4.41	5.13	5.58		3.15	3.51	3.87	1.17	
2008年10月30日	0.72		2.88	3.24		3.60	4.14	4.77	5.13		2.88	3.24	3.60	1.17	
2008年11月27日	0.36		1.98	2.25		2.52	3.06	3.60	3.87		1.98	2.25	2.52	0.81	1.35
2008年12月23日	0.36		1.71	1.98		2.250	2.79	3.33	3.60		1.71	1.98	2.25	0.81	

续表 4-2-1

调整日期	活期	定期整存整取									零存整取			通知存款	
		一个月	三个月	六个月	九个月	一年	二年	三年	五年	八年	一年	三年	五年	1天	7天
2010年10月20日	0.36		1.91	2.20		2.50	3.25	3.85	4.20		1.91	2.20	2.50	0.81	
2010年12月26日	0.36		2.25	2.50		2.75	3.55	4.15	4.55		2.25	2.50	2.75	0.81	
2011年2月9日	0.40		2.60	2.80		3.00	3.90	4.50	5.00		2.60	2.80	3.00	0.85	1.39
2011年4月6日	0.50		2.85	3.05		3.25	4.15	4.75	5.25		2.85	3.05	3.25	0.95	1.49
2011年7月7日	0.50		3.10	3.30		3.50	4.40	5.00	5.50		3.10	3.30	3.50	0.95	
2012年6月8日	0.44		3.135	3.355		3.575	4.51	5.115	5.61		3.135	3.355	3.575	0.935	1.529
2012年7月6日	0.385		2.86	3.08		3.30	4.125	4.675	5.225		2.86	3.08	3.30	0.88	1.485
2014年11月22日	0.42		2.82	3.06		3.30	4.02	4.80	5.70		2.82	3.06	3.60	0.96	1.62
2015年3月1日	0.42		2.52	2.76		3.00	3.72	4.50	5.70		2.52	2.76	3.60	0.96	1.62
2015年3月18日	0.455		2.73	2.99		3.25	4.03	4.875	5.70		2.73	2.99	3.60	1.04	1.755
2015年5月11日	0.42		2.52	2.76		3.00	3.72	4.50	5.225		2.52	2.76	3.60	0.96	1.62
2015年6月30日	0.42		2.32	2.61		2.90	3.64	4.485	5.00		2.32	2.61	3.60	0.96	1.62
2015年8月27日	0.42		2.025	2.325		2.625	3.525	4.485	4.75		2.025	2.325	3.00	0.96	1.62
2015年10月27日	0.42		2.025	2.325		2.625	3.525	4.485	4.30		2.025	2.325	3.00	0.96	1.62
2016年1月1日	0.42		1.65	1.95		2.25	3.15	4.125	4.00		1.65	1.95	2.25	0.96	1.62
2016年9月10日	0.42		1.54	1.95		2.10	2.94	3.85	4.00		1.54	1.95	2.10	0.96	1.62
2016年9月19日	0.42		1.54	1.82		2.10	2.94	3.85	3.85		1.54	1.82	2.10	0.96	1.62

第三节　加息罚息

1980 年 4 月，中国人民银行、中国农业银行决定，对逾期贷款加收利息 20%，对企业超储积压和有问题商品贷款加收利息 30%，对企业挤占挪用银行贷款加收利息 50%。具体实施时间为：自 1981 年 4 月 1 日起，对社队企业放款和农村集镇集体放款的逾期贷款加收利息；自 1982 年 1 月起，对企业挤占挪用贷款加收罚息 50%；自 1984 年 1 月起，对农业贷款亦实行逾期加息。

自 1984 年 1 月 1 日起，本县农村信用合作社始对逾期贷款加息 20%。

自 1988 年 9 月 1 日起，对逾期贷款加息 20%，超储积压和有问题商品贷款加息 30%，被挤占挪用贷款加息 50%。自是年 9 月 21 日起，对逾期贷款和积压超储贷款加息 50%，被挤占挪用贷款加息 100%，从发现贷款被移用之日起计算，以信贷书面通知为准。

1991 年 7 月 13 日，中国人民银行颁发的《利率管理暂行规定》明确，由于超储积压和有问题商品的贷款是形成逾期贷款的原因之一，故不再单独列入加、罚息范围。

自 1996 年 5 月 1 日起，逾期贷款按日利率万分之五计收利息，挤占挪用贷款按日利率万分之七计收利息，并实行分段计息。10 月，明确提出严格加罚息标准，若贷款既挪用又逾期应择其重，不能并处。

自 1999 年 6 月 10 日起，降低逾期贷款利率，由现行日利率万分之四降至日利率万分之三，挤占挪用贷款按日利率万分之六计收利息。

2004 年 3 月，本县农村信用合作社实施贷款利率浮动管理暂行规定，逾期贷款罚息利率，从逾期之日起在借款合同贷款利率水平上加收 30%；挤占挪用贷款罚息利率，从挤占挪用之日起在借款合同贷款利率水平上加收 50%。

自 2011 年 4 月 6 日起，逾期贷款罚息日利率在执行利率基础上增加上浮 50%；挤占挪用贷款罚息日利率在执行利率基础上增加上浮 100%。

表 4-2-2　　1954 年至 1996 年浦江县农村信用合作社贷款利率执行表

单位：月利率‰

时间	项目							
	粮棉油贷款	其他种养业贷款	乡镇企业贷款（含设备贷款）	个体工商户贷款	灾区、扶贫生活贷款	一般农户生活贷款	建房、耐用消费品贷款	集体贷款
1955 年	社员个人贷款统一利率：10 ～ 15							
1956 年 3 月 1 日		7.2			7.2	7.2		
1959 年 1 月 1 日		6			6	6		
1971 年 10 月 1 日		3.6		3.6	3.6	3.6	3.6	
1980 年 10 月 1 日	3.6	3.6		4.2	3.6	3.6	4.2	
1981 年 3 月 1 日	4.2	4.2		5.1	3.6	3.6	6.6	
1982 年 1 月 1 日	4.8	4.8	6	6.3	4.8	4.8	7.2	
1984 年 1 月 1 日	6	6	6.6	7.2	6	6	8.7	
1985 年 4 月 1 日	6.6	6.6	7.2	9	6.6	6.6	8.7	
1985 年 7 月 1 日	9	9	9.9	12	9	9	15	
1986 年 1 月 1 日	7.2	7.2	9.9	12	7.2	7.2	15	

续表 4-2-2

时间	项目							
	粮棉油贷款	其他种养业贷款	乡镇企业贷款（含设备贷款）	个体工商户贷款	灾区、扶贫生活贷款	一般农户生活贷款	建房、耐用消费品贷款	集体贷款
1988 年 9 月 1 日	9.6	9.6	12	13.5	9.6	9.6	15	
1989 年 2 月 1 日	9.45	11.88	14.85	18	10.2	14.4	18	
1990 年 3 月 21 日	8.4	9.6	12.6	12.6	9	9.9	12.6	
1990 年 8 月 21 日	7.8	8.4	12.48	12.48	7.8	9.3	12.48	
1991 年 4 月 21 日	7.2	7.8	9.9	11.4	7.2	9	11.4	
1993 年 3 月 1 日	7.8	11.52	11.52	11.52	11.52	11.52	11.52	
1993 年 5 月 15 日	7.8	12.48	12.48	12.48	12.48	12.48	12.48	12.48
1993 年 7 月 11 日	9.15	14.64	14.64	14.64	14.64	14.64	14.64	14.64
1995 年 9 月 21 日	10.05	16.08	16.08	16.08		16.08	16.08	16.08
1996 年 5 月 1 日	9.15	12.81	12.81	12.81		12.81	12.81	12.81
1996 年 8 月 23 日	8.4	11.76	11.76	11.76		11.76	11.76	11.76

说明：1988 年 9 月 9 日规定，逾期贷款加息 20%，积压和有问题商品贷款加息 30%，挤占挪用贷款加息 50%，自 1988 年 9 月 1 日起执行；1988 年 10 月 19 日规定，贷款逾期加息 50%，贷款被移用、挪用加息 100%，自 1988 年 9 月 21 日起执行；1996 年 5 月 2 日规定，逾期贷款按日万分之五计收利息，挤占挪用贷款按日万分之七计收利息，实行分段计息，自 1996 年 5 月 1 日起执行。

表 4-2-3　　　1997 年至 2002 年浦江县农村信用合作社贷款利率执行表

单位：月利率‰

项目		一、短期贷款	六个月内含六个月	六个月至一年（含一年）	二、中长期贷款	一至三年（含三年）	三至五年（含五年）	五年以上	三、粮棉油贷款
1996 年 9 月 21 日	重点企业利率			10.92					
1997 年 10 月 23 日	信用社执行利率			10.08		10.92			7.2
	重点企业利率			9.36		10.14			
1998 年 3 月 25 日	信用社执行利率			9.24					6.6
	重点企业利率			8.58					
1998 年 7 月 1 日	信用社执行利率		7.665	8.085					5.775
	重点企业利率			7.5075					
1998 年 11 月 21 日	信用社执行利率		8.2125	8.6625					5.775
	重点企业利率		7.665	8.085					
1998 年 12 月 7 日	信用社执行利率		7.65	7.9875					5.275
	重点企业利率		7.14	7.455					
1999 年 6 月 10 日	信用社执行利率		6.975	7.3125		7.425	7.5375	7.7625	4.525
	重点企业利率		6.51	6.825		6.93	7.035	7.245	
2002 年 2 月 21 日	信用社执行利率		6.3	6.6375		6.8625	6.975	7.2	4.025
	重点企业利率		5.88	6.195		6.405	6.51	6.72	

说明：1999 年 6 月 10 日规定，逾期贷款利率由现行日利率万分之四降为日利率万分之三，挤占挪用贷款利率执行日利率万分之六。

表 4-2-4　　　2004 年浦江县农村信用合作社贷款利率执行表

项目			一、短期贷款	六个月内（含）	六个月至一年（含一年）	二、中长期贷款	一至三年（含三年）	三至五年（含五年）	五年以上
2004 年 3 月 21 日	利率‰	基准利率		4.2	4.425		4.575	4.65	4.8
		上浮 50% ～ 100%		6.3 ～ 8.4	6.6375 ～ 8.85		6.8625 ～ 9.15	6.975 ～ 9.3	7.2 ～ 9.6
	逾期罚息率‰	基准利率罚息率		1.82	1.9175		1.9825	2.015	2.08
		上浮 50% ～ 100% 利率罚息率		2.73 ～ 3.64	2.8763 ～ 3.835		2.9738 ～ 3.965	3.0225 ～ 4.03	3.12 ～ 4.16
	挤占挪用罚息率‰	基准利率罚息率		2.1	2.2125		2.2875	2.325	2.4
		上浮 50% ～ 100% 罚息率		3.15 ～ 4.2	3.3188 ～ 4.425		3.4313 ～ 4.575	3.4875 ～ 4.65	3.6 ～ 4.8
2004 年 10 月 29 日	利率‰	基准利率		4.35	4.65		4.8	4.875	5.1
		上浮 50% ～ 100%		6.525 ～ 8.7	6.975 ～ 9.3		7.2 ～ 9.6	7.3125 ～ 9.75	7.65 ～ 10.2
	逾期罚息率‰	基准利率罚息率		1.885	2.015		2.08	2.1125	2.21
		上浮 50% ～ 100% 利率罚息率		2.8275 ～ 3.77	3.0225 ～ 4.03		3.12 ～ 4.16	3.16875 ～ 4.225	3.315 ～ 4.42
	挤占挪用罚息率‰	基准利率罚息率		2.175	2.325		2.4	2.4375	2.55
		上浮 50% ～ 100% 利率罚息率		3.2625 ～ 4.35	3.4875 ～ 4.65		3.6 ～ 4.8	3.65625 ～ 4.875	3.825 ～ 5.1

表 4-2-5　　2006 年浦江县农村信用合作社贷款利率执行表（一）

单位：%

项目	2006 年 4 月 28 日								
	执行月利率			逾期罚息日利率			挤占挪用罚息日利率		
	基准利率	下浮 10%	上浮 10%~130%	基准利率罚息率	下浮 10%	上浮 10%~130% 利率罚息率	基准利率罚息率	下浮 10%	上浮 10%~130% 利率罚息率
一、短期贷款									
六个月以内（含六个月）	4.5	4.05	4.95～10.35	1.95	1.755	2.145～4.485	2.25	2.025	2.475～5.175
六个月至一年（含一年）	4.875	4.3875	5.3625～11.213	2.1125	1.9013	2.3238～4.8588	2.4375	2.1938	2.6813～5.6063
二、中长期贷款									
一至三年（含三年）	5.025	4.5225	5.5275～11.558	2.1775	1.9598	2.3953～5.0083	2.5125	2.2613	2.7638～5.7788
三至五年（含五年）	5.1	4.59	5.61～11.73	2.21	1.989	2.431～5.083	2.55	2.295	2.805～5.865
五年以上	5.325	4.7925	5.8575～12.248	2.3075	2.0768	2.5383～5.3073	2.6625	2.3963	2.9288～6.1238

说明：逾期罚息日利率在执行利率基础上增加上浮 30%，挤占挪用罚息日利率增加上浮 50%。

2006 年浦江县农村信用合作社贷款利率执行表（二）

项目	2006 年 8 月 19 日								
	执行月利率			逾期罚息日利率			挤占挪用罚息日利率		
	基准利率	下浮 10%	上浮 10%~130%	基准利率罚息率	下浮 10%	上浮 10%~130% 利率罚息率	基准利率罚息率	下浮 10%	上浮 10%~130% 利率罚息率
一、短期贷款									
六个月以内（含六个月）	4.65	4.185	5.115～10.695	2.015	1.8135	2.2165～4.6345	2.325	2.0925	2.5575～5.3475
六个月至一年（含一年）	5.1	4.59	5.61～11.73	2.21	1.989	2.431～5.083	2.55	2.295	2.805～5.865
二、中长期贷款									
一至三年（含三年）	5.25	4.725	5.775～12.075	2.275	2.0475	2.5025～5.2325	2.625	2.3625	2.8875～6.0375
三至五年（含五年）	5.4	4.86	5.94～12.42	2.34	2.106	2.574～5.382	2.7	2.43	2.97～6.21
五年以上	5.7	5.13	6.27～13.11	2.47	2.223	2.717～5.681	2.85	2.565	3.135～6.555

说明：逾期罚息日利率在执行利率基础上增加上浮 30%，挤占挪用罚息日利率增加上浮 50%。

表 4-2-6　　2007 年浦江县农村信用合作社贷款利率执行表（一）

单位：%

项　目	2007 年 3 月 18 日								
	执行月利率			逾期罚息日利率			挤占挪用罚息日利率		
	基准利率	下浮 10%	上　浮 10%~130%	基准利率罚息率	下浮 10%	上　浮 10%~130% 利率罚息率	基准利率罚息率	下浮 10%	上　浮 10%~130% 利率罚息率
一、短期贷款									
六个月以内（含六个月）	4.725	4.2525	5.1975～10.8675	2.0475	1.8428	2.2523～4.7093	2.3625	2.1263	2.5988～5.4338
六个月至一年（含一年）	5.325	4.7925	5.8575～12.2475	2.3075	2.0768	2.5383～5.3073	2.6625	2.3963	2.9288～6.1238
二、中长期贷款									
一至三年（含三年）	5.475	4.9275	6.0225～12.5925	2.3725	2.1353	2.6098～5.4568	2.7375	2.4638	3.0113～6.2963
三至五年（含五年）	5.625	5.0625	6.1875～12.9375	2.4375	2.1938	2.6813～5.6063	2.8125	2.5313	3.0938～6.4688
五年以上	5.925	5.3325	6.5175～13.6275	2.5675	2.3108	2.8243～5.9053	2.9625	2.6663	3.2588～6.8138

说明：逾期罚息日利率在执行利率基础上增加上浮 30%，挤占挪用罚息日利率增加上浮 50%。

2007 年浦江县农村信用合作社贷款利率执行表（二）

项　目	2007 年 5 月 19 日								
	执行月利率			逾期罚息日利率			挤占挪用罚息日利率		
	基准利率	下浮 10%	上　浮 10%~130%	基准利率罚息率	下浮 10%	上　浮 10%~130% 利率罚息率	基准利率罚息率	下浮 10%	上　浮 10%~130% 利率罚息率
一、短期贷款									
六个月以内（含六个月）	4.875	4.3875	5.3625～11.2125	2.1125	1.9013	2.3238～4.8588	2.4375	2.1938	2.6813～5.6063
六个月至一年（含一年）	5.475	4.9275	6.0225～12.5925	2.3725	2.1353	2.6098～5.4568	2.7375	2.4638	3.0113～6.2963
二、中长期贷款									
一至三年（含三年）	5.625	5.0625	6.1875～12.9375	2.4375	2.1938	2.6813～5.6063	2.8125	2.5313	3.0938～6.4688
三至五年（含五年）	5.775	5.1975	6.3525～13.2825	2.5025	2.2523	2.7528～5.7588	2.8875	2.5988	3.1763～6.6413
五年以上	6	5.4	6.6～13.8	2.6	2.34	2.86～5.98	3	2.7	3.3～6.9

说明：逾期罚息日利率在执行利率基础上增加上浮 30%，挤占挪用罚息日利率增加上浮 50%。

2007年浦江县农村信用合作社贷款利率执行表（三）

项 目	2007年7月21日								
	执行月利率			逾期罚息日利率			挤占挪用罚息日利率		
	基准利率	下浮10%	上浮10%~130%	基准利率罚息率	下浮10%	上浮10%~130%利率罚息率	基准利率罚息率	下浮10%	上浮10%~130%利率罚息率
一、短期贷款									
六个月以内（含六个月）	5.025	4.5225	5.5275～11.5575	2.1775	1.9598	2.3953～5.0083	2.5125	2.2613	2.7638～5.7788
六个月至一年（含一年）	5.7	5.13	6.27～13.11	2.47	2.223	2.717～5.681	2.85	2.565	3.135～6.555
二、中长期贷款									
一至三年（含三年）	5.85	5.265	6.435～13.455	2.535	2.2815	2.7885～5.8305	2.925	2.6325	3.2175～6.7275
三至五年（含五年）	6	5.4	6.6～13.8	2.6	2.34	2.86～5.98	3	2.7	3.3～6.9
五年以上	6.15	5.535	6.765～14.145	2.665	2.3985	2.9315～6.1295	3.075	2.7675	3.3825～7.0725

说明：逾期罚息日利率在执行利率基础上增加上浮30%，挤占挪用罚息日利率增加上浮50%。

2007年浦江县农村信用合作社贷款利率执行表（四）

项 目	2007年8月22日								
	执行月利率			逾期罚息日利率			挤占挪用罚息日利率		
	基准利率	下浮10%	上浮10%~130%	基准利率罚息率	下浮10%	上浮10%~130%利率罚息率	基准利率罚息率	下浮10%	上浮10%~130%利率罚息率
一、短期贷款									
六个月以内（含六个月）	5.175	4.6575	5.6925～11.9025	2.2425	2.0183	2.4668～5.1578	2.5875	2.3288	2.8463～5.9513
六个月至一年（含一年）	5.85	5.265	6.435～13.455	2.535	2.2815	2.7885～5.8305	2.925	2.6325	3.2175～6.7275
二、中长期贷款									
一至三年（含三年）	6	5.4	6.6～13.8	2.6	2.34	2.86～5.98	3	2.7	3.3～6.9
三至五年（含五年）	6.15	5.535	6.765～14.145	2.665	2.3985	2.9315～6.1295	3.075	2.7675	3.3825～7.0725
五年以上	6.3	5.67	6.93～14.49	2.73	2.457	3.003～6.279	3.15	2.835	3.465～7.245

说明：逾期罚息日利率在执行利率基础上增加上浮30%，挤占挪用罚息日利率增加上浮50%。

2007年浦江县农村信用合作社贷款利率执行表（五）

项 目	2007年9月15日								
	执行月利率			逾期罚息日利率			挤占挪用罚息日利率		
	基准利率	下浮10%	上浮10%~130%	基准利率罚息率	下浮10%	上浮10%~130%利率罚息率	基准利率罚息率	下浮10%	上浮10%~130%利率罚息率
一、短期贷款									
六个月以内（含六个月）	5.4	4.86	5.94～12.42	2.34	2.106	2.574～5.382	2.7	2.43	2.97～6.21
六个月至一年（含一年）	6.075	5.4675	6.6825～13.9725	2.6325	2.36925	2.89575～6.05475	3.0375	2.73375	3.34125～6.98625
二、中长期贷款									
一至三年（含三年）	6.225	5.6025	6.8475～14.3175	2.6975	2.42775	2.96725～6.20425	3.1125	2.80125	3.42375～7.15875
三至五年（含五年）	6.375	5.7375	7.0125～14.6625	2.7625	2.48625	3.03875～6.35375	3.1875	2.86875	3.50625～7.33125
五年以上	6.525	5.8725	7.1775～15.0075	2.8275	2.54475	3.11025～6.50325	3.2625	2.93625	3.58875～7.50375

说明：逾期罚息日利率在执行利率基础上增加上浮30%，挤占挪用罚息日利率增加上浮50%。

2007年浦江县农村信用合作社贷款利率执行表（六）

项 目	2007年12月21日								
	执行月利率			逾期罚息日利率			挤占挪用罚息日利率		
	基准利率	下浮10%	上浮10%~130%	基准利率罚息率	下浮10%	上浮10%~130%利率罚息率	基准利率罚息率	下浮10%	上浮10%~130%利率罚息率
一、短期贷款									
六个月以内（含六个月）	5.475	4.9275	6.0225～12.5925	2.3725	2.13525	2.60975～5.45675	2.7375	2.46375	3.01125～6.29625
六个月至一年（含一年）	6.225	5.6025	6.8475～14.3175	2.6975	2.42775	2.96725～6.20425	3.1125	2.80125	3.42375～7.15875
二、中长期贷款									
一至三年（含三年）	6.3	5.67	6.93～14.49	2.73	2.457	3.003～6.279	3.15	2.835	3.465～7.245
三至五年（含五年）	6.45	5.805	7.095～14.835	2.795	2.5155	3.0745～6.4285	3.225	2.9025	3.5475～7.4175
五年以上	6.525	5.8725	7.1775～15.0075	2.8275	2.54475	3.11025～6.50325	3.2625	2.93625	3.58875～7.50375

说明：逾期罚息日利率在执行利率基础上增加上浮30%，挤占挪用罚息日利率增加上浮50%。

表 4-2-7　　2008 年浦江县农村信用合作社贷款利率执行表（一）

单位：%

项 目	2008 年 9 月 16 日								
	执行月利率			逾期罚息日利率			挤占挪用罚息日利率		
	基准利率	下浮 10%	上浮 10%~130%	基准利率罚息率	下浮 10%	上浮 10%~130% 利率罚息率	基准利率罚息率	下浮 10%	上浮 10%~130% 利率罚息率
一、短期贷款									
六个月以内（含六个月）	5.175	4.6575	5.6925～11.9025	2.2425	2.01825	2.46675～5.15775	2.5875	2.32875	2.84625～5.95125
六个月至一年（含一年）	6	5.4	6.6～13.8	2.6	2.34	2.86～5.98	3	2.7	3.3～6.9
二、中长期贷款									
一至三年（含三年）	6.075	5.4675	6.6825～13.9725	2.6325	2.36925	2.89575～6.05475	3.0375	2.73375	3.34125～6.98625
三至五年（含五年）	6.3	5.67	6.93～14.49	2.73	2.457	3.003～6.279	3.15	2.835	3.465～7.245
五年以上	6.45	5.805	7.095～14.835	2.795	2.5155	3.0745～6.4285	3.225	2.9025	3.54750～7.4175

说明：逾期罚息日利率在执行利率基础上增加上浮 30%，挤占挪用罚息日利率增加上浮 50%。

2008 年浦江县农村信用合作社贷款利率执行表（二）

项 目	2008 年 10 月 30 日								
	执行月利率			逾期罚息日利率			挤占挪用罚息日利率		
	基准利率	下浮 10%	上浮 10%~130%	基准利率罚息率	下浮 10%	上浮 10%~130% 利率罚息率	基准利率罚息率	下浮 10%	上浮 10%~130% 利率罚息率
一、短期贷款									
六个月以内（含六个月）	5.025	4.5225	5.5275～11.5575	2.1775	1.95975	2.39525～5.00825	2.5125	2.26125	2.76375～5.77875
六个月至一年（含一年）	5.55	4.995	6.105～12.765	2.405	2.1645	2.6455～5.5315	2.775	2.4975	3.0525～6.3825
二、中长期贷款									
一至三年（含三年）	5.625	5.0625	6.1875～12.9375	2.4375	2.19375	2.68125～5.60625	2.8125	2.53125	3.99375～6.46875
三至五年（含五年）	5.85	5.265	6.435～13.455	2.535	2.2815	2.7885～5.8305	2.925	2.6325	3.2175～6.7275
五年以上	6	5.4	6.6～13.8	2.6	2.34	2.86～5.98	3	2.7	3.3～6.9

说明：逾期罚息日利率在执行利率基础上增加上浮 30%，挤占挪用罚息日利率增加上浮 50%。

2008年浦江县农村信用合作社贷款利率执行表（三）

项目	2008年11月27日								
	执行月利率			逾期罚息日利率			挤占挪用罚息日利率		
	基准利率	下浮10%	上浮10%~130%	基准利率罚息率	下浮10%	上浮10%~130%利率罚息率	基准利率罚息率	下浮10%	上浮10%~130%利率罚息率
一、短期贷款									
六个月以内（含六个月）	4.2	3.78	4.62～9.66	1.82	1.638	2.002～4.186	2.1	1.89	2.31～4.83
六个月至一年（含一年）	4.65	4.185	5.115～10.695	2.015	1.8135	2.2165～4.6345	2.325	2.0925	2.5575～5.3475
二、中长期贷款									
一至三年（含三年）	4.725	4.2525	5.1975～10.8675	2.0475	1.84275	2.25225～4.70925	2.3625	2.12625	2.59875～5.43375
三至五年（含五年）	4.95	4.455	5.445～11.385	2.145	1.9305	2.3595～4.9335	2.475	2.2275	2.7225～5.6925
五年以上	5.1	4.59	5.61～11.73	2.21	1.989	2.431～5.083	2.55	2.295	2.805～5.865

说明：逾期罚息日利率在执行利率基础上增加上浮30%，挤占挪用罚息日利率增加上浮50%。

2008年浦江县农村信用合作社贷款利率执行表（四）

项目	2008年12月23日								
	执行月利率			逾期罚息日利率			挤占挪用罚息日利率		
	基准利率	下浮10%	上浮10%~130%	基准利率罚息率	下浮10%	上浮10%~130%利率罚息率	基准利率罚息率	下浮10%	上浮10%~130%利率罚息率
一、短期贷款									
六个月以内（含六个月）	4.05	3.645	4.455～9.315	1.755	1.5795	1.9305～4.0365	2.025	1.8225	2.2275～4.6575
六个月至一年（含一年）	4.425	3.9825	4.8675～10.1775	1.9175	1.72575	2.10925～4.41025	2.2125	1.99125	2.43375～5.08875
二、中长期贷款									
一至三年（含三年）	4.5	4.05	4.95～10.35	1.95	1.755	2.145～4.485	2.25	2.025	2.475～5.175
三至五年（含五年）	4.8	4.32	5.28～11.04	2.08	1.872	2.288～4.784	2.4	2.16	2.64～5.52
五年以上	4.95	4.455	5.445～11.385	2.145	1.9305	2.3595～4.9335	2.475	2.2275	2.7225～5.6925

说明：逾期罚息日利率在执行利率基础上增加上浮30%，挤占挪用罚息日利率增加上浮50%。

表 4-2-8 2010 年浦江县农村信用合作社贷款利率执行表（一）

单位：%

项 目	2010 年 10 月 20 日								
	执行月利率			逾期罚息日利率			挤占挪用罚息日利率		
	基准利率	下浮 10%	上浮 10%~130%	基准利率罚息率	下浮 10%	上浮 10%~130% 利率罚息率	基准利率罚息率	下浮 10%	上浮 10%~130% 利率罚息率
一、短期贷款									
六个月以内（含六个月）	4.25	3.825	4.675～9.775	1.841667	1.6575	2.025833～4.235833	2.125	1.9125	2.3375～4.8875
六个月至一年（含一年）	4.633333	4.17	5.096667～10.656667	2.007778	1.807	2.208556～4.617889	2.316667	2.085	2.548333～5.328333
二、中长期贷款									
一至三年（含三年）	4.666667	4.2	5.133333～10.733333	2.022222	1.82	2.224444～4.651111	2.333333	2.1	2.566667～5.366667
三至五年（含五年）	4.966667	4.47	5.463333～11.423333	2.152222	1.937	2.367444～4.950111	2.483333	2.235	2.731667～5.711667
五年以上	5.116667	4.605	5.628333～11.768333	2.217222	1.9955	2.438944～5.099611	2.558333	2.3025	2.814167～5.884167

说明：逾期罚息日利率在执行利率基础上增加上浮 30%，挤占挪用罚息日利率增加上浮 50%。

2010 年浦江县农村信用合作社贷款利率执行表（二）

项 目	2010 年 12 月 26 日								
	执行月利率			逾期罚息日利率			挤占挪用罚息日利率		
	基准利率	下浮 10%	上浮 10%~130%	基准利率罚息率	下浮 10%	上浮 10%~130% 利率罚息率	基准利率罚息率	下浮 10%	上浮 10%~130% 利率罚息率
一、短期贷款									
六个月以内（含六个月）	4.458333	4.0125	4.904167～10.254167	1.931944	1.73875	2.125139～4.443472	2.229167	2.00625	2.452083～5.127083
六个月至一年（含一年）	4.841667	4.3575	5.325833～11.135833	2.098056	1.88825	2.307861～4.825528	2.420833	2.17875	2.662917～5.567917
二、中长期贷款									
一至三年（含三年）	4.875	4.3875	5.3625～11.2125	2.1125	1.90125	2.32375～4.85875	2.4375	2.19375	2.68125～5.60625
三至五年（含五年）	5.183333	4.665	5.701667～11.921667	2.246111	2.0215	2.470722～5.166056	2.591667	2.3325	2.850833～5.960833
五年以上	5.333333	4.8	5.866667～12.266667	2.311111	2.08	2.542222～5.315556	2.666667	2.4	2.933333～6.133333

说明：逾期罚息日利率在执行利率基础上增加上浮 30%，挤占挪用罚息日利率增加上浮 50%。

表 4-2-9　　2011 年浦江县农村信用合作社贷款利率执行表（一）

单位：%

项　目	2011 年 2 月 9 日								
	执行月利率			逾期罚息日利率			挤占挪用罚息日利率		
	基准利率	下浮 10%	上浮 10%~130%	基准利率罚息率	下浮 10%	上浮 10%~130% 利率罚息率	基准利率罚息率	下浮 10%	上浮 10%~130% 利率罚息率
一、短期贷款									
六个月以内（含六个月）	4.666667	4.2	5.133333～10.733333	2.022222	1.82	2.224444～4.651111	2.333333	2.1	2.566667～5.366667
六个月至一年（含一年）	5.05	4.545	5.555～11.615	2.188333	1.9695	2.407167～5.033167	2.525	2.2725	2.7775～5.8075
二、中长期贷款									
一至三年（含三年）	5.083333	4.575	5.591667～11.691667	2.202778	1.9825	2.423056～5.066389	2.541667	2.2875	2.795833～5.845833
三至五年（含五年）	5.375	4.8375	5.9125～12.3625	2.329167	2.09625	2.562083～5.357083	2.6875	2.41875	2.95625～6.18125
五年以上	5.5	4.95	6.05～12.65	2.383333	2.145	2.621667～5.481667	2.75	2.475	3.025～6.325

说明：逾期罚息日利率在执行利率基础上增加上浮 30%，挤占挪用罚息日利率增加上浮 50%。

2011 年浦江县农村信用合作社贷款利率执行表（二）

项　目	2011 年 4 月 6 日								
	执行月利率			逾期罚息日利率			挤占挪用罚息日利率		
	基准利率	下浮 10%	上浮 5%~130%	基准利率罚息率	下浮 10%	上浮 5%~130% 利率罚息率	基准利率罚息率	下浮 10%	上浮 5%~130% 利率罚息率
一、短期贷款									
六个月以内（含六个月）	4.875	4.3875	5.11875～11.2125	2.4375	2.19375	2.559375～5.60625	3.25	2.925	3.4125～7.475
六个月至一年（含一年）	5.258333	4.7325	5.52125～12.094167	2.629167	2.36625	2.760625～6.047083	3.505556	3.155	3.680833～8.062778
二、中长期贷款									
一至三年（含三年）	5.333333	4.8	5.6～12.266667	2.666667	2.4	2.8～6.133333	3.555556	3.2	3.733333～8.177778
三至五年（含五年）	5.541667	4.9875	5.81875～12.745833	2.770833	2.49375	2.909375～6.372917	3.694444	3.325	3.879167～8.497222
五年以上	5.666667	5.1	5.95～13.033333	2.833333	2.55	2.975～6.516667	3.777778	3.4	3.966667～8.688889

说明：2011 年 4 月 13 日规定，逾期罚息日利率在执行利率基础上增加上浮 50%，挤占挪用罚息日利率增加上浮 100%，自 2011 年 4 月 6 日起执行。

2011年浦江县农村信用合作社贷款利率执行表（三）

项 目	2011年7月7日								
	执行月利率			逾期罚息日利率			挤占挪用罚息日利率		
	基准利率	下浮10%	上浮5%~130%	基准利率罚息率	下浮10%	上浮5%~130%利率罚息率	基准利率罚息率	下浮10%	上浮5%~130%利率罚息率
一、短期贷款									
六个月以内（含六个月）	5.083333	4.575	5.3375～11.691667	2.541667	2.2875	2.66875～5.845833	3.388889	3.05	3.558333～7.794444
六个月至一年（含一年）	5.466667	4.92	5.74～12.573333	2.733333	2.46	2.87～6.286667	3.644444	3.28	3.826667～8.382222
二、中长期贷款									
一至三年（含三年）	5.541667	4.9875	5.81875～12.745833	2.770833	2.49375	2.909375～6.372917	3.694444	3.325	3.879167～8.497222
三至五年（含五年）	5.75	5.175	6.0375～13.225	2.875	2.5875	3.01875～6.6125	3.833333	3.45	4.025～8.816667
五年以上	5.875	5.2875	6.16875～13.5125	2.9375	2.64375	3.084375～6.75625	3.916667	3.525	4.1125～9.008333

说明：逾期罚息日利率在执行利率基础上增加上浮50%，挤占挪用罚息日利率增加上浮100%。

表 4-2-10　　2012 年浦江县农村信用合作社贷款利率执行表（一）

单位：%

项　目				一、短期贷款	六个月内（含）	六个月至一年（含一年）	二、中长期贷款	一至三年（含三年）	三至五年（含五年）	五年以上
2012 年 6 月 8 日	个人贷款利率	执行月利率	基准利率		4.875	5.258333		5.333333	5.541667	5.666667
			下浮 5% ～ 20%		4.63125 ～ 3.9	4.995417 ～ 4.206667		5.066667 ～ 4.266667	5.264583 ～ 4.433333	5.383333 ～ 4.533333
			上浮 5% ～ 130%		5.11875 ～ 11.2125	5.52125 ～ 12.094167		5.6 ～ 12.266667	5.81875 ～ 12.745833	5.95 ～ 13.033333
		逾期罚息日利率	基准利率罚息率		2.4375	2.629167		2.666667	2.770833	2.833333
			下浮 5% ～ 20%		2.315625 ～ 1.95	2.497708 ～ 2.103333		2.533333 ～ 2.133333	2.632292 ～ 2.216667	2.691667 ～ 2.266667
			上浮 5% ～ 130% 利率罚息率		2.559375 ～ 5.60625	2.760625 ～ 6.047083		2.8 ～ 6.133333	2.909375 ～ 6.372917	2.975 ～ 6.516667
		挤占挪用罚息日利率	基准利率罚息率		3.25	3.505556		3.555556	3.694444	3.777778
			下浮 5% ～ 20%		3.0875 ～ 2.6	3.330278 ～ 2.804444		3.377778 ～ 2.844444	3.509722 ～ 2.955556	3.588889 ～ 3.022222
			上浮 5% ～ 130% 利率罚息率		3.4125 ～ 7.475	3.680833 ～ 8.062778		3.733333 ～ 8.177778	3.879167 ～ 8.497222	3.966667 ～ 8.688889
	企业贷款利率	执行月利率	基准利率		4.875	5.258333		5.333333	5.541667	5.666667
			下浮 5% ～ 20%		4.214583 ～ 3.9	4.57875 ～ 4.206667		4.65 ～ 4.266667	4.847917 ～ 4.433333	4.966667 ～ 4.533333
			上浮 5% ～ 130%		4.875 ～ 10.795833	5.258333 ～ 11.6775		5.333333 ～ 11.85	5.541667 ～ 12.329167	5.666667 ～ 12.616667
		逾期罚息日利率	基准利率罚息率		2.4375	2.629167		2.666667	2.770833	2.833333
			下浮 5% ～ 20%		2.107292 ～ 1.95	2.289375 ～ 2.103333		2.325 ～ 2.133333	2.423958 ～ 2.216667	2.483333 ～ 2.266667
			上浮 5% ～ 130% 利率罚息率		2.4375 ～ 5.397917	2.629167 ～ 5.83875		2.666667 ～ 5.925	2.770833 ～ 6.164583	2.833333 ～ 6.308333
		挤占挪用罚息日利率	基准利率罚息率		3.25	3.505556		3.555556	3.694444	3.777778
			下浮 5% ～ 20%		2.809722 ～ 2.6	3.0525 ～ 2.804444		3.1 ～ 2.844444	3.231944 ～ 2.955556	3.311111 ～ 3.022222
			上浮 5% ～ 130% 利率罚息率		3.25 ～ 7.197222	3.505556 ～ 7.785		3.555556 ～ 7.9	3.694444 ～ 8.219444	3.777778 ～ 8.411111

说明：逾期罚息日利率在执行利率基础上增加上浮 50%，挤占挪用罚息日利率增加上浮 100%。

2012年浦江县农村信用合作社贷款利率执行表（二）

项 目				一、短期贷款	六个月内（含）	六个月至一年（含一年）	二、中长期贷款	一至三年（含三年）	三至五年（含五年）	五年以上
2012年7月6日	个人贷款利率	执行月利率	基准利率		4.666667	5		5.125	5.333333	5.458333
			下浮 5%～30%		4.433333～3.266667	4.75～3.5		4.86875～3.5875	5.066667～3.733333	5.185417～3.820833
			上浮 5%～130%		4.9～10.733333	5.25～11.5		5.38125～11.7875	5.6～12.266667	5.73125～12.554167
		逾期罚息日利率	基准利率罚息率		2.333333	2.5		2.5625	2.666667	2.729167
			下浮 5%～30%		2.216667～1.633333	2.375～1.75		2.434375～1.79375	2.533333～1.866667	2.592708～1.910417
			上浮5%～130%利率罚息率		2.45～5.366667	2.625～5.75		2.690625～5.89375	2.8～6.133333	2.865625～6.277083
		挤占挪用罚息日利率	基准利率罚息率		3.111111	3.333333		3.416667	3.555556	3.638889
			下浮 5%～30%		2.955556～2.177778	3.166667～2.333333		3.245833～2.391667	3.377778～2.488889	3.456944～2.547222
			上浮5%～130%利率罚息率		3.266667～7.155556	3.5～7.666667		3.5875～7.858333	3.733333～8.177778	3.820833～8.369444
	企业贷款利率	执行月利率	基准利率		4.666667	5		5.125	5.333333	5.458333
			下浮 5%～30%		4.016667～3.266667	4.333333～3.5		4.452083～3.5875	4.65～3.733333	4.76875～3.820833
			上浮 5%～130%		4.666667～10.316667	5～11.083333		5.125～11.370833	5.333333～11.85	5.458333～12.1375
		逾期罚息日利率	基准利率罚息率		2.333333	2.5		2.5625	2.666667	2.729167
			下浮 5%～30%		2.008333～1.633333	2.166667～1.75		2.226042～1.79375	2.325～1.866667	2.384375～1.910417
			上浮5%～130%利率罚息率		2.333333～5.158333	2.5～5.541667		2.5625～5.685417	2.666667～5.925	2.729167～6.06875
		挤占挪用罚息日利率	基准利率罚息率		3.111111	3.333333		3.416667	3.555556	3.638889
			下浮 5%～30%		2.677778～2.177778	2.888889～2.333333		2.968056～2.391667	3.1～2.488889	3.179167～2.547222
			上浮5%～130%利率罚息率		3.111111～6.877778	3.333333～7.388889		3.416667～7.580556	3.555556～7.9	3.638889～8.091667

说明：逾期罚息日利率在执行利率基础上增加上浮50%，挤占挪用罚息日利率增加上浮100%。

表 4-2-11　　2014 年浦江县农村信用合作社贷款利率执行表

单位：%

项　目	2014 年 11 月 22 日								
	执行月利率			逾期罚息日利率			挤占挪用罚息日利率		
	基准利率	下浮 5%~30%	上浮 5%~130%	基准利率罚息率	下浮 5%~30%	上浮 5%~130% 利率罚息率	基准利率罚息率	下浮 5%~30%	上浮 5%~130% 利率罚息率
一、短期贷款									
一年内（含一年）	4.666667	4.433333～3.266667	4.9～10.733333	2.333333	2.216667～1.633333	2.45～5.366667	3.111111	2.955556～2.177778	3.266667～7.155556
二、中长期贷款									
一至五年（含五年）	5	4.75～3.5	5.25～11.5	2.5	2.375～1.75	2.625～5.75	3.333333	3.166667～2.333333	3.5～7.666667
五年以上	5.125	4.86875～3.5875	5.38125～11.7875	2.5625	2.434375～1.79375	2.690625～5.89375	3.416667	3.245833～2.391667	3.5875～7.858333

说明：逾期罚息日利率在执行利率基础上增加上浮 50%，挤占挪用罚息日利率增加上浮 100%。

表 4-2-12　　2015 年浦江县农村信用合作社贷款利率执行表（一）

单位：%

项　目	2015 年 3 月 1 日								
	执行月利率			逾期罚息日利率			挤占挪用罚息日利率		
	基准利率	下浮 5%~30%	上浮 5%~130%	基准利率罚息率	下浮 5%~30%	上浮 5%~130% 利率罚息率	基准利率罚息率	下浮 5%~30%	上浮 5%~130% 利率罚息率
一、短期贷款									
一年内（含一年）	4.458333	4.235416～3.120833	4.68125～10.254166	2.229167	2.117708～1.560417	2.340625～5.127083	2.972222	2.823611～2.080555	3.120833～6.836111
二、中长期贷款									
一至五年（含五年）	4.791667	4.552084～3.354167	5.03125～11.020834	2.395834	2.276042～1.677083	2.515625～5.510417	3.194445	3.034722～2.236111	3.354167～7.347223
五年以上	4.916667	4.670834～3.441667	5.1625～11.308334	2.458334	2.335417～1.720833	2.58125～5.654167	3.277778	3.113889～2.294445	3.441667～7.538889

说明：逾期罚息日利率在执行利率基础上增加上浮 50%，挤占挪用罚息日利率增加上浮 100%。

2015 年浦江县农村信用合作社贷款利率执行表（二）

项 目	2015 年 5 月 11 日								
	执行月利率			逾期罚息日利率			挤占挪用罚息日利率		
	基准利率	下 浮 5%~30%	上 浮 5%~130%	基准利率罚息率	下 浮 5%~30%	上 浮 5%~130% 利率罚息率	基准利率罚息率	下 浮 5%~30%	上 浮 5%~130% 利率罚息率
一、短 期 贷 款									
一年内（含一年）	4.25	4.0375～2.975	4.4625～9.775	2.125	2.01875～1.4875	2.23125～4.8875	2.833333	2.691667～1.983333	2.975～6.51667
二、中长期贷 款									
一至五年（含五年）	4.583333	4.354167～3.208333	4.8125～10.541667	2.291667	2.177083～1.604167	2.40625～5.270833	3.055556	2.902778～2.138889	3.208333～7.027778
五年以上	4.708333	4.472917～3.295833	4.94375～10.829167	2.354167	2.236458～1.647917	2.471875～5.414583	3.138889	2.981944～2.197222	3.295833～7.219444

说明：逾期罚息日利率在执行利率基础上增加上浮 50%，挤占挪用罚息日利率增加上浮 100%。

2015 年浦江县农村信用合作社贷款利率执行表（三）

项 目	2015 年 6 月 28 日								
	执行月利率			逾期罚息日利率			挤占挪用罚息日利率		
	基准利率	下 浮 5%~30%	上 浮 5%~130%	基准利率罚息率	下 浮 5%~30%	上 浮 5%~130% 利率罚息率	基准利率罚息率	下 浮 5%~30%	上 浮 5%~130% 利率罚息率
一、短 期 贷 款									
一年内（含一年）	4.041667	3.839583～2.829167	4.24375～9.295833	2.020833	1.919792～1.414583	2.121875～4.647917	2.694444	2.559722～1.886111	2.829167～6.197222
二、中长期贷 款									
一至五年（含五年）	4.375	4.15625～3.0625	4.59375～10.0625	2.1875	2.078125～1.53125	2.296875～5.03125	2.916667	2.770833～2.041667	3.0625～6.708333
五年以上	4.5	4.275～3.15	4.725～10.35	2.25	2.1375～1.575	2.3625～5.175	3	2.85～2.1	3.15～6.9

说明：逾期罚息日利率在执行利率基础上增加上浮 50%，挤占挪用罚息日利率增加上浮 100%。

2015年浦江县农村信用合作社贷款利率执行表（四）

项　目	2015年8月26日								
	执行月利率			逾期罚息日利率			挤占挪用罚息日利率		
	基准利率	下　浮 5%~30%	上　浮 5%~130%	基准利率罚息率	下　浮 5%~30%	上　浮 5%~130% 利率罚息率	基准利率罚息率	下　浮 5%~30%	上　浮 5%~130% 利率罚息率
一、短　期贷　款									
一年内（含一年）	3.833333	3.641667 ～ 2.683333	4.025 ～ 8.816667	1.916667	1.820833 ～ 1.341667	2.0125 ～ 4.408333	2.555556	2.427778 ～ 1.788889	2.683333 ～ 1.788889
二、中长期贷　款									
一至五年（含五年）	4.166667	3.958333 ～ 2.916667	4.375 ～ 9.583333	2.083333	1.979167 ～ 1.458333	2.1875 ～ 4.791667	2.777778	2.638889 ～ 1.944444	2.916667 ～ 1.944444
五年以上	4.291667	4.077083 ～ 3.004167	4.5.625 ～ 9.870833	2.145833	2.038542 ～ 1.502083	2.253125 ～ 4.935417	2.861111	2.718056 ～ 2.002778	3.004167 ～ 6.580556

说明：逾期罚息日利率在执行利率基础上增加上浮50%，挤占挪用罚息日利率增加上浮100%。

2015年浦江县农村信用合作社贷款利率执行表（五）

项　目	2015年10月26日								
	执行月利率			逾期罚息日利率			挤占挪用罚息日利率		
	基准利率	下浮 5%~30%	上浮 5%~130%	基准利率罚息率	下浮 5%~30%	上浮 5~130% 利率罚息率	基准利率罚息率	下浮 5%~30%	上浮 5%~130% 利率罚息率
一、短　期贷　款									
一年内（含一年）	3.625	3.44375 ～ 2.5375	3.80625 ～ 8.3375	1.8125	1.721875 ～ 1.26875	1.903125 ～ 4.16875	2.416667	2.295833 ～ 1.691667	2.5375 ～ 5.558333
二、中长期贷　款									
一至五年（含五年）	3.958333	3.760417 ～ 2.770833	4.15625 ～ 9.104167	1.979167	1.880208 ～ 1.385417	2.078125 ～ 4.552083	2.638889	2.506944 ～ 1.847222	2.770833 ～ 6.069444
五年以上	4.083333	3.879167 ～ 2.858333	4.2875 ～ 9.391667	2.041667	1.939583 ～ 1.429167	2.14375 ～ 4.695833	2.722222	2.586111 ～ 1.905556	2.858333 ～ 6.261111

说明：逾期罚息日利率在执行利率基础上增加上浮50%，挤占挪用罚息日利率增加上浮100%。

第四节 保值储蓄贴补

1988 年下半年，全国经济出现明显的通货膨胀，物价上涨幅度超过储蓄存款利率，形成储蓄存款负利率。国务院决定自是年 9 月 10 日起，金融机构开办人民币长期保值储蓄存款业务。对居民个人三年期、五年期、八年期的整存整取定期储蓄、华侨（人民币）定期储蓄及存本取息定期储蓄，在储蓄期满时，银行和农村信用合作社除按规定利率支付利息外，还要把存款期间物价上涨幅度与利率之间的差数补贴给储户，以保证储户不因物价上涨幅度大而蒙受存款损失。保值贴补率是与社会商品零售物价指数挂钩的，为简化手续，采用按季平均的零售物价指数，因当季保值储蓄零售物价指数难以取得，只能以上季的零售物价指数作为计算贴补率的依据。由于这是一项新的工作，又需急办，而零售物价指数取得和保值贴补率计算方法均有一定难度，遂由人民银行统一参照国家统计局公布的零售物价总指数，按季平均计算（自 1990 年 1 月起改为按月计算），并统一公布。保值储蓄在存款到期后即停止贴补。存款过期不取，从到期日至取款日按原定存期的同档利率计付利息；存款全部提前支取的，亦只按规定利率计付利息，不再享受保值贴补。如部分提前支取的，未取部分仍予以保值。1990 年 6 月至 1991 年 11 月，由于物价持续平稳、保值贴补率连续 18 个月为零，人民银行决定自 1991 年 12 月 1 日起不再办理保值储蓄业务。此前存入的三年期以上定期储蓄存款仍给予保值。保值贴补率为零时，不再按月公布贴补率。

自 1993 年 7 月 11 日起，又恢复保值储蓄业务，对 1991 年 12 月 1 日起存入的三年、五年、八年期定期储蓄存款实行保值，保值期自 1993 年 7 月 11 日至存款到期日止，在调整后的利率基础上计算保值贴补率。对 1991 年 12 月 1 日之前存入的三年、五年、八年期定期储蓄存款，仍按 1988 年 9 月 10 日开办保值储蓄时的有关规定予以保值，在保值期内分别按 13.14%、14.94%、17.64% 的年利率计付利息。

自 1996 年 4 月 1 日起，中国人民银行决定停办新的保值储蓄业务。

本县农村信用合作社自开办保值储蓄业务以来，至 1997 年末，累计支付保值储蓄贴补利息 270 万元，先由农村信用合作社悉数列入经营成本。县人民政府自 2004 年起，连续三年由地方财政给予 51 万元的保值储蓄贴补利息补助，以落实对农村信用合作社的扶持政策。除此之外，全部由农村信用合作社自行承担。

表 4-2-13 保值贴补率一览

单位：年贴补率 %

月份＼年份	1988	1989	1990	1991～1993	1994	1995	1996	1997
1	-	16.13	0.90	-	-	9.84	11.31	2.87
2	-	12.71	1.46	-	-	10.38	10.83	2.09
3	-	12.71	0	-	1.19	11.87	11.29	0.94
4	-	12.59	1.42	-	1.50	11.47	9	0.17
5	-	12.59	1.38	-	2.70	12.27	7.61	-
6	-	12.59	-	-	3.38	12.92	7.23	-
7	-	13.64	-	-	4.58	13.01	6.24	-
8	-	13.64	-	-	4.27	12.99	4.75	-
9	7.28	13.64	-	-	4.96	12.64	3.61	-
10	7.28	8.36	-	-	5.62	12.07	3.62	-
11	7.28	8.36	-	-	6.57	12.07	4.04	-
12	7.28	8.36	-	-	8.79	13.24	3.72	-

表 4-2-14 1988 年至 2004 年浦江县农村信用合作社保值贴补利息列支情况

单位：万元

年 份	金 额	年 份	金 额
1988	0.75	1994	20
1989	9.80	1995	153.72
1990	2.79	1996	68.88
1991	0.20	1997	13.76
1992	0.10	1998	0
1993	0	合 计	270

第三章 风险与合规管理

农村信用合作社的风险管理始于对不良贷款的管理。不良贷款管理，首先是按贷款期限对贷款形态的划分实行分类管理。1966 年，农村信用合作社设置“待处理旧农贷”科目和“1961 年以前农贷”科目，划分贷款形态，用以核算和管理待处理农贷旧欠，正确反映待处理农贷旧欠中属于 1961 年以前发放的农贷，为核算和管理农贷旧欠打下基础。1983 年 2 月，中国农业银行印发《关于实行按期限管理贷款的通知》后，农村信用合作社贷款始实行按期限管理。1989 年，根据中国农业银行《信贷资产监测考核试行办法》精神，本县农村信用合作社开展信贷资产监测考核清理建制工作，实行贷款四级分类。1994 年 1 月，县联合社制订下发《贷款风险动态管理暂行办法》，对全县农村信用合作社贷款风险实行动态控制，并加大对不良贷款的清收力度。2002 年 9 月，根据金华市农金体改办印发的《金华市农村信用合作社信贷资产风险分类实施细则》，首在浦东农村信用合作社进行贷款五级分类试点，其后在全县逐步推开。2006 年 12 月，县联社制订《合规风险管理机制建设方案》，以加强风险合规管理机制建设，使之步入规范化管理轨道。

第一节 贷款期限及分类管理

贷款期限管理

1983 年 2 月，中国农业银行印发《关于实行按期限管理贷款的通知》。本县农村信用合作社对 1982 年底前的贷款划分其形态，始按期限管理。至 1987 年末，全县农村信用合作社各项贷款余额 3173.32 万元，其中逾期贷款余额 1072.27 万元，占比为 33.79%。

表 4-3-1　　1987 年全县农村信用合作社各项贷款形态分析

单位：万元

形态 \ 种类		农户贷款	社队集体贷款	乡镇企业贷款	其他贷款	合计
未到期	余额	250.08	21.90	1829.07		2101.05
	占比 %	51.62	32.36	69.78		66.21
逾期	余额	234.35	45.78	792.02	0.12	1072.27
	占比 %	48.38	67.64	30.22	100	33.79
其中：1982 年底前	余额	13.48	13.08	20.78		47.34
	占比 %	2.78	19.33%	0.79		1.49
合计	余额	484.43	67.68	2621.09	0.12	3173.32
	占比 %	100	100	100	100	100

1989 年末按期限管理贷款统计，全县农村信用合作社各项贷款余额 3216.41 万元。其中逾期贷款余额 706.6 万元，呆滞贷款余额 798.91 万元，占比分别为 21.97% 和 24.84%。

1992 年 6 月，县联合社下发的《贷款管理实施细则》，明确贷款实行按期限管理制度，贷款期限要根据各种贷款的不同用途和生产、商品周期及还款资金来源，由借贷双方合理商定。为保证贷款期限的合理确定，规定如下：其一，全县统一以每月的 5 日为贷款到期日，上月 25 日为信贷人员发出贷款到期催收通知书的截止日，当月 28 日为借款者申请贷款延期的截止日，当月 5 日为会计人员办理贷款逾期手续的转账日，以便贷款管理和会计核算。其二，流动资金贷款，主要解决生产和经营中流动资金的合理需要，贷款期限按生产、经营周期确定：（一）工业企业流动资金贷款期限一般在 3 至 6 个月以内，最长不超过 12 个月；（二）商业企业流动资金贷款期限一般在 3 个月以内，最长不超过 6 个月；（三）农业企业流动资金贷款期限一般在 3 至 6 个月以内，最长不超过 12 个月。其三，固定资产贷款（包括新、扩、改建、技改项目）期限一般一至三年，最长不超过五年。其四，农村承包经营户贷款：生产费用贷款，期限一般控制在 6 个月以内，最长不超过 12 个月；建房或购置农用机械设备贷款，期限一般控制在 12 个月以内，最长不超过二年。其五，个体工商户、私人合伙经营户和私营企业贷款：流动资金贷款，期限一般控制在 3 个月以内，最长不超过 6 个月；设备贷款，期限一般控制在 6 个月至 12 个月以内，最长不超过二年。其六，集体农业贷款按用途参照农村承包经营户贷款期限执行。开发性农业贷款，一般一至三年，最长不超过五年。借款者确因客观原因或其他正当理由不能如期偿还贷款的，可在到期日前 3 天申请延期，按制度规定办理延期手续，借款延期只能一次，延期最长不超过原定期限。凡未申请延期或申请延期未予批准的贷款，在到期日营业终了前转入逾期贷款账户管理。

1995 年 10 月，县联合社发出关于加强信用合作社贷款管理的意见。要求坚持按期限管理贷款，信贷人员按规定对到期、逾期贷款进行催收，及时发送到期、逾期贷款通知单；真实反映贷款形态，对到期、逾期贷款要及时调整科目；建好贷款档案，完善档案管理工作。会计人员要真实反映贷款管理状况，各种报表资料不得虚报、假报、不报；每月要对职责内的贷款管理情况作一次检查，发现问题及时处理或督促有关人员办理。对弄虚作假、隐瞒事实或故意不执行有关规定的，一经查实，给予严肃处理。

1997 年 11 月，县联合社在《贷款管理办法》中规定，贷款实行按期限管理，根据贷款的用途和生产周期、还款的资金来源以及信用合作社信贷资金的实际情况，合理确定每笔贷款的期限：农业生产及种养殖业的贷款按农业生产周期确定，一般不超过一年；个体工商业户、农户的其他生活贷款及乡镇企业等短期贷款（流动资金），原则上以 3 个月为一个周期，最长不得超过 6 个月，特殊情况最长不得超过一年；中、长期贷款（项目固定资产贷款），一般一至三年，最长不得超过五年；贷款原则上不办理展期手续。如个别借款户因特殊情况，贷款到期归还确有困难且有正当理由的，必须在贷款到期前 10 天到信用合作社申请办理贷款展期手续。短期贷款展期期限累计不得超过原贷款期限，中、长期贷款展期期限累计不得超过原贷款期限的一半（国家另有规定的除外）。借款人未申请展期或申请展期未予批准，其贷款在到期日次日起转入逾期贷款账户管理。

贷款四级分类

贷款四级分类，是指按贷款期限将贷款划分为正常、逾期、呆滞和呆账四类，其中后三类为不良贷款，简称“一逾两呆”。农村信用合作社对贷款资产实行“分类管理，双线反映”，即由信贷部门通过贷款登记，对各项贷款进行分类反映和管理，会计部门通过账户对各项贷款进行分类核算和管理。对非正常贷款进行监测考核，对呆滞、呆账贷款要按权限先认定后再调整占用形态。

1989 年，根据中国农业银行下发的《信贷资产监测考核试行办法》，由中国农业银行浙江省分行统一部署，在全省农村信用合作社开展信贷资产监测考核的清理建制工作，试行贷款四级分类。是年底，本县农村信用合作社各项贷款余额 3216 万元，其中非正常贷款 1458 万元（包括一般逾期贷款 638 万元，呆滞贷款 718 万元，呆账贷款 102 万元），占比为 45.34%。

1996 年 10 月，农村信用合作社与农业银行正式“脱钩”。是年末，按四级分类口径，全县农村信用合作社不良贷款余额 5372 万元，比 1990 年初增加 3914 万元，不良占比为

21.5%，比1990年初下降23.84个百分点。

2005年，成立统一法人的县联社。是年末，按四级分类口径，不良贷款余额9375万元，比年初下降2459万元，不良占比为10.08%，比年初下降4.55个百分点。

2016年完成股份制改革，组建浦江农村商业银行股份有限公司。是年末，按四级分类口径，不良贷款余额9578万元，不良占比为1.91%，比年初下降0.19个百分点；比1989年末、1996年末、2005年末分别下降43.43个百分点、19.59个百分点和8.17个百分点。

表4-3-2　　1989年、1996年、2005年、2016年末不良贷款状况

（四级分类法）

年　份	项　目	不良贷款	其中：逾期贷款	呆滞贷款	呆账贷款
1989	年末余额（万元）	1458	638	718	102
	比年初（± 万元）	-	-	-	-
	占比（%）	45.34	19.84	22.33	3.17
	比年初（±%）	-	-	-	-
1996	年末余额（万元）	5372	1056	3945	371
	比年初（± 万元）	1444	-83	1607	-80
	占比（%）	21.5	4.2	15.8	1.5
	比年初（±%）	2.6	-1.3	1.5	-0.7
2005	年末余额（万元）	9375	1438	6055	1882
	比年初（± 万元）	-2459	-432	-3872	1882
	占比（%）	10.08	1.5	6.5	2.0
	比年初（±%）	-4.55	-0.8	-5.8	2.0
2016	年末余额（万元）	9578	2495	7083	-
	比年初（± 万元）	395	-1139	1534	-
	占比（%）	1.91	0.50	1.41	-
	比年初（±%）	-0.19	-0.33	0.14	-

贷款五级分类

贷款五级分类，是根据内在风险程度将贷款划分为正常、关注、次级、可疑、损失五类。银行主要依据借款人的还款能力，即最终偿还贷款本金和利息的实际能力，确定贷款遭受

损失的风险程度，其中后三类称为不良贷款。此前的贷款四级分类，是将贷款划分为正常、逾期、呆滞、呆账四类。五级分类是国际金融业对银行贷款质量公认的标准，这一方法建立在动态监测基础上，通过对借款人现金流量、财务实力、抵押品价值等因素的连续监测和分析，判断贷款的实际损失程度。也就是说，五级分类不再依据贷款期限来判断贷款质量，能更为准确地反映不良贷款真实情况，从而提高银行抵御风险能力。

2002 年 9 月，县联合社转发金华市农金体改办制订的《金华市农村信用合作社信贷资产风险分类实施细则》。县联合社成立领导小组，下设认定审批工作组，指导在浦东农村信用合作社开展的信贷资产风险分类试点工作。浦东农村信用合作社亦相应成立工作小组，制订试点工作方案，着手对该社是年 6 月底的信贷资产（包括各项贷款、贴现、表内表外应收贷款利息、对外拆借、调剂资金及其他资产业务）逐笔清理和分类。其分类结果为：是年 6 月底正常与关注贷款 6155.2 万元，次级、可疑及损失类贷款 1544.7 万元，不良占比为 20.06%。

2004 年 12 月，省联合社印发《浙江省农村信用合作社贷款风险五级分类基本制度（试行）》。要求全省农村信用合作社通过各种现场查阅和非现场分析手段，获取借款人的财务和非财务状况，将影响借款人还款能力的财务和非财务因素综合分析、评估，作为判断贷款类别的主要依据。按照已判定的风险程度，将贷款划分为正常、关注、次级、可疑、损失五类（五个档次），后四类贷款合称受批评贷款；后三类贷款合称不良贷款。

2005 年 9 月，县联社印发《贷款风险五级分类实施细则》，并制订《贷款风险五级分类实施方案》。成立领导小组，负责信贷风险分类的组织实施、培训、认定结果审批等具体事宜；同时成立认定审批小组，最终审批结果报领导小组组长审核。职能部门为县联社计划信贷科。各信用社、分社亦相应成立工作小组。要求以是年 9 月 30 日的数据为准进行贷款风险五级分类认定。其分类认定结果为：各项贷款余额 92892.6 万元，其中正常类 56796.4 万元，关注类 22261.1 万元，次级类 5120.7 万元，可疑类 2960.2 万元，损失类 5754.2 万元。不良贷款余额 13835.1 万元，比年初减少 5379.9 万元，不良占比为 14.89%，比年初下降 8.86 个百分点。

2006 年 6 月，县联社印发《信贷资产风险分类实施细则》，全面推行信贷资产风险五级分类。至是年 9 月末，按五级分类口径，不良贷款余额 12539 万元，比上年 9 月末减少 1296.1 万元，不良占比为 12%，比上年 9 月末下降 2.89 个百分点；与四级分类情况对比，偏离度为 3.81%。

表 4-3-3　　2006 年 9 月末贷款风险分类结果对比分析

四级分类情况			五级分类情况		
贷款形态	金额（万元）	占比（%）	风险类别	金额（万元）	占比（%）
正　常	95893	91.80	正　常	65095	62.32
—	—	—	关　注	26819	25.68
逾　期	391	0.38	次　级	6693	6.40
呆　滞	8169	7.82	可　疑	3602	3.45
呆　账	0	0	损　失	2244	2.15
不良小计	8560	8.20	不良小计	12539	12.00
合　计	104453	100	合　计	104453	100

2007 年 5 月，县联社下发《非信贷资产风险分类实施细则》，并制订《非信贷资产风险分类实施方案》，部署辖内各分支机构和营业网点的非信贷资产风险分类工作。成立领导小组，下设办公室，具体负责分类指导、督促和实施。县联社营业部、业务拓展科及各信用社、分社相应成立工作小组。集中一段时间对 2006 年度全部非信贷资产进行风险分类。按五级分类口径，其结果为：至 2006 年末，全辖非信贷资产总额 60426 万元，其中正常类 59620 万元，关注类 412 万元，次级类 121 万元，可疑类 85 万元，损失类 188 万元。不良额 394 万元，不良率 0.65%；预计损失额 260 万元，预计损失率 0.43%。

2010 年 12 月，根据中国银监会《贷款风险分类指导原则》和《农村银行机构公司类信贷资产十级分类指引》等文件精神，县联社发文要求，试行公司类贷款十级分类工作。十级分类为：正常 1、正常 2、正常 3，关注 1、关注 2、关注 3，次级 1、次级 2，可疑，损失。正常 1、正常 2、正常 3 对应原五级分类的正常类；关注 1、关注 2、关注 3 对应原五级分类的关注类；次级 1、次级 2 对应原五级分类的次级类；可疑、损失分别对应原五级分类的可疑、损失类。次级 1、次级 2、可疑、损失合称不良信贷资产。自 2011 年起，全面推行十级分类工作。按授信余额不同，公司类客户分为一般企业和小企业，分别采用不同的分类文本。十级分类每季一次，在每季末月月底前完成分类认定；新发放的贷款则在当月月底前完成分类认定。

2016 年末，按五级分类口径，全辖不良贷款余额 10775 万元，比年初下降 1087 万元，不良占比 2.15%。

表 4-3-4　　　　2016 年不良贷款状况（五级分类法）

单位：万元、%

项　目	2016 年末	比年初 ±	占　比	比年初 ±
不良贷款	10775	-1087	2.15	-0.56
其中：次级类贷款	8411	3917	1.68	0.65
可疑类贷款	2319	-4995	0.46	-1.21
损失类贷款	45	-9	0.01	0

第二节　不良贷款风险防控与清收

1989 年 10 月，中共浦江县委办公室发文通知，在全县广泛开展以清仓、清欠、挖掘资金潜力为主要内容的“两清”工作。县五大班子专门召开会议，根据上级文件精神，结合本县实际，研究提出工商企业“两清”工作中有关经济政策问题的若干意见，拟定银行和农村信用合作社的清贷重点是呆滞、呆账贷款和个人贷款。对以贷谋私、催收贷款不力的当事人，应按情节轻重和相关规定严肃处理。贷款逾期不归还者，可按照银行贷款利率几倍加息，并逐月在其工薪中扣除；可采取张榜公布等办法，促进回收；对态度恶劣者，可采取经济制裁措施，亦可通过法律途径解决。并要求以 1989 年 8 月底的清查结果为基数予以考核。至是年 11 月末，全县农村信用合作社收回有问题贷款 215.67 万元，占 8 月份清查基数的 17.2%；是全县金融系统收回数额的 31.45%。

1990 年 8 月，县人民政府发出通知，决定在全县开展清收非正常贷款（简称“清非”）工作。同时成立领导小组，下设办公室，各区、乡（镇）亦相应成立领导小组，加强对“清非”工作的部署和指导。分管财贸的副县长发表广播、电视讲话，并要求地方新闻媒体广造舆论声势，把宣传“清非”作为当前和今后一段时期的中心工作。中国人民银行浦江县支行亦及时召开宣传工作会议和“清非”动员大会，邀请地方党政领导同志、企业主管部门及执法部门人员参加，进一步阐明“清非”的指导思想、目的意义及其方法步骤，激发行社干部职工积极性，使之形成党政领导重视、企业主管部门参与、执法部门协助、行社全力投入“清非”的良好氛围。全域上下联动，把各项责任、措施落到实处，收效甚大。城乡出现欠贷干部带头，子代父、妻劝夫、弟督兄、担保人替债主偿贷，以及“告别井冈山（有部分欠贷者在江西井冈山等地打工），返乡还债务”的动人场景。在“清非”过程中，重视运用法律手段收贷，印发由法院、检察院、司法局、工商局及农业银行联合发布的依法收贷公告若干份，在各行政村、企业单位张贴，并将此项工作列入相关部门经济审判的重点。农业银行、县联合社派出工作组，采取先易后难、区别对待的方法清收，务求达到一村一清、一户一清的工作目标，力推“清非”进度。针对金额小、拖欠时日长、清收难度大的“烂尾贷”，则集中力量、各个击破。农业银行认真总结经验，树立典型，及时通报。仅月余，便收回非正常贷款3620笔，本金计91万元，利息46万元。继而，农业银行各营业所、农村信用合作社进一步加强信贷管理，把清收攻坚与健全完善各项制度紧密结合起来。一是各所、社聘请34名兼职监察员从横向监督信贷管理工作；二是厉行“两公开一监督”，增强贷款透明度；三是继续推行担保、抵押贷款合同公证，把贷款纳入法制化轨道；四是将“两呆”贷款的增减与信贷员经济利益直接挂钩，定期考核兑现；五是层层把关，防范非正常贷款故态复萌，并全面推行贷款“信用证”制度，提升信贷管理水平。至是年9月末，全县农村信用合作社共收回非正常贷款609万元，其中收回“两呆”贷款203万元。

1994年1月，县联合社下发《贷款风险动态管理暂行办法》和《贷款风险动态管理办法实施细则》，明确规定信贷工作人员的权利和义务，并尝试建立风险防范制约机制，制订奖惩措施，严密控制新发放贷款的逾期率。对呆滞、关停及呆账贷款，分别确定其控制比例硬指标，与信贷人员工薪直接挂钩，实施奖罚。若超越限定比例，或相应扣发工薪，或留职停薪专门催收；在限期内未能压缩到限定比例的，则予以辞退处理，并作出一定的经济赔偿。

1995年1月，县联合社发出通知，继续实施贷款风险动态管理。同时印发《贷款担保抵押暂行管理办法》，明确规定其贷款担保人的资格和可作为抵押物的条件，并订定严密的制约措施。凡自1995年7月1日起发放的贷款（2000元及200元以下的农业贷款除外），其担保抵押率不得低于90%。若低于90%的，扣发信贷人员工薪总额的30%；低于80%的，扣发工薪总额的50%；低于70%的，扣发工薪总额的100%。信贷人员补办贷款担保抵押手续，其担保抵押率达到相应的可发工薪档次，即恢复相应档次的工薪标准，已扣发的不再补发。贷款担保抵押风险防范责任由信用合作社主任与信贷人员共同承担，其中主任承担70%，信贷人员承担30%，风险控制按月考核，按月兑现。

1996年1月，县联合社规定贷款风险防范责任的范围，一是1995年底的各项正常贷款、逾期贷款和1996年新发放的所有贷款，其风险控制线为：不良贷款控制在5%以内，其中呆滞和关停企业贷款控制在3%以内，呆账贷款控制在0.5%以内。二是1996年的责任贷款利息、1995年底前挂账的各项贷款应收利息和1995年底前挂账的逾期贷款利息等，其风险控制线为：三项利息收入净收回率不得低于95%。贷款风险防范责任人为信用合作社主任和信贷人员。凡超出风险控制线的，除按规定扣发责任信贷人员工薪外，信用合作社主任（或主持工作的副主任）依照本社信贷员人数，突破风险控制线的级数、次数按比例扣发工薪，只有 1 名信贷员的按 40%、有 2 名信贷员的按 20% 比例扣发工薪，以此类推。贷款利息挂账比例突破风险线的，按超风险线级数和扣发工薪比例，扣发责任人两个月工薪。如年度内已因贷款逾期率超标而扣发的工薪额，等于或超过年末贷款利息挂账超标应扣工薪额的，不再扣发，小于年末应扣工薪额的，按差额扣发。贷款风险防范责任人（含主任）的全部效益工薪作为风险保证金，于次年初经考核后再行结算发放。

2002 年 3 月，县联合社印发《不良贷款专项管理办法》，以农村信用合作社为单位，成立不良贷款常年清收小组，将清收人员的个人收入与清收业绩挂钩，清收与盘活并重，对不同贷款户采取不同的清收措施。至年末，已收回不良贷款 3478 万元，利息 563.5 万元。清收小组坚持常年清收，增强工作弹性，使过往信贷人员整天忙于应付日常事务、无暇催收陈年旧欠的问题得以缓解。如浦阳农村信用合作社平安分社一私企贷款逾期十五年，经清收小组多次上门反复做思想工作，终有所动，将本金 8000 元、利息 1.3 万元悉数归还。对赖债户或“钉子户”，一旦发现其踪迹，不分白天黑夜“死盯”不放，连续作战，迫于压力，其不得不想办法偿清欠贷。对逃废债行为，则协同法院予以打击。自是年 6 月始，取得法院及执行分局支持，按照起诉、开庭审理、上门执行等程序，依法收回贷款本息 17 万余元。对金融企事业、执法部门人员的不良贷款，及其因担保形成的不良贷款，县联合社借助人民银行债权管理办公室进行催收，是年计收回 12 户，金额 37.8 万元。

2006 年 4 月，县联社颁行《不良贷款清收承包实施办法》。规定在全县信用社范围内，公开招聘不良资产清收专职人员，组成不良资产清收组，隶属县联社资产保全科。并对不良资产清收组和拥有债权的信用社实行双向考核：以签订委托（或招标）协议书的形式，考核资产清收组清收不良资产的工作实绩；以落实经营责任制的形式，考核拥有债权的信用社优化不良资产和提高信贷质量的程度，要求资产清收组和拥有债权的信用社携手合作，共同完成不良资产清收工作目标任务。清收范围：截至是年 4 月 11 日止，2005 年底前贷款余额在 2 万元（含）以上的逾期贷款、呆滞贷款、呆账贷款（表内、表外）及相应的表内外应收利息、诉讼费用，采取区别对待、分类指导，先易后难、集中攻坚和“一企一策”“一户一策”的办法进行清收。

2008 年 6 月，县联社印发《清收不良贷款专项考核办法》。规定考核清收范围为 2007 年底前的不良贷款（表内、表外）及应收利息。按清收范围内的不良贷款余额，核定各营业网点是年的清收任务。将不良贷款清收任务完成情况，列入经营目标责任制考核加分项目，按不良贷款清收完成百分比，每完成一个百分点加 0.05 分，但最高加分不得超过 10 分，根据清收实绩按不同奖励标准规定给予奖励。明确清收不良贷款专项考核是县联社“2008 创新能力建设年”活动的一项重要内容，要求各营业网点充分认识清收工作的重要性，千方百计完成清收任务，县联社将随时组织人员督促和检查。各营业网点收回不良贷款时，首先必须先收回贷款诉讼费、保全费及执行费等规费，然后再收回贷款本息。收回贷款本息须利随本清，不得只收本金、不收利息或只收利息、不收本金。不良贷款清收后，原则上不得再发放或新增贷款，如确需再发放或新增，在担保条件上要从严把关，并报县联社业务管理科审批，以确保不再发生新的风险。各营业网点收贷形式可灵活多样，不搞一刀切，既可以信用社为单位，成立“清非”领导小组，统一开展“清非”工作，亦可各营业网点相互协作，组建“清非”小组清收。收贷过程中要与法院加强联系，对“钉子户”“难缠户”和逃废债户予以严厉打击，以此降低信用社的资产损失。各营业网点收贷必须严格执行既定规章制度，不得擅自豁免贷款本金、利息及相关费用。对完成清收任务的奖励，其奖金计算应实事求是，如发现有弄虚作假行径，一律追缴所发奖金并处以一倍罚款。是年全辖累计清收不良贷款 1141.4 万元，其中收回上年底前不良贷款 798 万元、本年新增不良贷款 343.4 万元。至是年末，五级不良贷款余额 9656 万元，不良占比较年初下降 2.38 个百分点。

此后及至 2016 年，在不良贷款清收工作中多管齐下、多措兼施：一是对不良贷款进行逐户分析，因地制宜、因人而异、区别对待、划类清收，坚持“一企一策”“一户一策”，注重点面结合，协力攻坚。加强与法院联系沟通，严厉打击“钉子户”“难缠户”和逃废债户。如私营企业主××，于 1999 年先后从农村合作基金会及仙华城市信用合作社借款共 36 万元。后因基金会、城市信用合作社先后撤并，债权转移至农村信用合作社，各相关网点数次派员催收，然成效甚微，仅收回 1.5 万元。2016 年 1 月，县联社再度成立不良贷款清收小组。经多方调查获悉，×× 开办企业长达 20 余年，曾四易其址，在外地亦设有分厂，而所有资产却早已过户他人名下，足见此人是一位不折不扣的“老赖”和意欲逃废债务的“钉子户”。县联社将其列为“攻坚”重点，每次上门去，他都玩“躲猫猫”游戏，故意回避。某日刚好被“逮”个正着，清收人员当即向他严正阐明清收政策，展现我债权方强硬姿态，他则以眼下“资金紧张”搪塞，声言“待手头稍宽裕一点，决不会欠你们一分一厘”，巧妙周旋，虚与应对。深知这块骨头难啃，清收人员毫不气馁，始终坚定信心，紧“盯”不放，并再三奉劝、正告，前后“斗”了数十个回合，他才“松口”，勉强答应在两周内履行归还义务。可期限一到，他又以“资金临时很难筹措”而爽约。清收人员随即改变策略，暂不与之作正面接触，转而动员其至亲好友出面帮助做思想工作。后来，在我方反复告诫和步步紧逼下，他意识到如若故伎重演，再也无法蒙混过关，只得向清收人员作出书面还款保证。眼见还款保证期满，他又一次使横耍赖。事情既已至此，清收小组认为，对于这种“死猪不怕开水烫”的“厚皮糙脸”人，靠理性清收显然起不了作用，必须运用法律手段予以严厉打击。遂商议决定，于是年 6 月向法院起诉并申请强制执行。清收人员密切配合法警，摸索掌握其出入行踪，轮流蹲守，围追堵截，慑于法律的强大威力，“老赖”欲遁无门，不得不悉数偿清欠贷本金，最终了结此案。这一典型案例表明，在不良贷款清收工作中，唯有坚定信心，穷追猛打，即便冥顽不化的“老赖”亦难逃法网，再死硬的“钉子户”照样被拔除。二是切实做到清旧与遏新并重，着力减少“前清后冒”“边清边冒”的状况出现，实现不良贷款低位运行，优化和提升信贷资产质量。三是在清收过程中，针对还款意愿较强而还款能力薄弱的客户，摸索总结出一套“分期还款”方式和办法，以客户书面承诺为基础，要求客户尽先归还部分贷款，剩余部分则订出计划按月归还，并限定结清日期。四是严格执行不良贷款责任追究。县联社根据实际，适时修订《贷款责任认定及责任追究管理办法》，前提是不良贷款相关经办人员必须缴纳风险押金，同时加强对不良贷款的合规审计，强化责任意识与合规意识，真正落实责任认定和责任追究。截至 2015 年 10 月末，县联社累计就 844 笔贷款追究相关责任人 124 名，累计缴纳风险押金 120.24 万元。

第三节 风险管理

1997 年 6 月，国务院办公厅转发中国人民银行关于进一步做好农村信用合作社管理体制改革工作的意见，首次提出要防范和化解农村信用合作社的风险。对主要负责人不称职，不良贷款比例超过 50%，存贷比例超过 90%，呆滞和呆账贷款的比例超过 30%，资不抵债、不能支付到期债务的高风险农村信用合作社，中国人民银行和农村信用合作社县（市）联合社要逐个跟踪监控，责令限期整改。

1998 年 7 月，金华市人民政府采纳中国人民银行金华市中心支行建议，在义乌召开全市防范化解农村信用合作社金融风险现场会，市人民政府与各县（市、区）签订了防范化解农村信用合作社金融风险责任书。随后，全市农村信用合作社开展高风险与资不抵债综合治理（以下简称“综治”）工作，提出“确保不发生支付风险、消灭资不抵债与高风险信用合作社以及提高资产质量、提高资本充足率、提高经营效益”的综治目标。

本县联合社制订《高风险与资不抵债农村信用合作社综治工作目标及三年规划》以因应。其总体工作思路是：以中共十五大精神为指针，振奋精神，艰苦创业，以农村信用合作社合作制规范为契机，合理调整布局，增强抵御风险的能力；以防范和化解金融风险为目标，完善工作体系，落实化解措施，通过综治，争取用三年左右时间，使全县农村信用合作社基本走出困境，整体经营效益有明显提高。综治工作三年内力争达到“一个确保，两个消灭，三个提高”。

“一个确保”。切实采取各种措施，确保不发生辖内农村信用合作社支付风险。分年量化步骤是：其一，1998 年存贷比例达 80% 的农村信用合作社，于年末控制在一个以内；1999 年全县农村信用合作社存贷款比例，于年末全部控制在 80% 以内。其二，至 2000 年，县联合社营业部自身实现资金自求平衡。

“两个消灭”。一是消灭资不抵债社。具体分年目标是：1998年资不抵债社保持在1个，年末资不抵债额比1998年6月底减少180万元，即540万元；1999年资不抵债社仍保持在1个，年末资不抵债额减少200万元，至年末为340万元；2000年消灭资不抵债社，至年末实现无资不抵债社工作目标。二是消灭高风险社。1998年化解部分高风险社的高风险达标项目，使之高风险达标项目控制在二项以下；1999年高风险社的高风险达标项目减少到一项；2000年彻底化解高风险，消灭高风险社。三年中，时刻关注准高风险社经营状况，把可能产生的新高风险消灭在萌芽状态。

“三个提高”。一是提高资产质量。三年内，要通过盘活存量、优化增量等途径，切实降低不良贷款比例，使全县农村信用合作社信贷资产质量明显好转。具体分年量化指标：1998年不良贷款占比下降3.5个百分点，不良贷款率控制在24.1%以下，其中“两呆”贷款率下降2个百分点，年末控制在12%以下；1999年不良贷款占比下降3个百分点，其中“两呆”贷款率下降1个百分点，年末不良贷款率和“两呆”贷款率分别控制在21.1%和11%以下；2000年不良贷款率控制在20%以下，其中“两呆”贷款率控制在10%以下。二是提高资本充足率。1998年资本充足率在8%以上的社要达到2个，资本充足率在4%以下的社要控制在2个以内；1999年资本充足率在8%以上的社要保持2个，资本充足率不足4%的社要控制在1个；2000年全县农村信用合作社、联合社的资本充足率要达到8%以上。三是提高经营效益。1998年亏损社要控制在4个以内，经营亏损额要控制在645万元以内；1999年亏损社要控制在2个以内，经营亏损额要控制在300万元以内；2000年全县各社基本上实现盈利，无亏损社。

具体措施有14条，择其要而列举之。

建立健全防范和化解高风险与资不抵债社工作责任制。第一，将综治工作三年内须达目标结合年度工作目标，量化分解到全县各社及分社，并层层签订化解目标责任书。第二，建立县联合社班子成员与高风险社联系和分工负责制度，上下联动，人人参与。对形成浦阳社高风险源头的潘宅、大许、前吴、杭坪等4个分社，分别由领导班子成员负责，有关科室联系，着重抓高风险化解。第三，将综治工作列为县联合社领导班子年终考评的一项重要内容，接受中国人民银行金华市中心支行的统一考核与奖惩。第四，县联合社领导班子成员的工薪、奖金等收入分配，与风险化解与扭亏业绩直接挂钩。1998年县联合社主任预交3000元、其他成员每人预交2000元，与风险化解业绩挂钩，若未能实现当年目标，其所交款项用于弥补高风险社亏损。第五，浦阳社主任、副主任级主办会计及高风险源头的潘宅、大许、前吴、杭坪4个分社主任，每人扣交1000元，联系以上4个分社的县联合社中层干部每人扣交1000元，县联合社机关有关科室人员及4个分社的职工每人扣交500元，以上款项用作化解高风险目标的责任金，若年底未完成工作任务，以之弥补亏损。

完善高风险与资不抵债社支付风险预警应急系统。一是县联合社成立资产负债比例管理机构，把分析评价高风险与资不抵债社的资产流动性和支付能力，列为历次会议必要议程；二是县联合社建立高风险与资不抵债社支付能力测算台账，并按月及时、真实地向人民银行报送相应分析报告；三是县联合社制订高风险与资不抵债社支付风险应急预案，确定出现支付危机时予以救助。

持续开展合作制规范工作。一是对尚未开展此项工作的3个社进行全面规范。在规范工作中，要进一步强化为“三农”服务宗旨，大力宣传农村信用合作社在支持农村经济发展中的重要作用，动员农民踊跃入股和积极参与管理；二是要注意扩充职工入股，强化职工工作责任心和风险意识，真正树立以社为家思想。特别是对浦阳社与檀溪社，要通过职工入股，进一步充实资本金，增加所有者权益；三是做好县联合社的股权与管理职责规范工作，增强县联合社的管理、指导、协调、监督和服务职能。县联合社开展经营活动，要以服务基层社为宗旨，调剂资金返利，计划在1998年对檀溪社返利50万元，对浦阳社返利100万元，帮助两个社增加盈利，减少风险。

按照有利于防范和化解风险及经济核算的原则，合理调整营业网点布局。除已对存款不足500万元的社和存款不足200万元的储蓄所予以撤并或撤销外，拟清理、撤销存款10万元以下的信用代办站。

减员增效，降低费用。县联合社将在全县各社推开“三定”“双聘”制度，落实人员配备。对“三定”“双聘”后的富余人员，一是集中起来成立收贷收息工作小组，专门清收旧欠贷款本息，并按收贷收息实绩计付劳动报酬；二是对业务素质偏低的职工实行待岗或下岗，发给基本生活费；三是精简辞退临时工、代办员；四是对符合退休和提前退休条件的职工，要及时按规定办理退休和提前退休。

全面摸清贷款底数。要逐笔界定信贷资产，分清不同情况，逐笔采取清收具体措施。

对不良贷款实行总量控制。全县各社不良贷款，要以1997年底为基数提出分年减少目标，逐社督促和清收。建立信贷人员清收旧欠贷款工作责任制，不断加大不良贷款清收力度。同时建立激励机制，把“两呆”贷款中的部分旧欠利息作为奖金，重奖清收人员。

因地制宜，施行“一企一策”。一是对改制企业的结欠贷款，要采取重组置换方式加以落实；二是对一些暂时有困难的企业，采取“以小盘大”方式，对有市场、有效益的产品实行封闭贷款；三是对有还款能力而不予清偿欠贷的赖债户，坚决予以起诉，依法收贷；四是采取以物抵贷、整体拍卖方式，清收关停企业贷款；五是结合产权制度改革补充企业资本金，降低贷款风险。

抓贷款管理制度落实。以抓贷款管理制度落实为重点，坚持清旧堵新两手抓，重在堵新。

深入贯彻中国人民银行《关于改进金融服务，支持国民经济发展的指导意见》，增加信贷有效投入。各社要学习贯彻该《指导意见》精神，转变观念，正确认识增加信贷有效投入与防范化解金融风险、促进经济发展三者之间的辩证关系，一手抓强化管理、防范和化解金融风险，一手抓增加信贷有效投入。当前要把信贷工作的着力点，迅速向支持农业规模经营和专业化生产，支持乡镇企业改制，支持个私经济发展转移。

加强资产负债比例管理。要通过对各项比例的约束，建立农村信用合作社“四自”经营机制，坚决控制超负荷经营。一是各社业务经营要自求平衡，努力增加存款，三年内要求所有社存贷比例控制在75%以内；二是对资金不能自求平衡的县联合社营业部，要积极组织存款，盘活贷款存量，停止通过长期占用信用合作社上存资金来扩大信贷规模，三年内实现资金自求平衡目标。

提高资金运用比例。资金有余的社要科学、合理地运用资金，提高资金运用率，提升资金盈利水平。

至2001年，全县6个实行独立核算的农村信用合作社（包括县联合社营业部）皆有盈余，盈余额103万元。基本实现全县高风险社综治工作目标。

2005年，县联社制订《风险管理实施细则》，建立风险管理基本制度。该细则比照《浙江省农村合作金融机构风险管理制度》，结合自身实际而适时出台，并就风险管理作出全面且较为详尽的规定：风险管理组织体系，以县联社理事会风险管理委员会为核心，由委员会办公室操作，以各职能部门、各条业务线及各分支机构的风险控制人员参与组成；理事会下设风险管理委员会，负责系统风险管理政策、原则及其战略的研究和提出，负责系统性、突发性风险的防范和化解，并定期向理事会报告工作；风险管理层级包括整个理事会、管理层、各职能部门、各条业务线及下属各分支机构；县联社风险管理的重点，是对各项政策、法律、授权授信、资金业务、存款及柜台业务、中间业务，会计、计算机信息系统、ATM等自助设备，资本充足率与损失拨备等实行全方位管理。

是年，复制订《县联社审贷委员会工作实施办法》，就审贷委员会的设置、主要职能、委员会组成办法、委员权利和义务、会议制度及工作规则、委员会秘书组职责等作出具体规定。借以建立统一、集中、高效的风险管理体系，健全“统一授信、审贷分离、分级审批、责权分明”的信贷运行机制，提升县联社的授信和风险管理决策水平。

该办法规定，县联社审贷委员会的主要职责是：根据县联社授信业务的有关方针、政策和制度，结合地区经济实际情况及其特点，评审辖内业务部门超权限的项目；评审企业客户贷款总量；核定企业客户信用等级等。审贷委员会对风险管理委员会主任负责，并为风险管理委员会主任最终决策提供专家评审意见。主要职能为授信项目评审（包括企业的中长期贷款、新客户贷款、存量客户新增贷款业务和按揭贷款合作项目等）。

审贷委员会由县联社相关职能部门及分支机构专家构成，强调委员的技术性和专家性，委员并非代表某个部门，但必须熟悉某一方面的业务。委员会成员须经风险管理委员会考核、认定，并报风险管理委员会主任批准。

授信项目评审，实行“集体审议，个人审批”制度，委员会只有审议权，无决策权。评审会议必须有三分之二（含）以上委员出席，采取记名表决方式，到会委员达半数以上（不含半数）形成一致意见，方为有效。会议决议必须经审贷委员会主任或由主任授权的副主任签发后生效，并将评审结果报风险管理委员会主任审核。

审贷委员会秘书组设在县联社计划信贷科，负责审贷委员会日常工作。主要职责是：负责统计该委员会委员的评审意见表，并得出评审结果；根据评审结果和风险管理委员会主任批示意见，起草业务评审通知单，要求在一个工作日内将通知单传给相关各业务部门及分支机构。

2006年，县联社印发《授信管理办法》，就授信基本概念、原则，授信调整、授信方式、审批程序、客户分类、额度确定、管理实施及相关人员职责等作出具体规定。

该办法阐明，统一授信是县联社通过对单一客户或系统客户统一确定最高综合授信额度，并加以集中统一控制的信用风险管理制度。最高综合授信额度，是县联社在综合评估单一客户或系统客户风险和财务状况基础上，确定能够和愿意承担的风险总量。县联社对单一客户或系统客户提供的各类信用余额之和，不超过该客户的最高综合授信额度。对由多个法人组成的集团公司客户，县联社确定一个对该集团客户的总体最高授信额度，各业务部门对该集团各个法人设定的最高授信额度之和，不得超过该集团客户的总体最高授信额度（具体管理办法另订）。

该办法规定，县联社理事会风险管理委员会统一审批对客户的授信（客户小额授信除外）。理事会风险管理委员会下设审贷委员会，负责辖内各业务部门上报的企业新客户授信，存量客户新增授信、中长期授信，超权限的自然人授信及按揭贷款合作项目等授信业务的评审工作。授信坚持为“三农”服务的宗旨和经营方向，按照农户、农村工商户、农业产业化经济组织、农村微小企业、其他客户的顺序授信，优先满足农户小额贷款授信。同时根据客户经营状况、信誉及产业政策等，将客户分为适度支持、逐步压缩、锁定退出等三类，分类授信。

县联社授信方式分为基本授信、追加授信、临时授信三种。基本授信，是县联社于每年初根据客户上年度授信执行情况、本年度经营发展打算及县联社信贷计划所作的一年一定的授信安排，原则上要求在每年6月底前完成；追加授信，为基本授信的补充，对未经基本授信而年度中间需建立信贷关系的客户，或客户虽经基本授信但中途因经营发生变化而需新增的授信额度，追加授信可以使用至下一年度基本授信工作结束为止；临时授信，是对已超过基本授信额度，却因客户自身情况、国家货币信贷政策及市场发生变化，需临时性追加的授信额度或特殊项目融资、票据贴现业务等，为一次性逐笔授信。

对单户余额200万元（含）以下的客户授信采用简易方式，对县联社前十大客户授信，一律报风险管理委员会主任审核。同时规定单一客户的最高综合授信额度不得超过县联社资本总额的15%，单一客户合计授信原则上不超过1000万元，其中保证方式授信原则上单户不超过300万元。对超过基本授信额度的单一客户的存量授信，县联社要按上述原则采取有效措施，将对该客户的授信余额压缩到规定授信额度之内。

是年，县联社复制订《集团客户统一授信管理办法》。就集团客户授信对象、原则、额度核定，管理（包括信息收集、授信调查、审批、授信后评价、风险预警等）及相关人员职责等作出具体规定。

办法规定，县联社对集团客户授信实行统一管理、统一授信，集中对集团客户授信进行风险控制，并根据授信客户风险大小和自身风险承担能力，合理确定对集团客户的总体授信额度，防止过度集中风险。同时建立风险预警机制，及时防范和化解集团客户授信风险。

对集团客户的最高综合授信额度不得超过县联社资本总额的15%。原集团客户授信余额有超过15%的，应采取压缩超比例授信、组织社团贷款、联合贷款、贷款转让和增加资本总额等措施，确保2007年底前控制在15%以内。

集团客户单一成员的授信业务，只能由一家信用社（主办机构）办理，其他办理社应作为协办单位，协助主办机构进行授信调查和日常管理。集团客户授信一律经县联社审贷委员会评审，并报风险管理委员会主任审核。主办机构负责集团客户经营管理信息的跟踪收集和风险预警通报等工作。

2005年，按全面风险管理实施方案和规划要求，对合规风险管理制度进行一次全面梳理，对照法律法规及监管规定，结合业务操作中存在的问题，制订下发《房地产抵押自评估实施细则》。该细则根据县域各工业园区的工业用地挂牌价及房地产市场成交价，对辖内信贷客户的抵押评估价设定最高限价暂行标准，以规范房地产抵押估价行为，保证房地产抵押估价质量，有效防范房地产信贷风险。还相继出台《黑名单管理办法（暂行）》和《县联社与内部人员和股东关联交易管理暂行办法》。

县联社实施领导班子成员对全辖网点风险管控分片包干联系责任制度，以健全完善内部风险管控制度体系，推进全面风险管理机制建设。

2012年9月，县联社《重大信贷风险报告制度》出台。要求各营业网点对累计结欠信贷余额较大的客户，即个人客户30万元（含）以上、法人或其他经济组织100万元（含）以上，且发生重大事件情形的，须及时上送风险报告和后续处置报告。将风险防范始终贯穿于整个业务操作流程，认真执行贷款“三查”制度，严防重大风险贷款发生，切实维护信贷资金安全。

第四节 合规管理

2006 年 12 月，县联社制订《合规风险管理机制建设方案》。合规风险管理机制建设包含：完善的合规风险管理制度体系，健全的合规风险管理组织体系，科学的合规风险管理计划，全面的合规风险识别与评估方法，通畅的合规风险管理流程；建立科学的绩效考核体系，培育良好的合规文化，推行诚信与正直的职业操守和价值观念，提高全体员工的合规意识，人人树立“合规有责”“主动合规”“合规创造价值”和“有效互动”等合规理念、意识和行为准则。

2007 年 5 月，县联社下发《合规建设和风险管理年活动实施方案》，成立“合规建设和风险管理年”活动领导小组，领导、部署该项活动的各项工作，确定不同阶段的目标和要求，研究、协调和解决活动中所遇到的问题。领导小组下设办公室于人事监察科，其主要职责是负责指导、协调该项活动的日常工作，对活动开展情况进行监督、检查和总结。通过活动的开展，根据对合规风险点的排查情况，完成各业务流程设计，建立合规绩效考核制度、问责制度和诚信举报制度，并对各项业务管理制度进行清理、修订和完善，切实保障内控制度的有效性、协调性和可执行性。具体制定合规政策，编制合规管理程序和合规指南等。以坚持合规经营为第一要务，以“合规与风险”为主题，以培育合规文化为核心，着重推进县联社建立健全“一个组织体系”，完善“两项管理机制”，制订“三项规章制度”。即建立健全与其经营范围、组织结构和业务规模相适应的合规风险管理组织体系；有效实施全面风险管理和合规流程管理机制；制订并完善合规绩效考核制度、问责制度和诚信举报制度。构建以流程管理为基础的全面风险管理体系，切实增强全系统对风险的防范和控制能力。

活动中，一是就各营业网点本年度上半年新发放贷款的合规性开展专项检查，计检查贷款 4297 笔，金额 66944 万元。发现不合规贷款 236 笔，金额 6966 万元，并发出通知书责令迅即整改。对问题较严重者，按县联社《工作人员违规行为处理办法》作严肃处理。二是就各营业网点会计内控制度执行情况进行检查。检查内容主要包括柜面业务的核算和管理、重要物品管理、重要部位管理、往来资金管理、人员管理及财务收支管理诸方面情况。通过检查，从总体上看，各营业网点对执行内控制度的重要性认识有所提高，执行力得以增强。但仍有部分员工风险意识淡薄，违规操作时有发生。对检查发现的问题除下发通知书责令整改外，同时视相关责任人情节轻重按县联社《工作人员违规行为处理办法》规定对之作不同处理。

是年 8 月，经县联社一届理事会第十次会议通过，县联社内设合规科，并相应配备工作人员。其主要职责，包括负责合规风险识别、量化、评估、监测、测试和报告等，从建立健全机制入手，把合规、尽职尽责的规定和要求落实到每个层面；坚持审慎核算原则，充实资本，提高拨备；加强制度把关，组织对县联社经营政策、操作程序及合规风险状况进行识别评估，就既定11项规章制度作合规性审查；梳理改制以来的有关制度及操作流程，结合实际执行情况作适当修订和补充，以臻完善；同时加强对制度执行力情况的自查，就自查中发现的问题，督促及时整改，并厉行责任追究；重视合规文化建设，把深化制度学习列为其重要内容，创新学习方式，积极引导全员增强合规意识，牢固树立“合规创造价值，合规人人有责”的经营理念，将恪守制度、自我严格约束贯穿于各项经营活动的全过程。

是年11月，县联社出台合规政策，明确理事会、监事会、高级管理层及合规科的工作职责。规定合规科独立履行其应尽职责，并有权获取任何信息。同时还就合规风险报告路线、要素、格式、频率，以及合规科与其他部门的分工与合作等作出较为详尽的规定。

是年12月，县联社印发《合规绩效考核办法》。将合规绩效考核列入经营管理目标责任制考核指标之一，实行按年考核，绩效挂钩。合规绩效考核内容主要分财务、信贷、安保、综合等四个方面共54项，每项内容均以年度内对各科室检查的情况为依据，不合规（含部分不合规）的予以扣分；在上级组织的合规检查中，有不合规问题出现的，加倍扣分。

2008年4月，县联社组织开展上年度合规风险源和风险点排查工作，收集合规管理制度、汇总各项规章制度共18个，并就各类检查中发现问题及落实整改等合规建设活动情况，形成《2007年度合规风险评估报告》，连同《2008年度合规风险管理计划》报送中国银监会金华监管分局。

2011年12月，县联社在《合规管理联动实施办法（试行）》中明确：合规管理联动包括合规风险管理体系的形成过程同业务管理流程的整合优化联动，实现流程管理、合规管理、岗责管理、绩效考核多方面的“多维”联动，形成合规管理合力。

合规部门与业务部门的联动。合规部门与业务部门是相互联系、相互促进的关系。合规部门应为业务部门提供合规咨询、帮助和培训，通过提供合规性预警、预告及评价等方式，指导、督促业务部门管理合规风险，并为业务部门业务发展或产品创新等提供合规支持。根据工作需要，合规部门可对业务部门执行规章制度情况进行合规性独立检查，也可商请内部审计部门等对业务部门执行规章制度情况进行合规性联合检查。业务部门根据合规部门的相关要求，向合规部门提供相应的合规信息，报告合规风险情况，接受合规部门根据工作职责和工作需要进行的合规性调查、检查、督查、指导等，配合合规部门完成合规风险识别、评估、监测、报告等工作，对合规督查意见应认真落实，有效整改，并及时反馈。

合规部门与内部审计部门之间的联动。合规部门应接受内部审计部门对自身尽职程度有效性、公正性、客观性的定期检查或审计。在审计检查工作完成后，内部审计部门应将有关审计情况和结果及时向合规部门反馈，并督促整改。合规部门与内部审计部门应建立恰当的合作机制。合规部门应为内部审计部门开展合规审计、检查提供方向。内部审计部门应将审计、检查发现的合规性问题和审计意见等抄送合规部门，为合规部门开展后续工作提供信息来源和管理依据。

合规部门与人事监察部门的联动。合规部门与人事监察部门在保证全体员工行为合规、纠正违规等方面肩负共同职责。合规部门与人事监察部门应在合规管理事务方面建立密切合作机制。合规部门会同有关职能部门对信贷、财务、会计、结算等方面进行违规责任认定后，将认定材料提交人事监察部门，由人事监察部门负责对相关责任人员的处理等工作。人事监察部门在日常工作中掌握的重大违规风险信息应及时提供给合规部门共享。

合规部门与外部监管部门的有效互动。合规部门作为本社与外部监管部门的联系者之一，应负责与外部监管部门保持日常工作联系，并承担职责：对外部监管部门关于合规风险的监管规则、监管意见和风险提示等监管文件进行分解传递和信息反馈，并按相关要求向高级管理层或业务部门、分支机构提出有效执行上述合规文件的措施、意见或建议，经县联社高层审定后下发执行；持续跟踪合规文件执行情况，为员工理解、执行合规文件提供咨询或指导；需向外部监管部门报送的合规性文件或正式材料，应按职责分工参与审定或会签。如有不同意见，应及时与文件主办部门协商一致，或将有关情况向县联社高层报告，确保向监管部门报送文件和资料的准确性和及时性，明确报送部门与本部门的相关职责；参加与外部监管部门之间进行的工作座谈或信息沟通等活动，如对有关监管规则、监管意见和风险提示等监管文件有不明之处，应咨询相关监管部门，以准确理解和把握监管部门要求；参与外部法律、法规和监管规定等制度建设活动，提出意见和建议，为业务发展和制度创新提供合规环境。合规部门负责人应参加与监管部门之间沟通和交流等各项活动，以准确理解监管部门的监管意图。聘任或解聘合规部门负责人，应按规定向监管部门、上一级合规管理部门报告。在合规部门负责人离任后的10个工作日内，应向监管部门、上一级合规管理部门报告离任原因等有关情况。

2009年4月，县联社对上年合规基本情况、报告期合规管理情况、已识别的合规缺陷进行总体评价与评估，形成《2008年度合规风险管理评估报告》。

2011年12月，县联社印发《合规管理评估办法（试行）》。明确合规管理评估是指通过采取一定的方法和程序，识别各种合规风险，评估风险概率和可能带来的负面影响，根据自身承受风险的能力，确定风险削减和控制等级，提出并采取相应风险削减对策和措施予以纠正的管理工作。合规管理评估的目标是：确保理事会、高级管理层全面、及时地了解合规风险状况，使合规缺陷得到有效解决，并持续改进合规风险管理机制。

合规管理评估分为自我评估、专项评估和年度评估。县联社各业务条线应根据法律、规则和准则更新情况及本机构（科室）业务开展实际，适时组织开展自我评估。合规部门应组织对新的政策和程序、新产品开发或新业务方式的开展、新客户关系的建立以及客户关系的性质发生重大变化等所产生的合规风险及时进行专项评估。对违规事件发生较多的机构（科室）、业务（条线）或时段，应进行特别专项评估。理事会或高级管理层应根据经营规模、业务复杂性及内部控制等实际，确定合规管理评估的重点、范围和频率，但至少应每年进行一次全面的合规管理评估。

在理事会和高级管理层领导下，县联社合规部门负责人牵头组织合规部门与内审部门具体实施合规管理评估，必要时可聘请外部中介机构进行评估。合规部门与内审部门及其他部门应加强沟通协调，建立信息共享机制，并与内部审计工作有机结合起来。合规管理评估应坚持独立、客观的原则，并遵守诚实、正直、公正的职业操守。合规管理评估的依据是法律、规则和准则，包括适用于银行业经营活动的法律、行政法规、监管规章及规范性文件，自律性组织制定的行业准则等。应明确合规管理评估人员的权利和义务，保障合规管理评估人员为履行职责能获取所需的任何记录和档案材料等信息，并能与任何员工进行接触和沟通。应对任何可能带来合规风险的管理和经营活动进行风险评估，并纳入年度合规风险管理计划。

合规管理评估事项（包括但不限于）：

1. 仅限于法人机构，由内审部门实施评估的事项：合规文件完备性。是否制订合规政策、合规管理程序和合规指南，合规政策是否明确适用范围、合规管理目标、合规风险监控机制和报告路线等内容，是否写明所有员工有责任知悉和遵循的法规要求，合规管理程序和合规指南是否在合规政策、合规管理操作规程和员工行为守则中体现；是否明确合规政策、合规管理程序和合规指南的定期审阅频率，是否定期审阅、修改、完善合规文件，以确保其符合业务需要及法律规则要求。

2. 同时适用于法人、分支机构，由内审部门实施评估的事项：合规职能适当性。是否建立与经营范围、组织结构和业务规模相适应的合规管理组织体系，是否建立涵盖县联社所有基层营业网点和部门的合规管理队伍，并由具备必要资质、经验，专业水平和个人素质较好的人员承担合规管理工作；合规部门定位是否准确，合规管理职能是否适当，合规管理岗位职责是否明确，合规管理人员履职是否到位；是否建立合规绩效考核制度、问责制度和诚信举报制度，三项制度内容是否恰当、合理，对合规管理人员及员工的合规绩效考核权重是否适当，是否体现所倡导的合规、惩处违规、举报有功的价值观念。

3. 同时适用于法人、分支机构，分别由各机构（科室）、内审部门评估的事项：合规管理有效性。是否通过各种渠道密切关注、跟踪外部法律、规则的最新变化，是否建立县联社、本条线的外部法律规则库，是否明确并落实县联社、本条线外部法律规则库的维护、更新人员及其职责，外部法律规则库是否完整、适时；各机构（科室）是否定期向合规部门备案本机构（条线）外部法律规则库，合规部门是否定期更新县联社法律规则库；合规部门是否根据外部法律规则更新情况，及时有效识别并评估增量合规风险（即外部法律、规则、准则最新赋予县联社的合规要求），及时组织制订、完善规章制度或采取其他有效措施予以化解，各机构（科室）是否根据外部法律规则库，对照现有规章制度，排查存量合规风险并予以化解；合规部门是否及时、有效掌握各机构（科室）的合规要求控制情况，定期向理事会、高级管理层、办事处及监管部门报送合规报告。

4. 同时适用于法人、分支机构，并由合规部门实施评估的事项：业务管理合规性。各项业务管理政策、制度和操作程序是否存在合规缺陷，是否与外部法律、规则和准则保持一致；是否根据外部法律、规则和准则的变化及时修订、完善业务管理政策、制度和操作程序，以确保各项业务管理政策、制度和操作程序符合相关法律、规则和准则的要求；各项管理政策、制度和操作程序与现行外部法律、规则和准则不一致时，是否按现行法律、规则和准则执行。

5. 经营活动合规性。是否按照外部法律、规则和准则等规定落实工作，各项法律、规则和准则的贯彻、执行是否到位；是否针对外部法律、规则和准则等新规定对业务操作的影响制订适当的控制措施，以确保业务操作符合外部法律、规则和准则要求；执行外部法律、规则和准则是否严格，是否存在有章不循、违规操作等问题。

6. 创新业务合规性。新产品和新业务的开发、新营销方式的采用是否经合规性审核和测试；新业务的开展、新业务关系的建立，或者客户关系的性质发生重大变化是否给县联社经营带来合规风险。

7. 问题处置妥善性。是否分别就内、外部审计，合规专项检查和监管现场检查中发现的合规缺陷和问题进行专题研究，并及时制订整改计划或方案，整改计划或方案是否按规定报送高级管理层、上级合规部门或监管机构；各项整改措施是否落实，合规缺陷和问题是否得到及时、有效弥补和纠正，是否存在整改不力问题；是否按照合规问责制度和程序，对违反合规管理规定的责任人进行严肃处理，并记录、报告合规缺陷和问题的改进、问责情况。

合规管理评估应加强研究识别、量化、监测和评估合规风险的方法和途径，探索建立合规风险监测指标体系和评估模型，采取系统化和规范化的方法，科学评估县联社的合规风险。

合规管理评估除采用查阅有关凭证资料、询问有关人员等基本方法外，还包含并不限于以下方法：

1. 运行指标分析。通过收集或筛选可能预示潜在合规问题的数据，如差错、事故增长数，消费者投诉增长数，高风险客户开户增长数，异常交易或支付活动等设计运行指标，并运用这些计量方法加强合规风险的评估。

2. 符合性测试。通过实施充分和有代表性的合规性检测，如对重要业务、典型业务或新业务的处理程序作问卷调查、现场审核等，测试法律、规则和准则在业务活动中的贯彻执行情况，确认风险控制点和关键环节的操作是否符合规定。

3. 定性与定量相结合。通过对有关数据和运行指标，以及现实或潜在的合规缺陷及违规事项进行定性、定量分析，识别、计量、监测和评估涵盖县联社各类产品和各业务条线的合规风险。

4. 定期检查与综合评估相结合。通过对合规遵守情况实施按月、按季的专项合规检查，如定期对客户开户情况、监管意见的落实整改情况等进行的合规检查，结合每年至少一次的合规管理评估，从而形成一份有效合规管理评估报告。

合规管理评估应加强合规管理评估的制度化、规范化建设，建立合规管理评估操作流程，明确合规管理评估工作程序，着力提高合规管理评估的有效性。年度合规管理评估程序一般包括评估准备、评估实施、评估报告等三个步骤。合规管理评估报告要量化因政策、制度、程序及客户、产品、服务所引发的合规风险，量化特定的机构（科室）、业务（条线）或经营活动的风险暴露，形成对风险管理状况的明确评估结果。

合规管理评估可根据自身实际和合规风险管理需要，按照“持续关注、点面结合、有所侧重”的原则，确定每次评估的重点、范围、内容和程序，注重发挥合规管理评估的作用。充分利用合规管理评估成果，持续完善合规风险管理机制。确定合规管理评估报告的传递路线。原则上法人机构的合规管理评估报告应分别报送高级管理层和理事会，由理事会作出评价并以适当方式予以披露；分支机构的合规管理评估报告，应分别报送高级管理层和上级合规部门。合规管理评估报告应及时报送监管机构。监管机构根据日常监管掌握的情况，对县联社合规管理评估报告进行审核，确定合规风险现场检查的频率、范围和深度，并与年度现场检查项目、计划相衔接，适时开展合规风险现场检查，作为对县联社合规风险管理有效性评价的依据。

2013 年 8 月，县联社制订年度合规风险专项评估工作实施方案，成立以县联社主任任组长、各科室负责人为成员的合规风险专项评估工作领导小组，负责领导、部署合规风险专项评估工作，研究、协调和解决评估中遇到的难点和问题，指导评估工作有效开展。领导小组下设合规风险专项评估工作小组，组长由风险合规科负责人担任，组员为风险合规科、业务管理科、财会科技科、审计科及合规联络员等人员，负责组织、落实评估工作，汇报工作中遇到的难点，总结上报合规评估各项工作。主要开展三项专项评估：一是电子银行业务合规风险专项评估，评估主要内容为制度流程、业务操作及风险管理合规性。二是银行卡业务合规风险专项评估，评估主要内容为制度流程、业务操作及风险管理合规性。三是反洗钱业务合规风险专项评估，评估主要内容为制度流程、业务操作及风险管理合规性。

是年 11 月，县联社制订《合规风险评估中长期规划（2013 ～ 2015）》。规划明确合规风险评估工作遵循全面性、统一性、公正性、重要性、及时性和有效性六大原则。通过对可能带来合规风险的制度流程、决策管理、业务操作、创新业务及后续管理等进行合规风险评估，确保县联社理事会、高级管理层全面、及时地了解合规风险状况，使合规缺陷得到及时有效弥补，促进经营管理环境持续改进，尽可能避免或减少遭受法律制裁或监管处罚、重大财产损失或声誉损失的风险发生，维护业务经营安全稳健运行。

纳入合规风险评估中长期规划（2013 ～ 2015）的内容包括但不限于：

1. 制度流程合规性。各项管理政策、规章制度和操作程序是否存在合规缺陷，是否与相关法律、监管规定、规则和准则等外部法规保持一致；是否明确内部规章制度和业务操作流程的制订部门和定期审阅频率；是否定期审核内部规章制度和业务操作流程的合规性；是否根据相关法律、监管规定、规则和准则的变化及时修订完善管理政策、规章制度和操作程序；在内部组织结构、业务发展及员工流动发生变化时，是否及时重新对业务流程进行梳理并视情况作出合理调整。

2. 决策管理合规性。各项经营管理活动的决策程序是否按照相关法律、监管规定、规则和自律性组织制订的有关准则，以及适用于县联社自身业务活动的行为准则等规定执行；议事过程是否按照有关规定要求进行；决策程序是否按照有关规定执行到位；应公示的项目内容，是否按照有关规定进行公示；是否通过有效途径和方式及时将相关法律、监管规定、规则和自律性组织制订的有关准则，以及适用于县联社自身业务活动的行为准则等传达贯彻到基层和所有员工，并落实到岗位；理事会和高级管理层对合规管理工作的态度以及合规管理组织机构、人员队伍建设、合规管理工作职责落实、绩效考核等是否落实。

3. 业务操作合规性。各项业务操作过程中是否按照相关法律、监管规定、规则和自律性组织制订的有关准则，以及适用于县联社自身业务活动的行为准则等规定落实，贯彻、执行是否到位；是否针对相关法律、监管规定、规则和准则等新规定对业务操作的影响制订适当的控制措施，以确保业务操作符合相关法律、监管规定、规则和准则的要求；执行相关法律、监管规定、规则和准则是否严格，操作程序是否规范，是否存在有章不循、违规操作等问题。

4. 创新业务合规性。新产品和新业务的开发、新营销方式的采用是否符合相关法律、监管规定、规则和自律性组织制订的有关准则；新业务领域的开拓、新客户关系的建立，或者客户关系的性质发生重大变化，是否会给县联社经营带来合规风险等方面是否进行必要的科学的风险认证等。

5. 后续管理合规性。各类投诉、差错、败诉案件中，是否涉及合规性问题，并得到及时、有效弥补和纠正；日常评估、专项评估中发现需引起足够重视的合规风险及隐患，是否得到及时、有效弥补和纠正；是否根据外部监管机构的现场检查、外部与内部审计、业务专项检查所发现的合规缺陷和问题进行专题研究，及时制订切实有效的整改计划、措施和落实方案，并得到及时、有效弥补和纠正；合规缺陷、问题弥补和纠正是否存在整改不力等问题；是否按照有关问责制度和程序，对违反合规管理规定的责任人进行严肃处理，并列入违规积分管理；是否按照有关规定的时间、内容、报告路径等要求对需向上级或监管部门报告的有关事项做到及时上报等。

合规管理部门要以合规风险评估为导向，加强合规管理，结合合规风险评估所反映的情况，研究、落实好合规管理工作，全面提高合规管理工作的前瞻性、针对性和有效性。同时充分利用合规风险评估成果，持续完善合规管理机制，实现合规风险有效防控。

第五节　贷款豁免与核销

农村信用合作社在长期的贷款业务经营中，根据上级有关规定精神，曾对各个不同时期形成的贷款情况进行多次清理，并按相关政策和规定的审批程序实行贷款豁免和核销。

贷款的清理和豁免

1954 年 7 月，中国人民银行浙江省分行制订的《浙江农村放款呆账清理实施办法》规定，对死亡绝户和因意外事故致主要劳力死亡、两三年内无力归还的贷户，经当地政府证明，将贷款部分或全部作呆账处理。

1956 年 6 月，中国农业银行浙江省分行下达《关于清理农业贷款的意见》，明确凡死亡绝户、外迁无着落、清欠无财产的贷款户和因贷款强迫命令使贷款户遭受损失者给予减免。对农（渔）业合作社在并社升级中的农业贷款，进行债务落实工作，并按此前政务院的规定和省分行制订的呆账处理办法，确认难以收回的贷款作为呆账处理。

1957 年 9 月，中国人民银行针对农业合作化发展过程中部分贷款的债权债务关系不清、账户混乱等问题，向国务院报送《关于清理农业贷款问题的报告》，请求国务院批转各地进行核对清理。是年 10 月，国务院批转中国人民银行《关于清理农业贷款问题的报告》。浙江省人民委员会于 1958 年 1 月批转贯彻执行上述文件的通知，要求各级人委采取措施加强对农贷清理工作的领导和检查，对执行中发现的问题，特别是干部欠贷问题，要支持银行帮助解决；要求各地银行、农村信用合作社，在早稻登场以前，把历年农贷账户基本核对清楚；清理历年个体、集体贷款和贫农合作基金贷款；将银行和农村信用合作社所发放的集体和个体贷款一并进行核对，分清银行、农村信用合作社与贷户的债权债务关系。

1960 年 12 月，中国人民银行浙江省分行下发补充通知指出，农（渔）业贷款坚持“谁借谁还”原则。迁移户欠农村信用合作社的贷款，委托迁入地区银行（农村信用合作社）

协助收回，不能划转；死亡绝户和外迁确实下落不明的，经公社证明，县人委审批，作呆账处理；贫农合作基金经核对后暂不收回。

1965 年 3 月，中共中央、国务院下达《关于处理 1961 年以前四项欠款问题的通知》指出：农村社队欠国家的 1961 年以前的四项欠款（赊销款、预付款、预购定金和农业贷款），尚未归还的部分，一律豁免，不再偿还。农村个人的四项欠款，属于贫下中农的全部豁免；属于其他中农的，偿还有困难，酌情豁免一部分，有能力偿还的，原则上不豁免；属于地主、富农、投机倒把分子、贪污分子的一律不豁免。农村信用合作社贷给社队和个人的款项，比照上述原则处理，处理后资金发生困难的，由国家银行酌情予以补助。是年 5 月，中国农业银行下发《关于贯彻执行中共中央、国务院〈关于处理 1961 年以前农村四项欠款问题的通知〉的通知》指出：农村信用合作社按照中央规定豁免贷款而发生的损失（不包括利息损失），首先应以本身的公积金弥补，不足时，银行可用该社所欠的支持款抵补，仍不足时，逐级汇总上报总行，待统一研究后酌情予以补助。

是年 6 月，在中共义乌县委、县人委统一领导下，中国人民银行义乌县支行抽调行、各处所及农村信用合作社干部 27 名，配合商业部门组建工作组，赴浦江片黄宅区下店公社，为时 13 天，开展对 1961 年以前农村四项欠款处理的试点工作。具体分四个步骤进行：一是整理账目，抄列核对清单；二是发动群众，贯彻党的方针政策，开展宣传教育；三是核对债务，民主评议；四是公布豁免，颁发豁免通知，内部销账。是时下店公社共 19 个大队，225 个生产队，3661 户。经清理核对，全公社 1961 年以前集体和个人四项欠款共计 91348.94 元。其中银行发放集体贷款 41793.61 元，属 15 个大队，过去未分摊落实到生产队；银行发放社员个人旧欠贷款 1396 户，金额 16306.45 元；农村信用合作社发放个人旧欠贷款 1151 户，金额 17791.48 元；商业系统旧欠赊销款 9441.49 元，预购定金 4983.91 元，社员个人毛猪预购定金 125 户，金额 1032 元。经评议处理，共豁免 90496.23 元，其中大队集体贷款 41793.61 元；赊销款 9441.72 元；预购定金 4983.91 元；银行个人贷款 1355 户，金额 15902.75 元；信用个人贷款 1127 户，金额 17390.24 元；商业部门社员个人毛猪预购款 120 户，金额 984 元。试点工作中，在处理四项欠款的同时，结合对农村信用合作社进行整顿，在处理旧贷过程中所暴露的问题和群众提出的意见，都关系到农村信用合作社和银行工作，办好信用合作社是广大社员的迫切要求。因此，须大力宣传农村信用合作社帮助贫下中农解决生产生活困难和打击高利贷的作用，运用回忆对比的方法，启发唤起群众办好农村信用合作社的积极性。如永丰大队社员陈苏君含泪控诉过去借高利贷稻谷 300 斤、还本息 450 斤，不到两年就被地主剥夺七斗田的罪恶，进而列举如今受惠于信用合作社，贷款低利，本息的确无力偿还能给予豁免，真正感戴党和政府的恩德，从而领悟“众人拾柴火焰高”的道理，迸发办好信用合作社的热情。在处理四项欠款中，全大队有 2 户社员参股加入信用合作社，31 户社员增股 43 元。至试点工作结束，全公社即有 488 户新社员参股加入信用合作社，并逐户订出计划分期交纳股金。继则改选信用合作社理、监事会成员，建立以贫下中农占绝对优势的领导核心，进一步贯彻民主办社、勤俭办社方针，健全财务制度，为今后业务的开展奠定良好基础。

是年 9 月，中国人民银行义乌县支行根据相关文件精神，结合实际，发文进一步明确对处理四项欠款应注意和掌握的有关问题。

截至 1965 年 3 月末，尚未归还 1961 年以前由农村信用合作社本身发放的农业贷款部分，浦江片共豁免 185096.75 元，其中豁免集体贷款 959 元，豁免个人贷款 184137.75 元。

1969 年，省革委会生产指挥组批转中国人民银行浙江省分行革委会《关于继续认真做好 1961 年以前农村四项欠款工作的报告的通知》指出，豁免 1961 年以前的积欠贷款，固然减轻了部分农民的负担，但同时也助长了社队和群众“要贷款等待豁免”的思想，挫伤了能按期归还贷款社队的生产积极性，不利于防止和纠正一些地方和单位滥用贷款的不良影响，对发挥信用合作社信贷的支农作用很不利。因此，1962 年以后的农业贷款和各项债务以及没有豁免的部分，仍然要贯彻“有借有还”的原则，以维护国家的信用。

1971 年 3 月，县革委会生产指挥组财政金融局《关于信用社本身发放 1961 年以前旧欠农贷豁免后国家银行酌予补助的通知》明确规定，对于 1969 年末止累计发生亏损的信用合作社，其所豁免的旧欠全部由银行给予补助。对于 1969 年末止累计有盈余的社，其所豁免的旧贷，须分别不同情况进行处理。凡盈余多的信用合作社，以累计盈余数的 70% 冲抵豁免数，按此比例计算，足以冲抵豁免数的，银行不再给予补助，不足部分由银行给予补助。凡盈余少的社，每社最多留 2000 元，超过部分冲抵豁免数，冲抵不足，由银行给予补助。

是年 9 月，县革委会生产指挥组财政金融局向省革委会生产指挥组财政金融局呈送《关于处理 1961 年以前农村旧欠贷款工作的结束报告》：全县（即原义乌县浦江片区 26 个公社）1961 年前旧欠农贷豁免工作，已于 1965 年至 1966 年“四清运动”期间基本结束。“文化大革命”后，由于信用合作社豁免 1961 年以前本身发放的贷款，由国家银行酌予补助问题未及时解决，现根据上级文件规定，由银行给予补助。信用合作社 1961 年以前由本身发放的农业贷款豁免总数为 185096.75 元，其中以信用合作社公积金弥补 19501.85 元，已免去欠银行支持款补助数 75478.20 元，银行补助数 90116.70 元。至此，全县处理旧欠工作全部结束。

此后，国家再未出台有关旧欠贷款豁免政策，也无贷款豁免情况发生。

贷款核销

1984 年 12 月，中国农业银行印发《农村信用合作社贷款呆账损失处理试行办法》，明确规定贷款呆账损失的处理原则、程序和权限。农村信用合作社的呆账损失，由理事会审查报监事会，再由监事会提交农村信用合作社社员代表大会，社员代表大会作出决议并按规定审批权限处理。

还规定，可作为贷款呆账损失处理的有：一是借款者经营的产业倒闭，不能再恢复经营，又无担保单位或担保人承担偿还所欠债务，原有财产或抵押物资处理不足归还所欠的贷款，确认再无法收回的；二是借款者人死户绝，又无第三者承担债务，其财产处理不足归还所欠的贷款；三是借款者触犯刑律，被依法制裁，处理的财产不足归还所借贷款，又无第三者承担债务，确认再无法收回的所欠贷款；四是借款者迁移、逃亡，已多年查无下落，又无第三者承担债务，处理的财产不足归还所欠的贷款；五是由于其他特殊原因造成收不回来的贷款。损失 1 万元以上的呆账要报农业银行总行备案。

此后，至 2015 年 9 月，国家税务局、中国农业银行、国务院农村金融体制改革部际协调小组办公室和浙江省农信联合社等部门，对农村信用合作社的呆账认定条件及核销权限几经修订，均明确要求农村信用合作社贷款呆账核销应严格依照规定的办法和程序处理。呆账贷款核销后，农村信用合作社仍应保留追索权。本县农村信用合作社自 1992 年始至 2016 年末，累计核销呆账贷款 26896.65 万元，收回已核销呆账贷款 5630.93 万元。

表 4-3-5　　1992 年至 2016 年贷款核销与已核销贷款收回统计表

单位：万元

年　份	核销金额	核销收回	核销贷款余　额	年　份	核销金额	核销收回	核销贷款余　额
1992	0.20	0	0.20	2005	3202.47	140.17	8746.08
1993	111.86	1.24	110.82	2006	1882	153.12	10474.96
1994	30.07	8.69	132.20	2007	0	341.82	10133.14
1995	96.08	5.99	222.29	2008	3775.10	174.98	13733.26
1996	59.04	3.97	277.36	2009	1059.46	140.92	14651.80
1997	216.46	37.83	455.99	2010	193.59	385.67	14459.72
1998	0	4.62	451.37	2011	662.49	127.33	14994.88
1999	260.12	3.69	707.80	2012	181.61	183.53	14992.96
2000	2881.33	486.52	3102.61	2013	719.69	305.90	15406.75
2001	1032.15	733.71	3401.05	2014	1366.95	319.42	16454.28
2002	1052.79	594.15	3859.69	2015	2999.38	428.70	19024.96
2003	900.09	54.65	4705.13	2016	3193.01	952.25	21265.72
2004	1020.71	42.06	5683.78	合　计	26896.65	5630.93	

第四章　会计管理

第一节　会计科目设置及演变

农村信用合作社成立早期，会计人员实行由中国人民银行或中国农业银行统一确定的收付记账法。自 1956 年起，改用借贷记账法。1966 年又恢复收付记账法。1994 年对农村信用合作社会计基本制度进行改革，统一采用借贷记账法，一直沿袭至今。

农村信用合作社的会计科目，由中国人民银行或中国农业银行统一设置，各省（市、自治区）分行可根据实际情况增设有关科目。透过会计科目的设置及其演变，可以清晰地看到农村经济社会的发展和农村所有制结构的变化，亦显现农村信用合作社的业务发展轨迹和加强会计核算及企业化管理的演进过程。

1954 年至 1955 年实行收付记账法，设 16 个会计科目：负债类设股金、定期存款、活期存款、向银行借入款、受托款项、暂收款项、拨入资金、盈余滚存 8 个科目；资产类设库存现金、放款、存入银行款、代理放款、暂付款项 5 个科目；损益类设业务收入、业务支出、费用开支 3 个科目。

1956 年 1 月，改用借贷记账法，根据农业合作化和信用合作社业务发展的实际需要，会计科目增至 32 个，始用科目代号。资产类设 14 个（实际使用 10 个，有关渔业 4 个科目不使用），负债类设 14 个科目，损益类设 4 个科目。详见下表：

表 4-4-1　　　　1956 年农村信用合作社会计科目表

科目代号	资产类科目名称	科目代号	负债类科目名称	科目代号	损益类科目名称
1	现　金	21	定期存款	41	业务收入
2	分点现金	22	活期存款	42	业务支出
3	存银行款	23	生产合作社定期存款	43	费用开支
4	高级农业生产合作社放款	24	生产合作社活期存款	44	财务损失款
5	低级农业生产合作社放款	25	银行借款		
6	农业生产合作社社员放款	26	暂收款项		
7	互助组及个体农民放款	27	应付利息		
8	高级渔业生产合作社放款	28	基　金		
9	初级渔业生产合作社放款	29	股　金		
10	渔业生产合作社社员放款	30	公积金		
11	渔业互助组及个体渔民放款	31	红利公益奖励金		
12	暂付款项	32	社点往来		
13	器　具	33	代理银行业务		
14	应收利息	34	上年损益		

1957年，增设“农业社设备放款”“农业社副业放款”“渔业社设备放款”“渔业社副业放款”等8个科目，并对个别科目名称作出调整。

1959年，农村信用合作社会计科目及分类又作增减调整，分为集体存放款、个人存放款、现金、其他业务、其他资产负债、损益六大类，增设“服务站往来”科目，农渔业生产合作社定期存款和活期存款科目并为“农渔业集体存款”科目。

1966年，农村信用合作社又恢复收付记账法，会计科目及代号基本不变，收方类科目13个，付方类科目15个，收付共同类科目1个。详见下表：

表 4-4-2　　1966年农村信用合作社会计科目表

科目代号	收方类 科目名称	科目代号	付方类 科目名称	科目代号	收付共同类 科目名称
1	农渔业集体存款	3	农渔业集体生产费用贷款	44	损　益
2	其他存款	4	农渔业集体生产设备贷款		
11	定期储蓄存款	16	社员贷款		
12	活期储蓄存款	17	待处理旧农贷		
21	借入银行款	18	1961年以前农贷款		
27	银行委托业务资金	19	现　金		
31	公积金	22	存银行款		
32	股　金	25	社站往来		
34	暂收款项	28	代理银行集体贷款		
36	基　金	29	代理银行社员贷款		
38	房屋器具基金	33	房屋及器具		
41	各项收入	35	暂付款项		
61	代理银行耕牛折旧存款	37	累计亏损		
		42	各项支出		
		43	各项费用		

1973年，增设“社队企业存款”和“社队企业贷款”科目，原社队企业的存、贷款余额分别从“农业集体存款”和“农业集体贷款”科目划转到新科目。

1975年，增设“限额结算保证金”和“暂付待摊款项”科目。

1976年，增设“社队企业设备贷款”科目。

1977年，增设“汇出汇款”和“汇入汇款”科目。

1979年，“社队企业设备贷款”改为“社队企业生产设备贷款”，增设“应解汇款”科目。

是年，农村信用合作社会计科目为40个，其中，集体存贷款科目7个，个人存贷款科目3个，其他业务科目16个，内部资金科目10个，损益科目4个。

1981年，根据农村经济发展和会计核算的需要，农村信用合作社会计科目从40个增至62个，科目代号亦相应作出调整。

1984年，以农户为主体的多种形式的承包责任制渐趋完善。农村信用合作社增设“承包及个体户存款、承包户农业贷款、承包户林业贷款、承包户牧业贷款、承包户渔业贷款、承包户工业手工业贷款、承包户商业服务业贷款、承包户生产服务业贷款、承包户其他行业贷款、承包户生活贷款”等10多个会计科目。

1985年，会计科目增至82个。其中，各项存款类15个，贷款及投资类25个，代理和信托业务类8个，行社往来类9个，基金及其他资产负债类21个，损益类4个。详见下表：

表4-4-3　　1985年农村信用合作社会计科目表

科目代号	科目名称	科目代号	科目名称
	一、各项存款	023	承包户渔业贷款
001	活期储蓄存款	024	承包户工业手工业贷款
0011	定活两便储蓄存款	025	承包户商业服务业贷款
002	定期储蓄存款	026	承包户生产服务业贷款
111	零存整取定期储蓄	027	承包户其他行业贷款
112	整存零取定期储蓄	029	承包户生活贷款
113	整存整取定额定期有奖储蓄	030	沼气贷款
114	银行贴花有奖储蓄	033	集体农业贷款
004	个体户存款	034	集体林业贷款
0041	农村专业户存款	035	集体牧业贷款
005	集体农业存款	036	集体渔业贷款
006	社队企业存款	037	集体生产服务组织贷款
007	社队事业及其他存款	038	集体其他行业贷款
009	农村集镇集体存款	040	社队企业工业贷款
010	农村集体定期存款	041	社队企业商业服务业贷款
011	国家单位存款	042	社队其他企事业贷款
	二、贷款及投资	043	社队企事业生产设备贷款
020	承包户农业贷款	045	农村集镇工业贷款
021	承包户林业贷款	0451	农村集镇商业贷款
022	承包户牧业贷款	046	个体工业贷款

续表 4-4-3

科目代号	科目名称	科目代号	科目名称
0461	个体商业贷款	072	应付股金分红
049	投　资	073	公积金
	三、代理和信托业务	074	专用基金
051	银行委托放款资金	075	固定财产基金
0512	上交银行定期储蓄	076	固定财产占款
052	银行委托放款	077	暂收款项
0521	银行委托个人放款	0771	应解汇款及临时存款
0522	代办银行定期储蓄	0772	应付有奖储蓄奖金
053	其他单位委托放款资金	0774	代收国库券款项
054	其他单位委托放款	078	暂付款项
055	其他代理和信托业务	0781	暂付待摊款项
	四、行社往来	0782	解付限额结算
061	转存银行款	079	业务周转金
0611	存银行定期存款	080	待处理历年亏损
0612	缴存银行存款准备金	081	限额结算保证金
062	借入银行款	0811	存出限额结算保证金
0631	行社汇划往账	083	应收利息
0632	行社汇划来账	084	应付利息
0634	社社资金调剂款	089	库存现金
0641	社点往来		六、损　益
0642	社站往来	095	各项业务收入
	五、基金及其他资产负债	096	各项业务支出
071	股　金	097	各项费用
0711	拨入基金	098	损　益

1986 年，将“社队企业存款”科目与“社队事业及其他存款”科目合并更名为“乡镇企事业存款”科目。

1987 年，增设“人民银行特种存款”科目。始设资金平衡表外科目 6 个，即“未发行的定额有价单证、兑付的定额有价单证、已销毁兑讫的定额有价单证、代保管有价物品、抵押贷款抵押品、空白重要凭证”，分设账户明细核算。

1988 年，增设“乡镇轻纺工业流动资金贷款、乡镇食品工业流动资金贷款、乡镇矿业流动资金贷款、乡镇建材工业流动资金贷款、乡镇冶金机械化工企业流动资金贷款、乡镇交通运输建筑业流动资金贷款、乡镇商业服务业流动资金贷款、乡镇其他企事业流动资金贷款、乡镇轻纺工业固定资产贷款、乡镇食品工业固定资产贷款、乡镇矿业固定资产贷款、乡镇建材工业固定资产贷款、乡镇冶金机械化工企业固定资产贷款、乡镇交通运输建筑业固定资产贷款、乡镇商业服务业固定资产贷款、乡镇其他企事业固定资产贷款、其他工商企事业贷款、社社调出资金、信贷基金、非业务收入、营业外支出”等21个会计科目，同时取消9个会计科目，并结转新科目。

1989年至1993年，农村信用合作社会计科目和表外科目每年均有不同程度增加或调整，使科目设置更为科学，会计核算更趋细化，成本管理得以加强。

至1993年末，农村信用合作社会计科目100个，其中一级科目75个，二级科目25个。另设表外科目9个。

1994年，按照中国人民银行新颁发的《农村信用合作社会计基本制度》，会计记账方法由收付记账法改为借贷记账法。按资金性质、业务特点、经营管理和核算要求，设置会计科目179个，其中一级科目91个，二级科目88个。一级科目中，资产类41个，负债类28个，所有者权益类6个，损益类16个。另设表外科目8个。详见下表：

表4-4-4　　1994年农村信用合作社会计科目表

科目代号	科目名称	科目代号	科目名称	科目代号	科目名称
	一、资产类	1231	短期农业贷款	1274	催收农业贷款
1011	现　金	1232	短期乡镇企业贷款	1275	催收乡镇企业贷款
1012	业务周转金	1233	短期其他贷款	1276	催收其他贷款
1111	存放中央银行款项	1241	中长期农业贷款	1291	贷款呆账准备
1121	存放农业银行款项	1242	中长期乡镇企业贷款	1321	应收利息
1122	缴存存款准备金	1243	中长期其他贷款	1391	其他应收款
1123	存放其他同业款项	1251	抵押农业贷款	1392	信托及代理
1131	存放联行款项	1252	抵押乡镇企业贷款	1411	短期投资
1132	存放联社款项	1253	抵押其他贷款	1421	长期投资
1133	存放社内款项	1261	贴　现	1511	固定资产
1211	调出调剂资金	1271	逾期农业贷款	1521	累计折旧
1212	拆放银行业	1272	逾期乡镇企业贷款	1531	固定资产清理
1221	拆放金融性公司	1273	逾期其他贷款	1541	在建工程

续表 4-4-4

科目代号	科目名称	科目代号	科目名称	科目代号	科目名称
1611	无形资产	2631	应付工资	5141	投资收益
1621	递延资产	2641	应付福利费	5151	营业外收入
1631	待处理财产损益	2642	管理部门统筹资金	5211	利息支出
	二、负债类	2651	应交税金	5221	金融机构往来支出
2011	活期存款	2661	应付利润	5311	手续费支出
2051	定期存款	2671	预提费用	5321	营业费用
2111	活期储蓄存款	2711	长期借款	5331	营业税金及附加
2151	定期储蓄存款	2721	发行债券	5341	其他营业支出
2311	借入银行款	2731	长期应付款	5361	营业外支出
2321	同业存放款项	2811	外汇买卖	5501	所得税
2331	联行存放款项		三、所有者权益	5502	特种基金
2332	联社存放款项	3011	实收资本	5601	以前年度损益调整
2333	社内存放款项	3012	股　金		附报：表外科目
2412	调入调剂资金	3021	资本公积	101	重要空白凭证
2413	银行业拆入	3031	盈余公积	102	未发行有价证券
2421	金融性公司拆入	3111	本年利润	103	代保管及抵押有价物品
2431	应解汇款	3121	利润分配	104	逾期贷款应收利息
2441	汇出汇款		四、损益类	105	已核销贷款呆账
2511	保证金	5011	利息收入	106	低值易耗品
2611	应付利息	5021	金融机构往来收入	107	已兑付的定额有价单证
2621	其他应付款	5111	手续费收入	108	已销毁兑讫的定额有价单证
2622	信托及代理款项	5121	其他营业收入		

1995 年至 1998 年，会计科目均有不同程度的增加或调整。

1999 年 8 月，农村信用合作社特约电子汇兑往来业务正式开通，部分科目更名，将“联行往账”改为“特约汇兑往账”，“联行来账”改为“特约汇兑来账”，“上年联行往账”改为“上年汇兑往账”，“上年联行来账”改为“上年汇兑来账”，并增设“汇兑汇差”科目。

农村信用合作社办理国库业务后，增设“待结算财政库款”科目，并在该科目下设“待报解预算收入”专户。

2000年1月农村合作基金会并入后，又增设“并入贷款利息收入、并入调剂资金利息收入、并入存款利息收入、并入其他业务利息支出、并入各项贷款、并入投资、并入存款、并入储蓄存款、并入拆入资金”等会计科目。

2001年增设“农户小额信用贷款、农户联保贷款、助学贷款、逾期农户信用贷款、逾期联保贷款、逾期助学贷款、呆滞农户信用贷款、呆滞联保贷款、呆滞助学贷款、呆账农户信用贷款、呆账联保贷款、呆账助学贷款、待处理抵债资产损失、广告费结转、借入支农再贷款”等15个表内会计科目。表外会计科目增设“已核销坏账损失、垫付银行承兑汇票、待处理抵债资产本金”等3个科目。同时，有部分科目更名，将原“分行辖内汇出汇款”改为“省辖汇出汇款”，“地区辖内汇出汇款”改为“市辖汇出汇款”，“地区辖内往来往账”改为“市辖往账”，“地区辖内往来来账”改为“市辖来账”，“上年地区辖内往来往账”改为“上年市辖往账”，“上年地区辖内往来来账”改为“上年市辖来账”。

2002年增设“县辖汇兑汇差、抵债资产待变现利息”会计科目，取消“并入坏账准备、已核销坏账、区域联行往账、区域联行来账、上年区域联行往账、上年区域联行来账、区域联行汇差、区域联行汇差资金清算”等会计科目。

2003年增设“银行承兑汇票垫款、应收再贴现款项、应收承兑汇票”等会计科目，取消“垫付银行承兑汇票”会计科目。是年8月，又增设“管理费统筹”会计科目。

2004年，资产类会计科目增设“专项央行票据、央行专项扶持资金、专项准备、应收转贴现款项”；负债类会计科目增设：“央行拨付专项票据资金、银行卡、单位借记卡、个人结算存款、个人借记卡”；所有者权益类会计科目增设“一般准备”；损益类会计科目增设子目“金融机构往来收入——专项央行票据利息收入、金融机构往来支出——汇票保证金利息支出”；恢复“垫付银行承兑汇票”科目。以上增设会计科目，除“个人结算存款”“垫付银行承兑汇票”科目于2003年11月启用外，其余均自2004年1月1日起启用。同时，取消下列会计科目：“并入拆放款、并入各项贷款、并入待处理抵债资产、并入应收利息、并入投资、并入存款、并入储蓄存款、并入拆入资金、并入定期存款应付利息、并入业务利息收入、并入业务利息支出、并入抵押及质押有价物品、并入逾期贷款应收利息、并入已核销呆账、并入待处理抵债资本金、已冲减并入贷款利息收入、已冲减并入逾期贷款应收利息”。以上科目年末余额通过新旧科目结转对照表结转到相应的会计科目，2004年1月1日停止使用。

2004年，农村信用合作社会计科目分资产、负债、资产负债共同、所有者权益、或有资产负债、损益六大类，共设会计科目212个（含二级科目），表外科目31个。详见下表：

表 4-4-5 2004 年农村信用合作社会计科目表

科目代号	科目名称	科目代号	科目名称	科目代号	科目名称
01	一、资产类	1242	中长期农业经济组织贷款	1278	呆滞助学贷款
1011	现 金	1243	中长期农村工商业贷款	18	呆账贷款小计
1012	业务周转金	1244	中长期其他贷款	1281	呆账农户贷款
1013	在途外币资金	1246	农户小额信用贷款	1282	呆账农业经济组织贷款
1112	准备金存款	1247	农户联保贷款	1283	呆账农村工商业贷款
1113	存放中央银行特种存款	1248	助学贷款	1284	呆账其他贷款
1114	缴存中央银行财政性存款	1251	抵押农户贷款	1286	呆账农户小额信用贷款
1115	专项央行票据	1252	抵押农业经济组织贷款	1287	呆账农户联保贷款
1116	央行专项扶贫资金	1253	抵押农村工商业贷款	1288	呆账助学贷款
1121	存放农业银行款项	1254	抵押其他贷款	1289	贴 现
1122	存放农业银行约期存款	1255	质押农户贷款	1290	待处理抵债资产
1126	存放农业银行定期存款	1256	质押农业经济组织贷款	1291	呆账准备
1123	存放其他同业款项	1257	质押农村工商业贷款	1297	专项准备
1124	存放联社款项	1258	质押其他贷款	1292	抵债资产待变现利息
1125	存放境外同业款项	16	逾期贷款小计	1293	买入外币票据
1127	存放存款准备金	1261	逾期农户贷款	1321	应收利息
1128	存放财政性存款	1262	逾期农业经济组织贷款	1323	应收再贴现款项
1129	拨付营运资金	1263	逾期农村工商业贷款	1324	应收转贴现款项
1211	调出调剂资金	1264	逾期其他贷款	1325	待核销贷款应收利息
1212	拆放银行业	1266	逾期农户小额信用贷款	1326	各项贷款应收利息
1217	买入返售贷款	1267	逾期农户联保贷款	1391	其他应收款
1218	买入返售票据	1268	逾期助学贷款	1392	委托及代理资产业务
1221	拆放金融性公司	1269	银行承兑汇票垫款	1411	短期投资
11	各项贷款小计	17	呆滞贷款小计	1416	买入返售证券
1231	短期农户贷款	1271	呆滞农户贷款	1421	长期投资
1232	短期农业经济组织贷款	1272	呆滞农业经济组织贷款	1422	入股联社资金
1233	短期农村工商业贷款	1273	呆滞农村工商业贷款	1511	固定资产
1234	短期其他贷款	1274	呆滞其他贷款	1521	累计折旧
1235	进出口押汇	1276	呆滞农户小额信用贷款	1531	固定资产清理
1241	中长期农户贷款	1277	呆滞农户联保贷款	1541	在建工程

续表 4-4-5

科目代号	科目名称	科目代号	科目名称	科目代号	科目名称
1611	无形资产	2313	借入支农再贷款	2721	发行债券
1621	递延资产	2314	央行拨付专项票据资金	2731	长期应付款
1623	广告费结转	2316	拨入营运资金	2811	外汇买卖
1631	待处理财产损益	2321	同业存放款项	2815	自营外汇买卖
02	二、负债类	2323	信用社上存联社款项	2816	代客外汇买卖
21	各项存款小计	2326	信用社上存存款准备金	2717	自营结售汇
2011	活期存款	2327	信用社上存财政性存款	2718	代客结售汇
2026	单位通知存款	2412	调入调剂资金	2819	外币兑换
2018	单位借记卡	2413	银行业拆入	2911	住房周转金
2012	财政性存款	2416	卖出回购贷款	03	三、资产负债共同类
2013	待结算财政款项	2417	卖出回购票据	4601	特约汇兑往账
2027	县级待结算财政存款	2421	金融性公司拆入	4602	特约汇兑来账
2014	地方财政库款	2431	应解汇款	4611	上年特约汇兑往账
2028	县级地方财政库款	2441	汇出汇款	4612	上年特约汇兑来账
2015	财政预算外存款	2446	省辖汇出汇款	4615	特约汇兑汇差
2029	县级财政预算外存款	2447	市辖汇出汇款	4621	省辖往账
2016	财政预算专存款	2448	县辖汇出汇款	4622	省辖来账
2036	军队特种预算存款	2832	全国联行汇出汇款	4625	上年省辖往账
2037	军队特种事业存款	2511	保证金	4626	上年省辖来账
2038	军队特种企业存款	2611	应付利息	4629	省辖汇兑汇差
2046	武警部队特种预算存款	2616	定期存款应付利息	4631	县辖往账
2047	武警部队特种事业存款	2621	其他应付款	4632	县辖来账
2048	武警部队特种企业存款	2626	卖出回购证券	4635	上年县辖往账
2017	银行卡	2622	委托及代理负债业务	4636	上年县辖来账
2051	定期存款	2631	应付工资	4639	县辖汇兑汇差
2111	活期储蓄存款	2641	应付福利费	4641	社内往来
2116	通知储蓄存款	2642	管理部门统筹资金	4705	农行省辖电子汇兑往账
2117	个人结算存款	2646	管理费统筹	4706	农行省辖电子汇兑来账
2118	个人借记卡	2651	应交税金	4707	上年农行省辖电子汇兑往账
2151	定期储蓄存款	2653	应缴代扣利息税	4708	上年农行省辖电子汇兑来账
2152	保值定期储蓄存款	2661	应付利润	4709	农行省辖电子汇兑汇差
2311	借入银行款	2671	预提费用	4716	同城往来
2312	借入中央银行款项	2711	长期借款	4686	市辖往账

续表 4-4-5

科目代号	科目名称	科目代号	科目名称	科目代号	科目名称
4687	市辖来账	5121	其他营业收入	110	已置换不良贷款
4688	上年市辖往账	5141	投资收益	111	待转国库存款利息
4689	上年市辖来账	5151	营业外收入	112	应收外汇托收款项
4696	其他特约汇兑往账	5211	利息支出	113	代收外汇托收款项
4697	其他特约汇兑来账	5221	金融机构往来支出	114	国外开来信用证凭信
4698	上年其他特约汇兑往账	5311	手续费支出	115	开出信用证
4699	上年其他特约汇兑来账	5321	营业费用	201	已销毁兑讫的有价单证
04	四、所有者权益	5331	营业税金及附加	203	待解付银行汇票
3011	实收资本	5341	其他营业支出	204	贴现承兑汇票垫款
3012	股本金	5361	营业外支出	205	存放银行房改款项
3021	资本公积	5501	所得税	206	本社购买债券
3031	盈余公积	5601	以前年度损益调整	208	待处理抵债资产本金
3036	一般准备		表外科目	209	农行省辖汇差
3111	本年利润	101	重要空白凭证	216	逾期委托贷款应收利息
3121	利润分配	102	有价单证	217	已冲减利息收入
05	五、或有资产负债类	103	未发行有价证券	218	已冲减逾期贷款应收利息
6011	应收承兑汇票	104	已兑付有价证券	219	已核销贷款呆账
6012	承兑汇票	105	代保管有价物品	223	贷款承诺
06	六、损益类	106	抵押及质押有价物品	224	已核销诉讼费
5011	利息收入	107	逾期贷款应收利息	225	已置换不良贷款应收利息
5021	金融机构往来收入	108	已核销呆账	226	已置换呆账贷款
5111	手续费收入	109	低值易耗品	227	应收信用证出口款项

2007 年，资产类会计科目增设“买入返售贷款、福费廷、保函垫款、应收回购债券”；负债类会计科目增设“教育储蓄存款、应付返售债券”；同时取消下列会计科目：“存放农业银行款项、存放农业银行约期存款、农行省辖汇差”。

2010 年，资产类会计科目增设“拆放同业款项、买入返售其他金融资产、贷款应计收利息、贷款应收未收利息、交易性金融资产、持有至到期投资、可供出售金融资产、应收款项类投资、长期股权投资、无形资产累计摊销、未实现融资收益、投资性房地产、投资性房地产累计折旧（摊销）、贵金属、递延所得税资产、农户贷款、农村经济组织贷款、农村企业贷款、非农贷款、农户贷款利息调整、组织经济贷款利息调整、农村企业贷款利息调整、非农贷款利息调整、贸易融资、贸易融资利息调整、垫款”；负债类会计科目增设“单活结构性存款、个人结构性存款、同业拆入资金、交易性金融负债、卖出回购其他金融资产款、转贴现负债、再贴现负债、其他应付职工薪酬、未确认融资费用、递延收益、预计负债、递延所得税负债”；所有者权益类会计科目增设“库存股”；资产负债共同类会计科目增设“外汇营运资金、衍生工具、套期工具、被套期项目”；损益类会计科目增设“贷款利息收入、公允价值变动损益、呆账准备金、汇兑损益”；表外会计科目增设“银团贷款、社团贷款、银行承兑汇票、委托承兑银行承兑汇票、开出信用证、开出保函款项、买断性出口保理、代售有价单证、代客理财、国外开来保函凭信、已核销投资类资产、待处理已置换资产损失、或有资产、或有负债、已抵债资产利息、税前贷款损失准备”。以上科目于 2010 年 1 月 1 日启用。同时取消下列会计科目：“存放银行房改款项、存放境外同业款项、拨付营运资金、拆放银行业、拆放金融性公司、短期农户贷款、短期个人助学贷款、短期个人房产贷款、短期个人消费贷款、短期农业贷款、短期工业贷款、短期商业和服务业贷款、短期房地产贷款、短期项目开发贷款、中长期农户贷款、中长期个人助学贷款、中长期个人房产贷款、中长期个人消费贷款、中长期农业贷款、中长期工业贷款、中长期商业和服务业贷款、中长期房地产贷款、中长期项目开发贷款、单位短期透支、银团贷款、社团贷款、国际贸易融资、逾期贷款、逾期单位短期透支、逾期银行卡透支、垫款、逾期银团贷款、逾期社团贷款、逾期国际贸易融资、呆滞贷款、呆滞单位短期透支、呆滞银行卡透支、呆滞垫款、呆滞银团贷款、呆滞社团贷款、呆滞国际贸易融资、呆账贷款、呆账单位短期透支、呆账银行卡透支、呆账垫款、呆账银团贷款、呆账社团贷款、呆账国际贸易融资、其他债权性资产、买入外币票据、转贴现、再贴现、应收再贴现款项、应收转贴现款项、期收外汇款项、短期投资、自营记账式债券、长期投资、入股联社资金、借入银行款、拨入营运资金、银行业拆入、金融性公司拆入、预提费用、待转资产价值、递延税款、住房周转金、特约汇兑汇账、特约汇兑来账、上年特约汇兑往账、上年特约汇兑来账、特约汇兑汇差、银行承兑汇票应收款、开出保函应收款、开出信用证应收款、保兑信用证应收款、保兑保函应收款、提货担保应收款、买断型出口保理应收款、银行承兑汇票、开出保函、开出信用证、保兑信用证、保兑保函、提货担保、买断型出口保理”。以上科目年末余额通过新旧科目结转对照表结转到相应的会计科目，于 2010 年 1 月 1 日停止使用。

2011 年至 2016 年，一级会计科目变化不大。主要是负债类会计科目增设“已发行存款证”；所有者权益会计科目增设“其他综合收益”。表外会计科目增设“非应税利息收入、远期结售汇、结售汇业务损益、农户小额贷款利息收入、已冲减应收费用”等。至 2016 年末，会计科目划分为 5 大类共 128 个科目，其中资产类 55 个，负债类 38 个，资产负债共同类 9 个，所有者权益 8 个，损益类 18 个，另设表外科目 40 个。详见下表：

表 4-4-6　　2016 年农村信用合作社会计科目表

序号	一级科目号	一级科目名称	序号	一级科目号	一级科目名称
	1	一、资产类	32	1442	抵债资产减值准备
1	1001	现　金	33	1501	持有至到期投资
2	1002	存放中央银行款项	34	1502	持有至到期投资减值准备
3	1003	专项央行票据	35	1503	可供出售金融资产
4	1004	央行专项扶持资金	36	1504	可供出售金融资产减值准备
5	1011	存放同业款项	37	1511	长期股权投资
6	1012	存放系统内款项	38	1512	长期股权投资减值准备
7	1013	拆放同业款项	39	1521	投资性房地产
8	1014	拆放系统内款项	40	1522	投资性房地产累计折旧（摊销）
9	1031	存出保证金	41	1523	投资性房地产减值准备
10	1032	存出保证金减值准备	42	1531	应收款项类投资
11	1101	交易性金融资产	43	1532	未实现融资收益
12	1111	买入返售金融资产	44	1601	固定资产
13	1112	买入返售金融资产减值准备	45	1602	累计折旧
14	1131	应收股利	46	1603	固定资产减值准备
15	1132	应收利息	47	1604	在建工程
16	1221	其他应收款	48	1605	在建工程减值准备
17	1231	坏账准备	49	1606	固定资产清理
18	1301	农户贷款	50	1701	无形资产
19	1302	农村经济组织贷款	51	1702	无形资产累计摊销
20	1303	农村企业贷款	52	1703	无形资产减值准备
21	1304	非农贷款	53	1801	长期待摊费用
22	1305	信用卡透支	54	1811	递延所得税资产
23	1306	贴现资产	55	1901	待处理财产损溢
24	1307	贸易融资		2	二、负债类
25	1308	垫　款	56	2001	单位活期存款
26	1309	贷款损失准备	57	2002	单位定期存款
27	1311	代理兑付证券	58	2003	个人活期存款
28	1321	代理业务资产	59	2004	个人定期存款
29	1431	贵金属	60	2005	银行卡存款
30	1432	贵金属跌价准备	61	2006	财政性存款
31	1441	抵债资产	62	2007	待结算财政款项

续表 4-4-6

序 号	一 级 科目号	一级科目名称	序 号	一 级 科目号	一级科目名称
63	2011	应解汇款	94	3001	电子汇划往账
64	2012	汇出汇款	95	3002	电子汇划来账
65	2013	开出本票	96	3031	清算资金往来
66	2014	保证金存款	97	3041	社（行）内部往来
67	2015	向中央银行借款	98	3051	外汇营运资金
68	2016	央行拨付专项票据资金	99	3101	衍生工具
69	2017	同业存放款项	100	3201	套期工具
70	2018	系统内存放款项	101	3202	被套期项目
71	2019	同业拆入资金	102	3301	外汇买卖
72	2020	系统内拆入资金		4	四、所有者权益类
73	2021	转贴现负债	103	4001	实收资本（股本）
74	2022	再贴现负债	104	4002	资本公积
75	2101	交易性金融负债	105	4010	其他综合收益
76	2111	卖出回购金融资产款	106	4101	盈余公积
77	2211	应付职工薪酬	107	4102	一般风险准备
78	2221	应交税费	108	4103	本年利润
79	2231	应付利息	109	4104	利润分配
80	2232	应付股利	110	4201	库存股
81	2241	其他应付款		5	五、损益类
82	2312	代理承销证券款	111	6011	利息收入
83	2313	代理兑付证券款	112	6012	金融机构往来收入
84	2314	代理业务负债	113	6021	手续费及佣金收入
85	2401	递延收益	114	6051	其他业务收入
86	2501	长期借款	115	6061	汇兑损益
87	2502	应付债券	116	6101	公允价值变动损益
88	2503	已发行存款证	117	6111	投资收益
89	2701	长期应付款	118	6301	营业外收入
90	2702	未确认融资费用	119	6403	税金及附加
91	2711	管理部门统筹资金	120	6411	利息支出
92	2801	预计负债	121	6412	金融机构往来支出
93	2901	递延所得税负债	122	6421	手续费及佣金支出
	3	三、资产负债共同类	123	6601	业务及管理费

续表 4-4-6

序 号	一 级科目号	一级科目名称	序 号	一 级科目号	一级科目名称
124	6602	其他业务支出	146	124	代保管有价值品
125	6701	资产减值损失	147	125	抵押物品价值
126	6711	营业外支出	148	126	质押物品价值
127	6801	所得税费用	149	130	表外应收利息
128	6901	以前年度损益调整	150	131	已核销资产
		表外科目	151	132	已置换资产
129	101	银团贷款	152	133	待处理已置换资产损失
130	102	社团贷款	153	140	抵债易耗品
131	103	承兑汇票	154	160	非应税利息收入
132	104	贷款承诺	155	107	买断型出口保理
133	105	开出信用证	156	108	远期结售汇
134	106	开出保函款项	157	117	国外开来保函凭信
135	110	待转国库存款利息	158	118	票样和假币
136	111	应收信用证出口款项	159	127	已销毁有价单证
137	112	应收外汇托收款项	160	128	待销毁有价单证
138	113	代收外汇托收款项	161	129	已转收益存款
139	114	国外开来信用证凭信	162	134	已抵债资产
140	115	代售有价单证	163	135	税前贷款损失准备
141	116	代客理财	164	137	结售汇业务损益
142	120	重要空白凭证	165	138	农户小额贷款利息收入
143	121	有价单证	166	139	已冲减应收费用
144	122	未发行有价证券	167	150	或有资产
145	123	已兑付有价证券	168	151	或有负债

第二节 主办会计

农村信用合作社成立初期，业务量少且业务单一，仅单设会计员 1 名兼出纳员。至 60 年代逐步配备 1 名出纳员，始实行钱账分管。70 年代后期，业务量较大的农村信用合作社始配备复核员，内勤人员（会计员、出纳员、复核员）一般有 3 ～ 4 名。进入 80 年代，业务发展加快，逐年招收的新职工主要充实内勤力量，部分业务量较大的社始单设储蓄专柜，对公业务与个人业务分开办理。并设置主办会计岗位，实行内勤工作主办会计负责制，以加强管理，提高工作质量和效率。

1986 年 10 月，中国农业银行浙江省分行根据总行《农村信用合作社会计基本制度》，结合全省实际情况作出明确规定：农村信用合作社主办会计经民主管理组织讨论通过后，报县（市）联合社审查和批复。其任职后一般不作调动。如确需调动，应由基层社报县（市）联合社审批，如同意调动，须经稽核员对其经管的账务、财产进行稽核后，方可办理交接手续。农村信用合作社召开理事会议，讨论、研究有关会计、财务、计划、指标考核、奖金及盈余分配等常务时，主办会计应列席参加。

1994 年实施新的财务会计制度后，对主办会计自身业务水平和综合管理协调能力提出更高要求。县联合社结合自身业务拓展、制度改革以及检查、稽核中反映的问题，每年举办数期会计人员培训班，提高其业务技能；与此同时，抓好信用合作社全员业务培训和岗位操练，以适应新形势下的新要求。是年 3 月，县联合社制订的《主办会计、记账岗位责任制》规定，主办会计在信用合作社主任领导下，具体负责内部工作的组织管理，并参与全社的经营管理。其职责为：一是根据国家财经政策、法令和有关会计出纳工作的各项规章制度、办法，组织在本单位贯彻实施。二是组织落实会计出纳人员岗位责任制，建立出纳和会计质量考核制度，定期考核岗位责任制执行情况并提出奖惩意见。三是定期或不定期地检查会计出纳人员对印章、重要凭证的使用和保管情况，根据检查情况，采取相应措施，督促会计出纳人员遵章办事，按规程操作。四是负责综合核算，审查当日凭证，统计业务量及装订传票，并做好会计档案登记、保管工作。五是组织编审各种会计报表，做好旬报、按季结息工作，监督各项财务收支。六是对各类会计、出纳差错事故或案件，及时组织人员查找原因，并按规定向有关部门报告。待事故或案件查清后，要结合损失大小、影响程度、情节轻重及形成原因等提出处理意见和建议，并提出改进措施。七是监督因工作临时离职的会计、出纳人员办理交接手续。八是做好记账业务的复核工作。九是负责做好上级行和本社主任布置的其他工作。

随着各社业务量的不断增加和管辖范围的日益扩大，设置主办会计，负责内勤工作，对于加强内部管理，提高会计工作质量和效率，已显得尤为重要。1998 年 2 月，县联合社在营业部和浦阳、浦东、黄宅、檀溪 4 个农村信用合作社各配备主办会计（副主任级）1 名。

2003 年 3 月，县联合社出台《主办会计岗位职责考核办法》。该办法分会计报表、会计辅导、会计核算和会计管理四项内容，按年度采用百分制对主办会计实施考核，考核结果作为年度评价会计工作业绩及发放其奖金的主要依据之一。该办法的实施，促使主办会计的工作责任心明显增强，各基层社内部管理水平亦有所提升。当年评选考核结果，全县各社主办会计均为称职。

2006 年，县联社对各信用社主办会计实行委派制，以之与联社改制为一级法人相匹配，进一步加强全县农村信用合作社会计工作扁平化管理，提高会计工作管理水平，发挥会计事前监督作用，确保会计核算质量，防范会计风险。是年4月县联社颁发的《主办会计委派制管理（试行）办法》规定，主办会计是指由县联社直接委派至分支机构，同时兼任分支机构所辖网点的检辅员，具有分支机构主办会计和所辖网点检辅员的双重职责。一般有5个营业网点以上的分支机构配备1名，5个营业网点以下的，每两个分支机构配备1名。主办会计编制归属县联社财务电脑科，由县联社统一聘任、统一委派，由财务电脑科统一管理，原则上享受副科级待遇；任期一般与同届理事会成员任期相对应，并适时轮换；其日常工作以主办会计职责为准，工作地点以分支机构及其所辖网点为主。是月，县联社对全县原6个独立核算单位的主办会计进行调整、分流，确定4名主办会计作为第一届委派对象，即浦阳、城关两个信用社各1名，浦东、黄宅两个信用社1名，檀溪信用社和县联社营业部1名。

2009年7月，县联社制订《会计主管委派工作办法（试行）》。明确会计主管委派制是指县联社向所属信用社、营业部及其他办理财务会计核算的相应级别机构（以下简称受派社）委派会计主管，委派会计主管隶属于县联社财务电脑科管理并向县联社负责的会计人员管理制度。委派会计主管由县联社聘任、委派和解聘，每一受派社只委派一名，并强调其委派应符合回避制度要求。委派会计主管聘期为三年，在受派社连续任职时间不得超过两个聘期，在聘期内享受副主任级待遇；聘期结束未予续聘，其相应待遇不再享受。委派会计主管的主要任务是：监督受派社严格执行各项财务会计规章制度及会计操作规程，正确进行会计核算，防范操作风险；管理受派社日常各项财务会计业务操作与核算，履行事中控制和授权监督。

2012年5月，经修订后的《会计主管委派工作办法（试行）》规定，根据业务量大小，一般有5个营业网点的信用社配备委派会计主管一名，5个营业网点以下的，可多个社配备委派会计主管一名，具体由财会科技科负责落实，并重申其委派应符合回避制度要求。委派会计主管聘期、待遇等基本不变。

2014年11月，县联社再次就《委派会计主管工作实施办法》作出修订，以臻完善。规定根据业务量大小，委派会计主管的配备分为两种模式：业务量大的营业网点，单个网点配备一名；业务量小的营业网点，则多个网点配备一名，具体由财会科技科负责落实。聘期、待遇等仍沿其旧。

2015年6月，县联社制订《会计主管工作管理办法》。规定以营业网点为单位，根据其规模、业务量大小，确定配备一类、二类、三类会计主管。会计主管由财会部门会同网点提出人选，经人事部门审核，报县联社确认。对会计主管的确认应符合回避制度要求。是年，确认会计主管共28名，其中一类会计主管6名，二类会计主管10名，三类会计主管12名。

第三节 会计工作达标

1991 年 9 月，中国农业银行浙江省分行下发《浙江省农村信用合作社会计工作达标升级实施细则》。该细则将会计工作分为达标、三级、二级和一级四个等级，一级为最高。各个等级均制订具体工作标准，达标升级在各农村信用合作社自检申报的基础上每年进行一次。对各个等级的考核，确认权限为：达标——由农村信用合作社申报，县联合社组织考核、确认，并组织验收、颁发证书；三级——由农村信用合作社申报，县联合社组织考核，市（地）行组织验收并颁发证书；二级——由县联合社集中申报，市（地）行组织考核，省分行组织验收并颁发证书；一级——由市（地）行集中申报，省分行组织考核，总行组织验收并颁发证书。会计工作达标升级由低到高依次进行，不得跨级申报。对已取得等级证书的农村信用合作社，每两年进行复查，根据复查情况，重新确认其等级或取消等级资格。

会计工作达标升级以现行制度为依据，按照中国农业银行浙江省分行下发的《浙江省农村信用合作社会计工作达标升级考核验收标准》规定项目，采用千分制考核。其中，达标考核 700 分，升级考核 300 分。达标考核满 600 分为达标单位；升级考核采用达标、升级双线分别考核，总分 850 分为三级，900 分以上为二级，960 分以上并经专项考核达到规定标准为一级。

1992 年 9 月，县联合社成立会计工作达标升级考评小组，并组织举办农村信用合作社会计工作达标升级业务培训，随后在全县各社开展会计工作达标升级活动。

1995 年 9 月，中国农业银行浙江省分行根据新的财会制度要求，修订下发《浙江省农村信用社会计工作达标升级实施细则》。该细则规定，对此前已组织农村信用合作社开展会计达标升级活动并颁发相应等级会计证书的，原确认等级依然有效，但须对照修订后的实施细则，查找存在的不足并及时予以改进。同时还规定，对会计工作已取得等级证书的农村信用合作社，每两年应复查一次，并根据复查情况重新确认其等级。如有下列四种情况之一者，取消其等级资格：一是严重违反会计法规和财经纪律的；二是会计工作混乱，核算质量明显下降的；三是发生会计、出纳、结算、联行等较大责任事故或经济案件的；四是弄虚作假、骗取荣誉的。

1997 年 11 月，金华市农金体改办发文通知，经考核验收，确认本县联合社营业部和浦阳、中余、大溪、平安、郑宅、白马等 6 个农村信用合作社为会计工作三级单位。

1998 年 3 月，浙江省农金体改办就《浙江省农村信用合作社会计工作达标升级实施细则》作出修订，在原有条文基础上增补电脑业务管理有关内容，采用百分制单独予以考核。规定对已开办电脑门市业务的农村信用合作社，在达到细则原其他达标升级分数的同时，必须达到电脑业务管理考核分数，方能确定相应的会计工作等级。会计工作达标单位，电脑业务管理须达到60分；会计工作三级、二级、一级单位，电脑业务管理须分别达到70分、80分、90分。有关电脑业务管理的考核办法自是月20日起实施。实施之前，农村信用合作社原已取得会计工作等级称号的继续有效，但应对照考核办法进行自查，就存在的不足之处及时予以改进。自是年起，新申报会计工作二级和一级的单位，必须是已开办电脑储蓄门市业务或电脑对公门市业务的农村信用合作社，并按照考核办法打分，严格掌握和管理。

1999年7月，根据会计达标升级的有关规定，针对全县农村信用合作社机构变动情况，经考核验收，确认浦阳、黄宅、浦东、檀溪4个农村信用合作社和县联合社营业部为会计工作三级单位。

2000年至2003年间，每年均按规定开展会计达标升级考核、复查、验收及确认工作。至2003年末，浦阳、城关、黄宅、浦东、檀溪5个农村信用合作社和县联合社营业部为会计工作三级单位。

2005年6月，省联合社在下发的《浙江省农村信用合作社会计基础工作等级管理办法（试行）》中明确，会计基础工作等级管理是指对会计基础工作制订等级标准，对会计机构进行考核评价，确定等级，实施奖惩。推行“统一标准，分级确认，全面规范，升级比例控制”办法。考核标准，其内容为会计机构与人员、会计出纳核算与管理、会计出纳差错事故、信用代办站管理、会计出纳服务、会计工作管理等项。考核对象为县联社营业部和各农村信用合作社。会计基础工作等级分为会计基础工作规范化单位、二级单位和一级单位。等级申请确认采取“区分等级、逐级申请、分级确认”办法，规范化单位由县联社考核确认，报省联合社金华办事处备案；二级单位由县联社推荐，省联合社金华办事处考核确认，报省联合社备案；一级单位由县联社推荐，省联合社金华办事处审查，省联合社考核确认。考核确认机构应每两年对已确认的等级单位进行一次复查，重新考核确认。是年末，经县联社考核验收，确认浦阳、黄宅2个社和县联社营业部为规范化单位。2006年11月，经县联社考核验收，确认城关、浦东、檀溪3个社为规范化单位。12月，经省联合社金华办事处考核验收，确认县联社营业部为二级单位。

2008年12月，省联合社就《浙江省农村信用合作社会计基础工作等级管理办法》作出修订。考核标准，其内容为会计工作管理与会计监督、会计基本规定与业务操作规程、出纳业务、外汇业务、计算机管理、财务管理、会计档案管理、优质服务等项。等级考核对象为县联社本级、营业部及各信用社。县联社本级包括清算中心，集中模式的事后监督中心和财务核算中心。等级申请确认采取“区分等级、逐级申请、分级确认”办法，并实行阶梯式申报确认。县联社本级规范化单位由县联社推荐，省联合社金华办事处考核确认，报省联合社备案。

2009 年 12 月，经省联合社金华办事处考核验收，确认县联社本级为会计基础工作规范化单位，县联社营业部仍为二级单位，新增城关信用社为二级单位。

2011 年 4 月，省联合社修订、印发《浙江省农村合作金融机构会计基础工作等级管理办法》，明确会计基础工作等级管理是指通过对考核对象会计基础工作的考核评价，根据一定的划分标准，确定其相应的会计基础工作等级等一系列组织管理活动的总称。考核标准，其内容包括会计人员管理、机构柜员系统管理、重要物品管理、账户管理、外汇业务管理、柜面操作管理、中间业务与自助机具业务、信用卡管理、内部账管理、资金业务管理、财务管理、事后监督管理、会计辅导检查及对行社财会管理环境建设、辖内机构的会计基础工作、对省市会计工作贡献度的总体评价，以及其他需要考核的内容。等级考核对象分为两个层次：一是以县级行社的分支机构和本部作为考核对象进行评价。（1）以县级行社的营业部、支行（或信用合作社）为单位进行考核。（2）以县级行社本部为单位进行考核。本部指县级行社清算（营运、核算、现金）中心、事后监督中心、财务核算中心、国际业务中心、银行卡中心等所有涉及会计事务的单独营运部门，非单独营运的部门纳入县级行社综合评价。二是以县级行社作为考核对象进行综合评价。除前述第一层次考核对象中的行社本部和支行（社）外，结合县级行社财务、会计、科技、银行卡、人事、业务等管理部门相关的会计工作，进行综合评价。考核确认机构应每三年对已确认的会计基础工作等级单位进行一次复查，重新考核确认。是年 12 月，经省联合社金华办事处考核验收，确认县联社为综合评价规范化单位，县联社本部、浦东信用社为二级单位，县联社营业部为一级单位。

2012 年 12 月，经省联合社金华办事处考核验收，确认城中、平安 2 个信用社为二级单位，城关信用社为一级单位。

2014 年 12 月，经省联合社金华办事处重新考核验收，确认县联社保持综合评价规范化单位，县联社本部、浦东信用社保持二级单位，县联社营业部保持一级单位不变；新确认月泉信用社为二级单位。

2015 年 12 月，经省联合社金华办事处再度考核验收，确认城中、平安 2 个信用社保持二级单位，城关信用社保持一级单位不变。

至 2016 年底，经县联社考核验收确认的规范化单位有 8 个，经省联合社金华办事处考核验收确认的二级单位 5 个、一级单位 2 个，全辖符合申报会计基础工作等级资格的单位均达到会计基础规范化及以上等级。

表 4-4-7 2016 年会计基础工作等级单位一览

机构号	单位名称	等级层次	取得等级	机构号	单位名称	等级层次	取得等级
909000	县联社	县级行社	规范化	909070	平安信用社	支行社	二级
909000	县联社本级	行社本部	二级	909080	城中信用社	支行社	二级
909010	联社营业部	支行社	一级	909100	城东信用社	支行社	规范化
909020	城关信用社	支行社	一级	909110	七里信用社	支行社	规范化
909030	浦阳信用社	支行社	规范化	909120	岩头信用社	支行社	规范化
909040	黄宅信用社	支行社	规范化	909130	郑宅信用社	支行社	规范化
909050	檀溪信用社	支行社	规范化	909140	月泉信用社	支行社	二级
909060	浦东信用社	支行社	二级				

第四节 会计监督

农村信用合作社每一笔经营业务的运作过程，也就是农村信用合作社会计的运作、核算过程，均须通过会计来实现。会计监督是指会计机构和会计人员依据国家法律法规和财务制度，通过记录、计算、分析、检查等方法，对信用合作社业务经营活动的合法性、合理性和有效性实施监督，使之按既定目标和要求进行。会计事后监督工作在防范结算风险、杜绝业务差错、完善业务操作流程中发挥着关键性作用，倘若事后监督乏力，会使会计人员因缺乏监督而生发不规范行为，如管理漏洞和业务差错得不到及时查堵和纠正，亦将出现会计风险，情节严重时还将带来较大的资金损失，甚至引发违法犯罪活动。为此，完善农村信用合作社会计监督制度，其重要一环便是事后监督。

本县农村信用合作社会计事后监督工作始于 1999 年 4 月。县联合社成立事后监督业务监控中心，并在浦东农村信用合作社开展试点工作，对该社 3 个营业网点每天的日常业务活动，就其合法性、合理性和有效性集中于县联合社事后监督业务监控中心，实施事后监督。自 2000 年 1 月 1 日起，以点及面，逐步扩大至黄宅、檀溪等农村信用合作社的 11 个营业网点。是年 4 月，成立综合业务事后监督系统推广应用领导小组，在各社全面推广。5 月，县联合社制订《综合业务事后监督工作暂行办法》。该办法规定，配备专职事后监督员负责全县农村信用合作社营业网点当日业务的事后监督工作。是年，事后监督业务监控中心就 182.5 万笔日常业务实施事后监督。

2001年10月，县联合社按照综合业务信息系统要求，将事后监督中心改设事后监督账务组，负责全县农村信用合作社日终后的传票整理和事后监督工作，统一解决账务处理、财务管理、档案管理及其他会计工作的规范化问题。

2005年7月，县联社制订《事后监督管理办法》，并再度改设事后监督中心，其职责是在各营业网点事前、事中业务监督基础上，对各项业务核算的真实性、合规性、合法性以及特殊业务实施再监督。目的是通过事后监督，及时发现并督促纠正各类业务处理中的差错，以降低金融操作风险及其他风险。规定事后监督人员须做到“三个坚持”：坚持秉公办事原则，即事后监督人员要秉公办事，发现差错和问题不得隐瞒不报或私下处理；坚持相互牵制原则，即事后监督人员不得兼任业务操作，不得顶替业务岗位；坚持亲属回避原则，即事后监督人员与前台、中台业务人员若有亲属关系，应予回避。同时还制订《凭证整理规定》《事后监督特殊业务、重点业务审核要点》《事后监督发现问题整改规定》《事后监督会计档案管理规定》等四项配套管理制度，凭以规范事后监督运行，为防范业务操作风险夯实基础。

2007年9月，事后监督（OCR）软件系统正式上线运行，标志着事后监督工作由手工操作向计算机运行的转变，使得处理依据更加合法有效，处理手续更加规范合理，处理结果更加真实可靠。

2008年5月，省联合社财务会计处发出通知，要求各地做好“OCR会计影像监督及风险预警系统”推广工作。是年10月21日，OCR会计风险控制系统正式运行，影像查询系统亦随之启动。所有原始传票、凭证通过扫描以电子影像文件形式予以保存，并利用识别系统进行比对，及时发现和纠正柜面业务办理过程的不规范行为。11月，县联社制订、印发《事后监督业务操作规程（试行）》《事后监督实施细则（试行）》《事后监督中心会计档案管理办法（试行）》等三个事后监督管理制度。

2011年5月，2010版会计事后监督系统上线。该系统是在原事后监督系统（简称OCR系统）基础上，重新梳理、完善重点监督业务配置，并对风险可疑事项和频繁发生的重点交易作系统预警处理。提示级别类风险预警项由系统自动下发，其余预警项由专职预警分析员判断风险程度后及时下发，并督促相关信用社及时处理；然后根据相关信用社预警回复情况，审查其回复预警事项是否符合规定，若不符合规定或未作妥善处理的，再次通知其重新处理。

根据新上线OCR系统的要求，2011年8月，县联社制订《会计事后监督管理办法》。该办法明确，会计事后监督是按照规定程序和方法，对前台各类会计业务处理依据、处理手续和处理结果进行复审和检查，在计算机系统自动核对业务凭证和业务流水的基础上，根据事先确定的重点业务范围进行重点监督，对高风险交易和行为进行风险预警分析，以确保处理依据合法有效，处理手续符合规定，处理结果真实可靠，资金收付正确安全。

2012年4月，事后监督系统程序升级。升级后在事后监督系统中可直接调阅会计电子档案管理系统中的客户身份证件信息。调阅时若该业务对应的客户身份证件已进行联网核查的调阅核查记录，否则调阅客户身份证件影像件，以此解决柜面人员重复采集客户身份证件信息问题。

2013 年 3 月，县联社制订印发《事后监督差错业务考核暂行办法》。该办法明确事后监督业务考核应遵循“统一标准、程序规范、客观公正”的原则。事后监督差错业务考核分为告知类差错和整改类差错两种类型，其中对告知类差错不予处罚，对整改类差错按照《事后监督差错业务处罚标准》作出处罚。以此进一步确保事后监督差错业务考核的规范性和严肃性，提高事后监督工作效率和工作质量。

表 4-4-8　　2008 年至 2016 年事后监督业务统计

年　份	扫描录入笔数	人工勾对笔数	重点监督笔数	差错笔数
2008	597798	67736	59288	234
2009	3203645	436862	335558	1065
2010	3527137	469318	345110	856
2011	4109445	612787	507277	677
2012	3841077	587493	551124	727
2013	3890269	651383	600904	1415
2014	3567011	717525	660839	1202
2015	3743285	711623	722299	1600
2016	3455298	687361	711082	1652

第五节　会计辅导检查

会计辅导检查是农村信用合作社会计工作的重要组成部分，是其内部控制制度的重要环节，是借以提高会计核算质量，实现会计监督职能，发挥会计管理作用的重要方面，同时也是农村信用合作社联系所辖营业网点业务的强力纽带。农村信用合作社通过会计辅导检查，及时纠正业务操作中的违规违章行为，消除事故苗头和案件隐患，夯实会计核算工作，提高会计核算质量和员工素质，以确保农村信用合作社各项工作有序推进，对业务健康发展不无重大意义。农村信用合作社早期的会计辅导检查工作，主要由人民银行或农业银行的县支行及当地营业所承担，采取集中时间、集中人员不定期辅导检查和由辅导组分散定期交流辅导两种方法，在几个农村信用合作社之间，开展会计账务互审互查、互帮互学、账务观摩等，查找差距，堵漏纠错，取长补短，共同提高。并督促各农村信用合作社规范操作，严格执行会计出纳各项基本制度。

1955年3月，中国人民银行浦江县支行首在城区信用合作社进行会计工作辅导试点。其工作步骤，一是会同营业所主任、会计研究确定信用合作社账务专职辅导人员。二是对各信用合作社摸底排队，全面了解业务及账务处理情况，掌握开展业务的做法及程度，检查账务处理是否及时、正确、清楚，是否适应业务发展。三是召开全区会计工作会议，具体解决三个问题：其一，须经民主推选产生，确定全区辅导社；其二，发扬互助精神，初步轧对各社账目；其三，民主制订全区信用合作社会计人员守则和财务管理制度。四是由县支行及下辖营业所选派干部深入各信用合作社具体指导、帮助，采用边查、边教、边分析差错原因等方法，轧对各科目余额，检查账册凭证内容是否齐全、合理，处理手续是否按制度执行，求得账据、账表相符。在试点基础上，复由人民银行抽调会计股两名干部，配合营业所会计辅导员，对马剑、壶源和白沙三个区的19个信用合作社会计账务开展普查，并建立三个区的会计检查辅导网。自是年6月起，着手对全县其他信用合作社会计账务全面普查。通过普查，将全县信用合作社会计工作分为三个类型：一类是会计人员思想健康，具有独立工作能力和责任心，账务处理经常保持不错不乱的有豪墅（王市）、下店、白枣、石埠、大溪、浦阳镇、虞宅、蒲阳、中余、龙门等10个社。二类是会计人员基础差但比较虚心；能力强但不够虚心，或能力一般，工作情绪却不够正常，账务处理也会不时发生些许错乱然不很严重的有白马、孝门、旌坞、岩头、许村、东塘、张官、戚村、七里、后郎、平安、前于、杨田、密溪、镇陵、墩头、倪大、施宅、蜀山、乌浆、湃桥、石宅、朱宅、平湖、佛堂、大元、罗家、马剑、青山、塘坞等30个社及前陈、前吴2个供销合作社信用部。三类是会计人员水平低、信心不足，或水平较高但有严重思想问题，而账务处理混乱不堪的有吴店、中店、大许、汪沙、杭坪等5个社和潘宅供销合作社信用部。根据普查情况，中国人民银行浦江县支行要求各营业所会计辅导员切实贯彻逐级负责精神，每月至少深入各信用合作社巡回检查辅导一次，同时视其具体条件，逐步推行农金干部“定人定社，划片包干”做法，保持全县信用合作社财务工作经常性不错不乱；加强对会计检查辅导网的领导和培育，防止流于形式；巩固碰头会制度，坚持每月召开碰头会2至3次，以区为单位每月召开辅导社会议一次（以县为单位每季召开一次），营业所每两月召开会计辅导员会议一次；每次碰头会后，农金干部须会同会计辅导员向营业所汇报会议情况，各营业所每月由会计辅导员会同会计、主任将全区会计工作检查辅导情况向县支行汇报。

1956年，中国人民银行浙江省分行下发《关于加强信用合作社会计辅导工作的指示》，认为农村信用合作社之所以出现会计账务错乱，主要是因其会计业务水平较低，加之银行辅导力量薄弱，对农村信用合作社财务会计工作缺乏经常性检查所致。进而提出应建立会计辅导网，以加强农村信用合作社会计辅导工作。

1960年至1966年浦江、义乌并县期间，浦江片农村信用合作社会计辅导工作，则统由中国人民银行义乌县支行浦江办事处及各营业所（1964年4月至1965年间则为中国农业银行义乌县支行浦江片各营业所）派出会计辅导员巡回辅导。

1967年至1972年，受“文化大革命”影响，农村信用合作社会计辅导活动遭到干扰，使其作用未能充分发挥，同时给会计出纳基本制度的执行带来较大冲击，以至出现存放款利息差错增加，科目账表不符，社队集体存款和社员个人活期储蓄账折不符以及代理银行贷款收回不及时交账等账务错乱情况。

1973年，开展以“一清四查”（清思想；查路线政策、查“三为”方向、查工作作风、查财务账目）为重点的财贸队伍整顿，亦配合整顿清查农村信用合作社财务账目，其账务错乱情况得以抑制和纠正。

1978年3月，中国人民银行浦江县支行把“三清”（清资金、清账务、清财务）工作列为整顿农村信用合作社的一项重要内容，调集业务骨干成立工作组，对全县25个农村信用合作社逐一就资金、账务、财务进行清查，时间跨度为1974年起，截至工作组着手开展清查的上个月底止，每个社清查一个月左右。通过“三清”，揭露问题，指明危害，提高认识，落实责任，即时整改，完善制度，加强监督。同时举办财会人员培训班，给部分社配齐出纳员实行钱账分管，建立健全规章制度，账务质量明显提高。

1980年1月中国农业银行浦江县支行成立后，重视发挥会计辅导网作用，加强对会计出纳基本制度执行情况的检查，组织各社财务人员开展培训，着力提高执行基本制度和结算纪律的自觉性及业务操作技能，并将会计出纳差错列入经营目标责任制考核，规定会计、出纳差错率上限分别为万分之三和百万分之四。

1988年8月，县联合社按片区设立城关、浦西、黄宅、浦东、平湖5个办事组，行使领导、管理、协调、服务辖内各农村信用合作社工作职能。并配备专职会计辅导员，正常开展会计辅导活动。各社亦选配会计辅导员，对辖属各信用服务站进行巡回检查辅导，提高其记账员业务素质。1993年6月撤销5个办事组，各片区设一名稽核辅导员，兼任各社会计辅导工作。1995年3月，改设浦阳、黄宅、浦东、平湖4个办事处，其职能与原办事组基本相同，亦配有专职会计辅导员负责各社会计辅导工作。

1996年5月，根据中国农业银行金华市分行《关于进一步加强和完善信用社会计辅导网活动的通知》精神，县联合社在县（联合）社与基层社两级建立组织，逐步恢复开展会计辅导网活动。县联合社会计辅导网——由派驻各片办事处会计辅导员和各辖属社主办会计参与，县联合社财务会计科（是年11月改称财会电脑科）科长任组长，并按片区划分5个小组，由中心社会计辅导员负责，各辖属社会计为成员，县联合社财务会计科科长巡回参加辅导活动；信用合作社会计辅导网——由本社内勤人员、辖属信用服务站会计辅导员参与，信用合作社主办会计任组长。并明确会计辅导网的八项必查内容和九项抽查内容，规定每月至少须活动一次。是年，两级会计辅导网活动计 26 次。在活动开展中，坚持业务欠懂帮教，账务差错帮查、未按制度操作帮纠，力求各社会计出纳人员素质、技能有所提升，促使财会工作逐步走上制度化、规范化轨道，为进一步落实会计出纳制度和开展会计工作达标升级奠定基础。

1998 年 3 月县联合社发文，着手建立、健全二级会计辅导网。县联合社会计辅导网——由联合社会计辅导员和联合社营业部、各信用合作社主办会计组成，联合社财会电脑科科长任组长；信用合作社会计辅导网——由各信用合作社辖属分社会计人员组成，信用合作社会计辅导员任组长。建立定期全面辅导检查制度：信用合作社对辖属营业网点进行辅导检查，每月不少于一次，季度内全面辅导检查达 100%。自是月 9 日起，联合社营业部及浦阳、浦东、黄宅、檀溪 4 个信用合作社相继开展会计辅导网活动。通过互审互查，互帮互学，彼此交流，堵漏除弊，借以取长补短，达到共同提高。

2000 年 5 月，在县联合社会计辅导网成员中新增系统管理员，负责各信用合作社电脑业务检查和辅导。要求该会计辅导网定期召开会计辅导工作会议，并与事后监督工作密切结合，同时强调信用合作社的会计辅导工作须做到“全面、重点、成效”，会计辅导活动要横向到边、纵向到底，不留死角和隐患。

2002 年综合业务信息系统全面运行后，相应组织会计辅导网活动 75 次，均以岗位设置、权限、登记簿、财产管理、重要空白凭证、授权、联行及档案等项内容为主，进行全面检查辅导。就查出的问题，有针对性地开展业务培训，并以文件形式予以通报，限期整改提高。迭经循环检查辅导和通报并督促整改，确保综合业务操作、运行趋于规范。

自 2006 年起，县联社实行主办会计委派制，一改过往会计辅导模式，将主办会计集中由县联社财务电脑科分片管理，落实其对各信用社的会计辅导、内控管理等责任，亦兼县联社会计辅导职责。主办会计负责全县信用社各营业网点的会计、电脑业务指导、检查工作，要求委派至每个社的主办会计，对本社的检查辅导每月不少于一次，对电子联行业务的专项检查每季不少于一次，做到保质保量，不流于形式，并不定期地进行交换、交叉检查辅导，同时与县联社的事后监督密切结合，俾检查、辅导更具针对性。会计辅导网模式的改变，让会计辅导网得以强化，员工综合业务素质显著提升，各信用社内控力度亦随之加大。

2007 年至 2014 年间，历年均按不同时段，结合实际，制订会计辅导网活动方案，确定检查辅导重点内容，适时调整会计辅导网组成人员，强化对所有营业网点的全面检查、辅导和监督，及早发现业务中的问题苗头，把隐患消除于萌芽状态。

2015 年，根据新制订的会计辅导活动方案，调整充实会计辅导网组织。县联社一级辅导网由 3 名专职会计辅导员组成，按季对全县信用社各营业网点进行会计检查辅导。信用社二级辅导网亦改变此前由主办会计负责多个网点检查辅导的模式，在每一网点设会计主管一名，负责本网点每月的会计检查辅导工作。是年共组织一级会计检查辅导4次，参与检查44人次，提出整改意见766条，处罚135人次，处罚金额53300元；参与二级会计检查辅导175人次，提出整改意见550余条。

2016年组织一级会计检查辅导共4次，提出整改意见611条，处罚128人次，处罚金额52400元；参与二级会计检查辅导348人次，提出整改意见400余条。

第六节　现金出纳管理

出纳制度

1998年11月之前，农村信用合作社尚无专门的现金出纳制度，其有关规定大多在会计制度的单列条款中体现。如1956年4月中国农业银行浙江省分行编印的《农村信用社账务处理办法（甲种）》中，专门规定了14项出纳制度8条内容。又如1965年2月中国人民银行义乌县支行出台的《健全信用合作社会计出纳八项制度，认真贯彻具体规定的三十二条意见》中，第三项“出纳制度”的规定有4条：1. 钞票按面额清分，每十张“九平一折”，每百张扎把。2. 每天轧库，盘点现金要绝对正确，白条、单据、发票等都不能抵作现金库存。3. 发生长短款，要及时积极查找，当天查不到，要用“应收应付款项”科目列账。短款在未追回前，要经办人员赔偿；长款无法退回的全部归公，以长补短作贪污论。4. 运送现金，要信用社干部负责押运，不许委托别人携带（包括信用社收款的现金支票）。又如1972年7月本县财政金融局革命委员会拟订的《信用社（站）会计出纳工作岗位责任制》十项制度中，第三项“现金出纳制度”规定：1. 发生现金收付，要及时登记现金日记账；2. 库存现金每天要盘点准确，白条、单据、发票等不能抵作现金；3. 运送现金，要信用社干部亲自领送，随身押运，不得委托别人代理；4. 错款发生要积极查找，当天未查明的，要用“暂收”或“暂付”科目挂账，短款如经过追查，无法追回的，要经贫管会作研究按规定处理，长款无法查出原因的，要归公入账，不得以长补短。再如1979年2月中国人民银行浦江县支行下发通知，明确规定：临柜人员对外付款必须加强复核，采取会计、出纳交叉复核，即会计计算的取款利息由出纳复核，出纳对外支付现金由会计复核。

进入80年代，农村信用合作社普遍参照人民银行或农业银行的出纳基本制度执行，逐步配备专职出纳员，实行钱账分管，双人临柜，交叉复核；专设库房，双人守库、双人押运。

1985年11月14日，中国农业银行浦江县支行对出纳长短款、错账款、结算赔偿损失、违约金支出、器具财产损失的批准权限作出规定，并要求从文到之日起试行，1986年1月

1日起正式执行：1. 每笔（件）金额在10元以下（不含10元）的，经农村信用合作社集体讨论通过，由主任批准；2. 10元以上至50元（不含50元）的，由农村信用合作社讨论后上报营业所批准；3. 50元以上至200元（不含200元）的，由农村信用合作社讨论后送营业所签署意见报县支行批准；4. 200元以上的应逐级签署意见后，按规定报上级行批准，社、所批准的要一律抄报县支行备案。

1988年1月，《浙江省农村信用合作社成本管理实施办法》对出纳差错损失处理作出规定：每笔金额在30元（不含30元，下同）以下的，经农村信用合作社集体讨论，由主任批准；30元至500元的，由县（市）联合社批准；500元至1000元的，由市（地）行批准；1000元以上的报省分行批准。

1998年11月，中国人民银行制订印发《农村信用合作社出纳制度》。内容分为总则、基本规定、现金的收付与整点、库房管理与现金运送、错款处理、票据管理与反假、出纳交接及附则，对农村信用合作社的出纳任务、业务操作、工作质量、安全保障、工作考核等都作出明确规定，从而改变一直沿用国家银行出纳制度的做法。与此前的出纳制度相比，该制度具有三大特点：其一，根据《中华人民共和国商业银行法》《储蓄管理条例》《全国银行出纳基本制度》和《现金管理暂行条例》制订，其规定有法律法规依据。其二，内容详细具体，出纳人员有章可循，易于执行，亦易于考核。其三，各项规定严格，提高了现金管理的安全程度，如库房管理，从库房改造、库门用锁、管库人员、管库方法及库款出入等都有明确标准和严格规定。

1999年2月，省农金体改办根据《农村信用合作社出纳制度》结合全省实际，作出实施出纳制度的补充规定：1. 技术性错款是指由于书写、计算、清点、机器故障等技术原因造成的错款。2. 责任事故错款是指由于工作不负责任，玩忽职守，有章不循，违章操作而造成的错款事故。3. 出纳技术性错款审批权限：每笔错款金额在1000元（不含）以下的报县联合社审批；1000元至10000元（不含）以下的报市（地）农金体改办审批；10000元以上的报省农金体改办审批。凡需报经市地、省审批的错款，县联合社都应提交专题报告，连同出纳错款报告表逐级签署意见后上报。

2008年，省联合社制订的《浙江省农村合作金融机构综合业务系统操作规程（试行）》明确规定：在临柜业务操作中，发生长短款差错的，仍实行“长款归公，短款自赔”的原则，不得以长补短。当日发生的差错，均应当天列账处理。

2010年8月后，全县农村信用合作社会计出纳操作一直执行省联合社修订的《浙江省农村合作金融机构综合业务系统操作规程》。

现金管理

现金管理始于1950年4月。国家政务院公布《关于实行国家机关现金管理的决定》，对国家机关实施现金管理，并指定中国人民银行为现金管理执行机关，负责办理及检查有关现金管理事宜。凡一切公营企业、机关、部队及合作社等所有现金及票据，除准予保留规定之限额外，其余必须按照人民银行存款办法存入当地人民银行或其委托机构，不得存入私营行庄。各公营企业、机关、部队及合作社等自行保存的现金数目，得由各该单位提供材料，并与当地人民银行商定，报请当地财政经济委员会核定。其限额，在设有人民银行机构的地方一般不得超过三天的日常开支；尚未设置银行机构的地方一般不得超过一个月的日常开支。各公营企业、机关、部队及合作社间的相互往来，使用转账支票须经人民银行转账，埠际之间往来须经人民银行汇拨。除汇放工资、向农村采购及在城市零星开支等必须使用的现金部分外，均应使用人民银行支票，不得以现金支付。上述各项规定为重要的财政纪律之一，自公布之日起必须严格执行，并责成人民银行负责督促检查。如有违犯上述规定者，由人民银行报请同级和上级财政经济委员会及监察机关，按情节轻重酌予惩处。

1956年7月，国务院在《关于纠正若干地区银行、信用合作社在吸收存款、扩大股金工作中强迫命令现象的指示》中，针对有些地方的银行和信用合作社对农业社实行不必要的现金管理，限定农业社的现金库存数量，要求把超过规定数量的现金存到银行或者信用合作社；规定农业社出售商品或者购进商品，款项出入一律要经过银行和信用合作社转账结算，不给现金；有的甚至发展到对农民个人的现金也要实行管理，也要实行转账结算。这样就自然不能不引起农民的疑虑，造成农业社和农民的很大不方便，严重地引起农民不满等情况。就此明确规定：不允许限定农业社现金库存数量和对之实行现金管理。农业社的非现金结算，只能在农业社认为确实方便并真正出于自愿的情况下方可办理，愿意支取现金就给现金，愿意转账才能转账。至于对农民个人，则一律不允许实行非现金结算，同农民的交易往来也不允许使用非现金结算。

此后，对现金管理规定进行多次修订，现金管理的松紧度随国家各种因素的变化而有所更动，特别是对农村的现金管理经历松与紧的多次反复，但总体来说还是略偏重于现金管理，适当控制大额现金支付和单位之间的现金结算。

1976年5月，中国人民银行浦江县支行根据省财政金融局《关于对农村生产大队、生产队、队办企（事）业进行现金管理试点的通知》精神，确定在本县白马、石马、虞宅和七里4个农村信用合作社，由当地公社党委统一领导，开展现金管理试点工作。主要从四个方面入手：第一，核定各生产大队、生产队及队办企（事）业库存现金限额，一般掌握在30元至100元限额内，距信用合作社较远的单位，限额可适当放宽一些。第二，生产队集体出售农副产品和代国家加工的收入，应办理转账，单位之间的交易往来，凡在10元以上的亦须转账结算。第三，社、队外出采购，除差旅费外，支取现金应确定一个限额，最高不得超过200元。余外都要通过汇款或其他结算方式结算。生产大队、生产队、队办企（事）业向信用合作社提取超过核定库存现金限额的现金，应经上一级批准，并经信用合作社审查同意后才能付款。第四，生产队的预分、决算，分配方案须经公社批准后才能向银行、信用合作社提取分配现金。第五，生产大队、生产队、队办企（事）业向信用合作社存入或提取现金，须在有关凭证上如实写明来源或用途。

1977年12月，县革委会印发《关于贯彻执行国务院〈关于实行现金管理的决定〉的通知》，明确要求：1. 对一切国有企业、事业、机关、团体、部队、学校和集体经济单位一律实行现金管理。中国人民银行是现金管理的执行机关，银行必须根据国家规定，负责办理及检查有关现金管理事宜。2. 凡一切国有企业、事业、机关、团体、部队、学校和集体经济单位所有现金，除核定的现金库存限额外，其余必须随时存入当地银行（无银行机构的地方，授权信用合作社办理，下同），不得自行留存坐支，逃避银行监督。上述单位的库存现金限额，由各单位提出申请计划，经开户银行审查，由县支行集中报县革命委员会核定批准。单位库存现金限额一般不得超过3天的日常零星开支，离银行较远的单位，可以适当放宽，但最高不得超过15天的日常零星开支。3. 各国有企业、事业、机关、团体、部队、学校、集体企业之间的经济往来，必须通过人民银行转账结算。除发工资，旅差费，向个人采购农副产品，对个人其他支出以及结算起点（30元）以下的零星开支等必须使用的现金部分外，其他均不得支付现金。各单位到外地采购所需资金，不准自带现金或经邮局汇款，必须通过人民银行用汇兑或其他结算方式结算。现金收支较多的单位，或季节性用款较多的单位，要编制现金收支计划，经开户银行审查，由县支行报县革委会批准。单位现金收支计划一经批准，单位要保证实现。4. 对人民公社、生产大队、生产队和他们办的企业也应实行现金管理。具体管理办法，由省革委会制定后再下达。人民银行要保证谁的钱进谁的账，由谁支配，不得自动扣收贷款，也不代任何单位扣款。5. 现金管理是国家的重要财政制度，必须严格执行。对违反上述规定的单位，人民银行可以根据情节轻重给予批评教育，情节严重的要报县革委会给予纪律惩处。

1978年1月，省革委会颁发《浙江省农村集体经济单位现金管理办法》。规定农村生产大队、生产队使用现金范围为社员分配、企业工资、生活补贴和差旅费等，购买生产资料等均须采用转账结算。集体单位现金限额一般规定为30～50元。是年3月，中国人民银行浦江县支行发文，要求在宣传、贯彻国务院《关于实行现金管理的决定》的同时，应组织银行和农村信用合作社干部认真学习山西省昔阳县农村现金管理工作的经验。其农村现金管理工作已历十年，成绩卓著，经验可供借鉴。由此足见，实行农村现金管理，对于调节货币流通，打击城乡资本主义势力，加强财务管理，促进集体经济巩固和壮大，支持“农业学大寨”运动，不无积极作用和深远意义。

1980年7月，中国农业银行浙江省分行下发《关于当前现金管理几点掌握意见》。该意见指出，随着经济管理体制的逐步改革，企业自主权的扩大和市场经济的发展，对现金管理提出了不少新的要求。为使现金管理工作适应新形势的变化，在坚持现金管理原则基础上，对使用现金范围、异地使用现金、现金库存限额等作出相应调整：单位到当地集市采购允许上市的农副土特产品，转账结算有困难的，可以支付现金。向个人采购的一律支付现金。异地采购时，遇特殊情况需要在300元以上采购带现的，经过银行审查证明，可按实际需要支付现金。同时，要求银行和农村信用合作社在一年中要组织力量集中进行一至两次较大规模的检查，农村可在春、夏季预分和年终决算分配前，结合财务检查一并进行。

1981年2月，中国人民银行浦江县支行发文要求各农村信用合作社必须切实加强农村现金管理，加强对社队企业购销活动和现金支付的监督。重申社队企业提取不注明用途的现金，农村信用合作社有权拒付。3月，中国农业银行浦江县支行发文通知，遵照国务院国发17号关于“切实加强信贷管理，严格控制货币发行”的规定精神，对照本县前段现金管理情况，提出必须切实加强现金管理和临柜监督。重申凡国营企事业、机关、团体、部队、学校、集体经济单位、社队所有现金，除核定的现金库存限额外，其余均须存入当地银行或农村信用合作社，不得自行保留任意超过核定的现金库存限额，更不能坐支。各国营企事业、机关、团体、部队、学校、集体经济单位、社队之间的经济往来，金额在30元以上的，都要通过银行或农村信用合作社办理转账结算，节约现金使用，严禁超过规定携带现金外出采购。银行、农村信用合作社要加强现金支付的临柜监督工作，要求各单位存款要注明来源，支款要注明用途，要坚决堵住不合理支款或违反国家规定的现金支取。单位在银行、农村信用合作社开立的账户，限于在单位使用，严禁出租或出借，临柜如有发现要坚决制止，劝阻无效可按结算规定严肃处理。是年5月，中国农业银行浦江县支行就浦阳农村信用合作社现金管理和临柜监督情况进行调查。调查结果表明，该社在现金管理和临柜监督工作中严格把牢“三关”，即柜面审查关、实地检查关和宣传教育关；并将现金管理工作贯穿于整个农村金融工作，定期召开各单位财会人员会议，重申各单位必须做到八个不准（不准白条抵库，不准单位之间相互借支现金，不准私人借支公款，不准利用银行、信用合作社账户存入或支取现金，不准将单位现金以个人名义转为储蓄存款，不准保管账外现金即设立“小金库”，不准以转账套取现金，不准假造用途套取现金）。同时按规定坚持每季对社队企业现金管理全面检查一次，每年对生产队现金管理检查两次，使现金管理工作形成制度化、常态化，取得明显成效。

1982年9月，中国农业银行浦江县支行组织对全县1230个单位现金管理情况进行检查，形成专题报告呈送县人民政府批转下发各部门、单位。该报告指出，现金管理是我国行之有效的一项重要财经制度。从此次检查情况看，一些单位以白条抵库、库存超限、长短款挪用借支、私立“小家当”任意请客送礼、相互借贷、冒名贷款套取现金以及巧立名目任意雇用计划外用工等现象仍时有发生，有的甚至很严重，各级领导必须引起高度重视。对本部门和所属单位已发现的问题，要进行一次认真研究，作出严肃处理。同时要求各级政府、有关单位要支持和协助银行和农村信用合作社搞好现金管理工作。

1988 年 9 月，国务院颁布《现金管理暂行条例》，这是自改革开放以来第一部完整的现金管理法规。是月，中国人民银行亦颁发《现金管理暂行条例实施细则》，与国务院《现金管理暂行条例》一并自是年 10 月 1 日起施行。10 月，中国农业银行浦江县支行下发《关于认真执行〈现金管理暂行条例实施细则〉几点意见的通知》，要求各营业所、农村信用合作社严格控制现金支付，对不属于现金使用范围的现金不得支付。如各单位要去外地采购，购货款须办理转账结算，因特殊情况确需超过限额携带现金的，由单位提出书面申请，可酌情从严审批。营业所、农村信用合作社要建立现金审批制度，1000 元以下由临柜会计审查，1000 元（含）以上由主任审批，并做好登记工作。年内要对单位现金库存进行一次全面检查，在检查时根据各单位现金收支情况重新核定现金库存限额。《现金管理暂行条例》实施后，县人民政府决定在全县开展一次现金管理工作大检查，对检查中发现的问题予以通报，并督促相关单位及时整改。

自 1997 年 7 月 1 日起，县联合社按照中国人民银行浙江省分行制订的《浙江省大额现金支出审批、报备制度的实施办法》，实施大额现金支出审批和报备制度。农村信用合作社现金支出审批权限，3 万元以下的由临柜出纳人员审批；3 万元至 10 万元由主办会计审批；10 万元以上的由主任审批。同一单位同日支付多笔现金的，按累计数分级审批。要求各社做好大额现金支取登记报备工作。大额现金支付要按时间顺序逐笔填写“大额现金支取登记表”，并入档保管。10 万元以上的大额现金提取要填制“大额现金提取情况报备表”，由出纳人员按月汇总后，于次月 5 日前报办事处汇总后上报县联合社。是年 9 月，县联合社转发中国人民银行《关于大额现金支付管理的通知》，要求各农村信用合作社切实做好现金支付管理工作。

1999 年 5 月，县联合社根据上级行《大额现金支付管理规定》，结合实际情况，对大额现金支付审批权限作出如下规定：

一、开户单位基本存款账户、个人结算账户、应解汇款现金提取审批权限：（一）1 万元（不含）以下，由农村信用合作社及分社临柜记账人员审批；（二）1 万元（含）以上 5 万元（不含）以下，由农村信用合作社主任授权主办会计及分社主任、会计审批；（三）5 万元（含）以上，由县联合社计划信贷科审批，农村信用合作社开户单位须填写“大额现金支取登记审批表”，按规定审批后方可支付，审批表附于支票等有关票据后面；（四）应解汇款提取现金 20 万元（含）以上，除按前款规定审批外，还须报人民银行计划调统科审批；（五）同业往来现金支付执行前款规定。邮政储汇1万元以下由临柜人员审批，1万元（含）以上50万元（不含）以下由分社会计审批，50万元（含）以上报县联合社计划信贷科审批。

二、储蓄存款支取按原规定执行，即无论何储种，5万元（不含5）以上，临柜人员须查验登记有效身份证件（居民身份证、户口簿、军人证，外籍储户护照、居住证），核实无误后方可支付。20万元（含）以上，取款人至少须提前一日预约。

三、加强贷款支现审批管理，严格控制贷款支现。开户企业贷款须转账至企业存款户，确需提现的按第二款规定执行。个人贷款按以下权限审批：（一）1万元以下贷款支现由信贷员审批，信贷员须在借款凭证或契约背面签字备查；（二）1万元（含）以上5万元（不含）以下由农村信用合作社主任、分社主任审批。农村信用合作社、分社主任必须在借款凭证或契约背面签字备查；（三）5万元（含）以上，由县联合社计划信贷科审批。借款人填写“大额现金支取登记审批表”，按规定审批后方可支付，审批表附于借款凭证或契约后面。

2002年，中国人民银行金华市中心支行在辖区内开展现金管理示范单位评比活动，县联合社营业部荣膺该年度“金华市现金管理示范单位”称号。

2005年9月，县联社成立现金管理检查领导小组，组织各信用社开展现金管理自查工作。主要自查大额支现是否按规定审批，基本存款账户和临时存款账户是否超范围支现，是否存在一般存款账户付现、未经审批开立账户并支现等项内容，于是月底前将自查情况报县联社。

2006年1月，县联社对大额现金支付审批权限作出调整：基本结算账户单笔现金提取（或单日累计现金提取）50万元（不含）以内，专用账户、临时账户单笔现金提取（或单日累计现金提取）20万元（不含）以内，授权各信用社、分社主任审批；基本结算账户单笔现金提取（或单日累计现金提取）200万元（不含）以内，授权县联社计划信贷科科长审批。是年6月，专用账户、临时账户单笔现金提取（或单日累计现金提取）200万元（不含）以内，授权县联社计划信贷科科长审批。

2007年6月，按照中国人民银行杭州中心支行（杭银办〔2007〕150号）文件规定，取消大额现金报告制度，县联社不再向当地人民银行分支机构报送大额现金交易信息。

2008年7月，县联社授权业务管理科大额现金支付审批权限作出调整：专用账户、临时账户单笔现金提取（或单日累计现金提取）的审批额度为500万元（含）以内。

2015年7月，县联社重新调整大额现金支付审批权限：基本账户单笔现金300万元（不含）以内，授权县联社营业部和城关、浦阳、黄宅、岩头、郑宅5个信用社及檀溪信用社中余分社审批；基本账户单笔现金200万元（不含）以内，授权浦东、平安、七里、城中、城东、月泉、檀溪7个信用社及浦东信用社郑家坞分社，浦阳信用社宫口分社、大溪分社，城关信用社新华西路分社、大许分社，檀溪信用社虞宅分社审批；基本账户单笔现金100万元（不含）以内，授权黄宅信用社前陈分社、治平分社，城关信用社潘宅分社，浦阳信用社江滨分社、前吴分社、花桥分社、杭坪分社、石宅分社，檀溪信用社大畈分社、大元分社审批。专用账户和临时账户 20 万元（不含）以内，授权所有营业网点审批。是年 12 月，县联社调整营业部大额现金支付授权审批额度：基本账户、专用账户、临时账户单笔现金为 500 万元（不含）以内。

2016 年 7 月，县联社调整平安信用社大额现金支付授权审批额度：基本账户单笔现金为 300 万元（不含）以内。

现金运送

本县农村信用合作社成立之初，及至 1992 年 12 月县联合社购入第一辆运钞车之前，各社到银行领取或缴存现金，一直是骑自行车或乘坐公交车往返奔波，存在诸多安全隐患。

1992 年 12 月，县联合社购置第一辆“金杯”牌运钞车。1995 年 5 月，经中国农业银行金华市支行批复，同意县联合社营业部和郑宅、岩头、浦阳、中余等 4 个农村信用合作社各购置运钞车一辆。

自 1996 年 10 月 10 日起，改全县农村信用合作社现金头寸分散运送为集中以 5 辆运钞车分 5 条线路、统一配置专人运送，杜绝各社此前搭公交车、乘三轮车或骑摩托车、自行车运送钱款等不安全状况。

1998 年 12 月，全县农村信用合作社现金供应自成体系，县联合社现金总库投入运作，直接向中国人民银行浦江县支行办理现金缴存，各营业网点所需现金头寸由县联社经济民警小队直接押运接送。

自 2001 年 12 月起，全县农村信用合作社始实行统一业务金库。农村信用合作社各营业网点夜间不再保留现金库存，集中交由县联合社业务金库统一保管，每日早、晚由运钞车专门送达和接入，各营业网点日中所需现金补充及重要空白凭证、传票等亦然。

2002 年 4 月，中国人民银行浦江县支行撤销当地发行金库，县联合社转而与中国建设银行浦江县支行签订业务合作协议，委托其代理业务金库，县联合社在该行开立同业往来账户，通过该账户办理现金缴存业务。

2007 年 7 月，中国建设银行浦江县支行不再设立业务金库，县联社即在义乌农村合作银行（现改称义乌农村商业银行）开立同业往来账户，通过其办理现金缴存业务。

2009 年 8 月，县联社与浙江金华安邦护卫有限公司签订守押服务合同，自是月 10 日起，县联社金库现金款箱及有价证券、有价单证、贵金属等特种物品概由其负责押送。

2015 年 5 月 21 日始，经中国人民银行金华市中心支行批准，县联社直接向该行办理现金缴存业务。

人民币反假工作

改革开放后，随着社会主义市场经济的建立和持续快速发展，人民币的使用范围和使用渠道日益扩大。而科学技术的不断进步，致少数犯罪分子趁隙而入，采取非法手段模仿人民币特征印制假币，并通过各种方式投放市场，扰乱人民币的流通。尔后其犯罪活动亦渐趋专业化和高智能化，假币更具欺骗性，让人民群众防不胜防，使人民币信誉受损，严重危害社会和金融安全。对此，必须毫不手软地严厉打击伪造、贩卖和使用假人民币的违法犯罪活动，以利保护人民币合法地位，稳定货币流通正常秩序，维护国家、集体和人民群众切身利益。

1995年3月18日颁布实施的《中国人民银行法》规定，人民币由中国人民银行统一印制、发行。禁止伪造、出售、变造人民币。任何单位和个人不得印制、发售代币券以代替人民币在市场上流通。

1997年10月1日，经修订后的《中华人民共和国刑法》颁布实施。明确规定伪造货币的，处三年以上十年以下有期徒刑，并处5万元以上50万元以下罚金；对伪造货币集团的首要分子，数额特别巨大的，有其他特别严重情节的，处十年以上有期徒刑、无期徒刑或者死刑，并处5万元以上50万元以下罚金或者没收财产。

2001年12月，全县农村信用合作社出纳人员参加由中国人民银行浦江县支行组织的人民币反假知识培训，并悉数取得考试合格证书。此后，中国人民银行浦江县支行规定，每年新进从事现金收付和整点的工作人员，必须经反假币培训、考试，合格后方能上岗；未取得考试合格证书的，不得收缴假币。至2016年末，全县农村信用合作社共有160名工作人员取得反假币资格上岗证书。

2003年7月，中国人民银行下发《假币收缴、鉴定管理办法》，规定金融机构在办理业务时发现假币，由该金融机构两名以上业务人员当面予以收缴。对纸质假币，应当面加盖“假币”字样的戳记；对纸质假外币及各种假硬币，应当面以统一格式的专用袋加封，封口处加盖“假币”字样戳记，并在专用袋上标明币种、券别、面额、张（枚）数、冠字号码、收缴人、复核人名章等细项。收缴假币的金融机构向持有人出具中国人民银行统一印制的《假币收缴凭证》，并告知持有人如对被收缴的货币真伪有异议，可向中国人民银行当地分支机构或中国人民银行授权的当地鉴定机构申请鉴定。收缴的假币，不得再交给持有人。县联合社认真贯彻上级行文件精神，要求各农村信用合作社严格执行相关规定，做好假币收缴和凭证、印章管理工作。

2013年9月，随着人民群众反假币、反洗钱意识的增强，人民银行亦加大对金融机构的监管力度，并对假币实行“零容忍”政策。县联社在部分营业网点配备能记录每张人民币纸币冠字号码的A类点钞机50余台，以有效杜绝误收假币的渠道。

图 4-4-1　在县城文化广场举行“反假货币、人人有责”主题宣传活动（2013.5）

2014 年 7 月，县联社下发《人民币冠字号码检索、保存、查询解决涉假纠纷管理办法》，明确规定冠字号码保管期限、责任人，确保数据完整，使冠字号码查询工作有据可依。9 月又在所有对外营业现金窗口配备 A 类点钞机 85 台，使所有柜员及机具的现金收付均可查询人民币纸币冠字号码，进一步增强防范假币意识。

2015 年 11 月 12 日，中国人民银行发行 2015 年版第五套人民币百元纸币。新版百元人民币在保持 2005 年版主色调基础上，采用横竖双号码，并改变原有冠字号，使之更符合公众识别和机具识别要求，亦利于对冠字号的识别和记录，并对其他多项防伪特征作了调节与提升，从而有效控制和打击造假活动。

2016 年 9 月，顺利完成现钞设备接入钞币信息管理系统，实现通过对现钞机具设备的钞币冠字号进行标准化格式的采集、存储、查询、跟踪及统计等功能。

迄 2016 年末，全县农村信用合作社改制为农村商业银行之前，已基本形成人民币反假工作长效机制。在历年业务经营中，无论何时发现假币，当即予以收缴，并履行规定手续，向持有人追询来源，同时视其情节，及时报告当地公安机关和人民银行，并积极协助公安机关侦破案件。

反洗钱

洗钱属严重经济犯罪行为，不仅破坏社会经济活动的公平公正原则和市场有序竞争，损害金融机构声誉，进而对国家政治经济稳定、社会安定以及国际政治经济体系安全构成严重威胁。而且洗钱往往与贩毒、走私、恐怖活动、贪污腐败和偷税漏税等严重刑事犯罪有紧密联系。我国反洗钱立法始于刑事立法。1990 年全国人大常委会通过的《关于禁毒的决定》中规定，对包庇走私、贩卖、运输、制造毒品的犯罪分子，为犯罪分子窝藏、转移、隐瞒毒品或者犯罪所得财物，掩饰、隐瞒出售毒品获得财物的非法性质和来源，处七年以下有期徒刑、拘役或者管制，可以并处罚金。这一规定是我国关于反洗钱方面的第一个法律规定，成为我国打击洗钱犯罪活动最主要的法律武器。2003 年 1 月，中国人民银行发布《金融机构反洗钱规定》《人民币大额和可疑资金支付交易报告管理办法》和《金融机构大额和可疑外汇资金交易报告管理办法》，标志着以银行业为核心的、全面的金融机构反洗钱管理制度确立。2003 年 12 月，全国人大常委会就《中国人民银行法》作出修改并予通过，其中涉及反洗钱工作的有两处：一是第四条关于中国人民银行职责的规定，增加了“指导、部署金融业反洗钱工作，负责反洗钱资金监测”等内容；二是第三十二条规定，中国人民银行有权对金融机构以及其他单位和个人执行有关反洗钱规定的情况进行检查和监督。同时，第四十六条还规定对违反反洗钱规定的行为，有权给予警告、没收违法所得或者罚款。修改后的《中国人民银行法》于 2004 年 2 月 1 日起施行，这是我国首次在国家法律这一层级对反洗钱工作的主管部门及其职责、开展监督检查工作的范围，以及对违反反洗钱规定的单位和个人的行政法律责任作出明确规定，建立了我国反洗钱行政管理工作的基本框架。2006 年 10 月通过的《中华人民共和国反洗钱法》，于 2007 年 1 月 1 日起施行，这是我国第一部关于反洗钱的专门性行政法律。县联社根据上述法律和行政规章，于 2008 年 12 月成立反洗钱工作领导小组，明确县联社财会电脑科为反洗钱工作牵头部门，并负责制订社内反洗钱内控制度，开展大额、可疑交易分析、统计和报告，组织可疑交易协查，开展反洗钱工作培训和宣传等。各信用社、分社及县联社营业部确定一名专职或兼职反洗钱联络员，负责大额、可疑支付交易资料报送，确保反洗钱信息不泄露。

人民银行规定的大额交易报告标准：单笔或者当日累计人民币交易 20 万元以上或者外币交易等值 1 万美元以上的现金缴存、现金支取、现金结售汇、现钞兑换、现金汇款、现金票据解付及其他形式的现金收支。法人、其他组织和个体工商户银行账户之间单笔或当日累计人民币 200 万元以上或者外币等值 20 万美元以上的款项划转。自然人银行账户之间，以及自然人与法人、其他组织和个体工商户银行账户之间单笔或者当日累计人民币 50 万元以上或者外币等值 10 万美元以上的款项划转。交易一方为自然人、单笔或者单日累计等值 1 万美元以上的跨境交易。累计交易金额以单一客户为单位，按资金收入或付出情况单边累计计算并报告，中国人民银行另有规定的除外。县联社营业部、各信用社及分社在每月末汇总填制“金融机构可疑交易报告月统计表”，县联社于每月末 3 个工作日内报送当地人民银行。

图 4-4-2 “反洗钱”街头宣传咨询（2012.11）

2009 年，县联社制订《反

洗钱管理办法》《反洗钱内控制度》及《反洗钱工作实施细则》等，使反洗钱工作形成制度化、规范化。

2011年3月，县联社下发《反洗钱业务岗位设置暂行办法》。为适应全省农村合作金融反洗钱信息监控报告系统要求，县联社财务电脑科则设置1名审批岗，负责联社可疑案例审批上报及客户洗钱风险评级审批工作。

2013年6月，县联社成立反洗钱风险评估领导小组，由理事长任组长，县联社主任、副主任和监事长为副组长，各科室负责人为成员，财会科技科反洗钱岗人员为反洗钱风险评估联络人，以优化监管资源配置，有效开展反洗钱风险评估工作。

2016年3月，县联社出台《反洗钱和反恐怖融资管理办法》，进一步细化客户身份识别、客户身份资料和交易记录保存，大额交易和可疑交易报告以及涉嫌恐怖融资的可疑交易报告等相关反洗钱业务，建立反洗钱内部预警和紧急处理机制，形成一套完整的反洗钱内控体系。

第五章 财务管理

第一节 所有者权益

农村信用合作社所有者权益，是指投资人对农村信用合作社净资产的所有权，在农村信用合作社发展的不同时期，其构成的内容也不尽相同。

1954 年至 1955 年间，农村信用合作社的资本金由“社员股金”“盈余滚存”（相当于公积金）等科目的余额构成。1956 年由“社员股金”“公积金”“基金”及“红利公益奖励金”等科目的余额构成。1966 年改由“社员股金”“公积金”“拨入基金”等科目的余额构成。1980 年至 1993 年间，又先后增加“股金分红”“专用基金”“信贷基金”等科目。1994 年，农村信用合作社实行新的财务会计基本制度，会计核算遵循权责发生制原则，其“资本金”改称“所有者权益”，由实收资本、股本金、资本公积、盈余公积、利润分配 5 个科目构成。资本金中除社员股金外，公积金和各项基金每年从利润分配中按规定提留充实。

农村信用合作社发展初期，因农村经济不发达，故只能微利以至亏损经营，公积金增加缓慢甚或毫无增加，资本金构成以社员股金为主，信贷资金来源则以组织社员个人储蓄存款为主。1955 年全县农村信用合作社年终决算时仅有社员股金余额 2.08 万元，盈余滚存余额 0.48 万元，资本金总额为 2.56 万元。

1958 年 4 月，全县农村信用合作社开展“股金户户 5 元化”运动，掀起增股竞赛，至是年末社员股金余额 22.37 万元，公积金余额 0.27 万元，资本金总额 22.64 万元。此后二十年间，全县农村信用合作社股金余额一直稳定在 15 万元左右（已剔除 1960 年划归兰溪的 5 个、1967 年划归诸暨的 2 个共 7 个信用合作社的股金）。至 1978 年末，资本金总额达 34.44 万元，增加 11.8 万元，增长 52.12%。

改革开放后，农村经济特别是乡镇企业发展较快，农村信用合作社经营搞活，效益有所提高，至 1986 年末，资本金总额达 105.97 万元。

1987 年 6 月县联合社成立，至年末股金余额达 19.81 万元，资本金余额为 171.43 万元。

1988年，国家允许农村信用合作社于税前列支提存信贷基金，首次提留额55.75万元。随着业务发展加速，盈利水平日渐提升，资本金实力有较快增长，至1992年资本金总额达1293.90万元，比1987年增加1122.47万元，增长654.77%。

1993年受社会集资、股票发行等影响，农村资金严重分流，农村信用合作社储蓄存款严重滑坡，面临资金头寸紧缺问题，个别社甚至发生存款支付困难。遂积极开展增、扩股工作，至年末全县农村信用社股金余额高达2889.46万元，资本金总额增至4365.05万元。

1994年，实行新的财务会计基本制度，农村信用合作社资本金改称“所有者权益”，由实收资本、股本金、资本公积、盈余公积、利润分配5个科目构成。是年末，全县农村信用合作社实收资本金余额2444.01万元，股金662.14万元，资本公积55.78万元，盈余公积69.24万元，减去亏损额649.76万元，所有者权益合计2581.41万元。

1995年至2004年间，全县农村信用合作社各项业务经过十年发展，经营利润逐年积累，加之增资扩股，所有者权益递增至2815.73万元。

2005年产权制度改革，实行一级法人、统一核算、分级管理、授权经营的管理体制。是年1月，委托浙江万邦会计师事务所金华分所全面清产核资，以2004年3月31日为评估基准日，对县联合社拥有位于县城、黄宅镇、郑宅镇、郑家坞镇的8个分支机构房地产进行评估，并就涉及所有者权益相关科目的账务作出调整：固定资产和土地使用权增值3610.01万元，其中房屋固定资产增值565.98万元，土地使用权无形资产增值3044.03万元，同时增加资本公积3610.01万元；提取一般准备3357.84万元，增加未分配利润3357.84万元；土地证费用由县人民政府返回589.19万元，增加资本公积589.19万元，同时增加未分配利润589.19万元；全额结转未分配利润5324.13万元（年初1377.1万元＋提取一般准备3357.84万元＋政府返回土地出让金589.19万元），最后确定实际净资产为零。是年末，股本金余额2142.04万元，资本公积1800.69万元，盈余公积785.71万元，一般准备1789.37万元，所有者权益余额达6517.81万元。

2005年至2016年间，各项业务发展迅速，利润亦逐年提高，全县农村信用合作社所有者权益猛增。至2016年末，所有者权益余额达72803.72万元。

表4-5-1　　1954年至1993年资本金统计表

单位：万元

年份	股金	公积金	应付股金红利	拨入基金	信贷基金	专用基金	小计
1954							0
1955	2.08	0.48					2.56
1956	4.54	0.23	0.19				4.96

续表 4-5-1

年 份	股 金	公积金	应付股金红利	拨入基金	信贷基金	专用基金	小 计
1957	4.98	0.11	0.13				5.22
1958	22.37	0.27					22.64
1959	22.38						22.38
1960	17.70						17.70
1961	17.50	0.01					17.51
1962	17.40	0.03					17.43
1963	17.40	0.10					17.50
1964	17.40	0.60					18
1965	17.40	1.20					18.60
1966	15.25	0.41		0.35			16.01
1967	15.25	0.52		0.37			16.14
1968	15.25	0.83		0.72			16.80
1969	15.25	1.28		0.72			17.25
1970	15.25	2.27		1.58			19.1
1971	15.25	3.50		1.58			20.33
1972	15.25	5.32		1.52			22.09
1973	15.25	6.41		1.52			23.18
1974	15.26	7.37		1.52			24.15
1975	15.26	8.99		1.52			25.78
1976	15.26	11.80		1.52			28.58
1977	15.26	14.40		1.52			31.18
1978	15.25	17.67		1.52			34.44
1979	15.24	19.98		1.47			36.69
1980	15.24	20.08	1.20	1.47			37.99
1981	15.24	24.18	2.02	1.47			42.91
1982	15.24	30.75	2.72	1.47			50.18
1983	18.30	41.01	0.54	1.60		3.02	64.47
1984	18.30	50.28	2.94	1.73		7.28	80.53
1985	18.31	51.50	1.97	2.05		20.63	94.46
1986	18.31	39.60	3.47	1.88		42.71	105.97
1987	19.81	80.56	6.47	0		64.59	171.43
1988	131.86	61.13	11.42	0	55.75	97.30	357.46
1989	525.64	71.54	79.04	0	77.42	63.97	817.61
1990	74.03	65.82	43.76	0	89.99	113.19	386.79
1991	32.31	73.14	33.05	0	261.34	133.64	533.48
1992	592.73	0	49.79	0	339.85	311.53	1293.90
1993	2889.46	0	259.26	0	1123.28	93.05	4365.05

表 4-5-2　　1994 年至 2004 年所有者权益统计表

单位：万元

年　份	股本金	实收资本	资本公积	盈余公积	利润分配	小　计
1994	662.14	2444.01	55.78	69.24	-649.76	2581.41
1995	2849.68	2440.96	154.56	117.14	-686.98	4875.36
1996	1116.84	2476.22	160.39	174.59	-894.90	3033.14
1997	1182.48	2528.69	162.41	184.99	-1331.77	2726.80
1998	280.30	2578.19	267.46	185.98	-2169.82	1142.11
1999	648.12	2578.22	267.57	188.22	-2863.42	818.71
2000	320.59	2578.19	270.26	214.20	-2979.42	403.82
2001	476.46	2578.19	278.35	226.81	-3256.67	303.14
2002	833.17	2578.19	299.43	226.94	-2466.99	1470.74
2003	819.06	2578.19	317.60	227.03	-2120.27	1821.61
2004	819.06	2578.19	325.60	469.98	-1377.10	2815.73

表 4-5-3　　2005 年至 2016 年所有者权益统计表

单位：万元

年　份	股本金	一般准备	资本公积	盈余公积	其他综合收益	利润分配	小　计
2005	2142.04	1789.37	1800.69	785.71		—	6517.81
2006	2142.04	1964.52	1805.23	1105.40		—	7017.19
2007	2142.04	1981.67	1805.23	1105.40		522.81	7557.15
2008	6151.51	2661.65	1805.23	1157.68		740.38	12516.45
2009	6148.47	3310.88	1805.23	1305.75		2499.48	15069.81
2010	6955.68	3886.43	1805.23	1782.93		4822.81	19253.08
2011	7789.21	4521.19	1805.23	2698.85		8482.07	25296.55
2012	16790.23	7863.87	1805.23	3914.15		12749.63	43123.11
2013	18790.58	9615.28	1665.79	5582.46		16237.49	51891.60
2014	21045.45	12496.95	1805.23	7449.85	41.61	17779.90	60618.99
2015	21676.81	14307.99	1805.23	9255.74	34.86	19209.65	66290.28
2016	22543.88	17884.79	1125.65	9662.12	-136.23	21723.51	72803.72

第二节 固定资产

本县农村信用合作社成立初期，既无房屋又无大宗财产，营业场所或租赁或借用，设施极其简陋，办公桌椅及钱柜等器具，多系土改时从地主家中没收的财产。

1956 年 4 月，中国农业银行浙江省分行编印的《农村信用社账务处理办法（甲种）》会计科目表中，无“固定资产”科目，仅设置“器具”科目，并在使用说明中规定，此科目一般不得使用，如事实上确实需要，而且经过一定的批准手续购置或年底摊销办公用的桌凳、柜箱时记此科目。

1957 年 1 月，中国人民银行浦江县支行制订的《信用合作社费用管理暂行办法》规定：“各种器具，仍应以借用为原则，各社在 1957 年内一律不得购置。唯对历年账表、传票无处藏放的社，经理事会讨论决定，报营业所批准，可掌握在 2 元以下购置（用供销社肥皂箱改做）”。

1959 年 7 月，中国人民银行浙江省分行制订的《人民公社信用分部会计制度》，将“器具”科目改设为“房屋及器具”科目，并规定凡购置单价满 5 元以上，使用年限在一年以上的器具或价格虽在 5 元以下而使用年限在二年以上的器具均应列付器具科目账。每件器具均应设簿登记，列明单价、购置年月日及置放处所，并应随时检点，器具如有多缺应即查明原因，长出器具估价补账，短缺器具查明责任进行处理。器具如因自然损耗，经主任批准后按原账面所列金额销账。

1963 年 4 月，中国人民银行浙江省分行制订的《农村信用合作社会计制度》，增设“固定资产基金”科目，同时明确规定，凡单价满 5 元以上的器具，应作为固定财产处理（桌、椅、凳、木箱等家具，单价如不满 5 元亦应作固定财产处理）。凡因业务需要必须购买器具，应以经济实用为原则，事先编制器具购置预算送银行审查，经理事会批准后方得支付。房屋就现有或租用为限，不能购买或新建。各项器具必须设立保管登记卡或簿，详细记载品名、编号、价值、存放地点。年终应按账面盘点一次。器具盘点如发现多缺损坏应即查明原因作出处理。长出器具应即入账；缺少或损坏应查明责任由有关人员负责赔偿。如系自然损耗，经主任批准方可转销。

进入 70 年代，随着农村经济的发展，农村信用合作社经营效益逐步提高，全县各社始陆续购建营业用房，在固定资产中房屋所占比重也逐步增大。1974 年至 1986 年，全县有 24 个农村信用合作社和 3 个分社陆续购建办公营业用房以及宿舍等房产总价为 58.1 万元，占 1986 年末全县农村信用合作社固定资产总额 77.97 万元的 74.52%。

1987 年 6 月县联合社成立后，各辖属社原有办公营业用房，其位置、规模均与业务发展要求不相适应。县联合社遂就符合条件购建办公营业用房的辖属社，主动与当地政府对接，帮助选择有利地段，申报新建办公营业用房。1987 年至 1995 年间，有 9 个社新建办公营业及宿舍综合楼计 11 幢，建筑面积 12490 平方米，总价 757.3 万元。

1988 年 11 月，县财政税务局与县联合社印发《关于转发〈浙江省农村信用合作社成本管理实施办法〉及若干财务规定的通知》，明确农村信用合作社的固定资产标准为同时达到单价 200 元以上和使用年限一年以上，又不属低值易耗品所列项的集体财产。结合本县实际情况，农村信用合作社固定资产按年综合折旧率 10%，于季末原值分季提取，年终结算。

1992 年 3 月，中国农业银行金华市支行印发《农村信用合作社固定资产管理暂行办法》，规定农村信用合作社的固定资产必须同时具备以下两个条件：一是使用年限在一年以上；二是单位价值在 500 元以上（不含作为低值易耗品的）。是年 8 月，中国农业银行浙江省分行转发总行《农村信用合作社财产管理暂行办法》，规定农村信用合作社的固定资产单位价值标准由原来的 200 元、500 元提高到 1000 元以上（含 1000 元）。原固定资产价值低于新标准的，调整为低值易耗品，原有的净值可一次或分次摊入成本。

1993 年 11 月，中国农业银行浙江省分行和省税务局转发中国农业银行和国家税务局制订的《农村信用合作社财务管理实施办法》，同时在《浙江省农村信用合作社实施财务管理办法的补充规定》中就农村信用合作社固定资产的管理，明确新增固定资产必须从节约和适用的原则出发，根据业务发展需要和支付能力，于年初 2 月底前编制计划和预算，并按下列审批权限履行报批手续：一是固定资产净值（包括正在报批的价款，下同）占资本金比重在 50% 以内，且单价款在 2500 元（不含 2500 元，下同）以内的由农村信用合作社自行审批；二是固定资产净值占资本金比重在 50% 内，且单件价款在 1 万元以内的由县联合社审批，县联合社购置固定资产报市（地）行信合管理部门审批；三是固定资产净值占资本金比重超过 50% 或单件价款在 1 万元及以上的报市（地）行信合管理部门审批，县（市）联合社购置财产亦由市（地）行批准。农村信用合作社自建营业用房（包括职工宿舍）必须根据业务发展需要和资金可能量力而行。建造前，应按“五定”（即定地址、定面积、定结构、定图纸、定投资）要求，经本社民主管理组织讨论通过，编造预算，报县联合社初审同意后，连同设计施工图纸，报市（地）分行信合管理部门审批。农村信用合作社的基建资金，实行单独建账，并指定专人管理。县联合社购置房屋、汽车等大型固定资产按规定程序报省分行审批。对农村信用合作社盘盈、盘亏、报废、毁损的固定资产，经本社讨论同意后处理。对超过审批权限的，应按审批程序和批准权限逐级上报，经批准后处理。固定资产按经济用途分类，具体分经营用固定资产和非经营用固定资产，其划分标准为：经营用固定资产是指使用期限超过一年，单位价值在 2000 元以上的房屋、建筑物、机器、运输工具和其他与经营有关的设备、器具等；非经营用固定资产指使用期限超过二年，单位价值在 2000 元以上不属于经营用的物品。不具备上述条件的物品，视为低值易耗品。

是月，县联合社对全县农村信用合作社固定资产（截至是年9月30日止）进行评估，并将评估结果报县财政税务局批准，同意将固定资产原值由364.22万元调整为411.12万元，净值278.48万元调整为311.88万元。

是年12月，中国农业银行浙江省分行批复，同意县联合社单独建造总面积为3000平方米（含营业部、办公及培训用房）的综合楼，总投资控制在600万元以内，资金由县联合社自筹，财产属辖内农村信用合作社集体所有，由县联合社统一建造、管理和使用。1995年6月省分行又批复，同意追加县联合社综合楼基建资金。1996年12月，县联合社与县百货总公司签订协议书，该公司将位于浦阳镇人民东路90号、占地面积4376.76平方米的土地，有偿转让给县联合社，转让总价412万元。1997年4月，经浦计经建〔1997〕45号文批准，原县百货批发大楼改建为县联合社综合楼。1998年10月，县联合社综合楼竣工启用。1999年1月，经预决算后的账务处理，增加固定资产（房屋）674.53万元，建筑面积4835.72平方米。

1996年12月，经金华市农金体改办批复，同意治平、前陈农村信用合作社新建综合楼。治平社综合楼建筑面积1358平方米，总投资102万元；前陈社综合楼建筑面积1090平方米，总投资78万元。

2000年12月，经金华农金体改办批复，同意檀溪农村信用合作社虞宅分社新建综合楼，总建筑面积632平方米，总投资控制在50万元以内；大畈分社扩建面积151平方米，投资控制在15万元以内。

2004年8月，省联合社制订《浙江省农村信用合作社固定资产购建管理办法》。规定固定资产购建管理坚持“体现效益、比例控制、分级管理、违规处罚”原则。固定资产净值与在建工程之和占所有者权益（不含未分配利润）比例不得超过50%。县联合社购建固定资产必须事先申报立项，按审批权限逐级申报审批，经批复同意购建的项目必须在规定期限内实施购建行为。由省联合社审批的固定资产购建项目：县联合社一级征地购建房；新增（更新）30万元（含）以上的运钞车、业务用车；县联合社新增3辆以上的业务用车；购置单位价值在50万元以上或批量在100万元以上的安防设施、计算机设备及其他固定资产。由省联合社各办事处审批的固定资产购建项目：信用合作社及分社征地、购建房；县（市）级联合社、信用合作社及分社，新增（更新）30万元以下的运钞车、业务用车；购置单位价值在20万元以上或批量在30万元以上的安防设施、计算机设备及其他固定资产；单项20万元以上的固定资产修理费（含装修）。除上述规定以外的固定资产购建，按县联合社制订的《财务费用管理办法》执行。

2005年，实行产权制度改革。1月，县联社委托浙江万邦会计师事务所金华分所全面清产核资，以2004年3月31日为评估基准日，对县联社及辖属社拥有的8处房地产进行评估，房地产增值 3610.01 万元，其中建筑物增值 565.98 万元，土地评估增值 3044.03 万元。

2009 年 2 月，省联合社制订《浙江省农村合作金融机构固定资产购建管理办法》，规定固定资产购建应遵循“统筹规划、预算管理、效益优先、促进发展”原则，实行比例控制，分级与分类相结合的管理方式。固定资产比例不得超过 40%，超过比例的原则上不得购建营业办公用房及业务用车。由省联合社审批的固定资产购建项目：各行社本级征地、购建房；各行社（除 A 类行社）本级购置（新增或更新，下同）30 万元（不含 30 万元，下同）以上的轿车，各行社（除 A 类行社）本级购置 40 万元以上的商务车；各行社（除 A 类行社）本级购置 3 辆以上的业务用车。由省联合社办事处审批的固定资产购建项目：各行社所辖分支机构征地、购建房；各行社及所辖分支机构购置业务用车（除按上述规定报省联合社审批外）；单项 50 万元以上的固定资产修理（含装修）。除上述规定以外的固定资产购建按县联社制订的《财务费用管理办法》《大宗物品采购管理办法》执行。

是年 7 月，经省联合社金华办事处批复，同意浦东信用社郑宅分社因应其所在地“江南第一家”景区统一规划之需，对营业用房进行降层改建，原五层楼房改建为二层楼房，建筑面积 505.59 平方米，投资 60 万元。

2011 年 10 月，经省联合社金华办事处批复，同意城关信用社城东分社在中山路华欣名都购建营业用房，建筑面积控制在 600 平方米以内，总投资控制在 1140 万元以内。2013 年 12 月，经预决算后的账务处理，增加固定资产 1161 万元。

2013 年 5 月，经省联合社金华办事处批复，同意县联社在县工业园区富鼎铭座购置营业用房，建筑面积控制在 560 平方米以内，总投资控制在 950 万元以内。是年 12 月，经预决算后的账务处理，增加固定资产 871.24 万元。

是年 10 月，经省联合社金华办事处批复，同意县联社在县城人民东路 90 ～ 2 号购建办公楼辅房 10 间，建筑面积控制在 480 平方米以内，总投资控制在 1300 万元以内。2014 年 11 月，经预决算后的账务处理，增加固定资产 1154.83 万元。

2014 年 10 月，财政部、税务总局下发《关于完善固定资产加速折旧企业所得税政策的通知》，对企业持有的单位价值不超过 5000 元的固定资产，允许一次性计入当期成本费用在计算应纳税所得额时扣除，不再分年度计算折旧。是年末，县联社将不超过 5000 元的固定资产全部提足折旧。自 2015 年 1 月始，对不超过 5000 元的固定资产一次性计入当期成本费用，不再分年度计提折旧。

至 2016 年末，县联社各项固定资产原值 11431 万元，其中房屋及建筑物 7027 万元，机器设备 366 万元，电子设备 3630 万元，交通工具 106 万元，其他 302 万元，固定资产累计折旧 6849 万元，在建工程 320 万元，固定资产净值与在建工程之和占所有者权益（不含未分配利润）比例为 9.6%。

表 4-5-4　　1981 年至 2016 年全县农村信用合作社固定资产及折旧统计

单位：万元

年　份	固定财产占款	固定财产基金	折旧费	固定资产	累计折旧
1981	23.30	23.30	1.16		
1982	29.20	29.20	0.00		
1983	33.94	33.94	1.52		
1984	41.03	41.03	—		
1985	51.40	51.40	2.57	—	—
1986	77.97	77.97	3.89	—	—
1987	101.05	101.05	9.59	—	—
1988	106.57	106.57	10.66	—	—
1989	117.61	117.61	11.74	—	—
1990	293.31	293.31	29.23	—	—
1991	315.31	315.31	30.65	—	—
1992	364.21	364.21	31.89	—	48.72
1993	1188.59	1047.10	54.13	—	141.49
1994	—	—	110.26	1386.29	357.33
1995	—	—	105.11	1435.37	481.24
1996	—	—	109.25	1738.03	638.42
1997	—	—	128.28	1914.10	763.75
1998	—	—	102.14	1767.17	780.66
1999	—	—	120.72	2539.85	989.47
2000	—	—	115.98	2859.58	1221.76
2001	—	—	135.95	3087.17	1314.18
2002	—	—	159.46	3062.79	1194.69
2003	—	—	135.81	3177.40	1347.92
2004	—	—	143.92	3179.20	1417.15
2005	—	—	189.31	3608.82	1414.00
2006	—	—	213.93	3591.48	1605.68
2007	—	—	207.19	3591.71	1806.15
2008	—	—	193.70	3559.54	1947.92

续表 4-5-4

年　份	固定财产占款	固定财产基金	折旧费	固定资产	累计折旧
2009	—	—	183.53	3511.50	1986.19
2010	—	—	198.84	3609.33	2175.34
2011	—	—	248.68	3811.30	2299.73
2012	—	—	334.34	4429.72	2614.79
2013	—	—	646.83	8040.63	3196.39
2014	—	—	1314.35	10158.05	4497.43
2015	—	—	1362.88	11088.66	5660.40
2016	—	—	1230.94	11431.02	6848.70

说明：1981 年之前，固定资产不计提折旧费，通过固定财产基金和固定财产占款两个收付方对应科目核算，余额相等，同增同减，经批准的财产报损额双方对冲。自 1981 年始通过各项业务支出科目列支固定财产折旧费，每年将折旧额转入专用基金科目，作为重置更新基金。1992 年信用合作社增设固定资产折旧（1994 年改为固定资产累计折旧）科目，并将历年转入专用基金中的固定财产折旧费转入该科目，包括当年提取共 48.72 万元，以后年度提留累加。

第三节　纳　税

农村信用合作社（包括农村信用小组及供销合作社信用部）成立初期，根据中国人民银行 1953 年 6 月转发中央税务总局《关于农村信用合作社免贴印花税规定的通知》要求，对其向银行贷款所立的借据，均暂免贴印花税。1956 年始缴纳印花税，即从税务部门购置“中华人民共和国印花税票”，粘贴在会计账簿上以示完税。1959 年，对农村信用合作社免征印花税。至 1985 年止，国家为扶持农村信用合作社的发展，一直实行免税政策。

1986 年 1 月，根据财政部、税务总局《关于对农村信用合作社恢复征收营业税的通知》，恢复缴纳营业税。营业税计税标准以经营金融业务所得利息收入、业务手续费、投资收益（不含国债利息收入）、其他营业收入为计税额，按税率 5% 计提缴纳。1998 年 1 月 1 日至 2000 年 12 月 31 日，农村信用合作社按 6% 的税率征收营业税。自 2001 年 10 月 1 日起，农村信用合作社按 5% 的税率计征营业税。

1987 年 1 月，根据财政部、税务总局《关于对农村信用合作社恢复征收集体企业所得税的通知》，恢复缴纳集体企业所得税，实施《中华人民共和国集体所得税暂行条例》，按八级累进制缴纳。所得税以每年 1 月 1 日至 12 月 31 日为纳税年度，将收入总额减除成本费用、国家允许在所得税前列支的税金和营业外支出，弥补以前 3 年内（1993 年调整为前 5 年内）

的亏损，扣除税后分得的投资利润后作为计税额。然后按盈利额度大小实行八级累进税率分段计税，最高税率为55%。是年，经县财政税务局批复，同意朱桥、杭坪、石宅、前吴、大畈农村信用合作社免征当年所得税；花桥、虞宅、浦阳农村信用合作社当年限额免征所得税额5000元。自是年起，加征能源交通基金。自1989年起，加征国家预算调节基金。自1995年起，又免缴上述两项基金。

从农村信用合作社缴纳企业所得税始，其后每年在决算日预提当年应缴所得税，同时自年度终了之日起5个月内，向税务机关报送年度企业所得税纳税申报表，并汇算清缴，结清应缴应退税款。

1989年2月，县联合社发文要求，按国家税务总局《关于对金融系统营业账簿贴花问题的具体规定》，农村信用合作社的营业账簿从1988年起，按每社每年四件（现金日记账、总账各一件，明细账两件）计贴印花税，按件定额贴花5元。借款合同印花税，按借款合同（或借据）金额万分之零点五由立合同人纳税。借款合同印花税按比例税率纳税而应纳税额不足1角的，免纳印花税，应纳税额在1角以上，其税额尾数不满5分的不计，满5分的按1角计算。上述两项印花税由当地税务部门委托农村信用合作社代征，印花税票由当地税务部门负责提供。是年，经金华市财政税务局金市财税（88）88号文件批复，同意免征杭坪、朱桥2个农村信用合作社当年营业税；减免前陈、潘宅、大许、石宅、花桥、前吴、郑家坞7个农村信用合作社当年营业税5000元；减征浦阳农村信用合作社当年营业税5000元，免征当年所得税限额1万元。

1990年，县财政税务局同意免征大许、浦阳、石马、杭坪、石宅、前吴、花桥、朱桥、堂头、礼张、治平、岩头等12个农村信用合作社当年营业税。

1991年，县财政税务局同意减免中余、虞宅、平湖、大元、外罗、大畈、杭坪、石宅、花桥、朱桥、礼张、堂头等12个农村信用合作社当年营业税，减免幅度为100%，其余农村信用合作社减免营业税幅度为50%；减免浦阳农村信用合作社当年所得税，减免幅度为50%。减免的税款除抵补亏损外，转入生产发展基金，不得并计利润，不得提取奖励基金和福利基金，不得参与分配。

1994年，国家为体现公平税收，平衡不同性质企业之间的所得税负担，对农村信用合作社所得税率改为按计税额分档比例税率，分别以33%、27%、18%税率计缴所得税。1996年后，国家对农村信用合作社实行两档低税率照顾。

1998年3月，财政部、税务总局下发《关于农村信用合作社有关企业所得税问题的通知》。为减轻农村信用合作社的经营困难，更好地支持农业生产，经国务院批准，在2000年12月31日之前，农村信用合作社年应纳税所得额在3万元（含）以下的，暂减按18%的税率征收企业所得税；年应纳税所得额在10万元（含）以下至3万元的，暂减按27%的税率征收企业所得税。2001 年 4 月，复下发《关于农村信用合作社有关企业所得税问题的通知》，农村信用合作社仍按上述规定的税率征收企业所得税。

2004 年 1 月 2 日，财政部、税务总局出台《关于试点地区农村信用合作社税收政策的通知》，自 2003 年 1 月 1 日至 2005 年 12 月 31 日，享受农村信用合作社体制改革税收优惠政策，营业税税率由 5% 调整为 3%，企业所得税减半征收。同时，对随同营业税附征的城市维护建设税和教育费附加，按各时期规定比例缴纳。

2006 年 5 月 10 日，财政部、税务总局下发《关于延长试点地区农村信用合作社有关税收政策期限的通知》，再延长三年优惠期限，至 2008 年末。在此期间，农村信用合作社享受经税务部门批准减免的营业税及其他工商税收全部转作资本公积金；经批准减免的所得税，全部转作盈余公积金。上述减免的税款均作为“国家扶持资金”单独反映。

2010 年 5 月 13 日，财政部、税务总局出台《关于农村金融有关税收政策的通知》，自 2009 年 1 月 1 日至 2013 年 12 月 31 日，对农村信用合作社 5 万元以下农户小额贷款的利息收入，免征营业税；在计算应纳税所得额时，按 90% 计入收入总额，其余 10% 部分免征企业所得税。

2014 年 12 月 26 日，财政部、税务总局出台《关于延续并完善支持农村金融发展有关税收政策的通知》，自 2014 年 1 月 1 日至 2016 年 12 月 31 日，10 万元以下农户贷款的利息收入，免征营业税，所得税按 90% 计入收入总额。

2016 年 5 月，财政部、税务总局下发《关于全面推开营业税改征增值税试点的通知》，在全国范围内全面推开营业税改征增值税。农村信用合作社按 3% 的征收率计算缴纳增值税。

自 1986 年、1987 年相继恢复缴纳营业税、恢复征收企业所得税后，县联合社真实反映经营成果，严格执行国家税收政策，按税法规定纳税。在未实行一级法人、统一核算之前，由各农村信用合作社自行负责申报缴纳税款。2005 年实行一级法人后，全县农村信用合作社税款统一由县联社申报纳税。

图 4-5-1　县联社荣膺 2012 年度全县“纳税十强企业”称号

自 2011 年起，县联社税款缴纳一直居全县金融机构首位，在当地所有纳税企业中一直排名前五位（按财政纳税口径实际缴税金额排名），2011 年度纳税 4430 万元，排名第四位；2012 年度纳税 5117 万元，排名第三位；2013 年纳税 5561 万元，排名第三位；

2014 年纳税 6468 万元，排名第一位；2015 年纳税 6471 万元，排名第二位；2016 年纳税 5192 万元，排名第一位。至 2016 年末，据财务报表统计：累计各项税金缴纳 40990.63 万元，其中营业税及其附加 10625.49 万元，增值税 555.33 万元，所得税 28707.85 万元，其他税种 1101.96 万元。

表 4-5-5　　1986 年至 2016 年税金缴纳统计

单位：万元

年　份	税金缴纳合计	其　中			
		营业税及附加	增值税	所得税	其他税种
1986	9.02	9.02			
1987	16.16	16.16			
1988	20.26	20.26			
1989	22.55	22.55			
1990	24.39	24.39			
1991	27.36	27.36			
1992	34.56	34.56			
1993	69.03	68.28			0.75
1994	125.46	116.41		6.19	2.86
1995	170.24	154.43		12.99	2.82
1996	238.66	193.77		19.96	24.96
1997	209.12	173.49		9.69	25.94
1998	178.82	141.94		0.17	36.71
1999	177.66	137.95		1.24	38.47
2000	240.83	215.21		0.18	25.44
2001	229.13	205.86		0.54	22.73
2002	240.04	219.39		0.14	20.51
2003	363.49	297.92		0.09	65.48
2004	374.86	339.97		0.00	34.89
2005	706.72	408.21		259.50	39.01
2006	728.03	288.68		387.14	52.21
2007	1353.75	370.20		925.43	58.12
2008	1027.85	493.92		491.34	42.59
2009	2008.68	509.91		1452.29	46.48
2010	2894.12	586.65		2253.44	54.03
2011	3410.15	762.25		2573.62	74.28

续表 4-5-5

年　份	税金缴纳合计	其　中			
		营业税及附加	增值税	所得税	其他税种
2012	4725.50	1000.50		3645.21	79.79
2013	5348.13	1002.29		4274.55	71.29
2014	5979.24	1194.99		4660.78	123.47
2015	5347.39	1089.62		4121.24	136.53
2016	4689.40	499.35	555.33	3612.12	22.60
合　计	40990.63	10625.49	555.33	28707.85	1101.96

说明：以上数据均按财务报表统计。

第四节　历年盈亏

1954年，全县农村信用合作社未作财务决算。1955年，全县48个农村信用合作社无亏损，盈余合计0.48万元。自1956年起，由于主客观等多种因素，部分农村信用合作社业务经营始出现亏损。是年人民银行对农村信用合作社亏损予以补贴，由亏损社理事会讨论提出申请，报人民银行县支行，经逐级审核批准后给予补贴，以冲减亏损额。同时，人民银行将支农贷款和专项贷款委托农村信用合作社代理，增加手续费收入，作为对农村信用合作社的间接补亏。

1957年12月，中国人民银行指示，对1957年度发生亏损的农村信用合作社，一律不再给予补贴，可悬挂各社账上，以后需积极开展业务，争取积累，弥补过去的亏损数额。其中贫困山区困难较大的社，银行仍采取低利贷款政策，促其早日自给自足。

据资料显示，截至1960年末，全县农村信用合作社实际累计亏损14.32万元，其中亏损数额由亏损社向银行打临时欠条，暂挂账为11.72万元。

1965年12月，中国人民银行义乌县支行下发《关于补贴1964年度信用合作社亏损的通知》规定："支行根据分行提出的补贴原则，已作初步研究，对当地经济条件比较差，经积极开展业务，要逐步扭转亏损的社，作适当补贴。对亏损数字不大，而历年累计仍是盈余的社，不予补贴。"据此，分配浦江片胜利信用合作社亏损补贴500元，对其他信用合作社不予补贴。

1968年10月，根据中国人民银行浙江省分行革委会银革生字〔68〕第18号文，分配本县1967年度农村信用合作社亏损补贴指标2000元。具体分配数额为：胜利社170元，礼张社50元，堂头社150元，郑宅社100元，岩头社50元，大溪社70元，大许社100元，七里社320元，花桥社200元，石宅社430元，大畈社50元，平湖社310元。

1971年11月，县财政金融局通知，省财政金融局分配本县农村信用合作社1969年度亏损补助指标1000元，分别拨给胜利社450元，礼张社150元，堂头社100元，郑宅社100元，石宅社200元。

是年全县24个农村信用合作社有23个盈余，盈余额25278元，盈余社比上年增加3个，增加盈余额5118元；亏损社仅1个，亏损额469元，比上年减少3个，减少亏损额787元，下降62.7%。

1972年6月，县财政金融局转发省财政金融局制订的《关于补贴农村信用合作社亏损暂行规定》，明确农村信用合作社要坚决执行党的政策，积极为发展农业生产服务；贯彻“发展经济，保障供给”的总方针，积极开展业务，为贫下中农服务；坚持勤俭办社，改善经营管理；严格控制脱产人员编制，节省各项经费开支。在此前提下，农村信用合作社经营有亏损的，经贫下中农代表讨论，由县（市）财政金融局（支行）审核汇总，报县（市）革委会生产指挥组批准，从银行利息收入中给予补贴。补贴范围：（一）农村信用合作社从1971年度起发生的实际经营亏损。（二）1971年度起有新盈余的社，其后如发生亏损，应先将这部分盈余积累抵补自身亏损，不足部分再按规定给予补贴。（三）对以下几种情况所造成的亏损，不予补贴：一是未经县（市）有关部门批准，擅自吸收增加人员的开支，以及擅自增加的工资、附加工资和粮价补贴等；二是农村信用合作社发生的贪污盗窃款，其责任事故损失未经县有关部门批准擅自付账的款项；三是违反财经纪律，擅自支付、报销的款项和各项不合理的费用开支；四是农村信用合作社经批准购建房屋和固定资产的支出，按规定应在其“公积金”内列支，不应列入“各项费用”，如有列支应予纠正。审批程序：在年终办理决算后，由贫管会审查盈亏情况和原因，银行基层单位组织有关农村信用合作社互审核实，公社签具意见，经县（市）财政金融局（支行）审查提出补贴意见，报送县（市）革委会生产指挥组批准后，银行凭以拨付，在各项业务支出科目信用合作社亏损补贴支出户列账。

按此规定，1974年8月，经批准对1973年度经营亏损的农村信用合作社，扣除盈余积累抵补自身亏损，不足部分再予补贴的有6个：杭坪社719.75元，大畈社544.36元，石宅社956.78元，平湖社92.93元，花桥社535.69元，礼张社253.96元。1975年11月，经批准对1974年度经营亏损的农村信用合作社，扣除盈余积累抵补自身亏损，不足部分再予补贴的有2个：礼张社457.63元，堂头社100.66元。

1973年10月，中国人民银行浦江县支行根据省财政金融局《关于农村信用合作社1970年以前亏损补贴意见的通知》精神，上报截至1970年底止尚未解决的第一批亏损农村信用合作社为岩头、胜利、堂头、大畈、石宅、礼张6个社，亏损补贴金额分别为1298.18元、3948.65元、2483.43元、287.51元、5905.95元、899.83元，合计14823.55元。省财政金融局于 1974 年下发〔74〕银农 288 号文同意给予补贴。

1974 年 5 月，中国人民银行浦江县支行上报截至 1970 年底止尚未解决的第二批亏损的农村信用合作社为七里、大溪、大许、花桥、郑宅、平湖 6 个社，亏损补贴金额分别为 2501.25 元、609.70 元、2557.21 元、2319.21 元、2170.30 元、3252.18 元，合计 13409.85 元。是年 11 月经省财政金融局同意拨付给予补贴。

1980 年至 1981 年，各农村信用合作社每年初编制两大计划，即业务计划和财务收支计划，报经当地农业银行营业所汇总审核，再报县支行批准执行。对财务收支亏损的农村信用合作社，银行依据“计划亏损补贴办法”规定，按实绩核定亏损额给予补贴。

1982 年 12 月，中国农业银行浙江省分行下发《关于农村信用合作社亏损改由管辖县（市）支行补贴的通知》，对当年度农村信用合作社的亏损，经核实亏损数额，改由管辖县（市）支行补贴。凡有公积金的，农村信用合作社先从公积金中弥补，不足部分由银行补贴。是年至 1984 年，全县 25 个农村信用合作社连续三年盈余，盈余额 66.16 万元。

1983 年 7 月，中国农业银行浦江县支行发文通知：根据省分行《关于执行经济核算若干规定》精神，明确银行对农村信用合作社的亏损，原则上不再实行补贴。暂时不能扭亏为盈的少数社，可根据实际亏损情况，实行补贴包干、超亏不补、减亏留用办法，由农业银行给予亏损补贴，但应严格审查。对因基本建设、贪污盗窃、错款错账、开支固定资产折旧（包括以房租费名义分摊的）和应付未付利息，以及违章罚款等造成的亏损，不能给予补贴。

1988 年 9 月 10 日，国家规定对三年以上的整存整取定期储蓄实行保值。此后，由于国家大幅度提高储蓄存款利率，存贷利差空间缩小，农村信用合作社三年期以上定期储蓄的保值贴补利息自行消化，以及国家宏观调控紧缩银根，农村信用合作社继续向人民银行交存特种存款，资金利用率下降等政策性原因，1989 年全县 25 个农村信用合作社，仅 8 个社盈余 25.87 万元，17 个社则亏损 84.22 万元，亏损社比上年增加 13 个，亏损额增加 79.88 万元。

自 1993 年始，受社会集资、股票发行及合作基金会违规高息揽存等影响，农村资金严重分流，农村信用合作社面临资金头寸紧缺，甚至有个别社发生存款支付困难的情状。为增强资金实力，各社充分运用现行政策，组织吸收一年期存款化股金，而使财务成本增加。当年全县 21 个社有 8 个社盈余 18.76 万元，13 个社亏损 270.68 万元。此后至 2000 年间，虽亏损社个数少于盈余社，但亏损额均大于盈余额。直至 2001 年始扭亏为盈，是年全县 6 个独立核算社（包括县联合社营业部）实现盈余，盈余额 102.5 万元。2001 年至 2004 年，全县 6 个独立核算社连续盈利，累计盈余额 674 万元。此间，县联合社营业部因历年未亏损，故按财务规定比例分配利润，其他 5 个社的利润除在 2004 年提取应付利润 57.8 万元外，其余部分均用于弥补历年亏损。至 2004 年末，全县农村信用合作社历年亏损余额为 1377 万元，比 2001 年末的历年亏损余额 3257 万元减少 1880 万元，下降 57.72%。

2005 年，以上年 3 月 31 日为时点进行清产核资，经全面清查、评估，以房产土地评估增值部分以及县人民政府返回土地出让金等，弥补全部历年亏损额，账务调整后，实际净资产为零，当年实现盈余 542 万元。此后，县联社步入快速发展阶段，每年盈余额大幅度增加，至 2016 年末，盈余额达 12048 万元，比 2005 年增加 11506 万元，增幅达 21.23 倍。

1954 年至 2016 年，全县农村信用合作社累计实现账面利润 79660 万元，亏损 3320 万元，盈亏轧差后净利润 76340 万元。其中 2005 年组建一级法人单位后至 2016 年，累计实现账面利润 78111 万元，占累计账面总利润 79660 万元的 98.06%。

表 4-5-6　　1954 年至 2016 年盈亏情况统计

单位：万元

年 份	盈余社数	盈余金额	亏损社数	亏损金额	年 份	盈余社数	盈余金额	亏损社数	亏损金额
1954					1975	25	2.85		
1955	48	0.48			1976	23	2.80	2	0.05
1956	2	0.119	36	1.087	1977	24	4.77	1	0.004
1957	7	0.121	31	1.0722	1978	25	5.93		
1958	27	3.45	11	0.41	1979	24	6.49	1	0.06
1959	19	0.143	25	0.242	1980	23	12.69	2	0.16
1960	2	0.1	27	2.2	1981	24	11.86	1	0.09
1961	20	1.3	6	0.2	1982	25	21.52		
1962	13	0.8	12	0.3	1983	25	19.52		
1963	19	1.1	7	0.2	1984	25	25.12		
1964	25	1.5	1	0.1	1985	8	6.17	17	14.73
1965	22	0.9	4	0.1	1986	25	80.07		
1966	14	0.57	10	0.39	1987	24	74.23	1	1.35
1967	13	0.64	11	0.44	1988	21	27.98	4	4.34
1968	7	0.56	17	1	1989	8	25.87	17	84.22
1969	17	1.34	7	0.24	1990	6	8.57	19	107.70
1970	20	2.02	4	0.13	1991	16	71.07	9	39.69
1971	23	2.53	1	0.05	1992	17	81.07	4	49.28
1972	15	1.59	9	0.25	1993	8	18.76	13	270.68
1973	17	1.36	7	0.36	1994	15	35.07	6	183.18
1974	23	1.91	2	0.06	1995	15	80.85	6	152.72

续表 4-5-6

年份	盈余社数	盈余金额	亏损社数	亏损金额	年份	盈余社数	盈余金额	亏损社数	亏损金额
1996	12	100.91	9	228.89	2007	1	780.31		
1997	12	50.69	9	455.38	2008	1	1518.3		
1998	2	1.02	3	838.14	2009	1	3424.13		
1999	1	4.60	4	693.60	2010	1	6618		
2000	3	72	2	187	2011	1	8507		
2001	6	102.5			2012	1	9220		
2002	6	52.18			2013	1	11417		
2003	6	218.34			2014	1	12562		
2004	6	301.01			2015	1	10829		
2005	1	542.33			2016	1	12048		
2006	1	645.69			合计		79660		3320

说明：本表盈、亏社数以核算单位为准统计。

第五节　费　用

本县农村信用合作社自 1954 年成立以来，一直坚持勤俭办社原则，各项费用开支力求节约，提倡“大头针用久生锈擦一擦，复写纸用旧色淡烘一烘，废旧信封拆开翻转再利用”的良好传统习惯。国家银行对费用管理亦较严格，对农村信用合作社的费用开支经常进行检查监督，要求节省每一分钱用于支持农业生产发展。因此，农村信用合作社营业办公不可或缺的蓝黑墨水、印油、纸张等用品多到当地乡（镇）人民政府“揩油水”，钢板、蜡纸、油墨等由乡（镇）人民政府提供亦似乎“名正言顺”。

1957 年 1 月，中国人民银行浦江县支行制订《信用合作社费用管理暂行办法》，要求在业务发展、不使亏损、保证积累的原则下，社内经费开支应从实际出发，提倡节约精神，适当开支。信用合作社的费用开支实行按季预算审批和定额管理，各社于每季度前 10 日编制预算表，经理事会审查通过，报当地银行营业所审核批准，在预算额范围内开支。如因业务开展或发生特殊情况需超支的，应在季末 15 日之前报批追加预算表，超出预算或不办理追加预算手续的经查明后，酌情给予有关人员适当的批评或处分。同时规定，工资按批准额于每月 10 日一次照付，不得提前或分次发给；印刷费一般不超过 3 个月存量；文具费每社每月 40 元；杂费每社每月 1.50 元；社干医药费每人每月 0.30 元，超过标准应编制追加预算说明详细情况，经理事会同意报银行营业所批准方可报销；房租费一般每月不得超过 2 元；社干因公赴他区或来往本县及他县，其车费可凭据报销，本区各乡之间来往不得报销，因公带私绕道乘车，超过的车费不得报销；有器具设备的信用合作社在第四季度内应按规定摊销；各种器具仍以借用为原则，各社在年内一律不得购置。唯对历年账表、传票无处存放的社，经理事会讨论决定，报银行营业所批准，可掌握在 2 元以下购置（用供销社肥皂箱改做）。除干部工资、印刷费、器具摊销费三项外，其余各项费用，有 2 名干部的社，每月掌握在 4.50 元内开支；有 3 名干部的社，每月掌握在 5 元内开支；有 4 名干部的社，每月掌握在 5.50 元内开支。每笔费用开支必须取得单据或发票，在核准的预算范围内，每笔金额在 1 元以下由会计掌握，1 元以上由理事主任批准后支付。

1963 年 3 月，中国人民银行义乌县支行制订《信用合作社费用管理暂行办法》，规定各信用合作社应在每年度开始前一个月编制费用预算表，经社务委员会审核同意，报当地银行营业所审批后在限额内支付。按核定的主任、会计固定工资每月 10 日一次支付；医药费以社内脱产干部个人治病为限，每人每月在 2 元限额内掌握，并须医院证明，不得自购滋补性药品向社内报销；一切公用文具如纸张、铅笔、墨水、复写纸等，以每社每月在 1.20 元限额内控制；使用灯油的，每社每月不得超过 2.5 斤煤油，使用电灯的以包灯一只灯头为限（不超过 40W）；房租费一般均借用公房，如集镇所在地的信用合作社需支付租金的，以每月不超过 5 元为限；杂费按每社每月 1 元计算为限额控制；印刷费储备数量最多不超过一年用量。

1965 年 8 月，中国人民银行义乌县支行制订《关于信用合作社费用开支范围和标准的通知》明确规定，信用合作社的开支必须有根有据，符合开支标准范围和标准的费用，须经主任和会计共同审查签章，凭据办理支付，单据作传票附件。对工资、困难补助费、医药费、办公费、邮电费、房租费、印刷费、差旅费、零星购置和修理费及临时费等开支项目和标准作出具体规定。凡经批准的专职干部工资，于每月 9 日发放，不得提前预发。信用合作社不得雇用临时人员，也不得开支工资。专职干部家庭如遇特殊困难，经本人申请，公社签具意见，营业所审查，报县支行人事秘书股批准后方得开支。统一参加县统筹医疗后，按县卫生科规定交纳统筹医疗费，其他医药费用一律不再支付。办公费按干部人数定额管理，仅 1 名干部的社，在每月 3 元范围内列支；2 名干部以上的社，在每月每人 2 元范围内列支；年度内、月度间可调剂使用。邮电费、房租费、印刷费等，根据业务实际需要，贯彻节约原则，据实报销。因公出差或开会所需的差旅费、途中伙食补贴等，按县人委有关规定干部标准报销；取消伙食定额补贴，改按实际误餐补贴，自是年 9 月起一律不得再报定额伙食补贴，过去未报的社也不得补报。搭伙费凭食堂收据报销，在自己家中用膳的不得报销搭伙费；

除有自行车的社，自行车修理费在每辆每月 2.50 元范围内掌握使用（包括牌照税），其他需要开支的须事先申请，报经银行审查、理事会批准方得开支。不属于经常性的开支，报经银行审查、理事会批准后方可列支。

1973 年 3 月，中国人民银行浦江县支行下发《关于贯彻省颁信用合作社财务管理制度中有关费用管理部分的补充规定》，要求各信用合作社应于每年度开始的 20 天以前分季编制费用预算表，经贫管会讨论，报银行营业所审批后方可列支费用。规定自是年 1 月起按全县现有信用合作社专职干部每人每月发附加工资 2.80 元，新吸收的干部不能享受附加工资；医药费仍采取过去统筹医疗的办法，按各社人数比例分摊；办公费按人员定额为每人每月 2 元编制预算，并在限额内掌握使用；福利补助费按标准工资总额的 2.5% 范围掌握。水电费包括公用电灯、煤油、电池，其定额标准为：有电灯设备，按每人每月平均 2.5 度控制；无电灯设备，按每人每月用煤油 1.5 斤控制；下村用电池，按每人每两个月用电池一对控制。

农村信用合作社自成立以来的二十多年间，对各项费用管理之严格，费用标准规定之具体，各项费用开支之节约，从 1976 年 3 月中国人民银行浦江县支行《关于信用社费用管理工作意见》（〔76〕浦银会第 11 号）所反映的 1975 年全县农村信用合作社各项费用开支情况中可见一斑：1975 年全县农村信用合作社各项费用开支总额 38134.50 元，比上年的 37482.18 元增加 1.74%，除福利费和印刷费两项必要增加的支出外，公杂费、差旅费、器具购置费、修理费、临时费等五项费用全年人均 142.50 元，其中公杂费和差旅费两项，全年人均 122.29 元，比上年同期分别降低 13.61% 和 8.54%。全县 25 个农村信用合作社，五项费用开支低于全县平均数的有 18 个社，高于全县平均数的有 7 个社，开支较大的社全年人均 150 元以上，开支较省的社全年人均最低 85.80 元。

1985 年，《浙江省信用合作社财务管理暂行规定》明确公用费用设宣教费、公杂费、会议费、差旅费、车船修理费、劳保用品费、低值易耗品购置费、房租费八项；个人费用设职工工资、补助工资、附加工资及副食品价格补贴三项；专用费用设职工训练费、房屋及器具修缮费、其他福利费、信用合作发展基金四项。其他福利费中包括退休（职）人员工资及医药费、安家费、职工丧葬抚恤费、遗属生活困难补助费、独生子女保健费、妇女卫生费、职工洗理费及职工家属医药补助费。公用费用采取计划管理，年初批复，监督使用。个人费用按上级对各个项目规定的额度每月编造清单，定时发放。专用费用必须在批准的计划范围内按规定使用。

1992 年 10 月，中国农业银行浙江省分行转发国家税务局、中国农业银行《农村信用合作社财务管理试行办法》，对农村信用合作社在办理金融业务过程中发生的业务及管理费作出明确规定：业务宣传费按年末企业存款和个人储蓄存款余额的万分之一点五以内掌握使用，购置业务宣传品每件单价不得超过 25 元；职工福利费、工会经费、职工教育费分别按职工工资总额扣除副食品价格补贴和列入成本的奖金后余额的 11%、2%、1.5% 提取。是年 12 月，中国农业银行浙江省分行和省国家税务局联合印发《浙江省农村信用合作社管理费试行办法》，明确自 1992 年始，农村信用合作社按年末各项收入（营业收入和金融机构往来收入）的规定比例计提上缴管理费，实行统一上缴，分别集中，合理使用，严格管理。此后，一直按规定比例计提上缴管理费。

1993 年 11 月，根据中国农业银行和国家税务总局《农村信用合作社财务管理实施办法》，中国农业银行浙江省分行和省税务局结合实际情况制订的《浙江省农村信用合作社实施财务管理办法的补充规定》中明确，农村信用合作社按规定比例支付的业务宣传费，其中 50% 留社按比例掌握使用，其余 50% 按 5 ∶ 3 ∶ 2 比例逐级上划；业务招待费在下列限额内掌握使用；全年营业收入（扣除金融机构往来利息收入，下同）在 100 万元以内（含），使用不超过营业收入的 5‰；全年营业收入在 200 万元以内（含），使用不超过 4‰；全年营业收入在 300 万元以内（含），使用不超过 3‰；全年营业收入在 500 万元以内（含），使用不超过 2‰；全年营业收入在 500 万元以上（含），使用不超过 1‰。

1995 年 9 月，县联合社转发省国家税务局《浙江省农村信用合作社财务管理若干问题的规定》，对列入成本的费用开支标准作出调整。业务招待费开支按营业收入分档比例控制，据实列支，不得预提。具体标准为：全年营业收入（扣除金融机构往来利息收入，下同）在 1500 万元以内，不超过 5‰；全年营业收入超过 1500 万元（含），不足 5000 万元的，不超过该部分的 3‰；全年营业收入超过 5000 万元（含），不足 1 亿元，不超过该部分的 2‰；全年营业收入超过 1 亿元（含），不超过该部分的 1‰。农村信用合作社上缴给业务主管部门的行政管理费，按各项业务收入的 8‰标准内提缴。对固定资产 10 万元以上的大宗修理和装修费，实行计划控制，须编报年度修理（装修）计划，经国家税务机关审查批准后列支。

1996 年 5 月，县联合社下发关于进一步加强和完善农村信用合作社财会管理若干规定的通知，要求各社加强各项工资性费用支出管理，职工工资按每人每月 720 元计算，按现有发放工资人数计提，不得擅自提高标准；职工福利费按工资总额的 14% 计提；劳动保护费按每人每月 95 元计提，按实际发放工资人数计算；业务招待费按财税部门的规定比例从严控制，从年初起有计划地使用；业务宣传费按营业收入（扣除金融机构往来利息收入）的 5‰计提，50% 上划县联合社，50% 留本社按规定掌握使用；管理费按营业收入的 3% 计提；固定资产折旧费按固定资产的 2% 计提；呆账准备金按贷款余额的 3% 计提；营业税按利息收入的 5% 计提，同时按规定比例计提附加税；定期储蓄存款应付利息，按月平均余额的 9.16‰计提；股金利息按股金月平均余额的 15‰计提。是年 11 月，县联合社与农业银行脱钩后重新制订《费用管理办法》，对费用的使用原则、审批程序、凭证要求作出明确规定，同时核定各社的费用指标，要求在核定费用指标内合理使用。

1999年3月，县联合社制订该年度经营目标考核办法，对差旅费、邮电费、水电费、公杂费实行定额包干管理。差旅费——正式工与临时工分别按每人每年掌握在1000元和700元以内使用；邮电费——浦阳社本部、县联合社营业部每月1000元，檀溪、黄宅、浦东3社本部每月600元，大溪社每月300元，其余分社每月400元，储蓄所每月150元；公杂费——正式工与临时工分别为每人每年450元和300元，各社本部按人员总额另增每人50元；水电费——各社每月按300元、分社每月按200元、储蓄所每月按150元计算，经县联合社同意安装空调的营业网点每年另增3000元。

2001年3月，县联合社制订该年度财务经营目标和管理办法，打破“旱涝保收”的大锅饭分配制度，采取“多收才能多支，少收只能少支，不收则不能支”的管理模式。年初，由县联合社根据营业部及各社实际情况，规定定期存款应付利息备付率、呆账准备金提取比例，合理确定全年财务收支计划、费用控制额和实现利润额。

2002年4月，县联合社重新制订财务费用管理办法，对各社各项经费采取“包、控、批”的方式管理，各社主任为财务管理第一责任人。县联合社根据各社测算计划和上年的财务收支实绩，核定本年度的收支计划数，以确定总收入为前提，再行确定各项财务支出的使用额度。各社包干的收入项目为利息收入、并入业务利息收入、手续费收入、其他营业收入、营业外收入。包干支出经费为业务宣传费、广告费、印刷费、业务招待费、公杂费、差旅费、水电费、会议费、邮电费等。对未完成包干收入的社，要等额扣减包干支出；超过包干收入，其超额部分可与支出挂钩，但须按规定报批后方可列支。

2005年4月，县联社实行一级法人后，制订《限额使用费用分配测算试行办法》，由县联社对各社使用的邮电费、公杂费、水电费、差旅费进行限额管理。邮电费各网点包干基数为：县联社营业部和浦阳、城关2社本部每月950元，黄宅、浦东、檀溪3社本部每月550元，石宅分社、各储蓄所每月150元，其余网点每月350元；公杂费定额包干基数（不含工资发放部分）为：按每人每年500元测算，年终按全年累计数考核；差旅费使用标准按县联社差旅费有关规定执行；水电费定额包干基数为：各社每月450元，各分社每月350元，石宅分社、各储蓄所每月200元，经县联社审批同意安装空调的营业网点，每台空调全年增加电费3500元。县联社机关大楼及营业部水电费按实列支。县联社对各社使用的业务宣传费、业务招待费、会议费及其他费用，与其业务发展相挂钩，并实行总额控制。费用总额100万元分为两部分，一部分为业务发展铺底基础费用20.05万元，另一部分为与业务发展直接挂钩费用79.95万元。

是年6月，县联社制订《费用管理试行办法》，明确费用管理四项基本原则：一是政策性原则。费用管理须认真执行国家财经工作方针和各项财务、税收制度。二是预算审批原则。各项费用开支一般坚持事前审批原则，按权限审批同意后方可列支。三是“一支笔”审批原则。

为进一步加强费用综合管理，费用审批实行授权范围内的“一支笔”审批原则。四是监督制约原则。县联社财会电脑科是财务费用的管理部门，负责对财务费用进行管理、监督和检查，各社须自觉接受财会电脑科的监督和管理。还就费用审批权限作出规定，各种日常费用开支的报销实行授权范围内的“一支笔”审批制度：凡发生的费用，金额在2000元以内（含），由财会电脑科科长最终审批；金额在2000元以上1万元以内（含）、且单价在5000元以下（含），由财会电脑科科长初审，分管领导最终审批；金额在1万元以上或单价在5000元以上（水电费、邮费和话费等常规性支出除外），经财会电脑科科长初审、分管领导审核后，由理事长最终审批。凡购置5000元以内（含）的固定资产，由财会电脑科科长初审，分管领导最终审批；购置5000元以上的固定资产，经财会电脑科科长初审、分管领导审核后，由理事长最终审批。凡发生人事费用，由人事监察科造册，经县联社主任审核后报理事长最终审批。

2006年3月，县联社重新制订《限额使用费用分配测算试行办法》。该办法规定，费用分配遵循“尊重历史、鼓励发展、增收节支、确保效益”原则。费用分配项目为联社营业费用总额，具体分为：日常管理费用、工资性支出、专项费用。日常管理费用分为固定日常管理、基本日常管理和挂钩日常管理费用三部分；工资性支出分为基础工资性、考核挂钩工资性支出两部分；专项费用为固定专项费用。其中，辖属社营业网点的限额使用费用项目共7项：宣传费、招待费、公杂费、邮电费、水电费、差旅费和会议费。

固定日常管理费用为钞币运送费、安全防卫费、保险费、诉讼费、公证费、咨询费、审计费、取暖及降温费、绿化费、理事会费、税金等11项；基本日常管理费用为印刷费、电子设备运转费、修理费、低值易耗品摊销等4项；固定专项费用为广告费、技术转让费、研究开发费、外事费、递延资产摊销、无形资产摊销、租赁费、上交管理费、会费等9项，共24项，根据省联合社核定计划数内集中管理使用，并根据业务发展需要按实列支。

限额使用费用7项中，邮电费、公杂费、差旅费在限额内实行“节约全奖，超额全赔”，水电费在限额管理内实行“超额全赔，按实列支”。邮电费包干基数为：县联社营业部和浦阳、城关2个社本部每月800元，黄宅、浦东、檀溪3个社本部每月500元，城中、城东、大溪、七里、大许、平安、潘宅、治平、前陈、岩头、郑宅、郑家坞、前吴、花桥、杭坪、虞宅、大畈、中余18个分社每月300元，宫口、江滨、小西门、新华西路、中山、石宅6个分社每月200元。其他邮资费用、个人通信及网络通信费用按实列支，个人通信费用由县联社统一发放。公杂费定额包干基数：按每人每年500元测算，年终按全年累计数考核。差旅费定额包干基数：使用标准仍按原规定执行。水电费定额包干基数：各社每月450元，各分社每月350元，经审批同意安装空调的营业网点，每台空调按功率每匹全年增加电费1000元。县联社机关大楼及营业部水电费按实列支。

业务宣传费用、业务招待费用和会议费用与各社业务发展挂钩，一部分为业务发展铺底基础费用，另一部分为业务发展直接挂钩费用。业务发展铺底基础费用分配办法：业务宣传费用根据县联社营业部和各社及分社年初存款余额确定，2000万元（含）以下网点为2000元，2000万元以上至3000万元（含）以下网点为3000元，3000万元以上至5000万元（含）以下网点为4000元，5000万元以上至8000万元（含）以下网点为5000元，8000万元以上网点为8000元；业务招待费用按营业网点分配：各社5000元，各分社2000元。会议费用于年初确定一个使用限额，县联社营业部和各社及分社以网点为基数部分，各网点基数为2000元。业务发展直接挂钩费用分配办法：按日均新增存款余额部分计算，即某网点可使用额＝某网点日均新增存款金额×2‰；按旬均新增存款余额部分计算，即某网点可使用额＝某网点旬均新增存款金额×1‰；按贷款实收利息额计算，即某网点可使用额＝某网点实收利息金额×2‰；按贷款日均新增额计算，即某网点可使用额＝某网点贷款日均新增额×1‰。

基础工资性支出：职工工资、职工福利费、工会经费、劳动保护费、劳动保险费、失业保险金、住房公积金、临时工工资等8项费用，在省联合社核定数以内，按人事部门规定集中管理使用，并按实造册列支和按规定比例计提各项经费。专项奖金，根据省联合社核定计划数，每季预发一定奖金，年终按经营目标和管理目标工作责任制考核结果兑现全年奖金。

2008年10月，县联社重新制订《财务费用管理办法》，对各网点业务费用按以下标准进行分配：邮电费、公杂费、差旅费和水电费，实行限额管理，在限额内实行“节约全奖，超额全赔”规定，其中水电费在限额管理内，实行“超额全赔，按实列支”规定；业务发展费用与绩效考核情况挂钩，绩效考核好与差，决定业务发展费用的多与寡。邮电费（电话费）包干基数：县联社营业部和浦阳、城关2个社本部每月800元，黄宅、浦东、檀溪3个社本部每月500元，其余网点每月300元；各网点公杂费定额包干基数（不含工资发放部分）：按每人每年500元测算，年终按全年累计数考核；差旅费定额包干基数（不含工资发放部分）：使用标准按县联社差旅费有关规定执行；水电费定额包干基数：各社每月450元，各分社每月350元，经县联社审批同意安装空调的营业网点，每台空调全年按功率每匹增加电费1000元。

2012年2月，县联社又重订《财务费用管理办法》，对网点业务费用标准作出调整，其中限额管理使用的费用调整后的标准为：邮电费定额基数，按每个网点每月500元核定；各网点水电费定额基数，各网点每月400元，经县联社审批同意安装空调的网点，每台空调全年按功率每匹增加电费1000元；每台ATM机每年增加电费2400元。

2015年4月，县联社再度修订《财务费用管理办法》，明确财务费用开支坚持“统一管理、分级审批、单独核定、集中报销”原则。并成立由联社主任任组长、副主任为成员的财务费用审批小组，具体负责大额费用的审批。同时成立以监事长任组长，监察室、审计科负责人为成员的费用监督小组，具体负责费用使用的监督，并定期进行检查。财务会计科设立费用列支登记簿，按月向理事长报备。对不合规的费用列支，理事长有权要求纠正。常规性支出金额在5000元（含）以内的费用，凭合法单据按权限审批后可直接列支，无须预算审批。除上述费用外，其他费用均须预算审批。按县联社或上级管理部门文件规定需列支的费用，视同已预算审批，以文件作为预算审批依据。预算审批权限：金额在5000元以上2万元（含）以内的费用，由联社办公室和财务会计科负责人签署意见后，报财务分管领导审批；金额在2万元以上的费用，由联社办公室、财务会计科负责人签署意见后，报联社财务费用审批小组审批。网点财务费用列支审批权限：单笔金额在5000元（含）以内，由网点会计审核，联社财务会计科负责人审批；单笔金额在5000元以上2万元（含）以内，由网点会计、联社财务会计科负责人审核后，报财务分管领导审批；单笔金额在2万元以上，由网点会计、联社财务会计科负责人审核后，报财务分管领导、联社主任审批。机关财务费用列支审批权限：单笔金额在5000元（含）以内，由联社办公室负责人审核，财务会计科负责人审批；单笔金额在5000元以上2万元（含）以内，由联社办公室、财务会计科负责人审核后，报财务分管领导审批；单笔金额在2万元以上，由联社办公室、财务会计科负责人审核后，报财务分管领导、联社主任审批。工资性支出审批，其费用由联社人事部门造列清单，经人事部门负责人审核后，报人事部门分管领导、联社主任审批。奖金性支出由联社相关职能部门计算，交人事部门审核后报人事部门分管领导、联社主任审批。财务会计科凭审批单填制支付凭证，支付凭证经人事部门、财务会计科负责人审核后，报财务分管领导审批。各项计提费用审批，由联社财务会计科负责人审核后，报财务分管领导审批。营业外支出中的久悬未取款支出，由各网点负责人或联社财务会计科负责人审批。资产盘亏及清理损失，由联社办公室、财务会计科负责人审核后，报财务分管领导、联社主任审批。

网点费用包括日常费用和业务费用。日常费用的使用包括邮电费、水电费、公杂费、修理费等零星支出，其中水电费实行限额管理，“超额全赔、按实列支”。水电费定额基数：各网点每月500元；经联社审批同意安装空调的网点，每台空调按功率每匹每年增加电费1000元；每台ATM机每年增加电费2400元；每个LED显示屏每年增加电费5000元。因特殊原因，经核实后可追加费用。公杂费包含在各网点业务费用内。网点小项维修支出指单笔金额500元（含）以下，原则上由各网点自行联系维修，费用包含在各网点业务费用内。特殊情况及单笔金额500元以上，经联社办公室确认后，报联社审批，维修费用由联社列支。网点业务费用指与各网点的业务发展挂钩，用于拓展业务的费用，包括业务招待费、业务宣传费、会议费等。业务费用分配计算办法为：按全年日均存款部分计算，网点可列支费用＝网点日均存款金额×0.1‰；按年内新增日均存款部分计算，网点可列支费用＝网点年内新增日均存款金额 ×3‰；按贷款实收利息额计算，网点可列支费用＝网点实收利息额 ×1‰；按年内新增实收利息额计算，网点可列支费用＝网点比上年新增实收利息额 ×4‰；网点业务费用的使用应严格遵循真实合理原则，报销时应由网点会计负责具体经办，按县联社财务费用管理办法有关规定列支。全年业务费用的一定比例用于由县联社统一购置宣传用品，业务招待费不得超过本网点业务费用的 30%。

随着农村信用合作社的发展壮大，各项业务收入和业务支出亦快速增长，经济活动中必需的支出项目不断增加。至 2016 年末，全辖业务及管理费支出达 11199 万元。

表 4-5-7　　2015 年至 2016 年业务及管理费支出统计

单位：万元

序号	项目	2015 年	2016 年	序号	项目	2015 年	2016 年
1	业务宣传费	278.86	302.46	21	租赁费	147.97	183.38
2	业务招待费	56.62	51.95	22	开办费	—	—
3	广告费	108.24	198.54	23	差旅费	14.89	10.12
4	钞币运送费	—	—	24	外事费	—	—
5	安全保卫费	532.82	511.24	25	会议费	66.59	43.32
6	保险费	5.74	6.42	26	理（董）事会费	12.24	10.75
7	印刷费	148.66	129.23	27	管理费	83.1	88.36
8	邮电费	165.38	180.02	28	监管费	—	—
9	诉讼费	—	—	29	技术转让费	—	—
10	公证费	—	0.05	30	研究开发费	—	—
11	咨询费	10.75	2	31	税　费	109.63	6.85
12	审计费	21	63.6	32	存款保险费	66.21	84.08
13	电子设备运转费	147.13	175.91	33	其他经营管理费用	88.74	76.2
14	车船使用费	29.81	27.01	34	职工工资	3417.01	5492.08
15	修理费	118.58	76.31	35	职工福利费	709.43	644.14
16	公杂费	80.35	66.76	36	职工教育经费	52.84	—
17	水电费	129.88	142.45	37	工会经费	88.34	109.84
18	绿化费	15.64	11.75	38	基本养老保险金	307.23	263.76
19	取暖及降温费	—	—	39	基本医疗保险金	191.4	165.59
20	物业费	0.81	1.58	40	工伤保险金	15.28	21.65

续表 4-5-7

序 号	项 目	2015 年	2016 年	序 号	项 目	2015 年	2016 年
41	生育保险金	13.34	22.77	50	其他短期薪酬	1000	—
42	失业保险金	36.44	24.03	51	其他长期职工福利	—	—
43	补充养老保险金	282.48	—	52	其他工资性支出	—	—
44	补充医疗保险金	282.48	—	53	长期待摊费用摊销	93.83	184.63
45	劳动保护费	120.54	49.26	54	固定资产折旧费	1362.88	1230.94
46	住房公积金	337.11	362.33	55	无形资产摊销	68.08	68.08
47	辞退福利	—	—	56	低值易耗品摊销	80.53	58.23
48	非货币性福利	—	—	合 计		10979.28	11199.41
49	劳务支出	80.39	51.74				

说明：第 31 项税费是指车船使用税、房产土地税等其他税种。

第六章　科技信息管理

1996 年 10 月，本县农村信用合作社在与农业银行脱钩之前，仅在县联合社财务会计股设兼职计算机管理岗，负责科技信息管理工作。是年 11 月成立财会电脑科，计算机管理岗仍系兼职。1997 年末，配置专职计算机管理岗。1999 年新增计算机日常运行维护人员 2 名，以确保中心机房正常运行。2002 年 1 月，财会电脑科配置副科长 1 名，专门负责科技信息管理工作。2003 年 7 月复增计算机专职管理人员 1 名。2012 年 4 月，财务电脑科改设为财会科技科，9 月下设科技信息中心，其主要工作职责为规范科技信息日常管理，提升科技信息应用水平，确保信息系统安全、稳定运行，防范并控制信息安全风险。

2013 年 12 月，科技信息科与财会科技科正式分离，人员增至 6 名，并分别设置科技负责人岗，安全员及网络维护（AB）岗，运行维护岗。独立履行其职责：负责计算机及网络管理工作，确保计算机网络系统安全运行；负责信息科技管理工作，建立、健全科技各项规章制度，并督促落实；负责中心机房管理，制定详细应急方案，确保各类信息系统及机房环境实施安全运行。

第一节　计算机技术应用

计算机硬件设施

1992 年，县联合社本级购入 486 型计算机 1 台。1994 年至 1995 年，全县农村信用合作社陆续购入计算机 21 台，县联合社本级和工业区分社以及浦阳、黄宅、岩头、白马、郑宅、郑家坞等 8 个社对公业务应用计算机程序，以各网点 PC 机服务器带终端模式，开展对公门市业务。自此始，农村信用合作社电子化营业网点逐步开启。1996 年 11 月，为农村信用合作社支付结算服务的网络区域性联网起步。各营业网点柜面计算机硬件设备主要包括主机、显示器、键盘、打印机和终端。

1998 年 10 月，县联合社综合楼建竣，于二楼同步设置约 30 平方米的计算机中心机房，主要用于布放计算机主机、UPS 电源、电话配线架和程控交换机，以加快电子化建设步伐，缩短同行业之间差距，高效优质地为农村金融服务。

1999 年 7 月，将全县农村信用合作社营业（储蓄）网点全部计算机与县联合社中心机房连接，同时亦为对公业务及其他业务联网做好准备。是年至 2000 年间，先后购入 HPLH3P Ⅱ 450/128M/M1/CD/15 服务器、UPS、终端、OKI 打印机、LQ-1600 打印机及其他附属电子设备。至 2000 年末，全县农村信用合作社共有各种电子设备 209 台（套），价额 377.09 万元。

2001 年至 2004 年间，先后购入计算机网络设备 68 套及其他电子设备 159 台。其中 2002 年购入第一台 ATM 自动取款机，布放县联合社营业部大厅。至 2004 年末，全县农村信用合作社共有各种电子设备 351 台（套），价额 306.21 万元。

2005 年至 2011 年间，先后新增计算机网络设备 56 套、自动取款机 16 台、自动存取款机 2 台及其他电子设备 264 台。至 2011 年末，全县农村信用合作社共有各种电子设备 758 台（套）。

2012 年，应县联社各项业务拓展及中心机房可扩性之需，就原中心机房实施改造和扩建，按 B 级标准布设。主要包括供电系统、空调与新风系统、环境监控系统、防雷接地系统、综合布线及消防系统等。

机房供电系统：机房设备供电采用 2 台 20KVAUPS，每台 UPS 配置 60 分钟后备电池，形成 UPS 单机双总线供电模式，为每台机柜提供双独立供电回路。输出配电柜为计算机网络中心机房内服务器、网络设备、应急照明等主要设备提供 UPS 电源。机房供电低压配电供二路（带有发电机或双路市电转换的电路），一路为 100A/380V 供电 UPS，计算最大负载值 -60KW；另一路为 100A/380V 供空调照明等，计算负载值 -40KW。机房总负载 100KW 左右。

机房空调与新风系统：据数据中心机房对空调冷量的要求和计算，采用 STUZL 的 ASD602 机房专用精密空调机，空调送风采用四面散流、自然回风方式。通过计算合理分布出风数量，使送风达到均匀，为机房设备提供良好的集中送风，以保证设备可靠运行。由于中心机房运行设备较多，隔热窗户被隔热墙封堵，整个空间缺乏自然通风。为防止外界未经处理的空气渗入机房，避免有害气体、烟尘或混合物滞留机房内部，故配置每小时风量为 400 立方米的新风空调机 1 台；机房同时单独采用一套排风系统，用于排除可能出现的烟尘和有毒气体。

图 4-6-1 县联社中心机房改造扩建后新貌（2012.10）

机房环境监控系统：为有效监测 UPS 工作状态、市电输入实时电流参数、精密空调运行状态，监测机房温度、湿度变化，监测机房和支持区内有无漏水事件发生，中心机房、配电房均安装红外监测，若有人进入机房时，会自行启

图 4-6-2　浦阳信用社营业场布放多媒体自助终端后，大堂经理指导客户利用该机具办理业务
（2014.10）

动视频录像，确保监控不留死角。

机房防雷接地系统：所有机柜的机壳，空调机组用数根绝缘导线串联，再用接地母线与大地相连。计算机保护地一般与大楼的总地极相连，采用原有计算机专用地线，引一根 ZRBV-25mm2 地线到机房的接地端子箱，再通过 ZRBVR-4mm2 地线与各处需接地的用电设备相连，再布放一根 BVR50 平方米接地线到机房 UPS 输出配电柜。防雷器采用德国 OBO 产品。

机房综合布线系统：机房设置 19 个机柜，其中 6 个为服务器机柜、10 个为网络机柜、4 个为运营商机柜。服务器机柜每台配置 24 路六类网线，两端安装配线架，分别汇聚至网络柜 B02 和 B03。每个网络柜配置 24 路六类网线分别至运营商机柜。

机房消防系统：中心机房采用气体灭火系统，HFC-227ea 自动灭火产品。

2012 年至 2016 年间，又先后新增计算机网络设备 98 台（套），ATM 机（取款机、存取款机）98 台和其他电子设备 521 台。截至 2016 年末，共有路由器 65 台，交换机 57 台，防火墙 5 台，IPS（入侵防御设备）4 台，服务器 23 台，ATM 机（包括存取款一体机、取款机）111 台，电脑 336 台，多媒体 POS50 台，终端 329 台，网银体验机 13 台，自助设备 77 台，总价额 2623.96 万元。

计算机软件系统开发和应用

1994 年 5 月，浦阳农村信用合作社计算机单机储蓄系统率先上线，开展计算机储蓄门市业务。此后，在全县各社营业网点逐步推开。至 1995 年末，有 7 个农村信用合作社营业网点计算机单机储蓄系统上线。

1996 年，7 个农村信用合作社营业网点计算机单机对公业务系统先后上线，开展计算机对公门市业务。

1997 年 2 月，县联合社营业部与北京全国农村信用合作社特约汇兑中心开通全国特约汇兑业务，1999 年 8 月升级为全国特约电子汇兑业务系统。通过计算机自动发送和接收数据，与全国 1200 家信用联社（信用合作社）实现特约通汇，减轻临柜人员工作量，拓宽客户结算渠道。

1998 年 7 月，县联合社营业部加入中国人民银行金华市分行电子联行。

自 1999 年 7 月起，全县农村信用合作社所有贷款实行信贷管理操作系统数据移植与联网，大范围清理划转“一企多牌”“一企多贷”，有计划、有步骤地将贷款数据档案分批移植到电脑管理系统。通过信贷管理操作系统联网，俾县联合社领导随时查阅各基层社贷款发放和收回情况，调控信贷资金投向，对失信贷款户实行必要的信贷制裁，并有效遏制多头贷款和跨地区贷款发放，及时杜绝“三违”贷款产生。

是年 11 月，中国人民银行金华中心支行在辖内实行银行结算证制度，人民银行结算证系统亦同时上线运用，以强化结算临柜管理，防范支付结算风险。

2000 年 3 月末始，县联合社综合（对公）业务事后监督系统在 11 个营业网点上线试运行。4 月，又专门成立综合业务事后监督系统推广应用领导小组。是年末，综合（对公）业务事后监督系统在全县农村信用合作社所有营业网点全面上线运行。是年 7 月，全县农村信用合作社实现储蓄通存通兑。11 月，与当地国税部门联网。

2001 年 8 月，县联合社印发《综合业务信息系统推广应用实施工作方案》，明确在完成计算机机房和网络改造基础上，10 月在县联合社营业部与浦东社试点上线，并对外正式营业；其他社则于 2002 年 3 月末全面上线使用。

2002 年，银税系统并入综合业务，并对原有程序修改升级，实现电话申报、批量扣款、实时扣款等功能。12 月，人民银行“天地对接”系统嵌入“综合业务信息系统”并上线运行。

2003 年 8 月，开通金华市农村信用合作社市辖电子联行业务；9 月复开通省辖电子联行往来业务。12 月将“天地对接”系统切换到金华市农村信用合作社“大额支付系统”。

2004 年 6 月，代签中国工商银行、中国农业银行银行汇票业务，实现电子实时移卡、当天清算，改变原手工隔天移卡、隔天清算方式，加快结算速度。

2005 年 9 月，丰收卡业务系统上线正式开通，丰收借记卡对外全面发行。

2008 年 9 月，开通电子验印系统，对客户签发的具有预留签章的票据，采用该系统核对验印。改变此前以手工折角核对验印的做法。10 月，事后监督（OCR）系统上线正式运行，所有原始传票、凭证通过扫描，以电子影像文件形式予以保存，并利用识别系统进行财务对比，及时发现和纠正柜面业务办理过程中的不规范状况。

2010 年 6 月，县联社营业部和浦阳、城关 2 社全国支票影像交换系统（直联）业务上线。

2011 年，根据省联合社金华办事处统一安排，相继完成电子档案管理系统、计算机辅助审计系统以及远程学习培训系统上线。上线中间业务代收地税水晶税费业务，完成计算机辅助审计系统（3.0）升级及机构信用代码管理系统与人民银行系统网络调试工作，完成 symantec 杀毒软件部署。5 月，2010 版会计事后监督风险预警系统上线。该系统在原事后监督系统基础上，就重点监督业务配置重新梳理完善，并对风险可疑事项和频繁发生的重点交易作系统预警处理。

2012 年，完成对事后监督系统升级，升级后可直接调阅会计电子档案管理系统中的影像信息。完成电子验印系统及电子对账单客户端的安装、连调，满足县联社要求电子对账单打印格式设计以及电子影像档案平台的优化，完成电子影像档案平台 GC 表身份信息校验，并导入至电子档案管理系统；完成个人存量账户身份核查电子档案模块上线和数据导入；并先后完成会计检查管理系统、远程授权系统上线及财政非税代收业务。

2013 年，完成网点综合前端系统全面上线。截至 12 月 10 日，各网点对外营业全部使用新业务系统。积极拓展中间业务，完成国库集中支付系统上线，一开华数数字电视视听费批量代收。

是年，与第三方公司合作开发的薪酬系统亦成功上线。薪酬系统是一套以综合业务系统数据信息为基础，以全体员工为对象的考核体系。该系统将采集每一笔银行业务涉及考核完成情况的数据，进入系统后提取相应考核指标数据，具体反映到人，并按人汇总反映到联社或相关部门，在系统内部建立起不同层次、不同部门灵活实时的行员工作绩效计算自动考核体系，考核行员每一考核期的指标完成情况及工作绩效，明确全员工作目标，为各级管理者提供日常管理、决策分析的科学依据与信息输出。

2014 年，完成服务器虚拟化上线。利用服务器虚拟化技术，让每台设备托管多种操作系统，使其利用率最大化，以降减服务器数量。同时将应用计算从用户设备中分离，并在数据中心整合应用相关数据，通过集中化技术改善管理和系统安全性。

完成 3G 无线平台建设。利用移动终端，通过安全方式接入业务网，灵活布放助农终端，为加大业务创新力度提供科技支撑，有效延伸服务半径。

完成 ATM 机无纸化上传程序建设。进一步规范利用人民币冠字号查询，解决涉假纠纷，切实保护金融消费者合法权益，提高现金服务水平。

完成上线结算辅助系统。系统集中统一登录门户，以提高柜员操作效率，且稳定性能良好，亦利于行社对系统的维护。

完善在线学习系统。俾员工登录互联网免费访问、学习，进一步丰富培训手段，拓宽培训渠道。

完成财政公共平台上线。该平台是财政部门将诸如财政补助款、救济款等统一发放到村民、居民社会保险卡账户的应用平台。完成自助回单打印系统上线，丰富金融服务功能，提升县联社整体形象，亦极大地方便客户。

完成公交公司一卡通系统上线。与县公交公司合作，以丰收 IC 借记卡为载体，建设丰收 IC 卡密钥管理系统，通过该系统对丰收 IC 卡 pboc2.0 的 M1 初始化，实现丰收 IC 卡分段计费。基于 PBOC3.0 版非接触式 IC 卡小额支付扩展应用优势，实现电子现金分时、分段计费支付、电子现金冻结、脱机预授权及脱机预授权完成等功能。

2015 年 10 月，“帕拉迪”统一安全管理与综合审计系统上线，采用代理转发方式接管终端对网络资源的直接访问，集中实现用户的身份认证、授权管理、访问控制和操作审计，通过提供统一的集中管理平台，满足用户集中管理、集中认证、集中控制、集中审计等一系列安全需求，以此完善内部审计监督机制，有效防范和化解金融风险。

根据省联合社统一部署，在县联社全辖范围内的ATM机、终端及自助设备上安装“趋势”杀毒软件。社保卡代扣代缴系统亦同时上线。

2016年11月，与第三方公司合作开发综合积分管理系统。该系统是以客户信息、交易信息为基础，以积分为计算手段，采用主机处理方式，对客户、客户经理进行营销奖励的应用系统，以实现积分的生成、兑换、营销、奖励及系统管理等功能。

水晶园区一卡通系统上线。该系统技术支持主要包括三个方面：一是卡片结构和密钥安全。由省联合社对卡片结构和密钥管理实行统一规范，由第三方公司按规范统一开发。卡片结构采用CPU模式，卡机交易传递的数据有严格的加密算法和密码保护，有一套完整的密钥管理体系，保证消费进程安全性和机具使用安全性。二是基础网络与运行。通过建立园区一卡通专网，以实现关键业务与园区网的隔离，保证网络连接和信息传输的安全性。园区一卡通系统以联网运行为主，兼顾脱机运行模式，实时联网可保证数据及时回传后台数据库，在网络中断时不影响员工就餐、门禁、闸道、梯控及其他系统的正常使用。三是系统接口对接。通过布放转发机与省联合社及园区一卡通系统接口对接，实现金融账户和电子钱包账户的签约、充值/圈存、签约撤销、余额查询及对账等功能。在此基础上，又与浦江水晶产业集聚园区合作，共同发起并发行丰收IC水晶（联名）卡。

完成数据调度平台建设并正常跑批使用，建立县联社本级数据存储中心和数据处理中心，极大地方便各部门提取相关业务数据。根据省联合社统一部署，ATM跨平台系统、ATM电子流水上传系统、冠字号上传系统、增值税税控系统、法院案款管理系统、风险管理系统以及里傅水费代扣系统相继上线。

网络技术应用

1999年7月，先后购入MODEMMULTI366调制解调器、DT2000B6/2000/8多路复用器及其他网络设备。

2003年，三台CISCO边界路由器（3945两台，3845一台）与省联合社金华办事处实现网络互联；其中CISCO3945A（电信线路）、CISCO3945B（广电线路）通过ospf动态路由协议，实现对公业务和办公网上联线路智能冗余；CSIC03845C（联通线路）与金华办事处视频系统对接。通过两台cisco3750交换机组建成联合社核心。两台核心交换机分别上联3台CISCO边界路由器；联合社本级连接业务服务器、OA服务器和中间业务等应用区域（其中业务服务器区、OA服务器区通过ASA5520防火墙实现安全隔离）。

中间业务区域主要是提供外联单位的接入，实现交叉业务的受理。该区域通过一台

CISCO3560 边界交换机，实现与外联单位的连接，三层交换机内连一台 PIX 防火墙，用于信息交互过程中的安全策略控制及 IP 地址静态转换；一台 IPS 用透明模式布放于核心交换机与中间业务防火墙之间，对进出中间业务区域的入侵行为进行检测和攻击防御；中间业务区 PIX 防火墙的 DMZ 区域，连接一台中间业务跳转服务器。辖属农村信用合作社、分社及各中心通过两条线路分别连接 3750A 和 3750B，其中一条连接 3750A 的电信线路主跑业务，另一条连接 3750B 的电信线路主跑 OA 和监控，同时作为业务备线使用。各网点访问监控服务器，通过一条独立的电信线路上联到监控汇聚交换机。

2007 年，随着新一代综合业务系统上线，县联社中心机房布放三台 IBM3650 服务器作为核心前置。新增三台 DELL2850 服务器作为终端服务器，以满足信贷业务及文档资料的电子化。

2008 年，OCR 系统上线，县联社中心机房新增 IBM3850 服务器两台，其中一台为 DB 服务器、一台为 WEB 服务器；一套 IBMDS5020 存储。

2011 年，搭建电子影像档案平台、计算机审计系统和远程学习系统，共新增 IBM3850X5 服务器三台、IBM3650M3 服务器三台和 IBMDS5020 存储一套。其中电子档案系统布放 IBM3850X5 服务器两台，一台为 DB 服务器、一台为 WEB/AP 服务器；计算机审计系统布放 IBM3850X5 服务器一台作为计算机审计 DB，IBM3650M3 一台作为审计系统 WEB 服务器；IBMDS5020 存储为电子影像档案平台和计算机审计系统共用。一台 IBM3650M3 服务器用于远程学习系统。

2012 年，布放远程授权系统和验印系统。新增四台 IBM3650M3，其中两台用于远程授权系统一主一备；两台用于验印系统一主一备。

2013 年，布放服务器虚拟化系统，新增 IBM3650M4 服务器四台和 IBMV7000 存储一套。

同时就网络结构进行改造，将业务网、办公网、监控网互相隔离，以进一步提高其可靠性和可用性。县联社两台边界路由器 3945A、3945B，与金华办事处三台路由器建立一对一的 EBGP 邻居关系，金华办事处灾备中心与 3845C（灾备边界路由器）之间启用 EBGP 路由协议；县联社中心机房业务网布放 CISCO4507R 两台，配置双机热备、双引擎双电源的高性能交换机和 CISCO5520 防火墙两台，布放天融信 IPS 一台，实现业务网核心数据交换和县中心本级应用系统服务器接入。

县联社中心机房办公网布放 h3c7506e 两台，配置双机热备、单引擎双电源的高性能交换机和内置防火墙两套，布放 IPS 一台，实现办公网核心数据交换和县中心本级应用系统服务器接入。

采用上下联独立的分层架构模式，建设广域网接入区。一是“金华市清算中心——本县联社”广域网上联区。业务、办公网均布放独立的双电源路由器两台，作为上联省联合社网络系统的广域网接入设备，连接“金华市清算中心——本县联社”主、备通信线路。二是“行社——网点”广域网下联区。业务、办公网络独立布放三层汇聚交换机，作为辖内网点的通信链路接入，通过策略逻辑隔离各子网模块，控制数据交换内容。

网点上行至县联社中心机房的通信线路采用“一主一备”方式，一条主线电信线路连接联社中心机房业务网，一条备线移动线路连接联社灾备中心业务网。网点办公网采用单独的线路和设备上联至中心机房办公网核心交换机。

每个网点使用两台独立的三层交换机，实现生产网和办公网物理隔离，其中业务网主、备通信线路接入一台交换机，办公网（安保监控）接入另一台交换机（通过划分 VLAN 隔离不同种类的数据，制定 QOS 策略优化各系统带宽的使用）。

2013 年，对中间业务网实施网络设备改造，以一台 CISCO3560 边界交换机实现与外联单位的连接，三层交换机分别内联两台一主一备的 ASA5520 防火墙，用于信息交互过程中的安全策略控制及 IP 地址静态转换；一台 IPS 用透明模式布放于核心交换机与中间业务防火墙之间，对进出中间业务区域的入侵行为进行检测和攻击防御；中间业务区设置在 ASA5520 防火墙的 DMZ 区域，连接一台中间业务前置服务器。

是年建设业务网灾备中心，通过该中心实现业务网络系统的灾难备份和恢复功能。并在该中心建成后，逐步进行应用系统和服务器灾备建设。

灾备网络系统核心交换机采用新购置的 CISCO4506，实现业务网核心及汇聚层的功能，同时实现对下联网点业务网备份通信线路接入。灾备网络采用上下联独立的分层架构模式，建设灾备广域网接入区。灾备中心通过利用现有的 3845 路由器作为上联金华办事处中心业务网设备，连接业务网灾备通信线路。“生产——灾备”中心间通过两条不同运营商的裸光纤互联，实现数据同步和网络切换。

2014 年，建立 3G 平台以进一步提高网络可扩展性。采用无线 3G 技术接入的平台，包括移动用户（手机或 PAD）、助农终端、移动服务器终端等。使用电信或联通（CDMA1X/WCDMA/WCDMA）3G 网络及 SIM 卡，通过 IP 专用通信线路，使得流动平台内柜员终端与联社中心机房 3G 接入专用前置服务器的通讯。一台锐捷 RSR30-44 接入 LNS 路由器，用于终结 3G 网点路由器的 PPP 会话及与运营商之间的 L2TP 会话，与 ACS 服务器联动并提供认证。配置一台 CA 服务器支持离线和在线申请证书，一台 ACS 服务器对 PPP 会话提供 PAP 和 CHAP 的认证，认证凭证需用户名、密码及 IMSI 三项凭证。VPN 防火墙采用 TV-61116-VONE 天融防火墙。一台 TI-31104-IDP 天融信 IPS，对进入核心的流量进行入侵防御检测。3G 接入平台使用的一台前置服务器，承载综合业务系统中的柜员用户登录、前置参数保存及业务数据处理数据的转发等功能，是综合业务系统处理流程中的重要环节。

2015 年，重新部署分配核心网与中间业务网的防火墙设备，将中间业务的 ASA5520 防火墙更换至核心业务网，在中间业务网新部署两台天融信 TG-41410 防火墙，天融信 TI-21104-E 对进出中间业务区域的入侵行为进行检测和攻击防御。

第二节 科技信息安全管理

制度管理

本县农村信用合作社计算机运用之初，至1996年10月与农业银行“脱钩”，其间，科技信息安全管理工作主要参照农业银行系统计算机管理规定和办法执行。随着计算机应用的升级和普及，各项管理制度得以逐步规范和完善。

1997年8月，县联合社转发《浙江省金融行业计算机信息系统安全管理规范（试行）》。

1999年2月，县联合社转发中国人民银行浙江省分行《浙江省农村信用合作社计算机业务管理制度》。其内容包括《计算机系统管理员守则》《计算机操作员守则》《计算机安全保密制度》《计算机机房管理制度》《计算机设备管理制度》《计算机软件管理制度》以及《计算机门市业务操作规程》《计算机业务会计资料及数据备份管理规定》《储蓄通存通兑业务会计核算办法》等。这是全省农信系统第一个较为完善的计算机管理制度，并统一在全省各农村信用合作社执行。

2000年10月，县联合社制订印发《信贷管理计算机操作规程》，以加强对全辖信贷管理操作系统上线运行中的操作安全管理。

2005年7月，县联社制订并局部修订《计算机管理员守则》《计算机机房管理员守则》《计算机操作员守则》《计算机机房管理制度》《计算机设备管理制度》《计算机网络通讯管理制度》《计算机重大操作管理制度》《计算机软件管理制度》《计算机安全保密制度》《计算机系统故障应急预案》等10项相关管理制度，对计算机、操作员、机房、设备、软件、网络通信、安全、风险防范诸方面作出全面、详尽的规定，以保证全辖计算机业务正常运行和账务资金安全，强化内控制度建设，提高计算机相关业务管理能力。

2009年7月，县联社又印发《科技人员岗位职责》《UPS管理办法》《计算机安全保密制度》《计算机操作员守则》《计算机管理员守则》《计算机机房管理办法》《计算机及设备故障报告办法》《计算机软件管理制度》《计算机数据备份管理办法》《计算机系统故障应急处置预案》《计算机信息系统风险防范制度》《计算机设备管理制度》《计算机网络通讯管理办法》《重大操作管理制度》等14项计算机管理制度。

2010年7月，随着各营业网点计算机应用系统陆续上线运行，县联社制订印发《营业网点计算机应用系统故障会计（清算）工作应急预案》，以加强各营业网点计算机操作安全管理，及时应对各种故障突发。

2012年9月，根据省联合社《浙江省农村合作金融机构机房管理指引》要求，县联合社制订印发《机房管理暂行办法》。11月，又制订印发《计算机信息系统重大操作管理制度》

和《计算机信息系统安全管理暂行规定》，以确保全辖各类信息系统、机房、网络系统安全运行，力促科技信息工作持续快速稳步推进。

2014 年 5 月，县联社再次下发《计算机中心机房管理制度》《计算机信息系统应急预案》《计算机网络管理办法》《计算机设备管理办法》等 4 项制度。

数据与权限管理

90 年代本县农村信用合作社在运用计算机处理业务之初，对所有数据采取分散管理形式，即在各农村信用合作社简易机房内放置主机，配置 1 名系统管理员，负责对计算机应用操作系统产生的数据进行维护和管理。

2002 年 3 月，综合业务信息系统全面上线后，统一由县联合社计算机中心实行对主机系统、主干网络数据的集中管理。10 月，信贷审批、柜员管理、企业授信等列入综合业务信息系统管理，通过对不同岗位按交易授权、金额授权、临时授权设定相应权限，实现计算机操作管理从人为控制向计算机系统控制转变。

2003 年 1 月，根据金华市农村信用合作社清算中心统一部署，实现日终数据异地备份。是年 12 月，将全县农村信用合作社所有综合业务系统的前置机集中于县联合社计算机中心机房，各社只保留网络设备和业务终端设备，不再管理计算机业务主机。

2004 年 12 月，全县农村信用合作社所有业务数据迁移至省联合社清算中心，实现业务数据全省集中，涉及后台数据库的所有操作由省联合社计算机中心管理，此举使计算机数据管理向集约化又迈进一大步。

2012 年，县联社中心机房布放专门用于数据备份的服务器一台，在本地服务器备份数据一份，再上传一份至专用服务器，以增加数据的安全性，有效防范风险。

2013 年，根据省联合社网络“十二五”规划要求实施网络改造。经改造后的中心网络系统，主要包括业务网和办公网两个物理隔离网络，并布放一个俾业务快速切换的灾备中心，以保证在主中心出现故障的情况下能快速切换到灾备中心，避免业务中断。

2014 年 5 月，县联社制订下发《计算机信息系统应急预案》，并组织开展应急预案演练。演练内容包括：前置机主备机、核心网络设备切换，终端或外设故障、UPS 及虚拟化服务器切换演练。通过演练活动，增强全员忧患意识，提升各级指挥人员处置重大事故能力，有效确保信息安全。

2015 年，根据省联合社统一部署，在终端、ATM 机、自助设备上安装“趋势”杀毒软件，保障系统稳定运行。10 月，“帕拉迪”统一安全管理与综合审计系统上线。采用代理转发方式接管终端对网络资源的直接访问，集中实现用户的身份认证、授权管理、访问控制和操作审计。通过提供统一的集中管理平台，满足用户集中管理、集中认证、集中控制、集中审计等一系列安全需求，以完善内部审计监督机制，有效防范和化解金融风险。

2016 年，全面落实 G20 信息安全防范工作。成立 G20 科技信息安全领导小组，邀请第三方专业公司对网络设备、服务器、系统等进行全面评估监测，出具专业报告 5 份；并规范系统、网络设备等运维操作，优化日常巡检、故障处置等流程，全面提升运维安全等级；举办专业化培训，进一步提升科技人员专业化水平。同时，组织开展计算机系统应急预案演练，全面开展信息安全检查工作。

解决计算机“千年虫”问题

跨入 21 世纪前夕，计算机 2000“千年虫”问题敏感期亦日益追近。为迅速解决“千年虫”问题，以保障各项业务稳健运行，1999 年 9 月，县联合社专门制订《解决计算机 2000 年问题应急计划》。是年 11 月，该应急计划经中国人民银行浦江县支行批复同意实施。应急计划由预防、抢救和恢复三个过程的应急措施构成。主要内容有：应急计划的目标、原则和组织体系；重要业务系统的应急计划及技术方案；应急计划的组织与启动等。根据计算机储蓄业务特点，敏感时点确定为 1999 年 12 月 31 日，2000 年 1 月 1 日和 2 月 28 日、29 日，3 月 1 日和 6 月 30 日。根据计算机对公业务特点，敏感时点确定为 1999 年 12 月 31 日，2000 年 1 月 1 日和 2 月 28 日、29 日，3 月 20 日和 12 月 31 日。

以该应急计划为统领，结合全县农村信用合作社计算机硬件和软件实际情况作出周密部署，落实 4 项应对措施：

建立健全解决计算机 2000 年问题组织体系。下发《关于做好计算机 2000 年问题过渡期有关工作的通知》，建立解决计算机 2000 年问题领导小组、应急指挥小组、工程技术小组、业务应急小组，制订风险报告制度、风险处置方案，保支付、业务数据备份措施及业务记录办法。县联合社和各社（部）主任负总责，层层落实责任。

组织应急演练。在全县各农村信用合作社开展应急培训和演练，对可能出现的各种突发事件制订相应的处置预案。顺利完成三次全国性 2000 年问题测试和应急演练。

确定 1999 年 12 月 30 日、31 日及 2000 年 1 月 1 日、2 月 29 日为计算机 2000 年转换的敏感时点，实行 24 小时值班制。

1999 年 12 月 20 日营业终了，零整储蓄业务“人机并行”；12 月 25 日，所有损益类科目“人机并行”；12 月 28 日营业终了，各营业网点所有业务“人机并行”，并对各项数据的确认和备份做好严密安排。

2000 年 1 月 1 日，全县农村信用合作社计算机系统安全、顺利完成“千年转换”，昂首阔步迈进新世纪。

第七章 内部审计管理

第一节 组织与制度建设

农村信用合作社内部审计职能始于财务稽核。2004 年省联合社成立后，将原农信系统稽核统一改称内部审计。此前，1987 年 6 月县联合社成立后即设财务组，1989 年 9 月改设为综合业务组，1990 年 12 月又改设为财务稽核组，均配备稽核兼职岗，行使稽核职能。1991 年 5 月分设稽核组，1995 年 3 月成立监督保卫股，亦配备稽核兼职岗。1996 年 10 月与农业银行脱钩后，监督保卫股更名监督保卫科，始配备一名副科级专职稽核员。1998 年 9 月，稽核科分出单设。1999 年 11 月撤销稽核科，复设监督保卫科，配备稽核专职岗。2005 年实行一级法人管理体制后，县联社单设审计科并配备专职审计人员。2013 年，随审计项目的增加、内控制度的完善以及计算机辅助审计系统的推广运用，专职审计人员遂配备具有计算机专业学历者担任，以强化审计队伍力量。至 2016 年末，专职审计人员增至 5 名。

1988 年 5 月，县联合社转发中国农业银行制订的《农村信用合作社稽核工作暂行规定》和浙江省分行制订的《浙江省农村信用合作社稽核工作实施细则》，明确稽核人员的工作任务、职责职权及工作守则等。

1992 年 10 月，中国农业银行浙江省分行印发《浙江省农村信用合作社稽核处罚暂行规定》，明确对违反金融法规、制度的农村信用合作社及责任人，除责成限期纠正外，可根据其行为性质、情节轻重按规定处罚。

2000 年 5 月，县联合社制订《工作人员违规违纪行为处罚处理实施细则》和《稽核工作岗位责任制》，明确稽核工作岗位职责，并强调必须加大检查、监督与处罚力度，充分发挥稽核督查作用，促进农村信用合作社业务健康发展。

2005 年 5 月下旬，县联社召开一届理事会二次会议，审议通过理事会下设风险管理委员会、薪酬委员会、关联交易控制委员会及审计委员会工作规则草案的决议。是年 6 月 3 日，县联社一届监事会二次会议监督审议理事会上述决议。此后，审计委员会为常设机构，并逐步走向规范。

2006年，县联社制订《内控制度管理办法》《内部审计工作规定》及《中层干部经济责任审计办法》，依照办法与规定，开展各项审计工作。

2007年11月，县联社制订印发《经济责任审计办法》，规定对各辖属社主任、副主任，分社主任及其他要害岗位人员任期届满或任内岗位调整，均需进行经济责任审计。经济责任审计可采取现场审计、非现场审计或现场审计与非现场审计相结合等方式。

自2008年始，根据《内部审计工作规定》，县联社理事会下设审计委员会。由理事长任审计委员会主任，审计分管领导任副主任，审计科、业务管理科、风险合规科、财务电脑科及人事监察科负责人为审计委员会成员。

2011年11月，计算机辅助审计系统上线，并制订《计算机辅助审计系统管理规则》，利用计算机辅助审计系统效率高、覆盖面广的优势，对数据检测异常情况及时进行分析，提高审计质量。以此探索现场与非现场数据相结合的审计工作方法，加快信息化条件下审计方式的创新步伐。

2012年，县联社先后制订《内部审计人员岗位轮换制度》《审计项目质量考评制度》《网点负责人经济责任审计管理办法》《网点负责人经济责任审计谈话制度》《审计大队管理办法》，以进一步完善审计制度，使内部审计工作更趋规范。同时，针对审计工作中普遍存在重检查、轻整改的弊病，县联社创新审计整改方式，推行“四个到位”，即风险提示到位、整改监督到位、责任追究到位、跟踪检查到位，使审计问题整改率明显提高，有效防范风险重复发生。

2013年，县联社又相继制订《非现场审计管理办法》《内部审计人员“八不准规定”》《内部审计项目质量控制办法》等，进一步规范审计业务操作流程。

2015年3月，县联社印发省联合社制订的《审计项目质量控制管理办法》，以确保审计项目质量符合内部审计准则等相关要求，并对审计项目全过程进行质量控制，提高审计质量。稽核处罚，则严格依据上级不同时期的规定执行。

第二节 稽核检查

1987年6月县联合社成立之前，全县农村信用合作社稽核检查工作均由人民银行或农业银行组织实施。1988年6月，县联合社专门下发《关于做好信用社稽核工作的通知》，就当年的稽核项目作出部署：一是将各社逾期呆滞贷款是否丧失两年诉讼时效的经常性审查，作为稽核检查的基础性工作；二是对大额贷款进行专项稽核；三是对重要空白凭证进行稽核；四是对利息收支情况进行稽核；五是对各社信贷，财务收支计划及执行情况，经济指标完成情况等的稽核及其他有关专题稽核，由县联合社派驻稽核辅导员统筹兼顾，合理安排，年底前将稽核情况书面报告县联合社稽核组；六是对各社新的基建项目和上年年终决算盈余分配、亏损处理及县联合社各项基金和费用的稽核，由县联合社组织实施。此后，对各社的稽核检查工作，根据管辖行及县联合社自身的统筹安排，分别以常规稽核和专项稽核组织实施。

常规稽核

会计决算及各农村信用合作社经营指标完成实绩稽核 为加强经营管理，促进农村信用合作社做好年度会计决算，中国农业银行浙江省分行规定，自 1991 年起，将农村信用合作社年度会计决算稽核作为常规稽核的一项重要内容。1992 年 2 月底前，县联合社对全县 30% 的农村信用合作社上一年度会计决算和经营责任制完成情况进行稽核。其后，每年组织对各社或部分社年度会计决算和经营指标完成实绩进行稽核。

人民银行委托稽核 1990 年 8 月，中国人民银行浦江县支行委托中国农业银行浦江县支行对黄宅、平安两个农村信用合作社 1989 年度的业务经营和财务管理情况进行全面稽核，并对黄宅社的稽核情况进行复查。1992 年下半年，就杭坪、大溪、虞宅、前吴和郑宅等 5 个社当年上半年的信贷、利率政策执行情况和信贷资产质量及上一年度经营盈亏情况进行委托稽核。人民银行直接参与对郑宅社的稽核，并提出三条处理意见和三条建议，共处以罚款 500 元。1993 年下半年，就岩头、潘宅、大畈、石马、平安等 5 个社当年上半年的信贷、利率政策执行情况和信贷资产质量及上一年度经营盈亏情况进行委托稽核。人民银行直接参与对岩头社的稽核，并对此次委托稽核中发现的问题提出要求，限期整改，同时责令该社加强管理，落实责任。其中，由县联合社对大畈、平安、石马等 3 个社作出处理决定，由人民银行对岩头、潘宅 2 个社作出处理决定。1995 年 4 月，根据中国人民银行浙江省分行《关于继续委托农业银行对农村信用合作社进行常规稽核的通知》要求，对业务量大、管理相对薄弱以及前轮稽核中存在问题较多的社，就其 1994 年 7 月至 1995 年 6 月末这一阶段的经营活动合规性以及资产质量情况进行稽核。

经营管理情况稽核 1997 年 9 月，根据浙银稽 7 号文件精神，县联合社对 1996 年度的各项业务经营情况进行稽核。2000 年 9 月，就计划信贷科对各社上半年的经营责任制考核情况进行稽核。

信贷资产质量稽核 自 1997 年 4 月始，对全县农村信用合作社单笔金额在 50 万元以上的不良贷款进行报送稽核。至是年 3 月末，50 万元以上的不良贷款有 22 笔，金额计 1748.2 万元，涉及 13 个社。通过逐笔稽核，查实不良贷款形成原因，督促相关社抓紧清收。2000

年4月至5月，对杭坪、前吴、潘宅、七里、大许、岩头、郑宅等7个分社于当年1月农村合作基金会并入贷款的质量及运行情况进行稽核。通过稽核，要求对并入贷款加强管理，对未换据的贷款继续换据，对已换据的到逾期贷款须抓紧清收，对已形成呆滞的贷款要依法起诉。2003年，对七里、大许、平安、郑宅等4个分社的不良贷款管理情况进行稽核。2005年初，对2004年新增的10户大额不良贷款进行稽核，金额合计1579万元。

内控制度稽核　1997年5月，中国人民银行印发《加强金融机构内部控制的指导原则》，将农村信用合作社对各项规章制度的执行上升到内部控制层面，以防范金融风险、健全金融机构内部控制机制。2000年9月至10月，对浦东、黄宅、檀溪、浦阳4个农村信用合作社内控制度执行情况进行稽核，主要包括重要空白凭证、有价单证、现金、存款、贷款、会计、计算机及安全保卫内控环节等方面的稽核，提出稽核意见21条，处罚7人次。是年9月末至10月初，根据县联合社社务会议布置，对办公室、人事教育科、计划信贷科、财会电脑科的内部管理进行稽核。2001年2月，对檀溪农村信用合作社岗位责任制制订与执行情况及内部自控和互控制度方面进行稽核。2002年10月，根据市农金体改办《关于开展全市农村信用合作社会计出纳内控制度执行大检查的通知》要求，县联合社对全县农村信用合作社的会计出纳内控制度执行情况进行稽核，稽核内容主要是内控制度建立与执行、临柜业务操作与管理、业务库存现金与有价单证管理、头寸押运与查库等几个方面。其后，每年组织对各农村信用合作社内控制度执行情况进行稽核。

专项稽核

重要空白凭证稽核　1997年5月，根据市农金体改办会议精神，对全县24个农村信用合作社及县联合社营业部重要空白凭证进行稽核，并对过期重要空白凭证作销毁处理。2001年3月，再次组织对农村信用合作社重要空白凭证进行稽核，销毁作废重要空白凭证8505份（本）。是年11月，对县联合社重要空白凭证总库进行全面清理、盘点，销毁作废凭证52836份（本）。其后，每年均组织对农村信用合作社重要空白凭证进行稽核，并就作废的重要空白凭证予以销毁。

信用代办站稽核　1998年2月，对黄宅农村信用合作社前陈分社钟村信用代办站1989年至1998年2月期间的账务进行全面稽核。2000年6月上旬，推出信用代办站存单承包购销制，在浦阳农村信用合作社平安分社7个信用代办站试点并进行稽核。先是将原信用代办站业务归并分社，与信用服务站代办员签订代理协议书，代办员须储备一定资金从分社购买存单，然后将存单销给储户，并按时到信用合作社交账、兑付，由信用合作社按一定比例计付手续费。以确保信用合作社资金安全，防堵各类经济案件发生。2002年7月，对浦阳农村信用合作社大溪分社前于信用代办站账户进行稽核。2003年又对浦阳社大溪分社、城关社七里分社信用代办站存单承购业务进行稽核。

高风险稽核 1997 年 5 月，对花桥、前吴、杭坪、石马、大溪、潘宅、大许、檀溪、岩头、前陈等 10 个社和分社进行高风险稽核，并就高风险社产生原因及化解措施作出详细报告。

金融机构往来科目款项及库存现金稽核 2001 年 11 月 28 日至 12 月 7 日，根据省联合社《关于对金融机构往来科目款项及库存现金进行专项检查的通知》要求，对县联合社营业部、清算中心和浦阳、城关、黄宅、浦东、檀溪 5 个农村信用合作社的金融机构往来科目款项及库存现金进行稽核。其后，每年均组织对各社的金融机构往来款项及库存现金进行稽核。

财务费用合规性稽核 2000 年 9 月，对县联合社办公室经管的 1996 年 12 月至 2000 年 7 月的汽车修理费用进行稽核。2002 年 7 月，根据省联合社《关于开展农村信用合作社财务费用合法合规性稽核的通知》要求，对浦阳、黄宅两个农村信用合作社 2001 年度的财务费用合规合法性进行稽核。是年 8 月，对县联合社 2001 年度的统筹管理资金进行稽核。2003 年 4 月，对浦阳农村信用合作社 2002 年度的财务费用合规合法性进行稽核。是年 8 月，对县联合社管理部门 2002 年度的统筹资金进行稽核。

计算机安全管理稽核 自 2002 年 10 月综合程序运行以来，县联合社对计算机中心机房及各社计算机安全管理情况进行稽核。其后，每年均组织对县联合社（联社）计算机中心机房及各社计算机安全管理情况进行稽核。

银行承兑汇票稽核 2003 年 7 月，根据金华市信管办《关于清理检查银行承兑汇票业务的通知》要求，对全县农村信用合作社 2001 年至是年 6 月的银行承兑汇票业务、贴现业务进行稽核。

第三节 内部审计

离任、在任审计

1996 年始对农村信用合作社、分社主任及县联合社相关科室负责人进行离任审计，旨在真实反映信用合作社的经营管理现状，正确衡量干部任期内的工作业绩和职责履行情况。其后，随干部任职期限规定及异地交流制度的推行，凡主任离职、调动或在一地工作年限较长，均须进行离任或在任审计。

2005 年，对黄宅、浦东信用社主任离任进行经济责任审计。

2006 年，对 10 个信用社及分社主任离任进行经济责任审计。

2007 年，对 13 个信用社及分社主任离任进行经济责任审计，并做好各项管理工作的责任界定。

2008年，对5个营业网点主任离任进行经济责任审计。

2009年，对27个营业网点主任离任进行经济责任审计，提出整改意见120余条，处罚相关责任人72人次，处罚金16400元。

2011年，对5个营业网点主任离任进行经济责任审计，提出整改意见69条，处罚相关责任人12人次，处罚金3700元。

2012年，对15个营业网点主任离任经济责任进行审计，提出整改意见290多条，处罚相关责任人120人次，处罚金2.82万元。

2013年，对13个营业网点主任离任进行经济责任审计，提出整改意见309条，处罚相关责任人166人次，处罚金5.28万元。

2014年，对10个营业网点主任离任进行经济责任审计，提出整改意见112条，处罚相关责任人92人次，处罚金3.41万元。

2015年，对13个营业网点主任离任进行经济责任审计，提出整改意见165条，处罚相关责任人116人次，处罚金4.45万元。

2016年，对17个营业网点主任进行离任经济责任审计及2位主任离任后续审计，提出整改意见169条，处罚相关责任人138人次，处罚金6.62万元。

自1996年起至2016年末，干部离任或在任审计共174人次，其中离任审计168人次，在任审计6人次。

现场审计

2005年2月，对县联社领导班子成员经济责任进行现场审计，同时对2004年度县联合社本级（含营业部）以及随机选择城关、浦东、黄宅等3个农村信用合作社会计年报进行现场审计，审计面达66.67%。是年7月，对城关信用社七里分社信贷管理情况进行现场审计。9月，对县联社财务管理情况进行现场审计。11月，对檀溪信用社及大畈、虞宅分社，浦阳信用社城中、花桥分社，城关信用社平安分社，黄宅信用社岩头分社等7个营业网点内控制度、业务经营管理情况进行现场审计；并对全县信用社当年1至9月新增10万元以上（含）大额保证贷款进行现场审计，共审计66户、71笔，金额3783.4万元。通过审计，全年处罚相关责任人12人次，处罚金12500元。

自2006年始，根据《农村合作银行管理暂行规定》以及提升经营管理水平的要求，省联合社明确，对年度财务会计报表需通过中介机构进行审计。是年2月，县联社与浦江普信会计师事务所有限公司签订约定书，对2005年度财务会计报表进行现场审计。其后，每个年度财务会计报表均通过该中介机构进行审计。是年11月，对县联社财务管理情况进行现场审计，主要审计2005年9月至2006年9月的财务收支情况，继而提出整改意见13条。处罚相关责任人16人次，处罚金3100元。

2007年，对县联社金库主出纳、县联社物品管理等两个项目进行专项审计。同时对强制休假的39名员工进行审计。通过审计，发现问题并提出整改意见81条，对5个信用社通报批评，处罚违规责任人14名，处罚金1万元。

2008年5月，对县联社业务拓展科经办的信贷业务进行专项审计，提出整改意见12条。是年7月，抽查浦阳、城中、江滨、月泉、大溪、前吴、花桥、杭坪、石宅、檀溪、虞宅、大畈、中余等13个营业网点单位结算账户管理情况并进行专项审计，提出整改意见13条。9月，抽查浦阳、宫口、城关、新华西路、江滨、月泉、城东、大溪等8个营业网点当年1月至8月发放的个人贷款并进行专项审计，共审计315笔，金额8642万元，占个人贷款总额的13.69%，提出整改意见10条。

2009年2月，对2008年度新增不良贷款进行专项审计，共审计93笔，金额1268万元，并提出整改意见9条。是年4月，对2008年度不良贷款清收奖励费使用情况进行审计，就未按规定使用的提出整改建议，使其做到费用开支真实合法、公平合理，激发员工清收不良贷款积极性。

2010年1月，对2009年度新增不良贷款进行专项审计，共审计207笔，金额1926万元;就已形成的不良贷款，在发放过程中执行内控制度情况及贷款用途真实性等进行重点抽查，提出整改意见17条，处罚相关责任人28人次，处罚金7100元。是年3月，贯彻落实中国银监会金华监管分局提出的“辖内农村中小金融机构通过区和村组织聘任的联络员，只能为中小金融机构提供金融信息和咨询服务，不得直接办理实质性金融服务”等规范化意见，确保聘任的联络员不办理实质性金融业务，以及停止办理存单承购包销业务后不存在操作隐患，故就是年2月28日之前的存单承购包销业务进行专项审计。是年4月，开展存款滚动式专项审计，以建立防控长效机制，强化合规经营意识，防范欺诈、盗窃和挪用客户存款案件发生。是年12月，对人民币结算账户管理和反洗钱工作情况进行专项审计，以规范人民币银行结算账户的开立和使用，加强反洗钱内控制度建设，履行金融机构反洗钱工作职责，维护经济金融秩序。

2011年2月，对2010年度新增四级、五级不良贷款进行专项审计。共审计149笔，金额1449万元，提出整改意见19条，处罚相关责任人12人次，处罚金2400元。是年3月，对2010年下半年信贷业务操作合规性进行专项审计，提出整改意见150条，处罚相关责任人11人次，处罚金1900元。是年9月，抽查浦东、郑家坞、郑宅、黄宅、岩头、前陈、治平等7个营业网点，对大额存款风险滚动式检查制度执行情况进行专项审计，提出整改意见3条。是年10月，持续进行人民币银行结算账户管理和反洗钱内控制度建设情况专项审计，提出整改意见8条。

2012年7月，对县联社2011年度财务费用和资金业务进行专项审计，提出整改意见22条。是年10月，持续对大额存款风险滚动式检查制度执行情况和人民币银行结算账户管理及反洗钱内控制度建设等进行审计，提出整改意见18条，处罚相关责任人1人次，处罚金200元。

2013年1月，对2012年度新增四级不良贷款，采取计算机辅助数据分析与实地走访调查相结合的方式进行专项审计，就已形成的不良贷款，重点检查在发放过程中执行内控制度、贷款用途是否真实以及贷后管理等情况，共审计96笔，金额1565万元，提出整改意见30条，处罚相关责任人36人次，处罚金3.17万元。是年8月，对当年1月至6月新增四级不良贷款进行专项审计，审计面为13个营业网点，贷款户33户、35笔，金额678万元，提出整改意见22条。是年10月，对银行卡及电子银行业务进行专项审计，就银行卡及电子银行业务制度建设、岗位职责、岗位权限设置，银行卡业务授信审查审批、退件处理、透支催收、风险资金管理等情况进行重点检查，提出整改意见3条。同时持续对人民币结算账户管理、反洗钱内控制度建设以及大额存款滚动检查情况进行专项审计。

2014年3月，对2013年下半年新增四级不良贷款进行专项审计，检查营业网点14个，贷款户29户、30笔，金额1136万元，提出整改意见18条，处罚相关责任人28人次，处罚金7000元。是年9月，对县联社业务管理部门、清算中心及营业部2013年7月至是年8月末同业资金往来业务进行审计，审计重点为同业资金往来业务制度建设、流程设计、业务操作等方面的合规性及内控有效性，提出整改意见4条。是年10月，对县联社2013年8月至是年7月期间发生的丰收贷记卡业务进行专项审计，提出整改意见4条。是年11月，持续对人民币结算账户管理、反洗钱内控制度建设以及大额存款滚动检查情况进行专项审计，提出整改意见3条。

2015年1月，对2014年度新增四级不良贷款进行专项审计，共审计22个营业网点，贷款101笔，金额4594万元，提出整改意见19条，处罚相关责任人19人次，处罚金1.8万元。是年10月，对县联社在科室设置及其职责履行，制度健全性和有效性，部室沟通协调、检查和辅导以及工作完成等情况进行专项审计，提出整改意见8条，并建议各科室须根据业务发展需要，对照行业管理部门有关规定，及时对现行规章制度进行梳理并予以修订。持续对人民币结算账户管理、反洗钱内控制度建设、银行卡及电子银行业务进行专项审计。

2016年5月，对县联社截至是年3月末的大额贷款准入合规性进行专项审计，共审计199户、322笔，金额60740万元，发现问题27个，涉及金额12530万元，处罚相关责任人54人次，处罚金2.18万元。是年7月至9月，对县联社2014年1月至2015年12月末新增四级不良贷款进行专项审计。综合运用现场与非现场审计及实地调查等方式，集中力量开展不良贷款专项检查，揭开盖子，追究成因。共审计抽查新增不良贷款70笔、金额8264

万元，提出整改意见 47 条，涉及金额 4837.9 万元。同时为降低因担保链（圈）引发的信贷风险，加强对担保链（圈）的梳理和分解，进而有效防范因之传导引发的重大风险和区域风险，就大额贷款担保链（圈）风险进行专项审计，提出整改意见 25 条，处罚相关责任人 50 人次，处罚金 4.42 万元。是年 11 月，持续对电子银行相关业务、人民币银行结算账户管理及反洗钱工作进行专项审计，提出整改意见 16 条。

非现场审计

2005 年 1 月，对 2004 年末 50 万元以上不良贷款及 2004 年新增大额不良贷款进行报表报送非现场审计，共审计 41 户，金额 7705 万元，其中 50 万元以上不良贷款 31 户，金额 6126 万元，新增大额不良贷款 10 户，金额 1579 万元。并建议相关网点对不良贷款中的抵押贷款要加紧抵押品处置，对呆滞贷款须抓紧催收，防止发生坏账损失。

2010 年 8 月，根据省联合社下发的 2009 年度计算机辅助审计筛选“风险关注数据”和“风险违规数据”，以及省联合社金华办事处下发的 2010 年上半年有关数据，对 2009 年上半年内部员工账户交易合规性和信贷资金流向情况进行非现场审计，共筛选 16315 笔，金额 82738 万元，提出整改意见 34 条，给予 3 名相关责任人以行政警告处分，处罚相关责任人 1 名 2000 元、另 2 名各 1000 元；对 3 名网点负责人予以通报批评；处罚相关责任人 35 人次，处罚金 1.23 万元。

2011 年 3 月，对 2010 年下半年计算机辅助审计系统筛选的“风险关注数据”和“风险违规数据”进行逐笔核查，共核查 1081 条，发现有问题的风险、违规业务 156 笔，处罚相关责任人 30 人次，处罚金 5100 元。是年 5 月，对 2010 年下半年计算机辅助审计系统筛选数据在审计中发现的问题整改情况进行后续审计，并对是年一季度相关业务数据有针对性地进行筛选分析与延伸。

2012 年 9 月，采取以计算机风险关注数据分析结果与现场验证核查相结合的方式开展审计，重点对 2011 年 1 月至 2012 年 7 月末“员工个人结算账户交易额最大 20 户、贷款资金流入内部员工账户、贷款资金长期趴账、大额逾期贷款前 10 户、贷款资金流入担保人账户、向有资信不良的客户发放贷款、贷款资金注入第三方存款账户、贷款资金用于解付到期的银行承兑汇票”等问题线索和风险关注数据进行逐笔核查，共核查可疑数据 1784 户、4452 笔，金额 108875 万元，发现问题 46 笔，金额 496 万元，处罚相关责任人 26 人次，处罚金 3900 元。

2013 年，结合省联合社“计算机辅助审计系统推广运用年”活动，开展计算机辅助专项审计，对是年 1 月至 9 月发生的经营业务，包括信贷资金合规性操作、信贷资金流向、员工账户交易合规性、不良贷款管理等方面的 48 个审计模型进行风险分析筛选。针对筛选存在的风险数据项目进行逐笔分析核查，并延伸审计相关数据。共核查 30 个项目 4078 笔，金额 52031 万元。发现问题 54 笔，金额 2133 万元，处罚相关责任人 72 人次，处罚金 1.8 万元。在“大数据”环境下，通过计算机搜寻出可疑线索，并有针对性地审查核查，以减少现场审计时间，节约审计成本，提高审计效率。

2014 年 7 月，根据《金华农信系统员工高风险行为排查专项审计工作方案》（浙信联金办〔2014〕38 号文）精神，对计算机分析模型筛选出的数据进行排查，重点对员工与客户资金交易等高风险行为开展审计排查，共排查 25404 笔，金额 735589 万元，发现问题 32 个，涉及金额 2898 万元，处罚相关责任人 15 人次，处罚金 5500 元。是年 11 月，复运用计算机辅助审计系统分析模型，对是年 6 月至 10 月末的信贷资金合规性、信贷资金流向、员工账户交易方面等 78 个项目进行风险数据导出。针对导出的风险数据逐条进行分析核查，并延伸审计相关数据，共排查数据 6486 条，金额 247258 万元，发现问题 20 个，涉及金额 298 万元，处罚相关责任人 25 人次，处罚金 1.38 万元。

2015 年 6 月，对员工（含亲属）高风险行为排查实施专项审计。运用计算机辅助 29 个模型风险数据进行分析和筛查，通过员工谈话、社会调查、走访客户、设立举报电话和投诉箱等形式，全面了解员工工作生活情况、行为表现及思想动态，对重点岗位、重要业务、重点环节人员实施重点管理。通过数据筛选排查，对 5205 条数据、涉及金额 3509 万元进行重点检查，提出整改意见 19 条，处罚相关责任人 34 人次，处罚金 3.034 万元。

2016 年 7 月，利用计算机辅助审计系统，对 75 个审计模型筛选出的数据进行非现场审计，重点对信贷资金合规性操作、信贷资金流向、员工账户交易等方面开展审计排查，共提出整改意见 39 条，处罚相关责任人 62 人次，处罚金 3.26 万元。是年 10 月，对 2015 年 1 月至 9 月底前签发的银行承兑汇票进行非现场审计，主要根据计算机辅助系统中相关的 24 个审计模型逐笔排查，发现问题 10 个，涉及 30 笔，金额 2287 万元，处罚相关责任人 32 人次，处罚金 3.01 万元。12 月，对是年 3 月至 11 月末利用计算机审计辅助审计系统筛选出的模型数据，采用“T + 1”方式重点对员工与客户资金交易等风险行为开展审计排查，提出整改意见 12 条，处罚相关责任人 12 人次，处罚金 1.57 万元。

第五篇　综合管理

浦江县农村信用合作社自成立之日起，截至“文化大革命”结束，接受地方党政和银行双重领导以及由贫下中农管委会行使管理权力。嗣后，其业务领导和人事管理由人民银行与农业银行次第接续。1996 年 10 月与农业银行脱离行政隶属关系，由县联合社独立行使全辖农村信用合作社人事管理职能。2005 年县联合社改制为一级法人后，由省联合社统一领导和管理。

1954 年建社之初，理事主任由乡镇干部兼任。1956 年起配置专职干部。1983 年实行用工制度改革后，固定制、合同制两种用工制度并存。1999 年统一实行全员劳动合同制，按不同期限分别签订劳动合同。

浦江县农村信用合作社一贯重视职工教育培训，开展经常性的思想政治工作，努力构建学习型企业。深化行风建设，落实安全保卫责任，全面防范和严肃查处各类案件，改善福利待遇，提高全员政策理论水平和业务工作能力，增强职工队伍整体素质，以适应业务发展和市场竞争的需要。

第一章 人力资源管理

本县农村信用合作社成立早期，以接受当地（乡镇）党政领导和管理为主。1957 年后，实行条块结合，由地方党政和银行双重领导和管理。1970 年 5 月起至“文化大革命”结束，则由贫下中农管理委员会行使管理权力。其后，各农村信用合作社业务领导和人事管理由人民银行与农业银行次第接续，直至 1996 年 10 月与农业银行脱离行政隶属关系。1996 年 10 月始，县联合社独立行使辖内农村信用合作社人事管理职能。2005 年县联合社改制为一级法人后，省、县联合社自成体系，由省联合社统一领导和管理。

第一节 劳动用工

自 1954 年起以迄 80 年代，在中共中央、国务院以及中国人民银行、中国农业银行颁发的文件中，农村信用合作社固定职工均称干部。建社之初，农村信用合作社主任由乡镇干部兼任，会计人员多系半脱产。1956 年随全县行政区划调整、小乡并入大乡后，大部分农村信用合作社主任配置为专职。

1983 年改革用工制度之前，农村信用合作社职工俱属固定制职工，其后新进职工一律实行合同制。是年 12 月县联合社招收首批合同制职工 4 名，以至随后逐步扩招，固定制、合同制两种用工制度并存。

1999 年间，深化劳动用工制度改革，取消职工固定制与合同制身份，统一实行全员劳动合同制，并按不同期限分别签订劳动合同。

固定制职工

本县农村信用合作社成立初期，其专职干部招聘，主要由银行派驻乡镇干部配合当地党委考察选拔。专职干部聘用条件必须是按照党和政府的政策办事、历史清白、廉洁奉公、作风正派、工作积极，且在群众中有一定威信的具备高小或相当于高小文化程度的贫下中农及其子女。聘用后多数从事会计、业务员岗位，薪酬实行补贴制。理事主任和监事主任均由乡镇或农业社干部兼任，信用合作社不支付薪酬。

1954年间，全县农村信用合作社主任均系兼职，无脱产干部，会计为半脱产人员。是年末，有专职干部12名。

1955年，根据中共浙江省委关于做好信用合作工作、大力支持农业合作化运动的指示精神，明确要求须切实加强对信用合作工作的领导，继续巩固、提高和扩大老社，积极发展新社；要保证贫农和新中农在信用合作社领导骨干中占绝对优势地位。要求信用合作社理事会主任应配备专职，会计人员必须在政治上纯洁可靠。至是年末，全县48个农村信用合作社有专职干部14名。

1956年4月，全县行政区划调整，农村信用合作社相应归并为36个。是年10月，农村信用合作社亦随行政区划微调变为38个。其间，中国人民银行浦江县支行帮助各社开展整顿工作，及时调整不安心本职或觉悟不高、责任心不强、群众影响差以及不会做群众工作的人员，对经济上有问题、混入组织的不良分子予以清退。并根据中共金华地委规定要求，考察选拔政治可靠、工作积极、办事公道、群众拥护且具备高小毕业以上文化程度的青年，由社员代表大会民主选举表决通过，经中国人民银行浦江县支行审定，报中共浦江县委农业生产互助合作部备案批准上岗。是年末，共配备专职干部89名，比上年新增77名，始实行工资制。多数社主任为专职。

1959年1月，随着中央“两放三统一包”财贸管理体制的施行，原银行营业所下放至公社设立信用部，原农村信用合作社改设为信用分部。银行营业所干部下放至公社信用部计27名，其中主任7名、农金干部12名、会计8名；原农村信用合作社干部转至信用分部计48名，其中主任12名、会计36名。至年末，全县有公社信用部（10月恢复为营业所）7个，信用分部44个。

1960年1月，浦江县建制撤销，除梅江公社划归兰溪县外，其余行政区域并入义乌县。其间，浦江片农村信用合作社干部由中共义乌县委和中国人民银行义乌县支行管理。是年末，义乌全县信用分部分为三类，其中一类22个、二类41个、三类16个；有专职干部116名，其中仅1名在岗干部的分部42个、有2名在岗干部的分部31个、有3名在岗干部的分部4个。分部专职主任共45名。

1961年7月后，根据浙江省财政厅、中国人民银行浙江省分行党组“关于迅速恢复农村信用合作社”的报告精神，义乌全县农村信用合作社始全面恢复。文件要求各公社遵照勤俭办社、节约使用劳动力原则，及时配齐各信用合作社专职干部，一般以配备2名为宜。选拔家庭成分好、办事公道、热爱信用合作事业且具有一定文化水平和活动能力的人任各信用合作社专职干部，是本地人最好，能办本地事，如是非农业户口则可尽先考虑，并经社员代表大会选举产生。同时要求各级机关不得动用信用合作社的资金和库存现金，不得审批贷款，不得任意撤并信用合作社各级机构，不得随意调动、调用信用合作社专职干部。

迄是年9月，义乌全县原78个信用分部，恢复归并为67个信用合作社。浦江片辖26个，其中浦江区8个、黄宅区6个、浦东区4个、壶江区4个、普丰区4个。因业务开展较差以致经营亏损，人员编制当从紧从严，全县各信用合作社共118名（计划下放2名）。至年末，浦江片辖各社有干部41名（翌年1月下放2名）。一般每个社配备2名，少数范围较大或业务量较多的社可增加1名专职业务员，其中10个社配备主任、会计各1名，5个社由主任兼任会计，11个社只有会计1名。唯白马社配备主任、会计和业务员各1名。

表5-1-1　　1961年末浦江片农村信用合作社干部登记表

农村信用合作社名称	干部姓名	性　别	政治面貌	入伍时间	职　务
浦阳镇	陈友杏	男	共青团员	1957	主　任
	张润月	女		1956	会　计
大　溪	楼永海	男	中共党员	1954	会　计
平　安	张世家	男	中共党员	1961	会　计
	王樟彬	男	中共党员	1961	主　任
大　许	金以志	男	中共党员	1954	主　任
七　里	张若鹏	男	中共党员	1954	主　任
	张寿生	男	中共党员	1954	会　计
白　马	周鱼溪	男	中共党员	1954	主　任
	洪信培	男	中共党员	1956	会　计
	贾炳元	男		1954	会　计
郑家坞	郑小林	男	中共党员	1956	主　任
堂　头	周美泗	男	共青团员	1954	会　计
郑　宅	郑祖炳	男	共青团员	1955	主　任
	郑修牛	男	中共党员	1959	会　计
前　陈	金其广	男	中共党员	1956	主　任
	郑双听	男	中共党员	1961	会　计
岩　头	黄胜英	男	中共党员	1954	会　计
	陈宝山	男	中共党员	1961	会　计
礼　张	张宝贤	女	中共党员	1959	会　计
下　店	黄金流	男		1961	主　任
	方小柳	男	中共党员	1961	会　计
胜　利	傅朝海	男	中共党员	1956	主　任
	项增奎	男	中共党员	1954	会　计
	芮士霖	男		1961	会　计
潘　宅	洪朝燕	男		1955	会　计
	杨朝志	男	共青团员	1961	会　计

续表 5-1-1

农村信用合作社名称	干部姓名	性　别	政治面貌	入伍时间	职　务
石　马	石箫何	男	共青团员	1954	会　计
前　吴	吴凤熇	男	共青团员	1958	主　任
	于崇熙	男	中共党员	1959	会　计
花　桥	黄锦广	男		1957	主　任
	黄子桜	男		1960	会　计
杭　坪	石宗铭	男	中共党员	1957	主　任
石　宅	周金宝	男	中共党员	1956.10	主　任
	李家彬	男	中共党员	1956.6	会　计
虞　宅	毛金敢	男	共青团员	1954.1	会　计
大　畈	陈予康	男	共青团员	1957.6	会　计
平　湖	周欣民	男	共青团员	1961.8	会　计
新　合	潘茂根	男	中共党员	1958	会　计
中　余	蒋仙花	女	中共党员	1956	会　计
马　剑	陈福喜	男	中共党员	1954	主　任
	王洪校	男	共青团员	1961.11	会　计

1962 年，因“大跃进”运动和三年自然灾害，造成国民经济暂时性困难，国家政府机关、工矿、企事业单位遂行精减政策，动员干部、职工返乡务农。农村信用合作社干部因家属大部分在农村，符合精简条件者较多，中国人民银行义乌县支行迅即召开动员大会，各乡镇党委负责做通思想工作，经本人申请、组织批准，浦江片有 9 名农村信用合作社专职干部下放。同时，亦有部分公社脱产、半脱产干部精减后安排到农村信用合作社工作。

1964 年，农村信用合作社以集体所有制金融组织性质纳入县集体招工计划，招工范围以城镇为主。人事管理权归属国家银行，但农村信用合作社主任、副主任调整或调动需征求属地公社党委意见。是年 5 月，精减下放及撤并整顿后，浦江片辖 27 个农村信用合作社有干部 33 名。

1964 年至 1965 年，全县农村信用合作社开展社会主义教育运动，先称“小四清”，后称“大四清”（即清政治、清思想、清经济、清组织）。是时按政策界定，有较严重经济问题和阶级立场、阶级路线问题的干部，据其性质、本人态度及经济退赔情况，予以区别对待，酌情处理。其中 2 人有严重贪污、盗窃、投机倒把等违法犯罪行为被开除清退；不宜从事信用合作社工作的人员，则调离到其他单位工作。

1970 年，经批准，招收农村信用合作社干部 1 名。

1971 年，中国人民银行浦江县支行及农村信用合作社接管公社社队会计辅导工作，并从农村财会队伍中招收专职干部 10 名。

1972 年，中共浦江县委批转县财政金融局党的核心小组《关于加强信用合作社干部领导和管理的报告》，明确在中共浦江县委一元化领导下，县财政金融局负责做好对农村信用合作社的管理工作。农村信用合作社专职干部的吸收，须由贫下中农推荐、党支部审查，农村信用合作社贫管会同意，经公社党委审查后报县财政金融局批准。是年，农村信用合作社新进干部 2 名。

1976 年 10 月粉碎“四人帮”后，始拨乱反正，因应业务发展之需，农村信用合作社亟待增人补员。是年，首次面向社会招工，由县劳动人事局从下乡知识青年和城镇待业青年中招收新职工 21 名，分配到各农村信用合作社工作。

1977 年 11 月，国务院印发《关于整顿和加强银行工作的几项规定》中明确指出，农村信用合作社是集体金融组织，又是国家银行在农村的基层机构；农村信用合作社的信贷资金纳入国家信贷计划，人员编制纳入县集体劳动工资计划；职工待遇应与人民银行基本一致。是年 12 月，农村信用合作社又从下乡知识青年和城镇待业青年中招收新职工 6 名。

1978 年，农村信用合作社再次从下乡知识青年和城镇待业青年中招收新职工 30 名。各社细化内部分工，通过岗位置换，外勤力量得以加强。对提前退休由其子女顶替的职工，实行户口对调，退休职工的户粮关系迁至农村，其子女户粮关系“农转非”。

1979 年，农村信用合作社招工 3 名。11 月，顶职及省外调入 2 名。是年末，全县农村信用合作社有干部 92 名。

表 5-1-2　　1979 年末全县农村信用合作社干部登记表

农村信用合作社名称	干 部 姓 名
浦　阳	张润月　徐建一　何鱼嫦　杨国娇
大　溪	楼永海　郑毛革　李建湘　赵根法
平　安	张有根　潘永汉　严明达
大　许	吴尚铜　吴怀德　吴　璇
七　里	张寿生　郑顺世　徐伟华　杨静平　黄必勋
白　马	曹伙改　贾炳元　洪中洋　张咸庆　陈月珍
郑家坞	郑小林　金顺昌　陈绥凤　张建荣
堂　头	周美泗　陈锡生　陈学成
郑　宅	黄遵挺　郑可林　傅世照　王在许
前　陈	洪仙花　陈　明　傅昌华　郑定良　金兰庭
岩　头	陈乃曹　戴根木　王伯英　黄建余

续表 5-1-2

农村信用合作社名称	干 部 姓 名
礼 张	陈兴地 张宏伟
黄 宅	黄金流 肖 林 陈仙莲
胜 利	项增奎 臧建新 芮士霖 陈 平
潘 宅	洪朝燕 楼英虎 楼基设
石 马	周家财 吴江宁 张群肖 朱文德
前 吴	吴凤熇 朱希秋 石箫何 杨国强
花 桥	黄子楼 黄新木 丁长辉
朱 桥	宋良根 任浦城 陈曼秋
杭 坪	李家彬 徐星有 蔡伟庆 金如明
石 宅	周金宝 罗启阳 朱希法 楼临川
平 湖	周欣民 陈丰育 周幼根 盛永春 金利民
虞 宅	毛嘉庆 周家立 黄国强 张融融
大 畈	杨潮来 方城强
中 余	陈福喜 金纪留 张远励

1980 年，农村信用合作社招工 1 名。是时全县 25 个社有干部职工 91 名，其中 1976 年后进社的 61 名，占全社老职工的 67%。

1981 年，浙江省劳动局发文规定“县以上集体单位招工计划由主管部门下达”，农村信用合作社招工纳入全省计划。7 月，中国农业银行浙江省分行分配本县农村信用合作社招工指标 10 名，主要对象是城镇待业青年和下乡知识青年，其次是社内干部提前退休其子女顶职和外单位调入人员。对新招工人员，要求以具有相当于高中文化程度的男性为主，年龄在 25 周岁以下，录用后就近安排。

1982 年 5 月，中国农业银行浙江省分行通知，本县农村信用合作社招收干部 10 名。经中国农业银行浦江县支行组织考试，招收农村信用合作社干部 17 名。是年末，全县农村信用合作社在册干部职工共 109 名。

1983 年 11 月，改革招工制度，停止招收固定制职工。此后，分配至农村信用合作社工作的军转干部保留其原有身份，1983 年底前进社的复员军人则仍为固定制职工。外单位调入人员保留原单位用工性质。12 月，中国农业银行浙江省分行通知，经省计经委同意，省劳动人事局下达计划，本县招收农村信用合作社干部 9 名，其中城镇 4 名、农村 5 名。是月，

1 名农村信用合作社职工招录为农业银行干部。

合同制职工

1983 年，农村信用合作社通过体制改革后，已恢复组织上的群众性、管理上的民主性和经营上的灵活性。同时探索用工制度改革，始招用合同制职工，以打破“能进不能出”的终身制用工制度。11 月，中国农业银行浙江省分行下发关于招收农村信用合作社合同制职工的试行意见。合同制职工与固定制职工的主要区别在于：合同制职工有合同用工年限，到期可予辞退；工作表现好，可续签合同；户粮关系不变，福利待遇略低于固定制职工；主要从城镇待业青年和农村青年中择优录用，分别简称农村合同工和城镇合同工。

是年 7 月，从诸暨县劳动局接收调入城镇合同工 1 名。12 月，经县人民政府同意，中国农业银行浦江县支行按浙劳人计〔83〕25 号文件精神，招收农村信用合作社首批合同工 4 名。

1984 年 6 月，中国农业银行浙江省分行下达本县农村信用合作社招收合同工控制指标 15 名。根据业务发展之需，经各社理、监事会推荐，报当地银行营业所并组织考试，浦江县支行同意招收农村信用合作社合同工 19 名，其中农村合同工 18 名、城镇合同工 1 名。工资福利参照省分行〔1983〕335 号文件规定执行，农村合同工录用后户粮关系一律不迁转。

1985 年 1 月，调往东阳县农村信用合作社 1 名。是月经县劳动人事局批复同意，6 名农村信用合作社干部转为农业银行干部。6 月，全县农村信用合作社在册干部职工 123 名。7 月，从外单位调入 1 名。

1985 年 6 月全县农村信用合作社在册职工名录

张润月 王伯英 徐建一 何鱼嫦 张融融 杨国娇 祁秀芳 黄必勋 楼永海 潘永汉 张利民
赵根法 张有根 楼英虎 郑毛革 张春松 吴尚铜 楼基设 徐伟华 郑元仙 吴旭明 张寿生
朱文德 严明达 杨静平 胡　蓉 吴　璇 董尚志 吴怀德 楼国强 盛永春 黄林祥 黄金流
肖　林 郁小娟 黄明生 芮士霖 张杨柳 杨国强 楼临川 洪黎明 金蓉英 陈乃曹 周家立
黄遵挺 傅宝善 傅爱芳 许美珍 郑小林 陈锡生 陈绥凤 金兰庭 洪仙花 曹伙改 陈益生
陈　明 郑可林 王在许 金顺昌 王建成 张建荣 陈月珍 陈　平 周美泗 陈学成 项伟历
陈兴地 张宏伟 杨幸平 黄建余 郑定良 贾炳元 洪中洋 贾野鹰 傅世照 张咸庆 金士华
李家彬 陈宝山 江森林 朱希法 蔡伟庆 方城强 金如明 黄国强 宋良根 陈曼秋 朱旭民
黄新木 黄金斗 丁长辉 黄能光 朱希秋 张序根 戴根木 罗启阳 王天佑 石箫何 徐星有
任浦城 张群肖 张根莉 周霞莲 毛嘉庆 江东放 邱燕冬 朱华有 周欣民 毛金敢 范明芳
袁农范 周幼根 周江君 金纪留 陈巧琴 陈丰育 罗培渊 杨潮来 周荣军 张远励 陈福喜
陈万义 王永清

1986 年 4 月，经县劳动人事部门同意，补员试用及招收城镇合同工各 1 名。计划招收合同工 25 名，其后招收 14 名，并于 5 月初正式报到。

1987 年，因招工过程中存在不足，对拟录用的 16 名农村合同工经政审、体检及文化考试等系列复查（检），最终确定录用 5 名。同时录用城镇待业青年 9 名，对不符合条件的予以清退。

1987 年 5 月至 9 月，经县劳动人事部门同意，招收城镇居民户口的待业青年 8 名，招收不转户粮关系的集体劳动合同制职工 5 名。

是年 12 月，计划招收合同工 45 名，其中包括按劳动人事部门意见招收的待业青年 10 名。经中国农业银行金华市分行、县劳动人事局批复同意，分别从农村和城镇待业青年中招收合同工 30 名和 11 名。是月中旬，中国农业银行浦江县支行集中新职工召开会议，进行上岗前的思想政治教育，而后分配至各农村信用合作社报到。至是年末，全县农村信用合作社有职工 186 名，其中固定工 104 名，合同工 82 名。

1988 年与 1989 年，经县劳动人事部门同意，先后招收合同工 2 名、老职工退养由子女顶替的合同工 7 名（户粮关系暂不迁转，待老职工正式退休时再行办理）。

至 1990 年末，全县农村信用合作社有职工 186 名，其中固定工 95 名，合同工 91 名。

1991 年 11 月，中国农业银行金华市分行下达计划，本县农村信用合作社招收合同工 5 名。12 月，县劳动人事局同意招收集体劳动合同制职工 4 名。

1992 年 1 月，中国农业银行浦江县支行同意农村信用合作社调入驾驶员 1 名。招聘新职工 10 名。至是年末，全县有农村信用合作社 20 个、分社 4 个及储蓄所 8 个，职工共 203 名，其中合同工 113 名。

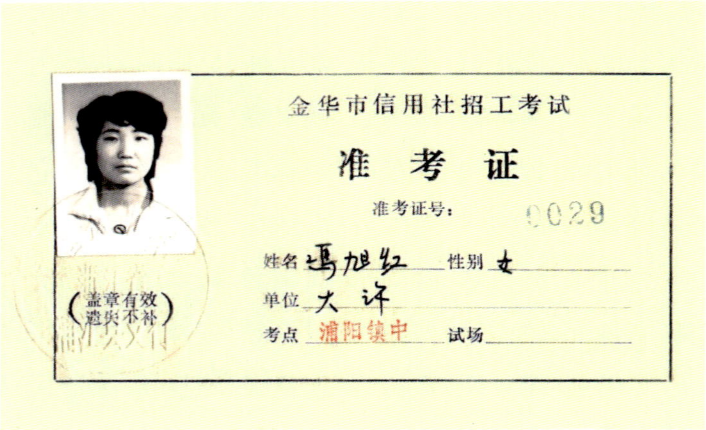

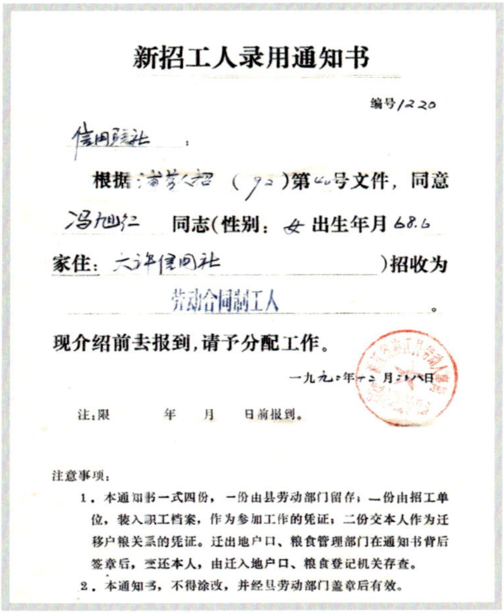

新招工人录用通知书

编号1220

信用联社：

根据浦劳人招（92）第40号文件，同意冯旭红同志（性别：女 出生年月68.6 家住：大许信用社）招收为劳动合同制工人。

现介绍前去报到，请予分配工作。

一九九二年十二月二十八日

注：限　　年　　月　　日前报到。

注意事项：

1．本通知书一式四份，一份由县劳动部门留存；一份由招工单位，装入职工档案，作为参加工作的凭证；二份交本人作为迁移户粮关系的凭证。迁出地户口、粮食管理部门在通知书背后签章后，交还本人，由迁入地户口、粮食登记机关存查。

2．本通知书，不得涂改，并经县劳动部门盖章后有效。

图 5-1-1　图 5-1-2　1992 年 12 月新招职工准考证及录用通知书（退休职工冯旭红提供）

1993年7月，3名农村信用合作社职工调离，转为银行干部。8月，接收省农村金融中等专业学校93届信用社班毕业生2名。9月，招收合同工2名。经县劳动人事部门批复同意，1名改招为城镇劳动合同制职工。至是年末，全县农村信用合作社在册职工206名，其中固定工89名，合同工117名。

1994年，县联合社在加强在岗职工业余大中专学历教育的同时，始直接面向大专院校和中等专科学校招收新职工，从源头上提升职工学历水平，以优化职工队伍结构，适应市场竞争和业务创新的客观需要。是年，通过公开招聘和双向选择并举行测试，录用来自全国各地具有大学本科及大中专学历的合同制职工21名。此后，大专院校应届毕业生成为农村信用合作社职工来源的主要渠道。

是年8月，中国农业银行金华市支行下达本县农村信用合作社增人指标8名，并同意接收安置退伍军人1名；同时接收中国农业银行金华市支行干部职高班毕业生6名及中专生5名为农村信用合作社职工。

1995年，县联合社接收省农村金融中等专业学校95届毕业生和农村金融专业委培生各1名。8月，县联合社招收新职工14名，其中金华职业高中电脑班毕业生3名。

1996年6月，按上级行紧急通知精神，自是年起县联合社停止招收委托、代培生（含嘉兴农村金融中等专业学校）。根据全国劳动关系调整与监察工作会议关于“金融系统也要抓紧在应当建立劳动合同制度的企业全面推行劳动合同制”的要求，浙江省农金体改办下发通知，自1998年起，将在全省农村信用合作社推行全员劳动合同制。

1997年8月，根据金华市农金体改办关于接收1997年大中专毕业生有关问题的通知精神，农村信用合作社新增人员指标主要用于接收专业对口的大中专毕业生，重点接收具有大专以上学历的电脑管理、法律、文秘等三个专业毕业生。9月，金华市农金体改办下达本县联合社增人指标3名，用于招收1997年毕业的3名大专生为合同制职工。至是年末，全县农村信用合作社有干部职工231名，其中固定工81名，合同工150名。

1998年7月，金华市农金体改办核定本县联合社增人指标2名。9月，招收2名新职工到檀溪农村信用合作社工作。复经金华市农金体改办批复同意，接收安置退伍军人1名。12月，金华市农金体改办下达计划，并批复同意本县联合社增人指标7名，主要用于接收大中专生、解决部分临时工和充实经警队伍。至是年末，全县农村信用合作社在册正式职工230名，其中固定工85人，合同工145人。

1999年4月，县联合社下发关于农村信用合作社全面实行劳动合同制的实施（试行）细则。细则就实行劳动合同制的内容、期限、劳动保护、劳动纪律、报酬、保险福利和合同签订、变更、终止、解除、违约责任以及劳动争议仲裁等均作出详细规定。

全员劳动合同制

1988年8月，中国农业银行印发农村信用合作社职工管理暂行规定。其中第三条明确规定，对1982年底前参加农村信用合作社工作的原在编固定职工，实行聘用制；1983年起新增的农村信用合作社职工，无论是什么户口、吃何种口粮，均实行合同制。1982年底前参加工作的非在编职工经考试或考核合格后，可转为合同制职工，并按合同制职工管理，劳动合同期限由信用合作社与职工协商确定，一般为三至五年。10月，县联合社召开全县农村信用合作社合同制职工会议，并改革劳动合同制职工管理办法，将以往由各农村信用合作社与合同制职工签订劳动合同，变更为由县联合社直接与合同制职工签订劳动合同。

1990年5月，中国农业银行浦江县支行决定，农村信用合作社合同制职工重签劳动合同。并成立考核领导小组，对各社合同制职工进行考核。考核工作由领导小组会同银行营业所和县联合社办事组组织实施，考核内容分德、勤、绩、能四项。9月，县联合社公布考核成绩，石马社职工张根莉自1987年以来连续三年被评为县级以上先进个人，遂准予免考，直接签订劳动合同；75名职工经考核合格后签订合同；黄一凡、徐星标和黄艳丽、张春松等4名职工，分别推迟6个月与3个月签订劳动合同，推迟期间不发奖金。另有8名职工因产假、病假未参加考试，俟补考后再予公布。

1999年2月，县联合社着手制订全员劳动合同制实施（试行）细则。3月中旬，邀请金华市劳动局用工和仲裁部门，按有关法规对该实施细则（草案）及合同文本进行修改以臻完善，并召开工会工作会议征求意见，在全县信用合作工作会议上作出部署。4月，县联合社印发《全员劳动合同制管理暂行办法》和《职工聘用暂行管理办法》，下发劳动合同制实施（试行）细则。6月，浙江省农金体改办下发《浙江省农村信用合作社系统全员劳动合同制管理示范办法》。规定实行劳动合同制的范围为本系统全体固定制和劳动合同制职工，签约期限为一年、三年和八年，凡符合在本系统实际工作十年或连续工龄满十五年等其他规定条款的职工，可签订无固定期限合同。县联合社成立“三定”改革领导小组，负责做好县联合社机关职能配置、内设机构和人员编制的“三定”工作。同时下发征求职工意见表，由职工本人提出合同期限意向，统一填制劳动合同一式三份，由职工本人与县联合社双方签章生效。县联合社则举行仪式，由各社委派职工代表与县联合社主任签订劳动合同。9月，全面实施农村信用合作社全员劳动合同制。是年签订的合同期限一般为一年，自1月1日起至12月31日止，已签订劳动合同的职工有183名。2000年5月，全县农村信用合作社217名职工悉数与县联合社签订劳动合同，县劳动人事局对之进行验收并鉴证认定。

1999年5月，金华市农金体改办下达本县联合社接收中专毕业生指标4名，新增人员指标主要用于招收专业对口（指法律、文秘、计算机、金融、财会五个专业）的应届大中专毕业生。6月，县联合社成立“三定”改革领导小组。8月，金华市农金体改办批复同意县联合社机关“三定”工作实施方案。县联合社共有机构、网点28个，在职人员230名，同意增设职能科室5个，核定管理人员编制28名。至是年末，全县农村信用合作社在册正式职工229名，全部为合同制。

2000年3月，县联合社印发员工聘用管理暂行办法。9月，招收试用工11名，其中5名为大专毕业生；3名临时工转正。12月，经考核从原农村合作基金会招收试用工6名。至是年末，全县农村信用合作社在册正式工235名，其中固定职工3名，合同制职工232名。

2001年4月，金华市农金体改办下达本县联合社试用工进人指标4名，其中大中专毕业生指标3名，大专及以上学历的计算机专业人员指标1名。5月，经批准，县联合社接收县仙华城市信用合作社改制职工33名。6月，浙江省信用合作处下达退役士兵安置指标1名。8月，招收大专生4名。10月，金华市农金体改办下达进人指标1名，限用于2000年招收的试用工转正。11月，根据金华市农金体改办通知精神，县联合社对上年从原农村合作基金会招收的6名试用工，经考核通过并予转正。至是年末，全县农村信用合作社在册职工232名。其中，具有本科学历的7名、专科学历的102名、中专学历的43名，大、中专以上学历的职工占比为58.46%。县联合社机关干部职工29名。

2002年9月，金华市农金体改办批准县联合社“三定”方案，核定县联合社全辖岗位265个（其中机关23个）。对“三定”后的富余人员，须加大内退工作力度，允许原系固定工身份的员工买断工龄，自谋职业。10月，金华市农金体改办下达招收试用工指标5名，招工基本条件为全日制专业对口的大中专毕业生、年龄25周岁以下、身体健康、无不良记录。其录用及福利待遇按金农金体改办〔2000〕48号文件执行。招收专科毕业生5名。12月，金华市信管办复下达招收全日制应届大学毕业生指标1名。至是年末，全县农村信用合作社在册正式工223名，交流干部1名，试用工13名，临时工6名。

2003年6月，金华市信管办分配本县联合社试用工转正指标2名，限于2000年和2001年招收的试用工转正。是月，复分配本县联合社招收正式合同工指标3名，主要用于招收是年全日制院校专业对口应届本科毕业生。并下达追加招工指标1名，招收全日制应届对口本科毕业生1名为试用工。8月，金华市信管办下达试用工转正指标4名，限用于2000年和2001年招收的试用工转正。10月，金华市信管办印发全市农信系统招工录用体检标准。11月，1名临时工转为合同工，经警护卫队招收临时工5名。12月，同意接收安置退役军人1名、招收合同制职工1名。至是年末，全县农村信用合作社在册正式工227名，交流干部1名，试用工9名，临时工7名。

2004年1月，恢复职工张宏伟公职。3月，金华市信管办下达本县联合社招收短期合同工指标5名。其条件必须是年龄25周岁以下、身体健康、专业对口的全日制国民教育系列大专及以上学历毕业生；或具有专业特长且工作需要，学历可适当降低为中专生，但年龄必须在21周岁以下。有关工资、福利待遇、劳动合同签订及岗位安排等，按省农信系统短期合同工管理暂行办法执行。11月，县联合社印发全员劳动合同制实施办法。至是年末，全县农村信用合作社在编正式工221名，试用工9名，短期合同工11名，经警护卫队临时工5名。

2008年7月，县联社全辖已签订劳动合同的职工共249名，其中无固定期限的152名，合同起始日为是年7月1日，极个别除外；有固定期限的97名，其中三年期限的56名、二年期限的1名、一年期限的39名，合同起始日亦为是年7月1日，1名起讫日期为2005年4月1日至2008年3月31日。

2010年9月，县联社全辖已签订有固定期限劳动合同的职工22名，期限为三年，自是年9月1日起至2013年8月31日止。

2011年4月，签订有固定期限劳动合同的职工1名，期限为三年，自是年4月1日起至2014年3月31日止。

2012年8月，签订劳动合同的职工85名，其中无固定期限的52名，起始日为是年8月1日；有固定期限的33名，自是年8月1日起至2015年7月31日止。

2013年1月，签订有固定期限劳动合同的职工26名，期限为三年，自是年1月1日起至2015年12月31日止。8月，签订有固定期限劳动合同的职工9名，期限为三年，自是年8月1日起至2016年7月31日止。签订劳务派遣合同用工21名，期限为二年，自是年8月1日起至2015年7月31日止。9月，签订有固定期限劳动合同的职工19名，期限为三年，自是年9月1日起至2016年8月31日止。

图5-1-3 新招职工面试（2014）

2014年4月，签订有固定期限劳动合同的职工1名，期限为三年，从是年4月1日起至2016年8月31日止。12月，签订有固定期限劳动合同的职工13名，期限为三年，自是年12月18日起至2017年12月17日止。签订劳务派遣合同用工5名，自是年12月18日起至2015年7月31日止。

图5-1-4 新招职工机考（2014）

2015 年 1 月，签订劳务派遣合同用工 10 名，期限为二年零六个月，自 2015 年 1 月 1 日起至 2017 年 6 月 30 日止。3 月，签订无固定期限劳动合同的职工 2 名，起始日分别为是年 3 月 30 日、31 日。8 月，签订劳动合同的职工 33 名，其中无固定期限的 21 名，起始日为是年 8 月 1 日；有固定期限的 11 名，期限为二年，自是年 8 月 1 日起至 2017 年 7 月 31 日止。同时签订劳务派遣合同用工 24 名，自是年 8 月 1 日起至 2017 年 6 月 30 日止。

2016 年 1 月，签订劳动合同的职工 61 名，其中无固定期限的 18 名，起始日为是年 1 月 1 日；有固定期限的 43 名，其中 41 名期限为二年，自是年 1 月 1 日起至 2017 年 12 月 31 日止，2 名期限为五年，由科技岗位聘用，自是年 1 月 1 日起至 2020 年 12 月 31 日止。同时签订劳务派遣合同用工 15 名，期限为一年零六个月，自是年 1 月 1 日起至 2017 年 6 月 30 日止。9 月，签订有固定期限劳动合同的职工 31 名，期限为二年，其中 31 名自是年 9 月 1 日起至 2018 年 8 月 31 日止；复签订有固定期限劳动合同的职工 3 名，期限为二年，自是年 9 月 28 日起至 2018 年 9 月 27 日止。同时签订劳务派遣合同用工 6 名，自是年 9 月 1 日起至 2017 年 6 月 30 日止。截至是年末，县联社全辖在岗员工均已悉数签订劳动合同。

劳务派遣工

2013 年 6 月，为推进用工制度改革，县联社根据基层一线临柜人员紧缺的实际需求，制订《劳务派遣人员管理办法》和《劳务派遣工薪酬管理实施细则》，通过县丰安人才管理市场公开招聘劳务派遣工 21 名。8 月，又公开招聘劳务派遣制性质的大堂导储员 5 名。

2013 年 6 月招聘劳务派遣工名录

陈　婉　徐清锋　黄楷杰　王航祺　傅成佼　金　晶　何　斌　王李衎　王彩凤

顾沧沧　徐芳芳　黄雪萍　洪冰曈　陈雨畅　王　猛　陈姗潞　肖　贺　郑丹聪

吴慧琪　陈萍萍　郑　然

2014 年 5 月，县联社招聘劳务派遣制大堂引导员 8 名。随后，与县丰安人力资源开发服务部联合印发劳务派遣人员管理暂行办法。9 月，又公开招聘劳务派遣工 5 名。

2015 年 1 月，招聘劳务派遣制大堂引导员 10 名。

2016 年 1 月，招聘劳务派遣制大堂引导员 15 名。9 月，新招劳务派遣工 5 名。12 月，经考核合格，14 名劳务派遣工转为短期合同工。至是年末，共有劳务派遣工 30 名。

临时用工

基于历史原因以及人手紧缺等情况，农村信用合作社曾在不同时期招收过部分临时用工

（不含勤杂工）。

1992 年 1 月，中国农业银行金华市支行印发《关于清理整顿信用社临时工的通知》，根据浙农银函〔1989〕78 号通知和省分行 1991 年 11 月下旬召开的全省市地行长会议精神，对农村信用合作社现有临时用工必须进行一次清理整顿。自文到之日起，各农村信用合作社一律不得招收各类临时用工。

1995 年 10 月，农村信用合作社与 17 名在岗临时用工签订劳动合同，期限为一年零三个月，自是年 10 月 1 日起至 1996 年 12 月 31 日止。

1996 年 3 月，中国农业银行浙江省分行印发《关于开展全市农村信用社临时工考试、考核及清退工作有关事项的通知》，凡 1995 年 1 月 1 日以后招收的临时用工，年龄已达 40 周岁的一律清退；凡 1994 年底前招收的临时用工（包括驾驶员），统一参加市分行组织的考试、考核，不合格者予以清退。

1997 年 1 月，与 16 名临时用工（含驾驶员）签订劳动合同，期限为一年，自是年 1 月 1 日至 12 月 31 日止。

1998 年 10 月，县联合社根据中国人民银行关于清理整顿农村信用合作社临时用工和代办员的通知要求，对全县农村信用合作社历年招用的 15 名临时用工和聘用的储蓄代办员，除照顾部分社干部、职工家属子女及配偶免予考试外，全部参加考试、考核，清退 4 名。11 月，金华市农金体改办同意本县联合社招聘临时合同制经济民警 6 名，并要求增员指标 7 名。至是年末，全县农村信用合作社有临时用工 12 名，其中驾驶员 6 名。

2000 年 12 月，3 名临时用工经考核给予转正。至是年末，全县农村信用合作社有临时用工 11 名。

2001 年 12 月，全县农村信用合作社有临时用工 6 名，其中 3 月份新增临时用工 2 名，清退临时用工 6 名。

2003 年 2 月，根据金华市信管办《关于组织临时用工人员岗位知识考试的通知》精神，着手整顿临时用工队伍，组织 2001 年末在册并符合招聘手续（即 1999 年底前招入时经县联合社同意，2000 年后招入时经市农金体改办批准）的临时用工参加岗位知识考试。经考试合格的临时用工，可在“三定”编制范围内择优转为短期合同制职工，并重签劳动合同；经考核不合格或超过“三定”编制的，一律予以清退。4 月，根据金华市信管办《关于做好清理整顿临时工工作的通知》要求，通过组织临时用工业务知识考试，有 6 名合格，同意续聘。对续聘者重签临时用工合同（合同文本由省农村信用合作协会统一下发），统称为编制外合同工，并按规定纳入编制外合同工编报，建立养老保险、医疗保险等社会保险关系。往后，各地不得自招临时用工，招收编制外合同工须报市信管办审批同意，并严格按“三定”范围通过考试、考核择优录用。6 月，浙江省农金体改办印发《浙江省农村信用合作社短期合同工管理暂行办法》，明确农村信用合作社的短期合同工，系指农村信用合作社招收的尚未列入社内正式编制的短期临时用工（简称短期合同工）。短期合同工的使用期原则上为二至三年，最长不超过五年。使用期满一年的短期合同工，如有突出贡献，或在农信系统市地级以上技术比武及其他项目获前三名者，可提前转为编制内合同工。6 月，经金华市信管办同意，招收临时工 1 名。8 月，招收临时工 1 名。12 月，招收经警护卫队临时工 5 名。至是年末，全县农村信用合作社在册临时工 7 名。

短期合同工

2005 年 4 月，经省联合社金华办事处批复同意，本县联社招入短期合同工 15 名。5 月，招入短期合同驾驶员 1 名。7 月，招入大专以上学历毕业生短期合同工 13 名。9 月，补招短期合同工 1 名。同时根据省联合社金华办事处《关于编制外短期合同工转为编制内合同工有关事项的通知》精神，对此前招入的 38 名编制外短期合同工组织考试考评，16 名通过转编考核。至是年末，县联社全辖有短期合同工 31 名。

2006 年 5 月，省联合社金华办事处再次下发《关于编制外短期合同工转为编制内合同工有关事项的通知》，对全市农信系统 2004 年 12 月 31 日前入社及 2005 年 1 月 1 日以后入社，具有全日制本科及以上学历的编制外短期合同工组织转编考试。9 月，经金华办事处同意招收大专以上学历毕业生 15 名；10 月，增招编制外短期合同工 1 名。11 月，补招本科生 1 名。12 月，金华办事处核定县联社 2006 年至 2007 年人力资源配置控制全辖在岗职工为 274 名，其中机关在岗职工 40 名。至是年末，县联社全辖在岗正式工 231 名，试用工 1 名，短期合同工 38 名。

至 2007 年末，县联社全辖在岗职工 265 名，其中正式工 226 名，试用工 1 名，短期合同工 38 名。

2008 年 4 月，省联合社金华办事处核定县联社人力资源配置控制全辖在岗职工 279 名，其中机关在岗职工 40 名。7 月，招收驾驶员 1 名。至是年末，县联社全辖在岗职工 253 名，其中正式工 216 名，试用工 1 名，短期合同工 36 名。

至 2009 年末，县联社全辖在岗职工 242 名，其中正式工 206 名，试用工 1 名，短期合同工 35 名。

2010 年 3 月，县联社向省联合社金华办事处上报关于增员方案（附《员工子女招工暂行办法》）的请示获批复同意，招收编制外短期合同工 20 名，招收对象为全日制普通高校毕业生，学历要求本科以上。10 月，省联合社金华办事处同意增加招聘计划外短期合同工 2 名。是月，又招收本科以上毕业生 22 名为编制外短期合同工，其中具有研究生学历的 1 名，乃全辖第一个进社的高学历人才。至是年末，县联社在岗职工 256 名，其中正式工 199 名，试用工 1 名，短期合同工 56 名。

2011 年 3 月，省联合社金华办事处批复同意县联社招收编制外短期合同工 1 名，于 4 月进社。至是年末，县联社全辖在岗职工 249 名，其中正式工 192 名，试用工 1 名，短期合同工 56 名。

2012 年 4 月，招收短期合同工 25 名，其中大学本科应届毕业生 18 名；招收“一进一出”员工子女 3 名；通过人才引进方式招收计算机专业人才 2 名、熟练工 1 名、文秘专业 1 名。5 月，县联社印发《短期合同工管理暂行办法》。8 月，因攻读研究生及事业单位招考等情由，实际在岗新职工 16 名，补招 4 名。县联社编制全辖定岗定编计划，机关部门核编 69 名，营业网点核编 193 名。11 月，通过转编考核，10 名短期合同工转为正式合同工。至是年末，县联社全辖在岗正式工 193 名，短期合同工 70 名。

2013 年 9 月，新招收全日制本科毕业生 9 名为短期合同工；招收劳务派遣工 21 名。11 月下旬组织转编考试，有 8 名短期合同工转编，并按规定自 2014 年 1 月起调整工资待遇。至是年末，县联社全辖在岗职工 277 名，其中正式工 187 名，短期合同工 69 名，劳务派遣工 21 名。

2014 年 9 月，招收全日制本科应届毕业生 13 名、大学生“村官”2 名为短期合同工。至是年末，县联社在岗职工 287 名，其中正式工 192 名，短期合同工 69 名，劳务派遣工 26 名。

2015 年 4 月，县联社修订印发《短期合同工管理暂行办法》。9 月，招聘本科以上学历短期合同工 11 名，其中戴杭成、王悦悦为研究生学历。是月，2 名临时工转为短期合同工。12 月，转编短期合同工 12 名，劳务派遣工转短期合同工 7 名。至是年末，县联社全辖在岗职工 304 名，其中正式工 202 名，短期合同工 75 名，劳务派遣工 27 名。

2016 年 2 月，引进具有专业摄影特长和律师执业资格的人才各 1 名为短期合同工。5 月，向社会公开招聘六大专业本科生短期合同工 21 名。11 月，符合规定条件的 16 名短期合同工转为正式合同工，14 名劳务派遣工转为短期合同工。

2016 年末县联社在岗干部职工名录

王才有	李九良	陈文斌	吴立邦	黄林祥	贾明东	杨巨钢	于翠平	盛金刚
徐　玥	郑　然	傅佳瑛	葛伟鹏	张正宏	胡　颖	黄巧英	张玲燕	陈毅锋
黄为兴	金娇赟	周东明	吴萍萍	徐秀艳	吴园园	于遵源	张婉娟	傅超男
任青芳	洪　巧	张雄鹰	张　艳	傅欢笑	徐云燕	吴海英	郑秀娟	黄　俊
吴灵芳	张小霞	赵小红	杨　英	赵群霞	袁农范	郭真农	杨国强	项伟历
张必肖	杨钦勇	毛红专	张为民	祝银霞	黄文熙	张烽光	楼宇宸	方晶晶
张　强	楼建华	陈国强	周群文	黄雪萍	刘君良	王天佑	张法远	洪黎明

吴旗红	项守信	张红英	杜娟花	任春霞	陈怡莉	赵润杰	王军霞	王　昊
陈　坦	徐逸凡	沈青源	黄红英	陈春霞	贾　鹏	陈妍妍	叶向东	贾晓琳
谢君君	金　权	胡一垄	金荷花	黄明生	张　茜	李巧萍	杨玲玲	金晨然
虞真良	任婷婷	周东珍	傅仙元	黄月霞	赵丽霞	黄顺明	洪华敏	季新团
傅大悦	陈忆萍	方八一	吴旭明	徐忠清	陈益生	黄国强	周旭光	吴赛君
徐祖江	胡诚贤	项丹芝	傅成佼	方　莉	谭婷婷	徐清锋	吴慧琪	陈　婉
于　添	吕展翼	李　鑫	黄晶晶	张杨巧	赵　欣	吴斌勇	赵玉婷	金杨洋
黄翠平	张丹云	张桂英	郑丽娟	洪杭英	黄贞贞	盛芸芸	冯旭红	方守盛
罗仙坪	芮美红	俞丽芳	黄一凡	严东东	朱泓宇	唐　薇	姜国军	王　杰
潘丹妮	徐福东	陈　瑾	胡斌斌	柳斌兰	戴杭成	徐芳芳	赵　达	俞淑俊
张　龙	郑阳辉	陈　娟	盛一笑	郑丽华	蒋思楠	郑丹聪	汤冉箐	毛灵倩
陈航龙	刘哲宏	傅君君	戴纪律	李艳飞	傅霞莲	于玉雁	齐雨婷	蒋　姿
楼安娜	金利建	陈赛玲	张惠敏	项　鋆	周伟昌	金　磊	潘静远	盛阳通
洪　鑫	张鸯鸳	陈　丹	顾沧沧	陈　炜	周　斌	胡　彦	俞利明	江灵娟
楼仙红	朱晓瑾	毛芳微	杨杭海	傅秋婵	傅燕玲	黄青芳	陈晓晓	王孝男
江浩阳	周燕萍	黄楷杰	王晨坚	周天宇	蒋敏萱	张　倩	盛　晨	陈云哲
陈　璇	蒋茜珊	黄　旻	戴小富	陈建刚	洪春秀	陈姗潞	黄文燕	赵梁臻
傅华海	季展惠	周　静	楼永赛	李佳佳	俞　立	黄钢军	王胡赛	陈　盼
石国林	陈萍萍	边鑫鑫	周江君	徐珊珊	郑高原	张凌风	石　清	徐婉婉
张震天	张姝娈	戴建文	楼标男	陈雨畅	张楠楠	陈关跃	张　丹	季惠姗
郑鑫明	傅丽娜	徐　雷	周雅云	洪志宸	方　猛	张松松	郑皓月	黄　莉
洪国琛	陈晓添	柳　侃	盛华辉	徐　婧	于婉晴	周丽明	陈克文	黄晓倩
杨梦浩	查帅帅	陈　勋	黄　佳	郑妙妙	徐　飞	肖　贺	金　晶	杨晔炜
钟建勇	吴玉娟	张倩妮	王丽萍	郑赛群	洪冰瞳	倪雅慧	邵菊芬	赵慧珊
吴　超	黄震宇	张旭君	江烜英	谭秋莲	薛镇伟	黄海东	何　倩	王彩凤
洪小虎	任　茜	黄海丹	徐东升	周盛晏	陈恩炼	张丽丽	王　猛	陈建超
朱萍萍	黄　健	郑亮亮	王李衎	陈炫妙	陈克橡	周　谦	陈夏楠	祝嘉琦
陈仁恺	黄飒爽	郑永义	傅静娴	王航祺	何慧珍	陈海霞	郑成灯	万贞超
贾张帆	郑安丽	张雅萍	方　芳	楼英明	杨灵敏	于　洪	徐志坚	蒋其憬

第二节 干部职工任用聘用

干部任用

1951年5月，中国人民银行召开的第一次全国农村金融工作会议指出，信用合作社是群众自己的资金互助、在自愿两利原则下的合作组织，不是国家的银行。信用合作社干部有的是半脱产干部或兼职干部，也有的是义务干部。

1954年4月，中国人民银行下发《关于当前信用合作工作的指示》，明确信用合作社干部的选择，应在农村积极分子中选择和培养那些为人公道、热心为群众服务、有一定管理能力和有生产知识的核心领导人物。

1957年1月，中国农业银行印发的《农村信用合作社示范章程（草案）》明确指出：农村信用合作社的“最高权力机关为社员大会或社员代表大会，社员代表大会选举和罢免理事主任及理事、监事主任及监事”。

1958年2月，中国人民银行在《关于人民公社信用部工作若干问题的意见（草案）》中，明确信用分部干部的来源为：原来信用合作社（部）的干部是骨干；通过党委将原来信用合作社（部）调做其他工作的干部组织归队；由生产大队、生产队会计调做或兼做分部工作；吸收部分青年学生。

1961年8月后，恢复农村信用合作社。其章程仍规定，农村信用合作社理、监事人选均由社员代表大会选举产生。

1983年，农村信用合作社已恢复“三性”。其章程规定“由社员代表大会选举产生理事会、监事会”。但明确理事主任必须在信用合作社脱产干部中产生，监事主任由公社领导成员兼任，选举产生的理事会正、副主任，须经公社党政部门审查报农业银行县支行批准。

1986年9月，中国农业银行浦江县支行印发《关于信用社干部职工人事管理权限有关问题的通知》，农村信用合作社主任、副主任调动须由县支行信用合作股提议，报县支行党组研究批准。

1987年6月县联合社成立，始遂行县联合社主任聘任制。8月，县联合社章程规定，县联合社的最高权力机构是社员代表大会，理事会是社员代表大会闭会期间的常设执行机构。理事会由社员代表大会选举产生，设主任一名，副主任及理事若干名。主任、副主任由理事会推选，报上级行审批。《人事管理办法》规定，农村信用合作社理事主任、副主任由各社理事会提名，报县联合社审批公布。

1987年12月，县联合社机关（包括各区办事组、办事处等派出机构）中层干部，采用行政任命制。

1989年，改县联合社中层领导班子行政任命制为聘任制。

1992年3月，中国农业银行浙江省分行印发《关于加强农村信用合作社领导班子建设的实施意见》《浙江省农村信用合作社主任任职条件和职责》及《浙江省农村信用合作社主任定期考评实施办法》。10月，中国农业银行在《关于加强农村信用合作社职工队伍建设的意见》中，要求各地农村信用合作社须进一步改革和完善劳动人事制度，采取选举、任命和招聘相结合的方式，把改革创新意识强、工作扎实肯干、有突出业绩、群众公认的优秀干部选拔上来，大胆使用；对那些占据领导岗位，长期不思进取、业绩平平的人予以调整。

1993年6月，根据干部“四化”方针和德才兼备原则，中国农业银行浦江县支行对农村信用合作社中层干部，在先定条件、职责、任务的基础上实行竞聘，从原“行长聘我”转变为“我要竞聘”，以搞活用人渠道。全县农村信用合作社共有35名干部职工申请竞聘，28名受聘。其中，新提拔中青年干部12名，占中层干部总数的42%。并调整各社领导班子，提拔副主任9名，退居二线10名，异地交流5名，调整面占比为65%，同时对78名职工进行岗位轮换和交流。赓即制订《中层干部考核暂行办法》，对中层干部实行动态管理，按德、能、勤、绩四项作全面考核，对考核结果为“不称职”或连续两次受到黄牌警告者，一律予以解聘。

1995年3月，县联合社下发《关于实施农村信用合作社人员聘用管理办法和制度的通知》。县联合社在充分调查、认真考核和职工民主评议的基础上，提出各农村信用合作社主任人选，经中国农业银行浦江县支行党委研究决定后，由县联合社下文正式聘用，并签订聘用协议。是年，县联合社制订营业部负责人和各农村信用合作社主任竞聘试点方案，在联合社营业部和大溪、石马农村信用合作社试点，开展负责人、主任岗位竞聘工作。受聘者任期20个月，期满重新参加竞聘。

1996年，按照上级行统一部署，在全县农村信用合作社推行主任、副主任聘任制。在“脱钩”之前，中国农业银行浦江县支行决定，对农村信用合作社招工，接收大中专毕业生、转业军人，县联合社机关进人、股处负责人及农村信用合作社主任任免等事项，均须经县支行党委研究。各农村信用合作社主任在年初群众互评、组织考核的基础上，经县支行、县联合社研究，由县联合社聘任并签订聘任协议。

1997年1月，县联合社下发县农村信用合作社职工聘用管理办法和县联合社机关科员聘用暂行办法。9月，公开竞聘县联合社办公室、人事监察科、财会电脑科、稽核科和计划信贷科负责人。

1998年6月，中国人民银行金华市分行印发《关于加强县联合社领导干部选拔任用管理工作的通知》，县联合社正、副主任的任免及日常管理由金华市分行负责，由金华市分行农金管理部门行使职能；总稽核、工会主席、主任助理的任免及日常管理由金华市分行负责。县联合社机关中层干部的任免及日常管理由县联合社负责，但人事、稽核、财会等部门主要负责人的任免、变更须报金华市农金体改办审批。县联合社副主任由县支行提名，报金华市分行审查、考察，并征求地方人民政府意见，经县支行党组研究同意后，提交县联合社理事会选举产生；县联合社理事会选举产生的县联合社正、副主任人选名单，须报经中国人民银行浙江省分行审查任职资格后，由金华市分行任命。9 月，县联合社下发《机关中层干部选配任用暂行办法》，由机关中层干部本人申报或以信用合作社、分社和县联合社科室推荐，由县联合社确定候选人，并组织写作能力考试和公开脱稿演讲，由县联合社领导班子和职工组成评审团评审打分，从高分到低分择优录用；再经县联合社党委研究，报金华市农金体改办同意，由县联合社主任聘任。试聘期一年。

2000 年 3 月，县联合社出台全县农村信用分社主任选拔任用办法和各社及分社主任动态管理暂行办法。根据干部自身发展状况、经营管理能力、辖内业务发展状况和重大事项定论动态管理四项内容，对各社及分社主任实行按季考核，并结合平时检查情况，综合考察其业务经营能力和管理能力，客观地作出是否胜任的评价。同时对 18 个分社主任岗位按"员工自荐、群众评议、竞聘演讲、评审确定、理事会聘任"程序，组织竞聘上岗。计有 76 人次自荐报名，38 人次参加竞聘演讲，最终经评审，选拔 18 名分社主任由县联合社理事会聘任。其中新提拔 10 名、异地交流 3 名。赓即县联合社按照竞聘实施细则，将全年储蓄存款增加额作为唯一指标，公开竞聘浦阳农村信用合作社储蓄所负责人。8 月，县联合社印发全辖领导干部实行任前公示制的暂行规定。

2001 年 8 月，金华市农金体改办下发《金华市农信系统领导干部选拔任用及管理工作暂行规定》。9 月，又印发《关于农村信用合作社干部实行竞争上岗的实施意见》。

2002 年 3 月，县联合社印发县农信系统领导干部选拔任用及管理工作暂行规定。并制订县联合社营业部主任竞争上岗实施办法，公开竞聘营业部主任。同时下发《关于做好农村信用分社主任竞聘的通知》，有 42 人参与公开竞聘，选拔聘任 21 个营业网点负责人，其中新提拔 9 人。经民主推荐，县联合社党委研究同意，聘任陈晓艳等 3 名职工任农村信用合作社副主任级主办会计。

是年 7 月，中国人民银行金华市中心支行印发《农村信用合作金融机构高级管理人员任职资格管理操作规程》。9 月，金华市农金体改办印发《农村信用合作社领导干部选拔任用及管理工作暂行规定》，明确选拔任用农村信用合作社领导干部，须经民主推荐，可采取组织推荐、群众推荐与个人推荐相结合，提出考察对象。选拔任用领导干部，可实行竞争上岗。12 月，金华市信管办印发《金华市农村信用合作社非领导干部管理暂行规定》和《关于交流干部管理及待遇有关问题的通知》。

2005 年 4 月，县联社公开竞聘城关农村信用合作社主任和联社资产保全科负责人。并出台中层干部和信贷员任期管理办法，建立干部和重要岗位人员交流与退出机制。是年，县联社机关科室负责人交流 7 人，营业网点主任交流 8 人，任职年限到期免职 3 人。

2006 年 1 月，县联社印发《中层干部及信贷员职务任期实施办法（试行）》。3 月，根据省联合社关于开展各县联社后备人员推荐考察工作的通知精神，按照省联合社金华办事处部署，县联社上报符合条件的后备干部人选 2 名。12 月，省联合社印发《浙江省农村合作金融机构公开招聘领导干部暂行办法》，以拓宽选拔任用渠道，建立科学、规范、公正、合理的高级管理人员竞聘任用机制。

2009 年 5 月，县联社根据《干部选拔任用及管理工作暂行规定》和《2009 年度中层干部竞聘实施意见》，即行召开中层干部竞聘大会，就 24 个中层干部岗位予以轮换，通过竞聘，选拔表现优秀、业务能力较强的 14 名职工到中层干部管理岗位任职，新提拔 3 名分社主任为社主任，新选拔 5 名主办会计和 1 名事后监督中心负责人。12 月，印发《中层干部卸任后管理的实施意见》。

2011 年 3 月和 12 月，省联合社先后印发《关于浙江农信系统公开选拔行社领导人员和管理人员的通知》和《浙江省农村合作金融机构后备干部管理暂行办法》。

2012 年 2 月，县联社印发《干部选拔任用及管理工作暂行规定》。9 月，公开选聘科技信息中心主任（副科级）、风险经理（副科级）。至是年末，选拔干部 15 名，提拔培养年轻干部 18 名。12 月，县联社印发《人才发展中长期规划》。

2013 年 2 月，县联社公开竞聘联社营业部和浦阳、黄宅 2 社专职会计助理。3 月，省联合社印发《浙江农信系统公开选拔行社领导人员工作实施方案》。5 月，县联社公开竞聘联社业务管理科副科长、审计科副科长和城东社副主任。6 月，公开选拔分社主任后备干部，确定 3 名后备人选。11 月，省联合社印发《调整不适宜担任现职领导干部办法（试行）》。

2014 年 12 月，省联合社印发《关于认真做好行社领导班子后备干部集中调整工作的通知》，按照行社正职与副职均为 1:1 确定后备干部推荐人数，并结合各地区行社经营规模、班子结构需求以及考察了解等情况，再最终确定后备干部人选。

图 5-1-5　分社主任后备人选竞聘会（2013.6）

是年，县联社实施青年干部蹲苗培养计划，通过三级跟班学习挂职锻炼，多渠道搭建青年干部成长培养平台。3 月，省联合社金华办事处下发《关于做好选派优秀青年干部赴乡镇（街道）挂职工作的通知》，县联社 1 名干部到县团委挂职任副书记，并选派 5 名中层干部到乡镇挂职锻炼。8 月，金华办事处又印发《关于加强挂职干部管理强化服务基层工作的通知》。11 月，县联社公开竞聘内设 9 个科室的负责人。12 月，又公开竞聘全辖各社（含联社营业部）负责人和联社业务管理科投资理财中心主任（副科级）及中余分社主任。

2015 年 6 月，县联社公开竞聘分社主任后备人选。选派 2 名干部到乡镇挂职锻炼。7 月，省联合社印发《浙江农信系统选派干部赴乡镇挂职管理办法》。同时县联社公开选拔 4 名社主任助理及分社主任后备人选。

2016 年 7 月，县联社公开选拔业务管理科负责人和电子银行科、风险合规科副科长，岩头社、分社负责人及会计主管（享受管理岗位职务系数）。8 月，省联合社印发《关于推进中层管理人员及年轻干部队伍建设实施意见的通知》。11 月，县联社公开选拔浦阳社负责人。是年，选派 3 名中层干部分别到县团委和乡镇挂职锻炼。

职工聘用

1988 年 9 月，中国农业银行制订印发《农村信用合作社职工管理暂行规定》，明确农村信用合作社对原固定职工实行聘任制，并可按该规定的第四十五条实行缓聘或辞退。农村信用合作社招收合同制职工，应根据核批后的指标，就地公开招收，自愿报名就地分配，由县联合社统一考试或考核，由用工社办理录用手续并与被录用人签订劳动合同；招收属于城镇户口的合同制职工，应经当地劳动行政主管部门办理录用就业手续。新招收的合同制职工，在信用合作社培训及试用一年后，经县联合社统一考试合格后才能转为正式职工。

1995 年 3 月，县联合社下发《关于实施农村信用合作社人员聘用管理办法和制度的通知》。5 月，始在全县 22 个社及分社实行“双向选择”人事聘用制度。各社职工聘用，采取主任与职工双向自愿选择的方式，职工根据自身特长选择岗位向社主任申请应聘，社主任按照县联合社确定的岗位和可聘用人数，选择职工上岗。职工如在全县范围内各社均落聘，由县联合社统编为“下岗待业人员”，对之实行社内待业、限期调离、终止合同、提前退养或辞退等办法处置。其中落聘者凡男年满 55 周岁、女年满 50 周岁且身体健康状况较差的，可申请提前退养。退养期间只发基础职务工资、工龄津贴及国家规定的各种生活补贴，但不影响工资普调，其他待遇参照退休人员办理。

1997 年 1 月，县联合社下发《职工聘用管理办法》，规定农村信用合作社职工聘用，由社主任与职工双向自愿选择。职工根据自身特长选择岗位向社主任申请应聘，社主任按照县联合社确定的岗位和可聘人数，选择职工上岗。同时明确双向选择必须首先在原社主任和职工之间进行，以保持人员基本稳定，以便各项工作有序衔接。如本社可聘职工不满足县联合社确定的岗位人数，应以书面形式报县联合社，经批准后去其他社聘用。同样，农村信用合作社职工先向本社主任申请应聘，如不愿在本社应聘或落聘，则应以书面形式报县联合社，经批准后向其他社主任申请应聘。主任和职工双向选择聘用，即签订聘用协议，详细明确双方权利和义务。职工在全县范围内各社落聘的，由县联合社确定为“下岗待业人员”，实行社内待业、限期调离、提前退养或辞退等办法处置。

1998 年 12 月，县联合社转发金华市农信系统《全员劳动合同制管理暂行办法》《关于严重违纪、违规、违章人员解除劳动合同管理暂行规定》《医疗期管理规定》《解除劳动合同经济补偿标准》及劳动合同书样本。

1999 年，县联合社深化用工制度，引进竞争机制，实行全员劳动合同制，全面推行“双聘”制和异地交流、岗位轮换制。全县农村信用合作社共有 184 名职工参与，其中落聘 2 名，异地交流 47 名，岗位轮换 68 名。

2000 年 3 月，县联合社修订、完善《职工聘任聘用管理办法》，并公开竞聘，产生 21 个营业网点负责人。在此基础上进一步优化劳动组合，全面推行“双向选择”聘用机制。

2002 年 3 月，县联合社印发《职工聘用管理暂行办法》，并召开全员聘用大会，184 名职工悉数参加，其中首批聘用 173 名，第二批聘用 9 名，有 2 名职工落聘待岗集训。

2005 年 4 月，县联社营业网点实行扁平化管理，重组业务拓展科，在系统内公开竞聘客户经理岗位，选聘客户经理 6 名，建立起第一支客户经理队伍。同时，开展职工年度绩效考核工作，实行末位淘汰和待岗制度。

2006 年 1 月，县联社印发待岗中心管理流程和干部员工年度绩效考核及末位淘汰实施办法。

2010 年 11 月，县联社印发《客户经理管理办法（试行）》，开展客户经理竞聘。

2012 年 11 月至 12 月，县联社分别印发《财会人员梯队建设规划》和《人才发展中长期规划》。

2013 年 10 月，县联社印发《客户经理管理办法》。

2014 年 6 月，县联社印发《“员工行为管理主题年”活动实施方案》。9 月，经业务技能考核、信贷从业资格考试和中小融

图 5-1-6　客户经理双向选聘大会（2012.5）

辅软件科技（上海）有限公司测试，公开选拔第一批后备客户经理 10 名。

2015 年 1 月，县联社对上年度客户经理进行等级评定，其中三级客户经理 8 名、二级客户经理 21 名、一级客户经理 12 名。公开竞聘营业部政府类客户专职经理 1 名。

2016 年 4 月，县联社印发深化《“师徒结对，携手共进”育人工程活动实施方案》。7 月，公开选聘审计科科员 2 名。

第三节　教育与培训

本县农村信用合作社成立早期，职工大多来源于农村，文化程度不高。80 年代初始采用多种教育形式，重视提高农村信用合作社职工学历。

至 2001 年末，全县农村信用合作社在册职工人数 232 名。其中，已具备本科学历的 7 名、大专学历的 102 名、中专学历的 43 名，占职工总数的 58.46%。

至 2016 年末，县联社全辖 324 名干部职工中，已具备研究生学历的 2 名、大学本科学历的 215 名，占比为 66.97%；大专学历的 91 名，占比为 28.09%。

学历教育

1982 年 5 月，中国农业银行浦江县支行下发《关于银行、信用合作社干部开展中专函授的通知》，并成立中专函授领导小组，各营业所成立管理小组，组织和管理行社干部职工中专函授教育。

1983 年 3 月，根据中国农业银行浙江省分行通知精神，中专函授教育定于是年秋季开学，学制为三年。9 月，录取学员 10 名（其中农村信用合作社 2 名），吸收自学生 16 名（其中农村信用合作社 4 名），到县支行报到、注册，并举行开学典礼。是月，中国农业银行浦江县支行发文通知，中专函授文化补课计划自是月 18 日起至 1986 年 8 月中旬止，教学时 140 周 2100 学时，每周 15 学时。全县农村信用合作社有 32 名职工报名参加中专函授学习，1 名考取广播电视大学。

1984 年，中国农业银行浦江县支行组织行社 15 名青年干部职工参加中专函授学习。

1986 年，中国农业银行浦江县支行第二期中专函授班开学，计划招生 39 名。

1987 年 9 月，选送 3 名职工就读浙江嘉兴农村金融中等专业学校，学制二年。11 月，中国农业银行浦江县支行发文通知，自 1988 年起举办中专专修自学考试，凡行社正式干部职工，年龄在 45 周岁以下，具有初中毕业以上文化程度，均可报名参加考试。开设考试课程 8 门，二年为一周期，第一周期自 1988 年起至 1990 年结束，每半年组织一次考试，一门课程及格发给一门结业证书，待全部课程考试及格，换发中专专修毕业证书，承认学历。农村信用合作社参加中专专修自学考试的第一批职工于 1990 年 7 月如期毕业。

1988 年 1 月，中国农业银行浙江省分行印发《干部中专专修自学考试管理试行办法》。2 月，又印发《关于银行、信用合作社干部职工参加各种自学考试规定的通知》和《关于参加干部中专专修科自学考试有关问题的通知》，明确中专自学考试的要求、学历和待遇，参加中专自学考试的一切费用均自理；取得中专专业证书者，各行可按规定的奖励办法减半奖励。凡银行、信用合作社干部职工，参加电大学习或参加成人高等学校、中等学校自学考试及所学专业，一律应经所在单位领导批准。9 月，县联合社有 1 名干部赴嘉兴农村金融中等专业学校进修一年。

1990 年 8 月，中专专修科第二届自学考试学习专业调整为农村信贷、农行会计、信用社信贷、信用社会计 4 个专业，考试课程仍为 8 门，本县农村信用合作社 46 名职工参加自学。全年中专函授毕业 1 名，中专函授在读 21 名，大专函授在读 2 名。8 月，1 名干部赴嘉兴农村金融中等专业学校学习。

1991 年，中专函授在读 21 名，中专自学 6 名，电大自学 12 名。

1992 年 4 月，印发《中国农业银行浙江省职工中等专业函授农村金融专业全科班教学计划》，坚持“自学为主，面授为辅”原则，本专业学制为业余函授三年。9 月，经中国农业银行浙江省分行职工中专函授学校批准，建立农村信用合作社 92 级中专函授教学班，学员计 30 余名，学制为三年，每月根据教学计划组织不超过 5 天的面授辅导。

至 1993 年末，全县农村信用合作社职工中专函授在读 12 名。

1994 年 9 月，与浙江广播电视大学合作，开办法律专业本科函授班，学制二年，每月根据教学计划组织不超过 5 天的面授辅导。是年，本县农村信用合作社有 19 名职工参加中专函授学习，考试合格率 100%；参加电大函授 11 名，其中毕业 5 名。并选送 1 名职工参加浙江工业大学第二期信用合作社计算机应用大专班学习。

1995 年 8 月，委托浙江广播电视大学浦江分校举办农村信用合作社职工脱产财会专业中专班，学制二年，招收初中毕业文化程度、年龄在 30 周岁以下、工作满二年的职工 39 名，以及在本系统工作满十五年以上的职工（未解决过子女就业）其年龄在 22 周岁以下、初中毕业文化程度的子女 9 名。9 月，选送 1 名职工就读湖南农村金融职工大学（大专），学制二年。

1997 年 9 月，经推荐考试，2 名职工参加浙江工业大学成教学院管理工程（计算机管理）专业信用合作社职工大专班学习，学制二年。12 月，县联合社批准 15 名职工参加中共浦江县委党校大专函授经济管理专业学习。

1998 年 1 月，3 名职工参加全国高等教育大专学历自学考试；4 名职工参加广播电视大学财会、金融专业函授学习；4 名职工参加中专成人教育函授学习。9 月，有 55 名职工参加与浙江广播电视大学浦江分校合作开办的法律专业函授班学习，为注册视听生。选送1名职工参加省政法管理干部学校经济法专业专科脱产学习，学制二年；选送1名职工参加浙江农业大学经贸学院金融专业函授学习，学制二年；选送2名职工参加浙江大学货币银行学专业专科升本科函授学习，学制三年；选送1名职工参加浙江大学法律专业专科函授学习，学制三年；选送2名职工参加上海金融高等专科学校金融专业函授学习，学制三年。另选送14名职工参加农业银行浙江省中专函授学校农村金融函授学习。

1999年至2000年，鼓励8名低学历职工参加浙江长征财经学院中专函授学习，11名职工参加浙江工业大学等大专函授教育。

2001年至2002年，支持15名职工参加中共浙江省委党校和浙江广播电视大学函授大专、本科学习。

2003年9月，鼓励17名职工参加浙江广播电视大学法学、金融、公共事业管理等专业函授学习。

2004年9月，11名职工参加浙江广播电视大学及浙江大学、西南财经大学、华东理工大学远程教育法学、金融、会计学、计算机管理等专业函授学习。至是年末，县联合社全辖在岗职工中已具备本科学历的20名、大专学历的142名。

2005年9月，有9名职工参加与浙江广播电视大学浦江分校合作开办的浙江大学法律专业远程教育函授班学习。至是年末，县联社全辖在岗职工中已具备本科学历的32名，大专学历的169名，中专学历的27名。

2006年5月，省联合社印发关于本年度全省农信系统委托办学招考工作的通知。9月，县联社1名干部在浙江大学农村合作金融MBA研究生课程进修班就读。

2008年11月，县联社印发《干部职工教育培训管理办法》。

自2010年起，入职时为非金融专业本科学历和所有专科学历的青年职工37名参加函授学习。

2013年9月，与浙江广播电视大学合作开办浙江大学远程教育金融学本科函授班，学制为二年半，每月根据教学计划组织不超过5天的面授辅导。至是年末，县联社全辖在岗职工中，已具备研究生学历的1名，本科学历的152名，大专学历的102名，中专学历的11名。

奖学措施

1984年11月，设立奖学金制度，以鼓励在职职工业余参加电大、中专函授学习。制度规定，“凡参加电大金融专业和中专函授的在职职工，符合条件者均可享受奖学金。”对学年总评各科成绩在80分以上，且学以致用，成绩显著，被评为季度先进、积极分子或优秀者，可评获一等奖学金，奖金15元；成绩在80分以上者可评获二等奖学金，奖金10元；

在 75 分以上者可评获三等奖学金，奖金 5 元。对考试成绩有一门不及格者（即使补考及格）及工作上出现差错者，不享受奖学金。

1987 年 6 月，对系统内干部职工自学实行奖励。自是年 1 月 1 日后参加自学考试毕业的干部职工，凡能坚持四项基本原则，热爱农村金融事业，学习目的性明确，遵守劳动纪律；除考试当天外不占用工作时间，自学费用（指学员考试费、书籍费）一律自理者，实行奖励。奖励标准为中专 200 元、大专 300 元、大学本科 500 元。奖励费在取得文凭后一次性发给本人。

1988 年 2 月，中国农业银行浦江县支行下发《关于参加干部中专专修科自学考试有关问题的通知》，参加中专自学考试必须本人自愿，单位领导同意，经县（市）行（联社）批准，向县（市）行中专自学考试工作站报名审核。参加中专自学考试，一切费用自理。取得中专专业证书者可按省分行〔87〕农银字第 96 号文件规定的奖励办法减半奖励。本县参加首届信用合作专业干部中专专科科目自学考试的学员共 8 名。

1989 年 4 月，县联合社根据《浙江省农业银行系统干部、职工自学奖励办法》等有关文件精神，印发《关于在职职工业余学习有关事项的通知》，对自学对象、自学费用、学时处理、奖励办法等作出明确规定，并自是年 1 月 1 日起实行。该规定明确，奖学金仍分一、二、三等，奖金分别为 50 元、40 元和 30 元。

1997 年 3 月，县联合社下发《职工学历教育管理办法》，再次明确职工学历教育的目标、权利和义务，待遇和费用及促进学历教育的措施：凡 45 周岁以下，文化程度在初中及以下者，至 2000 年必须达到中专学历，未达者则作停岗处理，停岗期限为三年，只发给生活费，三年内达到中专学历的准予上岗，仍不能达到的解除劳动合同；由县联合社支付学习费用的职工，必须与县联合社签订服务合同，学成后至少为本系统服务十年，如在合同服务期间辞职或非组织安排调出本系统的，应承担单位为其支付的培训费用；经县联合社批准学习的职工，属脱产学习的工资照发，责任目标津贴、保留奖金减发 20%；学费、住宿费由县联合社统一支付，书费、资料费等由职工自理，农村信用合作社主办会计以上岗位职工全报。对拒绝服从县联合社统一安排参加业余、脱产学习的职工，给予免去行政职务和在四年内扣发责任目标津贴及保留奖金的处理。6 月，根据《金华市农村信用合作社职工参加业余学习暂行规定》，经批准参加业余学习取得学历的职工，凭毕业证书（研究生课程结业证书）、学费收据报销，业余中专、大专、本科、研究生课程进修，学费报销限额为 2000 元、3000 元、4000 元和 1.2 万元，教材资料费自理。因参加面授、考试的车费、住宿费参照车旅费报销规定给予报销，但不能领取途中、住勤和伙食补贴。12 月，省农金体改办印发《浙江省农村信用社系统职工学历教育暂行规定》。

2000 年 8 月，县联合社印发《请假制度和假期工资待遇及有关职工福利待遇的暂行规定》，明确职工凡参加业余电大、函授和自学考试等社会办学的大中专学习，事先须经人事教育科批准，毕业后凭毕业证书给予一次性奖励，研究生7500元、大学本科4000元、大专3000元、中专2000元。获同等学历或高一等学历，已获奖励的不再重复奖励。职工参加职称、上岗证考试费用自理。获助师专业技术资格一次性奖励300元，获中师专业技术资格一次性奖励500元，获高师专业技术资格一次性奖励800元。

2005年，县联社下发《关于学历教育有关规定的补充通知》，明确自2002年1月起，新入学的职工不再享受学费报销及每考一课补休1天的待遇。对2001年12月31日前业余在读，专业对口且未报销过学历教育经费的职工，经批准可享受一次待遇，对主办会计及以上职工和部分业务骨干，在原学历基础上继续学习的须经批准，方可报销学费。

2008年11月，县联社印发《职工福利待遇规定》，职工凡参加业余电大、函大和自学考试等社会办学的大中专学习，事先须经批准，专业（金融、财会、计算机、法律、外语）要对口，学习费用自理。毕业后凭毕业证书给予一次性奖励，研究生1.2万元、本科4000元、专科3000元。同等学历不再奖励，已获得过奖励的，第二次则按差额奖励。职工凡参加职称考试，费用自理，获初级专业技术资格一次性奖励500元，获中级专业技术资格（或相当于中级技能）的一次性奖励800元，获高级专业技术资格的一次性奖励1000元。

2012年12月，省联合社制订《浙江省农信系统职工中高级职业资格认证奖励暂行办法》。其第六条规定，对进入本系统后取得职业资格且符合条件的职工，执行以下奖励政策：（一）报销考务费。包括自本单位同意报考起的一个考试周期内（由相应职业资格认证机构设定，下同）所产生的全额考务费。（二）报销考取职业资格所必需的培训费。包括自本单位同意报考起的一个考试周期内由职业资格认证机构举办的、参考人员必须参加的考前培训所收取的培训费用（不含辅导材料费），不包括职工自行参加的其他辅导类培训所发生的费用。（三）职业资格认证奖励。根据各类职业资格取得的难易程度，分三个档次给予一次性奖励。第七条规定，对进入本系统前已取得职业资格且符合本办法第五条的职工，其原先取得职业资格发生的考务费和培训费不予报销，但同标准享受职业资格认证奖励。第八条规定，职工取得多项职业资格的，可重复奖励，其中考务费和培训费据实报销，职业资格认证奖励金额累计不超过2万元（含）。

表5-1-3　　2014年浙江省农信系统中高级职业资格认证奖励分类明细表

序号	职业资格名称	奖励档次	奖励金额
1	中国注册会计师（CPA）	第一档	10000元
2	国际注册内部审计师（CIA）		
3	注册信息系统审计师（CISA）	第二档	7000元
4	法律职业资格		

续表 5-1-3

序号	职业资格名称	奖励档次	奖励金额
5	国际高级人力资源管理师（IPMA-CP）	第二档	7000 元
6	金融风险管理师（FRM）		
7	注册资产评估师（CPV）		
8	国际注册内控师（CICS）		
9	注册税务师（CTA）		
10	信息系统项目管理师（高级）		
11	系统分析师（高级）		
12	系统架构设计师（高级）	第二档	7000 元
13	网络规划设计师（高级）		
14	Oracle 数据库高级认证（OCP、OCM 等）		
15	微软高级认证（MCSA、MCAD、MCSE、MCSD 等）		
16	IBM 高级认证（AIX、DB2、Informix 等）		
17	思科高级认证（CCNP、CCIE 等）		
18	华为、H3C 等高级认证（HCSE、HCIE、H3CSE、H3CIE 等）		
19	易安信（EMC）高级认证（Expert、VCAP、VCDX 等）		
20	金融理财师（AFP）	第三档	5000 元
21	国际金融理财师（CFP）		
22	国际跟单信用证专家（CDCS）		
23	人力资源管理师（HRP）	第三档	5000 元
24	软件设计师		
25	网络工程师		
26	数据库系统工程师		
27	信息系统管理工程师		
28	项目管理师（PMP）		
29	信息系统监理师		
30	系统规划与管理师		
31	软件评测师		
32	软件过程能力评估师		
33	系统集成项目管理工程师		
34	信息安全工程师		

续表 5-1-3

序号	职业资格名称	奖励档次	奖励金额
35	信息技术支持工程师		
36	计算机硬件工程师		
37	Oracle 数据库中级认证（OCP、OCM 等）		
38	微软中级认证（MCSA、MCAD、MCSE、MCSD 等）		
39	IBM 中级认证（AIX、DB2、Informix 等）		
40	思科中级认证（CCNP、CCIE 等）		
41	华为、H3C 等中级认证（HCSE、HCIE、H3CSE、H3CIE 等）		
42	易安信（EMC）中级认证（EMCTA、EMCISA、VCP 等）		

至 2016 年末，县联社全辖 324 名干部职工中，已具备研究生学历的 2 名，大学本科学历的 215 名，大专学历的 91 名，中专学历的 7 名，高中学历的 9 名。其中大学本科以上学历的职工占比为 66.97%，大专学历的职工占比为 28.09%。

与农业银行脱钩前的各类培训

本县农村信用合作社成立初期，职工大多来自农村，从未涉及金融业务。其后历经数十年发展，出于体制变更等多种因素，系统内亦无农金专业院校毕业的学生，故而职工政治、业务培训工作仍是上级业务主管部门的一项重要任务。早年，中国人民银行在《关于当前信用合作工作目标的报告》中指出，对于农村信用合作社的干部，应给予必要的训练。训练方式一般采用以县为单位办短期训练班，以（银行）营业所为单位多开小型会议，总结和交流经验。

1954 年，参加中共金华地委举办两期信用合作干部训练班的银行、区乡及合作社干部计 41 名。是年 7 月，中国人民银行浦江县支行举办第一期农村信用合作干部训练班，参训信用合作干部共 119 名，为全县普遍建立农村信用合作社做好人力资源准备。

1956 年，中国人民银行浦江县支行又举办会计训练班四期，参训干部 75 名；举办农村金融干部训练班四期，参训干部 40 名；举办农村信用合作社理事主任训练班两期，参训干部 150 名；举办农村信用合作代表训练班一期，参训信用合作代表 95 名；举办农村信用合作社骨干训练班两期，参训骨干 150 名。

1961 年 8 月，中国人民银行义乌县支行举办信用分部会计短训班，组织学习农村信用合作社工作条例（草案）和会计制度。

1977 年 5 月，中国人民银行浦江县支行举办毛主席著作（第五卷）学习班。

1979 年 1 月，中国人民银行浦江县支行举办行社业务训练班，参训的农村信用合作社干部职工为 29 名。

1980 年 2 月，中国农业银行浦江县支行组织行社干部业务培训。3 月，举办会计人员训练班，参训的有各营业所、农村信用合作社主管会计人员 30 名。是月中旬，举办农金员业务训练班，各营业所农金员和农村信用合作社外勤人员参训。是月下旬，又举办出纳人员训练班，各营业所、农村信用合作社社 30 名出纳人员参训。9 月，在召开出纳工作会议期间，组织岗位练兵和技术能力测试及出纳业务技术考核。11 月，遵照上级“对一切能够参加学习的银行、农村信用合作社干部职工，要进行全员培训”的指示精神，组织行、所、社农金外勤人员 23 名开展业务学习培训。

1981 年，中国农业银行浦江县支行开办银行业务夜校，逢每周一晚间组织业务学习，每月 8 日至 14 日举办业务专题讲座。是年 6 月 23 日至 7 月 22 日，举办第一期业务培训班，93 名行、所、社农金外勤人员、会计员及信用合作社主任参训。

自 1982 年 9 月 7 日起至 10 月 22 日，连续举办三期金融干部训练班，组织行、社干部职工轮训，每期训练 10 天。

自 1983 年 4 月起，对上年度新招及退休补员职工进行为期三个月的培训。

1984 年 5 月，对 145 名所、社会计、出纳、农企信贷员进行为期一个月的业务培训，其中农村信用合作社会计、出纳、农企信贷员 100 名。

1987 年 3 月，举办行社会计、出纳员培训班，其中农村信用合作社会计、出纳员培训班共四期，组织学习会计、出纳基本制度和会计、出纳人员责任制。

1988 年 2 月，组织举办业务技术职称考试辅导，有 68 名农村信用合作社干部职工参与。3 月，组织第二次技术职称考试集中培训，有 67 名农村信用合作社干部职工参训。4 月，组织上年 12 月进社新职工参加为期 25 天的培训。10 月，举办短期财务培训班，县联合社各办事组副组长、会计辅导员和农村信用合作社主任、主办会计及分社会计员参加培训。

图 5-1-7　农业银行、农村信用合作社会计出纳培训班合影(1987.3)

1989 年 10 月至 11 月，举办廉政、法制轮训班四期，银行职工、农村信用合作社正、副主任共 100 余人参加轮训。

1990 年，中国农业银行浦

图 5-1-8　全县农村信用合作社主任、会计培训班合影（1988.10）

江县支行举办农村信用合作社会计、信贷员培训班两期，同时对 13 名社主任进行岗位培训。

1992 年 9 月，县联合社举办农村信用合作社会计达标升级业务培训班，组织学习职业道德、有关规章制度和会计达标具体要求等项内容，26 名社主任和会计员参加培训。

1993 年 5 月中旬至 6 月中旬，组织上年度招收的 10 名新职工参加全市农信系统业务培训。9 月中下旬，156 名干部职工参加由县联合社举办的三期财会制度改革培训班，集中学习新财务制度、会计制度及借贷记账法等。

1994 年 5 月，举办由各片区稽核辅导员、主办会计参加的自办县辖往来结算培训班。6 月，又组织各社记账员参加同一内容的培训。

1995 年 5 月初，组织 30 名社主任、信贷员开展资产负债比例管理、抵押物登记管理及法律知识培训。中旬，组织 30 名通讯员开展信息报道知识培训。下旬，组织各社主任开展政治思想工作、职业道德及劳资政策培训。

1996 年 6 月下旬至 7 月初，中国农业银行金华市分行连续举办安全员业务知识培训班五期，本县农村信用合作社 25 名安全员参加培训。

新职工培训

1987 年 6 月县联合社成立之前，凡农村信用合作社新招职工，均由主管行组织进行思想政治教育和业务基础知识培训。

县联合社成立后，根据劳动制度改革精神，对农村信用合作社新招职工，均实行“先培训后就业”，由县联合社自行组织进行上岗前或上岗后的集中培训。

2002 年 6 月末至 7 月初，县联合社组织农村信用合作社信贷管理岗位的 8 名职工，参加由浙江金融职业学院成教分院举办的业务培训。10 月末至 11 月初，县联合社又组织 8 名新职工参加仍由该院举办的业务培训。

2012 年 6 月，县联合社首次委托嘉兴市杰森企业管理咨询有限公司，对 20 名新职工进行为期一个月的系统性业务培训。培训结束后，实习一个月正式上岗。

图 5-1-9　农村信用合作社新职工培训班师生合影（1985）

图 5-1-10　农村信用合作社新职工培训班师生合影（1987.9）

图 5-1-11　农村信用合作社新职工培训班师生合影（1988）

图 5-1-12　县联社统招新职工赴嘉兴培训场景（2016.5）

2013 年 7 月，组织是年上半年进社的 29 名新职工开展柜面业务知识培训。

2014 年 5 月，委托浙江金苑培训中心对 14 名新职工进行为期 20 余天的业务技能培训。6 月，组织上年及是年新招聘职工进行业务培训，受训计 107 人次。是月下旬至 7 月中旬，仍委托浙江金苑培训中心对原身份为大学生“村官”的 2 名新职工进行业务培训。9 月，组织 2011 年以后进社的 78 名职工开展行为教育及行规行约培训。

2015 年 5 月末至 6 月下旬，委托浙江金苑培训中心培训新职工 3 名，培训内容主要是会计基础、信贷操作流程、安全保卫、业务技能及柜面服务礼仪等项。7 月，组织是年新进社职工开展从业人员素质、职业修养、合规意识培养和业务操作流程、电子银行业务及消防安全知识培训。

2016 年 4 月，委托嘉兴市杰森企业管理咨询有限公司培训新职工 41 名。培训内容主要是储蓄、出纳、信贷、结算等项业务和安保知识及业务技能。5 月，组织新职工参加柜面业务知识、风险合规理念、职业道德、安保知识、业务技能等指导和培训，复开展日常服务礼仪演示和练习。是月末，组织 1982 年以后出生的 160 名职工举办“职业精神”教育培训讲座。

会计出纳业务培训

自 1989 年 2 月起至 2003 年 9 月，县联合社举办多期会计出纳业务培训班。

其中，1993 年利用自身师资分期举办新财会制度改革培训班，培训农村信用合作社主任、会计员、信贷员和记账员，系统讲授从会计

图 5-1-13　全县农村信用合作社会计出纳业务培训班师生合影（1991.6）

准则、财务通则到农村信用合作社财会制度，从借贷记账法原理到会计报表填制等多项内容，为 1994 年 1 月起全面实行借贷记账法与国际接轨做好充分准备。2004 年 6 月，始分期举办人民币反假知识培训。上述两项业务培训规模之大、受训职工之多，乃前所未有。

2005 年至 2016 年，县联社共组织举办会计出纳相关业务培训数十期次，受训者之多亦超过以往。详见下表：

表 5-1-4　　2005 年至 2016 年会计出纳业务相关培训情况统计

培训时间		业务培训内容	参训人员	参训人数
年度	月份			
2005	5～6	人民币银行结算账户管理系统和大额支付系统业务培训		
	9～10	丰收卡业务知识培训和会计从业资格培训		
2008	5	银行汇票和第三方存管业务知识培训	各网点主任、会计员、信贷员	
	11	华东三省一市银行汇票业务培训	各网点主办会计、会计人员及综合柜员	
2011	11	上解款项“五好钱捆”标准整点培训		
2012	2	全国存量个人人民币银行账户相关身份信息真实性核实工作培训	委派会计、各网点会计人员	
	3	电子档案管理系统和远程授权系统操作培训	各网点会计人员	39
	5	柜面业务操作培训	各网点柜员	139
	6	反洗钱、反假币及人民币收付业务培训	财务会计科相关人员、委派会计及各网点会计人员	
	9	人民币结算账户业务培训	各网点会计人员	62
	10	会计人员业务操作和清算业务合规培训		
2013	1	ATM 机管理、吞没卡处理及错账处理等业务培训	网点会计人员及 2010、2012 年进社职工	50
	3～4	柜面业务知识和综合业务系统操作流程培训	财会科技科相关人员各网点临柜人员	
	5	网上支付跨行结算系统业务培训		
	7	人民币结算账户管理和清算业务合规培训		
	9	代理乡镇财政国库集中支付业务操作培训		

续表 5-1-4

培训时间 年度	培训时间 月份	业务培训内容	参训人员	参训人数
2014	3	柜面操作风险及国库集中支付业务培训		
	6	第二代农信银支付清算系统、人民币结算账户管理及反洗钱业务培训	科室人员、各网点综合柜员	148
	8	“贴心存”定期储蓄操作规程和移动终端业务操作规程培训	科室人员、各网点综合柜员	
		柜面风险防范为主要内容的安防大讲堂培训	各网点临柜人员	124
	10	定活互转业务操作规程培训	相关科室人员、网点临柜人员	116
2015	3～4	柜面业务操作风险防范及其重要性专题培训	相关科室人员、网点主办会计及临柜人员	
	6～7	清算业务知识暨丰收卡对账簿业务和柜面业务操作风险防范专题培训		
	10	临柜业务操作风险培训和高风险业务案例警示教育	35 周岁以下的干部职工	144
2016	2	人民币结算账户管理和中间业务知识培训	各科室及事后监督中心、清算中心人员，各网点临柜人员	131
	3	结算业务和远程授权业务培训		
	5	重要物品、现金收付业务培训	各网点临柜人员	129
	7	存款及特殊业务培训	各网点临柜人员	131
	11	账户与支付新规培训	各网点负责人、客户经理、会计主管及临柜人员	268

计算机应用及科技信息培训

1990 年 12 月，县联合社营业部开通电脑微机清算业务。1992 年 9 月至 2003 年 11 月，先后举办计算机业务培训班 9 期，全员参训。从计算机储蓄业务到对公业务，从硬件使用到设备保养，从前台操作到事后监督，从一般结算到综合业务信息系统，对领导骨干和一般职工是一次全面的计算机业务知识普及。

2001 年 8 月，县联合社全辖农村信用合作社 100 余名干部职工参加计算机综合业务系统培训。

2007 年至 2016 年，县联社共举办计算机应用及科技信息相关业务学习培训计 20 余期次。详见下表：

表 5-1-5　　2007 年至 2016 年计算机应用及科技信息相关培训情况统计

培训时间		业务培训内容	参训人员	参训人数
年度	月份			
2007	5	非信贷资产风险分类培训和联网核查居民身份信息系统业务培训		
	7	第一、第二期：综合业务系统会计业务管理与操作培训		
		第三期：综合业务系统信贷业务培训		
2012	11	网上银行业务培训	各网点负责人、客户经理及会计人员	
2013	2	手机银行业务培训	相关科室人员，各网点主任、客户经理及会计人员	
	3	业务知识培训（邀县农业局领导同志现场授课）	科室负责人、业务科室相关人员，各网点负责人、客户经理	81
		柜面业务知识学习培训	各网点柜员	138
	4	统计和贵金属基础知识、贷记卡业务、网银及理财业务培训	相关业务科室人员，各网点负责人、客户经理及会计人员	
2014	3	科技信息安全和风险防范、计算机安全信息管理暂行规定及相关制度等学习培训	各网点会计人员、综合柜员及客户经理	51
2015	6	丰收卡行业应用及社保卡贷记卡业务知识学习培训	清算、事后监督中心相关人员及各网点会计人员、综合柜员	116
	8	丰收购电商平台业务知识学习培训	各网点负责人	
	9	银行卡、银联卡识别及 EMV 受理操作培训	新增特约商户收银员	97
	10	信息平台使用操作培训	各网点负责人、客户经理及微贷中心人员	
	11	网点计算机设备常见问题说明 UPS 操作及维修等知识学习培训	各网点综合柜员	60
2016	5	计算机设备及基础知识学习培训	各网点计算机安全员	31
	7	“互联网＋”风口下电子银行业务发展和 CRM 系统及风格化管理培训	中层干部及客户经理	92
	8	POS 机业务日常管理及丰收购丰收家业务培训	客户经理	50
	9	信用卡业务知识学习培训		

信贷与合规业务培训

自1989年3月起至2004年11月，县联合社累计举办信贷业务培训班23期，学习培训主要内容为法律法规、信贷管理规范、资产负债比例管理、信贷支农及新业务品种等，共有890人次参训。

2005年至2016年，县联社共举办信贷与合规相关的业务学习培训计40余期次。详见下表：

表5-1-6　　2005年至2016年信贷与合规业务相关培训情况统计

培训时间		业务培训内容	参训人员	参训人数
年度	月份			
2005	9	贷款风险五级分类及丰收卡业务培训		
2006	2	新版信贷合同文本操作使用知识培训		
	4	贷款五级分类培训	县联社贷委会成员、相关科室人员、各网点负责人、信贷员及会计人员	
2007	2	新一代综合业务系统数据清理工作培训		
	5	非信贷资产风险分类培训	相关科室人员，各网点信贷员	80
		联网检查居民身份证信息系统业务处理及相关规章制度学习培训	各网点负责人、会计人员	
2008	3	信贷从业人员资格考试培训	信贷人员	
	8	信贷业务培训		70
2009	8	邀张明霞主讲《柜面法律风险规范》《商业银行信贷法律管理实务》	全员	
	9	邀巴伦一主讲《信贷业务尽职调查及营销技巧》	相关科室人员，各网点信贷员	
2010	6	“三办法一指引”专题培训	相关科室人员，各网点主任及信贷员	
2011	12	风险防范和案件防控培训		
2012	5	客服业务培训	各网点客户经理	
	8	统计业务培训		
	9	理财业务培训	相关科室人员，各网点主办会计及客户经理	
	10	风险合规业务培训	相关科室人员及客户经理	
	11	赴富阳市农合银行学习微贷技术	相关人员	6

续表 5-1-6

培训时间		业务培训内容	参训人员	参训人数
年度	月份			
2013	3	信贷业务知识学习培训（邀县农业局领导同志授课）	信贷人员	
	4	贷记卡、网银、贵金属等业务知识学习培训	相关科室人员，网点负责人、客户经理及会计人员	70
	8	客户授信业务管理系统知识学习培训	各科室人员，网点负责人及客户经理	80
		存量信贷客户信息录入、审批实际操作培训及信贷业务培训	各网点负责人及客户经理	
	9	统计业务、征信管理及贷款操作业务培训		
	12	丰收 IC 借记卡业务培训	网点负责人、会计人员及柜员	127
		客户经理业务理论和技能考试		
2014	3	保险从业知识学习培训	客户经理	46
	7	理财产品销售相关知识学习培训	网点负责人及客户经理	85
	8	信贷业务风险、案件易发环节风险防范工作培训	网点负责人及客户经理	65
		行为教育培训		63
	10	信贷风险预警与监控、不良贷款清收处置及法律风险防范培训	相关科室人员，各网点负责人及客户经理	77
2015	4	普惠快车业务知识学习培训	信贷人员及相关管理人员	28
	5	贷款利率定价管理系统应用业务培训	各网点客户经理	
	8～9	以信贷业务操作、借款人准入和柜面业务操作为主要内容的合规“三性”培训	各网点人员及 35 周岁以下的青年职工	102
	10	理财产品销售知识学习培训	各网点综合柜员、会计人员及客户经理	85
2016	4	信贷业务培训	联社业务管理、电子银行等科室人员，各网点负责人、客户经理及会计助理	109
	5～6	丰收小站业务操作培训	客户经理、丰收小站站长	
	6	风险管理系统业务操作培训和授信文本、五级分类、企业流动资金需求测算及财务报表分析等业务培训	各网点负责人及客户经理	80
		计算机辅助审计系统操作要点、员工行为和信贷业务风险点培训	各网点负责人	

续表 5-1-6

培训时间		业务培训内容	参训人员	参训人数
年度	月份			
2016	7	不良贷款分析及风险管理对策研究工作培训	中层干部、客户经理	92
	8	运营条线风险点、信贷业务相关风险点及高风险行为防范等培训	全员	
	11	网点积分管理系统、移动平板普惠通应用培训	各网点负责人、客户经理及会计人员	114
	12	年度风险合规业务培训	1982 年以后出生的职工	125

安全保卫培训

自 1993 年 7 月至 2004 年 11 月，累计举办安全保卫培训班 22 期，主要内容涉及安全形势分析、评估，安保人防、物防和技防，防抢、防盗、防火演练，经济民警实弹射击等诸多方面，受训 4000 余人次。

2005 年 10 月，经济护卫队员悉数参加经警治安培训。

2006 年 3 月，举办消防安全培训班。

2007 年 6 月，开展全员义务消防培训。

2008 年 5 月，全体保安人员参加安保培训。11 月，组织全员参加安保知识学习培训。全员参加内控防范教育大会。

2009 年 8 月，举办社会化押运操作培训班，各相关科室和网点人员参训。

2010 年 11 月和 2012 年 9 月，两次举办全员性安保和消防知识培训班。

2013 年 6 月，228 名干部职工参加安防、消防及用电相关业务知识培训。8 月，组织各网点人员开展各项应急预案演练，培训 235 人次。9 月，举办安保和消防知识培训班，139 名干部职工参加培训。

图 5-1-14　全员安保、消防、用电安全业务知识学习培训（2014.5）

2014 年 5 月，组织全员开展安防、消防及用电安全相关业务培训，受训 262 人次。

2015 年 3 月，举办防范电信诈骗专题培训，网点临柜人员、保安人员 150 人参加培训。5 月，各网点主任、安全员共61人参加“心防工程”活动和防范通信（网络）诈骗、消防安全及用电知识培训。6月，举办全员性安防、消防、用电及急救知识培训，并组织联社机关64名职工，开展机关大楼应急疏散逃生及灭火演练。11月，全体员工参加安防、消防、用电及急救知识培训。

图 5-1-15 县联社机关大楼开展灭火演练（2015.6）

2016年4月和11月，分两次举办全员性安防、消防、用电及急救知识学习培训。

第四节 专业技术职称与职务管理

专业技术职称评审

专业技术职称，是指经专业技术职称评审机构评审的系列专业技术职称。是专业技术人员的专业技术水平、能力以及成就的等级称号，是反映专业技术人员技术水平、工作能力的标志。专业技术职称评审是以学识水平、业务能力和工作成就为主要依据，并适当考虑学历和从事专业工作的资历。评定干部、职工业务技术职称是农村金融队伍的一项基本建设，关系到发掘人才，合理使用人才，充分发挥专业人员积极性，亦关系到每个业务工作者的切身利益。

1982年10月，中国农业银行浦江县支行印发关于认真搞好业务职称评定工作的通知，指出评定业务技术职称是30余年来银行干部工作的一项重大改革。11月，县支行成立由9人组成的业务技术职称评审委员会，主任朱耀春，副主任陈美红、任承湘。各专业股、营业所亦相应成立业务技术职称评审小组。

1983年6月和8月，中国农业银行浦江县支行先后印发关于经济员（会计员）等业务职称评定工作的通知和补充通知。其中，农村信用合作社34名干部职工符合申报条件。各营业所评审小组分别对辖属农村信用合作社可参评人员开展评审，推荐助理经济师、助理会计师及经济员、会计员，报县支行评审委审核，复报金华地区中心支行职改委及人事科审批。后因故评审工作暂且搁置。

1987年7月，中国农业银行浦江县支行转发总行关于会计（出纳人员）专业职务任职条件的意见，明确会计员、助理会计师、会计师的任职条件。11月，浙江省分行转发总行关于农村信用合作社实行专业技术职务聘任制度的通知，将农村信用合作社职称改革工作列入议事日程。县联合社成立职称改革工作领导小组办公室（简称职改办），农村信用合作社的职称改革工作以县联合社为主，具体由县联合社职改办负责。自此始，全县农村信用合作社的职称评聘工作正式拉开帷幕。是年12月，中国农业银行金华市支行发文确认季宗池具备助理会计师任职资格。

1988年5月，经中国农业银行金华市支行批准同意，成立由6人组成的县联合社技术职称评审委员会，浦江县支行副行长张祖荣兼评审委主任。是年，中国农业银行金华市支行下发金农银职改委4号、16号文，确认石箫何等4人具备经济师任职资格；宋良根具备会计师任职资格。

1989年2月，县联合社根据中国农业银行金华市支行发文，确认周欣民等13人具备助理经济师任职资格，陈明等4人具备助理会计师任职资格。4月，确认季宗池具备经济师和会计师任职资格。6月，确认黄必勋具备经济师任职资格。9月，确认赵根法等3人具备助理经济师任职资格，楼基设等5人具备助理会计师任职资格。

1990年7月，中国农业银行金华市支行批复，浦江县支行专业技术职务评审委员会由9人组成，主任楼基贤，副主任张祖荣。11月，确认徐建一、盛伟深具备助理经济师任职资格。12月，县联合社下发关于专业技术人员考核结果的通报，全县农村信用合作社有经济（会计）师6名，助理经济（会计）师19名，经济（会计）员60名。

1991年4月，确认黄明生、黄遵挺具备助理经济师任职资格，张根莉具备助理会计师任职资格；朱华有具备经济员任职资格，陈巧琴等2人具备会计员任职资格。7月，根据国家人事部有关规定，经济员任职资格考试由地方人事（职改）部门统一组织。此后，系统内经济员职务任职资格评审或考试工作不再进行。

自1992年始，农村信用合作社专业技术职务资格确认采用系统内评审（政工类参加地方评审）与参加地方人事、财政部门组织的全国技术职务资格统考相结合。参加全国统考的人员，凭人事、财政部门发布的考试合格文件，到县联合社人事部门登记。12月，确认宣明炎具备助理政工师任职资格。至年末，全县农村信用合作社有经济师5名、会计师1名，助理经济师7名、助理会计师14名，经济员21名、会计员41名。

1993年3月，中国农业银行金华市支行批复，同意调整后的浦江县支行专业技术职称考评委员会由9人组成，张祖荣为主任委员，张若梓、陈伟清为副主任委员。确认楼国强具备助理经济师任职资格。10月，确认徐建一、吴怀德具备经济师任职资格；确认徐星有等5人具备初级专业技术职务任职资格。

1994年10月，张必军参加全国统考合格，具备会计师任职资格。

1995年9月，县联合社发文，自1994年12月起，确认陈乃曹、赵根法、丁长辉具备经济师任职资格；确认洪利明等2人具备助理经济师任职资格，陈巧琴等3人具备助理会计师任职资格。

1999年7月，县联合社专业技术职称评审小组成立，徐建一任组长，宣明炎、季宗池、王天佑、张必军为成员。8月，发文确认陈巧琴、金冬英自1997年5月起为会计师；傅仙元等13人为助理会计师；周群文等15人为会计员；黄一凡等43人具备初级经济专业技术任职资格。10月，王才有等11人通过初级会计专业技术资格考试。

截至1999年底前，经考试合格的人员发文公布。2000年以后不再发文公布，人事部门仅作职工档案登记。

2000年4月，确认贾明东等5人自1999年11月起具备中级经济专业技术任职资格；徐云燕等14人具备初级经济专业技术任职资格，张雄鹰等8人具备初级会计专业技术任职资格。10月，吴江英通过中级会计专业技术资格考试；张玲燕等4人通过初级会计专业技术资格考试。

2001年3月，发文确认王才有等5人、徐祖江等8人分别通过2000年度全国中级、初级经济专业技术资格考试。5月，确认邵浩然自2000年9月起具备初级经济专业技术任职资格。9月，确认金士华等5人自2000年11月起具备中级经济专业技术任职资格，张深波等8人、罗仙坪等14人分别具备初级经济、会计专业技术任职资格。12月，确认吴萍萍、方春成分别具备初级经济、会计专业技术任职资格。年末，全县农村信用合作社有191名职工具备专业技术职务资格，其中中师39名，助师101名，员级51名。

2002年8月，确认黄明生等10人自2001年11月起具备中级经济专业技术任职资格，洪小虎等2人自2001年5月起具备中级会计专业技术任职资格；任春霞等6人、周宣等8人分别具备初级经济、会计专业技术任职资格。

2003年11月，确认黄林祥具备中级政工专业职务任职资格。12月，确认虞真良等12人、黄云英自2002年11月起分别具备中级经济、会计专业技术任职资格；童萍娟等2人、江森林等5人分别具备初级经济、会计专业技术任职资格。魏宝英具备中级会计专业技术任职资格。

2004年3月，陈长生等30人通过中级经济专业技术资格考试，任职资格自2003年11月算起；金娇赟等5人、杨玲玲等2人分别通过初级经济、会计专业技术资格考试。9月，方猛等3人通过中级会计专业技术资格考试。

2005年9月，傅仙元通过中级会计专业技术资格考试。

2007年7月，邵浩然等3人通过理财规划师资格考试。11月，吴立邦等2人通过中级经济专业技术资格考试。12月，经浙江省高级经济师职务资格评审委员会评审，确认王才有具备高级经济师任职资格。

2009年4月，陈文斌、杨玲玲通过2008年度全国经济师职称资格考试。12月，童萍娟通过中级会计专业技术资格考试。

2010年3月，黄为兴通过2009年度全国中级经济专业技术资格考试。

2011年3月，黄为兴等3人通过初级会计师职称资格考试，金娇赟通过2010年度全国中级会计师职称资格考试。

2013年，陈怡莉通过中级经济师职称资格考试。

2014年，陈妍妍等2人通过中级经济专业技术资格考试；黄月霞等3人通过中级审计专业技术资格考试；张强等3人通过初级经济（会计）专业技术资格考试。

2015年4月，县职改办确认陈文斌具备中级政工专业技术任职资格。县联社通报职工取得职业资格情况：李九良具备律师资格；郑妙妙具备法律执业资格；傅仙元等3人具备国际注册内部审计师资格；李巧萍等3人具备二级企业人力资源管理师资格；杨玲玲具备国际高级人力资源管理师、二级企业人力资源管理师资格；杨巨钢等8人具备国际注册内部控制师资格；徐珊珊具备金融理财师、国际金融理财师资格；郑皓月等2人具备金融理财师资格。

自1987年12月始至2005年通过系统、地方评审，全县农村信用合作社取得专业技术职务资格的有中级经济（会计）师74人次，助理经济（会计）师78人次。自2006年始通过评定，有高级经济师职称的1名，通过参加评定和全国统考取得中级专业技术职称有63人次，助理经济师51人次。

至2016年末，县联社在岗职工共324人，其中，具备高级专业技术职务资格的1人，具备中级专业技术职务资格的63人，具备助理（初级）专业技术职务资格的51人。中师占比为19.44%，助师占比为15.7%。

表5-1-7　　1988年至2015年取得高、中级专业技术职务资格人员名录

年份	专业技术职务	人数	资格取得方式		取得专业技术职务资格人员姓名
			评审	考试	
1999	高级经济师	1	√		詹兴云（调入）
2007		1	√		王才有
1988	经济师	4	√		石箫何　张寿生　李家彬　楼永海
	会计师	1	√		宋良根
1989	经济师	2	√		季宗池　黄必勋
	会计师	1	√		季宗池
1993	经济师	2	√		徐建一　吴怀德

续表 5-1-7

年份	专业技术职务	人数	资格取得方式		取得专业技术职务资格人员姓名
			评审	考试	
1994	经济师	3	√		陈乃曹 赵根法 丁长辉
	会计师	1		√	张必军
1997	会计师	2		√	陈巧琴 金冬英
1999	经济师	5		√	吴小君 赵群霞 王永清 贾明东 黄一凡
2000	会计师	1		√	吴江英
	经济师	5		√	张雄鹰 金士华 傅仙元 王才有 楼国强
2001	经济师	10		√	黄明生 张玲燕 张根莉 朱华有 郑元仙 徐云燕 黄云英 许美珍 张法远 胡 颖
	会计师	2		√	李巧萍 洪小虎
	政工师	1	√		朱华有
2002	会计师	1		√	黄云英
	经济师	12		√	虞真良 朱立群 周盛晏 张小兰 陈伟梁 徐忠清 傅大悦 傅爱芳 吕晓峰 郑丽华 朱旭民 王天佑
2003	政工师	1	√		黄林祥
	会计师	1		√	魏宝英
	经济师	30		√	陈长生 陈国强 陈忆萍 戴纪律 戴建文 傅根木 洪 巧 洪 咏 黄红英 黄能光 黄雄伟 贾一帆 李艳飞 楼旭东 吕理锋 邵浩然 吴斌勇 吴江英 吴旗红 吴旭明 项伟历 徐东升 徐福东 徐秀艳 薛伟先 俞 立 张莉萍 张小洁 郑梦林 周霞莲
2004	会计师	3		√	方 猛 黄顺明 周东明
2005	会计师	1		√	傅仙元
2007	经济师	3		√	吴立邦 许云龙 黄震宇
	理财规划师	3		√	邵浩然 张中伟 杨巨钢
2008	经济师	2		√	陈文斌 杨玲玲
	理财规划师	11		√	周东珍 周旭光 傅欢笑 楼建华 胡 彦 罗仙坪 黄海东 张桂英 李艳飞 黄震宇 季新团

续表 5-1-7

年份	专业技术职务	人数	资格取得方式		取得专业技术职务资格人员姓名
			评审	考试	
2009	经济师	1		√	黄为兴
2010	会计师	1		√	金娇赟
2011	会计师	1		√	吴玉娟
2013	经济师	1		√	陈怡莉
2014	经济师	2		√	陈妍妍 陈毅锋
	审计师	3		√	黄月霞 金娇赟 赵丽霞
	政工师	1	√		陈文斌
2015	律师	2		√	李九良 郑妙妙
	国际注册内部审计师	3		√	傅仙元 赵丽霞 张强
	二级企业人力资源管理师	4		√	李巧萍 于翠平 周燕萍 杨玲玲
	国际高级人力资源管理师	1		√	杨玲玲
	金融理财师	3		√	徐珊珊 郑皓月 张婉娟
	国际注册内部控制师	8		√	杨巨钢 周旭光 方猛 郑永义 陈晓晓 张红英 黄月霞 吴赛君
	国际金融理财师	1		√	徐珊珊
2016	网络工程师	1		√	陈坦
	软件设计师	1		√	沈青源

专业技术职务聘任

专业技术职务是根据实际工作需要而设置，有明确职责、任职条件和任期，并须具备专门的业务知识和技术水平才能担负的工作岗位。专业技术职务聘任是在定编定员基础上，确定高、中、初级专业技术职务的合理结构比例，由行政领导在经过评审委员会认定的符合相应条件的专业技术人员中聘任或任命，有一定的任期，在任期间领取专业技术职务工资，仅在本单位内有效。农村信用合作社专业技术岗位设置，以当地信用合作社的业务量、机构网点多少和职工人数为依据，坚持评聘一致原则，设岗数与当地商品经济发展、本社业务量相适应原则及有利于专业技术人才稳定原则。

1989年4月，县联合社发文，试聘石箫何、张寿生、李家彬、楼永海为经济师，宋良根为会计师；试聘周欣民等13人为助理经济师，陈明等4人为助理会计师。7月，试聘黄必勋为经济师。9月，试聘楼基设等5人为助理会计师，吴怀德等3人为助理经济师。

1991年7月，县联合社发文，聘任张寿生等4人为经济师；周欣民等12人为助理会计师，陈明等9人为助理经济师；何鱼嫦等37人为会计员，朱文德等22人为经济员。

1993年10月，中国农业银行浦江县支行发文，聘任徐建一为经济师。11月，县联合社聘任吴怀德为经济师；徐星有等6人为助理经济师，朱旭民等18人为助理会计师；虞真良为经济员，楼理宣等21人为会计员。

1997年3月，县联合社聘任陈乃曹等3人为经济师，张必军为会计师。

1998年11月，金华市农金体改办聘任徐建一为经济师，季宗池为会计师；黄林祥为助理经济师，宣明炎为助理政工师。至是年末，专业技术职务聘任119人，其中经济师5人、会计师1人；助理政工师1人、助理经济师14人、助理会计师27人；会计员56人、经济员14人。已获专业技术职务资格但未聘用的17人（其中会计师2人、助理会计师4人、会计员11人）。

1999年6月，金华市农金体改办印发全市农村信用合作社专业技术职务岗位设置暂行规定和聘任管理办法。

2000年4月，县联合社聘任陈巧琴为会计师；吴斌勇等39人为助理经济师，吴江英等17人为助理会计师；张为民等17人为经济员，吴立邦等14人为会计员。续聘吴怀德等4人为经济师，张必军为会计师；郑定良等11人为助理经济师，张融融等23人为助理会计师；陈兴地等12人为经济员，项伟历等19人为会计员。

2001年7月，县联合社聘任王永清等3人为经济师。10月，浙江省信用合作协会下发关于加强专业技术职务管理工作的意见，明确提出要合理设置岗位、择优聘任专业技术职务。做好专业技术职务聘任资格和职称外语统一考试工作，规范专业技术人员评审推荐及严格考核等措施，加强聘后管理，并提出县联合社高、中级职数设置原则。金华市农金体改办聘任徐建一等3人为经济师；黄林祥为助理经济师。11月，县联合社聘任金士华等2人为经济师，金冬英为会计师；邵浩然等19人为助理经济师，张玲燕等6人为助理会计师；尹芝琴等3人为经济员，何爱华等5人为会计员。12月，金华市农金体改办聘任朱华有为政工师。

2002年6月，县联合社解聘楼国强经济师专业技术职务。9月，聘任吴小君等6人为经济师，吴江英等2人为会计师；张小洁等7人为助理经济师，周宣等7人为助理会计师；朱晓瑾等2人为经济员，童照峰等2人为会计员。

2003年6月，市信管办核定本县联合社高、中级专业技术岗位职数各1名。

2004 年 2 月，市信管办聘任徐建一、洪志强、王才有 3 人为经济师，黄林祥、朱华有为政工师。11 月，县联合社恢复聘任楼国强经济师专业技术职务。

至 2005 年末，县联社聘任中级专业技术职务 74 人，助理（初级）专业技术职务 78 人。中师的全员占比为 28.79%，助师为 30.35%。

2007 年 7 月，省联合社金华办事处聘任裘豪、王才有为经济师，黄林祥为政工师，许云龙为助理经济师。

2008 年 7 月，县联社成立专业技术职务评审小组，詹兴云任组长，王才有、黄林祥、许云龙为副组长。聘任詹兴云、王才有为高级经济师；黄林祥、朱华有为政工师；许云龙等 27 人为经济师，周东明等 8 人为会计师，张中伟等 3 人为理财规划师；童萍娟等 69 人为助理经济师，张艳等 31 人为助理会计师；郭真农为汽车驾驶专业高级技工；杨国强等 5 人为经济员，项伟历等 11 人为会计员。11 月，县联社特聘詹兴云为研究员。

2012 年 8 月，县联社聘任中级经济专业技术职务 25 人；聘任中级会计专业技术职务 4 人。聘任周旭光等 11 人为理财规划师。

至 2016 年末，聘任员以上专业技术职务 105 人次，其中高级职称 1 人次，中级职称 63 人次，助师 51 人次。

表 5-1-8　　1988 年至 2016 年具有助师以上专业技术职务任职资格统计

单位：人

年 份	员工总数	具备职称资格人数	占比（%）	专业技术职务资格		
				高 师	中 师	助 师
1988	188	10	5.32	0	5	5
1989	183	36	19.67	0	6	30
1990	186	36	19.35	0	6	30
1991	189	36	19.05	0	6	30
1992	203	37	18.23	0	6	31
1993	206	39	18.93	0	8	31
1994	219	51	23.29	0	11	40
1995	227	51	22.47	0	11	40
1996	228	51	22.37	0	11	40
1997	231	57	24.68	0	13	44
1998	230	107	46.52	0	13	94
1999	229	138	60.26	0	20	118
2000	235	138	58.72	0	26	112

续表 5-1-8

年　份	员工总数	具备职称资格人数	占比（%）	专业技术职务资格		
				高　师	中　师	助　师
2001	247	140	56.68	0	39	101
2002	242	147	60.74	0	52	95
2003	243	153	62.96	0	84	69
2004	246	158	64.23	0	76	82
2005	257	152	59.14	0	74	78
2006	270	150	55.56	0	74	76
2007	265	147	55.47	0	72	75
2008	253	142	56.13	2	67	73
2009	242	137	56.61	2	63	72
2010	256	139	54.30	2	66	71
2011	249	128	51.41	2	69	57
2012	263	128	48.67	1	72	55
2013	277	119	42.96	1	67	51
2014	287	121	42.16	1	68	52
2015	304	124	40.79	1	69	54
2016	324	115	35.49	1	63	51

第五节　工资与福利

1954年建社初期，农村信用合作社工作条例（草案）明确规定，对农村信用合作社专职干部的工资待遇，应当参照当地群众的生活水平，根据干部的工作表现，并考虑社内的财务状况，经社员代表大会讨论决定。可采取发放固定工资的办法，也可以采取基本工资加奖励的办法，非专职干部则根据其业务开展情况，给予一定报酬。干部因公受伤应当给予医治，死亡的应当给予丧葬，有病的应当给予适当医治；女干部产假期间的工资照发。是年9月，中国人民银行在《关于目前农村信用合作工作中几个主要问题的初步意见》中指出，信用合作社是建立在农民阶级互助的基础上，保证农民向社会主义方向前进的资金通融组织。信用合作社的干部设置，大体分为脱离生产的、半脱离生产的和义务制三种。待遇分薪金制、补贴制和奖励制。在补贴制和奖励制中又分定期和盈余提成两种办法。社干部待遇标准应根据以下原则：一是业务多少，贡献大小；二是与供销社、乡主要干部，小学教员等大体一致，不应悬殊太大；三是不经常办理业务的监事，不享受固定待遇，对功绩显著者可以给予适当的奖励金。

1955年3月，中国人民银行在关于今春农村金融工作安排的报告中指出，对信用合作社社干待遇，应视业务规模大小、收入多少、社干服务态度并参照乡村干部待遇标准，因地因社制宜，适当加以解决。是月13日，中国人民银行关于农村金融工作向中央的报告指出，经与中央农村工作部研究，信用合作社干部待遇应相同于乡干部。并采取以下办法：一是积极开展业务，扩大存款放款，增加收入；二是加强财务管理工作，节约开支；三是有不足时，国家银行给予补贴，是年准备补贴4000万元（按30万名社干计算，平均每一社干补贴130元，每月合11元）。是月16日，中国人民银行关于全国农村社会主义的总结报告指出，将信用合作社主任定为乡干部问题，待报请中央批准后另行通知，现应由党政统一管理。经济待遇则应在积极发展业务的基础上，有步骤地按社的收益大小分别解决。主任和会计的待遇最高不能超过乡干部，大体按信用合作社经常周转资金在5000元以上的，主任、会计均可实行薪金待遇；3000元以上的，会计可实行薪金待遇，主任最好由乡干部兼任并予以适当津贴；3000元以下的，原则上暂用补贴办法。对信用合作社其他人员，可按社章规定对成绩优良者给予奖励。是年10月，中国农业银行确定农村信用合作社干部待遇协作单位，一般可比照乡干部待遇办理。

1956年2月，中共中央批转中国人民银行党组关于农业银行分行行长座谈会报告，解决信用合作社干部待遇问题，须按业务多少合理确定社干人数，待遇标准一般不超过当地乡干部。7月，国务院领导同志在全国农村金融先进工作者代表会议上的讲话中指出，对于信用合作社干部的待遇也应注意适当改善，帮助他们解决困难，使之安心工作。原则上应该鼓励信用合作社积极开展业务，增加利差和手续费收入来解决。另外，信用合作社干部除主任或会计外，其余的还可以根据工作多少，适当参加农业生产，以增加个人收入。8月，中国农业银行浦江县支行印发关于信用合作社专职干部工资改革若干问题的指示，规定在当年4月份以前提拔批准的专职干部，工资则由4月份起进行补发，执行原工资在20元以上者每月补发5元，20元以下者每月补发4元。信用合作社专职干部工资还在18元以下的，应迅速给予调整提高，从调整工资时起发给，以前的不予补发。信用合作社专职干部医药福利待遇另行通知。

1957年，中共中央、国务院批转中国人民银行关于农村信用合作社若干问题的规定，明确农村信用合作社干部待遇（工资、口粮、副食品、日用品供应等），按照公社同级干部的待遇标准执行。信用合作社干部的工资由信用合作社支付；信用合作社脱产干部的口粮由国家供应。信用服务站站干除了信用合作社的工资补贴以外，公社和生产队不再给予其他补贴。11 月，根据中共中央是年 7 月批转中国人民银行党组“关于信用合作工作会议的报告”中“要求各地农村工作部今后继续加强对这一工作领导”的意见，中共浙江省委批转中国人民银行浙江省分行党组关于农村信用合作社领导及干部配备、工资待遇问题的请示报告。信用合作社干部的工资待遇，应掌握以下原则：一是根据民主办社、勤俭办社的方针及信用合作社业务开展情况、经济力量可能；二是干部德才兼备的条件；三是不脱离当地群众生活水平，在具体操作中最高不能超过一般乡干部的工资待遇，如有个别特殊情况必须超过的，须经当地党委研究批准。原来中共浙江省委报告中“20 元至 25 元”的规定，可以作为一般发放标准。

1961 年，全县农村信用合作社干部工资标准在每月 24 元至 30 元之间。

1962 年 8 月，国务院批转中国人民银行的请示报告，农村信用合作社干部口粮全部由国家供应。11 月，中共中央、国务院批转关于农村信用合作社若干问题的规定（试行草案），明确农村信用合作社的干部脱离生产，其待遇包括工资、口粮、副食品和日用品供应等，按照公社同级干部的待遇标准执行。

1963 年 3 月，中国人民银行在关于农村信用合作社干部口粮和副食品、日用品供应情况的报告中指出，目前农村信用合作社脱产干部口粮还没有全部解决的地区，应当根据 1962 年 8 月国务院批转中国人民银行关于农村信用合作社干部口粮问题的请示报告，全部由国家供应。农村信用合作社干部的副食品、日用品等，也要按照公社同级干部的待遇标准，由商业部门供应。是月，义乌县信用合作社费用管理暂行办法规定，农村信用合作社费用开支由各社社务管理委员会与银行营业所共同督促管理，费用预算经社务管理委员会审核、营业所批准方得开支。按核定的主任、会计固定工资，于每月 10 日一次支付。福利费方面，补助费限于专职干部家庭困难补助，由本人申请，经社务委员会提出意见，公社审查，报营业所审批。医药费以社内脱产干部个人治病为限，每人每月在 1.50 元的限额内掌握，并须医院证明。社干到县内或本公社以外参加会议或汇报工作，在 10 华里以上的可报支汽车、火车费，凭车票报销。脱产干部搭伙费可按每人每月 1.50 元列支。10 月，中共中央、国务院批转中国人民银行关于整顿农村信用合作社、打击高利贷的报告的指示中指出，农村信用合作社干部待遇，原则上应当同农村基层供销合作社干部的待遇一致起来。农村信用合作社脱离生产的专职干部，其工资标准由各省分行和劳动厅（局）根据中共中央、国务院指示原则，结合本地区的具体情况协商拟定。其工资等级，应当按照批准的工资标准，根据干部本人的现任职务和德才条件，并适当照顾其工作年限进行评定。其奖金，一部分按脱离生产专职干部标准工资总额的 3% 提取，每月在业务收入中开支；另一部分年终从信用合作社的盈余收入中开支，作为部分奖金的补充，其最高额不得超过脱离生产干部标准工资总额的 3%（二者合计最高不得超过 6%）。其福利待遇，按脱离生产专职干部标准工资总额的 5% 提取医疗补助费；按脱离生产专职干部标准工资总额的 2.5% 提取福利补助费；病假期间的生活待遇按照国务院〔1955〕国秘字第 245 号命令附发关于国家机关工作人员病假期间生活待遇试行办法的规定执行。农村信用合作社女干部产假期间，工资照发。12 月，中国农业银行参照供销合作社干部的工资制度，拟定农村信用合作社干部的工资标准，与当地同级供销合作社干部待遇相一致。

1964 年 10 月，中国农业银行浙江省分行转发省粮食厅关于农村信用合作社干部口粮供应问题的通知，农村信用合作社干部原则上可以吃商品粮。目前其口粮还没有由国家供应的，或者是新增干部，口粮可以转为国家供应，但要经县、市粮食局审查，报县、市人民委员会批准。

1965 年 8 月，中国农业银行义乌县支行印发关于农村信用合作社费用开支范围和标准的通知规定，凡经批准的专职干部，每月 9 日为工资发放日期。农村信用合作社不得雇用临时人员，也不得开支工资。根据浙江省人民委员会关于发给职工粮价补贴的实施细则，发给干部的补贴费用每人每月为 0.90 元。取消伙食补贴，因工作外出不能赶回原搭伙单位用膳的，按实际误餐补贴，在本区范围内每天 1 角（中、晚餐各 5 分，早餐不补）。如有的农村信用合作社市日在集镇设立服务点，中餐每餐误餐补贴 5 分。县内区外每天补助 2 角。自是年 9 月份起一律不得按定额伙食补贴，搭伙费凭食堂收据报销，干部在自己家中用餐的不得报销搭伙费。专职干部家庭如遇特殊困难，经本人申请，公社签具意见，营业所审查，报县支行人事秘书股批准方得开支（不得在公积金科目中支取）。因公出差工作或开会所需的车旅费、途中伙食补贴等，按义乌县人民委员会 1965 年 8 月财字 74 号通知有关规定中的干部标准报销。经批准赴外地医病者，可报往返车船费，其他住宿费、途中伙食补贴及挂号费、押瓶费、煎药费等均由本人自负，不得报销。农村信用合作社干部自 9 月份起同银行干部一样参加统筹医疗（本年度 9 至 12 月份每人 12 元），其他医药费用一律不再支付。

1967 年 1 月，浙江省劳动局下发关于取消奖金制度后扩大“活工资”问题的紧急通知。在取消企业奖金制度、改革为“活工资”的过渡形式后，同意恢复或扩大少数单位（新建企业、未建奖单位和原已取消奖金的单位）和一部分人员（新招用的和原未建奖的临时工、合同工、亦工亦农人员，脱产的党员干部和企业领导干部，参加“四清”运动等中心工作的人员等）发给“活工资”，这是不符合中央“关于反对经济主义的通知”精神的错误措施，应立即宣布停止执行。今后，有关“活工资”问题，概按中央“关于反对经济主义的通知”精神办理。是年 5 月，本县计委、商业局、财政局等 12 家单位联合发文，转发省劳动局“关于取消奖金后扩大‘活工资’问题的紧急通知”，明确在“文化大革命”运动中，扩大和恢复享受“活工资”（原综合性奖金）范围的；扩大和恢复补发的“活工资”；补发运动前的工资、奖金、津贴，以工会经费、福利基金和其他基金分掉或变相分掉的，都应当立即退还，今后按省局的紧急通知精神停止执行。

1969 年 10 月，县革委会下发关于改革本县各级国家机关、企业、事业单位差旅费和会议费开支标准的通知问题解答，主要对差旅费、会议费中手续烦琐、差别过大的一部分作了改革。

1972 年 3 月，县财政金融局下发关于修订和补充农村信用合作社几项费用开支标准和审批权限的通知，取消农村信用合作社干部在公社范围内出差每月定额补贴 3 元的规定，按“公社工作人员在本公社范围内因公外出，不能赶回机关和搭伙食堂吃饭的，按误餐计算，不实行包干，实误实计，早餐不补，中餐补 8 分。出本公社范围的按县境内出差，每天补助 2 角 5 分”的规定标准执行。各农村信用合作社专职干部的困难补贴，应经贫管会审查，公社签具意见，报县财政金融局批准。12 月，县革委会转发“浙江省公费医疗管理办法”的通知，进一步加强公费医疗管理，自翌年 1 月 1 日起试行“定点定额，统一掌握，分级管理，包干使用”办法。

1973 年 1 月，财政部关于农村信用合作社干部工龄计算问题的复函指出，关于农村信用合作社干部在农村信用合作社工作期间工龄计算问题，1964 年国家内务部在给中国人民银行和中国农业银行的复函即〔64〕内人工字第 150 号文中规定，从在农村信用合作社专职从事工作的时间起，计算连续工龄。同年，中国农业银行与国家劳动部在关于农村信用合作社干部工资福利待遇的联合通知中规定，对于农村信用合作社干部的工龄计算，可以从全部脱离生产参加工作之日算起。3 月，中国人民银行浦江县支行下发关于贯彻省颁农村信用合作社财务管理制度中有关费用管理部分的补充规定，阐明附加工资是改变过去年终盈余分配奖励金的支付形式，经县支行研究决定，自是年 1 月起按全县现有农村信用合作社专职干部每人每月附加工资 2 元 8 角的规定执行，今后新吸收的干部不能享受附加工资。医药费仍采用过去统筹医疗的办法，赴外县、外省看病需医生证明，报县支行领导批准。参加统筹医疗后，不得再另行开支医药费。福利补助费按职工工资总额的 2.5% 范围掌握，分社使用，各自列账。县革委会转发省革委会生产指挥部批转省财政金融局“关于加强农村信用合作社工作几点意见的报告”的通知。根据中共中央、国务院 1963 年 10 月批转中国人民银行“关于整顿信用合作社，打击高利贷”的报告中规定，“农村信用合作社干部工资、福利、供应以及参加会议、听报告等，原则上应该同农村基层供销合作社干部的待遇一致起来。”据此，农村信用合作社干部的福利待遇、退职、退休等，按国务院和浙江省有关规定执行，具体办法由县财政金融局另行下达。12 月，中国人民银行浦江县支行印发银行、农村信用合作社干部医疗费管理办法。自 1974 年 1 月 1 日起，银行、农村信用合作社所用的医疗费，由医疗单位分别向中国人民银行浦江县支行办理结算。就医人员有关制度规定，仍按过去的办法不变。1974年农村信用合作社干部医疗费仍集中由县支行统一管理，按干部每人全年24元开支标准上划。

1977年10月，中国人民银行浦江县支行修订部分差旅费开支标准。对农村信用合作社工作人员，在本公社范围内出差，自10月1日起取消包干每月3元的办法，改为不能赶回搭伙食堂用膳的，按误餐计发，早餐不补，中晚餐各补8分。出公社范围的按县境内出差标准执行，即不足一天的，按误餐计发，早餐5分，中晚餐各补1角；超过一天的，每天补助2角5分。11月，国务院在关于整顿和加强银行工作的几条规定中明确，“信用合作社是集体金融组织，又是国家银行在农村的基层机构”。各级党委和革委会要加强对银行工作的领导。农村信用合作社的人员编制应纳入县集体劳动工资计划，职工待遇应当与人民银行基本一致。中国人民银行浦江县支行转发省财政金融局通知，要求认真做好农村信用合作社部分职工的工资调整工作。12月，中国人民银行浦江县支行下发关于讨论调整农村信用合作社部分职工工资问题的文件，其中全县农村信用合作社职工符合“硬杠子”的10名，符合40%杠子的13名。

1978年5月，中国人民银行在关于农村金融机构的几点意见中指出，农村金融机构的设置，原则上按公社设信用合作社或营业所、信用合作社合一的机构，都实行人民银行县支行和公社党委双重领导，业务工作以人民银行县支行领导为主，政治思想工作以公社党委领导为主。信用合作社职工的编制名额，报请省、市、自治区革委会审查批准，纳入集体劳动工资计划。信用合作社职工的待遇，应当与人民银行基本一致。7月，中国人民银行浦江县支行下发关于高温期间供应含盐清凉饮料的通知，高温作业人员按每人每天7分供应；非高温作业人员每人每月按4分供应。一般在7、8月份内，在40天至60天之间，应按实际出勤天数计算，金融干部职工每人2.08元计发。转发省财政局、劳动局联合通知，清凉费自是年7月1日起改按以下标准执行：高温作业工人每人每月3元；非高温作业工人每人每月2元；一般工作人员每人每月1元。未经劳动部门批准的临时人员和费用工、小工及长期病假人员不得享受。11月，省革委会下发关于1978年实行一次性年终奖的通知，企业、事业单位、国家机关中的工人年终奖，按是年12月份本单位的固定职工人数平均每人10元提取。县以上集体企业、事业单位，经主管部门审查批准，参照全民所有制企业、事业单位的办法实行。12月，中国人民银行浦江县支行下发是年度农金干部鞋伞费的通知，县支行、营业所农金干部和农村信用合作社干部（包括内外勤），从事农村金融工作的人员，发给鞋伞费5.50元。是月，印发关于实行金融干部出勤考核登记表的通知，自1979年1月1日起，对全体金融干部实行出勤考核制度，如未经请假无故离开工作岗位的要扣发工资。

1979年，国务院批转中国人民银行的报告中指出，银行系统的干部，要实行银行与地方双重领导、以银行为主的管理体制，干部队伍要相对稳定下来。国务院关于恢复中国农业银行的通知指出，农村信用合作社是集体所有制的金融组织，又是农业银行的基层机构。农村信用合作社职工的管理、政治待遇、福利待遇和口粮要同银行职工一致起来。是年1月，中国人民银行浦江县支行下发关于认真做好银行、农村信用合作社干部职工生活困难补助问题的通知，要求申请困难补助的干部职工，须经小组群众讨论评议，由所在单位或信用合作社、公社革命委员会、营业所签署意见，盖章后报县支行审批。按原规定每人每月1.50元、全年18元的范围内掌握。是月，转发浙江省分行关于银行系统企业编制单位试行奖励制度的通知，关于职工的附加工资，省劳动局已规定自1978年12月起一律并入本人标准工资。按照完成任务和贡献大小等不同情况，对个人奖励分为三等，实行月评月奖，奖金逐月按照实行奖励制度的职工标准工资总额10%提取，如提取额平均每人每月低于5元的，按5元提取。同时转发省劳动局关于企业职工加班工资问题复函的通知，因银行、农村信用合作社等执行事假不扣工资的企业单位职工，在节、假日加班时，不应享受加班工资待遇的规定。但按地区财政金融局和省分行意见，在节、假日上班的职工，可发补贴费，已发放补贴费的职工，今后不再补休。3月，根据中国人民银行党组关于建议修改农村人民公社工作条例（试行草案）的报告，规定农村信用合作社的业务经营、财务会计和职工管理由中国农业银行领导，执行国家统一的金融政策，资金活动纳入国家信贷计划，人员编制纳入各省集体劳动工资计划，职工的政治、生活待遇（包括口粮、工资、福利、退职、退休等）与农业银行职工一致。6月，中国人民银行浦江县支行下发关于农村信用合作社守库员可发给夜餐费的通知，农村信用合作社必须建立守库岗位责任制，每天要有专人夜间守库，其守库人员可比照银行规定发给夜餐费每天2角。7月，转发中国人民银行关于制止发放下乡包干补贴的通知，自发文之日起停止发放下乡包干补贴。8月，中国人民银行浦江县支行规定每个农村信用合作社的出纳员为守库员，自6月1日起，在社内守库每夜可发餐费2角。11月，中国人民银行浦江县支行相应提高农村信用合作社干部出差开会伙食补助标准，改变过去下乡出差补助实误实报的办法，实行每月包干补助。外勤人员按3.90元发给，内勤人员按1.95元发给。农村信用合作社出纳、会计守库人员，改为双人守库按实际天数每人每夜补助1角计算。中国农业银行浙江省分行下发关于做好熟练期满职工转正定级工作的通知，根据省分行、省劳动局关于新招人员工资待遇的联合通知规定精神，银行新招收人员为非下乡知识青年或下乡不满两年的，熟练期后执行一级工资（行政26级），再工作满一年后经考核合格，可定为本岗位二级工（行政25级）；新招收人员是下乡知识青年，下乡满两年以上的，熟练期满经考核合格，可定为岗位二级工（行政25级）。12月，中国农业银行浙江省分行下发通知，农村信用合作社干部，凡下乡工作在6个月以上的主任和外勤人员，发给鞋伞费5.50元。中国人民银行浦江县支行下发通知，银行系统职工每人每月发给洗理费1元，自是年12月开始执行。农村信用合作社职工比照银行职工标准发给。

1980年1月，中国农业银行印发关于农村信用合作社职工劳保用品的规定，专职出纳员比照银行出纳员每人每三年发工作服一件，每件在6元至8元范围内按实报销；会计人员每人每年发袖套一副，折代金1元，可自1979年起执行。农金外勤人员每人每年补贴鞋子一双、雨伞一把，折代金5.50元。2月，中国农业银行浙江省分行下发关于银行系统工作人员实行特约医疗的通知，自是年2月1日起，各营业所、农村信用合作社在本区、本公社指定一家医院建立特约关系，职工特约受诊手续，由各所、社指定特约医院以联系用介绍信受诊。医疗费开支范围，仍比照公费医疗有关规定办理。凡不在指定医院受诊的，除急诊外一律不予报销。4月，中国农业银行浦江县支行转发县财政局关于国家机关、企业、事业单位工作人员差旅费开支规定的通知，从本县到杭州、金华，一天的按途中伙食补贴一餐计6角，住勤半天计4角，共1元。连续两天在外工作，每人每天补助5角。从本县到义乌、兰溪，只发住勤费一天8角，半天4角。区级外勤工作人员在本区范围内工作，每人每月补助5元。县境内出差，如当天往返的一律执行误餐补助规定，中、晚餐各补2角，早餐不补，在外用膳的不补。是月，转发关于职工离职学习期间有关福利待遇问题的函，凡抽调参加党委部门和银行系统学习的职工，从文到之日起，或参加本单位评奖。在学习期间，伙食补助每人每天补助1角，出县、市到外地学习的，省内每人每天补助2角，省外每人每天补助3角。5月，中国农业银行浦江县支行下发关于统一职工洗理费标准的通知，自6月1日起将职工洗理费改为每人每月2元，农村信用合作社职工洗理费可按此标准执行。6月，下发关于做好防暑降温工作的通知，业务工作人员每人每月发给清凉饮料费1.50元，参加农业“双抢”时可提高到每人每天1角，供应时间为三个月（原则上从6月15日至9月15日）。7月，转发中国农业银行浙江省分行关于银行职工请假考勤的暂行规定和银行职工家属医药费补助的暂行规定。是月，转发县总工会关于恢复企业、事业机关行政方面拨交工会经费和收缴工会会员费的通知，农村信用合作社按月工资总额的2%提取。工会会员费按会员每人基本工资收入的0.5%交纳。10月，经县财贸办批复，全县农村信用合作社有周家财等27名职工在现行工资等级基础上各提升一级，自1979年11月起执行。

1981年1月，中国农业银行浦江县支行通知，自是年1月起，系统内女职工每人每月发给卫生费5角。6月，转发中国农业银行浙江省分行职工探亲待遇规定及实施细则。8月，转发中国农业银行浙江省分行关于职工家属医药补助若干问题解答的函，明确职工家属医药费补助的对象和范围。9月，转发中国农业银行浙江省分行通知，凡符合探亲条件的干部职工，在探亲前应由所、社安排好工作，报县支行审批后方能成行。是月，转发职工医药费和直系亲属医药补助费管理工作的有关规定。11月，中国农业银行浦江县支行通知，职工洗理费在原有基础上增加1元，自是年1月起执行，女职工卫生费标准不变。12月，中国农业银行浦江县支行调整洗理费发放标准，自1982年1月起，职工洗理费改为按每人每月 2.80 元发给。

1982 年 5 月，全县计划生育实施细则（试行草案）颁发，推行晚婚、晚育，对独生子女家庭实行奖励和优待：干部职工 14 周岁以下的独生子女，每年发给保健费 50 元，由父母双方所在单位各发 50%；一方是职工，另一方是农村社员或无业的，其独生子女费全部由职工所在单位发给。

1983 年 1 月，中国农业银行浦江县支行下发关于做好 1982 年度总结评比工作的通知，明确奖励标准为先进个人 15 元，先进单位按实际每人标准 4 元。4 月，中国农业银行浙江省分行颁发职工请假考勤制度。5 月，调整出纳人员劳保用品规定，专职出纳员及长期与出纳员实行交叉复核现金的会计员，第二年发给罩衣、白短袖衫各一件，开支标准掌握在 30 元以内。农村信用合作社出纳员劳保待遇亦照此办理。对经办现金收付、整点、管库、押运业务的专职出纳员，以实际临柜天数发给劳保卫生用品费 2 角，原有毛巾、肥皂、口罩、外勤鞋伞费不再享受。农村信用合作社出纳人员和长期实行现金交叉复核的会计人员，按临柜天数出纳员 1 角、交叉复核会计员 5 分发给。农村信用合作社凡享受以上待遇的出纳员、会计员，取消原固定的出差补贴。5 月，中国农业银行浦江县支行制订下发银行、农村信用合作社干部职工病假期间生活待遇的规定。6 月，中国农业银行在关于农村信用合作社职工调整工资问题的通知中指出，根据国务院关于农村信用合作社职工政治、经济待遇与银行职工一致的规定，以及年初中国农业银行全国分行行长会议重申这一规定不变的精神，农村信用合作社原有职工（即 1982 年底以前在编人员）工资调整升级等有关问题，均应比照银行规定办理。是月，转发关于修订会议伙食费开支标准的通知，强调只有经过县主管部门批准（或下达文件）的会议，才能按会议伙食费标准补助；未经县主管部门批准的一般会议，按原出差标准补助。7 月，财政部、劳动部下发关于国家机关，全民企业、事业单位的离休、退休干部和工人发放生活补贴费的通知。12 月，按农村信用合作社职工改定工资的通知精神，1979 年底以前在农村信用合作社工作的职工，现行工资不到行政 24 级的，可改定为 24 级，高于 24 级的，原工资不变。改定工资只改变工资等级，不办理转干。

1984 年 2 月，中国农业银行浦江县支行发文通知，修改差旅费、会议费开支的若干具体规定。农村信用合作社仍采用固定包干下乡补贴的办法，外勤人员每人每月 0.45 元。外勤人员去公社（乡）范围以外的出差补贴，可按第三、四条规定的标准另行报销途中和住勤补贴，但必须在报销时扣回原定补贴费，即每天扣回 0.15 元，参加有会议伙食补贴的，亦按此办理。内勤人员出差按实报销，在本公社范围内的，每人每天补助 0.15 元；出公社范围在区内，每人每天补助 0.30 元；县境内（出区的）按第三条办理。3 月，下发差旅费、会议费等项费用的补充规定，农村信用合作社理、监事会误工补贴按原规定办理，即误工补贴每人每天 1 元，伙食补贴 0.20 元。出纳、会计劳保用品费补贴原执行 1 角的，除分社外统一执行 2 角。5 月，下发关于解决所、社金融干部下乡伙食补助问题的通知，农村信用合作社干部到农村从事金融工作，除按现规定外勤人员每人每月固定下乡伙食补助 4.50 元外，每人每天再补助 0.40 元。内勤人员（不享受固定补助的）到农村从事金融工作，每人每天伙食补助 0.60 元。6 月，下发关于原享受一份以上粮价补贴的职工改为享受一份粮价补贴，以及关于医疗费实行包干暂行规定的通知。是月，中国农业银行浦江县支行修订夜餐费补贴标准，自 7 月 1 日起工作到夜间 11 时以后，可开支夜餐费每人 4 角。到凌晨 2 时以后，可开支夜餐费每人 5 角。守库人员夜餐费每人每夜 4 角。同时根据省分行有关规定，高温期间发给高温作业人员清凉饮料费每人每月 5 元，行政业务人员每人每月 2.50 元。7 月，中国农业银行浦江县支行印发关于国家机关、全民企事业单位离休、退休干部和工人发放生活补贴费的通知，自 7 月起，对离休、退休人员和按国务院发〔1987〕104 号文件规定办理退职的人员，每人每月发给 5 元生活补贴。农村信用合作社可比照办理。12 月，对新招合同工，每月发给副食补贴 2.50 元，洗理费则参照固定工待遇。

1985 年 1 月，始进行国家机关、事业单位工作人员工资改革登记。中国农业银行浙江省分行下发关于职工利用节假日回家路费报销问题的规定，在职银行干部、职工，农村信用合作社正式职工（包括合同制职工），凡家庭住址离工作单位在 15 里外，平时不能回家住宿，每人每月按实际可报销回家车、船往返路费两次。转发关于延长女职工生育假期的通知，女职工产假由 56 天延长至 90 天，产假期间工资照发；若系难产或双生，另增加假期 14 天。4 月，中国农业银行浦江县支行下发通知，自是年 4 月起，银行、农村信用合作社的正式干部职工，每人每月发放价格补贴 3 元；农村信用合作社的合同工每人每月发放价格补贴 2 元。6 月，中国农业银行浙江省分行下发关于发给离休、退休人员生活补贴费的通知，农业银行系统于是年 4 月 30 日以前离休、退休的人员和按国务院国发〔1978〕104 号文件规定办理退职的人员，自是年 5 月 1 日起发给生活补贴费 5 元；是年 5 月 1 日以后办理离、退休及退职的人员，凡不参加工资改革的，从领取离休、退休或退职费之月起发给生活补贴费 5 元；凡参加工资改革的，一律不再享受省规定的 5 元生活补贴费。生活补贴标准为每人每月 12 元。7 月，转发关于发放离退休人员生活补贴的补充通知，省分行以下离休、退休人员生活补贴费均按 17 元发给。退休人员的生活补贴费，根据省人民政府〔85〕18 号文件规定标准应为每月 10 元。农村信用合作社实行经营责任制和岗位责任制试点后，中国农业银行浦江县支行推出农村信用合作社经营成果与职工利益挂钩的指导意见。对完成经营责任制指标的盈余社，可按人均 4 个月标准发放。对亏损社实行包干指标，即全年亏损不超过核定指标的，可按人均 3 个月标准发放；超过亏损核定指标的按人均 2 个月标准发放。扭亏转盈的社，按盈余社的标准发放。12 月，中国农业银行在关于农村信用合作社职工工资改革的通知中指出，职工工资改革的范围是 1982 年底以前的老职工；1982 年以后吸收的合同制职工，由各分行根据地方政府的有关规定自行决定。奖金标准均比照银行规定执行。

1986 年 1 月，中国农业银行浦江县支行转发有关通知，明确工作人员出差的交通费、住宿费、出差伙食补助费和夜餐补贴标准。5 月，印发关于农村信用合作社假期考勤和奖金发放的暂行规定，明确公休假、生育假、婚假、丧假、探亲假、农忙假、病假等假期和请假及奖金发放扣发标准。7 月，调整银行、农村信用合作社干部职工工资，工资由基础工资、职务工资、工龄补贴、生活补贴、肉价补贴、洗理费、粮价等构成，待工资调整后兑现。全县 25 个农村信用合作社通过企业整顿验收，并颁发验收合格证。按 1985 年 9 月合格农村信用合作社实有职工人数，发给企事业整顿验收合格费每人 20 元。凡农村信用合作社无条件办食堂、职工又无处搭伙的，每人每月可补助伙食费 3 元。8 月，根据浙劳人险〔85〕41 号文件精神，自是年起实行年休假制度，凡参加工作满 10 年以上的在职工作人员，均可享受年休假待遇。9 月，中国农业银行浦江县支行印发关于农村信用合作社干部职工人事管理权限有关问题的通知，自是年 10 月起，有关农村信用合作社人事、纪检、劳动工资、社务、安全保卫、老干部管理等项工作，由县支行人事监察股移交给信用合作股具体分管。

1987 年 4 月，中国农业银行浦江县支行印发关于农村信用合作社请假假期考勤和奖金发放、扣发的补充规定，基本奖金按月考核，每月预发 15 元。奖金的扣发，病假每天扣发月度奖 1.50 元，事假每天扣发月度奖 2 元，扣除当月奖金金额一律按月度奖 18.75 元基数计扣，自是年 1 月 1 日起执行。7 月，根据浙劳人薪〔87〕96 号文件精神，自 1986 年 10 月起调整工资。8 月，县联合社重新修订农村信用合作社干部职工及直系供养亲属医疗费定额包干实施细则。在职干部职工，工龄在二十年以下及领取独生子女证的子女，全年每人医疗费基数为 40 元；工龄在二十年以上（含），全年每人医疗费基数为 50 元。在职干部职工在医疗费基础上，每年工龄增加医疗费 1.50 元。除独生子女外的亲属医疗费，全年每人基数为 20 元。独生子女医疗费，父母双方有固定工资收入的，我方负责 50%。经批准的住院期间（包括转院住院）医疗费可报销 80%，20% 计算在定额内。干部职工的父母，由兄弟二人供养的，我方负责 50%；由兄弟三人供养的，我方负责三分之一，以此类推。超过指标部分，个人自负 50%。12 月，转发关于职工岳父母或公婆死亡后请丧假问题的通知，国家机关和全民所有制企事业单位职工的岳父母或公婆死亡后，需要料理丧事的，经本单位行政领导批准，可给予 1 至 3 天丧假；丧事如在外地的，还可根据路程远近另给路程假。在批准的丧假和路程假期间，职工工资照发，往返车旅费自理。

1988 年 2 月，中国农业银行浦江县支行下发干部职工及直系供养亲属医疗费定额包干暂行规定。县联合社为全县农村信用合作社职工向保险公司投保简易人身险，每人每月 3 元。各社自力创办副食品基地，以解决职工逢年过节购买副食品难的问题。自是年 5 月起，增发国家机关和企事业单位干部职工（包括招聘干部，离休、退休、退职人员）生活补贴，凡城镇居民粮户的每人每月增发 2.50 元，农村粮户的每人每月增发 1.50 元。7 月，县联合社下发关于实行日出勤工资等规定的通知，自是月起实行日出勤工资；主任责任津贴 120 元，副主任及分社主任责任津贴 72 元；临柜人员午间临柜补贴每小时 2 角；行政值班人员每夜值班费 5 角。下发农村信用合作社劳动工资有关问题的通知，农村信用合作社合同制职工自是年 1 月起实行工资性补贴。月补贴标准，合同制职工自进社起，第一、二年为 3 元，第三年起每增一年加 1 元，最高为 13 元。农村信用合作社职工（含合同制职工）自是年起实行年休假制度，工龄不满十年者不享受年休假。招收合同制职工要签订合同，一般为三年。对会计人员发放视力保护眼镜，开支标准控制在每副 50 元，使用期限为三年。农村信用合作社以代金形式发放营养费，专职会计员每年人均享受 15 元，长期与出纳实行交叉复核现金的会计员，可享受每月 5 元，记账员则减半发给；兼职出纳享受每月 10 元营养费的会计员不再发放。8 月，中国农业银行出台农村信用合作社职工管理暂行规定，第三十三条明确合同制职工的工资待遇，仍按省分行〔87〕农银字第 150 号文有关规定执行。合同制职工的物价补贴、医疗待遇、病假工资等，与固定职工同等对待。合同制职工实行工资性补贴，自订立合同进社之日起，第一、二年为每月 3 元，第三年起每增一年加 1 元，最高额为 13 元。合同制职工供养的直系亲属不享受医疗补贴待遇。第三十九条规定，合同制职工退休养老基金，由农村信用合作社负担合同制职工工资总额（含标准工资和补助工资，下同）的 17%；合同制职工本人负担本人标准工资的 2%。第四十条规定，劳动合同制职工达到退休年龄，而缴纳退休养老金不满十年的，一次性发给其退休养老费。标准为按缴纳退休养老金年限每满一年，发给两个月本人工作期间最后两年的平均标准工资。农业户口合同制职工的退休养老基金，由农村信用合作社每月上划县联合社统筹调剂使用；非农业户口合同制职工的退休养老基金和行业保险基金，其缴纳和管理按当地劳动行政管理部门规定办理。县联合社印发关于调整出纳人员有关费用的通知，出纳营养保健费每人每月一律为 10 元，交叉复核现金的会计员每人每月为 5 元；夜间值班守库人员发放夜间守库费，每人每夜 1.20 元。9 月，颁布全省女职工劳动保护暂行规定。10 月，县联合社印发关于调整出纳人员有关费用标准的补充通知，出纳人员营养保健费，按实际临柜天数每人每天 0.392 元，交叉复核现金的会计员减半计发。是年，规定职工年休假要严格审批手续，并一律使用休假票，一次发给每个职工，年终凭票结算。

1989 年 1 月，县联合社修订印发农村信用合作社干部职工及直系供养亲属医疗费定额包干实施细则，自是年 1 月起执行。2 月，转发关于实行农村信用合作社主任岗位津贴的函，凡在农村信用合作社工作的现职主任按月享受津贴 8 元，副主任享受 6 元，自 1988 年 1 月起执行。3 月，印发农村信用合作社干部职工差旅费开支的规定，省外出差伙食补助，每人每天一般地区 4 元，深圳、珠海市 7 元；省内出差（出县市）每人每天补助 4 元；县境内出差每人每天 2.40 元。凡当天往返的，仍以误餐补贴发早餐 4 角，中、晚餐各 1 元；农村信用合作社干部职工在区、乡范围内出差，区级外勤人员每月补助 15 元，乡级外勤人员每月补助 12 元。县联合社决定，自是年 4 月起停止执行自上年 7 月起执行的日出勤工资制度。印发关于年休假问题的通知，是年农村信用合作社职工（含合同制职工）年休假，按工龄满 5 年以上享受 5 天，在此基础上每满一年加 1 天，最高不超过 25 天，工龄不满 5 年的不享受年休假。12 月，制订印发关于农村信用合作社职工实行停薪催收贷款期间生活待遇的通知，规定职工停薪催收贷款期间每月只发生活费 50 元，其他待遇一概取消。

1990 年 1 月，国家统计局 1 号令规定，工资总额由计时工资、计件工资、奖金、津贴和补贴、加班加点工资及特殊情况下支付的工资构成。县联合社修订印发全县农信系统干部职工直系供养亲属和退休、退职、退养职工医药费定额包干实施细则，自是年 1 月起执行。3 月，印发关于实行山区补贴的通知，自是年 4 月起，在山区社工作的干部职工，每人每月发给山区补贴 8 元。4 月，印发全县农信系统劳动纪律及福利待遇的规定，明确干部职工须严格执行上下班制度，每天累计缺勤一小时按缺勤半天计；各社住勤每人每月不得少于 10 天；参加中专函授利用星期日上课可计出勤半天。同时规定生育假、探亲假、病假及独生子女费发放标准。月度奖金每人每月按 30 元发给，全年出勤少于 250 天不发年终奖金。出纳人员营养费按日实算，每人每天 0.33 元；复核人员每人每天 0.17 元；会计人员视力保护费每年 15 元。正、副库人员守库费每晚 1.20 元，行政值班每晚 0.50 元。加班费每人每小时按 0.30 元计算；夜餐补贴自晚间 7 时起，超过 11 时发 1.20 元，超过凌晨 4 时发 2.40 元。上述规定自是年 5 月起执行。6 月，贯彻《浙江省计划生育条例》实施意见，明确计划生育有关规定，要求全辖干部职工自觉做好计划生育工作。

1991 年 1 月，印发关于医药费管理若干问题规定的通知。3 月，修订印发全县农村信用合作社职工、退休人员及直系供养亲属医药费管理办法，在职职工和退休人员的医药费，实行基数和超基数部分按比例报销，基数内实行全奖全赔。职工经批准住院的，凭病历卡、发票由本社、办事组及县联合社审批报 90%。办事组、县联合社工作人员及退休人员由县联合社社务组审批。直系亲属医药费仍实行定额包干。6 月，县联合社印发关于修订和补充农村信用合作社职工福利待遇若干规定的通知，自 6 月 1 日起至 9 月 15 日，在此期间临柜服务超过 9 小时的职工，每人每天允许发超时补贴 1 元。固定职工的子女，幼儿从 4 周岁至学龄前，每年凭发票可向本社报销学费 30 元，超生子女不享受。允许职工全年请农忙假 7 天，从年休假中扣除，7 天内不扣工资奖金，超过部分按请事假处理。事假除按原规定扣发奖金外，再扣工资的 50%（基础工资加工龄工资除以 25.5 天），自是年 5 月起执行。年终奖金可按实际情况分配，不必受出勤 250 天的限制。是月，国务院下发关于企业职工养老保险制度改革的决定。11 月，中国农业银行浙江省分行转发关于浙劳人薪〔1990〕216 号文件的补充通知，凡1986年9月30日前参加工作并取得学历的，可在原各档工资标准的基础上分别提高一级工资。1982年9月30日前参加工作、能胜任且表现较好的，可提高一级工资。农村信用合作社比照此规定执行。

1992年1月，浙江省人事厅转发国务院关于调整机关、事业单位工作人员工龄津贴标准的通知。2月，中国农业银行浙江省分行印发关于调整工龄津贴有关问题的答复。退养人员的工龄津贴计算到退养之月止，退养期间不计发工龄津贴；农村信用合作社临时工招收为正式职工的，凡在1991年12月之前参加工作的临时工或在此之后经县联合社以上组织批准的人员，其临时工期间的工龄津贴可予计发。5月，根据浦政〔1992〕16号关于在全县开展计划生育系列保险的意见，城镇非农业户口独生子女父母奖励费全部投保独生子女养老金系列险。是月下旬，县联合社全辖职工73人首批投保独生子女平安险。7月，转发关于调整国家机关工作人员奖励工资标准和适当增发国家机关、事业单位离退休人员生活补贴费的通知和浙江省行政机关、事业单位工作人员差旅费开支规定的通知。

1994年1月，县联合社印发实行日出勤工资制的实施细则、有关假期福利待遇的若干规定及调整农村信用合作社职工、退休人员及直系亲属医药费的规定，自是年1月起实行日出勤工资制并修订有关福利待遇。兑现部分工改增资额：1993年9月30日在册的正式职工，按人均50元标准计发6个月；1993年9月30日后调入的正式职工，按起薪之月起人均50元标准计发至是年3月；新参加工作现仍在实习、见习期的人员，按月人均35元标准计发6个月；离、退休人员按月人均50元标准计发6个月。4月，中国农业银行浦江县支行下发关于实行新的工作制度的通知，自是年5月1日起实行职工每日工作8小时、平均每周44小时的工时制度，实行第一周星期六和星期日为休息日、第二周星期日为休息日制度。11月，中国农业银行浙江省分行制订印发农村信用合作社职工执行农业银行工作人员工资制度改革实施办法的实施方案，本次工资改革的范围是指1993年9月30日在册的农村信用合作社固定制职工和合同制职工，农村信用合作社职工的工资改革按《中国农业银行工作人员工资改革实施办法》进行套改。12月，县联合社印发全县农村信用合作社责任目标津贴分配办法，责任目标津贴实行年功津贴和岗位责任津贴系数分配法进行分配。年功津贴主要是以工作年限长短为依据，每年计发3元。岗位责任津贴系数分领导职务津贴系数，干部、工人岗位津贴系数两个系列。其中领导职务津贴系数：县联合社常务副主任1.7，副主任1.6，各级负责人1.15；联合社办事组负责人1.2；信用合作社主任1.3，主持工作的副主任与分社主任1.2；分社主持工作的副主任与副主任1.1；一般干部、工人津贴为1.0。

1995年3月，县联合社印发关于提取养老保险统筹基金的通知，农业银行职工养老保险统筹基金自1994年1月起实行系统管理，农村信用合作社参照执行。养老基金按全县在册职工工资总额（行员等级工资、责任目标津贴、保留津贴、补贴之和）的19.74%提取，根据1994年末在册职工的工资额计算，全县每月人均为95元。4月，县联合社通知，自是年5月1日起实行每周五天工作制。印发关于加班工资问题的规定，机关人员和农村信用合作社外勤人员，一般不延长工作时间，不发加班工资；各营业机构的一线临柜人员及外勤代班人员确因工作需要，在法定节日加班且无法安排补休的，可发加班工资，最多每人每月不超过2天。取消原有关“大礼拜”补贴的规定。法定休息日加班工资=基本工资（固定工资+目标责任津贴）÷23.5（天）×300%，休息日加班工资=基本工资（固定工资+目标责任津贴）÷23.5（天）×200%。法定休息日指元旦、农历春节、五一、国庆共7天。6月，中国农业银行浙江省分行印发全省农金系统女职工劳动保护规定实施细则。7月，根据浙劳安〔1995〕113号、〔1995〕财工43号和浙人薪〔1995〕111号等文件精神，农村信用合作社职工可连续发降温费4个月，每人每月35元。9月，在职职工每人发高温慰问费500元。10月，中国农业银行下发农村信用合作社职工养老保险统筹基金管理暂行办法，在编农村信用合作社固定制、合同制职工和符合国家规定的离休、退休、退职职工属统筹对象，临时工和信用服务站代办员不在统筹之列。12月，中国农业银行浙江省分行下达农村信用合作社职工提前晋升工资指标的通知，本县联合社有何鱼嫦等7名职工符合工资晋升条件。12月，中国农业银行浙江省分行印发职工假期工资待遇及考勤暂行规定。

1996年2月，县联合社下发本年度医药费管理办法，在职职工及退养、退休人员的医药费基数实行定额包干，每人每月基数25元加每人每年工龄3元，按月发给个人。其超过部分，每年一次性凭发票经县联合社人事秘书股审查批准后到原单位报销60%。住院医疗费按保险公司人身保险费规定报销，超过最高额度的，经县联合社人事秘书股审查批准后报销90%，并扣除当年的包干部分。4月，中国农业银行金华市分行印发全市农村信用合作社职工假期工资待遇及考勤暂行规定。6月，转发关于调整独生子女父母奖励费标准的通知，自1995年10月1日起，职工独生子女父母奖励费由原每年60元提高到每年100元。7月，农村信用合作社职工发放降温费4个月计180元，月均45元，临时工减半发给。另对本年度工作已满6个月的在职职工（不含临时工）发放鞋伞费每人100元。10月，根据国家劳动部、人事部、中国人民银行及浙江省人民政府有关规定，所有单位支取工资必须使用《工资总额使用手册》或《工资基金管理手册》。12月，省农金体改办下发关于是年农村信用合作社职工的3%提前晋升工资和部分农村信用合作社职工实施正常晋升工资工作的通知。

1997年1月，印发农村信用合作社干部职工调动纪律的有关规定。2月，印发农村信用合作社职工提前退养管理办法，农村信用合作社在册干部职工，男性满55周岁、女性满50周岁，经本人申请，县联合社批准同意可提前退养。提前退养不影响正常的工资晋升，不影响集资建房，不影响集体发放的福利，除单项考核奖、经营目标责任制考核奖及技协奖外，目标津贴、工资等全额发给。提前退养待满退休年龄后再办理退休手续。5月，转发浙江省农金体改办、人事厅、财政厅关于调整机关、事业单位人员职务（岗位）津贴标准的通知及农信系统岗位责任目标津贴系数修订表。金华市农金体改办印发全市农村信用合作社职工假期工资待遇及考勤暂行规定；复下发关于调整精减退职职工生活困难补助费标准的通知。10月，全县事业单位基本养老保险基金统筹暂行办法出台。

1998年2月，县联合社印发全县农村信用合作社干部职工请假制度和假期工资待遇的暂行规定。11月，县人民政府实行统一的企业职工基本养老保险制度。自是年1月起，职工个人仍按不低于本人缴费工资基数的4%缴纳基本养老保险费。职工基本养老保险个人账户，统一按本人缴费工资基数的11%建立。企业按全部职工缴费工资基数之和的18%缴纳基本养老保险费。1998年1月1日以后参加工作的职工（简称“新人”）到法定退休年龄，缴费年限满十五年，退休后按月发给基本养老金。1997年12月31日前参加工作、1998年1月1日后退休的职工（简称“中人”），到法定退休年龄，缴费年限满十年，退休后按月发给基本养老金。12月，转发中国人民银行关于规范农村信用合作社基本养老保险统筹基金管理工作的意见。1994年至1995年个人按当年本人缴费工资的2%、1996年按3%、1997年按4%缴费并计入个人账户；自1998年起，按本人缴费工资11%的数额计入个人账户，其中个人按缴费工资的4%缴纳，单位按当年职工本人缴费工资的7%从单位缴费中划入个人账户。并规定此后各联合社、信用合作社不再办理职工提前退休。

1999年1月，浙江省农金体改办发文，对1998年部分农村信用合作社符合条件的职工正常晋升工资。金华市农金体改办下达1998年全市农村信用合作社职工3%提前奖励晋升工资指标及补发1997年正常晋升工资。县人事劳动局印发统一企业职工基本养老保险制度的实施办法。4月，县联合社规定差旅费标准：机关人员出差补贴的报销标准按县财政部门规定标准执行。住宿费报销，省内出差每人每天一般不得超过80元，省外一般不得超过100元。车费按普客运费标准报销。7月，职工清凉饮料费发放标准按有关规定执行，即高温作业工人每人每月65元；非高温作业工人每人每月55元；一般工作人员（含行政事业单位）每人每月50元，发放期为4个月。8月，浙江省农金体改办发文，本年度农村信用合作社职工正常晋升工资档次。县联合社成立劳动争议调解委员会。9月，国家劳动和社会保障部同意农村信用合作社按企业单位，执行国务院关于工人退休、退职暂行办法的规定，办理职工退休、退职有关事宜。10月，金华市农金体改办批复，给予黄必勋等4名提前退休职工照顾晋升一个工资档次。浙江省农金体改办转发上级行关于对他省农村信用合作社职工退休问题的批复，决定全省农信系统自2000年1月起执行国发〔1978〕104号文件，企业职工退休年龄为男性满60周岁、女性满50周岁。12月，省联合社发文，对女职工退休作出七条补充规定。同时，增加离、退休职工退休费和退职职工生活费。

2000年1月，企业职工养老保险费比例由4%调整到5%。县联合社印发绩效工资制实施暂行办法。12 月，县联合社转发全县国家公务员医疗补助试行办法、城镇职工补充医疗保险实施办法和城镇职工基本医疗保险制度实施办法。

2001 年 3 月，县联合社印发关于请假制度和假期工资待遇及有关职工福利待遇的暂行规定。11 月，省联合社下发全省农信系统深化人事制度改革的若干意见。其中第八条规定，对男满 55 周岁或工龄满 30 周年、女满 45 周岁或工龄满 25 年的职工可实行内部退养，但须经本人提出申请，组织批准。在内部退养期间，其工资待遇比照退休职工，并参加正常的工资晋升，晋升的工资按其工作年限打折后记入本人工资，单位和本人继续缴纳养老保险金和住房公积金，待到法定退休年龄时即办理退休手续。

自 2002 年 1 月起，全县范围内的养老、医疗、失业、工伤和生育等 5 项社会保险费由县地方税务局负责征收。3 月，浙江省劳动和社会保障厅、财政厅、中国人民银行杭州中心支行转发国家社会保障部、财政部、中国人民银行关于农村信用合作社参加基本养老保险社会统筹有关问题的通知。4 月，转发浙江省人事厅、财政厅调整机关事业单位工作人员工资标准和调整离退休人员退休费的三个实施方案。5 月，转发浙江省劳动和社会保障厅、财政厅关于核定农村信用合作社职工基本养老保险统筹项目的通知。11 月，金华市农金体改办下发关于做好农村信用合作社职工养老保险基金参加地方统筹工作的通知，要求各县、市联合社抓紧与地方社会保险处联系，争取优惠政策，确保养老保险基金参加地方统筹工作于年内全面完成。县联合社对职工基本养老保险在移交地方管理前进行摸底、清理，地方劳动部门亦对县联合社全辖 70 名在职固定制职工，自参加工作始至 1992 年末视同缴费年限逐一认定，并对在职固定制职工、合同制职工 1994 年至 2002 年缴费工资基数作出界定，对 41 名退休职工工资进行套改审定。

2003 年 1 月，根据省联合社有关文件精神，对符合条件的职工，自是年 1 月起在其本职务（专业技术等级）所对应的工资标准内晋升一个工资档次。3 月，转发浙江省劳动和社会保障厅、财政厅关于建立企业补充医疗保险的意见。4 月，县联合社职工养老保险移交地方社保部门，办理移交共 275 名在册职工，金额计 416 万元，其中划回 40 名退休职工养老保险金 177.70 万元。正常退休职工移交地方社保部门后，比原单位所发工资减少部分一次性补贴五年。5 月，调整基本养老保险费补缴标准和社会保险缴费标准。8 月，县联合社上报关于要求按事业单位标准统筹基本养老保险基金的请示。

自是年 1 月起，全县农村信用合作社职工基本养老保险金交地方社保部门管理，参加企业基本养老保险统筹。共缴纳基本养老保险金 4162825.80 元，1993 年 1 月 1 日以前招收的劳动合同制职工补缴基本养老保险金 47145 元，两项合计 4209970.80 元。

2004 年 1 月，金华市信管办下发关于实施农村信用合作社本年度部分职工正常晋升工资的通知，明确凡符合条件的职工，可自是年 1 月起，在本职务（专业技术等级）所对应的工资标准内晋升一个工资档次。自是年1月起，县联合社离岗休养职工的公积金、养老金按在岗工资标准缴纳，并增加每月人均500元的基础工资。4月，调整社会保险费，机关事业单位、国有及县以上集体企业的职工基本养老保险，月最低缴费工资为1329元；单位和个人合计缴费比例为28%，其中单位统筹缴纳比例为20%，职工个人缴费比例为8%。8月，县人民政府办公室抄告县联合社，拟参照事业单位参加县社会基本养老保险的请示已收悉，经研究原则同意以县人劳社保局提出的建议方案予以组织实施。

2005年4月，县联社就退休、离岗休养职工误餐补贴，在原每人每月150元的基础上再提高90元，自5月起执行。5月，同意提高医疗保健费标准，定期组织退休、退职及离岗休养职工每年体检一次，费用200元，凭医院发票报销；组织退休、退职及离岗休养职工疗、休养，原则上每两年一次，费用600元；因健康原因不便外出的减半发给。病重住院，由县联社人事部门与工会派员上门慰问；重阳节、春节分别发给慰问金200元和600元；增加小伙食补贴每人每月90元。

2006年1月，全县农信系统部分职工正常晋升工资。2月，统一调整单位、个人住房公积金缴存比例，各为11%。6月，调整社会保险缴费标准。县联社印发考勤管理和假期待遇等规定及违规行为处理办法。

2007年6月，县人劳社保局批复，同意县联社参照公务员医疗补助试行办法规定的标准补助，补助经费自理，不享受国家公务员其他医疗待遇。

2008年5月，调整社会保险缴费标准。12月，县人劳社保局批复，同意县联社企业年金方案。

2009年1月，调整是年职工个人和单位住房公积金的月缴存比例。5月，转发浙江省劳动和社会保障厅关于贯彻实施带薪年休假制度的若干意见。6月，调整社会保险缴费标准。12月，调整2010年度住房公积金缴存比例。

2010年3月，调整企业退休军转干部生活补贴标准。

2011年6月，县人民政府办公室印发关于调整完善城镇职工基层医疗保险有关政策的通知。县人劳社保局调整社会保险缴费标准。

2012年11月，县联社印发职工薪酬管理暂行办法。

2013年6月，县联社修订印发职工薪酬管理暂行办法。县人民政府印发全县城镇职工基本医疗保险实施细则。

2014年1月，县联社明确退休、退职及离岗休养职工福利待遇的有关规定。6月，县人民政府印发关于进一步提高劳动模范待遇的通知。

2015年1月，县联社修订医疗补助办法：退养职工住院医疗补助参照退休、退职职工执行，即在基本医疗保险报销费用以外的自负部分（含住院起付标准费用），剔除未列入基本医疗保险规定的处理医疗费用，剩余部分由单位按 90% 比例给予补助。退休、退养及退职职工的特殊病种医疗补助，参照社保部门标准，提供证明资料和特殊病种门诊收费收据，一年视同住院一次。更改太平洋补充医疗保险险种。6 月，转发全省机关事业单位离退休人员增加离退休费的实施办法，调整社会保险费标准。7 月，调整住房公积金和养老金。

2016 年 4 月，转发关于加强全省职工疗、休养管理工作意见的补充意见。按有关文件精神调整退休职工工资；离岗休养职工自 4 月起每月增加通讯费 300 元，取消原有补助；在职职工调整档案工资。6 月，全县住房公积金缴存基数、社会保险缴费标准调整。转发县人劳社保局制订的全县大病保险考核办法（试行）。11 月，转发中共浙江省委组织部、省人事厅、劳动和社会保障厅、财政厅关于调整精减退职职工生活困难补助费和调整机关事业单位工作人员死亡后生活困难补助费标准的两个通知。县联社印发劳务派遣人员薪酬管理办法（试行）。

第六节 退休、退养与退职

1981 年 12 月，原胜利公社信用合作社主任项增奎第一个办理因病退职手续。

自 1986 年 4 月起至 2016 年末，根据国家相关规定，全县农村信用合作社直接办理退休的职工 52 人，办理退职手续的职工 5 人；自 2000 年 10 月起，根据本人自愿申请，经批准离岗休养，其后陆续办理正式退休手续的职工 58 人。

表 5-1-9　　　　历年退休、退职及离岗休养职工名录

职工姓名	离岗休养年月	退职年月	退休年月	职工姓名	离岗休养年月	退职年月	退休年月
项增奎		1981.12		周美泗			1992.12
陈福喜			1986.4	毛金敢			1993.3
张润月			1986.9	楼永海			1993.6
郑小林			1988.3	周欣民			1993.10
郑毛革		1990.1		王在许			1996.7
贾炳元			1991.7	张有根			1995.9
石箫何			1992.5	傅世照			1996.8
黄子棪			1992.8	陈宝山			1996.11

续表 5-1-9

职工姓名	离岗休养年月	退职年月	退休年月	职工姓名	离岗休养年月	退职年月	退休年月
黄金流			1997.1	张美琴	2001.7		2008.5
周金宝		1997.3		赵根法	2001.7		2012.6
李家彬			1997.11	周家立	2001.7		2007.11
吴尚铜			1998.12	郁小娟	2001.7		2009.3
宋良根			1998.12	洪　雁	2001.7		2004.10
黄必勋			1998.12	张美花	2001.7		2005.7
芮士霖			1998.12	陈学成	2001.7		2012.3
陈丰育			1998.12	任浦城	2001.7		2010.5
毛嘉庆			1998.12	黄遵挺	2001.7		2012.8
黄新木		1998.12		罗启阳	2001.7		2010.6
祁秀芳			2000.3	洪中洋	2001.7		2006.3
吴　璇			2000.3	朱希秋	2001.7		2008.6
洪仙花			2000.3	张序根	2001.7		2008.7
张群肖			2000.3	楼临川	2001.7		2006.1
徐伟华			2000.9	郑定良	2001.7		2006.10
何鱼嫦	2000.10		2002.8	吴怀德	2002.6		2008.10
金顺昌	2000.10		2006.11	陈　平	2002.6		2008.11
陈绥凤	2000.10		2001.1	柳金才		2002.10	
丁长辉	2000.10		2004.12	陈兴地	2002.12		2014.3
张融融	2000.10		2001.7	傅凌云	2002.12		2008.11
陈月珍	2000.10		2001.8	严明达	2002.12		2012.2
金飞雀	2000.10		2003.11	曹伙改	2002.12		2011.1
戴根木	2000.10		2002.9	楼超英	2004.1		2009.9
张美娟	2000.10		2002.5	何　慧	2004.1		2012.5
寿丽珍	2000.10		2002.3	潘永汉	2004.12		
陈锡生	2001.7		2008.11	徐建一	2005.10		2014.2
金如明	2001.7		2006.11	楼基设	2006.10		
楼英虎	2001.7		2010.7	郑可林	2007.6		2015.12
张咸庆	2001.7		2013.9	陈玛兰	2007.6		2011.4

续表 5-1-9

职工姓名	离岗休养年月	退职年月	退休年月	职工姓名	离岗休养年月	退职年月	退休年月
季宗池			2008.3	吴漫红	2013.7		
张　慧	2008.7		2013.10	贾红花	2013.7		2016.9
陈万义	2008.7			肖　林	2013.7		
张宏伟	2008.7		2016.1	贾月仙	2013.7		2015.2
邱燕冬	2008.3		2012.11	周　宣	2013.7		2015.5
盛永春	2009.9			郑梦林	2013.7		
贾野鹰			2009.10	楼晓春			2014.2
杨幸平			2009.12	陈巧琴			2014.5
朱旭民	2010.1			吴秀芳			2014.5
胡　蓉	2010.7		2012.8	张小兰	2014.8		
朱玉林	2010.7		2013.10	尹芝琴			2014.9
周霞莲	2010.8		2013.7	郑元仙			2014.11
金士华	2011.1		2014.3	石灵飞	2015.1		2015.12
陈乃曹			2011.7	陈秋仙			2015.8
吴巧英			2011.9	蔡伟庆	2004.5		2015.11
薛伟先	2012.2		2015.11	金兰庭			2016.3
陈忠诚	2012.3			傅爱芳	2016.3		2016.11
贾亚青			2012.4	吴江英			2016.7
张根莉	2012.6		2014.9	黄巧燕	2016.6		
黄艳丽	2012.6		2016.9	楼国强			2016.8
何爱华	2012.6		2015.1	贾一帆	2016.7		
杨春燕	2012.10			黄云英			2016.9
张必军	2012.12			徐星有	2004.5		2016.11
张根先			2013.3	金冬英			2016.11
叶　娟	2013.5		2013.12	金江玲			2016.11
黄能光	2013.7			黄美娟			2016.12
张小洁	2013.7			张桂华			2016.12
罗培渊	2013.7			张建荣	2004.5		2016.12
许美珍	2013.7		2013.11				

图 5-1-16　退职、退休职工合影。左起黄新木（退职）、杨潮来、陈丰育、芮士霖、宋良根、黄必勋、吴尚铜、毛嘉庆　（1998.12）

图 5-1-17　退休职工赴武夷山旅游合影　（2005.10）

附：

人才输送

农村信用合作社成立初期，社干部边干边学，在实践中探索，在锻炼中提高。工作方法上采取与乡（社）干部一道包队搞中心工作，与社员实行“三同”（同吃、同住、同劳动），深入调查研究，了解掌握群众的思想、情绪和要求，热情地帮助他们解决实际困难，发展农业生产，同时亦利于开展存贷款业务。在当时艰苦的工作生活条件、丰富的社会实践、严格的政治要求和常抓不懈的思想教育这种特定环境下，锻炼和造就了广大农村信用合作社干部不计个人得失、不畏艰难困苦的敬业精神和脚踏实地、苦干实干的工作作风。其政治思想水平和实际工作能力获得快速提高，成为银行和党政机关提拔干部的重要来源。

1956 年“整社”以后，便有多名农村信用合作社干部被提拔到中国人民银行浦江县支行工作，分别担任营业所主任或农金员。

1958 年人民公社化以后，又有多名农村信用合作社干部被选拔到地方党政机关工作，担任党政副职、领导班子成员或一般干部。

1961 年间，中国人民银行义乌县支行加强对农村信用合作社的领导，并因应业务发展需要着手机构扩编。从农村信用合作社干部中选拔多人，经考察后报经中共义乌县委同意，转为银行干部（大部分已先期抽调至银行工作），先后担任科长或营业所正、副主任。这是农村信用合作社向银行输送干部最多的一次。

1980 年中国农业银行浦江县支行成立后，又先后从农村信用合作社选拔多名干部职工进入县支行工作，担任科长、办事处（营业所）主任或从事信贷、会计辅导工作。

历年来，从农村信用合作社基层岗位走上党政机关工作的干部中，曾任中共浙江省委组织部部长 1 人，地方区委书记 1 人。提拔到金融系统工作的干部中，任省联合社金华办事处副主任 1 人、副科长 2 人；人民银行县支行副行长 1 人，人民银行和农业银行县支行中层干部多人，地、县级其他商业银行行长或副行长 6 人。

第二章　安全保卫

安全保卫工作是农村信用合作社经营管理活动的重要组成部分。伴随着农村信用合作社的成长、发展和壮大，安全保卫工作从无序导入规范，由落后趋于先进，走过了漫长历程。在本县农村信用合作社成立后的前40余年间，因布点多且较为分散，加之安全防护设施简陋，极易遭受外来侵害，往往成为犯罪分子觊觎并伺机作案的目标。据不完全统计，仅1965年至1999年间便发生大小盗窃案件十余起。其中，1988年11月16日，大溪农村信用合作社陈蓬坑信用服务站因无保险箱，被盗现金3865元；1990年12月6日凌晨，白马农村信用合作社旌坞代办所营业房外门，被犯罪分子挖了一个直径约15厘米的小洞，用手伸进门背将弹子锁打开入内至里间（隔门锁失灵），撬启保险箱盗走现金6871.42元；1991年12月30日深夜，犯罪分子撬开浦阳农村信用合作社宫口储蓄所侧门进入营业场，利用该所自卫铁棍撬开保险箱，盗走业务公章1枚、现金支票8张。所幸，其他多起案件均未造成大的经济损失。诚然，外防欠牢失严只是引发案件的一个主要方面，仍不能排除内控制度在规范、完善过程中存在的漏洞而致“内鬼”作祟。

一桩桩案例发人深省，一次次通报警钟长鸣。正告各级领导必须直面现实，认真吸取教训，“亡羊补牢”，把农村信用合作社安全保卫工作摆上重要议事日程，从组织建设、制度落实、业务培训和硬件投入等各个方面不断加强，以确保人身财产安全，促进各项业务正常开展。

第一节　安全保卫组织

安全保卫领导机构

1987年6月县联合社成立前，农村信用合作社安全保卫工作先后由中国人民银行浦江县支行和中国农业银行浦江县支行管理。1987年7月，各农村信用合作社始建立安全保卫小组，并配备兼职安全员，社主任为安全保卫第一责任人。

1994年，中国农业银行浦江县支行与县联合社成立“三防一保”（防诈骗、防盗窃、防抢劫，保证银行资金安全运行）领导小组。

农村信用合作社与农业银行“脱钩”后，1997年县联合社自行成立“三防一保”领导小组，将安全保卫工作纳入主任任期目标责任制，由一名副主任具体分工负责。赓即成立综合治理及消防委员会，各农村信用合作社配备兼职安全员、消防员共58名。县联合社又组建经济民警组织，配备经济民警5名。并根据工作需要，逐步充实“三防一保”领导小组成员，加强日常指导和督促。

2016年，县联社内设安全保卫工作以及与之相关联的诸如国家安全、综合治理、维护社会稳定、矛盾纠纷排查化解、“心防工程”活动、平安创建、安全生产、计算机安全管理、社会化守押、安全保卫突发事件应急预案、安全评估、消防安全等12个领导小组，由县联社理事长或主任主抓，领导班子成员或监事长、副主任密切协同，各科室负责人及营业网点负责人为其成员。

面对日益严峻的治安形势，各农村信用合作社均建立“三防一保”领导小组和消防组织，巩固和增强安全员、消防员队伍，具体负责对本辖区安全保卫和消防工作各项措施的检查与监督，形成一级抓一级、层层落实、责任明确、上下贯通的安全保卫责任网络。

安全保卫职能机构

1987年7月，各农村信用合作社配备安全员，由主任或负责人兼任，具体抓本社安全保卫工作。自此始，安全员岗位及其系列规章制度一直延续至今。

1988年8月，县联合社各片区办事组成立治安保卫小组。是年6月调整安全员队伍，全系统有安全员25名。

1991年12月，各农村信用合作社建立义务消防队，配备兼职消防员。

1993年6月，县联合社各片区办事组撤销，各农村信用合作社成立治安保卫小组，由社主任兼任组长。

1995年3月，县联合社内设监督保卫股，配备专职保卫干部。

1996年11月，农村信用合作社与农业银行“脱钩”后，县联合社改设监督保卫科，专职保卫干部由原1名增至2名。

2005年3月，县联社单独设立保卫科。

2009年5月，县联社保卫科下设远程监控中心。

迄2016年末，全系统有安全员31名。

联防组织

长期以来，农村信用合作社因营业网点分散，人员少且女职工所占比例较大，一旦案情突发，则穷于应对，故要求全辖各社均应与毗邻单位（如当地公安派出所、乡镇人民政府、居委会、村委会）或邻里取得联系，签署协议，建立安全保卫联防组织，不脱产、不计酬，义务开展联防活动。联防组织始于 1987 年县联合社成立之初，首在大许农村信用合作社马墅储蓄所试行，于所在地马墅村选择一个单位和一户农户分别与之签订联防协议。此后，在全县各营业网点逐步推广。

2016 年，县联社制订治安联防管理办法。全辖 1 个营业部、12 个信用社及 18 个分社共 31 个营业网点，均与周边单位、邻里签订联防协议，建立和巩固联防群防组织。坚持以人为本、以防为主，随时提高警惕，绷紧安保之弦，社自为战、人自为战。并加强与周边联防单位、邻里的密切协作，有效提升案情应对能力，以确保集体财产和职工人身安全。

经济民警队

经济民警队是维护本系统安全的一支武装守卫力量。其职责一是担负内部要害重点目标的守卫；二是押运各营业网点所需的现金、贵重物资及有价证券，兼送结算交换凭证和县联合社及各科室文件等材料；三是预防和打击各类违法犯罪活动。

1995 年 11 月，中国农业银行浦江县支行向县公安局申请，要求组建县联合社经济民警小队获批复同意，县联合社经济民警小队正式成立，隶属县公安局经济民警大队直属中队。

自 1996 年 10 月 10 日起，全县农村信用合作社各营业网点现金头寸改分散运送为集中以 5 辆运钞车分 5 条线路、统一配置专人押运接送。

1997 年 2 月，经济民警小队配备队长、指导员各 1 名。编制为 11 人，负责金库守卫和头寸押送。

1998 年 12 月，经中国人民银行浦江县支行批准，全县农村信用合作社现金供应自成体系，县联合社现金总库投入运作，直接向中国人民银行浦江县支行办理现金缴存，各营业网点所需现金头寸由县联合社经济民警小队直接押运接送。

同时，本着“从严治警”原则，遵照《金华市农村信用合作社经警管理工作暂行规定》，经济民警小队制订勤务、教育训练、武器装备管理使用及奖惩等项制度，以加强队伍建设与管理。

2003 年 11 月，经县公安局批复，同意县联合社将经济民警小队改制为经济护卫队，编制 19 人，担负全县农村信用合作社现金头寸押运及传票传递任务。

县公安局驻县联合社联络室

1999 年 9 月，县公安局经济侦查大队建立驻县联合社联络室，业务上接受县公安局和县联合社双重领导，以加强公安经侦部门与县联合社相互协作，密切配合，有效预防、遏制和及时打击各类金融犯罪活动。

图 5-2-1 金华安邦护卫公司运钞车辆

现金社会化守押

自 2009 年 8 月 10 日起，县联社全辖各社及分社、营业部共 31 个网点现金款箱接送业务全部外包，由金华安邦护卫公司承办。遂行早晚以运钞车接送，各网点晚间不留库存现金，现金款箱及有价单证、印章、密押、压数机具等，概由该公司运至县联社金库统一存放保管。2014 年 12 月，县联社成立现金调拨中心，安排 9 名职工负责各网点的现金调拨。迄 2016 年末，金华安邦护卫公司驻浦江守押、管理人员共 26 名，其中，管理岗 2 名、押运交接岗 19 名、驾驶岗 5 名。县联社全辖网点接送线路 4 条。

自 2013 年 7 月起，县联社监控中心值守业务尝试外包，晚间值守人员一为县联社职工、一为安邦护卫公司职工；自 2014 年 4 月起，晚间值守交由安邦护卫公司负责；自 2016 年 5 月起，白天上午班与晚间值守均由安邦护卫公司负责。

第二节 硬件设施

本县农村信用合作社成立初期，安全保卫设施根本无从谈及，仅有的保险箱也是随后逐步配置的。早年通常备放用于外防的器具只有石灰包、木棒和铁棍等。各社陆续自建办公用房后，营业场所始设置柜台及库房。安全保卫设施亦从无到有、从少到多，标准则由低渐高，以至逐步完备。

1987 年间，面对日益严峻的社会治安形势，上级主管行提出必须强化以防盗窃、防抢劫为重点的安全防范措施，提高技术防范能力，并要求所有库房、营业场所安装报警装置，营业场所要达到“三铁”化，即铁门、铁窗、铁栅柜面。这是首次对农村信用合作社安全保卫硬件设施提出明确标准。

1988 年 9 月，中国农业银行金华市支行下发全市农金系统安全保卫设施规范和制度。内容涉及对库房、营业场所、守库员、门卫及其他设施的规范，枪支、弹药和自卫器械的管理。

1995 年，县联合社营业部和浦阳、岩头、郑宅、中余 4 个农村信用合作社，经报批获准各购置运钞车一辆。

1996年12月，金华市农金体改办下发全市农信系统治安保卫工作暂行规定，进一步明确农村信用合作社安全硬件设施的标准。是年，县联合社全辖各社计更换防盗门16扇、灭火器80只，新配置狼牙棒40支、高压电警棍41支，新装报警器17只，改装加固运钞车5辆。并对白马社、浦阳社小西门储蓄所营业场铁栏栅及石宅社金库实施改造。

1997年，对全辖24个社的营业场加固改造；在1个网点安装报警器并布设监控探头8只；新建、改造金库2个；购置防弹衣10件。全年共投入安全保卫经费100万元。

1998年，在搬迁后的县联合社营业部和浦阳社营业场加装电脑监控装置；在搬迁后的浦阳社城中分社加装与110联网的区域报警装置；加固檀溪社大畈、虞宅分社营业场柜台铁栏栅。全年投入安全保卫经费130万元。

1999年4月，中国人民银行金华中心支行转发中国人民银行、国家公安部关于《金融机构营业场所、金库安全防护暂行规定》，对营业场所与外界相通的出入口、二层以下办公室的窗户、现金柜台安装与公安机关联网的报警装置、配置消防器材和自动应急电视监控报警设备，以及金库的安全防范等提出新的标准。是年，县联合社辖属各社及分社新购置灭火器56只、更换49只，各社及分社营业场新配电警棍1支、防火枪2支。全年投入安全保卫经费141万元。

2000年5月，加固全辖各社及分社营业场卷闸门，底部设置锁扣，规定每日营业终了必须加锁。是月末，郑家坞、黄宅两社营业场柜台防护栏栅的改造竣工，全辖各社及分社营业场所风险等级，实现100%达标。8月，花桥、虞宅等10个营业网点增设报警喇叭；杭坪、石宅等15个营业网点增配电警棍；浦东、郑宅、治平、大许4个营业网点的金库值班室增设防盗门；21个营业网点的金库增加对讲设施。11月，对存款余额达50万元以上的49个农村信用代办站，加固、固定保险箱，安装防抢报警器，配备狼牙棒，并落实10万元以上的头寸运送管理工作事项；完成县联合社本级库房电视监控加密系统安装，每辆运钞车和寄库网点均配备防抢防盗提款箱，以增强城区寄库网点运钞车接送安全系数。

2001年7月至10月，城关、檀溪、黄宅和浦东4个社的监控上点工作相继完成。添置防弹运钞车，实现全县各社及分社营业网点统一金库、集中寄库，并配置12套防弹衣、钢盔和安保人员必备防卫武器。根据第二轮安全评估标准，对岩头、大许、潘宅3个网点营业场无卫生间，七里、治平2个网点守库值班室无防盗门的状况实施整改；更换17个网点的报警设施，增布红外线探头35只；更换11个网点的报警电池及22只红外线探头；更换城区网点10个陈旧的110CK报警系统主机，2个网点增设110CK报警系统；改装浦阳社电视监控，城关、浦东、黄宅、檀溪4个网点新装电视监控。8月，对联合社本部、辖属各社中心机房实施改造。11月，在城关、浦阳（石宅、杭坪分社除外）2个社实行统一金库试点改革。12月始在其他社及分社全面推开，实现全辖网点统一金库、集中寄库。全年投入安全保卫经费 166 万元。

2002 年 2 月，领用统一配置的防暴枪支。7 月，县联合社营业部及城关、城东、浦阳、郑家坞、浦东、黄宅、檀溪 8 个网点通过金华市公安局、中国人民银行金华市分行组织的第二轮安防设施第一批达标验收：县联合社营业部、城关、浦阳、浦东、黄宅、檀溪 6 个网点为二级风险达标单位，郑家坞、城东 2 个网点为三级风险达标单位。11 月，安装完成岩头、前陈、治平、七里、大许、城中 6 个网点的电视监控，郑宅、岩头、前陈、治平、七里、平安、大许、大溪、杭坪、石宅、中余 11 个网点通过三级风险达标验收。12 月，2 个网点通过三级风险达标验收，9 个网点通过四级风险达标验收。购进防弹衣 10 套及头盔，配置防抢提款箱 23 只，新购防弹运钞车 1 辆，至此，全辖各网点防抢提款箱已悉数配齐，县联合社 4 辆运钞车均可防弹。更换县联合社营业部的模拟电视监控，并在郑家坞、岩头、前陈、治平、大许、七里、大溪、城东、城中、虞宅 10 个网点新装电视监控。全年投入安全保卫经费 156 万元。

2003 年 1 月，开展实弹射击训练，经警队启用防暴枪支。浦东、潘宅、杭坪、大畈、中余 5 个网点增设防弹玻璃和标准防盗门，改造营业场卷帘门；改造浦东、潘宅、花桥、杭坪、大畈、中余 6 个网点营业场卫生间；全辖 30 个网点全部安装远程视频报警系统；在郑宅、潘宅、平安、前吴、花桥、杭坪、大畈、中余 8 个网点及浦阳社的 5 个储蓄所新装电视监控。是年末，县联合社防弹运钞车增至 5 辆。全年投入安全保卫经费 211 万元。

2006 年，郑家坞、浦东、郑宅、岩头、黄宅、治平、潘宅、平安、大许、大溪、城关、浦阳、新华西路、宫口、江滨、月泉、花桥、前吴、杭坪、石宅、檀溪、大畈、虞宅、中余 24 个网点营业场柜台全部改为砖石结构，使之符合 GA38-2004 标准，并封闭现金区门窗或安装防盗百叶窗；治平、潘宅、平安、大溪、宫口、江滨、新华西路、月泉、花桥、前吴、杭坪、石宅、虞宅、大畈、中余 15 个网点的数字电视监控由 4 路升至 6 路，增加扩展卡硬盘；新装县联社营业部及郑家坞、黄宅、岩头、大许、浦阳、檀溪 7 个网点的数字监控；前陈、七里、城东、城中、中山 5 个网点数字电视监控增加储存硬盘，确保录像保存期平均达 30 天以上，全辖各网点均安装电子电视监控（录像）；改造全辖 30 个网点的 110 报警系统，新装 CK 报警，并与 110 指挥中心联网，改变以往因产品性能不稳定、不能保证所有网点上线的状况；新装月泉、前吴、檀溪、虞宅、大畈、中余 6 个网点的防尾随联动互锁门。至此，除城东、城中、中山 3 个网点（需搬迁或改造）外，其他所有网点均已具备防尾随联动互锁设置；各网点营业场现金区，除前吴、中山 2 个网点外，其他均具备卫生设施。2004 年至 2006 年间，共投入安全保卫经费 446.6 万元。

2007 年，完成县联社营业部和浦阳社 2 个网点营业场及安全防卫设施的改建。全年投入安全保卫经费 230.2 万元。

2009年，按照上级要求，将经济护卫队枪柜及枪支弹药移交县公安局治安大队保管。是年，完成城关社城东分社营业场搬迁后安全保卫设施的改造。2008年和2009年共投入安全保卫经费643万元。

2010年，岩头、潘宅、平安、城关、中余5个网点的自助机具建设工程完竣。全年投入安全保卫经费405万元。

2011年，按照第二轮安全评估活动标准，重新改造杭坪、石宅等14个网点，设置围墙防攀爬障碍物；28个网点更换联动门控制器，檀溪、虞宅等26个网点加装监控大门出入口的摄像机38台；更换花桥、虞宅等20个网点的老旧应急照明灯；城中社整体搬迁改造后，新增ATM机1台；改造郑家坞、前陈、治平、杭坪4个网点，新增ATM机4台；县联社机关大楼增配变压器。全年投入安全保卫经费470万元。

2012年，改造七里、杭坪等18个网点的防弹玻璃门；全年加装、更换各辖网点营业场及自助银行摄像机130余台；更换升级全辖网点及监控中心网络报警模块；增设县联社营业部及郑宅、大溪、浦阳、宫口、城中、前吴、大畈等8个网点ATM机12台；县联社营业部等23个网点ATM机安装安全防护舱32套；改造郑宅、大溪、月泉等网点；就县联社科技机房实施标准化改造。全年投入安全保卫经费592.6万元。

2013年，按照第三轮安全评估活动标准，改造七里等9个网点的防弹玻璃；郑宅、城关、浦阳、新华西路等11个网点的ATM机安装安全防护舱45套；加装、更换全辖网点营业场及自助银行摄像机340余台；就郑宅、岩头、黄宅、城关、浦阳、城东、新华西路、江滨、月泉、中余等10个网点实施标准化改造，增设ATM机45台。全年投入安全保卫经费724.7万元。

2014年，按照安防设施及第三轮安全评估活动标准，重建县联社金库和监控中心；改造、装修县联社营业部等5个网点的营业场及花桥、石宅2个网点的自助银行，增设黄宅中山工业园区、浦阳街道农民街（今翠湖路）2个离行式自助银行；加装或更换全辖网点营业场及自助银行摄像机270余台；就县联社营业部及郑家坞、大许、石宅、大元等5个网点实施标准化改造。全年投入安全保卫经费600万元。

2015年，就潘宅和治平2个网点营业场、檀溪和前陈2个网点自助银行及县联社金库清分室实施标准化改造；在白林村、石埠头村和水晶园区新设金融便民服务站；加装或更换全辖网点及自助银行摄像机261台，安装ATM机安全防护舱22套，更换防毒面具286只，更换灭火器192只，在全辖自助银行加钞区增设悬挂式自动灭火器103只。全年投入安全保卫经费633万元。

2016年，就前陈、平安、杭坪3个网点实施标准化改造；按照最新安防设施标准（银行营业场所安全防范要求GA38-2015），新建水晶中园分社及南部、东部、西部水晶园区自助银行；加装或更换全辖网点营业场及自助银行摄像机83台、硬盘48只，安装ATM机安全防护舱 11 套，更换灭火器 384 只，增设悬挂式自动灭火器 14 只；按照公安部门要求，各网点保安员全部配备防暴头盔、防刺服、防暴钢叉及警用喷雾器等防卫器械。全年投入安全保卫经费 659 万元。

第三节 责任与考核

本县农村信用合作社自成立以来，安全保卫工作一直依照人民银行或农业银行的有关制度规定执行。1996 年与农业银行“脱钩”后，本着“谁主管、谁负责”的原则，实行“预防为主、群防群治、突出重点、保障安全”的工作方针，自行制订并逐步健全完善安全保卫工作制度，分级管理，层层落实，责任到人。

1956 年 4 月，中国农业银行浦江县支行抄发总行《关于加强信用社保卫工作的意见》并予通报，指出“总行通报的信用社干部被杀害、钱财被抢劫事件，再次告诉我们必须百倍提高警惕，加强信用社保卫工作，加强教育，克服太平麻痹思想。”明确要求各农村信用合作社要在当地乡镇党政领导下，切实做好保卫工作，保证人民的财产不受损失。凡是上级所发重要文件，必须妥为保管，不得随便带下村，防止遗失泄露机密，必要时支行会定期将重要文件收回。农村信用合作社除应根据业务需要预留一定的现金库存外，多余钱款则须及时转存银行。并要求有可靠人护送款项，不得随便叫人携带。从各个方面提高警惕性，注意防止犯罪分子的阴谋破坏活动。

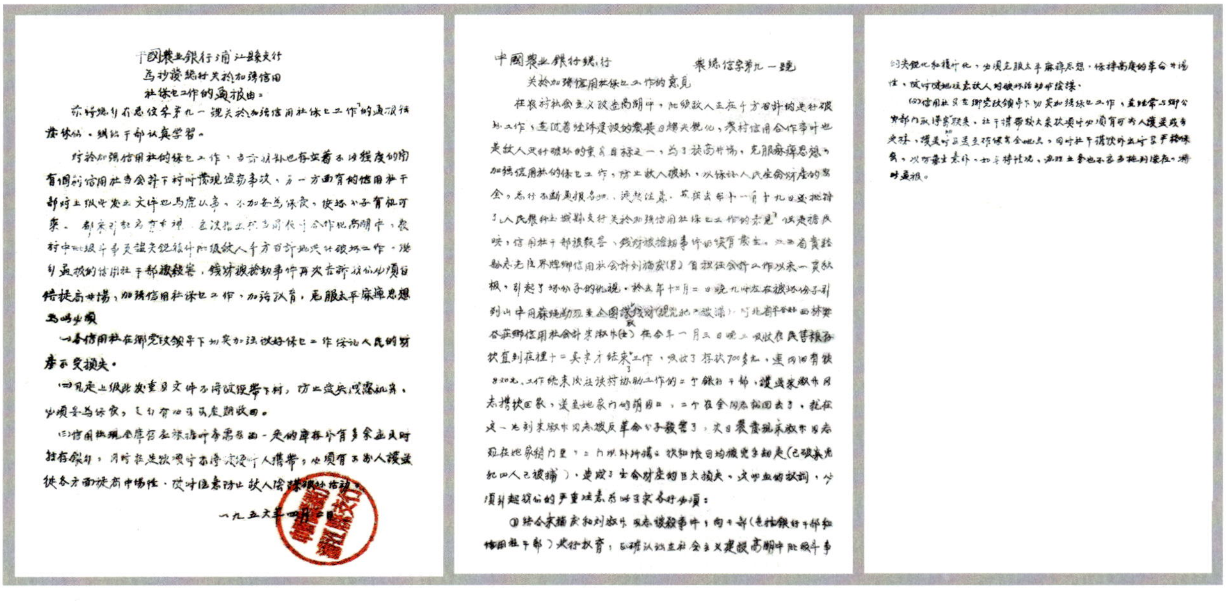
中國農业銀行浦江縣支行
為抄發總行关於加强信用社保卫工作的通报由。

中國農业銀行總行　農總信字第九一號
关於加强信用社保卫工作的意見

图 5-2-2　中国农业银行浦江县支行有关农村信用合作社安全保卫工作的文件（1956）

1957年8月，中国人民银行浦江县支行下发《关于做好保卫保密工作几项规定的通知》。明确规定，一、农村信用合作社办公室不许外人任意进出，对逢市集镇，更不得到社内会客，以免泄露机密；二、尽量压缩库存，对交通不便地区，现库放得不宜过大，对现金保管应放在可靠的箱内，以防被盗；三、对信用合作社现金运送，不得托便人带来带去，应由专职干部或金融干部自行运送。流动服务时，既要少带现金，又要加强保密；四、随时随地注意关窗锁门，外出时坚决防止假锁，若有现金确实难管，可委托支部选择牢靠地方代为保管；五、做好防火保卫工作，特别是在秋收季节，农村稻草较多，更应引起高度重视，及时检查，对附近农民进行防火宣传教育颇为重要。

1958年2月，中国人民银行浦江县支行在农历春节前夕专门发出通知，要求下辖各营业所、农村信用合作社切实做好安全保卫工作：一是立即检查漏洞，加固门墙，加强责任心。会计出纳办公室须门好锁全，离人即锁，放置现金的保险箱或办公室抽屉要随时检查加锁；除有关人员外，外人一律拒绝入内，库存现金要在保证支付的原则下尽量少留。二是放置钞票的办公室晚间不能离人，地段偏僻的营业所晚间至少要留二人、各农村信用合作社要留一人值班。三是营业所与县支行之间调拨必须以密码通知，农村信用合作社与营业所之间存取现金一定要在日中进行，切忌早晨或傍晚，以免发生意外。四是向当地党委汇报，争取支部统一部署，人人提高警惕，保障国家和社员集体资财安全。五是立即检查、擦拭保卫武器，白天须藏匿在隐蔽处，晚间值班人员要随身放在床边。这是迄目前为止，保留最早的有关节假日期间安全保卫工作的重要资料之一。此后，无论农村信用合作社体制、机制如何变革，大凡每年元旦、农历春节、"五一"、国庆等重大节假日前，国家银行或上级管理部门以及农村信用合作社自身都会结合实际，专门提出具有针对性的安全保卫工作意见。

1980年，中国农业银行浦江县支行成立后，陆续制订印发一系列安全保卫工作责任制度，在下辖各营业所及农村信用合作社执行。并适时修订，实施考核奖惩。

1984年12月，中国农业银行浙江省分行下发关于安全保卫责任制若干规定。

1987年，中国农业

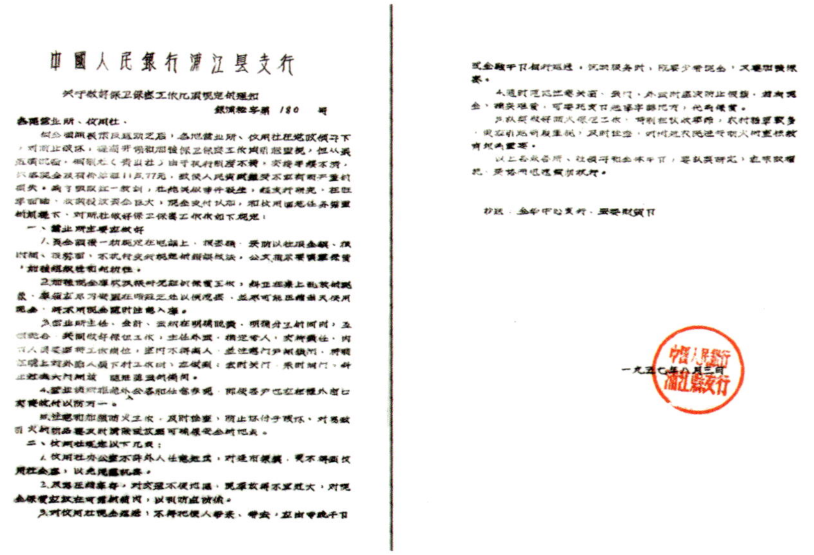
中國人民銀行浦江县支行

关于做好保卫保密工作几项规定的通知

[illegible]字第 180 号

[illegible]

一九五七年八月三日

图 5-2-3　中国人民银行浦江县支行关于做好保密工作的通知（1957）

银行浦江县支行制订安全保卫组织责任制。县联合社建立安全保卫领导小组，并在各农村信用合作社设安全员。是年，岩头陈、浦阳农村信用合作社被评为金华市农村金融系统安全保卫工作先进集体，浦阳、朱桥农村信用合作社被评为金华市农村金融安全单位；朱桥农村信用合作社被评为浦江县安全保卫工作先进集体。

1988 年，中国农业银行金华市支行制订下发安全保卫设施规范和制度，明确各农村信用合作社实行安全保卫领导责任制。凡在安全检查中发现有失职行为，当即作严肃批评并予以经济处罚直至全系统通报。全年组织安保检查 12 次；组织守库员、押运员实弹射击训练 1 次。是年，浦阳农村信用合作社被评为金华市农村金融安全单位。

1989 年，中国农业银行浦江县支行下发安全保卫工作违章处罚实施细则（试行）。是年，平安、浦阳、前吴、平湖农村信用合作社被评为金华市金融安全单位。

1990 年，中国农业银行浙江省分行部署在全省农村金融系统开展创建“安全单位”活动，并下发经济民警管理工作规定和农村信用合作社安全员职责暂行规定；金华市支行亦相应制订全市农村金融系统安全保卫工作奖惩办法。

1991 年，中国农业银行浙江省分行制订下发安全保卫责任制暂行规定、枪支管理实施细则（试行）及开展创安达标考核评分细则。

1993 年，根据治安工作“谁主管、谁负责”原则，由县联合社主任与各农村信用合作社主任签订“治安保卫工作目标管理责任书”。

1994 年，中国农业银行浙江省分行制订下发基层金融单位治安保卫工作暂行规定实施细则和文明警队标准（试行），在全省农村金融系统组织开展“落实制度年”活动。金华市分行制订下发安全保卫责任制暂行规定和安全保卫一系列制度，以及营业场、库房和运钞车等应急防暴预案。

1995 年，县联合社印发关于修订完善并重申安全保卫制度的规定。

1996 年，县联合社印发全县农村信用合作社安全保卫工作规定及奖惩办法。对安保检查中发现违反制度的人和事，据其情节轻重，分别给予经济处罚，并通报批评或作行政处分。

自是年起至 1998 年，县联合社连续三年被评为浦江县治安安全单位。

1997 年，县联合社就全县农村信用合作社安全保卫工作规定及奖惩办法作适当修订。各社主任与每个职工签订“社会治安综合治理责任书”“‘三防一保’经济案件防范责任书”；各社与信用代办站站干签订“‘三防一保’责任合同书”，层层落实安保工作责任。全年累计组织安保检查 13 次，处罚 9 人次，罚款计 1200 元。是年，黄宅、中余农村信用合作社被评定为金华市二级防护达标单位，县联合社和平储蓄所、浦阳农村信用合作社小西门储蓄所被评定为金华市三级防护达标单位。县联合社监督保卫科被评为浦江县治安保卫工作先进集体。

1998年，中国人民银行浙江省分行农村合作金融管理处制订下发全省农村信用合作社安全保卫责任制实施办法和安全保卫检查工作制度。县联合社对安全保卫责任制作进一步细化，并制订农村信用合作社安全员职责、守库员岗位职责及押运员守则下发。组织安保检查16次，提出整改意见356条，处罚45人次，罚款计6560元。

1999年，县联合社贯彻“防查并举、标本兼治、重在预防”方针，推出“五个结合”（即上级检查与基层检查、自查与互查、重点检查与普遍检查、现场检查与电话查岗、节日检查与平时检查密切结合），抓好制度检查和落实。规定县联合社对各社定期检查每季不少于一次，各社对辖属分社检查每月不少于一次，检查时如发现有违规违章或存在安全隐患的，责令限期整改。并将安全保卫制度执行情况与各社及其责任人年终评比挂钩，奖优罚劣，激发全辖干部职工做好安保工作的积极性和主观能动性。全年就违反安保制度规定的职工，给予行政处分2人、通报批评4人次、处罚45人次。组织对运钞车跟踪检查10次，处罚8人次，罚款计800元。全年分上、下半年两次对要害部位工作人员实施考核，计258人次。组织干部职工安全知识考试2次，231人次参与。是年，浦东、黄宅、檀溪农村信用合作社被评为浦江县治安安全单位。县联合社经济民警小队被评为浦江县优胜经济民警小队。

2000年，修订完善全县农村信用合作社违规违纪处罚办法。制订经济民警管理考核实施细则，全年对运钞车跟踪检查17次，处罚5人次，罚款计900元；在年度考评中，2名警员被评为优秀、8名为合格。全年电话查岗1530次，处罚21人次，罚款计3400元。监督保卫科组织与职工谈心谈话67人次；从政治思想、业务素质、工作作风等方面，对要害部位工作人员实施考核，计336人次；全年组织安保知识考试2次，有381人次参与。是年，县联合社获浦江县社会治安综合治理目标管理责任制考核第二名，受到中共浦江县委办公室、县人民政府办公室通报表彰；浦东农村信用合作社本部、浦阳农村信用合作社前吴分社被评为全县农信系统安全保卫工作先进单位。

2001年，浙江省公安厅制订下发全省金融单位“24小时自助服务”场所安全管理暂行规定。经修订完善并予补充，县联合社安全保卫工作系列制度由原18个增至24个。全年组织对运钞车跟踪检查14次，处罚3人次，罚款计300元；电话查岗1028次，处罚17人次，罚款计3000元。是年，浦东农村信用合作社本部、黄宅农村信用合作社本部、浦阳农村信用合作社花桥分社、城关农村信用合作社大许分社被评为全县农信系统安全保卫工作先进单位。

2002年，县联合社制订全辖营业、守库、押运期间安全管理操作规程。全年组织对运钞车跟踪检查14次，处罚3人次，罚款计300元；电话查岗673次，提出整改意见35条，处罚14人次，罚款计1.11万元。是年，县联合社营业部、浦东农村信用合作社郑宅分社、浦阳农村信用合作社花桥分社、城关农村信用合作社七里分社被评为全县农信系统安全保卫工作先进单位。

2003年，金华市公安局印发全市金融单位安全运钞操作规程。省联合社金华办事处下发全市农信机构远程数字视频报警巡查系统管理暂行规定。县联合社出台经济民警队学习教育和军事训练工作实施意见。全年组织安保检查27次，电话查岗1200次，处罚14人次，罚款计3700元。

2004年，县联合社制订印发运钞车管理办法及运钞车驾驶员奖罚办法。全年组织安保检查27次，提出整改意见28条，处罚15人次，罚款计2200元。是年，县联合社营业部被评为全县农信系统安全保卫工作先进单位。县联合社监督保卫科被评为全县内保系统先进集体。

2005年，县联社制订印发营业网点防暴、防抢、防火、防诈骗冒领应急预案。全年组织安保检查10次，提出整改意见40条，处罚9人次，罚款计4000元。是年，县联社被命名为金华市级治安安全示范单位。

2006年，县联社制订印发工作人员违规行为处理办法和员工行为管理评价暂行办法。全年组织安保检查12次，处罚8人次，罚款计3300元。

2007年，浙江省公安厅下发全省银行业金融机构安全防范暂行规定。省联合社亦先后出台全省农信系统消防安全管理办法，守护押运安全规程（暂行），营业、守库、押运期间安全操作规程及其应急处置预案等。全年组织安保检查9次，提出整改意见55条，处罚27人次，罚款计5600元。是年，县联社被命名为浙江省级治安安全示范单位，并受到省公安厅、省综治委和省综治协会通报表彰。县联社保卫科被评为全县内保系统先进集体。

2006年至2007年，县联社又连续两年被命名为金华市级治安安全示范单位。

2008年，县联社就省联合社制订的消防安全管理办法，营业、守库、押运期间安全操作规程及其应急处置预案作合理细化，并制订细则下发实施。同时，重新修订和完善安保工作管理办法等11项制度，严密堵漏，防堵结合，使之更为务实可行。是年，全辖31个营业网点负责人通过考试，悉数取得消防管理人员合格证，同时抓好消防工作单位负责人持证上岗制度的落实；组织全辖营业网点职工参加安保突发事件应急预案演练。累计组织安保检查7次，提出整改意见38条，处罚4人次，罚款计3300元。

2009年，县联社出台监控中心管理办法，并配备监控中心主任1名、专职管理员6名。全年累计组织安保检查7次，提出整改意见110条，处罚17人次，罚款计3700元。

2010年，县联社制订各类突发事件应急预案。全年累计组织安保检查7次，提出整改意见75条，处罚11人次，罚款计1400元。

2011年，县联社出台消防安全工作考评和奖惩制度；制订印发远程监控、报警系统管理办法。全年组织安保检查7次，提出整改意见80条，处罚15人次，罚款计2600元。

2012年，县联社根据全省农村合作金融系统保安人员管理指导意见精神，结合自身实际，修订完善保安人员管理规定，印发保安人员值勤考核实施细则，以提高其可操作性和实用性。是年，尝试大堂保安人员管理新模式，对原保安队伍重新“洗牌”，从选拔招聘、资格审查、政审录用以及教育培训等环节全程参与，进而推行由“保安公司主管、县联社监管、各营业网点代管”，对保安人员履职尽责情况实施管理考核，并提留一定比例的薪金用于奖罚。保安队伍亦呈现年轻化态势，平均年龄从原53岁降至39岁。

全年累计组织安保检查7次，提出整改意见37条，处罚30人次，罚款计4300元。

2013年，县联社制订保安人员考评工作方案及考核管理办法，分四个等级（优秀、称职、基本称职和不称职）对保安人员实施年度考评。同时规定，若保安人员违规违纪被处罚，其网点负责人承担连带责任，接受同等经济处罚。全年累计处罚保安人员、连带处罚网点负责人各6人次；组织安保检查11次，提出整改意见42条，处罚27人次，罚款计6500元。

2014年，县联社以“金融心防工程”和防范电信诈骗工作为重点，组织全辖各部门、网点围绕“四防”（防盗、防抢、防骗、防火）金融安全主题，运用多种形式，大张旗鼓地开展宣传活动。并制订自助银行（点）突发事件应急预案。全年累计组织安保检查12次，提出整改意见46条，处罚27人次，罚款计6500元。

2015年，县联社全面修订完善安保管理工作办法等12项制度。全年组织安保检查13次，提出整改意见67条，处罚46人次，罚款计1.14万元。

图5-2-4　省级治安安全示范单位及先进集体创建工作检查验收（2015.2）

2016年，根据省联合社及金华办事处，县人民政府、地方公安部门相关部署，县联社结合实际制订“G20国际峰会”维稳安保工作实施方案，采取一系列严密的安保举措，确保峰会期间全辖营业网点各项业务安全稳健运行。全年累计组织安保检查7次，提出整改意见48条，处罚53人次，罚款计1.61万元。

2013年起至2016年，县联社连续荣膺浙江省级治安安全示范单位称号。

表 5-2-1　　历年安全保卫工作先进集体、先进个人荣誉一览

<table>
<tr><th>年　度</th><th>受表彰单位</th><th>荣誉称号</th><th>授予或表彰单位</th></tr>
<tr><td rowspan="4">1987</td><td>岩头陈农村信用合作社</td><td rowspan="2">金华市农金系统
安全保卫工作先进集体</td><td rowspan="2">中国农业银行金华市支行</td></tr>
<tr><td rowspan="2">浦阳农村信用合作社</td></tr>
<tr><td>金华市农村金融安全单位</td><td></td></tr>
<tr><td>朱桥农村信用合作社</td><td>浦江县安全保卫先进单位</td><td>浦江县公安局</td></tr>
<tr><td>1988</td><td>浦阳农村信用合作社</td><td>金华市农村金融安全单位</td><td></td></tr>
<tr><td rowspan="4">1989</td><td>平安农村信用合作社</td><td rowspan="4">金华市金融安全单位</td><td rowspan="4"></td></tr>
<tr><td>浦阳农村信用合作社</td></tr>
<tr><td>前吴农村信用合作社</td></tr>
<tr><td>平湖农村信用合作社</td></tr>
<tr><td>1996</td><td>县联合社</td><td>浦江县治安安全单位</td><td>浦江县综治委、公安局、
人保财险浦江支公司</td></tr>
<tr><td rowspan="7">1997</td><td>黄宅农村信用合作社</td><td rowspan="2">金华市二级防护达标单位</td><td rowspan="4">金华市公安局</td></tr>
<tr><td>中余农村信用合作社</td></tr>
<tr><td>县联合社和平储蓄所</td><td rowspan="2">金华市三级防护达标单位</td></tr>
<tr><td>浦阳社小西门储蓄所</td></tr>
<tr><td>县联合社</td><td>浦江县治安安全单位</td><td>浦江县创安领导小组</td></tr>
<tr><td>县联合社监督保卫科</td><td>浦江县内保系统先进集体</td><td rowspan="2">浦江县公安局</td></tr>
<tr><td>黄新木</td><td>浦江县内保系统先进个人</td></tr>
<tr><td>1998</td><td>县联合社</td><td rowspan="4">浦江县治安安全单位</td><td rowspan="4">浦江县创安领导小组</td></tr>
<tr><td rowspan="7">1999</td><td>浦东农村信用合作社</td></tr>
<tr><td>黄宅农村信用合作社</td></tr>
<tr><td>檀溪农村信用合作社</td></tr>
<tr><td>县联合社经济民警小队</td><td>浦江县优胜经济民警小队</td><td>浦江县公安局</td></tr>
<tr><td>浦阳农村信用合作社前吴分社</td><td rowspan="2">浦江县农信系统
安全保卫先进集体</td><td rowspan="3">县联合社</td></tr>
<tr><td>檀溪农村信用合作社大畈分社</td></tr>
<tr><td>陈学成　张建荣　楼建华
傅君君　周群文　黄国强
刘君良　杨卫东　黄永根
陈秋仙　陈乃曹　陈中成
周东明　陈建刚　陈善锴
傅根木　贾明东　陈文斌
王天佑</td><td>浦江县农信系统
安全保卫先进个人</td></tr>
</table>

续表 5-2-1

年　度	受表彰单位	荣誉称号	授予或表彰单位
2000	县联合社	浦江县社会治安综合治理 目标管理责任制考核第二名	中共浦江县委办公室 县人民政府办公室
	浦东农村信用合作社本部 浦阳农村信用合作社前吴分社	浦江县农信系统 安全保卫工作先进单位	县联合社
	丁长辉　何　炜　徐星有 黄海东　杨国强　周家立 傅君君　张建荣　李艳飞 洪杭英　赵根法　张玲燕 郑可林　陈秋仙　金兰庭 陈伟梁　贾红花　刘君良 黄文伟　杨　英　陈建刚 周东明　王天佑　陈文斌	浦江县农信系统 安全保卫先进个人	
2001	浦东农村信用合作社本部 黄宅农村信用合作社本部 浦阳农村信用合作社花桥分社 城关农村信用合作社大许分社	浦江县农信系统 安全保卫先进集体	
	方八一　张为民　徐东升 金冬英　徐星有　傅君君 陈万义　童照峰　任青芳 黄　俊　周群文　金利建 张建荣　金　磊　盛永春 楼国强　贾明东　陈克橡 黄为兴　周东明　方　猛 郑莉璟　郑永义　傅华海 王永清　陈乃曹　王天佑	浦江县农信系统 安全保卫先进个人	
2002	县联合社营业部 浦东农村信用合作社郑宅分社 浦阳农村信用合作社花桥分社 城关农村信用合作社七里分社	浦江县农信系统 安全保卫先进单位	县联合社
	黄文熙　陈克橡　童照峰 盛永春　陈伟梁　傅华海 郑永义　周东明　张灵坚 于遵源　黄为兴　徐秀艳 邱燕冬　方守盛　黄雄伟 金利建　毛红专　洪　咏 张　慧　朱玉林　楼英明 黄艳丽　徐星有　洪小虎 傅君君　张深波　杨国强 方八一　张为民	浦江县农信系统 安全保卫先进个人	

续表 5-2-1

年 度	受表彰单位	荣誉称号	授予或表彰单位
2003	县联合社营业部	浦江县农信系统安全保卫先进单位	县联合社
	金士华 盛永春 吴小君 黄为兴 陈伟梁 方八一	浦江县农信系统安全保卫先进个人	
2004	县联合社监督保卫科	浦江县内保系统先进集体	浦江县公安局
	陈文斌 方八一 俞利民	浦江县内保系统先进个人	
2005～2007	县联社	金华市治安安全示范单位	金华市综治委 金华市公安局
2007		浙江省级治安安全示范单位	浙江省公安厅 浙江省综治委办 浙江省综治协会
	县联社保卫科	浦江县内保系统先进集体	浦江县公安局
	金权 徐忠清 项伟历 金兰庭	浦江县内保系统先进个人	
2011	县联社	金华市农信系统安全保卫专业考核评比第二名	省联合社 金华办事处
2012		金华市农信系统安全保卫专业考核评比第三名	
2013		浙江省创建治安安全先进集体	浙江省公安厅
	吴旭明	金华市安全评估工作先进个人	金华市公安局
		金华市创建治安安全先进个人	
2014	县联社	浙江省创建治安安全先进集体	浙江省公安厅
2015		金华市农信系统安全保卫专业考核评比第三名	省联合社 金华办事处
		金华市心防工程建设先进集体	金华市公安局
	方八一	金华市安全评估工作先进个人	
		金华市创建治安安全先进个人	
		金华市心防工程建设先进个人	
2016	县联社	浙江省创建治安安全先进集体	浙江省公安厅

第三章　档案管理

第一节　档案室建设及入库档案

综合档案室

1987 年之前，农村信用合作社除就地对会计档案进行常规性保管存放外，文书档案、业务资料等普遍未作系统性收集整理入档，有的社甚至无像样的档案室及档案保管基本设施。自县联合社成立后，加强综合档案管理工作被提上重要议事日程。在县档案部门指导和帮助下，耗费大量人、财、物力，抓好档案基础设施建设，修订或新订档案管理相关规定和制度，配备档案管理专职及兼职工作人员，明确其具体职责，推动全辖档案管理工作逐步走向正轨。

1988 年至 1996 年间，农村信用合作社文书档案参照中国农业银行浦江县支行订立的系列相关规定和制度实施管理。

1992 年 6 月，县联合社制订信贷经济档案管理规定实施细则，对信贷经济档案实施管理。

1997 年，省农金体改办印发在全省农信系统开展档案管理省级达标活动的通知和省联合社档案管理办法。12 月，市农金体改办亦下发全市农村信用合作社会计档案管理暂行规定。县联合社按上级要求，着重抓好基础档案的收集与保管工作。

1999 年，县联合社建立档案室，并成立档案管理工作领导小组，开展档案规范达标活动。县档案部门给予支持，派员深入指导，是年末，县联合社档案管理获县一级达标单位。

2001 年 2 月，县联合社被评为 2000 年度档案管理工作市级达标先进单位。随后印发《档案管理暂行办法》《文件材料归档制度》《档案统计制度》《档案保密制度》和《档案借阅制度》，并转发县档案部门制订的档案室库房管理等 13 项制度。

2007 年 7 月，转发中国银监会和国家档案局《关于加强银行档案工作的意见》。

至 2000 年 10 月，县联合社档案设施计投入改造资金 25.7 万元。其中，档案室改造 20 万元，购置立式空调、复印一体机各一台及档案箱 13 套，计 4.3 万元。此外，还配置计算机、温湿度计、灭火器等必要设备，档案库房基本达到“六防”要求。县联合社档案室总面积 30 平方米，并在综合楼五楼设立图书馆兼档案查阅室，占地面积 30 多平方米。

表 5-3-1　　1984 年至 1999 年综合档案室入库档案统计

单位：件

年度	文书档案				计信档案				科技档案					
									基建档案			设备档案		
	永久	长期	短期	小计	永久	长期	短期	小计	永久	长期	小计	永久	长期	小计
1984														
1985					8	2		10						
1986							2	2						
1987		4		4		8	8	16						
1988	1	5	1	7		5	6	11						
1989	2	5	2	9		13	7	20						
1990	1	11	2	14	7	11	10	28						
1991	2	10	3	15	3	7	15	25						
1992	1	6	2	9	5	9	20	34						
1993	1	6	2	9	12	9	17	38						
1994	1	2	1	4	5	8	31	44	25		25			
1995	3	22	5	30	4	11	26	41						
1996	4	17	4	25	5	18	20	43	16		16			
1997	4	22	9	35	8	9	64	81	11		11			
1998	10	23	3	36	1	12	28	41						
1999	6	32	4	42	2	7	31	40						

表 5-3-2　　1984 年至 1999 年综合档案室入库档案统计

单位：件

年度	会计档案				声像档案		
					照片		
	永久	长期	短期	小计	永久	长期	小计
1984	1			1			
1985	8	31		39			
1986	5	45		50			
1987	4	37		41			

续表 5-3-2

年度	会计档案				声像档案		
	永久	长期	短期	小计	照片		
					永久	长期	小计
1988	5	43		48			
1989	9	56		65			
1990	11	58		69			
1991	12	88		100			
1992	10	65		75			
1993	14	63		77			
1994	7	57		64			
1995	1	33	30	64			
1996	1	36	43	80			
1997	1	46	44	91		1	1
1998	1	39	41	81		1	1
1999							

2000 年至 2016 年末，县联社综合档案室入库文书档案 320 卷、8597 件，其中 2006 年至 2016 年文书档案永久卷 1956 件，30 年期卷 3786 件，10 年期卷 2855 件。信贷及其他档案，则分别由各科室保管。

会计档案室

2000 年后，按照事后监督的要求，各农村信用合作社及分社每天的会计凭证须上交联合社，存放至新建的大型档案室。大型档案室设县联合社营业部二楼，总面积 280 平方米，改造费用计 207642 元。其中自制会计凭证档案架，可存放全县农村信用合作社十八年至二十年的会计档案。档案室按标准化要求设置，配备档案箱、除湿机、灭火器等设备，并辟有查阅室。2014 年因营业部装修改造，在第四幢办公楼二楼按标准化要求另建大型档案室，投入改造费用 10 余万元。

1998 年，随计算机替代手工在柜面业务中的广泛应用，原定会计档案管理办法已与业务的发展不相匹配，故就原管理办法作出修订并予试行，重新明确手工会计档案资料和计算机操作会计档案资料的立卷方法、案卷号排列、卷内目录、保管清册、案卷标题规范书写等项基本内容。以此统一农村信用合作社会计档案管理工作，并在各社普遍实行事后监督。该项工作在全市推开后，使农村信用合作社会计档案资料存放有序，保管设施完善，管理制度健全，查阅方便。

此外，还积极创造条件，购置必要设备，应用量子档案管理软件，将机关档案室的综合档案系统分类录入电脑，便于检索查找。在综合档案中，属永久、长期保管的档案，均建立文件级、案卷级的条目数据库，使档案管理实现由传统手工整理的纸质化档案，向电子文件档案和计算机处理与手工整理相结合的过渡，从而以现代化手段更科学地管理和利用档案。

2012 年后，会计档案保管方式改以袋装入库，入库永久会计档案 2133 袋。其中 2013 年 368 袋，2014 年 365 袋，2015 年 563 袋，2016 年（至 11 月末）837 袋。入库长期会计档案，2012 年至 2014 年 30368 册，其中 2012 年 8614 册，2013 年 11316 册，2014 年 10438 册；2015 年后又改为塑封保管，2015 年 8168 包，2016 年（至 11 月末）8060 包。

2012 年 5 月，公开选聘县联社档案管理员 2 名，分别管理信贷、办公室档案和财务会计档案。9 月，县联社印发《会计档案管理办法》。

第二节　综合档案室达标升级

1999 年 11 月，县联合社成立档案达标领导小组。12 月，调整 10 名兼职档案员，同时调整并充实档案鉴定小组成员。

是年，金华市农金体改办下发全市农村信用合作社人事档案管理暂行办法、声像档案管理暂行办法、档案管理暂行办法和领导干部廉政档案管理办法。县联合社亦先后制订档案立卷归档、库房管理、鉴定和销毁、查（借）阅及保密等项制度，以确保档案管理工作达到规范化要求。并相应制订机关综合档案室工作职责和岗位责任制，调动档案管理员工作积极性。档案室设立档案收进（移出）、借阅利用效果、温度湿度以及有无虫蛀鼠咬、褪色、霉变等检查记录簿，俾更好地保护利用档案资料。同时采取“走出去、请进来”的方式，组织专职、兼职档案员开展档案知识培训，如聘请中国农业银行浦江县支行原综合档案室具有档案专业职称的退休干部来社进行业务指导，派专职档案员赴杭州参加省级档案业务培训等，以提高档案业务管理水平。各业务科室按规范化要求，全面收集整理 1987 年以来的文书、信贷、会计、科技和声像等档案资料。在清档建室过程中，做到业务上高标准、严要求，切实按规定标准分类编号，编制多种检索工具，汇编基础数据，整理归并领导讲话、工作总结、组织沿革、大事记、计算机管理、信用代办站管理及存贷款利率变动情况等，作全宗与专题介绍，较好地发挥档案的服务作用。是年 12 月，档案管理达标通过县级考核验收。

图 5-3-1　市、县考核小组对县联合社综合档案室考核验收（2000.11）

2000 年 1 月，县联合社成立综合档案室，由办公室负责人兼综合档案室主任，并确定专职档案员 1 名。档案管理通过县级达标考评。2 月，县联合社成立档案管理省二级达标领导小组及档案鉴定小组。6 月，由市、县档案局和市农金体改办组成市级档案管理达标考核小组，对县联合社综合档案室考核验收，以 95 分通过市级达标。9 月，省档案局派员来社指导档案工作。11 月，复由市、县档案局和市农金体改办组成档案目标管理省级达标验收小组，再次对县联合社综合档案室考核验收，以 93.8 分通过省二级达标。

2001 年 1 月，省档案局以浙档〔2001〕12 号文通报，县联合社 2000 年档案目标管理通过省二级认定。经金华市档案局考核评定，县联合社为2000年度档案工作市级达标先进单位。2000 年至 2002 年，徐祖江连续三年被评选为全县档案工作先进个人，受到中共浦江县委办公室、县人民政府办公室通报表彰。

2014 年 10 月，省联合社印发《关于加强和改进新形势下浙江农村信用合作社档案工作的指导意见》。县联合社印发《综合档案管理办法》，并制订档案统计、档案库房管理、档案保密及档案查（借）阅等项制度。

第三节　档案内容

综合档案室建立后，对文书、信贷、会计、科技及声像等档案，无论永久、长期和短期均全部实行集中统一管理。机关综合档案室入库 1987 年至 1999 年间各类档案计 1913 卷（永久 272 卷，长期 995 卷，短期 646 卷）。其中，文书档案 239 卷，信贷档案 474 卷，会计档案 285 卷（自 1985 年起），科技档案 86 卷，声像档案 4 卷。1987 年至 1996 年 10 月，县联合社与农业银行合署办公，档案由农业银行保管；1996 年 10 月与农业银行脱钩后，档案收集则较为完整，档案利用亦颇具成效。

第四章 经营目标责任制

第一节 经营目标责任制沿革

1979年2月，根据中国农业银行浙江省分行转发全省银行系统企业编制单位试行综合奖奖励制度的暂行规定，银行系统按企业编制试行月评月奖。中国人民银行浦江县支行成立评奖委员会，农村信用合作社有2名成员参与；各营业所成立评奖小组。3月，制订月评月奖实施办法及具体细则，各农村信用合作社若每月能全面完成各项任务指标，可提取奖金10%；完成各项任务指标较差则只提取8%，较差单位实行不提取奖金也不建奖。5月，转发全省银行，农村信用合作社会计、出纳、储蓄内勤“安全无差错”竞赛办法的通知，在全县银行系统开展“安全无差错”竞赛活动。

1980年4月，中国农业银行浦江县支行下达本年度储蓄、存款及贷款指标。5月，转发关于在银行系统开展大干四化，争创金融红旗手、金融红旗单位劳动竞赛的试行办法。12月，中国农业银行浦江县支行下发关于本年度农村储蓄竞赛评比问题的通知。

自1983年3月1日起，中国农业银行浦江县支行改革奖金评比发放办法，制订奖励实施细则，月度奖由原分三等并为一等，奖金为5元；月度奖以考核出勤为先决条件，满勤为5元，缺勤一天扣0.50元，缺勤三天以上不建奖。4月至5月，根据农村信用合作社体制改革试点工作意见，中国农业银行浦江县支行在石马农村信用合作社开展体改试点工作，恢复和加强“三性”，恢复理事会、监事会组织，恢复建立职工岗位责任制，推行贷款合同制。4月，中国农业银行浦江县支行分别成立开展文明集体（股、所、社）、文明金融员、文明家庭劳动竞赛领导小组和“五讲、四美、三热爱”活动领导小组。

1984年8月下旬至12月中旬，在行、所、社开展“出纳百日安全无差错”“会计联行核算百日安全准确”和“项电百日及时、正确、完整”等单项竞赛。

1985年10月，各农村信用合作社实行经营责任制和岗位责任制。经营责任制的六项经济指标采用百分制计奖办法分别进行考核。具体考核指标为到逾期贷款收回率、存款增长率、损益指标、贷款运用率和存款费用率。

1988 年，县联合社在浦阳农村信用合作社进行信贷风险承包试点，落实信贷员岗位责任制，取消主任、信贷员工资、奖金和补贴，改领手续费。经过 8 个多月的实践，成效显现，逾期贷款绝对额比承包前下降 40 万元，收回关停呆滞贷款 9 万元，承包期内发放的贷款未出现关停呆滞状态。这一成功经验受到有关部门和上级行重视，《金华日报》和中国农业银行浙江省分行分别作了专题报道和推广。同时实行储蓄指标由主任承包和储蓄柜所承包，在七里社试行信用服务站试点，将信贷效益的好坏直接同信贷员的工资、奖金挂钩，并以此为基础在全县推开。在石马、浦阳两社试行会计、出纳员按量计酬办法。7 月，中国农业银行浙江省分行下发关于全省农村信用合作社实行等级管理的意见，根据各项存款增长率、储蓄存款增长率、信贷资金运用率、贷款逾期率、资金损失率、成本率和利润增长率七项考核指标数值进行评定。8 月，召开“推行农村信用合作社经营承包责任制”专题研讨会，收到论文 4 篇。试行日工资制和内勤工作量工资制，鼓励干部职工多出勤，将奖勤罚懒措施落到实处。12 月，县联合社对本年度各社存款增长率、贷款逾期率、贷款收回率、会计出纳差错率、利润率等经营责任制指标作出调整。

1989 年 7 月，县联合社下发关于信用实行等级管理的通知，就各农村信用合作社各项存款增长率、储蓄存款增长率、信贷资金运用率、贷款逾期率、资金损失率和成本率利润增长率七项指标综合评定。各社信用等级每年评定一次，达到一、二级标准的社，由县联合社颁发证书、授予荣誉称号并通报表彰，同时奖励一级社主任 50 元，副主任 40 元，职工 30 元；二级社比一级社各低 10 元。

1990 年，印发县联合社、办事组岗位责任制和工作规范。9 月，下达本年度农村信用合作社经营责任制指标，考核存款增长率、农贷运用率、贷款收回率、贷款逾期率、会计出纳差错率和利润率六项指标，除逾期率、贷款收回率加分实行上不封顶外，其他指标均计最高分。12 月，全县农业银行、农村信用合作社储蓄存款达 1.01 亿元，提前半个月突破农村储蓄超亿元目标。

1991 年 3 月，中国农业银行浦江县支行成立劳动竞赛活动领导小组。4 月，印发本年度经营责任制考核办法，分配各项任务指标。并下发通知，重申若干规章制度的补充规定，各农村信用合作社主任岗位补贴由按月发放改为半年发放。主任若被行、社查出累计有三次违章行为者，取消半年岗位补贴。8 月，印发全县农村信用合作社内部管理实施办法和考核标准，决定自是年 9 月 1 日起至翌年 8 月 30 日，在各社开展内部管理试点工作，以逐步实现会计管理工作标准化、规范化和制度化。

1992 年 3 月，中国农业银行金华市支行印发本年度县（市）联合社经营目标责任制考核办法。6 月，县联合社印发本年度全县农村信用合作社经营目标责任制考核办法。11 月，转发总行关于农村信用合作社监督、管理工作的暂行规定。12月，县联合社调整部分农村信用合作社经营责任制指标。

1993年7月，县联合社印发全县农村信用合作社本年度经营目标责任制考核办法和县联合社综合经营目标责任制考核指标，建立引进资金奖励办法。11月，县联合社印发全县农村信用合作社本年度四项考核指标及考核办法，原年度经营目标责任制考核办法停止执行。

1994年1月，县联合社下发本年度全县农村信用合作社经营考核管理办法，突破此前计分考核的框框，上不封顶、下不保底，更多地体现多劳多得的分配原则。考核分为资金组织（各项存款、低利存款、定期存款三项目标），清收非正常贷款，清收挂账利息、利润，贷款户存贷比例等五项指标，每项指标都与奖金挂钩。2月，县联合社印发关于贷款风险管理和经营考核等办法的补充规定，就低利存款奖罚、贷款户存贷比例及原正常贷款风险防范等方面作出修订。

1996年2月，根据中国农业银行浙江省分行本年度农村信用合作社资金组织考核和奖励办法要求，县联合社印发全县农村信用合作社资金组织考核办法，按滚动式上升与季度时点完成两项实施考核。以1995年末各社及储蓄代办所各项存款和存款化股金余额的1‰提取公关费，立专户保管，由主任掌握使用。县联合社制订全县农村信用合作社专职资金组织员制度，将专职资金组织员的任务完成情况与其全年的工资总额及劳保福利待遇同比例挂钩。资金组织分在经营责任制考核中的占比为40%，全年以职工人均工资、奖金计3000元与资金组织实绩挂钩兑现。全面落实储蓄所承包责任制。

1997年5月，金华市农金体改办印发本年度县（市）联合社经营管理风险防范目标责任制考核办法。

1998年6月，金华市农金体改办印发县（市）联合社主任本年度主要业务工作目标责任制考核试行办法，并下达主要业务工作目标。7月，下发县（市）联合社领导班子工作实绩考核试行办法。

1999年3月，县联合社印发社内机关工作人员和科室工作考核办法。

2000年3月，县联合社印发本年度全县农村信用合作社业务三项目标任务和考核办法及绩效工资制实施暂行办法，各农村信用合作社职工现行执行工资一律作为档案工资保留，实行结构性工资，以经营管理三项目标百分制分岗计酬，分项量化，绩效挂钩。10月，下发第四季度信贷业务目标任务及考核办法。12月，金华市农金体改办下发县（市）联合社本年度行业管理和行业经营目标考核两个计分办法。

2001年3月，县联合社印发本年度全县农村信用合作社三项业务目标任务和考核办法、财务经营目标和管理责任制考核办法及业务经营管理责任制考核办法。5月，印发全县农村信用合作社储蓄所承包管理办法及实施方案，并于是月下旬完成城关社府前、商业长廊、新华西路三个储蓄所和浦阳社下大街、横街、宫口、小西门四个储蓄所的承包工作。

2002 年 3 月，县联合社职工何慧、贾野鹰被聘为首批专职资金组织客户经理。4 月，县联合社营业部开展柜员制试点，浦阳农村信用合作社率先实行综合柜员制。县联合社印发本年度机关科室考核办法和农村信用合作社业务经营管理责任制考核办法。金华市农金体改办下达本年度全市农村信用合作社业务经营考核指标。

2003 年 1 月，金华市信管办下发关于 2002 年度县（市、区）联合社领导班子工作业绩考评情况的通报。3 月，下发金华市农村信用合作社本年度经营目标考核指标设定及计分规则。县联合社印发农村信用合作社本年度行业管理目标考核计分办法。4 月，县联合社下发农村信用合作社本年度业务经营考核指标及计分规则、三项业务经营目标考核办法。12 月，金华市信管办下发全市县级联合社本年度行业管理目标考核计分办法。

2004 年 2 月，金华市信管办下发关于 2003 年度县（市、区）联合社领导班子工作业绩考评情况的通报。5 月，下发关于开展“双收”劳动竞赛活动的通知。7 月，修订本年度部分主要业务考核指标。9 月，制订“百日劳动竞赛”活动实施方案。

2005 年 1 月，各农村信用合作社开展第一季度业务竞赛活动，设置新增存款、新增旬均存款、人均新增旬均存款、新增日均存款、不良贷款清收和百元贷款收息率等项指标。

2006 年 1 月，县联社成立领导小组，组织全员开展“迎新春、比业务”竞赛活动。3 月，印发县联社（科室、网点）本年度经营管理目标责任制实施办法。

2007 年 1 月，县联社组织开展“迎新春开门红”业务竞赛活动。印发干部职工本年度绩效考核及末位淘汰制实施办法。4 月，印发本年度各营业网点管理目标考核办法。5 月，省联合社金华办事处下发本年度县（市）联社（合作银行）主要经营指标专项考核办法。12 月，省联合社就全省农村合作金融机构领导干部薪酬管理指导意见（试行）有关问题作出说明。

2008 年 1 月，县联社组织全员开展“迎奥运、比贡献、创佳绩”劳动竞赛活动。7 月，转发全省省级农村合作金融机构本年度经营管理综合考核办法。

2009 年 1 月，县联社组织开展“走千家、访万户、共成长”劳动竞赛活动。3 月，印发本年度经营目标责任制考核办法。5 月，就经营责任制部分考核项目任务作出补充。6 月，印发本年度各营业网点主任目标任务考核办法。9 月，转发全省农村合作金融机构本年度经营管理综合考核办法。11 月，印发各营业网点管理目标考核办法和科室工作考核办法。

2010 年 2 月，县联社持续组织开展“走千家、访万户、共成长”劳动竞赛活动。4 月，印发本年度经营目标责任制考核办法。9 月，印发关于经营目标责任制考核的补充通知及各营业网点本年度管理目标考核办法。

2011 年 1 月，省联合社金华市办事处下发关于做好本年度劳动竞赛工作的通知。县联社组织开展第一季度“走千家、访万户、共成长”劳动竞赛活动，制订“奋斗20天，存贷规模超50亿”活动目标。截至是月20日，县联社存、贷款余额达55.54亿元，超50亿元目标。3月，县联社获2010年度全县金融系统金融稳定工作考核二等奖，综合评价为B等行（社）。4月，县联社组织开展第二季度“环比式”专项劳动竞赛活动。印发各营业网点本年度经营目标考核办法和柜员业务量考核办法（试行）。6月，省联合社金华市办事处印发全市农信机构本年度主要经营指标专项考核办法及业务工作考核办法。7月，省联合社印发全省农信机构本年度经营管理综合考核办法。县联社印发客户经理绩效考核办法（试行）。8月，县联社就柜员业务量考核办法（试行）作出补充。

2012年1月，县联社印发关于本年度劳动竞赛活动的补充通知。2月，召开“进村入企”金融服务送基层活动、“服务实体经济”主题活动与“整顿规范银行业秩序”专项活动动员大会，并制订印发三个专项活动方案。6月，省联合社金华办事处下发本年度县（市）联社（合作银行）主要经营指标专项考核办法。10月，县联社组织开展第四季度“环比式”专项劳动竞赛活动。印发2013年度“走千家、访万户、共成长”——助微助农、争先争优劳动竞赛活动实施方案。

2013年3月，省联合社下发全省农信系统本年度普惠金融工程考核办法。县联社印发第一季度劳动竞赛活动的补充通知。4月，县联社组织开展第二季度“环比式”专项劳动竞赛活动和机关人员劳动竞赛活动。5月，省联合社金华办事处下发全市农信机构本年度专业工作考核办法。6月，县联社印发领导班子成员年度履职考核责任制。7月，县联社组织开展第三季度“环比式”专项劳动竞赛活动。8月，县联社印发本年度各营业网点年度经营目标考核办法和业务量薪酬考核办法。10月，县联社组织开展第四季度专项劳动竞赛活动，印发客户经理绩效薪酬考核办法。

2014年1月，县联社印发本年度“走千家、访万户、共成长”——普惠金融、普惠百姓劳动竞赛活动、宣传活动实施方案。4月，组织开展第二季度劳动竞赛活动和“浦江农信、普惠百姓”专项劳动竞赛活动。5月，省联合社下发全省县级农信机构本年度经营管理综合考核办法。6月，省联合社金华市办事处下发全市农信机构本年度专业工作考核办法。县联社印发本年度管理经营双百分考核办法。7月，县联社印发本年度业务工作指导意见，布置第三季度“浦江农信、普惠百姓”专项劳动竞赛活动。10月，组织开展第四季度“浦江农信、普惠百姓”专项劳动竞赛活动。12月，县联社印发客户经理绩效薪酬考核办法。

2015年1月，县联社印发本年度“走千家、访万户、共成长”——“行普惠路、筑农信梦”劳动竞赛活动实施方案。4月，省联合社下发全省农信机构本年度普惠金融工程评价考核办法和经营管理综合考核办法。县联社组织开展第二季度“行普惠路，筑农信梦”专项劳动竞赛活动。5月，省联合社金华办事处印发全市农信机构本年度专业工作考核办法。6月，

图 5-4-1 “普惠金融、普惠百姓”劳动竞赛中，巾帼小分队深入偏远山区开展业务宣传和便民服务活动

省联合社下发全省县级农信机构本年度银行卡、电子银行业务考核办法。县联社印发本年度营业网点经营目标考核办法和网点管理工作考核细则。7 月，印发业务量薪酬考核办法，组织开展第三季度“行普惠路，筑农信梦”专项劳动竞赛活动。8 月至 9 月，印发各科室和营业网点负责人本年度责任目标考核办法及积分评价管理办法（试行）。10 月，组织开展第四季度“行普惠路，筑农信梦”专项劳动竞赛活动。

2016 年 1 月，县联社被评定为全省农信系统 2015 年度经营“四级”行社。县联社印发本年度“走千家、访万户、共成长”——“助力‘双创’、弘扬普惠”劳动竞赛活动实施方案和 1 至 4 月机关科室人员劳动竞赛活动的通知。3 月，就柜员业务量薪酬考核办法作出补充。5 月，省联合社印发全省农信机构本年度普惠金融工程评价考核办法和普惠金融长效机制建设指导意见。县联社组织开展 5 月至 6 月“助力‘双创’、弘扬普惠”专项劳动竞赛活动，印发“有效服务实体经济，普及金融知识万里行”活动实施方案。6 月，就开展普惠金融工程作出专项评价考核。7 月，省联合社下发全省县级农信机构本年度银行卡、电子银行业务考核办法。县联社组织开展第三季度“助力‘双创’、弘扬普惠”专项劳动竞赛活动。8 月，省联合社金华办事处下发全市农信机构本年度专业工作考核办法。10 月，县联社组织开展第四季度“助力‘双创’、弘扬普惠”专项劳动竞赛活动。12 月，省联合社印发全省县级农信机构本年度经营管理综合考核办法。

第二节 考核与奖惩

1958 年 7 月，经全县银行、农村信用合作社会计出纳工作“大跃进”誓师大会通过，中国人民银行浦江县支行下发农村信用合作社实现“四无”“四好”鉴定标准。“四无”即无错账、无错息、无错款、无错表；“四好”即服务生产好、内外兼顾好、辅导服务站好、勤俭办社好。农村信用合作社凡符合上述标准的，应以书面形式向营业所或县支行报喜，经营业所或县支行派员就地核实鉴定后，由全区信用合作社会计碰头会议通过，再由县支行授予证明书以资鼓励。

1959 年 5 月，贯彻中央紧急指示，大力开展增产节约运动。中国人民银行浦江县支行在党支部领导下成立红旗竞赛领导小组，制订竞赛计划，下发全县金融工作红旗竞赛办法。

1978 年 12 月，中国人民银行浙江省分行下发《关于实行一次性年终奖的通知》，各县支行属企业编制的固定职工，按 12 月份发放工资的人数平均每人 10 元提取，享受一次性年终奖。农村信用合作社职工原则上比照银行办理。

1980 年 12 月，根据农银字〔80〕第 119 号《关于农村信用合作社职工年终奖的通知》，年度盈余和经济核算计划亏损的农村信用合作社，可按两个月的标准工资发放奖金（包括月度奖）；综合奖部分每月按标准工资的 10% 计算。

1981 年 12 月，根据〔81〕农银人字第 129 号《关于奖金发放几个问题的通知》，月评月奖按建奖职工标准工资总额的 10% 提留；除月评月奖外，其余奖金按建奖职工全年平均每人奖金额 40 元提取。

1990 年 1 月，根据〔90〕浦信联字第 3 号《关于发放经营责任制考核奖金和储蓄存款单项奖金的通知》，全年奖金不足 360 元的农村信用合作社补足 360 元；全年奖金超过 440 元的亏损社，其超过部分按 50% 提取并与个人挂钩；全年奖金超过 440 元的盈余社，其超过部分按 89% 提取并与个人挂钩。2 月，根据浦信联〔1990〕3 号《关于发放年终奖金的通知》，本年度农村信用合作社经营责任制考核所得奖金数＝全年可发奖金额－人均月度奖。

1992 年 1 月，根据县联合社《关于发放年终奖金的通知》及中国农业银行浦江县支行《关于要求增发我县农村信用合作社职工 1991 年度鼓励奖的请示》，经分管财贸工作的副县长批复，比照上年情况，由农村信用合作社按农业银行干部职工的奖励奖金数额从成本中列支，仍按前办法处理。

1993 年 1 月，按照县联合社通知精神，兑现农村信用合作社 1992 年度经营责任制考核奖金。

1996 年 2 月，根据浦信联〔1996〕12 号全县农村信用合作社资金组织考核办法，各社按上年末信用代办站及储蓄代办所（含储蓄所）的各项存款加存款化股金余额的 2‰提取储蓄手续费，上划县联合社，用于奖励组织资金的优胜社及干部职工。并根据浦信联〔1996〕15 号全县农村信用合作社专职资金组织员制度（暂行）规定，专职资金组织员存款任务分旬均余额、日均余额和低利旬均余额三项。全面完成任务享受与本社在职职工相同的工资和劳保福利待遇（包括三产收入）；超额完成旬均存款任务，超额部分按万分之十计发奖金；外出车旅费自理，不发出差补贴。将专职资金组织员的任务完成情况与其全年工资总额及劳保福利待遇同比例挂钩。旬均余额、日均余额和低利旬均余额三项存款任务，其中有一项完成任务数未达到 30% 的，其任务完成情况与工资总额及劳保福利待遇不实行同比例挂钩，而作为留职停薪处理，不发任何工资，其医药费只享受保险公司保险部分，并罚款 2000 元；若有的项目超额完成任务而有的项目没完成任务，则不能以超额的项目抵补未完成任务的项目；若有一个项目未完成任务，其他两个项目即使超额完成任务，也不能发超额奖金；三个项目都未完成任务或只有部分项目完成任务的，均以完成任务最差一项作为同比例计算资金组织员所得工资与劳保福利的依据。

1997 年 5 月，转发金华市农金体改办〔1997〕36 号文，就全市农信系统岗位责任目标津贴系数作出修订。

2000 年 10 月，县联合社印发第三季度经营和管理目标考核情况的通报。12 月，金华市农金体改办下发关于县联合社领导班子成员年薪管理有关问题的通知。

2003 年 1 月，金华市信管办下发 2002 年度各县（市、区）联合社领导班子工作业绩考评情况的通报，本县联合社管理工作考评得 81.85 分、经营目标考评得 86.52 分，考核分值 168.37 分，考核结论为中上。县联合社印发 2002 年度各农村信用合作社经营管理责任制考核情况通报，城关社为一类社；县联合社营业部和浦阳、黄宅社为二类社；浦东、檀溪社为三类社。4 月，对县联合社机关科室进行考核。

2004 年 2 月，金华市信管办下发 2003 年度各县（市、区）联合社领导班子工作业绩考评情况的通报，本县联合社考核分值 167.635 分，考核结论为中上；兑现等级为六类二档，兑现系数 3.99。县联合社印发全县农村信用合作社主办会计岗位职责考核情况的通报，县联合社营业部、浦阳社主办会计考评获优秀，各奖励 500 元。

2005 年 2 月，省联合社金华办事处下发 2004 年度各县（市、区）联合社（合作银行）领导班子工作业务考评情况的通报，本县联合社考核得 160.15 分；詹兴云考评获一等奖，徐建一考评获三等奖。

2006 年 1 月，县联社 2005 年度考核得 181.05 分，业绩突出，名列全市农信系统综合考核第三；兑现等级为六类二档。5 月，省联合社金华办事处下发本年度全市各联社（合作银行）班子成员主要经营指标专项考核办法。

2007 年 2 月，县联社根据干部职工年度绩效考核及末位淘汰制实施办法，成立考核领导小组，以思想品德、工作能力、工作态度或管理素质、工作业绩为考核内容，分别制订中层干部和职工考核办法，通过互评、测评和领导评定，对干部职工实施考核。2 月，根据县联社与各营业网点、机关科室签订的经营目标责任书，“三防一保”责任书及有关文件规定，县联社薪酬委员会研究 2006 年度各营业网点及机关科室奖金分配事宜。是月中旬，按照省联合社金华办事处考核结果，本县联社经营目标、管理工作名列全市农信系统第三，兑现等级为五类一档。1 月至 3 月，县联社在全市农信系统迎新春“月月红”劳动竞赛活动中，排名分别居第八（获三等奖）、第三（获三等奖）和第一（获一等奖和优秀组织奖）。

2008 年 2 月，省联合社金华办事处下发全市农信系统“迎奥运、比贡献、创佳绩”劳动竞赛活动情况的通报，本县联社排名第五，获三等奖。4 月，在全省农信系统第一季度劳动竞赛中，本县联社获优秀服务奖，并获全市农信系统第一季度劳动竞赛二等奖和优质服务奖。是月，省联合社金华办事处下发全市农信系统领导干部年度绩效薪酬考核结果挂钩实施办法（试行）。12 月，省联合社下发关于本年度县（市、区）农信机构领导干部薪酬管理的补充意见。

2009 年 2 月，省联合社金华办事处下发 2008 年度全市联社（合作银行）领导班子工作业绩考核情况的通报，本县联社得 200.38 分，排名第八。12 月，省联合社下发全省县（市、区）农信机构高管人员薪酬管理暂行办法。

2010 年 5 月，省联合社通报表彰 2010 年“走千家、访万户、共成长”劳动竞赛活动优胜单位，本县联社获竞赛目标奖三等奖，并获全市竞赛目标奖三等奖。

2011 年 4 月，县联社获 2011 年“走千家、访万户、共成长”劳动竞赛活动鼓励奖。省联合社金华办事处通报 2010 年度全市农信系统违法违规违纪案件防控和金融风险防范目标责任书、安全防范及消防工作目标管理责任书执行情况。7 月，又下发全市农信机构高管人员年度综合考核激励实施办法。11 月，省联合社下发全省农信机构领导班子和领导人员考核评价实施办法。

2013 年 1 月，县联社通报 2012 年度各营业网点年度经营管理目标考核结果，根据考核结果和建奖人数，经营管理在 100 分以内的按人均 200 元 / 分计发年度奖金；经营管理超 100 分以上部分按人均 100 元 / 分计发奖金。通报 2012 年度违规积分管理办法执行情况，按违规积分每分扣罚年终奖 300 元。通报机关科室 2012 年度经营管理目标考核结果。2 月，王才有在全省农信系统 2012 年度领导班子和领导干部考核中被评为优秀领导干部。3 月，县联社 2012 年度综合考核得 299.57 分，在全市农信系统排名第六。5 月，省联合社金华办事处下发全市县级农信机构领导班子成员履职考核与绩效挂钩办法（试行）。县联社在 2013 年“走千家、访万户、共成长”——助“三农”、奔小康劳动竞赛活动中获三等奖，劳动竞赛考核奖励按浙信联金办〔2012〕157 号文件规定标准执行。6 月，县联社印发职工薪酬管理暂行办法（修订）。

2014 年 1 月，县联社获全市农信系统 2013 年度统计工作第二名。3 月，2013 年度综合考核得 224.06 分，在全市农信系统排名第六。8 月，县联社在全省农信系统 2013 年度绩效评价得 92.56 分，考核结果为优秀（AAA）。是月中旬，县联社研究各营业网点经营管理考核结果和科室考核得分情况，网点经营管理得分最高 109.32 分，最低 69.25 分，并确定基础奖金和年终考核奖金分配方案，赓即通报 2013 年度各营业网点经营管理目标考核结果。6 月，省联合社金华办事处通报 2014 年“走千家、访万户、共成长”——农信普惠促发展劳动竞赛活动考核情况，本县联社得 149.3 分，考核排名第五；全省竞赛成绩排名第三十八。10 月，县联社明确领导班子成员履职考核相关事项。

2015 年 1 月，省联合社通报全省农信系统 2014 年度县级行社经营等级情况，本县联社被评为“三级”行社。2 月，县联社被评为 2014 年度全省农信系统电子银行业务发展优胜行社。省联合社金华办事处通报全市农信系统 2014 年度考核情况，本县联社考核得 217.78 分，排名第四。县联社通报 2014 年度营业网点经营分指标和管理分指标综合考评结果和科室管理经营目标考核结果，平均分为 154.09 分，年终奖金以考核分值 300 元 / 分计发。6 月，省联合社金华办事处通报 2015 年“走千家、访万户、共成长”——“行普惠路、筑农信梦”劳动竞赛活动考核情况，本县联社得 328.248 分，排名第七。12 月，县联社印发中层干部及重要岗位人员绩效薪酬延期支付暂行办法。

2016 年 1 月，省联合社通报各县（市、区）行社 2015 年度综合发展计划执行情况。省联合社金华办事处通报全市农信系统 2015 年度考核情况，本县联社考核得 202.31 分，排名第五。县联社通报“行普惠路、筑农信梦”第四季度专项劳动竞赛活动成绩，2015 年度柜员业务量和信贷业务量、各营业网点经营目标管理考核结果、各营业网点负责人责任目标考核结果和积分评价考核结果、会计主管工作考核情况、机关科室经营管理及负责人责任目标考核结果以及普惠金融工程专项考核成绩。6 月，省联合社金华办事处通报 2016 年“走千家、访万户、共成长”——“助力‘双创’、弘扬普惠”劳动竞赛活动考核情况，本县联社得 366.33 分，排名第六，获三等奖。2016 年度综合考核总分 216.98 分，其中省联合社定量得分 168.69 分、定性得分 24.87 分；省联合社金华办事处定性得分 26.26 分，在全市排名第二。

第五章 思想政治教育

世纪伟人毛泽东同志指出："政治工作是一切经济工作的生命线。"

本县农村信用合作社自1954年成立迄今60多年来，无论是在白手起家、艰苦创业的初始阶段，还是在曲折多变、步履蹒跚的探索征途；无论是在改革开放、自成体系的拓展时期，还是在疾速跨越、高歌猛进的当今盛世，都紧紧依托党和国家金融方针政策的引领，坚定正确的政治方向，并结合不同时期的中心任务，毫不懈怠地加强干部职工的思想政治教育工作，始终把政治工作这条"生命线"贯穿于推动各项业务发展的全过程，从而铸就了浦江农信当下的绚丽与辉煌。

本县农村信用合作社成立早期，即重视政治思想领导。社干部由当地区乡（镇）党委和国家银行双重管理，逐步建立、完善学习制度，贯彻中共中央、国务院提出的"深入农村，帮助农民，解决困难，发展生产"的农村金融工作总方针，以确保阶段性目标任务的顺利完成。

中国人民银行在关于农村信用合作问题的商榷意见中指出，农村信用合作社是地方性群众组织，接受当地党政的领导。领导的重点是以发展生产为中心，组织生产计划、供销计划与存放计划的密切结合，监督计划的正确执行，负责社干社员的政治思想教育，保证遵守国家政策与实行民主办社的管理制度。

1954年3月，国务院领导同志在论述关于信用互助合作运动的八个问题中指出，开展群众性的信用合作运动，必须加强人民银行县支行的工作；所有银行干部都要树立阶级观念、群众观念，要走群众路线；办好信用合作社必须坚持三个原则：一是完全自愿，绝不能强迫命令，信用合作社不是官办的，而是民办的，社员中途退社是应该允许的；二是利息合理，不要太高或太低，要适应当地的具体情况；三是银行办理业务的手续要简便，信用合作社则应更为简便。12月，中国人民银行召开的信用合作座谈会指出，要经常注意教育信用合作社社干、社员从团结全体劳动农民出发，使信用合作社在经济上成为支援群众生产的武器，在政治上成为团结教育农民的学校。要经常注意进行两条路线的教育，划清经营上的政策界限，使信用业务成为发展农村社会主义阵地、限制农村资本主义剥削的重要力量。

1955年3月，中国人民银行在当年上半年农村金融工作的安排中指出，农村信用合作社要依靠当地区委和支部的领导，继续加强对社干的政治教育，健全以贫农为骨干的领导核心，并关心解决社干的实际困难。要十分重视社干的政策思想教育，包括阶级观念、为生产服务、群众路线、民主作风等四个方面，同时注意培养新生力量。7月，《人民日报》发表社论指出，对于信用合作的方针、政策，工作的部署安排，干部的配备，政治思想教育，均需由党委统一领导。各地的区党委副书记专门负责管理此项工作，加强信用合作干部政治思想领导，组织社干学习政治、业务。并注意掌握社干思想情况，教育社干认真贯彻党的政策，为群众服务，爱护公共财产，树立精简节约、艰苦奋斗的优良传统作风，克服闹工薪、闹名誉等资产阶级个人主义思想，不断提高社会主义觉悟，经常保持饱满的工作情绪，防止贪污舞弊等现象发生。要推动支部加强对广大社员进行社会主义和社章教育，提高其政治觉悟。

1956年，农业合作化掀起高潮，中共浙江省委要求切实加强对信用合作工作的领导。各级党委应组织银行和农村信用合作社干部认真学习中共中央七届六中全会关于农业合作化问题的决议和毛泽东同志的报告，树立为农业社会主义改造服务的思想。是年7月，中国人民银行领导同志在全国农金先进工作者代表大会上，明确农金工作不可动摇的四大原则为：一是必须树立信用，取得群众的信任；二是必须坚持自愿，坚持说服教育，防止和反对行政命令；三是必须为群众谋方便；四是必须替群众保守秘密，保护他们的生活收支不受侵犯。在当地党政领导下，通过社会主义教育，组织学习毛泽东同志有关阶级和阶级斗争的文件，学习金融业务方针政策等。学习、教育活动的开展取得明显成效，使银行和农村信用合作社的广大干部阶级觉悟有所提高，开始认清在政治上依靠贫下中农、在经济上支持贫下中农的重大意义。

1957年4月，全面开展农村信用合作社整顿工作，贯彻民主办社、勤俭办社方针，明确办社性质，同时抓好学习教育，提高社干政治、业务水平，使农村信用合作社的“官办”倾向在一定程度上得以纠正，银行与农村信用合作社的领导关系及领导方法亦有所改进。是年，中共中央、国务院批转中国人民银行关于农村信用合作社若干问题的规定，明确了农村信用合作社的性质、任务和组织领导，规定农村信用合作社的各级干部都必须执行“三大纪律、八项注意”，勤勤恳恳做好业务工作，为党的中心工作服务，为群众生产、生活服务；必须坚决做到存款保证信用，贷款符合政策，单据账目清楚，保护现金安全，处处便利群众，事事遵守制度，努力钻研业务，提高政策水平。要克服右倾思想，对农村信用合作社干部的政治思想领导，要经常注意掌握并及时向党委汇报。加强对社干的政治思想领导，必须积极参加农村社会主义大辩论，积极参加农村整风运动，认真抓好农村信用合作社的整顿工作。

1958年1月，国务院发布关于农村金融工作的指示。8月，中国人民银行在上海召开的全国金融工作第一次现场会议中明确指出，要使金融工作在社会主义“大跃进”中真正发挥其应有作用，必须切实树立坚强的政治观点、群众观点和生产观点。并提出现金与实物存款业务一起开展，于是，实物存款办理一拥而上，以至弄虚作假、强迫命令等不正之风在全国一些地区蔓延。后来信用合作社或信用部则充当了社队平调社员财产的工具，将公社、大队和生产队强迫征用社员的木料、砖瓦、农具等财物折成现款，变为社员在信用合作社或信用部的存款，开给存单，转而算作其对社队的贷款并立下借据。如此一来，信用合作社或信用部的存、放款数额，在几天甚或一天内便翻番，谓之“一夜之间，卫星上天”，虚报、浮夸大行其道。是年，在各级党政统一领导下，银行深入贯彻党的建设社会主义的总路线精神，坚持政治挂帅，以整风为纲，着力加强宣传教育。通过开展“整风”“双反”“双比”，务使全体农金干部打掉“三害”“五气”，分清大是大非，端正政治方向，解放思想，树立正气，纯洁队伍。进而创造了农金工作“三包四到户，一年早知道”“支持三类社贷款”“抢活急病贷款”及“三献（即有钱献钱、有木献木、有计献计）运动”“五化区（即还款正确及时计划化、储蓄存款普遍化、户户股金五元化、普遍建站便利群众化、宣传教育经常多样化）”等不少先进经验和工作方法，农金干部工作热情迸发，干劲一鼓再鼓。

1959 年 2 月，中共中央政治局扩大会议在郑州召开。会议主题是解决人民公社的所有制和纠正“共产风”问题，并批评了在农村搞“一平、二调、三收款”的错误。4 月，中共中央政治局上海会议决定，此后在金融业务中取消存贷合一，存、贷款仍然分开；强迫储蓄、实物存款、代扣各种欠款、非现金结算等做法一律停止。并要求各级党委加强对金融干部政治、思想和贯彻业务方针政策的领导，经常不断地整顿干部思想作风，教育农金干部要有职有责，树立生产观念，为中心服务。5 月，中国人民银行召开全国分行行长会议，根据中共中央有关决定精神，把下放到公社的银行营业所收回。与此同时，适应小社并大社的变化，把原来公社化以前的信用合作社从公社信用部分离出来，下放到生产大队名曰信用分部，其性质相当于公社化以前的信用合作社。7 月，中国人民银行召开全国农金工作现场会议，总结农金工作的三条经验：一是依靠党的领导，紧紧为中心工作服务，贯彻执行全国“一盘棋”精神；二是依靠群众、克服困难的群众路线和工作办法；三是苦干、实干加巧干，踏踏实实的工作作风。11 月，中国人民银行领导同志在全国金融工作先进集体和先进工作者经验交流大会农金专业组会议上指出，党的领导、政治挂帅是革命胜利的根本保证。要在各地党委领导下，高举总路线的旗帜，发扬广大干部和群众的革命首创精神和冲天的革命干劲。党的建设社会主义的总路线是指导一切革命工作的指路明灯，政治挂帅就是挂总路线的帅，挂人民公社的帅，就是不断地鼓干劲。要注意树立相信群众，依靠群众，敢想敢干，顽强战斗，舍己为群，不怕困难的先进思想，发扬共产主义风格，批判那些对生产漠不关心，孤立地就业务论业务的非政治化倾向和本位主义思想。坚持群众路线的基本方法，推动“金融为生产，大家办金融”的新局面在农村普遍呈现。要在广大干部政治觉悟提高的基础上，自觉地、有领导地开展学先进、赶先进、比决心、比干劲，相互帮助、相互促进的社会主义竞赛运动。要自始至终抓紧思想领导，使红旗竞赛运动的整个发展过程成为一个不断提高思想认识的过程。开展“五好干部”争创活动，“五好干部”即干劲冲天，任务完成好；思想、作风、群众关系好；团结互助，服务态度好；学习、劳动、生产与业务试验田种得好；敢想敢做，实事求是，共产主义风格好。不少地方推行“一统二参三结合”的工作方法，更好地发扬了农金工作精神。“一统”即统一思想，为生产服务，为中心战斗；“二参”即参加生产当参谋，参与财务搞规划；“三结合”即合理安排与生产资料供应计划相结合，合理分配国家资金援助与充分发挥群众财力物力相结合，内部的红旗竞赛与广大群众的增产节约相结合。12 月，中国人民银行领导同志在全国农金工作专业会议上指出，要加强银行对农村信用分部的组织领导。除了推行辅导站制度以外，要广泛采用红旗竞赛和现场会议的领导方法，加强思想领导与业务指导。

1960 年 2 月，中国人民银行召开电话会议，要求全体银行和农村信用分部干部在会后立即行动起来，千军万马总动员，掀起一个轰轰烈烈的支援春耕生产运动的高潮。3 月 8 日，《人民日报》社论指出，坚持政治挂帅，大搞群众运动，就能充分发挥银行工作在社会主义建设事业中的促进作用，成为生产战线上的促进派和巩固工农联盟的有效工具。在工作中要“听党的话，按党的指示办事”，把银行内部的群众运动同外部的、同生产战线上的群众运动连在一起。

1961 年 1 月，中国人民银行要求在安排当年的农贷资金时，必须按照“中央十二条”紧急指示精神，认真贯彻党的方针政策。对社员存款必须坚持自愿原则，不准再搞实物存款和用存单给社员发工资等做法，防止发生把信用分部作为“一平二调”的手段。必须在一切工作中，贯彻“以农业为基础”的指导思想。8 月，中国人民银行印发关于农村信用合作社若干政策问题的规定（草案），9 月开展讨论并予试行。农村信用合作社接受国家银行和人民公社双重领导。

1963 年 3 月，《人民日报》发表题为“全国农村金融工作者动员起来，为发展农业生产、巩固集体经济而奋斗”的社论，指出全党和全国人民正在继续高举三面旗帜，贯彻执行党的建设社会主义的总路线，贯彻执行以农业为基础、以工业为主导的发展国民经济的总方针。党的八届十中全会通过了进一步巩固人民公社集体经济、发展农业生产的决定，要认真开展农村信用合作社整顿工作，纯洁队伍，查清错账错款，严肃处理贪污盗窃。公社党委负责信用合作社的政治思想工作，监督信用合作社执行党的政策，遵守国家法令。要求全体干部在党委领导下，坚持政治和业务学习，接受阶级和阶级斗争教育，不断提高政治觉悟，提高社会主义觉悟，提高执行政策的自觉性，克服资产阶级个人主义思想，加强阶级斗争观念，维护党和人民利益，同一切贪污盗窃和违反财经纪律现象作坚决斗争。8 月 15 日，中国人民银行发出关于积极支持农村信用合作社发放贫下中农生活贷款的指示，要求农村信用合作社必须在当前的阶级斗争中发挥战斗作用，发放贷款支持贫下中农，打击高利贷活动。10 月，中共中央、国务院批转中国人民银行关于整顿农村信用合作社、打击高利贷活动的报告，明确要求各级党委和人委结合农村社会主义教育和“四清”工作，对信用合作社进行一次认真的整顿，把整顿信用合作社、打击高利贷作为扶植贫下中农、加强农村阶级斗争的一个重要方面。12 月，中国农业银行领导同志指出，一个革命的银行干部，必须具备两个基本条件：一要讲政治，二要有基本功。在政治上是个坚定的革命者，在工作上是个精通业务的专家。

1964年2月，中共中央批转国务院领导同志关于城乡高利贷活动情况和取缔办法的报告。各地农业银行要在当地党委领导下，组织一定的力量，以阶级斗争为纲，开展农村信用合作社整顿工作。农村信用合作社经初步整顿后，要结合点上的“四清”运动，同时进行“三清”（即清账务、清财物、清贷款），拓展存、放款业务。4 月，中国农业银行要求全国农金干部高举毛泽东思想红旗，认真学习解放军，学习大庆，学习大寨，认真加强思想政治工作，实现人的革命化、领导机关革命化和基层单位革命化。加强组织建设和制度建设，整顿农村信用合作社。9 月 11 日，《人民日报》发表依靠贫下中农办好农村信用合作社的社论，指出农村信用合作社的领导权必须切实掌握在贫下中农手中。依靠什么人办社，同信用合作社为什么人服务一样，是一个贯彻执行党在农村中的阶级路线的重大问题。信用合作社的各项业务活动，一定要置于贫下中农组织的监督之下。是月，《人民日报》又发表《把日常工作同革命远大目标联系起来——论为革命做生意、为革命办财贸》的文章。要求财贸部门职工要把日常工作跟革命的远大目标联系起来，以毛泽东思想挂帅，认真学习毛主席著作，活学活用，学用结合，努力领会毛泽东思想的立场、观点和方法，同自己和周围的错误思想进行斗争。12 月，国家有关领导人指出，农村信用合作社的任务，首先是同高利贷作斗争，有农村信用合作社的地方，就要把高利贷消灭。农业银行要切实整顿并领导好农村信用合作社，打击高利贷。是年，农村信用合作社整顿工作纳入全国性“四清”运动。

1965 年 1 月，中国农业银行召开全国农金战线第一次政治工作会议，会议主题是以毛泽东思想挂帅，以阶级斗争为纲，以革命化为动力，走大寨之路，通过革命化进一步掀起支援农业新高潮。此间，全国农村的“四清”运动更加深入，各地农业银行组织专门的整顿队伍，参加在面上开展的社会主义教育运动，先称“小四清”，后称“大四清”（即清政治、清思想、清经济、清组织）。大学毛主席著作和“二十三条”，坚决贯彻“抓革命、促生产”和“节约闹革命”的号召，学习大庆“三老、四严”作风，学习大寨奋发图强、自力更生的精神，做到活学活用，学用结合，自觉革命，促进思想革命化和企业、机关革命化。面上的“社教”运动结束后，按照标准验收经整顿过的农村信用合作社，转为点上整顿。在“社教”工作队统一领导下，用毛泽东思想统率工作，统率资金管理，促进人的思想革命化。

1966年，全国金融战线认真贯彻毛泽东同志“备战备荒为人民”的战略指示，全面贯彻“抓革命、促生产”方针，突出政治，广泛深入开展活学活用毛泽东思想的群众运动，大办毛泽东思想学习班。其时义乌县浦江片区各农村信用合作社在当地公社党委领导下，开展大批判，充分发挥以贫下中农为核心领导的理监事及社代表的组织作用，突出无产阶级政治，加强思想政治工作。

1967年，根据中国人民银行统一部署，组织银行和农村信用合作社干部学习毛泽东同志的著作“老三篇”，开展反对经济主义和破私立公的思想教育。

1968年，教育农村信用合作社干部职工树立完全、彻底为人民服务的思想，开展“三忠于”活动，反击“三右一风”（即反击右倾机会主义、右倾投降主义和右倾分裂主义，彻底粉碎右倾翻案风）。

1969年，在中国人民银行和地方党政领导下，明确银行和农村信用合作社是无产阶级专政的工具，干部职工要参加革命大批判，为无产阶级专政服务。农村信用合作社要抓好“斗、批、改”，高举毛泽东思想旗帜，深入学习无产阶级建党路线，批判修正主义，整顿党的组织，加强党的建设，坚决与不良、反动的思想行为作斗争，从而保证农村信用合作社大权牢牢掌握在工人阶级最可靠的同盟军——贫下中农手中，更好地贯彻毛泽东同志“发展经济，保障供给”的总方针，进一步巩固农村社会主义金融阵地，保证信用合作社永远沿着毛主席指引的革命航向前进。

1970年2月，中共中央发出关于反对铺张浪费的通知，强调必须在全国范围内发动群众，雷厉风行地反对铺张浪费，借以刹住资产阶级歪风，保持和发扬无产阶级勤俭节约、艰苦奋斗、自力更生的优良传统，严格遵守财政制度和财经纪律等七条规定。本县掀起活学活用毛泽东建党思想、学习新党章的群众运动高潮，农业学大寨运动亦蓬勃开展。在当地公社革委会领导下，各农村信用合作社加强思想政治路线教育，在抓好本社“斗、批、改”的同时，推进“创四好集体、争五好个人”（四好集体即突出无产阶级政治，活学活用毛泽东思想；狠抓阶级斗争，坚持为无产阶级政治、为社会主义集体经济、为贫下中农服务；执行党的政策好，完成任务好；依靠贫下中农，民主办社好。五好个人即活学活用毛泽东思想好；阶级斗争、两条路线斗争、继续革命觉悟高，积极参加阶级斗争、生产斗争和科学实验三大革命运动；勇于批评与自我批评，团结互助好；遵守劳动纪律，参加集体生产好；执行党的金融政策，完成任务好）活动。

1971年，农村信用合作社在党的一元化领导下，突出无产阶级政治，放手发动群众，实行农村信贷业务包干。

1972年，农村信用合作社以路线斗争为纲，投入批林批孔运动，划清政策界限，反对修正主义的“管、卡、压”，改变工作中的“错、乱、压、慢”现象。

1973年，县革委会生产指挥组转发省革委会生产指挥部批转省财政金融局关于加强农村信用合作社工作几点意见的报告，要求各级党委和革委会加强对农村信用合作社工作的领导。要关心农村信用合作社干部的政治思想工作，凡参加会议、聆听报告和分发政治学习资料等，都应与公社同级干部一样对待。各农村信用合作社必须认真贯彻执行毛主席的无产阶级革命路线和政策，坚持贫下中农管理的方向，充分发挥贫管会的监督作用。是年，全县金融系统深入开展批修整风，以肃清林彪反革命集团及其死党在金融系统的流毒。

1974年，中国人民银行及省革委会要求进一步加强对银行和农村信用合作社的领导，开展农村信用合作社的整顿、巩固和提高工作。要坚决依靠贫下中农办好农村信用合作社，纠正“贷富不贷贫”的错误倾向，抓好经营管理，杜绝贪污、挪用等不法行径，遏制不正之风。7月，中国人民银行印发《全国农村金融工作座谈会要点》，明确农村信用合作社要在各级地方党委领导下，继续整顿、巩固和提高，要建立和健全贫下中农管理组织，充分发挥其打击高利贷的积极作用。是年，本县金融系统成立批林批孔小组，组织全系统干部职工深入学习中共中央和毛泽东同志关于批林批孔的一系列文件和指示，召开批林批孔会议，狠批猛揭否定“文化大革命”、扼杀社会主义新生事物的右倾反动思潮，明确路线，分清是非，推进抓革命、促生产、促工作、促战备。

1975年，全体行、社干部投入无产阶级专政下继续革命理论的学习并掀起热潮。农村信用合作社由贫下中农管理，是“文化大革命”中涌现出的社会主义新生事物，是党的群众路线的具体体现，受到中国人民银行的肯定。

1976年1月，财政部在《财务简报》第一期中评价，农村信用合作社实际上起着国家银行在农村基层机构的作用，其在巩固农村社会主义金融阵地、贯彻党在农村中的经济政策方面，是党委的得力助手。

1977年，农村信用合作社贯彻落实“抓纲治国”的战略决策，揭发批判“四人帮”对金融工作的严重干扰，进一步担负起组织农村资金，支持集体生产，帮助贫下中农解决生产、生活困难，打击高利贷及代理国家银行业务等项重任。

1978年12月，中共十一届三中全会原则通过《关于加强农业发展若干问题的决定（草案）》和《农村人民公社工作条例（试行草案）》，重申农村信用合作社是人民公社集体经济的金融部门，同时明确其在业务上接受农业银行领导。

1979年，《中国人民银行全国分行行长会议纪要》明确农村信用合作社实行银行与地方双重领导、以银行为主的管理体制。在中共浦江县委领导下，全县银行和农村信用合作社把工作重点转移到支持社会主义现代化建设上来，大力组织资金，积极支持生产，掀起比、学、赶、帮、超的各项专业竞赛活动。

1980年，中国农业银行领导全国农村信用合作社，深入贯彻中共十一届三中全会确定的思想政治路线和“调整、改革、整顿、提高”的方针，着力抓好农村金融工作。同时加强金融队伍的政治思想和组织建设，继续开展关于真理标准问题的大讨论。加强党的优良传统和作风建设，要求各级领导干部带头坚持党性，反对派性；坚持民主集中制，反对独断专行和无政府主义；坚持“群言堂”，反对“一言堂”；坚持一切从实际出发，实事求是，理论联系实际，反对主观臆断，反对说空话、说大话、说假话；坚持大公无私，全心全意为人民服务，反对极端个人主义、搞特殊化和不关心群众的官僚主义。大力宣传学习获国务院嘉奖的全国先进集体和全国劳动模范的事迹，动员金融干部职工坚持社会主义方向，贯彻执行党的方针政策，加强支农资金管理，促国民经济健康发展。

1981 年，中共浦江县委和中国农业银行浦江县支行进一步加强对农村信用合作社的领导，组织行、社干部职工认真学习、深入领会中共中央〔80〕75 号文件精神，要求在政治上必须与党中央保持一致，工作上必须贯彻中央工作会议精神，明确执行中央文件、贯彻党的方针政策的重要性。加强思想政治工作，使干部职工的思想观念适应新形势下的新要求，构建一支坚持社会主义道路的年轻化、知识化、专业化职工队伍。

1982 年，开展打击经济领域严重犯罪活动的斗争，组织行、社干部职工进行反腐蚀教育，提高反腐蚀斗争能力和政策业务水平。倡导“五讲四美”，学习先进典型。开展共产主义道德品质教育，通过经常性的思想工作，增强干部职工的道德纪律观念，树立革命的人生观。

1983 年 1 月，中共中央印发《当前农村经济政策的若干问题》。要求恢复农村信用合作社的“三性”（即组织上的群众性、管理上的民主性和经营上的灵活性），把农村信用合作社真正办成集体所有制的金融组织；办成有独立经营能力、有内在发展动力的金融组织；办成接近农村、深入群众，能起民间借贷作用的金融组织。是月 26 日，中国农业银行印发关于整顿农村金融企业工作规划的通知，部署对县支行和县以下营业所、农村信用合作社实施全面整顿，通过综合治理，提高经营管理水平。

1984 年 1 月，中国农业银行印发关于农村信用合作社管理体制改革情况和今后意见的通知，指出“改革是一场革命，而且是很深刻的革命，一定要坚决贯彻中央确定的改革方针。”要扎扎实实地抓好思想教育工作，不断提高农业银行和农村信用合作社干部职工的思想认识，增强搞好改革的自觉性和紧迫感。要推进农村金融体制改革，必须进一步肃清农村金融工作中“左”的思想影响。在整党中，要组织党员干部职工认真学习中共十一届三中全会以来的路线、方针、政策，提高认识，解放思想，摆脱“左”的思想束缚。

1985 年，全县农村信用合作社贯彻中共中央 1 号文件和国务院〔84〕105 号文件精神，结合自身管理体制改革，进行全面整顿。通过整顿，加强领导班子建设，加强政治思想工作，联系群众、关心群众，使社风社貌有显著改变。进一步提高干部职工的社会主义觉悟和全心全意为人民服务的自觉性，加强政治思想修养，抵制社会不良风气。继续抓好理想、宗旨教育和业务培训，引导干部职工争做廉洁奉公、求真务实的农村金融工作者。

1986 年，组织全县农村信用合作社党员参加整党学习，增强党性，严守党纪，坚定为共产主义奋斗终身的信念。

1987 年 9 月，中国农业银行浦江县支行召开思想政治工作会议，总结经验，揭示存在的主要问题，提出整改措施，全面部署此后的思想政治工作任务。必须贯彻执行“两个文明一起抓”的方针，深入开展“双增双节”运动，抓好“四员”评比，推进全员职业道德建设。

1989 年，中国农业银行浦江县支行实行行长负责制，加强思想政治工作和廉政建设。全面推行贷款公开制度，专门下发严格纪律、保持廉洁的十条规定，并在各营业所聘任兼职监察员，对 185 名行、社干部职工分三批进行轮训。

1990 年，中国农业银行浦江县支行成立思想政治工作领导小组，召开会议，制订全系统教育计划，广泛开展形势任务教育和“四爱”（爱党、爱国、爱行社、爱岗位）“四比”（比服务、比管理、比实干、比贡献）和“四有”（有理想、有道德、有文化、有纪律）活动，教育广大干部职工争做社会主义文明职工。贯彻中国农业银行职工思想政治工作暂行条例，及时传递思想政治工作信息。在各营业所（分理处）、营业部、农村信用合作社（分社）均设思想政治工作联络员。是年，转发省分行决定，在全系统掀起学雷锋、学“二兰”、学沈尘、学英模先进事迹活动。

1991 年 1 月，中国农业银行浦江县支行举办四期社会主义理论教育学习班。7 月，开展以“基本国情与基本路线教育”为主题的系统思想教育，贯彻中共十三届四中至七中全会精神。学习宣传《毛泽东选集》（一至四卷）和江泽民同志的国庆讲话。以永康胡库信用合作社主任、全国农金系统学习“二兰”先进个人应婉如，磐安岭口信用合作社主任裔根娣、会计蒋飞舟等先进典型引路，持续开展“学英模，比贡献”活动。开展“行情行史、社情社史”教育，通过“学、讲、比”提升教育效果。

1992 年 1 月，中国农业银行浦江县支行党委按照既定部署和要求，组织行社干部职工学习邓小平同志重要谈话及有关文章，传达贯彻中共十四大精神，进一步解放思想，增强改革开放意识。在深入开展“双基”“行情行史”教育和“学英模、比贡献”活动的同时，召开干部职工廉、贤内助座谈会，把思想政治工作做到每个家庭，扩展到全社会。

1993 年，突出开展“岗位学雷锋，行业树新风”活动，创建奋发向上的正气氛围，提高干部职工队伍的文明素质。4 月，中国农业银行浦江县支行党委印发当年全县农金系统思想政治工作要点，必须认真执行党的十四大精神，坚持“两手抓”“两手都要硬”的方针，以业务经营为中心，以调动职工积极性为目的，加强和改进思想政治工作，加强干部队伍建设。通过召开反腐倡廉工作会、座谈会，开展学习孔繁森、刘玲英先进事迹活动，举办“五法一决定”培训班等，提高全员整体素质。

1994 年 3 月，中国农业银行浙江省分行机关团委倡议在全省农金系统团员青年中深入开展“学刘玲英事迹、献火热青春”活动。5 月，组织学习《邓小平文选》第三卷。

1995 年 3 月，全县行、社干部职工开展“读《生命之歌》，学英雄精神”读书活动。

1996 年，农村信用合作社与农业银行“脱钩”后，县联合社自行组织干部职工开展学习教育活动，提高政策水平，增强法制观念。贯彻中共十四届六次全会决议，加强职业道德教育，要求干部职工树立正确的人生观和价值观，以孔繁森、杨东海、刘玲英、李素丽等先进人物为楷模，倡导爱社爱岗和敬业奉献精神。持续开展“四讲一服务”活动，全面提高政治素质和业务水平。

1997 年 4 月，县联合社成立政治思想工作领导小组，加强对政治思想工作的领导。

1998 年 8 月，抓中共十五大精神和邓小平理论的学习，广泛深入开展“三讲”（讲学习、讲政治、讲正气）活动，组织“敬业爱岗”大讨论。

1999 年 7 月，针对反“法轮功”邪教，使全县农信系统干部职工普遍受到一次马克思主义唯物论和无神论的教育，增强政治敏锐性和政治鉴别力，牢固树立正确的“三观”，坚定共产主义信念。要求在反“法轮功”邪教活动中站稳政治立场，做到不信邪、不传谣，坚决制止集体上访、大规模聚众闹事等非法行径，切实维护社会稳定。

图 5-5-1　全县农村信用合作社政治思想工作研讨会（2000.6）

图 5-5-2　县联合社“三个代表”重要思想学习辅导课（2001.6）

2000 年，深入开展以“讲学习、讲政治、讲正气”为主要内容的党性党风教育。是年 5 月，县联合社下发全县农村信用合作社思想政治工作暂行规定、实施意见及公开办事制度实施办法。6 月，结合全县性的“致富思源，富而思进”教育活动，召开思想政治工作研讨会。9 月，县联合社制订全县农信系统职业道德教育实施意见，印发学习计划，布置必读书目，召开动员大会，广泛开展职业道德教育活动。是月 19 日，县人民法院在县联合社二楼会议室举行公判大会，3 名涉及犯罪的原潘宅农村信用合作社职工被分别判刑，有100多名干部职工旁听，接受警示教育。

2001年4月至8月，县联合社成立“三个代表”重要思想学习教育活动领导小组，印发活动指导、实施意见，组织全县农信系统干部职工按既定计划，分教育动员、对照检查、整改提高、全面总结四个阶段开展“三个代表”重要思想学习教育活动。

2002年，根据形势发展的需要，县联合社结合行业特点和业务工作实际，制订农村信用合作社干部职工政治理论和业务学习计划，完善政治理论学习责任制和考核办法。6月，分别召开全县农信系统思想政治工作研讨会和全日制大中专学历职工座谈会。7月，县联合社党委组织党员前往湖南韶山毛泽东故居、宁乡刘少奇故居参观学习。11月，组织干部职工观看中共十六大开幕式电视直播，举行学习十六大报告会，学习贯彻中共十六大精神。

2003年，全县农信系统深入开展中共十六大精神主题教育活动。与此同时，加强干部职工理想信念、职业道德、“十字行风”及经济金融、法律法规等知识的学习教育。7月，开展学习郑培民模范事迹活动，大力弘扬雷锋精神，深入学习研究社会主义政治文明和精神文明建设理论，不断提高党员干部个人修养，弘扬敬业精神和艰苦奋斗精神，提高服务技能，激发爱岗敬业精神，推动思想政治工作。

2004年，完善学习制度，加强政治理论业务学习，构建学习型金融企业。

2005年，县联社党委组织全体党员开展以实践“三个代表”重要思想为主要内容的保持共产党员先进性教育活动，为时半年余。10月，根据中共浦江县委组织部统一部署，县联社组织在职党员参与社区服务和社区监督工作。

2006年4月，县联社党委组织全体党员重温党章，深化先进性教育，开展以“八荣八耻”为主要内容的专题学习和宣传教育活动。7月，纪念建党85周年，分别组织开展“看历程、葆先进、促发展”主题教育、结对帮扶送温暖、“学党章、明荣辱、争先进”主题大讨论、社区“党员服务日”等多项活动。9月，县联社印发在全县农信系统开展不正当交易行为自查自纠工作实施方案，以纠正经营活动中的不正当交易行为，推进商业贿赂专项治理工作。

2007年4月，组织开展“解放思想学义乌，团结和谐创三新”大讨论。印发县联社“五五”普法教育工作计划。7月，组织学习贯彻全省第十二次党代会精神。

2008年2月，按照省联合社党委部署，开展中共十七大精神主题宣传教育活动。4月，县联社印发“文明服务规范年”活动方案和政治思想教育学习计划。5月，根据中共浦江县委、县人民政府关于在全县开展“作风建设深化年”活动的意见，县联社制订实施细则，开展作风建设专题教育。6月，县联社成立领导小组，组织干部职工“解放思想、创业创新”暨“面对危机，生存与发展的出路何在”大讨论。

2009年3月，县联社印发实施方案，成立领导小组，召开动员大会，在全体党员、分社以上干部中开展深入学习实践科学发展观活动。并邀请中共浦江县委党校教师来联社作

图 5-5-3　县联社政治思想工作研讨会（2012.11）

关于“科学发展观的本质内涵和实践途径”的主题学习报告。开展“金华农信科学发展金点子”征集活动和“三破除，三培养”“解放思想，创业创新，出力献策”两项大讨论。6 月，在全县农信系统开展“道德浦江”建设活动，制订从业人员职业操守，进一步增强干部职工“三德”，提升服务水平。

2010 年 2 月，组织开展“一条道路、两场革命”战略思想大讨论活动。9 月，召开政治思想工作会议。

2011 年，县联社以邓小平理论和“三个代表”重要思想为指导，全面落实科学发展观，突出农信特色，大力推进实施“一条道路、两场革命”战略思想。

2012 年 9 月，县联社领导班子约谈中层干部，科室、网点负责人约谈科室、网点职工，广泛开展谈心谈话活动。10 月，印发县联社领导接待群众来访日工作制度。11 月，召开思想政治工作研讨会，并拟定职工思想动态预警机制和思想政治工作沟通机制。

2013 年 3 月，县联社印发贯彻落实中央改进工作作风、密切联系群众“八项规定”实施细则、“学习贯彻十八大、农信惠民促发展”主题活动实施方案。5 月，邀请中共浦江县委宣传部部长来联社作中共十八大精神宣讲报告。

2014 年 2 月，县联社召开“党的群众路线教育实践活动”动员大会，成立领导小组，并就第二批教育实践活动作出全面部署。9 月，召开思想政治工作会议，深入学习贯彻省联合社理事长姚世新同志在全省农信系统思想政治工作会议上的重要讲话精神，研究部署改进和加强思想政治工作的目标和措施，落实思想政治工作领导责任，建立健全党组织统一领导和有关职能部门密切配合、齐抓共管的员工思想政治教育新格局。以党的群众路线教育实践活动为契机，深入开展“三思三观”“三农三水”“我们的群众观——普惠精神”学习讨论，广泛开展“机关学习年”、学习型党组织建设活动，进一步增强党员干部的思想和行动自觉性。

2015 年，县联社组织全体干部职工深入学习邓小平理论、“三个代表”重要思想、中共十八大和十八届三中、四中全会精神以及中共浙江省委、省联合社党委有关重要会议、讲话和文件精神，开展形势任务教育和党的群众路线教育实践活动。9 月，召开思想政治工作会议，学习贯彻姚世新理事长在全省农信系统思想政治工作会议上的讲话精神，深入学习贯彻“三严三实”，分析当前思想政治工作面临的问题，研究部署新形势下改进和加强思想政治工作的措施。

2016年1月，传达贯彻中共浙江省委书记夏宝龙等领导同志重要指示精神，号召干部职工在新的一年里，按照习近平总书记提出的“干在实处永无止境、走在前列要谋新篇”的新要求，紧紧围绕中共浙江省委、省人民政府决策部署，进一步深化普惠金融，强化风险管控，完善服务体系，更好地服务“三农”和小微企业发展，为实现我省“十三五”良好开局，高水平全面建成小康社会作出新贡献；学习王辉忠同志关于“在‘十三五’开局之年坚守姓‘农’本色，继续支持改革，继续加大支农力度，助推农民增收，让更多的农民兄弟在农信旗帜下获得更多利益”及朱从玖同志“希望在新的一年，以改革创新精神，积极引导新常态，各项工作再上新台阶，为高水平小康社会建设作出新贡献”等指示精神。

图5-5-4　群众路线教育实践活动中组织干部职工观看影片《焦裕禄》(2014.4)

7月，转发朱从玖同志对全省农信系统作出的重要批示：不断深化普惠金融发展和向社区银行转型，方向要坚持，方式要创新，质量要提升，是农信转型和升级之要。同时，要进一步大力处置不良资产，不良率要降下来，为下一步发展打下基础。其批示立意深远，目标明确，要求具体，对全省农信系统转型升级和风险控制提出了殷切希望，为做好当前和今后一个时期的工作指明了方向、提供了遵循。是月，县联社举办干部能力培训班，并召开思想政治工作会议，制订“两学一做”学习方案，旨在通过扎实开展“两学一做”学习教育活动，把党的思想政治建设抓在日常、严在经常。推进思想政治工作“五个一”建设，把疏导式管理引入职工思想政治工作，积极拓展沟通机制，建立高效的内部沟通机制。

8月，传达贯彻省联合社2016年思想政治工作会议精神，学习王小龙理事长重要讲话，做好思想政治工作“三个从严”（即从严党内政治生活、从严遵守纪律规矩、从严党的作风建设）；突出“三个强化”（即强化干部理想信念、强化选人用人机制、强化干部监督机制）；坚持“三个深化”（即深化人才战略、深化人才教育、深化人才培养）；立足“三个带头”（即带头学原文原著、带头查问题补短板、带头开好组织民主生活会），全面推进“两学一做”学习教育。

9月，召开思想政治工作会议，开展全员谈心谈话、座谈及家访，促进职工之间的相互交流，增强归属感。

第六篇　党群组织

1954年至1997年，浦江农村信用合作社党组织归口所在地乡镇（公社）党委属地领导。1987年，县联合社机关党员参加中国农业银行浦江县支行党组织的活动。1997年，全县农村信用合作社党员由县联合社党委统一领导和管理。县联合社党委充分发挥政治核心作用，全面、从严治党，加强党对群团工作的思想政治引领。

1995年，以农村信用合作社为单位成立工会小组，日常管理归口中国农业银行浦江县支行工会县联合社分会。1998年，成立县联合社工会，独立履行各项工会工作职能。

1994年，农村信用合作社团员归属中国农业银行浦江县支行团委实行条线管理。1996年，成立县联合社团委，随后分别组建基层社团支部。

2000年，成立县联合社妇委会。

1989年，县联合社设专职监察员。1997年聘任各基层社兼职监察员。2007年，建立中共县联社纪检委。

第一章 中共组织

第一节 党 委

1997 年 9 月之前，本县农村信用合作社党员一直归口所在地乡镇（公社）党组织属地领导和管理，并参加所在地乡镇（公社）机关党组织的活动。其间，1987 年县联合社机关党员参加中国农业银行浦江县支行党组织的活动。1997 年 9 月中共浦江县农村信用合作社联合社委员会建立后，全县各农村信用合作社党员组织关系亦转入，由县联合社党委统一领导和管理。

1990 年 6 月，经中共浦江县委批准，建立中共中国农业银行浦江县支行委员会（以下简称中国农业银行浦江县支行党委），由楼基贤任书记，张若梓任副书记。9 月，增补宣明炎为党委委员。12 月，中国农业银行浦江县支行党委批复，徐建一任新组建的中国农业银行浦江县支行信用合作社联合社党支部书记。

1997 年 9 月，中共浦江县委决定，建立中共浦江县农村信用合作社联合社委员会（以下简称县联合社党委），任命徐建一为书记，宣明炎、黄林祥为委员。

是年 9 月，县联合社党委成员分工，徐建一主持党委工作；宣明炎负责组织、宣传、纪检工作；黄林祥具体负责工会、团委和党务日常工作。

2001 年 4 月，中共浦江县委发文通知，洪志强、王才有任县联合社党委委员。

2005 年 1 月，中共浦江县委决定，裘豪任中共浦江县农村信用合作联社委员会（以下简称县联社党委）书记，王才有、黄林祥为委员。

2008 年，中共浦江县委发文，任命许云龙为县联社党委委员。

2009 年 11 月，成立中共浦江县信用合作联社直属机关委员会（以下简称县联社直属机关党委）选举工作领导小组，并印发选举工作期间纪律规定。12 月，召开选举大会，民主选举产生由黄林祥、朱华有、傅大悦、吴立邦、陈文斌组成的直属机关第一届党委，黄林祥任书记。

2011年11月，中共浦江县委任命王才有为县联社党委书记，李九良、陈文斌为党委委员。免去詹兴云党委书记职务，同时免去黄林祥党委委员职务。

2012年2月，经中共浦江县直属机关工作委员会（以下简称县直机关党工委）研究决定，陈文斌任县联社直属机关党委书记，杨巨钢、杨卫东为委员；免去黄林祥原县联社直属机关党委书记和委员职务，同时免去朱华有党委委员职务。

2012年12月，召开县联社直属机关新一届党委选举大会，听取和审议上届党委工作报告，建立党委议事规则及相关制度。民主选举产生由陈文斌、季新团、杨巨钢、李巧萍、张灵坚等组成的直属机关新一届党委，陈文斌任书记。

2013年6月，中共浦江县委任命吴立邦任县联社党委委员。

2016年11月，县联社直属机关党委换届，直接选举陈文斌、季新团、陈勋、李巧萍、周旭光、陈晓晓、俞立为新一届直属机关党委委员，陈文斌任书记，李巧萍任组织委员，季新团任纪检委员，陈晓晓任群团委员，俞立任宣传委员，周旭光任文体委员，陈勋任生活委员。

第二节　党支部

1997年11月，中共浦江县委组织部批复，同意建立中共浦阳、浦东、黄宅、檀溪农村信用合作社支部委员会及县联合社机关支部委员会（以下均简称××农村信用合作社党支部）。12月，经民主选举，县联合社党委研究同意，黄林祥、郑定良、郁小娟、周荣军分别任浦阳、浦东、黄宅、檀溪农村信用合作社党支部书记。是年末，全县农村信用合作社有党员52名。

1998年1月，县直机关党工委批复，同意县联合社直属机关党支部由宣明炎、陈乃曹、江东放组成，宣明炎任书记。6月，县联合社党委同意陈学成任浦阳农村信用合作社党支部书记，增补黄能光为委员；免去黄林祥原任书记职务。11月，同意黄能光任檀溪农村信用合作社党支部书记，免去周荣军原任书记职务。

1999年5月，县联合社党委同意陈乃曹任黄宅农村信用合作社党支部书记，免去郁小娟原任书记职务。8月，同意增补王才有为浦阳农村信用合作社党支部委员。

2001年7月，经换届选举、县直机关党工委批复，同意县联合社直属机关党支部由黄林祥、王天佑、周荣军组成，黄林祥任书记。9月，中共浦江县委组织部批复，同意建立城关农村信用合作社党支部，设书记一名。10月，各农村信用合作社党支部换届选举，楼理宣、江东放、郑梦林、黄明生、黄能光分别任浦阳、城关、浦东、黄宅、檀溪农村信用合作社党支部书记。

2005年4月，县联社党委分别任命楼理宣、李巧萍、陈文斌、郑梦林、张法远为浦阳、城关、黄宅、浦东、檀溪信用社党支部书记；同时免去江东放、黄明生原任城关、黄宅农村信用合作社党支部书记职务。6 月，印发县联社党委议事规则。

2006 年 2 月，县联社党委分别任命陈巧琴、吴旭明、黄云英为浦阳、浦东、檀溪信用社党支部书记。同时免去楼理宣、郑梦林、张法远原任浦阳、浦东、檀溪农村信用合作社党支部书记职务。

2007 年 4 月，吴立邦任浦阳信用社党支部书记，免去陈巧琴原任书记职务。10 月，县联社直属机关党支部换届选举，由黄林祥任书记，王天佑、洪咏为委员。

2009 年 7 月，中共浦江县委组织部批复，同意建立县联社营业部、城中信用社、平安信用社党支部。县联社党委分别任命陈文斌、吴立邦、黄云英、张法远、李巧萍、杨卫东、张玲燕为县联社营业部及浦阳、城关、城中、平安、浦东、黄宅信用社党支部书记。

2010 年 4 月，经县联社直属机关党委研究，同意县联社机关、檀溪信用社党支部选举结果，县联社机关党支部由朱华有、傅大悦、洪咏组成，朱华有任书记；檀溪信用社党支部由张灵坚、徐东升、周旭光组成，张灵坚任书记。

2011 年 6 月，县联社机关等党支部完成换届选举工作。县联社机关党支部由傅大悦、张玲燕、季新团组成，傅大悦任书记，张玲燕、季新团分任组织、宣传委员；城中信用社党支部由虞真良、陈国强、黄巧英组成，虞真良任书记，陈国强、黄巧英分任组织、宣传委员；黄宅信用社党支部由张灵坚、张小洁、杨杭海组成，张灵坚任书记，张小洁、杨杭海分任组织、宣传委员；檀溪信用社党支部由杨巨钢、徐东升、方八一组成，杨巨钢任书记，徐东升、方八一分任组织、宣传委员。

2012 年 12 月，县直机关党工委批复，同意成立县联社第一、第二、第三、第四、第五党支部，同时撤销县联社机关、营业部及浦阳、城关、城中、平安、浦东、黄宅、檀溪信用社党支部。经“公推直选”，第一党支部由季新团、陈晓晓、陈妍妍组成，季新团任书记；第二党支部由杨巨钢、陈国强、黄巧英组成，杨巨钢任书记；第三党支部由杨卫东、李巧萍、吴超组成，李巧萍任书记；第四党支部由张灵坚、吴斌勇、张小洁组成，张灵坚任书记；第五党支部由虞真良、方猛、徐东升组成，虞真良任书记。

2013 年 12 月，周旭光任第三党支部书记，免去李巧萍原任书记职务。

2015 年 1 月，基层各党支部成员调整，第一党支部由季新团任书记，陈妍妍、贾晓琳分任组织、宣传委员；第二党支部由周旭光任书记，吴斌勇、徐东升分任组织、宣传委员；第三党支部由贾明东任书记，杨卫东、吴超分任组织、宣传委员；第四党支部由张灵坚任书记，陈晓晓、方猛分任组织、宣传委员；第五党支部由虞真良任书记，陈勋、俞立分任组织、宣传委员。

2016 年 12 月，经县联社党委研究批复，同意各党支部换届选举结果。第一党支部由季新团任书记，金晨然、谢君君分任组织、宣传委员；第二党支部由周旭光任书记，吴斌勇、徐东升分任组织、宣传委员；第三党支部由陈勋任书记，陈娟、张鸯鸳分任组织、宣传委员；第四党支部由陈晓晓任书记，方猛、黄健分任组织、宣传委员；第五党支部由俞立任书记，吴玉娟、张姝娈分任组织、宣传委员。

第三节　党建工作

1991年1月，中国农业银行浦江县支行印发《浦江县农行系统党支部工作暂行条例》。3月，张杨柳被评为1990年度浦江县优秀党员；陈丰育、张美花、朱文德、黄必勋、王在许被评为县农村金融系统优秀党员。4月，转发中共浦江县委组织部《关于进一步做好发展党员工作的意见》，中国农业银行浦江县支行党委贯彻落实工作意见精神，在各农村信用合作社培养入党积极分子，逐步发展和壮大党员队伍。6月，中国农业银行浦江县支行举办“党在我心中”演讲比赛。迄1992年末，全县农村信用合作社有党员49名。

1993年3月，张杨柳被评为1992年度浦江县优秀党员，黄必勋被评为优秀纪检干部。黄必勋、陈明、张寿生被评为1992年度县农村金融系统优秀党员。是年，黄遵挺荣膺浦江县优秀党员称号。

1998年2月，陈学成被评为1997年度浦江县优秀党员，黄遵挺被评为1997年度县直机关优秀党员，分别受到通报表彰。3月，中共浦江县委组织部批复，同意张美花代表县联合社全体党员出席全县第十次党代会。6月，县联合社党委分别邀请中共浦江县委组织部、党校教研室领导同志，向全体党员和入党积极分子讲授党的基本知识、举办中共十五大报告辅导及形势任务教育讲座。与此同时，开展职业道德教育和普法教育，提升党员职业道德素质和遵纪守法意识，发挥引领作用。组织深入学习江泽民总书记的重要讲话精神，广泛深入开展“三讲”（讲学习、讲政治、讲正气）活动，加强党性锻炼。7月，转发中共中央组织部关于党费收缴、管理和使用的规定，切实做好党费收缴、管理和使用工作。9月，县联合社党委印发党风建设责任制量化管理实施方案，对党风建设责任制实施量化管理。12月，组织党员干部、职工学习贯彻中共十五届三中全会精神和江泽民总书记在全会上的重要讲话。

1999年2月，浦东农村信用合作社党支部被评为1998年度浦江县先进党支部，张美花被评为优秀党员。是年上半年，持续开展以“三讲”为主要内容的党性党风教育活动。先后邀请中共浦江县委党校校长、教师来联合社讲授理想宗旨和形势任务教育专课。组织党员、职工群众强烈谴责以美国为首的“北约”悍然轰炸我驻南使馆的暴行，激励爱国斗志，继而把一腔愤怒化为奋进动力，在各自本职岗位上埋头苦干，为实现中华民族的伟大复兴顽强拼搏，以洗雪国耻。7月，县联合社党委成立党性党风廉政建设领导小组。

2000年2月，金兰庭被评为1999年度浦江县优秀党员。3月，王才有、陈学成、郁小娟、王天佑被评为1999年度县农信系统优秀党员。9月，确定楼英明、陈晓艳、祝银霞为党员发展对象。

2001年2月，王才有、张根莉被评为2000年度浦江县优秀党员。

2002年2月，江东放被评为2001年度浦江县优秀党员。3月，金兰庭、陈乃曹、陈长生、楼理宣、张根莉、王天佑被评为2001年度县农信系统优秀党员。12月，县联合社党委召开党员大会，推举江东放为出席全县第十一次党代会预备人选。

2003年 2月，城关农村信用合作社党支部被评为2002年度浦江县先进党支部，江东放被评为优秀党员。3月，徐东升、陈晓艳、金兰庭、黄明生、张法远被评为2002年度县农信系统优秀党员。4月，组织党员开展学习郑培民先进事迹活动，掀起学习贯彻“三个代表”重要思想热潮。迄是年末，全县农村信用合作社党员已发展到73名，其中10名为预备党员。

2004年3月，张根莉被县直机关党工委评为2003年度优秀党员。6月，徐东升被评为2003年度浦江县优秀党员。徐东升、杨卫东、黄明生、贾红花、张法远、张根莉被评为2003年度县农信系统优秀党员。

2005年3月，蓬勃开展保持党员先进性教育活动，组织全体党员学习党章和新农村建设知识，并举办保持党员先进性教育演讲和征文比赛。

2006年1月，运用多种形式学习宣传贯彻中共十六大和十六届五中全会精神，增强党员“八荣八耻”观念，深入开展第三批保持党员先进性教育活动。2月，张必军、吴小君、徐东升、陈文斌、贾红花、张法远被评为2005年度县农信系统优秀党员。6月，张必军被评为2005年度浦江县优秀党员，受到中共浦江县委通报表彰。7月1日，组织党员干部到抗战时期中共浦江县委旧址岩头镇山坌王店村接受党史廉政教育。12月，中共浦江县委组织部批复，同意徐东升代表县联社全体党员出席全县第十二次党代会。迄是年末，已发展入党积极分子7名、预备党员2名，党员转正5名，在册党员共78名。

2007年4月，楼英明、徐东升、吴小君、季新团、周旭光被评为 2006年度县农信系统优秀党员。6月，县联社机关党支部被县直机关党工委评为2006年度学习型党支部，黄林祥被评为优秀党务工作者。是月，季新团被评为2006年度浦江县优秀党员。

2008年1月，县联社党委组织全员开展中共十七大精神主题宣传教育活动。4月，转发中共中央组织部关于党费收缴、使用和管理的规定。5月，县联社党委响应中共浙江省委号召，募集“特殊党费”计45350元。6月，全体党员、入党积极分子参加迎接建党87周年党课培训。是月，方八一被评为2007年度浦江县优秀党员。

2009年3月，召开深入学习实践科学发展观活动动员大会，县直机关党工委书记陈玉梅到会作重要讲话，县联社党委就开展学习实践活动作出全面部署，拟切实抓好三个阶段、六个环节的工作，确保活动取得实效。6月，陈文斌被评为2008年度浦江县优秀党员，受到中共浦江县委通报表彰。

2010年3月，县联社直属机关党委就在册党员组织关系归属进行调整。5月至6月，省联合社先后印发全省农信系统“万名农信干部下基层办实事”活动工作方案和推进学习型党组织建设实施方案。7月，县联社直属机关党委印发本年度机关党建工作要点：即“二创建一推进”（创建学习型、服务型党组织，推进“六星”党支部创建）“双落实两抓好一规范”（落实“三会一课”、党建工作责任制；抓好机关党组织、党员队伍建设；规范党员发展程序）。同时印发努力创先争优，争做“浦江先锋”活动实施方案。持续开展“千名党员结对帮扶，千名干部进村入户”活动。12月，县联社直属机关党委开展本年度党员民主评议工作。迄是年末，县联社在册党员共103名，占职工总数的40.23%。

表6-1-1　　2010年3月县联社直属机关党委下辖各支部在册党员名录

支部名称	支部书记	在册党员
县联社机关支部	黄林祥	詹兴云 王才有 黄林祥 许云龙 徐建一 朱华有 王天佑 黄明生 张必军 金荷花 郑元仙 虞真良 洪　咏 傅仙元 黄能光 傅大悦 陈巧琴 杨巨钢 季新团 陈乃曹 吴旭明 杨　英 陈春霞
县联社营业部支部	陈文斌	陈文斌 张根莉 傅超男 黄顺明 金冬英 周燕萍 吴旗红 楼基设
浦阳社支部	吴立邦	吴立邦 贾红花 俞利明 王军霞 楼晓春 任浦城 朱希秋 陈兴地 李家彬 石箫何 张寿生
城中社支部	张法远	张法远 郑梦林 黄遵挺 何鱼嫦 楼理宣 陈晓晓 朱旭民 陈国强 毛红专 周东珍 黄巧英
城关社支部	黄云英	黄云英 杜娟花 薛镇伟 楼英明 祝银霞 徐云燕 金利建 徐秀艳 金飞雀 张美花
平安社支部	李巧萍	李巧萍 赵根法 吕晓峰 郑永义 陈学成 楼英虎
黄宅社支部	张玲燕	张玲燕 洪黎明 陈炫妙 方八一 张小洁 姜国军 杨杭海 郁小娟 芮士霖 洪仙花 黄金流
浦东社支部	杨卫东	杨卫东 金兰庭 黄月霞 贾明东 曹伙改 陈锡生 郑定良 程勇进 朱立群 周丽明 陈海霞 张小兰
檀溪社支部	张灵坚	张灵坚 徐祖江 徐东升 金　权 黄钢军 毛嘉庆 周旭光 盛金刚 方守盛 何慧珍 陈　丹 陈　勋 洪春秀 黄震宇

2011 年 3 月，县联社党委组织开展以“庆建党、促发展、创和谐”为主题的建党 90 周年纪念活动。同时印发县联社基层党支部选举暂行办法。4 月，提出本年度机关党建工作的总体目标和主要任务。5 月，开展“党在我心中”征文及红色短信征集活动。6 月，县联社机关党支部被县直机关党工委评为 2010 年度先进基层党组织。傅大悦被中共浦江县委评为 2010 年度优秀党员。县联社党委举办“红歌唱响，我们爱党”歌咏比赛，全辖各营业网点 16 名职工参赛，陈中成、金娇赟获一等奖。8 月，转发党员领导干部廉洁从政若干准则贯彻执行情况专项检查工作实施方案，县联社党员领导干部开展自查自纠，并召开年度领导班子民主生活会。12 月，王才有、徐秀艳代表县联社全体党员出席全县第十三次党代会。

图 6-1-1 县联社党委委员黄林祥为红歌比赛获奖职工颁奖并合影留念（2011.6）

2012 年 5 月，经县联社党委研究同意，俞立等 4 名同志按期转为正式党员，接收张红英等 7 名同志为预备党员。6 月，县联社机关党支部被县直机关党工委评为 2011 年度先进基层党组织，周东珍被评为优秀党员。10 月，召开本年度领导班子民主生活会。11 月，县联社党委转发中共中央组织部《关于在窗口单位和服务行业基层党组织和党员中建立“三亮三比三评”制度的意见》，并贯彻实施。12 月，根据省联合社党委办公室和中共浦江县委组织部有关通知精神，县联社党委先后组织开展中共十八大精神学习宣传活动和实施党员“五星”管理制度。是月，经县联社党委研究同意，陈妍妍等 5 名同志按期转为正式党员，接收邵浩然、黄一凡等同志为预备党员。新转入组织关系的党员有李九良、于添、金晨然、张丽丽、洪华敏、张倩妮、傅秋婵、傅一翠。县联社机关党支部被评为县“创先争优”先进基层党支部。迄是年末，县联社在册党员共 131 名。

2013 年 3 月至 5 月，县联社党委先后印发年度机关党建工作计划和中共十八大精神宣讲活动实施方案；发展党员工作程序及发展党员记实制、公示制、票决制、失察失实责任追究制等四个实施办法（试行），转发关于深化“五星争创”活动，推进基层学习型、服务型、创新型党组织建设的指导意见。5 月下旬，举办“学习贯彻十八大精神，做强做优浙江农信”知识大奖赛，县联社党委下辖 5 个支部代表队参赛，第五党支部代表队获第一名；邀请中共浦江县委宣传部部长钱海乐来联社作中共十八大精神宣讲报告。6 月，第五党支部

图 6-1-2 "学习贯彻十八大精神、做强做优浙江农信"知识大奖赛现场（2013.5）

被县直机关党工委评为2012年度先进基层党组织，严东东、傅大悦被评为优秀党员。7月上旬，县联社党委以"扬旗帜、固堡垒、亮先锋"为主题，开展纪念建党92周年"八个一"系列活动：举行新党员入党宣誓仪式，启动"红色之旅"；给党龄有10周年的党员过一次"政治生日"、重温入党誓言；关爱党员，走访慰问年纪大、党龄长及生活上有困难的老同志；组织"公益日"活动，党员带头奉献社会公益事业；组织党日活动，观看大型党史纪录片《苦难辉煌》；分别举办"中国梦"宣讲、"中国梦·我的梦"主题征文及廉政摄影展览等，确保广大党员真正从中受到教育，增强党性，端正党风，不忘初心，牢记使命，奋发进取，砥砺前行。12月，开展年度党员民主评议工作。迄是年末，县联社在册党员增至142名。

2014年2月，遵照省联合社党委统一部署，县联社党委成立活动领导小组，制订实施方案，召开动员大会，有计划、有步骤地深入开展第二批党的群众路线教育实践活动，直至12月结束。3月，首抓正风肃纪工作，组织"三思、三观"学习；邀请中共浦江县委党校领导同志作党的群众路线精神解读报告；开展"科室网点走亲连心解忧"活动；举办党的群众路线专题微型党课。潘艳、贾晓琳在微型党课比赛活动中获二等奖。是月，县联社机关第一党支部被评为2013年度全省农信系统"百强基层党支部"，受到省联合社党委办公室通报表彰。4月，开展"党员干部百千万大走访"和"我们的群众观——普惠精神"大讨论；对领导班子、中层干部进行民主测评。5月，召开党委中心组（扩大）会议，传达贯彻省委书记夏宝龙在全省基层服务型组织建设推进会上的讲话精神和省联合社理事长姚世新在省联合社党委扩大会议上的讲话精神，结合当下重点工作组织"我们的群众观——普惠精神"大讨论。领导班子成员按照习近平总书记强调的领导干部要"勇于担当"的要求，以邵浩然、陈克橡、陈妍妍、徐秀艳、俞淑俊等优秀党员为榜样，开展向身边的典型学习活动；召开领导班子、支部书记会议，布置群众路线教育实践活动转段过渡期的工作任务。6月，省联合社党委群众路线教育实践活动督导组和省联合社金华办事处主任祝晓平先后来浦，与领导班子成员谈心交心。是月，县联社党委同意预备党员陈盼、吴慧琪、赵梁臻、吴赛君按期转正，同意接收陈娟为预备党员，于翠平、张烽光列为建党对象。县联社第四党支部被县直机关党工委评为2013年度先进基层党组织，陈晓晓被评为优秀党员，傅大悦被评为优秀党务工作者；

图 6-1-3 县联社第三党支部专题民主生活会（2014.7）

王才有撰写的《党员要做道德的模范》，被县直机关党工委评为2013年度十篇优秀读书体会文章之一，金晨然撰写的《学习“十八大”，共筑中国梦》则被评为十个优秀党课课件之一。7月，召开领导班子专题民主生活会，班子成员遵循“照镜子、正衣冠、洗洗澡、治治病”的总体要求，以“为民、务实、清廉”为主题，聚集“四风”，紧密联系思想、作风和工作实际，认真开展批评和自我批评，明确努力方向，提出整改措施；随后通报专题民主生活会情况，各支部组织召开专题民主生活会并开展“党性体验、民主评议”工作。8月，印发关于加强党委班子建设的实施意见和抓好教育实践活动整改落实、建章立制工作的通知。10月，召开大会学习贯彻中共中央、中共浙江省委及省联合社教育实践活动总结大会精神，并就本联社开展教育实践活动情况进行全面总结，继而对教育实践活动成果的进一步巩固和扩展作出全新部署。12月，省联合社转发关于认真学习贯彻中共中央办公厅深化“四化”整治、巩固和拓展党的群众路线教育实践活动成果的指导意见。

2015年2月，省联合社印发《关于深化整改落实、巩固和拓展教育实践活动成果有关事项的通知》。县联社领导班子召开“三严三实”专题民主生活会。5月，县联社党委制订印发“普惠领航，情系三农”党建工作品牌创建活动实施方案，该品牌由县直机关党工委审核定名公布。在中共浦江县委组织部、宣传部举办的“推进四个全面，建设两美浦江”微型党课比赛活动中，县联社党员金晨然撰写的《建设两美浦江，农信伴您同行》荣获三等奖。6月，相继开展“再学党章、严守纪律”专题教育和“缅怀先烈，重温誓词，再学党章”主题教育两项活动，并组织在职党员前往县革命传统和爱国主义教育基地——中余乡养元坑村，参观解放战争时期中共路西地区党组织及其所领导的革命武装活动旧址，祭扫革命烈士陵墓，重温入党誓言，争当新时期先锋模范。7月，制订印发关于发展党员票决制的实施办法。8月，部署本年度党风廉政建设和反腐败工作组织领导与责任分工，印发“三严三实”专题教育活动实施方案。9月，召开“学习贯彻党章党规党纪，践行三严三实”暨开展“先锋出彩行动”动员大会，党员干部悉数参加。10月，组织党员参观“江南第一家”廉政教育基地展馆。11月，学习贯彻《中国共产党廉洁自律准则》和《中国共产党纪律处分条例》，制订准则与条例宣传教育工作方案。12月，开展年度民主评议党员工作。迄是年末，县联社在册党员增至154名，占职工总数的50.65%。

2016年1月，转发《关于传达学习中共中央纪委关于10起群众身边的不正之风和腐败问题典型案例的通报和中共浙江省纪委关于12起违反中央八项规定精神问题的通报》。3月，组织全体党员和入党积极分子开展“手抄党章百日晒”活动；学习《习近平关于严明党的纪律和规矩论述摘编》；组织机关党员参加“礼让斑马线，文明过马路”劝导和“党员林”“团员林”植树活动。是月，县联社直属机关党委被县直机关党工委评为2015年度“普惠领航，情系三农”双服务机关党建工作品牌单位，并予通报表彰。4月，县联社党委印发本年度机关党建工作计划，制订以“讲觉悟、讲奉献”为主题的“迎七一”系列活动实施方案。按照该实施方案，开展党章“真学、真抄、真考”；党员下农村蹲点学习，寻找农村及身边的好党员“随手拍”；组织“我的觉悟高不高、我的奉献够不够”大讨论；开展“两富两美”指导员“干部群众面对面”“立足岗位过硬、立足奉献过铁”活动；党员干部到“江南第一家”廉政教育基地展馆参观学习，汲取优秀传统文化精华，接受廉政“思想洗礼”；开展“美丽办公室”“美丽机关”创建。

图6-1-4 第四党支部组织党员到“江南第一家”廉政教育基地接受教育

5月，省联合社党委和中共浦江县委分别印发关于在全体党员中开展“学党章党规，学系列讲话，做合格党员”学习教育的实施方案，县直机关党工委印发全县机关在职党员社区行为“六带头”活动方案。县联社党委组织党员举行党章党规党纪知识测试。6月，县直机关党工委印发本年度县直机关党建工作责任制考核细则。县联社党委制订深化“普惠领航，情系三农”党建工作品牌创建活动实施方案，并完成党员干部家规家训征集任务。是月，县联社第四党支部被评为县先进基层党组织，王才有被评为县优秀党员，受到中共浦江县委通报表彰。7月，党员金晨然荣获全县争当“两学一做”标兵、建设两美浦江微型党课比赛评选二等奖。8月，转发省农信系统学习贯彻《中国共产党问责条例》实施意见。9月，根据中共浦江县委关于进一步弘扬优秀传统家规家训、加强党员干部家风建设的实施意见，制订开展“立家规、行家训、树家风”活动行动方案。10月末至11月初，陈文斌参加全县机关党务干部学习培训。机关党员干部开展“立岗位规范、立家风家规”活动。11月，选举李九良、陈妍妍代表县联社党委出席全县第十四次党代会。12月，开展本年度党员民主评议工作。迄是年末，县联社在册党员为151名，占职工总数的46.6%。

表 6-1-2　　县联合社（联社）历年先进党组织、优秀党员名录

年　度	受表彰单位或个人	命名表彰称号	命名或表彰单位
1990	张杨柳	浦江县优秀党员	中共浦江县委
	陈丰育 张美花 朱文德 黄必勋 王在许	浦江县农金系统优秀党员	中国农业银行浦江县支行党委
1992	张杨柳	浦江县优秀党员	中共浦江县委
	黄必勋	浦江县优秀纪检干部	
	黄必勋 陈　明 张寿生	浦江县农金系统优秀党员	中国农业银行浦江县支行党委
1993	黄遵挺	浦江县优秀党员	中共浦江县委
1997	陈学成		
	黄遵挺	浦江县直机关优秀党员	浦江县直机关党工委
1998	浦东农村信用合作社党支部	浦江县先进党支部	中共浦江县委
	张美花	浦江县优秀党员	
1999	金兰庭		
	王才有　陈学成 郁小娟　王天佑	浦江县农信系统优秀党员	县联合社党委
2000	王才有 张根莉	浦江县优秀党员	中共浦江县委
2001	江东放		
	徐祖江	浦江县党委信息工作积极分子	中共浦江县委
	金兰庭 陈乃曹 陈长生 楼理宣 张根莉 王天佑	浦江县农信系统优秀党员	县联合社党委
2002	城关农村信用合作社党支部	浦江县先进党支部	中共浦江县委
	江东放	浦江县优秀党员	
	徐东升 陈晓艳 金兰庭 黄明生 张法远	浦江县农信系统优秀党员	县联合社党委
2003	徐东升	浦江县优秀党员	中共浦江县委
	张根莉	浦江县直机关优秀党员	浦江县直机关党工委
	徐东升 杨卫东 黄明生 贾红花 张法远 张根莉	浦江县农信系统优秀党员	县联合社党委

续表 6-1-2

年 度	受表彰单位或个人	命名表彰称号	命名或表彰单位
2005	张必军 徐东升 吴小君 陈文斌 贾红花 张法远	浦江县农信系统优秀党员	县联社党委
2005	张必军	浦江县优秀党员	中共浦江县委
2006	季新团	浦江县优秀党员	中共浦江县委
2006	县联社机关党支部	浦江县直机关学习型党支部	浦江县直机关党工委
2006	黄林祥	浦江县直机关优秀党务工作者	浦江县直机关党工委
2006	楼英明 徐东升 吴小君 季新团 周旭光	浦江县农信系统优秀党员	县联社党委
2007	方八一	浦江县优秀党员	中共浦江县委
2008	陈文斌	浦江县优秀党员	中共浦江县委
2010	傅大悦	浦江县优秀党员	中共浦江县委
2010	县联社机关党支部	浦江县直机关先进基层党组织	浦江县直机关党工委
2011	周东珍	浦江县直机关优秀党员	浦江县直机关党工委
2012	县联社机关党支部	县“创优争先”先进基层党支部	浦江县直机关党工委
2012	县联社第五党支部	浦江县直机关先进基层党组织	浦江县直机关党工委
2012	严东东 傅大悦	浦江县直机关优秀党员	浦江县直机关党工委
2013	县联社机关第一党支部	全省农信系统“百强基层党支部”	省联合社党委办公室
2013	县联社第四党支部	浦江县直机关先进基层党组织	浦江县直机关党工委
2013	陈晓晓	浦江县直机关优秀党员	浦江县直机关党工委
2013	傅大悦	浦江县直机关优秀党务工作者	浦江县直机关党工委
2015	县联社机关党委	浦江县直机关 “双服务”机关党建工作品牌单位	浦江县直机关党工委
2015	县联社第四党支部	浦江县先进基层党组织	中共浦江县委
2015	王才有	浦江县优秀党员	中共浦江县委

第二章 群众团体

第一节 工会组织

1980年6月，筹建中国农业银行浦江县支行工会委员会，确定王伯英、毛嘉庆（农村信用合作社）、蔡时、张咸杏、任承湘、黄有根、徐晓林、江忠富等9名委员候选人。7月，根据上级行意见，恢复银行及其营业所与农村信用合作社干部参加的工会组织，以原会员为基础，吸收发展新会员152名。并召开工会会员代表大会，行、所、社均选派会员代表出席。上述9名候选人经民主选举，组成中国农业银行浦江县支行工会委员会，复报县总工会批准正式成立，任承湘任主席，徐晓林、王伯英任副主席。工会成立后，履行其应尽职能，组织职工参与各种形式的社会主义劳动竞赛，开展丰富多彩的业余文体活动，关注职工生活与福利。

1986年6月，民主选举产生中国农业银行浦江县支行第二届工会委员会。

1989年6月，中国农业银行金华市支行工会委员会批复，同意中国农业银行浦江县支行第三届工会委员会成员由江忠富、李丽、陈甘霖、陈伟清、黄遵挺（农村信用合作社）、蒋建民、薛日明等组成，江忠富任主席。7月，转发省财政厅、省总工会关于进一步完善职工技术协会（以下简称职工技协）活动有偿服务办法的通知。

1995年2月，转发《浙江省实施〈中华人民共和国工会法〉办法》。县联合社建立工会分会和职工技协小组，并以农村信用合作社为单位成立工会小组，负责对本社工会工作的日常管理和协调。3月至11月间，中国农业银行浦江县支行工会委员会先后印发和转发有关职工技协管理工作的意见及补充意见。

1998年3月，县总工会职技办发文，同意成立县联合社职工技协。宣明炎、何鱼嫦、江东放、黄林祥、黄明生、陈锡生、陈中成为职工技协成员，宣明炎任会长，何鱼嫦任秘书长。5月，经县金融工会批复，同意组建县联合社工会委员会。7月，成立县联合社工会委员会组建领导小组。8月，召开县联合社首届工会代表大会，有52名代表出席。民主选举黄林祥为工会主席，何鱼嫦、陈乃曹、陈中成、陈学成、郁小娟、郑梦林为委员。工会委员会下设经审小组，由张必军任组长，张根莉、金士华为组员。首届工会委员会任期五年。

图 6-2-1　县联合社首届工会会员暨职工代表大会会场（1998.8）

图 6-2-2　县联合社首届工会会员暨职工代表大会合影（1998.8）

2006 年 4 月，县财贸工会批复，同意成立县联社第一届工会委员会。赓即召开第一届职工暨工会会员代表大会，民主选举产生由黄林祥、张中伟、徐祖江、张红英、杨卫东、虞真良、李巧萍等组成的第一届工会委员会，推选黄林祥任主席。工会委员会下设财务审查小组和女工委员会，张必军任财务审查小组组长，李巧萍任女工委主任。本届工会委员会任期五年。

2012 年 3 月，民主选举产生县联社第二届工会委员会，陈文斌任主席，徐东升为组织委员，吴立邦为宣传委员，杨巨钢为生产委员，李巧萍为财务委员，张钏为生活委员，陈妍妍为女工委员。工会委员会下设经济审查委员会，陈忆萍任主任，周东明、金荷花为委员。

2015 年 6 月，召开县联社第三届工会会员代表大会，有会员代表 61 名，代表全社 286 名工会会员出席。听取和审议上届工会委员会及经费审查委员会工作报告，民主选举产生第三届工会委员会，陈文斌任主席，李巧萍为组织委员，陈妍妍为宣传委员，虞真良为生产委员，张灵坚为文体委员，贾明东为经审委员，季新团为调解委员，周旭光为生活委员，杨玲玲为女工委员。工会委员会下设经审委员会、女工委员会和劳动争议调解委员会，金娇赟任经审委员会主任，周东明、于遵源为委员；杨玲玲任女工委员会主任，贾晓琳、金晨然为委员；季新团任劳动争议调解委员会主任，傅大悦、陈忆萍为委员。大会讨论并通过工会委员会实行替补、增补的暂行规定。

图 6-2-3 县联社第二届工会会员代表大会（2012.2.28）

图 6-2-4 县联社第三届工会会员代表大会（2015.6）

表 6-2-1　　历年工会工作先进单位及优秀工会积极分子名录

<table>
<tr><th>年 度</th><th>被评选单位或个人</th><th>荣 誉 称 号</th><th>评选表彰单位</th></tr>
<tr><td>1984</td><td>徐建一　黄建余　芮士霖</td><td>浦江县优秀工会积极分子</td><td>浦江县总工会</td></tr>
<tr><td>1987</td><td>陈曼秋　芮士霖　贾野鹰</td><td rowspan="2">浦江县农金系统优秀工会积极分子</td><td rowspan="2">中国农业银行浦江县支行工会</td></tr>
<tr><td>1988</td><td>贾野鹰　王永清　张寿生</td></tr>
<tr><td>1989</td><td rowspan="2">蔡伟庆</td><td>金华市农金系统工会先进工作者</td><td>中国农业银行金华市支行工会</td></tr>
<tr><td rowspan="2">1990</td><td>浦江县农金系统优秀工会积极分子</td><td rowspan="2">中国农业银行浦江县支行工会</td></tr>
<tr><td>黄遵挺　芮士霖</td><td>浦江县农金系统职工技协先进个人</td></tr>
<tr><td rowspan="2">1992</td><td>黄遵挺</td><td>金华市农金系统优秀工会积极分子</td><td>中国农业银行金华市支行工会</td></tr>
<tr><td>黄遵挺　蔡伟庆</td><td>浦江县农金系统优秀工会积极分子</td><td>中国农业银行浦江县支行工会</td></tr>
</table>

续表 6-2-1

年 度	被评选单位或个人	荣 誉 称 号	评选表彰单位
1994	赵鹏程　陈乃曹	浦江县农金系统优秀工会积极分子	中国农业银行浦江县支行工会
	楼国强	浦江县农金系统职工技协先进个人	
1995	宋良根　蔡伟庆 陈锡生　丁长辉	浦江县农金系统优秀工会积极分子	
	吴旗红	浦江县农金系统职工技协先进个人	
1998～1999	郁小娟	浦江县优秀工会积极分子	浦江县总工会
1999～2000	徐祖江	浦江县优秀工会积极分子	浦江县总工会
2002～2003	黄林祥	金华市优秀工会工作者	金华市总工会
2013～2014	县联社浦阳信用社	金华市“工人先锋号”	
2015	陈文斌	浦江县工会工作先进个人	浦江县总工会
2016	县联社工会	浦江县工会工作先进单位	

图 6-2-5　2013 年至 2014 年浦阳信用社被命名为市级“工人先锋号”

第二节　共青团组织

1955 年 8 月，玄鹿区豪墅信用合作社主任、青年团员周鱼溪，荣膺浦江县青年社会主义建设积极分子称号。

1956 年 7 月，参加中国新民主主义青年团浦江县第二届代表大会的 390 名代表，其中包括农村信用合作社的青年团员代表，致信向党中央和毛主席保证：一定要团结广大团员青年，虚心刻苦地学习政治，学习文化，不断提高社会主义觉悟，掌握生产技术，高举社会主义旗帜走向最后胜利。

1959 年 12 月，中国人民银行浦江县支行与中国共产主义青年团浦江县委员会（以下简称浦江县团委）、浦江县妇女联合会（以下简称县妇联）联合发文，要求各基层团支部、妇联应将勤俭持家、节约储蓄作为向青年和妇女进行教育的一项重要内容。

1960 年 1 月，义乌县团委与中国人民银行义乌县支行联合发出通知，要求在广大青年中深入开展勤俭持家、节约储蓄宣传教育。

1994 年 4 月，浦江县团委研究决定，成立中国共产主义青年团中国农业银行浦江县支行委员会（以下简称中国农业银行浦江县支行团委）。原归各乡镇团委属地管理的农业银行所属营业所、农村信用合作社的团委、团支部，悉数归属中国农业银行浦江县支行团委实行条线管理。新成立的中国农业银行浦江县支行团委由甄岗军、黄畅、朱祖烈、吴芊、陈长生组成，甄岗军任书记，黄畅为副书记。5 月，开展团员身份登记工作，并组建农业银行机关、营业部和城关、浦东、黄宅、浦西、平湖营业所及农村信用合作社联合社等八个团支部，各农村信用合作社设立团小组。经民主选举，县联合社团支部由黄巧英任书记。是月，中国农业银行浦江县支行团委举办“七一颂”革命歌曲卡拉 OK 大奖赛活动。

1996 年 11 月，浦江县团委批复，同意建立中国共产主义青年团浦江县农村信用合作社联合社委员会（以下简称县联合社团委）。

1997 年 12 月，浦江县团委发文，县联合社团委由黄林祥、王才有、黄明生、杜娟花、徐忠清组成，黄林祥、王才有分别任书记、副书记。

1998 年 3 月，县联合社团委发文，分别成立浦阳、浦东、黄宅、檀溪四个农村信用合作社团支部。浦阳社团支部由杜娟花、季建英、黄顺明组成，杜娟花任书记；浦东社团支部由贾明东、陈善锴、陈伟梁组成，贾明东任书记；黄宅社团支部由黄明生、季新团、黄雄伟组成，黄明生任书记；檀溪社团支部由徐忠清、程勇进、何炜组成，徐忠清任书记。4 月，王才有被评为 1997 年度浦江县优秀团干部，季建英被评为浦江县优秀团员，受到浦江县团委通报表彰。

1999 年 4 月，浦阳农村信用合作社团支部被评为 1998 年度浦江县先进团支部，杜娟花被评为优秀团干部，郑秀娟被评为优秀团员。9 月，郑秀娟被命名为全县第二批青年岗位能手。

2000 年 1 月，陈晓艳被评为 1999 年度金华市优秀团员。年底，县联合社团委由黄林祥、王才有、杜娟花、黄明生、徐忠清组成，黄林祥、王才有分别任书记、副书记。下辖浦阳、浦东、黄宅、檀溪四个农村信用合作社团支部，有团员 61 名，其中女团员 31 名，28 周岁以上的团员 8 名。10 月，县联社团委举办以职业道德教育为主要内容的知识竞赛。

县联合社共青团员名录

（2000 年 12 月 31 日）

杜娟花	季建英	黄顺明	徐祖江	吕晓峰	陈晓艳	金黎明	黄震宇	王才有	黄月霞	吴萍萍
洪　咏	徐秀燕	吴玉娟	薛镇伟	吴海英	何　炜	任青芳	徐东升	童照峰	柳斌兰	金娇赟
江灵娟	傅君君	陈春雷	曹卫兰	张　钏	贾明东	陈伟梁	郑秀娟	傅华海	张必肖	吴立邦
黄翠平	郑莉璟	童萍娟	傅燕玲	郑永义	张阿千	黄明生	季新团	黄雄伟	张玲燕	罗仙坪
傅欢笑	于玉雁	朱晓瑾	徐忠清	程勇进	杨　英	邵浩然	黄青芳	周东明	张深波	傅霞莲
方　猛	张灵坚	陈关跃	俞　立	陈建刚	方春成					

2001 年 5 月，徐祖江、叶向东、杜娟花代表县联合社全体团员出席全县第十四次团代会。12 月，县联合社第二次团代会召开，民主选举产生县联合社第二届团委，经浦江县团委批复，本届团委由王天佑、徐祖江、徐东升、周春鱼、吴立邦、张玲燕、杨杭海组成，王天佑、徐祖江分别任书记、副书记。经基层支部民主选举，县联合社团委研究决定，县联合社机关团支部由徐祖江、邵浩然、吴萍萍组成，徐祖江任书记；浦阳社团支部由徐东升、张深波、金娇赟组成，徐东升任书记；城关社团支部由周春鱼、薛镇伟、陈晓艳组成，周春鱼任书记；浦东社团支部由吴立邦、郑秀娟、张必肖组成，吴立邦任书记；黄宅社团支部由张玲燕、季新团、吴海英组成，张玲燕任书记；檀溪社团支部由杨海、杨英、方猛组成，杨杭海任书记。迄是年末，县联合社有团员 65 名。

2002 年 2 月，金娇赟被评为 2001 年度浦江县优秀团员。4 月，贾一帆被县“双争”（争创青年文明号、争当青年岗位能手）活动指导委员会（简称县“双争”委）命名为 2001 年度浦江县青年岗位能手。12 月，徐祖江当选为县第一届青年联合会工交金融财贸口委员。

2003 年 2 月，县联合社团委副书记徐祖江被评为 2002 年度浦江县优秀团干部，张红英被评为优秀团员，受到浦江县团委表彰。

2005 年 11 月，县联社第一届团代会召开，全县农信系统 28 周岁以下的 80 余名团员、青年出席。与会代表听取并审议通过题为《高举旗帜，求真务实，开拓创新，团结带领广大团员青年为浦江信合事业的和谐发展贡献青春和力量》的工作报告。选举产生由于翠平、张必肖、张深波、吴立邦、陈丹、陈晓艳、徐祖江组成的县联社第一届团委，由吴立邦、徐祖江分别任书记、副书记。县联社机关团支部由徐祖江、吴超、陈炫妙组成，徐祖江任书记；浦阳社团支部由张深波、张小钢、何倩组成，张深波任书记；城关社团支部由陈晓艳、张烜、叶进升组成，陈晓艳任书记；黄宅社团支部由于翠平、童照峰、朱晓瑾组成，于翠平任书记；檀溪社团支部由张必肖、周旭光、赵梁臻组成，张必肖任书记。

2006年5月，县联社团委与中共浦江县委宣传部、浦江县团委联合举办“信合杯”纪念五四运动87周年团的知识及“十一五”知识竞赛活动，收到有效答卷千余份，评出一等奖2名、二等奖5名、三等奖8名；县联社团委组织150多名团员、青年参加，获组织奖。11月，县联社团委参与社区共青团区域共建试点工作，组织团员到浦阳街道杨田周村开展“青春建功新农村，共建和谐新浦江”青年志愿者服务活动，并帮助该村建立青年活动中心和图书馆。

2007年2月，县联社团委组织开展“奉献爱心，共创和谐”青年志愿者“真情十送”活动。

2008年9月，县联社团委组织开展“青春共建和谐社区行动，金融知识进社区”活动。12月，吴超被浦江县团委、县青年联合会授予浦江县青年“创业创新之星”荣誉称号。

2011年2月，吴超被县“双争”委命名为2010年度浦江县青年岗位能手。2012年3月，县联社浦阳信用社团支部被评为2011年度浦江县先进团组织，吴超被评为优秀团干部，赵玉婷被评为优秀团员。是月，经民主选举，县联社党委、县团委同意，陈晓晓任县联社团委书记，同时免去吴立邦、徐祖江原团委书记、副书记职务。5月，县联社团委制订印发“1＋1团连线、师结徒、促进步”活动方案。县联社团委组织团员青年代表队参加全县纪念建团90周年知识竞赛，获二等奖。6月，举行团员“1＋1团连线、师结徒、促进步”活动启动仪式。11月，陈晓晓被金华市“双争”委命名为2011年度金华市青年岗位能手。县联社团委被浙江省团委评为2012年度省级“五四”红旗团委。

图6-2-6　1+1师徒结对签约（2012.5）

图6-2-7　县联社团委荣膺全省“五四红旗团委”称号（2012）

2013年2月，陈晓晓被评为2012年度浦江县优秀团干部，楼宇宸被评为优秀团员。5月，县联社召开“比技能、比合规、比奉献”活动暨“4·20”芦山地震团员捐款活动动员大会。7月，在中共浦江

图 6-2-8　县联社团委组织团员和青年志愿者到农业生态科技示范基地实践（2013.5）

县委组织部、宣传部、人才办，浦江县团委、县青联，县广播电视台、县新闻传媒中心联合举办的“信联杯”第三届“浦江县十大杰出青年”评选活动中，县联社党办副主任、女工委主任陈妍妍与其他单位 9 名同志荣膺“浦江县十大杰出青年”称号。

2014 年 1 月，县联社第二团支部被评为 2013 年度浦江县先进团组织，赵达被评为优秀团干部，潘艳被评为优秀团员。6 月，浦江县团委、县联社联合印发“团银共建普惠金融”活动工作方案，并组织开展该项活动，旨在提高全县农村普惠金融服务水平，切实加大对青年就业的支持力度，共同打通金融服务“最后一公里”。9 月，省联合社团委转发团中央金融工委关于深化“送金融知识下乡”工作的指导意见。12 月，金华市团委、中国银监会金华监管分局与省联合社金华办事处联合下发本年度全市金融系统挂职干部团的工作考核办法。

2015 年 2 月，县联社第三团支部被评为 2014 年度浦江县先进团组织，刘哲宏、王孝男被评为优秀团员。8 月，县联社团委组织开展“团员集中活动日”。

2016 年 3 月，县联社团委被评为 2015 年度浦江县先进团组织，楼宇宸被评为优秀团干部，黄楷杰被评为优秀团员。4 月，县联社团委印发《桃树领养活动方案》，种植“团员林”。是年，陈晓晓荣膺第四届“浦江县十大杰出青年”称号。

表 6-2-2　　历年共青团工作先进单位、优秀团员及青年岗位能手名录

年　度	被评选单位或个人	荣 誉 称 号	评选表彰单位
1955	周鱼溪	浦江县青年社会主义建设积极分子	浦江县团委
1997	王才有	浦江县优秀团干部	
	季建英	浦江县优秀团员	
1998	浦阳农村信用合作社团支部	浦江县先进团支部	

续表 6-2-2

年　度	被评选单位或个人	荣 誉 称 号	评选表彰单位
1998	杜娟花	浦江县优秀团干部	浦江县团委
	郑秀娟	浦江县优秀团员	
1999	陈晓艳	金华市优秀团员	金华市团委
2001	金娇赟	浦江县优秀团员	浦江县团委
	贾一帆	浦江县青年岗位能手	浦江县“双争”委
2002	徐祖江	浦江县优秀团干部	浦江县团委
	张红英	浦江县优秀团员	
2008	吴　超	浦江县青年“创业创新之星”	浦江县团委 浦江县青年联合会
2010	陈妍妍	浦江县优秀团员	浦江县团委
2011	县联社浦阳信用社团支部	浦江县先进团组织	
	吴　超	浦江县优秀团干部	
	赵玉婷	浦江县优秀团员	
	陈晓晓	金华市青年岗位能手	金华市“双争”委
	吴　超	浦江县青年岗位能手	浦江县“双争”委
2012	浦江县联社团委	浙江省“五四”红旗团委	浙江省团委
	陈晓晓	浦江县优秀团干部	浦江县团委
	楼宇宸	浦江县优秀团员	
2013	潘　艳	金华市青年岗位能手	金华市“双争”委
	陈妍妍	浦江县第三届十大杰出青年	中共浦江县委组织部 宣传部等 7 部门
	县联社第二团支部	浦江县先进团支部	浦江县团委
	赵　达	浦江县优秀团干部	
	潘　艳	浦江县优秀团员	

续表 6-2-2

年　度	被评选单位或个人	荣 誉 称 号	评选表彰单位
2014	县联社第三团支部	浦江县先进团支部	浦江县团委
	刘哲宏　王孝男	浦江县优秀团员	
2015	浦江县联社团委	浦江县先进团组织	
	楼宇宸	浦江县优秀团干部	
	黄楷杰	浦江县优秀团员	
2016	陈晓晓	浦江县第四届十大杰出青年	中共浦江县委组织部等

第三节　女工委员会

1995 年 5 月，中国农业银行浦江县支行工会委员会筹备成立工会女职工委员会，农村信用合作社有女职工代表 13 名。

2000 年 4 月，县妇联发文同意成立由何鱼嫦、傅霞莲、金士华、郁小娟、贾红花等人组成的县联合社妇委会，何鱼嫦任主任。

2001 年 5 月，李巧萍任县联合社妇委会主任。6 月，李巧萍出席全县第十四次妇代会。

2006 年 4 月，县联社第一届职工代表暨工会会员代表大会召开，李巧萍当选工会委员会委员兼女工委主任。

2012 年 3 月，陈妍妍当选县联社第二届工会委员会女工委员兼女工委主任，负责女工及工会日常工作。杨玲玲、陈晓晓为女工委委员。

2011 ～ 2012 年，县联社女工委被县总工会评为浦江县工会先进女职工组织。

2015 年 2 月，县联社工会女工委被评为 2013 ～ 2014 年度金华市工会先进女职工组织，受到金华市总工会通报表彰。6 月，第三届工会会员代表大会召开，民主选举产生第三届女工委。女工委委员杨玲玲、贾晓琳、金晨然，杨玲玲任女工委主任。

图 6-2-9　县联社女工委荣膺全县“先进女职工组织”称号

第三章 纪检监察

第一节 纪监组织

1988年，根据国务院〔87〕74号文件精神和中国农业银行关于在本系统设立监察机构的通知，中国农业银行浦江县支行始设监察室。监察对象为本行管理的全体干部，并负责管理、指导县联合社对农村信用合作社的监察工作。12月，徐建一任县支行监察员（副股长级）。县联合社亦配备监察员，以加强监察力量。

1989年9月，经县联合社研究、中国农业银行浦江县支行同意，黄必勋任县联合社监察员。

1990年8月，中国农业银行浦江县支行撤销人事监察股，设置人事股、监察室，郑顺世任监察室主任。10月，建立县人民检察院驻农业银行检察室，方向东任主任，郑顺世为副主任，黄必勋（农村信用合作社）、李浩为其成员。

1997年5月，县联合社聘任农村信用合作社兼职监察员24名，并明确兼职监察员职责。

1998年10月，县联合社聘任陈乃曹为人事监察科监察员。

1999年5月，县联合社聘任农村信用合作社及分社兼职监察员21名。翌年4月，各社及分社兼职监察员调整充实为23名。

2002年4月，县联合社聘任兼职纪检监察员24名。

2007年9月，中共浦江县委决定，建立县联社纪律检查委员会（以下简称县联社纪委）。12月，召开县联社纪委成立大会，县联社纪委正式授牌，中共浦江县委

图6-3-1 县联社纪委成立大会（2007.12）

副书记、纪委书记戴建平，县纪委副书记沈邦喜到会指导。县联社纪委由黄林祥、王永清、王天佑组成，黄林祥任书记。

2010 年 12 月，县直机关党工委批复，同意成立县联社直属机关纪委，由傅大悦、洪咏、季新团组成，傅大悦任书记。

2011 年 11 月，经中共浦江县委研究决定，陈文斌任县联社纪委委员、纪委书记。免去黄林祥原任纪委书记、委员职务。

2011 年 12 月，县联社聘任杨玲玲为纪检监察员。

2012 年 3 月，中共浦江县纪委批复，同意傅大悦、黄明生任县联社纪委委员。12 月，选举产生由季新团、傅大悦、傅仙元组成的县联社直属机关纪委，季新团任书记。

2014 年 12 月，县联社单设纪检监察室，季新团任纪检监察室主任。

2016 年 11 月，县联社直属机关纪委换届选举，季新团、方八一、傅仙元当选新一届直属机关纪委委员，季新团任书记。

第二节　廉政与行风建设

1970 年至 1973 年，全县金融系统开展“一打三反”运动，并对财贸（系统）队伍实施整顿。

1977 年，全县金融系统开展“揭、批、查”运动。

1978 年 3 月，根据国务院〔77〕154 号文件精神和全省银行工作会议部署，将“三清”（清财务、清账务、清资金）列为整顿银行、农村信用合作社的一项重要内容，对全县金融系统 5 个营业所、1 个服务组、25 个农村信用合作社（包括 293 个大队信用服务站），分期分批开展“三清”和行、社整顿工作。6 月，中国人民银行浦江县支行在《关于整顿银行、信用社试点情况和今后意见的报告》中指出，在整社中要坚持以揭批“四人帮”斗争为纲，放手发动群众，紧密结合“一批双打”运动，认真开展“三清”，提高干部的思想觉悟。

1979 年 7 月底，全县金融系统行、社整顿和“三清”工作全部结束。10 月，印发《关于全面完成“三清”工作的总结报告》。

1984 年 8 月，转发中国农业银行通知，贯彻执行中共中央办公厅、国务院办公厅“关于党政机关在职干部不要与群众合办企业”的文件精神，对农村信用合作社这方面的问题，可按该《通知》精神掌握。

1986 年 4 月，中国农业银行浦江县支行党委制订党风行风责任制，要求全体党员做到遵守各项制度，做好全行表率；深入调查研究，提高工作效率；工作认真负责，不能失时误事；办事廉洁奉公，不搞以权谋私；关心同志生活，维护革命团结；加强自身建设，提高领导素质。

县联合社蓬勃开展“五讲四美三热爱”“创六好企业”活动，同时对干部职工加强遵纪守法教育。开展信贷业务检查和财务大检查。

1987年4月，中共浦江县委、中国农业银行金华市支行召开上年本县农村信用合作社“招工违规违纪事件”处理大会，中国农业银行浦江县支行党组书记、副书记，行长、副行长及信用合作股副股长等多人受到党内处分和行政处分。7月，中国农业银行浦江县支行《信息通报》（增刊5号）登载浦阳农村信用合作社主任黄必勋拒贿的先进事迹，教育全体干部职工特别是信贷干部，在金钱利诱和“糖弹”面前，务必保持清醒头脑，要向黄必勋同志学习，拒腐蚀、永不沾。

是年6月县联合社正式成立后，直至1996年10月与农业银行“脱钩”之前，全县农村信用合作社的廉政与行风建设工作，均按中国农业银行浦江县支行的统一部署和要求，同步开展。

1988年1月，中国农业银行浦江县支行转发总行关于严禁用公款请客送礼的通知、中共浙江省委关于改革开放中加强党风建设的意见和中共浙江省纪委关于加强基层单位作风和制度建设座谈会纪要，要求行、社切实加强基层作风和制度建设，并把它作为当前为政清廉的一项重要工作来抓。并结合本地实际，下发关于狠刹“婚丧事大操大办、赌博、封建迷信”三股歪风的通知。通知强调，今后凡本支行干部职工若继续搞“三股歪风”，除依照原有规定给予处罚外，对参与赌博者一律开除公职。4月，转发总行关于坚决禁止职工赌博的通知。7月，组织学习中纪委《党员领导干部犯严重官僚主义失职错误党纪处理的暂行规定》《共产党员在涉外活动中违犯纪律党纪处分的暂行规定》《对参与嫖娼、卖淫活动的共产党员及有关责任者党纪处分的暂行规定》。同时，响应省分行号召，在全县农村金融系统广泛开展学习章晓红事迹的活动。是月17日晚间，浙江电视台在新闻节目中播放本县郑宅农村信用合作社主任王在许拒贿的事迹。9月，转发省分行决定，组织全县农村信用合作社广大干部职工，向袁亚琴、俞杏芹、张金昌同志学习，并宣传表彰本县农信系统的先进典型。12月，转发省分行关于保持廉洁的八条规定。是年，设立举报监督电话，严查不正之风，整顿行业秩序，共查处工作失职、参与赌博、发放人情贷款等违规违纪行为8起，对当事人分别给予行政警告、记过、留用察看及至除名处分。

1989年1月，转发中共浦江县纪委、监察局关于严格纪律、保持廉洁的规定，并联系本县农村金融实际，重点抓好“廉洁、服务、效率、开创”，把反对和遏制以贷谋私、索贿、贪污盗窃、收取回扣等列为长期任务来抓，全面推行贷款公开制度。8月，印发关于严格纪律、保持廉洁的十条规定，并聘任各农村信用合作社兼职监察员。9月，成立县支行廉政建设领导小组。10月至11月，分四期举办行、社廉政法制教育短期轮训班，185名干部职工参加轮训。

1990年7月，印发中国农业银行金华市支行关于保持廉洁的十条规定。9月，召开全县行、社廉政建设工作会议。同时调整充实兼职监察员队伍，聘任各农村信用合作社兼职监察员 25 名。10 月，转发省分行关于切实加强廉政建设、坚决纠正行业不正之风的意见，推行“两公开一监督”廉政制度。是年，县联合社实行分级负责制，加强对农村信用合作社职工的管理。对办事组和各社实施考核，凡受到行政处分以上的案件，每起扣罚社主任 10 元；如系违法立案经查实者，每起扣罚社主任 30 元。凡因工作关系，发现违章违纪案件且当事人受到行政处分的，每起奖社主任 15 元，确认当事人属违法的，每起奖社主任 30 元。

1991 年 3 月，贯彻执行全省金融系统纠正不正之风的暂行规定。4 月，建立转变工作作风五项制度，即联系点制度、基层检察机关工作制度、行长接待日制度、劳动制度、基层评议股室工作作风制度。是月，围绕“反腐倡廉，纯洁队伍，严肃纪律，完善制度”要求，在行、社全面开展“教育、清理、整顿”活动。成立活动领导小组，召开干部职工“贤廉内助”座谈会，开展廉政勤政、职业道德、遵纪守法三项专题教育。

1992 年 11 月，转发中国人民银行通知，组织干部职工观看反腐倡廉教育电视片。

1993 年 3 月，成立行、社作风整顿活动领导小组，着力就领导作风、劳动纪律、服务态度、工作作风、制度执行、廉政建设等方面进行检查、整顿和督促改进。8 月，成立整顿金融秩序领导小组，并在县联合社副主任率队赴全县各基层社调研后，提出整顿金融秩序、严肃金融纪律、抓好金融改革的六条意见。10 月，印发领导干部党风廉政建设责任制，成立反腐倡廉领导小组，出台关于加强廉政建设和反腐败斗争的贯彻实施意见，立足于自我学习、自我教育、自我查纠和自我提高；狠刹赌博风、炒股风、经商办厂风、吃喝风和乱收费用风；推行机关干部廉洁自律规定（八条）和本行贯彻中央 6 号文件和中纪委二次全会精神的十项规定。

1994 年 1 月，提出反腐倡廉“四不准”：即在业务活动和业务交往中不准用公款送礼、大吃大喝，不得滥发钱物，铺张浪费；不准收受单位或个人的礼金、有价证券；不准向贷款单位索要或变相低价购买土特产和商品；不准参与赌博，观看黄色录像、书刊。违者将按有关规定严肃查处。6 月，印发中层干部个人及家属重大事项报告制度，转发总行关于深入开展纠正行业不正之风工作的通知。8 月，转发《中国共产党员纪律检查机关案件检查工作条例》和《中国共产党员纪律检查机关案件检查工作条例实施细则》。

1995 年 2 月，转发关于加强节日期间廉洁自律的通知。6 月，印发本行工作人员违法违纪行政处分若干实施办法。8 月，重申党员不准在歌厅、舞厅等场所接受全身性或其他色情的异性按摩，对违反者将给予党内警告、严重警告或撤销党内职务，直至以流氓活动定性处理。并通过召开反腐倡廉工作会、中层骨干及家属座谈会，开展学习孔繁森、刘玲英等先进事迹活动，举办“五法一决定”培训班等，真正把廉政建设落到实处。11 月，转发市支行工作人员实施“两不准”规定实施细则，农村信用合作社工作人员参照该细则执行。

转发关于对金融机构重大经济犯罪案件负有领导责任人员行政处分的暂行规定和“七行一司”关于禁止工作人员参加可能对公正执行公务有影响的宴请的规定（试行）。

1996 年 1 月，转发中国农业银行和中共浙江省纪委关于做好元旦、春节期间反腐倡廉工作和严禁在元旦、春节期间突击滥发钱物以及用公款吃喝送礼，铺张浪费的通知，严守廉洁自律各项规定。4 月，召开廉政建设工作会议，县支行机关干部及各营业所主任、农金员，农村信用合作社主任参加会议。

是年 10 月，农村信用合作社与农业银行“脱钩”后，全县农信系统自成一家，在县联合社领导下独立开展行风与廉政建设工作。

1997 年 4 月，县联合社转发全市农村信用合作社工作人员违反规章制度处理暂行规定。是月，县联合社成立行风建设评议领导小组。5 月，转发中国人民银行浙江省分行关于在全省金融系统开展“树行业新风，创优质服务，防金融风险，促经济发展”行风评议活动的通知，印发浙江省农金体改办关于全省金融系统开展行风评议电视电话大会的相关文件。6 月为全县金融机构银企活动月。县联合社聘请 55 名社会行风监督员。7 月下旬，县联合社开展“二清二查”工作。在行风和廉政建设方面，提出“四个提倡”：即提倡敬业爱岗，无私奉献；提倡文明礼貌，优质服务；提倡艰苦奋斗，勤俭办行；提倡“三铁”精神，实事求是。“四个不准”：即不准违规开设账户、支付现金、拆借资金；不准乱提利率和降低利率；不准利用特权谋私利；不准接受可能影响公正执行公务的礼品馈赠和宴请。“四个严禁”：即严禁账外经营；严禁用信贷资金和拆借资金炒股、炒期货；严禁虚开存单和违规提供资信担保；严禁私自从事金融中介活动。10 月，转发浙江省农金体改办通知，遵照中共浙江省委、省人民政府反腐败斗争联席会议办公室通知精神，全县农信系统开展行风评议工作。此间，全省金融系统职工职业道德规范（试行）出台，全市金融系统规范化服务实施意见亦下发。11 月，浙江省农金体改办布置行风评议第三阶段的工作事项，金华市农金体改办印发关于开展对全市农村信用合作社行风评议工作的通知。12 月，转发全省金融系统行风建设若干规定（试行）和浙江省农金体改办制订的全省农信系统文明优质服务规范（试行）。

1998 年 5 月，县联合社成立行风评议“回头看”领导小组，并召开动员大会，县联合社机关全体干部职工，各基层社及分社正副主任、主办会计悉数参加。县联合社主任徐建一在大会上作题为《认真搞好行风评议“回头看”工作，进一步提高服务水平，支持地方经济建设》的动员报告。中共浦江县委、纪委、县监察局、中国人民银行浦江县支行领导同志到会指导并作重要讲话。

1999 年 1 月，县联合社召开全县农村信用合作社干部职工大会，就浦阳社潘宅分社发生经济案件的情况予以通报。2 月，转发关于重申党员干部不得参与赌博活动的通知。4 月，全县农信系统贯彻落实国务院《金融违规行为处罚办法》。金华市农金改办下发全市农村信用合作社信访工作暂行规定、谈话诫勉制度、违反规章制度行为经济处罚办法和社务公开实施办法，转发关于严格控制外出学习考察的通知。县联合社印发管理制度、违规违纪处罚处理暂行规定。6月，组织全体党员干部观看党纪处分系列教育片，结合朱××和潘宅分社等案例，警示党员干部要自觉遵纪守法，廉洁自律，加强自省、自警、自励。7月，县联合社成立党性党风廉政建设领导小组，印发全县农村信用合作社工作人员在社内外交往中收受礼品实行登记制度的具体规定。8月，成立“评我服务活动”领导小组，印发关于推进和深化民主评议行风工作的实施意见。11月，转发全市金融系统规范化服务标准。

2000年1月，转发中国人民银行通知，规定银行工作人员不得在企业或经济实体任（兼）职。3月，制订印发全县农村信用合作社工作人员违规违纪行为处罚处理实施细则。5月，转发中央金融纪工委关于严格贯彻执行“十个严禁”的通知，印发全县农村信用合作社本年度民主评议行风工作实施意见。8月，县联合社在公开办事制度实施办法中，明确公开事项和办事程序，并成立公开办事制度工作领导小组。印发全县农村信用合作社领导干部实行任前公示制的暂行规定。9月，在全县农村信用合作社持续、深入开展职业道德教育活动。是月下旬，县联合社组织机关全体干部职工参观“为了明天——预防青少年违法犯罪”展览。10月，转发市农村信用合作社员工守则（试行），以及不良贷款监察评议实施方案，并对檀溪社、浦东社郑家坞分社开展不良贷款监察评议。

2001年2月，印发县联合社机关管理制度。4月，印发关于本年度开展民主评议行风工作的实施意见，县联合社、各社及分社成立行风评议建设领导小组，层层落实、抓好行风评议建设工作。5月，调整党风廉政建设领导小组成员。8月，制订行政车辆改革方案和车辆管理暂行办法，公开拍卖机关和各社行政用车。9月至11月，分宣传发动、学习培训、对照检查、整改提高四个阶段，开展干部职工素质教育活动。

2002年1月，转发合作金融监管和行业管理干部“十要”“十不要”。4月，按照金华市金融纪律检查办公室要求，县联合社加强对领导班子民主生活会的督促检查工作，并聘任24名兼职纪检监察员。5月，核查各基层社信访举报管理工作，下发本年度开展行风民主评议工作的实施意见，组织开展行风民主评议，开展行风建设大检查。6月，转发全市金融系统规范化服务标准和关于进一步加强行风建设和行风评议工作的通知。市农村信用合作社行风评议考察小组来浦考察。8月，公开拍卖县联合社最后一辆公车（浙GH1188）。10月，按照浙江省公安厅、中国人民银行杭州中心支行的部署和要求，开展重大案件行政倒查工作。

2003年1月，转发中国人民银行上海分行辖区农村信用合作社内部控制评价暂行办法。4月，县联合社印发本年度纪检监察工作指导意见。同时，对县联合社营业部和浦阳、檀溪两社副主任级主办会计换位换岗或强制休假一个月。5月，印发关于开展本年度民主评议行风工作的实施意见，制订行风建设责任制量化考核细则。6月，次第开展以遵纪守法、争做文明员工为主题的公民道德教育和以“做四有信合人”为主要内容的理想宗旨教育两项活动，并就全县各社行风建设与社务公开情况实施检查。召开大会，以原农业银行出纳员×××、原县市场开发公司主任×××、原县委党校副校长×××三名触犯法律的失足者作为反面典型现身说法，对全体干部职工进行警示教育。7月，就县十一届人大交办的第63号关于“山区交通不便、经济落后，信用合作社应对本地专业户和企业给予贷款扶持”的建议，及时采取改变服务态度，提高服务质量，增加贷款有效投入，支持专业户和企业发展生产，切实解决农户贷款担保难问题以及实行信贷优惠政策等措施予以回应，12位县人大代表均表示满意。

2004年3月，县联合社制订印发关于加强机关效能建设的实施意见，成立机关效能建设领导小组，在全县农信系统深入开展“学、争、创”活动。同时组织全体党员学习贯彻《中国共产党党内监督条例（试行）》和《中国共产党纪律处分条例》。5月，下发本年度纪检监察工作指导意见，并开展全县各社行风建设大检查。8月，贯彻执行全省农村信用合作社监察工作规定，抓好对各社的监察工作。9月至12月，在全县各社开展党员干部赌博问题专项整治和不良贷款监察评议。

2005年5月，按照县纠风办要求，县联社相应出台实施意见，并成立领导小组，深化效能建设。6月，印发关于开展案件专项治理和防范操作风险工作的实施意见，部署案件专项治理和防范操作风险工作事宜。7月，印发文明优质服务实施细则。9月，召开案件专项治理暨“查险防案”活动推进会，同时通报全辖各营业网点文明优质服务检查情况。11月，成立构建惩治和预防腐败体系工作领导小组。12月，转发全省农村合作金融机构领导人员廉洁从业实施办法（试行）和职务消费若干规定（试行）。

2006年1月，先后印发县联社工作人员违规违纪行为处理办法（试行）、县农信系统干部个人重大事项报告的规定，并做好领导人员廉政档案建档工作。3月，确定县机关效能建设和行风监督员郑可喜、张秀丽、陈隆坚为本联社联系人。调整文明规范服务考核领导小组成员，明确具体职责，做好各科室及营业网点的文明优质服务检查考核工作。是月底，印发开展治理商业贿赂专项工作实施方案，成立领导小组，布置专项治理工作要事。5月，转发全省银行业文明服务、银行业自律、银行业维权三个公约。7月，回复县十一届人大四次会议第46号建议，自2006年1月起，全辖各营业网点每天中午均安排工作人员值班并正常对外营业，并在县联社营业部安装一台自动取款机，以提高信用社的工作效能，更好地服务广大客户。9月，印发县联社工作人员违规违纪行为处理办法（试行）的补充通知。10月，省联合社金华办事处组织开展对治理商业贿赂自查自纠工作的督促检查并评估验收。

2007年1月，开展案件风险排查。是年为“提高机关效能、改进工作作风”年，3月即成立领导小组，下设办公室，以开展“展新面貌、树新形象、创新业绩”主题实践，“月月红”

劳动竞赛和“解放思想学义乌，团结和谐创三新”大讨论等三项活动为催化剂，推进机关效能建设。4月，印发本年度“五五”普法教育工作计划，深入开展普法教育，以进一步提高广大干部职工的法治意识，增强依法合规办事的自觉性。7月，举办案件专项治理知识竞赛。是月，在县文明办组织的文明单位公众测评中，县联社以96.3%的满意率名列全县前茅。

2008年4月，县联社相继印发2008“文明服务规范年”活动方案、开展“作风建设深化年”活动实施细则和本年度创建文明单位活动计划。5月，开展“创新能力建设年”活动。6月，召开案件专项治理工作推进会。8月，按照省联合社部署，开展“提神增效、提质创优”主题教育活动。10月，转发省联合社建立健全惩治和防腐体系工作细则。11月，召开内控防范教育大会，县联社主任王才有作题为《吸取经验教训，强化内控管理，提升联社执行力和防控能力》的讲话，理事长詹兴云强调必须深化内控意识，增强全员人人遵规守法的主观能动性，有效遏制各类案件及事故的发生。7月，开展财务工作和中间业务合规经营排查。

2009年1月，按照上级紧急通知精神，认真做好业务高峰期柜面服务工作。3月，转发全省农村合作金融机构工作人员从业行为的若干规定和中国银监会关于银行业金融机构从业人员的职业操守指引。4月至5月，印发县联社案件防控治理工作实施方案，召开案件防控治理工作会议，开展案件风险隐患和操作风险排查，开展案件防控治理“回头看”深度彻查。6月，印发建立健全惩治和预防腐败体系工作细则及责任分解，本年度“两提高、两降低”效能作风建设工作要点及责任分工，转发中国银行业协会《中国银行业营业网点服务突发事件应急处理工作指引》和《中国银行业营业网点服务突发事件应急处理预案示范范本》。7月，回复县政协七届四次会议第94号提案。8月，转发农村中小金融机构案件责任追究指导意见。9月，印发县联社从业人员行为规范补充规定。10月下旬，组织中层干部参观中国银监会金华监管分局举办的反腐倡廉警示教育图片展览。11月，省联合社金华办事处印发全市农信系统2009年至2011年案件防控治理工作规划。是月28日，县联社举行“公众教育日”活动。12月，相继出台诚信举报制度、从业人员职业操守和违规行为积分管理实施办法（试行）等。并印发贷款业务有关事项的通知，规定新增、周转贷款办理流程和办结时限，以加快营业网点办贷速度，提高金融服务水平。

2010年1月，转发《中国银行业营业网点大堂经理服务规范》。3月，制订印发开展反腐倡廉专题教育活动实施方案、“纪律和效能作风建设提高年”活动工作要点及责任分工，两项活动相互穿插，有机结合，力求内容丰富多彩，形式生动活泼：召开一次反腐倡廉建设工作大会；观看一部廉政教育片；参观一处法纪警示教育基地；听取一堂廉政教育大课；开展一次专题讨论；组织一次专项检查；开展一次廉政交心谈话；召集一次专题民主生活会；在联社纪律廉政建设短信平台和《浦江农村合作金融》内刊开辟一个宣传专栏；举办一次读书活动、一次演讲比赛；组织一次普法知识竞赛；开展一次廉政格言征集、一次廉政飞信提醒、一次廉政展板宣传。是月，印发“万名农信干部下基层办实事”活动工作方案，转发全县金融系统星级服务网点和最佳服务之星考评办法。4月，转发中纪委通知，坚决制止领导干部借婚丧喜庆事宜大操大办收敛钱财，并对此进行一次自查和互查。同时转发关于做好惩防体系建设工作开展情况检查和“三会一层”执法监察工作的意见。印发县联社“2010迎世博·文明规范服务深化年”活动方案并成立领导小组，着力抓好文明规范服务深化工作。陆续出台“内控合规建设年”“综合竞争力提升年”和“内控与案防制度执行年”三项活动实施方案。是月底，召开案件防控治理暨“内控与案防制度执行年”活动动员大会。5月为治理党员干部赌博问题专项行动月，经深入排查，全社党员干部恪守廉洁自律规定，无一例参赌情况出现。是月，印发“两做一提”活动实施方案。6月，转发中国银监会办公厅关于印发“银行业内控和案防制度执行年”活动指导方案的通知。7月，组织学习贯彻中央治理商业贿赂领导小组本年度治理商业贿赂工作要点。8月，印发治理商业贿赂工作规划和本年度治理商业贿赂专项检查工作方案。9月，转发中国银监会办公厅关于加强银行业案件防控工作的通知。11月，省联合社印发全省农村合作金融系统“十个一”反腐倡廉专题教育活动总结。

2011年3月，转发中国银监会《银行业金融机构从业人员职业操守指引》和经修订的全省农村合作金融机构工作人员违规行为处理办法。4月，印发“争创岗位廉洁合规从业标兵”主题活动方案，在全辖广大干部职工中蓬勃开展“争创岗位廉洁合规从业标兵”活动。是月26日，召开案件防控治理工作会议。5月，省联合社印发全省农信系统特色服务标杆行社创建方案（试行）。转发中国银监会办公厅关于开展农村中小金融机构三项整治（即抵质押贷款风险排查整治、借冒名贷款专项整治和置换、核销不良贷款排查清理）活动方案。6月，省联合社转发关于加强领导干部反腐倡廉教育实施意见的通知。省联合社金华办事处印发全市农信系统“合规文化建设年”活动实施方案。8月，印发县联社“银行业内控和案防制度执行年”活动实施方案。9月，省联合社印发全省农信系统“六五”普法教育实施方案。10月，全省农村合作金融系统领导干部廉政谈话制度实施办法出炉。11月，分别转发全省农信系统员工服务规范指引（试行）和省银监局办公室关于辖内银行业金融机构员工异常行为有关风险提示的通知。印发县联社合规政策报备实施办法、合规管理评估办法和重大违规报告实施办法（试行）。12月，开展全员涉及社会融资行为风险排查。

2012年3月，开展“树文化、比作风、赛贡献、争荣誉”主题教育和“家·军·校文化建设年”活动。县联社成立文明优质服务督查组。4月，学习贯彻县纠风办关于全县银行系统开展民主评议行风活动的实施方案。开展“弘廉洁，提合规，优机制”主题活动。同时力推“廉政合规六进”即廉政合规宣传牌进单位、廉政合规名言进岗位、廉政合规短信进手机、廉政合规园地进内网（刊）、廉政合规典型进网点、廉政合规警示进基地活动。5

月，聘请机关效能和行风建设社会监督员10名，召开民主评议行风和“弘廉洁，提合规，优机制”主题活动推进会，并制订投诉奖励制度。8月，建立廉情预警机制，推进网点主任、客户经理“4＋2”廉洁合规风险防控模式。9月，印发县联社合规联络员管理办法，建立、完善合规联络员制度。

2013年1月，县联社印发文明规范服务流动红旗评比办法。3月，印发贯彻落实中央改进工作作风密切联系群众“八项规定”实施细则。4月，开展“走群众路线，促作风转变”主题实践活动，切实加强和改进党员干部作风建设。5月，转发浙江省副省长朱从玖在全省农信系统本年度工作会议上的讲话要点。印发案防“五个一”教育活动方案，编写案防技能和案件风险警示教育材料，开展案防培训，签订案件防控承诺书，深入推进“4＋2”廉洁合规风险防控模式。开展民主评议行风活动“回头看”工作。6月，聘请温州亚美信企业顾问有限公司对县联社营业部，城关、浦阳信用社及下属分社进行标杆网点服务督导。印发县联社违规问题整改问责制度。制订客户经理职业风险主题教育活动方案，并成立活动领导小组，开展客户经理党风廉政责任制执行情况排查、“九种人”风险排查和十种不规范行为风险排查。印发县联社违规行为积分管理办法（修订）。县联社纪委印发贯彻执行中央“八项规定”，中共浙江省委“实施办法”及“六个严禁”，全省农信系统“三十项细则”专项检查活动实施方案。7月，印发标杆网点标准化服务督导项目实施方案，于8月初召开第一批标杆网点服务督导项目启动仪式，开展项目专题培训。是月，印发本年度合规风险专项评估工作实施方案。9月，成立领导小组，持续开展第二批标杆网点标准化服务督导项目评估工作。11月，调整县联社各科室及营业网点合规联络员。12月，制订印发《合规正向激励制度（试行）》。组织开展廉洁合规警示教育活动，邀请中共浦江县委党校领导同志讲授廉政警示教育专课，副科级以上中层干部、科室人员和各营业网点客户经理参加听课。

2014年1月，印发特殊存款（贷款）客户上门服务管理办法。2月，省联合社金华办事处印发全市农信系统农村普惠金融自助服务指导意见。开展“金融消费者权益日”宣传活动。5月，印发本年度案件风险防控工作实施方案、业务技能考核管理办法。6月，转发中国银行业营业网点文明规范服务评价标准（CBSS1000）、中国银监会关于银行业金融机构消费者权益保护工作考核评价办法（试行）和关于加强农村中小金融机构服务体系建设的两个通知。省联合社下发浙江农信品牌文化指导和员工行为手册，转发中共浙江省纪委关于进一步严明纪律切实解决“酒局”“牌局”等问题的通知。制订印发县联社定期走访工作制度。7月，印发县联社自助银行（点）突发事件应急预案，调整服务指导价格。8月，印发县联社大堂引导员管理暂行办法。10月，印发落实建立健全惩治和预防腐败体系2013～2017年实施细则工作责任分解方案、厉行节约反对浪费实施细则（试行）、客户投诉处理办法及干部作风状况评价办法（试行），成立规范服务收费工作领导小组。是月22日，省联合社对全省农信系统本年度文明规范服务示范单位及服务品牌示范单位进行检查，并就本县浦阳农村信用合作社在营业网点大厅内提供流动茶水、在非机动车停车位支起帐篷等重细致入微服务、体现人文关怀的做法予以通报表扬。12 月，印发县联社案件风险排查管理办法和加强内部管控遏制违规经营和违法犯罪专项检查工作方案。转发浙江银行业金融机构消费者权益保护工作考核评价实施意见和中国银监会办公厅关于做好特殊消费者群体金融服务工作的通知。省联合社印发浙江农信系统加强内部管控遏制违规经营和违法犯罪专项检查工作方案，推广使用浙江农信在线客服平台系统。

2015 年 1 月，开展学雷锋志愿服务月活动。4 月，印发“一深化两服务”活动行动计划，消费者权益保护知识学习、网络竞赛、创优系列活动方案和金融综合服务站（丰收小站）建设实施方案，成立社区银行网点转型建设工作领导小组，建立领导班子与社区银行转型建设试点网工作对接联系制度。5 月，中国银行业协会发布中国银行业营业网点文明规范服务考核评价体系（CBSS1000 2.0）。县联社印发金融便民服务点管理办法、社区银行建设实施方案及普惠金融宣传走访工作实施方案。8 月，印发县联社廉政谈话实施办法，纪委工作职责、工作任务、例会制度及监督检查制度。7 月，制订印发约见谈话实施办法。8 月，开展防范民间金融风险传染与操作风险摸底排查。10 月，出台风险排查方案和“两个加强、两个遏制”专项检查“回头看”自查工作实施方案，对信用风险、流动性风险、科技信息风险、案防领域风险、外部传导风险和个别业务风险等方面进行排查。12 月，印发县联社纪委监察工作制度。领导班子成员参加省联合社金华办事处在本县“江南第一家——郑义门”组织开展的廉政教育活动。

2016 年 1 月，印发“特殊业务便民服务”操作管理办法（试行）。2 月至 4 月，先后印发员工行为排查、员工行为失范监察制度和“九种人”管理暂行办法。5 月，制订印发中层干部交流、重要岗位人员岗位轮换和强制休假管理暂行办法。6 月，成立金融消费者权益保护工作委员会，印发金融消费者权益保护工作实施细则（暂行）。8 月，部署“金融知识进万家”宣传服务月活动，印发关于进一步加强农村走访工作的通知。10 月，印发“村企对接”活动试点实施方案。县文明办印发“好家风信用贷”专项贷款管理办法，与县联社联手推进“好家风信用贷”专项贷款投放工作（翌年中央电视台“3·15”晚会上，“好家风信用贷”被作为社会诚信建设创新案例向全国推介）。12 月，设立消费者权益保护中心。

第三节 案件查处

1998 年 12 月，浦阳农村信用合作社潘宅分社发生挪用资金、非法出具金融票证大案。

该社前主任张××（1997 年 1 月被免职）于 1999 年 1 月被县公安局刑事拘留，次月被依法逮捕；信贷员金××于 1998 年 12 月被刑事拘留，1999 年 1 月变更为取保候审，同年 10 月又被刑事拘留，12 月被依法逮捕；会计员陈××于 1998 年 12 月被刑事拘留，1999 年 1 月变更为取保候审，2000 年 1 月重新取保候审，同年 5 月被依法逮捕；原副主任兼主办会计（1997 年 1 月任主任）魏××于 1998 年 12 月被刑事拘留，1999 年 1 月变更为取保候审，同年 12 月重新取保候审；会计员孙××于 1998 年 12 月被刑事拘留，1999 年 1 月变更为取保候审，2000 年 1 月重新取保候审。2000 年 3 月，县人民检察院指控张××犯挪用资金罪、非法出具金融票证罪、玩忽职守罪，指控金××犯挪用资金罪、非法出具金融票证罪，向县人民法院提起公诉。同年 9 月，经县人民法院依法组成合议庭，公开开庭审理，判处被告人张××有期徒刑（合并执行）十九年，剥夺政治权利四年；判处被告人金××有期徒刑（合并执行）十一年。张、金二被告人一审不服判决，上诉至金华市中级人民法院，理由被驳回，维持原判。被告人陈××犯挪用资金罪，被判处有期徒刑四年；魏××犯挪用资金罪，被判处有期徒刑三年，缓刑五年；孙××犯挪用资金罪，被判处有期徒刑三年，缓刑四年。其后，与此案有牵连的该社职工张××、冯××分别被县联合社给予行政留用察看、记大过处分。

2001 年 11 月，根据张××、金××、陈××、魏××、孙××的犯罪事实，按照国务院《企业职工奖励条例》第十一条、十二条之规定，经县联合社党委研究，提请职工代表联席会议通过，报请金华市农金体改办批准，对以上 5 人给予行政开除处分。

是月，经县联合社研究，给予与此案有牵连的张××行政留用察看处分，留用察看期二年（2001 年 11 月至 2003 年 11 月），经济处罚 1000 元，赔偿经济损失 1000 元；给予冯××行政记大过处分，经济处罚 1000 元，赔偿经济损失 2000 元。

县联合社要求全体干部职工要从这一案件中吸取深刻教训，引以为戒，不断加强法治学习，认真恪守规章制度，严格把牢各个业务操作环节，并相互提醒，共同监督，有效防止类似大案要案和违规违纪行为再度发生，人人争当从业守法的促进派。

第七篇　企业文化

浦江县农村信用合作社文明创建活动始于20世纪80年代初。1998年，县联合社营业部及各基层社被命名为县级文明单位和文明达标单位。2005年县联社荣膺县级文明单位称号；2009年又被命名为金华市级文明单位。

浦江县农村信用合作社成立早期，由中国人民银行浦江县支行统一组织向各级报刊和金融内刊投稿，宣传报道各社工作情况。80年代以后，逐步建立和扩大（信息）通讯员队伍，稿件数量和质量同步提增，被中央和地方各级报刊及金融内刊录用，打响了浦江农信社会品牌和美誉度。

组织职工开展有益于身心健康、多姿多彩的业余文化体育活动。

长期关注社会公益。自2000年始，常年组织职工开展“慈善一日捐”、无偿献血、扶贫结对、帮扶济困及助学圆梦等多项活动，组建志愿者服务队，投入“两美浦江”“魅力浦江”建设。

激励斗志，争先创优。发挥先进集体、劳模、先进个人、业务技术能手及文明服务标兵的引领作用，全员奋力开拓，锐意进取，服务三农，奉献社会。

第一章 文化建设

第一节 文明单位创建

文明单位是企业在物质文明、政治文明和精神文明建设方面相互促进、协调发展并取得显著成绩，由县级以上党委、政府共同批准命名的综合性最高集体荣誉称号。文明单位分县级、市（地区）级、省级和国家级四级。

本县农村信用合作社文明单位创建活动始于20世纪80年代初。1981年2月，全国总工会、共青团中央、全国妇联等九个人民团体联合倡议，开展以“五讲”“四美”为主要内容的文明礼貌活动。中共中央宣传部、教育部、卫生部、公安部亦联合发出《关于开展文明礼貌活动的通知》，“要求各级宣传和教育、文化、卫生、公安等部门，积极支持各群众团体开展文明礼貌活动，并把它作为当前建设社会主义精神文明的一件大事，认真抓好。”

1982年，中国农业银行浦江县支行统一部署，在行、所、社推进“五讲四美三热爱”(“五讲”即讲文明、讲礼貌、讲卫生、讲秩序、讲道德；“四美”即心灵美、语言美、行为美、环境美；“三热爱”即热爱祖国、热爱社会主义、热爱中国共产党），开展“全民文明礼貌月”活动。“五讲四美三热爱”活动是加强社会主义精神文明建设，进行共产主义思想和道德教育的具体形式之一。

1984年10月，中国农业银行浦江县支行翻印“创建文明单位、职工的条件”，其中文明股、所、社的创建评选条件为队伍素质好、完成任务好、服务态度好、工作秩序好、行容面貌好和关心生活好；文明职工的创建评选条件为政治觉悟高、工作态度好、学习肯上进、组织纪律强和计划生育好。

1986年，开展“创建文明单位，争当文明标兵”竞赛活动，郑宅、治平、大许、朱桥、虞宅等农村信用合作社荣膺县支行文明单位称号；郑家坞、七里、平安、前吴、平湖、石宅等农村信用合作社被评为县支行建设文明单位先进集体；周江君、陈丰育、毛嘉庆、金如明、李家彬、黄国强、张根莉、项伟历、朱希秋、陈曼秋、贾野鹰、张咸庆、郑可林、何鱼嫦、祁秀芳、潘永汉、张春松、陈月珍、洪黎明、陈绥凤、郑元仙、朱文德、盛永春、郁小娟、周美泗、张宏伟等农村信用合作社职工被评为县支行文明标兵。

1999年2月，县联合社营业部和黄宅、浦东农村信用合作社被命名为1998年度浦江县（新创）文明单位，受到中共浦江县委、县人民政府通报表彰；县联合社机关、营业部和黄宅、浦东、檀溪农村信用合作社被浦江县精神文明建设委员会（简称县文明委）命名为1998年度文明达标单位。

2000年2月，檀溪农村信用合作社被中共浦江县委、县人民政府命名为1999年度（新创）县级文明单位；县联合社营业部和黄宅、浦东农村信用合作社保留县级文明单位称号。

2001年1月，浦阳农村信用合作社被中共浦江县委、县人民政府命名为2000年度（新创）县级文明单位；县联合社营业部和黄宅、浦东、檀溪农村信用合作社保留县级文明单位称号。5月，县联合社调整文明创建工作领导小组。

2002年2月，中共浦江县委、县人民政府发文决定，县联合社、县联合社营业部和浦东、黄宅、浦阳、檀溪农村信用合作社保留县级文明单位称号。4月，县联合社与中共浦江县委宣传部等单位联合举办“信合杯”公民道德建设知识竞赛活动。

2003年至2004年，中共浦江县委、县人民政府发文决定，县联合社、县联合社营业部和黄宅、浦东、檀溪农村信用合作社继续保留县级文明单位称号。

2006年2月，中共浦江县委、县人民政府发文决定，县联社被命名为2005年度（新创）县级文明单位，原县联合社、县联合社营业部和浦阳、浦东、黄宅、檀溪农村信用合作社县级文明单位自然取消。12月，县联社联系黄宅镇，帮助岳溪村开展村庄整治工作。浦阳街道太白路社区为县联社联系共建区、南门社区为县联社浦阳信用社联系共建区。

2007年2月，中共浦江县委、县人民政府发文决定，县联社保留2006年度县级文明单位称号。

2007至2009年度，县联社继续保留县级文明单位称号。

2010年1月，县联社被中共金华市委、市人民政府命名为2009年度金华市级文明单位。2月，中共浦江县委、县人民政府发文决定，县联社保留2010年度县级文明单位称号。

2011年度，县联社保留市级文明单位和县级文明单位称号。

2012年12月，县文明委发文表彰2010～2011年度全县“结对帮联，共创文明”活动先进单位，县联社榜上有名。

2013年2月，县联社保留2012年度县级文明单位称号。3月，县联社印发2013～2017年度创建省文明单位工作规划，成立争创省级文明单位工作领导小组。

2014年8月，县联社在全辖开展文明科室（网点）、文明职工、文明家庭评选活动。11月，召开争创“省级文明单位”活动动员大会，成立争创“省级文明单位”活动领导小组。

2015年2月，县联社保留2014年度县级文明单位称号。4月，县联社与县居家养老中心结对帮扶。10 月，县文明办印发县联社关于对文明车主实行五项优惠措施的规定，并在县联社开展“美丽网点”创建督查活动和文明车主评选。

2016 年 1 月，县联社被县文明委评为 2015 年度全县“结对帮联，共创文明”工作先进单位。县联社保留 2015 年度县级文明单位称号。

表 7-1-1　　1986 年至 2016 年县支行级、县级、市级文明单位名录

<table>
<tr><th>年　度</th><th>被命名表彰单位</th><th>荣誉称号</th><th>命名或表彰单位</th></tr>
<tr><td rowspan="11">1986</td><td>郑宅农村信用合作社</td><td rowspan="5">浦江县农村金融系统文明单位</td><td rowspan="11">中国农业银行浦江县支行</td></tr>
<tr><td>治平农村信用合作社</td></tr>
<tr><td>大许农村信用合作社</td></tr>
<tr><td>朱桥农村信用合作社</td></tr>
<tr><td>虞宅农村信用合作社</td></tr>
<tr><td>郑家坞农村信用合作社</td><td rowspan="6">浦江县农村金融系统建设文明单位先进集体</td></tr>
<tr><td>七里农村信用合作社</td></tr>
<tr><td>平安农村信用合作社</td></tr>
<tr><td>前吴农村信用合作社</td></tr>
<tr><td>平湖农村信用合作社</td></tr>
<tr><td>石宅农村信用合作社</td></tr>
<tr><td rowspan="3">1998 ～ 2004</td><td>县联合社营业部</td><td rowspan="3">浦江县文明单位</td><td rowspan="3">中共浦江县委
浦江县人民政府</td></tr>
<tr><td>浦东农村信用合作社</td></tr>
<tr><td>黄宅农村信用合作社</td></tr>
<tr><td rowspan="5">1998</td><td>县联合社（机关）</td><td rowspan="5">浦江县文明达标单位</td><td rowspan="5">浦江县文明委</td></tr>
<tr><td>县联合社营业部</td></tr>
<tr><td>浦东农村信用合作社</td></tr>
<tr><td>黄宅农村信用合作社</td></tr>
<tr><td>檀溪农村信用合作社</td></tr>
<tr><td>1999 ～ 2004</td><td>檀溪农村信用合作社</td><td rowspan="3">浦江县文明单位</td><td rowspan="3">中共浦江县委
浦江县人民政府</td></tr>
<tr><td>2000 ～ 2004</td><td>浦阳农村信用合作社</td></tr>
<tr><td>2005 ～ 2016</td><td rowspan="3">县联社</td></tr>
<tr><td>2010 ～ 2011
2015</td><td>浦江县“结对帮联，共创文明”活动先进单位</td><td>浦江县文明委</td></tr>
<tr><td>2009 ～ 2016</td><td>金华市文明单位</td><td>中共金华市委
金华市人民政府</td></tr>
</table>

第二节　文明服务

1984年，在持续开展的“五讲四美三热爱”活动中，中国农业银行浦江县支行组织行、社青年职工参加“百日文明服务竞赛”。

1987年，根据新形势下“服务第一、信用至上、廉洁奉公、爱行如家”的农村金融系统职工职业道德和“实事求是、开拓创新、灵活经营、讲究实效”的行业行风要求，中国农业银行浦江县支行重点抓好职工道德教育，促进两个文明建设。

1988年3月，中国农业银行浙江省分行印发全省农村金融系统职业道德规范、临柜文明优质服务规范等四个文件。6月下旬，在全系统开展以文明优质服务为中心内容的规范化服务活动，并制订《干部职工职业道德》和《规范化服务条例》。7月，中国农业银行浦江县支行在城关营业所和浦阳农村信用合作社召开规范化文明优质服务现场会，并制订和完善《营业所干部职工职业道德守则》《办公室、营业所规范化优质服务条例》，布置服务公约、“七个一样七个不准”、干部职工岗位责任制、监督箱、监督电话及职工工号六上墙，并在各营业场所柜台前安装电扇，配备凭证填写式样和客户休息座椅。是年，浦阳农村信用合作社被中共浦江县委宣传部评为该年度县级服务最佳单位。

1989年10月，经中国农业银行金华市支行联评，浦阳农村信用合作社获全市农村金融系统规范化优质文明服务优胜单位称号；何鱼嫦、郁小娟被评为优秀个人。

1995年，转发七行一司《关于在金融系统推广中国工商银行济南市分行文明服务用语活动的通知》，推进文明规范服务。12月，县联合社营业部、工业区分社被县文明委命名为本年度新创“文明服务示范单位”。

1996年5月，县联合社成立“四讲一服务”活动领导小组。

1998年1月，县联合社营业部、工业区分社被评为1997年度浦江县文明服务单位，受到县文明委、中共浦江县委宣传部通报表彰。

2001年6月至10月，在县联合社营业部和各农村信用合作社、分社及各储蓄网点开展创评文明服务示范点活动。

2002年1月，县联合社营业部被县文明委命名为2001年度县级文明服务示范点。6月，金华市农金体改办下发全市金融系统规范化服务标准及《关于进一步加强行风建设和行风评议工作的通知》。

2003年1月，县联合社营业部保留2002年度县级文明服务示范点命名。

2004年2月，金华市信管办转发关于开展深化金融服务月活动的实施意见。11月，县联合社营业部被县财贸工会命名为县财贸系统“品牌服务示范岗”，张红英被评为“品牌服务优秀职工”。

2005年7月，县联社印发文明优质服务实施细则、营业网点文明优质服务考核办法，并转发浙江省厂务公开工作责任制度（试行）和厂务公开责任追究暂行办法。

2006年5月，金娇赟、任春霞、杨英、童萍娟、吴灵芳、傅霞莲被评选为县联社本年第一季度服务明星。6月，中国人民银行浦江县支行印发全县金融系统星级服务网点和最佳服务之星竞赛活动考评办法（试行）。11月，县联社营业部被金华市文明委命名为市级先进礼仪服务窗口。

2007年4月，县联社印发开展“提高工作效能、改进工作作风年”活动实施方案。5月，县联社营业部被县机关效能建设工作联席会议办公室和中国人民银行浦江县支行评选为2006年度县金融系统“星级服务网点”，张红英、杨英、金娇赟、童萍娟、傅霞莲、任春霞为“最佳服务之星”。7月，转发中国银行业自律公约、文明服务公约、维权公约、反不正当竞争公约、从业人员道德行为公约、从业人员流动公约、反商业贿赂承诺、文明规范服务工作指引以及自律公约实施细则（试行）、文明服务公约实施细则（试行）等11个规范性文件。

2008年5月，县联社营业部被县机关效能建设工作联席会议办公室和中国人民银行浦江县支行评选为2007年度县金融系统“星级服务网点”，金娇赟、季建英、吴海英、严东东、傅欢笑、傅爱芳为“最佳服务之星”。

2009年7月，县联社营业部被中国人民银行浦江县支行评选为2008年度县金融系统“星级服务网点”，金娇赟为“最佳服务之星”。11月，县联社营业部被金华市银行业协会命名为2009年度“文明规范服务示范单位”，金娇赟为“文明规范服务先进个人”。

2010年1月，县联社营业部被中国人民银行浦江县支行评选为2009年度县金融系统“星级服务网点”，吴赛君、傅霞莲、黄旻、任春霞、任青芳、柳侃为“最佳服务之星”。

2011年1月，楼建华被评选为2010年度金华市农信系统“十佳优秀客户经理”，周妍为“十佳文明服务之星”。3月，县联社营业部被评选为2010年度县金融系统“星级服务网点”，童照峰、于翠平、黄翠平、石灵飞、张钏、严东东为“最佳服务之星”。5月，省联合社金华办事处印发本年度全市农信系统文明服务单位创建工作方案。12月，省联合社印发全省农信系统特色服务标杆行社评价实施细则。吴园园被评选为全省农信系统“岗位廉洁合规从业标兵”。

2012年3月，县联社营业部被中国人民银行浦江县支行评选为2011年度县金融系统“五星级服务网点”，严东东、黄旻、何慧珍、周丽明、吴园园、黄贞贞为“最佳服务之星”。11月，县联社被评为县银行系统民主评议行风活动最佳金融机构，受到县人民政府纠风办和中国人民银行浦江县支行通报表彰。12月，县联社营业部被命名为本年度全市农信系统文明规范服务示范单位。

2013 年 1 月，县联社营业部被金华市文明委命名为市级“文明窗口”。省联合社印发全省农信系统开展“学习贯彻十八大、农信惠民促发展”主题活动实施方案。2 月，县联社被中国人民银行浦江县支行、县效能作风办评定为 2012 年度“涉企服务最佳金融机构”。县联社营业部被中国人民银行浦江县支行评为 2012 年度全县金融系统“五星级服务网点”，严东东、任青芳、陈娟、黄文燕、楼宇宸、刘哲宏为“最佳服务之星”。3 月，转发全市金融消费投诉处理管理办法（施行）、全县金融系统星级服务网点和最佳服务之星考评办法。5 月，县联社在全辖招募志愿者，成立志愿者服务队。6 月，印发违规问题整改问责制度。同时聘请温州亚美信企业顾问有限公司对县联社营业部和浦阳、城关信用社及下属分社开展标杆网点服务督导。按照县联社 VI 视觉识别规范手册，做到装修标准、视觉标识和形象规范“三统一”，并加大网点硬件建设投入，统一配置客户填单台及饮水机、电子利率大屏等服务设施，提升网点规范化服务水平，塑造一流网点形象。9 月，县联社聘请“诚信奶奶”张凤英为诚信宣传员。成立第二批标杆网点标准化服务督导项目领导小组，内部设 6 名督导师，开展标杆网点标准化服务督导。11 月，印发网点安全卫生集中整治活动方案。12 月，县联社营业部被金华市行风评议办公室评为全市银行业金融机构“群众满意服务窗口”，县联社浦阳信用社综合柜员陈娟为“群众满意服务标兵”，受到市人民政府纠风办、金融办，中国人民银行金华市中心支行、中国银监会金华监管分局发文通报表彰。

图 7-1-1　全辖开展文明规范服务优胜单位流动红旗评选活动（2013.4）

2014 年 1 月，邵浩然、陈克橡被评为 2013 年度全市农信系统“最美农信人”。县联社营业部和浦阳、城关、城中信用社被中国人民银行浦江县支行评为 2013 年度县金融系统“星级服务网点”，张姝娈、谭婷婷、洪华敏、杨茜、傅秋婵、胡诚贤为“最佳服务之星”。2 月，张姝娈被评为金华市农信系统 2013 年度“十佳客户经理”，陈娟为“十佳文明服务之星”。县联社被中国人民银行浦江县支行、县效能作风办评定为 2013 年度“涉企服务最佳金融机构”。6 月，转发全省金融消费权益保护工作管理办法（试行）。县联社印发民主评议行风活动工作实施方案和本年度创建文明规范服务示范单位实施方案。

2015 年 1 月，浦阳信用社通过 2014 年度全省农信系统文明规范服务示范单位检查验收。

图 7-1-2　王才有理事长上门慰问省道德模范张凤英并聘请她担任县联社诚信宣传员（2013）

2 月，浦阳信用社及宫口分社、檀溪信用社被中国人民银行浦江县支行评为 2014 年度县金融系统“星级服务网点”，张松松、陈娟、黄莉、王丽萍、张艳、郑高原为“最佳服务之星”。3 月，县联社被评为 2014 年度“服务企业先进金融机构”，受到中共浦江县委、县人民政府通报表彰。4 月，省联合社印发全省农信系统社区银行转型建设指导意见和全省农村合作金融机构“普惠快车”管理办法（试行）。11 月，省联合社印发本年度文明规范服务单位及服务品牌示范单位检查情况通报，对县联社营业部从客户角度出发，创办“夜间金融服务便利店”“丰收小站”，采取“错时＋延时”“人工＋自助”服务机制，为客户提供多种形式便民延时、延伸服务的做法给予充分肯定。12 月，县联社被县文明委评为 2015 年度全县文明交通联管工作先进集体。

2016 年 1 月，县联社营业部被命名为 2015 年度全省农信系统“品牌示范网点”。县联社营业部和浦阳、黄宅、岩头信用社被评为县金融系统 2015 年度“星级服务网点”，徐清锋、盛一笑、倪雅慧、王彩凤、陈婉、杨茜为“最佳服务之星”。6 月，县联社对理财产品和代销业务专区销售同步录音录像，以切实维护金融消费者权益。

2017 年 2 月，县联社（农商银行）营业部、浦阳、黄宅、平安信用社（农商银行支行）被评为 2016 年度县金融系统“星级服务网点”，陈盼、方莉、洪国琛、毛灵倩、杨晔炜、张旭君、周天宇为“最佳服务之星”。

表 7-1-2　　1988 年至 2016 年文明服务类优胜（最佳、示范）单位名录

年　度	被命名表彰单位	荣誉称号	命名或表彰单位
1988	浦阳农村信用合作社	浦江县服务最佳单位	中共浦江县委宣传部
1989		金华市农信系统规范化优质文明服务优胜单位	中国农业银行金华市支行
1995	县联合社营业部	浦江县文明服务示范单位	浦江县文明委
	县联合社工业区分社		
1997	县联合社营业部	浦江县文明服务单位	浦江县文明委 中共浦江县委宣传部
	县联合社工业区分社		

续表 7-1-2

年　度	被命名表彰单位	荣誉称号	命名或表彰单位
2001～2002	县联合社（联社）营业部	浦江县文明服务示范点	浦江县文明委
2004		浦江县财贸系统“品牌服务示范岗”	浦江县财贸工会
2006		金华市“先进礼仪窗口”	金华市文明委
2006～2010		浦江县金融系统星级服务网点	中国人民银行浦江县支行
2009	县联社营业部	金华市银行业金融机构文明规范服务示范单位	金华市银行业协会
2011	县联社	浦江县银行系统民主评议行风活动最佳金融机构	县人民政府纠风办 中国人民银行浦江县支行
	县联社营业部	浦江县金融系统五星级服务网点	中国人民银行浦江县支行
2012		金华市农信系统文明规范服务示范单位	
		金华市“文明窗口”	金华市文明委
		金华市银行业金融机构“群众满意服务窗口”	金华市银行业协会
	县联社	浦江县“涉企服务最佳金融机构”	中国人民银行浦江县支行 浦江县效能作风办
	县联社浦阳信用社	金华市银行业金融机构“群众满意服务窗口”	金华市行风评议办公室
	县联社营业部	浦江县金融系统五星级服务网点	中国人民银行浦江县支行
2013	县联社浦阳信用社	浦江县金融系统星级服务网点	
	县联社城关信用社		
	县联社城中信用社		
	县联社	浦江县“涉企服务最佳金融机构”	中国人民银行浦江县支行 浦江县效能作风办
2014	县联社浦阳信用社	浦江县金融系统星级服务网点	中国人民银行浦江县支行
	浦阳信用社宫口分社		
	县联社檀溪信用社		
2015	县联社营业部	浙江省农信系统品牌服务示范网点	省联合社
	县联社浦阳信用社	浦江县金融系统星级服务网点	中国人民银行浦江县支行
	县联社黄宅信用社		
	县联社岩头信用社		
	县联社	浦江县文明交通联管工作先进集体	浦江县文明委

续表 7-1-2

年　度	被命名表彰单位	荣誉称号	命名或表彰单位
2016	县联社营业部	浦江县金融系统星级服务网点	中国人民银行 浦江县支行
	县联社浦阳信用社		
	县联社黄宅信用社		
	县联社平安信用社		

表 7-1-3　　1986 年至 2016 年文明服务优秀（先进）个人名录

年　度	当选者姓名	荣誉称号	评选或表彰单位
1986	周江君 陈丰育 毛嘉庆 金如明 李家彬 黄国强 张根莉 项伟历 朱希秋 陈曼秋 贾野鹰 张咸庆 郑可林 何鱼嫦 祁秀芳 潘永汉 张春松 陈月珍 洪利明 陈绥凤 郑元仙 朱文德 盛永春 郁小娟 周美泗 张宏伟	浦江县农村金融系统文明标兵	中国农业银行 浦江县支行
1989	何鱼嫦 郁小娟	金华市农信系统 规范化文明服务优秀个人	中国农业银行 金华市支行
2004	张红英	浦江县财贸系统 品牌服务优秀职工	浦江县财贸工会
2006	金娇赟 任春霞 杨　英 童萍娟 吴灵芳 傅霞莲	县联社第一季度“服务明星”	县联社
	张红英 杨　英 金娇赟 童萍娟 傅霞莲 任春霞	浦江县金融系统“最佳服务之星”	中国人民银行 浦江县支行
2007	金娇赟 季建英 吴海英 严东东 傅欢笑 傅爱芳	浦江县金融系统 “最佳服务之星”	
2008	金娇赟		
2009		金华市文明规范服务先进个人	金华市银行业协会
	吴赛君 傅霞莲 黄　旻 任春霞 任青芳 柳　侃	浦江县金融系统 “最佳服务之星”	中国人民银行 浦江县支行
2010	楼建华	金华市农信系统 “十佳客户经理”	省联合社 金华办事处
	周　妍	金华市农信系统 “十佳文明服务之星”	
	童照峰 于翠平 黄翠平 石灵飞 张　钏 严东东	浦江县金融系统“最佳服务之星”	中国人民银行 浦江县支行

续表 7-1-3

年度	当选者姓名	荣誉称号	评选或表彰单位
2011	吴园园	浙江省农信系统 岗位廉洁合规从业标兵	省联合社
	严东东　黄　旻　何慧珍　周丽明 吴园园　黄贞贞	浦江县金融系统 “最佳服务之星”	中国人民银行 浦江县支行
2012	严东东　任青芳　陈　娟　黄文燕 楼宇宸　刘哲宏	浦江县金融系统 “最佳服务之星”	
2013	陈　娟	金华市银行业金融机构 群众满意服务标兵	金华市 行风评议办公室
	邵浩然　陈克橡	金华市农信系统 “最美农信人”	省联合社 金华办事处
	张姝娈	金华市农信系统 “十佳客户经理”	
	陈　娟	金华市农信系统 “十佳文明服务之星”	
	张姝娈　谭婷婷　洪华敏　杨　茜 傅秋婵　胡成贤	浦江县金融系统 “最佳服务之星”	中国人民银行 浦江县支行
2014	张松松　陈　娟　黄　莉　王丽萍 张　艳　郑高原		
2015	徐清锋　盛一笑　倪雅慧　王彩凤 陈　婉　杨　茜		
2016	陈　盼　方　莉　洪国琛　毛灵倩 杨晔炜　张旭君　周天宇		

第三节　巾帼建功示范岗创建

1991 年，全国妇联在全国城镇发起“巾帼建功”活动，号召广大城镇妇女发扬自尊、自信、自立、自强的“四自”精神，在各自的岗位上建功立业。

按照中央关于加强社会主义精神文明建设的部署，为适应行业文明建设和妇女事业发展的需要，各地在企业和窗口行业推出“巾帼建功”文明示范岗创建等活动。“巾帼建功”集体、岗位或个人，是指在生产、经营、管理、服务等活动中，体现高度职业文明、经济效益，在本地区、本行业具有先进示范性并以女性为主的集体、岗位和个人。

1999 年 3 月，县双学双比暨巾帼建功活动协调小组发文，黄宅农村信用合作社被命名为 1998 年度县十佳“巾帼文明示范岗”；浦阳农村信用合作社女职工季建英获县十佳“巾帼建功”标兵称号。

图 7-1-3　县联社平安信用社被命名为市级五一巾帼标兵岗（2013.3）

图 7-1-4　2013 年至 2014 年县联社被命名为省级五一巾帼标兵岗

2000 年 1 月，浦阳农村信用合作社城中分社、宫口储蓄所、小西门储蓄所及七里分社营业柜被县妇联命名为 1999 年度县级“巾帼文明示范岗”。3 月，黄宅农村信用合作社营业场被金华市妇联命名为金华市“巾帼文明示范岗”。

2003 年 2 月，县联合社营业部被县妇联命名为 2002 年度县级“巾帼文明示范岗”。

2013 年 3 月，县联社平安信用社被金华市总工会命名为金华市“五一巾帼标兵岗”。

2015 年 3 月，县联社被浙江省总工会命名为 2013 ～ 2014 年度全省“五一巾帼标兵岗”。

表 7-1-4　　1998 年至 2014 年巾帼建功示范岗、标兵（岗）名录

年　度	被评选命名单位或个人	荣誉称号	评选或命名单位
1998	黄宅农村信用合作社	浦江县十佳 巾帼文明示范岗	浦江县双学双比 暨巾帼建功活动 协调小组
	季建英	浦江县十佳 “巾帼建功”标兵	
1999	黄宅农村信用合作社营业场	金华市巾帼文明示范岗	金华市妇联
	浦阳农村信用合作社城中分社 宫口储蓄所　小西门储蓄所 七里分社营业柜	浦江县巾帼文明示范岗	浦江县妇联
2002	县联合社营业部		
2012	平安农村信用合作社	金华市五一巾帼标兵岗	
2013 ～ 2014	县联社	浙江省五一巾帼标兵岗	

第四节 青年文明号创建

“青年文明号”是以青年为主体，在生产、经营、管理和服务中创建的体现高度职业文明、创造一流工作成绩的青年集体、青年岗位和青年工程。开展青年文明号创建活动，旨在组织和引导青年立足本职岗位，诚实劳动，文明从业，树立适应社会主义市场经济要求的敬业意识、创业精神和质量、效益、安全、竞争、服务等观念，在全社会展现当代青年的精神风貌，塑造行业和企事业单位的良好形象，倡导职业道德和职业文明。

1995 年 9 月，中国农业银行浦江县支行转发全市农业银行系统创建“青年文明号”活动实施方案和创建“青年文明号”活动评选考核细则，成立创建活动领导小组，落实并抓好创建工作。

1996 年 6 月，县联合社营业部、工业区分社被浦江县团委、中国人民银行浦江县支行授予县金融系统“青年文明号”集体荣誉称号。

1998 年 3 月，浦阳农村信用合作社被浦江县团委、中国人民银行浦江县支行授予 1997 年度县级“青年文明号”集体荣誉称号；县联合社工业区分社保留县级“青年文明号”集体荣誉称号。

2001 年 3 月，县“争创青年文明号、争当青年岗位能手”活动指导委员会（以下简称县“双争”委）发文决定，县联合社营业部，浦阳农村信用合作社本部、城中分社及浦东农村信用合作社郑宅分社保留 2000 年度县级“青年文明号”集体荣誉称号；授予浦阳农村信用合作社大许分社、檀溪农村信用合作社本部（新创）县级“青年文明号”集体荣誉称号。

2002 年 4 月，县“双争”委发文，县联合社营业部，浦阳农村信用合作社本部、城中分社、大许分社，浦东农村信用合作社郑宅分社及檀溪农村信用合作社本部保留 2001 年度县级“青年文明号”集体荣誉称号。

2003 年 3 月，县“双争委”授予城关农村信用合作社营业部 2002 年度（新创）县级“青年文明号”集体荣誉称号；县联合社营业部，浦阳农村信用合作社本部、城中分社、大许分社，浦东农村信用合作社郑宅分社及檀溪农村信用合作社本部保留 2002 年度县级“青年文明号”集体荣誉称号。5 月，金华市信管办转发金华市团委文件，在全市农信系统组织开展“抗击‘非典’，青年文明号与您同行”活动。

2004 年 3 月，县“双争”委授予浦东农村信用合作社本部、檀溪农村信用合作社虞宅分社 2003 年度（新创）县级“青年文明号”集体荣誉称号；县联合社营业部，浦阳农村信用合作社本部、城中分社、大许分社，城关农村信用合作社营业部，浦东农村信用合作社郑宅分社及檀溪农村信用合作社本部保留 2003 年度县级“青年文明号”集体荣誉称号。

2005年3月，县“双争”委发文，县联社营业部，浦阳信用社本部及城中分社、大许分社，城关信用社营业部，浦东信用社本部及郑宅分社，檀溪信用社本部及虞宅分社度保留2004年度县级“青年文明号”集体荣誉称号。

2010年2月，县“双争”委发文，县联社营业部，浦阳信用社本部，城关信用社及大许分社，浦东信用社郑宅分社，黄宅信用社治平分社，檀溪信用社及虞宅、中余分社保留2009年度县级“青年文明号”集体荣誉称号。浦东信用社县级“青年文明号”被撤销。

2012年3月，浦阳信用社杭坪分社被授予2012年度（新创）县级“青年文明号”集体荣誉称号。县联社营业部、浦阳信用社、城关信用社及大许分社、浦东信用社郑宅分社、黄宅信用社治平分社、檀溪信用社及虞宅分社、中余分社保留2011年度县级“青年文明号”集体荣誉称号。

2013年3月，县“双争”委发文，县联社营业部、浦阳信用社及杭坪分社、城关信用社及大许分社、黄宅信用社治平分社、浦东信用社郑宅分社、檀溪信用社及虞宅分社、中余分社保留2012年度县级“青年文明号”集体荣誉称号。

2014年4月，黄宅信用社岩头分社被授予2013年度（新创）县级“青年文明号”集体荣誉称号。县联社营业部、浦阳信用社及杭坪分社、城关信用社及大许分社、黄宅信用社治平分社、浦东信用社郑宅分社、檀溪信用社及虞宅分社、中余分社保留2013年度县级“青年文明号”集体荣誉称号。

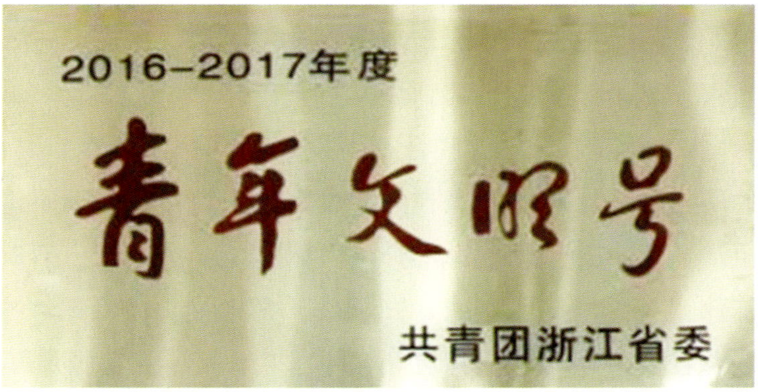

图7-1-5 黄宅信用社荣膺2016-2017年度省级“青年文明号”称号

2015年11月，城关信用社被授予2014年度县四星级“青年文明号”集体荣誉称号。县联社营业部，浦阳信用社及杭坪分社，城关信用社大许分社，黄宅信用社治平分社，郑宅信用社，檀溪信用社及虞宅分社、中余分社被授予2014年度县三星级“青年文明号”集体荣誉称号。

2016年至2017年，黄宅信用社被省团委授予省级“青年文明号”集体荣誉称号。

第五节 宣传报道

1986年度，评定县农村金融系统宣传报道工作奖项，县联合社郑顺世、吴尚铜获二等奖，陈锡生获三等奖。

1989年度，县农村金融系统信息写作积极分子评选，县联合社王永清获二等奖（信息报道被中国农业银行浦江县支行内刊《信息通报》采用14条，《上海经济区银行经济信息》采用1条，《浦江政务信息》采用2条）；徐建一、盛伟深、郑顺世获四等奖（分别被《浦江信息通报》采用1条以上）。

1993年10月，县农村金融学会成立，公布第一届理事成员和首批会员名单。会长陈伟清，秘书长黄国林，副秘书长袁喻义；黄畅、潘镛铎、郑顺世、吴建英为理事。首批会员64名。

1997年4月，《浦江农村信用合作金融》创刊。

1999年，县农信系统干部职工撰写的信息、通讯报道文章，金华《信息参考报》采用3篇，市农金体改办《工作简报》《金华农村信用合作》内刊采用15篇，《金华日报》《浦江报》《浦江金融》等刊物亦有采用。

2000年2月，县联合社发文公布通讯员聘任名单，徐祖江、吴怀德、黄遵挺、方守盛、丁长辉、洪咏、徐星有、江森林、程勇进、薛镇伟、陈乃曹、贾明东、陈伟梁、陈善锴为首批通讯员。是年《浙江信用合作》第七期发表县联合社王永清撰写的《浦江联社实施劳动分配制度改革新举措》一文；其他通讯员撰写的宣传报道文章，金华《信息参考报》采用4篇，市农金体改办《工作简报》《金华农村信用合作》内刊采用17篇，《金华日报》《浦江报》《浦江金融》等刊物亦有采用。

2001年1月，县联合社下发关于加强本年度宣传报道工作和开展本年度金融调研工作的两个通知，对在各级刊物发表宣传报道文章和调研论文实行计付稿酬和额外奖励。续聘徐祖江、吴怀德、黄遵挺、方守盛、洪咏、徐星有、江森林、程勇进、薛镇伟、陈乃曹、贾明东、陈伟梁等，增聘张必肖、郑莉璟、郑永义、方春成、季新团、金娇赟等为通讯员。3月，县联合社举办通讯员培训班。4月为“工业经济宣传月”。5月，开展“信用秩序与经济发展”金融宣传活动。全年《浦江农村合作金融》出刊26期，刊文128篇，其中调研论文5篇。是年，其他通讯员撰写的宣传报道文章，《浙江农村信用合作》采用2篇，《金华农村信用合作》采用10篇，《金华晚报》《浦江报》等报刊采用50余篇。

2002年12月，由徐建一、王永清共同执笔的《农村信用社改革的目标和选择》一文，获中共浦江县委宣传部基层中心组理论文章评选优秀论文。由徐祖江执笔的《当前我县农村信用社拓展中间业务的难点与对策》一文，获县金融学会调研文章二等奖。

2003年2月，县联合社印发关于加强农村信用合作社本年度宣传调研工作的通知，确定宣传调研重点和计酬奖励办法。3月，聘用本年度信息通讯员23名，并召开通讯员工作会议。4月，开展全市农村信用合作社存款超200亿元及本县农村信用合作社存款超9亿元宣传月活动，成立活动领导小组。拍摄、播放反映我县农村信用合作社改革与发展成果的广告宣传片，编发《浦江农村合作金融》专刊。是年，其他信息通讯员撰写的宣传报道文章，《浙江信用合作》采用5篇，《金华农村信用合作》采用10余篇，《今日浦江》《浦江金融》等刊物采用20余篇。

2004年2月，县联合社印发《关于加强农村信用合作社宣传调研工作及改进考核办法的通知》。是年，信息通讯员撰写的宣传报道文章，《浙江信用合作》采用1篇，《金华农村信用合作》《工作简报》（省联合社金华办事处）采用32篇，《浦江金融》《今日浦江》采用20余篇。

2005年4月4日，《金华日报》《浙中新报》分别发布《浦江信用联社顺利完成改制》《全市首家一级法人农联社（浦江信用联社）成立》信息。9月，《浙江农村合作金融》报道浦江信用联社开展“你亡羊，我补牢”大讨论活动，举办“你亡羊，我补牢”规章制度知识竞赛。12月，《金华农村信用合作》同时刊登王才有撰写的《浦江联社“支农”十大措施出成效》《培养健康的先进的信贷文化》，裘豪撰写的《浦江县农村信用社企业文化初探》及黄林祥撰写的《文明优质服务与规范化管理》等4篇调研文章。是年，其他宣传报道文章，《浙江信用合作》采用2篇，《金华农村信用合作》《工作简报》（省联合社金华办事处）采用22篇，《浦江金融》《今日浦江》采用15篇。

2006年2月，《浙江日报》记者来县联社作专题采访，并撰写《农民建房也按揭，浦江三千农户贷款建新房》一文，对县联社创新支农产品，支持新农村建设的做法给予肯定。浙江电视台“新农村”频道亦播出《信贷支农 浦江率先》专题片，真实地反映县联社推出新农村住房配套贷款，在支持旧城改造、村庄整治和助力新农村建设等方面所取得的成绩，受到社会各界关注和好评。4月，傅大悦被评为全市农信系统2005年度信息宣传工作先进个人，并获宣传报道三等奖。5月，县联社印发信息报道和宣传调研工作管理办法。《金华农村信用合作》发表王才有撰写的《农信社立足县域经济发展 大力支持新农村建设》，王永清撰写的《农村信用社人力资源管理必须适应市场的变化与发展》和傅大悦撰写的《新农村建设需要一个良好的金融生态环境》3篇调研文章。9月，《中国信合》刊登傅大悦撰写的《建担保基金“圆梦”》一文。10月，《金华农村信用合作》刊登裘豪撰写的《对我县生源地助学贷款现状的调查与思考》，黄林祥撰写的《新时期工会工作回顾与思考》，傅大悦撰写的《对较不发达地区信用联社开展中间业务的调查思考》和张必军撰写的《推行主办会计委派制的难点问题与思考》等4篇调研文章。12月，《中国金融报》《中国合作时报》刊登傅大悦撰写的县联社推出新农村住房配套贷款的信息。是年，其他宣传报道文章，《浙江信用合作》采用3篇，《金华农村信用合作》《工作简报》（省联合社金华办事处）采用45篇，《浦江金融》《今日浦江》采用20余篇。

2007年1月，《中国信合》（总第214期）刊登傅大悦撰写的报道《兑现承诺 多策控

图 7-1-6　信息通讯员培训（2009）

险》。3月，《浙江日报》刊登王才有撰写的报道《立足县域经济 拓宽服务领域》；《企业世界》《金华银行业》刊登王才有撰写的报道《情系三农结硕果》。4月，应《金华市金融志》编纂之需，县联社着手布置相关业务数据的统计，并成立金融志编纂办公室，由朱华有、吴怀德参与编纂工作。同月，《经济参考报》刊登王才有撰写的《农村金融信息观念需要创新》一文。《金华农村信用合作》相继发表王才有撰写的《完善内控制度 提升管理水平》《学习胡锦涛在中央党校讲话精神学习感想》，裘豪撰写的《对国有商业银行经营理念在农信社实践的思考》，裘豪、傅大悦合作撰写的《借鉴商业银行经营理念 促进农村合作金融发展》和黄林祥、陈炫妙合作撰写的《构建和谐社会要求构建和谐劳动关系》等5篇理论文章。10月，《浙江农村合作金融》刊登傅大悦撰写的报道《新农村配套贷款 乐了移民和村民》。

2008年9月，县联社印发信息宣传工作考核奖励办法。《金华农村信用合作》刊登黄林祥、洪咏合作撰写的《论一级法人体制下农村信用合作联社的党建工作》一文。12月，刊登裘豪撰写的《扁平化管理：引得源头海水来》一文。是年，信息通讯员撰写的宣传报道文章，《浙江信用合作》采用5篇，《浙江省信用合作金融》采用2篇，《金华农村信用合作》《工作简报》（省联合社金华办事处）采用33篇，《浦江金融》《今日浦江》采用10余篇。

2009年8月，王才有撰写的《加大支持我县水晶、挂锁和LED新兴产业经济发展的思考》一文，获县金融学会优秀调研论文二等奖；傅大悦撰写的《对贷款“两难”问题的几点看法及建议》获优秀奖。11月，县联社组织全员参与“我心目中最受依赖的友好型银行”征文活动。是年，陈妍妍获县联社信息宣传工作一等奖。

2010年3月，县联社聘任信息宣传员16名，以加强信息宣传工作，并印发信息宣传考核办法。4月至12月，《金华农村合作》先后刊登詹兴云、邵浩然合作撰写的《浦江联社资本充足率状况的一些思考》《浦江联社信贷人员工作量情况探究》，詹兴云撰写的《新形势下做好思想政治工作的几点思考》，王才有撰写的《浦江联社春耕备耕播洒“及时雨”》《强化机制优服务 社农双赢活水来》《浦江农村信用评定工作初探》，吴立邦撰写的《浅析支农联络员现状与发展》，黄林祥、傅大悦合作撰写的《加强信访源头预防 维护农信社和谐稳定》，黄林祥撰写的《打造丰收小额贷款卡支农品牌的思考》，傅大悦撰写的《加强岗位廉政风险管理 建立健全惩防体系》，陈忆萍、金娇赟合作撰写的《浅析信付通单边账的产生及对策》等多篇调研文章。是年，其他宣传报道文章，《金华农村信用合作》《工作简报》（省联合社金华办事处）采用 33 篇，《浦江金融》《今日浦江》采用 14 篇。陈妍妍获全市农信系统信息宣传工作三等奖。

2011 年，县联社印发开展中国银行业“普及金融知识万里行”系列活动方案，成立领导小组，并召开动员大会部署，力求宣传活动深入扎实富有成效。是年，陈妍妍获全市农信系统信息宣传工作三等奖。

2012 年 10 月，县联社印发文化建设 2012 ～ 2014 年行动计划。12 月，推出“阳光快贷即时转”，周转贷款当天归还当天发放，这一做法获中共浙江省委办公厅《浙江信息》肯定并向全省推介。是年，信息宣传文章被省农信内刊和网站采用 54 篇，政务类刊物采用 2 篇，主要媒体报道 27 篇，其他媒体报道 80 篇。陈妍妍被评选为浙江日报优秀通讯员、全省农信系统信息新闻工作优秀通联员，并获全市信息新闻工作二等奖、全县对外新闻宣传工作一等奖。潘艳获全市农信系统信息新闻工作三等奖、全县对外新闻宣传工作三等奖。

2013 年 1 月，《中国农村金融》（第 1 期）刊登李九良、吴立邦合作撰写的《汇聚民心，惠及民生——浙江省浦江农信联社依托“三大工程”服务“三农”》一文。6 月，王才有撰写的《巩固县域市场需从行政村做起》和《加强农村基础服务建设，巩固发展农村市场阵地》两篇调研文章，分别在《中国农村金融》（第 9 期）和《金华农村信用合作》（第 11 期）发表。12 月，《金华农村信用合作》（第 24 期）同时刊登许云龙撰写的《贷后分层管理初探》和陈文斌撰写的《如何发挥纪检监察职能作用》两篇理论文章。是年，省联合社内刊和网站采用信息 33 篇，省联合社金华办事处内刊采用信息 39 篇。陈妍妍被评选为浙江日报优秀通讯员、全省农信系统信息新闻工作优秀通联员，并获全市农信系统信息新闻工作一等奖、全县对外新闻宣传工作一等奖。潘艳被评选为全省农信系统信息新闻工作优秀通联员，并获全市农信系统信息新闻工作二等奖、全县对外新闻宣传工作二等奖。

2014 年 6 月，王才有撰写的《党员要做道德的模范》一文，被中共浦江县委直属机关工委评为 2013 年度十篇优秀读书体会文章之一。12 月，王才有撰写的报道《扶微助农硕果盈枝》，获全市农信系统“普惠金融”征文三等奖；陈妍妍、谢君君选送的《丰收卡，为您省钱的卡》作品获广告宣传片金奖；朱泓宇、金晨然、钟建勇以《电子银行助推普惠金融》为题的宣讲稿，获“普惠金融讲师”宣讲竞赛优秀奖。是年，县联社在《中国农村金融》《农村金融时报》《中国农村信用合作》《浙江日报》等各级媒体上刊登宣传报道 280 篇，其中中央级媒体 16 篇，省级媒体 13 篇，地市级媒体 90 篇，政务类信息 2 篇，省联合社内刊 281 篇，省联合社金华办事处内刊 117 篇。

2015年1月，由省联合社资金管理处牵头，县联社贾明东、盛金刚参与并撰写的《利率市场化背景下浙江农信面临的挑战和利率定价研究》一文，获2014年度全省农信系统重点课题研究项目评审二等奖；由省联合社科技信息处牵头，县联社陈春霞参与并撰写的《基于浙江农信两级法人体制的信息科技安全体系研究与实践》一文，获2014年度全省农信系统重点课题研究项目评审三等奖。县联社被评为2014年度《金华银行业》新闻信息工作先进单位（三等奖）。12月，县联社《点亮青春 梦圆电商创业路》宣讲稿，获全市农信系统“普惠金融”宣讲大赛三等奖，并获舆情应对桌面演练比赛三等奖和微信平台推广比赛优秀奖。是年，县联社在《农村金融研究》发表课题研究文章2篇，在《浙江家信》刊登社区公关活动报道2篇，获全省农信系统“普惠金融”好新闻三等奖。在《中国农村金融》《农村金融时报》《中国农村信用合作》及《浙江日报》等各级纸媒刊登宣传报道220余篇，其中国家级纸媒21篇、省级纸媒24篇、地市级纸媒70篇，省联合社内刊41篇、省联合社金华办事处内刊59篇。

2016年1月，县联社约请新闻传媒拍摄专题宣传片。李九良、张红英参与省联合社金华办事处牵头组织的课题调研，撰写的《浙江农信打造社区银行跨界生态系统建设的探索》一文，获2015年度全省农信系统重点课题项目研究评审二等奖。7月，李九良参加省联合社金华办事处组织的“丰收学研汇”培训和课题讨论。9月，县联社开展本年度信息宣传工作专项考核。李九良在“丰收学研汇”活动中获本年度最佳丰收学研奖；参与《以“三丰收”融合促浙江农信社区银行转型升级——浙江农信丰收购、丰收家、丰收驿站融合研究》课题，获本年度全省农信系统重点课题优秀成果二等奖，并获省联合社金华办事处本年度“丰收学研汇”最佳项目组和最佳丰收学研奖。是年，县联社在《中国农村金融》《农村金融时报》《中国农村信用合作》及《浙江日报》等各级纸媒刊登宣传报道210篇，其中国家级纸媒24篇、省级纸媒44篇、地市级纸媒85篇，省联合社内刊31篇、省联合社金华办事处内刊25篇。谢君君获本年度全省农信系统信息新闻工作优秀通联员，并获信息新闻工作二等奖。

表7-1-5 1986年至2016年宣传报道（信息新闻）工作优秀集体和个人及调研文章获奖情况

年 度	姓 名	称号或调研文章标题及奖级	授予或评选单位
1986	郑顺世 吴尚铜	全县农金系统宣传报道二等奖	中国农业银行浦江县支行
	陈锡生	全县农金系统宣传报道三等奖	
1989	王永清	全县农金系统信息写作积极分子二等奖	
	徐建一 盛伟深 郑顺世	全县农金系统信息写作积极分子四等奖	

续表 7-1-5

年 度	姓 名	称号或调研文章标题及奖级	授予或评选单位
2002	徐建一 王永清	《农村信用社改革的目标和选择》获优秀论文奖	中共浦江县委基层中心组
	徐祖江	《当前我县农村信用社拓展中间业务的难点与对策》获调研文章二等奖	浦江县金融学会
2005	傅大悦	全市农信系统宣传报道工作先进个人	省联合社金华办事处
		全市农信系统信息宣传报道三等奖	
2006 2007		全市农信系统信息宣传报道二等奖	
2009	陈妍妍	县联社信息宣传工作一等奖	县联社
	王才有	《加大支持我县水晶挂锁和 LED 新兴产业经济发展的思考》获优秀调研论文二等奖	浦江县金融学会
	傅大悦	《对贷款“两难”问题的几点看法及建议》获调研文章优秀奖	
2010 2011	陈妍妍	全市农信系统信息宣传工作三等奖	省联合社金华办事处
2012		浙报集团优秀通讯员	浙报报业集团编委会
		全省农信系统信息新闻工作优秀通联员	省联合社
		全市农信系统信息新闻工作二等奖	省联合社金华办事处
		全县对外新闻宣传工作一等奖	中共浦江县委外宣小组
	潘 艳	全市农信系统信息新闻工作三等奖	省联合社金华办事处
		全县对外新闻宣传工作三等奖	中共浦江县委外宣小组
2013	陈妍妍	浙报集团优秀通讯员	浙报报业集团编委会
		全省农信系统信息新闻工作优秀通联员	省联合社
		全市农信系统信息新闻工作一等奖	省联合社金华办事处
		全县对外新闻宣传工作一等奖	中共浦江县委外宣小组
	潘 艳	全省农信系统信息新闻工作优秀通联员	省联合社
		全市农信系统信息新闻工作二等奖	省联合社金华办事处
		全县对外新闻宣传工作二等奖	中共浦江县委外宣小组
	王才有	《党员要做道德的模范》评选为县直机关优秀读书体会文章	中共县直机关工委

续表 7-1-5

年　度	姓　名	称号或调研文章标题及奖级	授予或评选单位
2014	贾明东、盛金刚 参与并撰写	《利率市场化背景下浙江农信面临的挑战和利率定价研究》获全省农信重点课题研究项目评审二等奖	省联合社
	陈春霞 参与并撰写	《基于浙江农信两级法人体制信息科技安全体系研究与实践》获全省农信重点课题研究项目评审三等奖	
2014	王才有	《扶微助农硕果盈枝》获全市农信系统“普惠金融”征文三等奖	省联合社金华办事处
	朱泓宇　金晨然 钟建勇	《电子银行助推普惠金融》宣讲稿获“普惠金融讲师”宣讲竞赛优秀奖	
	陈妍妍　谢君君	《丰收卡，为您省钱的卡》获全市农信系统“普惠金融”广告宣传片大赛规定作品金奖	
	县联社	《金华银行业》新闻信息工作先进单位（三等奖）	
2015		全省农信系统好新闻三等奖	省联合社
	陈妍妍	浙江日报优秀通讯员	浙报报业集团编委会
	李九良、张红英 参与并撰写	《浙江农信打造社区银行跨界生态系统建设的探索》获全省农信系统重点课题二等奖	省联合社
	县联社	《点亮青春，梦圆电商创业路》宣讲稿 获全市农信系统“普惠金融”宣讲大赛三等奖 舆情应对桌面演练比赛三等奖 微信平台推广比赛优秀奖	省联合社金华办事处
2016	谢君君	全省农信系统信息新闻工作优秀通联员	省联合社
		全省农信系统信息新闻工作二等奖	
	李九良 参与	《以“三丰收”融合促浙江农信社区银行转型升级—浙江农信丰收购、丰收家、丰收驿站融合研究》课题获全省农信系统重点课题优秀成果二等奖、全市农信系统“丰收学研汇”最佳项目组和最佳丰收学研奖	
	李九良	“丰收学研汇”活动最佳丰收学研奖	省联合社金华办事处

第六节 文体活动

1996年5月，中国农业银行浦江县支行组队参加全县职工运动会比赛获集体第四名，农村信用合作社选手杜娟花获田径200米第六名。

1998年5月，县联合社团委举办以“敬业爱岗，奉献信合”为主题的五四青年节演讲比赛，方芳获一等奖，金士华、陈春雷获二等奖。

1999年3月，县联合社举办三八国际妇女节卡拉OK演唱比赛。

2000年3月7日，县联合社举办庆祝三八国际妇女节90周年联欢晚会，120余名干部职工参与表演并观看节目。同时举办征文比赛。6月，县联合社组队参加金华电视台《幸运咚咚锵》文娱节目现场录制。

图7-1-7 青年职工方芳获“五四”演讲比赛一等奖（1998.5）

2001年6月，县联合社职工方芳参加全县“农机杯”纪念建党80周年青年演讲比赛。同月，县联合社举办纪念建党80周年革命歌曲演唱比赛和“三个代表”知识竞赛活动，全县有6支农村信用合作社代表队参赛。县联合社机关代表队和浦东社代表队分别获得团体第一、第二名，陈春雷、陈中成、贾野鹰、尹芝琴、陈乃曹、魏宝英分别获得革命歌曲演唱一、二、三等奖。

2002年4月，县联合社组队参加全县《工会法》《劳动法》知识竞赛，获团体三等奖。复与中共浦江县委宣传部等单位联合主办“信合杯”公民道德建设知识竞赛。5月，县联合社举行以“永远跟党走”为主题的纪念中国共青团成立80周年“五四”文艺汇演，参演节目共23个，其中徐祖江等表演的小品《吴诚信借贷记》获一等奖；陈春蕾的独唱《山歌好比春江水》《只要你过得比我好》获二等奖；陈中成等独唱的《有一个美丽的传说》《从头再来》《歌唱祖国》获三等奖。县联合社组队参加全县首届“梅花杯”乒乓球赛，获团体第四名、个人第三名的好成绩。

图7-1-8 共青团成立80周年“五四”文艺汇演（2002.5）

2003年，县联合社代表队参加中

共浦江县直机关工委“公仆杯”篮球赛。开展抗击“非典”全民健身活动，以各农村信用合作社为单位组建篮球队举行友谊赛。并先后派出选手参加全县第十二、十三届体育运动会，均取得较好名次。

2004年11月，省联合社金华办事处举办庆祝农村信用合作社成立50周年演讲比赛，县联合社职工方芳《一支唱给信合女工的赞歌》演讲获三等奖，傅大悦《请给辉煌一个理由》演讲获鼓励奖。

图7-1-9 首届职工篮球赛赛场一景

图7-1-10 各参赛代表队队员与县联社工会领导合影（2006.10）

2006年3月，参加中共浦江县委、县妇联举办的“知荣明耻巾帼行”演讲比赛，县联社职工方芳获二等奖。6月，庆祝一级法人联社成立一周年，县联社团委举办以“我眼中的浦江信合”为主题的征文比赛，回顾浦江信合事业的发展历程，讴歌为信合事业不懈奋斗的信合人。比赛结果，陈丹获一等奖，张深波、张小钢、吴超获二等奖，陈文斌、周旭光、童照峰获三等奖。9月，县联社职工徐云燕、方芳分别获得省联合社金华办事处组织举办的“我为新农村建设添砖加瓦”征文比赛和演讲比赛三等奖。11月，在县财贸工会主办、县联社协办并冠名的“信合杯”财贸系统职工卡拉OK比赛中，县联社职工金士华演唱的《军港之夜》获二等奖。10月，县联社举办首届职工篮球赛，全辖有6支代表队参赛。经过激烈角逐，县联社机关代表队夺冠。

2007年8月，县联社职工陈炫妙撰写的《构建和谐社会要求构建和谐劳动关系》一文，获全县财贸系统工会首届优秀论文调查报告三等奖。

2008年8月，县联社职工方芳在中共浦江县委组织的全县“解放思想、创业创新”演讲比赛中获三等奖。

2009年5月，县联社举办首届职工气排球比赛，以基层社为单位组队参加比赛。11月，在全县第十四届体育运动会上，浦东信用社郑家坞分社职工江灵娟夺得女子800米中长跑

图 7-1-11 职工汽排球比赛赛场一景

第四名、1500 米长跑第三名。

2011 年 1 月，县联社举办职工联谊会。5 月，举办第二届职工气排球比赛，全辖有 9 支代表队参赛。县联社机关代表队、浦阳信用社代表队、黄宅信用社代表队分别获得前三名。6 月，县财贸系统“信合杯”职工气排球赛在县实验中学举行，县联社男、女代表队分别获得男子组、女子组第四名。

2012 年，县联社举办第三届职工气排球比赛。10 月，县联社赞助并组队参加县机关“农信杯”羽毛球赛。11 月，举办“喜迎十八大，唱响主旋律，永远跟党走”舞蹈培训。

2013 年 3 月，县联社举办“三八”国际妇女节庆祝活动。4 月，举办首届乒乓球赛，以党支部为单位组建 5 支代表队参加男女单打比赛。复派出选手参加县总工会组织的气排球比赛。5 月，举办以“强体魄、展风采、聚合力、促发展”为主题的跳绳比赛。6 月，举办“联社杯”新浦江人篮球赛，并启动“心连心”温暖助力工程。8 月，牵头组织全县第十五届体育运动会健身排舞比赛，县联社组队参赛，并派出选手参加乒乓球和拔河比赛。10 月，县联社代表队参加全县“机关杯”趣味运动会获团体第三名、“同舟共济”第三名和“袋鼠跳接力”第三名。12 月，县联社代表队获省农信系统第一届职工运动会集体排舞表演赛第五名。县联社职工杨卫东获全市农信系统“最佳摄影采风比赛”优秀奖。

是年，潘艳、贾晓琳撰写的《浅谈女员工压力和健康管理》一文，在金华市总工会举办的全市女职工热点难点问题调研报告和论文评选活动中获二等奖。

2014 年 3 月，庆祝“三八”国际妇女节，县联社组建“巾帼志愿服务队”，结合普惠金融、金融消费者权益日及“五水共治”等内容开展活动。5 月，县联社组建代表队，排练大合唱节目参加全县“五一”劳动者颂歌文艺晚会。7 月，举办第一届职工书画摄影比赛。9 月，开展“拉力冰桶挑战，帮助缺水乡亲”活动，旨在展现“信合人”

图 7-1-12 县联社女职工组队参加全县庆“三八”秀风采排舞比赛（2013.3.8）

勇于担当社会责任的气度和情怀。同月，举办第二届职工篮球赛。10 月，县联社男、女代表队参加县财贸工会第一届气排球比赛，女队获第一名，男队获第四名。参加县财贸工会“机关杯”趣味运动会 6 个项目的比赛，获团体第一名和“袋鼠跳接力”“海底传月”两个单项第一名及“同舟共济”单项第二名。在全县“体彩杯”第九套广播体操比赛中获团体一等奖。

2015 年 3 月，庆祝“三八”国际劳动妇女节并组织工会活动。5 月，举办廉政书画比赛，职工周宣获毛笔书法作品一等奖，傅大悦、张法远获二等奖；徐祖江、谢君君、傅佳瑛的书画作品获三等奖。6 月，举办“抒写七月·铭记历史”书法比赛，毛笔书法作品傅大悦获一等奖，徐祖江获二等奖，周旭光、吴旭明获三等奖；硬笔书法作品傅大悦获一等奖，徐祖江、郑永义获二等奖，洪冰瞳、赵达、徐东升获三等奖。7 月，傅大悦的书法作品获中共浦江县委直属机关工委举办的“抒写七月·铭记历史”书法比赛优秀奖。12 月，县联社职工傅仙元在全县第二届职工体育运动会农信系统预选赛中获羽毛球女子单打第三名；王晨坚获男子个人跳绳第四名；县联社篮球队获篮球比赛第二名。12 月，县联社组队参加县财贸工会举办的“机关杯”趣味运动会，获团体第四名和“踢毽入靶”单项第三名及“同心协力”单项第三名。

2016 年 2 月，县联社举办“讲最美故事，扬传统美德”演讲比赛。4 月，组建职工合唱团，排练演唱动漫《郑义门》主题曲。4 月，举办“联社好声音，找的就是你”演唱决赛，并召开业务技能比武表彰大会。5 月，举办“活力运动，喜迎五一”第三届职工篮球赛和第四届职工气排球比赛。县联社篮球队获县财贸工会组织的“天正杯”篮球赛第一名。6 月，县联社承办由县人民政府和省联合社金华办事处联手主办的“普惠之路”绿色骑行活动，获圆满成功。6 月，县联社组织职工参加全县“永远跟党走”红歌合唱比赛，在 61 支参赛队中排名第 26 位。8 月，安排 2014 ～ 2015 年度先进个人、业务技能优秀选手外出疗养。9 月，县联社职工谢君君、洪冰瞳、项鋆获县金融学会举办的纪念建党 95 周年暨“两学一做”学习教育书法比赛硬笔书法作品优胜奖。11 月至 12 月，由县财贸工会主办，县联社、县气排球协会承办的全县财贸系统第六届“农信杯”气排球比赛，县联社代表队女子组获第二名。

第七节　公益活动

1999 年 12 月，县联合社捐赠浦江中学教育基金 1000 元。

2001 年 8 月，全县农村信用合作社 140 名干部职工参加义务献血活动。9 月，县联合社工会派员前往七里中学和七里中心小学，为金晓筱等 6 名特困学生资助一个学期的学费。

2003 年 5 月，全县 238 名农村信用合作社干部职工为抗击“非典”捐款 32460 元。9 月，结对帮扶县“春蕾计划”的贫困小学生 5 名。

2004 年，县联合社为县慈善总会募捐 100436 元，为患病职工捐款 29500 元。

2001 年、2003 年和 2005 年，县联合社组织干部职工计 330 余人次，参加义务献血活动。开展“慈善一日捐”活动，计捐款 15050 元。按照中共浦江县委部署，县联合社党委组织全体党员与黄宅镇岳溪、华塘等村及杭坪镇寺坪村结对帮扶，为农村经济发展提供资金支持，并为杭坪镇派顶村的“甘泉工程”捐款。

2006 年 8 月，开展扶贫结对、助贫帮扶活动，结对帮扶黄宅镇杨林村、岩头镇大岭村和檀溪镇潘周家村，为村民捐款、捐书刊，赠送电视机等文化娱乐用品。结对帮扶县“春蕾计划”的贫困小学生 5 名。开展第二次“慈善一日捐”活动，计捐款 14863 元。9 月，印发县联社生源地财政贴息助学贷款管理办法，与县域其他 6 家银行机构共同发起设立助学贷款担保基金，帮助家庭经济困难的学生顺利完成在读学业。此举通过《中国信合》刊物宣传报道，引起社会强烈反响。截至 10 月末，县联社共发放生源地助学贷款 317 户，余额 240.03 万元。

2007 年 5 月，县联社党委组织开展“千名党员结对帮扶，千名干部进村入户”活动，领导班子成员带领部分党员干部深入黄宅镇华塘等村走访，结对帮扶联系村和贫困户，捐助款项、制订帮扶计划。持续捐助杭坪镇派顶村“甘泉工程”，受到当地干部群众赞誉。7 月，县联社作为发起单位之一，建立县“圆梦”生源地助学贷款担保基金。8 月，开展“扶贫济困献爱心，我为慈善一日捐”主题活动，捐款计 17452 元。

2008 年 5 月，县联社团员与县团委组织的青年志愿者一行，前往山区小学走访部分贫困学生，并当场与檀溪镇大元村低收入家庭的张春燕同学结对，赠送书包等学习用品，承诺帮助其完成学业。四川汶川大地震发生后，县联社开展“抗震救灾，爱心募捐”活动，计募集善款 81280 元汇往地震灾区，帮助受灾群众恢复生产，重建家园。10 月，发起“送温暖、献爱心”捐助活动，向汶川地震灾区捐赠衣被等保暖物品 120 余件。

2009 年 5 月，开展“我为新农村建设献图书”活动，计捐赠图书 420 册，募集专款 1000 元。与郑宅镇安山村、檀溪镇潘周家村“结对帮扶、共创文明”，帮助郑宅镇安山村、檀溪镇立前畈村村庄整治各捐款 5 万元，向浦南街道潘宅村捐款 1 万元，向仙华办事处定向捐助村庄整治专项资金 2.5 万元。8 月，开展“尽微薄之力、凝伟大之爱”慈善一日捐活动，计捐款 25200 元，干部职工捐款参与率达 100%。11 月，持续开展“送温暖、献爱心”捐助活动，向宁夏灾区捐赠棉衣 30 余件、棉被 60 件。并捐赠 5 万元支援四川青山联社灾后重建工作。

2010 年 5 月，县联社领导慰问患病职工张大雷，带去领导班子和全体干部职工的关心与祝福，并送上爱心捐款 51900 元。

2011 年 10 月，资助郑宅镇东明村新农村建设 4 万元。

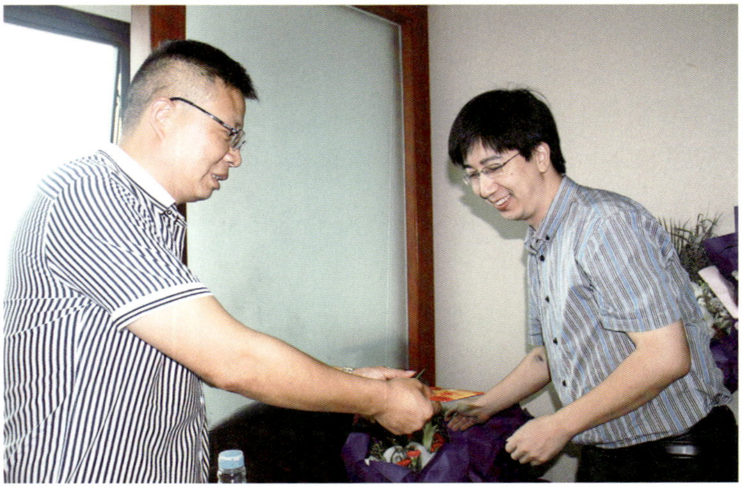

图 7-1-13　县联社工会主席陈文斌赴杭州慰问邵浩然同志（2012.8）

2012 年 6 月，县联社与县团委牵头开展“助困难家庭，圆大学梦想”活动，承诺每年资助 20 名家庭贫困的大学新生，每人一次性资助 3000 元。7 月，县联社与杭坪镇乌浆村，檀溪信用社与檀溪镇毛店村结对帮扶。8 月，上挂省联合社的县联社干部邵浩然自愿捐献造血干细胞，用以挽救仍挣扎在死亡边缘的白血病患者，县联社领导闻讯立即赶赴省中医院慰问。是月，持续开展“慈善一日捐”活动。10 月，县联社赞助县机关“农信杯”羽毛球赛 4 万元。11 月，走访慰问“两富”局级指导员派驻村、农村指导员联系村和文明共建单位，结对帮扶困难户，送上慰问金 5 万元。

2013 年 5 月，县联社全体团员为“4・20”四川芦山地震灾区捐款。组织党、团员志愿者服务队与辖区居委会结成“1 + 1”，开展以“奉献一小时，我为浦江加一分”为主题的社区结对志愿者服务活动。5 月，干部职工支持四川雅安地震灾区抗震救灾，捐款 18000 元。持续开展“慈善一日捐”活动，263 名干部职工计捐款 16941 元。26 名干部职工参加义务献血，献血量 7800 毫升。6 月，组织党员干部走访慰问杭坪镇东岭等 17 个行政村的 43 名结对户和困难党员，捐款 12000 元。7 月，开展年度“慈善一日捐”活动。8 月，发放“助困难家庭，圆大学梦想”助学基金，资助 20 名困难家庭的新生入学。12 月，县联社与檀溪镇周家村结对，捐助 2 万元建设村文化礼堂。

图 7-1-14　县联社团委发动团员投入“三比”和为地震灾区捐款活动（2013.5）

2014 年 3 月，县联社履行社会责任，承担公共免费停车场建设费用 10 万元，并赞助县茶文化研究会《丰安茶文化》刊物出版费 3 万元。5 月，捐助中余乡黄毛村 5 万元，用于安装自来水管道进村入户。捐助兰溪与浦江交界处的水渠修建2万元。7月，开展年度“慈善一日捐”活动。10月，捐赠中余乡“五水共治”费用5万元、郑宅镇印制《孝义文化》宣传册5.01万元。9月，县联社37名职工无偿献血11100毫升。11月，捐助3万元支持檀溪镇“五水共治”项目。

2015年8月，持续开展无偿献血活动。9月，开展年度“慈善一日捐”活动。11月，捐款支持结对帮扶乡镇、农村“两富两美”指导员联系村的“美丽乡村”建设项目。开展第十轮“结对帮扶，共创文明”活动，定向捐赠杭坪镇程家村5万元、裕民村2万元、石宅村2万元、大坞村1万元。

2016年2月，县联社组建志愿者服务队。3月，与8890市民服务中心签订合作协议。在慈善总会专门设立助学基金，由县联社每年出资6万元资助家庭贫困的大学新生。与县摄影家协会签订为期三年的战略合作协议，每年出资3万元用于县联社的对外宣传。与县气排球协会协作共建，资助共建费用9500元。与浦阳街道太白路社区结对常年共建，（每年）支付共建费用2万元。7月，开展第十二次“慈善一日捐”活动。9月，持续开展“奉献爱心，关爱生命”无偿献血活动。11月，捐助中余乡叶岭村“美丽乡村”建设5万元。组织干部职工开展“清水护水”“四边三化”“美丽庭院”等志愿者服务活动。与县域5家居家养老中心达成结对意向，干部职工108人次参加慰问、帮扶。

第二章　先进表彰

第一节　联合社（联社）荣誉

本县自1954年农村信用合作社成立以来，全体干部职工认真贯彻执行党和政府各个时期的路线、方针、政策和金融法规，发扬勤俭办社、艰苦创业的优良作风和团结务实、开拓进取的改革精神，不忘初心，牢记使命，勤奋工作，服务“三农”，涌现出一大批省、地（市）、县级先进集体和先进个人，亦有荣膺地（市）、县级劳动模范称号和当选县党代会代表、人大代表及政协委员者，更不乏众多业务技术能手和文明服务标兵，在浦江农村信用合作社发展史上书写了闪光一页。

表7-2-1　　国家级

年　度	荣誉称号	授予或表彰单位
2014	职工教育培训示范点	中华全国总工会

图7-2-1

表 7-2-2　　省　级

年　度	荣 誉 称 号	授予或表彰单位
2015	浙江省支持“三农”发展先进集体	中国银监会浙江监管局
2012 ～ 2015	浙江省农信系统先进单位	省联合社
2014	浙江省农信系统“十强”信用联社	
2016	浙江农信创新大赛金奖——“丰收驿站”电商综合惠民项目	
	浙江省农信系统优胜单位	
	浙江省农信系统业务成长“十佳”银行（联社）	

图 7-2-2

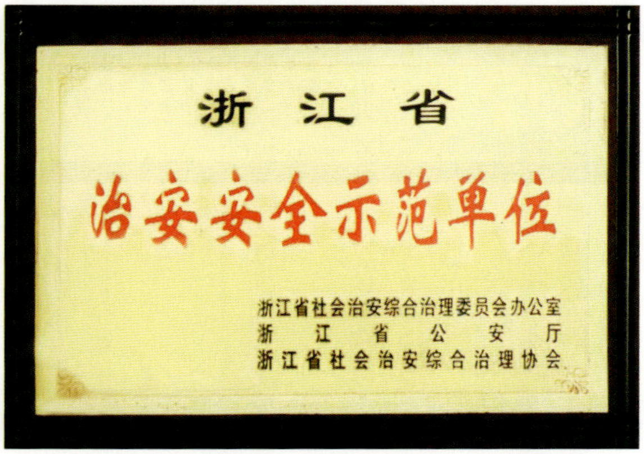

图 7-2-3

表 7-2-3　　市　级

年　度	荣 誉 称 号	授予或表彰单位
2006	金华市农信系统先进单位	省联合社金华办事处
2007	金华市“保险服务送农村”活动先进集体	中国人民银行金华市中心支行等 3 部门
2013	金华市农信系统统计工作考核第二名	省联合社金华办事处
	金华市农信系统内部审计项目优秀奖	
2014	《金华银行业》新闻信息工作先进单位三等奖	金华市银行业协会
2016	金华市第二轮和谐劳动关系“职工三满意”单位	金华市总工会等 4 部门

图 7-2-4

图 7-2-5

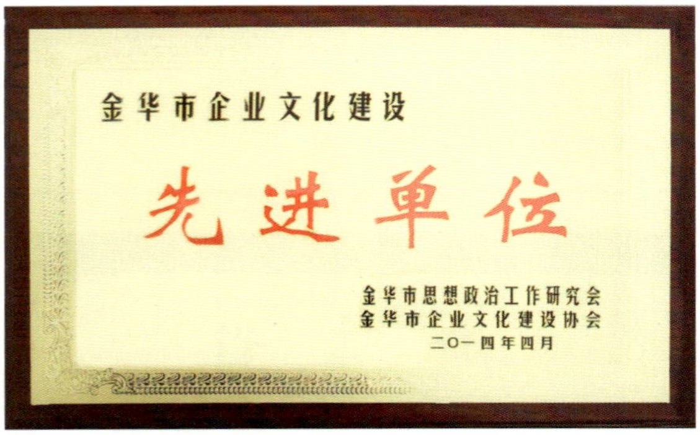

图 7-2-6

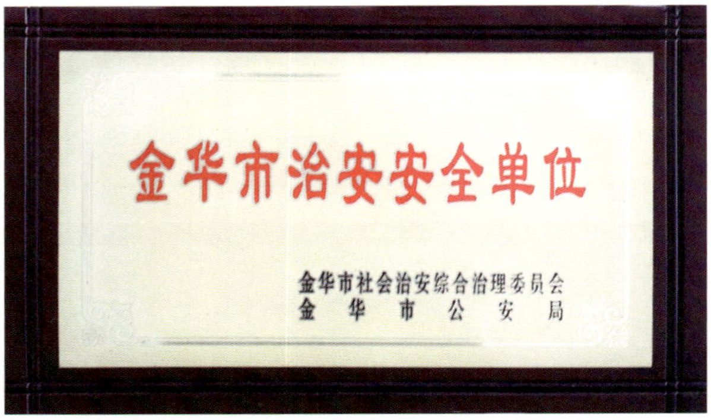

图 7-2-7

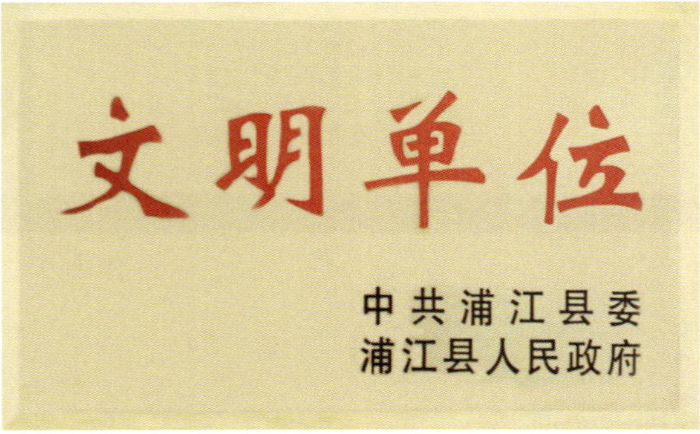

图 7-2-8

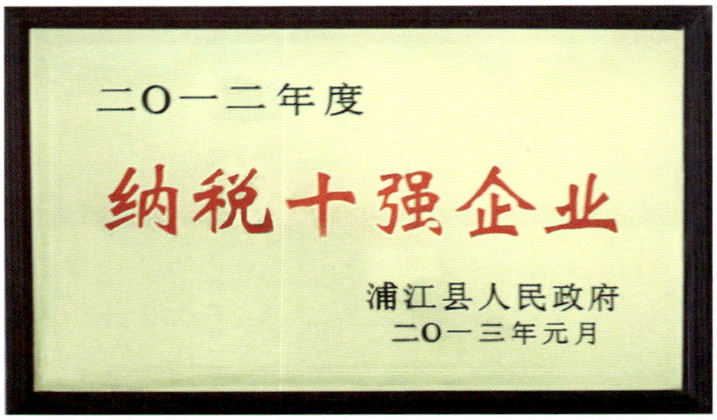

图 7-2-9

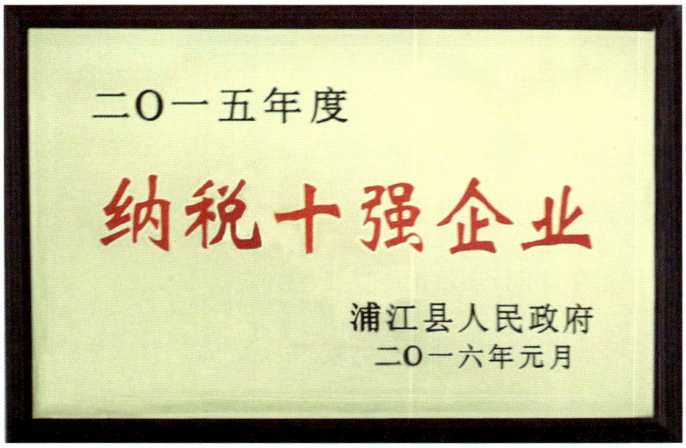

图 7-2-10

表 7-2-4 **县 级**

年 度	荣 誉 称 号	授予或表彰单位
1998	浦江县金融系统票据交换质量考核优胜单位	中国人民银行浦江县支行
1999	浦江县纳税大户（超百万元）	中共浦江县委、县人民政府
	浦江县卫生先进单位	浦江县爱卫委
	浦江县金融系统剔残破币优胜单位	中国人民银行浦江县支行
2000	浦江县纳税大户	中共浦江县委、县人民政府
2001 ～ 2005	浦江县纳税大户（200 万元至 300 万元）	
2001	浦江县金融系统“五好钱捆”竞赛优胜单位	中国人民银行浦江县支行
2003	浦江县卫生优胜单位	浦江县爱卫委
2005	浦江县金融系统会计工作先进单位	中国人民银行浦江县支行
	浦江县金融系统票据交换工作先进单位	
2006	浦江县纳税大户（超 500 万元）	中共浦江县委、县人民政府
	浦江县金融系统会计工作先进单位	中国人民银行浦江县支行
	浦江县金融系统票据交换工作先进单位	
2007 ～ 2009	浦江县纳税大户（超 1000 万元）	中共浦江县委、县人民政府
2010	浦江县纳税大户（超 2000 万元）	
	浦江县金融稳定工作二等行（社）	中国人民银行浦江县支行
	浦江县银行业金融机构综合评价 B 等行社	
2011	浦江县劳动关系和谐企业	浦江县创建劳和关系领导小组
	浦江县金融稳定工作一等行	中国人民银行浦江县支行
2011 ～ 2016	浦江县纳税“十强”企业	中共浦江县委、县人民政府
	浦江县缴纳地方税费大户	
2012 ～ 2014	浦江县“争先移位”奖	
2012 ～ 2015	浦江县“涉企服务”最佳金融机构	中国人民银行浦江县支行、县效能办
2012	浦江县银行业金融机构综合评价 B 等行	中国人民银行浦江县支行
2012 ～ 2015	浦江县金融稳定工作一等行	
2013 ～ 2015	浦江县银行业金融机构综合评价 A 等行	
2014 ～ 2015	浦江县服务企业先进金融机构	中共浦江县委、县人民政府
	浦江县金融系统会计工作先进单位	中国人民银行浦江县支行

第二节 联合社（联社）机关、基层社荣誉

表 7-2-5 省 级

年 度	受表彰单位	荣誉称号	授予或表彰单位
1955	豪墅信用合作社	浙江省二等信用合作模范社	
1980	石马农村信用合作社	浙江省农村金融系统先进集体	中国农业银行浙江省分行
1981	平安农村信用合作社		
1982	平安农村信用合作社		
1992	郑家坞农村信用合作社		
2012	县联社黄宅信用社	浙江省支持“三农”发展先进集体	中国银监会浙江监管局

表 7-2-6 地、市级

年 度	受表彰单位	荣誉称号	授予或表彰单位
1957	中余乡信用合作社	金华专区信用合作工作先进单位	中国人民银行金华专区中心支行
1982	石马农村信用合作社	金华地区农村金融先进单位	中国农业银行金华地区（市）支行（分行）
1984	岩头陈农村信用合作社		
1987	浦阳农村信用合作社	金华市农村金融系统先进单位	
	朱桥农村信用合作社		
1989	平安农村信用合作社		
1990	浦阳农村信用合作社		
	七里农村信用合作社信贷专业	金华市农村金融系统信用合作专业优胜集体	
1992	浦阳农村信用合作社	金华市农村金融系统先进集体	

续表 7-2-6

年　度	受表彰单位	荣 誉 称 号	授予或表彰单位
1993	浦阳农村信用合作社	金华市农村金融储蓄先进集体	中国农业银行金华地区（市）支行（分行）
	檀溪农村信用合作社		
	郑家坞农村信用合作社储蓄专柜	金华市农村金融系统最佳储蓄所	
1994	七里农村信用合作社	金华市农村金融储蓄先进集体	
	岩头农村信用合作社		
1995	浦阳农村信用合作社	金华市农村金融先进集体	
1997	县联合社营业部	金华市农信系统先进单位	金华市农金体改办
1998			
1999	浦东农村信用合作社		
2000	檀溪农村信用合作社		
2002	城关农村信用合作社		金华市信管办
2003	浦阳农村信用合作社		
2010	县联社营业部		省联合社金华办事处

表 7-2-7　　县　级

年　度	受表彰单位	荣 誉 称 号	授予或表彰单位
1961	浦江区前吴信用合作社	义乌县金融系统先进单位	中国人民银行义乌县支行
	浦东区白马信用合作社		
	黄宅区礼张信用合作社		
	壶江区虞宅信用合作社		
	普丰区马剑信用合作社	（出席全县表彰大会）	
1977	白马农村信用合作社	浦江县金融系统先进单位	中国人民银行浦江县支行
	堂头农村信用合作社		
	前陈农村信用合作社		
	平安农村信用合作社		

续表 7-2-7

<table>
<tr><th>年　度</th><th>受表彰单位</th><th>荣誉称号</th><th>授予或表彰单位</th></tr>
<tr><td rowspan="3">1977</td><td>浦阳农村信用合作社</td><td rowspan="3">浦江县金融系统先进单位</td><td rowspan="16">中国人民银行
浦江县支行</td></tr>
<tr><td>平湖农村信用合作社</td></tr>
<tr><td>大畈农村信用合作社</td></tr>
<tr><td rowspan="6">1978</td><td>白马农村信用合作社</td><td rowspan="4">浦江县金融系统上半年度
“双学”（学大庆、大寨）初评
先进单位</td></tr>
<tr><td>堂头农村信用合作社</td></tr>
<tr><td>岩头农村信用合作社</td></tr>
<tr><td>前陈农村信用合作社</td></tr>
<tr><td>浦阳农村信用合作社</td><td rowspan="3">浦江县金融系统上半年度
“双学”（学大庆、大寨）初评
先进单位</td></tr>
<tr><td>中余农村信用合作社</td></tr>
<tr><td rowspan="7">1979</td><td>白马农村信用合作社</td></tr>
<tr><td>黄宅农村信用合作社</td><td rowspan="4">浦江县农村金融先进集体</td></tr>
<tr><td>大许农村信用合作社</td></tr>
<tr><td>石宅农村信用合作社</td></tr>
<tr><td>平湖农村信用合作社</td></tr>
<tr><td>大许农村信用合作社</td><td rowspan="2">浦江县农村金融系统
会计出纳无差错先进单位</td></tr>
<tr><td>平湖农村信用合作社</td></tr>
<tr><td rowspan="4">1980</td><td>郑宅农村信用合作社</td><td rowspan="4">浦江县农村金融红旗单位</td><td rowspan="9">中国农业银行
浦江县支行</td></tr>
<tr><td>黄宅农村信用合作社</td></tr>
<tr><td>大畈农村信用合作社</td></tr>
<tr><td>中余农村信用合作社</td></tr>
<tr><td rowspan="5">1981</td><td>白马农村信用合作社</td><td rowspan="5">浦江县农村金融先进集体</td></tr>
<tr><td>黄宅农村信用合作社</td></tr>
<tr><td>平安农村信用合作社</td></tr>
<tr><td>朱桥农村信用合作社</td></tr>
<tr><td>平湖农村信用合作社</td></tr>
</table>

续表 7-2-7

年 度	受表彰单位	荣誉称号	授予或表彰单位
1983	郑宅农村信用合作社	浦江县农村金融储蓄优胜单位	中国农业银行浦江县支行
1984	郑家坞农村信用合作社	浦江县农村金融先进集体	
	岩头农村信用合作社		
	潘宅农村信用合作社		
	石马农村信用合作社		
	平湖农村信用合作社		
	郑家坞农村信用合作社	浦江县农村金融系统储蓄专业优胜单位	
	黄宅农村信用合作社		
	浦阳农村信用合作社		
	花桥农村信用合作社		
	中余农村信用合作社	浦江县农村金融系统储蓄专业优胜单位	
	浦阳农村信用合作社	浦江县农村金融系统农业信贷专业优胜单位	
		浦江县农村金融系统企业信贷专业优胜单位	
	白马农村信用合作社	浦江县农村金融系统年终决算表竞赛优胜单位	
	礼张农村信用合作社		
	平安农村信用合作社		
	朱桥农村信用合作社		
	平湖农村信用合作社		
1985	郑家坞农村信用合作社	浦江县农村金融系统先进集体	
	治平农村信用合作社		
	平安农村信用合作社		
	朱桥农村信用合作社		

续表 7-2-7

<table>
<tr><th>年 度</th><th>受表彰单位</th><th>荣 誉 称 号</th><th>授予或表彰单位</th></tr>
<tr><td rowspan="9">1985</td><td>平湖农村信用合作社</td><td>浦江县农村金融系统先进集体</td><td rowspan="17">中国农业银行
浦江县支行</td></tr>
<tr><td>浦阳农村信用合作社</td><td rowspan="4">浦江县农村金融系统
“三优”单位</td></tr>
<tr><td>黄宅农村信用合作社</td></tr>
<tr><td>大许农村信用合作社</td></tr>
<tr><td>前吴农村信用合作社</td></tr>
<tr><td>岩头农村信用合作社</td><td rowspan="4">浦江县农村金融系统
储蓄专业优胜单位</td></tr>
<tr><td>浦阳农村信用合作社</td></tr>
<tr><td>石马农村信用合作社</td></tr>
<tr><td>中余农村信用合作社</td></tr>
<tr><td rowspan="5">1987</td><td>郑家坞农村信用合作社</td><td rowspan="8">浦江县农村金融系统
先进单位</td></tr>
<tr><td>堂头农村信用合作社</td></tr>
<tr><td>浦阳农村信用合作社</td></tr>
<tr><td>朱桥农村信用合作社</td></tr>
<tr><td>虞宅农村信用合作社</td></tr>
<tr><td rowspan="3">1988</td><td>黄宅农村信用合作社</td></tr>
<tr><td>浦阳农村信用合作社</td></tr>
<tr><td>中余农村信用合作社</td></tr>
<tr><td rowspan="5">1990</td><td>县联合社营业部</td><td>浦江县反假币优胜金融网点</td><td>中国人民银行
浦江县支行</td></tr>
<tr><td>郑宅农村信用合作社</td><td rowspan="4">浦江县农村金融系统
先进单位</td><td rowspan="4">中国农业银行
浦江县支行</td></tr>
<tr><td>黄宅农村信用合作社</td></tr>
<tr><td>浦阳农村信用合作社</td></tr>
<tr><td>朱桥农村信用合作社</td></tr>
</table>

续表 7-2-7

年　度	受表彰单位	荣誉称号	授予或表彰单位
1990	平湖农村信用合作社	浦江县农村金融系统先进单位	中国农业银行浦江县支行
1992	郑家坞农村信用合作社		
	岩头农村信用合作社		
	浦阳农村信用合作社		
	杭坪农村信用合作社		
	中余农村信用合作社		
1993	郑家坞农村信用合作社		
	浦阳农村信用合作社		
	杭坪农村信用合作社		
	中余农村信用合作社		
1995	郑家坞农村信用合作社		
	黄宅农村信用合作社		
	浦阳农村信用合作社		
1996	县联合社营业部	县金融系统执行贷款证制度先进单位	中国人民银行浦江县支行
1997	浦东农村信用合作社郑宅分社	浦江县农信系统先进单位	县联合社
	治平农村信用合作社		
	浦阳农村信用合作社平安分社		
	浦阳农村信用合作社		
	中余农村信用合作社		
1998	檀溪农村信用合作社		
1999	县联合社财务电脑科		
	浦东农村信用合作社本部		
	浦东农村信用合作社郑宅分社		

续表 7-2-7

<table>
<tr><th>年 度</th><th>受表彰单位</th><th>荣 誉 称 号</th><th>授予或表彰单位</th></tr>
<tr><td rowspan="5">1999</td><td>黄宅农村信用合作社本部</td><td rowspan="4">浦江县农信系统先进单位</td><td rowspan="4">县联合社</td></tr>
<tr><td>浦阳农村信用合作社本部</td></tr>
<tr><td>浦阳农村信用合作社前吴分社</td></tr>
<tr><td>檀溪农村信用合作社中余分社</td></tr>
<tr><td>县联合社营业部</td><td>县金融系统货币发行优胜金融网点</td><td>中国人民银行
浦江县支行</td></tr>
<tr><td rowspan="6">2000</td><td>县联合社办公室</td><td rowspan="6">浦江县农信系统先进单位</td><td rowspan="6">县联合社</td></tr>
<tr><td>浦东农村信用合作社郑宅分社</td></tr>
<tr><td>黄宅农村信用合作社本部</td></tr>
<tr><td>浦阳农村信用合作社本部</td></tr>
<tr><td>浦阳农村信用合作社大许分社</td></tr>
<tr><td>檀溪农村信用合作社本部</td></tr>
<tr><td rowspan="8">2001</td><td>县联合社营业部</td><td>浦江县金融系统票据交换工作
先进单位</td><td>中国人民银行
浦江县支行</td></tr>
<tr><td>浦东农村信用合作社郑宅分社</td><td rowspan="10">浦江县农信系统先进单位</td><td rowspan="10">县联合社</td></tr>
<tr><td>黄宅农村信用合作社治平分社</td></tr>
<tr><td>浦阳农村信用合作社本部</td></tr>
<tr><td>浦阳农村信用合作社杭坪分社</td></tr>
<tr><td>城关农村信用合作社</td></tr>
<tr><td>城关农村信用合作社大许分社</td></tr>
<tr><td>檀溪农村信用合作社中余分社</td></tr>
<tr><td rowspan="2">2002</td><td>县联合社监督保卫科</td></tr>
<tr><td rowspan="2">城关农村信用合作社</td></tr>
<tr><td>2003</td></tr>
</table>

续表 7-2-7

年　度	受表彰单位	荣誉称号		授予或表彰单位
2005	县联社计划信贷科	浦江县农信系统先进单位		县联社
	县联社营业部			
	县联社城关信用社大许分社			
	县联社檀溪信用社虞宅分社			
2006	县联社计划信贷科			
	县联社浦东信用社郑宅分社			
	县联社浦阳信用社			
	县联社浦阳信用社城东分社			
	县联社城关信用社大许分社			
2007	县联社财务电脑科			
	县联社营业部			
	县联社浦东信用社郑宅分社			
	县联社城关信用社七里分社			
2008	县联社办公室			
	县联社浦东信用社郑宅分社			
	县联社檀溪信用社			
	县联社檀溪信用社中余分社			
	县联社财务电脑科	浦江县农信系统信息宣传工作先进集体	第一名	
	县联社浦阳信用社		第二名	
	县联社业务管理科		第三名	
	县联社浦东信用社郑宅分社			
2009	县联社风险合规科	浦江县农信系统先进单位		
	县联社浦东信用社			

续表 7-2-7

年　度	受表彰单位	荣誉称号	授予或表彰单位
2009	县联社浦东信用社郑宅分社	浦江县农信系统先进单位	县联社
	县联社浦阳信用社大溪分社		
	县联社浦阳信用社宫口分社		
2010	县联社浦阳信用社前吴分社		
	县联社风险合规科		
	县联社营业部		
	县联社浦东信用社		
	县联社浦阳信用社杭坪分社		
	县联社檀溪信用社		
	县联社檀溪信用社中余分社		
2011	县联社人事监察科		
	县联社营业部		
	县联社浦东信用社郑家坞分社		
	县联社平安信用社		
	县联社浦阳信用社宫口分社		
	县联社浦阳信用社前吴分社		
	县联社浦阳信用社杭坪分社		
2012	县联社办公室		
	县联社财会科技科清算中心		
	县联社浦东信用社		
	县联社浦东信用社郑宅分社		
	县联社浦阳信用社宫口分社		

续表 7-2-7

年 度	受表彰单位	荣誉称号	授予或表彰单位
2014	县联社业务管理科	浦江县农信系统先进单位	县联社
	县联社岩头信用社		
	县联社浦阳信用社		
	县联社檀溪信用社		
2015	县联社人事教育科		
	县联社审计科		
	县联社营业部		
	县联社黄宅信用社		
	县联社黄宅信用社前陈分社		
	县联社浦阳信用社大溪分社		
	县联社檀溪信用社虞宅分社		
2016	县联社业务管理科		
	县联社风险合规科		
	县联社营业部		
	县联社黄宅信用社		
	县联社郑宅信用社		
	县联社黄宅信用社前陈分社		
	县联社浦阳信用社大溪分社		
	县联社浦阳信用社前吴分社		

第三节 个人荣誉

表 7-2-8 省 级

年 度	受表彰个人	荣誉称号	授予或表彰单位
1955	周鱼溪	浙江省信用合作模范工作者	中国农业银行浙江省分行
1980	王伯英	浙江省农村金融先进工作者	
1981			
1982			
1986	石箫何	浙江省扶贫先进个人	
1987	张根莉	浙江省农村金融先进工作者	
		浙江省农村金融系统优秀出纳员	
1988	王在许	浙江省农村金融先进工作者	
1989	王才有		
	何鱼嫦	浙江省农村金融系统优秀会计、出纳员	
1992	黄林祥	浙江省农村金融先进工作者	
	杨幸平	浙江省农村金融系统优秀储蓄员	
1993	黄林祥	浙江省农村金融先进工作者	
1995	杨幸平	浙江省农村金融系统优秀储蓄员	
1996	戴纪律	浙江省农信系统优秀存款员	省联合社
2006	裘 豪	浙江省农信系统优秀领导干部	
2009	杨巨钢	浙江省金融支农工作先进个人	中国银监会浙江监管局 浙江省农村工作办公室
2011	吴园园	浙江省农信系统岗位廉洁合规从业标兵	省联合社办公室
2012	王才有	浙江省农信系统优秀领导干部	省联合社
2013			
2014	李九良	浙江省农信系统优秀领导干部	
2015	陈文斌	浙江省农信系统政工先进工作者	省联合社办公室

表 7-2-9 地、市级

年 度	受表彰个人	荣 誉 称 号	授予或表彰单位
1982	王伯英 宋良根	金华地区 农村金融先进工作者	中国农业银行 金华地区中心支行
1984	周幼根 祁秀芳		
1987	张根莉 陈 明		
	郁小娟	金华市农村金融系统会计专业优秀会计员	
	张根莉	金华市农村金融系统出纳专业优秀出纳员	
	陈绥凤	金华市农村金融系统信贷专业优秀信贷员	
1988	王在许 王永清	金华市农村金融先进工作者	中国农业银行 金华市支行
1989	王才有 楼英明		
	杨幸平	金华市农村金融系统优秀储蓄员	
1990	郁小娟	金华市农村金融系统信用合作储蓄专业先进工作者	
	金荷花 毛金敢	金华市农村金融先进工作者	
	毛金敢 张序根	金华市农村金融系统信贷专业优胜个人	
	何鱼嫦 楼基设	金华市农村金融系统财务专业优胜个人	中国农业银行 金华市分行
1992	黄林祥 张根莉	金华市农村金融先进工作者	
1993	黄遵挺		
	杜娟花	金华市农村金融系统优秀储蓄员	
1994	江东放		
1995	傅宝善 黄林祥	金华市农村金融先进工作者	
1997	周东明 季建英	金华市农信系统先进工作者	金华市农金体改办
1998	陈锡生 张法远		
1999	邵浩然 陈忆萍		

续表 7-2-9

年　度	受表彰个人	荣誉称号	授予或表彰单位
2000	黄云英　吴立邦	金华市农信系统先进工作者	金华市农金体改办
2001	邵浩然　郑梦林		
2002	江东放　袁农范		金华市信管办
2003	方春成　方八一		
2006	裘　豪	金华市农信系统优秀领导干部	省联合社金华办事处
2009	许云龙	金华银行业“社会责任年”活动先进个人	金华银监分局
2010	詹兴云	金华市农信系统优秀领导干部	省联合社金华办事处
	童照峰	金华市农信系统先进工作者	
2011	黄林祥	金华市农信系统政工先进工作者	
2013	赵丽霞	金华市农信系统优秀审计员	
2015	王才有	金华市劳动模范	金华市人民政府

表 7-2-10　　县　级

年　度	受表彰个人	荣誉称号	授予或表彰单位
1961	周美泗　郑双听　毛金敢　陈予康　张润月　周鱼溪（出席县表彰）　陈福喜（出席省表彰）	义乌县金融系统先进工作者	中国人民银行义乌县支行
1963	张寿生　傅昌华　蒋仙花		
1964	张润月　毛金敢		
1977	毛嘉庆　吴凤熇　金其广　周欣民　项增奎　周美泗　张润月　陈予康　陈锡生	浦江县金融系统先进工作者	中国人民银行浦江县支行
	张有根　陈兴地　严明达　朱文德	表　扬	
1978	严明达　张润月　黄子棪　周美泗　洪朝燕　陈锡生　王伯英　柳宏牛　金其广　洪仙花　贾炳元　徐星有　陈绥凤　毛嘉庆　周欣民　金纪留	浦江县金融系统上半年“双学”（学大庆、学大寨）初评先进个人	

续表 7-2-10

年 度	受表彰个人	荣 誉 称 号	授予或表彰单位
1979	吴尚铜 朱文德 洪仙花 黄遵挺 陈绥凤 贾炳元 陈丰育 毛嘉庆 金如明 芮士霖 洪朝燕 王伯英 周美泗 黄金流	浦江县金融系统 上半年“双学”（学大庆、 学大寨）初评先进个人	中国人民银行 浦江县支行
	吴尚铜 朱文德 洪仙花 黄遵挺 陈绥凤 贾炳元 洪朝燕 王伯英 周美泗 黄金流 周幼根 张远励 徐建一 郑毛革 杨潮来 周金宝 陈 平 杨静平	浦江县农村金融系统 先进工作者	
	郑毛革 周幼根 吴怀德 芮士霖 杨潮来 陈 明 杨静平 王伯英 陈学成 陈仙莲 金如明 盛永春	浦江县农村金融系统 会计出纳无差错优胜个人	
1980	王伯英 陈 平 周美泗 毛嘉庆 徐星有 周幼根 陈福喜 杨潮来 朱文德 张寿生 郑顺世 何鱼嫦 吴凤熇 陈绥凤 贾炳元 黄遵挺 肖 林	浦江县农村金融红旗手	中国农业银行 浦江县支行
1981	陈月珍 王在许 郑定良 陈绥凤 陈福喜 周幼根 毛嘉庆 周美泗 肖 林 黄建余 王伯英 何鱼嫦 黄必勋 楼永海 李家彬 金如明 宋良根	浦江县农村金融系统 先进工作者	
1982	王伯英 宋良根 贾炳元 傅世照 郑定良 芮士霖 郁小娟 陈兴地 陈学成 张融融 张远励 周幼根 李家彬 杨国强 张群肖 丁长辉 吴 璇 洪春潭 胡 蓉		
	肖 林 陈 平 王伯英 周美泗 何鱼嫦 朱文德 郑顺世 张寿生 吴凤镐 黄遵挺 贾炳元 陈福喜 周幼根 杨潮来 毛嘉庆 徐星有 陈绥凤	浦江县农村金融红旗手	

续表 7-2-10

年 度	受表彰个人	荣 誉 称 号	授予或表彰单位
1984	陈绥凤 李建湘 张丽天 陈月珍 胡 蓉 张宏伟 丁长辉 罗培渊 郑可林 祁秀芳 徐伟华 陈 平 张杨柳 王在许 吴怀德 周幼根 宋良根 石箫何 朱希秋 张融融	浦江县农村金融系统先进工作者	中国农业银行浦江县支行
	陈绥凤 胡 蓉 张融融 陈曼秋 盛永春	浦江县农村金融系统会计专业优胜个人	
	贾野鹰 郑可林 陈学成 陈 平 陈仙莲 楼国强 黄林祥 徐伟华 吴 璇 张群肖 杨幸平 戴满红 黄能光 江东放 袁农范 罗培渊 周江君	浦江县农村金融系统出纳专业优胜个人	
	祁秀芳 陈仙莲	计划统计专业优胜个人	
	贾野鹰 郑可林 陈仙莲 杨幸平 徐伟华 楼国强 祁秀芳 张群肖 戴满红 罗培渊 周江君	浦江县农村金融系统出纳专业安全无差错	
	张融融 陈绥凤 陈曼秋 金如明 盛永春 潘永汉	浦江县农村金融系统出纳专业百日安全无差错	
1985	宋良根 傅爱芳 金士华 陈绥凤 张杨柳 黄明生 陈月珍 张宏伟 陈学成 陈巧琴 周荣军 毛嘉庆 张融融 何鱼嫦 张春松 吴尚铜 张寿生 陈曼秋 黄能光 朱希秋 任浦城 方城强 李家彬	浦江县农村金融系统先进工作者	
	黄遵挺 郑元仙 黄新木	浦江县农金系统“三优”先进个人	
1987	毛嘉庆 江东放 周欣民 徐建一 何鱼嫦 楼永海 楼晓春 郑元仙 张寿生 戴根木 张美娟 李家彬 张根莉 朱希秋 项伟历 朱旭民 黄明生 郁小娟 陈宝山 王建成 贾野鹰 叶 娟 王在许 黄必勋	浦江县农村金融系统先进工作者	

续表 7-2-10

年 度	受表彰个人	荣誉称号	授予或表彰单位
1987	陈 明 周幼根 陈绥凤	浦江县农村金融系统先进工作者	中国农业银行浦江县支行
	何鱼嫦 项伟历 郁小娟 陈巧琴	浦江县农村金融系统优秀会计员	
	张根莉 袁农范 陈 平	浦江县农村金融系统优秀出纳员	
	陈宝山 陈绥凤	浦江县农村金融系统优秀信贷员	
1988	黄遵挺 金荷花 丁长辉 魏红艳 楼晓春 陈宝山 吴小君 黄林祥 张雄鹰 王在许 项伟历 杨幸平 张根莉 薛伟先 陈曼秋 陈丰育 周欣民 王永清	浦江县农村金融系统先进工作者	
1990	周荣军 张法远 周欣民 毛金敢 郁小娟 陈长生 魏红艳 陈锡生 胡 颖 张序根 傅大悦 张根莉 陈曼秋 周家立 黄遵挺 吴小君 丁长辉 楼晓春 张根先 金冬英 金荷花 傅宝善 金兰庭 王在许 江东放 王永清		
	金荷花 毛金敢 吴小君 胡 颖	浦江县农金系统专业优胜个人	
1991	张根莉	浦江县先进工作者	
1992	郁小娟	浦江县先进生产者	
	戴纪律 黄文伟 张为民 黄林祥 贾红花 楼建华 陈忆萍 毛嘉庆 陈美珠 黄建余 陈 明 胡 颖 张根莉 黄新木 张序根 张美花 丁长辉 郭真农 魏红艳 张杨柳 张寿生	浦江县农村金融系统先进工作者	
1993	薛伟先 金冬英 魏红艳 黄遵挺 李巧萍 周家立 盛永春 陈 平 彭丽仙 曹伙改 黄林祥 王在许 吴秀芳 黄 俊 吴漫红 黄云英 杨卫东 张法远 陈丰育 陈忆萍 黄必勋		

续表 7-2-10

年度	受表彰个人	荣誉称号	授予或表彰单位
1995	陈长生 张美花 楼建华 季建英 周金宝 江东放 黄为兴 赵鹏程 黄云英 孙云霞 曹伙改 郑定良 周荣军 吴旭明 张　慧 朱旭民 罗培渊 周群文 贾月仙 朱玉林 黄林祥 傅宝善	浦江县农村金融系统 先进工作者	中国农业银行 浦江县支行
1996	黄明生 金荷花	浦江县金融系统 先进工作者	中国人民银行 浦江县支行
1997	楼理宣 陈伟梁		
	王才有 陈巧琴 江东放 金飞雀 贾月仙 黄林祥 季建英 吴秀芳 陈曼秋 楼建华 魏红艳 楼理宣 黄明生 贾明东 徐云燕 陈伟梁 季新团 陈长生 薛伟先 黄云英 黄顺明 周群文 毛红专 张法远 周东明	浦江县农信系统 先进工作者	县联合社
1998	张玲燕 黄云英	浦江县金融系统先进工作者	中国人民银行 浦江县支行
	黄能光 周东明 王才有 石灵飞 贾月仙 黄顺明 邵菊芬 张序根 薛伟先 金飞雀 任春霞 季新团 洪黎明 黄明生 陈锡生 徐云燕 傅根木 张根莉 张雄鹰 王永清 张必军	浦江县农信系统 先进工作者	县联合社
1999	王才有 金士华 陈忆萍 张美花 石灵飞 张美娟 张融融 周群文 盛永春 陈克橡 黄翠平 黄文伟 杨幸平 张法远 方　猛 邵浩然 张根莉 张根先 郑元仙 郑丽华		
	王才有　张根先	浦江县金融系统先进工作者	中国人民银行 浦江县支行
	王才有 戴纪律 于玉雁 金兰庭 朱立群 吴怀德 何鱼嫦	浦江县农信系统 清理整顿农村基金会积极分子	县联合社

续表 7-2-10

年 度	受表彰个人	荣誉称号	授予或表彰单位
2000	徐建一	浦江县社综治先进个人	中共浦江县委办
	黄能光 张法远 毛红专 张灵坚 丁长辉 陈忆萍 贾月仙 黄一凡 傅根木 童照峰 吴秀芳 吴海英 楼建华 杨卫东 黄云英 徐秀艳 黄明生 陈克橡 黄雄伟 陈国强 吴立邦 张小兰 郑秀娟 张根莉 胡 蓉 张必军 虞真良 邵浩然 杜娟花	浦江县农信系统 先进工作者	县联合社
1996~2000	徐建一	浦江县“三五” 普法教育先进个人	中共浦江县委 县人民政府
2001	张小霞 于 洪 方守盛 黄云英 吴旭明 陈晓艳 贾一帆 陈忆萍 张深波 洪小虎 谭秋莲 吴秀芳 金娇赟 黄美娟 吴海英 陈国强 张玲燕 陈克橡 金兰庭 郑秀娟 张小兰 朱立群 毛红专 杨 英 张法远 郑丽华 陈文斌 邵浩然 徐祖江	浦江县农信系统 先进工作者	县联合社
2002	江东放	浦江县农信系统先进社主任	
	陈文斌	浦江县农信系统先进科室长	
	金利建 陈怡莉 黄 俊 黄翠平 洪 咏 徐福东 周群文 郑永义 张必肖 郑秀娟 张雄鹰 张根莉 吴秀芳 金冬英 吴灵芳 徐 璇 方春成 季建英 陈忆萍 薛镇伟 朱立群 周东明 徐志坚 杨 英 吴海英 陈克橡 朱晓瑾 赵小红 方八一	浦江县农信系统 先进工作者	
2003	周东明 朱晓瑾 季新团 任青芳 黄月霞 季建英 张深波 金冬英 黄美娟 吴灵芳 方春成 金利建 石灵飞 邱燕冬 黄云英 徐福东 毛红专 张丹云 戴小富 张小兰 傅爱芳 方八一 袁农范 金荷花 邵浩然 张必军		

续表 7-2-10

年　度	受表彰个人	荣誉称号	授予或表彰单位
2005	张必军	浦江县先进会计工作者	县财政局
2005	张根莉 邵浩然 傅大悦 傅根木 周东珍 傅欢笑 徐云燕 俞　立 陈　丹 张灵坚 吴海英 周东明	浦江县农信系统先进工作者	县联社
2007	张中伟 张法远 傅仙元 金冬英 张玲燕 张小霞 傅爱芳 郑永义 金　权 徐忠清 傅大悦 黄红英 金娇赟 贾一帆 徐　飞 胡　颖 魏宝英 季建英 楼建华 季新团 吴玉娟 周东珍 陈　丹 陈关跃 方八一 黄巧燕		
2008	邵浩然 陈忆萍 陈文斌 张玲燕 薛伟先 金荷花 杨钦勇 金兰庭 金娇赟 徐　飞 朱旭民 贾一帆 俞　立 黄海东 傅根木 周冬珍 任青芳 季新团 陈克橡 吴海英 傅爱芳 张必肖 徐志坚 陈关跃 盛金刚		
2009	季新团 陈忆萍 杨玲玲 吴玉娟 金娇赟 项伟历 吴江英 胡　颖 贾一帆 黄美娟 徐　飞 黄翠平 周东珍 杜娟花 张　艳 徐云燕 李巧萍 郑永义 楼国强 于翠平 贾月仙 张必肖 周旭光 陈　勋 季展惠		
2010	邵浩然 张必军 吴玉娟 陈文斌 童照峰 石灵飞 黄翠平 徐福东 于翠平 张　钏 严东东		
2011	陈巧琴 李巧萍 周旭光 黄顺明 张　钏 杨玲玲 张为民 王天佑 俞淑俊 陈克橡 楼建华 徐祖江 周东珍 周群文 黄美娟 吴秀芳 方攀苗 于翠平 严东东 张烽光 吴园园 傅燕玲 郑永义 杨灵敏		

续表 7-2-10

年 度	受表彰个人	荣誉称号	授予或表彰单位
2012	季新团 傅大悦 陈妍妍 周东明 张灵坚 李巧萍 方八一 黄顺明 吴 超 郑永义	浦江县农信系统“十佳干部”	县联社
2012	盛金刚 张必肖 严东东 任青芳 傅超男 贾晓琳 楼宇宸 于遵源 徐秀艳 俞淑俊	浦江县农信系统“十佳员工”	县联社
2011~2013	王才有	浦江县劳动模范	县人民政府
2014	张玲燕 杨巨钢 陈妍妍 周旭光 陈晓晓 陈 勋 杨 英 张烽光 黄 健 傅欢笑	浦江县农信系统“十佳干部”	县联社
2014	盛金刚 陈毅锋 沈青源 赵丽霞 于遵源 俞淑俊 赵 达 黄 旻 胡诚贤 徐清锋	浦江县农信系统“十佳员工”	县联社
2015	季新团 杨巨钢 陈晓晓 陈 勋 盛金刚 黄一凡 楼安娜 黄 旻 任婷婷 方晶晶 王孝男 王军霞 徐 玥 郑高原 江灵娟 周丽明 张松松 张倩妮 黄楷杰 王彩凤 谭婷婷 王李衎 张旭君 徐 飞 于 添 黄 莉 李艳飞 傅燕玲 陈 婉 周雅云	浦江县农信系统先进工作者	县联社
2016	贾明东 季新团 周旭光 陈晓晓 傅超男 黄 旻 楼安娜 陈 娟 严东东 胡诚贤 陈恩炼 张 龙 王李衎 郑高原 胡一垄 方晶晶 任婷婷 徐 玥 沈青源 徐逸凡 徐清锋 王彩凤 张旭君 张丽丽 赵 欣 陈赛玲 黄青芳 楼永赛 陈 盼 季惠珊	浦江县农信系统先进工作者	县联社

第八篇　专项记述

本篇主要记述浦江县农村信用合作社自成立以来召开的社员代表大会，县联合社、县联社历届社员代表大会，职工代表大会情况；县联社职工业务技能比武获奖情况；1955 年至 2016 年全县农村信用合作社的业务数据。

第一章 社员代表大会

第一节 农村信用合作社社员代表大会

1954年3月后，本县各农村信用合作社陆续组建。各社均召开社员代表大会，讨论并通过《信用合作社章程》，选举产生理事会、监事会成员，议定业务计划等。社员代表大会是信用合作社的最高权力机构，一般每年定期召开一次，代表由各信用合作社社员小组推荐，大会主要审议业务计划完成情况、财务决算等重大事项。社员代表大会每届三至五年，换届时由社员小组重新推荐社员代表出席，代表大会选举产生新一届理、监事会成员。

1958年人民公社化运动中，农村信用合作社并入国家银行的营业所，成立公社信用部。信用合作社改称××公社信用部××信用分部，资金、财产及职工统一由公社管理。“文化大革命”期间，农村信用合作社实行“贫下中农管理”。社员代表大会曾两次被废除。

1961年6月，国务院批转中国人民银行《农村信用合作社工作条例（草案）》，重申农村信用合作社是按照自愿互利原则组织起来的社会主义集体信用组织，其股金为全体人员共有，属于集体所有制。是年，按该工作条例要求，各信用合作社先后召开社员代表大会，讨论并修订章程，民主选举产生新一届理、监事会，建立民主管理组织，将××信用分部更名为××公社信用合作社。

1983年农村信用合作社体制改革时，各社都把恢复社员代表大会制度、贯彻“民主办社”方针作为头等大事来抓。通过清理核对股金、发放股金红利或股息，组织社员选举代表，召开社员代表大会，讨论修订信用合作社章程，重新选举产生理、监事会，信用合作社各项工作步入健康发展轨道。

1989年9月，中国农业银行浦江县支行印发关于做好农村信用合作社换届改选工作的通知，县支行及联合社派出工作组赴石马农村信用合作社进行换届改选试点，总结经验向全县推广。重点是选举社员代表和理、监事成员，开好社员代表大会和理、监事会议。随即，依据农村信用合作社章程规定，组织各社普遍进行换届改选。

1998 年 10 月，全县具有法人资格的 16 家农村信用合作社，按合作制原则归并组建为浦东、黄宅、浦阳和檀溪四家具有法人资格的农村信用合作社。并对原有股金作全面清理，同时分别召开社员代表大会，讨论修订章程，重新选举新一届理、监事会。

县农村信用合作社联合社（以下简称县联合社）、县农村信用合作联社（以下简称县联社）的最高权力机构是社员代表大会，社员代表大会闭会期间，理事会为其常设执行机构，行使社员代表大会权力。

1987 年 6 月至 2004 年末，县联合社和各农村信用合作社系两级法人架构。其间，县联合社相继召开过三届社员代表大会。

2005 年 1 月成立县联社，实行一级法人、统一核算、分级管理、授权经营的管理体制，迄 2016 年末改制为农村商业银行前，又相继召开过四届社员代表大会。

第二节　县联合社社员代表大会

第一届社员代表大会

1987 年 4 月，中国农业银行浦江县支行成立县联合社筹建领导小组，并抽调人员具体负责筹建事宜。

图 8-1-1　县联合社第一届社员代表大会全体代表合影（1987.6）

是年 6 月 12 日至 13 日，县联合社成立暨第一届社员代表大会召开，有来自全县 25 个农村信用合作社及 5 个分社的正式代表 48 名，中国农业银行浦江县支行及基层营业所的 24 名代表列席。中共浦江县委、县人民政府领导同志及部分市、县兄弟行社代表到会祝贺。大会审议并通过县联合社第一届社员代表大会筹备工作报告、县联合社章程及人事、业务、财务等项管理办法，民主选举产生第一届理事会成员。理事会由石箫何、宋良根、张祖荣、张杨柳、张寿生、陈乃曹、陈丰育、周幼根、赵根法、黄遵挺、黄建余等 11 位理事组成，推选中国农业银行浦江县支行副行长张祖荣兼任理事会主任，周幼根为副主任。

第二届社员代表大会

1989 年 9 月，根据农村信用合作社章程规定，中国农业银行浦江县支行在全县农村信用合作社组织进行全面换届改选工作。

1990 年 8 月，中国农业银行浦江县支行成立县联合社换届改选筹备领导小组。全县农村信用合作社划分为 29 个选举单位，民主选举产生社员代表。9 月 6 日至 8 日，召开县联合社第二届社员代表大会，有代表 64 名，其中县联合社、各农村信用合作社及分社代表 51 名，中国农业银行浦江县支行和基层营业所及县联合社办事组代表 13 名。中共浦江县委、县人民政府和上级行领导同志莅临指导。与会代表审议并通过第一届理事会工作报告、联合社财务收支报告和联合社章程（修改草案），民主选举产生第二届理事会成员。理事会由何鱼嫦、张寿生、周幼根、赵根法、徐建一、黄必勋、楼基贤等 7 位理事组成，推选中国农业银行浦江县支行行长楼基贤兼任理事会主任，周幼根、徐建一为副主任。

图 8-1-2　县联合社第二届社员代表大会（1990.9）

图 8-1-3　县联合社第二届社员代表大会全体代表合影（1990.9）

第三届社员代表大会

1998 年 11 月 21 日，召开县联合社第三届社员代表大会，有正式代表 10 名，列席代表 36 名。全市各兄弟联合社代表应邀出席，中共浦江县委、县人民政府，金华市农金体改办及中国人民银行浦江县支行领导同志莅临指导。大会审议并通过县联合社主任徐建一所作题为《深化改革，强化管理，团结一致，顽强拼搏，为推进我县农村信用合作事业的健康发展而奋斗》的工作报告和联合社章程（修改草案），民主选举产生第三届理事会、监事会成员。理事会由徐建一、宣明炎、季宗池、王才有、黄明生等 5 位理事组成，推选徐建一任理事长；监事会由黄林祥、陈锡生、黄能光等 3 位监事组成，推选黄林祥任监事长。理事会选聘徐建一兼任联合社主任。

1999 年 5 月，召开第三届社员代表大会第二次会议，审议并通过理事会、监事会工作报告，联合社业务经营方针与计划、内部管理制度、机关人员考核办法以及财务预决算方案和利润分配方案。

图 8-1-4　县联合社第三届社员代表大会（1998.11）

2000 年 3 月，第三届理事会第三次会议审议联合社 1999 年度工作总结和 2000 年度工作思路及人事管理“三定”方案；第三届监事会第三次会议就上述决议予以监督审议。11 月，召开第三届社员代表大会第三次会议，审议并通过理事会、监事会工作报告和联合社财务工作报告及股本金转让等项事宜。12 月，第三届理事会第四次会议落实领导班子调整工作，宣布市农金改办决定：季宗池退居二线为副主任级调研员，洪志强任联合社副主任，王才有任联合社主任助理。第三届社员代表大会第四次会议选举洪志强为理事会理事，并兼任联合社副主任，季宗池不再担任理事职务。第三届理事会第五次会议同意洪志强任副理事长。

第三节　县联社社员代表大会

第一届社员代表大会

2005 年 1 月 26 日，召开县联社创立大会暨第一届社员代表大会。实到正式代表 51 名，列席代表 17 名。中共浦江县委、县人民政府，省联合社金华办事处及中国人民银行浦江县支行领导同志到会祝贺。与会代表审议并通过县联社筹建工作报告、章程、社员代表大会议事规则以及经营方针和发展规划、支持“三农”发展和明确三年农业贷款比例计划，民主选举产生第一届理事会、监事会成员。理事会由裘豪、王才有、王永清、张小华、张伯承、张越康、陈根敏、郑家林、费江海、赵朝东、楼基成等 11 位理事组成，推选裘豪任理事长；监事会由黄林祥、王天佑、石栋、朱含海、鲍杭平等 5 位监事组成，推选黄林祥任监事长；理事会选聘王才有任县联社主任。同时宣布县联社内设机构负责人聘任决定。

是年 5 月 27 日，第一届理事会第二次会议审议并通过县联社贷款管理办法、营业网点调整方案和 2004 年度利润分配方案，以及理事会下设风险管理、薪酬、关联交易控制及审计四个委员会工作规则草案；6 月 3 日，第一届监事会第二次会议就上述决议予以监督审议。

9 月 15 日，第一届理事会第三次会议审议并通过县联社 2005 年上半年工作报告、下半年工作安排和 2005 年上半年财务收支情况报告及营业网点调整方案。第一届监事会第三次会议就 2005 年度新发放大额保证贷款审计工作方案予以监督审议。

12月16日，第一届理事会第四次会议审议并通过县联社2005年度工作情况报告和工作人员违规违纪行为处理办法（草案），并就浦江钢铁总公司抵押资产处置方案予以初步审议。第一届监事会第四次会议听取关于对县联社2005年度新增大额保证贷款的检查报告，监督审议工作人员违规违纪行为处理办法（草案）。

图8-1-5 在县联社创立大会暨第一届社员代表大会上时任县委书记赵敏向县联社理事长裘豪、主任王才有授牌 （2005.1）

2006年3月20日，第一届理事会第五次会议审议并通过县联社2005年度工作报告、财务决算报告和贷款授权管理办法、操作规程及不良贷款清收承包办法。第一届监事会第五次会议就上述决议予以监督审议。

图8-1-6 县联社创立大会暨第一届社员代表大会第一次会议与会领导和代表合影

4月12日，第一届社员代表大会第二次会议审议并通过理事长裘豪所作题为《坚持科学发展，创新发展思路，努力开创农村信用合作社工作新局面》的理事会工作报告，监事会工作报告，以及县联社2005年度财务决算报告和2006年度财务预算方案。

6月5日，第一届监事会第六次会议审议并通过对理事长、县联社主任2005年度履职情况进行专项审计的方案。9日，第一届理事会第六次会议审议并通过浦江钢铁总公司抵押资产处置方案。

11月28日，第一届理事会第七次会议审议并通过县联社营业部、浦阳信用社装修方案。第一届监事会第七次会议审议并通过对违规违纪人员处罚处理执行情况的监督检查工作方案。

12月28日，第一届理事会第八次会议讨论县联社2007年度发展总体指导思想和工作思路。第一届监事会第八次会议审议对违规违纪行为处理办法等制度执行情况的监督检查报告。

2007年3月6日，第一届理事会第九次会议审议并通过县联社2006年度利润分配方案和2007年度财务预算方案及业务经营计划，同意经省联合社组织竞聘后提名、聘任许云龙为县联社副主任的方案。同日，第一届监事会第九次会议审议并通过2006年度监事会工作报告、县联社2006年度利润分配和2007年度财务预算方案。

3月28日，第一届社员代表大会第三次会议审议并通过理事长裘豪所作题为《坚持科学发展，创新发展思路，为实现又好又快发展而努力奋斗》的理事会工作报告，监事会工作报告，县联社2006年度财务决算报告、利润分配方案及2007年度财务预算方案。

8月17日，第一届理、监事会第十次会议听取县联社2007年上半年工作报告和下半年工作打算，审议理事长、县联社主任2006年度履职专项审计报告，审议并通过关于向监事会报告大额保证、抵押贷款评审资料。

10月26日至11月1日，第一届理、监事会第十一次会议采用书面材料送达方式，审阅县联社第三季度工作总结和第四季度工作计划，审议并通过合规政策决议。

12月27日，第一届理、监事会第十二次会议听取并审议县联社2007年末业务指标完成情况、2007年度工作总结和2008年度工作思路，讨论、拟订监事会2008年度工作思路。

2008年4月10日，第一届社员代表大会第四次会议暨第一届理、监事会第十四次会议，审议并通过2007年度理事会、监事会工作报告，县联社2007年度财务决算报告、利润分配方案及2008年度财务预算方案；省联合社金华办事处主任到会作人事更动说明，推荐詹兴云任县联社理事长，理事会通过詹兴云任理事长的决议。

10月8日，第一届理、监事会第十五次会议听取、审议县联社2008年第三季度工作报告和第四季度工作安排意见，审议并通过县联社内部审计工作规定、换届工作实施方案、社员代表推选实施方案、增资配股方案及股份转让办法。

第二届社员代表大会

2008年10月30日，召开县联社第二届社员代表大会。大会正式代表56名，列席代表12名。中共浦江县委、县人民政府，省联合社金华办事处、中国银监会金华监管分局及中国人民银行浦江县支行领导同志莅临指导。与会代表听取、审议并通过第一届理事会、监事会工作报告和县联社三年发展规划及增资配股方案等事项，民主选举产生第二届理事会、监事会成员。理事会由詹兴云、王才有、许云龙、张小华、张伯承、张越康、陈根敏、郑家林、赵朝东、费江海、楼基成等11位理事组成，推选詹兴云任理事长；监事会由黄林祥、王天佑、石栋、黄祖星、朱含海等5位监事组成，推选黄林祥任监事长。理事会选聘王才有任县联社主任，许云龙为副主任。

12月24日，第二届理、监事会第二次会议审议通过县联社2008年度业务经营、增资配股、注册资金变更、章程修改、部分社员股金转让等情况的报告和2009年度工作思路及主要业务指标计划，同时宣布县联社部分内设机构负责人聘任决定。

2009年3月5日，第二届理事会第三次会议审议并通过县联社主任工作报告，2008年度财务决算报告、利润分配方案和2009年度财务预算方案、风险监管达标及提升案件防控水平三年规划。第二届监事会第三次会议听取县联社2008年度财务决算报告、利润分配方案和2009年财务预算方案，审议2008年度监事会工作报告。

3月11日，召开第二届社员代表大会第二次会议，审议并通过理事会、监事会工作报告，县联社2008年度财务决算报告及利润分配方案。

6月10日，第二届理事会第四次会议审议并通过城关信用社中山分社终止营业、部分社员股金转让事宜。第二届监事会第四次会议听取、审议县联社业务经营情况汇报和2008年度理事长、县联社主任任职情况专项审计报告。

9月18日，第二届理事会第五次会议听取县联社当年1至8月份业务经营情况报告；第二届监事会第五次会议听取县联社业务经营情况报告和开展案件风险“百日大排查”情况通报，审议并通过案件风险大排查后续督查工作方案。

12月23日，第二届理事会第六次会议听取县联社当年11月份业务经营情况报告及2010年度工作思路；第二届监事会第六次会议就县联社当年业务经营情况予以审议，并通过2010年度监事会工作意见。

2010年3月15日，第二届理事会第七次会议审议并通过县联社主任工作报告，2009年度财务决算报告、利润分配方案及2010年度财务预算方案；第二届监事会第七次会议就上述报告和方案予以监督审议，并拟订监事会工作报告。

3月30日，召开第二届社员代表大会第三次会议，审议并通过理、监事会工作报告，县联社2009年度财务决算报告和利润分配方案。

6月7日，第二届理事会第八次会议审议并通过县联社主任工作报告、战略管理委员会工作规则和战略管理委员会委员名单及声誉风险管理实施细则。第二届监事会第八次会议听取县联社主任工作报告，审议并通过“内控与合规建设年”活动督查方案。

8月6日，第二届理事会第九次会议审议并通过县联社2010年上半年工作报告和下半年工作意见，2010年度经营层面主要业务经营指标，流动资金贷款管理、个人贷款管理等实施细则及理事会议事规则。第二届监事会第九次会议听取县联社上半年业务经营情况及下半年工作意见，监督审议流动资金贷款管理、个人贷款管理等实施细则。

12月22日，第二届理事会第十次会议审议并通过县联社个别内设机构负责人任免决定。第二届监事会第十次会议审议“内控与合规建设年”活动后续督查情况报告。

2011年3月23日，第二届理事会第十一次会议听取、审议并通过县联社主任工作报告、

2010年度财务决算报告和利润分配方案及2011年度财务预算方案；第二届监事会第十一次会议就上述决议予以监督审议，并讨论、拟订2010年度监事会工作报告。

4月8日，召开第二届社员代表大会第四次会议，听取、审议并通过理事会、监事会工作报告；听取县联社2010年度财务决算报告和利润分配方案及2011年度财务预算方案；监事会审议理事长、县联社主任2010年度履职情况报告。

6月17日，第二届理事会、监事会第十二次会议分别听取、审议县联社前5个月业务经营情况汇报和后7个月工作安排意见；监事会审议理事长、县联社主任2010年度履职情况报告。

9月16日，第二届理事会第十三次会议听取县联社前8个月业务经营情况汇报及后4个月工作安排意见。第二届监事会第十三次会议审议监事会对县联社2011年度合规性检查情况予以监督的方案。

11月14日，第二届理事会、监事会第十四次会议分别审议并通过县联社第三届社员代表大会代表推选办法和县联社章程。

第三届社员代表大会

2012年1月18日，召开第三届第一次社员代表大会，正式代表55名，县联社副科级以上干部列席。中共浦江县委、县人民政府，中国银监会金华监管分局、省联合社金华办事处及中国人民银行浦江县支行领导同志莅临指导。与会代表审议并通过第二届理事会、监事会工作报告及县联社章程修改说明，民主选举产生第三届理事会、监事会成员。理事会由王才有、许云龙、李九良、张越康、石栋、张伯承、方世友、郑家林、费江海、张小华、陈根敏等11位理事组成，推选王才有任理事长；监事会由陈文斌、江东放、王元成、朱含海、傅大悦等5位监事组成，推选陈文斌任监事长。理事会选聘许云龙任县联社主任，李九良为副主任。

图8-1-7　县联社第三届社员代表大会第一次会议（2012.1）

4月11日，第三届理、监事会第二次会议听取县联社2011年度财务决算报告、利润分配方案及2012年度财务预算方案，审议理事长、县联社主任2011年度任职情况专项审计报告。

4月25日，召开第三届社员代表大会第二次会议，审议并通过县联社2011年度财务决算报告、利润分配方案及2012年财务预算方案。

8月24日，第三届理、监事会第三次会议（会议召开地舟山）审议并通过县联社上半年度工作报告、科技信息中心设置提案及增资扩股等具体工作事宜。

11月28日，第三届理、监事会第四次会议听取县联社第三季度业务经营情况报告，资格股转换和增资扩股情况说明以及行风评议活动开展情况汇报。

2013年3月12日，第三届理、监事会第五次会议分别听取县联社2012年度工作报告，审议并通过2012年度财务决算报告、利润分配方案及2013年度财务预算方案。

3月27日，召开第三届社员代表大会第三次会议，审议并通过理、监事会工作报告，县联社2012年度财务决算报告、利润分配方案及2013年度财务预算方案。

6月18日，第三届理事会第六次会议审议并通过调整县联社个别内设机构负责人及增选吴立邦为县联社副主任的决议。

8月21日，第三届理事会第七次会议、监事会第六次会议审议县联社2013年上半年工作总结和下半年工作安排意见。

11月13日，第三届理事会第八次会议、监事会第七次会议审议并通过县联社2013年度工作报告、合规风险评估中长期（2013～2015）规划、贷款呆账核销操作细则、科技信息中心升格的决议。

12月19日，第三届监事会第八次会议听取县联社行风评议“回头看”情况汇报和网点转型工作开展情况汇报，并实地开展督查。

2014年3月14日，第三届理、监事会第九次会议听取县联社2013年度工作报告，审议并通过2013年度财务决算报告、利润分配方案及2014年度财务预算方案。

3月28日，召开第三届社员代表大会第四次会议，听取理、监事会工作报告，县联社2013年度工作报告，审议并通过2013年度财务决算报告、利润分配方案和2014年度财务预算方案及章程修订、注册资金变更等事项。

7月11日，第三届理、监事会第十次会议听取、审议县联社2014年上半年工作报告、贷款呆账核销操作细则（修订稿）及股权管理办法。

11月14日，第三届理、监事会第十一次会议听取县联社第三季度工作报告，审议并通过关于纪检监察室单设、银行卡中心升格等决议。

12月24日，第三届理事会第十二次会议听取理事会三年规划完成情况报告，审议并通过2014年度贷款呆账核销追加计划提案。

12月25日，第三届监事会第十二次会议就上述报告和决议予以监督审议，并听取浦阳信用社创建省农信系统文明规范服务示范单位情况汇报。

2015 年 3 月 13 日，第三届理、监事会第十三次会议听取县联社 2014 年度工作报告，审议并通过 2014 年度财务决算报告、利润分配方案及 2015 年度财务预算方案。

3 月 27 日，召开第三届社员代表大会第五次会议，实到代表 46 名。与会代表听取理、监事会工作报告，审议县联社 2014 年度财务决算报告、利润分配方案及 2015 年度财务预算方案。

5 月 14 日，第三届理事会第十四次会议听取、审议并通过县联社三年工作规划、县联社与内部人员和股东关联交易管理办法、个别内设机构负责人调整及新一届社员代表推选办法等提案。

第四届社员代表大会

2015 年 6 月 25 日，召开第四届社员代表大会，实到正式代表 46 名。与会代表审议并通过第三届理事会、监事会工作报告和县联社章程（修订草案），民主选举产生第四届理事会、监事会成员。理事会由王才有、李九良、吴立邦、江东放、张越康、张凯源、石栋、方世友、郑家林、张小华、陈根敏等 11 位理事组成，推选王才有任理事长；监事会由陈文斌、季新团、朱含海、楼利息、陈华等 5 位监事组成，推选陈文斌任监事长。理事会选聘李九良任县联社主任，吴立邦为副主任。

7 月 28 日，第四届理、监事会第二次会议听取县联社上半年工作报告，审议并通过增设资金管理科等决议。

10 月 20 日，第四届理、监事会第三次会议听取县联社第三季度工作报告，审议并通过追加贷款呆账核销计划等决议。

2016 年 3 月 15 日，第四届理、监事会第四次会议听取县联社“十三五”发展规划（草案），审议 2015 年度财务决算报告、利润分配方案及 2016 年度财务预算方案，通过第四届社员代表大会第二次会议召开事宜、县联社章程修订和注册资金变更提案及理事会下设委员会工作规则等决议。

3 月 30 日，召开第四届社员代表大会第二次会议，听取理、监事会工作报告、县联社“十三五”发展规划（草案），审议并通过县联社 2015 年度财务决算报告、利润分配方案和 2016 年度财务预算方案以及章程修订和注册资金变更提案等决议。

7 月 13 日，第四届理、监事会第五次会议听取、审议县联社上半年工作报告和股份制改革相关提案。

7 月 21 日，第四届理事会第六次会议听取、审议关于筹建浙江浦江农村商业银行股份有限公司（以下简称浦江农商银行）的可行性研究，股东资质要求，市场定位、经营方针和管理体制，向各相关利益者征求意见情况等报告，成立浦江农村商业银行筹建工作领导小组、授权聘请中介机构及原县联社清产核资、资产评估及净资产处置等工作方案。

图 8-1-8　县联社第四届社员代表大会第一次会议（2015.6）

7 月 28 日，召开第四届社员代表大会第三次会议，听取、审议上述报告和工作方案，并形成县联社股东股金处置意见的决议。

9 月 13 日，第四届理事会第七次会议听取、审议关于同意组建浦江农村商业银行的决议、浦江农村商业银行筹建工作方案和授权筹建工作领导小组组织实施浦江农村商业银行筹建工作方案、清产核资基准日至浦江农村商业银行开业期间经营成果处置意见、委托授权法定代表人出席浦江农村商业银行创立大会和股东大会并签署发起人协议书及相关法律文书、授权筹建工作领导小组对净资产进行处置、授权筹建工作领导小组聘请律师事务所担任法律顾问等议案。

9 月 28 日，召开第四届社员代表大会第四次会议，听取、审议并通过上述决议、方案及议案。

12 月 1 日，第四届监事会第六次会议听取监事会前 10 个月工作报告、县联社业务经营情况及股份制改革进展情况汇报。

12 月 30 日，中国银监会浙江监管局同意浦江农村商业银行开业，并核准浦江农村商业银行章程。

第二章 职工代表大会

第一节 县联合社职工代表大会

1999 年 3 月 28 日，召开全县农村信用合作社职工代表大会，讨论并通过县农信系统全员劳动合同制管理暂行办法和县农村信用合作社职工聘用暂行管理办法。

2001 年 7 月，召开全县农村信用合作社首届职工代表大会联席会议，审议县联合社提交的关于对张 ××、陈 ××、孙 ××、金 ××、魏 ×× 给予行政开除处分的处理决定，获与会职工代表一致同意。

第二节 县联社职工代表大会

第一届职工代表大会

2005 年 1 月 25 日，召开县联社第一次职工代表大会，选举黄林祥、王天佑为监事会职工监事。

2006 年 4 月 19 日，县联社工会第一届会员代表大会暨职工代表大会第一次会议召开，实到代表 49 名。理事长裘豪致开幕词，工会主席黄林祥作题为《同心协力促发展，团结奋斗献信合，努力开创浦江联社工会工作新局面》的工作报告。审议并通过县联合社第一届工会工作报告和工会财务收支报告，民主选举产生由李巧萍、杨卫东、张中伟、张红英、徐祖江、黄林祥、虞真良等新一届工会委员会成员，推选黄林祥任主席；选举由张必军、郑元仙、洪咏组成财务审查小组，张必军为组长。

6 月 8 日，第一届职工代表大会第二次会议召开，应到代表 58 名，实到代表 52 名。审议通过关于县联社工作人员违规行为处理办法、县联社内部职工贷款管理办法、县联社工作人员考勤管理及假期待遇的规定、县联社待岗中心管理规程等项决议。

2008 年 10 月，召开第一届职工代表大会第三次会议，审议通过县联社工作人员违规行为处理办法和县联社企业年金计划。

2012 年 1 月 11 日，召开第一届职工代表大会第四次会议，选举陈文斌、傅大悦为监事会职工监事。

第二届职工代表大会

2012 年 2 月 28 日，召开第二届工会会员代表大会暨职工代表大会第一次会议，听取工会第一届委员会和经费审查委员会工作报告，选举产生由陈文斌、李巧萍、陈妍妍、吴立邦、杨巨钢、张钏、徐东升等新一届工会委员会成员，推选陈文斌任主席，陈忆萍为经审委主任，陈妍妍为女工委主任。本届工会任期三年（自 2012 年 2 月 28 日起至 2015 年 2 月 27 日止）。

11 月 2 日，召开第二届工会会员代表大会暨职工代表大会第二次会议，审议通过县联社职工贷款管理办法和薪酬分配管理办法，并对基建工作情况、干部选拔任用管理程序、新职工招聘管理重点及热点工作进行说明。

2013 年 6 月 24 日，召开第二届工会会员代表大会暨职工代表大会第三次会议，审议通过县联社员工薪酬管理暂行办法（修订）和违规行为积分管理办法（修订）。

2014 年 6 月 11 日，召开第二届工会会员代表大会暨职工代表大会第四次会议，审议通过 2013 年度工会工作报告、工会经费使用报告，听取 2013 年度员工工资收入、基建建设项目及管理、新职工招聘管理等情况的说明。

第三届职工代表大会

2015 年 6 月 12 日，召开第三届工会会员代表大会暨职工代表大会第一次会议，听取和审议工会第二届委员会、经费审查委员会工作报告，选举产生工会第三届委员会、女工委员会及劳动争议调解委员会成员，通过工会委员会实行替补、增补的暂行规定。第三届工会委员会由陈文斌、李巧萍、陈妍妍、季新团、周旭光、贾明东、张灵坚、虞真良、杨玲玲等组成，陈文斌任主席。

2016 年 7 月 27 日，召开第三届工会会员代表大会暨职工代表大会第二次会议，听取工会工作报告；听取及审议关于筹建浦江农村商业银行股份有限公司的可行性研究报告，关于浦江农村商业银行股份有限公司（筹）股东资质要求，市场定位、经营方针和管理体制及向各相关利益者征求意见情况的报告；审议集体合同和工资专项合同等草案；通报县联社 2015 年度基本建设情况、招工情况及工会经费收支情况。

12 月 13 日，召开第三届工会会员代表大会暨职工代表大会第三次会议，选举陈文斌、季新团为浦江农村商业银行第一届监事会职工监事。

第三章　业务技术比武

第一节　团体获奖

2005 年，县联社全辖分别组队参加县金融系统职工技能比赛和女职工技术比武，均获团体第三名。

2010 年至 2016 年，县联社全辖组队参加县金融系统职工业务技能比赛活动，与同行业各兄弟代表队同台竞技，表现出色，以优异战绩力挫群雄，夺得“七连冠”殊荣。

第二节　个人获奖

1980 年 9 月，县农村金融系统 79 名会计、出纳人员参加珠算测试，浦阳农村信用合作社何鱼嫦获第一名，岩头农村信用合作社王伯英获第二名。

1988 年 9 月，县联合社选手王永清参加金华市农村金融系统第五次业务技能比赛活动，获加权平均利率计算项目第一名。

1992 年，县联合社选手张小洁参加金华市农村金融系统第七次业务技能比赛活动，获翻打百张传票项目第三名。

1994 年，县联合社选手季建英参加金华市农村金融系统第八次业务技能比赛活动，获计息器计息项目第一名。

1995 年，在全县金融系统首届业务技能比赛活动中，县联合社选手郑秀娟获珠算加减乘除项目第二名、珠算翻打传票项目第三名；杜娟花获多指多张点钞项目第五名；陈晓艳获计算机汉字输入项目第五名。

1996 年，县联合社选手季建英参加金华市农村金融系统第九次业务技能比赛活动，获计息器计息项目第一名。

1997 年 9 月，县联合社选手季建英、陈晓艳参加金华市农村信用合作社第一次业务技术比赛活动，季建英获计息器计息项目第二名，陈晓艳获电脑表式加减第二名。

2001 年，县联合社选手陈晓艳参加金华市农信系统第三届业务技能比赛活动，获计算机表式加减、计算机传票输入两个项目第一名。

2005 年，在全县金融系统女职工技能比赛活动中，县联社选手童照峰获单指单张点钞项目第五名；陈晓艳、王军霞分获计算机传票输入项目第四、第六名；赵玉婷获计算机汉字输入项目第四名。

2007 年 10 月，县联社洪咏、黄震宇入选金华办事处代表队，参加省联合社在桐乡举办的全省农信系统业务技能比赛活动，分获“客户经理业务比赛”小组奖第三名和“防暴枪实弹射击比赛”小组奖第五名。

2010 年 11 月，在全县金融系统职工业务技能比赛活动中，县联社选手童照峰获计算机传票输入项目第一名；赵玉婷、陈晓晓分获计算机汉字输入项目第二、第三名；俞淑俊、童照峰分获单指单张点钞项目第二、第四名。

2011 年 11 月，在全县金融系统职工业务技能比赛活动中，县联社选手赵玉婷、徐秀艳分获计算机汉字输入项目第一、第二名；俞淑俊、吴园园分获单指单张点钞项目第二、第六名；何慧珍、陈娟分获多指多张点钞项目第四、第五名。

2012 年 11 月，在全县金融系统职工业务技能比赛活动中，县联社选手徐秀艳、赵玉婷分获计算机汉字输入项目第一、第二名；俞淑俊、吴园园分获单指单张点钞项目第一、第二名；何慧珍、陈娟分获多指多张点钞项目第三、第五名；黄月霞获计算机传票输入项目第二名。

图 8-3-1 县联社组队参加全县金融系统职工业务技能比赛获团体第一名合影（2011.11）

2013 年 10 月，在全县金融系统职工业务技能比赛活动中，县联社选手赵玉婷、徐秀艳分获计算机汉字输入项目第一、第二名；俞淑俊、黄莉分获单指单张点钞项目第一、第二名；谭婷婷、陈娟分获多指多张点钞项目第一、第五名。12 月，在全市农信系统业务技能比赛活动中，县联社选手俞淑俊获单指单张点钞项目第四名，陈娟获多指多张点钞项目第六名。

2014 年 10 月，在全县金融系统职工业务技能比赛活动中，县联社选手徐秀艳、赵玉婷分获计算机汉字输入项目第一、第二名；黄莉、俞淑俊分获单指单张点钞项目第三、第四名；谭婷婷、陈娟分获多指多张点钞项目第一、第六名；吴园园、谭婷婷分获机器整把点钞项目第三、第四名。

2015 年，在金华市农信系统第九届业务技能比赛活动中，县联社选手王彩凤获机器点钞项目第一名；黄莉、吴园园分获单指单张点钞项目第三、第六名。11 月，在全县金融系统职工业务技能比赛活动中，县联社选手徐秀艳、赵玉婷分获计算机汉字输入项目第一、第二名；张倩妮获计算机传票输入项目第六名；黄莉、吴园园分获单指单张点钞项目第一、第三名；谭婷婷、何倩分获多指多张点钞项目第一、第二名；王彩凤、吴园园分获机器整把点钞项目第一、第二名。

2016 年 10 月，在县金融系统职工业务技能比赛活动中，县联社选手徐秀艳获计算机汉字输入项目第一名（破县纪录），赵玉婷获第二名；傅静娴获计算机传票输入项目第五名；黄莉获单指单张点钞项目第一名（破县纪录），张丽丽获第二名（平县纪录）；吴慧琪获多指多张点钞项目第一名（破县纪录），赵欣获第四名；王彩凤获机器整把点钞项目第一名（破县纪录），吴园园获第二名。

图 8-3-2　县联社选手王彩凤继 2015 年全市信合系统业务技能比赛机器点钞项目夺冠后，2016 年又在全县金融系统业务技能比赛同一项目拔得头筹并破县纪录。

第四章 业务数据

1955年至2016年全县农村信用合作社业务数据

1955年全县农村信用合作社业务情况统计

单位：万元

社 名	各项存款余额	各项贷款余额	代理银行放款	股金	损益	社名	各项存款余额	各项贷款余额	代理银行放款	股金	损益
下 店	0.35	0.17		0.09	0.017	蒲 阳	0.21	0.25		0.13	0.021
戚 村	0.10	0.09		0.05	0.010	大 元	0.03	0.09		0.04	0.006
东 塘	0.16	0.14		0.08	0.015	马 剑	0.30	0.32		0.07	0.017
许 村	0.15	0.08		0.05	0.011	青 山	0.17	0.07		0.04	0.008
张 官	0.03	0.08		0.07	0.015	中 余	0.18	0.28		0.06	0.022
中 店	0.09	0.37		0.05	0.024	平 湖	0.04	0.13		0.05	0.009
岩 头	0.40	0.10		0.04	0.003	罗 家	0.02	0.04		0.03	0.002
潘 宅	0.37	0.18			0.021	龙 门	0.07	0.09		0.04	0.005
前 陈	0.11	0.18			0.021	塘 坞	0.07	0.13		0.05	0.007
豪 墅	0.24	0.16		0.04	0.004	佛 堂	0.17	0.29		0.06	0.023
孝 门	0.09	0.04		0.02	0.004	虞 宅	0.06	0.05		0.05	0.011
白 马	0.05	0.08		0.02	0.006	杭 坪	0.02	0.04		0.01	0.004
吴 店	0.04	0.10		0.05	0.004	石 宅	0.05	0.05		0.04	0.008
旌 坞	1.78	0.07		0.05	0.016	乌 浆	0.06	0.05		0.03	0.006
前 吴	0.33	0.63		0.03	0.014	湃 桥	0.02	0.04		0.06	0.010
蜀 山	0.21	0.06		0.04	0.009	朱 宅	0.02	0.04		0.04	0.010
施 宅	0.12	0.12		0.04	0.008	七 里	0.05	0.07		0.02	0.005
杨 田	0.05	0.09		0.05	0.008	前 于	0.11	0.15		0.07	0.008
墩 头	0.05	0.04		0.04	0.005	平 安	0.13	0.2		0.06	0.016
石 埠	0.10	0.13		0.04	0.011	大 许	0.04	0.11		0.05	0.012
密 溪	0.08	0.06		0.02	0.003	后 郎	0.04	0.11	0.006	0.03	0.007
白 枣	0.12	0.07		0.02	0.005	群 建	0.10	0.03		0.01	0.002
倪 大	0.02	0.08		0.05	0.009	大 溪	0.24	0.13		0.03	0.008
汪 沙	0.05	0.09		0.05	0.009						
镇 陵	0.17	0.11		0.02	0.007	合 计	7.46	6.08	0.006	2.08	0.486

1956年至1957年全县农村信用合作社业务情况统计

单位：万元

社名	1956年					1957年				
	各项存款余额	各项贷款余额	代理银行放款	股金	损益	各项存款余额	各项贷款余额	代理银行放款	股金	损益
黄宅	0.62	2.13		0.15	-0.002	0.41	2.16		0.15	0.01
东塘	0.42	1.51		0.2	-0.031	1.95	1.02		0.22	-0.018
岩头	0.56	1.48		0.11	-0.024	1.04	1.8		0.13	-0.023
堂头	0.12	0.35		0.01	-0.036	0.07	0.38		0.01	-0.048
潘宅	0.71	0.62		0.03	-0.004	1.23	0.59		0.03	-0.016
前陈	0.41	0.94		0.08	-0.038	0.2	1		0.1	-0.021
郑宅	0.61	1.36		0.32	-0.039	0.45	1.18	0.002	0.32	-0.022
白马	0.58	1.78		0.12	-0.035	0.63	1.57		0.14	0.016
吴店	0.64	0.65		0.13	-0.047	0.49	0.51		0.14	-0.06
旌坞	2.27	0.87		0.14	0.116	5.86	0.44		0.15	0.003
前吴	0.37	1.06		0.05	-0.041	0.59	0.84		0.05	-0.051
花桥	0.15	0.26		0.01	-0.024	0.28	0.19		0.01	-0.055
金银	0.08	0.17			-0.018	0.22	0.18		0.01	-0.065
蜀山	0.47	0.93		0.12	-0.046	0.91	0.59		0.12	-0.048
石马	0.33	0.26		0.04	-0.059	0.74	0.26		0.05	-0.055
白沙	0.46	0.66		0.09	-0.046	0.29	0.6		0.12	-0.052
墩头	0.48	0.83		0.15	-0.043	1.26	0.51		0.21	-0.016
石埠	0.39	0.37		0.09	-0.022	0.47	0.25		0.1	-0.019
长陵	0.34	0.62		0.1	-0.023	0.87	0.51		0.11	-0.062
大元	0.06	0.28		0.12	-0.028	0.09	0.31		0.12	-0.033
马剑	1.14	1.47		0.27	-0.016	1.28	1.31		0.33	-0.011
青山	1.08	0.85		0.23	-0.029	1.59	0.81		0.24	-0.014
中余	1.5	2.48		0.53	-0.003	1.69	2.32		0.56	0.075
平湖	0.6	0.84		0.19	0.003	0.61	0.93		0.19	-0.011
罗家	0.2	0.12		0.11	-0.019	0.11	0.24		0.11	-0.04
虞宅	0.33	0.35		0.23	-0.053	0.49	0.2		0.24	-0.029
杭坪	0.11	0.28		0.05	-0.041	0.17	0.31		0.08	-0.048
曹源	0.04	0.08		0.03	-0.01	0.14	0.11		0.05	-0.032
东岭	0.08	0.09		0.06	-0.032	0.16	0.09		0.08	-0.054
洴桥	0.06	0.13		0.11	-0.033	0.24	0.11		0.12	-0.042
石井	0.06	0.19	0.001	0.08	-0.024	0.18	0.09		0.08	-0.05
朱宅	0.11	0.26		0.2	-0.031	0.18	0.09		0.2	-0.04
七里	0.21	0.98		0.05	-0.06	0.45	0.99		0.05	0.004
方宅	0.07	0.48	0.007	0.02	-0.001	0.16	0.63		0.03	-0.025
平安	0.27	1.06		0.08	-0.027	0.39	1.02		0.09	0.005
大许	0.35	1.22	0.001	0.06	-0.024	0.6	1.21		0.06	0.008
浦阳镇	1.2	0.97		0.08	-0.055	1.73	1.33		0.08	-0.012
大溪	0.18	1.12		0.1	-0.023	0.61	1.05		0.1	-0.0002
合计	17.66	30.1	0.009	4.54	-0.968	28.83	27.73	0.002	4.98	-0.9512

1958 年至 1959 年全县农村信用合作社业务情况统计

单位：万元

社名	1958 年				
	各项存款余额	各项贷款余额	代理银行放款	股金	损益
黄宅	0.11	3.87		0.19	0.202
东塘	0.09	2.48		0.99	0.111
岩头	0.34	3.57		0.59	0.09
堂头	0.07	1.14		0.06	-0.035
潘宅	0.44	1.72		0.47	0.105
前陈	0.13	2.73		0.96	0.09
郑宅	0.9	3.01		1.28	0.084
白马	11.31	8.15		0.93	0.687
吴店	1.41	2.57		0.79	0.024
旌坞	0.09	2.47		0.57	0.162
前吴	1.82	1.56		0.38	0.019
花桥	0.14	0.73		0.12	-0.068
金银	0.03	0.94		0.15	-0.077
蜀山	0.86	1.84		0.43	0.067
石马	0.09	1.21		0.26	-0.027
白沙	0.93	3.03		0.97	0.087
墩头	0.41	3.01		1.31	0.086
石埠	0.18	1.37		0.75	0.045
长陵	0.39	2.24		1.25	0.047
大元	0.83	1.42		0.26	-0.006
马剑	0.7	4.41		1.01	0.133
青山	0.54	2.61		1.04	0.165
中余	1.8	4.53		0.88	0.239
平湖	2.02	2.9		0.44	0.126
罗家	0.59	0.87		0.27	-0.018
虞宅	0.8	1.21		0.51	0.027
杭坪	1.12	4.04		0.62	0.083
曹源	0.64	1.4		0.31	-0.025
东岭	0.47	1.34		0.32	-0.031
湃桥	0.45	0.74		0.4	-0.038
石井	0.08	0.42		0.35	-0.051
朱宅	0.14	0.58		0.41	-0.035
七里	0.07	2.14		0.42	0.106
方宅	0.04	1.69		0.31	0.066
平安	0.51	2.09		0.75	0.172
大许	0.2	2.03		0.32	0.145
浦阳镇	1.54	5.86		1.06	0.208
大溪	0.29	1.45		0.24	0.071
合计	32.57	89.37		22.37	3.036

社名	1959 年				
	各项存款余额	各项贷款余额	代理银行放款	股金	损益
东塘	0.58	1.75		0.77	0.007
戚村	2.04	0.28		0.22	0.022
礼张	0.16	0.65	0.05	0.22	0.008
潘宅	1.49	1.68		0.47	0.001
中店	0.08	1.57		0.05	-0.004
朱宅	0.22	1.09		0.09	-0.007
下店		1.99		0.13	-0.007
堂头	0.23	1.12		0.06	-0.005
岩头	0.63	2.16		0.29	-0.012
旌坞	0.69	2.05		0.56	0.0002
白马	1.38	3.41		0.92	-0.021
吴店	2.08	1.79		0.79	-0.009
郑宅	1.76	2.54		1.28	-0.014
前陈	0.26	2.37		0.96	-0.045
中余	0.25	4.11		0.88	0.004
平湖	0.60	1.55		0.44	0.012
罗家	0.24	0.19		0.27	0.003
青山	1.65	1.1		1.04	0.023
马剑	1.50	3		1.01	0.007
大元	0.15	0.77		0.26	-0.001
新合	0.33	0.6		0.04	-0.002
白沙	0.70	1.18		0.97	0.001
蜀山	1.57	1.56		0.42	-0.003
长陵	1.09	1.29		1.25	-0.003
墩头	0.60	0.91		1.3	-0.002
石埠	0.31	0.68		0.75	-0.001
杭坪	1.44	2.83		0.62	0.008
虞宅	1.19	0.63		0.51	0.007
石井	0.48	0.08		0.35	0.013
湃桥	1.07	0.12		0.39	0.005
朱宅	0.68	0.34		0.41	0.013
曹源	0.51	0.76		0.31	0.007
东岭	0.17	1.06		0.32	0.002
石马	0.73	0.57		0.26	-0.004
前吴	2.28	0.93		0.36	-0.007
朱桥	0.09	0.48		0.05	-0.016
花桥	0.29	0.37		0.09	0.0001
金银	0.11	0.78		0.15	-0.019
大溪	0.39	1.53		0.24	-0.009
平安	0.49	1.83		0.75	-0.003
大许	1.01	1.89		0.32	-0.007
七里	0.44	1.94		0.43	-0.014
方宅	0.26	1.6	0.02	0.32	-0.013
浦阳镇	0.94	1.88		1.06	-0.014
合计	33.16	61.01	0.07	22.38	-0.0987

1960 年至 1965 年浦江、义乌并县期间，因浦江片区各农村信用合作社业务情况未单独析出作统计，故缺。

1966 年至 1967 年全县农村信用合作社业务情况统计

单位：万元

社名	1966 年					1967 年				
	各项存款余额	各项贷款余额	代理银行放款	股金	损益	各项存款余额	各项贷款余额	代理银行放款	股金	损益
浦阳	8.61	0.67	1.03	1.05	0.08	10.77	0.79	1.38	1.05	0.18
大溪	2.06	0.82	2.79	0.24	-0.02	1.2	0.85	3.42	0.24	-0.05
平安	2.94	1.29	1.93	0.68		2.63	1.32	2.73	0.68	0.02
大许	1.78	0.47	0.72	0.27	-0.05	1.68	0.49	1.57	0.27	-0.05
七里	3.04	1.28	3.25	0.74	-0.05	2.19	1.60	4.78	0.74	-0.03
石马	4.34	0.95	1.22	0.26	0.08	3.26	1.36	1.5	0.26	0.03
前吴	8.91	1.34	0.91	0.41		6.26	1.83	2.16	0.41	0.02
花桥	3.42	1.39	1.19	0.25	0.01	3.07	1.84	1.56	0.25	-0.05
黄宅	6.09	0.34	1.36	0.22	0.06	5.52	0.41	2.28	0.22	0.09
岩头	5.16	0.65	1.92	0.38		3.49	0.71	3.1	0.38	0.01
堂头	1.28	0.27	2.05	0.06	-0.03	0.88	0.32	2.87	0.06	-0.02
礼张	0.81	0.22	1.2	0.22	-0.02	1.01	0.23	1.74	0.22	-0.01
胜利	2.44	1.08	1.32	0.92	-0.05	1.24	1.15	2.47	0.92	-0.04
潘宅	5.14	1.23	0.68	0.29	-0.02	4.03	1.45	1.28	0.29	0.02
白马	14.33	2.77	2.12	1.57	0.23	12.69	3.09	2.7	1.57	0.24
郑家坞	4.92	1.35	0.97	0.79	0.06	4.91	1.49	1.34	0.79	0.02
郑宅	3.79	1.77	1.05	1.22	0.02	2.04	2.05	2.62	1.22	0.01
前陈	1.75	1.13	0.65	0.92		2.38	1.12	0.68	0.92	
杭坪	1.09	0.90	1.75	0.59	-0.02	1.67	0.95	1.93	0.59	-0.03
石宅	2.32	0.88	2.16	0.94	-0.06	2.46	1.28	2.84	0.94	-0.1
虞宅	1.85	0.44	1.74	0.65	0.01	2.06	0.47	1.7	0.65	
大畈	0.92	0.35	1.09	0.74		1.4	0.41	1.07	0.74	
平湖	3.14	1.38	2.22	0.94	-0.07	4.29	1.45	2.57	0.96	-0.06
中余	3.04	1.15	1.35	0.9	0.02	3.29	1.40	1.47	0.88	
合计	93.17	24.12	36.67	15.25	0.18	84.42	28.06	51.76	15.25	0.2

注：损益栏空白处数字均为百元以下，故忽略不计。

1968 年至 1969 年全县农村信用合作社业务情况统计

单位：万元

社名	1968年					1969年				
	各项存款余额	各项贷款余额	代理银行放款	股金	损益	各项存款余额	各项贷款余额	代理银行放款	股金	损益
浦阳	14.83	0.70	1.22	1.05	0.18	18.59	1.38	1.08	1.05	0.31
大溪	2.89	0.87	5.22	0.23	-0.06	5.51	0.87	3.08	0.23	0.02
平安	5.14	1.33	2.72	0.68	0.01	7.71	1.82	3.24	0.68	0.09
大许	3.69	0.51	1.64	0.27	-0.07	3.53	0.50	1.93	0.27	
七里	3.79	1.62	5.56	0.74	-0.09	4.78	1.63	5.33	0.74	0.02
石马	3.93	1.06	2.46	0.26	0.03	6.35	1.08	3.95	0.26	0.04
前吴	5.94	1.32	2.99	0.41	0.06	8.98	0.98	3.31	0.41	0.14
花桥	2.92	1.81	2.1	0.25	-0.05	4.34	1.67	2.04	0.25	
黄宅	6.62	0.46	2.6	0.22	0.03	8.44	0.47	2.45	0.22	0.11
岩头	4.5	0.77	4.36	0.38	-0.04	4.36	0.74	3.67	0.38	
堂头	1.17	0.33	3.99	0.06	-0.07	2.45	0.33	3.47	0.06	-0.01
礼张	1.05	0.24	2.34	0.22	-0.06	1.9	0.23	2.18	0.22	-0.03
胜利	1.62	1.16	2.96	0.92	-0.12	2.03	1.16	2.83	0.92	-0.11
潘宅	4.85	1.58	1.45	0.29	-0.03	5.75	1.65	0.96	0.29	0.01
白马	17.39	3.01	3.5	1.57	0.2	20.01	3.02	4.26	1.57	0.38
郑家坞	5.95	1.48	1.79	0.79	0.05	5.98	1.40	1.5	0.79	0.1
郑宅	3.59	2.29	3.3	1.22	-0.06	6.01	2.66	3.18	1.22	-0.03
前陈	2.75	1.16	0.48	0.92	-0.02	2.68	1.09	0.51	0.92	0.02
杭坪	1.83	1.03	2.19	0.59	-0.06	1.71	1.07	2.12	0.59	-0.01
石宅	2.61	1.29	3.09	0.94	-0.16	4.55	1.41	2.95	0.94	-0.05
虞宅	2.99	0.48	1.76	0.65	-0.05	2.51	0.46	1.93	0.65	0.05
大畈	1.72	0.41	1.14	0.74	-0.03	2.1	0.39	1.2	0.74	0.04
平湖	4.85	1.55	2.72	0.97	-0.01	5.29	1.70	2.96	0.97	
中余	3.35	1.54	1.84	0.88	-0.01	3.61	1.53	2.05	0.88	0.01
合计	109.97	28.00	63.42	15.25	-0.44	139.17	29.24	62.18	15.25	1.1

注：损益栏空白处数字均为百元以下，故忽略不计。

1970年至1971年全县农村信用合作社业务情况统计

单位：万元

社名	1970年					1971年				
	各项存款余额	各项贷款余额	代理银行放款	股金	损益	各项存款余额	各项贷款余额	代理银行放款	股金	损益
浦阳	14.92	1.86	0.99	1.05	0.39	20.97	1.16	0.8	1.05	0.27
大溪	6.14	1.01	2.64	0.23	0.1	4.21	0.78	3.83	0.23	0.06
平安	8.98	1.78	3.57	0.68	0.2	9.86	1.36	2.87	0.68	0.26
大许	3.74	0.63	1.61	0.27	-0.02	4.92	0.75	1.48	0.27	0.04
七里	7.21	1.65	5.79	0.74	0.04	4.96	1.57	5.45	0.74	0.09
石马	8.08	1.63	2.22	0.26	0.12	10.99	1.55	5.42	0.26	0.21
前吴	9.58	0.88	2.88	0.41	0.2	10.46	0.98	3.36	0.41	0.2
花桥	5.14	1.77	2.58	0.25	0.01	5.34	2.13	2.38	0.25	0.03
黄宅	9.08	0.64	3.67	0.22	0.11	6.12	0.58	3.39	0.22	0.13
岩头	5.76	1.12	3.39	0.38	0.04	8.6	0.94	3.43	0.38	0.06
堂头	2.29	0.36	3.31	0.06	-0.04	3.78	0.39	2.99	0.06	0.02
礼张	2.38	0.26	2.16	0.22	0.01	2.64	0.11	2.57	0.22	0.03
胜利	5.84	1.42	2.73	0.92	-0.06	7.76	1.05	2.9	0.92	0.09
潘宅	5.9	1.68	3.28	0.29	0.06	5.89	1.21	2.88	0.29	0.05
白马	19.93	3.10	4.17	1.57	0.43	19.85	1.44	4.37	1.57	0.46
郑家坞	6.29	1.46	1.01	0.79	0.1	9.52	0.77	1.03	0.79	0.14
郑宅	5.54	2.85	2.88	1.22	0.03	5.41	1.77	2.87	1.22	0.04
前陈	3.75	1.13	0.63	0.92	0.01	7.63	0.29	0.91	0.92	0.09
杭坪	4.15	1.11	2.06	0.59	0.01	6.33	1.34	2.17	0.59	0.03
石宅	4.38	1.32	2.62	0.94	0.01	5.63	1.16	3.6	0.94	-0.05
虞宅	7.42	0.45	1.55	0.65	0.05	6.91	0.5	1.49	0.65	0.1
大畈	3.24	0.39	1.09	0.74	0.05	3.85	0.37	1.34	0.74	0.03
平湖	7.5	1.91	2.89	0.97	-0.01	6.45	1.31	3.23	0.97	0.05
中余	5.99	1.60	2.25	0.88	0.05	6.46	1.59	2.16	0.88	0.05
合计	163.23	32.01	61.97	15.25	1.89	184.54	25.1	66.92	15.25	2.48

1972年至1973年全县农村信用合作社业务情况统计

单位：万元

社名	1972年					1973年				
	各项存款余额	各项贷款余额	代理银行放款	股金	损益	各项存款余额	各项贷款余额	代理银行放款	股金	损益
浦阳	19.39	2.71	0.74	1.05	0.23	25.04	2.67	0.71	1.05	0.23
大溪	8.15	0.68	2.52	0.23		9.98	1.3	2.93	0.23	
平安	12.09	2.56	2.86	0.68	0.09	19.52	3.97	3.79	0.68	0.05
大许	6.44	0.83	1.79	0.27		10.29	0.56	2.18	0.27	
七里	10.71	1.23	3.76	0.74	0.06	14.31	1.16	3.53	0.74	0.04
石马	14.9	3.66	3.92	0.26	0.1	20.16	3.07	2.8	0.26	0.13
前吴	13.45	1.07	2.08	0.41	0.2	14.03	1.14	2.6	0.41	0.05
花桥	4.92	1.97	2.76	0.25	-0.03	6.85	2.06	3.09	0.25	-0.05
黄宅	10.67	0.47	2.84	0.22	0.05	11.8	0.63	2.77	0.22	0.07
岩头	10.06	0.84	2.97	0.38	0.08	9.45	1.06	3.76	0.38	0.04
堂头	3.01	0.36	2.95	0.06	0.03	3.1	0.47	3.15	0.06	-0.03
礼张	4.06	0.1	2.11	0.22	-0.02	3.3	0.11	1.93	0.22	-0.03
胜利	13.17	0.94	2.35	0.92	0.09	5.63	1.74	3.04	0.92	0.04
潘宅	8.77	1.18	2.48	0.29	-0.02	9.78	1.14	3.49	0.29	0.02
白马	26.99	1.71	3.4	1.57	0.29	34.36	0.98	3.97	1.57	0.42
郑家坞	11.39	0.6	0.68	0.79	0.14	13.16	0.57	0.77	0.79	0.12
郑宅	8.16	1.87	2.24	1.22	0.08	9.08	2.52	2.8	1.22	0.03
前陈	12.91	0.27	0.5	0.92	0.09	13.75	0.48	0.48	0.92	0.07
杭坪	4.72	1.18	2.03	0.59	-0.03	5.39	1.69	2.85	0.59	-0.07
石宅	3.92	1.14	3.31	0.94	-0.07	5.93	1.16	4.46	0.94	-0.10
虞宅	6.47	0.42	1.27	0.65	0.04	7.5	1.46	1.53	0.65	0.03
大畈	3.09	0.4	1.22	0.74	-0.04	4.96	0.36	1.36	0.74	-0.05
平湖	7.05	1.66	3.23	0.97	-0.04	10.27	1.93	3.68	0.97	-0.02
中余	6.03	1.84	2.37	0.88	0.02	10	1.65	2.26	0.88	
合计	230.52	29.69	56.38	15.25	1.34	277.64	33.88	63.96	15.25	0.99

注：损益栏空白处数字均为百元以下，故忽略不计。

1974年至1975年全县农村信用合作社业务情况统计

单位：万元

社名	1974年					1975年				
	各项存款余额	各项贷款余额	代理银行放款	股金	损益	各项存款余额	各项贷款余额	代理银行放款	股金	损益
浦阳	34.79	6.73	0.85	1.05	0.34	42.02	3.84	3.18	1.05	0.53
大溪	9.93	2.23	3.12	0.24	0.01	13.89	3.99	3.48	0.24	0.07
平安	16.80	4.33	4.72	0.68	0.16	32.42	1.98	6.20	0.68	0.44
大许	10.62	1.16	2.10	0.27	0.02	13.27	1.80	5.60	0.27	0.01
七里	16.74	2.95	4.89	0.74	0.05	20.86	8.39	8.24	0.74	0.14
石马	23.37	2.31	11.35	0.26	0.13	30.08	4.76	16.62	0.26	0.16
前吴	12.01	1.89	3.43	0.36	0.08	14.29	2.72	4.57	0.36	0.08
花桥	11.15	2.07	3.46	0.25	0.03	12.46	2.36	9.46	0.25	0.02
朱桥	5.46	1.26	1.54	0.05	0.01	8.08	0.51	1.42	0.05	0.06
黄宅	18.06	0.96	4.26	0.22	0.10	24.01	1.00	6.44	0.22	0.05
岩头	9.39	0.94	6.78	0.38	0.09	13.80	0.88	10.68	0.38	0.14
堂头	3.39	0.47	4.03	0.06	-0.01	3.32	0.87	12.84	0.06	
礼张	6.37	0.16	2.22	0.22	-0.05	9.80	0.19	4.22	0.22	0.02
胜利	8.55	2.98	5.97	0.92	0.02	14.78	1.80	7.84	0.92	0.07
潘宅	13.52	1.26	3.55	0.29	0.01	14.05	1.35	7.21	0.29	0.04
白马	43.98	1.39	4.08	1.57	0.42	50.01	4.11	22.35	1.57	0.42
郑家坞	13.78	0.55	1.06	0.79	0.12	12.09	0.57	1.22	0.79	0.09
郑宅	12.32	3.43	3.58	1.22	0.03	14.92	2.39	4.87	1.22	0.11
前陈	16.29	1.22	0.95	0.92	0.14	14.48	1.90	2.10	0.92	0.09
杭坪	7.34	2.50	2.99	0.59	0.01	12.31	2.43	2.86	0.59	0.01
石宅	8.32	1.05	6.01	0.94	0.02	11.62	2.63	8.77	0.94	0.05
虞宅	10.21	1.49	1.82	0.65	0.02	11.36	1.61	3.15	0.65	0.03
大畈	7.91	0.91	3.66	0.74	0.01	9.67	1.06	6.55	0.74	0.06
平湖	12.26	3.08	7.81	0.97	0.02	18.05	3.07	9.33	0.97	0.02
中余	15.39	2.12	2.10	0.88	0.07	17.05	3.20	0.90	0.88	0.14
合计	347.95	49.44	96.33	15.26	1.85	438.69	59.41	170.1	15.26	2.85

注：损益栏空白处数字均为百元以下，故忽略不计。

1976年至1977年全县农村信用合作社业务情况统计

单位：万元

社名	1976年					1977年				
	各项存款余额	各项贷款余额	代理银行放款	股金	损益	各项存款余额	各项贷款余额	代理银行放款	股金	损益
浦阳	47.37	11.04	2.17	1.05	0.6	62.65	4.51	1.85	1.05	0.85
大溪	17.28	8.17	3.58	0.24	0.12	18.40	4.43	3.13	0.24	0.19
平安	26.07	3.39	7.22	0.68	0.23	35.21	8.55	5.31	0.68	0.31
大许	13.07	3.32	5.77	0.27	0.02	19.84	5.41	4.21	0.27	0.11
七里	19.38	10.01	17.08	0.74	0.18	28.25	7.94	15.79	0.74	0.19
石马	31.34	17.87	21.18	0.26	0.18	45.97	11.15	17.98	0.26	0.37
前吴	16.43	2.36	6.45	0.36	0.08	20.26	2.00	4.24	0.36	0.13
花桥	12.25	3.13	10.46	0.25	0.02	12.54	1.86	9.16	0.25	0.11
朱桥	6.49	0.44	1.41	0.05	0.06	10.21	0.53	1.67	0.05	0.04
黄宅	18.19	1.49	21.18	0.22	0.15	16.70	1.59	30.24	0.22	0.13
岩头	11.48	1.08	13.61	0.38	0.13	17.34	1.49	11.97	0.38	0.18
堂头	4.24	0.53	11.51	0.06	0.03	8.86	3.28	7.69	0.06	0.06
礼张	7.33	0.22	13.55	0.22	-0.001	5.82	0.23	14.36	0.22	-0.004
胜利	9.85	2.68	10.34	0.92	0.04	13.39	2.06	10.57	0.92	0.04
潘宅	11.53	2.41	7.69	0.29	-0.05	14.28	1.67	7.80	0.29	0.05
白马	52.19	9.87	25.69	1.57	0.37	66.74	5.51	23.35	1.58	0.97
郑家坞	12.18	0.56	2.19	0.79	0.11	13.15	0.66	1.61	0.79	0.12
郑宅	16.80	2.64	7.31	1.22	0.10	28.15	6.27	5.87	1.22	0.19
前陈	13.21	2.45	2.67	0.92	0.03	16.76	1.09	4.02	0.91	0.19
杭坪	13.17	2.45	5.57	0.59	0.03	22.05	2.68	5.13	0.59	0.14
石宅	14.05	1.84	9.91	0.94	0.06	17.60	2.19	14.79	0.94	0.12
虞宅	12.11	1.68	4.76	0.65	0.003	12.64	2.87	6.57	0.65	0.03
大畈	9.64	2.83	13.76	0.74	0.05	10.56	2.46	15.36	0.74	0.04
平湖	15.42	2.94	8.18	0.97	0.11	13.82	4.42	9.28	0.97	0.02
中余	20.61	3.91	1.95	0.88	0.10	24.17	4.16	1.76	0.88	0.19
合计	431.68	99.31	235.19	15.26	2.75	555.36	89.01	233.71	15.26	4.77

1978年至1979年全县农村信用合作社业务情况统计

单位：万元

社名	1978年					1979年				
	各项存款余额	各项贷款余额	代理银行放款	股金	损益	各项存款余额	各项贷款余额	代理银行放款	股金	损益
浦阳	66.08	4.18	1.62	1.05	0.92	91.43	12.2	2.72	1.05	0.88
大溪	23.85	6.98	4.95	0.23	0.13	33.96	7.02	10.69	0.24	0.14
平安	35.35	7.12	10.37	0.68	0.32	47.08	12.94	18.65	0.68	0.29
大许	21.95	7.32	3.45	0.27	0.15	29.75	11.44	6.92	0.27	0.23
七里	22.88	9.15	13.48	0.74	0.12	32.81	15.2	14.61	0.74	0.09
石马	32.85	11.87	17.21	0.26	0.55	41.39	17.75	21.24	0.27	0.42
前吴	20.68	1.30	3.94	0.36	0.18	26.94	3.49	4.96	0.34	0.09
花桥	16.11	2.97	9.28	0.25	0.14	21.59	5.08	13.78	0.25	0.19
朱桥	12.89	0.70	2.31	0.05	0.10	10.35	1.52	2.32	0.05	0.02
黄宅	23.75	4.91	29.74	0.22	0.23	47.68	3.96	17.26	0.22	0.64
岩头	21.02	2.61	11.13	0.44	0.26	38.52	3.56	13.17	0.44	0.30
堂头	6.67	1.45	13.79	0.06	0.09	13.44	0.65	9.77	0.06	0.07
礼张	4.34	0.34	14.57	0.16	0.002	6.62	0.85	15.45	0.16	-0.06
胜利	16.83	2.08	15.91	0.92	0.12	16.90	4.12	18.38	0.92	0.17
潘宅	14.72	3.13	8.41	0.29	0.03	28.59	4.26	9.91	0.29	0.09
白马	69.75	3.08	42.05	1.57	0.87	92.08	39.38	77.88	1.57	0.73
郑家坞	17.91	3.11	10.28	0.79	0.11	25.20	2.49	11.97	0.79	0.08
郑宅	30.48	8.19	3.30	1.22	0.31	44.67	8.14	2.68	1.22	0.46
前陈	21.82	6.18	2.20	0.92	0.29	36.11	2.19	1.78	0.92	0.20
杭坪	25.98	1.41	4.58	0.59	0.33	28.61	1.48	8.72	0.05	0.35
石宅	21.84	1.99	15.49	0.94	0.13	33.62	1.16	15.46	0.94	0.32
虞宅	16.24	2.13	6.26	0.65	0.12	24.58	3.01	6.29	0.65	0.13
大畈	13.37	1.72	15.17	0.74	0.09	18.43	5.58	14.25	0.74	0.19
平湖	20.31	5.73	7.83	0.97	0.08	32.71	8.69	9.49	0.97	0.16
中余	24.47	3.75	2.04	0.88	0.26	28.62	3.81	1.36	0.88	0.25
合计	602.14	103.40	269.36	15.25	5.93	851.68	179.97	329.71	15.24	6.43

1980年至1981年全县农村信用合作社业务情况统计

单位：万元

社名	1980年					1981年				
	各项存款余额	各项贷款余额	代理银行放款	股金	损益	各项存款余额	各项贷款余额	代理银行放款	股金	损益
浦阳	120.51	8.91	2.86	1.05	2.17	125.64	14.68	1.64	1.05	1.56
大溪	34.11	14.56	7.47	0.24	0.28	32.8	11.93	12.13	0.24	0.12
平安	52.02	24.44	36.23	0.67	0.82	78.59	23.48	23.29	0.67	1.06
大许	47.41	19.62	9.31	0.27	0.48	49.75	27.94	10.05	0.27	0.63
七里	48.93	18.3	14.82	0.74	0.7	54.64	20.82	10.96	0.74	0.15
石马	58.87	29.51	10.27	0.27	1.03	83.68	17.82	2.28	0.28	0.79
前吴	39.61	9.4	14.57	0.33	0.24	40.77	16.37	14.24	0.33	0.13
花桥	28.13	5.56	20.1	0.25	0.18	36.31	5.44	19.61	0.25	0.17
朱桥	8.90	4.6	3.75	0.05	-0.14	13.38	4.68	1.45	0.05	-0.09
黄宅	72.35	18.38	5.17	0.22	0.84	59.74	18.72	9.46	0.22	0.89
岩头	44.18	8.71	19.17	0.44	0.38	50.75	9.42	23.42	0.44	0.46
堂头	15.39	3.52	9.22	0.06	0.03	17.41	9.29	10.13	0.06	0.07
礼张	7.94	3.34	16.09	0.16	-0.02	14.78	2.96	15.05	0.16	0.08
胜利	28.55	11.84	17.41	0.92	0.24	28.96	14.08	17.33	0.92	0.14
潘宅	38.04	9.71	8.86	0.29	0.32	34.83	23.32	10.95	0.29	0.02
白马	111.09	38.33	40.68	1.58	1.59	113.76	39.72	36.03	1.57	2.13
郑家坞	27.06	5.81	13.43	0.79	0.09	28.56	8.57	9.21	0.79	0.09
郑宅	54.77	18.5	1.93	1.22	0.82	60.76	17.67	1.68	1.22	0.59
前陈	48.38	13.3	23.36	0.92	0.24	41.47	13.21	25.59	0.92	0.42
杭坪	36.09	1.32	12.46	0.59	0.36	36.98	1.89	12.68	0.59	0.31
石宅	39.43	3.09	14.32	0.94	0.52	46.18	3.58	13.01	0.94	0.51
虞宅	31.50	3.92	6.51	0.65	0.37	38.77	4.26	5.59	0.65	0.28
大畈	26.53	3.93	14.07	0.75	0.34	28.72	8.87	14.06	0.74	0.22
平湖	42.42	7.02	16.13	0.97	0.42	61.67	6.42	16.81	0.97	0.79
中余	34.19	5.7	1.46	0.87	0.23	45.98	4.57	1.31	0.88	0.25
合计	1096.40	291.32	339.65	15.24	12.53	1224.88	329.71	317.96	15.24	11.77

1982 年至 1983 年全县农村信用合作社业务情况统计

单位：万元

社名	1982 年					1983 年				
	各项存款余额	各项贷款余额	代理银行放款	股金	损益	各项存款余额	各项贷款余额	代理银行放款	股金	损益
浦阳	167.52	18.04	1.32	1.05	2.57	173.56	29.65	0.19	1.09	3.42
大溪	38.92	14.19	7.23	0.24	0.08	28.08	16.13	4.98	0.37	0.09
平安	91.89	25.44	8.88	0.68	2.15	93.90	22.25	4.32	0.83	2.02
大许	42.72	26.91	10.53	0.27	1.08	44.69	24.28	10.11	0.49	0.79
七里	62.77	23.47	8.43	0.74	0.37	60.91	28.83	6.22	0.94	0.74
石马	64.43	24.48	1.94	0.27	1.23	70.13	22.01	1.23	0.39	0.69
前吴	49.46	16.95	10.59	0.34	0.61	38.05	17.48	6.19	0.48	0.23
花桥	41.45	6.68	17.93	0.25	0.21	49.98	7.23	12.67	0.39	0.16
朱桥	16.35	7.93	2.08	0.05	0.26	17.04	8.75	1.62	0.11	0.02
黄宅	82.86	52.39	8.23	0.22	2.04	92.30	44.24	12.20	0.51	2.19
岩头	65.87	17.86	20.81	0.43	0.83	65.00	25.41	15.87	0.64	0.77
堂头	18.91	7.89	10.69	0.06	0.29	18.30	8.79	12.32	0.16	0.15
礼张	12.46	4.84	15.51	0.16	0.11	15.31	6.18	14.74	0.24	0.01
治平	42.31	11.98	17.39	0.92	0.54	52.10	19.02	10.54	1.09	0.47
潘宅	48.15	29.75	11.39	0.29	0.69	48.23	29.67	10.85	0.49	0.42
白马	117.93	13.77	24.56	1.57	2.45	130.07	16.84	21.21	1.73	2.07
郑家坞	35.30	6.88	7.15	0.79	0.40	39.53	9.24	3.71	0.88	0.27
郑宅	66.79	17.52	1.21	1.22	1.37	77.93	16.98	1.12	1.34	1.31
前陈	50.53	12.11	23.59	0.92	0.43	60.46	20.60	18.22	1.02	0.77
杭坪	43.50	2.28	12.57	0.59	0.64	36.30	12.75	11.75	0.66	0.48
石宅	50.35	8.83	12.26	0.94	0.63	44.44	12.39	11.16	1.02	0.37
虞宅	47.82	6.66	5.27	0.65	0.55	46.38	7.56	4.68	0.69	0.36
大畈	35.53	9.02	13.32	0.74	0.39	34.83	15.00	12.38	0.77	0.13
平湖	67.46	12.02	13.92	0.97	1.06	65.43	14.74	13.28	1.05	0.75
中余	54.85	5.53	1.25	0.88	0.54	65.96	6.70	0.31	0.92	0.84
合计	1416.13	383.42	268.05	15.24	21.52	1468.91	442.72	221.87	18.30	19.52

1984年至1985年全县农村信用合作社业务情况统计

单位：万元

社名	1984年					1985年				
	各项存款余额	各项贷款余额	代理银行放款	股金	损益	各项存款余额	各项贷款余额	代理银行放款	股金	损益
浦阳	203.86	106.7	0.17	1.09	4.79	348.02	171.85	0.16	1.09	-0.31
大溪	36.07	24.30	11.51	0.37	0.43	49.23	31.28	5.45	0.37	-0.46
平安	85.35	29.38	2.83	0.83	1.34	123.28	96.92	2.47	0.83	1.54
大许	48.93	35.49	12.37	0.49	0.85	78.02	51.48	3.52	0.49	0.4
七里	76.27	45.60	4.84	0.94	1.01	139.29	59.18	4.30	0.95	-0.45
石马	84.03	57.55	12.53	0.39	1.03	88.35	53.20	4.52	0.40	-0.99
前吴	37.57	19.39	3.05	0.48	0.17	52.83	30.92	2.89	0.48	-0.42
花桥	44.06	17.36	20.53	0.39	0.11	58.53	37.66	16.21	0.39	-0.63
朱桥	18.37	13.24	4.65	0.11	0.19	22.20	12.08	2.71	0.11	0.12
黄宅	115.80	54.30	43.78	0.51	2.83	145.41	64.38	32.79	0.51	-0.42
岩头	91.06	36.91	22.98	0.64	1.46	114.78	71.71	15.62	0.64	0.18
堂头	19.07	9.45	11.62	0.16	0.14	28.75	10.99	10.85	0.16	0.39
礼张	14.82	7.77	25.44	0.24	0.12	22.36	27.00	18.31	0.24	-0.42
治平	67.27	24.61	31.39	1.09	1.04	101.10	44.32	10.72	1.10	-0.17
潘宅	61.32	34.74	20.73	0.49	0.89	91.74	53.36	13.65	0.50	-1.46
白马	134.02	52.29	32.97	1.73	2.94	202.67	99.25	6.33	1.73	-0.44
郑家坞	51.32	34.02	12.64	0.88	0.93	75.44	58.73	8.00	0.88	1.41
郑宅	88.77	19.29	1.88	1.34	1.39	114.14	53.68	0.73	1.34	0.66
前陈	61.02	32.23	5.38	1.02	0.76	78.77	36.55	0.88	1.01	1.17
杭坪	40.37	18.63	11.82	0.66	0.42	37.71	18.06	11.51	0.67	-0.62
石宅	46.63	22.59	10.08	1.02	0.46	55.85	25.43	9.90	0.99	-0.21
虞宅	55.99	19.34	4.54	0.69	0.21	62.20	31.08	4.14	0.70	-2.11
大畈	35.74	20.62	12.22	0.77	0.11	42.96	17.18	12.22	0.77	-1.42
平湖	69.08	43.35	12.14	1.05	0.37	88.60	45.87	10.93	1.04	-0.98
中余	79.49	19.88	2.98	0.92	1.13	102.34	31.37	2.18	0.92	-2.92
合计	1666.28	799.03	335.07	18.30	25.12	2324.57	1233.53	210.99	18.31	-8.56

1986年至1987年全县农村信用合作社业务情况统计

单位：万元

社名	1986年					1987年				
	各项存款余额	各项贷款余额	代理银行放款	股金	损益	各项存款余额	各项贷款余额	代理银行放款	股金	损益
浦阳	571.66	250.52	0.16	1.09	15.09	681.33	407.52	0.16	1.09	18.36
大溪	73.84	93.76	3.61	0.37	2.88	109.16	113.71	3.59	0.37	1.69
平安	195.51	114.77	1.50	0.83	4.19	233.10	162.79	1.32	0.83	4.97
大许	117.74	100.69	3.12	0.49	3.12	190.14	128.31	3.07	0.49	0.22
七里	177.01	148.63	3.02	0.95	4.62	241.04	189.49	2.86	0.95	3.25
石马	144.67	111.19	1.22	0.40	3.84	179.16	112.26	1.22	0.40	2.92
前吴	87.16	54.78	2.83	0.48	0.85	100.28	81.50	2.82	0.48	0.44
花桥	89.11	125.55	15.82	0.39	2.43	98.82	112.45	15.82	0.39	2.54
朱桥	34.90	24.04	1.46	0.11	0.80	41.25	25.36	1.46	0.11	0.74
黄宅	211.84	131.51	25.04	0.51	4.46	299.88	219.02	16.92	0.51	4.86
岩头	170.98	152.68	14.67	0.64	4.33	212.16	209.42	14.64	2.14	4.00
堂头	42.63	21.04	9.32	0.16	0.34	57.52	50.25	9.24	0.16	0.71
礼张	37.36	35.02	12.84	0.24	1.09	38.69	50.15	12.82	0.24	2.43
治平	128.29	105.68	6.05	1.10	2.69	202.36	189.95	5.75	1.10	2.72
潘宅	123.26	114.41	11.34	0.50	2.37	207.00	168.72	10.09	0.50	3.36
白马	394.85	164.30	1.27	1.73	8.96	407.28	189.00	1.27	1.73	7.46
郑家坞	106.77	55.06	7.18	0.88	3.00	126.39	83.44	6.18	0.88	3.09
郑宅	163.47	75.82	0.58	1.34	3.48	176.78	101.20	0.58	1.34	3.75
前陈	153.42	67.42	0.87	1.01	3.02	150.32	113.93	0.82	1.01	1.36
杭坪	48.47	29.86	11.19	0.67	0.87	67.53	46.36	11.19	0.67	0.41
石宅	92.54	42.27	2.19	0.99	2.71	113.72	65.04	2.19	0.99	1.55
虞宅	97.94	59.69	3.03	0.70	1.48	94.38	74.21	2.77	0.70	1.94
大畈	62.29	33.05	8.23	0.77	0.37	73.41	42.45	8.14	0.77	0.09
平湖	140.02	71.03	10.09	1.04	1.39	178.01	104.45	8.19	1.04	-1.35
中余	171.18	106.42	0.26	0.92	1.69	173.38	132.34	0.26	0.92	1.37
合计	3636.91	2289.19	156.89	18.31	80.07	4453.09	3173.32	143.37	19.81	72.88

1988年至1989年全县农村信用合作社业务情况统计

单位：万元

社名	1988年					1989年				
	各项存款余额	各项贷款余额	代理银行放款	股金	损益	各项存款余额	各项贷款余额	代理银行放款	股金	损益
联合社							25.70			
浦阳	681.53	384.86	0.16	96.11	4.88	919.17	486.99	0.16	103.34	2.36
大溪	132.30	90.47	3.42	0.37	1.48	154.25	84.43	2.51	17.03	-2.24
平安	207.10	140.79	1.23	9.22	0.95	353.11	163.48	1.20	36.67	7.40
大许	191.12	112.55	1.35	0.49	0.96	245.64	129.41	0.91	22.80	-1.94
七里	252.74	187.38	2.80	0.95	2.11	310.05	215.33	2.77	43.03	1.59
石马	212.05	97.18	1.22	7.08	1.16	213.48	112.58	1.22	30.76	-2.11
前吴	86.45	92.34	2.53	0.48	-2.11	139.78	100.54	2.19	8.09	-10.6
花桥	91.80	97.54	15.66	0.40	-0.95	115.65	104.56	15.66	12.58	-14.56
朱桥	38.91	22.58	1.46	0.11	0.06	57.19	25.91	1.46	0.11	-1.08
黄宅	369.05	202.24	10.47	0.51	5.40	386.18	220.41	2.09	52.96	0.32
岩头	191.90	160.93	14.61	2.13	0.25	275.88	250.29	12.94	36.54	1.90
堂头	45.90	36.25	9.11	0.16	-0.79	51.84	38.53	8.22	3.42	-2.79
礼张	34.58	39.10	12.82	0.24	0.13	55.68	42.07	12.82	7.89	-2.99
治平	175.02	122.56	10.19	1.10	0.97	227.25	128.53	5.58	51.04	-11.28
潘宅	190.28	129.88	7.89	0.50	0.41	194.84	128.10	5.80	53.88	-3.89
白马	506.53	194.34	1.17	1.73	6.18	653.14	217.30	1.17	1.73	9.97
郑家坞	157.15	130.47	6.17	0.88	0.19	220.69	105.11	6.17	13.74	-3.49
郑宅	168.22	86.54	0.58	1.34	0.61	250.63	104.29	0.58	1.34	0.90
前陈	165.07	85.26	0.82	1.01	1.18	164.93	77.72	0.82	10.92	1.42
杭坪	71.57	43.75	11.19	0.67	0.20	104.56	51.48	11.20	0.67	-4.99
石宅	125.90	67.38	2.01	0.99	0.07	120.29	64.63	1.51	0.99	-5.30
虞宅	108.05	65.90	2.73	0.69	0.10	124.46	77.21	2.57	5.12	-2.60
大畈	77.27	36.88	8.04	0.77	0.23	103.07	37.62	8.04	0.77	-4.38
平湖	180.22	98.23	7.09	3.01	-0.33	195.46	110.66	6.09	4.59	-8.02
中余	195.10	143.02	0.26	0.92	0.30	248.29	153.53	0.22	5.63	-1.95
合计	4655.81	2868.42	134.98	131.9	23.64	5885.51	3216.41	113.90	525.64	-58.35

1990年至1991年全县农村信用合作社业务情况统计

单位：万元

社名	1990年					1991年				
	各项存款余额	各项贷款余额	代理银行放款	股金	损益	各项存款余额	各项贷款余额	代理银行放款	股金	损益
联合社		12.50					109.50			
浦阳	1340.44	604.28	0.16	11.98	2.92	1665.95	825.71	0.16	3.15	16.76
大溪	229.25	127.25	2.34	1.60	-4.10	272.06	163.81	2.14	0.82	-2.04
平安	585.07	168.10	1.20	3.04	1.33	722.64	260.31	1.19	1.11	6.12
大许	383.46	199.16	0.81	2.10	-6.76	456.60	262.86	0.81	1.34	3.68
七里	454.43	241.35	2.76	4.33	-2.82	567.86	364.77	2.76	1.82	5.82
石马	300.70	184.23	0.72	2.50	-1.79	394.98	217.95	0.72	0.81	4.14
前吴	194.49	111.81	2.05	1.55	-7.07	240.02	155.53	2.01	0.69	-4.01
花桥	153.69	116.83	14.93	1.57	-17.78	94.78	53.16	0.11	0.11	0.95
朱桥	84.35	40.51	0.11	0.11	-1.31	217.40	149.58	14.51	0.65	-10.32
黄宅	579.96	271.98	1.72	6.79	1.05	828.46	348.98	1.67	1.41	7.97
岩头	378.54	365.56	8.46	5.54	0.15	576.56	416.56	8.06	2.30	6.56
堂头	84.24	50.43	7.38	0.70	-1.93	102.32	83.46	7.33	0.16	-1.12
礼张	98.90	74.27	11.81	1.04	-3.16	82.06	82.90	9.55	0.27	-2.28
治平	360.58	156.97	5.45	8.61	-11.9	466.35	222.99	4.07	2.58	0.13
潘宅	367.94	159.84	5.79	6.37	-11.2	475.85	272.64	5.79	1.14	-10.27
白马	638.87	240.12	1.17	1.72	1.48	799.13	344.99	1.17	1.72	7.98
郑家坞	279.99	117.86	6.14	4.53	-2.39	360.25	144.93	6.14	4.05	0.82
郑宅	406.82	119.40	0.55	1.34	1.63	587.46	184.71	0.55	1.33	4.24
前陈	283.80	88.78	0.82	2.07	-5.87	405.73	125.07	0.82	1.26	-2.29
杭坪	137.93	61.50	11.05	0.67	-6.55	222.38	77.08	10.82	0.67	-1.42
石宅	169.89	82.60	0.85	0.99	-5.96	234.96	100.81	0.85	0.99	-3.99
虞宅	206.43	90.02	2.57	1.23	-3.51	289.51	128.04	1.19	0.88	2.07
大畈	156.94	44.79	8.04	0.77	-1.99	245.25	63.22	7.97	0.77	0.60
平湖	250.23	142.23	5.09	1.35	-6.59	379.52	177.12	3.99	1.20	-0.14
中余	306.44	190.86	0.21	1.53	-5.01	395.03	224.92	0.21	1.08	1.42
合计	8433.38	4063.23	102.18	74.03	-99.1	11083.1	5561.60	94.59	32.31	31.38

1992年全县农村信用合作社业务情况统计

单位：万元

社名	各项存款余额	各项贷款余额	代理银行放款	股金	损益
联合社		104.50		570	
浦阳	2381.99	1220.46	0.16	1.65	31.67
大溪	463.10	203.56	2.14	0.51	0.32
平安	640.23	315.12	1.19	0.86	1.63
大许	500.78	370.87	0.81	1.03	2.17
七里	683.73	513.59	2.76	1.14	4.13
石马	420.19	432.92	0.72	0.55	3.76
前吴	461.17	288.69	2.12	0.64	-7.57
花桥	304.34	173.57	14.41	0.60	-13.67
黄宅	1411.66	543.90	2.41	2.17	5.43
岩头	795.45	689.94	17.28	1.96	7.63
治平	613.17	270.57	4.07	1.35	0.02
潘宅	622.29	340.46	5.79	0.69	-17.16
白马	958.38	631.57	1.17	1.72	5.80
郑家坞	1017.53	413.08	6.14	1.04	2.71
郑宅	897.06	347.18	7.87	1.49	8.06
杭坪	635.80	278.08	11.57	1.66	-10.87
虞宅	394.41	180.02	1.19	0.77	1.54
大畈	300.79	108.54	7.97	0.77	0.35
平湖	433.08	247.18	3.99	1.13	0.50
中余	501.93	295.41	0.21	1.00	5.34
合计	14437.1	7969.21	93.97	592.7	31.79

1993年至1994年全县农村信用合作社业务情况统计

单位：万元

社名	1993年					1994年				
	各项存款余额	各项贷款余额	代理银行放款	股金	损益	各项存款余额	各项贷款余额	信托及代理	股金	损益
联合社		350.00								
营业部	236.99	944.40		831.3	-24	1163.4	3252.7		545.00	0.96
工业区分社						178.15				-20.12
浦阳	2385.99	1567.17	0.16	258.67	0.18	2994.38	2039.74	0.16	1.09	4.94
大溪	725.02	262.49	2.14	0.38	-15.51	802.05	435.04	2.14	0.37	-4.85
平安	662.22	407.09	1.19	171.34	-14.60	1069.77	600.13	1.19	0.83	1.54
大许	621.59	492.99	0.81	165.74	-16.64	952.04	684.74	0.81	0.50	1.34
七里	801.96	638.75	2.76	197.10	-16.21	1272.38	889.71	2.76	103.30	5.07
石马	488.29	399.39	0.72	171.23	-33.76	799.76	469.61	0.72	0.40	-34.82
前吴	539.07	323.53	1.16	42.20	-24.08	652.17	380.08	1.16	0.59	-30.00
花桥	410.77	204.81	14.41	53.37	-36.11	487.49	239.95	14.41	0.40	-19.93
黄宅	1556.06	722.77	2.41	182.71	1.25	1322.64	769.82	1.56	0.00	-14.67
岩头	900.26	770.67	16.79	175.32	2.99	1373.03	933.32	16.24	0.00	2.13
前陈	0.00	0.00	0.00	0.00	0.00	722.65	280.30	0.82	0.00	1.00
治平	656.70	349.23	4.07	128.24	0.01	1017.13	509.90	4.07	0.00	1.04
潘宅	756.56	409.77	5.79	87.57	-25.43	1153.57	629.92	5.79	0.50	-9.98
白马	992.57	702.03	1.17	95.28	3.10	1017.45	838.18	1.17	1.71	8.25
郑家坞	887.33	705.21	6.14	162.04	4.94	1034.68	799.99	6.14	0.87	5.42
郑宅	967.77	411.23	7.87	83.62	6.08	1370.87	700.01	7.87	1.49	2.21
杭坪	829.67	363.30	11.48	1.66	-36.69	1085.58	510.67	11.48	1.66	-22.87
虞宅	481.64	262.11	1.19	36.89	-3.27	638.45	310.98	1.19	0.70	-0.91
大畈	378.50	201.61	7.97	14.46	-5.95	474.47	290.33	7.97	0.77	-5.06
檀溪	676.35	340.85	3.99	13.60	-18.43	725.55	418.88	3.99	1.04	-19.97
中余	712.58	370.96	0.21	16.74	0.21	877.87	600.91	0.21	0.92	1.17
合计	16667.89	11200.36	92.43	2889.46	-251.92	23185.53	16584.91	91.85	662.14	-148.11

1995年至1996年全县农村信用合作社业务情况统计

单位：万元

社名	1995年					1996年				
	各项存款余额	各项贷款余额	信托及代理	股金	利润总额	各项存款余额	各项贷款余额	信托及代理	股金	利润总额
营业部	1391.60	3039.00		945.00	41.00	2220.61	2623.60		545.00	31.01
工业区分社	485.94	1262.60		8.96	5.10	1077.68	3443.30			41.68
浦阳	3523.91	2351.10	0.16	1.09	9.75	4202.62	2358.97	0.17	1.08	7.09
大溪	1247.47	530.69	2.14	160.14	0.78	1754.76	769.56	2.14	0.37	0.08
平安	1039.87	721.25	1.19	138.37	1.03	1375.04	896.26	1.19	0.83	2.77
大许	889.27	974.07	0.81	137.56	1.03	1121.47	1052.02	0.81	0.50	-39.22
七里	1465.52	1634.89	2.76	0.95	6.02	1763.42	1839.75	2.76	0.90	6.24
石马	914.66	491.34	0.72	0.40	-34.84	1039.24	518.72	0.72	0.40	-28.84
前吴	682.52	411.03	1.16	0.59	-25.00	902.91	555.72	1.16	0.59	-49.95
花桥	295.56	244.92	14.41	262.43	-30.96	800.72	307.00	14.41	0.40	-34.69
黄宅	1420.89	1035.16	1.56	275.10	1.00	1525.53	1063.68	1.56	200.51	1.00
岩头	1447.39	1019.62	16.24	58.31	0.51	2148.70	938.02	16.24	1.59	0.50
前陈	693.92	424.86	0.82	1.01	2.19	931.36	546.70	0.82	1.01	1.51
治平	1023.02	681.01	4.07	213.23	2.11	1495.25	1081.45	4.07	1.10	1.00
潘宅	1319.54	1020.21	10.78	4.00	0.95	2198.67	1647.80	10.79	0.50	0.65
白马	924.96	895.94	1.17	275.32	5.01	803.74	405.00	1.17	201.72	0.10
郑家坞	1247.46	893.32	6.14	23.96	1.07	1375.53	968.30	6.14	153.78	1.03
郑宅	1214.51	744.03	7.87	35.10	1.11	1568.78	824.02	7.87	1.49	1.33
杭坪	1052.28	565.91	11.48	214.16	-39.83	1489.44	673.02	11.48	1.66	-58.72
虞宅	704.21	446.01	1.19	59.18	1.10	765.02	495.38	1.19	0.69	1.44
大畈	468.86	327.22	7.97	6.55	-5.22	656.33	475.74	7.97	0.77	3.23
檀溪	737.92	459.79	3.99	27.35	-16.87	885.88	549.22	3.99	1.03	-17.46
中余	1004.73	706.90	0.21	0.92	1.09	1295.00	905.05	0.21	0.92	0.24
合计	25196.01	20880.87	96.84	2849.68	-71.87	33397.7	24938.28	96.86	1116.84	-127.98

1997年全县农村信用合作社业务情况统计

单位：万元

社 名	各项存款余 额	各项贷款余 额	信 托及代理	股 金	利润总额
联社营业部	1978.30	3393.10		1155.50	1.24
工业区分社	730.65	4107.50			11.00
浦 阳	5548.97	2887.68	0.87	1.48	9.63
大 溪	1463.94	727.41	2.14	0.37	-29.98
平 安	1421.53	881.02	1.19	0.82	2.98
大 许	1165.62	1053.74	0.81	0.50	-70.31
七 里	2050.08	2310.72	2.76	0.90	4.89
前 吴	1609.40	814.20	15.57	0.99	-109.99
黄 宅	2546.24	2050.44	1.56	0.51	10.00
岩 头	2013.26	1364.34	16.24	1.59	-50.00
前 陈	1015.53	542.34	0.82	1.01	0.12
治 平	1639.28	1043.40	4.07	1.10	0.11
潘 宅	1562.48	1580.54	10.79	0.50	-79.86
白 马	1793.37	974.29	1.17	4.88	0.33
郑家坞	1392.70	932.43	6.14	2.45	5.03
郑 宅	1605.64	780.56	7.87	4.80	5.19
杭 坪	1417.84	551.56	11.48	1.66	-44.00
虞 宅	781.28	508.84	1.19	0.69	-19.83
大 畈	624.03	516.02	7.97	0.77	-24.99
檀 溪	880.09	544.66	3.99	1.04	-26.41
中 余	1412.20	914.72	0.21	0.92	0.16
合 计	34652.43	28479.51	96.84	1182.48	-404.69

1998年至1999年全县农村信用合作社业务情况统计

单位：万元

社名	1998年					1999年				
	各项存款余额	各项贷款余额	信托及代理	股金	利润总额	各项存款余额	各项贷款余额	信托及代理	股金	利润总额
联合社营业部	1343	3769		111	0.94	2982	4659		111	4.6
浦阳社	9033	3808	45.63	30.69	-620.9	10848	4227	45.62	255.59	-116.6
平安分社	1267	882		17.41		1934	918		35.31	
大许分社	1215	1090		6.11		1458	1132		27.11	
七里分社	1680	1742		14.39		1845	2332		35.39	
潘宅分社	1692	1582		6.12		2089	1639		30.25	
前吴分社	1553	827		7.41		1915	843		28.98	
杭坪分社	1526	606		8.45		1790	649		26.34	
城中分社	790	4175		11.60		616	4238		29.60	
浦东社	1669	1115	15.18	22.75	-77.23	2434	1255	15.18	22.76	-220
郑家坞分社	1597	842				1796	850			
郑宅分社	1873	826				2032	810			
黄宅社	2931	2916	22.68	12.81	-140.0	2423	3110	22.68	29.63	-150
前陈分社	1328	605		3.40		1013	583			
治平分社	1910	1060		5.87		1785	1089			
岩头分社	2206	1431		7.53		2264	1426			
檀溪社	1062	557	13.36	3.99	0.08	1098	676	13.36	3.99	-207
虞宅分社	889	514		4.74		1242	529		4.74	
大畈分社	735	523		3.09		810	521		3.09	
中余分社	1560	1025		2.94		1498	1114		4.34	
合计	37859	29895	96.85	280.3	-837.1	43872	32600	96.84	648.12	-689

2000 年全县农村信用合作社业务情况统计

单位：万元

社 名	各项存款余 额	各项贷款余 额	信 托及代理	股 金	利润总额
联合社营业部	2715	4630		111.00	1.00
浦阳社	11162	7158	45.62	59.89	-60.00
大溪分社	2421	1539			
平安分社	2289	1379		17.31	
大许分社	2072	1730		6.01	
七里分社	2778	4095		14.39	
潘宅分社	2470	1901		6.25	
前吴分社	1234	796		6.26	
花桥分社	1209	405		1.63	
杭坪分社	1192	546		3.48	
石宅分社	1073	538		4.86	
城中分社	1030	4207		11.50	
浦东社	3022	2865	15.18	22.82	70.00
郑家坞分社	2304	1701			
郑宅分社	2609	1610			
黄宅社	2858	3124	22.68	29.23	1.00
前陈分社	1070	575			
治平分社	2446	2348			
岩头分社	3026	2007			
檀溪社	2694	1070	13.36	13.89	-127.00
虞宅分社	1588	982		4.74	
大畈分社	1145	725		3.10	
中余分社	1687	1148		4.24	
合 计	56094	47079	96.84	320.60	-115.00

2001年至2002年全县农村信用合作社业务情况统计

单位：万元、%

社名	2001年					2002年				
	各项存款余额	各项贷款			利润总额	各项存款余额	各项贷款			利润总额
		年末余额	其中不良贷款余额	占比			年末余额	其中不良贷款余额	占比	
联合社营业部	4401	5535	1818.80	32.86	2.98	3951	6310	1854.60	29.39	0.80
浦阳社	10789	7180	1423.40	19.82	8.31	13130	9882	916.80	9.28	1.70
大溪分社	2725	1629	276.50	16.97		3252	1919	231.50	12.06	
前吴分社	1482	780	381.70	48.94		1571	810	405.30	50.04	
花桥分社	1282	395	103.60	26.23		1496	423	83.80	19.81	
杭坪分社	1158	595	99.90	16.79		1266	788	111.70	14.18	
石宅分社	1115	521	163.40	31.36		1088	519	235.20	45.32	
城中分社	1286	4233	2824.50	66.73		1866	3581	2837.40	79.23	
城关社	3522	3074	647.50	21.06	4.30	4422	6897	403.40	5.85	7.41
平安分社	2485	1313	182.90	13.93		3132	1306	194.20	14.87	
大许分社	2768	1725	792.70	45.95		3581	1803	720.40	39.96	
七里分社	3038	3502	352.00	10.05		4722	2179	216.10	9.92	
潘宅分社	2560	1942	1422.00	73.22		2580	2020	1255.70	62.16	
城东分社						683	205			
浦东社	3288	3076	558.60	18.16	4.75	4493	3619	643.50	17.78	29.81
郑家坞分社	2445	1792	472.20	26.35		2002	1829	476.60	26.06	
郑宅分社	2827	1712	156.60	9.15		3715	2320	159.90	6.89	
黄宅社	3063	3314	599.00	18.07	80.50	3499	5171	702.30	13.58	6.50
前陈分社	1441	600	371.70	61.95		2013	709	337.50	47.60	
治平分社	2482	2363	517.80	21.91		3439	2230	572.10	25.65	
岩头分社	3218	2011	959.90	47.73		3455	2123	886.70	41.77	
檀溪社	2310	1136	350.50	30.85	1.66	2442	3172	297.80	9.39	5.96
虞宅分社	1481	926	435.90	47.07		1755	915	418.70	45.76	
大畈分社	1128	701	312.50	44.58		1052	710	316.20	44.54	
中余分社	1614	1126	578.70	51.39		1622	1056	496.70	47.04	
合计	63908	51181	15802.30	30.88	102.50	76227	62496	14774.10	23.64	52.18

2003年至2004年全县农村信用合作社业务情况统计

单位：万元、%

社名	2003年					2004年				
	各项存款余额	各项贷款			利润总额	各项存款余额	各项贷款			利润总额
		年末余额	其中不良贷款余额	占比			年末余额	其中不良贷款余额	占比	
联合社营业部	6112	6690	1475.80	22.06	0.51	6651	8622	2021.70	23.45	0.10
浦阳社	15939	13432	919	6.84	175.48	17729	16542	745.20	4.50	163.43
大溪分社	4691	2385	238.40	10.00		4710	3123	290.60	9.31	
前吴分社	1642	840	336.10	40.01		1778	807	282.60	35.02	
花桥分社	1597	525	61	11.62		1749	566	49	8.66	
杭坪分社	2713	1757	94.60	5.38		1717	2136	177.40	8.31	
石宅分社		87	86.80	99.77		1180	37	37.40		
城中分社	3549	3454	2861.40	82.84		2773	2325	1712.80	73.67	
城关社	6489	9646	217.70	2.26	1.32	6628	10256	402.40	3.92	122.94
平安分社	4165	2353	141.10	6.00		4173	1936	105	5.42	
大许分社	4686	2091	660.30	31.58		4752	2325	573	24.65	
七里分社	5289	2659	176.10	6.62		5485	2953	209	7.08	
潘宅分社	2962	2242	1156.30	51.57		3311	2403	1039	43.24	
城东分社	989	316				1538	351			
浦东社	4338	4309	418.50	9.71	2.11	4015	4334	384	8.86	3.51
郑家坞分社	2632	1768	319.40	18.07		3128	2234	320.70	14.36	
郑宅分社	5067	2617	146.20	5.59		5325	2904	147.70	5.09	
黄宅社	4772	5862	663.70	11.32	37.87	4906	5157	1021.80	19.81	3.42
前陈分社	2070	786	314.30	39.99		2708	1083	254.80	23.53	
治平分社	4007	2350	472	20.09		3434	2445	479.40	19.61	
岩头分社	4269	2328	787.40	33.82		4658	2681	748.80	27.93	
檀溪社	2742	4073	338.20	8.30	1.05	3053	2968	214.60	7.23	7.61
虞宅分社	1815	861	293.90	34.13		2181	945	195	20.63	
大畈分社	1241	783	289.30	36.95		1282	791	233	29.46	
中余分社	1820	907	193.50	21.33		2197	982	189	19.25	
合计	95596	75121	12661	16.85	218.34	101061	80906	11833.90	14.63	301.01

2005年全县农村信用合作社业务情况统计

单位：万元、%

社 名	各项存款余额	各项贷款			利润总额
		年末余额	其中不良贷款余额	占 比	
联社营业部	11661	17238	976	5.66	-4156.02
浦阳社	19786	17029	696	4.09	1572.99
大溪分社	5039	3248	358	11.02	
前吴分社	2203	802	124	15.46	
花桥分社	2262	726	62	8.54	
杭坪分社	2158	2440	543	22.25	
石宅分社	1303				
城中分社	3525	2495	1475	59.12	
城关社	7706	12753	660	5.18	1438.89
平安分社	5127	2271	115	5.06	
大许分社	5476	2369	210	8.86	
七里分社	6485	3256	332	10.20	
潘宅分社	3933	1579	415	26.28	
城东分社	2088	789			
浦东社	3552	5584	302	5.41	858.00
郑家坞分社	3889	1954	265	13.56	
郑宅分社	5939	3244	60	1.85	
黄宅社	5807	4549	797	17.52	587.76
前陈分社	3334	1269	201	15.84	
治平分社	4037	2230	610	27.35	
岩头分社	5390	2196	690	31.42	
檀溪社	3725	2166	182	8.40	240.71
虞宅分社	2704	994	72	7.24	
大畈分社	1742	806	103	12.78	
中余分社	2592	974	127	13.04	
合 计	121463	92961	9375	10.08	542.33

2006年至2007年全县农村信用合作社业务情况统计

单位：万元、%

社名	2006年					2007年				
	各项存款余额	各项贷款			利润总额	各项存款余额	各项贷款			利润总额
		年末余额	其中不良贷款余额	占比			年末余额	其中不良贷款余额	占比	
联社营业部	11724	10933	2368	21.66		19654	22322	2358	10.56	
浦阳社	16783	18677	468	2.51		20904	19654	453	2.30	
大溪分社	4342	3876	314	8.10		5279	4645	308	6.63	
前吴分社	2483	929	125	13.46		2908	983	122	12.41	
花桥分社	2434	857	44	5.13		2722	919	44	4.79	
杭坪分社	2511	2503	472	18.86		2987	2765	469	16.96	
石宅分社	1517					1746				
城中分社	4152	1324	54	4.08		4208	1637	50	3.05	
月泉分社	2519	90				3307	1020			
宫口分社	2371	70				2830	596			
江滨分社	1411	1119				2270	2164			
城关社	5726	15032	745	4.96		6610	15990	608	3.80	
平安分社	5249	2981	82	2.75		4655	3292	139	4.22	
大许分社	6119	2620	193	7.37		6899	3071	182	5.93	
七里分社	7619	3621	248	6.85		9629	4326	202	4.67	
潘宅分社	4410	1691	312	18.45		4966	1828	313	17.12	
城东分社	2443	1391				3076	1759			
中山分社	1851					2147				
新华西路分社	2051	5				2852	679			
浦东社	4296	4692	414	8.82		4901	4986	386	7.74	
郑家坞分社	3468	2063	271	13.14		4205	2259	266	11.78	
郑宅分社	7291	3947	30	0.76		8100	4226	28	0.66	
黄宅社	8172	6579	591	8.98		9164	6927	437	6.31	
前陈分社	3738	1422	191	13.43		4276	1517	212	13.97	
治平分社	4591	2213	627	28.33		5356	2551	581	22.78	
岩头分社	6184	2392	640	26.76		6676	2634	613	23.27	
檀溪社	4143	2768	158	5.71		4708	3518	144	4.09	
虞宅分社	3176	1344	57	4.24		3532	1635	57	3.49	
大畈分社	2182	921	202	21.93		2589	1214	164	13.51	
中余分社	2873	1117	187	16.74		3215	1336	150	11.23	
业务拓展科	3402	10279								
合计	141231	107456	8793	8.18	645.69	166371	120453	8286	6.88	780.31

2008 年至 2009 年全县农村信用合作社业务情况统计

单位：万元、%

社名	2008 年					2009 年				
	各项存款余额	各项贷款			利润总额	各项存款余额	各项贷款			利润总额
		年末余额	其中不良贷款余额	占比			年末余额	其中不良贷款余额	占比	
联社营业部	21693	25076	1084	4.32		27133	25750	317	1.23	
浦阳社	20641	21670	506	2.34		23051	22901	134	0.59	
大溪分社	6520	5178	117	2.26		8611	7440	83	1.12	
前吴分社	3398	1122	53	4.72		4064	1367	59	4.32	
花桥分社	3193	1142	34	2.98		3715	1578	24	1.52	
杭坪分社	3258	2964	242	8.16		3981	3354	159	4.74	
石宅分社	1994					2386				
城中分社	6905	2165	12	0.55		7410	3237	9	0.28	
月泉分社	3982	1367	0	0.00		5031	2124	0	0.00	
宫口分社	3439	1087	0	0.00		4398	1812	0	0.00	
江滨分社	2909	2633	0	0.00		3579	3492	0	0.00	
城关社	8078	17861	138	0.77		8897	20901	103	0.49	
平安分社	6019	4048	122	3.01		8057	5253	212	4.04	
大许分社	8394	3199	224	7.00		10847	3871	137	3.54	
七里分社	11398	4639	271	5.84		13572	6600	197	2.98	
潘宅分社	5820	1984	174	8.77		7007	2784	49	1.76	
城东分社	3645	2076	0	0.00		6589	2724	0	0.00	
中山分社	2216	0	0	0.00						
新华西路分社	4224	1390	0	0.00		5931	2012	0	0.00	
浦东社	5214	5333	355	6.66		6710	7868	274	3.48	
郑家坞分社	5016	2266	90	3.97		5489	2898	37	1.28	
郑宅分社	10179	4742	5	0.11		13187	6717	4	0.06	
黄宅社	11025	8746	152	1.74		13012	9789	42	0.43	
前陈分社	4527	1711	66	3.86		5411	2552	1	0.04	
治平分社	6194	2420	91	3.76		6975	3192	50	1.57	
岩头分社	7543	2531	43	1.70		9522	3503	30	0.86	
檀溪社	5271	3900	38	0.97		6264	5110	133	2.60	
虞宅分社	3969	1995	37	1.85		4692	2766	21	0.76	
大畈分社	2789	1544	93	6.02		3211	2112	66	3.13	
中余分社	3925	1980	63	3.18		4947	3354	13	0.39	
合计	193378	136769	4010	2.93	1518.3	233679	167061	2154	1.29	3424.13

2010年全县农村信用合作社业务情况统计

单位：万元、%

社名	各项存款余额	各项贷款			利润总额
		年末余额	其中不良贷款余额	占比	
联社营业部	35882	29898	317	1.06	
浦阳社	26192	26281	66	0.25	
大溪分社	9758	8816	92	1.04	
前吴分社	4754	2094	43	2.05	
花桥分社	3991	1986	24	1.21	
杭坪分社	5243	3763	196	5.21	
石宅分社	2605				
城中分社	7618	3921	19	0.48	
月泉分社	6196	3587	0	0.00	
宫口分社	6041	2290	15	0.66	
江滨分社	4021	4207	60	1.43	
城关社	10778	24088	58	0.24	
平安分社	9978	6562	82	1.25	
大许分社	12410	4536	117	2.58	
七里分社	14344	8450	184	2.18	
潘宅分社	8492	3845	28	0.73	
城东分社	8565	3401	30	0.88	
新华西路分社	6964	2751	10	0.36	
浦东社	9173	10768	321	2.98	
郑家坞分社	7050	3749	17	0.45	
郑宅分社	15171	8702	2	0.02	
黄宅社	16168	12366	10	0.08	
前陈分社	6676	3213	6	0.19	
治平分社	7714	4072	95	2.33	
岩头分社	10936	4274	23	0.54	
檀溪社	7811	6614	96	1.45	
虞宅分社	5888	3637	162	4.45	
大畈分社	3288	2704	69	2.55	
中余分社	6016	5586	13	0.23	
合计	279726	206158	2155	1.05	6617.59

2011年至2012年全县农村信用合作社业务情况统计

单位：万元、%

社名	2011年					2012年				
	各项存款余额	各项贷款			利润总额	各项存款余额	各项贷款			利润总额
		年末余额	其中不良贷款余额	占比			年末余额	其中不良贷款余额	占比	
联社营业部	48115	33504	52	0.16		55463	39883	105	0.26	
浦阳社	29035	31062	17	0.05		29109	35119	367	1.05	
大溪分社	11348	11140	27	0.24		13363	11866	48	0.40	
前吴分社	5790	2643	25	0.95		7308	3512	23	0.65	
花桥分社	4879	2116	20	0.95		6084	2472	50	2.02	
杭坪／石宅分社	9806	4390	131	2.98		11953	5267	171	3.25	
月泉分社	6908	5434	0	0.00		8346	7094	0	0.00	
宫口分社	7566	3557	15	0.42		10329	4482	32	0.71	
江滨分社	4909	4708	43	0.91		6778	6119	78	1.27	
城关社	13124	25803	201	0.78		16185	26728	204	0.76	
大许分社	14851	5589	28	0.50		17272	5947	22	0.37	
七里分社	17336	10468	27	0.26		18724	11296	82	0.73	
潘宅分社	10047	4855	14	0.29		12341	6387	24	0.38	
城东分社	10607	3954	5	0.13		11973	4584	70	1.53	
新华西路分社	7809	3545	0	0.00		10001	4610	0	0.00	
城中社	8887	5167	100	1.94		11314	8917	100	1.12	
平安社	12012	7987	166	2.08		15166	10732	150	1.40	
浦东社	11057	12181	209	1.72		16213	14077	326	2.32	
郑家坞分社	9214	4840	0	0.00		10765	6417	0	0.00	
郑宅分社	17133	10660	10	0.09		20612	14046	3	0.02	
黄宅社	17064	14251	24	0.17		22236	16102	450	2.79	
前陈分社	8083	3815	11	0.29		11186	5505	11	0.20	
治平分社	8637	5380	98	1.82		10806	5909	84	1.42	
岩头分社	13127	5267	12	0.23		18047	6848	0	0.00	
檀溪社	9457	8012	117	1.46		10916	9917	94	0.95	
虞宅分社	6749	4329	43	0.99		7985	5452	60	1.10	
大畈分社	3999	3489	53	1.52		5063	4336	51	1.18	
中余分社	7286	7089	0	0.00		10110	8724	0	0.00	
合计	334835	245235	1448	0.59	8507.29	405649	292349	2605	0.89	9219.95

2013年全县农村信用合作社业务情况统计

单位：万元、%

社　名	各项存款余　额	各项贷款			利润总额
		年末余额	其中不良贷款余额	占　比	
联社营业部	73190	41274	533	1.29	
浦阳社	28640	40093	478	1.19	
大溪分社	15800	13471	61	0.45	
前吴分社	9338	4095	7	0.17	
花桥分社	7810	3087	94	3.05	
杭坪／石宅分社	15124	6253	75	1.20	
月泉分社	9743	9560	0	0.00	
宫口分社	12967	5412	10	0.18	
江滨分社	8056	7674	68	0.89	
城关社	17055	27999	205	0.73	
大许分社	23405	7481	22	0.29	
七里分社	22052	12631	183	1.45	
潘宅分社	16330	6819	20	0.29	
新华西路分社	11997	6219	25	0.40	
城中社	15469	10969	80	0.73	
城东社	14233	5497	65	1.18	
平安社	25854	12298	78	0.63	
浦东社	18517	17128	261	1.52	
郑家坞分社	12650	7198	0	0.00	
郑宅分社	26692	19177	16	0.08	
黄宅社	28542	18754	440	2.35	
前陈分社	12835	7402	78	1.05	
治平分社	14189	6946	46	0.66	
岩头分社	21294	9000	0	0.00	
檀溪社	12556	11709	85	0.73	
虞宅分社	10227	6612	59	0.89	
大畈分社	7494	5576	18	0.32	
中余分社	11733	11108	0	0.00	
卡中心	15	1087	0	0.00	
合　计	503809	342528	3007	0.88	11417.21

2014年至2015年全县农村信用合作社业务情况统计

单位：万元、%

社名	2014年					2015年				
	各项存款余额	各项贷款			利润总额	各项存款余额	各项贷款			利润总额
		年末余额	其中不良贷款余额	占比			年末余额	其中不良贷款余额	占比	
联社营业部	89892	49276	1018	2.07		103528	61444	1372	2.23	
浦阳社	29518	43807	678	1.55		28894	48797	2031	4.16	
大溪分社	16079	15036	534	3.55		18210	15285	463	3.03	
前吴分社	10918	4478	10	0.22		13043	4745	2	0.04	
花桥分社	8887	3375	25	0.74		9841	3674	5	0.14	
杭坪/石宅分社	17522	8161	35	0.43		18955	9094	38	0.42	
宫口分社	14279	6116	50	0.82		15708	6079	539	8.87	
江滨分社	9438	9309	167	1.79		9306	8787	77	0.88	
城关社	20756	28812	1567	5.44		24170	28553	1955	6.85	
大许分社	23750	9086	0	0.00		22500	9984	458	4.59	
潘宅分社	19233	8273	214	2.59		19746	9664	45	0.47	
新华西路分社	12718	6556	25	0.38		13234	6379	8	0.13	
城中社	17778	14157	0	0.00		20648	13703	100	0.73	
城东社	13834	6190	0	0.00		18035	6883	30	0.44	
月泉社	11318	10005	0	0.00		14163	9393	15	0.16	
平安社	28067	16957	17	0.10		26562	17544	17	0.10	
七里社	25496	15574	312	2.00		27195	15741	590	3.75	
浦东社	19487	18962	325	1.71		19933	20451	128	0.63	
郑家坞分社	14019	8671	17	0.20		14250	9570	135	1.41	
郑宅社	26935	21787	83	0.38		31494	23570	39	0.17	
黄宅社	34276	21920	432	1.97		40387	22585	254	1.12	
前陈分社	14217	10077	25	0.25		15713	11623	70	0.60	
治平分社	15841	8855	21	0.24		18791	10105	249	2.46	
岩头社	26810	10261	16	0.16		30129	11327	211	1.86	
檀溪社	16288	13515	3	0.02		15977	14420	146	1.01	
虞宅分社	12257	6277	37	0.59		13919	6958	73	1.05	
大畈分社	9257	8028	46	0.57		9629	8671	70	0.81	
中余分社	12956	13761	70	0.51		14562	14847	65	0.44	
卡中心	28	2114	0	0.00		57	5319	0	0.00	
微贷中心	0	110	0	0.00		0	2525	0	0.00	
合计	571853	399505	5727	1.43	12562.1	628578	437719	9183	2.10	

2016 年全县农村信用合作社业务情况统计

单位：万元、%

社　名	各项存款余　额	各项贷款			利润总额
		年末余额	其中不良贷款余额	占 比	
联社营业部	156299	77326	2201	2.85	
浦阳社	29388	51301	1009	1.97	
大溪分社	22246	17529	236	1.35	
前吴分社	14611	5704	0	0.00	
花桥分社	10476	4478	59	1.32	
杭坪／石宅分社	20606	10397	220	2.12	
宫口分社	16734	7138	0	0.00	
江滨分社	9786	8861	84	0.95	
城关社	26062	31999	2722	8.51	
大许分社	21567	11409	200	1.75	
潘宅分社	22279	12049	237	1.97	
新华西路分社	14490	7922	0	0.00	
城中社	24479	13721	159	1.16	
城东社	17737	7769	133	1.71	
中园分社微贷中心	4029	9791	30	0.31	
月泉社	15927	9228	28	0.30	
平安社	27536	18361	37	0.20	
七里社	27241	16773	316	1.88	
浦东社	23069	21790	277	1.27	
郑家坞分社	15410	10104	4	0.04	
郑宅社	41224	25165	751	2.98	
黄宅社	45641	24352	145	0.60	
前陈分社	17919	13613	93	0.68	
治平分社	20886	10977	132	1.20	
岩头社	31511	13400	228	1.70	
檀溪社	17489	16741	89	0.53	
虞宅分社	14780	8003	66	0.82	
大畈分社	10025	10109	76	0.75	
中余分社	16070	16196	45	0.28	
电子银行科	460	9322	0	0.00	
合　计	735977	501529	9578	1.91	12047.67

第九篇　文献载录

本篇收录国务院、中国人民银行和中国农业银行印发的有关农村金融体制改革、农村信用合作社管理体制改革和农村信用合作社章程及工作条例等重要文件，选录本县农村信用合作社联合社和农村信用合作联社章程等文献史料。

载录一 中国人民银行印发的重要文件

农村信用互助小组公约（草案）

1951 年 • 中国人民银行印发

我们是 ×× 县 ×× 区 ×× 村（乡）的劳动人民，为了搞好生产，过好生活，根据自愿两利原则，组织信用互助小组，办理存款放款，大家实行资金互助，特订立下列公约，大家共同遵守：

一、我们的小组是为大家办事的，有事大家商量，决定后大家就照办。

二、我们的组员个个都勤劳生产，省吃俭用，互相帮助，互相监督，并将家庭生产生活情况随时报告小组。组员资格要年龄在 18 岁以上，有独立生产的能力，才能加入小组，并须经组员介绍，小组会议通过。

三、我们选举组长、副组长各一人，接受小组会议意见，办理本组事务，代表本组对外接洽一切工作，组长管钱，副组长管账，账目要清楚要公开，开支要节省，用费大家分摊。

四、我们的存款放款业务，以服务组员为主。但也可吸收非组员存款，大家要“有存有借”“有借有还”，存借两利，互不吃亏。

五、我们的责任是我保你、你保我，大家连环保证，严守信用，绝不拖欠赖债，盈余要公用，亏损要分担。

六、我们组员借款要自报公议，民主评定，保证用途正当，决不浪费，提倡伙借伙用实行生产互助。

七、我们的存款放款要立字据、利率和办法，要接受人民银行的指导，存款有余要存银行，放款不够可请银行扶助。

八、我们要每月至少开会一次，以检查业务和账目，组员如违反公约，大家可以批评警告或令退出小组。

九、经全体组员共同协商，必要时得凑集固定经营资金，以便于巩固组织，发展生产。此项固定经营资金每股金额 20 斤至 30 斤小米，每人最低凑集一股。

×× 县 ×× 区 ×× 村（乡）信用互助小组

组　长：

副组长：

组　员：

办事地址：

农村信用合作社章程准则

（草 案）

1951 年 • 中国人民银行印发

第一章 总 则

第一条 本社定名为 ×× 县 ×× 区 ×× 村（乡）信用合作社，社址设于 ×× 村（乡）。

第二条 本社是 ×× 村（乡）和 ×× 村（乡）的劳动人民，根据自愿两利原则，大家凑集股金，吸收存款，互通有无，以解决社员生产上和生活上的困难，以发展生产，改善生活。

第三条 本社社员为有限责任，如有特殊亏损仅以股金赔偿为限。

第二章 业 务

第四条 本社依据社员需要和能力，接受国家银行领导和监督，制定计划，经营下列各项业务：

一、收受社员存款和储蓄（现金及实物），必要时，得收受团体和非社员存款。

二、贷放社员生产上和生活上必需资金（现金及实物）。如有多余，也可贷给非社员。

三、借入款项。

四、接受国家银行委托的代理业务。

五、接受社员及各种合作社、机关、团体的信托业务。

六、其他经社员大会决议的业务。

本社利率规定须经国家银行同意。

第五条 本社业务依照年度、季度计划进行，凡和国家银行、国有贸易机构及各种合作社业务往来，均采用合同经营制。

第六条 本社力求精打细算，节省开支，加速资金周转，所有业务经营和收支情况，必须规定，严禁贪污浪费。

第三章 社 员

第七条 凡居住本社区域内之男女劳动人民，年满 16 岁，除被剥夺公民权者外，均得申请加入本社为社员，不满 18 周岁者无被选举权。

第八条 社员入社，每人需缴入社费和社股股金（以人或以户入股均可）。入社费规定人民币1角；社股每人至少一股，每股金额为小米20斤至30斤，不论股金多少，每人均只有一次表决权。贫苦无力一次缴清社股者，经理事会许可可分期缴纳，但期限不得超过6个月。在缴纳入社费和第一次股金后，即取得社员资格，发给社员证（社员证可参照供销社规定制订），本社社员证不得转让或借给他人（股金与入社费额可灵活规定）。

第九条 社员申请退社，须于年终结算一个月前提出，并于决算后一个月内退还其股金，如有亏损，按股扣除，如有红利，按股发给。社员迁移时，经理事会许可得于一个月内退还其股金。社员退社，入社费一律不退。社员死亡，股金退还其合法继承人，并负盈亏责任。

第十条 本社社员的义务如下：

一、缴纳入社费和股金。

二、遵守社章及社所规定各种规则，服从本社决议。

三、保护本社利益，爱护本社财产。

四、发展新社员。

五、响应本社号召，积极参加本社各种活动。

第十一条 本社社员的权利如下：

一、享有本社存款、储蓄、放款及其他业务的权利。

二、选举及被选举权。

三、对本社业务、财务、组织等工作有查询、批评和建议的权利。

四、享有本社各种文化、卫生等各种福利设施的权利。

第十二条 社员对本社的发展与巩固有功绩者，经社员大会或社员代表大会通过，得给予名誉的或物质的奖励。

社员违反社章、社规或大会决议事项，得按情节轻重给予批评、警告或开除等的处分。开除社员须经社员大会或社员代表大会通过执行。但有破坏合作社情节重大者，得由理事会先行开除，报告社员大会或社员代表大会追认。

第四章 组 织

第十三条 本社最高权力机关为社员大会或社员代表大会，社员代表由社员直接选举，代表名额和选举办法结合当地实际情况及社员人数决定之。

第十四条 社员大会或社员代表大会职权如下：

一、通过和修改社章，增加社股金额，决定有关本社的解散或与其他社合并等问题。

二、选举和罢免理事主任及理事、监事主任和监事，并审查和通过对本社理监事处分问题。

三、审查和通过本社业务方针、计划、预算及理事会工作报告和决算。

四、通过盈余分配或弥补亏损的议案。

五、通过社员的开除或奖励事项。

六、其他重要问题的讨论和决议。

第十五条 社员大会或社员代表大会每半年开一次，由理事会召集之。遇有下列情形之一时，得召开临时社员大会或社员代表大会：

一、理事会认为有必要时。

二、监事会的要求。

三、社员 1/5 或代表 1/3 以上的请求。

四、国家银行的建议。

理事会接到上项建议或要求时，须于 10 日内召开社员大会或社员代表大会，大会记录由大会主席签字后保存社内，大会决议须报告国家银行备查。

第十六条 理事会是本社的执行机关，由理事 5 人至 10 人组成之，理事主任由理事互选之，必要时得互推副主任 1 人至 3 人。

第十七条 理事会的职权如下：

一、执行社员大会或社员代表大会决议和国家银行的指示。

二、制定本社发展社员和业务计划，提交社员大会或社员代表大会通过，经国家银行批准后执行之。

三、对外代表本社签订合同契约。

四、对社员群众进行教育工作，组织社员参加各种社会活动。

五、任命和撤换本社工作人员。

六、其他有关本社业务、财务、组织等执行事项，理事会必须严格遵守各种报告制度，按期向社员大会或社员代表大会和国家银行提出有关业务、财务、组织等工作报告。

第十八条 理事会负责经营业务，保护本社一切财产，如有违法失职、营私舞弊造成不应有的损失时，当事人须负法律上的责任。

第十九条 理事会每月至少开会一次，必要时，得召开临时会议，由理事主任召集之。理事会开会前，应通知监事会派员出席。

第二十条 监事会为本社的监察机关，代表全体社员监督和检查理事会的工作，由监事 3 人至 9 人组成之，主任一人由监事互选之。现任及退职而手续未清的理事及其直系亲属，不得当选为监事。

第二十一条 监事会的职权如下：

一、监督理事会对大会决议、国家银行的指示和政府法令执行的情况。

二、监督检查本社的业务经营和财务计划的情况。

三、监督理事会和本社工作人员的服务情况。

四、接受社员意见，向理事会提出查询或建议。

五、列席理事会议。

六、如发现理事会有违法舞弊行为时，得要求理事会召开临时社员大会或社员代表大会，并立即报告国家银行指导解决之。

第二十二条 监事会每月开会一次，必要时得召开临时会议，由监事主任召集之。会议决议应通知理事会并报告国家银行，理事会接到通知10日内不提出不同意见，必须按通知执行。

第二十三条 社员大会或社员代表大会，理事会、监事会均须有2/3以上人出席才能开会，过半数以上人通过，才能决议。社员代表、理事和监事对某项决议不同意时，有权将自己意见记入会议记录。

第二十四条 本社社员代表、理事和监事的任期均为一年，连选连任。

第二十五条 本社社员得依居住区域和业务上的便利编成小组（每小组15人左右，并推选小组长1人），在理事会领导下，进行下列工作：

一、动员、组织社员存款，审查介绍社员借款，监督借款用途，保证收回。

二、传达理事会决议，并反映社员要求和对合作社批评与建议。

三、通过小组对社员进行宣传教育，提高社员对合作社的认识。

四、了解社员经济，特别是资金情况，组织社员存款，帮助社员生产。

第五章 资金和结算

第二十六条 本社资金来源如下：

一、社员入社费。

二、社员股金。

三、公积金。

四、其他不返还的收入。

五、存款。

六、借入款。

第二十七条 本社以每年1月1日至12月31日为一会计年度，理事会于年度终了时，应制成全年的工作报告、资产负债表、损益计算书、财产目录和下年度业务计划与预算，送交理事会审查后，提交社员大会或社员代表大会讨论通过，并报告国家银行备案。

第二十八条 本社年终结算有盈余时，应根据下列标准作成盈余分配方案，提交社员大会或社员代表大会通过，报告国家银行批准后实行分配。

一、公积金在40%以上，作为本社基金积累，以备扩充业务与弥补亏损之用。

二、公益金20%，作为办理社员文化、娱乐、医药、卫生等福利设施及奖励对本社有功绩的社员。

三、本社工作人员奖励金10%。

四、教育基金10%，作为办理社员和干部教育训练工作之用。

五、社员股金以不分红为原则，如必须分红时，不得超过20%，或以不超过一年存款息的股息。

第二十九条 本社年终结算，遇有亏损时，应以公积金和股金及不返还之收入依次补偿。如仍不敷时，社员再不负赔偿责任。

第三十条 本社遇有下列情况之一，经社员大会或社员代表大会决议和国家银行批准得停业解散。

一、社员人数过少。

二、与其他合作社合并。

三、业务亏损不能继续经营。

第三十一条 本社决定解散时，应由社员大会或社员代表大会选出3人至5人，组成清理委员会，清理债权债务。有盈余时，除公积金、公益金不得分配外（存入国家银行作为发展信用合作社的基金），其余应拟定分配方案，交社员大会或社员代表大会通过，报告国家银行批准后分配之。如有亏损时，仍参照第三十条规定处理。

第六章 附 则

第三十二条 本章程经社员大会或社员代表大会通过，呈请政府委托之机关批准登记后施行之。修改时同。

农村信用合作社示范章程

（草 案）

1956年

第一章 总 则

第一条 本社为××县××区××乡（村）信用合作社，社址设于××乡（村）。

第二条 本社是××乡（村）的劳动人民，根据《中华人民共和国宪法》第七条、第八条的规定，自愿组织起来、实行资金互助的合作组织。

第三条 本社按照国家金融政策，在国家银行指导下，开展农村储蓄，发放贷款，完成下列任务：

一、帮助贫困农民解决生产、生活困难，扶持农业互助合作的发展，增加生产；

二、限制并逐步消灭高利贷对劳动人民的剥削；

三、组织调剂资金，稳定农村金融。

第二章 业 务

第四条 本社在国家银行指导下，在社区内进行下列业务：

一、办理社员、非社员及互助合作组织等的储蓄存款；

二、办理社员与生产互助合作组织的农业、渔业、牧业、林业、手工业、副业等的生产放款和其他用途正当的放款，对未入社的贫困劳动人民也给予贷款帮助；

三、办理国家银行委托的业务。

第三章 社 员

第五条 凡居住本社区域内、年满16岁的男女劳动人民，均可申请加入本社。富农、商业资本家、地主分子及其他被褫夺政治权利者，均不得入社。

第六条 凡要求参加本社者，须经理事会（建社时经筹备委员会）审查批准，并在缴纳入社费及股金后，方得为社员。但贫困无力一次缴纳股金者，经理事会同意，可以在一年内分期缴纳，在缴入社费后，即取得社员资格。

第七条 本社每股金额定为×元，每一社员入一股，每户有一人入股即可。如自愿多入，不加限制。

第八条 社员有退社自由，退社时须向理事会提出申请，并在决算后退还其股金。有亏损时，按股扣除；有盈余时，按股分红。社员因迁出社区要求退社，随时退还其股金。社员退社，入社费不退。

第九条 本社社员的权利如下：

一、有向本社借款之权；

二、在本社内由选举权和被选举权；

三、对本社业务、财务、组织等工作，有讨论、建议、批评、监督、质询之权；

四、有享受本社举办的文化、福利事业之权。

第十条 本社社员的义务如下：

一、缴纳入社费和股金；

二、遵守社章，爱护本社利益，保护本社财产；

三、向群众宣传资金互助，并协助本社开展业务。

第四章 组 织

第十一条 本社的最高管理权属于社员大会或社员代表大会，每季或半年举行一次，由理事会召集，必要时得临时召集。

第十二条 社员大会或社员代表大会职权如下：

一、制订和修改社章；

二、选举和罢免理事、监事；

三、审查和通过本社各项制度、业务计划、财务计划、存放款利率；

四、审查和通过理事会的工作报告及决算；

五、审查和通过盈余分配或弥补亏损的议案；

六、决定本社需要设置的工作人员及其薪金或补贴；

七、决定社员、干部的奖励和处分；

八、其他重要问题的讨论和决议。

第十三条 理事会负责本社的日常管理工作，由理事 ×× 人组成。理事会主任和副主任由理事互选之。理事会每月至少开会一次，由理事会主任召集，并通知监事会派员列席。

第十四条 理事会的职权如下：

一、贯彻执行社员大会或社员代表大会的决议；

二、定期向社员大会或社员代表大会报告工作、公布账目，并提出业务、财务等工作计划；

三、领导社内工作人员经营业务，处理日常工作；

四、对外代表本社签订合同契约；

五、聘任和撤换本社工作人员；

六、审查和吸收新社员，对社员、干部进行社会主义教育。

第十五条 监事会是本社的监察机关，代表全体社员监督和检查理事会的工作。监事会由 ×× 人组成，理事不能兼任监事。监事会主任由监事互选之。监事会一般每月开会一次，由监事会主任召集。监事会作出决议，应通知理事会。

第十六条 监事会的职权如下：

一、监督理事会对社员大会或社员代表大会决议的执行；

二、检查理事会贯彻政策、经营业务、管理财务等情况，如发现违法、失职等行为时，应立即要求理事会纠正或通过社员大会或社员代表大会进行处理；

三、收集社员要求和反映，向理事会提出建议或查询；

四、列席理事会会议；

五、按期向社员大会或社员代表大会报告工作，由理事会交监事会审议。

第十七条 社员大会或社员代表大会，理事会和监事会均须有三分之二以上的人出席，方能开会；议案或决议须有出席人过半数通过方为有效。

第十八条 本社社员得按生产组织或居住地区划分小组，选举社员代表，代表社员出席社员代表大会，并在理事会领导下，进行下列工作：

一、经常了解和关心社员生产、生活情况；

二、动员社员和社外群众储蓄存款；

三、领导小组评议或介绍贷款，监督贷款使用，并动员社员积极按期还贷；

四、传达理事会决议，并向理事会反映社员的要求、批评和建议；

五、经常向社员进行爱社教育。

第十九条 本社社员代表、理事和监事的任期均为一年。

第二十条 本社干部必须积极负责，廉洁奉公，保护社内财产，严格现金收付手续，防止挪用、贪污、盗窃等行为。如有违法失职、营私舞弊等情事，按情节轻重分别处理，其情节严重者，当事人应负法律责任。

第五章 资金及盈亏处理

第二十一条 本社资金来源如下：

一、股金；

二、储蓄存款；

三、公积金；

四、向银行借入款；

五、其他。

第二十二条 本社以每年1月1日至12月31日为一会计年度，理事会于年度终了时，应作出决算表报，并提出处理盈亏意见，送监事会审查后，提交社员大会或社员代表大会审查通过。

第二十三条 本社年终决算后的纯益，按下列比例分配：

一、股金分红不超过40%，作为对社员入股的报酬；

二、公积金不少于40%，作为本社的基金积累，以备扩充业务与弥补亏损；

三、公益金10%，用于办理社员文化教育、医药卫生等福利设施；

四、奖励金10%，作为对本社有功绩的社员及工作人员的奖励。

第二十四条 本社如有亏损，以公积金、公益金及股金依次补偿，社员责任以其所认缴的股金为限。

第六章 解 散

第二十五条 本社经社员大会或社员代表大会决议解散时，社的公共财产处理由大会决定。

第七章 附 则

第二十六条 本社章程经社员大会或社员代表大会通过，报请县人民委员会批准后施行。修改时同。

农村信用合作社工作条例

（草 案）

1961 年 6 月 14 日 • 中国人民银行印发

农村信用合作社（简称信用社）是社会主义金融体系中的一个重要组成部分，在社会主义改造和社会主义建设中都有着重要作用。它配合国家银行，就地组织和调剂农村资金，过去在战胜高利贷方面，已经显示出优越性；今后在一个很长的时期内，帮助农民解决生产和生活上的资金困难，促进农业生产的发展和人民公社的巩固提高，仍然有着积极作用。随着农业生产的不断发展和农民生活水平的不断提高，它帮助农民安排经济生活，发展农村储蓄事业，支援农业生产的任务越来越重。

近几年来，由于不少同志对信用合作的作用认识不足，并且不尊重它的集体所有制，使很多信用合作组织对帮助贫困农民解决生产、生活困难有所忽视，原有的民主管理组织和制度无形消失，影响业务的开展，这一情况必须及时改变和彻底纠正。当前必须迅速恢复信用社，明确业务方向，建立和健全民主管理组织和制度，积极开展存、放款业务，及时解决农民生产、生活上的短期周转困难，加强信用社与社员群众的密切联系，使信用社发挥它应有的作用，以便于调动农民的生产积极性和建设社会主义的积极性。各级党组织应当加强对这一工作的领导，迅速恢复和认真办好信用社。

第一，信用社的性质、任务和组织规模

信用社是农村劳动人民在中国共产党和人民政府的领导下，按照自愿互利的原则组织起来的社会主义集体信用组织。它的股金和公共积累是全体社员所共有，是集体所有制。

信用社的任务是按照党的政策，积极开展农村储蓄，发放短期低利贷款，帮助社员发展

家庭副业，解决生产、生活上的临时周转困难；安排社员经济生活；在基金社员生产、生活资金需要的前提下，积极支持集体生产的发展。

信用社机构的设立应当根据有利于生产、有利于为群众服务、有利于开展业务的原则。一般是一个公社设立一个信用社。海洋渔区地区分散，交通不便，原来在一个生产大队设立一个信用分部的，现在规模仍然较大的，也可以以生产大队为单位设立信用社。

信用社可以按生产大队或群众经济活动情况设立服务站。

第二，业务经营

信用社实行独立核算，自负盈亏。它的业务经营方针是为社员服务，为生产服务，促进人民公社的巩固和提高。

信用社的主要业务是吸收社员储蓄存款，发放社员个人短期贷款。信用社在发放社员个人贷款后尚有多余资金，可以对生产队和生产大队发放短期贷款。经国家银行同意，信用社也可以办理生产大队的集体存款，利率按国家银行规定。

信用社的资金来源主要是储蓄存款、股金和公积金。资金多余存入银行，资金不足可以向银行申请贷款。在运用资金时，必须保证存款的随时支付，留有后备；并且要做到有存有放、有放有收，保证资金的正常周转，防止资金呆滞。

贷款的发放，主要是帮助社员发展家庭副业生产，修添小农具和医病急需，对他们的生活困难也要适当帮助解决。资金较充裕的信用社，对社员修建住宅等正当用途的短期周转需要，也可以根据可能适当贷款。

贷款要分困难大小、轻重缓急，要重视扶持贫农、下中农社员的经济上升，生产贷款和生活贷款要合理安排。要简化贷款手续，便利群众。贷款应该和救济款区别开来。属于生产大队供给或补助的和由救济解决的用途不应贷款。对还没有入社的贫困农民的生产、生活上的困难，根据资金可能，适当贷款帮助。

在开展存款和放款中都必须遵守信用。要坚持存款自愿、取款自由的原则，不得强迫，不得扣款，应当照章付给利息，便利存取，为存户保守秘密。放款要坚持有借有还、谁借谁还、按期归还的原则，反对有钱不还到期贷款。

信用社的存款和放款利率，应当参照国家银行利率标准，根据有利于发展生产、有利于开展业务的原则来订定。农民个人储蓄在不超过国家银行同种储蓄利率的 10%，放款利率在不超过国家银行农贷利率 30% 的范围内，根据各社具体情况，由理事会拟定，提交社员代表大会讨论通过，报国家银行备案。存款和放款要有一定的利差，作为信用社必要的开支费用。

服务站不是一级机构，不单独核算，但是可以有一定的业务经营权，它的业务计划应该经信用社批准。

信用社办理国家银行委托业务，国家银行应当给予手续费。

第三，民主管理

信用社按照民主集中制的原则，实行民主管理，由社员大家来办好信用社。

凡是农村人民公社的社员都可以参加信用社，社员以户入社，交纳股金，一户一股，也可以一户多股，不加限制。每股金额多少，以大多数社员能够交得起为原则，由社员代表大会讨论决定，还没有交过股金或交纳不足的，应当补交。

社员有选举权和被选举权，有讨论和监督社务的权利，有按股分红的权利。社员有执行社员代表大会的决议和维护信用社的公共利益、积极协助开展业务的义务。

信用社的权力机关，是社员代表大会。社员代表大会每年至少召开两次，重大事情都应当由社员代表大会决定。信用社的理事、理事主任和监事、监事主任，都应当由社员代表大会选举产生。理事和监事也可以由社员直接选举。理事和会计、业务员都不能担任监事。

信用社的管理机关是理事会。理事会一般每月开会一次，理事会对社员代表大会负责。它的职责是：

（一）执行社员代表大会的决议，定期向社员代表大会报告工作；

（二）按照党的政策和国家法令制订和执行业务计划；

（三）提出预算、决算盈余分配方案和专职干部待遇福利的意见，按期向社员公开财务，公布账目；

（四）聘请和调换会计、业务员。

为了便于信用社加强和社员的联系，一个生产大队至少有一个理事，还可以生产队为单位，由社员互选一个信用小组长。他们在理事会领导下进行工作。理事具体负责服务站工作，信用小组长负责动员存款，介绍贷款，监督贷款的使用和按期归还。

信用社的监察机关是监事会，监事会一般每季召开一次。监事会对社员代表大会负责，又受人民公社监察委员会的领导。它的职责是：

（一）监督理事会执行社员代表大会的决议；

（二）检查理事会的业务活动和财务收支；

（三）检查信用社干部是不是执行党的政策和国家法令，有没有侵犯社员权利和贪污、盗窃、营私舞弊以及其他违法乱纪、失职等行为；

（四）向社员代表大会提出对理事会工作报告的意见和监察工作报告。

信用社各级组织的成员，由社员公认的热心公共事业、办事公道的人担任，一年改选一次，可以连选连任，并且可以由原选单位随时罢免。理、监事各级组织的成员中，都应当由贫农和下中农占优势，并且有一定数量的妇女和老人参加。

业务民主和财务公开是信用社实行民主管理的重要内容。全年分季的业务计划要经社员代表大会讨论，贷款的发放要有必要的审批制度。所有的贷款都要定期公布账目。谁得到贷款，贷了多少，还了多少，都要交给社员审查，做到贷款公平合理、正确适当。财务收支账目要按期公布，把经济公开（存款公布总数，不公布存户姓名和存额），便于社员加强监督。

第四，财务和盈亏处理

信用社应该执行勤俭办社的原则。所有财务收支都应当编制预算，经社员代表大会或理事会讨论通过后执行。列入预算的用款，要建立审批制度，任何人不按规定手续，不得支用款项。

信用社的账目必须及时记载，日清月结，做到账实相符，账表相符，账账相符。

信用社的库存现金必须及时清点，账款相符，妥善保管，单据不得抵充库存。

信用社每年年终决算一次，实际盈余按下列比例进行分配：

（一）股金分红，不得超过 50%；

（二）公积金，不得少于 35%；

（三）奖励金，不超过 15%。

如果发生亏损，应当认真研究原因，采取积极措施加以解决。

第五，干部

信用社干部的配备，应当根据社辖区范围大小和开展业务需要，本着勤俭办社和节约劳动力的原则，每一信用社一般配备专职干部 2 ～ 3 人。社辖区范围较大或业务量较多的信用社，可以适当增加专职业务员。每一服务站配备站长、会计各一人，都由不脱产干部兼任。

信用社干部必须按照党的政策办事，大公无私，廉洁奉公，反对贪污、挪用、盗窃等违法失职行为，反对任何干部多得贷款的特殊化作风。必须树立依靠群众办社的思想，坚持群众路线的工作方法，关心社员生产、生活，处处为社员着想。态度要和蔼，要密切联系群众，团结全体社员办好信用社。坚持实事求是的工作作风，经常进行调查研究，按照实际情况办事，反对弄虚作假。

信用社专职干部的工资待遇，应当参照当地群众的生活水平，根据干部的工作表现，考虑到信用社的财务状况，经社员代表大会讨论决定。可以采取固定工资的办法，也可以采取基本工资加奖励的办法，不专职的干部根据其业务开展情况，给予一定的报酬。

信用社对专职干部的学习、工作和生活，要根据方便群众和劳逸结合的原则，制订必要的制度。要帮助他们不断提高思想、政治、文化和业务水平，要定期进行检查评比，表扬好人好事。对因公受伤的干部应当给予医治，死亡的应当给予丧葬，有病的应当给予医治；女干部产假期间的工资照发。

第六，组织领导

信用社必须执行党的政策和国家法令。

信用社受人民公社党委和管理委员会的领导，在业务上受当地人民银行办事处或营业所的指导。

人民公社党委和管理委员会，主要负责信用社干部的政治思想工作，监督和检查信用社执行党的政策和国家法令，研究和帮助解决有关重要问题。

人民银行办事处或营业所主要负责：

（一）指导信用社正确执行党的金融政策和国家法令，并且根据党和国家的政策、法令制订业务计划，积极开展业务；

（二）培养和训练信用社干部，提高他们的政治觉悟、政治思想和业务水平；

（三）对经济条件较差和临时周转有困难的信用社，给予必要的贷款支持；

（四）进行会计工作辅导。

在领导信用社工作中，任何机关都不得动用信用社的资金和库存现金，不得审批贷款，不得任意撤并信用社的各级机构，不得随便调动、调用信用社的专职干部。

关于农村信用社若干问题的规定

（试行草案）

1962 年 11 月 9 日 • 中国人民银行总行

一、信用社的性质、任务和组织领导

（一）我国的农村金融组织有两种所有制：一种是全面所有制的国家银行；一种是集体所有制的信用合作社（以下简称信用社）。信用社是农村人民的资金互助组织，是国家银行的助手，是我国社会主义金融体系的重要组成部分。

（二）信用社的股金、积累及其他财产，属于信用社社员集体所有。信用社吸收的存款，属于存户所有。信用社的资金独立，自负盈亏。

（三）信用社的主要任务是在本社范围内吸收农村中的闲散资金，帮助农民解决副业生产和生活上的某些临时性的资金困难，促进农业生产的发展和人民公社的巩固与提高。

信用社的资金多余时，存入中国人民银行；资金不足时，由中国人民银行给予支持。

（四）信用社的机构设置，可以按照人民公社的范围设信用社，也可以按照经济区在集镇上设信用社；在生产大队或者几个生产队的范围内设信用站，由信用社统一计算盈亏。

（五）信用社在业务上受中国人民银行的领导；在执行国家金融政策方面，受中国人民银行的领导和监督；贷款计划要经中国人民银行审查；培训干部和建立健全财务会计制度，由中国人民银行予以协助。

（六）信用社的政治思想工作和干部的配备管理，受当地党委领导。

二、信用社的业务经营

（七）信用社办理以下业务：

1. 办理农村储蓄和公社、生产大队、生产队存款。

2. 发放对农民的短期贷款。资金确实有余时，可以对生产队发放一部分短期周转的农业生产费用贷款。

3. 办理中国人民银行委托的业务。

信用站在信用社领导下，办理农村储蓄和对农民的贷款；也可以只办理储蓄，不办理贷款。信用站发放贷款计划，要经过信用社批准。

（八）信用社办理农村储蓄、存款业务，应当遵守下列规定：

1. 办理农村储蓄、存款，必须贯彻“存款自愿，取款自由”的原则，切实做到存、取方便，为存户保密。不许强迫命令或借故留难。

2. 必须留足支付存款的准备金，保证存款人能按期取到存款。

3. 必须贯彻执行储蓄永远归个人所有的政策；保证储蓄不受任何人或任何单位的“平调”。

4，不许办理实物储蓄；不许利用存款、贷款的方式，为社队动员农民投资；不许把信用社的储蓄存单借给社队拿去发工资，或者用于收益分配，形成强迫储蓄。

（九）信用社发放贷款，应当遵守下列规定：

1. 信用社对农民发放贷款，只能用于帮助农民解决副业生产和生活方面某些临时性困难，不许发放贷款给农民经营商业或其他投机活动。干部家庭有困难需要借款时，必须按规定办理，不许特殊化。信用社发放的生活贷款必须和救济款分开，属于应当使用救济款解决的，不能用信用社贷款解决。

2. 信用社对生产队发放贷款，只能用于生产费用，不许用于基本建设，不许用于发放工资，不许用于收益分配，不许用于其他非生产性开支。信用社发放贷款，要同中国人民银行发放的农业贷款统筹安排，并且要帮助生产队精打细算，节约使用。

3. 信用社发放各项贷款的期限，最长不得超过一年。

4. 信用社发放贷款，必须按照政策和有关规定认真审查，不许徇私舞弊。

5. 信用社发放各项贷款，应当切实坚持“谁借谁还，到期归还”的原则。

（十）信用社的农村储蓄、存款利率应当同中国人民银行的储蓄、存款利率一致。

信用社的贷款利率可以略高于中国人民银行的农业贷款利率。各省、市、自治区人民委员会可以规定一个利率幅度，由信用社在幅度的范围内具体确定。

信用社办理中国人民银行的委托业务，要按规定收取手续费。

三、信用社的民主管理制度

（十一）信用社实行民主集中制。

1. 信用社社员代表大会是全社最高权力机关，信用社的一切重大事项，例如业务计划、盈亏处理、财务预算和决算、干部配备、干部福利、干部奖惩、贷款利率等，都必须由信用社社员代表大会决定。信用社的账目，要定期向全体社员公布。

2. 信用社设理事会，领导全社的日常业务；设监事会，监察全社的业务和财务工作。

3. 信用社在各生产队组织社员小组，宣传储蓄政策和贷款政策，反映社员的要求和意见。

（十二）信用社的盈余，首先应当提出公积金，增加积累；其次以适当部分作为股金分红，分给社员；再次，以一部分作为奖励金和福利金，办理干部奖励和福利。分配比例，由各省、市、自治区人民委员会规定。

四、信用社的干部

（十三）信用社干部要根据尽量精简的原则和业务需要，适当配备。经济不发达、业务量小的地方，干部人数可以少一些；经济发达、业务量大的地方，干部人数可以适当多一些。信用社的干部，脱离生产；信用站的干部，不脱离生产。

信用社的主任由社员民主选举。

信用社干部的待遇（工资、口粮、副食品、日用品供应等），按照人民公社同级干部的待遇标准执行。业务量小、利息收入少的地区，干部工资可以适当降低。

信用社干部的工资由信用社支付；信用社脱离生产干部的口粮由国家供应。

信用站干部的工资补贴，由信用社支付，补缴数额由信用社根据业务量的大小加以规定。信用站干部除了信用社的工资补贴以外，公社和生产队不再给予其他补贴。

（十四）信用社干部不宜频繁调动，不能长期抽调去做其他工作。必须调动时，一定要得到理事会的同意，并要派人去接替工作，以免业务停顿，影响农民存款、取款。干部调动一定要按照制度，办清交接手续后，才能离开。

（十五）信用社的各级干部都必须认真执行“党政干部三大纪律、八项注意”，勤勤恳恳做好业务工作，为党的中心工作服务，为群众的生产、生活服务，必须坚决做到：

1. 存款保证信用；　　2. 贷款符合政策；

3. 单据账目清楚；　　4. 保护现金安全；

5. 处处便利群众；　　6. 事事遵守制度；

7. 努力钻研业务；　　8. 提高政策水平。

注：本《规定》经中共中央、国务院批准后下发。

载录二 中国农业银行印发的重要文件

关于改革信用合作社管理体制的报告

1984 年 6 月 26 日 • 中国农业银行

我国农村信用合作社（以下简称信用社），自创建以来，在各个不同时期，均发挥了重要作用。现在，全国共有信用社 55900 个，信用分社 31900 个，脱产职工 32 万多人（含合同工 39000 人）；信用代办站 281500 个，不脱产代办员 336000 人。1983 年底，全国信用社共有各项存款 487 亿元，其中储蓄存款 320 亿元，占存款总数的 66%，全年累计发放各项贷款 317 亿元，其中承包户、专业户（重点户）的贷款 165 亿元，占贷款总数的 52%。

党的十一届三中全会以来，随着农村联产承包责任制的推行，生产和流通规模的扩大，给农村金融工作提出了许多新的要求。但是，多年来，由于信用社在人事、业务、财务等方面逐步向银行看齐，实际走上了“官办”道路，同农民的关系日渐疏远。为农业生产服务、为农民生活服务的观点日渐淡薄，逐渐失去了合作金融组织的优越性，不能适应农村商品经济发展的需要。1980 年 8 月中央财经领导小组讨论银行工作时指出：“把信用社下放给公社办不对，搞成‘官办’的也不对，这都不是把信用社办成真正集体的金融组织。信用社应该在银行的领导下，实行独立核算，自负盈亏。它要办得灵活一些，不一定受银行一套规定约束，要起民间借贷的作用。如果把农村信用社搞活了，供销社搞活了，农业责任制搞活了，三者一配套，社员的家庭副业也就搞活了，这将大大有利于农村经济的发展。”

农业银行根据上述指示精神，多次研究了信用社的管理体制改革问题。1983 年在 8755 个信用社中进行了改革试点，以恢复和加强信用社组织上的群众性、管理上的民主性和经营上的灵活性。经过改革，业务开始活了，存贷款多了，贷款回收也多了，资金周转加快，较好地发挥了民间借贷作用。为了进一步贯彻中共中央中发〔1984〕1 号文件关于要把信用社“真正办成群众性的合作金融组织”的精神，根据前一段改革试点经验，拟从以下几个方面进行改革：

一、恢复信用社合作金融的性质。信用社要恢复和加强组织上的群众性、管理上的民主性，变“官办”为“民办”。要积极吸收农民入股，增强群众基础，壮大资金力量，把信用社和农民的经济利益紧密联系起来。农村个人和集体经济单位均可入股，但要贯彻自愿原则，有入股和退股自由。信用社实行保息分红制度，无论盈亏，都按一年定期储蓄存款利率付息；

如有盈余，还可以照章分红。信用社办理业务，在同等条件下，对入股社员贷款可以优先，利率可以优惠。

信用社实行民主管理。对领导干部，由任命制改为选举制。理事、监事由社员代表大会选举产生；理事会正副主任（即信用社主任、副主任），监事会正副主任，分别由理事、监事民主推选，报县联社批准。理事会、监事会正副主任如落选，可在原信用社做具体工作，但不要“易地为官”。信用社的机构体制、业务计划、分配制度、人事制度、利率浮动等重大问题，都要经过理事会或社员代表大会民主讨论决定。

改革信用社劳动分配制度。1982年底以前参加工作的正式职工，政治、经济待遇原则上不变。对新增职工实行合同制，可进可出。在信用社内部，要实行责、权、利相结合的经营责任制，克服分配上的平均主义。可以固定工资和浮动工资相结合，也可以实行基本工资加奖励等办法，贯彻奖勤罚懒的原则。

二、加强信用社经营上的灵活性。信用社组织的资金，要优先用于农村。存款除按规定比例向农业银行交提存准备金外，其余资金信用社有权按照国家信贷政策充分运用，多存可以多贷。在信用社之间，可通过县联社调剂资金余缺，有余时可存入农业银行。农业银行和信用社要有合理分工，并允许有某些业务交叉。信用社发放贷款，要贯彻以承包户、专业户（重点户）为主，以农业生产为主和以流动资金为主的方针，在保证农业贷款需要的前提下，可以经营农业工商信贷业务。凡是国家法令、政策允许生产和经营的项目，能实现预期经济效益，保证按期归还贷款的，信用社都可以贷款支持。信用社要积极推行信贷合同制度，通过信贷活动，把国家计划与农户、经营单位的生产经营活动联系起来。信用社的机构设置、组织形式、工作方法等，都必须面向农村，方便群众，有利于生产和经营。

农业银行对信用社的业务活动，除依法管理外，主要是用经济方法进行管理。农业银行不给信用社下达指令性业务指标，除交提存准备金外，不规定转存款任务。信用社向农业银行存款或贷款，都是业务往来关系。要尽快制订《农村信用合作社管理条例》，以便依法管理。

三、信用社实行浮动利率。当前，统一按农业银行利率贷款的办法，已不适应农村商品经济发展的新形势，必须允许信用社实行浮动利率。放款利率可在银行规定的基准利率基础上，本着接近市场利率的原则，根据贷款项目的社会效益、利润大小、偿还能力、信用好坏等，上下进行浮动。

四、实行独立经营、独立核算、自负盈亏。要逐步取消农业银行对信用社的亏损补贴办法。凡经营性亏损，由信用社负责，农业银行不补贴。今后，农业银行对信用社只在下列两种情况下进行补贴：一是银行规定要信用社办的低利贷款或高利存款；二是对贫困地区的亏损信用社，在县联社调剂有困难时，可在一定年限内实行“亏损包干，减亏分成，定额拨补”的办法。

信用社必须积极发展存贷业务，增加收益，扭亏增盈，不能靠向银行借款来发放贷款赚取利息。要按照“勤俭办社”的要求，制定财务开支计划，经理事会或社员代表大会讨论，报县联社批准后执行。对节约开支有显著成绩的，应给予表扬和奖励。信用社设置机构，增加人员，既要根据农村经济发展的需要，又要符合经济核算的原则。

不能用行政命令的办法，按行政区划设立机构，增加人员。

五、建立信用合作社的县联社。县联社是各个基层信用社组织起来的联合组织。建立县联社后，各个基层信用社仍然是独立经营、独立核算、自负盈亏的经济实体。县联社领导人，要召开全县信用社代表大会选举产生。县联社要在农业银行县支行领导下进行工作，日常具体工作由县支行信用合作股负责。其主要任务是：

（一）在全县范围内调剂信用社的资金余缺；

（二）从信用社利润中，提取一定数量的互助基金，用于调剂盈亏；

（三）统筹解决职工退职退休经费；

（四）组织经验交流和信息交流；

（五）管理职工培训教育工作；

（六）综合并考核信用社各项计划执行情况；

（七）检查信用社执行方针、政策的情况。

六、农业银行要加强对信用社的领导。改革信用社的管理体制，不是要信用社和银行脱钩。农业银行对信用社要实行政策上领导、业务上指导，把信用社业务搞得更好。农业银行要在以下方面加强对信用社的政策领导和业务指导：

（一）正确贯彻执行农村金融工作的方针、政策；

（二）审核信用社的业务计划；

（三）核定信用社的基准利率和浮动幅度；

（四）做好对信用社干部考察和思想政治工作。

信用社是经营货币信用业务的合作金融组织，不同于商业企业、基层供销社。货币流通和信贷资金运动应城乡贯通，需要全国统一调剂，统一平衡。存款和贷款要形成一定时期的债权、债务关系，既要维护贷款自主权，又要维护存款人的权益。这些特点决定了信用社必须在银行领导下实行独立经营、独立核算、自负盈亏，不宜归属于地方行政部门或其他经济组织。任何单位和个人都不得平调信用社的资金和财产，不得强令其贷款和投资。

以上报告，如无不当，请批转各地区、各有关部门执行。

附：

国务院批转中国农业银行
关于改革信用合作社管理体制的报告的通知

1984年8月6日

国务院同意中国农业银行《关于改革信用合作社管理体制的报告》，现转发给你们，请贯彻执行。

为了适应当前农村经济发展的需要，促进商品生产的发展，信用合作社管理体制必须抓紧进行改革。要通过改革，恢复和加强信用合作社组织上的群众性、管理上的民主性、经营上的灵活性，在国家方针、政策指导下，实行独立经营、独立核算、自负盈亏，充分发挥民间借贷的作用。各级人民政府要加强对这项改革的领导，注意研究解决改革中出现的问题，把信用社真正办成群众性的合作金融组织。

信用合作社经营的是货币信贷业务，货币流通需要全国统一调节，信贷收支需要全国统一平衡。因此，信用社改革要十分谨慎，符合宏观经济的要求。农业银行要加强对信用社的领导，不宜改变信用社的隶属关系。任何单位和个人都不得平调信用社资金、财产，不得强令其发放贷款和投资，以维护信用社的经营自主权，保证农村信贷活动沿着正确的轨道发展。

载录三 中华人民共和国国务院印发的重要文件

关于农村金融体制改革的决定

1996 年 8 月 22 日

中华人民共和国国务院

各省、自治区、直辖市人民政府，国务院各部委、各直属机构：

农村金融体制改革是整个金融体制改革的一个重要组成部分。完善农村金融服务体系，对于加强农业的基础地位，促进农村经济发展，实现国民经济和社会发展“九五”计划和 2010 年远景目标，都具有十分重要的意义。根据中共中央十四届五中全会精神和《国务院关于金融体制改革的决定》（国发〔1993〕91 号），现就农村金融体制改革作出如下决定：

一、农村金融体制改革的指导思想

改革开放以来，以家庭联产承包责任制为基础的农村经济体制改革，极大促进了农业和农村经济的发展，在广大农村形成了多层次贸、工、农综合的格局。农村经济发展的多层次，要求既要有以工商企业为主要服务对象的商业性金融机构，也要有主要为农户服务的合作金融机构，还要有支持整个农业开发和农业技术进步、保证国家农副产品收购的政策性金融机构，以形成一个能够为农业和农村经济发展提供及时、有效服务的金融体系。

目前，我国农村合作性、商业性和政策性金融机构都有不同程度的发展，在促进农村和农村经济发展中发挥了重要作用。但是，由于各类金融机构相互间的关系没有理顺，没有建立起合理的管理体制和良好的运行机制，农村金融体制还不适应农村经济发展的需要。相当多的农村信用合作社（以下简称农村信用社）失去了合作性质，背离了主要为农民服务的发展方向；现行中国农业银行领导管理农村信用社的体制，与其自身改革为商业银行在诸多关系上难以理顺；中国农业发展银行营业机构设置不适应业务发展需要，支持农村经济开发的能力较弱。因此，要进一步深化农村金融体制改革。

农村金融体制改革的指导思想是，根据农业和农村经济发展的客观需要，围绕“九五”计划和 2010 年农业发展远景目标，建立和完善以合作金融为基础，商业性金融、政策性金融分工协作的农村金融体系；进一步提高农村金融服务水平，增加对农业的投入，促进贸、工、农综合经营，促进城乡一体化发展，促进农业和农村经济的发展和对外开放。农村金融体制改革的重点，是恢复农村信用社的合作性质，进一步增强政策性金融的服务功能，充分发挥国有商业银行的主导作用。农村金融体制改革是现有农村金融体制的自我完善，要坚持稳健过渡，分步实施，保持农村金融整体上的稳定性。在改革中，要不误农时地做好各项金融服务工作。

二、改革农村信用社管理体制

农村信用社管理体制改革，是农村金融体制改革的重点。改革的核心是把农村信用社逐步改为由农民入股、由社员民主管理、主要为入股社员服务的合作性金融组织。改革的步骤是：农村信用社与中国农业银行脱离行政隶属关系，对其业务管理和金融监管分别由农村信用社县联社和中国人民银行承担，然后按合作制原则加以规范。为保证农村信用社与中国农业银行脱离行政隶属关系后在管理上的连续性，要首先充实加强县联社和中国人民银行县支行。

（一）加强农村信用社县联社的建设。

县联社是农村信用社的县级联合组织，要按中国人民银行重新发布的《农村信用合作社联合社管理规定》组织和管理。

县联社有两种类型，一类是由农村信用社交纳会费，行使管理协调职能；另一类由农村信用社投资入股，除行使管理协调职能外，还可以从事调剂农村信用社资金余缺，组织清算等信贷业务。各县联社具体采取何种类型，要根据当地农村信用社的实际情况，经基层农村信用社代表讨论决定后，由中国人民银行批准。

县联社主任由基层农村信用社代表选举产生，报中国人民银行县支行初审，经中国人民银行地（市）分行审查其任职资格后，由理事会聘任。

县联社要根据管理和服务的需要，设置相应的职能管理部门，并从基层信用社和中国农业银行选调业务骨干。

（二）强化中国人民银行对农村信用社的监管。

中国人民银行县支行要指定一名副行长，专门负责对农村信用社的监管工作，中国人民银行总行和分支行要根据监管任务需要内设职能机构，并从中国农业银行信用合作管理部门调入业务骨干。中国人民银行要在机构设立、服务方向、利率管理、风险管理、有关人员任职资格等方面，切实加强对农村信用社的监督和管理。

（三）中国农业银行不再领导管理农村信用社。

中国农业银行不再领导管理农村信用社。农村信用社的业务管理，改由县联社负责；对农业信用社的监督管理，由中国人民银行直接承担。

农村信用社与中国农业银行脱离行政隶属关系的改革过程中，涉及的人员、财产、资金关系等问题，应在中国人民银行领导下，会同有关部门协调解决。原缴存中国农业银行的存款准备金，改缴存中国人民银行；农村信用社转存中国农业银行款，按平等互利、充分协商的原则逐年消化。农村信用社与中国农业银行要在平等自愿的基础上，继续发展业务往来，共同支持农村经济发展。

（四）按合作制原则重新规范农村信用社。

在基本完成上述三项工作后，农村信用社改革的重点转向恢复农村信用社的合作制性质。要加强领导、集中力量，根据中国人民银行重新发布的《农村信用合作社管理规定》和财政部《金融保险企业财务制度》，对现有农村信用社的股权设置、民主管理、服务方向、财务管理等方面进行规范。

农村信用社主要由农户、农村集体经济组织和农村信用社职工入股组成。农村信用社要适当充实股本。农村信用社的最高权力机构是社员代表大会，实行“一人一票”制；农村信用社实行理事会领导下的主任负责制。农村信用社主任由社员代表大会选举产生，经县联社审核，报中国人民银行县支行审查其任职资格后，由理事会聘任。农村信用社必须坚持主要为社员服务的方针，优先安排对农村种养业的贷款，对本社社员的贷款要占全部贷款金额的 50% 以上。农村信用社按规定缴纳准备金，留足备付金，资金运用实行资产负债比例管理，多存多贷、少存少贷、瞻前顾后、合理调剂。

（五）县以上不再专设农村信用社的经营机构。建立农村信用社的行业自律性组织问题，要待上述改革完成后另行制定办法。

（六）农村信用社改革政策性强、难度大，为使农村信用合作事业稳定、健康地发展，改革中要注意维护农村信用社的合法权益，国家要给予适当的政策支持。中国人民银行要制定防范风险的对策和具体措施。

三、办好国有商业银行 建立农村合作银行

长期以来，中国农业银行为支持农村经济发展作出了重大贡献。在农村信用社与农业银行脱离行政隶属关系、中国农业发展银行的业务主要实行自营以后，中国农业银行要适应新的变化，努力办成真正的国有商业银行，进一步发挥在农村金融中的主导作用，为农业和农村现代化建设作出新的贡献。中国农业银行要进一步加强内部管理，实行资产负债比例管理和风险管理，建立自主经营、自负盈亏、自我发展的机制。对中国农业银行在农村金融体制改革过程中遇到的困难，国家将给予适当的政策支持。随着农村金融体制改革的深入进行，其他国有商业银行要根据商业化经营的原则，适当调整县以下分支机构。

在城乡一体化程度较高的地区，已经商业化经营的农村信用社，经整顿后可合并建成农村合作银行。农村合作银行的性质是股份制的商业银行，与城市合作银行一样，按《中华人民共和国商业银行法》的要求设立。成立农村合作银行最少要有 5000 万元实收资本金。农村合作银行主要为农业、农产品加工业及农村其他各类企业服务，其固定资产贷款不得超过贷款总额的 30%。

农村合作银行设在县及县级市，由所在县（市）财政、各类企业及居民个人依法投资入股组成，实行一级法人制度。农村信用社合并组建农村合作银行后，原农村信用社取消法人资格，作为农村合作银行的分支机构开展业务；该县（市）内的城市信用社也要依据同样原则并入农村合作银行。不加入农村合作银行的农村信用社，要严格按新的《农村信用合作社管理规定》办成真正的合作金融组织。

四、增设中国农业发展银行的分支机构 加强农产品收购资金管理

按照精简、高效原则，适当增设中国农业发展银行的分支机构，基本实现业务自营。在中国农业发展银行总行、省级分行设立营业部，在地（市）、县（市）设立分行、支行；地（市）、县（市）同在一地的，只设一个机构；业务量小的县（市）可不设分支机构，其业务由中国农业银行等金融机构代理。在中国农业发展银行设立分支机构的地方，人员从中国农业银行调入，不增加新的设备，不盖新的办公楼，要充分运用中国农业银行和其他金融机构的现有设施。

继续实行地方政府领导下的分级分部门筹措收购资金责任制，各级人民政府要采取有效措施，保证财政补贴农产品收购资金及时足额到位。企业不得挪用收购资金搞其他建设和经营项目。中国农业发展银行要坚持商品库存值和贷款挂钩的原则，切实改进和加强粮棉油政策性贷款管理。要创造条件运用商业票据进行收购资金的结算，保证收购资金的封闭运行，防止收购资金被挤占挪用。

五、逐步建立各类农业保险机构

在总结试点的基础上，逐步在农业比重较大的县建立农村保险合作社，主要经营种养业保险。

在发展农村合作保险基础上，创造条件成立国家和地方农业保险公司，主要为农村保险合作社办理分保和再保险业务。国家农业保险公司在中国人民保险（集团）公司原有农业保险机构的基础上组建。为避免农业保险机构因承保种养业保险造成亏损，国家将在政策上给予适当的扶持。

六、清理整顿农村合作基金会

农村合作基金会自试办以来，对于增加农业投入，缓解农民生产短缺发挥了一定的作用。《国务院关于金融体制改革的决定》明确规定：农村合作基金会不属于金融机构，不得办理存、贷款业务，要真正办成社区内的资金互助组织。但是，目前相当一部分农村合作基金会以招股名义高息吸收存款，入股人不参加基金会管理，不承担亏损；基金会将筹措资金用于发放贷款，违反金融法规经营金融业务，隐藏着很大的风险。因此，要按国家的有关规定对农村合作基金会进行清理整顿。凡农村合作基金会实际上已经营金融业务，存、贷款业务量比较大的，经整顿后可并入现有的农村信用社，也可另设农村信用社。不愿并入现有农村信用社或另设农村信用社的，必须立即停止以招股名义吸收存款，停止办理贷款业务。

中国人民银行要会同农业部尽快制定《农村合作基金会管理规定》，报国务院审批。

农村合作基金会的债权债务关系，要在地方政府的领导下妥善处理，以保护农民的利益。

七、农村金融体制改革的组织领导

农村金融体制改革涉及面广，情况复杂，要坚持稳健过渡、分步实施的原则，加强领导，统一规划，有序进行。要注意防范和消除改革过程中暴露出的风险，保持农村金融秩序和社会的稳定。为此，在国务院、省、地、县四级设立农村金融体制改革协调机构，并相应设立办公室。

国务院成立农村金融体制改革部际协调小组，由中国人民银行牵头，中国人民银行行长任组长，中央和国务院有关部门以及中国农业银行、中国农业发展银行的主管领导参加，办公室设在中国人民银行。

省、地、县三级成立农村金融体制改革领导小组，由地方人民政府牵头、省、地、县人民政府主管金融工作的负责同志任组长，中国人民银行分支行行长任副组长，省、地、县农口主管部门、中国农业银行分支行、中国农业发展银行分支行等单位各选派一名主管领导参加。办公室可参照国务院农村金融体制改革部际协调小组的办法设置。

农村信用社与中国农业银行脱离行政隶属关系，要在充实县联社的业务管理力量和中国人民银行县支行对农村信用社的监管力量后，以省为单位统一宣布。今年下半年全国基本完成上述工作，然后着手进行规范农村信用社的改革工作。今年下半年开始，各省（自治区、直辖市）可选择一两个经济较为发达的县（市），开展组建农村合作银行的试点工作，但必须经国务院农村金融体制改革部际协调小组审定后，由中国人民银行批准。今年秋收前，中国农业发展银行在地（市）及部分县（市）做好业务经营机构的设立工作，切实改进收购资金管理，明年夏收前完成所有应设机构的增设工作。农业保险体制改革，今年内由中国人民银行会同有关部门制定方案，报国务院审批后实行。清理整顿农村合作基金会的工作，今年下半年由中国人民银行会同农业部制定方案，经国务院农村金融体制改革部际协调小组批准后实施。在改革中，要加强组织纪律性，设立、合并、撤销金融机构，必须报经中国人民银行审批。

农村金融体制改革直接涉及农村经济的发展和广大农民的切身利益，政策性强，影响面广，对增加农产品生产和供应，提高农民的收入，以及抑制通货膨胀都具有十分重要的意义。各级人民政府要从全面发展农村经济的大局出发，加强对农村金融体制改革工作的组织领导，使这项改革积极稳妥地进行。农村金融系统广大干部和职工要顾全大局，在深化改革中不误务农时地做好各项金融服务，促进农村经济的全面发展。

载录四 浦江县信用合作社联合社（联社）章程

浦江县信用合作社联合社章程

（草 案）

1987 年 6 月 12 日

第一章 总 则

第一条 浦江县信用合作社联合社（以下简称县联社），是全县各信用合作社（以下简称信用社）根据业务经营需要自愿组成的联合组织。县联社接受中国农业银行浦江县支行在政策上的领导和业务上的指导。

第二条 县联社主要职能是指导、协调、监督管理信用合作工作。县联社下设社务、业务、财务、稽核等办事机构，在营业所设办事组。

第三条 县联社的宗旨是：按照国家的农村金融方针政策，坚持四项基本原则，为基层信用社开展业务提供服务，增强信用社经营活力，促进信用社为支持农村经济发展发挥更大作用。

第四条 县联社的主要任务

1. 检查信用社是否贯彻执行国家的农村金融方针、政策、原则，稽核、辅导信用社业务、财务和账务等情况；

2. 综合、平衡信用社的存、贷款计划，并向主管行抄送各项业务报表，考核信用社经济责任制和岗位责任制执行情况；

3. 统一管理全县信用社职工（包括合同制用工），组织信用社职工的招收及业务培训教育工作；

4. 统一管理全县信用合作基金，统筹解决信用社职工退休、退职经费；

5. 督促信用社按规定比例及时向开户行交存存款准备金；

6. 组织经验交流、信息交流及业务咨询，帮助信用社组织银团贷款；

7. 负责信用社开展行社、社社之间的资金余缺调剂，按有关规定开拓自身业务；

8. 保护信用社和信用社职工的合法权益；

9. 接待有关全县信用社干部职工群众的来信来访，以及违法违纪案件查处。

第二章 县联社社员代表大会

第五条 县联社的权力机构是县联社社员代表大会，代表由各信用社推选产生。

第六条 县联社社员代表大会职权

1. 制订和修改县联社章程，并监督章程的实施；
2. 选举和罢免县联社理事会成员；
3. 审议和通过理事会工作计划和工作报告；
4. 审议和通过县联社财务预、决算；
5. 其他重要事项的讨论和决定。

第七条 县联社社员代表大会由理事会召集，原则上每年召开一次，如遇特殊情况，可提前或推迟召开。

第三章 县联社理事会

第八条 县联社理事会是县联社社员代表大会闭会期间的常设执行机构。理事会由社员代表大会选举产生，设主任一名，副主任及理事若干名。主任、副主任由理事会推选，报主管行审批。理事会每届任期三年，可连选连任。

第九条 理事会职责

1. 贯彻执行县联社社员代表大会决议；
2. 向县联社社员代表大会和主管行报告工作；
3. 选聘县联社工作人员，审批并公布信用社理事会主任、副主任，办理信用社职工奖惩等重大事项；
4. 指导信用社开展各项工作；
5. 向县联社社员代表大会报告县联社财务收支情况；
6. 负责信用社、分社、储蓄网点的设置和撤并报请审批。

第十条 理事会实行民主集中制，坚持集体领导。理事会由主任或副主任主持召集，每季至少召开会议一次，必须有三分之二以上理事出席。

第四章 基层信用社

第十一条 本县各基层信用社，均可成为县联社社员。县联社建立后，各信用社仍是自主经营、独立核算、自担风险、自负盈亏的经济实体。

第十二条 基层信用社在县联社的权利：

1. 有权派出代表出席县联社社员代表大会；

2. 有权参加县联社举办和举行的各项活动；

3. 有权对县联社的工作提出要求和建议；

4. 有权要求县联社进行资金余缺调剂。

第十三条 基层信用社对县联社的义务：

1. 遵守县联社章程，贯彻执行县联社社员代表大会决议和理事会决定；

2. 按时、按质、按量向县联社报送各项业务、社务、财务、基金等报表和报告；

3. 按规定向县联社交纳信用合作发展基金及其他统筹经费和管理费；

4. 经常向县联社汇报工作，提供情况，交流经验。

第五章 附 则

第十四条 本章程经县联社社员代表大会讨论通过生效。本章程的修改，须经社员代表大会讨论通过、作出决定方为有效。

浦江县农村信用合作联社章程

（草 案）

2005 年 3 月

第一章 总 则

第一条 为维护浦江县农村信用合作联社（以下简称“本联社”）社员和债权人的合法权益，规范本联社的组织和行为，参照《中华人民共和国公司法》《中华人民共和国商业银行法》和其他有关法规，制订本章程。

第二条 本联社注册名称：浦江县农村信用合作联社

本联社住所：浦江县人民东路 90 号　　邮编：322200

第三条 本联社是由辖内农民、农村工商户、企业法人和其他经济组织以及本联社职工自愿入股组成的股份合作制社区性地方金融机构。实行民主管理，主要为农民、农业、农村经济发展提供金融服务。

第四条 本联社是独立的企业法人，本联社享有由社员投资入股形成的全部法人财产权，依法享有民事权利，并以全部法人资产独立承担民事责任，其财产、合法权益和依法开展业务受国家法律保护，任何单位和个人不得侵犯和非法干涉。

第五条 本联社以安全性、流动性、效益性为经营原则，实行自主经营、自担风险、自负盈亏、自我约束。本联社的经营活动，除中国银行业监督管理机构有特殊规定外，均在本县范围内开展。

第六条 本联社坚持入社自愿、社员所有、利益共享、风险共担、民主管理、勤俭办社的原则。

第七条 本联社下设信用社、信用分社、储蓄所，均为非独立核算的分支机构，在本联社授权范围内依法、合规开展业务，其民事责任由本联社承担。

本联社按照“统一法人，授权经营，分级核算，单独考核”的原则，对分支机构实行财务统一核算，人员统一调配，财产统一管理，资金统一调度，所得税、费统一缴纳。

第八条 本联社遵守国家法律、法规和规章，贯彻执行国家金融方针政策，依法接受中国银行业监督管理机构监督管理，执行行业统一的业务、财务、会计、劳动工资等规章制度。

第二章 经营范围

第九条 本联社业务经营范围

（一）吸收公众存款；

（二）发放短期、中期和长期贷款；

（三）办理国内结算；

（四）办理票据承兑和贴现；

（五）代理发行、代理兑付、承销政府债券；

（六）买卖政府债券、金融债券；

（七）从事同业拆借；

（八）提供保管箱服务；

（九）代理收付款项及代理保险业务；

（十）经中国银行业监督管理机构批准的其他业务。

第十条 本联社执行全国农村信用社统一的结算制度，按照有关规定，组织本县的县辖结算，办理同城和异地结算业务。

第三章 社员

第十一条 本联社社员分为自然人社员、法人社员和员工社员。凡本县的农户、个体工商户等自然人，承认本联社章程，承担社员义务，均可申请入股，按规定缴纳股金后成为本联社自然人社员。

凡本县的企业法人和其他经济组织，承认本联社章程，承担社员义务，均可申请入股。经本联社审查，按规定缴纳股金后成为本联社法人社员。

本联社职工，承认本联社章程，承担社员义务，按规定缴纳股金，成为本联社员工社员。

原法人信用社社员承认本联社章程，其社员股在本联社募股期间自愿按规定转为联社股金的，可成为本联社社员，未退股又未转股的不能成为本联社社员。

向本联社入股，应坚持入股自愿、风险自担、服务优惠、利益共享的原则。

第十二条 社员的权利

（一）参加或委派代理人参加社员代表大会，行使表决权；

（二）享有选举权和被选举权；

（三）对本联社的经营行为进行监督，提出建议和质询；

（四）获得本联社金融服务的优先权和优惠权；

（五）享有股金分红和参与其他形式利益分配的权利；

（六）依照国家有关法律、法规和行政规章的规定转让股金和优先认购股金；

（七）本联社终止或清算后依法参加剩余财产的分配；

（八）国家有关法律、法规和行政规章规定的其他权利。

第十三条 社员的义务

（一）承认并遵守本联社章程；

（二）按所认购的数额向本联社缴纳股金；

（三）以其所持股金为限对本联社承担风险和民事责任；

（四）维护本联社的利益和信誉，支持本联社合法合规开展各项业务；

（五）服从和履行社员代表大会的决议；

（六）国家有关法律、法规和行政规章以及本联社章程规定的其他义务。

第四章 注册资本和股金

第十四条 本联社股金每股为 1 元人民币。本联社股金设资格股和投资股。资格股是获得社员资格必须缴纳的基础股金。资格股自然人社员（含职工社员，下同）每人 1000 股、法人社员每户 10000 股。投资股由社员自己决定。

社员资格股实行一人一票。自然人社员每增加 2000 元投资股增加一个投票权，法人社员每增加 20000 元投资股增加一个投票权。

第十五条 单个自然人社员持股额不得超过股本总额的 0.5%，单个法人社员及关联企业持股总额不得超过股本总额的 5%。本联社自然人入股总额不得少于总股本的 50%，其中职工入股总额不得超过股本总额的 25%，非职工自然人持股总额不得少于股本总额的 30%。

第十六条 本联社根据盈利情况，按照有关规定，对社员分配红利，但不对股金支付利息。当年亏损不对社员分配红利；当年盈利在未全部弥补历年亏损挂账或资本充足率未达到规定要求前，严格限制分红比例，其红利分配原则上采用转增股金方式，不分配现金红利。

第十七条 本联社社员持有的股金，经理事会同意，并按规定办理登记手续后，可依法转让、继承和赠予。

第十八条 本联社社员持有的资格股，存在下列情况之一的不得办理退股：

1. 本联社当年亏损；

2. 本联社资本充足率未达到规定要求或退股后达不到规定要求。

第十九条 本联社社员持有的投资不能办理退股，持有的资格股同时满足以下全部条件，可以办理退股：

1. 社员提出退股申请；

2. 不存在本章程第十八条所列情况；

3. 持满三年并转让所持全部投资股；

4. 经理事会同意。

资格股退股原则上应在当年年底财务决算后办理，在年底财务决算前办理退股的，不支付当年股金红利。

第二十条 本联社股本金为人民币 2142.04 万元，其构成如下：

自然人社员资格股股金 98.29 万元，投资股股金 1235.75 元；

（其中：职工社员资格股股金 25.5 万元，投资股股金 492.7 万元）

法人社员资格股股金 39 万元，投资股股金 769 万元；

本联社投资股作为注册资本为人民币 2005 万元。

本联社社员资格股及原信用社社员未退股金不作为注册资本金登记。

第二十一条 除原信用社社员股金按照自愿原则可转为本联社股金外，新募集的股金必须以货币资金方式进行，不得以债权、实物资产和有价证券等折价入股。新投资入股的资金必须一次足额到位。

第二十二条 本联社使用记名式股金证，作为社员资格证明和股金所有权证明。本联社的股金证不得在本联社作为质押权标的。

第二十三条 本联社理事、监事、高中层管理人员在任职期间和离职后 6 个月内不得退股或将其股份转让。其他员工在本联社工作期间不得退股或将其股份转让。

第二十四条 本联社的股权证书不得设定权利质押。本联社社员以本联社股份为本人或他人提供担保的应当事先告知并征得理事会同意。

第二十五条 社员持有的股金证书发生被盗、遗失、灭失或毁损，法人社员持介绍信，自然人持有效身份证明到本联社按规定办理挂失手续。

第二十六条 本联社根据业务发展需要，由理事会提议，经社员代表大会通过，报中国银行业监督管理机构批准后，可以增资扩股。

第五章 社员代表大会

第二十七条 本联社实行民主管理，其权力机构是社员代表大会。社员代表大会由56名社员代表组成。社员代表按社员人数和金额的一定比例，按资格股一人一票，自然人投资股每增加2000元增加一个投票权，法人投资股每增加20000元增加一个投票权，由社员选举产生。非员工自然人社员代表人数不得低于代表总数的30%。本联社员工社员代表人数不得超过代表总数的25%。每届任期三年，可连选连任。

召开社员代表大会必须有50%以上的社员代表出席。社员代表大会作出的决议，必须经过出席会议的社员代表（含代理人）所持投票权的半数或三分之二以上通过。

第二十八条 社员代表大会由理事会召集，每年召开一次。有下列情形之一的，应召开临时社员代表大会：

（一）理事会人数不足本联社章程规定人数三分之二时；

（二）经二分之一以上社员代表提议或者三分之二以上监事提议时；

（三）理事会认为有必要时。

社员代表因故不能出席社员代表大会，可以委托代理人代为出席和表决。社员代表授权代理人的，委托代理人应当向本联社提交社员代表授权委托书，并在授权范围内行使表决权。

授权委托书应载明下列内容：

（一）代理人姓名；

（二）是否有表决权；

（三）分别对审议事项投赞成票、反对票或弃权票的指示；

（四）委托书签发日期和有效期；

（五）委托人签名（或盖章）。

委托书应注明：如果社员代表不作具体指示，代理人可否按自己的意见表决。

第二十九条 社员代表大会行使下列职权：

（一）制定和修改本联社章程；

（二）审议通过社员代表大会议事规则；

（三）选举、更换理事和由社员代表出任的监事，决定有关理事、监事的报酬事项；

（四）审议、批准理事会、监事会工作报告；

（五）审议、批准本联社的发展规划，决定本联社经营方针；

（六）审议、批准本联社年度财务预算、决算方案，利润分配方案和弥补亏损方案；

（七）对增加或减少注册资本作出决议；

（八）对本联社的分立、合并、解散和清算等重大事项作出决议；

（九）对本联社其他重大事项作出决议。

第三十条 章程的修改，本联社分立、合并、解散和清算等重大事项，须经社员代表大会以出席代表所持投票权的三分之二以上多数通过。其他议案须经社员代表大会以出席代表所持投票权的二分之一以上多数通过。

第三十一条 理事、非职工监事候选人名单以提案方式提请社员代表大会决议。

第三十二条 社员代表大会采取等额记名方式表决，当场公布表决结果。社员代表大会应当对所议事项的决议作成会议记录，由会议主持人及有关人员签名。社员代表大会会议记录、决议等文件报送当地银行业监督管理机构备案。

第六章 理事会

第三十三条 本联社设理事会。理事会由11名理事组成。理事会成员中自然人理事7人，其中员工理事3人。理事由社员代表大会选举产生或更换，并报中国银行业监督管理机构任职资格审查后履行职责。每届任期三年，可连选连任。

第三十四条 理事应遵守法律法规、行政规章和本章程的规定，忠实履行职责，维护本联社利益。当其自身利益与本联社利益和社员利益相冲突时，应以本联社和社员的最大利益为行为准则，并保证：在其职权范围内行使权利，不得越权；不得利用内幕信息为自己或他人谋取利益；不得以任何其他方式恶意损害本联社利益。

第三十五条 理事应谨慎、认真、勤勉地行使本联社赋予的权利，以保证：本联社的经营行为符合国家有关法律法规、行政规章以及国家各项经济政策的要求，经营活动不超越营业执照规定的业务范围；公平对待所有社员；接受监事会对其履行职责的合法监督和合理建议。

第三十六条 未经本章程规定或理事会合法授权，任何理事不得以个人名义代表本联社或理事会行事；理事以个人名义行事时，在第三方会合理地认为该理事在代表本联社或理事会行事的情况下，该理事应事先声明其立场和身份，未声明其立场和身份而造成本联社利益损害的，该理事应当向本联社承担赔偿责任。

第三十七条 理事个人或其所任职的其他企业直接或间接与本联社已有的或计划中的合同、交易、安排有关联关系时，应向理事会披露。除非该理事及时披露并在表决时申请回避，本联社有权撤销该合同、交易或安排，对方为善意第三人者除外。

第三十八条 本联社理事每年应至少亲自参加两次理事会。否则，视为不能履行职责，理事会应当建议社员代表大会予以更换。

第三十九条 理事在任期届满以前提出辞职，应向理事会提出书面辞职报告。如因理事的辞职导致本联社理事会理事低于法定最低人数时，该理事的辞职报告应在下任理事填补因其辞职产生的缺额后方能生效。理事在任期届满以前，社员代表大会不得无故解除其职务。

第四十条 以上有关理事义务的规定，适用于本联社监事、主任和其他高级管理人员。

第四十一条 理事会每年至少召开四次，由理事长召集和主持。经理事长、三分之一以上理事、监事和主任提议，也可召开临时理事会议。每次会议应当于会议召开前书面通知全体理事，并通知监事会派员列席理事会会议。

第四十二条 理事会对社员代表大会负责，行使下列职权：

（一）负责召集社员代表大会，并向社员代表大会报告工作；

（二）执行社员代表大会决议；

（三）制定本联社的发展规划、经营方针、年度业务经营计划；

（四）批准本联社的内部管理制度；

（五）选举、更换理事长和副理事长；

（六）聘任、解聘本联社主任；根据主任提名聘任、解聘本联社副主任，财务、信贷和审计部门负责人；

（七）制定本联社年度财务预、决算方案，利润分配方案和弥补亏损方案；

（八）批准本联社的内部职能部门设置和调整方案，审议分支机构的设置及调整方案；

（九）提出本联社合并、分立、解散等重大事项的计划和方案；

（十）社员代表大会授予的其他职权。

第四十三条 理事会会议应由二分之一以上理事出席方可举行。理事会实行一人一票的表决制度。理事会决议表决方式为记名投票表决。理事长的选举和更换等重大事项须经理事会全体理事的三分之二以上多数通过，其他议案须经全体理事的二分之一以上多数通过。

第四十四条 理事会对会议所议事项的决议作成会议记录，出席会议的理事和记录员在会议记录上签名，并在会议结束后10日内报当地银行业监督管理机构备案。理事对理事会的决议承担责任。理事会的决议违反国家法律、法规、金融政策和本章程，致本联社遭受严重损失的，参与决议的理事负赔偿责任。但经证明在表决时曾表示异议并记载于会议记录的，该理事可免除责任。

第四十五条 理事会设理事长1名，主持理事会工作。理事长由理事会选举产生，报中国银行业监督管理机构任职资格核准后履行职责。任期三年，可连选连任。理事长为本联社的法定代表人。

第四十六条 理事长行使以下职权：

（一）主持社员代表大会，主持、召集理事会会议；

（二）检查理事会决议的实施情况，并向理事会报告；

（三）签署本联社股金证；

（四）签署主任和副主任以及财务、信贷和审计部门负责人的聘书；
（五）对本联社业务活动的合法、合规性进行监督；
（六）行使法定代表人的职权；
（七）在理事会闭幕期间行使由理事会授权的职权。

第七章 监事会

第四十七条 本联社设监事会，监事会是本联社的监督机构，对社员代表大会负责。监事由社员代表和员工代表担任，人数5人，其中员工监事2人由职工代表大会选举产生，其他监事由社员代表大会选举产生。每届任期三年，可连选连任。本联社理事、主任、副主任和财务、信贷、审计部门负责人不得兼任监事。

第四十八条 监事会会议由监事长召集和主持，每年召开四次，必要时可随时召开。

第四十九条 监事会行使下列职权：
（一）向社员代表大会报告工作；
（二）委派代表列席理事会会议；
（三）监督本联社执行国家法律、法规、政策；
（四）监督本联社业务经营、财务收支和各项管理的合法、合规；
（五）监督理事、经营管理层履行职责情况，对理事会决议和主任的决定提出质询，并要求复议；
（六）国家法律、法规、规章规定应由监事会行使的职权；
（七）本联社社员代表大会授予的其他职权。

第五十条 监事会设监事长1名，主持监事会工作。监事长由监事会选举和更换，报中国银行业监督管理机构任职资格核准后履行职责。任期三年，可连选连任。监事长列席理事会会议，监事长因故不能参加，可委托其他监事参加。

监事会实行一人一票的表决制度。监事会决议表决方式为记名投票表决。监事长的选举和更换等重大事项须经全体监事的三分之二以上多数通过，其他议案须经全体监事的二分之一以上多数通过。

第五十一条 监事长行使以下职权：
（一）召集和主持监事会会议；
（二）向社员代表大会报告工作；
（三）组织监事会落实职责；
（四）行使监事会授权的职权。

第五十二条 监事会应按照监事会职责对监事进行适当分工，并将监事履行职责情况向社员代表大会报告。监事有权向本联社相关人员及机构了解情况，相关人员及机构应予积极配合。监事会行使职权必要时可聘请社会中介机构给予协助，由此发生的费用由本联社承担。

第五十三条 本联社内部审计部门的审计报告应当及时报送监事会。监事会对审计结果有疑问的，有权要求经营管理层和审计部门作出解释。

第五十四条 监事会应当对会议所议事项及决议作成会议记录，出席会议的监事和记录员在会议记录上签名。出席会议的监事有权要求在记录上对其在会议上的发言作出说明性的记载。

第八章 经营管理层

第五十五条 本联社实行理事会领导下的主任负责制。设主任1名，副主任1名（暂缺）。主任由理事提名，副主任由主任提名，理事会聘任，报中国银行业监督管理机构任职资格核准后履行职责。任期三年，可连选连任。

主任和理事长分设。

第五十六条 主任负责本联社日常经营管理工作，行使下列职权：

（一） 组织实施理事会决议，负责管理本联社的业务活动；

（二）提请理事会聘任或解聘副主任，财务、信贷和审计部门负责人，聘任和解聘应由理事会聘任和解聘以外的联社职能部门及分支机构负责人；

（三）拟订发展规划、经营方针和经营计划草案；

（四）拟订年度财务预、决算方案和利润分配方案；

（五）拟订内部管理制度草案、内设部门和分支机构设置及调整方案；

（六）在本联社发生挤兑等重大突发事件时，采取紧急措施，并立即向中国银行业监督管理机构和理事会、监事会报告；

（七）其他依据法律、法规、规章规定应由主任行使的职权；

（八）理事会授予的其他职权。

第五十七条 本联社主任每年接受监事会的专项审计，审计结果应向理事会和社员代表大会报告。主任、副主任离任时，须进行离任审计。

主任、副主任超出理事会授权范围或违反法律、法规或规章制度作出经营决策，致使本联社遭受严重损失的，参与决策的主任、副主任应承担相应责任。

第五十八条 经营管理层应当建立向理事会和监事会定期报告制度，及时、正确、完整地报告有关本联社经营业绩、重要合同、关联交易、财务状况和风险状况以及经营前景。

第五十九条 本联社理事长、主任、副主任及其他主要管理人员不得在党政机关任职，不得兼任其他企、事业单位的高级管理人员，不得从事除本职工作以外其他任何以营利为目的的经营活动。

第九章 经营管理

第六十条 本联社实行一级法人、统一核算、分级管理、授权经营的管理体制。

第六十一条 本联社实行资产负债比例管理，按规定缴纳存款准备金，留足备付金。

（一）贷款余额与存款余额的比例不得超过 80%；

（二）流动性资产余额与流动性负债余额的比例不得低于 25%；

（三）对同一借款人贷款余额与本联社资本余额的比例，不得超过 30%，关联企业在计算比例时合并计算；

（四）中国银行业监督管理机构规定的其他资产负债比例。

第六十二条 本联社在辖内开展存贷业务及其他金融业务，要重点面向入股农民，为当地农民、农业、农村经济发展提供金融服务，本联社要将一定比例的贷款用于支持农民、农业和农村经济发展，具体比例应纳入本联社年度经营计划。

第六十三条 本联社必须建立、健全对存款、贷款、结算等各项业务的内控制度，应当建立薪酬与本联社效益和个人业绩相联系的激励机制和约束机制。

第六十四条 本联社不得向入股本联社的社员（农民社员除外）及关系人发放信用贷款，发放担保贷款不得优于其他借款人同类贷款条件。

前项所指关系人是指：

（一）本联社的理事、监事、管理人员、信贷业务人员及其近亲属；

（二）前项所列人员投资或担任高级管理职务的公司、企业和其他经济组织。

第十章 财务会计

第六十五条 本联社执行国家统一制定的农村信用社财务会计制度，并按照国家有关规定，建立、健全财务制度，全面、真实、准确反映业务和财务状况。在每一会计年度终了时按规定制作财务会计报告，向中国银行业监督管理机构及法律、法规、规章规定应报送的其他各部门报送会计报表、统计报表和其他资料。财务会计报告包括下列财务会计报表及附属明细表：

（一）业务状况表；

（二）资产负债表；

（三）损益表；

（四）利润分配表；

（五）决算说明表。

第六十六条 本联社的财务会计报告在召开社员代表大会 10 天以前置备于本联社，供社员代表查阅。

第六十七条 本联社依法纳税，税后利润除国家另有规定外，按下列顺序分配：

（一）弥补以前年度亏损；

（二）提取法定盈余公积金。法定盈余公积金按税后利润（减弥补亏损，下同）不低于10%的比例提取，法定盈余公积金累计达到注册资本的50%时，可不再提取；

（三）提取法定公益金。法定公益金的提取比例原则上不得超过法定盈余公积金的提取比例；

（四）向社员分配利润。在提取拨备的前提下，支付不超过税后利润的50%~70%股金分红，并按本章程第十六条执行。

第六十八条 本联社的法定盈余公积金可用于弥补亏损和转增资本；法定盈余公积金按规定转增资本金后，留存的法定盈余公积金不得少于实收资本的25%。

第六十九条 本联社除法定的会计账册外，不得另立会计账册。

第十一章 变更和终止

第七十条 本联社有下列变更事项之一的，需经中国银行业监督管理机构批准：

（一）变更名称；

（二）变更注册资本；

（三）变更营业场所；

（四）调整业务经营范围；

（五）更换高级管理人员；

（六）修改章程；

（七）中国银行业监督管理机构规定的其他变更事项。

第七十一条 本联社分立、合并，由理事会提出议案，召集临时社员代表大会作出决议，报中国银行业监督管理机构批准后实施。

本联社被接管、解散、撤销和破产，依照国家有关法律、法规执行。

第十二章 附 则

第七十二条 本章程经本联社社员代表大会审议通过，报经中国银行业监督管理委员会浙江监管局核准后由理事会发布实施。

第七十三条 本章程解释权属本联社理事会，修改权属本联社社员代表大会。

修志工作剪影

县联社召开修志工作会议（2016.8）

修志人员到农业银行联系接洽查阅资料等事宜（2016.8）

修志人员在义乌市档案馆查阅收集资料（2016.8）

修志人员赴省档案馆查阅资料（2016.9）

县联社原监事长黄林祥应邀来修志办座谈（2016.9）

市金融志编纂专家程金桂来县联社修志办授课（2016.10）

县联社主任李九良来修志办指导工作
（2016.10）

修志人员在基层信用社查阅会计凭证等相关资料
（2016.12）

修志人员在兰溪合作银行白沙办事处查阅旧档资料
（2017.1）

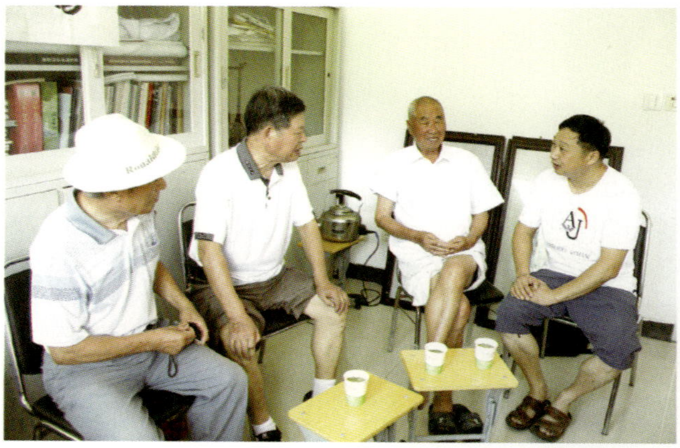

修志人员到诸暨市马剑镇邀集健在的农金老干部座谈
（2017.7）

召开社志征求意见稿座谈会（2019.3）

黄林祥、吴怀德、陈锡生等老同志认真审阅社志稿（2019.12）

修志人员到省联合社浙江农信史料馆参观学习（2020.1）

后 记

2016年6月，走过60余度春秋的浦江县农村信用合作社，随着股份制改革的大幕徐徐开启，再度迎来新的发展机遇。在紧锣密鼓的筹建工作推动下，“浦江农村商业银行”这个躁动于母腹的婴儿呼之欲出。回望半个多世纪以来的漫漫长路，筚路蓝缕，跌宕起伏。勇于拼搏的前几代农信人披荆斩棘，艰苦创业，砥砺奋进，用热血与忠诚书写了社会主义合作金融事业绚丽辉煌的历史篇章，同时也为接棒的新一代农信人留下了极其丰厚的文化财富。收集、整理若干积淀已久的宝贵资料，并分门别类汇辑成册，充分发挥其存史、资政、教化的作用，不无现实意义。本着这一初衷，县联社领导班子于是年7月研究决定，编纂一部全面反映浦江农村信用合作社发展面貌的专业志书。

《社志》编纂，是一项涉及范围广、工作难度大、质量要求高的系统性文化工程。在时任县联社党委书记、理事长王才有和领导班子成员高度重视和直接领导下，召开会议专门筹划，制订编纂实施方案。同时成立《社志》编纂委员会，各科室和辖属社负责人均为编委会成员及联络员，负责收集、整理并提供翔实的相关基础资料和业务数据。编委会下设编撰组，特邀退休的原省联合社金华办事处副主任臧建新担纲，主持编撰组工作，特聘工商银行退休职工、曾参与《浦江县志》（1990年版）金融卷编辑工作的钟声为执行主编，县联社理事会理事江东放及退居二线的中层干部傅大悦、吴旭明、陈忆萍等任编辑。实行“编委会组织领导、编撰组具体实施、各部门共同参与”的工作机制。编撰组内部分工明确：由钟声负责概述、大事记和第一、第二、第九篇的编撰；臧建新、陈忆萍负责第三、第四篇及第八篇第四章的编撰；傅大悦负责第五篇至第七篇及第八篇前三章的编撰；吴旭明负责第五篇第二章的编撰；江东放负责总体策划、全面协调和对外联络。

2016年8月，编纂工作正式启动。按既定实施方案，分史料收集、调查论证、分头编写、集中统稿、征询意见等五个阶段，有序推进。史料收集是编纂工作中难度最大的一环。因本县农村信用合作社早期的档案管理不尽规范，存放条件较差，加之机构数次变更，社址几经迁移，致史料多有散失。特别是在很长一段时期内，实行地方党委和银行双重领导、条块结合的管理体制，各社专职干部的任用一类文书档案根本无处可寻，甚或其时有否正式发文亦存疑点。为使《社志》纵不断层，横不缺项，编撰组广辟蹊径，四处寻访，先后前往浙江省档案馆，金华市、义乌市及本县档案馆，中国人民银行金华中心支行、义乌市支行，工商银行义乌市、浦江县支行，农业银行浦江县支行，兰溪农村合作银行梅江、白沙分理处，诸暨市农村商业银行等单位和部门，查阅大量历史资料，并拍摄、复印计 82500 余页（份）。深入县联社辖属各社会计档案存放地点，重点查阅、拍摄和复印 20 世纪 50 年代的会计档案资料计 85630 多页（份）。如早期各农村信用合作社负责人任职情况，便是通过翻阅各个年度或月度的会计报表，从社主任、会计签章栏所留印鉴经仔细辨认后获取，但亦有部分报表因印鉴不全，致社主任任职起讫年月无从考证，引为憾事。而对某些存有疑点或与当时事实可能有出入的资料，则主动登门走访年事已高今仍健在的农村信用合作社老职工，请他们认真回忆，提供线索，或互为印证。务使其所述确切，或拍照或录音，以此获取不少珍贵的口碑资料，而有些属抢救性资料更为难得。又在县联社综合档案室，查阅、拍摄和复印各类资料数十万页（份）。《社志》纲目，起初参考兄弟行社已出版的志书并结合本社实际草拟，在广泛征求意见的基础上，迭经多次讨论、反复斟酌后最终确定。根据纲目，编撰组按照内部分工各自撰写。撰写过程中做到分工不分家，有问题彼此商讨，有困难协同解决，力求如期达成既定工作目标。其间，编撰组曾赴东阳农商银行取经，去省联合社史料陈列馆、平湖农商银行史料馆参观学习，《金华市金融志》编纂组专家程金桂、王锦煜、王有才等亦来浦或授课或指导。2018 年初各篇撰写完竣，经执行主编钟声“一支笔”统稿，70 多万字的初稿及 20 余份业务数据表式编制基本完成。此际，由于工作需要，傅大悦和吴旭明两位编辑应召返回原业务岗位，事实上编撰组只剩下三位编辑，合力对初稿反复进行修改。做到边改、边校、边审核，拾遗补阙，削赘纠错。于 2019 年 1 月形成 65 万余字的征求意见稿，分送浦江农商银行领导班子、编委会成员和各支行负责人以及部分老领导、老职工，广泛征求意见和建议。3 月 28 日至 29 日，编撰组邀集 30 余位老领导、老职工分两批召开座谈会，面对面听取他们的意见和建议。其后，对志稿再度修订、补充，使之臻于完善，并插入大量图片，以收图文并茂之效。是年 11 月打印成送审稿，分送县志编纂委员会办公室、知名地方志专家何保华先生和《社志》编纂委员会主要成员及黄林祥、吴怀德、陈锡生等老领导、老职工审阅把关。而后根据专家评审意见，结合各层级审阅反馈建议，经再次修订，予以定稿，全志约 70 万字。

《社志》编纂告竣并予付梓，是浦江农商银行及各支行领导重视与支持的结果，同时得到中国人民银行金华中心支行、义乌市支行；工商银行义乌市、浦江县支行；农业银行浦江县支行等金融同业单位的配合与协助。特别是在《社志》编纂期间，《金华市金融志》

编纂组专家程金桂、王锦煜、王有才等就志稿内容的修改增删提出了宝贵意见和建议。本县农村信用合作社成立早期参加工作的许多老职工也积极提供资料并提出颇有价值的意见。志稿交付编排及出版审查期间，新任浦江农商银行党委书记、董事长王谨亦给予高度关注，并应邀欣然为志书作序。在此，谨向所有支持、帮助志书编纂工作的相关单位、个人和社会各界人士表示诚挚谢意。

浦江编纂金融专志这是第一次，无从借鉴、参考，加之编纂时间较紧、资料采集不全，编撰者缺乏写作功底和实践经验，虽数易其稿，然不足之处甚至错谬等仍在所难免，恳请专家学者、同仁和社会各界人士教正。

《浦江农村信用合作社志》编撰组

二〇二〇年十二月